Mustafa Aça

Denizin Çocukları

Giresun ve Trabzon Yöresi Balıkçılarının Meslek Folkloru

Türkiye Alim Kitapları

Impressum / Künye
Bibliografische Information der Deutschen Nationalbibliothek: Die Deutsche Nationalbibliothek verzeichnet diese Publikation in der Deutschen Nationalbibliografie; detaillierte bibliografische Daten sind im Internet über http://dnb.d-nb.de abrufbar.

Deutsche Nationalbibliothek tarafından yayınlanan bibliyografik bilgiler: Deutsche Nationalbibliothek, bu yayını Deutsche Nationalbibliografie'de listeler; detaylı bibliyografik bilgi İnternet'te http://dnb.d-nb.de sitesinde mevcuttur.

Coverbild / Kitap kapağı resmi: www.ingimage.com

Verlag / Yayıncı:
Türkiye Alim Kitapları
ist ein Imprint der / yayınevinin bir ticari markasıdır
OmniScriptum GmbH & Co. KG
Bahnhofstraße 28, 66111 Saarbrücken, Deutschland / Almanya
Email / E-posta: info@turkiye-alim-kitaplary.com

Herstellung: siehe letzte Seite /
Basım yeri: son sayfaya bakın
ISBN: 978-3-639-81292-3

Zugl. / Approved by: Trabzon, Karadeniz Teknik Üniversitesi, 2015

DENİZİN ÇOCUKLARI

GİRESUN VE TRABZON YÖRESİ BALIKÇILARININ MESLEK FOLKLORU

Dr. Mustafa AÇA

Karadeniz'in hırçın çocuklarına…

İÇİNDEKİLER

Fotoğraf: Altunbaş Ailesi Arşivi

ÖN SÖZ

Doğu Karadeniz, Türk kültür havzasının batı hattının önemli temsil alanlarından biri olan Anadolu coğrafyasında, tarihî, coğrafî ve kültürel özellikleri ile oldukça önemli bir bölgedir. Geniş ölçekte Türk kültürünün şekillendirdiği Karadeniz kültürel havzası içinde de yer alan bu bölge, Türk kültürünün doğudan batıya akımının takibini mümkün kılabilecek bir kültürel zenginliğe sahiptir. Coğrafî konumu itibariyle tarih boyunca stratejik öneme sahip olan bölgeyi, kimi zaman transit geçiş alanı, kimi zaman da bir yerleşim alanı olarak kullanan kavimler arasında Türkler de yer almıştır. Giresun ve Trabzon, kadim Türk kültürünün bölgedeki izlerinin takip edildiği önemli alanlardır. Kültürün doğasıyla uyumlu biçimde Türk kültürü bu alanlarda gelişmeye devam etmiş ve uzun zaman periyodu içinde bugünkü formuna kavuşmuştur.

Doğu Karadeniz konulu kültür araştırmalarının genellikle sınırlı saha ve konular üzerinde yoğunlaştığı görülmektedir. Bölgenin kıyı şeridinde takip edilen sözlü kültürde ve etnografyada etkileri ile sıkça karşılaşılan deniz kültürünün, balıkçılık bağlamında geniş tabanlı bir kültür araştırmasına konu edilmemiş olması, bu araştırma konusunun tercih edilmesinde etkili olmuştur. Giresun ve Trabzon illeri balıkçılarının meslekî kültürlerini tarihsel süreçleri ile tespit etmeyi amaçlayan bu çalışma, iki yıl süren alan araştırmaları ile elde edilen verilerin çözümlenmesi ve değerlendirilmesi yoluyla oluşturulmuştur.

Deniz avcılığı etrafında oluşan zengin sözlü kültürün iki önemli temsil alanı olan Giresun ve Trabzon illeri balıkçılarının meslekî kültürleri odağında şekillenen bu kitap dört ana bölümden oluşmaktadır. *"Halk ve Halk Grupları Bağlamında Meslek Grupları ve Meslek Folkloru"* ana başlığını taşıyan ilk bölümde, başlangıçta sosyal bilimlerin en eski disiplinlerinden biri olan sosyolojinin daha fazla mesai harcadığı, ancak zamanla dikkatini kentsel alanlardaki kültürel süreçlere de yönelten antropoloji ve halk bilimi araştırmalarının odağına yerleşen halk ve halk grupları kavramları, meslek gruplarına uzanan bir derinlikte tartışılmıştır. Temel kavramların ele alındığı bu ilk kısmın devamında ise karmaşık (modern/endüstriyel) toplum yapısı içinde önemli bir konum işgal eden ve geçen yüzyılın halk bilimi araştırmalarında önemli bir başlık olarak tebarüz eden "meslek folkloru" kavramına, bu folklor şubesinin kapsamına ve nihayet folklor araştırmaları tarihi içindeki yerine dönük tespitlerde bulunulmuştur.

Alan araştırma yöntemleri temelinde gerçeleştirilen halk bilimi araştırmalarında, kültürün geliştiği ve süreklilik kazandığı alanın tarihî, coğrafî, ekonomik ve sosyal yapısının ele alınması zaruretinden hareketle kitabın *"Araştırma Sahasının Coğrafî, Tarihî ve Kültürel Arka Planı"* adını taşıyan ikinci bölümünde öncelikle yöre balıkçılarının tarlaları olarak algıladıkları Karadeniz, sonrasında da ise Giresun ve Trabzon illerinde balıkçılık ekseninde oluşan kültür bölgeleri hakkında bilgi ve izlenimlere yer verilmiştir.

"Kültürel Bir Süreç Olarak Sosyal ve Meslekî Hayat" başlıklı üçüncü bölümde, Giresun ve Trabzon yöreleri balıkçılarının iç içe geçmiş sosyal ve mesleki hayatları bağlamında statü ve hiyerarşiye dönük özellikleri, meslek hukukları, aile yapıları, gündelik hayatları, çoğunluğu geleneksel nitelik taşıyan avcılık biçimleri ve av araçları ile meslekî kültürün aktarımına imkân tanıyan eski ve yeni aktarım ortamları gibi konular detaylı bir biçimde değerlendirilmiştir.

Kitabın dördüncü ve son bölümünde, balıkçılık etrafında şekillenen geleneksel dünya görüşünün temsili konumunda olan meslekî inanışlar ve uygulamalar, balıkçıların geleneksel ekolojik bilgileri paralelinde geliştirdikleri takvim ve meteoroloji bilgileri, yöre insanının ve bu bağlamda balıkçı ailelerinin deniz mahsulleri ile gerçekleştirdikleri sağaltma uygulamaları, ad folklorunun zengin meslekî temsilleri, meslek argosu, sözsüz iletişim teknikleri ile söylemelik, anlatmalık ve göstermelik karakterli halk edebiyatı ürünleri *"Balıkçılık Meslek Folklorunun Diğer Temsilleri"* başlığı altında incelenmiştir.

Ana bölümleri takip eden sonuç bölümünde ise araştırmada ele alınan konular, bölüm sıralaması ile uyumlu bir biçimde sırayla değerlendirilmiş, Giresun ve Trabzon illeri balıkçılarının mesleki kültürlerinin zaman seyri içindeki niteliklerinin yanı sıra bu zümreyi hedef alan ekonomik, sosyal ve kültürel politikalara dönük öneriler ortaya konulmuştur.

Elinizdeki bu kitabın hazırlanması sürecinde ilgi ve desteğini eksik etmeyen saygıdeğer hocam Prof. Dr. Kemal ÜÇÜNCÜ'ye, sınırlı sayıda çalışma yapılan bir konu üzerinde çalışmam konusunda beni cesaretlendiren ve destekleyen hocam ve ağabeyim Prof. Dr. Mehmet AÇA'ya, çalışmanın dil bağlamlı bölümlerine kıymetli görüşleri ile katkıda bulunan Prof. Dr. A. Mevhibe COŞAR'a, desteğini aldığım diğer tüm meslektaşlarıma, bursiyer sıfatıyla görev aldığım ve bu çalışmada verilerinden yararlandığım 112K012 numaralı araştırma projesi münasebetiyle TÜBİTAK yetkililerine teşekkürü borç bilirim. Ayrıca alan araştırmaları sürecinde sosyal ve meslekî ortamlarını, bilgi ve tecrübelerini benimle paylaşan balıkçı ailelerine ve daha özelde çalışma süresince sabır gösteren aileme şükranlarımı sunarım.

Trabzon 2015

KISALTMALAR

AKM	: Atatürk Kültür Merkezi
AÜ	: Ankara Üniversitesi
bk.	: Bakınız
bs.	: Baskı
C.	: Cilt
Çev.	: Çeviren
Der.	: Derleyen
DTCF	: Dil ve Tarih-Coğrafya Fakültesi
HAGEM	: Halk Kültürlerini Araştırma ve Geliştirme Genel Müdürlüğü
HBH	: Halk Bilgisi Haberleri
hzl.	: Hazırlayan
İTÜ	: İstanbul Teknik Üniversitesi
İÜ	: İstanbul Üniversitesi
KK	: Kaynak Kişi
KTÜ	: Karadeniz Teknik Üniversitesi
MEB	: Millî Eğitim Bakanlığı
MFAD	: Milli Folklor Araştırma Dairesi
SÜ	: Selçuk Üniversitesi
SÜMAE	: Su Ürünleri Merkez Araştırma Enstitüsü
TDAV	: Türk Dünyası Araştırmaları Vakfı
TDAY	: Türk Dili Araştırmaları Yıllığı
TDK	: Türk Dil Kurumu
Ter.	: Tercüme
TFA	: Türk Folklor Araştırmaları
TKAE	: Türk Kültürünü Araştırma Enstitüsü
TTK	: Türk Tarih Kurumu
TVS	: Trabzon Vilâyeti Salnâmesi
t.y.	: Tarih yok
vb.	: Ve benzeri
vd.	: Ve diğerleri
yy.	: Yüzyıl

GİRİŞ

Türk kültürü araştırmalarının önemli destek unsurlarından folklor araştırmaları kapsamında rağbet gören alanlardan birisi olan Doğu Karadeniz bölgesi üzerine yapılan araştırmalar, bölgenin özelde Anadolu, genelde ise Türk kültür havzası içinde temsil ettiği kültürel derinliği ve çeşitliliği ortaya çıkarmak bakımından oldukça önemlidir. Diğer pek çok bölgeden farklı olarak Doğu Karadeniz'in somut arkeolojik ve etnografik materyaller bakımından bugüne ulaşabilenler açısından sınırlı bir mirasa sahip olması, bölgeye dönük tarih ve kültür araştırmalarında kültür bilimlerinden, birbirlerini destekler mahiyette yararlanmayı zorunlu kılmaktadır. Bölgenin çeşitli oluşum ve aktarım ortamlarında şekillenen kültürel mirasının modern araştırma yöntemleri ile bütüncül bir envanteri ve kültür haritası henüz çıkarılamamış olsa da sürdürülecek araştırmaların bu hedefler açısından taşıdığı önem âşikardır.

Araştırmanın Amacı:

Doğu Karadeniz kültür araştırmaları içinde daha önce üzerinde durulmayan bir konu olan balıkçılık kültürünü, geçmişten bugüne uzanan temsil unsurlarıyla ortaya koymayı ve ülkenin diğer balıkçı toplulukları üzerine gerçekleştirilecek olası kültürel bağlamlı çalışmalara model oluşturmayı öncelikli amaç edinen bu çalışmanın, Türkiye merkezli folklor araştırmaları içinde bu kapsamıyla bir ilk olması hasebiyle yeni araştırma konularının ve bakış açılarının geliştirilmesine katkı sağlaması beklenmektedir. Türk toplumunun siyasal, kültürel ve ekonomik hayatında görülen değişiklikler paralelinde folklor araştırmaları açısından yeniden tanımlanan saha/alan algısıyla uyumlu biçimde, bugün bir kısmı endüstriyel bir boyut kazanan, ancak katılımcılarının büyük bir kısmı küçük balıkçılardan oluşması hasebiyle geleneksel yapının takip edilebildiği Giresun ve Trabzon illeri balıkçılarının meslek folklorlarının tespit edilebilen yönlerini bütüncül olarak ortaya koymak, çalışmanın aslî amacına ulaşılmasına imkân tanıyacak önemli bir talî amaçtır.

Araştırmanın Sınırları:

Alan sınırlılığı Giresun ve Trabzon illeri balıkçı yerleşimlerini içine alan 256 km^2'lik kıyı şeridi olarak belirlenen bu araştırmanın batı hattını oluşturan 121 km^2'lik Giresun kıyı şeridinde, il merkezi haricinde 7 ilçe merkezi ile bunlara bağlı köy ve belde statülü kıyı yerleşimleri; doğu hattını oluşturan 135 km^2'lik Trabzon kıyı şeridinde ise il merkezi haricinde 9 ilçe merkezi ile yine bunlara bağlı köy ve belde statülü kıyı yerleşimleri taranmıştır.

Meslek folkloru konu sınırlılığında gerçekleştirilen araştırmada, mezkûr yerleşimlerdeki balıkçı gruplarına odaklanılmış olmakla birlikte bu gruplarla aynı sosyal ve kültürel çevrede yaşayan ve meslekî kültür içinde pasif biçimde de olsa yer alan ahali de dikkate alınmıştır.

Yöntem ve Verilerin Toplanması:

Aşağıda belirtilecek olan araştırma yöntem ve araçları ile iki yıllık bir periyotta gerçekleştirilen alan araştırmaları sırasında toplanan veriler, meslek folkloru araştırmalarının kapsamıyla paralel biçimde değerlendirilmeye çalışılmıştır. 256 km^2'lik bir kıyı şeridinde zengin bir örneklem çeşitliliği üzerinde gerçekleştirilen bu araştırmada, yörede faaliyet gösteren küçük balıkçıların meslekî folklorlarına dönük tespitlerin yanı sıra, Batı Avrupa ve Kuzey Amerika'daki modern meslekler üzerine yapılan meslek folkloru araştırmalarında gözetilen konular bağlamında büyük aile teşekkülleri olarak faaliyet gösteren endüstriyel balıkçılığın meslekî folkloruna dönük olarak da tespitler ortaya konulmuştur.

Türk folklor araştırmalarının önemli sorunlarından biri olan yöntem sorunuyla meslek folkloru araştırmalarında da karşılaşılmaktadır. Meslek grupları üzerine yapılan folklor bağlamlı az sayıda çalışmada, kapsamın oldukça sınırlı tutulmasının yanı sıra grubun folklor dağarcığının incelenmesi yolunda işlevsel yöntemlerin geliştirilememiş olması, bu çalışmanın yöntemi itibariyle de özgün değerde olmasında belirleyici olmuştur. Geliştirilmeye müsait yöntem tekliflerinin ortaya konulmamış olması çalışma süresince belirlenen yöntemlerin sıklıkla gözden geçirilmesini zorunlu kılmıştır. Bu bağlamda araştırmanın yöntem ve içeriğe dönük ana referanslarını bilhassa Batı Avrupa ve Kuzey Amerika merkezli meslek folkloru araştırmaları oluşturmuştur. Söz konusu araştırmaların yöntem ve yaklaşımları olduğu gibi benimsenmemiş, Türk kültür coğrafyasının ve Türk medeni sisteminin yapısıyla tenakuz yaratmayacak şekilde eleştirel bir uyarlamaya tabi tutulmuştur. Alan çalışmaları sonrasında, tespit edilen malzemenin yazıya aktarılması ve incelenmesi süreçlerinde çalışmanın içeriği sürekli olarak güncellenmiş; başka meslek gruplarının folklor birikimleri üzerine gerçekleştirilecek çalışmalar için de kullanılabilecek bir yöntem geliştirilmeye çalışılmıştır.

Araştırma süresince, araştırmanın odağındaki konularla ilgili hem niteliğe hem de niceliğe dönük verilere ulaşılmaya çalışılmıştır. Niteliksel araştırma, insanların ve kültürlerin ayrıntılı, derinlemesine bir tanımını yapmak, insanların gerçekliğe yükledikleri anlamı, olayları, süreçleri, kavrayış ve anlayışlarını ortaya koymayı amaçlar türde bir araştırmadır

(Kümbetoğlu, 2012: 47). Araştırmada, tanımlanan biçimiyle sosyal bilimler araştırmalarında kullanılan niteliksel araştırma yöntemleri bağlamında çevresel verilere, sosyal, kültürel, psikolojik, demografik ve fiziksel özelliklerin yanı sıra araştırma sürecinde karşılaşılan olaylara, ilişkilere, pratiklere ve bunların araştırmaya etkilerine ilişkin verilere ve grup içindeki algılara ilişkin verilere dikkat edilmeye çalışılmıştır.

Araştırmalar süresince ulaşılan sayısal veriler çalışmanın niceliksel verilerini oluşturmuştur. Niteliğe ve niceliğe dönük tüm verilere literatür temelli araştırmaların yanı sıra alan ve elektronik ortam araştırmaları ile ulaşılmıştır.

1) Literatür Araştırmaları: Araştırma konusunun belirlenmesinden sonra ilk olarak Giresun ve Trabzon illeri umumî tarihinin yanı sıra yöre balıkçılığının tarihî ve güncel durumunun tespit edilmesi amacıyla Türkçe literatür araştırmaları başlatılmıştır. Bu amaçla bölgeyi konu alan sosyal ve siyasi tarih, iktisat tarihi, kültür tarihi, denizcilik tarihi, su ürünleri tarihi, kültürel ve ekonomik coğrafya, dil ve folklor gibi alanlarındaki ilmî araştırmaların yanı sıra mahalli araştırmacılar tarafından hazırlanan derleme ve değerlendirme mahiyetli eserler taranmıştır. Bu süreçte ayrıca Türkiye'nin diğer bölgelerindeki balıkçı toplulukları üzerine yapılan folklor bağlamlı kitaplar ve akademik tezler de taranmıştır. Giresun ve Trabzon illerinin sosyo-kültürel ve ekonomik hayatının takibi açısından oldukça kıymetli bilgilere yer veren Trabzon Vilayeti Salnamesi'nin yanı sıra Cumhuriyet dönemi il yıllıkları, ulusal ve yerel idare birimleri tarafından hazırlanan envanter ve raporlar da literatür taramalarına dâhil edilmiştir.

Araştırma sahasının genişliği ve balıkçılık süreçlerinin tarihsel derinliği ve balıkçı topluluklarının yoğunluğu gibi sebeplerle kapsam itibariyle oldukça geniş tutulan literatür araştırmalarında elde edilen bulgular sistematik bir biçimde sınıflandırılarak kaydedilmiştir. Araştırmanın ilk adımında elde edilen bulgulardan alan araştırmalarının planlanması ve gerçekleştirilmesi süreçlerinde de etkili biçimde yararlanılmıştır.

Literatür araştırmaları içinde diğer önemli bir kolu yabancı dilli literatürün taranması oluşturmuştur. Meslek folklorunun kavramsal çerçevesine ve kapsamına dönük teorik esaslarının ortaya konulabilmesi amacıyla Batı Avrupa ve Kuzey Amerika folklor araştırmalarının konuyla ilgili temel eserlerine ulaşılmaya çalışılmış ve temin edilen eserler Türkçeye çevrilmiştir. Araştırmanın özellikle ilk bölümünde bu eserlerden sıklıkla yararlanılmıştır.

2) Alan Araştırmaları: Meslekî kültür üzerine literatür kaynaklarından tespit edilen sınırlı sayıdaki veriden hariç olarak daha önce ortaya konulmayan verileri tespit etmek amacıyla belirtilen coğrafî sınırlar içinde alan araştırmaları gerçekleştirilmiştir. Alan araştırmalarının planlanması sürecinde, ulaşılması ön görülen veriler ve bunlarla ilgili mülakat formları hazırlanmıştır. Oluşturulan bu formlar alan araştırmalarında karşılaşılan yeni durum ve konular bağlamında sık sık güncellenmiştir. Alan araştırmaları süresince kaynak kişilerle iletişime geçmeye yardımcı olacak balıkçı envanter bilgileri ilgili kurum ve kuruluşlardan alınarak planlamaya dâhil edilmiştir. Planlama sürecinin son adımında alan araştırmaları süresince kaynak kişilerle iletişime geçme, barınma ve ulaşım gibi hususlarda yardımcı olabilecek kılavuz kişilerle irtibat sağlanmıştır. Bu suretle profesyonel ve amatörlerden oluşan oldukça geniş bir katılımcı kitlesine sahip mesleğin meslekî kültüre hâkim katılımcılarına doğrudan ulaşma imkânı yakalanmıştır.

Gerçekleştirilen alan araştırmalarında katılımlı gözlem ve derinlemesine mülakat gibi iki temel araştırma yöntemi kullanılmıştır. Ayrıca özellikle katılımlı gözlemler sırasında gerçekleştirilen enformel, sohbet tarzı görüşmelerden elde edilen veriler de dikkate alınmıştır. Öte yandan alan araştırmaları sırasında balıkçıların zamanlarının büyük bölümünü geçirdikleri balıkçı barınakları ve kahvehanelerde gerçekleştirilen mülakatlar sırasında balıkçıların meslekî kültüre etki eden uygulama ve unsurlar üzerine gerçekleştirdikleri tartışmalar odak grup[1] tartışmalarının da zemini hazırlanmıştır. Bu tartışmalar, mesleğin çeşitli sosyal, kültürel ve ekonomik süreçleri ile ilgili algı farklılıklarının ortaya çıkarılmasına önemli derecede katkı sağlamıştır. Bu yöntemlerin tatbiki süreçlerinde verilerin ortaya konulduğu meslekî süreçlere ve bağlamlara da dikkat edilecek şekilde yazılı, sesli ve görsel kayıtlar alınmıştır.

Araştırmanın veri toplama süreçlerinde, balıkçı gruplarının sosyal ve kültürel hayatlarına dünden bugüne kaynaklık edecek türdeki fotoğraf ve video arşivleri taranmıştır. Bu amaçla Giresun ve Trabzon illerindeki kurumsal ve kişisel fotoğraf arşivleri ile alan araştırmaları süresince birlikte olunan balıkçı ailelerinin fotoğraf albümleri taranmıştır. Temin edilen görsel materyalle oldukça kapsamlı bir arşiv oluşturulmuş; balıkçıların sosyal ve meslekî hayatlarının süreçleri değerlendirilirken bu materyaller yardımıyla somutlamalar yapılmaya çalışılmıştır.

3) Elektronik Ortam Araştırmaları: İnternet erişim ağının son yıllarda hızla yaygınlaşması ile birlikte Türk sözlü kültürü araştırmaları sırasında özellikle sosyal paylaşım ortamlarında yer alan aile, köy, kasaba veya

şehir sayfalarına eklenen bilgi ve paylaşımlardan da yararlanılır olmuştur. Giresun ve Trabzon illerindeki balıkçı topluluklarının tarihsel ve kültürel unsurlarına dönük araştırmalar yapılırken bu elektronik paylaşım ortamlarından kimi zaman bazı önemli ipuçlarına, kimi zaman da bütüncül yazılı ve görsel verilere ulaşılabilmiştir. Araştırma sahasındaki balıkçılık süreçlerini ve balıkçı topluluklarının safahatlarını takip etmeye yardımcı olacak fotoğraflar ve aile tarihine dönük bazı bilgilerin yanı sıra meslek folkloru kapsamında yer alan bazı meslekî anlatılara ve lakaplara da sosyal paylaşım ağlarındaki sayfalar üzerinden ulaşılmıştır. Bu yolla ulaşılan verilerin kapsamı, alan araştırmaları sırasında gerçekleştirilen mülakatlarda genişletilerek katılımcıların folklor dağarcıklarına dönük unsurları hatırlamaları sağlanmış; meslekî süreçler içinde mutad biçimde sergiledikleri, ancak folklorik değerinden habersiz oldukları kimi kalıp söz ve hareketler de araştırmanın kapsamına dâhil edilmiştir.

Verilerin Değerlendirilmesi:

Araştırmanın içeriğini oluşturacak verilerin literatür ve alan araştırmaları ile büyük oranda toplanmasından sonra, ses kayıtlarının dinlenerek kullanışlı bir biçimde metne dönüştürülmesi safhasına geçilmiştir. Kayıtların içeriğinden ötürü oldukça uzun zaman alan metne dönüştürme işlemi sırasında kaynak kişilerden bazılarında karşılaşılan mahalli ağız özellikleri üzerinde tasarruflarda bulunularak umumi Türkçenin ses yapısı dikkate alınmıştır. Bu tasarrufta çalışmanın hacmi ve amacı etkili olmuştur.

Ses kayıtlarının metne dönüştürülmesinden sonra gerçekleştirilen tasnif işlemiyle çalışmanın taslak halindeki planı netlik kazanmaya başlamış ve ortaya çıkan malzemelerle çalışmanın aslî ve talî bölümleri oluşturulmaya başlanmıştır. Derleme kayıtlarından içerik itibariyle aynı olanlar arasında seçmeler yapılarak olası tekrarların önüne geçilmeye çalışılmıştır.

Mülakat veya gözlem yoluyla tespit edilen malzemeler, çalışma içerisinde sistematik bir biçimde değerlendrilmeye çalışılmıştır. Her bir bilgi ve süreç kendi bağlamı içinde değerlendirilmiş; izaha muhtaç konu ve durumlar bütüncül bir yaklaşımla açıklanmaya çalışılmıştır.

Fotoğraf: Attila Alp Bölükbaşı

BİRİNCİ BÖLÜM

1. HALK VE HALK GRUPLARI BAĞLAMINDA MESLEK GRUPLARI VE MESLEK FOLKLORU

1.1. Kültür Bilimlerinin Perspektifinde Halk ve Halk Grupları

Gelecekte kültür bilimleri şeklinde anılacak olan disiplinlerin bilimsel bir düzlemde henüz tebârüz etmediği, ancak hazırlık mahiyetinde çalışmaların görülür olduğu 18. yy.'dan itibaren kültür kavramına ve bu kavramın en önemli paydaşları konumunda olan millet ve halk kavramlarına dönük bakış açılarının ortaya çıkmaya başladığı görülmektedir. Almanya ve İngiltere özelinde olmak üzere Avrupa merkezli bu tanımlama/anlamlandırma çabaları aristokrasinin halka yöneliş çabalarının bir tezahürü olarak görülebilir.

Edebiyat tarihi araştırmaları bağlamında 18. yy.'ın ikinci yarısından itibaren İngiltere'de James Macperson ve Thomas Percy ile sistematik bir hal almaya başlayan halk kültürüne ve edebiyatına yönelme eğilimi, hemen hemen aynı dönemlerde İskandinav ve Alman kültür bilimcileri arasında da görülür olmuştur. Halk kültürüne yönelen İngiliz aristokrasisinden "ulusal ruh" söylemiyle halk ve millet algıları bakımından ayrılan Alman romantizminin kurucusu olan Herder'in çoğunlukla barbar ve cahil bir kitle olarak kabul edilen toplulukların kültür ve edebiyatlarına duyduğu hayranlığı dile getirmesi halka ve halk kültürüne dönük klasik bakışın değişmesinde etkili olmuştur. Alman yazarlarına millî kaynaklara yönelmeyi telkin eden Herder, kadim dönemlerin şiirlerinin hem edebiyat, hem tarih hem de felsefe içerdiğine, bu münasebetle sağlam bir "ulusal ruh" temelinin oluşması için bu kaynaklara inilmesinin zarurî olduğuna dikkat çekmiştir. Herder'in görüşleri 19. yy. boyunca sadece Alman kültür bilimlerinin sistematik bir hal almasında etkili olmamış, Avrupa'da Finlandiya başta olmak üzere diğer bazı bölgelerde de benimsenmenin yanı sıra ulusal halkbilimi kuramlarının pek çoğuna zemin oluşturmuştur (Boratav, 1991: 41-45; Çobanoğlu, 1999: 76-80).

Halka ve halk kültürüne yönelişin ilk örneklerinin ortaya konduğu ve sosyal bilim şubelerinin henüz uygulamalı ve karşılaştırmalı bir boyuta taşınmadığı bu ilk dönemde halka ve sosyal örgütlenmeye dönük nazariyeler anlaşılacağı üzere genellikle felsefe temelli olmuştur.

Kültür bilimlerinin üç önemli alanını teşkil eden araştırma şubelerinden başta sosyoloji olmak üzere folklor ve antropoloji 19. yy.

boyunca sistematik olarak gelişmeye devam ederken halk ve millet olgularına yaklaşımlar önceki bakış açıları esasında geliştirilmiş olsa da sosyolojik ve antropolojik anlamda eleştirel yaklaşımlar da görülür olmuştur. İngiliz antropolojisinin kuruluşu sürecinde en çok eleştirilen yapı Alman kültür bilimlerinin sözü edilen yaklaşımları olmuştur. Dünya bilim tarihinin en dinamik dönemi olan 19. yy.'da sosyal yapının izahı ve ifşası konularında Herbert Spencer ve Emile Durkheim[2] ile metodolojik bir boyuta doğru ilerleyen sosyolojik çalışmalar, gelişmekte olan sosyal / kültürel antropolojinin dikkatini işlevsel analizlere çekmiş, Lucien Lévy-Bruhl, Alfred R. Radcliff-Brown ve Bronislaw Malinowski gibi isimlerin kültür temelli çalışmalarını toplumsal grup ve kurumlar bağlamında gerçekleştirmelerinde etkili olmuştur (Pritchard, 2005: 54-56).

Almanların ulusal birliklerini tesis etmek düşüncesiyle ortaya koydukları "ulusal ruh" söylemli görüşlere itiraz eden ilk dönem İngiliz antropolojisi, uzun yıllar devam edecek şekilde tek katmanlı ilkel halklara yönelmiş ve sömürgecilik faaliyetlerinin önemli sosyal araçlarından biri olmuştur (Çobanoğlu, 1999: 16).

1.1.1. Dünyada Halk Kavramına Dönük Görüşlerin Kısa Değerlendirmesi

Erken dönem folkloristleri de, diğer kültür bilimleriyle temaslarını koruyarak ancak kendi yaklaşımları ve inceleme konuları bağlamında halkın ne olduğu veya halkı oluşturan sosyal örgütlenmelerin nasıl vuku bulduğu sorularının cevabını aramaya yönelmişlerdir. Zira başlangıç döneminden itibaren folklor araştırmalarının kadroları, yöntemleri ve değerlendirme esasları ortaya konulan halk algısı etrafında şekillenmiştir.

19. yy. Avrupasında aristokrasinin "halk"a dönük mevcut algı ve kabullerinin, erken dönem folkloristleri tarafından bazı istisnalar dışında büyük oranda benimsendiği görülmektedir. Özellikle Edward Tylor'un halkı çoğunlukla kırsalda yaşayan, eğitimsiz çiftçilerden oluşan bir topluluk şeklinde nitelemesi bu erken dönem folkloristleri üzerinde oldukça etkili olmuştur. 20. yy.'ın ilk yarısında Antonio Gramsci'nin[3] Marksist bir tanımlamayla halk teriminin içine kentli işçi sınıfını dâhil etmesi ile birlikte halkın kimlerden oluştuğu konusundaki tartışmalara yeni boyutlar eklenmiştir (Locke ve diğerleri, 2009: 219). Zira Gramsci, "halk, kültürel olarak homojen bir birim değildir, ama çok karmaşık bir biçimde üst üste kültürel tabakalar halinde düzenlenmiştir" (Gramsci, 1950'den aktaran Burke, 1996: 43) diyerek "doğal, basit, cahil, içgüdüsel, akılcı olmayan, kökleri gelenekte olan, bulunduğu toprağa bağlı olan ve bireysellik duygusundan uzak olan halk"ın üretimi olarak nitelendirilen "küçük geleneğin" (halk kültürünün) homojen olduğu görüşüne itiraz

etmiştir. Gramsci'nin bu yaklaşımı halk içerisinde grupların ve katmanların bulunduğu anlamına gelmesi bakımından da önemlidir.

Avrupalı folkloristler zaman içinde yeni görüşlerin de etkisiyle halkı çağdaşı oldukları kimi sosyologlar gibi sınıfsal bir bağlamda ele almışlar ve terimi kırsal popülasyonu ifade edecek şekilde kullanma yoluna giderek terimi, yazılı bir dili olmayan bir toplumda yaşayan veya okuma-yazma bilen bir toplumdaki okuma-yazma bilmeyen kimseler için kullanmışlardır. Yani pratikte bu terimi, köylü, daha da özelde Avrupa köylüsünü ifade etmek üzere kullanmışlardır. Buna mukabil "halk topluluğu" özünde "köylü topluluğu" olarak anlaşılmış, terimin sınırları toplumun eğitimli kesimi dışında kalanlarını kapsayacak şekilde belirlenmiştir. Bu zıtlık aynı zamanda kırsal ve kentsel nüfus arasındaki ayrımı da içinde barındırmıştır. Sınıf bazında halk, toplumun alt sınıfı olarak görülmüş ve Latince "*vulgus in populo*" ifadesinde kendini bulmuştur. Aynı zamanda, kimi evrimci doktrinlerle halkın, insanın ilk vahşi zamanlarından nihâî medenileşmesine kadar olan gelişim sürecinin orta aşamasında yer aldığı varsayılmıştır. Medeni toplumlar, halkın millî kültürlerin temellerini temsil ettiğine inandıkları için halk geleneğiyle ilgilenir olmuşlardır. Bu inanış folklorik materyalin millî mirasın atalara dayanan bir formu olduğu kapsamına kadar varıyordu. Buna göre, halkı *vulgus in populo*, yani hem sıradan insanların kendileri (köylüler) ve hem de milletin tamamını temsil eden erken bir formu olarak algılamakta bir çelişki yoktu. Halkın bu şekilde tanımlanması aynı zamanda, halkın ve folklorun her çeşidi hakkındaki kaçınılmaz kavramsal karışıklık hissinin müsebbibidir. Bir yandan, halk ve halkın ortaya koyduğu bütün her şey elitlerinkinden aşağı sayılmış; öte yandan, halk ve ortaya koydukları modern ulus devletin öncülleri olarak yüceltilmiştir (Dundes, 1998: 139-140; Dundes Renteln ve Dundes, 1995: 1).

Çoğu üst sınıftan gelen ve halkı gizemli ve çekici bulan bazı 18. ve 19. yy. aydınları için halk doğaldı, basitti, cahildi, içgüdüseldi, akılcı değildi, kökleri gelenekteydi, bulundukları bölgenin toprağına bağlıydı ve bireysellik duygusundan yoksundu, yani birey toplumda kaybolmuştu (Burke, 1996: 23).

Başlangıçta Batı Avrupalı folkloristlerden müteşekkil iken, 20. yy'ın başlarından itibaren Amerikalı folkloristlerin ve antropologların dâhil olmasıyla birlikte genişlemeye başlayan araştırma kadroları, uzun süre halk terimine yüklenen bu öncül anlamla uyumlu biçimde "ilkel" olarak tanımladıkları kültürler veya kırsal yaşantılar üzerine araştırmalar yapmışlardır. Nitekim folklor araştırmalarında ilerleyen dönemlerde çeşitliliği artacak olan araştırma yöntemlerinden biri olan metin merkezli bakış da, halk kavramını bu bakış açısının sınırları içinde değerlendirmiş ve halkı okuma yazma bilmeyen, kırsal kesimde ve büyük ölçüde tarım toplumu hayatı yaşayan ve toplumsal tabakalaşmada alt belki de en alt sıralarda yer alan insanlar topluluğu şeklinde tanımlamıştır (Çobanoğlu, 2000a: 38).

Günümüze uzanan süreçte halk terimine dönük tanımlamalar sadece folkloristler arasında değil sosyologlar, sosyal/kültürel antropologlar ve çoğu zaman sosyal/kültürel antropolojinin iki ana kolu olarak kabul edilen[4] etnoloji ve etnografya çalışanları arasında da tartışılmaya devam etmiştir.

1930'lu yıllarda Amerikan antropolojisinin önemli isimlerinden biri olarak tebarüz eden Robert Redfield, halk kavramına dönük geleneksel nazariyeleri savunmaya devam etmiş ve halkı şehirli hayatın dışında kalan köylü veya kırsal toplulukları olarak kabul etmiştir. Redfield'den birkaç yıl sonra George Foster onu destekler mahiyette bir halk grubunun bütün bir toplum olmadığını, kendi içinde izole edilmiş bir grup olduğunu, ancak gerçek ilkel kültürlerin halk kategorisi içerisinde de değerlendirilemeyeceğini belirtmiştir (Burke, 1996: 38; Çobanoğlu, 1999: 282-283).

Folkloru köylülerin geleneklerinde yaşayan eski devirlerin kültür kalıntıları olarak değerlendiren bu perspektif, kısa bir süre sonra toplumsal yapıdaki sosyo-kültürel ve ekonomik değişimler paralelinde yeni folklor nazariyelerinin de etkisiyle kapsam ve içerik bakımından yeni bir mecraya yönelmiştir. Geçtiğimiz yüzyılın ilk çeyreğinden başlayıp ortalarına kadar geçen süreçte endüstriyel gelişim paralelinde değişen sosyal doku ve yaşantılar, folkloristlerin çalışma alanlarında ve konularında çeşitliliğin ortaya çıkmasını zorunlu kılmıştır. Bu yeni alan ve konular üzerine yapılan her bir çalışmayla halk arasında her zaman sözlü kültüre dayalı yeni ürünlerin ortaya çıkabildiği ve folklor ürünlerinin sadece ilkel tecrübelerde veya kırsal yaşantılarda değil kentsel yaşantılar içerisinde de takip edilebileceği anlaşılmıştır. Saha algısındaki değişim, meslek folkloru araştırmalarının gelişim süreçleri bağlamında ilerleyen bölümlerde tekrar değerlendirilecektir.

Halk terimine folklorun penceresinden bakan araştırmacılar arasında yer alan Alan Dundes, geçen yüzyılın son çeyreğinde terimin tanımsal çerçevesini oldukça basit bir noktaya kadar daraltmış; iki veya daha fazla insandan oluşan ve en azından bir ortak etmeni paylaşan herhangi bir gurubun halk olarak tanımlanabileceğini belirtmiştir. Halk tanımını basitleştirici olmanın yanı sıra kavramı farklı argumanlarla yönlendirici nitelikteki bu tanım, Amerikan folkloristiğinde ilgiyle karşılanmış; halkın eski moda insanlar ya da uzak yerlerde egzotik bir hayat süren ilkel topluluklar olmadığının somut ifadesi olarak telakki edilmiştir (Dundes, 1998: 143).

Özkul Çobanoğlu, metin merkezli yaklaşımın eleştirisi ile ortaya çıkan bağlam veya icra merkezli yaklaşımların halk kavramını anlamlandırırken büyük oranda benimsedikleri bu tanımı değerlendirirken aile biriminden daha küçük sayıda insanın paylaştığı bir grubun folklor araştırmalarına konu edilmediği, bu münasebetle tanımda belirtilen en az iki kişi ibaresinin teorik bir soyutlamanın ötesinde anlam kazanmadığını ifade etmiştir. Bu yaklaşımın folklor araştırmalarında saha algısının değişmesine katkıda bulunduğuna vurgu yapan Çobanoğlu, bu suretle folklor araştırmacılarının köy veya kırsal kesimle çalışma yapar durumdan kurtulduklarını ve bir toplumun bütün üyelerini, okuma yazma bilsin bilmesin her türlü sosyokültürel ve ekonomik insan topluluğunu çalışır hale geldiklerini ifade etmiştir (Çobanoğlu, 2000: 39-40).

Dundes'in herkes bir halk gurubunun üyesidir ve bu birlikteliğin belirleyicisi konumunda olan din ve dil gibi faktörlerinden ziyade geleneksel yapı önemlidir (Dundes, 1998: 143) çıkarımını ortaya koyduğu bu tanım, halk guruplarının, içinde bulundukları folklora göre belirlenmesi gerektiği yolundaki görüşleri güçlendirmiş; halk gruplarını veya topyekûn bir halk olgusunu tesis eden ve işleten coğrafya, dil, kültürel bellek, kolektif bilinç gibi pek çok belirleyici kriterin göz ardı edilmesine sebep olmuştur.

Dundes'in "halk" tanımı, antropolojinin erken dönem temsilcileri tarafından tasnif edilen "yerel bilgi"[5] fikrinin güncellenerek tekrar gündeme gelmesinin yanı sıra folklora sahip olmak ve onu uygulamak, bir gurubun halk topluluğu olduğu anlamına gelir şeklinde bir değerlendirmenin yaygınlaşmasında etkili olmuştur. Ayrıca bir gurubun folklorunun incelenmesi suretiyle o gurubun kendisini nasıl tanımladığını öğrenmenin mümkün olabileceği yolundaki görüşler ağırlık kazanmaya başlamıştır (Sims ve Stephens, 2011: 35).

Halk terimine dönük folklorik bağlamlı tanımlamalardan bir diğeri de Barre Toelken tarafından yapılmıştır. Genel hatlarıyla Dundes'inkine benzer bir halk topluluğu tanımlaması yapan Toelken, Alman sosyolog Georg Simmel'in terminolojisini kullanarak halkın yakın ve devam eden ilişkileri olan iki kişiyi de kapsayabileceğini söyler. Bunlara yine Simmel'den hareketle bir çift yani "ikili" adını veren Toelken, uzun süreli arkadaşlıkları, hayat arkadaşlarını ve ilişkilerini başkalarıyla kullandıklarından daha yoğun bir biçimde kendi aralarında kullandıkları kelimelerle, kalıplarla, el hareketleriyle ve yüz ifadeleriyle dışa vuranları "ikili"lere örnek gösterir. Buna göre uzun yıllar ve ayrılıklardan sonra birisinin çocukluk lakabını söylemek bile insanlar arasındaki bağın yoğunluğunu tekrar canlandırabilir ve bireye kimliğini yani diğer insanla olan ilişkisinde kim olduğunu hatırlatır. Bu kavramlaştırma ve örneklemlerde de görüleceği üzere Dundes'e küçük bir ekleme yaparak insanlar arasındaki resmî olmayan ilişkilere de değinmiş ve bunların "kendini ifade eden kültür temelli iletişimler" oluşturduğunu ifade etmiştir. Toelken, Dundes'le benzerlik taşıyan yaklaşımında halk gruplarını ve dolayısıyla onlara ait folkloru şekillendiren dinamikleri şöyle izah etmiştir:

> Dinamikler topluluk kendisini değiştirdikçe değişen ve gelişen ortak geleneklerdir ve topluluğu bir arada tutarlar. İnsanlar arasında sürekli olarak gelişen etkileşimler olarak da adlandırılabilecek bu ortak dinamikler, tüm bir "dışavurumcu iletişim" sisteminin gelişimine yol açar, bu da topluluğun topluluk olarak kalmasını sağlar ve çocuklara veya yeni gelenlere onları topluluğa dâhil edebilmek için aktarılırlar (Toelken, 1996: 56-57).

Halk topluluğu teriminin anlamlandırılması yolundaki tartışmalara 1970'li yılların başlarında dâhil olan Richard Bauman, performans teorisinin fikirlerinden de yararlanarak folklorun bir topluluğun geleneklerinin aktif bir aktarımı yani topluluğun üyelerinin kimliklerini anlamaları ve paylaşmaları için bir iletişim yolu olduğunu söyler. Folklorun uygulanışına odaklanmak insanlar ve gelenek arasındaki ilişkinin gözlemsel seviyede birleşmesinin anahtarıdır. Bu şekilde geleneğin sosyal ilişkilerdeki ve iletişim sırasında etkileşimdeki kullanımının yeri açısından folklorun temeli kavramlaştırılabilir (2005: 153). Bauman'ın incelemesi "halk"ın sosyal, politik ve teorik anlamlarına daha geniş bir bakış açısının ortaya çıkmasında etkili olmuştur. Bauman'ın performansa odaklanması folklorcuların topluluklar arasındaki ve izleyici ile sunucu arasındaki ilişkiyi incelemelerini ve "halk topluluğu" kavramının nasıl üretildiğine dair bütün yönlerin fark edilmesini sağlamıştır (Sims ve Stephens, 2011: 36).

Halk kavramına dönük bir başka yaklaşım da Alman kaynaklı ideolojik temelli folklor kuramları içinden çıkmıştır. Herder'den itibaren halk kavramına yüklenen romantik ve mistik anlam bu kuramlar içinde kavram politik bir anlam kazanmış ve "millet" şeklinde anlamlandırılmıştır. Nazi Almanyası'nda kan bağına öykünen ve ırklarını yüceltererek mistik ve ruhanî bir ata arayışına giren otorite, Alman kültür bilimlerinin daha önceki isim ve nazariyelerini bir kenara bırakarak halka millet anlamını yükleyen Wilhelm Riehl gibi isimleri referans unsur olarak kabul etmiştir (Çobanoğlu, 1999: 166; Öztürk, 1993: 25).

Görüşler genel olarak değerlendirildiğinde halk, halk grupları ve folklor ilişkisine dönük bugün artık büyük oranda geçerliliğini yitirmiş romantizm temelli yaklaşımların, insan topluluğunun medeniyetin bir hal veya aşamasından diğerine düz bir şekilde ilerlediğinin, yani kültürel evrim denilen bir süreçte olduğunun farz edilmesi temeline dayandığı görülmektedir. 18. yy. filozofları toplumun durumunu daha sade ve yüksek bir durumdan bir basamak aşağıda, bozulmuş olarak nitelendirmişlerdir. Bu teze göre insan topluluğu basit, eğitimsiz ve ilkel durumdan karmaşık, eğitimli kültürlü bir hale doğru düz bir şekilde ilerlemektedir. Kentleşmenin ve endüstrileşmenin ilk aşamalarında bile insanların dünyaya bakışını ve fikirlerini iletiş tarzlarını fark ettiklerinde, bazı bilim adamları tarih hissinin veya o tarihe olan bağın aşama kaydettikçe kaybedildiğini düşünmeye başladılar. Kaçınılmaz olmasına rağmen ilerlemenin bir şekilde eski ve az gelişmiş kültürleri sildiğinden veya yıktığından korktular. Sonuç olarak birçok bilim adamı "ölen kültürler" olduklarına inandıkları hikâyeleri, inançları veya uygulamaları toplamaya ve incelemeye başladılar. Bunu yaparken bu kültürlerin geleneklerini veya muhtemelen kendi kültürlerinin köklerini ellerinde tutmayı veya kendi kültürlerinin geçmişini korumayı umuyorlardı. Bu tür bir yaklaşım toplumların zamanla değişimlerini incelemede ve takip etmede değerli olabilir ancak folklorun gerçek olmadığı, eski moda olduğu, insanların daha iyisini bilemeyecek kadar eğitimsiz olduğu veya yalnızca daha geri ve az gelişmiş topluluklarda olan bir olgu olduğu fikrini ortaya çıkarmış olması bakımından işlevsizdir. İnsan toplulukları ve kültürleri önceden belirlenmesi mümkün olmayan bir biçimde sürekli olarak değişir ve gelişir. Kültürel gelişmenin karmaşık olduğu ve doğrusal olmadığı anlayışıyla birlikte folklorcuların kültürü gözlemlemek ve tanımlamak için kullandıkları metotlarda ve topladıkları kültürel bilgiyi incelemek için kullandıkları yorumlama şemalarında değişiklikler olmuştur (Sims ve Stephens, 2011: 34-35).

1.1.2. Halk Grubu / Sosyal Grup Kavramına Dönük Görüşlerin Kısa Değerlendirmesi

Halk teriminin tanımlanmasında çoğu zaman belirleyici bir örneklem olarak sıklıkla ifade edilen halk gruplarının neler oldukları, bu grupların dinamiklerinin nasıl şekillendiği sorularının cevaplanması yolunda da folklor sahasında çeşitli nazariyeler geliştirilmiştir. Halk grupları ile doğası gereği yakın ilişkide olan bir diğer kültür bilimi olan sosyolojinin yanı sıra ilkelin sosyal organizasyonuyla ilgilenerek çalışmalarına başlayan ve zamanla çalışma sahasını genişleten sosyal/kültürel antropoloji de ilgilenmiştir. Mezkûr kültür bilimlerinin disiplinler arasılık esasındaki işleyişleri halk gruplarının teşhisi ve tanımı konularında da birbirlerine malzeme temin eden görüşlerin ortaya çıkmasında etkili olmuştur. Bu münasebetle halk gruplarının tasnif ve tanımı konusunda bu üç alanın yaklaşımına mümkün olduğunca birlikte yer verilmeye çalışılacaktır.

Peter Burke, halk grupları hakkında değerlendirmeler yaparken halkın 18. ve 19. yy. kâşifleri için köylülerden ibaret olduğuna ve köylülerin Avrupa nüfusunun % 80-90'ını oluşturduğuna dikkat çektikten sonra, bu halkın homojen olup olmadığı konusuna değinmiştir. Burke, soruna Zoltan Kodály'nin 1900 yıllarında Macar köylüleri hakkındaki tespitini aktararak yaklaşmış; onun "Halk geleneği, düzgün, homojen bir bütün olarak düşünülmemelidir. Bu, yaşa, toplumsal ve maddi duruma, dine, eğitime, bölgeye ve cinsiyete göre büyük farklılıklar gösterir." şeklindeki görüşünün halk gruplarının oluşumundaki önemli argumanlara vurgu yaptığını ifade etmiştir. Bu durumu ifade etmek için yüzyılın başındaki sosyal yapı içerisinde köy ve şehir gibi farklı kültürel ortamlarda çoğu zaman meslekî taraflarıyla ayırt edilebilen farklı grupların mevcut olduğunu, bunların ayırt edilebilir statü ve özelliklerinden ötürü kendi aralarında sınıfsal söylemlere uzanacak algı farklılıklarına sahip olsalar da kendilerine özgü bir kültürel geleneğe sahip olduklarını ve bu geleneğin gelişerek kuşaklar boyunca aktarıldığını ifade etmiştir. Burke, bu durumun şehir hayatı içerisinde din ve cinsiyet gruplarının da dâhil olmasıyla genişlediğini vurguladıktan sonra bu gruplar bağlamında küçük ve büyük kültür geleneklerinden bahsedilebileceğini ifade etmiştir. Halk gruplarına ve kültür geleneklerine dönük araştırmalara eleştirel çerçevede bakan Burke, Avrupalı folkloristlerin tüm bu kültürel gelenek gruplarını henüz bütüncül bir kültür coğrafyası perspektifinde inceleyemediklerini, halk kültürü atlaslarını ulusal veya bölgesel sınırlara göre çizmeye devam ettiklerini belirtmiştir (Burke, 1996: 44-75).

Daha önce halk terimine dönük görüşlerine atıfta bulunulan Richard Bauman, Alan Dundes'la paralel biçimde, halk gruplarının etnik köken, din, bölge, meslek, yaş ve kan bağı ilişkileri gibi ayırt edici unsurlar ekseninde belirlenebileceğini ifade ederken (Bauman, 2005: 155-157) Jan Harold Brunvand, Amerikan folkloru özelinde folklorun taşıyıcıları olarak gördüğü halk gruplarını, meslek grupları, yaş grupları, cinsel gruplar ve etnik ya da milliyet grupları olarak sınıflandırmanın mümkün olabileceğini; kimi durumlarda da din, eğitim, hobiler, komşuluk ya da aile gibi halk gruplarının da bunlara eklenebileceğini ifade etmiştir (Bauman, 2005: 151-152).

George Foster, daha önce atıfta bulunulan halk kavramına dönük yaklaşımı paralelinde halk grubunu yarım bir toplum, geniş bir ünitenin bir parçası olarak kabul etmiştir. Foster'e göre geniş bir ünitenin halk kısmı endüstri öncesi şehir merkezindeki yüksek sınıflar tarafından oluşturulan daha karmaşık kısımlarla zaman ve mekâna bağlı bir ilişki taşır (Çobanoğlu, 1999: 283).

Alan Dundes halk kavramına dönük görüşlerini belirttiği çalışmasında, halk gruplarının varlığının gruba ait halk bilgisiyle birlikte ortaya konulabileceğini belirtmiştir. Dundes, halk tanımıyla paralel biçimde en küçük halk grubunun iki kişiden oluşabileceğini, iki kişilik bir grubun bile jestler, mimikler ve argolar üzerinden özel bir iletişim sistemi oluşturabileceğini belirtmiştir. Daha fazla sayıda katılımcının oluşturduğu herhangi bir halk grubu daha küçük alt gruplara da ayrılabilmektedir. Örneğin aynı dini cemaate mensup bireyler arasında bile algı düzeyleri ve kabuller ile işleyen halk bilgileri bağlamında alt gruplar oluşabilmektedir. Öte yandan çok çeşitli olan halk grupları içinde birçok da meslek grubu vardır. Bunların içinde askerler, balıkçılar veya çiftçiler yer alabilir. Birçok da meslekî halklar vardır. Bunları askerler, balıkçılar veya çiftçiler şeklinde örneklendirmek mümkündür. Her şehir veya köy de kendi yerel yer adları ve doğruluğu su götürür yerel efsanelerine dayanan halk gruplarını oluşturur. Son olarak, her aile (sülale) de kendi özel gelenek kalıplarıyla bir halkı teşkil eder (Dundes, 1998: 147-148; Dundes Renteln ve Dundes, 1995: 2).

Grupların, etnik köken, meslek, akrabalık, dini inanç, cinsiyet, yaş, sağlık, mekânsal yakınlık veya alışkanlık birlikteliği gibi çok sayıda faktöre göre belirlenir olduğunu ifade eden Elliot Oring, teorik olarak, halk gruplarının sayısının ve türlerinin yalnızca grup kimlikleri için temel olarak hizmet verebilir elemanların sayısı ve çeşitleri ile sınırlı olduğunu ifade eder. Dundes'in halk tanımında ifade ettiği "en az iki kişiden oluşan herhangi bir topluluk " vurgusunu tanımlayıcı ve ayırt edici yönler içermemesi bakımından eleştiren Oring, folklorun kapsamında yer alan halk masalı, halk sanatı, halk tiyatrosu, halk dansları, halk türküleri gibi pek çok ürünün değişebilen, rastlantısal gruplar arasında değil süreklilik arz eden gruplar arasında ortaya çıktığını ifade eder. Dundes'in halk ve halk grubu tanımlarının ihtiyacı karşılamaktan uzak, şahsi bir bakış açısını ifade ettiğini savunan Oring, Amerikan folkloristiğinde halk ve halk gruplarına dönük soruların henüz tam olarak aydınlatılamadığını belirtir. Dundes ve takipçilerinin folkloru bazı gruplardan ziyade bütüncül insan gruplarının karakteristiğini ortaya koyan evrensel kategori olduğuna inandıklarını ifade eden Oring, Amerikalı folkloristlerin, halk terimine derinlemesine ilgi göstermediklerini, Amerika'da yaşayan etnik gruplar üzerine yaptıkları çalışmalarda çoğu zaman, bu tür grupların belirli özelliklerine ve bu özellikler üzerinden toplumun bütünü ile kurdukları ilişkilere odaklandıklarını vurgulamıştır. Meksika ve Latin Amerika'daki köylüler üzerine çalışan Amerikalı antropologların bu konuda daha yararlı sonuçlara ulaştıklarını ve "halk topluluğu" fikrinin geliştirilmesine katkı sağladıklarını ifade eden Oring, daha önce halk kavramına dönük görüşlerine yer verilen Robert Redfield'in halk gruplarının tanımlanması ve ayırt edilmesi yolundaki görüşlerini daha faydalı bulur. Ona göre şehir merkezlerinde heterojen ve değişken gruplar tarafından üretilen folklordan çok, homojen ve kalıcı karakterli grupların folklorlarına yönelmek gereklidir (Redfield, 1996: 1-23). Oring'in refere ettiği Robert Redfield, merkezinde tuttuğu küçük toplulukların özelliklerini, ayrılık (grubun sınırlarının belirliliği), küçüklük (katılımcı sayısının sınırlılığı), homojenlik (rol ve meslek gibi faaliyetlerin kuşaklar arası olabilirliği) ve kendine yeterlik (grup üyelerinin ihtiyaçlarını grup içerisinden karşılayabilirliği) kavramları ile özetlemiştir (Doğan, 2012: 96; Bottomore, 2000: 106).

Halk gruplarına folklorik açıdan yaklaşan bir diğer isim olan Dorothy Noyes, folkloristlerin halk terimini ele alma ve anlamlandırma süreçlerine temas ettikten sonra halk gruplarının teşhisi konusundaki görüş ayrılıklarına vurgu yapmıştır. Bazı folkloristlerin küçük toplulukları, bazılarının ise tüm bir ülke halkını veya büyük toplulukları halk topluluğu olarak kabul ettiklerini belirtmiştir. Bazı halk topluluklarının daha topluluk haline gelmeden önce ırk, etnisite, cinsiyet, yaş, ortak ilgi alanları, sınıf gibi dış bağlantılarla tanımlanması yolunda temayülün var olduğunu yani bir topluluğu halk topluluğu haline getiren şeyin daha önceden var olan özellikler olduğunun farz edildiğine vurgu yapan Noyes, bunlara Alan Dundes'i destekleyici türde eleştiriler getirmiştir. Söz konusu temayüllerde gözetilen kriterler bağlamında zannedildiği gibi bir halk gurubunun herhangi bir açıdan daha önceden hep var olduğu düşünülürse "biz" ve "onlar" tuzağına düşme riskinin oldukça yüksek olacağını ifade etmiştir. Dundes'la başlayan ve Noyes örneğinde olduğu gibi Amerikan folkloristiği içinde giderek daha fazla taraftar kazanan bu yaklaşımda öngörülen risklerin bertaraf edilmesi düşüncesiyle gurup oluşumunda ve devamlılığında yakınlık ve etkileşimin önemine vurgu yapıldığı görülmektedir. Buna göre toplumsal guruplar kültür, sınıf, cinsiyet, etnik yapı veya yaşa ilişkin özellikleri paylaşabilir ve bu özellikler var olduğu için bir araya gelebilirler. Ancak onları halk topluluğu yapan etkenler düzenli iletişim (yakınlık), ortak deneyimler ve etkileşimlerdir. Etkileşim içinde bulunan insanlar folklor yaratma eğilimindedirler. Temel olarak eğer bir topluluğun folkloru varsa o zaman o halk topluluğudur anlamına gelen bu yaklaşımda topluluğu oluşturanlar kendilerine ve diğerlerine topluluğun değerlerini, ilgi alanlarını ve kimlik duygularını ileten folkloru dışa vurur ve paylaşırlar. Bu yaklaşım genel anlamda Dundes'in "halk toplulukları folklorun içinde tanımlanır" şeklindeki görüşüyle paraleldir. (Noyes, 2003: 7-8). Öte yandan Dundes'in halk tanımını yaparken dile getirmekten çekindiği kaygılar, Noyes tarafından açıkça ifade edilmiştir. Zira Amerikan toplum yapısının etnisite bağlamında "biz" ve "onlar" şeklindeki ayrılıklara çok müsait olması halk ve halk topluluğu terimlerinin tanımlamalarında törpülemelerin yapılmasının başlıca sebebi olmuştur.

Amerikan folkloristiği üzerine eleştirel yaklaşımları ile dikkat çeken isimlerden Martha Sims, bir halk grubuna üye bireylerin konumlarından ve kısmen de olsa ödevlerinden bahsederken herhangi bir halk grubunun parçası olmanın o gurubun dilini, davranış kalıplarını, yazılı ve sözlü kurallarının bilinmesi ile mümkün olabileceğini, bu yollarla geliştirilen iletişimin, grubun tutumlarının, inançlarının, değerlerinin ve dünya görüşlerinin diğer üyelere ve grup dışındakilere iletilmesinde belirleyici olduğunu belirtmiştir. Sims, bu sözleriyle folklorun, içinde yetişilen veya sonradan dâhil olunan gruplar aracılığıyla öğrenilip tatbik edilebileceği yolundaki genel değerlendirmeye bir kez daha atıfta bulunmuştur (Sims ve Stephens, 2011: 31).

Bağlam/icra temelli folklor paradigmasının önemli isimlerinden Dan Ben Amos, folklorun tanımı, kapsamı ve folklor ürünlerinin tabiatı üzerine değerlendirmeler yaparken, bu paradigmanın benimsediği ve yukarıda ifade edilen halk algısından hareketle folklorun sosyal gruplar arasında da takip edilebileceğini belirtmiştir. 1950'li yıllardan itibaren sosyologların gündemini işgal eden küçük grupların, folkloristler tarafından yeterince ilgi görmediğini belirten Amos, Amerikan sosyolojisinin gündemini ilerleyen bölümlerde tekrar atıfta bulunulacak isimlerinden George Cooley'den sonra sıkça meşgul eden "grup" kavramını yine temas edilecek olan "birincil sosyal gruplar"ı işaret edecek şekilde, birbirleriyle çok sık olarak bir zaman dilimi içinde iletişim kuran ve her kişinin diğer her bir kişiyle başkaları yoluyla ikinci elden değil doğrudan yüz yüze iletişim kurmasına yetecek kadar az sayıdaki kişilerin toplamı şeklinde tanımlamıştır. Herhangi bir ayrıma gitmeden bir ailenin, bir sokak çetesinin, bir grup fabrika işçisinin, bir köy halkının hatta bir kabilenin bile bir halk grubu oluşturabileceğini beliren Amos, folklorun oluşması sürecinde icracılarla seyircilerin aynı halk/referans grubundan olmaları gerektiğini ve bu yolla ortaya çıkan iletişim üzerinden grup folklorunun ortaya çıktığını belirtmiştir (Amos, 1997: 83). Anlaşılacağı üzere Amos, icracı, seyirci ve bağlam üçgeninde bir grup içinde ortaya çıkan folklorun artistik bir iletişim biçimi olduğunu ifade etmektedir.

Buraya kadar olan bölümde halka ve halk gruplarına dönük çalışmalarına atıflarda bulunulan folkloristlerin halk gruplarının belirlenmesi ve özelliklerinin ortaya konulmasında büyük veya küçük bir halk grubunu oluşturan katılımcıların müştereken ortaya koydukları gelenek ve folklor dağarcığını bağlayıcı unsur olarak kabul ettikleri görülmektedir.

Halk terimini en genel şekliyle bir toplumu oluşturan bireylerin tümü (Hançerlioğlu, 1986: 165) olarak tanımlayan sosyolojinin ve onunla aynı yolu takip ederek ihtisaslaşan sosyal/kültürel antropolojinin[6] halk gruplarına dönük kabullerine bakıldığında Emile Durkheim'in tespitlerinin bu iki disiplinin yanı sıra folklora da etkilerinin büyük olduğu görülmektedir. Toplumsal düzenin kalıcılığının dayanışma duygularının sürdürülmesine bağlı olduğunu ifade eden Durkheim'e göre geleneksel (diğer bir ifadeyle ilkel) toplumlarda karşılıklı olarak yer değiştirebilir bir dizi benzer yerel grup bulunmaktadır. Bu gruplar, yerel birimlerin biçim ve işlevleri değişikliğe uğramaksızın parçalanabilmekte; bireyler toplumsal düzende herhangi bir değişikliğe neden olmadan doğup ölmektedir. Mekânik dayanışmacı toplumlar şeklinde tanımlanan bu toplumlarda toplumsal dayanışma, karşılıklı benzerliğin kabulü üzerine temellenmektedir. Karmaşık iş bölümü sergileyen daha geniş ölçekli toplumlarda ise üyelerin dayanışması karşılıklı bağımlılık üzerine temellenmektedir. Yani nasıl bir organizma birbirinden ayrı ama birbirine bağımlı organlarının işlemesine bağlıysa, toplum da kendi parçalarından oluşmuş bir bütündür ve bu bütünü oluşturan organizasyon artık mekânik değil "organik dayanışma" esasına göre işlemektedir[7]. Tüm toplumlarda toplumsal gruplaşma biçimleri üyelerin toplumsal bilinçlerini belirlemekte; bilinç biçimleri simgesel ayinlerde yeniden sahnelenerek sürdürülmekte ve güçlendirilmektedir (Emiroğlu ve Aydın, 2003: 708-709; Monaghan ve Just, 2013: 87-88).

Toplumu oluşturan başlıca öğeleri, bunların toplum bütünü içindeki yerlerini ve aralarındaki ilişkileri ve böylece işleyişlerindeki düzenlilikleri anlatmak üzere kullanılan "toplumsal yapı" kavramı (Doğan, 2012: 112) üzerine tespitleri ile simge isimlerden biri halini alan Max Weber'e göre ise toplumsal kurumlar, içerdikleri sosyal ilişkilerden ziyade sergiledikleri görevler açısından organize olurlar. Geleneksel toplumlarda bireyler çoklu, birbirleriyle örtüşen roller sergileyen ve (kimi zaman kalıtsal sosyal statüyü de içeren şekilde) kendi yaşamlarının tüm yönleriyle ilgili olan gruplara dâhil olurlar. Zira geleneksel toplumun dünyasını şekillendiren temel unsur büyüdür ve bireyin çevresindeki sosyal ve doğal dünyayla ruhsal açıdan bütünleşme çabası içindedir. Modernite ile birlikte ussallığa geçiş bu ruhsal bütünleşme duygusunun yitirilmesi anlamını da içermektedir. Bu bağlamda modern toplumlar ussallaşmış kurumlara sahiptir; bu kurumlara önemli olan bireyin her türden başka sosyal benliklerden öte belirli görevleri yerine getirebilme yeteneğidir. Weber'in pek çok kez eleştirilere maruz kalan bu yaklaşımına göre modern toplumlar içinde oluşan bu ussallaştırılmış kurumların kuralları ve işleyişleri çoğu zaman bir geleneğe bağlı olarak değil kendi mantıksallığı ve etkinlikleri doğrultusunda ortaya çıkarlar. Örneğin ussallaştırılmış bir meslekî kurum, gerçekleştirdiği etkinliğin geçmişten beri nasıl yapılageldiğinden çok en etkili ve işlevsel biçimde nasıl yapılabileceği üzerine yoğunlaşır (Monaghan ve Just, 2013: 88; Aytaç, 2004: 192-193; Giddens, 2013b: 298).

Kimi yönleriyle hâlâ tartışılan sosyolojik görüşler paralelinde sosyal yaşamın düzenlenmiş doğası üzerine odaklanan İngiliz sosyal/kültürel antropolojisi, daha önce isimlerine atıfta bulunulan Bronislaw Malinowski ve Alfred R. Radcliff-Brown'ın öncülüğünde 1920'li yıllardan itibaren, sosyal ilişkilerin kalıplara sahip ve önceden tahmin edilebilir nitelikte oldukları düşüncesinin kavramsallaşmış ifadesi olan "sosyal yapı" kavramına yönelmiştir. Grupların toplumlar biçiminde oluşma yolları, grup üyelerinin davranışlarını yönlendiren kurallar, gruplar arası ilişkilerin biçimleri ve grupların açık ve gizli işlevleri gibi başlıklar bu sürecin öncelikli başlıkları olmuştur (Monaghan ve Just, 2013: 79-80).

Sosyal/kültürel atropologların büyük bir kısmı toplumların, bütün parçaları birbirine bağlı, her biri zorunlu ilişkiler kompleksi içerisinde bütünü korumak için işlev gören doğal sistematikler olduğunu ifade etmektedir (Pritchard, 2005: 52). Bu minvalde bu alanın inceleme konusunun toplumsal morfoloji yani toplumsal sistem ya da süreçler olduğunu ifade eden Alfred R. Radcliffe-Brown, herhangi bir toplumsal yaşamın bireylerle birey grupları arasında bir ağdan oluşan bir toplumsal yapının kurulmasını gerekli kıldığını ifade etmiştir. Bu ilişkiler, hak çatışmalarının yapıyı bozmadan çözümlenmesi şekilde tanımlanması gereken hak ve görevleri içermektedir. Çoğu zaman bir ritüel[8] bu anlamda bir toplumsal dayanışma duygusunu destekleyici mahiyet taşımaktadır (Emiroğlu ve Aydın, 2003: 710).

Durkheim'in yukarıda izah edilen şekliyle toplumsal dayanışma ve bilincin önemli bir argumanı olarak gördüğü halk grupları (sosyolojinin terminolojisine göre sosyal gruplar) sosyolojik bakış içinde, resmî ya da gayrı resmî üyelik ölçütleriyle tanımlanan, görece istikrarlı bir karşılıklı ilişkiler modeliyle birlik olma duygusunu paylaşan ya da kendilerini birbirlerine bağlı hisseden çok sayıdaki kişinin oluşturduğu bir küme şeklinde tanımlanmıştır (Marshall, 1999: 285).

Toplum ve grup arasındaki farkı da ortaya koyacak şekilde toplumu, sosyal gereksinmelerini karşılamak için etkileşen ve ortak bir kültürü paylaşan çok sayıdaki insanın oluşturduğu bir birliktelik olarak kabul eden Joseph Fichter, grubun toplumun sadece bir parçası olduğunu; bir toplumun ortak kültürünün bir grubun kültüründen daha kapsamlı olduğunu ifade etmiştir (Fichter, 2011: 63). Grubun kişilerden, toplumun ise gruplardan oluştuğunu ifade eden Fichter, grupların belirleyici özelliklerini ve karakteristiklerini de ortaya koyacak şekilde toplumsal grubu, ortak sosyal hedefleri izleyen, sosyal normlar, ilgiler ve değerlere göre karşılıklı roller oynayan sosyal kişilerin tanımlanabilir, yapılaşmış, sürekli birlikteliği şeklinde tanımlamıştır (Fichter, 2011: 73).

Sosyal grubu, karşılıklı rollere, statülere, değer yargılarına ve inançlara sahip ve bu özelliklerinin farkında olarak karşılıklı ilişki düzeni içinde bulunan, ayırt edebilen özellikleri taşıyan birden fazla bireyi kapsayan topluluk (Doğan, 2012: 93); birbirleriyle belirli statü ve rol ilişkileri içinde bulunan, en az iki kişiden oluşan ve en azından grubu ilgilendiren önemli meselelerde üyelerin davranışını düzenleyen, kendine ait bir dizi değer ve normu olan sosyal bir birim (Şerif ve Şerif, 1996: 29) veya kendilerini aynı sosyal sınıfın üyeleri olarak algılayan ya da aynı sosyal kimliği paylaşan iki ya da daha fazla kişi (Demirtaş, 2003: 132) şeklinde tanımlayanların Alan Dundes'in yukarıda belirtilen halk grubu tanımlamasında ortaya koyduğu asgari katılımcı sayısıyla aynı paralelde oldukları görülmektedir.

Topluluk kimliği, yalnızca topluluk içindeki ortak iletişimle değil, ayrıca diğerleriyle olan etkileşimlerine de bağlıdır. Bu durum topluluk olma hissinin tanımlanmasına ve güçlendirilmesine yardımcı olur. Topluluğun hem içindekiler hem de dışındakiler onu tanımlayabilir veya şekillendirebilir. Topluluk içi ve dışı etkenler onları anlamada önemlidir; zira bazen topluluklar folklorlarını belirleyen geleneklerinin çoğunu kendilerini diğerlerine tanıtmaya veya diğerlerine nazaran kendilerini tanımlamaya dayandırırlar (Aldred, 2009: 3). Tanımlamayı kalıplarla mücadele etmek için yapabildikleri gibi, tam aksine, diğer topluluk hakkındaki kendi düşündükleri klişeleri yaygınlaştırmak ve böylelikle kendilerini daha açık bir biçimde tanımlamak için de yapabilirler. Grup içindeki iletişim, geleneğin ortaya çıkmasının önemli bir sebebidir; ancak bu iletişim yalnızca gurup dâhilinde olmayabilir. Zira folklor topluluk haricinde de gerçekleşebilir. Bu şekilde topluluklar arasında diğer toplulukların folklorunu, kimliklerini, değerlerini vb. anladıkları ve tanıdıkları bir iletişim oluşur. Bu nedenle folklor bir topluluğun değerlerini ve varlığını görmede önemli olsa da o topluluk folklorun paylaşıldığı tek mekân olmayabilir. Bazen bu topluluklar arasındaki gerçekleşen iletişim -guruba hitap eden bir folklor metninin gurup harici iletişimde olan diğer bir guruba geçiş yapması- kültürel tutumların değişiminin, muhtemelen de asimilasyonun belirtisidir (Sims ve Stephens, 2011: 36).

Halk grupları folklorun penceresinde çeşitli biçimlerde sınıflandırılmaya çalışılmıştır. Bu çalışmaların bir genel değerlendirmesi olarak halk gruplarının, bir insanın diğeriyle ilişkisine bağlı olarak "yakınlık", "gereklilik, zorunluluk veya koşullar", "düzenli etkileşim", "ortak ilgi alanları veya beceriler" gibi grup birlikteliği oluşturan sebeplerle oluşabildiği görüşü en açıklayıcı yaklaşımlardan biridir. Buna göre ulusal veya bölgesel topluluklarda olduğu gibi etnik topluluklar; hatta yerel topluluklar bile "yakınlık" esasıyla birbirlerine bağlanmıştır. Bunların hepsinin coğrafyanın çizdiği belirleyici özellikleri vardır. Belirli etnik guruplar her zaman birbirlerine yakın yaşamasalar da kökenleri genelde coğrafya tarafından belirlenmiştir. Etnik topluluklarda topluluğun gelenekleri, kıyafetleri, gelenekleri ve maddi kültürleri topluluğun yaşadığı bölgeye veya iklime göre farklılık gösterebilir. Daha az dikkat çekmiş benzersiz topluluklar yerel geleneklerde tanımlanabilmekte ve hatta belirli bir bölgeye yerleşmiş etnik guruplarla iç içe geçebilmektedir (Sims ve Stephens, 2011: 38). Bu durumun canlı bir örneği olarak gösterilen Amerika toplumunu oluşturan farklı topluluklarda görülen pek çok geleneğin başka bölgelerden ve hatta göçmen atalar tarafından başka ülkelerden getirildiği aşikârdır. Amerikan sosyolojisinde ve folkloristiğinde bu gelenekleri belirli bir etnik veya ulusal gurubun gelenekleri olarak görmekten ziyade yerel ve coğrafî olarak bağımlı bir gurubun ortak geleneği olarak görme ve gösterme çabası devam etmektedir.

"Gereklilik, zorunluluk veya koşullar" esasına dayalı topluluk üyeliğinde ise akla ilk gelen halk grubu "aile"dir. Zira her birey, inançları, değerleri ve gelenekleri öğrendiği bir aile ortamında dünyaya gelir ve bu birliğe katılım sergiler. Bu bağlamda folkloristlerce incelenen en küçük halk grubu aile olmuştur. Amerikan folklor araştırmalarında küçük halk gruplarına dönük folklor araştırmalarının konuları arasında "family folklore" (aile folkloru) oldukça popüler bir başlık halini almıştır (Fine, 1982; Brunvand, 1996: 509-511; Yocom, 1997: 278-285). Bu küçük halk grubunun üyesi, mensubu olduğu ailenin içinde kendini ifade etme biçimlerini ve yakınlıktan doğan değerleri öğrenir. Bir birey kendisini ailenin kökenleriyle özdeş görmese bile onu o topluluğun üyesi yapan değerleri ve ifade biçimlerini ailesinden öğrenir. Aynı şekilde koşulların gerektirdiği topluluk üyeliklerine akran toplulukları da dâhildir. Birey kendi insiyatifinde olmaksızın akran guruplarından davranış, değer ve iletişim yollarını edinir. Okul ve komşuluktan kaynaklanan yakınlığın da ötesinde yaşa göre belirlenen bu gurup gereklilik veya koşullarca çizilen topluluklara bir örnektir. Folklorun nesiller boyunca paylaşılabildiği gerçeğinden hareketle akran gruplarına ait folklorik unsurlar (örneğin espriler, efsaneler vb.) bölgeleri ve coğrafî sınırları aşarak aynı fikir ve değerlere dayalı bir grup oluşturabilir (Sims ve Stephens, 2011: 39).

Küçük grupların folklorları ile ilgili çalışmalar yapan Gary Alan Fine, küçük grupların özelliklerinden dolayı kültürlerinin diğer gruplara göre daha güvenilir biçimde gözlemlenmesinin mümkün olabileceğini, öte yandan küçük grupların anlaşılması sürecinde toplanan verilerin daha büyük halk gruplarının folklorlarının anlaşılmasına da yardımcı olabileceğini, zira folklorun sadece bir grubun folkloruyla değil gruplar arasındaki folklorik münasebetlerle de ilgili olduğunu ifade etmektedir (Fine, 1979: 736). Bir küçük grup olan aileyi de folklorunun incelenmesi sürecinde bu genelleme içinde görmek yanlış olmayacaktır.

Daha önce ifade edilen şekliyle "düzenli etkileşim" münasebetiyle oluşan topluluklara üyelik, aileden ve komşulardan farklı olarak birey kimliğinin gelişmeye başlamasıyla gerçekleşmektedir. Bazı durumlarda benzeri topluluklar ilk önce yakınlıktan doğmaktadır, ancak daha sonra düzenli etkileşimle güçlendirilmektedir. İnsan hayatı sürekli birlikte olunan insanlarla iç içe geçer; bu bağlamda üyesi olunan veya yardım için başvurulan resmi gruplar da halk birlikleri oluşturulan yerler arasındadır. Meslekî toplulukların oluşmasında belirleyici koşul, üyelerin hepsinin aynı yerde çalışmasıdır. Ancak o gurubun içinde daha küçük bir gurup da sürekli birlikte öğle yemeğine çıkan meslektaşlar tarafından oluşturulabilmektedir. Yakınlıktan doğan gurupların aksine bu guruplar, coğrafi koşullar tarafından oluşturulmazlar. Onlar, ortak değerler, davranışlar ve tutumlar geliştirmelerine neden olan ortak deneyimler tarafından yaratılmaktadırlar. Bu türde topluluklar, üyelerinin ortak ilgi alanlarına sahip olmaları veya belirli bir amacı başarmak için bir araya gelmeleri gibi izahı yapılan nedenlerle oluşmaktadır. Topluluk üyeleri, aralarında paylaşabilecekleri kendi geleneklerini ve deneyimlerini üretebilirler. Bu toplulukların üyeleri ortak ilgi alanları veya amaçlar için bir araya gelebilir ancak daha çok birbirlerine düzenli gayrı resmî etkileşimlerle bağlıdırlar (Sims ve Stephens, 2011: 39).

"Ortak ilgi alanları veya becerilerle birbirine bağlanan" topluluklar, geleneksel topluluklarda her türlü çalışma ortamında oluşabilirken karmaşık bir sosyal örgütlenmeye sahip modern toplumlarda genellikle sınıf veya ofis gibi yerlerde oluşmakta ve dışa doğru açılmaktadır. Bazen bireyler kendileriyle ortak becerilere veya ilgi alanlarına sahip insanları ararken bir araya gelmekte ve sahip oldukları ortak noktalara dayanan bir topluluk oluşturmaktadırlar[9]. Yakınlıktan doğan topluluklara benzer bir şekilde bu halk topluluklarının önceden de gelenekleri, kendilerine has davranışları ve dilleri olabilir. Ancak yeni üyeler topluluk dinamiklerini değiştirebilir, topluluğu geliştirmeye katkıda bulunabilirler. Beceri, bu tür topluluklarda üyeleri bir araya getiren bir etken olmakla birlikte topluluğu sağlamlaştıran tek etken değildir. Üyeler beceri veya ilgi yüzünden topluluğa katılmış olabilir ancak katıldıkları zaman yalnızca var olan üyelerden bir şeyler öğrenmek veya ortaklaşa grup kuvvetinden faydalanmak için katılmazlar; yeni fikirler de getirirler. Bir beceri veya ilgi alanı tarafından oluşturulan bir grup, iletişime dair daha çok öğeyi bir araya getirdikçe bir halk topluluğu halini almaktadır. Üyeleri birleştiren tek husus çalışma ortamında becerilerini birlikte uygulamak değildir. Onları birlikte tutan diğer iletişim yollarını da kullanarak becerilerini uygulamaktır. Bu paylaşım sayesinde topluluk bir kimliğe sahip olmaktadır. Topluluk, meslekî tekniklerdeki veya tasarımlardaki yenilikleri paylaşarak, mevcut meslekî geleneklerine ilaveler yaparak meslekî geleneğin bütününde ve aynı meslek çevrelerinde gelişerek ve böylelikle grup bağlılığını bir üst seviyeye taşıyarak büyür ve gelişir. Mesleği icra eden katılımcılar hayatları hakkında hikâyelerin yanı sıra kendi değerlerini ve inançlarını da paylaşabilir ve bu şekildeki bir etkileşimle yalnızca faydacılık üzerine bir topluluk olmanın çok ötesine geçen bir topluluk yaratabilir. Bütün meslekî topluluklar beceri temelli değildir. Oto tamircileri, bilgisayar programcıları, şefler ve itfaiyeciler, belirli becerilere sahip oldukları için bir araya gelirler ve özellikle o mesleğin gerektirdiği beceriyle ilgili kendi üyelerine ait gelenekler yaratırlar. İlerleyen bölümlerde hakkında detaylı bilgi verilecek olan meslekî folklor, çoğu zaman meslek için gerekli becerilerin öğretilmesiyle ilgilidir. Örneğin gürültülü fabrikalarda sesten korunmak için kulaklık takan çalışanların mesai arkadaşlarıyla konuşmak için geliştirdikleri el hareketleriyle oluşturdukları meslekî beden dili yeni gelenlere öğretilmelidir. Bu süreçte yeni gelenin görsel şakalarla kandırılması veya komik bir duruma düşürülmesi gibi yan folklorik unsurlar da ortaya çıkabilmektedir (Sims ve Stephens, 2011: 40-41).

Meslek grupları resmî veya gayrı resmî bir şekilde kurulabilmekte ve işletilebilmektedir. Türk toplum hayatında sosyo-kültürel ve ekonomik bir mahiyette Tanzimat'a kadar işlerliğini koruyan ve Cumhuriyet Türkiyesinde yeniden canlandırılmaya çalışılmasına rağmen eskisi kadar etkinleştirilemeyen Lonca teşkilatının katılımcılarını bağlayan yasalar, bu meslekî örgütlenmenin tarihsel gelişim seyri içinde resmî bir boyuta taşınmasında oldukça etkili olmuştur. Sürekliliğin sağlanmasında önemli bir role sahip bu türde formel düzenlemelere[10] bugünün modern meslek birliklerinde de rastlanabilmektedir. Örneğin mühendisler, doktorlar, avukatlar vb. mensubu oldukları meslekî birliklerin resmî tüzükleri ile meslekî organizasyona olan bağlılıklarını ifade etmiş olurlar. Meslekî topluluklar her zaman bu türden tüzük benzeri yazılı esaslarla örgütlenmezler. Türk toplum hayatında zaman ve mekân derinliğine sahip pek çok meslekî topluluğun esasları sözlü yasalarla tayin edilmiştir. Bu sözlü normlar, Türk sözlü kültürünün devamlılığını muhafaza eden unsurlar arasında önemli bir yere sahiptir. Meslekî birlik içindeki normların yazılı veya sözlü olmaları bunların geçerliliklerinin veya etki alanlarının sorgulanabilirliği anlamına gelmez. Zira mesleğe dönük inançlar ve değerler sistemi katılımcıyı her durumda topluluğun ilkelerine uymaya zorlar. Yazılı veya sözlü fark etmez, yeni katılımcıların topluluğun dokusuna uyum sağlamalarını ve topluluk bilincine dönük farkındalığın yaratılması veya muhafaza edilmesi gibi önemli işlevlerle geliştirilen normlarla şekillenen meslek topluklarında en sık paylaşılan folklor türleri hiyerarşiyle, üyelikle, meslek becerileriyle ve riskle ilişkilidir. Riskin dâhil olduğu birçok meslek topluluğunda üyelerin risk hakkındaki duygularını ifade etmek için sözlü, geleneksel veya maddesel ifadeleri tercih ettikleri görülür. Örneğin Jack Santino'nun (1988) hava yolları çalışanlarıyla yaptığı bir çalışmada, çalışanların uçakta dolaşan bir hayaletten bahsetmeleri ve bu hayaletin son kazalarda ölen görevlilerden birinin hayaleti olduğuna inanıyor olmaları bu türdendir. Bu tür hikâyelerin görevliler arasında anlatılmasının sebeplerinden birisi de hiç şüphesiz çalışanları hava yolculuklarının potansiyel tehlikelerine hazırlamaktır. Yine Patrick Mullen'in (1988) Teksas Gulf sahili balıkçıları üzerine yaptığı çalışmasında tespit ettiği deniz ve av konulu anlatılarda da grup üyelerinin yüzleşecekleri tehlikelere karşı donanımlandırılması amacına hizmet eden örnekler mevcuttur. Benzeri bir durumu bu araştırmanın merkezini teşkil eden ve katılımcıları balıkçılardan oluşan meslekî topluluk içinde de görmek mümkündür. Tespit edilen ve ilerleyen bölümlerde zikredilecek olan kimi efsane ve memoratlarda pek çok riski bünyesinde barındıran denize karşı temkinli ve hazırlıklı olmanın yanı sıra dayanışmanın da telkin edildiği görülmektedir.

Meslekî organizasyonu oluşturmanın yanı sıra katılımcıların sözlü veya yazılı normlara uyum sağlaması ve meslekî uygulamalara karşı birikim edinmeleri yolunda folklor bağlamlı paylaşımlarla daha pek çok meslek grubunda karşılaşmak mümkündür.

Sosyoloji ve antropoloji, halk gruplarının oluşum biçimlerini ve işlevlerini doğal olarak folklordan farklı biçimlerde ele almıştır. Sosyolojik bakışa göre toplum denen büyük yapı içerisinde sosyal grupların rolleri olduğu gibi, bu gruplara katılan bireylerin de sosyal rolleri vardır[11]. Bireyler iş birliği sonucunda edindikleri sosyal rollerini iş, kültür ve eğitim ortamlarına taşıdığı gibi bu ortamlardan edindiklerini de yine mensubu oldukları gruplara taşır ve sürekli bir etkileşim ortamını sağlamış olurlar (Gönüllü, 2001: 195; Sevim, 2011: 92). Zira insanlar arasındaki ikili ya da çoklu ilişkiler sosyal, ekonomik, psikolojik, kültürel, dini ve akademik değerler bağlamında somutlaşmakta ve insanların yaşamlarına yön vermektedir. Sosyal gruplar ise bu değerlerin en sık ve dinamik bir şekilde işlediği toplumsal yapılardır. Sosyal gruplara hâkim olan bu değerler şahısları harekete geçirirken, bir işe yöneltirken veya bir işi yapmaktan alıkoyarken, aynı zamanda onların dünya görüşünde, duygu ve düşüncelerinde de değişiklikler yaratır (Nirun, 1965: 235).

Erken dönem Alman sosyolojisinin önemli isimlerinden Georg Simmel, bir sosyal gruba mensup bireyin davranışlarının grubun diğer bireylerinin etkisinde olduğu tezini savunan isimlerdendir. Sosyal grubu oluşturan üye sayısının da üyeler arası ilişkileri değiştirebildiğini ifade etmiştir. Yani az sayıda üyeye sahip bir sosyal grup ile çok sayıda üyesi olan bir grubun aynı ölçütlerle değerlendirmek mümkün değildir. Simmel, çatışma ve düzen karşılıklı ilişki içinde olduğunu, bir grup ya da toplumsal sistem içindeki çatışmaların gerginliklerin o sisteme bütünleştirici bir etkisi olduğunu ifade etmiştir (Simmel, 1955).

Amerikan folkloristiği açıkça dile getirmese de halk grupları bağlamında kaçınılmaz biçimde gelişen "biz" ve ötekiler" algısını Amerikan toplumunun ulus esasına dayanmayan sosyal yapısı için bir risk olarak görmüş ve kavramı törpüleme yoluna gitmişken sosyolojinin "biz" ve "ötekiler" algısının ortaya çıkışına ve tanımına bakışı çok yönlü olmuştur. Sosyal gruplar, birbirleriyle gerçek karşılıklı ilişkiler içinde bulunan, davranışlarında birbirinin davranışını hesaba katan insanlardan oluşur. Grubun oluşumu, bu etkileşim çerçevesinde bazı ortak değerlerin, kuralların hatta belli bir duygusal ortamın oluşumuna ihtiyaç duyar (Tan, 1981: 44).

Sosyal grubu rastgele toplanmış insan topluluğu olarak kabul etmenin yanlışlığına vurgu yapan görüşler, topluluğun grup sayılabilmesi için hiç olmazsa ortak bir amaç için bir araya gelmeleri ve etkileşim içinde olmaları gerektiğini savunmuşlardır. Buna göre sosyal grup, üyeleri arasında ortak amaç ve çıkarları bulunan; her üyenin grubun varlığını ve sembollerini bilinçli olarak ayırt ettiği; göreli sürekliliği olan bireyler topluluğudur (Ozankaya, 1986: 94).

Sosyal grupların oluşması sürecinde amaç birlikteliğinin dışında başka koşulların da sağlanmış olması gerekliliğine vurgu yapan görüşlerde bu koşullar şöyle sıralanmıştır: a) Üyelerin karşılıklı olarak birbirlerinin farkında olmaları; b) Üyelerin belirli bir iletişim biçimine sahip olmaları; c) Üyelerin birbirlerinin davranışı hakkında belirli bir dereceye kadar öngörüde bulunabilmeleri; d) Üyelerin davranışlarının sosyal normlara göre düzenlenmiş olması; e) Zamana karşı dirençli olma (Mercer ve Wanderer, 1970: 122).

Folklorun bakış açısına göre daha önce ifade edilen şekliyle dört grupta değerlendirilen halk gruplarının tasnifi konusunda sosyologlar, antropologlar ve sosyal psikologlar benzer kriterlerin yanı sıra farklı kriterler de gözetmişlerdir. Grubun kuruluş amacı, grup üyeleri arasındaki ilişkilerin düşünsel/duygusal karakteri, ilişkilerin kişisel olup olmadığı, grubun genişliği, grubun varlık süresinin uzunluğu bunlardan bazılarıdır (Gönüllü, 2001: 192). Tüm bu kriterleri tek tek ele almak yerine konunun önemli isimlerinden Joseph Fichter'in ifade ettiği kriterlere atıf yapmakla yetinilecektir. Fichter, grup oluşumunda gözetilen ortak temelleri şu şekilde ifade etmiştir: a) Ortak geçmiş; b) Ortaklaşa paylaşılan mekân; c) Benzer bedensel özellikler; d) Ortak ilgiler (Fichter, 2011: 65-67).

Bir insan topluluğunun sosyal grup olarak değerlendirilebilmesi için topluluğun taşıması gereken özelliklere dair bir diğer görüş de yukarıdaki görüşlerle paralellik taşıyacak şekilde Mustafa E. Erkal tarafından ifade edilmiştir. Halk terimini üyeleri yoğun bir şekilde bir araya toplanmış olmayan, bir arada bulunmaları tesadüfi olmaktan uzak, sürekli fakat, teşkilatsız bir yaygın grup şeklinde tanımlayan Erkal, sosyal grupların özelliklerini şöyle ifade etmiştir: a) Birden fazla ferdin birlikte olması; b) Grup üyelerinin gruba dâhil olduklarını hissetmesi; c) Grup üyelerinin belirli karşılıklı rollere, statülere, değer hükümlerine ve inançlara sahip olmaları; d) Grup üyelerinin özelliklerinin farkında olarak karşılıklı ilişki içinde bulunmaları (Erkal, 2000: 18, 26).

Görüleceği üzere bazı sosyologlar, grup kavramına dönük tanımlar ortaya koyarken iki bireyin yan yana gelmesinin ve birbirlerinden haberdar olmalarının bir grup olmaya yeteceğini ifade ederken, bazıları ise bireylerin salt bir araya gelmelerinin yeterli olmayacağını, bu birlikteliğin temelinde ortak amaç ve değerlerin yanı sıra yukarıda belirtilen türde çeşitli koşulların bulunması gerekliliğine vurgu yapmışlardır.

Sosyal yapı içerisinde yer alan gruplar sosyolojik manada genellikle dört başlıkta değerlendirilmiştir. Bunlar, sosyolojik analizler için araç olarak kullanılan birimler niteliğindeki *istatistik gruplar*; yaş, cinsiyet gibi bir takım benzerlikler esasında oluşan *topluluk grupları*; modern karmaşık toplumların özelliklerini yansıtır şekilde oluşan *örgütsel gruplar* ve nihayet farklı dinamikler ve şekillerde oluşan sosyal gruplardır (Doğan, 2012: 96-97; Gönüllü, 2001: 193-194).

Sosyal grupların sosyolojik çerçevede sınıflandırılmasına dönük en çok kabul gören tecrübe erken dönem sosyologlarından Charles Cooley'e aittir. Cooley, 1909 yılında yayınlanan *Social Organization* adlı ünlü çalışmasında birincil gruplar[12] olarak adlandırdığı sosyal gruplar içinde üç temel gruptan bahsetmiştir. Bunlar aile, çocuğun oyun grubu ve komşular ya da yetişkinler arasındaki topluluklardır. Birincil gruplar, üyelerinin kişisel ve kalıcı ilişkileri paylaştığı küçük gruplardır[13]. Kişisel ve sıkı bir şekilde bütünleşmiş gruplardır. Beşikten mezara kadar süren bir yaşama biçimi şeklinde değerlendirilebilecek bu grupları kapalı, dayanışmacı, ailesel ve folklorik gruplar olarak adlandırmak da mümkündür. Ailenin merkezinde olduğu birincil grupların üyeleri pek çok yönden birbirine yardımcı olur; grubu amaçlarına ulaşmak için bir araç değil, amaç olarak görürler (Fichter, 2011: 71; Shotola, 2000: 2610-2611).

Bir sosyal grubun oluşum ve gelişiminde etkili olan psikolojik süreçleri araştıran sosyal psikoloji, sosyal grubu, iki ya da daha fazla sayıda bireyin yüz yüze etkileşime girdiği, her birinin kendi grup üyeliğinin yanı sıra grubun diğer üyelerinin farkında olduğu ve yine her birinin ortak hedeflere ulaşmaya çalışırken kendi pozitif bağımlılıklarının farkında olduğu bir sosyal oluşum şeklinde tanımlamıştır (Hogg ve Vaughan, 2011: 304-305).

Söz edilen araştırma şubelerine ek olarak sosyal psikolojide de grupların sınıflandırılmaya çalışıldığı görülmektedir. Grupların genellikle "benzerlik" temelli ve "etkileşim" temelli gruplar şeklinde ikili bir sınıflandırmaya tabi tutulduğu sosyal psikolojide bireyin grup içerisindeki davranışları *bireyci*[14] ve *kolektivist*[15] davranışlar olmak üzere iki farklı bakış açısıyla değerlendirilmektedir (Hogg ve Vaughan, 2011: 304).

Fotoğraf: Necla Özarslan

1.1.3. Grupların Özellik ve İşlevlerine Dönük Görüşlerin Kısa Değerlendirmesi

20. yy.'ın ilk çeyreğinin sonlarında Amerika başta olmak üzere tüm dünyada etkili olan büyük ekonomik kriz ve sonrasında kentsel alanları kuşatan endüstri merkezli dönüştürülmüş toplumsal yapı, sosyal grupların hızlı bir biçimde çeşitlenmesine sebep olmuştur. Bu durum Cooley'in yüzyılın başında yapmış olduğu tanımlamanın sınırlarının genişletilmesini zaruret haline getirmiştir. Bu bağlamda Cooley'in birincil gruplar şeklinde ifade ettiği bu sosyal grupların ve temel sosyal kurumların dışında tutulan diğer tüm sosyal gruplar, üyelerinin belirli bir hedef veya faaliyet için bir araya geldiği büyük ve gayrı şahsi ilişkiler üzerine kurulu "ikincil gruplar" olarak nitelendirilmiştir (Shotola, 2000: 2611). Siyasi örgütler, meslekler ve meslekî birlikler, dernekler, kulüpler, kooperatifler gibi pek çok ortak ilgi topluluğu[16], karmaşık toplum yapıları içinde gözlemlenecek ikincil gruplardan sadece bazılarıdır.

İkincil sosyal gruplara mensup üyeler arasında duygusal bağlar zayıftır ve ilişkiler daha çok aklın ilkelerine göre belirlenir, grup üyeliği değişkendir, üyeler birbirleri hakkında fazlaca bir bilgiye sahip değildir, belirli amaçlara yönelim sergilerler ve pek çoğunun grup içi ilişkileri düzenleyen yazılı kuralları vardır (Doğan, 2012: 96). Bu araştırmanın balıkçılar özelinde odağını oluşturan meslek gruplarına bu açıdan bakıldığında bu grubun üyelerinin çok farklı bölgelerde ve sosyal çevrelerde yaşabildikleri ancak meslekî uygulamalar etrafında geliştirdikleri benzer folklorik tecrübelerle birleştikleri görülmektedir. Mesleğin icra edildiği farklı sosyal ve kültürel alanlar meslek ekseninde ortaya çıkan folklorik unsurlara elbette sirayet edecek ve çeşitliliğe sebep olacaktır. Ancak grubun katılımcıları tecrübeleri ile birlikte meslekî folklorlarını da paylaşmakta ve böylece ortak bir grup folkloruna ulaşabilmektedirler (Sims ve Stephens, 2011: 41).

Birincil grup üyeleri birbirlerini aile bağları ve kişisel nitelikler içinde kim olduklarına göre tanımlarken; ikincil grup üyeleri birbirlerine ne olduklarına, birbirleri için ne yapabileceklerine göre tanımlama yoluna giderler. Hızlı toplumsal değişimin ve kentleşmenin ürünü olan ortak ilgi toplulukları, daha önceden birincil gruplar içinde yer alan aile ve akrabalar ile akran grupları tarafından yerine getirilen işlevleri üstlenmişlerdir. Kentle yeni karşılaşan ve karmaşık toplumsal yapıya uyum sağlamakta sorun yaşayan bireyler bu gruplar yardımıyla içinde yaşadıkları ortama uyum sağlamaya çalışmaktadırlar (Haviland ve diğerleri, 2008: 573).

İkincil grupların bir diğer özelliği de, grup üyelerinin diğer üyelerle ilişkilerinin karşılıklı alışverişe dayalı oluşudur; ne verileceği ve karşılığında ne alınacağı fikri önceliklidir. Birincil gruplar geleneksel toplum hayatının sürekliliği içinde takip edilebilen gruplardır. Nüfus, ekonomi gibi alanların genişlemesi ile birlikte ilgi alanları da farklılaşmaya başlar. Toplumsal hayata dâhil olan her yeni grup, toplumun basit yapısını düzenli bir karışıklığa götürür. Her geçen gün çeşitlenen bu gruplar içinde grup refleksleri, kuralları ve hiyerarşisi gelişmeye başlar. Pek çoğu gayrı şahsî ilişkiler esasına dayalı olan bu karmaşık gruplar toplumsal düzenin bir parçası halini alırlar. (Social Groups (t.y), http://www.sociologyguide.com/basic-consepts/Social-Groups). Bu ayrım, Ferdinand Tönnies'in cemaat-cemiyet yani topluluk-toplum nitelemesi ile benzerlik göstermektedir. Zira Tönnies, cemaati bir arada, çok yakın yaşayan topluluk biçiminde tanımlamış, bu ilişkilere dayanan sosyal gruplara aile veya yakın akraba gruplarını, köylerdeki yakın komşu topluluklarını ve arkadaş topluluklarını örnek göstermiştir. Toplumu ise kamusal alanda yaşayan ve gönüllük esasına göre bir araya gelen bir topluluk olarak tanımlayan Tönnies, meslek grupları gibi ekonomik çıkarlarla ilgili grupları bu kapsama dâhil etmiştir (Bottomore, 2000: 102).

Bireyler çoğu zaman hem birincil hem de bir ikincil grubun üyesidirler. Yani birincil ve ikincil gruplar yan yana bulunurlar ve kişiler her ikisine de temel sosyal gruplarına üyelikleri dolayısıyla aynı anda ait olurlar. Kişinin ailesi birincil gruba üyeliğini ortaya koyarken mensup olduğu meslekî birliktelik ikincil grup üyeliğinin bir ifadesidir (Fichter, 2011: 72-73).

Temel sosyal grupların, işlevlerine göre de sınıflandırılabileceğini ifade eden Joseph Fichter, bu sınıflandırmayı altı başlık altında yapmıştır:

a) Temel aile yaşamını sürdürme gereksinimlerini tatmin etme amacıyla birleşen kişilerden oluşan aile grubu; b) Toplumun kültürünü yeni kuşaklara aktarma işlevini taşıyan eğitim grupları; c) Toplumdaki kişilerin fizik yaşamlarının sürmesi için zorunlu maddi mal ve hizmetlerin üretilip dağıtıldığı ekonomik gruplar; d) Yönetim ve yürütme, kamu düzenini sağlama, yasa yapma, yorumlama ve uygulama işlevlerini yeri getiren siyasal gruplar; e) Tanrı ve insan arasında örüntülenen ilişkilere aracılık eden dini gruplar; f) Kişilerin dinlenme gereksinimlerini sosyal bir tarzda tatmin etme işlevini yerine getiren boş zaman değerlendirme veya dinlenme grupları (Fichter, 2011: 68-70).

Grupların özellikleri arasında dikkati çeken hususlardan bir diğeri de sosyal grubu oluşturan üyeler arasında kimi zaman esnek kimi zaman da oldukça katı hiyerarşik bir statü sıralamasının olmasıdır. Gruplardaki bu hiyerarşik yapı, üyeler arasında yapılan işin niteliğine bağlı olarak bir ast-üst ilişkisinin ortaya çıkmasına sebep olur. Bu ilişki paralelinde gruplarda bir iş bölümü ve rol sıralaması mevcuttur. Örneğin liderin, temsil ettiği statü bağlamında yerine getirmesi gereken belli görevleri veya rolleri vardır. Grubun diğer üyeleri liderden bu görevleri başarıyla yerine getirmesi beklentisi içindedir. Benzer şekilde, grup içindeki diğer bireylerin de, işgal ettikleri statülere ya da işbölümü sonucunda kendi paylarına düşen işe göre yerine getirmeleri gereken belli roller vardır. Grup üyeleri arasındaki bu statü farklılaşmasının, hiyerarşinin ve rollerin garanti altına alınabilmesi için, aynı zamanda belli bir davranış kuralları bütünü geliştirilir. Bu bir denetim ve baskı mekânizmasını da doğurabilir elbette. Bu kurallar; grupların yapılarına, niteliklerine ve kapsamlarına bağlı olarak balıkçılar gibi çoğu meslek grubunda sözlü kurallar olabileceği gibi dernek türünde kimi sosyal gruplarda yazılı da olabilmektedir. Çoğu zaman sözlü olan bu kurallar, bütün üyeler tarafından bilinmek durumundadır. Bu sebeple gruba katılan her yeni üye kısa süre içinde bu kuralları öğrenmelidir. Birey etkileşimde olduğu grupların değerlerini paylaşarak kendine bir şahsiyet edinmeye çalıştığı gibi içinde yaşadığı topluma da uyumlu bir birey haline gelir (Koştaş, 1987: 330-331). Çalışmanın ilerleyen bölümlerinde bir meslek grubunu teşkil eden balıkçılar arasındaki meslekî hiyerarşiye ve rollere dönük ayrıntılı bilgiler verilecektir.

Herhangi bir sosyal grup içindeki statüler, görevler ve kurallara ek olarak gruba mensup her bireyi kapsayabilen yaptırımlar da vardır. Görev ve sorumluluklarını yerine getirmeyen birey, hangi statüde olursa olsun grup dinamikleri ile belirlenen ve çeşitli şekillerde tebârüz eden bazı yaptırımlarla yüzleşmek durumundadır. Bu yaptırımlar kınama türünde olabileceği gibi gruptan uzaklaştırma şeklinde de olabilmektedir (Gönüllü, 2001: 199). Balıkçılık mesleği etrafında ortak beklentilerle bir araya gelmiş bireyler arasında da bu türde yaptırımlar mevcuttur. Konuya dönük tafsilat yine çalışmanın ilerleyen bölümlerinde verilecektir.

Sosyal gruplar açısından önemli bir diğer husus da sürekliliktir. Kimi sosyal gruplar kuşaklar boyunca devam edebilirken, taraftar grupları örneğinde olduğu gibi kimileri de kısa ömürlü olabilmektedir. Meslek grupları bu anlamda takvimlik anlamda süreklilik gösteren sosyal gruplardır. Nitekim araştırmamız kapsamında olan balıkçılık mesleği ve bu mesleği icra eden grup üyelerinden pek çoğunda kuşaklar arasılık söz konusudur.

Sosyal gruplar, hem üyeleri tarafından, hem de dışarıdaki gözlemciler tarafından tanınabilir özelliklere sahiptir. Gruba özgü normlar, duygular, dil ve semboller gibi tanımlayıcı kimi özellikler, grup üyeleri arasındaki grup bilincini geliştirdiği gibi diğer sosyal gruplarla olan münasebetlerini de düzenler. Bu münasebetler daha ziyade "biz" ve "ötekiler" esasına dayalı ayrıştırıcı bir bakış açısının da ortaya çıkmasına sebep olmaktadır. Türk toplum hayatındaki çok sayıda meslek grubundan biri olan balıkçıların da kendilerini tanımlamak üzere kullandıkları kavramlar mevcuttur. Söz konusu kavramlar mesleğin zorluğu ve fedâkarlık gerektiren yönleri üzerinde yoğunlaşmaktadır. Bu meslek grubuna dönük harici tanımlamalar dâhili tanımlamalara göre daha farklı olabilmektedir. Örneğin meslek grubundaki çoğu balıkçının yaşam tarzı toplumun diğer sosyal grupları arasında bu mesleğe dönük tek yönlü bir algının ortaya çıkmasına sebep olmuştur.

Konuya dönük üzerinde durulacak son husus ise sosyal grup kapsamında değerlendirilmeyen "harici sosyal birlikler" olacaktır. Bireyler gündelik hayatlarında sadece toplumsal gruplar içerisinde bulunmazlar. İnsanların bir arada bulunduğu her oluşum sosyolojik, psikolojik ve folklorik açıdan bir grup özelliği taşımayabilir. Benzer fizyolojik özelliklere sahip olanlar, otobüs durağında bekleyenler, hastanelerde muayene sırası bekleyenler vs. birbiriyle ilişkili olmayan bireylerin bir araya gelmesiyle oluşan sosyal yığınlardır (Hogg ve Vaughan, 2011: 304-305).

Sosyolojinin bir toplumsal grup olarak görmediği sosyal birlikler ve yığınlar da iletişime geçilen unsurlar arasındadır. İkincil gruplarla sosyal yığınların ayırt edilebilmesi kimi hallerde sorun olabilmektedir. Zira ikincil gruplardaki insanların yakınlıkları ve kişisel iletişimleri birincil gruplardaki insanlara göre daha sınırlıdır. Ancak durum böyle bile olsa bu grubun üyeleri birbirlerinin üyeliklerini tanır ve resmi örgütlenmelerin bağlayıcı kuralları ile organize olurlar. Toplumsal yığınlar fiziksel yakınlıklarına, komşu hatta bitişik bulunmalarına karşın aralarında karşılıklı ilişkiler, kısacası birleştirici, bütünleştirici bağlar bulunmayan ya da yüzeysel ve geçici olarak bağlanan insan birikimleridir (Tan, 1981: 47). Bir filmi izlemek için sinema salonunda toplananlar ya da aynı binada oturan ancak birbirlerini tanımayan kişilerde olduğu gibi rol ve statü ayrımlarının bulunmadığı geçici birliktelikler bunun örneklerindendir. Ancak şu da belirtilmelidir ki aynı apartmanda oturan ancak komşuluk ilişkileri tesis eden bireyler örneğinde olduğu gibi bu türde kimi sosyal yığın örnekleri kademeli olarak ikincil grup kategorisinde bir birlik oluşturabilmektedirler.

1.1.4. Türkiye'de "Halk" Kavramına Dönük Görüşlerin Kısa Değerlendirmesi

Folklorun henüz bilimsel bir formasyona ulaşmadığı 19. yy. Türkiyesinde halkı, idareci sınıf, din müessesesi ve aristokrasi ile çelişkisi bulunan kütle (Oğuz, 2002: 36) olarak algılayan yaygın anlayış, Avrupa aristokrasisinin sınıfsal temele dayandırdığı tanımlamaya benzer biçimde halk terimini daha çok kırsal popülasyonu ifade etmek üzere kullanmıştır. Köy hayatı ve kent hayatı arasındaki önemli farklar arasında, bu iki alanın sakinlerinin eğitim düzeyleri ve medenî seviyeleri öncelikli konumda olmuştur. Her ne kadar folklor alanında yapılan ilk çalışmalarla birlikte bu algı yavaş yavaş değişmeye başlamış olsa da (Öztürkmen, 1998: 22-36) bu disiplinin ortaya çıkması sürecinde hazırlayıcı rol üstlenen ilk folklor araştırmalarından Dursun Yıldırım'ın "Türkçü", "Sentezci", "Dergici" ve "Bilimci" şeklinde adlandırdığı (Yıldırım, 1991: 13-14) bilim sonrası dönemlerde de saha algısının merkezinde çoğu zaman "halk" mekânları olarak kabul gören köyler yer almıştır (Ekici, 2000: 4).

Türk folklor araştırmalarının başlangıcından bugüne uzanan süreçte bazı araştırmacılar halk teriminin anlamlandırılması yolunda çeşitli görüşler ortaya koymuşlardır. Türk folklor araştırmaları tarihinin önemli isimlerinden Fuat Köprülü, Ziya Gökalp[17] ve Rıza Tevfik'in folklorun doğası, halk kültürü ve medeniyeti gibi meseleleri tartışırken ifade ettikleri görüşler (Sernikli, 1975; Öztürkmen, 1998: 22-39; Çobanoğlu, 1999: 27-29), ilerleyen dönemlerde beşerî ve ilmî yapıda görülen değişimler ve bu değişimler sonucunda duyulan ihtiyaçlar sebebiyle yeniden gündeme gelmiştir.

Pertev Naili Boratav, 1938 yılında folkloru tanımlarken folklorun kadrolarını belirtmekle kalmamış "halk" kavramına bakışının ipuçlarını da vermiştir:

> Folklor, ilerlemiş cemiyetlerin içinde nisbeten daha geri kalmış halk tabakalarının istihsâl ve istihlâk tekniklerini; maddi yaşama şartlarını ve şekillerini ve bunlara bağlı merasim, âdet ve ananelerini; düşünüş ve inanış sistemlerini ve bunlara bağlı müesseseleri; sanat ibdalarını, cemiyetin bugünkü merhalesine nazaran eski merhalelerden kalan izleri aramak maksadıyla tetkik eden bilgidir (Boratav, 1991: 26).

1950 sonrası Türk folklor araştırmaları içinde folklorun araştırma kadroları ve yöntemleri bağlamında folklorun dinamik yapısına dikkat çekme ihtiyacı duyan Tahir Alangu, halk kavramı ile ilgili yaklaşımları eleştirel olarak değerlendirmiştir. Halk kavramının zaman ve mekân algısı içerisinde değişik biçimlerde tanımlanabileceğini belirten Alangu, Avrupalı folklor âlimlerinin başlangıçta çok ilgi göstermedikleri halk kavramının, folklor araştırmalarının yaygınlaşması ve malzemenin çeşitlenmesi sebebiyle kaçınılmaz biçimde gündeme geldiğini ifade etmiştir. Avrupa aristokrasisi halkı, uzun yıllar cahil ve aşağı tabaka zümre olarak kabul etmiş; bu kabul, akademik araştırmalar döneminde bile Türk aristokrasisinin halka bakışını etkilemiştir. Halkın kesin çizgilerle yukarı ve aşağı tabaka şeklinde ayrılması folklor araştırmalarının sonuçları ile uyumlu olmadığından bu anlayış geçerliliğini yitirmiş, halk kültürüne ait unsurların toplumun her kesiminde tespit edilebileceği anlaşılmıştır. Halk, herkesin az veya çok bir güçle katıldığı bir tavır ve davranış tarzı anlamı kazanmıştır (Alangu, 1983: 32; 1969; 1975).

Folklorun halka ve halk hayatına dair maddî ve manevî tüm unsurları (eşyalar, işaretler, hayat şekilleri, işler, âdetler ve töreler, konuşma biçimleri ve dil hazinesi, yazılı ve resimli eserler vd.) içeren bir bilim şubesi olduğunu ifade eden Alangu (1983: 96-97) halkı, folklor ürünlerinin dinamizmiyle uyumlu biçimde kültürel geleneğin merkezine koyarak halkın geleneğin yaratıcısı ve güncelleyicisi olduğunu şu sözlerle ifade etmiştir:

> Gelenek, sürekli olarak eskiyip yok olan folklor unsurlarına değil, aslında "gelenek inancı" ile, insandaki bir soy tükenmez ruhi vasıfla ilgilidir. Halkın hayatında, sürekli ve aralıksız olarak gelenek türeten, birleştiren, yeni gelenek formları yaratan bir cevher vardır. Halk kültürü varlığı ancak bunun aracılığı ile halka bağlı gelenek kaynaklarına, gelenek ihtiyaçlarına kök salar, işler. Böylelikle durmadan yeni gelenekler yaratılır. (Alangu, 1983: 82)

Halk ve millet kavramlarını karşılaştırmalı olarak ele alan isimlerden Sabahattin Eyüboğlu, romantik bir tavırla halkın ümmet ve millet kavramlarından daha ileri bir aşama olduğunu ifade etmek üzere şunları söylemiştir:

> Millet de ümmet de belli bir inanca, belli bir sınıra ve belli kaynaklara: dile, tarihe, coğrafyaya bağlı kaldı halde halk kavramı insanlığın ta kendisini anlatır gibi sınırsızdır. Ümmetler, milletler kolay kolay anlaşamazlar ama halklar anlaşır. Halk her yerde halktır. Hıristiyan ve Müslüman halklar Kıbrıs'ta, Cezayir'de, İstanbul'da halk olarak tıpa tıp aynı sorunlar içinde yaşadıkları halde bütün bu memleketlerde ümmet ve millet olarak insanlar birbirinden ayrılmakla kalmayıp birbirini öldürmeye kadar gidebilmektedirler. (Boratav, 1991: 174)

Benzer romantik bakışın bir diğer örneğini, İsmet Zeki Eyüboğlu'nun aynı dönemlerde ifade ettiği şu cümlelerde de görmek mümkündür:

> Havas içinde bizim olan, yerli olan pek az düzenler, görenekler vardır. Oysa Batıda böyle olmamıştır. Orada ulusla devlet düzeni bir bütünlük içindedir. Kral ne denli büyük olursa olsun papa karşısında sorumludur. Bizde ise padişah ancak Tanrıya karşı sorumludur. Bu iki aykırı yaşama anlayışı ister istemez devletle halk arasında bir takım uçurumlar yaratmış, kendi gerçeklerini birbirlerinden ayrı olarak yaşamalarına yol açmıştır. Bizim bu değişmeyen gerçeğimiz de halk denen topluluktadır. Kendimizi bulmanın, özümüzü kavramanın tek çıkar yolu halka dönmemizde, onunla aramızda açılan uçurumu kapamamızdadır. Dilimizi, musikimizi, sanatımızı, inançlarımızı ancak halkta buluyoruz. (Eyüboğlu, 1963: 3053).

Tahir Alangu'dan yıllar sonra Umay Günay folkloru, millî kültür denilen pek çok unsurdan oluşan birikimin tarihî gelişim içinde bir milletin çeşitli grupları tarafından farklı ölçülerde yaşanılan verilerinin varyantlarına ve bu verileri inceleyen ilim şeklinde tanımlarken milleti oluşturan gruplara vurgu yapmıştır (Günay, 1987: 29). Halk grupları olarak ifade edilen bu gruplar, sosyolojinin lisanında daha ziyade sosyal gruplar olarak ifade edilmektedir.

Dursun Yıldırım, Türk folklor araştırmalarının problemlerini tartışırken "folklorun mahiyeti, tanımı ve kadroları problemi" başlığı altında folklorun "köylülerin geleneklerinde yaşayan eski devirlerin kültür kalıntıları" olduğu görüşünün günümüzde geçerliliğini kaybettiğini ifade ettikten sonra,

> (...) folklor sahasında yapılan çalışmalar göstermiştir ki, zamanın ihtiyaçlarına göre yeni ürünler meydana gelmektedir ve bu ürünler sadece köylülerin değil, toplumun bütün sosyal grupları arasında yaşamaktadır. Bu gözlemler ve tespitler folklorun ve onu yaratan, yayan, taşıyan, kullanan ve paylaşanların yeniden tanımlanmaları ihtiyacını doğurmuştur.

diyerek folklor ile toplumu oluşturan bütün sosyal gruplar arasındaki ilişkiye dikkat çekmiştir (Yıldırım, 1991: 15). Yıldırım, anılan makalesinde "folk / halk / grup / millet kimdir?" sorularını da sorarak, dikkatleri 19. yy.'ın halk tanımlaması ile Alan Dundes'in halk tanımlamasına çekmiştir:

> Yani, kaynağımız, bize folkloru veren kimdir? O, hâlâ, XIX. yüzyılın "köylüsü" mü, yoksa "geri kalmış", "okuma bilmeyen", "câhil", "az gelişmiş" gibi sıfatlarla belirlenmeğe çalışılan insanlar mıdır, yoksa Alan Dundes'in sözünü ettiği ve aralarında sadece bir ortak unsur bulunması yeterli bir sosyal grup mudur? Halk bilgisini, yani "lore"u yaratanların özellikleri nelerdir? (Yıldırım, 1991: 17)

1960'lı yıllardan itibaren Türk folklor araştırmaları kapsamında çeşitli yönleriyle tekrar tartışılmaya başlanan "halk" kavramını son dönemde

Metin Ekici büyük oranda Dan Ben Amos ve Alan Dundes gibi isimlerin konuya dönük çalışmalarından esinlenerek yeniden gündeme getirmiştir. Ekici, halkı belli bir gelenek içinde oluşmuş yaratma sayesinde birbirine bağlanan, bu ürünü kendisine ait kabul eden bir topluluk, diğer bir ifadeyle de folklor metnini, yapısı dokusu, oluştuğu şartlar ve çevre itibariyle kendine has sanat değeri olan bir yaratmaya sahip olduğunu iddia eden herhangi bir topluluk şeklinde tanımlamıştır (Ekici, 2000: 7). Bu tanımlama, yıllar önce Tahir Alangu'nun dikkat çektiği gibi halk olarak nitelenen topluluğun sadece kırsalda değil kentsel alanlarda da mevcut olabileceği, (Alangu, 1970a; 1970b) dolayısıyla folklorun her yerde oluşabileceği gerçeğini bir kez daha ikrar etmektedir.

1.2. Folklorun Bir Şubesi Olarak Meslek Folkloru

19. yy.'ın ortalarından itibaren tebârüz etmeye başlayan ve her biri aynı zamanda bir kültür bilimi olan sosyal bilim şubeleri, başlangıçta çalışma sahalarını toplumların tarihsel ve kültürel derinliklerine göre belirlemişlerdir[18]. Örneğin antropoloji ve onun şubeleri olarak kabul edilen etnografya ve etnoloji daha ziyade tek katmanlı toplumlara yönelirken folklor, Türk toplumu gibi çok katmanlı toplulukları incelemeyi amaç edinmiştir. Öte yandan antropologlar başlangıçta halkı ilkel kavimlerle bir düşündüklerinden çoğunlukla folkloru kendi alanlarının bir alt şubesi olarak kabul etmişlerdir (Günay, 1987: 24).

Türk folklorunu, konuları, araştırma yöntemleri ve yaklaşımları gibi yönleri itibariyle yabancı folklor ekollerinin nazariyeleriyle değerlendirme eğiliminde olan geleneksel anlayış, folkloru uzun süre sosyoloji ve sosyal / kültürel antropolojinin yöntem ve malzemeleriyle ortak bir zeminde buluşturamamıştır. Bu yaklaşımın günümüz Türk folkloru araştırmalarında da büyük oranda devam ettiğini söylemek mümkündür. Oysa 1930'lu yıllarda Amerikalı antropologlar arasında gündeme gelmeye başlayan ve 1970'li yıllara kadar devam eden bir tartışma, kültürel antropoloji ve mezkûr paydaşlarının folklorla birlikte Amerika'nın değişen sosyo-kültürel hayatına yönelişe vesile olmuştur. Antropoloji, Umay Günay'ın tek katmanlı topluluklar şeklinde naklettiği ilkel (primitive) topluluklar üzerinde tatbik etmekte ısrarcı olan kimi Amerikalı antropolog ve etnologlar (Kushner, 1969; Spicer, 1974; Weaver ve White, 1972) ile bu ilim şubelerini folklorun da yardımıyla endüstriyel çevreler de dâhil olmak üzere Amerikan toplumunun çeşitli bölümlerine tatbik etmek gerekliliğini vurgulayanlar (Steward, 1950; Clinton, 1977) arasında yaşanan bu tartışma, folkloru antropolojinin bir alt dalı olarak görme düşüncesini değiştirmemiş olsa da bu bilim şubelerinin bağımsız veya ortaklaşa biçimde endüstriyel veya kentsel alanlar çoğunlukta olmak üzere karmaşık toplumsal yapıya sahip alanlara yönelmesinde etkili olmuştur. Amerikan antropolojisi ve etnolojisi karmaşık toplumsal yapıyla, semtler ve topluluklar gibi yerel birimlerden, devlet memurları, sosyal sınıflar ve özel meslekî gruplar gibi ortak kesimlerden ve hukuk sistemi ve ideolojiler gibi resmî kurumlardan oluşan kolektif sosyal yapıyı kastetmişlerdir (Clinton, 1977: 39).

Avrupa ve Amerika kültür bilimlerinin siyasal ve sosyo-kültürel yapı bağlamında karmaşık toplumsal yapılar şeklinde adlandırdıkları kent bağlamlı sosyal örgütlenmelere yönelmesi, toplumsal ve siyasal politikalar geliştirmeleri bakımından önemli bir zaruretti. Zira ironik bir biçimde özellikle Amerikan antropolojisinin ilkel toplumları tanımlamak maksadıyla kullandığı tek katmanlılık Amerikan toplumunun tarihsel ve kültürel yüzeyselliğini ifade etmek için de kullanılabilir. Tarih, çevre ve kültür kapsamlı kurumsal faktörlerin sosyalizasyon üzerinde yarattığı etkiyi ortaya koymak düşüncesiyle çok önceleri gündeme getirilen kültürel ekoloji kavramının, bir araştırma stratejisi olarak popülerlik kazanarak güncellenmesi de bu dönemde gerçekleşmiştir[19].

Halk ve halk gruplarının konu edildiği bir önceki bölümde vurgulandığı üzere, folklor bağlamlı halk grubu sınıflandırmalarında "ortak ilgi alanları veya becerilerle birbirine bağlanan topluluklar" başlığı altına dâhil edilen meslek grupları, geçen yüzyılda büyük bir ivme kazanan folklor araştırmalarının önemli bir şubesi olma yolunda ilerlemiştir. Toplumsal yapıda görülen ve sosyolojik olarak çeşitli şekillerde izah edilmeye çalışılan değişme ve gelişmeler ışığında folklorun araştırma kadrolarında da bir değişme ve gelişme gerçekleşmiştir. Daha önce de çeşitli vesilelerle belirtildiği gibi araştırmalar tarihi boyunca uzun süre folklorun en saf halinin kırsal yaşantılar ve topluluklar arasında tespit edilebileceği yaklaşımıyla kırsal alanlara odaklanan folklor araştırmacıları, coğrafî keşiflerin ve müteakiben sanayi devriminin sosyal ve ekonomik hayat üzerindeki radikal etkileri ile endüstriyel bölgelere yönelmeye başlamış ve Batı Avrupa folklor araştırmaları içinde yeni araştırma şubelerinin tesis edilmesine vesile olmuşlardır. Bu eğilim folklorun dinamik yapısının bütün sosyal gruplar içinde takip edilebileceğinin somutlanması bakımından oldukça önemli bir tecrübe olmuştur. Değişen kabuller ve güncellenen algılar paralelinde folklor ürünlerinin yeni ifade formlarına kavuşabildiğinin, mevcut geleneklerin donuklaşmanın dışında güncellenebildiğinin yahut onlara yenilerinin eklenebildiğinin bir ifadesi olarak çocuk folkloru, kadın folkloru, aile folkloru ve biraz daha kompleks bir yapıda olan meslek folkloru, folklorun araştırma şubeleri olarak hızla gelişmişlerdir.

Folklor araştırmalarının odağında olan konular kırsaldan kentsele taşındıkça folklorcular da araştırmalarını fabrika işçiliği veya ofis memurluğu gibi çeşitli kentsel ve endüstriyel meslek gruplarını kapsayacak şekilde genişletmeye başlamışlardır[20]. İngilizcenin söz varlığı içinde *occupational folklore* (meslekî folklor) şeklinde ifade edilen terim, zamanla bu yolda gerçekleştirilen araştırmaları topyekûn ifade eden bir ilmî terim halini almıştır. Meslekî kültürler üzerine yapılan çalışmaları ifade etmek üzere zaman zaman *organizational folklor* (örgütsel folklor) teriminin de kullanılmakta olduğu görülmektedir. Örgütlü birlikler, folklor, sosyoloji, antropoloji ve sosyal psikoloji gibi alanlarca sosyal ve kültürel dinamikleri bağlamında incelenirken meslek gruplarının da bu kapsamda değerlendirilmesi örgütsel folklor teriminin 1980'lerin ortalarından itibaren meslek folkloru araştırmalarını ifade edecek şekilde kullanılmasında etkili olmuştur (Jones, 1991; Deal ve Kennedy, 1982).

Meslek grupları arasındaki folklorik temsilleri araştıran bu yeni araştırma şubesinin "meslek folkloru" adıyla ilk kez ne zaman ve kim tarafından kullanıldığı yolundaki görüşlere bakıldığında, bu alandaki ilk çalışmalar Batı Avrupa'da ortaya konulmuş olsa da folklor bu şubesini ifade etmek üzere kullanılan terimin Amerikan folkloristiği içerisinde geliştirildiği yolundaki kanaatle karşılaşılmaktadır. Buna göre yüzyılın ilk çeyreğinden itibaren Amerika'da örnekleri ortaya konulmaya başlanan ancak çoğunlukla tespit edilen folklorun dağarcığına göre adlandırılan (kovboy şarkıları, balıkçı hikâyeleri vs.) araştırmalar, 1930'lu yılların başlarında Benjamin Botkin, Nelson Algren ve Jack Conro gibi araştırmacı ve yazarların işçi gruplarının hikâyeleri üzerine hazırladıkları çalışmalarda ilk kez "meslek folkloru" başlığı ile sunulmuştur (McCarl, 1997: 599).

Meslek folkloru, çalışma grubundaki üyelik ve konumları belirlemede kullanılan, gayrı resmî olarak öğrenilmiş adetler, beceriler ve anlatılara özel vurgu yapılan anlatımlı çalışma alanı kültürü şeklinde tanımlanmıştır. (McCarl, 1996a: 1089)

Meslek folklorunun bileşenlerinin neler olduğu yolunda farklı görüşler olmakla birlikte, belirli bir meslek grubunu karakterize eden teknikler[21], ortak değerler, alışkanlıklar, gelenekler, ritüeller, anlatılar, şakalar, alaylar ile diğer tüm sözlü[22] ve sözsüz iletişim biçimlerinden oluşan karmaşık yapının mesleğin folklorunu oluşturduğu yolunda yaygın bir kanaat mevcuttur (Green, 1978: 213; McCarl, 1996a: 1089). Meslek folkloru üzerine teorik ve uygulamalı pek çok araştırma yapan Robert McCarl, bir meslek folkloru araştırmacısının, araştırması süresince öncelikli olarak meslekî tekniklere, sözlü ve sözsüz iletişim biçimlerine, meslekî anlatılarla birlikte anlatmaya dayalı diğer yaratmalara, alışkanlıklara ve meslekî geleneklere odaklanması gerektiğini belirtmiştir (McCarl, 1978a: 17).

Halk adı verilen topluluğu birbirine bağlayan faktörlerin ortak sahiplenilmiş dil, din gibi herhangi bir şey olabileceğini belirten ve bu çalışmanın önceki bölümünde de kendisine atıfta bulunulan Alan Dundes, herhangi bir bağlayıcı unsurla bir araya gelmiş insan topluluklarının kendilerinin olarak adlandırdıkları bazı geleneklere sahip olabileceklerini ve folklor kapsamında yeni yaratmalar ortaya koyabileceklerini belirtir (Dundes, 1998: 143). Buna göre katılımcı sayısı an az iki kişiden oluşabilecek halk topluluklarının üyeleri topluluğa ait gelenekleri, toplulukta birliktelik duygusunun oluşumuna yardım eden gelenekleri bilirler. Böylece, eğer topluluk ağaç kesenler veya demiryolculardan oluşuyorsa folklor da ağaç kesenler ve demiryolcular folkloru olarak adlandırılacaktır (Dundes, 2005: 128). Şu halde bir meslek grubu içinde bulunanların âdetleri, öyküleri ve meslekî yaşantılarını anlatan şarkıları bu meslek grubunun folklorunu oluşturan folklorik unsurlar arasındadır.

Meslek folkloru terimi, çoğu zaman çalışma alanında üretilen her türlü ifadesel kültürü ifade etmek üzere kullanılmıştır. Meslekî ifade yöntemleri, çalışma işlemlerine ve ifadenin işlev gördüğü mikro çevreye sıkı sıkıya bağlıdır; bu nedenle bu süreçlerin incelenmesi, iletişim türleri ve bu iletişimlerin meydana geldiği çevre arasındaki ilişkinin derinlemesine anlaşılmasını gerektirir. Bu sebeple folklorun bu şubesi üzerine çalışan meslek folkloru araştırmacısı, araştırdığı mesleğin çalışma ortamına yani meslekî folklorun ifade bulduğu icra ortamına dâhil olmalıdır. Meslek grubunun kendi içerisinde belirlediği iletişim biçimlerini ve folklorik unsurları tespit etmenin daha etkili bir yolu bulunmamaktadır. Meslekî çevre, etkileşimin önemli bir parçasıdır; zira herhangi bir eğitim almaksızın öğrenilen anlatım, beceri ve törenlere vurgu yapan ve faaliyet alanını ifade eden düşünceler, çoğu zaman nesilden nesle aktarılmaktadır. Meslekî çevrenin çeşitli yönleri çalışanlar tarafından yönlendirildiği için sembolik olarak görülüp o şekilde yorumlanabilir ve bu nedenle de bir iletişim türü olarak görülebilir (McCarl, 1978a: 4). Netice itibariyle fabrika işçilerinin folkloru üzerine çalışan bir araştırmacının araştırma sahası meslekî faaliyetin ve organizasyonun takip edilebileceği bir tür kültürel sahne olan fabrikalar olmalıyken, bu çalışmada olduğu gibi balıkçıların folkloru üzerine çalışan bir araştırmacının araştırma sahası, bu mesleğin kendi kültürel sahneleri olan limanlardan, balıkçı barınaklarından, evlerinden, kahvehanelerinden, av sırasında kullanılan küçük veya büyük tekneler gibi mesleğin icrasına dönük tüm iletişim ortamlarından oluşmalıdır.

Folklorun bu yeni araştırma şubesinin gelişim süreçlerine bakıldığında başlangıçta sözlü iletişim biçimlerinin takip edilebileceği yeni bir alan olarak algılanan meslek folkloru, zamanla bir meslek grubunu karakterize eden meslekî süreçleri, teknikleri, gelenekleri ve anlatımsal davranışları ihtiva edecek biçimde kapsamını genişletmiştir (McCarl, 1978a: 3). Başlangıçta grup üyelerinin meslekî jargonlarına ve sözlü anlatım türlerine odaklanan meslek folkloru araştırmaları, zamanla bunlarla yetinmemiş, bireyin şahsına özel bir kariyerde ilerleyişine işaret eden meslekî geleneklerin yanı sıra her türlü meslekteki çalışanların gayrı resmî olarak öğrenmesi ve uygulaması gereken tekniklere ve çeşitli becerilere de odaklanır olmuştur. Teknikler, sözlü ifadeler ve meslekî gelenekler, folklorcuların meslek folkloru adını verdikleri çalışma alanındaki geniş kapsamlı yaşam biçimini oluşturmuştur. Her meslek grubu farklı becerileri ve teknikleri olan insanlardan oluşmaktadır ve her bir meslek muhitinde benzer kültürel geçmişe sahip insanlar toplanmaktadır. Bu anlamda her bir meslek grubu, araştırmacılara çalışmak için sınırsız bir fırsat ve çalışmayı yürütmek için yine sınırsız sayıda yöntemler sunmaktadır (Fish, (t.y.): "Common Themes...", http://lydiafish.us/urbanfolklore_fall2010/...)

Ofis ortamında çalışan meslekî gruplarla tarımsal veya endüstriyel çalışma ortamlarında çalışan işçilerin değişik tanımlayıcı kültür kalıplarına sahip olmaları meslek folklorunun konu aralığının geniş olmasında etkili olmuştur (Byington, 1978: 48). Meslek gruplarının, meslekî bir kapasitesi olan insanlarla farklı kimliklerdeki diğer insanlar arasında, ticarete, hizmete ve meslekî uygulamalara bağlı olarak bir folklor performansının ortaya çıktığı iletişim ortamı sunduğunu ifade eden Richard Bauman, sokak satıcılarına atıfta bulunarak onların bağırış tarzlarının, meslekî yetenekleri içinde oluşan folklorlarını farklı kimlikteki insanlara yani müşterilere göstermelerine imkân tanıdığını belirtmiştir. Araştırmacı bu durumu örneklemek için Ahmet Edip Uysal'ın 1968 yılında Amerika'da yayınlanan "Street Cries in Turkey" [23] (*Türkiye'de Sokak Satıcıları*) adlı makalesinden örnekler vermiştir (Uysal, 2005: 156).

Meslek folkloru araştırmalarının konuları arasında yer alana sözlü ve sözsüz iletişim biçimleri, anlatılar, teknikler veya gelenekler "folklore" ve "folklife[24]" araştırmalarının kapsamlarının kategorize edilmesinde de belirleyici hususlardan birisi olmuştur. Amerikan folklor araştırmaları içinde (her ikisi de Batı Avrupa orijinli araştırmalardan alınan) "folklore" ve "folklife" kavramları paralellik arz eden ancak sözlü kültürün ve geleneksel tecrübelerin farklı ifade biçimleri üzerinde yoğunlaşan iki ayrı araştırma kolu olarak değerlendirilir olmuştur. Amerikan halk yaşambilimi (*folklife science*) araştırmaları, Amerika Birleşik

Devletleri'ndeki çeşitli bölgesel, ailesel, etnik, meslekî ve dinî gruplar içinde paylaşılan geleneksel kültürleri, inanç, teknik beceri, dil, edebiyat, sanat, mimari, müzik, oyun, dans, drama, ritüel, el sanatları gibi yaratıcı ve sembolik formlar bağlamında geniş bir yelpazede sosyal ve kültürel bağlamları içinde araştırmakna dönük olarak gerçekleştirilen çalışmalar kastedilir olmuştur (Dorson, 1972: 2; Hufford, 1991).

Folklor ve folklife terimlerinin her ikisi de bir kültürel grubun sıradan üyelerinin hayat tarzlarını incelemeleri bakımından benzer terimlerdir. İkisi iç içe geçmiş inceleme kategorileri olsa da, folklor terimi genelde insanların anlatısal bilgilerine vurgu yapacak şekilde kullanılmaktadır. Folklife ise halkın anlatı karakterini haiz olmayan, sözsüz âdetlerine dönük çalışmaları ifade etmektedir. Bu açıdan halk bilimcilerin dilbilimcilerle, halk yaşambilim araştırmacılarının ise insanbilimcilerle yakınlıkları vardır. Folklife araştırmacılarının çalışma yöntem ve usullerinde de farklılıklar görülmektedir. Bu alanda çalışan araştırmacılar anekdotlar, hikâyeler, efsaneler ve şarkı sözleri derlemek ve onları analiz etmekten ziyade nesnelerin, mesleklerin, hobilerin ve yaşanılan mekân değişikliklerinin belirli bir grubun genel görünüşünü ve dünya görüşünü nasıl yansıttığını ortaya koymakla mükellef tutulmuştur. Bu tür araştırmalarda aletlerin nasıl ortaya çıktığı ve kullanıldığı, yemeklerin nasıl hazırlandığı ve sunulduğu, evlerin nerelere ve nasıl inşa edildiği, müzik aletlerinin nasıl tasarlandığı ve çalındığı, bahçelerin nasıl düzenlendiği ve bitkilere nasıl bakıldığı gibi şeylerle ilgilenilmelidir. Halk yaşambilim uzmanları, bir topluluğun üyeleri tarafından düzenlenen fiziksel ortamlara yakından bakarak bir kültürel grup olarak bu topluluğun değerleri, inançları ve varsayımlarını ortaya çıkarmayı arzularlar. Folklor araştırmaları içindeki sözlü çalışmalara daha önceki vurguları destekleyenlerle çatışır olmasına karşın halk yaşambilimi hareketi, Amerika özelinde halk kültürü araştırmaları ve belgelemelerinin kapsamının genişlemesinde etkili olmuştur. Ayrıca, içerisinde gösterimlerin, yeniden sahnelemelerin, uygulamalı atölyelerin, etkileşimli sergilerin ve canlı tarih sunumlarının daha yaygın hale geldiği halk müzelerinin[25] düzenlenmesi eğiliminin gelişmesine de etkileri olmuştur (Watts, 2007: 150). Neticede Kuzey Avrupa ve İskandinav ülkelerinde *folkliv* ve *volksleben* gibi başlıklar altında gerçekleştirilen çalışmaların kapsamında değerlendirilen meslek folkloru araştırmaları, Amerika'da daha özel bir kategoriye çekilmiş; meslek grubunu oluşturan üyelerin söylemelik ve anlatmalık ürünlerini de içeren icra temelli sözlü kültür unsurları folklorun ilgi alanına; üyelerin davranış biçim ve kalıpları gibi sözsüz/uygulamalı unsurların ise halk yaşambiliminin alanına dâhil edilmesi gibi bir temayül ortaya çıkmıştır.

20. yy'ın son çeyreğinden itibaren Batı Avrupa ve Kuzey Amerika'da bugünkü formuna ulaşan meslek folkloru araştırmaları süresince, araştırmacılar odaklandıkları konuların mahiyetine ve inceleme biçimlerine dönük çeşitli nazariyeler ortaya koymuşlardır. Mesleğin folklorik belleğinin meslek içi (dâhilî) ve genel (haricî) işlevleri bu minvalde tespit edilmeye çalışılan ilk hususlar arasında yer almıştır.

Yaygın kanaate göre meslek grupları içindeki hikâyeler, törenler, dinî ve sihrî nitelikli ritüeller, şenlikler, oyunlar, metaforik dil (jargon) ve folklorun diğer örnekleri katılımcıya yol gösterme, ikna etme, eğlendirme, çalışma yerinin havasını ifade etme, bireyin dayanmasına yardım etme, kişisel bütünlüğü koruyabilme, toplum bilincini uyarabilme, karar verme ve harekete geçmede yol gösterebilme, örgütsel etkinliği destekleme veya tam tersine engelleme gibi pek çok işlevi yerine getirebilmektedir. Tüm bunlar bu alanda çalışan bir araştırmacıya bilgi sağlamanın dışında, sorunların sebeplerinin keşfinin ve çözümünün yanı sıra örgütlü yapının işlevlerinin geliştirilmesi ve katılımcıların çalışma koşullarını tanıma yolunda aracı olmaktadır (Jones, 1997: 620).

Çoğu meslek grubunun, kendi meslekî anlatımlarını üyeliği vurgulamak, üyeler arasındaki hiyerarşiyi göstermek veya daha farklı dâhili işlevleri belirtmek için kullandıkları tespit edilmiştir. Bu bağlamda Jack Santino, meslekî anlatımları içerikleri itibariyle a) uyarıcı hikâyeler; b) işte ilk gün; c) eski güzel günler; d) muziplikler; e) karakterler ve kahramanlar şeklinde beş grupta değerlendirmiştir (Santino, 1978a: 62-63). Santino'nun ifade ettiği kategoriler dışında da hikâyelerin tespit edilebileceğine şüphe yoktur, ancak tespit edilmesi olası anlatıların pek çoğunun bu başlıklar içerisinde değerlendirilmesi ihtimali oldukça fazladır. Nitekim saha araştırmaları süresince tespit edilen ve çalışmanın ilgili bölümlerinde bahsedilecek olan meslekî anlatıların hemen çoğu Santino'nun bu sınıflandırması ile uyumludur.

Mesleğin folklorik temelli iletişiminin bir diğer dâhili işlevini de meslek grubuna mensup üyeler arasında gerilim yaratabilecek kimi olay ve durumların, meslekî anlatımlar üzerinden hafifletilebilmesi oluşturmuştur. Meslekî anlatılar, taraflar arasındaki sürtüşmeyi azaltan bir tür uzlaştırıcı görevi görüp işlerin daha sakin bir şekilde halledilmesine imkân sağlayabilmektedir (Santino, 1978a: 75). Öte yandan işverenin veya bir müşterinin muamelesi gibi konuları içeren kızgınlık içerikli meslekî anlatılar çalışanın iş stresiyle başa çıkmasına yardımcı olabilmektedir (Jones, 1997: 619).

Meslek grubu üyelerinin meslekî bağlamda gerçekleştirdikleri günlük aktiviteler çoğu zaman bir dizi meslekî kural nezaretinde gerçekleştirildiğinin anlaşılması bir başka dâhili işlevin ortaya konulmasına yardımcı olmuştur. Zira her bir meslek üyesi içinde bulunduğu mesleğin kurallarına uymakla mükelleftir. Bu kurallar meslekî işleyişin düzenini sağlamanın dışında katılımcının mesleğe dönük teknik bilgileri de öğrenmesine yardımcı olmaktadır (McCarl, 1978a: 9). Meslekî uygulamalar içinde beceri ve teknik çoğu zaman birlikte iş görmektedir. Zira tekniğin tekrarlanması yeteneği, yeteneğin işlenmesi ise beceriyi etkilemektedir. Çalışma alanında tekrarlanan davranışlar, çalışanlar arasında özel bir iletişim hattı oluşturmaktadır (Fish, (t.y.): "Common Themes...", http://lydiafish.us/urbanfolklore_fall2010/...).

Meslek folkloru araştırmalarına yüklenen dâhili işlevlerin dışında, bu araştırmalara yüklenen harici işlevler arasında ilk sırayı özellikle Batı Avrupa merkezli araştırmalarda görülen şekliyle işçi sınıfının tesisi ve temsili noktalarında farkındalık yaratma almaktadır.

Kuzey Amerika merkezli meslek folkloru araştırmalarında ise Batı Avrupalı kültür bilimcilerin aksine çok daha farklı bir harici işlev ön plana çıkmıştır. Buna göre meslek gruplarının folkloru üzerine yapılan araştırmalarla ortaya konulan kimi geleneksel paradigmalar, kültürel ekolojinin ve etnolojinin yöntemleri ile birlikte bir araştırma stratejisi oluşturacak biçimde çok uluslu bir yapıya sahip olan Amerikan toplum hayatında bulunan farklı etnik grupları bütünün parçaları olarak tutmaya yardımcı olacak sosyal ve kültürel politikaların geliştirilmesinde önemli bir destek unsur olarak dikkat çekmektedir (Clinton, 1977: 44).

Öte yandan Amerikan meslek folkloru araştırmalarında sıklıkla gündeme getirilen John Chapman, Paul Bunyan ve Annie Cristmas gibi efsanevî hüviyete sahip meslekî figürlerle[26] ilgili anlatılara yüklenen işlev, dinleyenleri eğlendirmek gibi tek yönlü bir işlev olmamıştır. Bu olağanüstü hikâyeler, Amerika'nın çalışan kesiminin üstünlüklerini ve yeteneklerini övmenin yanı sıra tabiri caizse büyük Amerikanın kuruluşuna veya kimi zamanda yeniden ayağa kalkmasına hizmet eden idealize yurttaş tipini işaret etmek gibi bir işlevle anlatılır olmuşlardır (Watts, 2007: 291). 11 Eylül saldırılarından sonra New York itfaiyecilerinin Amerikan kamuoyu başta olmak üzere tüm dünyada edindikleri şöhretin arka planında Amerikanın farklı etnisitelerden gelen topluluklarının ulus bilincine ulaştıkları ve kriz anlarında tek vücut olabilecekleri mesajı yatmaktadır. Bu mesajın muhatabı büyük oranda Amerikan kamuoyudur.

Meslek folkloru araştırmalarında sıkça üzerinde durulan konulardan birisi olan mesleğin teknik kuralları, işin yapılmasında kullanılan gayri resmî bilgi birikimini ifade etmektedir. Bu kurallar, teknik bilgiyi yansıtmadaki bireysel yeteneklerine göre çalışanları bir hiyerarşik düzene koymaktadır. Mesleğin teknik kuralları, ekseriyetle bir kanun veya yazılı bir dizi kural değil, işçilerin kendilerinin yaratıp yönettikleri standart bir yapı olarak işlemektedir. Hemen bütün meslek kültürlerinin merkezinde yer alan bu husus, bir meslekî uygulama alanındaki işçilerin tatmin olmalarını veya olmamalarını düzenleyebilecekleri teknik bir temel oluşturmaktadır. Meslek içinde çalışanlar tarafından üretilen geleneksel meslek bilgisi en basitinden en karmaşığına kadar çeşitlenebilir. Satış elemanları için beden ölçülerini bilmek veya makine teknisyeni için mikrometre okumak gibi kolayca öğrenilen beceriler tamamen yeni tasarım ürünleri satmak veya yeni bir frezeleme yöntemi yaratmaya kadar çok zor tekniklere uzanır. En basit günlük beceriler bilinç dışı refleksler dönüşürken daha sıra dışı yenilikler ve teknikler meslekte neredeyse efsanevî hale gelir[27]. Bu iki uç arasında merkezî yani günlük teknik uygulamalar yer alır. Bunlar bireylerin gayrı resmî yollardan öğrendikleri becerileri uygulamalarıdır ve uygulama yapılırken meslektaşları bu davranışların kültürel temeline göre işçinin statüsünü değerlendirirler (McCarl, 1996b: 71-72). Mevcut meslekî bilgi, çoğu zaman geçmişteki meslekî tecrübeler üzerine inşa edilir. Mesleğin katılımcısı mesleğe dâhil olduğu andan itibaren meslekî teknikleri öğrenmeye başlar ve oluşan birikim sonraki meslekî uygulamalarda tecrübe olarak ortaya çıkar. Örneğin Doğu Karadeniz'de gırgır teknelerinde çalışmaya başlayan genç ve deneyimsiz tayfa, öncelikle teknenin işleyişini öğrenmek zorundadır. Bu süreçte temizlik yapmak, av takımlarını düzenlemek ve tecrübeli tayfanın talimatlarını yerine getirmek gibi görevlerle donatılan tecrübesiz üye, henüz meslekî bilgiyi edinme sürecinin başındadır. Teknede kendisine henüz önemli görevler verilmemekte, meslekî kuralları öğrendikten ve daha da önemlisi avcılık konusunda tecrübe edindikten sonra terfî ederek palacılık, botçuluk gibi önemli mevkilere yükselebilmektedir. Öte yandan meslekî bilginin ve tecrübenin gelişmesine paralel olarak her meslek üyesi gibi balıkçıların da bu sürecin basamaklarında yaşadıkları olaylara dair hikâyeleri oluşmakta ve bunlara her zaman yenileri eklenebilmektedir.

Meslek folkloru araştırmalarında tartışılan konulardan birisi de araştırmalar sırasında odaklanılması gereken çalışma ortamıyla ilgili olmuştur. Bazı araştırmacılar -yukarıda belirtilen şekliyle- meslekî kültürün temsil edildiği çalışma ortamına ve çalışan gruplarının iş dışında bir araya geldikleri ortak zaman geçirme alanlarına[28] yönelmeyi gerekli görürken, bazıları çalışanların ev ve aile ortamlarının da çalışmalara dâhil edilmesinin gerekliliğine vurgu yapmışlardır. Nitekim 1930'lu yıllarda Amerika'da pek çoğu sendikal kuruluşların desteğiyle yapılan meslek folkloru araştırmalarında bu husus göz ardı edilmemiştir (Everett, 2009: 451).

Meslek folkloru araştırmalarının ilk örneklerinin genelde yüksek riskli ve doğal kaynak temelli çelik işçiliği, madencilik, kerestecilik, balıkçılık ve itfaiyecilik gibi mesleklere odaklandığı görülmektedir. Bu temayülde şüphesiz yüksek riskli işlerin karmaşık geleneksel uygulama ağlarına sahip olması etkili olmuştur. Yüksek riskli durumlarda karmaşık geleneksel uygulamalar bir kontrol duygusu sağlamakta ve çalışanlar arasında güven duygusunun gelişmesinde etkili olmaktadır (Everett, 2009: 451). Bu alandaki modern çalışmalara bakıldığında yalnızca risk faktörü yüksek, temel teknik beceriler gerektiren ve geleneksel yapının izlerini taşıyan mesleklere odaklanılmadığı, teknolojinin ve popüler kitle kültürünün baş döndürücü hızıyla paralel biçimde her geçen gün yenileriyle karşılaşılan pek çok meslek grubunun çalışmalara konu olduğu görülmektedir. Bu kanaat, balıkçılık gibi riskli bir meslek grubunun meslekî folkloru olabileceği gibi büyük bir ofiste fotokopi çekmek veya kitap satış reyonunda çalışmak gibi risk faktörü oldukça düşük işleri icra edenler arasında da hikâyelerden ve sözlü ve sözsüz iletişimlerden oluşan bir meslek folklorunun oluşabileceğini ifade etmektedir (Sims ve Stephens, 2011: 52-53)

Bugün giderek çeşitlenen ve harici bir çalışma ortamının dışında ev gibi dâhili ortamlarda da icra edilen meslekler bile meslek folkloru araştırmalarına konu olabilmektedir. Canlı icra ortamında yüz yüze gerçekleştirilen iletişim biçimlerine odaklanan meslek folklorcusu, evlerinde internet üzerinden satış yapanların veya çağrı hizmetleri sunanların yüz yüze iletişim olmaksızın internet erişimi üzerinden birbirleriyle paylaştıkları şakaları, zincirleme mektupları, meslekî deneyim anlatılarını, söylenti ve dedikoduları araştırabilmektedir (Everett, 2009: 451).

Araştırmalar tarihi, konuları ve işleyişi bakımından folklorun yakın ilişki kurduğu bilim şubelerinden biri olan sosyoloji, toplumsal yapının temel argumanları olarak algıladığı toplumsal grupları, grup içi ve gruplar arası ilişkiler bağlamında ele alırken daha önce belirtilen şekliyle ikincil gruplar içerisinde değerlendirdiği meslek gruplarıyla da ilgilenmiştir. Zira endüstriyel alanların genişlemesi ile paralel olarak giderek kalabalıklaşan ve karmaşıklaşan kentsel yaşam içinde daha önce çoğunluğu geleneksel özellikler taşıyan mesleklere pek çoğu modern toplum hayatında iş gören yeni meslekler eklenmiştir. Bu süreçte bazı geleneksel meslekler, mesleğin devamlılığında etkili olan arz talep ilişkileri doğrultusunda sona ererken[29] bazıları ise bu hızlı değişim sürecinde tutunabilmeyi başarabilmiştir (Doğan, 1987: 206).

Sosyolojik bakış, meslek kavramını, halkın elde edemeyeceği bir grup özgün bilgiye hükmetme görevine sahip hizmet grupları (Cirhinlioğlu, 1996: 130) veya belirli faaliyet alanları etrafında yoğunlaşmış ve biçimlenmiş insani ilişkiler bütünü (İlhan, 2008: 315) tanımlamış ve endüstriyel yaşam biçiminin gelişmesi paralelinde Batı Avrupa ve Kuzey Amerika merkezli geleneksel ve modern meslekleri, kendi bilimsel yaklaşımları doğrultusunda kimi zaman "Meslek Sosyolojisi", kimi zaman "Küçük Gruplar Sosyolojisi", kimi zaman da "Endüstri Sosyolojisi" başlıkları altında inceler olmuştur. Bu alanın meraklıları, özü itibariyle toplumdaki meslek örgütlerini incelemek, katılımcılar arasındaki bağlantıları ortaya çıkarmak ve toplumsal gelişmeyle paralel biçimde mesleklerin niteliklerini saptamak arzusunda olmuşlardır.

Sosyolog Süleyman İlhan, mesleğin birey ve toplum açısından ifade ettiği önemi şu cümlelerle ifade eder

> Meslek, bireysel yeteneklerin açığa çıkmasına imkân tanır, bireyin duygusal, bedensel ve zihinsel gelişimini etkiler ve onun hayata bakış açısının, alışkanlıklarının, tercihlerinin, davranışlarının, benlik algısının ve kimliğinin biçimlenmesinde rol oynar. Birey, mesleği üzerinden anlam üretir, mesleğini algılama ve değerlendirme biçimi; bireyin duyuş, düşünüş özelliklerini, tutumlarını, vaziyet alışını ve genel olarak eylem altyapısının biçimlenişini etkiler. Bireysel paradigma önemli ölçüde mesleğe özgü inanç, değer ve davranışların içselleştirildiği meslekî sosyalizasyon sürecinde şekillenir. Eş deyişle, mesleğin icra üslubunun yanı sıra, evrenin, zamanın, eşyanın ve toplumun algılanma ve anlamlandırılma biçimi bu süreçten etkilenir. Bir meslekte uzun süre kalınması ve meslekî sosyalizasyon sürecinin uzun bir zaman periyoduna yayılması bireyin paradigmal özelliklerinin biçimlenmesinde mesleğin etkilerini çok daha güçlü kılar. Öyle ki meslek, özellikleri ve taleplerine göre üyelerinin ahlaki, sosyal ve psikolojik özelliklerini şekillendirmenin ötesinde, belli bir dünya görüşü ve zihniyet aşılar (İlhan, 2008: 315-316).

Bir sonraki bölümde meslek folkloru araştırmalarından kronolojik olarak bahsedilirken haklarında çalışma yapılan meslek gruplarının neler oldukları da belirtilecektir.

Fotoğraf: Anadolu Fotoğraf Dergisi

1.3. Meslek Folkloru Araştırmaları Tarihi

1.3.1. Dünyada Meslek Folkloru Çalışmalarına Genel Bir Bakış

19. yy'ın son çeyreğinde Avrupa'da sistematik bir bilim şubesi olarak gelişen folklor araştırmaları içinde meslek folkloru araştırmalarının uluslararası boyutuyla bugünkü kapsama ve çeşitliliğe sahip olması sürecinde önem arz eden ilk tarihsel olay Birinci Dünya Savaşı olmuştur. Savaş sonrasında İngiltere başta olmak üzere Batı Avrupa'da ve İskandinav ülkelerinde yok olan kültürel mirasın belgeselleştirilmesi ve korunması yolundaki çabalar meslek folkloru araştırmalarının yaygınlaşmasına vesile olmuştur. Konuya duyulan bu yoğun ilgi, araştırma sahasının hızlı bir biçimde genişlemesine, yüzyılın sonlarına doğru pek çok formel meslek gruplarının yanı sıra fahişelik, dolandırıcılık ve yankesicilik gibi sosyal yapının kapalı devre, enformel örgütlenmelerinin de araştırmalara dâhil edilmesinde etkili olmuştur. Ulusal fonlar yardımıyla bölgesel ölçekte gerçekleştirilen saha araştırmaları ile pek çok formel ve enformel meslek grubunun jargonlarını veya argolarını içeren envanterler hazırlanmıştır (Marcus ve Marcus, 1990: 125). Toplanan veriler, dilbilimi araştırmalarının malzemeleri olmalarının yanı sıra Avrupa ülkeleri başta olmak üzere pek çok modern toplumda, sosyo-kültürel ve meslekî anlamda gerçekleştirilen düzenlemelerin referansları olmuşlardır.

Kuzey Amerika'da 19. yy.'ın sonlarında *American Folklore Society*'nin kurulmasından hemen sonra Walter Learned'in demiryolu çalışanlarının dialektleri ve Fletcher S. Bassett'in denizci efsaneleri ile ilgili ilk çalışmalarının ardından gemicilikten tomrukçuluğa, madencilikten çiftçiliğe, balıkçılıktan çobanlığa belli mesleklerde kullanılan kelime ve şarkılara olan ilginin artmaya başladığı görülmektedir. Sözlü kültür ürünlerinin kökenlerini tespit etme arzusu bu temayülde etkili olmuştur. Jack Thorpe'nin kovboy şarkıları ve hikâyeleri ile ilgili araştırmasını (1908) yayınlamasından sonra aynı meslek grubu ile ilgili olarak onu John Avery Lomax takip etmiştir (1910). İlerleyen süreçte meslek folkloru araştırmalarının gözde çalışma konularından biri halini alacak olan madencilerin şarkıları, yine bu periyotta George Korson (1927; 1938) tarafından derlenmiştir (Green, 1978: 72-73; 75-76; McCarl, 1996a: 1089-1090).

Meslek folkloru araştırmalarının gelişimi sürecinde geçen yüzyılda etkili olan bir diğer olay da 1930'lu yıllarda başta Batı Avrupa ve Kuzey Amerika olmak üzere tüm dünyayı büyük bir çöküşe sürükleyen ekonomik buhran olmuştur. Bu döneme kadar Avrupa'da zanaatkârlığın modern yorumu, Amerika'da ise yaşayan sözlü geleneklerin taşıyıcısı olarak algılanan fabrika işçileri (Nickerson, 1974: 136) topyekün farklı bakış açıları ile değerlendirilmeye başlanmıştır.

Batı Avrupa meslek folkloru araştırmaları hızlı bir biçimde sınıf temelli ideolojik görüşlere ve politikalara referanslar oluşturmaya yönelirken Kuzey Amerikan meslek folkloru araştırmalarında belgeselleştirme sürecinin kapsamı genişletilmiş; ideolojik yaklaşımlara olan temayül sathî düzeyde olmuştur. Avrupa'daki bu yeni tavır paralelinde Sovyetler Birliği'ndeki ilk meslek folkloru araştırmacılarının politik amaçlarla kullanmak üzere gerçekleştirdikleri işçi folkloru derlemeleri, Flemming Hemmersam tarafından, ilk kez Almanya'da 1962 yılında Hans Moser'in geleneksel ürünlerin doğal ortamından soyutlanarak turizmde ve popüler kültürün iletişim araçlarında ticari amaçlarla kullanılmasını ifade etmek üzere kullandığı "folklorizm" (Wolf-Knuts, 2007: 176) teriminin kapsamına dâhil edilmiştir. Aynı dönemde Alman siyasi hayatındaki sosyalist partilerin ve işçi gruplarının ideolojik organizasyonları üzerine araştırmalar yapan Alman siyaset sosyologu Robert Michels (2001) ile işçilerin söz varlıkları üzerine çalışmalar yapan folklorist Hermann Bausinger (1961), Sovyet yaklaşımına göre daha akademik bir çizgide oldukları gerekçesiyle Amerikan folkloristiğinin eleştirilerinden âzâde tutulmuşlardır. Avrupa'yı içine alan bu yeni yaklaşım, İngiltere ve İtalya'da da işçi şarkılarının ve hikâyelerinin toplanması temâyülünü ortaya çıkarmıştır. Bu dönemde diğerlerine göre daha ulusal bir yaklaşım sergileyen İskandinav folkloristleri, tarımsal merkezli meslek gruplarının hem sözel hem de materyal kültürlerinin belgelendirilmesi yolunda yeni metotlar geliştirmişlerdir (Hemmersam, 1988'den aktaran McCarl, 1997: 598).

Ekonomik buhran yılları öncesinde Kuzey Amerika meslek folkloru araştırmalarının odağını toprak ve su temelli iş türleri oluşturmuşken, buhran yıllarından itibaren gelişen ve çeşitlilik kazanmaya başlayan mesleklere ait bilgilerin kentsel ve endüstriyel işlerle de bağlantılı olması, araştırmaların örneklem sahalarının genişlemesinde etkili olmuştur. Bu gelişme, meslek folklorunun kapsamı ve yöntemleri ile ciddi bir ilmî disiplin halini almasında da etkili olmuştur (Watts, 2007: 291). Buhran yıllarında işlerini kaybetmiş binlerce işçiye çözüm bulmanın yanı sıra Amerikan vatandaşlarının zayıflamış ulusal gururlarını canlandırmak amacıyla *İş Gelişim İdaresi* ve *Federal Yazarlar Projesi* gibi teşkilatlar tarafından desteklenen ve endüstriyel mesleklere odaklanan çalışmalarla önemli miktarda bölgesel folklor malzemesi tespit edilmiştir (McCarl, 1997: 599). Yine bu süreçte kuraklığın sebep olduğu açlık ve sefalet sebebiyle, kentsel alanlara akın eden kırsal nüfusun, çalışan profilinde yarattığı çeşitliliğe ek olarak kırsal yaşamdaki kabul ve değerlerin kentsel mesleklerdeki kabullere etkilerini tespit etme arzusu meslek folkloruna gösterilen ilginin artmasının bir diğer sebebi olmuştur.

Kuzey Amerika merkezli meslek folkloru araştırmaları üzerinde sathî de olsa ideolojik bakışın etkileri ilk kez bu yıllarda Benjamin A. Botkin'in çalışmalarında yer verdiği sosyal sorumluluk kavramıyla kendisini göstermiştir. Daha sonraki dönemlerde meslek folkloru araştırmalarının ideolojik bir tabana yerleşmesine itiraz eden kimi araştırmacılar bu durumdan hayıflanarak bahsetmişlerdir (McCarl, 1996a: 1091).

Buhran yıllarının sona ermesini müteakip, yukarıda belirtilen süreç paralelinde araştırmaların sürdürüldüğü tüm ülkelerde endüstriyel folklora olan ilginin arttığı görülmektedir. Daha çok sendika veya meslek birlikleri gibi kurumsal desteklerle belgesel nitelikte geniş bir tabanda yürütülen bu çalışmalar süresince, Amerikan antropolojisinde konu bağlamında uzun sürecek bir tartışma baş göstermiştir. Amerikan antropolojisinin önemli isimlerinden Thomas Weaver, Douglas White ve Gilbert Kushner, antropolojinin kuramsal yapılarının, yöntem ve tekniklerinin kentsel ve endüstriyel alanlara uygulanabilirliği konusundaki tereddütlerini dile getirmişlerdir. Edward Spicer endişelerin kapsamını daha da genişletmiş ve antropolojinin bir şubesi olan etnolojinin Amerikan toplumunda denenmediğini, zira bu bilimsel disiplinin Amerika'da araştırma yapmak için geliştirilmediğini dile getirmiştir (Clinton, 1977: 39). Anlaşılacağı üzere uzun süre ilkel olarak tanımlanan toplulukların karmaşık toplumsal yapıları üzerine çalışan Amerikan antropolojisi, kent ortamındaki kendi toplumuna yönelme konusunda böyle bir alana ihtiyaç olup olmadığı ve ihtiyaç varsa nasıl bir yöntem takip edileceği konusunda tereddütler yaşamıştır. Serpil Altuntek bu yaklaşımın temellerini de izah edecek şekilde şunları söylemektedir:

> "Ben" ve "Öteki" arasındaki diyalektik bağı koparan postmodern etnograflar, "öteki"yi anlamak yerine kendini anlamaya yönelirler. Bu durumu pekiştiren bir başka olgu da, yıllarca Batılı antropologların inceleme nesnesi olan birçok ülkede yerel antropolojinin gelişmeye başlaması ve bu yerel antropologların ötekileştirici, egzotikleştirici söylemlerle bir hesaplaşma içine girmeleridir. Eleştirel kuramlar, postkoloniyel araştırmalar da bu durumun kurumsal, siyasal, ideolojik zeminini hazırlar. Bununla birlikte küreselleşme-yerelleşme söylemleri, kadın hareketleri, göçmenlik olgusu, yeni milliyetçilik akımları, dinin yükselişi vb. "ben" ve "öteki" tanımlarının yeniden kurulmasını talep eden, son derece güçlü toplumsal, siyasal oluşumlardır. Bu nedenle dünyadan tecrit edilmiş bir yerel topluluğu imleyen "öteki kavramı, artık egemen kültür karşısındaki kadını, homoseksüeli, evsizleri, yoksulları, etnik

aidiyetleri vb. imleyerek, kültür-içi ve kültürler arası çatışan (ırk, toplumsal cinsiyet, etnik gruplar, azınlıklar vb.) yapılan analizinde daha sıklıkla karşımıza çıkmaya başlamıştır. Bu durum, antropolojinin "ben" ve "öteki" arasındaki diyalektik bağı yeniden kuran, daha düşünümsel perspektifle yoluna devam edeceğinin işaretini vermektedir (Altuntek, 2009: 202-203).

Çalışmanın bir önceki bölümünde "folklore" ve "folklife" ilişkisine temas ederken verilen bilgilerde de görüleceği üzere Amerikan toplumunun anlatı esaslı olmayan kültürel birikimi halk yaşambilimi araştırmalarının kapsamına dâhil edilerek antropologlar arasındaki tereddüt sonlandırılmıştır. Bu süreçte çalışma gruplarına olan ilgi, kentsel çalışma gruplarını da içine alacak biçimde genişlerken, bölgesel halk şarkıları derleyicileri yerele özgü şarkılar ve meslek hikâyeleri toplamak için tomrukçuluk kampları, maden bölgeleri ve çiftlik alanlarına ilgi göstermeye devam etmişlerdir. Phillips Barry, Fannie Eckstorm, Mary Smyth (1939) üçlüsü başta olmak üzere bazı araştırmacılar yerelde tanınan şarkıcıları ve hikâye anlatıcılarını bulabilmek için işçi barakalarını ve pansiyonları taramışlardır (Green, 1978: 75; McCarl, 1996a: 1089).

George Korson'un Pennsylvania antrasit kömür madencilerinin şarkıları ve hikâyeleriyle ilgili derlemeleri (1960; 1965) Archie Green başta olmak üzere bazı araştırmacıların ilk örnekleri Benjamin A. Botkin'de görülen ideolojik yaklaşıma yeniden yönelmelerinde oldukça etkili olmuştur[30]. Zira Korson, halk şarkılarını ve diğer deyişleri sözel belleğinde canlı olarak taşıyan ve yarı ilkel koşullarda yaşayıp aktif bir insanî yaratma gücü sergileyen maden işçilerinin, çağdaş Amerikan toplumundan soyutlandığı gerçeğine vurgu yapmıştır. Korson'dan hemen sonra kömür madencilerinin meslek folkloru üzerine çalışan Archie Green (1971) eski bir tersane işçisi ve sendika aktivisti olmasının avantajlarını kullanarak meslek folkloru araştırmalarında Benjamin A. Botkin ve arkadaşlarının 1930'lu yıllarda ortaya koydukları ideolojik boyuta destek veren bilgiler ortaya koymuştur. Green, folklorun bir zamanlar politik olan meslekî dünya görüşünü nasıl şekillendirdiğini ve nasıl yansıttığını, işle alakalı beceri ve ortak yaşantı kavramlarıyla bağlantı kurarak ve işverenlerle yöneticilerin dünya görüşlerine ek olarak meslekî kültür algılarına da doğrudan karşı çıkarak açıklamaya çalışmıştır. Korson gibi Green de işçilerin becerileri ve şarkılarının kamuoyuna doğru bir şekilde aktarımı için mücadele etmiştir (McCarl 1996a: 1091; McCarl, 1997: 599).

Wayland D. Hand (1942; 1969) meslekî ve endüstriyel folklor olgularını, kömür madencileri üzerinden inceleyen bir diğer isim olmuştur. Avrupalı madencilerin yer altı ve yer üstü folklorlarıyla ilgili değerlendirmelerinde, meslekî kazaların sebepleri ve buna dönük inanışlar, gelenekler, beklentiler, alet ve becerilerin isimlendirilmesi ve kullanımı, giysilerin, meslekî eşyaların, oyunların, şakaların ve efsanelerin gelişimi ve meslekî kültürün toplumun geneline olan etkileri gibi pek çok konuyu irdelemiştir. Hand, meslekî geleneklerin etnolojik anlamda karşılaştırmalı olarak araştırılması ve kültürler arası meslekî geleneklerin tespiti yolunda uluslararası işbirliği çağrısı yapan ilk isim olması hasebiyle de araştırmalar tarihinin önemsenen isimlerinden olmuştur (Green, 1978: 78; McCarl 1996a: 1091; McCarl, 1997: 599). Görüleceği üzere Archie Green ve Wayland D. Hand, meslekî ve endüstriyel folklor kavramlarını şekillendirmek ve kesinleştirmekle kalmamışlar bu alanın sınırlarını belirlemeye devam etmişlerdir.

İkinci Dünya Savaşı'ndan sonra Richard M. Dorson'un (1952) Michigan eyaletindeki kerestecilik, denizcilik ve madencilik meslekleri içinde yer alan Avrupalı göçmen işçilerin ve Amerikan yerlilerinin hikâyelerine dönük olarak gerçekleştirdiği çalışma bugün de önemini korumaya devam etmektedir.

1960'lı yıllarda Kuzey Amerika meslek folkloruna dönük araştırma ve belgeleme faaliyetlerinde ciddi bir düşüş yaşanmıştır. Bir süre yeni bakış açılarının geliştirilememesi, daha önce bahsedilen ideolojik bakışın tekrar güncellenmesine sebep olmuştur. John Greenway'in (1953) sanayi işçilerinin örgütlenme süreçlerinin ilk günlerinde icra ettikleri protesto şarkılarına ve ağıtlara dönük araştırmaları mezkûr duraklama döneminde uzun süre etkili olmuştur. Greenway, madenci, keresteci ve tarımla ilgilenen toplulukların çoğunun şairleri ve bestecileri tanıdığını ve aynı zamanda bu bireylerin, bunları zamanla bulundukları yerle alakalı geleneksel belgeler olarak toplu şekilde kullanılmaları ile sonuçlanacak şekilde meslekî deneyimler ve kültürel tarihi yakaladıklarını ortaya koymuştur. Protesto içerikli işçi şarkıları, ilerleyen süreçte R. Serge Denisoff (1971) ve Richard Reuss (1983) gibi isimler tarafından da çalışılmaya devam etmiştir (McCarl 1996a: 1092).

1970'li yılların ortalarından itibaren Kuzey Amerika'da yeniden hareketlenen meslek folkloru araştırmaları içinde Tristram Potter Coffin ve Henning Cohen (1973) ikilisinin Amerikan çalışan gruplarının meslek folkloru üzerine yayınladıkları çalışmaya ek olarak Amerikan sözlü tarih araştırmalarının önemli isimlerinden Studs Terkel (1974) New York'un merkezinde faaliyet gösteren mesleklere mensup işçilerin konuşmaları üzerine bir çalışma hazırlamıştır. Terkel'in bu çalışması araştırmacıların kent işçilerinin konuşmalarına ilgi göstermelerinde oldukça etkili olmuştur (Green, 1978: 74; Fish, (t.y.): "Common Themes...", http://lydiafish.us/urbanfolklore_fall2010/...).

Meslek folkloru araştırmalarının mevcut en kapsamlı kuramsal alt yapısı, takip eden dönemde Henry Glassie (1971; 1982) tarafından ortaya konulmuştur. Glassie, Kuzey İrlanda ve Doğu Amerika'daki tarım işçilerinin kültürleri, somut ifadeleri ve geleneksel dünya görüşleri paralelinde ortaya koyduğu nazariyelerle meslek folkloru araştırmalarının sembol isimlerinden biri olmuştur. 1990'lı yılların başlarından itibaren meslek gruplarını da kapsamına alacak şekilde örgütsel folklor üzerine yazdıkları teorik kitaplarla Helen B. Schwartzman (1993) ve Monika Kostera (2007) örgütsel meslekî kültür kavramının sınırlarının ve mahiyetinin belirlenmesine dönük görüşlere kılavuzluk etmişlerdir (McCarl, 1996a: 1093-1094).

Araştırmaların gelişim süreçlerini ifade eden bu kısa değerlendirmeden anlaşılacağı üzere bugün meslek folkloru araştırmalarının merkezi konumunda olan Kuzey Amerika'daki çalışmalar, yaşayan meslekî şarkıları ve hikâyeleri arşivleme arzusuyla başlamış olsa da ilerleyen süreçte, büyük oranda Batı Avrupa ve İskandinavya meslek folkloru araştırmalarının etkisiyle meslekî yeteneklere, sözlü ve sözsüz ifadelere, iş kültürüne, sınıf, etnisite ve cinsiyet arasındaki bağlara doğru genişletilmiştir (McCarl 1996a: 1089).

Folklor araştırmalarının yaklaşık yüz yıllık gelişim süreci içinde giderek popülerlik kazanan meslek folkloru araştırmaları öncelikle özgün geleneksel zanaatlara açılmış; bunu, sanayileşen kentsel alanların meslek gruplarına olan merak takip etmiştir. Kuzey Amerika ve Batı Avrupa'nın meslek gruplarından demiryolu çalışanları (Botkin ve Harlow, 1989; Lothridge, 2006), denizciler (Beck, 1970; Ashton, 1972; Maker, 1979; Jenkins, 2006, Bassett, 2013) ve balıkçılar (Mullen, 1969; 1978; Lloyd ve Mullen, 1990; Jenkins, 1991; Poggie ve Gersuny, 1972; 1974; Poggie ve diğerleri, 1976; Zulaika, 1981; Van Ginkel, 1987; Poggie ve Pollnac, 1988; Palmer, 1989), petrol sondaj ve rafineri işçileri (Pond, 1932 Morgan, 1945; Boatright, 1963; Boatright ve Owens, 1970), fabrika ve imalathane işçileri (Sykes, 1966; Nickerson, 1974; Messenger, 1975; Green, 1978; Hemmersam, 1985; 1988; 1996; DeNatale, 1993; Groce, 2010), marangozlar (Clinton, 1977), itfaiyeciler (McCarl, 1976; 1978b; 1985), müzisyenler (Bell, 1976; Fraser, 1981), inşaat malzemeleri üretenler ve inşaat işçileri (Gillett, 2008), kamyon sürücüleri (Butcher, 2004), taksi sürücüleri (Boyd, 1997), mühendisler (Riddell, 1999; Sizemore, 2006), ofis çalışanları (Gonzalez, 2003) liman çalışanları (Pilcher, 1972), polisler (Manning, 1977; Chan, 1997; Untiedt, 2006), hastane çalışanları, hemşireler ve doktorlar (Kolin, 1973; Berkman, 1978), sığır çiftliği çalışanları (Koenig, 1972; Leary, 1978), profesyonel sporcular ve spor takımları (Weinberg ve Arond, 1952; Fine, 1979; Gmelch, 1992), restoran çalışanları (Spradley ve Mann, 1975; Marshall, 1986; Fine, 1996), hamallar, (Santino, 1989), hayat kadınları (Johnson, 1973) gibi pek çok meslek grubunun meslek folklorunu da içine alacak şeklide çok sayıda folklor, sosyoloji ve kültürel antropoloji bağlamlı çalışma yapılmıştır[31].

Buraya kadar olan bölümde meslek folkloru araştırmalarının gelişim süreçleri ana hatlarıyla özetlenmeye çalışılmıştır. Bu çalışmalarda kullanılan yöntemler ve benimsenen yaklaşımlara bakıldığında, meslekî organizasyonların kültürlerine dönük folklor bağlamlı ilk araştırmaların hem kültürle hem de ideolojiyle ilgilendiği görülmektedir. Folklorun bu yeni şubesine dönük araştırmaları 20. yy.'ın ilk çeyreğinden itibaren kendi sosyal yapısındaki meslek grupları üzerine uyarlamaya çalışan Kuzey Amerika folkloristiği ise Avrupa merkezli araştırmalardaki yaklaşımın aksine hikâyeler, şarkılar, meslekî beceriler ve gelenekler gibi kültürel ifadelere vurgu yapmış, bu ifadelerin şekillendiği ve kullanıldığı sosyal ve ideolojik içeriğe uzun süre neredeyse hiç değinmemişlerdir (McCarl, 1997: 596). Amerika'da romantik bir bakış açısı ile kovboy şarkıları, hikâyeleri ve sözlü sanatları üzerine gerçekleştirilen ilk dönem meslek folkloru araştırmaları incelendiğinde bu tavrın örnekleriyle karşılaşmak mümkündür. Kuzey Amerika'daki bu ilk çalışmalarda otorite ve çalışan arasındaki çatışmaya dair pek çok unsur (örneğin pek çoğu yoksul göçmenlerden oluşan demiryolu işçileri) mevcutken araştırmacılar daha ziyade ticaretin popüler kavramlarına yoğunlaşmışlar, vahşi batının zor yaşam koşullarının yeni ve benzersiz geleneksel ifade biçimleri yarattığına ve Anglo ve Avrupalı geleneksel formların Amerika şartlarına uyumu için fırsatlar yarattığına dikkat çekme yoluna gitmişlerdir. Deyim yerindeyse Avrupa'nın çalışan gruplarının halk şiiri, masal ve etiyolojik efsane türleri, kovboy folklorunun kahramanımsı kullanımını betimlemek için yeniden yorumlanmıştır. Yine aynı yaklaşım farklılığının bir sonucu olarak Avrupalı meslek folkloru araştırmacıları zanaata ve geleneksel teknolojiye ulusal veya bölgesel karakterin canlandırılması noktasında odaklanırlarken pek çok etnik unsuru bünyesinde barındıran Amerika'nın meslek folklorcuları, araştırmalarını Afro-Amerikalıları, Meksikalı veya İspanyol Amerikalıları veya Amerikan Yerlilerini[32] tanımlamaya yardımcı olacağını düşündükleri yazılı formları toplamaya yönelmişlerdir (McCarl, 1997: 597).

İlk dönem çalışmalarında görülen bu farklı tavırların dışında, ilerleyen dönemler de bazı ortak tavırlar da geliştirilmiştir. Örneğin meslek folkloru araştırmalarının ilkleri arasında yer alan araştırmacılar, ham materyale bağlı olan bölgesel ve ulusal kimlikler kuran kaynak temelli alışverişe meyletmişlerdir. Bu temayülün bir sonucu olarak madencilik, balıkçılık, inşaat yapımı, çiftçilik, kerestecilik çalışılan meslekler arasında daima öncelikli konumda olmuştur. Avrupa'da özellikle de İskandinavya ve Almanya'da gerçekleştirilen meslek folkloru araştırmaları, yine bu temayülün etkisiyle endüstri öncesi teknolojilere ve geleneksel köy ekonomilerine bağlı meslekî yapılara yoğunlaşmıştır. Avrupa folklor araştırmalarında zanaata, toplumun ve aile hayatının bir parçası olarak bakılmaya bugün de devam edilmektedir. Klasik folklorist ve etnolog yaklaşımının gözlemlendiği bu çalışmalarda araştırmacılar, benimsedikleri tarihî, bölgesel ve ulusal teorilerle, yaşayan meslek geleneklerinin devam ettirilmesinin yanı sıra mesleklerin materyal kültürleriyle birlikte günümüzde de temsil edilmesini sağlamayı amaçlamışlardır. Yakın dönem araştırmacılarından Danimarkalı etnolog Flemming Hemmersam, Finlandiyalı etnomüzikolog Vesa Kurkela ve İsveçli etnolog Matz Rehnberg ile Amerikalı folkloristlerden Bruce Nickerson ve Michael Owens Jones'in çalışmaları bu yaklaşımın örnekleri olarak kabul edilebilir (McCarl, 1997: 598; 600).

Danimarka, İsveç, İngiltere ve Sovyetler Birliği'ndeki ilk meslek folkloru araştırmalarından itibaren zanaat, lonca dayanışması ve meslek aristokrasisi arasında doğrudan bağlantı kurulmaya çalışıldığı görülmektedir. İşçi sınıfı bağlamında meslekî kültürü sosyalist bir yaklaşımla inceleyen bu çalışmalarda kültür, kapitalizmin etkilerine karşı mücadelede en etkili arguman olarak kabul edilmiştir. İşçi sınıfının sanayileşme döneminde sergilediği politik direniş ve yarattığı sınıf[33] farkındalığı bağlamında ortaya koyduğu kültürel bellek, bu yaklaşımla oluşturulan çalışmaların merkezini teşkil etmiştir. Son dönem araştırmacılarından İsveçli antropolog Gösta Arvastson'un yanı sıra Amerikalı sosyolog Harry Braveman ve folklorist Archie Green bu yaklaşımın izlerinin görülebildiği isimler arasındadır (McCarl, 1997: 598; 601).

İşçi kültürünün meslek folkloru bağlamında incelenmesine aristokratik bir bakış açısı getiren diğer bir yaklaşım, kitlesel medyanın, devlet okullarının ve kentsel yaşamın tek tip deneyimlerinin meslekî kültüre büyük oranda sirayet etmesi ve bu durumun meslekî kültüre ait çeşitliliği tek tipleştirmesi problematiği üzerinde yoğunlaşmıştır. Alman folklorist Herman Bausinger ile Amerikalı folkloristler Richard M. Dorson ve Henning Cohen, meslekî kültüre dönük çalışmalarını çoğu zaman bu yaklaşımla ortaya koymuşlardır (McCarl, 1997: 601).

Meslek folkloru araştırmaları sırasında takip edilen son bir yaklaşım ise gözlem esaslı yaklaşımdır. Bu yaklaşımı benimseyen araştırmacılar diğer yaklaşımlardan farklı olarak sosyal ve ideolojik durumlara odaklanmadan meslekî kültüre ait daha geniş derlemeler ve neticeler ortaya koymuşlardır. Konunun son dönem araştırmacılarından Finlandiyalı sosyolog Simo Laaksovirta ve sözlü tarih araştırmacısı Ulla-Maija Peltonen'in yanı sıra Amerikan folklor araştırmalarının yakın geçmişine ait isimlerden Wayland D. Hand ve Horace Beck gözlemci yaklaşımın temsilcileri arasında yer almışlardır. (McCarl, 1997: 601).

1.3.2. Türkiye'de Meslek Folkloru Çalışmalarına Genel Bir Bakış

Türk medenî sisteminin şekillenmesinde, uzun süre etkili olan göçmen yaşam tarzının oldukça önemli bir yeri vardır. Bu yaşam tarzı, inanış ve düşünüş sistematikleri, geleneksel veya modern dünya görüşleri, iktisadî hayatları ve sanatları gibi sosyo-kültürel hayatın pek çok alanında belirleyici unsur olmuştur. Sosyal organizasyonlarını bu yaşam tarzıyla uyumlu biçimde yapılandıran Türk soylu halkların meslekî organizasyonlarda askerlik, avcılık[34], çobanlık, tüccarlık, demircilik, dokumacılık ve tarım[35] en önemli faaliyetler grupları[36] olarak tebârüz etmiştir (Kafesoğlu, 2003: 317-330; Baykara, 2001: 109-148; Açıkel, 1990).

Göçmen Türk halklarının farklı periyotlarda kademeli olarak yerleşik yaşama intibak etmeleri ile sosyal hayatlarındaki meslekler de çeşitlilik göstermeye başlamıştır. Bu yaşam biçiminin göçmen yaşam tarzından büyük ölçüde farklılaşan kendine özgü sosyal organizasyonu içindeki ihtiyaçları, diğer bir ifadeyle arz ve talep ilişkileri bağlamında daha önceki mesleklere ek olarak yeni meslek kolları gelişmeye başlamıştır. Eski Türk toplumundaki meslekleri Orhun, Uygur ve Karahanlı metinleri bağlamında değerlendiren Serkan Şen'in bu sürece dönük tespitleri şöyledir:

> Türkler tamamen yerleşik hayata geçtikleri dönemlerde daha yoğun olarak esnaf ve zanaatkârlıkla ilgilenmişlerdir. Turfan Uygurlarını ziyaret eden Çin elçisi onların usta zanaatkârlar olduklarını kaydetmektedir. K[utadgu] B[ilig]'in altmışıncı bölümünün zanaatkârlarla ilişkinin nasıl olması gerektiğine ayrılması, Karahanlı dönemi toplum hayatında esnaf ve zanaatkârlığın önemli bir yeri bulunduğunu göstermektedir. K[utadgu] B[ilig]'in bu bölümünde dönemin zanaat erbabının bir kısmı sıralandıktan sonra, "Bunların sayısı pek çoktur" denilerek çalışma alanlarının çeşitliliği vurgulanmıştır. M[ahmud-el]K[aşgarî] gündelik yaşamını biçimlendirmede etkin olduklarını ortaya koymaktadır. (Şen, 2007: 72)

Türk toplumunun teknik ve medenî gelişimi ile uyumlu biçimde gelişen ve çeşitlilik kazanan mesleklerden esnaflık ve zanaatkârlıkla ilgili tarihî nitelik taşıyan kayıtlar, bu mesleklerin sosyo-kültürel ve ekonomik şartlar bağlamında kendi geleneksel normlarıyla varlıklarını sürdürdüklerini göstermektedir[37].

Sanayi devriminin etkilerinin tüm dünyada olduğu gibi Türkiye'de de hissedilmesi ile birlikte endüstriyel üretimin iktisadî hayatın merkezine yerleşmesi, yeni iş kollarının ve mesleklerin ortaya çıkmasına vesile olmuştur. Bu süreç, üretim ve tüketim dengelerine göre şekillenen geleneksel mesleklerin, modern teknik uygulamalarla donatılmış endüstriyel meslekler karşısında öncelikli konumlarını hızla yitirmeleri sonucunu doğurmuştur. Geçen yüzyılın ortalarından itibaren Türk toplumunun sosyal ve iktisadi hayatına damgasını vuran bu radikal dönüşümle, geleneksel bilgi ekseninde işleyen beceri temelli mesleklere, geleneksel arka planı olmayan ve kimi zaman hiçbir beceri gerektirmeyen modern kentsel mesleklerin eklenmesi, meslek olgusunun kapsam ve mahiyetinin tüm yönleriyle yeniden değerlendirilmesini zorunlu hale getirmiştir. Tüm dünyada olduğu gibi Türkiye'de de iktisadî bilimler, sosyoloji ve yönetim bilimlerinin yanı sıra folklor da bu alana kendi konuları bağlamında ilgi gösteren araştırma şubelerinden biri olmuştur.

1.3.2.1. Türk Folklor Araştırmalarında "Saha" Algısına Dönük Kısa Değerlendirme

Türk folkloru araştırmaları, halk kültürüne dönük malzemenin bolluğu ve çeşitliliği gibi etmenlerden ötürü çoğu zaman diğer kültür bilimleri ile işbirliğine girmeksizin uzun süre kırsal yaşama odaklanmıştır. Bilhassa imparatorluktan ulus devlete geçiş sürecinde gerçekleştirilen Türk folklor çalışmalarında görülmeye başlanan ve bugün de devam eden kenti, ulusal kültürleri yok eden bir yozlaşma sürecinin mekânı olarak görme ve kır veya köy yaşamını bu yozlaşma sürecine direnişin simgesi olarak yüceltme temayülü, halk bilimi araştırmalarının kırsal alanlara odaklanmasında etkili olmuştur (Oğuz, 2000: 17; 2001: 46).

Derin tarihsel süreçleri ve geniş kültür coğrafyası bağlamında zengin bir sözlü kültür birikimini içinden çıktığı toplumun geleneksel yaşam kodları paralelinde incelemeyi amaç edinen Türk folklor araştırmalarında, bu tavrın yadırganacak bir tarafı yoktur. Ancak teknoloji ile hızla dönüşen ve yeni sosyal grup ve kurumlarla tanışan kırsal ve özellikle de endüstriyel ve kentsel alanlara dönük günümüz folklor araştırmalarında, ortaya çıkan yeni kültürel süreçleri tüm unsurlarını takip etmeye yardımcı olan sosyoloji, antropoloji ve onun iki önemli şubesi olan etnografya ve etnoloji gibi bilim şubeleri ile yeterli münasebetin kurulamamış olması Türk folkloru araştırmalarının yöntem ve yaklaşım geliştirmenin yanı sıra sosyal ve kültürel politikaları belirleme gibi önemli işlevlerden uzak kalmasında etkili olmuştur. Nitekim, endüstriyel veya diğer bir ifadeyle kentsel alanlara yönelmeyi amaçlayan günümüz folklor araştırmalarında, kırsal alan araştırmalarında tatbik edilen yöntemlerin uygulanmaya çalışılması, Türk folklor araştırmalarının bu saha algısını henüz kavrayamadığını ve dolayısıyla ihtiyaç duyduğu yöntemleri henüz geliştiremediğini göstermektedir.

Türk folklor araştırmaları tarihinin önemli isimlerinden Pertev Naili Boratav 1940'lı yıllardan itibaren folklorun kadrosuna dâhil olması gereken yeni konulara temas etmiş, maden ocakları ve asker kışlalarında anlatılan efsane örneklerinden hareketle bir muhitte yaşayan insanların sosyal ve psikolojik seviye itibariyle eski inanışların etkisinden kurtulamamaları halinde bu muhitin modern de olsa kendine özgü birtakım folklor ürünlerinin doğmasına imkân sağlayacağını vurgulamıştır (Boratav, 1991: 117-119)

Türk folklor araştırmacılarını 1940'lı yılların sonlarından itibaren Alman folklor nazariyeleri ile tanıştıran ve araştırmalar tarihinde uzun yıllar görmezden gelinen Tahir Alangu'nun folklorun dinamik karakterine dönük şu sözleri oldukça önemlidir:

> Folklor ürünleri, aşağıdan yukarıya bütün zümreler ve sınıflarda geçerli, geçişli, sürekli ve canlı bir oluşum evrimi içinde yürümekte, geçmişten geleceğe doğru, çağımıza da uğrayarak kesintisiz bir damar gibi akmaktadır. Yeni anlayışa göre hayatın evrimi ile birlikte, yerli ve komşu etkilenmeleri, folklorda yeni karışımları ve şekilleri de getirmektedir. Endüstri kuruluşları, pazarlar, yollar, savaşlar ve göçler, büyük şehir çevrelerindeki meslek grupları ve yeni karışık yerleşmelerin içinde eski gelenekler yavaş yavaş silinip yerlerini yeni gelenek ve törelere, zamanla folklorik bir kılığa bürünen yeni modalara terk ederken, konservatif kapalılıklarını muhafaza eden köylerimizde, değil eski töreler ve gelenekler (işe, çalışmaya, yaşama ve sanata bağlı) manevi kültürünü teşkil eden sözlü gelenek ve kültür bile hâlâ yaşamakta, dünya görüşü ve düzeni olarak hükmünü hâlâ sürdürmektedir (Alangu, 1983: 33).

Bu tespitlerin dile getirildiği 1960'lı yılların sonlarında Türkiye nüfusunun büyük çoğunluğu halen köylüdür. Bu sebeple hem bu dönemde hem de takip eden uzun yıllar boyunca Türk folklor araştırmalarının odağındaki merkezi alanlar köyler olmuş; köy hayatının dış etkilere nispeten kapalı kültürel yapısı içinde tespiti mümkün olan her türden sözlü kültür unsuru tespit edilmeye çalışılmıştır. Alangu, sosyolojik anlamda çok daha farklı bir yapıya sahip olan Avrupa ve Amerika toplumlarında 1960'lı yıllardan çok önce folklor araştırmalarının şehirlere yöneldiğini, Türk folklor araştırmalarının da ihtiyaçlar doğrultusunda araştırmacı kadrolarının genişlemesi ile şehirlere yönelebileceğini vurgulamıştır (Alangu, 1983: 33).

Alangu, yukarıdaki sözleri paralelinde, halk hayatında görülen teknik ve medeni dönüşümle uyumlu biçimde folklorun da dönüşen ve yeni unsurlarla beslenip yeni kompozisyonlara yönelen, bir yoldan ötekine intikal eden, yepyeni kılıklara giren hayatla beraber yürüyen bir varlık olduğunu ve folklor araştırmacısının halk yaşamının geçmişteki ve bugünkü sürekli değişimini, formlarını ve ürünlerini araştırmak ve izlemekle görevli olduğunu ifade etmiştir (Görkem, 2005: 297). Alangu'nun 1969 yılında ortaya koyduğu bu görüşler, sonraki yıllarda, folklor araştırmalarında yeni bakış açılarının ve yöntemlerinin gerekliliğine vurgu yapan pek çok araştırmacı tarafından atıfta bulunulmadan tekrarlanmıştır.

Türk folklor araştırmaları tarihinde konuya bu boyutuyla yaklaşan bir diğer isim olan İlhan Başgöz, toplum hayatındaki değişimlerin sözlü edebiyat ürünleri üzerinden de takip edilebileceğini vurgularken 1970'li yılların ortalarında şu tespitlerde bulunmuştur:

> [Ortadoğulu] meslektaşlarımız kent etkilerinden uzak, yozlaşmamış dedikleri köylerde araştırmalarını yapıyorlar. Onlara göre folklor geçmişteki kültürün kalıntılarını inceler. Bunun için yaşlı kişileri buluyor, onlardan derlemelerini yapıyorlar. Bu yaklaşım bizim işimizi kolaylaştırmaz, güçleştirir. Böyle yerler kültür değişiminin uzağında kalmıştır; yaşlı insanlar ise hayatın dinamizminin içinde değildir. Onun için biz, kentleri, sanayi bölgelerini ve gençlerini de çalışma alanımıza almalıyız. Eski ile yeninin, çağdaş ile geleneksel in çekişe çekişe bir senteze ulaştığı yerler buralardır. Kentin ve sanayileşmenin ille de geleneksel kültürün sonu demek olmadığını biliyoruz artık. Önemli değişmelere uğrasa da geleneksel, böyle yerlerde yaşamaya devam ediyor. (...) Sözlü edebiyat bizim bölgemizde yeni doğmakta, tomurcuklanıp gelmekte olan kültürü de irdeleyecektir (Başgöz, 1986: 182).

Türk toplum hayatında 1950'li yıllardan sonra takip edilir hale gelen ve 1980'li yıllardan itibaren giderek hız kazanan sosyo-kültürel dönüşüm ve tabakalaşmanın, folklor araştırmalarının saha ve yöntem kabullerinde düzenlemeler yapmayı artık kaçınılmaz kılmasından sonra, konuyu bu zaruret itibariyle tekrar gündeme getiren isimlerden Dursun Yıldırım, şunları söylemiştir:

Folklorun, köylülerin geleneklerinde yaşayan eski devirlerin kültür kalıntıları olduğu görüşü, günümüzde artık geçerliliğini kaybetmiştir. Çünkü, folklor sahasında yapılan çalışmalar göstermiştir ki zamanın ihtiyaçlarına göre yeni ürünler meydana gelmektedir ve bu ürünler sadece köylülerin değil, toplumun bütün sosyal grupları arasında yaşamaktadır. Bu gözlemler ve tespitler, folklorun ve onu yaratan, yayan, taşıyan, kullanan ve paylaşanların yeniden tanımlanmaları ihtiyacını doğurmuştur (Yıldırım, 1991: 15).

Dursun Yıldırım'dan birkaç yıl önce konuya değinen Umay Günay, sosyal değişme ile kültürel değişme arasındaki ilişkiyi irdelerken sosyal değişmeyi bir cemiyetin mevcut nizamını, yani içtimaî, maddî ve manevî medeniyetini bir tipten başka bir tipe dönüştüren bir süreç şeklinde ifade etmiştir. Sosyal değişme, kültürü konu alan bilim dallarını da dönüştürmektedir. Konusu kültür olan ve millî kültürün unsurlarını özel olarak ele alan folklor, kültür değişmelerine paralel olarak çerçevesini genişletmiştir. Sözlü kültür çağından yazılı kültüre ve daha sonra bilgisayar çağına geçen kültürün tarihi akışında folklora konu olabilecek malzeme daima insanlık tarafından üretilecektir. Dolayısıyla kültürün dinamik sürecine paralel olarak folklor da dinamik bir yapıya sahiptir ve sürekli yenilenmektedir (Günay, 1987: 23-30).

Konuya dönük görüş bildiren araştırmacılardan Öcal Oğuz'un ifade ettiği gibi, Türk folklor araştırmaları kendisine model edindiği 19. yy.'daki ürün merkezli yaklaşımların etkisinde kalmış; Avrupa'da olduğu Türkiye'de de uzun süre folklorun kendi yatağında sonsuza kadar akıp gideceği yönünde bir kabul ortaya çıkmıştır. Bu anlayışa göre ürün her şeyin temeli olarak kabul edilmiş ve adeta ürün ortaya çıkmak için insanları araç olarak kullanır olmuştur. Nitekim insanlar bu geçişin sadece basit bir köprüsü olmuşlardır. Ancak üreten ve üretim yeri yok olunca üretimin durduğu yani ürünün ortaya çıkmadığı ve bunun kültürel süreklilik ve çeşitlilik açısından büyük bir risk teşkil ettiği henüz yeni anlaşılmıştır (Oğuz, 2007: 31).

Folklor ürünlerinin meydana geldiği ve aktarıldığı kültür ortamlarının sosyo-kültürel ve ekonomik boyutlarıyla değişen toplumsal yapıyla paralellik arz ettiğine vurgu yapan Öcal Oğuz'un konuya dair şu tespitleri Tahir Alangu'nun konuya dair görüşlerinin Türk folklor araştırmacıları arasında giderek yaygınlaşan bir kanaat halini aldığının ifadesidir:

> Eski kuramlara göre eski halk eski şeyleri üretmemeye başlayınca sorunlar baş gösterdi. Herkes okuryazar oluyordu, her yere teknoloji giriyordu ve köylü nüfus azalıyordu. Folkloru eski köyde eski ürün olarak tanımlayan kuramlara göre çalışanlar için bu durum folklorun sonu demekti. Çünkü artık saf, temiz ve en önemlisi binlerce yıl

ötelerden süzülüp gelen ürün bulmak zorlaşıyordu. Bu olgu, folklorda iki bakış açısını öne çıkardı: Birincisi, kültürlerin durağan olmadığı bu süreçte görüldü ve halk olarak nitelenen köylünün folklor diye tanımlanan binlerce yıllık eski elbiseyi uluslaşma sürecine giren kentli bir gün kullansın diye sırtında taşıyan yaşayan fosiller olmadığı anlaşıldı. Kentli zaman içinde onların da kültürlerinin devingen ve değişken olduğunu kabul etti. İkincisi, bu devingenlik ve değişkenliğin, hızlı teknoloji kullanımı, yoğun kentleşme ve küreselleşme gibi nedenlerle kabul edilebilir sınırları zorlayarak, dünyayı kitle kültürü denilen tek kültürlü bir yapıya doğru sürüklediği sanısının, korkusunun veya yargısının uluslararası alanda güçlü destek bulması oldu. (Oğuz, 2000: 20; Oğuz, 2007: 30-31)

İleride üzerinde tekrar durulacak olan Alan Dundes'in folklorun tanımına dönük yanlış yaklaşımları ifade ederken çok daha önce söylediği şu sözlerle Öcal Oğuz'un yukarıdaki sözleri arasında büyük paralellikler vardır:

> Bir başka geçersiz görüşe göre, folklor geçmişte yaratılmıştır ve folklorun bugün var olan yani henüz tamamlanmamış, vadesini doldurmamış yanıdır. Bu yanlış görüşe göre, bugünün halkı yeni bir folklor üretemez, üstelik bugünün halkı her geçen gün folkloru daha da unutmaktadır. Kısa bir süre sonra da folklor tümüyle yok olacaktır (Dundes, 2005: 128).

Amerikan folklor araştırmalarının bugün çoğunlukla yaşayan kültürler üzerine yoğunlaşması ve folklorun dinamik yapısını göz önüne alarak herhangi bir geleneği henüz oluşumu sürecinde tüm aşamalarıyla kaydederek tahlil etmesi bu eleştirel bakış sonucunda ortaya çıkmıştır.

Folklorun araştırma konuları ve sahaları üzerine belirtilen bu görüşlerin bir sonucu olarak folklor araştırmaları açısından saha kavramının tanımına dönük tasarruflar da ortaya çıkmıştır. Terime halk yaşambilimi (folklife-folkliv) bağlamında temas eden E. Estyn Evans, herhangi bir sınırlamaya gitmeden halkın bulunduğu her yerin saha kapsamında değerlendirilmesi gerektiğini zira halk hayatına ait unsurların iskân edilmiş dünyanın tamamında takip edilebileceğini belirtmiştir (Evans, 1996: 160).

Türk folklor araştırmalarında saha kavramına dönük algının son yıllarda, yukarıdaki algıyla paralel biçimde değişmeye başladığı görülmektedir. Buna göre saha, sadece köy ve kasaba gibi kırsal kesimdeki bir yerleşim bölgesi olarak algılanmamakta, kentsel veya endüstriyel alanlar da folklor araştırmacılarının saha tanımlaması içinde yer edinmeye başlamaktadır (Ekici, 2007: 25). Saha kavramının kapsamının kentsel ve endüstriyel yerleşimleri de içine alacak şekilde genişletilmesi ile birlikte Türk folklor araştırmalarının araştırma kadroları içinde fazlaca yer bulamamış kentsel bağlamlı halk hayatı ile kültürel aktarım ortam ve formlarının araştırılmasına duyulan ihtiyaç somut bir hal almıştır.

Folklorun ilgi alanına giren ürünlerle, sosyo-kültürel yapıdaki değişme ve gelişmelere paralel olarak çok katmanlı bir şekilde karşılaşılmaktadır. Bu çerçevede, folklorun yeni atmosferinde derlenmesi, sınıflandırılması ve değerlendirilmesi disiplinler arası bakış açısını gerektirmektedir (Ersoy, 2009: 1-25; 2012: 12). Özkul Çobanoğlu folklor araştırmacısının görevlerini ifade ederken bu konunun önemini şöyle ifade etmiştir:

> Halkbilimci, amatör iştiyaklarla malzeme derleyen basit bir derlemeci ve onların koleksiyoncusu olmanın ötesinde kültür teorisi ve kültürel süreçlerle yakından ilgilenen kültürlenme, kültürleşme ve kültür değişmesi olaylarını nesnel (objektif) bir gözle değerlendiren ve bu amaçla Edebiyat, Tarih, Antropoloji, Sosyoloji, Psikoloji, Felsefe, Etnoloji, Coğrafya, Etnografya, Arkeoloji, Hukuk, İlahiyat, Mimarlık, Sanat Tarihi, Sahne ve Gösteri Sanatları, El Sanatları, Giyim Tasarımı ve Kreasyon, İç Mimari, Şehircilik Çalışmaları, Gıda Mühendisliği, Endüstri Mühendisliği, Ziraat Mühendisliği, Veterinerlik, Eczacılık, Sinema Çalışmaları, Kadın Çalışmaları, Kütüphanecilik Bilimleri, Dilbilimi, Göstergebilim, İletişim Bilimleri gibi bazıları için en azından bir kollarıyla, diğerleri için tamamen kültürlerdeki bilgi, bilişim, bildirişim kısaca iletişim olaylarını inceleyen, çok çeşitli bilim ve araştırma sahalarından yararlanan ve çalışmalarıyla kendi sahasının yanı sıra bu komşu, yan ve alt bilim dallarına da katkı yapabilen kişidir (Çobanoğlu, 2000: 33).

Türk folklor araştırmacıları tarafından değişen ve genişleyen haliyle ısrarla gündeme getirilen bu yeni saha algısı, Türk folkloruna ve halk hayatına dönük modern araştırmalarda yeterince dikkate alınabilmiş değildir. Folklorun aşina olunan başlıkları yine aşina olunan saha algısı içerisinde araştırılmaya çalışılmaktadır. Türk kültürünün araştırılması yolunda yaşanan yöntem sorunları bu araştırmaların önemli bir ayağını teşkil eden folklor araştırmalarında da devam etmektedir. Bir yandan geleneksel niteliklerini koruyan ancak diğer yandan teknik gelişmelerle üretim teknikleri ve süreçleri endüstriyel bir boyut kazanan balıkçılık gibi kimi mesleklerin folklor bağlamında geniş tabanlı biçimde değerlendirilmemiş olması, araştırmacıların kentsel veya endüstriyel alanlardaki halk hayatına dönük unsurları tespit etmede ve değerlendirmede ciddi sorunlar yaşadıklarının bir ispatı niteliğindedir. Bakış açısına ve yönteme dönük problemler, çoğu zaman bir mesleğin icra ortamından ve icracılarının sosyal hayat içindeki konumları ve örgütlenmelerinin merkezindeki folklor bilgisinden çok, üretim tekniklerinin ön plana çıkarılmasına sebep olmaktadır.

1.3.2.2. Türk Folklor Araştırmalarında Meslek Folkloru

Türkiye'de 20. yy.'ın ilk çeyreğinden itibaren önemi ve mahiyeti tartışılmaya başlanan ve akabinde ilmî bir düzlemde takip edilen folklor, Türk kültürü araştırmalarının önemli referanslarından biri halini almıştır. Araştırmaların çeşitlilik kazanmaya başladığı dönemlerden bugüne uzanan süreçte bu alana özgü araştırma ve değerlendirme yöntemlerine dönük çeşitli görüşler ortaya konulmuştur[38]. Türk kültürünün somut ve soyut birikimini bütüncül bir bakış açısıyla araştırmayı hedefleyen Türk folklor araştırmacılarının arzulanan disiplinlerarasılık ve bütüncüllük ilkelerinin aksine, kültürün dinamik yapısıyla uyumsuz bir biçimde donuklaşan veya tamamen kaybolan sözlü kültür unsurları üzerine yoğunlaşmış olmaları yöntem arayışlarının devam etmesinde etkili olmuştur.

Türkiye'de mesleklerden ve meslek gruplarına dönük unsurlardan kısmen de olsa bahseden ilk çalışmalar kültür tarihi bağlamlı araştırmalar olmuştur. Türk kültür tarihini toplumun tarihsel, sosyo-kültürel ve iktisadi süreçleri paralelinde irdeleyen bu araştırmalarda pek çoğu geleneksel nitelikte olan mesleklere de atıflarda bulunulmuştur. Bahaeddin Ögel (2000; 2001; 2003 vd.) ve İbrahim Kafesoğlu (2003, vd.) başta olmak üzere pek çok kültür tarihçisi, Türk tarihinin çeşitli dönemlerindeki sosyal ve iktisadî hayatı irdelerken mesleklerden ve meslekî zümrelerden de bahsetmişlerdir.

Türkiye'de etnografyanın bir araştırma şubesi olarak gelişmesi ve akabinde güzel sanatlar ve meslekî eğitim fakültelerinin kurulması ile geleneksel meslekler, etnografyanın materyal kültürü ön planda tutan yöntem ve yaklaşımları ile de incelenir olmuştur. Söz konusu akademik merkezler etrafında gerçekleştirilen ve çoğu zaman ürün merkezli olan bu çalışmalarda, ürün materyalleri ve özellikleri ile üretim teknikleri gibi konular üzerinde yoğunlaşılmıştır.

Türk folklor araştırmalarının büyük oranda kurumsal bir hüviyet kazandığı 1940'lı yıllardan itibaren, (folklorun bir araştırma şubesi olarak henüz adı zikredilmemiş olsa da) meslek folkloru araştırmalarının kapsamında bulunan kimi konulara kısmen temas edildiği görülmektedir. Etnografya çalışmalarında olduğu gibi folklor çalışmalarında da araştırmacılar çoğunlukla geleneksel mesleklere odaklanmışlardır. Sonraki yıllarda da devam eden bu türde çalışmalarda bağlamın göz ardı edildiği ve mesleklerin sadece üretim teknikleri, materyalleri ve ortaya çıkan ürün açısından değerlendirildiği görülmektedir. Folklor başlığı altında yapılan çalışmaların pek çoğunda el sanatlarının[39], sanat tarihinin ve etnografyanın materyal kültüre dönük inceleme yöntemleri uygulanmıştır. Daha önce de ifade edildiği gibi Türk sözlü kültürünün ve halk hayatının tespiti ve takibi konularında haklı olarak uzun süre kırsal topluluklar üzerine çalışan Türk folklor araştırmacıları, bu alanlardaki geleneksel meslekleri bağlamı içinde takip etme şansına sahip oldukları halde bu imkândan yararlanamamışlardır. Çiftçilik, çobanlık veya değirmencilik gibi meslekleri bir sosyo-kültürel organizasyon olarak algılayamama, bu meslekler etrafında gelişen meslekî kültürlerin dünü ve bugünü ile bir bütün olarak değerlendirilmesine engel olmuştur. Mesleğin teknik işleyişi sonucunda ortaya çıkan materyal etrafında yoğunlaşan bu araştırmalarda, meslek grubunu oluşturan katılımcılar arasındaki sosyal ve meslekî organizasyon, sözlü ve ifadesel iletişim kalıpları, gelenekler, normlar, teknikler, anlatma ve söyleme esasına dayalı sözlü edebiyat dağarcığı, inanışlar, ritüeller vb. gibi pek çok hususun dikkate alınmadığı görülmektedir. Öte yandan kültür tarihi bağlamında gerçekleştirilen araştırmalara öykünen bir bakış açısıyla kentsel alanlarda ortaya çıkan mesleklere ve meslek gruplarına ilgi gösterilmemiştir.

Etnografya ve folklor alanlarında, belirtilen usullerde gerçekleştirilen çalışmalara kronolojik olarak bakıldığında Türkiye'deki ilk bilimsel alan araştırmaları olmaları bakımından oldukça önemli olan halk musikisi derlemeleri dikkat çekmektedir. Zira bu derlemeler sırasında meslekî bağlamı olan halk musikisi örnekleri de tespit edilmiştir. 1916 yılında İstanbul'da *Dârü'l Elhan* adıyla kurulan ve 1927 yılından sonra *İstanbul Belediye Konservatuvarı* adını alan, nihayetinde 1986 yılında *İstanbul Üniversitesi Devlet Konservatuvarı*'na dönüştürülen kurum bünyesinde 1926-1932 yılları arasında zaman zaman *Halk Bilgisi Derneği* üyelerinin de katılımıyla gerçekleştirilen beş derleme gezisinde Türkiye'nin hemen hemen tüm bölgelerinden halk musikisi derlemeleri yapılmıştır (Tan, 1997: 36-37). Mevcut halk musikisi repertuvarını herhangi bir sınırlama olmaksızın derlemek maksadıyla gerçekleştirilen bu ilk araştırmalarda kayda alınan 850 civarındaki türkü arasında bazı mesleklere atıfta bulunan veya bağlamı itibariyle meslekî uygulamalar içerisinde ortaya çıkan ve icra edilen türküler de yer almıştır[40]. Örneğin, Yusuf Ziya Demircioğlu, Ferruh Arsunar, Abdülkadir İnan ve Mahmut Ragıp Gazimihal'in katılımıyla 1929 yılında Doğu ve Kuzey Anadolu'ya gerçekleştirilen dördüncü derleme seyahati sırasında Trabzon'dan derlenen türküler ve halk oyunları arasında balıkçı türküleri ve oyunları da bulunmaktadır. Söz konusu türküler ve oyunlar, Gazimihal'in bu araştırmaya dönük intibalarından anlaşılacağı üzere pek çoğu farklı yörelerden gelen mahkûmlardan, muallim mektebi öğrencilerinden, bazı halk sanatkârlarından ve Türk Ocağı bünyesinde bazı köylü sanatkârlardan (Şenel, 1994: 3, 6) bağlamlarından kopuk bir biçimde derlenmiştir. Öncelikli amacı mevcut repertuvarı kayıt altına almak olan bu ilk folklor derlemelerinde meslekî bağlamı olan türkü ve oyunların bağlamlarından kopuk olarak derlenmiş olmaları yadırganmamalıdır. Ancak kısıtlı imkânlarla ve muayyen yöntemlerle fedakârca gerçekleştirilen bu derleme faaliyetlerinin kılavuzluğunda ilerleyen dönemlerde daha geniş imkân ve kadrolarla gerçekleştirilen türkü derlemelerinde[41] de bağlamın göz ardı edilmiş olması Türk folklor araştırmaları açısından büyük bir talihsizlik olmuştur. Avrupa ve Amerika'daki meslek folkloru araştırmalarının 20. yy.'ın ilk çeyreğinde meslek şarkıları üzerine yapılan derlemelerle başladığı hatırlanılırsa bu talihsizliğin mahiyeti anlaşılmış olacaktır.

Türkiye'de meslek folklorunun ilgi alanına giren pek çok konuyu bünyesinde barındıran ahilik de üzerinde çokça çalışılan müesseselerden olmuştur. Türk tasavvuf düşüncesinden temelini alan ahilik, 13. yy.'da kurumsallaşmaya başlayıp 20. yy.'a kadar devam eden ve Anadolu şehir, kasaba ve köylerindeki esnaf ve sanatkâr kuruluşlarının eleman yetiştirme, işleyiş ve kontrollerini düzenleyen oldukça önemli bir kurum olmuştur[42] (Çağatay, 1989: 1). Osmanlı dönemi Türk sosyal ve iktisadî hayatı açısından oldukça önemli işlevlere sahip olan ve bugün artık geleneksel taraflarından ziyade teknik taraflarıyla ön plana çıkan esnaf ve sanatkâr odaları ve kooperatifleri ile nispeten benzer işlevlere sahip olan ahiliğin töre ve kuralları, meslekî faaliyetlerin hemen bütün konularını kontrol altında tutmaya veya disipline etmeye odaklanmıştır. Ahi geleneğine dâhil olma sürecinde görülmeye başlanan giriş/kabul ritüelleri, teşkilat içerisinde alınan her bir rütbenin onayı ve ilanı anlamına gelen geçiş ritüelleri, meslekler etrafında anlatılan efsane ve menkıbe türünden anlatılarla merasimler sırasında terennüm edilen kalıp veya ezgili sözler, meslek mensuplarına uygulanan normlar ve yaptırımlar, gelenekler, ahlakî nitelikli öğretiler, terminoloji ve jargon gibi pek çok konu modern meslek folkloru araştırmalarında dikkat edilen başlıklardır.

Franz Taeschner[43] gibi bazı yabancı araştırmacıların konuya ilgi duymaları ile başlayan ahilik araştırmaları, Türkiye'de iktisat tarihi, Osmanlı tarihi, sosyoloji, kültür tarihi ve folklor alanlarında çalışılan popüler konulardan biri olmuştur[44]. Ahiliğin kültürel yapısına odaklanan çalışmalarda yukarıda belirtilen ve meslek folkloru araştırmaları kapsamında değerlendirilen başlıklara da kısmen temas edildiği görülmektedir[45]. Ahiliğin, bütün bir organizasyon olarak 20. yy.'ın başlarından itibaren işlevini yitirmiş olması bu yapının geleneksel özelliklerinin bağlam konseptli olarak incelenmesine imkân vermemiştir. Geleneksel yaşam içinde ahiliğe ait kimi unsurların izlerinin bugün de takip edilmesine imkân sağlayan ve Anadolu'nun farklı bölgelerinde yâren, barana, cümbüş, oturma/oturak, herfene ve sohbet biçimlerinde adlandırılan grup etkinlikleri üzerine yapılan çalışmalarda, etkinliklerde gerçekleştirilen ve büyük çoğunluğu sembolik veya eğlencelik bir şekil alan uygulamaların kültürel arka planlarına temas edilmeye çalışıldığı görülmektedir[46].

Türk folklor araştırmaları tarihinde ahilik bağlamlı araştırmaların dışında, geleneksel karaktere sahip mesleklerle ilgili başka araştırmalar da yapılmıştır. Müstakil yayınlar istisna tutulursa bu araştırmaların büyük çoğunluğunun Türk folklor araştırmalarının "Dergici" ve "Bilimci" dönemlerine (Yıldırım, 1991: 13-14) damgasını vuran *Folklor Postası*, *Türk Etnografya Dergisi*, *Türk Folklor Araştırmaları*, *Sivas Folkloru*, *Türk Folkloru*, *Halk Kültürü*, *Türk Folklorundan Derlemeler*, *Folklor/Edebiyat* ve *Millî Folklor* gibi dergilerin yanı sıra *Türk Folklor Araştırmaları Yıllığı*, *Türk Halkbilimi Araştırmaları Yıllığı*, *Boğaziçi Üniversitesi Hakbilim Yıllığı*, *Türk Folkloru Belleten* ve *Folklor ve Etnografya Araştırmaları* gibi folklor yıllıklarında ve büyük bölümü Kültür Bakanlığı tarafından desteklenen ulusal ve uluslararası hüviyetli halk kültürü sempozyumlarına ait bildiri kitaplarında yayınlandığı görülmektedir.

Meslek folkloru araştırmalarına kısmen de olsa kaynaklık edebilecek türde el sanatları, sanat tarihi, etnografya ve folklor alanlarında gerçekleştirilen ve bir kısmı müstakil olarak yayınlanan çalışmalardan bazıları şöyledir: Geleneksel dünya görüşleri, ritüelleri ve meslekî uygulamaları ile çobanlar (Küçükbezirci, 1975a; 1975b; Günver, 1975; İleri, 2011; Kumartaşlıoğlu, 2011; Üçer, 2011; Özdemir ve Kaplan, 2013), çiftçiler (Taner, 1984; Aras ve Sönmez, 2009), avcılar (Giritlioğlu, 1951; 1952a; 1952b; 1952c; Batur, 1964), meslek argoları, mizahları, levha yazıları ve bazı halk edebiyatı örnekleri ile çarşı esnafı (Es, 1963; Aktaş ve Soyhan, 2004; Zülfikar, 2012), terziler (Güneş, 2009), seyyar satıcılar, pazarcılar ve çerçiler (Caferoğlu, 1952; Uysal, 1968; Karataş, 1970; Aksel, 1972; Tan, 1976a; Kaynardağ, 1984; Birkalan, 2002; Bilecik, 2002), kalaycılar (Caferoğlu, 1943, 1954; Akar, 2008), meslek argolarına ek olarak geleneksel meslekî ve sosyal yapıları ile süpürgeciler (Engin, 1988; 1990a), kunduracılar ve köşkerler (Bayrı, 1935; Özergin, 1974; Özen, 1982a; 1982b; 1982c, 1982d, 1982e; Güneş, 2003), destan, mani ve türkü türünde söylemelik türlere ait dağarcıklarıyla bekçiler (Dağlı, 1948) ve davulcular (Elmas, 1963; Ülkütaşır, 1969), meslekî teşkilatları ve faaliyetleri ile debbağlar (Mustafa Cavit: 1929; Bayrı, 1933a; Dağtaş, 2007), üretim teknikleri ve ürün çeşitlilikleriyle dokumacılar (Elçin, 1962; Artan, 1964a; Karpuz, 1984; Oy, 1984), yorgancılar (Demirkan ve diğerleri, 1995; Duman, 2007), bakırcı ve kalaycılar (Kayaoğlu, 1984), saraçlar (Bayrı, 1933b; Başuğur, 1996), semerciler (Barışta, 1996), nalbantlar (Seyirci 1991), keçeciler (Bayrı, 1933c; Erdoğan, 1957; Gürçay, 1967; Seyirci ve Topbaş, 1984; 1999; Ergenekon, 1996), urgancılar (Artan, 1964b; Gürçay, 1969), leblebiciler (Yardımcı, 1985), kasaplar (Kasapoğlu-Akyol, 2011), sepetçiler (Kazmaz, 2002), kaşıkçılar (Üçüncü, 2012a), bıçakçılar (Yağcı, 1996), bıçkıcılar (Engin, 1990b), yemeniciler (Özen 1983, Gönüllü, 2005), çömlekçiler ve testiciler (Koşay ve Ülkü, 1962; Güner, 1982), vd[47].

Haklarında yapılan çalışmalar münasebetiyle isimleri zikredilen bu meslekler arasında özellikle üretim esaslı olanlar, daha önce de ifade edildiği gibi çoğunlukla üretim yöntem ve teknikleri bağlamında değerlendirilmiştir. Bu çalışmalarda ortaya konulan ortak tespitler arasında geleneksel mesleklerin endüstriyel meslekler karşısında güncelliklerini yitiriyor olması ilk sırada gelmektedir.

Bir kısmına atıf yapılan çalışmaların dışında içeriği itibariyle meslek folkloru araştırmaları içinde değerlendirilebilecek öncü çalışmalardan biri Nail Tan (1974; 1976b) tarafından gerçekleştirilmiştir. Tan, makalelerinde Türk folklor araştırmaları içinde yeni sayılabilecek bir konuya yönelerek motorlu araçların iç ve dış kısımlarındaki yazılar, levha ve resimler, nazarlıklar ve uğur malzemeleri üzerine bir çalışma ortaya koymuştur. Araştırmacı, çalışmasında şoförlerin dil ve edebiyatları için de bir başlık oluşturmasına rağmen buna dönük örneklere yer vermemiş; bunlara aynı konuda yayınlamak niyetinde olduğu kitapta yer vereceğini ima etmiştir. Söz konusu kitap yayınlanmamış olsa da bu iki makalenin meslek folkloru araştırmalarının ilkleri içinde kabul edilmesi gerekmektedir.

Nail Tan'ın araştırmalarını birleştirerek bir kitap halinde yayınlamak niyetine olduğu "taşıt folkloru", birkaç yıl sonra Gürkal Aylan (1981) tarafından kitaplaştırılmıştır. Takip eden yıllarda da popülerliğini koruyan bu konu, Musa Dinç (2006) tarafından taksi edebiyatı, dolmuş edebiyatı, otobüs edebiyatı, kamyon edebiyatı ve tır edebiyatı adını taşıyan bölümlerden oluşan bir kitap halinde yeniden yayınlanmıştır.

Âşık edebiyatının bir türü olan destanın konu kadrosunda esnafları veya muayyen meslekleri konu alan örnekler de bulunmaktadır (Çobanoğlu, 2000b: 64). Bu itibarla esnaf destanları üzerine yapılan çalışmaların meslek folkloru araştırmaları tarihi içinde ele alınması yanlış olmayacaktır. Konunun araştırmacıları arasında akla ilk gelen isim A. Esat Bozyiğit'tir (1988). Özkul Çobanoğlu'nun (2000b) destan türü üzerine hazırlamış olduğu hacimli çalışmada verdiği bilgilerle esnaf ve meslek destanları âşık edebiyatı araştırmaları terminolojisi içine tamamen yerleşmiştir[48].

Geleneksel meslekleri konu olan folklor araştırmalarında, meslek folkloru araştırmalarının inanışlar ve anlatmalar başlıkları altında değerlendirilebilecek olan meslek pîri inanışı[49] ile ilgili kabul ve anlatılara da yer verildiği görülmektedir. Geçmişte ahilik teşkilatı içerisinde yer alan ve bugün de faaliyetlerini sürdüren geleneksel mesleklerin ortaya çıkış sürecini genellikle bir dinî figürle (peygamber, sahabe, evliya vb.) ilişkilendiren bu inanışla ilgili olarak Abdülkerim Abdülkadiroğlu'nun (1992) testereciler özelindeki çalışması ile son dönemde Ali Duymaz ve Halil İbrahim Şahin'in (2010) meslek pîri inanışının kökeni ve meslek piri konulu anlatmaların genel yapısı üzerine hazırlanan çalışmaları zikredilmelidir. Bu son çalışma aynı zamanda Türk folklor araştırmaları tarihinde meslek folkloru teriminin çeşitli yönleriyle ele alındığı ilk çalışmalar arasında yer alması bakımından önemlidir.

Geleneksel nitelikler taşıyan ve yukarıda haklarında yapılan çalışmalar münasebetiyle isimleri verilen mesleklerin dışında, kentsel alanlarda faaliyet gösteren ve teknoloji ile birlikte yaygınlık kazanan kimi meslek kolları araştırılması yolunda da bazı teşebbüslerde bulunulmuştur. Avrupa ve Amerika'daki modern meslekler üzerine yapılan folklor araştırmaları ile karşılaştırıldığında daha ziyade deneme niteliğinde olan bu çalışmalardan biri Ezgi Metin (2006) tarafından gerçekleştirilmiştir. Metin, bu küçük çalışmasında doktorlar arasındaki sözlü ve sözsüz iletişim biçimlerine ve meslek jargonlarına dönük tespitlerde bulunmuştur[50]. Endüstriyel mesleklerle ilgili birkaç tane de lisans ve yüksek lisans tezi hazırlanmıştır. Hacettepe Üniversitesi'nde Özkul Çobanloğlu danışmanlığında hazırlanan bu tezlerden ilkinde Kırıkkale Makine Kimya Endüstrisi işçilerinin meslek folklorları (Köksal, 2000), diğerinde ise Karabük Demir Çelik Fabrikalarındaki işçilerin meslekî inanışları (Gözen, 2006) konu edilmiştir.

Türkiye'de doğrudan veya dolaylı biçimde meslek folkloru araştırmaları kapsamında değerlendirilebilecek araştırmalar içinde bu çalışmanın merkezini oluşturan balıkçıları konu alan folklor ve antropoloji bağlamlı çalışmalarla da karşılaşılmaktadır. Tespit edilebildiği kadarıyla Türk folklor araştırmaları tarihinde doğrudan balıkçıları konu alan en eski çalışma R. Yalgın (1941) tarafından hazırlanmış olup Uluabat

Gölü kıyısında bulunan ve eski adı Apulyont yeni adı Gölyazı olan balıkçı köyünü konu almıştır. İlerleyen yıllarda Şükrü Elçin'in (1963; 1997) Ayvalık denizciliği ve balıkçılığını konu alan makaleleri bu meslek grubunun folklorik yönlerini ortaya koymayı amaçlayan en önemli çalışmalar olmuştur. Elçin'in bu çalışmaya kapsam ve yöntem konularında önemli derecede kaynaklık eden bu çalışmalarıyla aynı dönemde M. Kemal Özergin (1966), İznik Gölü'nde gerçekleştirilen balıkçılığın çeşitli folklorik unsurlarına yer veren kısa bir çalışma kaleme almıştır. Bu çalışmadan kısa bir süre sonra ise Burhanettin Özbay (1971) aralarında İstanbul'a yerleşen Sürmeneli balıkçıların da bulunduğu bir balıkçı grubundan meslekî uygulama ve inanışlarla ilgili derlemeler yapmıştır. Takip eden dönemde eczacı Vildan Özkan Göksoy (1989), çoğunluğu Karadeniz kökenli olan İstanbul balıkçıları arasındaki halk hekimliği uygulamalarına ve onların mesleki inanışlarına dönük örneklere yer veren bir bir tebliğ kaleme almıştır.

Söz konusu öncü çalışmalardan uzun bir zaman sonra, Seda Kılınç (2005) tarafından Balıkesir'in Erdek ilçesinin Narlı köyü balıkçılarının kültür ve çevre ilişkisi bağlamında etnografik analizlerine dönük bir yüksek lisans tezi hazırlanmıştır. Kılınç çalışmasında kültürel ekoloji kapsamında, balıkçıların yaşadıkları çevreye kültürel argumanlarla uyarlanma süreç ve biçimlerinin yanı sıra balıkçıların meslek etrafında geliştirdikleri sosyo-kültürel ve ekonomik yapılarını da ele almıştır.

Yasemin Mirazlı Saral (2009) tarafından hazırlanan Doğu Karadeniz bölgesi denizcilik folklorunu konu alan bir diğer yüksek lisans tezinde ise Türk kültüründe deniz ve denizcilik ile Doğu Karadeniz sularında avlanan balık çeşitliliği ve deniz avcılığındaki araç gereçler ansiklopedik bilgiler üzerinden ele alınmış; denizcilik ve bu bağlamda balıkçılık mesleği etrafında şekillenen meslekî folklora dönük bilgilere yer verilmemiştir. Araştırmacı, kısmen denize atıfta bulunan ama genellikle mahallî kültürün umumî yapısı içinde takip edilebilecek inanışlara, geleneklere, söylemelik ve anlatmalık türlere örnekler vererek araştırma başlığından uzaklaşmıştır[51].

İstanbul'da 1964 yılından itibaren dernek statüsünde faaliyet göstermeye başlayan ve bugün de faaliyetlerine devam eden Türk Folklor Kurumu'nun derleme arşivinde yer alan ve 1978 yılında Anadoluhisarı balıkçıları ile yapılan mülakatları içeren kayıtlardan bir kısmı Fuat Yılmaz ve arkadaşları (2003; 2010) tarafından düzenlenerek derlemelerin gerçekleştirilmesinden uzun bir zaman sonra yine aynı derneğin süreli yayın organında yayınlanmıştır.

Trabzon'da faaliyet gösteren Su Ürünleri Merkez Araştırma Ensitütüsü, su ürünleri mühendislerinden Mustafa Zengin (2008; 2010; 2014) Trabzon havalisindeki yunus ve hamsi avcıları ile kimi balıkçı aileler hakkında yaptığı araştırmalarda yöre balıkçılarının meslek folklorlarına ait bilgilere de yer vermiştir. Zengin, Trabzon kent kültürü araştırmalarına katkı sağlayan çalışmalarında Trabzon'daki bazı balıkçı yerleşimlerindeki geleneksel avcılık yöntemlerine, deniz etrafındaki inanış ve uygulamalara ve sosyal yapıya dair tespitler ortaya koymuştur.

Doğu Karadeniz'in Giresun ve Trabzon haricindeki yerleşimlerindeki balıkçı topluluklarının sosyo-kültürel dokuları üzerine de zaman zaman çalışmalar yapılmıştır. Örneğin Süleyman Kazmaz, Rize ve Çayeli halk kültürü ile ilgili bazı çalışmalarında (1994) bu yerleşimlerin balıkçı topluluklarının sözlü kültür miraslarına ve geleneklerine de yer vermiştir.

Son dönemdeki diğer bir araştırma, balıkçılık kültürü bağlamında Akçaabatlı bir balıkçı ailesinin aile tarihi ve folkloru üzerine tarafımızca gerçekleştirilmiştir (Aça, 2014).

Balıkçılığı antropolojinin yöntemleriyle inceleyen az sayıda çalışma arasında araştırma sahamızın önemli örneklem sahalarından biri olan Çarşıbaşı'nda 1990'lı yılların başlarından itibaren aralıklarla birkaç yıl boyunca balıkçılar üzerine araştırmalar yapan Norveçli sosyal antropolog Ståle Knudsen'in (1995; 1998; 2003a; 2003b; 2007; 2008; 2009) çalışmaları özellikle zikredilmelidir. Yoroz ve Vakfıkebir arasındaki avlaklarda faaliyet gösteren Çarşıbaşılı küçük balıkçıların yanı sıra daha geniş bir avlak sahasında endüstriyel anlamda faaliyet gösterebilen büyük balıkçılar arasında uzun süre zaman geçiren Knudsen, bu araştırmalarının sonuçlarını çok sayıda makale ve bir de kitap halinde yayınlamıştır. Knudsen'in çalışmaları, Çarşıbaşı, Vakfıkebir ve Beşikdüzü balıkçılarının sosyal ve meslekî organizasyonlarının ve uygulamalarının, deniz ve balık ekseninde şekillendirdikleri geleneksel dünya görüşlerinin ve mesleğin üyeleri arasındaki iletişim biçim ve problemlerinin ele alındığı bölümlerde sıkça müracaat edilen referanslar arasında olacaktır.

Yüksel Kırımlı'nın İstanbul balıkçılarının 40 yıl önceki sosyal ve meslekî yapısını, yaş, eğitim ve yerleşim istatistiklerini, meslekî işleyiş ve ortaklığa dair sözlü hukuk normlarını ve av araç gereçlerinin teknik özelliklerini ve kapasitelerini konu edindiği çalışması da antopolojik bağlamlı çalışmalar arasında zikredilmelidir (2009).

Dünyaca ünlü çevrebilimci Fikret Berkes'in ekoloji ve çevre duyarlılığı gibi konular bağlamında Akdeniz ve Ege balıkçılarının meslekî ve sosyal yapıları ile meslekî uygulamalarına atıflarda bulunduğu çalışmaları da (1986; 1999) balıkçılık folkloru araştırmalarına veri sağlayacak türdendir.

Meslek gruplarının folklorik özellikleri üzerine Türkiye'de yapılan bu az sayıdaki çalışmanın dışında Amerika'da 1940'lı yılların sonlarında (Smigel, 1954: 399) Türkiye'de ise 1990'lı yılların başlarından itibaren sosyolojinin bir şubesi olarak ilgi gösterilen meslek sosyolojisi alanında yapılmış çok sayıda çalışma mevcuttur. Konunun kapsamını genişletmemek bakımından örneklerine yer verilmeyen bu çalışmalar, meslek folkloru araştırmaları sırasında meslek üyelerinin sosyal profillerinin çıkarılması ve grup içi hiyerarşisinin tespit edilmesi gibi konularda yardımcı olabilecek türdendir.

Fotoğraf: Necla Özarslan

İKİNCİ BÖLÜM

2. ARAŞTIRMA SAHASININ COĞRAFÎ, TARİHÎ ve KÜLTÜREL ARKA PLANI

Tüm yönleriyle dünyanın sucul alanları içinde müstesna bir yapıya sahip olan Karadeniz, kendi adıyla anılan havzanın sadece kıyı bölgelerinin coğrafî, tarihî ve kültürel karakteristiğini ifade etmekle kalmamış, kendisine dökülen Avrupa ve Asya ırmaklarının akımında bulunan ve havzanın art alanını teşkil eden unsurlarla birlikte toplam 2.2 milyon km^2'lik oldukça geniş kültür havzasını ifade eder olmuştur (Bilgin, 2013: 21; Üçüncü, 2013: 109-110).

Coğrafyanın kültürün temel enstrümanları üzerindeki etkisi göz önüne alındığında[52] tarih öncesi dönemlerden modern dönemlere kadar Karadeniz'in bütün kıyı yerleşimlerinin sosyo-ekonomik ve kültürel hayatının merkezi unsurlarından biri olmayı sürdüren balıkçılık mesleğinin katılımcılarının sadece teknik bilgi donanımının değil temsil ettikleri kültürel kimliğin de anlaşılabilmesi, bu geniş sucul tarlanın anlaşılabilmesi ile nispeten daha kolay olacaktır. Zira geleneksel teknik bilgi birikiminin yaşanılan çevreyle uyumlu bir biçimde ve çoğu zaman ihtiyaçlar doğrultusunda kültürün oluşumu ve gelişimi süreçleriyle olan ilişkisi kültür bilimcilerin sıkça dile getirdikleri genel kabullerden biri haline gelmiştir (Malinowski, 1992: 21; Evans, 1996: 160; White, 1949: 397). Bu anlamda, denizin karakteristiğinin anlaşılması, balıkçılık etrafında şekillenen soyut ve somut karakterli kültürel dokunun anlaşılmasına büyük oranda katkı sağlayacaktır.

Araştırmanın bu bölümünde öncelikle, Alplerden Urallara kadar uzanan yirmi iki ülkenin tamamını veya bir bölümünü tarihsel, kültürel, stratejik ve ekolojik anlamda içine alan geniş havzanın tanımlayıcısı konumunda olan Karadeniz'in (King, 2008: 26; Üçüncü, 2013: 110-111) coğrafî, jeolojik ve oşinografik özellikleri üzerinde durulacaktır.

Araştırmanın bu başlığı altında ikinci olarak Giresun ve Trabzon illerinin tarihî dönemleri hakkındaki bilgiler özetlenerek, yöre balıkçılığının tarihî gelişimi ile ilgili bilgilere yer verilecektir. Son olarak Giresun ve Trabzon illeri balıkçılığına dönük istatistik veriler özetlenecek; akabinde iki yıl süren alan araştırmalarının gerçekleştirildiği 256 km^2'lik kıyı şeridinin batı sınırını teşkil eden Piraziz'den doğu sınırını teşkil eden Of'a kadar olan balıkçı yerleşimleri hakkındaki genel bilgilerin yanı sıra müşahede ve tespitlere yer verilecektir.

2.1. Karadeniz'in Adı, Özellikleri ve Oluşumu İle İlgili Görüşler

Antik dönem Yunan ve Latin kaynaklarında Karadeniz'den *Euxeinos*[53] [konuksever], *Pontos Aexeinos* [konuksever deniz] veya sadece *Pontos* [deniz] isimleri ile bahsedilmiştir (Işık, 2001: 1). Araştırmacılar, esasında *konuksever/dost olmayan* anlamına gelen, ancak daha sonra tabulu sözlerde görülen anlam iyileşmesinin/örtmecesinin[54] bir örneği olacak biçimde "konuksever" anlamı yüklenen *euxeinos/aexeinos* kelimesinin Tarihî Farsça veya İskitçe kaynaklı olabileceğini ifade etmişlerdir (Işık, 2001: 1-2, Arslan, 2006: 80-82). Tarihî Farsçada kuzey yönünü ifade etmek üzere kullanılan ve "kara" anlamı taşıyan *axşaina* kelimesinin mevcut olmasının yanı sıra Türkler arasında renk simgeciliği ile ifade edilen yön algısının en eski dönemlerden itibaren mevcut olduğunun ortaya konulmuş olması bu görüşlerin temel dayanaklarından biri olmuştur (Öner, 2010: 268). Bu görüş Karadeniz adındaki "kara" ibaresinin anlamlandırılması yolundaki tartışmalarda baskın bir hal almıştır. Zira coğrafya, kültür ve dil arasındaki ilişkiyi göz ardı eden yaklaşımlar uzun süre, suyunun veya kumunun renginden ötürü bu denizin "kara" sıfatıyla anılır olduğunu iddia etmiştir. Ancak Türklerin erken dönemlerden itibaren örneğine Çinlilerde de rastlanan bir biçimde kuzey için *kara*, batı için *ak*, güney için *kızıl* ve doğu için *mavi/yeşil* renklerini simgesel karşılıklar olacak şekilde kullanmaları (Gabain, 1968: 107; Ögel, 1991a: 429-435) Türk kültür havzasının önemli bir bölümünü oluşturan Karadeniz'in adının aynı tasarrufla tahmin edilenden çok daha eski dönemlerde Türkler tarafından verildiği sonucuna ulaşılmasına imkân sağlamıştır[55].

Osmanlı döneminde *Bahr-i Siyâh* olarak adlandırılan deniz alanına, İngilizcede *Black Sea*, Fransızcada *Mer Noir*, Almancada *Schwarze Meer*, İtalyancada *Mare*, Bulgarcada Черноморе (*Çernomore*); Rumencede *Marea Neagră*, Rusçada Чёрноеморе (*Chornoyemore*); Ukrayncada Чорнеморе (*Çornemore*) ve Gürcücede შავიზღვა (*Şavi Zğva*) denilmektedir (Tuncel, 2000: 386; Üçüncü, 2013: 109).

Dünya üzerindeki konumu itibariyle 40° 55′ ve 46° 32′ kuzey enlemleriyle 27° 27′ ve 41° 42′ doğu boylamları arasında yer alan, 423.500 km²'lik yüzölçümüne ve 537.000 km³'lük su hacmine sahip bir iç deniz formundaki Karadeniz'in en derin yeri Kerempe Burnu'nun 80 km açıklarındaki 2246 metre derinliğe sahip bölgedir (Ardel, 2001: 232; Çelikkale ve diğerleri, 1999: 32). Batısındaki Burgaz Limanı ile doğusundaki batı ve doğu sınırları arasındaki mesafe 1170 kilometre iken kuzeyi ve güneyi arasındaki mesafe 600 kilometredir. Bu hattın en yakın noktası Kırım'la İnebolu arasındaki 265 km mesafedir (Ardel, 2001: 231).

Orta ve Doğu Karadenizli balıkçıların 1960'lı yıllara kadar yelkenli veya düşük kapasiteli motorlara sahip tekneleri ile çoğunlukla İnebolu üzerinden Rusya sahillerinde balıkçılık yapmaya gitmelerinin sebebi bu suretle anlaşılmaktadır.

Şekil 1: Karadeniz'in Sucul Havzası

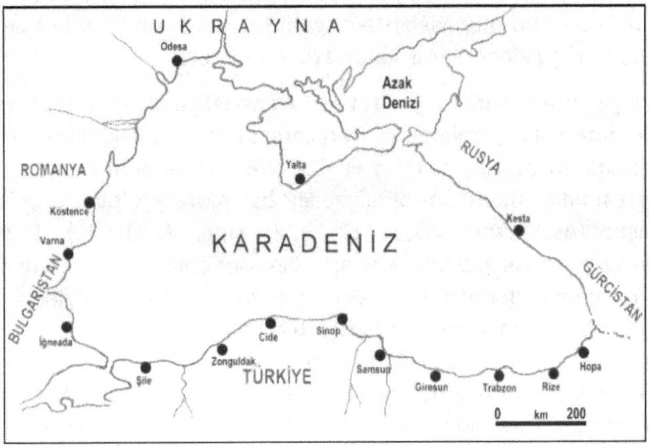

Kaynak: (Zaman, 2005).

Güneyde İstanbul Boğazı ile Marmara Denizine ve Akdeniz'e, kuzeyde ise Kerç Boğazı ile Azak Denizi[56]'ne bağlanan ve batıda Romanya ve Bulgaristan, kuzeyde Ukrayna ve Rusya, doğuda Gürcistan ve güneyde Türkiye ile çevrili olan Karadeniz'e toplam dokuz ülkenin topraklarından gelen Kuban, Don, Dinyeper, Dinyester ve Tuna'dan oluşan beş büyük ırmak akmaktadır[57]. Bu ırmaklar içerisinde Tuna ırmağı Karadeniz'i besleyen en güçlü drenaj unsurdur. Bu beş ırmak Karadeniz'e akan suların % 79'unu taşımaktadır (Mutlu, 2000: 3). Karadeniz'e dökülen bu beş büyük ırmağın dışında kıyısındaki altı ülkeden denize tatlı su taşıyan yüzlerce irili ufaklı ırmak mevcuttur[58]. Türkiye'den Karadeniz'e dökülen çok sayıda ırmak arasında özellikle Sakarya, Kızılırmak ve Yeşilırmak nehirleri taşıdıkları su miktarı bakımından önemlidir. Bu ırmakların denizle buluşma noktalarında oluşan geniş deltalar tarih boyunca çeşitli medeniyetlerin stratejik önem atfettikleri lojistik alanları olmalarının yanı sıra Orta Karadeniz balıkçılarında olduğu gibi Giresun ve Trabzon yöreleri balıkçılarının uzun süre önemli avlak alanları olmuştur. Erken tarihi dönemlerden avcılığının yasaklandığı yakın geçmişe kadar mersin[59] avcılığı yapan yöre balıkçıları, mersin balıklarının havyar dökmek üzere ırmakların iç kesimlerine yöneldikleri ilkbahar aylarında "havyarcılık[60]" yapmak üzere Çarşamba, Kızılırmak ve Yeşilırmak deltalarına gitmişlerdir.

Etinin yanı sıra özellikle ekonomik değeri oldukça yüksek olan havyarı için gerçekleştirilen mersin avcılığı üzerinde ilgili bölümlerde tekrar durulacaktır. Bugün mersin avcılığı yasaklanmış olsa da ırmak ağızları balıkçılar için önemini yitirmemiştir. Irmaklarla birlikte denize taşınan organik materyaller Karadeniz'in güney sularının yerli balıklarının besin kaynakları arasında üst sıralardadır. Küçük veya büyük ölçekte avcılık yapan balıkçılar bu münasebetle bugün de ırmakların denizle buluştuğu hatları önemli avlaklar olarak kabul etmektedirler.

Bazı görüşlere göre yoğun tatlı su transferi sırasında denize taşınan organik materyaller, binlerce yıl içerisinde Karadeniz'deki hidrojen sülfür gazını limitlerin üzerine taşımış ve 150-200 metre derinliklerden sonra canlı yaşamının mümkün olmayacağı bir hidrobiyolojik yapı ortaya çıkarmıştır (Ascherson, 2001: 17, 322; King, 2008: 39). Diğer bir nazariyeye göre ise jeolojik olaylarla Karadeniz'in tatlı su gölünden az tuzlu[61] bir denize dönüşmesi sürecinde daha yoğun olan tuzlu su alttaki tatlı suyu baskılamış ve oksijensiz bırakmıştır. Karadeniz'in tuzluluk bağlamında önemli bir özelliği de yüzey suları ile dip suları arasında çok farklı tuzluluk oranlarında sahip olmasıdır. Bu iki tabaka arasında hidrobiyologlar tarafından "haloklin" adı verilen ve tuzluluk oranının yüzey sularında çok daha az olmasını sağlayan bir orta tabaka mevcuttur. Yoğun dip suları ile nispeten daha az yoğun olan yüzey sularını ayıran bu orta tabaka oksijen dağılımında da belirleyici olmakta ve 150-200 metre derinliklerden sonra oksijensiz bir ortamın oluşmasına sebep olmaktadır (Artüz, 1955: 12; Arısoy, 1968: 128; Mutlu, 2000: 4; Tuncel, 2000: 386). Bölge balıkçılarının tarih boyunca Karadeniz'de avladıkları balıkların deniz biyologlarının orta su ve yüzey balıkları olarak adlandırdıkları türlerden oluşmasının sebebi bu şekilde ortaya çıkmaktadır.

Karadeniz'in kıyı alanları saat yönünde takip edildiğinde Bulgaristan, Romanya ve Ukrayna kıyıları nispeten daha alçak ve sığdır. Daha sonra Kırım dağlarının yüksek kayalıklarını Abhazya, Gürcistan ve Türkiye'yi içine alan doğu ve güney kıyılarındaki ormanlık dağ sıraları ve zaman zaman da ince bir sahil şeridi takip etmektedir (Ascherson, 2001: 16). Bulgaristan, Romanya ve Ukrayna kıyılarının güney ve doğudaki kıyılara nispetle daha sığ ve kumsallık olması bu alanların kalkan balığının habitatında önemli bir yer edinmelerinde etkili olmuştur. Giresun ve Trabzon yöresinin özellikle köklü bir balıkçılık geçmişine sahip katılımcıları yakın geçmişe kadar kalkan avcılığı yapmak üzere söz konusu kıyıları sıkça ziyaret etmişlerdir.

Karadeniz oldukça değişken bir deniz altı topografyasına sahiptir. Daha önce de belirtildiği gibi oldukça derin olan dip kısımları, maviye çalan gri renkte ince bir çamur tabakası ile örtülü olan Karadeniz'in nispeten daha sığ olan kıyılık alanlarında yer yer derin dehlizlerle veya yüksek adacıklarla karşılaşmak mümkündür (Ardel, 2001: 232).

Denizi tarlaları olarak algılayan yöre balıkçıları, deniz tabanının topografyasını öğrenmeyi ve bunu akılda tutmayı, usta bir balıkçı olmanın ilk şartı olarak görmektedirler. Zira yine ilgili bölümde detaylı biçimde ifade edileceği üzere balıkçılar, kıymetli av donanımlarını ilişkenlerde[62] veya löngüzlerde[63] kaybetmemek, bu alanların etrafında yoğunlaşan balık sürülerini takip ederek iyi bir av gerçekleştirmek için çoğu zaman geleneksel biçimde aktarılan bu bilgiye muhtaçtırlar.

Karadeniz, yazları subtropikal iklim kuşağının özelliklerini gösterirken kışları Doğu Avrupa kontinental iklim kuşağının etkisi altındadır. Temmuz ve Ağustos aylarında deniz sıcaklığı 20° ile 26° arasında değişirken bu sıcaklık kışları 2° ile 7° aralığına kadar düşmektedir. Öte yandan Karadeniz'in hidrografik özellikleri, mevsimlere bağlı sıcaklık değişikliklerinin 90 metre derinlikten daha aşağı ulaşmasını engellemektedir (Mutlu, 2000: 4). Sert geçen kışlarda batı ve kuzey kıyılarındaki sıcaklıklar daha da düşmekte ve deniz donabilmektedir (Ardel, 1957: 244; 2001: 234). Antik dönem yazarlarından Strabon, Karadeniz'in kuzey kıyıları hakkındaki müşahedelerini belirtirken sert kışlarda denizin donduğundan ve üzerinde rahatlıkla durulabildiğinden bahsederek bu durumu denizin tuzluluk oranının düşük olmasıyla açıklamıştır (King, 2008: 33). Sıcaklık değerleri, Karadeniz faunasındaki balıkların davranışlarını belirleyen en önemli faktör olmuştur. Zira balıkların üreme rutinleri ile göç takvimleri ve yolları, denizdeki sıcaklık değişiklikleri ile doğrudan ilgili bir biçimde belirlenmektedir.

Giresun ve Trabzon yöreleri balıkçıları geçmişten bugüne avcılık faaliyetlerini balıkların bu davranışlarına göre sürdüregelmişlerdir. Zamanla yarışır biçimde yaz boyunca devam eden hazırlıkların ardından yörenin hem küçük, hem de büyük kapasitede avcılık yapan balıkçıları eylül ayı başlarından itibaren palamut sürülerini gözlemeye başlarlar. Ekim ayı ortalarından itibaren ise belirtilen göç yollarını takip ederek bölgeye intikal etmeye başlayan hamsi sürüleri gırgır motorları ile avlanan büyük balıkçıların avcılık faaliyetlerinin merkezini oluşturmaktadır. Çalışmanın ilgili bölümünde tekrar üzerinde durulacağı üzere küçük balıkçılar teknik donanım ve kapasite bakımından hamsi avcılığı yapamadıkları için çoğu zaman tüm ümitlerini palamut avcılığına bağlamaktadırlar.

Karadeniz'in rüzgârlarına bakıldığında ise, rüzgârların Kırım Burnu'ndan Kerempe Burnu'na uzanan bir hatla iki bölgeye ayrıldığı görülmektedir. Bu hattın batısında bulunan Türkiye kıyıları ile Bulgaristan ve Romanya kıyılarında kıble ve keşişleme; Doğu Karadeniz kıyılarını da içine alan güney ve doğu kıyılarında ise lodos ve poyraz hâkim ve şiddetli rüzgârlar arasındadır. Kış ve ilkbahar aylarında Doğu Karadeniz kıyılarında etkili olan şiddetli poyraz çoğu zaman açık ancak soğuk bir havaya sebep olurken, karayel ve batı rüzgârları sisli ve rutubetli bir hava ortaya çıkarır. Trabzon havalisindeki sularda bugün geçmişe nispetle daha az olmakla birlikte ilkbahar aylarında özellikle de Mayıs ayında sis görülebilmektedir (Ahmet Rasim, 1930: 8-9; 16).

Karadeniz rüzgârlarının bu özelliği ile paralel biçimde Doğu Karadenizli balıkçıların merkezinde daima poyraz ve lodos olmuştur[64]. Tekin olmayan bir çalışma sahasında sürdürdükleri avcılık faaliyeti ile yaşamlarını sürdürmeye çalışan balıkçılar, kimi zaman tecrübeye kimi zaman da geleneksel bilgi aktarımına dayalı biçimde rüzgârları ve sisi oldukça detaylı şekilde tanımlamışlar ve çalışmanın ilgili bölümlerinde örnekleriyle ifade edileceği üzere tekniğe dayalı geleneksel bilgileri ve geleneksel dünya görüşleri bağlamında meslek folklorlarında geniş bir yer ayırmışlardır. Çalışmanın halk/balıkçı meteorolojisi ile ilgili bölümünde balıkçıların her yıl aynı takvimlerde tekrarlayan fırtınalarla ilgili inanış, kabul ve uygulamalarına yer verilecektir

Karadeniz akıntılarının yön ve hızı, rüzgâr ve sahillerin etkisi altındadır. Örneğin Yoroz Burnu önündeki akıntılar doğuya, açığındaki akıntılar ise kuzeye doğru iken, Azak Denizi ağzındaki akıntılar çoğunlukla güneye doğrudur (Bıjışkyan, 1998: 20). Öte yandan ilkbaharda nehir akıntılarının maksimum olduğu dönemde rüzgârlar, akıntıların yönünü değiştirmeye yeterli değildir. Buna rağmen sonbaharda daha fazla değişiklikler gözlenir. Böylece ekim ve kasım aylarında güney ve güney-doğu rüzgârları Boğaz önünden Bulgaristan sahillerine doğru eserek, Karadeniz'in batı kıyıları boyunca kuzey-güney akıntısının yönünü sık sık değiştirir. Bu olay aynı zamanda palamut balığının görünmesi için bir işaret kabul edilir.

Yöre balıkçıları, yönü ve hızı rüzgâr ve sahillerin etkisi altında olan Karadeniz akıntılarını da yakından takip ederler. Karadeniz akıntıları, ırmakların debisinin yüksek olduğu ilkbahar aylarında rüzgârdan ziyade ırmaklardan gelen sularla belirlenmektedir (Ardel, 1957: 247; Ataç ve diğerleri, 1997: 4; Arısoy, 1968: 129). Denizin yüzeyindeki hareketlilikle altındaki hareketliliği birlikte değerlendiren balıkçılar için, balıkların havyar dökme zamanlarındaki akıntılar çok önemlidir. Bu zaman dilimlerinde denizin yöredeki tabiriyle "limanlık" (sakin) olması halinde yüzeye yakın alanlardaki akıntıların da az olduğuna kanaat getiren balıkçılar bir sonraki av sezonunun verimliği geçeceğine inanmaktadırlar. Akıntılar, balıkçıların deniz tabanına serdikleri ağları zamanında ve hasarsız bir biçimde toplamaları açısından da önemlidir. Zira akıntıların fazla olduğu zamanlarda toplanamayan ağlar, avlanan balıkların telef olmasına ve balıkçıların kıymetli zamanlarının boşa harcanmasına sebep olmaktadır.

Karadeniz'in faunası pek çoğu nesli tükenme tehdidi altında olan 180 canlı türünü ihtiva etmektedir. Bu türlerin büyük bir kısmı Atlantik Okyanusu ve Akdeniz'den gelen canlı formlarıdır. Bu bağlamda Doğu Karadeniz'de avlanan balıklar yerli ve gezici balıklar olmak üzere iki grupta değerlendirilir. 100 metre derinliğin altına fazla inmeyen mezgit[65] ve kalkan[66] gibi yerli balıklar mevsim değişiklikleri ile uyumlu biçimde yaşadıkları ortamın değişen koşulları bağlamında sınırlı olarak yer değiştirmenin yanı sıra derinlere çekilmek veya aksine yüzeye yaklaşmak gibi davranışlar sergilerler. Hamsi, istavrit[67], palamut[68], lüfer[69], kefal[70] ve sargana[71] gibi balıklar ise büyük gruplar halinde denizin biyolojik ve klimatolojik özellikleri ile uyumlu biçimde yer değiştirirler. Azak Denizi'nden Akdeniz'e kadar uzanan geniş bir alanda göç yolculuğuna katılan ve ticari değeri olan bu türler içinde en fazla artış gösteren tür hamsidir. Hamsi, Akdeniz'den gelen bir canlı formu olup Karadeniz ve Azak denizine adapte olmuştur (Kara, 1980: 10-11; Darkot, 1963: 161).

Karadeniz'in en fazla ekonomik değere sahip göçmen balıklarından hamsi, ağustos ayı ortaları ile eylül ayı başlarında, Tuna, Dinyeper ve Dinyester nehirlerinin etkisi ile deniz tuzluluğu oranı % 10'a kadar düşen Odessa körfezinde yumurtlar. Ağustos ayı ortalarından itibaren gruplar halinde Tuna Nehri'nin ağız kısmında toplanmaya başlayan ve eylül sonuna doğru güneye doğru göçe başlayan her bir hamsi sürüsünde 15-20 bin ton balık bulunmaktadır. Günde 15-20 km yol alan hamsi sürüleri sıcaklık değişimleri ile uyumlu biçimde Karadeniz'de saat yönünün tersinde bir yay çizerek Sinop kıyılarına ulaşmaktadır. Bu uzun yolculuktan farklı olarak balık sürüleri kimi zaman da daha kısa bir yol takip ederek güney kıyılarından Sinop kıyılarına intikal edebilmektedir. Şubat ayı ortalarına kadar kısa duraklamalarla Doğu Karadeniz kıyılarını takip eden hamsi sürüleri bu tarihten itibaren geri dönüş yolculuğuna başlarlar. Sürülerin büyük bir kısmı Kırım'a doğru ilerlerken çok az bir kısmı Doğu Karadeniz sularında kalır (Mutlu, 2000: 4; Zaman, 2005: 61).

Hamsi avcılığı ile hayatlarını kazanan balıkçılar hamsi sürülerinin belirtilen göç takvimiyle birebir uyumlu biçimde hazırlıklarını yürütmekte ve av takvimini kaçırmamaya dikkat etmektedirler. Geçmiş yıllarda büyük sürüler halinde daha uzun süre Doğu Karadeniz sularında kalan hamsinin son yıllarda daha küçük sürüler halinde ve hızlı bir biçimde bölgeden geçiyor olması teknik izahların dışında balıkçıların geleneksel dünya görüşleri bağlamında da çeşitli biçimlerde yorumlanmaktadır.

Şekil 2: Hamsinin Karadeniz'deki Göç Yolları

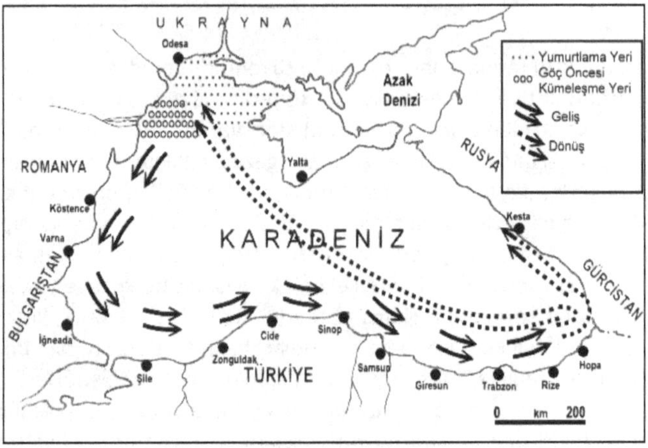

Kaynak: (Çelikkale ve diğerleri, 1993).

Karadeniz faunasında yerli ve göçmen tuzlu su balıklarının haricinde tatlı su menşeli balıklar da bulunmaktadır (Arısoy, 1968: 134).

Karadeniz'in deniz faunasında yer alan ve 1960'lı yıllarda ticari anlamda avlanan yirmi altı türden bugün geriye altı tür kalmıştır. Ascherson'ın tabiriyle, tarihe balıkla dâhil olan Karadeniz'in (2001: 19) güney kıyılarının sosyo-kültürel ve ekonomik hayatında belirleyici ve tanımlayıcı unsur olmaya devam eden hamsi sürülerinin 1980'lere kadar olan durumu ile bugünkü durumu arasındaki büyük fark, riskin boyutlarını açıkça ortaya koymaktadır. Nesli tükenen veya izine artık nadiren rastlanan balık türleri içinde yer alan ve popüler kültürde dinazorlar çağının yâdigarı olarak kabul edilen mersin balıkları, kirlilik, kıyı dolguları, barajlar ve HES'ler gibi pek çok dış müdahaleden ötürü balıkçıların hatıralarında yaşar hale gelmişlerdir. Araştırmacılar balık çeşitliliği ve stoklarındaki bu trajik değişimi kontrolsüz/aşırı avcılıkla[72] ve akımları boyunca Batı ve Orta Avrupa'nın her türden atığını denize taşıyan Tuna başta olmak üzere tüm ırmakların sebep olduğu trajik ekolojik değişimle ilişkilendirmekteler (Güngör ve Çağatay, 2006; Alkan ve diğerleri, 2008). Karadeniz'in ekolojik yapısındaki değişimlerden birinci derecede etkilenen balıkçıların bu durumla ilgili kabul ve görüşlerine çalışmanın ilgili bölümlerinde yer verilecektir.

Karadeniz'in oluşumu ile ilgili olarak jeolojik, klimatolojik, oşinografik ve teolojik verilerle ortaya konulmuş farklı teoriler vardır. Antik dönem coğrafyacılarına kadar uzanan[73] bu nazariyelerin daha yakın tarihli olanlarının hemen hepsinde Karadeniz'in oluşumunda büyük iklim değişimlerinin etkili olduğu ortak kanaat halini almıştır[74]. Kısaca ifade edilecek olursa bu teorilerden birine göre MÖ. 12.000'lerde hüküm süren ve paleocoğrafya uzmanları tarafından "younger dryas" adı verilen buzul döneminde yağışlar azalmış, küçülen buzul alanları sebebiyle Aral, Hazar[75] ve Karadeniz'i besleyen büyük nehirlerin suları oldukça azalmış; bir kısmı ise kurumuştur. Bunun sonucu olarak bu üç denizin birbirleriyle olan bağlantıları kesilmiş, her biri kendini besleyen nehirlerle yetinmeye çalışmıştır. Bu devrin sonları ile MÖ. 6000'lerde gerçekleşen küçük buz devri arasındaki nispeten ılıman dönemde bağımsız hüviyet kazanan bu iç denizler akarsularla beslenmeye devam etmiştir (Ardel, 1957: 239-242; Gerey, 2004: 5; Eriş, 2012: 21).

Willard Bascon'un öncü çalışmalarının ardından deniz jeologları William Ryan ve Walter Pitman ile okyanus bilimciler Robet D. Ballard ve Dwight Coleman'ın 1990'ların ortalarında Karadeniz'de gerçekleştirdikleri bağımsız araştırmalar sonrasında Karadeniz'in bugünkü durumunu alışı ile ilgili yeni teoriler ortaya çıkmıştır. Bu teorilerdeki ortak kanaate gore Karadeniz yaklaşık 7500 yıl önce bir tatlı su gölüdür. Son buzul çağının sona ermesinden sonra suların yükselmesi ile Akdeniz'in suları, bugünkü Marmara Boğazı'nın bulunduğu karasal alanı yıkarak aylar sürecek bir akıntı ile Karadeniz'in sularına karışmıştır. Kuvvetli akıntılar yoluyla daha önce suyu tatlı olan Karadeniz, bu suretle az tuzlu ve derinlikleri sülfür gazıyla kaplı bir iç deniz formuna kavuşmuştur (Ryan ve Pitman, 2000; Ballard ve diğerleri, 2001).

Jeolojik verilere teolojik verileri de dâhil eden bir başka teoriye göre Ballard ve diğerlerinin ifade ettiği süreç tam aksi şekilde gerçekleşmiştir. Bu yeni nazariyeye göre MÖ. 10.000'lerde buzul çağı sona ererken Karadeniz, Hazar Denizi ile birleşiktir. Karadeniz'e suların % 40'ı Tuna nehri üzerinden gelirken, % 60'ı Hazar'dan gelmektedir. Karadeniz, ırmaklarla çok iyi beslenen bir denizdir. Buzulların erimesi ve Hazar'ın sularının Karadeniz'e akmasıyla oluşan büyük akıntı ve yükselen sular Marmara'ya ve oradan da o dönemde birleşik bir kara parçası olan Ege'ye ve nihayet Akdeniz'e akmıştır. Kutsal kitaplarda betimlenen tufan sahnesinden farklı olarak iklim değişimleri sebebiyle gerçekleşen çok sayıda tufandan biri olan bu olay, birkaç yüzyıl sürmüş, Ege Denizi'nin oluşmasına ve bu alandaki birçok yerleşimin sular altında kalmasına sebep olmuştur (Hiscott ve diğerleri, 2007).

Farklılıklarına rağmen ortak vurgular içeren bu teorilere ait izlere yöre balıkçılarının avcılık uygulamalarında da rastlamak mümkündür. Örneğin kefal ve eşkina türünden balıkları avlamak isteyen Trabzon havalisi balıkçılarının yakın geçmişe kadar Araklı ve Of arasındaki kıyı hattını tercih etmelerinin sebepleri arasında deniz tabanındaki yerleşim kalıntıları da etkili olmuştur. Zira bu su altı ören yerleri mezkûr türde balıklar için uygun yuvalanma ve beslenme alanları yaratmış; bu durumla uyumlu biçimde balıkçılar için de verimli bir av sahası ortaya çıkmıştır. Karadeniz'in güney kıyılarının hem kara hem de deniz alanı bakımından arkeolojik araştırmalar itibariyle bakir bir alan olduğu hatırlandığında çok basit müşahedeler bile önemli hale gelmektedir. Araştırmalar sırasında Karadeniz'in oluşumuna atıfta bulunan efsaneler de tespit edilmiştir. Söz konusu efsaneler, çalışmanın ilerleyen bölümlerinde balıkçılık folklorunun söylemelik türleri değerlendirilirken incelenecektir.

2.2. Giresun ve Trabzon İlleri Genel Tarihine Kısa Bir Bakış

Karadeniz'in güney sahillerinin tarih boyunca önemli liman yerleşimleri olarak dikkat çeken Giresun ve Trabzon'u içine alan bölgenin tarihi dönemlerine bakıldığında bölge sahillerinin jeo-stratejik yapısı nedeniyle farklı din ve dile sahip insan topluluklarının buluşma noktası olarak kadim dönemlere damgasını vurduğu anlaşılmaktadır. Anadolu'nun Karadeniz sahillerinin bir bölümü bataklık bir konumda olması ve salgın hastalıklar nedeniyle MÖ. 2000'lerde ideal bir yerleşim alanı oluşturamamıştır. Ancak Giresun ve Trabzon'un dağlık yapısı ve bataklık oluşturmaya imkân vermeyen sahil kesimi, bu dönemde tercih edilen yerleşim alanları olma özelliğini korumuştur (Aktaş, 2007: 38; Erler, 2009: 225; Emecen 2009: 34).

İlk çağlara ait bilgi veren kaynakları değerlendiren araştırmacılar, Karadeniz sahillerinin Helen kolonizasyonundan önce Kimmer ve İskit gibi Karadeniz'in kuzeyinden gelme atlı göçebe kavimler tarafından büyük oranda iskân edildiğini ifade etmişlerdir. Bu bağlamda Doğu Karadeniz'in ilkçağlarına dönük çalışmalar yapan araştırmacılara göre, Karadeniz'in kuzeyinde yer alan topraklar, eski çağlardan bu yana kavimlerin büyük göçlerine sahne olmuştur. Orta Asya çıkışlı İskitlerin, kendileri gibi Türk soylu oldukları düşünülen Kimmerleri Karadeniz'in kuzeyinde sıkıştırması ile tarihin tanık olduğu göçler, daha yakın çağlarda da devam etmiştir. Birkaç asra yayılan bir süreç içinde bu sahaya giren Türk kavimleri, burada bulunan kavimleri batıya sürmüş ve buraları yurt edinmiştir. Bizans, art arda gelen bu devletlerle onların akınlarından kendi topraklarını ve devletini koruyabilmek ve düşman devletlerin üzerine sürmek için geliştirdiği siyasetlerle uzun süre bu unsurları

Hıristiyanlaşarak Rumlaştırma çabasına girmiştir[76]. Tarihin her döneminde bölgeye, Karadeniz'in kuzeyinde var olmuş Türk kavimlerinin gölgesinin düştüğünü söylemek mümkündür. Bölgedeki toponim ve antroponimlerde sıklıkla Hunlar, Avarlar, Hazarlar, Sabirler, Bulgar Türkleri, Uzlar, Peçenekler, Kumanlar ve diğer Türk boylarının isimlerinin yanı sıra ve damga ve motifleriyle karşılaşılması bu bakımdan şaşırtıcı değildir (Gökdağ, 1997: 28-29; Özsait, 1999: 36- 37; Tellioğlu, 2007: 15-34; Bilgin, 2010: 19-32; 2013, 36-48).

Şekil 3: Doğu Karadeniz'de Otokton Halklar

Kaynak: (Arslan, 2007).

Doğu Karadeniz kıyılarına ulaşan ilk Helen unsurlar, bölgenin otokton halkları olan Makronlar, Kolkhlar, Mossynoikler, Driller, Khalypler ve Tibarenler gibi yirmi civarında halkla karşılaşmışlardır (Bilgin, 2010: 32-48). Kimmer ve İskitlerden sonra söz konusu otokton halklar tarafından bölgenin coğrafî ve stratejik yapısıyla uyumlu şekilde oluşturulan ilk yerleşimleri, kolonizasyon sürecinin başlarında MÖ. 8. yy.'da Ionialılar ve Miletoslulular tarafından oluşturulmaya başlanan koloni kentleri takip etmiştir. Aynı yüzyılda İskitler tarafından Batıya harekete zorlanan Kimmerlerin bölgeye hâkim olmasıyla yaklaşık yüz yıl kesintiye uğrayan ve MÖ. 7. yy.'da yeniden başlatılan kolonileşme faaliyetleri[77] sırasında oluşturulan yerleşimlerin bir kısmı sadece kaleden ibaretken, diğer bir kısmı kale ile birlikte pazarların da olduğu küçük kentlerden meydana gelmiştir (Çiğdem, 2007: 137; Öksüz, 2006: 22). Giresun ve Trabzon kıyıları boyunca bölgede ticaret kolonileri kuran çeşitli kavimlerce inşa edilen kalelerin kalıntıları ile bugün de karşılaşmak mümkündür.

Helenlerin Doğu Karadeniz'e yönelmelerinin sebepleri tartışılmaya devam etmektedir. Bu tartışmalarda Giresun ve Trabzon çevresindeki zengin maden ve orman[78] kaynaklarının yanı sıra köle ticaretinin de içinde yer aldığı zengin deniz yolu ticaretinin ve bu sulardaki balık çeşitliliğinin ve bolluğunun önemli motivasyon unsurları olduğu kabul edilmektedir (Drews, 1991: 319-324; Tsetkhladze, 1994: 124-126; 2010, 57; Emir, 2011: 87-90).

Şekil 4: Karadeniz'deki Kolonizasyon Hareketleri

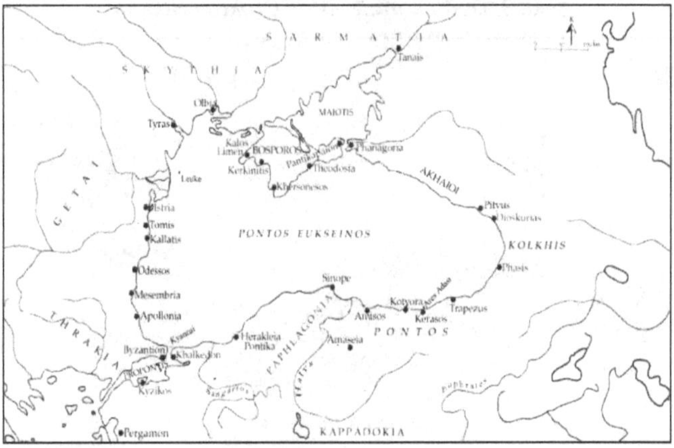

Kaynak: (Arslan, 2007).

İlk kolonizasyon faaliyetleri ile birlikte cazibesi artmaya devam eden Doğu Karadeniz bölgesini ziyaret eden gezginler, aristokrat ve bürokratlar ile askerler tarafından tutulan notlara bakıldığında bu çalışmanın örneklem sahası kapsamında olan kıyı yerleşimlerindeki liman alanlarının pek çoğuna yer verildiği görülmektedir. Bunlardan bazıları doğudan batıya takip edilecek şekilde şu isimlerle belirtilmiştir[79]: Pitiusa, Ophis (Of), Parenbole, Hyssi/Yssi (Arakli) Trapezos, Trapézonte, Trapezunt (Trabzon), Hermonassa (Yıldızlı), Chordule, Cordula, Cordyle, Platana (Akçakale, Akçaabat) Hieron Oros (Yoroz), Kerasous (Yalıköy), Libiopolis (Beşikdüzü), Coralles, Koralla (Eynesil), Philocalée (Görele), Argyre, Tripolis (Tirebolu), Zephyrium (Gülburnu), Ile Aretide (Giresun Adası), Pharnacya, Pharnacée, Aretias, Kerasus, Cerasus, Cérasonte, Choerades (Giresun), Pharmatène (Piraziz) (Graauw, 2012: 156; Zehiroğlu, 2000: 69).

Tarih boyunca siyasi ve ekonomik anlamda Doğu Karadeniz'in en önemli şehirleri arasında yer alan Giresun ve Trabzon'un tarihsel süreçlerine kısaca bakıldığında, antik kaynaklarda çoğu zaman *Kerasunte*,

Kerasus ve bazen de *Pharnakia* adlarıyla zikredilen Giresun[80]'un ilk kez bir Miletos kolonisi olarak kurulduğu kabul edilmektedir (Arslan 2005: 113; Emecen, 1996: 78). Kolonizasyon sürecinde bölgenin önemli otokton halklarından Kolkhlar, Mossynoikler ve nispeten Khalyplerle Tibarenlerin hâkimiyetinde olan Giresun ve havalisi, lojistik üssü Sinop olan ilk kolonizatörlerin bölgeye ulaşmasıyla birlikte Helenlerle tanışmıştır (Tellioğlu, 2007: 47-48).

Aynı antik kaynaklarda *Trapezos* ve *Trapezunt* adlarıyla zikredilen Trabzon[81] ise, takip edilebilen en eski tarihlerden itibaren liman kenti kimliğiyle bölgenin şah damarı konumunda olmuştur. Kentin geçmişinin çok daha eskilere dayandığından şüphe duyulmasa da (Bostan, 2002, 1; Albayrak, 2003: 35; Öksüz, 2006: 20-21; Tellioğlu, 2007: 45) kuruluş tarihini kolonizasyonla birlikte değerlendiren yaklaşımlar, Trabzon kentleşme tarihi olarak MÖ. 756 yılını[82] işaret etmektedirler (Drews, 1991: 315-316; Hahanov, 2004: 9). Kolonizasyon sürecinde bölgenin otokton topluluklarından Makronlar, Kolkhlar, Tibarenler ve nispeten Khalyplerle Drillerin hâkimiyetinde olan Trabzon ve havalisi, Helen unsurlar tarafından Giresun'la aynı periyotta kolonileştirilmiştir (Özsait, 1999: 38; Tellioğlu, 2007: 46-47). Bölgede Kimmer akınlarıyla başlayıp İskitlerle devam eden kültürel tabakalaşma, isimleri zikredilen otokton halklar tarafından çeşitlendirilirken Helen akınları, bölgedeki kültürel tabakalaşmanın daha da derinleşmesine sebep olmuştur. Bu tabakalaşmanın somut verilerini dil ve folklor gibi unsurlar üzerinden hem kıyılarda hem de kıyıları art alanlara bağlayan vadilerde bugün de takip etmek mümkündür.

Oldukça zengin maden yataklarına ve önemli bir limana sahip olan Giresun ile topografik yapısı itibariyle hem doğu ile batıyı hem de kuzey ile güneyi birbirine bağlayan bir kavşak noktası konumunda olan ve bu itibarla limanı hayati önem taşıyan Trabzon[83], en eski tarihi dönemlerden itibaren vasıflarından ötürü pek çok kez istilaya uğramışlardır. Bu iki ilin sadece denizden değil karadan da ticaret yollarının kavşağında yer alıyor olması stratejik önemlerini korumalarında etkili olmuştur (Gül, 2003: 421). İstilacılar arasında Persler de yer almıştır. Persler bu bölgede MÖ. 4. yy'a kadar aralıklarla etkinliklerini sürdürmüşlerdir. Perslerden sonra İskender'in orduları MÖ. 3. yy.'a kadar bölge üzerinde etkinlik kurmuşlardır. Bölge daha sonra Makedon generallere karşı mücadeleye girişen I. Pharnakes öncülüğünde Mithridat ailesinin MÖ. 280'lerde kurdukları Pontus Krallığının hâkimiyet alanına girmiştir. MÖ. 118'den itibaren iyice güçlenen Roma, bu havaliyi de içine alacak bir istila siyaseti takip etmeye başlamış ve uzun süreli mücadeleler sonrasında MÖ. 63 yılında Roma generallerinden Pompey, Pontus Krallığına son vererek,

Giresun ve Trabzon'un da içinde yer aldığı alanları Roma topraklarına dâhil etmiştir (Lowry ve Emecen, 2012: 296; Emecen, 1996: 79; Özsait, 1999: 38). Romalılar topografik özellikleri bakımından çok önemsedikleri Trabzon'da inşa ettikleri pek çok yapı arasında, bugünkü Güzelhisar ve Moloz semtlerinin geniş sahil şeridinde büyük bir liman yaptırmışlardır. Bu yeni liman, devrin Roma imparatoru Hadrianus emri ile yapıldığı için tarihe Hadrianus Limanı adıyla geçmiş ve yüzyıllar boyunca ticaret gemilerinin yanı sıra balıkçı teknelerine de ev sahipliği yapmıştır (Özsait, 1999: 41).

Roma hâkimiyetindeki bölge 257 yılında Gotların saldırısına uğramıştır. Roma İmparatorluğu 395 yılında ikiye ayrılınca, merkezi İstanbul olan Doğu Roma (Bizans) İmparatorluğunun sınırları içinde kalmıştır. Müslüman Araplar, 8. yy.'ın başlarından itibaren Anadolu'ya düzenledikleri baskınlarla Doğu Karadeniz'e kadar ulaşmışlar ancak hâkimiyet kuramamışlardır. IV. Haçlı seferiyle gelen Latinlerin 1204'te İstanbul'u ele geçirmelerinin ardından imparator I. Andronikos Komnenos'un İstanbul'dan kaçan torunları Alexios ve David, Gürcü Kraliçesi Tamara'nın da yardımıyla Trabzon'da aynı yıl Komnenos Krallığı'nı kurmuşlardır. Bu tarihten itibaren bilinen adıyla Trabzon Rum İmparatorluğu'nun sınırları içinde kalan Giresun ve Trabzon, Selçukluların Anadolu'yu fethetmelerinden sonra Türk tayfalarının sık aralıklarla yokladıkları alanlar arasında yer almıştır. Komnenoslar, Anadolu Selçukluları ile evlilik bağı oluşturarak ve vergi ödeyerek siyasi varlıklarını sürdürmüşlerdir. Moğol ordularının Anadolu'daki hâkimiyetleri döneminde de durumunu koruyan Trabzon Rum İmparatorluğu, 13. yy.'ın sonlarından itibaren Oğuzların Üçok koluna mensup boylardan biri olan Çepnilerin bölgeye yoğun bir biçimde akınlar düzenlemesi ile ciddi şekilde zayıflamaya başlamıştır. Bu dönemlerde Giresun ve Trabzon kıyılarında Ceneviz ve Venedikliler de ticaret kolonileri oluşturmuşlar ve önemli sayılabilecek bir nüfuz elde etmişlerdir. Çepni unsurlarının uzun süreli mücadelelerden sonra Ordu, Giresun ve Trabzon illeri sınırlarına yerleşmeye başlayarak Bayram Bey'in, Ordu ve çevresini kontrol altına almasını müteakip, oğlu Hacı Emir Bey döneminde Ordu ve Giresun havalisine *"Bayramlu Beyliği"* denilmeye başlanmıştır. Hacı Emir Bey'in ve sonrasında da oğlu Emir Süleyman Bey'in Komnenos Krallığını sıkıştırmaya devam etmeleri sonucunda 1397'de Giresun Türk hâkimiyetine girmiştir (Sümer, 1967: 325). 1398'de I. Bayezid'in Samsun ve çevresini fethinden sonra Osmanlı'ya vergi vermeye başlayan Trabzon Rum İmparatorluğunun, bir süre sonra vergi vermeye reddetmesi ve Akkoyunlu hükümdarı Uzun Hasan'la ve Avrupa devletleri ile ittifak kurma arayışına girmesi Osmanlı ordularının bölgeye hareket etmesinde etkili olmuştur. Nihayetinde, Fatih Sultan Mehmet tarafından düzenlenen bir seferle Trabzon, 1461 yılında Osmanlı topraklarına dâhil edilmiştir (Lowry ve Emecen, 2012: 297; Emecen, 1996: 79).

Fetihle birlikte topyekûn Türk yurdu haline gelen Trabzon'la çok daha önce Türk hâkimiyetine giren Giresun, Osmanlı yönetimine girdikten sonra liman şehri hüviyetleriyle hızlı bir gelişme göstermişlerdir. Kuruldukları ilk günden itibaren stratejik bir öneme sahip olan bu iki yerleşim yeri, Osmanlının önemli lojistik alanları olmanın yanı sıra Türk İslam kültürünün önemli temsil alanları halini almıştır. Fetihten sonra Trabzon, Doğu Karadeniz bölgesinin sancak merkezi haline getirilirken Giresun bu merkeze bağlı bir kaza konumunda olmuştur. Trabzon sancağı, 1514'te Erzincan ve Bayburt vilayetine, 1517'nin sonlarında Anadolu eyaletine, 1520'de Vilayet-i Rum-ı Hadis'e, 1535'te ise Erzurum eyaletine bağlanmıştır. Nihayetinde 1580-1581 yıllarında Batum sancağı ile birleştirilmek suretiyle eyalet haline getirilmiştir. Bu süreçte başlangıçta Trabzon sancağının batı sınırlarını oluşturan Giresun kazası, zaman zaman Ordu livasına ve Karahisar-ı Şarkî sancağına bağlanmış olsa da 1879 yılından Osmanlı devletinin çöküşüne kadar olan dönemde Samsun, Ordu, Rize, Artvin ve Gümüşhane kazalarını bünyesinde toplayan Trabzon vilayetinin önemli kazalarından biri olmaya devam etmiştir. Anlaşılacağı üzere bu son idari taksimatlar düzenlemeye Doğu Karadeniz'in tamamı Trabzon vilayetine bağlanmıştır (Öksüz, 2005: 100; Bostan, 2002: 10-11; Emecen, 1996: 83; Lowry ve Emecen, 2012: 301).

Birinci Dünya Savaşı sırasında 1916 yılında Trabzon, Ruslar tarafından işgal edilirken Giresun bu akıbetten kurtulmuştur. Bolşevik İhtilali'nden sonra Çarlık yönetiminin yıkılmasıyla 1918 yılında Ruslar Trabzon'dan çekilmişler ve bölge yeniden Türk yönetiminin hâkimiyetine girmiştir (Beyoğlu, 1999). 1920 yılında Trabzon sancağının idari yapısında değişikliğe gidilmiş ve Büyük Millet Meclisi'nin 4 Aralık 1920 tarihli kararıyla Tirebolu ve Görele kazaları ile Karahisar-ı Şarkî'ye bağlı Kırık Nahiyesinin bünyesine dâhil edilmesi suretiyle Giresun müstakil bir sancak merkezi haline getirilmiştir. Cumhuriyetin ilanından sonra nihai bir idari düzenleme ile 1923 yılında bu iki şehrin vilayet olması kararlaştırılmıştır (Gürsoy, 2003: 102; Yüksel, 2007: 120, 147).

2.3. Giresun ve Trabzon İlleri Balıkçılığının Tarihî Süreçleri

Doğu Karadeniz bölgesinin tarihi dönemlerine ışık tutan kaynaklardan bazıları bölgenin balıkçılık süreçlerini takip etmeye imkân tanıyan bilgiler de içermektedir. Bu genel kaynakların dışında bölgenin sosyo-ekonomik ve kültürel yapısına dönük ihtisas kaynaklarından da kıymetli bilgilere ulaşmak mümkündür. Söz konusu kaynaklar şu şekilde gruplandırılabilir:

a) Yerli ve yabancı gezgin, diplomat ve bürokratların bölgeye dönük izlenimlerini içeren seyahat notları ve raporlar[84].

b) Osmanlı dönemi idarî ve hukukî düzenlemeleri sürecinde tanzim edilen ve Osmanlı dönemi arşivlerinde muhafaza edilen arşiv belgeleri. (Şer'iyye sicilleri[85], gümrük kayıtları, narh kayıtları, izn-i sefîne[86] kayıtları, nüfus kayıtları, tahrir kayıtları vd.)

c) 19. yy. sosyo-kültürel ve ekonomik hayatının en önemli kaynakları konumunda olan Vilâyet Salnâmeleri.

ç) Cumhuriyet döneminde hazırlanan periyodik yıllıklar ile iller bazında çeşitli tarihlerde hazırlanan müstakil yıllıklar[87].

d) İl özelinde faaliyet gösteren ticaret ve sanayi kuruluşları ile Tarım, Çevre ve Sanayi Bakanlıkları tarafından hazırlatılan raporlar ve envanterler.

e) Arkeoloji, coğrafya ve deniz bilimleri uzmanlarının bölgeye dönük akademik çalışmaları.

f) Hayatlarının bir kısmını veya tamamını bölgede geçiren insanlar tarafından kaleme alınan hatıratlar.

g) Hayatlarını balıkçılıkla kazanmış ve artık denizden çekilmiş tecrübeli sözlü kaynaklar.

2.3.1. Osmanlı Hâkimiyetine Kadar Balıkçılık

Karadeniz'in kuzey kıyılarında yapılan arkeolojik kazılar sonucunda ele geçirilen bulguların yanı sıra hem kuzey hem de güney kıyılarına dönük bilgiler veren antik dönem yazarlarının kayıtlarından anlaşıldığı kadarıyla her iki yakada da balıkçılık faaliyetleri tarih boyunca en önemli ekonomik faaliyetler arasında yer almıştır (Emir, 2012: 171). Erken Tunç çağından itibaren ilk yerleşimlerin oluşmaya başladığı düşünülen Doğu Karadeniz kıyıları, arkeolojik araştırmalar bakımından Orta ve Batı Karadeniz kadar şanslı olamadığı için bu ilk yerleşimcilerin balıkçılık uygulamaları ile ilgili herhangi bir bilgi bulunmamaktadır. Bu itibarla bölgenin balıkçılık geçmişi ile ilgili ilk bilgilerin Tunç Çağı'nın sonlarına ait olduğu görülmektedir. Doğu Karadeniz kıyılarında ve deniz yatağında karşılaşılan ve Miken gemilerinin çapaları olduğu kabul edilen büyük delikli taşlar bölgenin denizcilik geçmişinin ilk somut verileri olarak kabul edilmişlerdir. Tunç Çağı'nın sonlarında bölgeye ilgi duyan Miken maceracılar, Egeye dönüşlerinde beraberlerinde güneşte veya Dinyeper ve Dinyester ırmaklarının tuzlu haliçlerinde kurutulmuş balık götürmüşlerdir. Mikenlerden sonra bölgeye yönelen Helenler, geride bıraktıkları şehirlerine gemilerle balık sevk etmeye devam etmişlerdir. Tarım yapılabilir alanların sınırlılığının yanı sıra mevcut tarım alanlarından yeterince ürün alınamaması Helen kolonistlerin Karadeniz'in kuzey ve güney kıyılarında[88] balık işleme, kurutma ve ihracına daha fazla önem vermelerine sebep olmuştur (Ascherson, 2001: 20). Bu durum Roma hâkimiyeti döneminde de devam etmiş tuzlanmış ve işlenmiş balıklar bu sefer Roma'ya sevk edilir olmuştur[89]. Bu itibarla Karadeniz'in güney limanları arasında önemli bir yere sahip olan Sinop, Giresun ve Trabzon limanları, kolonizasyon dönemlerinde içbölgelerden gelen kıymetli hammaddeleri taşıyan kolonistler için değil, balıkçılık yapan kolonist unsurlar için de vazgeçilmez olmuştur (Çiğdem, 2007: 137-138).

Antik dönem yazarlarından Plinius *Historia Naturalis*, Oppianus *Halieutikai* ve Aelianus *De Natura Animalium* adlı eserlerinde Doğu Karadeniz balık türleri ve avcılığı hakkında Giresun ve Trabzon isimlerini zikretmeden bazı önemli bilgilere yer vermişlerdir. Çalışmanın önceki bölümlerinde ifade edildiği gibi MÖ. 7 bin yıllarına kadar göl koşullarına sahip olan Karadeniz'ın avcılık ve balıkçılıkla geçinen insan topluluklarının yaşaması için uygun koşullara sahip olmuştur. Antikçağda, bugün de olduğu gibi baharın gelmesi ile birlikte bazı balıklar yumurtlamak üzere Akdeniz'den Karadeniz'e göç etmişler; havalar soğuyana kadar da burayı terk etmemişlerdir. Oppianus tarafından MS. 177-180 yılları arasında kaleme alınan *Halieutika* adlı eserde bu durum şöyle anlatılmaktadır:

> Bahar geldiğinde balıklar yumurta ile dolarlar, bunlardan bazıları yumurtlamak için bulundukları yerde kalırken, bazıları da bir araya gelerek Karadeniz'e uzanan yolu" takip ederler. Karadeniz'e ulaşan bu balıklar burada yumurtlarlar. Çünkü Karadeniz tüm denizlerin en tatlısıdır, pek çok ırmağın bereketli suları buraya boşalır; yumuşak ve kumluk koyları vardır; bu koylar yiyecek açısından zengindir, dalgasız kıyılar, mağaralar, kumlu yarıklar ve gölgeli burunlar bulunur ve bunların tümü balıkların en çok sevdiği şeylerdir; fakat burada ne vahşi deniz canavarları yaşar ne de yüzgeçli ırkın herhangi bir öldürücü baş belası, ne de daha küçük balıkları avlayan bir tür, istakoz, yengeç gibi kancalı yaratıklar yoktur; burada yunuslar vardır elbet fakat tehlike oluşturacak sayıda değillerdir. Bu yüzden balıklar buraya gelmek için acele ederler (Güveloğlu, 2013: 729).

Ancak sonbaharın gelmesi ve soğuk rüzgârların etkisini göstermesiyle birlikte Karadeniz'e yumurtlamak için göç etmiş olan balıklar geldikleri gibi tek bir grup halinde ve tek bir yoldan geri dönmüşlerdir. Plinius'un Karadeniz'in kuzey kıyılarındaki Pontos'ta yaşayan balık türlerini içeren uzun listesinden ve diğer bazı kaynaklardan anlaşıldığı kadarıyla antikçağda Karadeniz balıkçılığında ekonomik değeri en yüksek olan balık türleri, ton, palamut, uskumru ve mersin balığı olmuştur (Bursa, 2007: 73-74). Adları verilen balıklar, Karadeniz'in güney kıyılarının faunası arasında da yer almaktadır. Ekonomik anlamda oldukça değerli olan bu balık türleri, antik çağda yalnızca aristokratların değil fakir halkın da beslenme seçenekleri içinde yer almıştır (Güveloğlu, 2013: 728). Antik Çağ kaynaklarında hamsi türünden küçük balıklara yer verilmediği görülmektedir. Yukarıda türleri belirtilen balıkların ekonomik değerlerinin yanı sıra avcılığının küçük balıklara göre daha kolay olması öncelikli olarak tercih edilmelerinde etkili olmuştur.

Antik dönem yazarları Karadeniz balıklarının davranışları ve özellikleri hakkında bazıları oldukça dikkat çekici olan pek çok bilgiye yer vermişlerdir. Bu bilgiler Doğu Karadeniz balıkçılarının av çeşitliliği içinde yer alan balıklar tanıtılırken değerlendirilecektir.

Giresun ve Trabzon topografik özelliklerinden ötürü önemli kavşak noktalarında yer almaları hasebiyle tarih boyunca pek çok yabancı seyyah, diplomat veya maceracı tarafından ziyaret edilmiştir. Giresun ve Trabzon havalisi balıkçılığı hakkında çeşitli vesilelerle doğrudan bilgi veren en eski kaynak Ksenephon'un MÖ. 5. yy.'da Doğu seferinden dönen bir Yunan ordusunun Doğu Anadolu'yu güneyden kuzeye geçerek Karadeniz'e ulaşmasını ve oradaki Yunan kolonilerinin yardımıyla Yunanistan'a geri dönmesini anlattığı Anabasis adlı eseridir (Zehiroğlu, 2000: 27). Ksenephon, geri dönüş yolculuğu sırasında Giresun havalisine ulaşan askerlerin Kotyora (Ordu) ve Kerasus (Giresun) arasındaki sahada yaşayan Mossynoiklerin kalelerini yağmalarken ambarlarda buğday, saman, tuzlanarak küplere basılmış yunus eti, yunus yağı dolu çanaklar, şarap ve yerlilerin pişirip ekmek gibi yediği kestaneler bulduklarından bahsettikten sonra balık yağının aynı zamanda yerlilerin aydınlanma maksadıyla kullandıkları temel materyal olduğunu ifade etmiştir (Bursa, 2007: 77). Mossynoiklerin ambarlarında yunus eti bulunması açık deniz balıkçılığı yapabildiklerini ve hatta moneksilalardan[90] daha gelişkin teknelere sahip olduklarını ve açık deniz ticareti yapmış olabileceklerine işaret etmektedir. Öte yandan yakaladıkları yunus balıklarından elde ettikleri yağları koymak üzere kullandıkları küp ve çanakları yaygın olan şekliyle Sinop'tan temin etmeyip kendilerinin imal etmiş olabilecekleri de ihtimaller arasında yer almaktadır (Öztürk, 2012: 324). Ayrıca Mossynoiklerin denizcilikteki bu maharetleri uzun süredir bu bölgede yaşadıklarını işaret etmektedir (Oğuz, 2002a: 200).

Trabzon'un Bahçecik mevkiinde bulunan bazı kalıntılardan hareketle Kafkaslardan gelerek bölgeyi iskan eden Mosklar, Tibarenler ve Marların, Giresun yöresi Mossynoikleri gibi ziraatın yanı sıra balıkçılıkla da meşgul olduklarına işaret etmektedir (Öksüz, 2006: 20).

MÖ. 144 yılına kadar olan gelişmeleri kayda alan Yunan tarihçi Polybius, Yunanistan ile Karadeniz arasındaki ticari münasebetlerden bahsederken Giresun ve Trabzon'un ismini zikretmeksizin diğer antik çağ kaynaklarında da belirtildiği üzere Doğu Karadeniz'in önemli ihraç malları olan bal, balmumu ve tuzlanmış balık ithal eden Yunanlıların bunların karşılığında bölgeye zeytinyağı ve şarap gönderdiklerini belirtmiştir (Zehiroğlu, 2000: 41). Araştırmacılar Karadeniz'in güney kıyılarında gerçekleştirilen arkeolojik araştırmalarda ele geçirilen yabancı sikkelerin kuzey kıyılarındaki sikkelere göre çok daha az olmasından hareketle balığın da yer aldığı ihraç mallarına karşılık bölgede bulunmayan malların ithal edildiğini, yani ticaretin uzun süre para ile değil takas yoluyla gerçekleştirilmiş olabileceği ihtimali üzerinde durmaktadırlar (Güveloğlu, 2013: 738). Aynı tasarrufun, çok daha eski dönemlerde en geniş anlamıyla Mezopotamya'da hüküm süren medeniyetler arasındaki ticari münasebetlerde de uygulanmış olması araştırmacıların bu ihtimal üzerinde durmalarında etkili olmuştur.

MÖ. 1. yy. Giresun ve Trabzon havalisi balıkçılığına isim vererek atıfta bulunan antik dönem yazarlarından Strabon'a göre, özellikle *Pharnakeia* (Giresun) yöresinde yapılan balıkçılık; bilhassa palamut avı denizin yöre halkına sunduğu bir lütuftur. Zira, bu balık ilk defa burada yakalanmıştır. Giresun sahil şeridinin hemen üstünde yer alan ve orman ve madenlerle dolu olan dağlarda demir madeni aktif olarak işletiliyordu. Bu münasebetle yöre halkının geçim kaynakları arasında madencilik ve balıkçılık oldukça önemlidir. Balıkçılar için en kârlı avlar palamut ve yunus avlarıydı. Yunusların yanı sıra onunla aynı cinsten olan *kordyles,* ton ve palamudu kovalamakta; bu suretle sadece bunları yiyerek şişmanlamakla kalmayıp karaya ve insanlara yaklaşmaktan çekinmemeleri kolaylıkla avlanabilmelerine imkân tanıyordu (Strabon, 2000: 28-29; Işık, 2001: 119; Arslan, 2005: 116-117). Strabon, kendisinden yüzlerce yıl önce Ksenephon'un verdiği bilgilerle benzer biçimde Giresun'da yaşayan yerli halkın yunus yağını aydınlanma ve beslenme maksadıyla kullandıklarını belirtmiştir (Güveloğlu, 2013: 730). Strabon'un verdiği bu önemli bilgilerden hareketle Giresun'un tarihte sadece kirazın değil palamut avcılığının da ana vatanı olarak kabul edilmesi yanlış olmayacaktır.

Aynı dönemlerde Trabzon dolaylarında avlanan palamut, çok küçük olması nedeniyle burada yalnızca salamura olarak işleniyor ve elde edilen bu ürün yalnızca kentin ihtiyacını karşılayacak boyutta oluyordu. Pek çok antik dönem yazarı, Karadeniz'de yaşayan ve "*toprağı kazan balık*" olarak adlandırılan bir tür balıktan bahsetmiştir. Karadeniz'in pek çok kısmında bulunan, ırmak kenarlarında zemine kazdıkları çukurların içinde ve aynı zamanda medcezir dönemlerinde sularının çekildiği ırmakların kıyılarında yaşayan bir tür balıktan bahsetmekte ve bu balıkların ancak toprağın kazılması ile ortaya çıkarıldığını belirtmektedir. Aynı konu ile ilgili olarak Strabon, Eudoksos'tan naklen "*kuru yerlerde kazılarak*" bulunan bir balıktan bahsetmiştir (Bursa, 2007: 80-81). Sözü edilen balığın mersin/morina balığı olması muhtemeldir.

Pınar Bursa'nın antik kaynaklardaki bilgilerden ulaştığı neticeye göre Karadeniz'de büyük boyutlu balıkçılık yapılan merkezler mevsimlik olarak kullanılmıştır. Yunan balıkçılar balık avı sonrasında bu avlaklardan ve işleme alanlarından ayrılmış olmalıydılar. İlerleyen zamanlarda avcılıkta ve balık işlemede kullandıkları malzemeleri depolamak ve bir sonraki sezona hazırlamak amacıyla kalıcı atölyeler kurmaya başlayan ilk balıkçıların bu faaliyetleri MÖ. 6. yy.'a kadar devam etmiştir. Bu tarihten sonra mevsimlik balıkçılık azalmış bölgeye yerleşen unsurlar mesleğin temsilcileri halini almışlardır. İronik bir biçimde tehlikeli koşullarda ilkel yöntemlerle avcılık yapan balıkçıların, avlanan balıkları gemileri ile ihraç eden ve pek çoğu İonialı olan tüccarlardan çok daha az kazandıkları görülmektedir (Bursa, 2007: 77-78). Giresun ve Trabzon balıkçılığının süreçleri takip edildiğinde Bursa'nın antik çağa ait bu tespitlerinin ilerleyen dönemlerde de benzer şekilde devam ettiği görülecektir. Zira Giresun ve Trabzon yöresi balıkçıları tarih boyunca mevsimlik olarak avlanmışlar; bu amaçla kendi avlakları dışında başka avlaklara da gitmişlerdir. Üstelik avladıkları balıklardan elde ettikleri kazanç, simsar / komisyoncuların kazançlarından her dönem daha az olmuştur.

Giresun ve Trabzon'da balıkçılık faaliyetleri şüphesiz ilerleyen yüzyıllarda da devam etmiştir. Ancak MS. 4. yy.'dan sonraki süreçleri takip etmeye imkân tanıyan kaynakların bulunmaması büyük bir talihsizlik olmuştur[91]. Bölge balıkçılığı hakkında bilgiler barındıran erken dönem kaynaklarından sonra da Doğu Karadeniz'i konu alan eserler yazılmaya devam etmiştir. Bu eserler yoluyla bölgenin siyasi ve sosyal tarihini takip etme imkânı bulunurken eserlerde balıkçılıkla ve balıkçılarla ilgili bilgilerin yer almaması bölge balıkçılığının tarihî süreçlerinin bütüncül olarak takip edilememesinde belirleyici olmuştur. Bölgenin siyasi hâkimiyetinin miladın başlarından itibaren sık aralıklarla el değiştirmesi, o dönem yazarlarının siyasi konulara yönelmelerinde ve balıkçılık gibi sosyal hayat sahnelerini izlenimlerine dâhil etmemelerinde etkili olmuş olabilir.

Karadeniz'in kuzey kıyılarında Kimmer Boğazı ve Azak Denizi civarında Helen kolonizasyonun kurulduğu dönemlerden başlayarak, MS. 8. yy.'dan itibaren bölgeye hâkim olan Hazarlar[92] tarafından geliştirilen balık işleme alanlarının[93] daha küçük kapasitedeki modellerinin balıkçılık anlamında bilgi sahibi olunamayan yüzyıllarda Doğu Karadeniz kıyılarında da kurulduğu tahmin edilmektedir (Güveloğlu, 2013: 734). Bölgeye dönük arkeolojik çalışmaların yapılması durumunda ortaya çıkarılması muhtemel unsurlar arasında bu alanların da yer alması bu münasebetle şaşırtıcı olmayacaktır[94].

2.3.2. Osmanlı Döneminde Balıkçılık

Giresun ve Trabzon illeri balıkçılığının gelişim süreçlerini takip etmek Osmanlı döneminde yazılan eserlerle tekrar mümkün olabilmektedir[95]. Bu anlamda Trabzon ve çevresi balıkçılarına ve balıkçılık kültürüne dönük detaylı bilgiler içeren Osmanlı dönemi kaynakları içinde ilk sırada 1596 ve 1598 yılları arasında Âşık Mehmet tarafından kaleme alınan *Menâzırü'l-'Avâlim* adlı eser yer almaktadır. Âşık Mehmet, palamut, lüfer, mezgit, istavrit, kalkan, kefal, levrek, mersin, yayın, turna, tekir ve izmarit gibi balık çeşitleri hakkında bilgilere de yer verdiği eserinde, hamsiden hareketle yörenin balıkçılık kültürüne dönük en eski bilgilerden bazılarını da ortaya koyar. Âşık Mehmed'in hamsi özelinde verdiği bilgiler şu şekildedir:

> (...) Tarabzon bahrinde esmâk-i nefise sayd olunur. Mezgid balığı ve kalkan balığı cümlesinün enfes ve ercahıdur ki kalkan balığı Tarabzon bahri ile halîc-i Kostantîniyye'de firâvândur ve Tarabzon bahrinde eyyâm-ı hamsînde bir hurda mâhî sayd olunur ki halk-ı Tarabzon hamsînî lafzını tagyîr ile ana habsi balığı tesmiye iderler. Zurefâ-yı halk-ı Tarabzon 'avamını habsi balığı ile istihzâ iderler. Zîrâ eyyâm-ı hamsînde bu hurda mâhînün sayyâdları süfün-i sıgâr ile bunı sayd itdükde halka i'lâm içün bir nefîr nefh iderler ki sadâsı iki üç fersah mesâfeye vâsıl olur ve bu nefîrün sadâsın işidenlerün ölüsi dirisine binüp habsi balığı çıkmış deyü ser-i pâ bürehne giderler. Ma'a-hâzâ bu hurda mâhî 'asî-rü'l-hazm bir sakîl me'kûldür. Meğer mâhî-küş didükleri meşrûb ile hazm oluna. Garabet bundadur ki mâhî-küş lafzını işitmeyenler dahi bu hurda mâhî üzre kırılmış gibi düşerler ve eyyâm-ı şitâda bu hurda mâhînün râyiha-ı kerîhesinden menâzil ve büyûtda makâm-ı ârâm u sükût kalmaz ve bundan gayri bu hurda mâhînün fazalâtını ekl iden mâkiyânun lahmı netn peydâ idüp ekle kâbiliyyetden berî olur ve eyyâm-ı şitâda vaz' itdüği beyzada dahi ol râyiha-i kerihe hiss olunur (...).[96](Âşık Mehmed, 2007: 1027):

Âşık Mehmet tarafından verilen bu bilgilerin dışında 15. ve 16. yy.'larda Trabzon'un balıkçılık yönünden oldukça gelişmiş bir durumda olduğuna delalet edecek sicil kayıtları da mevcuttur. Kefe ve Ordu'dan Trabzon'a kaçak yollarla balık getirilmesi ve bu mahsulün terzi, paşmakçı ve pabuççu gibi başka mesleklere mensup kimselerce satılması Trabzon pazarlarındaki balıkçı esnafını mağdur etmiş, taraflar arasında kavgalar yaşanmıştır. Dışarıdan getirilen balıktan elde edilen gelirden vergi alınamaması ayrıca problem olmuştur. Balıkçı esnafı bu mağduriyetin giderilmesi amacıyla dışarıdan balık ve mamullerinin getirilmesinin ve diğer meslek erbabının balık satışı yapmasının engellenmesi yolundaki taleplerini yetkililere bildirmişlerdir. Bu talebin karşılanması anlamında 15 Eylül 1564 tarihli bir sicil kaydında meslek şeyhlerinin ve bendebaşlarının çağırıldığı ve kendi sanatlarından başka sanatlarla uğraşmamalarının tembihlendiği kaydedilmiştir (Bostan, 2002: 404, 426).

16. yy.'da Trabzon pazarlarında satılan ürünler arasında deniz mahsulleri oldukça popülerdir. Nitekim *Trabzon İhtisap Kanunnamesi*'nde pazarlarda satılacak mallardan alınacak vergiler belirtilirken deniz mahsulleri de vergilendirilen ürünler arasında yer almıştır. Kanunnamede, sandal ile getirilip satılan her türden balığın narhı her tür için 5 akçe, fıçı ile getirilen balığın her fıçısı için 5 akçe, yine getirilen havyarın her kantarından yine 5 akçe ve Hıristiyan mahallelerinde satılan balık yağının iki testisinden 1 akçe narh tahsil edileceği kaydedilmiştir (Odabaşıoğlu, 1980: 19).

16. yy.'da Giresun halkı, ziraatın yanı sıra denizcilik ve balıkçılıkla da meşguldür. 1580'lerde Giresun'da küçük gemi ve sandal yapım tezgâhları da vardır ve buralarda yapılan veya bakıma alınan tekneler karşılığında vergi alınmıştır. Sıvı içecek, yağ, balık ve gön gibi maddeleri koymaya yarayan fıçılardan elde edilen vergi geliri 3500 akçeye ulaşmıştır (Emecen: 1996: 81).

Trabzon'da faaliyet göstermiş vakıfların mülkleri ve dolayısıyla gelirleri arasında balıkçı pazarındaki balık dükkânları da vardır. Örneğin Fatih Sultan Mehmet Camii (*Orta Hisar Cami-i Atik*) vakfının 1565-1640 tarihleri arası vakıf gelirleri arasında söz konusu balıkçı pazarındaki 2 dükkân da yer almıştır (Öksüz, 2006: 89).

Aynı yüzyılda Trabzon ve çevresinde faaliyet gösteren gemi ustalarının şöhreti İstanbul'u da etkisine almıştır. Bu sebeple 1560'lı yıllarda gönderilen pek çok emirname ile İstanbul ve Sinop tersanelerinde çalıştırılmak üzere Trabzon ve çevresinden marangoz, gemi ustası ve kalafatçı talep edilmiştir. Yine aynı dönemde, donanma gemilerinin inşasında ve bakımında kullanılan üstüpü ve balık yağı gibi malzemeler de büyük oranda Trabzon'dan temin edilmiştir (Öksüz, 2006: 250-251). Yüzyıl boyunca Giresun ve Trabzon sahilleri boyunca küçük ve orta büyüklükte kayık ve tekneler inşa edilmiştir. Tekneler, Karadeniz'de gerçekleştirilen balıkçılık ve ticaret faaliyetlerinde kullanılmak üzere sipariş üzerine yapılmıştır. Bölgedeki çok sayıdaki kayık tezgâhlarından birisinin bünyesinde bulunduran Tirebolu'da kayık ustalarının 800 akçe vergi ödemeleri (Yüksel, 2007: 187) bu tezgâhların bölge ekonomisi açısından ne denli önemli olduğunun bir göstergesidir.

16. yy.'ın sonlarında Osmanlıların Karadeniz'e tamamen hâkim olmasından sonra Karadeniz yabancı ticaret gemilerine kapanmış; bu durum 17. yy.'da da devam etmiştir (Bostan, 1995: 353). Müslüman ve gayr-ı müslim denizciler tarafından deniz yoluyla yürütülen Karadeniz ticareti, kuzey ve güney kıyıları arasında gerçekleştirilir olmuştur (Baygın ve Koldemir, 2012: 145). Sinop'tan Trabzon'a kadar olan güney hattından kuzey kıyılarındaki Kırım hattı arasında yoğunlaşan ticarete esas olan mallar arasında yine balık ve balık yağı da yer almıştır.

Âşık Mehmet'ten sonra balığın bölge insanının hayatındaki yerine dönük detaylı bilgiler 17. yy'da Evliya Çelebi tarafından verilmiştir[97]. Seyahatnamenin 2. cildinin 248b ve 255a varakları arasında 1640 tarihli Trabzon gezisine dönük bilgiler yer almaktadır[98]. Bu bölümde diğer balıklarla birlikte hamsi ve etrafında oluşan kültür hakkında da tafsilatlı bilgiler verilmiştir. Bu bilgilerin bugünkü Türkçeye aktarılmış bir bölümü şöyledir[99]:

> Balıklarının beğenilenlerini bildirir: Evvelâ hepsinden levrek balığı ve kefal balığı gayet kalaklı (burunlu) balıktır. Kalkan balığının kalağı yoktur, ama âh canım kalkan balığı, gayet lezzetlidir. Kadınlar yeseler elbette hâmile kalırlar. Âdem Peygamber devrinden beri faydası tecrübe olunmaktadır. Birer karıştan büyük kırmızı başlı kızılca tekir balığı vardır, kızılbaşlı olduğundan bu da lezzetlidir. Kaloz balığı ve erbainde uskumru balığı olur. Daha nice bin türlü balıkları vardır. Ancak makbul olan bu anılan balıklardır. Bunlardan fazla sevip uğruna bin can ile kurban oldukları alım satımı sırasında kavga edip kan akıttıkları balık, canım "hapsi" balığıdır. (...) Her sene hamsin gününde hapsi balıkları karaya düştüğünde yahut meneksile adlı kayıklarla dopdolu iskeleye geldiklerinde balık dellâlları vardır (...) Kırk türlü yemeğini pişirirler ki her birinde birer çeşit lezzet hâsıl olur. Çorbası, yahnisi, kebabı, böreği, baklavası ve çorbasının her türlüsünü pişirirler. Ama pilaki derler bir çeşit ot taşından tavalar yaparlar. Öncelikle bu hamsi balığını pâk ayıklayıp onar onar kamışa dizip maydanoz, kereviz, soğan ve pırasayı pak küçük küçük kıyıp tarçın ve karabiber ile karıştırıp bir kat kereviz ve maydanozu pilaki tavası içine döşeyip, sonra bir kat hamsi döşeyip, daha sonra Trabzon'un hayat suyuna benzer su zeytinyağını döküp orta hararetli ateşte bir saat pişince sanki nur olup yiyen nur dolu nur olur. Bu

şekilde pişirilip yenirse görme kuvvetine ve mideye yararlıdır. Gerçekten de sevilecek Yüce Allah'ın sofrasıdır (Evliya Çelebi, 2011: 111-114).

Kâtip Çelebi 1648 yılında yazmaya başladığı Cihannümâ adlı eserinde Trabzon havalisindeki deniz ürünleri hakkında bilgi verirken, Menâzırü'l-'Avâlim'de verilen bilgileri neredeyse aynen tekrar etmiştir. Bu bilgilerin bir kısmı şöyledir:

> Trabzon denizinde; mezgit ve kalkan gibi balıklar avlanır. Trabzon'da hamsin döneminde avlanan bir balık vardır ki, Trabzonlular buna "Habsi" balığı derler. Kış mevsiminde hamsi avlandığında, sesi beş-on kilometreden duyulacak bir adam kiralanarak halka duyuru yapılır. Bunu duyan halkın ölüsü dirisine binip hasbi balığı çıkmış diye almaya giderler. Bu değersiz küçük balık, hazmı zor, murdar bir balıktır (Usta, 1999: 65).

18. yy.'da Trabzon'un esnaf grupları arasında balıkçı esnafının da önemli bir yer vardır. Ayrıca bu yüzyılda şehir halkının beslenmesi ile doğrudan ilgili olan fırıncılık, aşçılık, kasaplık, tuzculuk gibi meslek dallarında olduğu gibi balıkçılık da büyük oranda Müslüman halk tarafından yürütülmekteydi. Bu tespit balıkçılığın gayr-ı müslim halk tarafından yapılmadığı şeklinde değerlendirilmemelidir. Zira çeşitli ihtilaflardan ötürü bu yüzyılda Müslüman ve gayr-ı müslim esnaflar loncalarını ayırmış olsalar da meslekleri dinî cemaatlere göre mutlak bir tasnife tabi tutmak oldukça güçtür (Öksüz, 2006: 145; 147).

Melek Öksüz, 18. yy.'da Trabzon gümrüğünde karşılaşılan problemlerden bahsederken gemicilerle ilgili problemlere de yer vermiştir (2006: 239). Gümrük kayıtlarındaki ve şer'iyye sicillerindeki kayıtlardan anlaşıldığı kadarıyla bölgede faaliyet gösteren yerli ve yabancı gemicilerin problemleri iki başlık etrafında yoğunlaşmıştır. Bunlardan ilki Karadeniz'in geçit vermez fırtınalarına yakalanan ve sığınacak liman bulamayan gemicilerin teknelerini kurtarmak için taşıdıkları malları denize atmak zorunda kalmalarıydı. Taşıdıkları malları denize atmak zorunda kalan gemiciler, sığındıkları ilk limanda mahkemeye başvurarak olayı kayıt altına aldırıyor bu yolla malların taahhüt edilen tarihte ve biçimde teslim edilememesinden kaynaklanacak hukukî yükümlülükten kurtulmuş oluyorlardı. Gemicilerle ilgili ikinci problem ise bazı gemicilerin teslim aldıkları malları taahhüt ettikleri yerlere teslim etmeyerek başka yerlerde kendi menfaatleri doğrultusunda satmalarıydı (Güler, 2000: 334-335).

1904 tarihli salnamede Karadeniz'in hırçın yapısının deniz taşımacılığına ve çevreye olan etkileri hakkında verilen şu bilgiler yukarıdaki bilgileri tamamlayıcı mahiyettedir:

> Trabzon vilâyeti Karadeniz boyunca imtidâd ettiğinden bu taraflarda sakin olan ahâlînin denizle ve deniz hayatıyla pek çok münâsebetleri olduğu ma'lûmdur. Fi'l-hakika Karadeniz'in müdhiş furtınalarından, korkunç dalgalarından eski vakitlerde ve bi'l-hassa gemiciliğe ait hikâyâtta kemâl-i ehemmiyetle bahs edilirdi. Osmanlı tarihini az çok okumuş olanlar, kış mevsiminde donanmanın -ihtimâl ki i'tiyâd hükmünü alan merâsim-i mahsûsadan dolayı- İstanbul'a avdete mecbur olmasından nâşi, müteaddid muhâsarât-ı bahriyyenin neticesiz kaldığını ve Mart dokuzu hulul edince donanmanın tekrar Boğaz'dan tekrar Karadeniz'e çıkıp muhasamata yeniden başlandığını pek iyi bilirler. Bugün bile eski 'tiyâdâtın te'sîri altında yaşayan birçok yelken gemileri kapudanları vardır ki bütün kış Karadeniz'e çıkmamak ihtiyatından vazgeçemezler (TVS, 2009, C. 22: 207).

18. yy.'ın ikinci yarısında Küçük Kaynarca Anlaşması'nın imzalanmasından sonra Karadeniz'in tekrar uluslararası ticarete açılması[100] ile Trabzon ve Giresun üzerinden gerçekleştirilen deniz ticareti tekrar canlanmıştır. İstanbul ve Kırım'a mal taşıyacak teknelere duyulan ihtiyacın artmasıyla birlikte antik dönemlerden beri tekne inşa edilen bu iki yerleşimde tekne inşası tekrar canlanmış, yapılan teknelerin pek çoğu Giresunlu ve Trabzonlu tüccarlar[101] tarafından işletilmiştir (Öksüz, 2006: 250). Aynı dönemde Trabzon'un büyük limanı konumunda olan ve Osmanlı sicil kayıtlarında zaman zaman "Dafnunda" adıyla da zikredilen Çömlekçi'ye ek olarak Kanida (Ganita), Tuzluçeşme, Taşdirek, Kemerkaya, Mumhaneönü ve Moloz gibi küçük limanlar, daha sonraları yörede "çektirmecilik[102]" şeklinde adlandırılacak olan tüccar nakliyeciler ve balıkçılar için oldukça önemli olmuştur (Tekindağ, 2001: 469). İlerleyen dönemlerde de balıkçılar avladıkları balıkları Mumhaneönü, Moloz ve Çömlekçi limanlarından karaya çıkartarak satışa sunmaya devam etmişlerdir.

Osmanlı dönemi narh defterleri incelendiğinde Trabzon ve Giresun'un sosyal ve ekonomik hayatında oldukça önemli bir yere sahip olan deniz ürünlerinin fiyatları hakkında detaylı bilgilere yer verilmediği görülmektedir. Az sayıdaki malumata bakıldığında, 1749 tarihli kayıtta Trabzon'da çıkan taze balığın kıyyesi[103] 12 akçe iken başka bölgelerden gelen taze balığının kıyyesinin 10 akçe olarak belirlendiği görülmektedir. 1770 yılına ait bir başka kayıtta ise morina balığının kıyyesi 18 akçe olarak belirlenmiştir. 1714 tarihli fiyat defterinde bölge balıkçılarının geçim kaynakları arasında üst sıralarda olan balık yağının kıyyesi 15 akçe (Öztürk, 1999: 357); 1749 tarihli defterde ise 20 akçe olarak tespit edilmiştir. 1762 tarihli defterde balık yağının fiyatının 18 akçeye düştüğü ancak 1766 tarihinde tekrar yükselişe geçerek 24 akçeye ulaştığı görülmektedir. Bu yüzyılda balık yağı fiyatlarının en yüksek olduğu yıl 36 akçe ile 1776 yılı olmuştur (Öksüz, 2006: 271; 274-277). Yunus avcılığı suretiyle elde edilen balık yağının Trabzon ve Giresun Hıristiyan mahallelerinde testi hesabı ile satılması da bu dönemlere tekabül etmektedir (Tekindağ, 2001: 470).

1750-1800 yılları arasına ait Trabzon gümrük kayıtlarından ulaşılan dikkat çekici bilgilerden birine göre bölgede kaçakçılık yapan denizcilerin en çok tercih ettikleri iskeleler balıkçıların da rağbet gösterdikleri Espiye, Görele, Tirebolu, Vakfıkebir ve Akçaabat iskeleleri olmuştur (Aygün, 1999: 322).

19. yy.'ın başlarına kadar Karadeniz'deki ticari faaliyetlerde gayr-ı müslim denizciler çoğunluğu oluştururken yüzyılın ortalarından itibaren Müslüman denizciler çoğunluğu oluşturmuşlardır (Bostan, 2000: 33). 1830'lardan sonra buharlı gemilerin Karadeniz'de de kullanılmaya başlaması ile yelkenli gemileri ile rekabete dâhil olamayan Müslüman denizciler kısa menziller arasında kömür, kum, kereste, buğday, mısır, sebze ve meyve gibi tüketim ürünleri taşımanın yanı sıra balıkçılığa yönelmişlerdir (Aygün, 1999: 325).

1840 yılında Giresun'a gelen tarihçi ve seyyah Fallmerayer, gemicilik işinin genellikle sur içinde yaşayan Rumlar tarafından yapıldığından bahsetmiş (Emecen, 1998: 29) olsa da diğer bazı veriler bu yıllarda balıkçılık ve gemicilik mesleğinin çoğunlukla Türkler tarafından yapıldığını göstermektedir.

Fransız Teophile Deyrolle 1869 yılında gerçekleştirdiği gezinin notlarında Trabzon Türklerinin büyük bir kısmının tüccar ve balıkçı olduğunu ifade etmenin dışında şu bilgilere yer vermiştir:

> Trabzon'un gemici halkı oldukça kalabalıktır. Küçük deniz ticaretinden başka gemiciler, balıkçılık yaparlar, bilhassa hamsi avına çıkarlar. Hamsi bütün şimâlî Anadolu sahilinde en çok yenilen balıktır. Hakiki bir Trabzonlu için hamsi başyemektir, türlü türlü yenilir. Trabzon'da başka balıklar da tutulur, fakat Karadeniz'in suyu az tuzlu olduğundan cinsinin iyi balıkları sayılmaz; istiridye çıkar, çok küçüktür ve tatsızdır (Usta 1999: 136).

1867-1873 yılları arasında İngiltere'nin Trabzon konsolosu olarak görev yapan William Gifford Palgrave İngiliz hükümetine yazdığı raporlarda kentin sosyo-ekonomik yapısına dönük bilgilere de yer vermiştir. Palgrave, Trabzon'da 1870'lerin fiyatlarından bahsederken deniz ürünlerine de yer vererek hamsinin okkasının 4 kuruştan, tuzlanmış hamsinin okkasının 10 paradan, havyarın okkasının 38 kuruştan ve balık yağının okkasının 4 kuruştan satıldığını belirtmiştir (Usta, 1999: 162).

Araştırmacılar tarafından daha ziyade Anadolu vilayetleri hakkında hazırladığı raporlarla anılan Palgrave'den sonra 1886-1899 yılları arasında İngiliz Konsolosluğu yapan H. Z. Longworth, seleflerinin yaptığı gibi raporlar hazırlamaya devam etmiş ve ilk raporunu 1892 yılında İngiliz hükümetine sunmuştur. Raporlarda Osmanlı Devleti'nin *Duyûn-ı Umumiye* ile taahhüt ettiği ödemeleri takip etmeye imkân sağlayacak türde Trabzon genelindeki vergi gelirlerini detaylı olarak belirtmiştir. Longworth'un takip ettiği vergi kalemleri arasında devletin balıkçılar üzerinden elde ettiği vergi geliri de bulunmaktadır. 1899 tarihli son raporunda Trabzon vilayetinde bu dönemde balıkçılık, tütün ve avlanma lisanslarından toplam 64.265 İngiliz lirası vergi geliri elde edildiğini belirtmiştir (Halaçoğlu 2003: 13).

Bu bilgilere ek olarak yöre balıkçılığının bu dönemlerine ait kimi önemli bilgiler Osmanlı arşiv belgelerinden temin edilebilmektedir. Trabzon Kanunnâmesi'nde, avlanan her balık çeşidinden öşür alınmasının belirtilmesinin yanı sıra Dellaliye Kanunnamesi'nde, balık avlayan sandallardan iki akçe alınmasının belirtilmesi (Odabaşıoğlu, 1980: 12) balıkçılığın o dönemde önemli bir ekonomik kaynak olduğunu ortaya koymaktadır. Yine, ihtiyaç fazlası balıklardan balık yağı üretilmesi ve bu yağın Hıristiyan mahallelerinde satılması hasebiyle satılan balık yağından ihtisâb resmi alınması talimatı da kanunnâmede kaydedilmiştir. Osmanlı hâkimiyetindeki deniz, göl ve nehirlerde avlanan ve satılan balıklardan "sayd-i mahî resmi" adıyla vergi alınmıştır. Bu vergi bağlamında kayıtlara geçmiş bir olay Trabzon çevresindeki balıkçılığa dönük bilgiler içermesi bakımından dikkat çekicidir. Söz konusu kayıt, tüccarlardan Süleyman Ağa'nın, balık rüsumu ile ilgili bir arzuhalini konu almaktadır. Bu arzuhalden ve Trabzon Valisi Emin Paşa'ya hitaben gönderilen tahrirat müsveddesinden anlaşıldığına göre, Ordu ve Trabzon sancağı sayd-i mahi mültezimi Süleyman Ağa, Sürmene kazasından bazı kişilerin 1858 yılında avladıkları balığın rüsumunu ödemeksizin yağ çıkarıp sattıklarını ve yağın beher kıyyesi için rayiç olan elli beşer kuruşu ödemediklerini bildirmiştir. Aynı dönemde benzer sıkıntılara Trabzon çevresinde başka balıkçı yerleşimlerinde de karşılaşılmıştır. 3 Ekim 1860 tarihli bir başka belgenin içeriği bu durumun yaygınlığına işaret etmektedir. Belgede Sayd-i mahi rüsumu mültezimi Arif Bey'in söz konusu verginin tahsilinde karşılaşılabilecek sorunlara dair bilgi talebi konu edilmiştir (Yüksel, 2009: 207-208).

Kendisi de bir Trabzonlu olan Şâkir Şevket, ilk kez 1877 yılında yayınlanan *Trabzon Tarihi* adlı eserinde Trabzon havalisinin bu dönemdeki sosyal ve ekonomik hayatından bahsederken deniz kenarındaki ahalinin büyük bölümünün balıkçılık yaptığını ve balıkçılıktan elde edilen gelirin geçmiş dönemlere göre daha yüksek olduğunu belirtmiştir (Şakir Şevket, 2013: 64).

Balıkçılığa dönük ilk nizamnameler de bu dönemlerde hazırlanmıştır. 1867 yılında yayınlanan ilk nizamname, 1878, 1879 ve 1882 yıllarında yayınlanan nizamnamelerle düzenlenmeye devam edilmiştir (Aksungur, 2004: 12).

Darüşşafaka Müdürü Binbaşı Hüseyin Bey, 1885 yılında kaleme aldığı *Memâlik-i Osmâniyye'nin Zirâat Coğrafyası* adlı ders kitabında Karadeniz'de kalkan avcılığının yaygın olduğunu; Trabzon ve Samsun vilayeti sahillerinde ise en çok avlanan balığın hamsi olduğunu belirtmiştir. Bir başka bilgi de Tüccarzâde İbrahim Hilmi tarafından 1907'de kaleme alınan *Memâlik-i Osmâniyye Cep Atlası* adlı eserinde yer almaktadır. Trabzon vilayeti sahili boyunca ahalinin çoğunluğunun balıkçılıkla ve gemicilikle geçimini sağladığını ve bu yolda her türlü tehlikeyi göze alarak küçük kayıklarıyla "*Karadeniz'i martı kuşu gibi*" geçtiklerini ifade eden yazar, bazı detaylara da yer vererek Eski Trabzon ve Kemer denilen sahillerde bulunan petrol gazı damar ve kaynaklarının açıktan denize akıp gittiğini, bu nedenle bu havalide avlanan balıkların etlerini koktuğunu ifade etmiştir. Hilmi Efendi ayrıca, bu yıllarda Trabzon'da 460, Sürmene'de 262, Giresun'da 232, Akçaabat'ta 133, Tirebolu'da 164, Vakfıkebir'de 114 ve Görele'de 98 tane irili ufaklı ticaret teknesinin (*çektirme*) mevcut olduğunu kaydetmiştir (Yüksel, 2007: 77, 79; Yüksel, 2009: 209).

Dönemin diğer coğrafyacılarından Ali Sa'ib, 1886 yılında kaleme aldığı *Coğrafya-yı Mufassal (Memâlik-i Devlet-i Osmâniyye)* adlı coğrafya kitabında, bölge balıkçılığına sınırlı biçimde temas ederken Sürmene kazası özelinde bakırcılık ve bıçakçılığın yanı sıra 500 kile kadar kapasiteye sahip ağaç kayıkların ve her tür kayığı sevk ve idare etmekte kullanılan küreklerin yapıldığından bahsetmiştir (Ali Sa'ib, 1304/1886: 182).

Yüzyılın sonlarında örnekleri gittikçe artan coğrafya kitaplarından *Memalik-i Osmaniye'nin Tarih ve Coğrafya Lugatı* adlı eserin yazarı olan Ali Cevâd, Giresun'un iktisadî hayatı hakkında bilgi verirken sahil kesiminin en önemli geçim kaynaklarından birinin balıkçılık olduğunu, sahilden uzak iç kısımlarda ise bunun yerini madenciliğin aldığını belirtmiştir. Trabzon havalisi sahillerinde de balıkçılığın çok önemli olduğunu vurgulayan yazar, Trabzon vilayetinin Samsun ve Hopa arasındaki kıyılarında faaliyet gösteren balıkçı ve ticaret tekneleri için en muhkem limanların Vona, Polatana ve Zefire limanları olduğundan, Giresun ve Rize'de mükemmel kayıkların inşa edildiğinden bahsetmiştir (Ali Cevâd, 1314/1896: 517, 524, 687).

Şemseddin Sami, ünlü eseri *Kâmûs'l-A'lâm*'da Giresun hakkında bilgi verirken ahalinin önemli geçim kaynaklarından birinin balıkçılık olduğunu ve yörede don yağı istihsal etmek maksadıyla bol miktarda yunusun avlandığını ifade etmiştir (Şemseddin Sami, 1314/1896: 2).

Dönemin Trabzon Valisi Kadri Bey'in 13 Kasım 1892 tarihinde Mabeyn-i Hümayun Başkatibine gönderdiği bir telgraf da bu dönem balıkçıları hakkında önemli bir detaya vurgu yapmaktadır. Kadri Bey, telgrafında Trabzon'da kayıkçılık ve balıkçılıkla geçimini temin eden pek çok ailenin yaşanan kolera salgını yüzünden uygulanan karantinadan ötürü zor duruma düştüklerini ve zaman kaybetmeden yardım edilmesi gerektiğini ifade etmiştir. Kadri Bey'in bu talebi olumlu karşılanmış ve müşkül durumda olan kayıkçı ve balıkçı esnafına dağıtılmak üzere 100 lira gönderilmiştir. (Yüksel, 2009: 210).

Bölge balıkçılarından bazılarının isimleri Osmanlı belgelerine kimi zaman deniz kazaları veya kahramanlıklar münasebetiyle de kaydedilmiştir. Çeşitli vesilelerle tahlisiye madalyası veya para ile ödüllendirilen balıkçı ve denizcilere örnek olarak Tirebolu özelinden hareketle şu isimler belirtilebilir: Molla Hüseyinoğlu Muharrem b. Osman, Çerkez muhacirlerinden Mustafa b. Abdullah, Deli Ahmedoğlu Salim b. Emin, Karahasanoğlu Salih Kaptan, Sekülüoğlu İbrahim, Salih Kapudan vd. (Yüksel, 2007: 189-190).

19. yy.'da Giresun ve Trabzonlu balıkçı ve denizcilerinin şöhretleri, Karadeniz başta olmak üzere Osmanlı hâkimiyetindeki tüm denizlerde bilinmektedir. Karadeniz'de faaliyet gösteren ticaret gemilerinde çalıştırılan denizcilerin büyük çoğunluğu Giresun ve Trabzon havalisindendir. Faruk Sümer, Tirebolu tarihi hakkında bilgiler verirken, havalide 19. yy.'ın başlarında kalabalık bir nüfusun geçimini balıkçılıkla temin ettiğini, yunus avcılığından elde edilen balık yağının Tirebolu'nun önemli ihraç ürünlerinden biri olduğunu ifade etmiştir (Sümer, 1992: 134). Ayhan Yüksel, yine Tirebolu özelinden hareketle 20. yy.'ın başında bölgedeki denizci ve balıkçıların meslekî ve sosyal hayatlarını pek çoğu sözlü kaynaklardan edinilmiş bilgilerle şöyle anlatmıştır:

> Eski gemiciler kayıkları kol kuvvetiyle yürütürdü. Yıldızdan kerteriz alınır, teknenin kaç mil yaptığı hesaplanırdı. Ekseriyeti üç tarafı enli, baş bodoslamaları ağaç, hafif kavisli taka tipi tekneler ağırlıkta idi. Bu takaların bir kısmı hem yelkenli hem motorlu olurdu. Sözel kaynaklara göre deniz motorları 1914'ten sonra kullanılmaya başlanmıştı. Motorlu teknelerde makinistlerin ayrı bir yeri vardı. Ama biraz zahmetli bir meslekti. Makinistlik makine ve yağı ile bir bütünlük arz eden kimseler için Makinist Halil gibi lakap dahi olurdu. Gemiciler ekseriyetle başlarına taktıkları şapkanın tereğine ellerini siper ederek ufka bakarlar, doğru bir hava tahmini yaparlardı. Bir kayığın denize indirilmesi, şenlik havası içinde olurdu. Hep birlikte imece yapılarak neşe içinde kayık denize indirilir, kurbanlar kesilir, yemekler yenilir, komşu ilçelerdeki gemici ve tayfalar çağrılırdı (Yüksel, 2010: 24-25).

20. yy.'ın başlarında Osmanlı yönetimini balıkçılık bağlamında meşgul eden konulardan biri Karadeniz kıyılarında balıkçılık yapan Rus uyruklu balıkçılar olmuştur. Hariciye Nezareti'nin 8 Kasım 1909 tarihinde Dâhiliye Nezareti'ne gönderdiği yazıda Rus ahalisinden balıkçıların Osmanlı sularına gelip gelmediklerinin, şayet geliyorlarsa bunların kaç kişi olduklarının, nerelerde avlandıklarının, vergi verip vermediklerinin ve Osmanlı ahalisinden balıkçılarla aynı muameleye tabi tutulup tutulmadıklarının tespit edilmesi istenmiştir. Bu soruların cevaplarının alınabilmesi için Trabzon ve çevresinde de soruşturmalar yapılmıştır. 1910 tarihli bir başka belgede ise Karadeniz balıkçılığının geçmişinde oldukça yaygın olan bir tasarrufa atıfta bulunulmuştur. 1909 yılı av sezonunda yelkenli kayıklarıyla Kırım'a kadar giden Rizeli ve Sürmeneli balıkçıların Kerç şehrinde Rus balıkçılarla kavga etmeleri haberinin ulaşmasından sonra Hariciye Nezaretinin Dâhiliye Nezaretine gönderdiği mezkûr yazıda bundan sonra Kırım ve Kerç'e gidecek balıkçıların mahallî idareciler ve meslek önderleri üzerinden uyarılarak böylesi olaylara sebep olmalarının engellenmesi talep edilmiştir (Yüksel, 2009: 211). Karadeniz'in kuzey ve güney kıyılarında balıkçılar bu tarihlerden sonra da birbirlerinin avlaklarında avlanmışlardır. Giresun ve Trabzonlu balıkçıların 2. Dünya Savaşı'nın tüm hızıyla devam ettiği yıllarda bile her türlü tehlikeyi göze alarak Sovyet Rusya karasularında avlanmayı göze almalarında bu kıyıların kalkan ve torik gibi balık türleri açısından cazip avlaklar olması etkili olmuştur. Kırım sahillerinde avcılık yapan yöre balıkçılarının meslekî anlatılarına ilgili bölümlerde yer verilecektir.

Giresun ve Trabzon havalisi balıkçılığının 19. yy.'daki durumu hakkında bilgilere yer verilen önemli bir kaynak da *Trabzon Vilayet Salnamesi*'dir. İlki 1869 sonuncusu ise 1904 yılında yayınlanan ve toplam 22 ciltten oluşan salnamenin 1888 tarihli cildinde Trabzon vilâyeti hakkında genel bilgiler verilirken *"Hayvanat"* bahsinde şu kayıt düşülmüştür:

> Denizden sayd ve ihraç olunan balıklar turna, kalkan balığı, sargan, tekir, mercan, palamut, mezgit, hamsi ve saireden ibarettir. Bu hamsi balığı her sene mevsim-i mutadında ekseriya külliyat üzere çıkarak mebzuliyeti nisbetinde de ucuz satıldığından köylü fukarası bundan lüzumu kadarını satın alarak tuzlamakta ve bununla bir müddet çoluğunu çocuğunu iaşe eylemektedir. Adi sardalyadan az ufak olan bu balık lezzetli ve yağlı ise de ziyadece tuzlu olduğundan fi'l-haza yenildikten sonra ol nisbette hararet verdiğinden alışmamış olanlara göre kesret üzere ekli bazı mertebe dokunmaktadır. Sevahil-i vilayette külliyetli yunus balıkları dahi sayd olunur ve yağları çıkarılıp Avrupa'ya sevk ve imrar edilir ki bu sayede pek çok nüfus ta'yiş etmektedir (TVS, 2002, C. 13: 167-169).

1898 tarihli salnamede Evliya Çelebi'nin daha önce belirtilen ifadeleri bazı tekziplerle tekrar edildikten sonra balıkçılığın ve deniz ürünlerinin Trabzon ahalisi üzerindeki etkilerine dönük kayda değer bilgilere yer verilmiştir:

> Kat'en inkar olunamaz ki ale'l-umum sevahil halkı balık aklinde pek haris olduğundan bu taraflarca da hamsiye rağbet fevkaladedir. Gerek şehir ve gerek köylüler bu balıktan bütün yaza mahsus miktarı tedarik edip salamura halinde küplerine vaz' eylemeğe mecburdur. Hele fukara akımı için bir nimet-i gayr-i müterakkıbe makamdadır. Zira altı kıyyesi iki metelikdir. Köylü de bu akça bulunmasa bile bir yük kömür ve kerestesi ile mübadeleye razı olur. Hâsılı gani ve fakir ihtiyacını bir taraftan def eyledikten sonra bu balığın lezzeti, rağbeti de birden münkatı oluverir; zaman tütün ve sebze tarlalarını gübrelemeye faide verir. Bir müddet yüklerle taşınır. Böylece bir iki milyon kıyyeye karib hamsi tarlalara dökülür. Bir surette ki dâhilden sahile ilk defa gelen bir kimse hamsi ile mefruş olan araziye baksa kavağa değil dağlara bile çıktığına hükümde bulunur. Bunun havasında bi-hakkın bahse etıbba mezundur. Ale'l-umum balık etlerinde fosfor ve biraz azot bulunur. Mevadd-ı fosforiyye her halde vücuda nâfidir: Kemiklerin teşekkülüne, takviyesine hidmet eder; lakin ne miktarı nâfi veya muzır olduğu ashab-ı tecrübeye malum bulunmuştur (TVS, 2007a, C. 17: 345-351).

Daha önce hazırlanan 1894 ve 1896 tarihli salnamelerde yukarıdaki bilgiler aynen yer almış olmakla birlikte balığın çok olduğu dönemlerdeki yaşantıya da vurgu yapılmıştır:

> Denizden sayd ve ihraç olunan balıklar turna, kalkan balığı, sargan, tekir, mercan, palamut, mezgit, hamsi ve saireden ibarettir. Bu hamsi balığı her sene mevsim-i mutadında ekseriya külliyat üzere

> çıkarak mebzuliyeti nisbetinde de ucuz satıldığından köylü fukarası bundan lüzumu kadarını satın alarak tuzlamakta ve bununla bir müddet çoluğunu çocuğunu iaşe eylemektedir. Adi sardalyadan az ufak olan bu balık lezzetli ve yağlıdır. Lakin ziyadece yenilirse tabii o nisbette hararet vermektedir. Maa-zâlik bu da alışmamış olanlara göredir. Yoksa alışık olanlara göre ne kadar yenilse zararı dokunmaz, hâsılı bu balık şu cevahil fukarasıçin büyük bir ihsan-ı aleyhdir. Halik-i ruz-i resân bunu ne kadar da mebzul yaratıyor! Mevsiminde denizin sathı adeta bir kulaç derinliğine varıncaya kadar bu balığın biri biri üzerine yığılıp şayan-ı hayret bir cesamet teşkil eden adad-ı namütenahisiyle lebalep dolmaktadır. Balığın bu nevinde görülen şu mebzuliyet başka bir nevinde görülmek ihtimali yoktur denilebilir. Zikr olunan balığın işte böyle pek mebzul çıktığı senelerde beher batmanı iki kuruştan yirmi otuz paraya kadar satılmakta ve fazlası tarlalara dökülerek gübre yerine kullanılmaktadır. Ne mebzuliyet! (TVS, 2007b, C. 15: 219; 2007c, C. 16: 205).

Büyük balıkların saldırısından kaçarken karaya vuran hamsi sürüleri sonraki yıllarda da gübre olarak kullanılmaya devam etmiştir. Hamsinin gübre olarak kullanılması ile ilgili olarak 1901 yılında Trabzon'a gönderilen bir emirnamede daha fazla mahsul alabilmek için tütün tarlalarına gübre olarak hamsi döken Trabzon ve çevresi ahalisinin hamsi neslini tükettiğine dair şikâyet dile getirilmiştir.

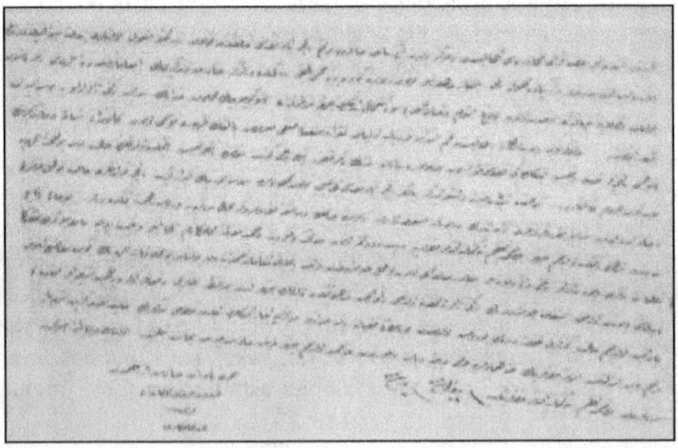

EK-1: Trabzon Fırka Komutanı'nın Trabzon ve köyleri ile Akçaabat halkının tütünlerinden mahsul alabilmek için hamsiyi gübre olarak kullanmalarının hamsi neslini tükenmesine sebep olacağına dair 3 Nisan 1901 tarihli yazısı.

Osmanlı yönetiminin çevre duyarlılığının bir göstergesi olarak kabul edilebilecek bu ilgi çekici emirnameden sonra da Giresun ve Trabzon havalilerinde hamsi gübre olarak kullanılmaya devam etmiştir. 1980'li yıllardan sonra hamsi sürülerinin azalmaya başlaması ile bu uygulama balıkçıların "eski günler" temalı anlatıları içindeki yerini almıştır.

1900 tarihli salnamede tekrar edilen bu bilgilere ek olarak yunus avcılığının[104] bilhassa Sürmeneli balıkçılar tarafından yapıldığı ve yöre balıkçılarının elde ettikleri yağdan önemli gelirler elde ettikleri kaydedilmiştir (Emiroğlu, 2008a: 197-199).

Söz konusu salnamenin yayınlanmasından çok önce 1817-1819 yılları arasında bölgede bulunan Minas Bıjışkyan'ın Sürmene hakkında verdiği şu bilgilerle yukarıdaki bilgiler birbirini desteklemektedir: "Sürmene'de pamuk ipliği, kenevir ve yunus balığı yağı çıkar. Lazistan'a kadar olan yerlerde kandilyağı olarak kullanılan bu yağ, Sürmene'nin bir ticaret kaynağı olmuştur." (Bıjışkyan, 1998: 115-116)

Salnamelerin hemen hepsinde fırtınalı havalarda Trabzon limanının yolcu vapurları ile ticaret gemileri için tehlikeli olduğundan bu türde vapur ve gemilerin çoğu kez Polathane (*Platana*) limanına yanaşmak zorunda kaldıklarından bahsedilmektedir.

EK-2: 20. yy.'ın ilk çeyreğinde ve ortalarında Akçaabat sahilinden görünümler. (Anonim)

Yöredeki bir diğer güvenli liman olarak ise Sürmene limanı belirtilmiş; ancak yöre halkı tarafından *kurt* şeklinde adlandırılan muzır bir balığın teknelere zarar vermesinden ötürü de kayıkların burada uzun süre barınamadıkları belirtilmiştir (TVS, 2007b, C. 15: 425). Benzeri bir bilgi Şâkir Şevket ve Bıjışkyan tarafından da verilmiştir (Şâkir Şevket, 2013: 94; Bıjışkyan, 1989: 115). Arrianus gibi Karadeniz'de yolculuk eden çok sayıda antikçağ gezgini de Karadeniz'in hışmından kurtulmak için Sürmene (Hyssos) limanına sığınmak zorunda kaldıklarından bahsetmişlerdir (Arslan, 2005: 54-56). İlerlemiş yaşlarından ötürü balıkçılıktan çekilen ve bugün pek çoğu 80 yaşın üzerinde olan sözlü kaynakların hatıralarında zor anlarında sıklıkla Sürmene, Akçaabat ve Beşikdüzü (Çeşmeönü) sahillerine yetişmeye çalıştıklarından bahsetmeleri ilerleyen dönemlerde de bu doğal limanların önemini koruduğunu ortaya koymaktadır.

EK-3: 20. yy.'ın ilk çeyreğinde Sürmene iskelesinden ve sahilinden görünümler. (Anonim)

Salnamelerde sık sık gündeme gelen Sürmene, 1902 tarihli salnamede şöyle anlatılmaktadır: "Sürmene'den bahsedildiği sırada ahâlinin cüret ve cesaretlerini ve silahşörlüklerini ve sahile yakın olanların gemicilikte, deniz avcılığında, dalgıçlıkta olan hâriku'l-ade mahâretlerini lisân-ı takdîr ile yâd etmemek pek büyük haksızlık olur." (TVS, 2008c, C. 20: 423)

1901 tarihli salnamede 1898-1899 tarihlerinde Trabzon limanından gerçekleştirilen ihracata dönük istatistikler verilirken "Ma'mûlât-ı Hayvâniye" başlığı altında balık yağına dönük veriler (Kıyye-i Cedîd[105]: 331700; Kıymet-i Muhammene Guruş[106]: 364870), tuzlu balığa dönük veriler ise pastırma ve dil gibi ürünlerle birlikte (Kıyye-i Cedîd: 416100; Kıymet-i Muhammene Guruş: 1440340) belirtilmiştir. Yörede ihracat düzeyinde balık ağı imal edildiği de görülmektedir. Aynı salnamede "Eşyâ-yı Mütenevvia" başlığı altında keten bezi balık ağı ihracatı (Kıyye-i Cedîd: 30100; Kıymet-i Muhammene Guruş: 52960) rakamları ile verilmiştir (TVS, 2008b, C. 19: 439).

Salnamenin aynı cildinde Giresun limanından gerçekleştirilen ihracata dönük istatistikler verilirken balık yağı ihracatı (Kıyye-i Cedîd: 98075; Kıymet-i Muhammene Guruş: 77660) rakamları ile belirtilmiştir (TVS, 2008b, C. 19: 447).

Aynı istatistiklere diğer yıllara ait salnamelerde de yer verilmiştir. Bu verilerin tamamına yer vermek yerine salnamedeki diğer önemli bilgilere temas edilecektir.

1901 tarihli salnamede, Giresun kazasındaki kayıklar istisna olmak üzere Trabzon vilayetindeki iskelelerde bağlı bulunan balıkçı kayıkları ve emsali ufak kayıklara dair bilgilere de yer verilmiştir. Bu bilgilere göre Trabzon'da 240, Sürmene'de ise 47 adet balıkçı kayığı veya emsali ufak kayık bulunmaktadır (TVS, 2008b, C. 19: 481). Aynı salnamede Trabzon vilâyetinin ticari durumu hakkında verilen bilgiler arasında "Sahil tersanelerinde ve ez-cümle Gireson ve Sürmene kasabalarında sandal, kayık, gemi inşaatı kemâl-i maharetle ifa olunduğu gibi bezden mâ-adâ ip, halat zift ve sâire kâmilen mahallerinde imal olunmaktadır." kaydı yer almaktadır (TVS, 2008b, C. 19: 411). 1904 tarihli salnamede ise konuya dönük şu malumatlar yer almaktadır:

> Rize, Tirebolu ve Gireson'da pek zarif sandal ve kayık yapılır. Sürmene, Ünye gibi bazı iskelelerde on beş yirmi bin kilelik gemiler inşa edilir. (...) Rize, Tirebolu, ve Gireson'da pek zarif kayık ve sandal yapılır. Vapurların zuhûru eski vesâit-i bahriyeyi mevki'i- itibardan düşürmekle beraber Sürmene ve Ünye gibi bazı iskelelerde de hâlâ yirmi bin kilelik gemiler inşâ ediliyor ki Laz kayıkçıları bunlarla pek güzel teâtı-ı nakliyât ve ticaret etmektedirler (TVS, 2009, C. 22: 181, 441).

Bu son salnamenin yayınlanmasından çok önce 1813 yılında Giresun'a gelen ve kısa süre kalan J. MacDonald Kinneir'in verdiği bilgilerle salnamedeki bilgiler birbirini tamamlamaktadır. Zira Kinneir, Giresun'da kıyıda, sur duvarlarının dibinde ağır tonajlı gemilerin inşa edildiğinden bahsetmiştir (Emecen, 1998: 26).

EK-4: Sözü edilen alanın 1894 yılındaki bir görünümü. (Anonim)

1910-1917 yılları arasında İstanbul Balıkhanesi Müdürlüğünü yürüten ve ardından da Balık İşleri Başmüfettişliği görevinde bulunan Karekin Deveciyan, 1915 yılında yayınlanan *"Balık ve Balıkçılık"* adlı ünlü kitabında Türk karasularında avlanan balıklar hakkında bilgiler verirken, hamsi, istavrit, palamut, yılanbalığı ve mezgit avcılığı bahislerinde Tirebolu, Görele, Trabzon, Araklı, ve Sürmene balıkçılığına da atıflarda bulunmuştur (2011: 81, 118, 213).

Abdülvahap Hayri, 1913 yılında Trabzon'da yayınlanan *İktisadî Trabzon* adlı eserinde yüzyılın başında Trabzon ve havalisinde gerçekleştirilen balıkçılık faaliyetlerine de yer vermiştir. Bu yıllarda Trabzon ve Sürmene sahillerinde hamsi, kalkan, palamut, torik, kefal, barbunya, sargan, mezgit ve tirsi türü balıklardan bolca bulunmaktadır. Balıkçılar bunların dışında az da olsa mersin ve turna balıkları da avlayabilmektedir. Hamsi, daha önce olduğu gibi bu yıllarda da balıkçıların en önemli geçim kaynağıdır ve her bir hamsi takımı 20-30 kişinin geçim kapısı durumundadır. Halk arasında hamsiyi tarlalarda gübre olarak kullanma temayülü yoğun bir biçimde devam etmektedir. Sürmeneli ve Akçakaleli balıkçıların hamsiden başka en önemli geçim kaynakları yunus avcılığıdır. Yörede "turtak", "mutra" ve "afalye" tabir edilen yunus türlerinden daha fazla yağ elde edildiği için mutra ve afalye türlerini ağlarla ve çakmaklı tüfeklerle avlayan balıkçılar, her bir balıktan ortalama 2,5-3 batman yağ etmektedirler. Yunus avcıları 1911 yılında 234.100 kilogram yunus yağı elde etmişlerdir. Bu yağlar daha önce ve sonra da olduğu gibi İtalya, Avusturya-Macaristan ve Bulgaristan gibi ülkelere ihraç edilmektedir. Trabzon'da o dönemde henüz muntazam bir balıkhane yoktur[107] ve balıkçılar satamadıkları balıkları soğuk hava deposu görevi gören kuyularda muhafaza ederek bir sonraki gün satmaya çalışmaktadırlar. Yine bu yıllarda Trabzon'da sargan ağı ve barbunya avlamakta kullanılan manyat ağı 20'şer, hamsi avcılığında kullanılan barabat 50, hamsi ığrıbı 100, palamut alamanası 80 liraya mal olmaktadır. Küçük kayıkların maliyeti ise ortalama 40 liradır (2008: 70-71).

1931 yılında Trabzon ve civarındaki il ve ilçelerin ticaret odaları temsilcilerinin katılımı ile gerçekleştirilen mıntıka kongresinde, bu dönem itibariyle Rusya ile Türkiye arasındaki ticari münasebetlerde görülen ve çoğu zaman Rusya'nın müsebbibi olduğu olumsuzluklardan şikâyet edilirken 1. Dünya Savaşı öncesinde Trabzon ve Rize havalilerinde avlanan balıkların Rusya'ya ihraç edilebildiği ancak Rusya'nın haldeki tavrının bu önemli ihraç kalemini etkisiz hale getirdiği ifade edilmiştir (Trabzon Ticaret Mıntıka Kongresi, 1931: 26).

Yörenin balıkçılık tarihi açısından bir diğer önemli dönem ise 1. Dünya Savaşı yılları olmuştur. Doğu Karadenizli balıkçılar savaş yılları süresince Rus savaş gemilerinin taciz ve saldırılarına maruz kalmışlardır. Trabzon valisi Cemâl Azmi Bey'in 10 Şubat 1915 tarihli emriyle, Lâzistan (Rize) sancağında balıkçılık tamamen yasaklanmış, Trabzon ve havalisinde yirmi yaşından aşağı olanların izin almadan denize çıkmamaları ve bütün balıkçıların sahilden bir milden fazla açılmamaları bildirilmiştir. Alınan tedbirlere rağmen Rus torpidolarının bazı balıkçıları yakaladığı ve beraberinde götürdüğü de olmuştur. 8 Ocak 1916 tarihinde Batum yönünden gelen bir Rus torpidosu, Mahrikale açıklarında bir kayık çıkararak daha önce yakaladığı balıkçıları ve çocukları sahile bırakmıştır. Sürmene'nin Balıklı (Civra) köyünden olan bu balıkçılar haricinde arşiv belgelerinde o dönemde serbest bırakılmayı bekleyen 27 kişinin daha varlığından bahsedilmektedir. Rus torpidolarına karşı balıkçıları korumak için tedbir alınmakla beraber, balık tutmalarına resmen izin verilenlerden, muhtemelen Rum ve Ermeni asıllı bazı kimselerin düşman tarafına geçtiği de olmuştur (Yüksel, 2009: 213).

EK-5: Kalecik Yalısının bugünkü halinden bir görünümü

Savaş yıllarında Trabzon havalisinde binlerce insan zorunlu olarak muhacirliğe[108] çıkmak zorunda kalmıştır. İstanbul'a kadar uzanan sahil şeridi boyunca çoğu zaman deniz yoluyla göç eden Trabzonlu aileler arasında çok sayıda balıkçı aile mevcuttur. Ruslarla bölgedeki Rum ve Ermeni çetelerinin hışmından kaçan ahali, göç yolculuğu sırasında Keşap'ın Hisarüstü Köyü Kalecik yalısında ve Espiye'nin Gülburnu (Zefre) Köyü yalısında (EK-6) bir süre barınmak zorunda kalmıştır. Yalıların sahibi konumundaki balıkçılar, bu zor yıllarda ekmeklerini bu çaresiz insanlarla bölüşmüş, yolculuklarına destek olmaya çalışmışlardır. Rus gemileri zaman zaman o dönem ulaşımın tek yolu olan deniz taşımacılığını kesmek için Trabzon ve Giresun arasındaki çekek ve barınaklara yöre insanının tabiriyle "yağlı çaput"lar fırlatmışlardır. Savaş yıllarında Trabzon vilayeti sahillerinde 400'ten fazla çektirme ve balıkçı kayığı tahrip edilmiştir (Yüksel, 2007: 105-107).

EK-6: Gülburnu (Zefre) yalısının bugünkü halinden bir görünüm.

Rusların 1918 yılında Trabzon'dan çekilmelerinin ardından muhacirliğe çıkan halkın büyük bir bölümü memleketlerine geri dönerken aralarında balıkçı ailelerin de bulunduğu bazı aileler geçici olarak yerleştikleri Batı Karadeniz sahillerine ve İstanbul'a tamamen yerleşmeyi tercih etmişlerdir. Trabzonlu balıkçı aileler bu yeni yurtlarında da balıkçılığa devam etmişlerdir. Samsun'un Yakakent (Gümenez)[109] beldesi başta olmak üzere sahil boyunda İstanbul'a kadar olan balıkçı yerleşimlerinde, Sürmeneliler başta olmak üzere Trabzonlu balıkçı ailelerle karşılaşmak mümkündür.

EK-7: Ahalisi Sürmeneli balıkçı ailelerden oluşan Garipçe Beldesi (İstanbul) sahilinden bir görünüm.

Balıkçılığa dair Cumhuriyetin ilanından önceki son bilgi parçalarına, Rus işgali sırasında ailesiyle Ordu'ya gidip 1920 yılı başlarında Trabzon'a dönen Cahit Talas'ın anılarından ulaşılabilmektedir. Talas, çocukluk yıllarının Çömlekçi Mahallesini anlatırken Çömlekçi ile Değirmendere arasındaki sahillerdeki balıkçılardan ve denizcilerden şöyle söz eder:

> Evimizin önü açıktı. Denize yakındı. Fırtınalı günlerde deniz bir başka olur, kıyıda kırılan dalgaların köpükleri ona başka bir renk verirdi. Geceleri, dalgaların kırılışı ve kıyıya vuruşları kükremeyi andıran uğultulu sesler çıkarırlardı. Bazen uyumaya da engel olurlardı. Evimizden yunus balıklarının avlanışlarını da izlemek zorunda kalırdık. Bu sevimli yaratıklar bilindiği üzere gezicidirler. Karadeniz'de dolaşır dururlar. Vapurlarla yarış ederler ve sanki oynarlardı. Yunus avcıları bir yolunu bulur, yunus sürülerini belli bir yere sıkıştırır, çevrelerini ağlarla çevirir ve kaçmalarını önlerlerdi. Bu "operasyon" genellikle Değirmendere yakınındaki Rıhtım'ın denizde bittiği yerin ilerisinde gerçekleştirilirdi. Av vahşice olurdu. Dumdum kurşunu atan tüfeklerle yapılırdı. Bu sevimli yaratıkların av sırasındaki hazin hikâyeleri ağlamaklı sesleri avcılar tarafından anlatılırdı. (...) Kayıkçı ve motorcu esnafı geçimlerini açıkta demirleyen gemilere yük ve yolcu taşımakla sağlarlardı. Boş zamanlarında balıkçılık yaparak yan gelir sağlarlardı (Talas, 1992: 86).

2.3.3. Cumhuriyet Döneminde Balıkçılık

Osmanlı döneminden beri devam eden balıkçılık düzenlemelerinin önemli bir kısmı Cumhuriyet'in ilk yıllarından da uygulanmaya devam etmiştir. Örneğin 1882 tarihli av yasakları kanunu 1950 yılına kadar küçük değişikliklere kullanılmaya devam edilmiştir (Aksungur, 2004: 13). Ancak çok geçmeden devletin yeniden yapılandırılması sürecinde balıkçılık uygulamalarına dönük kararlara da imza atılmıştır. Balıkçılığa dönük ilk ciddi tasarruf, 1926 yılında ilan edilen Kabotaj Kanunu'nun bir maddesiyle Türkiye karasularında balıkçılık yapma hakkının sadece Türklere tanınması olmuştur.

Kurulduğu andan itibaren sosyo-kültürel ve ekonomik politikaları ilmî referanslara göre geliştirmeyi hedefleyen Cumhuriyet rejimi, balıkçılık eğitimine dönük ilk adımı 1928 yılında atmış ve Milli Eğitim Bakanlığı marifetiyle Marmara Adası'nda bir balıkçılık okulu kurulmuştur. 1931 yılında Baltalimanı'nda *Balıkçılık Enstitüsü*'nün kurulması balıkçılık eğitiminin ve araştırmalarının kurumsal bir kimliğe kavuşması bakımından oldukça önemli bir adım olmuştur. 1937 yılında bu enstitünün kapatılmasından sonra 1951 yılında yine Baltalimanı'nda İstanbul Üniversitesi bünyesinde *Hidrobiyoloji Araştırma Enstitüsü*'nün kurulmasından ile araştırmaların kurumsal boyutu genişlemeye başlamıştır (Üstündağ, 2010: 68; Zaman, 2005: 35-36).

Cumhuriyet tarihinde 1934 yılında İktisat Vekaleti bünyesinde Deniz Mahsulleri ve Avcılığı Müdürlüğü'nün kurulması balıkçılık açısından diğer bir önemli gelişme olmuştur (Aksungur, 2004: 12). İlerleyen dönemlerde adı ve görevleri değişen çeşitli müdürlükler kurulsa da üç tarafı denizlerle çevrili olan Türkiye'de henüz doğrudan balıkçılıkla ilgili bir yüksek birim oluşturulabilmiş değildir.

Cumhuriyet döneminde Giresun ve Trabzon havalileri balıkçılığı ve balıkçıları hakkındaki kaynaklar arasında Hamâmizâde İhsan Efendi'nin ilk kez 1928 yılında yayınlanan *Hamsinâme* adlı ünlü eseri öncekli olarak zikredilmelidir. Hamâmizâde bu eserinde 1900'lerin ilk çeyreğinde Trabzon ve kıyı havalisindeki hamsi avcılığı usullerine, avlanan hamsilerin satışına dönük teâmüllere, hamsinin tüketim biçimlerine, balıkçıların yaşantılarına ve yöre halkının hamsi etrafındaki tasarruf ve tasavvurlarına detaylı biçimde yer vermekle kalmamış, havalide yetişen geleneksel ve klasik çizgideki şairlerin hamsi etrafında oluşturdukları manzumelerin yanı sıra kitaba ismini veren ünlü manzumelerini de meraklıları ile paylaşmıştır (2007).

EK-8: Yüzyılın ortalarında Çamburnu sahilindeki kayık yapım tezgahlarından bazıları. (Anonim)

1920'li yılların ortalarından itibaren uzun süre Türkiye sahillerinin haritalanması faaliyetleri yürüten Erkân-ı Harbiye Hidrografi Şubesi Müdürü Ahmet Rasim [Barkınay], Karadeniz sahilleri hakkında bilgi verirken Sürmene havalisindeki denizcilik ve balıkçılık uygulamalarına da atıfta bulunur:

> 500 tona kadar kayıkların mahalli inşası da "Çolonsa"dır [Gölonsa]. Zarha'ya 1 saat mesafedeki "Zarhona"da [Sargona] Türk ustalar tarafından büyük yelken yapıları vücude getirilir ki bunlar evvelkilerin daha şarkındadır. Ahalisinin kısmı azamı balıkçılık ve gemicilikle meşguldürler. (...) Sürmene'nin asıl iskelesi "Homurgan"dır; posta ve telgrafhane buradadır. Karadeniz'in Şarki Anadolu sahilinde en iyi demir mahalli olmakla mütearif olan Sürmene'nin iskelesi olan Homurgan'da 10 ve 12 kulaç suda en kalın havalarda bile büyük sefainin kolaylıkla barınabileceği muhakkaktır (Ahmet Rasim, 1930: 41). (EK-8)

Cumhuriyetin ilk 25 yılında bölgede balıkçılık alanında yapılan en önemli faaliyet Beşikdüzü Köy Enstitüsü bünyesinde bir Balıkçılık Şubesi'nin kurulması olmuştur. Köy enstitüleri 1936 yılında alt yapıları tamamlandıktan sonra 1937-1939 yılları arasında Türkiye çapında yaygınlaşmıştır. Dönemin İlköğretim Genel Müdürü İsmail Hakkı Tonguç, 1939-1954 yılları arasında faaliyet gösteren Beşikdüzü Köy Enstitüsü'ne kuruluşu sürecinde Hürrem Arman'ı müdür olarak görevlendirirken "*Deniz sizin tarlanız olacak.*" diyerek bu okulun eğitim programları içinde balıkçılığın ayrıcalıklı bir konuma sahip olması gerektiği telkininde bulunur. Balıkçılık hakkında herhangi bir bilgisi olmayan Hürrem Arman, gönüllüler, öğretmenler ve öğrencilerle birlikte bu işin içine girerek konunun teknik ve ekonomik sorunlarını araştırır. Talep üzerinde bakanlıktan balıkçılık uzmanı İsmail Özkul enstitüye gönderilir. Böylelikle balıkçılık şubesi öğrencileri, balıkçılığı teknik ve bilimsel bilgilerle öğrenme imkânı bulurlar. Tüm eğitim şubelerinde uygulamalı eğitim verilen enstitüde, balıkçılık usta öğreticisi olarak İskefiyeli (Çarşıbaşı) Fehmi Reis (Savaşer)'le anlaşılır.

Ek-9: Fehmi Reis, Beşikdüzü Köy Enstitüsü Balıkçılık Şubesi öğrencileri ile eğitimde. (Erdinç Kalay Arşivinden)

1.500 Lira borçlanılarak ilk balıkçı teknesi alınır ve ailelerinden ötürü balıkçılığa aşina olan öğrencilerle birlikte uygulamalı balıkçılık eğitimine başlanır. 29 Ekim 1944 tarihinde okulun demir atölyesinin usta öğreticisi Mustafa Demir öncülüğünde, Sürmeneli kayık ustalarından Ahmet ve Vahit Kaya tarafından yapılan ve "*Tonguç*" adı verilen 11 ton kapasiteye sahip balıkçı motoru denize indirilir.

Ek-10: Beşikdüzü Köy Enstitüsü Balıkçılık Şubesi için inşa edilen Sürmene takası tipindeki Tonguç motoru. (Erdinç Kalay Arşivinden)

Av filosunu güçlendirmek için başka kayık ve motorlar da alınır. Bunlar arasında en büyükleri 22 tonluk kapasiteye sahip olan ve Samsun-Espiye arasında nakliyecilik yapan "*Karadeniz*" adlı motordur. Bir diğeri ise Görele ve Trabzon arasında nakliyecilik yapan 9 ton kapasiteli "*Kebir*" adlı motordur. Okulun balıkçılık şubesinin ilk dönem öğrencilerinden O. Cemil Erkut balıkçılık faaliyetlerini şöyle anlatmıştır:

> Balıkçı ekipleri tayfalar halinde çalışırlardı. Hamsi zamanı hamsiye çıkan tayfa bir ay süreyle denizde kalırdı. Bu sürenin sonunda ekibin okula dönmesiyle diğer ekip hamsiye çıkardı. Ekip hamsiye çıkarken yiyecek ve giyeceklerini yanlarında getirirlerdi. Okulun ihtiyacı karşılandıktan sonra fazlasını maliyetine halka satıyorduk. Bu satışlarımız büyük balıkçı motorları ve tüccarlarının hiç hoşuna gitmiyor, bizi tehdit ettikleri oluyordu. Bu işlerle ilgilenen müdür yardımcımız Fehim Akıncı tehditlere aldırmıyor, filoyu güçlendiriyordu. Halka ucuz balık ve hamsi satışımız devam ediyordu. Büyük balıkçılara karşı verilen bu mücadele halkımızın hoşuna gidiyor, bizi desteklediklerine sohbetlerinde tanık oluyordum. Yapılan balıkhanede balıkları saklamak için atölyelerde yapılan fıçılara salamura olarak doldurulup diğer okullara gönderiliyordu. Böylece diğer okulların balık hamsi ihtiyacı karşılanıyordu (Kalay, 2010: 188-193).

Anlaşılacağı üzere şube, kısa süre bir süre sonra kendi gereksiniminden çok balık avlamaya başlamış, okul bünyesinde balıkhanenin kurulmasının ardından, balık tuzlama ve salamura işine girişilmiştir.

EK-11: Beşikdüzü Köy Enstitüsü Balıkçılık Şubesi öğrencileri şubenin av takımları tarafından avlanan balıkları çiroz ve tuzlama için hazırlarken. (Erdinç Kalay Arşivinden)

EK-12: Beşikdüzü Köy Enstitüsü Balıkçılık Şubesi öğrencilerinin uygulamalı eğitiminden bir görünüm. (Erdinç Kalay Arşivinden)

Satışa hazır hale getirilen balıklar piyasa fiyatlarının altında bölge insanının tüketimine sunulmuş; bu satışlar ve diğer şubelerin faaliyetlerinden elde edilen gelirlerin toplandığı bir döner sermaye kurulmuştur. Bu yolla bölge balıkçılarını su ürünleri kooperatifçiliğine özendirici ilk faaliyetler de gerçekleştirilmiştir. 1945 yılına gelindiğinde okul, 2 balıkçı motoru, 1 nakliye motoru, 18 kayık, 2 hamsi ığrıbı, 1 palamut gırgırı, 3 manyat, 3 barabat, 3 molozma ve 30 kalkan ağı ile Karadeniz'in en büyük balıkçılık filosunu oluşturmuştur.

EK-13: Beşikdüzü Köy Enstitüsü'nün balıkçılık filosu. (Erdinç Kalay Arşivinden)

Okulun balıkçılık faaliyetleri bölge balıkçılarının kendilerini geliştirmelerinde de etkili olmuştur. Beşikdüzü'nden Tamer Deniz (KK-1), bu etkiyi ortaya koyan bir olayı şöyle anlatır:

> Yoroz'un namlı reislerinden Lağoğlu Yaşar'ın takımıyla okulun hamsi motoru birbirlerine yakın hamsi avlarken, okulun takımı çokça balık yakalarken Lağoğlu hiç balık avlayamamış. Zeki bir adam olan Lağoğlu Yaşar bu işin sırrını bir süre sonra çözmüş. Meğer okulun ağı daha derinmiş. Bunun ağı küçük olduğu için balıklar alttan geçer giderlermiş. Samsun'dan ağ siparişi verip ağlarını büyüttükten sonra Lağoğlu da okulun motoru kadar balık yakalar olmuş.

İsmail Hakkı Tonguç, balıkçılık uzmanı İsmail Özkul'u daha sonra Sakarya Arifiye'ye gönderir. Beşikdüzü'ndeki çalışmaların aynısı Arifiye'de de yapılır (Türkoğlu, 2004: 227-228; Bilecik, 2012: 36-37). Beşikdüzü ve Arifiye Köy Enstitüleri, Türk eğitim tarihinde balıkçılığa dönük profesyonel eğitim verilen ilk iki okul olarak tarihe geçmiştir.

Giresun Sanayi ve Ticaret Odası tarafından 1933 yılında yayınlanan rapor incelendiğinde Giresun havalisinde balıkçıların o yıllarda iptidaî yöntemlerle ve zor koşullarda avcılık yaptıkları anlaşılmaktadır. Raporda avcılıklarının tüm safahatlarında yalnızca kol kuvvetini kullanan balıkçıların av araç gereçlerini yenileyebilmelerine ve balık işleme ve muhafaza tesislerinin kurulmasına imkân tanıyacak kredilere duyulan ihtiyaç sıkça dile getirilmiştir. Bu yıllarda yörede avlanan balıklar dışarıya sevk edilemediği için balıkçıların kazançları oldukça düşüktür. 1924-1928 yılları arasındaki hamsi sezonlarında 265 ton hamsi rekoltesiyle 1928 yılı en verimli yıl olmuştur. Giresunlu balıkçıların hamsiden sonra en çok avladıkları balık olan palamut, aynı yıl sadece 13,5 ton civarında avlanabilmiştir. Yörede aralık ve mayıs ayları arasında yunus avcılığı yapan balıkçılar 1928 yılında 16 ton civarında balık yağı elde etmişlerdir (Cumhuriyetin 10 Yılında Gireson Ticaret ve Sanayi Odası: 84-85).

Yukarıdaki kayıttan da anlaşılacağı üzere Cumhuriyetin ilk yıllarında, özellikle 1923-1930 yılları arasında Giresun ve Trabzon'da balık sürüleri oldukça bol olmasına rağmen ve balıkçıların kullanmakta oldukları av araç ve yöntemleri ile bu bereketli sürülerin çok azı avlanabilmiştir. Önceki yıllarda olduğu gibi hamsi başta olmak üzere balık sürülerinin kasım ve aralık aylarında karaya vurdukları da olmuştur[110].

EK-14: 1950'li yıllarda Giresun'da Aksu Deresinin denizle buluştuğu alanda sahile biriken hamsileri toplayan ahali. (Anonim)

Balığın bolca avlandığı bu yıllarda balıkçılar avladıkları balıkları sadece yaşadıkları sosyal çevrede satabiliyor, uzak bölgelere gönderemiyorlardı. 1929 yılında Giresun pazarında hamsinin okkası 1 kuruşa tenekesi 10 kuruşa satılıyor ve halk bolca balık tüketme imkânı bulabiliyordu. Kalkan balığının çokça avlandığı 1927 yılında balıkçılar avladıkları kalkanların okkasını 10 kuruşa kadar düşürmüşlerdi (Sarısaman, 1999: 114).

Bölgenin 1940'lı yıllardaki balıkçılık faaliyetleri hakkında bu yılların başlarında Giresun havalisinde araştırmalar yapan coğrafyacı Selçuk Trak önemli bilgiler vermiştir. Trak, bu yıllarda Giresun havalisinde, il merkezinin haricinde Tirebolu, Keşap, Bulancak ve Piraziz sahilinde gerçekleştirilen balıkçılığın yöre insanının ihtiyaçlarını karşılamak üzere yapıldığını ifade ettikten sonra balıkçıların yoğunlaştığı yerleşimleri Giresun'un batısındaki Ayvasıl mevkiinde bulunan Küçüklü, Eriklimanı ve Burunucu; Espiye'nin batısındaki Zefre ve Kulak ve Tirebolu'nun Yenimahalle köyleri olarak belirtmiştir (1944: 783). Bu yıllarda yörede avlanan balıkların yine yörede tüketilmesinin en önemli sebebi balıkların iç bölgelere ve özellikle de İstanbul'a uygun koşullarda gönderilmesini sağlayacak nakliye imkânının bulunmayışıdır. Alan araştırmaları sırasında görüşülen 70 yaş üstü balıkçılar, avladıkları balıkları en fazla Samsun'a kadar götürdüklerini veya gönderdiklerini, bazı durumlarda balıkların değerinde satılmaması halinde pahalı nakliyeden ötürü zarar ettiklerini belirtmişlerdir (KK-2). Trak'ın sözünü ettiği balıkçı köyleri bugün de Giresun havalisinin balıkçı kültürünün önemli temsil alanlarıdır.

İzlenimlerini belirtmeye devam eden Trak, Giresun havalisindeki balıkçı köylerinin ve rağbet gösterilen avlakların diğer alanlara göre nispeten girintili kıyı şeridindeki dere ağızlarında ve denize uzanan burunların her iki yakasında yoğunlaştığı tespitinde bulunarak önemli avlak alanlarının doğudan batıya Espiye, Zefre ve Kulak, Keşap önleri, Giresun Belemit adası[111], Batlama ve Güre derelerinin ağızları, Ayvasıl ve Burunucu önleri olduğunu belirtmiştir (1944: 783-784). Trak'ın belirttiği bu avlaklar, karayolu yapmak maksadıyla 1950'li yılların ortalarında başlatılan ve ilerleyen yıllarda hızla sürdürülen kıyı dolguları ile büyük oranda değişmiştir.

EK-15: 1950'li yıllarda ilk sahil yolu inşasının başlandığı dönemlere Giresun balıkçı kültürünün önemli alanlarından biri olan Kumyalı Mahallesi sahili. (Anonim)

Balıkların oksijen ve beslenme avantajlarından ötürü tercih ettikleri dere ağızları ve girintiler dolgularla büyük oranda tahrip olmuş, yöre balıkçıları zorunlu olarak avlaklarını değiştirmek zorunda kalmışlardır. Bu süreçte kıyılarda yuvalanan ve çoğalan kefal başta olmak üzere pek çok yerli balık türü de azalmaya başlamıştır (KK-4). Bu trajik değişimin sosyo-kültürel ve ekonomik hayatta yol açtığı tahribatın etkilerine ilerleyen bölümlerde tekrar değinilecektir.

Selçuk Trak Giresun balıkçılarının bu yıllardaki av periyotları hakkında da önemli bilgilere yer vermiştir. Bu bilgilere göre eylül ayı boyunca palamut avcılığı yapan Giresun balıkçıları, aynı ayın ortalarından aralık ayına kadar sargan, ekim ve kasım ayları boyunca mezgit, aralık ve nisan ayları arasında hamsi, nisan ortalarından haziran ortalarına kadar barbun ve istavrit, haziran ve eylül arasındaki dönemde kefal ve izmarit, mart ayından haziran ayının ortalarına kadar kalkan, yine mart ayından haziran ayının sonlarına kadar yunus avcılığı yapmışlardır (Trak, 1944: 785-786).

1980'lerin ortalarına kadar av takviminde değişiklik olmamıştır. Bu yıllardan itibaren hâlâ tartışılan çeşitli etmenlerden ötürü av takviminde değişiklikler görülür olmuştur. Örneğin hamsi avcılığı son yıllarda ekim ayı başlarında başlamakta ve ocak ayı başlarında sona ermektedir.

Trabzon'un yetiştirdiği önemli isimlerden biri olan Muzaffer Lermioğlu, ilk kez 1949 yılında yayınlanan *Akçaabat Tarihi* adlı eserinde ilçe hakkında genel bilgiler verirken ilçenin balıkçılık durumundan da bahsetmiştir. 1930'ların sonlarında ilçede 14 balıkçı motorunun avcılıkta kullanıldığını, balıkçıların hamsinin dışında özellikle Salacık (Zavena-Cavana) ve Mersin köylerinde yunus avcılığına meylettiklerini, 1937-1938 yıllarında 450-500 ton civarında balık yağı elde ettiklerini belirtmiştir. 2. Dünya Savaşı boyunca zor durumda olan balıkçılar, çoğu zaman açık denizlere açılamamışlar ve geçmiş yıllara nispetle daha az balık yağı elde eder olmuşlardır. Avlanan yunuslar Zavena köyünde muhtar Mustafa Malkoç[112] tarafından işletilen imalathanede (*işlekhane*) iptidai yöntemlerle işlenerek yağ elde edilmekte, hayvanların arta kalan kısımları gübre olarak tarlalara dökülmektedir. 1940'ların sonlarında hamsi sürülerinde büyük bir azalma görülmüş ve halk hamsiye hasret kalmıştır (Lermioğlu, 2011: 31-32).

Lermioğlu'nun da temas ettiği üzere 2. Dünya Savaşı yıllarında ve sonrasında ülkede yaşanan ekonomik buhran Doğu Karadeniz'i de etkilemiş, balıkçılar bölgede yüzyıllardır avlanan yunuslara, yağının ekonomik değerinden ötürü daha fazla rağbet gösterir olmuşlardır. Zira 1950'li yıllarda bölgede faaliyet göstermeye başlayan Et Balık Kurumu, balıkçılardan hamsinin kilosunu 5 kuruştan alırken yunusun kilosunu 35 kuruştan almıştır. Bu yıllarda yunus avcılığı Trabzon havalisinde Sürmene'nin Civra (*Balıklı*) Mahallesi, Akçaabat'ın Zavena (*Salacık*) ve Mersin köyleri ile, Giresun'da Espiye'nin Zefre (*Gülburnu*) köyünde ve il merkezinin batısındaki Ayvasıl köylerinde yoğunlaşmış; 1983 yılındaki yasağa kadar da bu durum devam etmiştir (Zengin, 2008: 8-9).

Trabzon'un Yalı (Faroz) Mahallesi yunus avcılarından birinin oğlu olan balıkçı Mustafa Çakır (KK-5) bu yıllarda ve sonrasında yunus avcılığına olan meylin sebebini benzer şekilde şöyle anlatır:

> Balıkçı denize giderdi mesela balık tutardı kefal ya da başka balık, ondan alacağı belli bir para idi; ya yirmi kuruş ya atmış kuruş ya yüz kuruş ama balık yağından aldığı para iki yüz elli üç yüz kuruş. Onun için ona yöneldiler; ekmek parası...

Giresun ve Trabzon balıkçıları Osmanlı döneminden 1947 yılına kadar yunus avcılığını dolma tüfeklerle gerçekleştirmişler, bu tarihten sonra devlet tarafından kendilerine verilen ve balıkçılar tarafından "mavzer" tabir edilen tüfeklerle avlanır olmuşlardır. Devlet tarafından temin edilen tüfek ve mermilerle 1950'li yıllarda yunus avcılığı iki misli artış göstermiş ve elde edilen balık yağı, tonu 250 Dolardan başta İtalya olmak üzere çeşitli Avrupa ülkelerine ihraç edilmiştir (Çakıroğlu, 1969: 136).

EK-16: 1940'ların sonlarında Trabzonlu yunus avcıları avladıkları yunusları yağlarını çıkarmak için sahile taşırken. (Anonim)

Trabzon'da 1949-1956 yılları arasında görev yapan son İngiliz konsolosu Vorley Harris raporlarında Trabzon havalisinin ekonomik hayatından bahsederken balıkçılara, tekne ustalarına ve çektirmecilere de yer ayırmıştır. Bu yıllarda Akçaabat ve Sürmene balıkçılarının en önemli gelir kaynağı yunus avcılığından elde ettikleri balık yağıdır. Sürmeneli balıkçılar yunus avcılığı başta olmak üzere balıkçılık yapmak üzere Hopa ve Perşembe arasındaki kıyılar boyunca gidip gelmektedirler. Sürmeneli yunus avcıları balık yağı elde ederlerken Rus balıkçılara göre çok daha iptidai yöntemler kullandıkları için elde edilebilecek yağın çok azından yararlanabilmektedirler. Bölgede balık yağı işleyebilecek tesisler yeterli değildir ve Marshall yardımları ile durumun düzelmesi beklenmektedir. Karadeniz'in en becerikli denizcilerini yetiştiren

Sürmene'de en önemli geçim kaynağı tekne ustalığıdır. Bu maharetli ustalar hiçbir plana bağlı kalmaksızın 500 tonluk kapasiteye ulaşabilen tekneler yapabilmektedirler. Öte yandan bu yıllarda karayolu taşımacılığı az da olsa canlanmaya başladığı için zenginliklerini Samsun'dan Hopa'ya kadar olan alanda yaptıkları taşımacılığa borçlu olan Trabzonlu denizci aileler zor zamanlar geçirmektedirler. Bu yıllarda fırtınalı havalarda Akçaabat limanına giremeyen tekneler Moloz mevkiindeki Güzelhisar limanına sığınmaktadır (Harris, 2005: 107-108).

EK-17: Yüzyılın başlarında Trabzon-Moloz mevkiinde balıkçı ve navlunca tekneleri (Anonim)

EK-18: Samsun havalisinden getirdikleri tüketim maddelerini Kumyalı sahiline indiren Giresunlu navluncularдan bir görünüm. (Hüseyin Gazi Menteşeoğlu Arşivinden)

Vorley Harris'in çektirmeci ailerin bu yıllardaki durumuyla ilgili tespitleri 1925 Eynesil doğumlu Mustafa Meme'nin (KK-6) şu ifadeleri ile uyumludur:

Babam uzun zaman balıkçılığın dışında çektirmecilik de yaptı. Kaynatam da ortağıydı. Makinemiz bozulunca biz her şeyi bırakıp çekilmiştik denizden. Sonra kaynatam bir motor daha almış beni çağırdı ve beni ortak edeceğini ve mal taşımamı istedi. Balıkçılık da yapıyordum çektirmecilik de önceden. Çok borcum vardı; başka mesleğimiz de yoktu. Denizde büyüdük hep. Kabul edip motorla mal sarmaya Samsun'a gittim. O zaman Menderes gelmişti. Yollar falan yapılmaya başlamış, arabalar çoğalmıştı. Arabalar Samsun'daki mağazalardan malı alıp 2 günde indiriyordu buraya. Daha kayıklara iş yok tabii. Onca gün bekledim doğru dürüst yük bulamadım yarım yükle döndüm geldim Eynesil'e. Bir kez daha denedik şansımızı ama o zaman da hiç yük bulamadık. Anladım ki çektirmecilikten artık bize ekmek yok. Aldım kayığı gittim İstanbul'a kumculuğa.

1950'li yılların başlarında Doğu Karadeniz kıyılarında araştırmalar yapan biyolog W. Nümann, Tirebolu, Trabzon ve Sürmene balıkçılarıyla görüşerek bölgedeki balıkçılık faaliyetleri üzerine değerlendirmeler yapmıştır. Nümann, Trabzon bölgesinde 40 kadar gırgır teknesinin bulunduğunu, bunlardan 5'inin istavrit ve hamsi avcılığı yapan Trabzonlu balıkçılara ait olduğunu, bunun dışında 200 kadar küçük balıkçının istavrit avcılığı yapabilecek donanıma sahip olduğunu belirtmiştir. Aynı bilgilere göre o yıllarda Tirebolu'da 2 hamsi gırgırı ve 30 kadar da salma ağlarla avcılık yapan küçük balıkçı mevcuttur.

EK-19: Tirebolu limanının 1950'lerin başlarındaki bir görünümü. (Anonim)

Bu yörelerde av mevsiminde istavrit 10 kuruşa, hamsi ise 5-10 kuruş aralığında alıcı bulabilmektedir. Sezon dışında bu fiyatlar doğal olarak yükselmekte, istavrit 70, hamsi ise ortalama 50 kuruşa kadar satılabilmektedir. Nümann'ın bilgi verdiği diğer bir avcılık türü de yunus avcılığıdır. O yıllarda Türkiye'nin 2500 ton olan balık yağı rekoltesinin önemli bir kısmı Giresun ve Trabzonlu balıkçılar tarafından elde edilmektedir. Trabzon'da ve Akçaabat'ta balık yağı fabrikaları vardır. Trabzon'daki daha büyük kapasiteli fabrika, yeteri kadar balık gelmediği için birkaç yıldır çalıştırılamamaktadır[113]. Akçaabat'taki küçük çaplı fabrikada ise yılda en fazla 200 ton balık yağı elde edilmektedir. Bunların dışında balıkçılar Trabzon balıkçıları arasındaki adıyla kendi *işlekhane*lerinde çoğu zaman iptidai yöntemlerle balık yağı elde etme yoluna gitmektedirler. Balıkçıların iptidai yöntemler kullanmaları yunustan elde edilecek yağın büyük oranda heba olmasına sebep olmaktadır (Nümann, 1952: 17, 23-24; Zengin, 2013: 673).

Nümann'ın tespitlerine göre 1950'lilerin başlarından itibaren görülür olan ve her biri ortalama 800 gram ağırlığında olan istavritler bölge balıkçıları için oldukça önemlidir. Akçaabat'ın doğusunda kışları, batısında ise bahar ve yaz ayları avlanan bu iri istavritler bazı zamanlarda o kadar çok tutulmaktadır ki balıkçılar müşteri bulmakta zorlandıkları için avlanmaya ara vermek zorunda kalmaktadırlar. Pazarlama konusunda yaşanan problemler istavrit avcılığını kârlı olmaktan çıkardığı için balıkçılar istavrit avcılığı için özel donanımlara para harcamak istememektedirler. Aynı dönemde yöre balıkçıları için hamsi en önemli geçim kaynağı olmaya devam etmektedir. Kasım ve Nisan ayları arasında yoğun olarak avcılığı yapılan hamsi tarlalarda gübre olarak da kullanılmaktadır. Trabzon ve çevresinde o yıllarda çokça tirsi ve mezgit avcılığı da yapılmaktadır. 1950 yılında Trabzon balık pazarı kayıtlarına 55 ton tirsi kaydedilmiştir. Trabzon'da yılda 250 ton civarında avlanan mezgit balığı etinin çok makbul olmamasından ötürü halk tarafından tercih edilmemekte ve fiyatı 5 kuruşun üstüne nadiren çıkmaktadır (Nümann, 1952: 19-22).

Nümann'ın bölgenin üç balıkçı yerleşimi üzerinden verdiği bilgiler, bu araştırmanın örneklem sahasında yer alan tüm yerleşimlerin aynı yıllardaki balıkçılık faaliyetleri için genellenebilir. Yunus avcılığı yapan yöre balıkçıları bu yıllarda avladıkları balıklardan çoğunlukla kendileri yağ elde etme yoluna gitmişlerdir. Mezgit son 10 yıla kadar aynı sebeplerle bölge balıkçılarının hemen hepsi tarafından önemsenmemiş, mezgit avcılığı zaman ve para kaybı olarak değerlendirilmiştir. Nümann'ın sözünü ettiği ve bugünün kıdemli balıkçılarının "karakaş" (Zefre), "istavrit azmanı" (Giresun/Trabzon) ve "kiloluk istavrit" (Giresun-Trabzon) olarak tabir ettikleri iri istavritler 1980'lerin başlarına kadar avlanmıştır. Bu dönemden sonra birden bire kaybolan iri istavritlerin izine avlaklarda bir daha rastlanmamıştır (KK-7; KK-8).

EK-20: Giresun'un Kumyalı Mahallesi balıkçıları yüzyılın ikinci yarısında iri istavrit avında. (Murat Gül Arşivinden)

1954 yılında Doğu Karadeniz balıkçılara dönük gözlemler yapmak üzere Sürmene'ye gelen Saim Onat, Sürmeneli yunus avcılarından övgüyle söz ettiği yazısında Sürmene'nin bu yıllardaki sosyo-ekonomik yapısı içinde balıkçılığın ne denli önemli olduğunu şu sözlerle ifade eder:

> Çalışkan Sürmenelilerin başta kaymakamları Ethem Kılıçoğlu olmak üzere, balıkçılığa ne kadar ehemmiyet verdiklerini gözlerimle gördüm. 7 yaşından 70 yaşına kadar herkes, bu sanatla uğraşmakta ve halkın % 90'ı balıkçılıkla iştigal etmektedir. Ağ örme, yağ eritme imalâthaneleri, tekne tezgâhları hepsi burada mevcuttur (Onat, 1954: 1).

Giresun ve Trabzon'da hazırlanan il yıllıklarında da zaman zaman balıkçılıkla ilgili bilgilere yer verilmiştir. 1967 tarihli Giresun il yıllığında Giresun balıkçılığı hakkında ilmî bir değerlendirmeye yer verilmiştir. Oldukça tafsilatlı olan bu değerlendirmeye göre Giresun'da hamsi avı yapan 20 ırıp/ığrıp[114] takımı vardır. Her bir takım 40-60 tonluk bir av motoru ve 18 tonluk 2-3 adet yedek motordan oluşmaktadır. Bu takımlarda ortalama 40 kişi çalışmaktadır. Av sezonlarında Trabzon başta olmak üzere komşu illerden 40 civarında takım Giresun'u ziyaret etmektedir. Her biri takım günde ortalama 8-10 ton balık avlayabilmektedir. Yaz aylarında ise bu av miktarı daha aşağılara inmektedir. Yörede ayrıca 200 civarında küçük balıkçı ve 300 civarında da oltacı mevcuttur. Bunlar yılın 200 günü balık avcılığı yapabilmektedirler.

Ek-21: 1960'ların başlarında Giresun limanında hamsi ığrıplarından hamallarca indirilen hamsinin satışına dair bir görünüm. (Anonim)

Büyük ırıp takımları için fiili av sezonu 4 ay sürmekte ve bu süreçte takım sahipleri avladıkları balığın tonunu ortalama 108 liradan satmakta ve ton başına ortalama 80 lira kar etmektedirler. Takımlarda pay usulü ile gelir dağılımı yapılmakta, motor, tayfa ve ağ eşit hisselere sahip olmaktadır. Bir ırıpta çalışan işçinin av sezonundan elde ettiği gelir 800 lira civarındadır. Bu havalide avlanan balıkların % 20'si yine bu bölgede tüketilmekte, geriye kalan kısmı ise tahta kasalara doldurularak kamyon kasalarında büyük şehirlere sevk edilmektedir. Aynı zamanda Trabzon'da bulunan balık unu fabrikasına da önemli miktarda balık gönderilmektedir. Yaz aylarında tutulan hamsiler yağ bakımından zayıf oldukları için konservelik olarak kullanılmaktadır. Yörede hamsiden sonra en fazla ekonomik değere sahip avcılık istavrit avcılığıdır. Ağustos ve Ekim ayları arasında büyük takımlar tarafından avlanan istavrit, yılın her ayı küçük balıkçıların geçimine destek olmaktadır. Yörede Selçuk Trak'ın belirttiği av zamanları ile uyumlu biçimde hamsi ve istavrit dışında palamut, sargan, kefal, kötek, barbun, mezgit, izmarit ve kalkan balıkları da bilhassa küçük balıkçılar tarafından avlanmaktadır (Giresun İl Yıllığı 1967: 132-138).

1973 yılında Cumhuriyetin kuruluşunun 50 yılı münasebetiyle hazırlanan Giresun yıllığında 1967 yıllığındaki bilgiler bazı ilavelerle tekrar edilmiştir. Buradaki bilgilere göre balık avcılığı gerekli teknik donanımdan mahrum olunması sebebiyle çoğunlukla kıyılarda yapılmakta, ayrıca ihtiyaca cevap verecek soğuk hava depolarına olan ihtiyaç her geçen gün artmaktadır. Yörede hamsi avcılığı yapan 6 adet ırıp takımı mevcuttur. Daha önceleri 40 civarında tayfa istihdam eden takımların, makinelerin gelişmesi ile 24 kişi istihdam eder hale gelmişlerdir. Bu yıllarda av sezonunda Giresun'a Ordu'dan 11, Trabzon'dan 16 ve Rize'den 5 ırıp takımı gelmektedir. Hamsi ırıplarında oldukça basit bir yapıda da olsa radar kabilinden ilk teknolojik donanımlar bu yıllarda görülmeye başlanmıştır. 1972 yılında devlet tarafından ithal edilen 33.000 dolarlık sentetik ağ 1968 yılında kurulan ve 1969 yılında merkezi Ankara'dan Giresun'a nakledilen ve başkanlığını Hamdi Altınbaş'ın yaptığı Karadeniz Balıkçı Kooperatifleri Birliği tarafından üye balıkçılara uygun ödeme planlarıyla dağıtılmıştır. Yine bu dönemde devlet tarafından yunus avcılığı ile uğraşan balıkçılara kooperatif üzerinden tüfek (mavzer) ve mermi dağıtılmıştır. O dönemde Sinop, Samsun, Ordu, Trabzon ve Rize'deki balıkçı kooperatifleri Giresun'daki birlik başkanlığına bağlıdırlar (Cumhuriyet'in 50 Yılında Giresun-1973 İl Yıllığı: 229-230).

1967 tarihli il yıllığında Giresun havalisi balıkçılığı hakkında oldukça detaylı bilgiler verilmiş olmasına karşılık aynı tarihli Trabzon il yıllığında balıkçılık üstünkörü biçimde ele alınmıştır. 1973 tarihli Trabzon il yıllığında ise yöre balıkçılığından hiç bahsedilmemiştir.

Ek-22: 1970'li yıllarda Trabzonlu balıkçıların bir av sahnesi. (Anonim)

1960'ların sonlarında Karadeniz Balıkçı Kooperatifleri Birliği'ne gelir sağlamak amacıyla Orta ve Doğu Karadeniz balıkçılığı üzerine yaptığı araştırmaları yayınlayan Said Bilal Çakıroğlu, Giresun ili genelinde faaliyet gösteren ve merkez kooperatifine bağlı olan av araçlarının listesini şöyle belirtmiştir: Boyları 3-6 metre arasında değişen ve aynakıç tabir edilen 3.000 kayık; boyları 5-7 metre arasında değişen ve çırnık[115] tabir edilen 2.000 kayık, boyları 8-10 metre arasında değişen ve yine aynakıç tabir edilen 300 kayık ve boyları 14-18 metre arasında değişen ve alametre/alimetre[116] tabir edilen 45 büyük motor. Trabzon'daki av araçlarının istatistiğine yer vermeyen Çakıroğlu, Trabzon'un bu dönemde

Doğu Karadeniz balıkçılığının merkezi konumunda olduğunu, bünyesinde bulunan Et Balık Kurumu soğuk hava deposu ve Balık Yağı Fabrikası'nın da bu konuma sahip olmasında etkili olduğunu belirtmiştir. Oldukça kalabalık bir balıkçı kitlesine sahip olan Trabzon'da 1969 yılı itibariyle 3.000 ton hamsi avlanmışken Giresunlu balıkçılar 1.000 ton hamsi avlamışlardır (Çakıroğlu, 1969: 17-19).

Ek-23: 1970'lerin ortalarında Giresun limanında balıkçılar. (Anonim)

1950'li yılların ortalarına kadar Giresun merkez balıkçıları kayıklarını yüzyıllar boyunca doğudan batıya Lonca'dan Batlama mevkiine uzanan kumsallara çekmişlerdir. 1818'de Giresun'u ziyaret eden Ermeni din adamı Bıjışkyan, notlarında Giresun merkezinde Demirkapı ve Lona (Lonca) adında çok iyi durumda olmayan iki liman olduğunu belirtmiştir (1998: 78). Lonca limanı, Giresun'da gemilerin yanaşmasına imkân sağlayacak bir limanın olmadığı yıllarda açıkta demirleyen yük ve yolcu gemilerine nakliye gerçekleştiren çapar ve mavnaların yanı sıra Giresun başta olmak üzere Doğu Karadeniz balıkçılarının kayıklarını çektikleri önemli bir alan olmuştur. Bugünkü müze ile liman sahası arasındaki kıyı şeridini içine alan sahada bulunan Lonca, daha önce de belirtildiği gibi şehri ziyaret eden kimi seyyahların eserlerinde de yer bulmuştur[117]. Bugün dolgu alanı altında kalan Lonca sahili, "çapar" tekneler hakkında bilgi veren bazı sözlü kaynakların anlatılarında şu şekilde geçmektedir:

> Bizim çocukluğumuzun çok büyük kayıklarıydı çaparlar. Çaparlar yaklaşık olarak normal kayıklardan on kat daha büyüktü ve o zamanlar liman yoktu. Yük gemileri ve şilepleri açıkta demirlerlerdi. Fındık çuvalları Lonca'dan çaparlara yüklenir ve gemilere götürülürdü. Liman bittikten sonra gemiler iskeleye yanaşmaya başladılar ve çapar devri de yok olmaya başladı. En son

Çarşamba'dan karpuz getirmeye başladılar. Bu da çaparların son seferleri oldu. (KK-9)

*

Çocukluğumun çaparları Lonca'da limanlarlardı. O Lonca, o zamanlar öyle güzeldi ki... Barbunya kaynardı ve oradaki kayalıklar bizim yüzme yerimizdi. Aynı yerde limanlayan mavnalar çaparlardan bayağı büyüktü. Lisenin (*Giresun Lisesi*) önü kızaktı ve ihtiyaç oldukça çaparlar oraya çekilir bakımları orada olurdu. (KK-10)

Ek-24: Yüzyılın ilk çeyreğinde Giresun'un Lonca Limanı'nda gerçekleştirilen bir etkinlikten görünüm. (Hüseyin Gazi Menteşeoğlu Arşivinden)

Yüzyılın ortalarına kadar Trabzon'da da benzer bir durum söz konusu olmuştur. Kancabaşlar[118], mavnalar, çaparlar ve çırnıklar uzun yıllar Değirmendere sahilinden başlayıp aralıklarla batıda Moloz sahiline kadar uzanan uzun sahil şeridindeki çekek alanlarında karaya çekilmiştir. Bu alanlar içinde Çömlekçi, Kalafataltı, Faroz, Ganita Moloz ve Mumhaneönü, balıkçıların yaşadıkları mahallelerle iç içe olması sebebiyle yoğun olarak tercih edilen çekek alanları olmuştur.

Ek-25: (Üst) Eski Moloz sahilindeki çektirmelerden bir görünüm.(Anonim) (Alt sol)1950'li yıllarda Trabzon-Kalafataltı sahilinden bir görünüm. (Anonim) (Alt sağ) 1900'lerin başlarında Giresun'da kullanılan bir Çapar. (Ali Işık Arşivinden)

1950'li yıllardan itibaren sahil yolu inşasının başlaması ile bu tabii çekek alanları kademeli olarak dolgu alanı altında kalmış ve muayyen çekekler oluşturma zarureti ortaya çıkmıştır. Trabzon kent tarihinin son yüzyılına tanıklık edenlerin anılarında balıkçılar bağlamında Çömlekçi, Faroz, Moloz ve Mumhaneönü kumsallarına da yer verdikleri görülmektedir. T. İlkay Somel, dedesinin Çömlekçi sahili ile ilgili anılarını kaydederken bu alandaki balıkçılara da atıfta bulunur:

> Dedem anlatırdı, çocukluk ve gençlik yıllarının Çömlekçisini. Gazhane'ye doğru (bugünkü Çimento Fabrikası) genişlermiş sahil. Balıkçılar çoğu zaman oraya çekerlermiş kayıklarını. O alanda mevsimi geldiğinde ateşler yakılır, üzerilerinde büyük kazanlar kaynatılırmış (Somel, 2011: 27).

Ek-26: 1877 yılında Maşatlık tarafından Çömlekçi'ye bakış. (Anonim)

Hasan Kantarcı, Moloz'u konu alan anı mahiyetli kitabında, 1960'larda bu alanın ticaret ve deniz taşımacılığı açısından ne kadar önemli olduğunu, çocukluğunu burada geçiren Suat Atay'ın cümleleriyle şöyle aktarır:

> Moloz İskelesi ve civarı çocukluk yıllarımızda tam bir ticaret merkeziydi. 1960 yıllarında ticaret ve nakliyenin büyük kısmı, tamamı keresteden yapılmış olan ve yaklaşık 500 ton yük taşıyabilen, Karadeniz'in hırçın dalgalarına dayanıklı taka motorları ile yapılırdı. Bu takalar hem yelkenli, hem de motorlu idiler. Mallarını Moloz iskelesine boşaltırlardı. Denizde kuzeybatı yönünde görünen takaların gelişi, Moloz İskelesindeki gözcüler tarafından "Motor geliyor!" sesleriyle duyulduğunda mahallenin çocukları olarak içimize sevinç dolar, iskeleye doğru koşardık. Motor gelip iskeleye bağlanınca, içinde bizim taşıyabileceğimiz bir mal varsa, iskeleden sâhile doğru dizilip imece usulü ile hummalı bir çalışmaya girişirdik. Eğer taşıdığımız mal kavun veya karpuz ise emeğimizin karşılığı olarak elimize para yerine birkaç tane bunlardan tutuştururlardı. Böylece ailemize ekonomik katkıda bulunurduk ve bundan büyük mutluluk duyardık (Kantarcı, 2011: 161-162).

Ek-28: 1930'lu yıllarda Trabzon-Moloz sahilinden görünümler. (Anonim)

Mustafa Reşat Sümerkan da çocukluk yıllarının Mumhaneönü sahilinden bahsederken bu alanla özdeşlemişmiş balıkçıları ve balık pazarını şöyle anlatır:

> Babamla Mumhaneönü sahilindeyiz. Günümüzde alt geçit girişinin olduğu ya da Tıp Fakültesi dolmuşlarının durak yeri yakınlarındayız. O vakitler burası kumluk. Tam bu noktada, açık alanda bir balık satış yeri kurulu. Masa ölçüsünde tezgâhlarla uzun bir "U" biçimi oluşturulmuş Giriş ağzı ise batıya açık. (...) Başımı kaldırdığımda balık pazarının tam ortasındayız. Bu yer hatırladığım ilk balıkhanenin yeri. Tezgâhların üzeri balıkların tüm çeşitleriyle dolu[119] (Sümerkan, 2011, 78-79).

Yüzyıllarca Trabzon'un gözde pazar alanlarından biri olmaya devam eden Mumhaneönü'nü konu alan ve nispeten eski tarihli bir başka anıda da, yukarıdaki anlatımlarla paralel biçimde çektirmecilerin ve balıkçıların buranın aslî unsurları arasında yer aldıklarından bahsedilemektedir:

> Uzun kumsal sahilde denizin beyaz köpükleri üstünde sıra sıra sallanan balıkçı kayıkları ve yelkenli gemilerin yarı inik yelkenleri, sabahın daha o saatinde uyanan güneşin aydınlık ışığı ile fark edilmeyen yeri başladığı alaca karanlık içinde, eski Trabzon rıhtımının iskelesinde bir deprenme ve ayaklanma hareketi görülürdü. Sahilin hemen kenarındaki manavların sandıkları sepetleri ortaya çıkar, kalabalık ve canlılık gittikçe artar ve mumhane çarşısında dökümhane dükkânları açılırken köşe başlarında alıcı ve satıcı esnaf güneşin üzerlerine doğmasından önce "yevmi cedid - rızgı cedid"leriyle pazarlar kurarlar bu sırada eski gümrük binasının dövme demirli ve kakma çivili kapısı günün doğuşuna uydurarak ağır ağır açılırdı (Çapa ve Çiçek, 2004: 23-24).

Mustafa Zengin, Faroz'dan Kemerkaya'ya kadar uzanan sahillerdeki balıkçılardan bahsederken Faroz özelinde şunları anlatır:

> Faroz; vilayet merkezinin dışında Ayasofya Kilisesi ile Sotka (Hızırbey) Mahallesi arasında, Trabzon'un en eski ve ünlü balıkçı semtlerinden biriydi. Faroz'dan Pazarkapı'ya, oradan Moloz ve Kemerkaya'ya kadar uzayan kumsal boyunca çok sayıda kayık ırgatlara çekili olarak denize açılmayı beklerdi. Seferberlikten ve mübadeleden önce diğer sahil köylerinin birçoğunda olduğu gibi Faroz'da da Müslüman, Rum, Ermeni haneler birlikte yaşardı. Rum, Müslüman balıkçılar arasında iyi komşuluk ilişkileri vardı. Birlikte denize açılır, ağlarını birlikte serer, en kötü günde birbirlerinin yardımına koşarlardı (Zengin, 2010: 15).

Ek-29: Yüzyılın ortalarına doğru Faroz sahilinden görünümler. (Anonim)

Giresun ve Trabzon havalisindeki tekne yapım tezgâhları Cumhuriyet döneminde de faaliyetlerine devam etmiştir. Çok eski dönemlerden itibaren bölgenin en önemli tezgâhlarını bünyesinde bulunduran Sürmene'nin dışında Trabzon'da, Mersin ve Çarşıbaşı kıyılarıyla Giresun'da Espiye, Tirebolu ve Bulancak kıyılarında tekne yapım tezgâhları faaliyet göstermiştir.

Ek-30: Tirebolu'da bugün artık bulunmayan kayık mağazalarından bir görünüm. (*Hüseyin Gazi Menteşeoğlu Arşivinden*)

Said Bilal Çakıroğlu'nun verdiği malumatlara göre 1960'ların sonlarında Sürmene'nin Çamburnu beldesinde nesillerdir tekne inşa eden ve bir kısmı balıkçılık da yapan ustalar, "taka", "karpuz kıç" veya "alametre" ve "çektirme" adlarıyla anılan muhtelif boylardaki ahşap tekneleri tamamen el işçiliği ile inşa etmektedirler.

Ek-30: Yüzyılın ortalarına Çamburnu sahilindeki bir tezgah ve bazı ustalardan görünümler. (Tekne Kültür-Sanat Dergisi Arşivinden)

Ustalar tamamı ahşap olan teknelerinin omurgalarında gürgen ve kiraz kerestesini diğer kısımlarında ise kestane kerestesini tercih etmektedirler. Kestane keresteleri Sargona'nın güneyindeki tepelerde bulunan kestane ormanlarından temin edilmektedir. Yanlarında en az 3-4 kişi istihdam eden ve yılın altı ayında aktif olarak çalışabilen tekne ustalarından bazıları Ali İhsan ve Ömer Kaba, Turhan ve Celal Kaya, Mehmet, Yavuz ve Temel Şener, Nejat ve Bayram Ergül, Mustafa, Salih ve Yakup Ustaoğlu, Rasim Başaran ve Temel Kaya'dır (Çakıroğlu, 1969: 58-59).

Sürmene dışındaki tekne yapım alanları içinde yer alan Tirebolu'da özellikle Seliyaz (İlika) yalısında faaliyet gösteren ve yöre halkı tarafından "mağaza" şeklinde adlandırılan tezgâhlarda yapılan çok sayıda motor ve "pene" tabir edilip nispeten daha küçük olan motorlar içerisinde 1925 yılında inşa edilen *Hüdaverdi* ile 1944 yılında Rizeli bir iş adamı için inşa edilen *Kavraz* isimli yük motorları yapılışları, denize indirilişleri ve faaliyetleri ile bölge halkının hatıralarında hâlâ yaşamaktadır (Yüksel, 2010: 26-27; Karslı, 2012a: 84-87; Karslı, 2012b: 75-80). Bir kısmı balıkçılık da yapan bugünün tekne ustalarına çalışmanın ilgili bölümlerinde tekrar yer verilecektir.

Ek-31: Tirebolu'da inşa edilen Kavraz isimli yük motorunun denize indirilişinden sahneler. (Metin Karslı Arşivinden)

19. yy.'a kadar olan dönemle ilgili bilgiler veren bazı tarihi kaynaklarda Giresun merkezinde de tekne yapım tezgâhlarının bulunduğu belirtilmiş olsa da son yüzyılda bu tezgâhlar faaliyetlerine son vermiştir.

1950'lerden sonra Doğu Karadeniz sahili boyunca nüfusun artması paralelinde tarım alanlarının miras yoluyla bölünmesi, Giresun ve Trabzon havalilerinde tarımdan elde edilen gelirin düşmesine sebep olmuş; çözüm arayışındaki siyasiler, balıkçılığı daha kârlı hale getirmeye çalışmışlardır. Küçük balıkçı teknelerinin büyük bölümü bu yıllarda ilk kez makine ile tanışmıştır. Daha önce az sayıda balıkçı teknesinde bulunan ve "lambalı makine" tabir edilen düşük kapasiteli makinelerin yerini bu yıllardan itibaren araştırma sahasındaki bazı balıkçı yerleşimlerinde "Marshall motorları" şeklinde adlandırılan nispeten yüksek kapasiteli makineler almaya başlamıştır. 1950'li yıllarda Marshall fonu ile başlatılan modernizasyon faaliyetleri, 1960'lı yıllardan itibaren Dünya Bankası dâhil bazı yabancı yatırımcıların açtığı kredilerle hız kazanmıştır. Çoğu zaman balıkçı kooperatifleri üzerinden sağlanan düşük faizli kredi destekleriyle Trabzon ve Giresun balıkçıları teknolojik balık tarayıcılarına sahip büyük balıkçı tekneleri ile tanışmışlardır[120].

1980'lere gelindiğinde Karadeniz'de av hâkimiyetini büyük oranda bu tekneler ele geçirmiştir. Av teknolojisinin ilerlemesi ile paralel biçimde çok daha fazla miktarlarda balık avlama imkânına sahip olan balıkçılar, 1980'lerin sonlarına geldiklerinde ciddi bir riskle yüzleşmişlerdir. Zira aşırı avcılık ve Karadeniz'in ekolojik yapısını olumsuz etkileyen çevresel koşullar sebebiyle balık sürüleri azalmış, daha küçük boylardaki balıklar avlanır olmuştur.

Ek-32: Trabzon'da avlanan ve ihtiyaç fazlası olduğu için yem hammaddesi olarak kullanılan hamsiler. (Anonim)

Giresun'un önemli balıkçı yerleşimlerinden Ayvasıl'da 1990'ların başlarına kadar aktif olarak balıkçılık yapan 1929 doğumlu Muzaffer Kalafat'ın (KK-4) şu sözleri bu dönüşümü en çarpıcı şekliyle ortaya koymaktadır:

> Denizin altı üstünden kalabalıktı. Çocuktum şu denize girdiğimde. Bir ara kısa bir polislik maceram oldu; sonra yine döndüm denize. Kürek çekerek Sinop'a, Sarp'a ve Batum'a kadar avcılığa giderdik. Rüzgârı

bulunca da yelkeni basardık. Günlerce yol giderdik denizde 1-2 kayık ya olurdu ya olmazdı. Bazen avladığımız balığı çokluğundan kayığa alamaz, kayık batmasın diye ağı keserdik. Eski ağlar pamuktu nihayetinde; aşırı yüke geldi mi keser atardı ellerimizi. Menderes'ten sonra kayıklar çoğalmaya başladı. Bu sefer denizin üstü altından kalabalık oldu. Gel zaman git zaman gırgır dedikleri şeyler çıktı. Üç beş sene iyi avcılık yaptılar. Büyüttüler de büyüttüler takımları. Derken balık bitti; ufak büyük demediler ne bulurlarsa kırdı geçirdiler.

1950'lerde Doğu Karadeniz'de 10 civarında büyük balıkçı takımında yüksek kapasiteli avcılık yapılırken 1990'ların başlarında sadece Çarşıbaşı'nda 37 adet büyük balıkçı teknesinin (gırgır) faaliyet gösterir hale gelmesi (Knudsen, 2009: 125) bu hızlı dönüşümü çarpıcı biçimde gözler önüne sermektedir.

Hamsi ve palamut sürülerindeki azalma daha ileri teknolojilere sahip balık görüntüleme cihazlarına ihtiyaç duyulmasına sebep olmuş, eskisi gibi uygun kredi temin edemeyen balıkçılar, büyük borçların altına girerek bu cihazları temin eder olmuşlardır (Zengin, 2013: 681, Ascherson, 2001: 332). Bu son gelişme ile tam donanımlı bir teknenin maliyeti orta ölçekli bir fabrikanın maliyeti ile eşdeğer olmuştur. Yüksek faizlerle alınan kredilerin geri ödemeleri, av sezonlarının beklenen verimde geçmemesi sebebi ile aksamaya başlamış ve nesillerdir balıkçılık yapan pek çok aile denizden çekilmek zorunda kalmıştır. Çözüm bekleyen bu sorunlar, karar alıcıların popülist siyaset anlayışları sebebiyle daha da derinleşmiş ve büyük av takımlarına sahip balıkçı aileler borçlarını ödeyebilmek için denetim konusunda ciddi problemler yaşanan yasal düzenlemeleri ihlal etmek zorunda kalmışlardır. Yakın geçmişte balıkçıları nispeten rahatlatan bir düzenleme yapılarak avcılıkta kullanılan akaryakıt vergiden muaf tutulmuştur. Bu düzenleme kısa süre balıkçılara nefes aldırmış olsa da hem küçük hem büyük balıkçılar için risk bugün de oldukça yüksektir. Yasal düzenlemelere veri temin eden uzmanlar tarafından av mevzuatına dönük telkinler ortaya konulmasına rağmen 1980 sonrası Türk siyasi geleneğinde alışkanlık haline gelen eyyamcı anlayış çözümün çok uzağındadır.

Giresun havalisinin önemli balıkçı ailelerinden Fat ailesinin reislerinden Orhan Fat'ın (KK-11) şu sözleri belirtilen safahat paralelinde, balıkçıların bugün içinde oldukları durumu ortaya koyar türdendir:

Devlet bizim başımızı boş bıraktı, kanun yaptı ama kontrol etmedi. Zaman oldu kişinin isteğine göre bile kanun çıkardı. Böyle olunca da istediğimiz kadar avladık. İhtiyacımız olanı aldık, ihtiyacı olanlara dağıttık. İhtiyacımız olmayanı da denize döktük. Ama şimdiki halimiz belli. Aramayla balığı bulamıyoruz. Eski bolluk yok. Devletin bir hatası da önüne gelene ruhsat vermesi oldu. Bir ruhsat bolluğu aldı gitti. Şimdi devlet onların önüne geçmeye çalışıyor ama işleri zor. Metresine 10 milyar verip kayıkları toplamak niyetinde devlet. Bugünkü durumumuz belli. Denizdeki masraflarımızı karşılayamaz olduk. Dışarıya bağımlı kaldık. Biz mesela bu sene bir buzhane yapıyoruz. Buna ihtiyaç duymamızın sebebi, eskiden biz hamsi yaparken 4-5 ay yapardık. Şimdi 1 ayda 1,5 ayda hamsi bitiyor. O anda tuttuğun hamsiyi stoklarsan, olmadığı zamanlarda onu satarsan para kazanırsın. O yüzden dışarı yatırım yapıyoruz.

Uzun yıllar balıkçılık yapan Giresunlu Kumyalı Mahallesi balıkçılarından 1929 doğumlu Nihat Ejderoğlu'nun[121] (KK-169) şu sözleri küçük balıkçıların bugün içinde bulundukları durumu tüm açıklığıyla ortaya koyar türdendir:

Eskiden böylemiydi balıktan bol bir şey yoktu. Ben zamanında 20-30 kasa mezgit getiriyordum saçmayla Pazarsuyu'ndan. Şimdi nerde? Trol mahvetti orayı trolleri biz kovuşturduk. Eskiden 50-60 kilo barbun bulunurken sabaha karşı şimdi 6-7 kilo anca çıkıyor. Şimdi millet birbirinin sırtına çıkıyor. Sen sabahtan gidiyorsun kaldırmaya o geceden gidiyor balığı alıyor; paylaşmak yok. O zaman eskiden belli bir geliş gidiş saati yoktu her zaman balık vardı. Şimdi yer bulamıyorsun denizde. Kıtlık var; ben de kayığım sen de kayıksın, yer yok ama. 3 ağ kuruyorum daha yer mi var? Herkesin alanı daraldı şimdi. Eskiden radar yoktu şimdi görüyor. Gidip kuruyor vuruyor. Şimdi biraz da zorunluluktan erken gidiliyor kuruluyor. Eskiden canın nereye isterse oraya atıyordun. Şimdi ağını temizliyor aynı yere bir daha atıyor. Yoksa hemen biri kapıyor. Şimdi balıkçıya rahatlık yok, yatağında yatamaz. Gece de gitsen gündüz de gitsen fark etmiyor.

2.4. Balıkçılık Bölgeleri ve Balıkçı Toplulukları İle İlgili İzlenim ve Tespitler

Doğu Karadeniz kıyılarının yüksek dağ silsileleri ile çevrili olması, kıyı yerleşimlerinin derin vadilerin ve onlardan gelen ırmakların denize açıldığı kısmî düzlüklerde ve vadilerin kıyıya yakın duvarlarında yoğunlaşmasında etkili olmuştur. Bu tercihte, kısıtlı besin kaynakları içinde balığın önemli bir yere sahip olmasının yanında, stratejik amaçlar ve bölgenin jeolojik yapısının sebep olduğu zorluklardan kaynaklanan lojistik problemlerin üstesinden gelme düşüncesi etkili olmuştur. Az sayıdaki tarihî ve arkeolojik veri incelendiğinde bölgenin en eski sakinlerinin de aynı sebeplerle bugün olduğu gibi iç alanlarda vadi taban ve duvarlarına, kıyılarda ise ırmakların denizle buluşma hatlarındaki küçük delta sahalarına rağbet gösterdikleri anlaşılmaktadır (Bursa 2007: 73; Aktaş, 2007: 38; Bekdemir, 2007: 34).

1930'lu yıllardan itibaren birkaç kez Doğu Karadeniz kıyılarında incelemelerde bulunan coğrafyacı Ahmet Ardel, Doğu Karadeniz koyları hakkında şöyle bir değerlendirmede bulunmuştur (1963: 49):

> Doğu Karadeniz kıyılarında koyların beşeri hayat üzerine büyük tesiri vardır. Denilebilir ki hayatın ağırlık merkezi bu koylardadır. Filhakika a) Köy nüveleri buradadır; b) Şehirler ve kasabalar buradadır; c) Doğu Karadeniz'den mühim bir gelir kaynağı olan gemi inşaatı tesisleri ufak koylardadır.

Bölge genelinde antik dönemlerden 1950'li yıllara kadar kıyı yerleşimlerinde bile sınırlı olan karasal ulaşım, denizyolu ulaşımı ile telafi edilmeye çalışılmıştır.

Araştırma sahasının coğrafi sınırlarını oluşturan 121 km^2'lik Giresun kıyı şeridi ve 135 km^2'lik Trabzon kıyı şeridindeki[122] yerleşimler, belirtilen karakteristik yapıyla uyumlu biçimde dağınık ve kısa mesafeli aralıklarla vadi girişlerine ve ırmakların denizle buluştuğu alanlara serpilmiştir. Giresun'un kıyı şeridinde yer alan ve bu araştırmanın kapsamı içinde olan Piraziz, Bulancak, Keşap, Espiye, Tirebolu, Görele ve Eynesil ilçeleri ile Trabzon'un kıyı şeridinde yer alan Beşikdüzü, Vakfıkebir, Çarşıbaşı, Akçaabat, Yomra, Arsin, Araklı, Sürmene ve Of ilçelerinin neredeyse tamamı bölgenin diğer yerleşimlerinde olduğu gibi vadi tabanlarının denizle buluştuğu küçük ırmak deltaları üzerinde yer almaktadır.

Yukarıda belirtilen şekliyle dağınık ve çoğu zaman iç içe geçmiş bu yerleşimlerin tarih boyunca en önemli besin maddesi balık, geçim kaynağı ise balıkçılık olmuştur[123]. Araştırmaların gerçekleştirildiği yerleşimlerin hemen tamamının bölgenin balıkçılık kültürü içinde özgün tarafları vardır. Giresun'da Ayvasıl, Kumyalı, Gülburnu (Zefre), Hisarüstü, Görele mevkilerinin, Trabzon'da ise Çarşıbaşı, Mersin, Akçaabat, Faroz, Araklı ve Sürmene'nin Balıklı Mahallesi mevkilerinin balıkçılık bağlamında köklü bir tarihsel ve kültürel kimliğe sahip olması, yörenin diğer yerleşimlerinde balıkçılığa ve meslek etrafındaki kültüre itibar edilmediği anlamına gelmemelidir. Ancak adları verilen yerleşimlerin bünyesindeki balıkçıların meslek folklorları diğer alanlara göre çok daha canlı bir biçimde takip edilebilmektedir.

Giresun ve Trabzon'da, vadilerden denize doğru debisi yüksek ırmaklar inmektedir. Balık sürülerine besin ve oksijen temin eden bu ırmak ağızları daha önce de ifade edildiği gibi Giresun ve Trabzon balıkçılarının hem yerleşimleri hem avlakları olmuştur.

Tablo 1: Giresun Kıyılarından Denize Dökülen Irmaklar

Irmağın Adı	Uzunluğu	Başlayış - Bitiş Yerleri
Harşit Deresi	50 km	Gümüşhane Vavuk Yaylası - Tirebolu doğusu
Özlüce (Gelevera) Deresi	80 km	Balaban Dağları - Espiye doğusu
Yağlıdere	70 km	Erimez Dağları - Espiye batısı
Aksu Deresi	60 km	Karagöl - Giresun doğusu
Batlama Deresi	40 km	Bektaş Yaylası - Giresun batısı
Pazarsuyu Deresi	80 km	Karagöl ve Yürücek - Bulancak batısı

Kaynak: www.giresun.gov.tr (15.02.2013)

Tablo 2: Trabzon Kıyılarından Denize Dökülen Irmaklar

Irmağın Adı	Uzunluğu	Başlayış - Bitiş Yerleri
İkizdere	32 km	Ovit Dağı geçidi-Rize İyidere'nin batısı
Baltacı Deresi	42 km	Uzungöl'ün doğusundaki Ziyarettepe - Of'un doğusu
Solaklı Deresi	56 km	Soğanlı Dağları'ndaki Karakaya Tepesi - Of
Sürmene (Manahos) Deresi	43 km	Trabzon Dağlarının doğu uzantıları-Sürmene
Karadere	54 km	Trabzon Dağları'nda Erikli Yaylası-Araklı
Yanbolu Deresi	46 km	Deveboynu Tepesi-Arsin Yeşilyalı'nın doğusu
Yomra (Durana) Deresi	22 km	Trabzon Dağlarının kuzey uzantıları-Yomra
Değirmendere Deresi	58 km	Zigana Dağları-Trabzon
Sera Deresi	26 km	Zigana Dağlarının kuzey uzantıları-Yıldızlı
Söğütlü Deresi	35 km	Honofer Yaylası-Söğütlü batısı
Çarşıbaşı (İskefiye) Deresi	23 km	Hıdırnebi Yaylası-Çarşıbaşı
Kirazlık Deresi	23 km	Tonya doğusu-Vakfıkebir'in doğusu
Fol Deresi	43 km	Zigana Dağları'nın kuzey uzantıları-Vakfıkebir
Akhisar Deresi	30 km	Zigana Dağları'nın kuzey etekleri-Beşikdüzü

Kaynak: www.trabzon.gov.tr (15.02.2013)

Alan araştırması süresince gözlem ve mülakat yöntemleri kullanılarak bilgi temin edilen barınak alanları ile ilgili müşahedeler, coğrafi konumları ile uyumlu biçimde batıdan doğuya sıralanarak verilmiştir. İl genelindeki balıkçılığa ve merkez barınaklara temas edildikten sonra ilgili ilin idari yapısı içinde yer alan taşra barınaklarına dönük bilgilere yer verilmiştir.

2.4.1. Giresun

Doğu Karadeniz'in önemli kentlerinden biri olan Giresun, kent yerleşimi itibariyle kenar dağların güneyini denize bağlayan en kısa, en iyi yollardan biri olan Aksu Deresi'ni takip eden ve tarihi devirlerde iç kesimlerin kıyı ile bağlantı kurduğu önemli kervan yollarından biri durumundaki Giresun-Şebinkarahisar yolunun bitiminin batı tarafında kurulmuştur. Kuzeye, denize doğru ilerleyen ve küçük bir yarımadanın çevresine yerleşen kent, ilerleyen dönemlerde yer yer denizin doldurulmasının yanı sıra batıdaki kimi bataklık alanların kurutulması ile kazanılan kıyı alanları boyunca doğuda Aksu, batıda Küçük Güre derelerini geçerek yaklaşık 15 km kadar uzanan bir kıyı kenti hüviyeti kazanmıştır (Bekdemir, 2007: 16) .

Bağlı unsurlarıyla 121 km'lik kıyı şeridine sahip olan Giresun, geçmişten beri Doğu Karadeniz bölgesinin önemli balıkçılık merkezlerinden biri olmuştur. 1990'ların başlarına kadar il merkezi de dâhil olmak üzere kıyı yerleşimleri arasında yer alan 7 ilçe ve yaklaşık 30 köyün birincil geçim kaynağı balıkçılık olmuştur. Bu tarihten sonra büyük şehirlere yaşanan göçlerle pek çok balıkçı aile de bölgeden ayrılmış ve başta İstanbul olmak üzere denize kıyısı olan büyük şehirlerde denizcilik ve balıkçılığın yanı sıra başka iş kollarına yönelmişlerdir. Cumhuriyet tarihi oyunca İstanbul'da çalışan balıkçıların kökenlerine bakıldığında Giresunlu ve Trabzonlu balıkçıların çoğunlukta olduğu görülmektedir (Kırımlı, 2009: 317; Bekdemir, 2007: 79).

Balıkçılık, belirtilen alanlarda bugün de devam etmekle birlikte bu meslekten geçimini temin eden aile sayısı geçmişe nispetle oldukça azalmıştır. Bu düşüşte şüphesiz balıkçılıktan elde edilen gelirin her geçen gün azalıyor olması da etkili olmuştur.

Şehirde geçmişte faaliyet gösteren bazı kamu kuruluşlarının (Seka, Petrol Ofisi vb.) özelleştirilmesi sonrasında buraların üretim ve pazarlama faaliyetlerinin durması, yöredeki istihdam alanlarının azalmasına ek olarak liman üzerinden gerçekleştirilen hammadde ve mamul giriş çıkışının da sona ermesine sebep olmuştur. Yöredeki göçü tetikleyen bir diğer sebep de bazı önemli özel ticari kuruluşların (un ve balık fabrikaları vs.) kapanması olmuştur[124]. Giresun limanı 1997 yılında özelleştirilmiş olup bugün belirli mevsimlerde gelen kömür nakliye gemilerine ve hamsi sezonu boyunca büyük balıkçı teknelerine ev sahipliği yapmaktadır.

Ek-33: (Solda) 1900'lerin başlarında Giresun açıklarındaki gemilere yük taşıyan çaparlar. (Ali Işık Arşivinden) (Sağda) 1932 yılında Giresun açıklarındaki "Vatan" vapuruna yüklenen koyunlar. (Hüseyin Gazi Menteşeoğlu Arşivinden)

Giresun'da ilk balıkçı kooperatifi 50 ortakla 1960 yılında kurulmuştur. 1973 yılında 141 üyeye ulaşan kooperatifin sorumluluk alanında Bulancak ilçesi de yer almıştır (Cumhuriyetin 50 Yılında Giresun, 1973: 232). Kooperatifin kurucu başkanı olan Hamdi Altunbaş 1980 yılındaki vefatına kadar bu görevi yürütmüştür. İlerleyen yıllarda il genelindeki pek çok balıkçı yerleşiminde yöresel balıkçı kooperatifleri kurulmaya devam etmiştir.

Ek-34: Aynı zamanda balıkçılık da yapan kooperatif kurucusu Hamdi Altunbaş ve ailesi. (Altunbaş Ailesi Arşivinden)

Giresun Tarım İl Müdürlüğü'nün 2013 yılı kayıtlarına göre Giresun ili genelinde 630 balıkçı teknesi (gemi) faaliyet göstermektedir. Burada tekne tanımına dikkat çekmek gereklidir. Zira boy ayrımı gözetilmeden 3 metreden 50 metreye kadar tümü balıkçı tekneleri "gemi" olarak tanımlanmaktadır. Bu teknelerde çalışan 18 yaşından büyük balıkçı sayısı 2128'dir. Amatör Balıkçı Belgesi'ne sahip olan amatör balıkçı sayısı ise 473'tür. İl genelinde biri Giresun merkezinde (Bizim Fırın Unlu Gıda Mamulleri Sanayi ve Tic. Ltd. Şti) diğeri Eynesil ilçesinde (Güdükoğlu Balıkçılık) faaliyet gösteren 2 adet su ürünleri işleme tesisi mevcuttur.

Tablo 3: Giresun Havalisi Kıyı Yerleşimleri Nüfus, Kıyı Uzunlukları ve Balıkçı Barınağı İstatistikleri

Yerleşim	**Nüfus**[125]	**Kıyı Uzunluğu**	**Barınak / Çekek Sayısı**
Giresun / Merkez	119,671	15 km	2
Piraziz	13,440	9 km	1
Bulancak	60.688	13 km	5
Keşap	20,831	21 km	3
Espiye	31,616	10 km	3
Tirebolu	29,968	24 km	3
Görele	29,728	16 km	3
Eynesil	13,538	13 km	2

Kaynak: www.giresun.gov.tr (15.02.2013)

İl genelinde 22 ayrı barınak / çekek yeri mevcut olup bunların tamamının mülkiyeti Millî Emlak İdaresi'ne aittir. Bu çekek alanları Tarım İl Müdürlüğü'nün ilgili birimi üzerinden kooperatiflere veya şahıslara kiralanmaktadır. İl genelinde toplam 7 adet balıkçı kooperatifi ve 1 adet dernek faaliyet göstermektedir. İl genelindeki tüm yerleşimlerde 60 adet perakende balık satış noktası mevcuttur. Bu satış noktalarının haricinde küçük balıkçıların önemli bir kısmı avladıkları balıkları, geçmişteki kadar yoğun biçimde olmasa da kendi imkânları ile satmaya devam etmektedirler.

Güncel veriler değerlendirildiğinde Giresun ve Trabzon yörelerinde balıkçılıktan geçimini sağlayanların tam bir tespitinin yapılması oldukça güçtür. Giresun ve Trabzon'da geçimini balıkçılıkla temin eden insanları 4 grupta değerlendirmek mümkündür:

a) Doğrudan avcılıkla uğraşan profesyonel balıkçılar,

b) Yaptıkları diğer işlerin yanı sıra balıkçılıktan ek gelir elde eden ve pek çoğu amatör vasfını haiz balıkçılar,

c) Balıkçılığın yoğun olduğu sezonlarda gırgır teknelerinin yanı sıra küçük teknelerde üretime yardımcı olan geçici elemanlar (hamallar vs.),

ç) Balık pazarlamacılığında ve balık işleme tesislerinde çalışanlar (Öğüt, 1991: 12).

Küçük balıkçı teknelerinde istihdam edilen ortalama 2-3 tayfanın dışında, sadece bir gırgır takımında av sezonunda sürekli olarak çalışan 40-50 kadar personelin yanı sıra aynı oranda geçici işçi çalışmaktadır. Bir gırgır takımının 100'e yakın kişiyi istihdam ettiği düşünüldüğünde araştırma sahasındaki onlarca gırgır takımında çalışan tayfalar, aileleri ile birlikte oldukça kalabalık bir kitleyi oluşturmaktadır. Bu durumda Giresun ve Trabzon kıyı yerleşimlerinde üretime dayalı geçim kaynakları içinde fındıktan sonra balıkçılığın geldiğini ifade etmek yanlış olmayacaktır.

Sahip oldukları sınırlı arazilerden kendi tüketimlerine yetecek nispette elde ettikleri fındık ve besledikleri birkaç büyük baş hayvandan elde ettikleri süt haricinde bu balıkçı nüfusun % 80'inin başka bir geçim kaynağı bulunmamaktadır. Nesillerdir balıkçılıkla hayatlarını sürdüren aileler için hayat her geçen gün daha da zorlaşmaktadır.

Balıkçılık potansiyelinin yanı sıra balıkçılık tarihî ve kültürel mirası ile bu mirasa olan duyarlılık ve coğrafî özelliklerin balıkçılık kültürüne olan etkileri gibi temel etkenler dikkate alındığında Giresun balıkçılığının üç ayrı kültür hattında geliştiğini söylemek mümkündür. Balıkçılığa başka yönlerden yaklaşan disiplinler (deniz bilimleri, iktisat vb.) açısından bu tasnifin değişkenlik göstermesi tabiidir. Zira her bir bilimsel disiplin kendi metodolojisi ile kendi amaçlarına hizmet eder sonuçlara ulaşmak amacındadır.

Şehrin batı sınırlarını oluşturan Piraziz ve Bulancak ilçeleri ve özellikle Ayvasıl mevkii, Giresun balıkçılık kültürünün "Pazarsuyu/Ayvasıl" hattını oluşturmaktadır. Bu kültür hattının doğu sınırlarını belirlemek güçtür. Zira ilin en eski balıkçı yerleşimi konumunda olan Ayvasıl'da yaşayan kalabalık balıkçı aileleri şehir merkezinde de çoğu zaman bu kültürel hattın temsilcileri olmuşlardır. Bu duruma rağmen şehir merkezindeki balıkçıların "Batlama/Yalılar" adıyla ayrı bir kültür bölgesi içinde değerlendirilmesinin sebebi bu alanın heterojen bir yapıya sahip olmasıdır. Bu ikinci bölgede Ayvasıllı balıkçılardan başka şehrin farklı mahallelerinden çok sayıda balıkçı vardır. Teknelerini aynı barınaklara bağlayan ve çoğu zaman yan yana avlanan balıkçıların meslekî kültürlerinde kayda değer farklılıklar tespit edilmiştir. Giresun balıkçılığının "Gelevera/Harşit" adı ile ifade edilen üçüncü kültür hattı,

Kalecik (Keşap), Gülburnu/Zefre (Espiye) ve Tirebolu başta olmak üzere Görele ve Eynesil ilçelerini içine alan geniş alandır.

Şekil 5: Giresun Kıyı Yerleşimleri

Giresun ili merkezinde iki barınak mevcuttur. Liman sahasının batısında bulunan Kumyalı (Merkez) barınağı, Korucu lakaplı Şükrü Kalafat'ın başkanlığını yaptığı 150 üyeli balıkçı kooperatifi tarafından Milli Emlak'tan kiralanmıştır. Daha önce büyük liman sahasında olan balıkçılar 2000'lerin başlarında alt yapısı tamamlanmaksızın hizmete açılan bu yeni barınağa yerleştirilmişlerdir. Gırgır tekneleri haricinde boyları 3 ile 9 metre arasında değişen yaklaşık 120 kayığın bağlı olduğu barınakta 40 kadar balıkçının tek geçim kaynağı balıkçılıktır. Diğer balıkçıların pek çoğu hobi amaçlı avcılık yapan "amatör[126]" balıkçılardır. Barınakta tuvalet ve içme suyu gibi temel alt yapı unsurları bulunmamaktadırlar. Balıkçılar bu ihtiyaçlarını çoğu zaman dış sahil yolu da dâhil olmak üzere 4 adet yolu geçerek barınağın karşısında bulunan Kumyalı Camii'nin çeşmesinden karşılamaktadırlar. Kimi balıkçılar bu önemli sorunu bertaraf etmek amacıyla damlarının[127] yanına plastik su depoları yerleştirmişlerdir. Alan darlığından ötürü oldukça sıkışık bir biçimde, bitişik nizam düzenlenmiş balıkçı damlarının pek çoğu derme çatmadır.

EK-35: Giresun-Kumyalı balıkçı barınağından bir görünüm.

Barınakta reisi ve kaptanı Ayvasıllı Şükrü Kalafat olan Ayvasıl Balıkçılık'ın 1 avcı ve 1 yedek motoru, Aslen Ordulu olup uzun yıllar önce Giresun'a yerleşen ve 2000 yılında 12 metrelik bir tekneyle avcılığa başlayan Ahmet, Mahmut ve Abdurrahman Eyüboğlu kardeşlerin ortaklığındaki Eyüboğlu ve Abdülkadiroğulları Balıkçılık'ın 2 avcı ve 2 yedek motoru, Ayvasıllı Bahtiyar ve Orhan Fat kardeşlerin ortaklığındaki Fatoğlu Balıkçılık'ın 2 avcı ve 3 yedek motoru, Ayvasıllı bir başka balıkçı aile olan Ceceli ailesinden baba oğul Resul ve Ferit Ceceli'ye ait 1 avcı motoru bağlıdır[128]. Bu gırgırlar arasında en büyük olanı 48 metrelik boyuyla Abdülkadiroğulları adlı avcı motorudur. Hamsi sezonunda zaman zaman komşu illerden gelen gırgır tekneleri de limana yanaşmakta; buraya sığmayanlar ise bitişikteki büyük limana yönlendirilmektedir. Giresun ili merkezinde tek geçim kaynağı balıkçılık olan ailelerin büyük bölümü bu barınak üzerinden gerçekleştirdikleri avcılıkla geçimlerini temin etmektedirler. Barınakta Murat Gül ve Necdet Özyazıcı'ya ait iki adet tekne yapım tezgâhı bulunmaktadır.

EK-36: Giresun-Kumyalı balıkçı barınağında balıkçı Eyüboğlu ailesine ait gırgır tekneleri.

Sahil yolu çalışmalarının başlatılmasından önce kayıklarını büyük oranda geniş kumsal alana çeken ve bugüne nispetle sayıları çok daha az olan geçmiş dönem balıkçıları, genellikle Kumyalı Mahallesinde ikamet ederlerken zamanla bu homojen yapı değişmiş ve barınağın tüm eksiklikleriyle faaliyete açılmasından sonra, şehrin çeşitli mahallelerinde ikamet eden balıkçılar bu alanda bir araya gelmişlerdir. Sahil yolu sonrasında ilin merkez kıyılarının tamamen dolgu alanı içinde kalması sebebiyle kayık çekilecek alanların ortadan kalkması ve balıkçı sayısının zaman içinde artması bu değişimin iki önemli sebebidir. Bugün Kumyalı Mahallesi dışında Söken, Çıtlakkale, Yeniyol Mahallelerinde ve şehrin batısında yer alan Ayvasıl mevkiindeki Küçüklü köyünde ikamet eden (kooperatif başkanı ve Ayvasıl Balıkçılık'ın sahibi "Korucu" Şükrü Kalafat örneğinde olduğu gibi) balıkçılarla Kumyalı barınağında sıkça karşılaşmak mümkündür.

Giresun merkezindeki diğer barınak, şehrin doğu yakasında bulunan ve Kumyalı barınağının balıkçı profili ve fizikî koşullarından oldukça farklı özelliklere sahip olan Gemilerçekeği (Çekek) barınağıdır. Sahil yolu geçmeden önce balıkçılar kayıklarını Gogara[129] tabir edilen alanda, "Yalı Kahve" adıyla bilinen ve müdavimleri genellikle balıkçılar olan kahvenin önündeki kumsallardan batıya yönüne doğru bağlamışlardır.

Mahallenin isimleri hatırlanan ünlü balıkçıları arasında Bodimeli Orhan, Deli Neşet, Ozanın Mustafa, Topçu Mustafa, Tokaç Mustafa, Karga Sebahattin, Paslı Kadir gibi isimler yer almaktadır.

Ek-37: Giresun-Gemilerçekeği mevkiindeki Yalı Kahve civarından eski bir görünüm. (Huseyin Gazi Menteşeoglu Arşivinden)

Sahil yolunun tamamlanmasından sonra tanzim edilen bugünkü barınak alanı Kumyalı barınağına göre çok daha muntazam bir yapıya sahiptir. Hacı Kara'nın başkanlığını yaptığı 147 üyeli Üçkayalar[130] isimli balıkçı derneği tarafından kiralandıktan sonra barınağın alt yapısı büyük oranda tamamlanmış, içme suyu ve tuvalet ihtiyaçları kooperatif tarafından tahsil edilen aidatlarla giderilmiştir. Bunlara ilave olarak araştırma sahasında başka hiçbir barınakta görülmeyen kameralı güvenlik sistemi bulunmaktadır. Gırgır teknelerinin bağlı olmadığı barınaktaki boyları 4-10 metre arasında değişen 120 kadar kayık bağlıdır. Barınaktaki balıkçılardan yalnızca 4-5'inin tek geçim kaynağı balıkçılıktır. Bunların dışındaki balıkçıların hemen hepsi işçi ve memur emeklisi amatör balıkçılardır[131]. Bunların denize olan aşinalıkları soy köklerinden gelmektedir. Zira pek çoğunun dedeleri ve babaları balıkçıdır. Barınak geçmişte olduğu gibi bugün de Hacıhüseyin, Sokakbaşı ve Gemilerçekeği Mahallelerinde ikamet eden balıkçılardan oluşmaktadır. Bu yönüyle Kumyalı barınağına göre çok daha homojen bir yapıya sahiptir.

Ek-38: Giresun-Gemilerçekeği balıkçı barınağından bir görünüm.

İl merkezinde bu iki barınağın dışında az sayıda balıkçı, kayıklarını Aksu Deresi'nin denizle buluştuğu barınak hüviyeti taşımayan alana bağlamaktadır.

2.4.1.1. Piraziz (Abdal)

Piraziz'in şimdi bulunduğu alanda kasaba hüviyetinde kuruluşu 19. yy.'ın ikinci yarısından önceye gitmemektedir. Tarihsel olarak 15. yy'ın ortalarına kadar götürülebilen bir iskele (Abdal İskelesi) ile maruf olan yerleşimin uzun yıllar pazar yeri hüviyetini korumasında deniz ticaretinin ve balıkçılığın önemli katkısı olmuştur. Geçmişte yörenin Bendehor köyüne mensup Hıristiyan ahalinin bu iskele üzerinden balıkçılık ve ticaret yaptıkları düşünülmektedir (Emecen, 2005: 93; Fatsa, 2012: 9).

Giresun'un batı sınırını teşkil eden Piraziz ilçesinde 1 adet çekek yeri mevcuttur. İlçenin merkezindeki bu çekek, aynı zamanda liman sahası olarak kullanılmaktadır. Yapımına 1970 yılında başlanan bu alanın hâlâ pek çok eksiği vardır. Barınak, gerekli düzenlemelerin tamamlanması halinde bugünkü hacmiyle boyları 5 ile 10 metre arasında değişen 150 balıkçı teknesine ev sahipliği yapabilecek kapasitedir. Barınağın alt yapı eksikliklerinin giderilerek tam kapasiteyle faaliyet göstermesi yolunda fedâkarca çalışan Hamdi Arslan yetkililerin ilgisizliğinden şikâyet etmektedir.

Ek-39: Piraziz sahilinin dünü ve bugününden görünümler. (Anonim)

Barınaktaki damlar, derme çatma yapılardır. Bazı balıkçıların barınaklarının bulunmadığı ve sadece bir tentenin altına sığındıkları müşahede edilmiştir. Barınakta boyları 3-13 metre arasında değişen 24 adet balıkçı teknesi bağlıdır. Barınaktaki 4-5 amatör balıkçının dışında diğer tüm balıkçıların tek geçim kaynağı balıkçılıktır. Av sezonlarında her teknede ortalama 2 kişi çalışmaktadır. Bu da 50 civarında kişiye istihdam sağlandığı anlamına gelmektedir. Bu boyutuyla balıkçılık, Piraziz ilçesi için geçmişe nispetle önemli bir ekonomik potansiyele sahip olmanın uzağındadır.

Piraziz'in küçük ölçekli balıkçıları, Pazarsuyu deresinin denizle buluştuğu alanın karşı tarafları ile bugün Ordu ve Giresun ortak havaalanının inşa edilmekte olduğu Gülyalı'nın doğusundaki kıyılarda avcılık yapmaktadırlar[132]. Havaalanının inşası ile yöre balıkçıları önemli avlaklarından birini kaybetme riski ile karşı karşıya kalınca bu durumu, karar alıcılara iletmişler, ancak herhangi bir cevap alamamışlardır. (KK-13)

İlçede balıkçı kooperatifinin kurulmasına da öncülük eden Arslan ailesi nesillerdir balıkçılık yapan sayılı ailelerdendir. İlçenin diğer kıdemli balıkçı aileleri arasında Karakurt (İsmet Karakurt) ve Günay (Abdullah Günay) aileleri yer almaktadır. Giresun'un kıyı şeridindeki küçük ilçelerinden olan Piraziz'de balıkçılarıyla ünlenmiş muayyen sokak veya mahalleleri yoktur. Balıkçılar ilçenin farklı mahallelerinde ikamet etmektedirler. (KK-14; KK-15)

2.4.1.2. Bulancak

14. ve 15. yy.'lar arasında kasaba hüviyeti kazanan ilçenin sahilleri uzun yıllar boyunca çektirme tarzı küçük çaplı ticaret teknelerinin uğrak yerleri arasında olmuştur. Yüzyıllar boyunca pazar yeri olarak işlev gören ilçe merkezindeki ahşap iskeleye yanaşan tekneler, denizin etkilerine

maruz kaldıkları için uzun süre bu sahilde barınamamış ve yollarına devam etmişlerdir (Emecen, 2005: 38).

Ek 40: Bulancak sahilinden 1952 tarihli bir görünüm (Kaynak: Anonim)

Pazar yeri hüviyetinden ötürü yüzyıllarca deniz ticaretinin önemli merkezlerinden biri olan Bulancak'ın merkez sahilinde bugün bir liman veya balıkçı barınağı bulunmamaktadır. İlçenin idari yapısı içinde yer alan 5 adet barınak ilçenin batı ve doğu kıyılarına konumlandırılmıştır. Balıkçılık ilçenin doğusundaki Ayvasıl mevkiinde yüzyıllardır en önemli geçim kaynağı olagelmiştir.

2.4.1.2.1. Pazarsuyu

İlçenin en büyük alana sahip barınağı Pazarsuyu deresinin denizle buluştuğu alanda bulunan barınaktır. Bu alan, geçmişten beri yöre balıkçılarının rağbet gösterdikleri avlaklar arasında yer almıştır. Barınağın yapımına Piraziz barınağıyla birlikte 1970'li yıllarda başlanmış olup henüz tam anlamıyla tamamlanabilmiş değildir. Bu barınakta da içme suyu ve tuvalet gibi temel alt yapı unsurları bulunmamaktadır. Oldukça geniş bir alana yayılmış olan barınakta damlar dağınık bir yerleşimle derme çatma olarak yapılmıştır. Barınağın içindeki küçük binada balıkçı lokali ile iç içe faaliyet gösteren balıkçı kooperatifi 1985 yılında Sabri Çolak başkanlığında kurulmuş olup bugün balıkçı Mustafa Alkan yönetiminde 80 üyeyle faaliyetlerini sürdürmektedir.

Barınakta boyları 3-12 metre arasında değişen 100 civarında balıkçı teknesi bağlıdır. En büyük teknenin sahibi "Çakal" lakaplı Ali Kaya'dır. Balıkçıların yarıya yakınının tek geçim kaynağı balıkçılıktır. Balıkçılar, Pazarsuyu Mahallesi ve ilçe merkezinde ikamet etmektedirler. (KK-16; KK-17; KK-18)

Ek-41: Pazarsuyu balıkçı barınağından görünümler

2.4.1.2.2. Talipli

İlçenin doğu çıkışında bulunan ve Ayvasıl hattında yer alan Talipli köyü çekeği, Bulancak Belediyesi tarafından işletilmektedir. Belediye çekekteki kumu çıkarıp satmakta; bunun dışında çekeğe dönük herhangi bir tasarrufta bulunmamaktadır. Çekekte boyları 4-11 metre arasında değişen 32 balıkçı teknesi bağlıdır. Tamamlanması halinde 80 kayığın bağlanmasına imkân tanıyacak olan barınakta henüz hiçbir alt yapı elemanı bulunmamaktadır. Balıkçılarının hemen hepsinin tek geçim kaynağı balıkçılıktır. Giresun'da nesillerdir balıkçılık yapan ve pek çoğu Ayvasıl havalisinde olan ailelerden bazıları sahil yolunun tamamlanmasından sonra kayıklarını bu çekeğe bağlamaya başlamışlardır. (KK-19; KK-20)

Ek-42: Talipli çekeğinden bir görünüm.

2.4.1.2.3. İncüvez

Bulancak'ın batısında İhsaniye Mahallesi sınırları içinde bulunan İncüvez çekeğinde boyları 3-8 metre arasında değişen 20 kadar balıkçı teknesi bağlıdır. Tevrat İncüvez tarafından Milli Emlak'tan kiralanan çekeğin, yöredeki çoğu çekekte olduğu gibi alt yapısı henüz tamamlanmamıştır.

2.4.1.2.4. Küçüklü

Bulancak'ın batısındaki Küçüklü Köyü sınırları içinde bulunan çekekte ise boyları 6 ile 11 metre arasında değişen 30 civarında tekne bağlıdır. Küçüklü civarındaki 400 hanenin yarısına yakını bugün de geçimini balıkçılıkla temin etmektedir[133]. Giresun merkezindeki Kumyalı barınağında geçimini balıkçılıkla temin eden küçük ve büyük balıkçılar arasında Küçüklü'den de çok sayıda balıkçı vardır. Ayvasıl mevkiinin merkezi konumunda olan Küçüklü'de kuşaklar boyunca balıkçılık yapan Deniz, Kalafat, Yirmibeş, Aydeniz, Altunbaş gibi ailelere mensup balıkçılar, bugün kendi teknelerinde veya başka balıkçıların av takımlarında balıkçılık yapmaya devam etmektedirler.

Ek-43: Küçüklü çekeğinden eski ve yeni görünümler. (Anonim)

Sahil yolu tamamlanmadan önce sahilde 5 tane balık kahvesinin faaliyet gösterdiği Küçüklü'de balıkçılar, bugün çekek alanındaki kahvehanede bir araya gelmektedirler. Nesillerdir bu alanda balıkçılık yapan balıkçı ailelerin katılımıyla yakın geçmişte Ayvasıl Küçüklü Balıkçılık Kalkınma ve Dayanışma Derneği adında bir meslek birliği kurulmuştur.

Pek çoğu artık hayatta olmayan Ayvasıllı balıkçılar, tüm Doğu Karadeniz sahillerinin dışında Kırım, Romanya ve Batum sahillerinde iptidai av takımları ile avcılık yapmışlardır. Uzun yıllar boyunca devam eden balıkçılık eksenli gurbete çıkışlar, araştırma sahasında örnekleriyle sıkça karşılaşılan biçimde 2. Dünya Savaşı yıllarında da devam etmiştir. Yöre balıkçıları geçim sıkıntısının giderek artmasıyla yelkenli ve küçük motorlara sahip tekneleriyle kıyı şeridi boyunca avlanarak gitmişler, avladıkları balıkları bulundukları havalilerde satmışlar ve bu suretle haftalar boyu süren uzun yolculuklar yapmışlardır. Rusya sahillerine kadar uzanan bu yolculuklar sonrasında artık kullanılamaz hale gelen pamuk ipliğinden yapılmış ağlarını durumları çok daha kötü olan Rus balıkçılarına düşük fiyatlarla satıp yerine aldıkları gaz yağı dolu tenekeleri teknelerine yükleyen balıkçılar, yelkenl 3-4 gün süren yolculuktan sonra ailelerine ulaşmışlardır. Geçimlerini temin etmeye çalışan balıkçıların bu zarurî yolculukları esnasında Karadeniz'in tekin olmayan suları pek çoğuna da mezar olmuştur. Yöre balıkçıları 1960'ların sonlarına kadar kalkan avcılığı yapmak için sık sık Romanya ve Kırım sahillerine de gitmişlerdir. (KK-2)

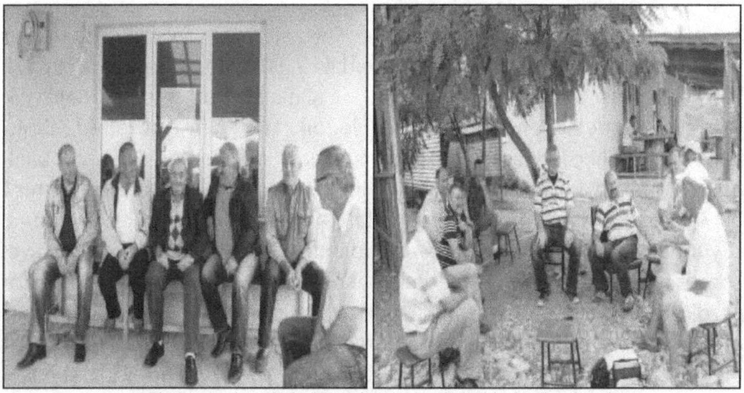

Ek-44: Ataları da balıkçı olan Ayvasıllı balıkçılardan bazıları.

2.4.1.2.5. Yalıköy

Ayvasıl mevkiindeki son çekek alanı Yalıköy köyü sınırları içinde bulunmaktadır. Bahtiyar Fat tarafından Milli Emlak'tan kiralanan barınakta boyları 4 ile 12 metre arasında değişen 20 kadar tekne bağlıdır. Orhan ve Bahtiyar Fat kardeşlerin sahibi olduğu *Fatoğlu Balıkçılık*, bu yörenin büyük gırgır takımlarındandır. Dedeleri navlunculuk yapan Fat ailesinin balıkçılık macerası, navlunculuk yıllarında (1950'ler) aynı zamanda balıkçılığa dâhil olan babaları ile başlamıştır.

Ek-45: Fat Ailesinin uzun yıllar navlunculuk yaptığı teknelerden biri (Fat Ailesi Arşivinden)

40 yıl kadar fiilen balıkçılık yapan Fat kardeşler, reisliği çocuklarına devrederek av takımlarının karadaki işleriyle meşgul olmaya başlamışlardır. Yöredeki balıkçı aileleri arasında balıkçılık teknolojilerindeki yenilikçi tavrıları ile dikkat çeken Fat ailesi, Doğu Karadeniz balıkçıları arasında "yarım sonar" adı verilen ilk nesil balık bulucu cihazın kullanılmasına öncülük etmiştir. Gırgır teknelerinin hızlı bir şekilde teknolojik donanımlarla tanıştığı 1980'li yıllarda deniz suyundan buz yapmaya yarayan donanımı da bölgede ilk kez avcı teknesine dâhil eden aile, daha önce gırgır teknelerinin peşi sıra gezdirilen ağ çevirme botunu, avcı teknesinin arka kısmından yukarı alabilen ve botun teknenin üzerinde taşınmasına imkân sağlayan mekanizmanın kullanılmasına da öncülük etmiştir. (KK-11) Kumyalı barınağından bahsedilirken de ifade edildiği gibi aile, avcı ve yedek teknelerini genellikle Kumyalı barınağına bağlamaktadır.

Ek-46: Giresun havalisinin köklü balıkçı ailelerinden Fat ailesinin reislerinden Bahtiyar Fat.

Yalıköy'de Fat ailesinin dışında nesillerdir balıkçılık yapan diğer bir aile de Neciboğlu ailesidir. Neciboğlu soyadını taşıyan dört akraba ailenin bugün de tek geçim kaynağı balıkçılıktır. Uzun yıllar balıkçılık yapan Ceceli ve Karaduman aileleri ise bugün büyük oranda denizden çekilmişlerdir. Küçüklü balıkçıları gibi Yalıköy balıkçıları da geçmiş yıllarda uzun mesafeli avcılıklar yapmışlardır. (KK-22)

Ek-47: Yalıköy çekeğinden eski ve yeni görünümler (Neciboğlu Ailesi Arşivinden)

Ek-48: Giresun-Ayvasıl sahilinden eski bir görünüm. (Anonim)

2.4.1.3. Keşap

Keşap deresinin doğusundaki hafif engebeli düzlük alana doğru gelişen ilçede balıkçılık çoğunlukla Hisarüstü, Tepeköy, Güneyköy köyleri ile Karabedir Mahallesi ahalisinin önemli geçim kaynakları arasındadır. Tamamı küçük balıkçı olan yöre balıkçıları avladıkları balıklarla Keşap ve çevresinin balık ihtiyacını karşılamaktadırlar. İlçenin kıyı şeridi boyunca kıyı dolguları öncesinde her balıkçı köyünün kendine ait bir çekek alanı (Bozkurt, Tepeköy, Kulak, Yolağzı, Düzköy/Göstembil) mevcutken dolgu sonrasında bunların büyük bölümü yok olmuş; balıkçıların pek çoğu Gülburnu (Zefre) çekeklerine sığınmak zorunda kalmışlardır.

Ek-49: Kulak yalısından bir görünüm.

İlçenin bugün de önemli çekek alanlarından olan Hisarüstü köyü Kalecik Yalısı, Evliya Çelebi'nin deniz yoluyla gerçekleştirdiği Karadeniz yolculuğu esnasında karaya çıktığı yalılardan biri olarak kabul edilmektedir. Kalecik, sahil yolunun tamamlanmasından sonra Giresun havalisinde doğal hali korunabilen az sayıdaki çekekten biridir. Doğal liman özelliğinden ötürü balıkçıların geçmişte oldukça rağbet gösterdikleri Kalecik yalısı, eski popülaritesinin çok uzağındadır. Boyları 3-7 metre arasında değişen 10 kadar balıkçı teknesine ev sahipliği yapmaktadır. Yöre balıkçıları arasında Keşap ve Tirebolu arasında avcılık yapıp hatıraları hâlâ yaşayan isimler arasında Ülfetin Nizamettin (Uçarkuş), Kabız Ahmet, Seyfettin Saka, Cemalettin Reis, Dobuç Ahmet, Yamsuk Osman yer almaktadır. (KK-23)

Ek-50: Kalecik yalısından bir görünüm.

2.4.1.4. Espiye

Uluburun'un doğusunda Yağlıdere ve Gelevera dereleri arasında yerleşen ilçe merkezinde balıkçılık yaygın değildir. İlçe merkezindeki çekek alanında boyları 3-8 metre arasında değişen 15 kadar balıkçı teknesi bağlı olup sahiplerinden sadece birkaçının tek geçim kaynağı balıkçılıktır. Keşap ilçesinde olduğu gibi balıkçılığa daha ziyade ilçenin sahil köylerinde yaşayan ahali rağbet göstermiştir.

2.4.1.4.1. Gülburnu (Zefre)

İlçenin en önemli balıkçı yerleşimi Gülburnu (Zefre) köyüdür. Burada 2 ayrı barınak mevcuttur. Camiönü mevkiinde bulunan tarihi barınak, doğal bir liman sahası olması hasebiyle pek çok tarihi kaynakta zikredilmiştir. Sahil yolundan önce daha büyük olan barınak, kıyı dolguları sebebiyle 1976 yılından sonra oldukça küçülmüştür. Bölge insanı bu doğal limanın sahil yolu altında kalmasına rıza göstermediği için bu alanın üzerinden geçecek şekilde bir asma köprü yapılmış ve bu alan yeni sahil yolunun dolgu alanı altında kalmaktan kurtarılmıştır. Çekekte bugün boyları 5 ile 7 metre arasında değişen 30 kadar kayık mevcuttur.

Ek-51: Gülburnu (Zefre) yalısından bir görünüm.

Burada kayıkları bulunan balıkçılardan 10 kadarının tek geçim kaynağı balıkçılıktır. Zefre'nin isimleri bilinen en eski balıkçıları arasında aslen Çarşıbaşılı olup sonradan Zefre'ye yerleşen merhum Kazım Şahin, yöre balıkçılarının ilk hatırladıkları isimler arasında yer almaktadır. Yöre balıkçılarından bazılarına göre yöredeki ilk gırgır teknesinin de sahibidir. Kazım Reis, kendinden sonra yetişen pek çok balıkçıya da mesleğin püf noktalarını öğretmesi hasebiyle bir tür usta olarak telakki edilmiştir.

Kazım Reis'in dışında merhum Ako Halil (Özkan), Ali Özkan, Falco Hacı Ali (Eraslan) ile aynı zamanda öğretmenlik de yapan Hakkı Çakır isimleri, hatırlanan balıkçılar arasında yer almaktadır. Zefre'de 1970'lere kadar Tevfik ve Durmuş Çakır kardeşler, Eğro Hüseyin (İşsever) gibi isimler küçük çaplı balıkçılığın yanı sıra çektirmecilik de yapmışlar; Giresun'dan aldıkları fındığı Samsun'a bırakıp dönüşte mısır getirmişlerdir. Bu isimlerden Eğro Hüseyin (İşsever) yine böyle bir nakliye sırasında Samsun'da vefat etmiş ve orada defnedilmiştir. (KK-24)

Zefre'de 1930'larda Rusya'dan getirdiği makineyi kayığına takan Hacı Ali Eraslan balıkçılara öncülük etmiştir. Ondan sonra Gebeşoğlu Ahmet ve kardeşi Mustafa'nın da kayıklarına makine takmaları ile yelkenli kayıklar yerini yavaş yavaş motorlu kayıklara bırakmaya başlamıştır.

Yörede uzun yıllar yunus avcılığı da yapılmıştır. Halil Özkan, Mahmut Kara ve Damato Hasan (Ulu) gibi isimler yörenin ünlü yunus avcılarıdır. Avlanan yunuslar, çekeğin batı tarafında yer alan ve bugün dolgu sebebiyle karasal alan halini alan komşu yalıda kaynatılmıştır. Yöre halkı tarafından "Laz Limanı" ve "Okul Götü" adlarıyla anılan bu eski yalıda, uzun yıllar büyük ahşap kayıklar da imal edilmiştir. Kayık ustalarından biri adı zikredilen Kazım Şahin'dir. Kazım Reis, kendi teknesini de burada yapmıştır. 1950'lere kadar yoğun olarak tekne yapımı devam etmiş, Sinoplu tüccarlara 700 tonluk bir gulet yine burada inşa edilmiştir. Yapılan tekneler, yol inşasıyla karasal alan halini alan bu eski yalının karşısında denizle karanın birleştiği yerde bugün de mevcut olan Kalpak Taşı'nın bulunduğu yerden denize indirilmiştir. (KK-25)

Zefreli balıkçılar geçmişte avlanmak için Boğaz'a da gitmişlerdir. Yöre halkının gurbetle ilk tanışması da bu vesileyle olmuştur. Avlanmak için İstanbul'a giden kimi aileler orada yerleşmiş ve bir kısmı başka mesleklere yönelmişlerdir. 1960'ların ortalarında itibaren fiilen balıkçılık yapmaya başlayan ve vefat ettiği 1980 yılına kadar 20 yıl süreyle kooperatifi başkanlığı da yapan Ayvasıllı Hamdi Altunbaş başta olmak üzere bazı hamsi gırgırcıları Zefre'ye uğradıklarında ücretsiz hamsi dağıtarak fakir ahaliye yardımcı olmuşlardır. Ahali, bu küçük yardımların yanı sıra yöreye gelen balıkçılara uzun yıllar bazlama, yumurta, odun, sebze ve meyve satarak da geçimlerini temin etmeye çalışmıştır. (KK-25)

Gülburnu (Zefre) köyünde balıkçıların eskiden "Kayık Başı" olarak adlandırdıkları mevkide ayrıca bir barınak daha bulunmaktadır. Trabzon istikametinde yeni sahil yolunun altında yer alan bu barınak alanı daha önce kayıkların çekildiği bir çakıllık alan iken sahil yolunun tamamlanmasından sonra barınak hüviyeti kazanmıştır.

Ek-52: Gülburnu (Zefre) yeni balıkçı barınağından bir görünüm.

Boyları 3 ile 12 metre arasında değişen 40 civarında balıkçı teknesinin bağlı olduğu barınakta Keşap merkezinde ikamet eden balıkçıların yanı sıra Keşap'ın Değirmenağzı, Karakoç, Tepeköy, Yolağzı, Düzköy ve Kalecik köyleri balıkçıları da daha önce izah edilen sebeplerden ötürü kayıklarını buraya bağlamaktadır. Bu durum barınaktaki Zefreli balıkçıların sayısının az olmasında belirleyici olmuştur. Zefreli balıkçılar ekseriyetle yukarıda sözü edilen Camiönü tarihi barınağına yerleşmişlerdir. (KK-26)

2.2.1.5. Tirebolu

Harşit Çayı'nın batısında Ayna Dağı'nın kuzey eteklerinde liman kurmaya elverişli küçük bir yarımada ile güneyindeki sırtlar üzerinde kurulu olan ilçenin, Karadeniz'in Miletoslular tarafından kolonileştirilmesi sürecinde MÖ. 7. yy.'da kurulduğu düşünülmektedir (Yüksel, 2003: 16). Tirebolu hakkında yapılan çok sayıda akademik ve popüler araştırmada ilçenin sosyal hayatı bağlamında balıkçılara ve balıkçılığa sıkça yer verildiği görülmektedir. Araştırmacı Ayhan Yüksel'in arşivlere ve sözel kaynaklara dayalı sosyal tarih araştırmaları, emekli öğretmen Metin Karslı'nın sözlü tarih araştırmaları ve Reyhan Vural, Müberra Kuruca Işıksoluğu gibi ilçe ahalisinden isimlerin anı kitapları ilçenin tarihi ve kültürel süreçlerine ışık tutmaktadır. Diğer yerleşimlere göre bu yönüyle oldukça avantajlı durumda olan ilçenin eski çekek alanlarından biri geçmişte kayık yapım mağazalarının da bulunduğu Seliyaz sahilidir. Bugün bu alana kayık çekilmediği gibi kayık yapım tezgâhları da eskiler de kalmıştır. Yöre insanının "mağzı" (mağaza) şeklinde adlandırdığı bu kayık tezgâhlarının sahipleri arasında isimleri tespit edilebilenler Karahasanoğlu Salih Kaptan, Ahbarın Kaptan, Domaçoğlu Kokar Mehmet, Salinin Temel Kaptan'dır. Aynı zamanda kaptan ve reis olan bu mal sahiplerinin tezgâhlarında çalışan ustalardan

Sırgancıoğlu Abdulgani, Kıbıkoğlu Ahmet, Domaçoğlu Canfer Ahmet ve Hopuzluoğlu Ahmet ve oğlu Mehmet Giray'ın isimleri hafızalarda tutunabilmiştir (Karslı, 2013: 66-67).

İlçe merkezinin batı hattında bulunan Yeniköy Mahallesi, ilçenin balıkçılık tarihini ve kültürünü topyekûn temsil gücüne sahiptir.

Ek-53: Tirebolu'da balıkçıları ile meşhur Yeniköy mahallesi ve sakinlerinden bir görünüm.

Geçmişten bugüne ilçe balıkçılarının neredeyse tamamı bu mahalleden çıkmıştır. İlçenin en eski balıkçı aileleri arasında olan Elevli, Çamuralioğlu, Çırnık, Domaç, Genç, Kumyalı, Kıranlı ailesi gibi pek çok aile bu mahalleye mensuptur. (KK-27) Mahallenin balıkçıları barınağın bulunmadığı yıllarda kayıklarını Seliyaz sahilinin haricinde, deniz kıyısındaki kayalıklara çekmişlerdir.

Ek-54: Tirebolu'da Yeniköy ve Usturama sahillerinde eski kayık çekme alanları. (Metin Karslı Arşivinden)

Tirebolu kalesinin hemen doğusunda bulunan ve bugün gezi yolu ve park alanı altında kalan Kumyalı sahili, geçmişte balıkçıların rağbet gösterdikleri diğer bir alan olmuştur. Giresun merkezindeki Kumyalı

Mahallesi örneğinde olduğu kumluk sahilinden ötürü bu isimle anılan mahallede de pek çok balıkçı ailesi yaşamıştır.

Osmanlı döneminin sonlarıyla Cumhuriyet'in ilk çeyreğinde balıkçılık yapan Yeniköylü Elevlioğlu ailesinden Talip Elevli'nin, Çamuralioğlu ailesinden Yunus Çamur'un ve Domaç ailesinden Domaçlıoğlu Tayip'in soyundan gelenler ailelerinin balıkçılık safahatlarını bugüne taşımışlardır. Bu ailelerin dışında 19. yy'ın sonlarından 20. yy'ın son çeyreğine kadar Tirebolu ve çevresinde denizcilik ve balıkçılık yapan Tirebolululardan Ceviz Alioğlu Mehmet (Kumyalı) Kaptan, Kepçeoğlu Salih Kaptan, Hacı Osman (Kır) Kaptan, Salta Osman (Malkoç), Cüce Mehmet (Genç), Cüce Ahmet (Genç), Gûluk Ömer (Him), Kıbıkoğlu Mehmet, Zoyman Osman, Govit İbrahim (Yazıcı), Taka Mehmet (Elhasoğlu), Balıkçı Dursun (Baykal), Hasan Durmuş (Haçan Aga), Ördeğin Hüseyin (Dikmen) Ağa, Besim (Erun) Reis, Kalafat Mehmed Reis, Kesimoğlu Osman Reis, Yaylacının Osman Reis, Memiş'in Ali (Deniz) Kaptan, Lâz'ın Ali (İşçanlı), Sinopluoğlu Şaban Reis, Konyalı Mehmet (Durmuş), Yaşloo İbrahim, Çırnık Yusuf (Altay), Mustafa Meşe, Mehmet Topaloğlu, Kot Ömer (Çamur), İlyas Gökçe ve Hüseyin Kuyruklu isimleri araştırma ve anı mahiyetli eserlerde zikredilmiştir (Yüksel, 2010: 22-24; Karslı, 2013: 89-98, 154-155)

İlçede çektirmeciliğin yaygın olduğu dönemlerde 1970'lere kadar Karahasanoğlu, Nakiboğlu, Hacıeminoğlu, Habiboğlu, Bilaloğlu ve Kuyrukluoğlu aileleri yelkenli guletleri ile bu işi yürütmüşlerdir[134]. (KK-99)

Türklerin yörede balıkçılığa meyletmelerinden önce Rum ahalinin bu mesleği sürdürdüğü fikri genel kanaat halini almıştır. Türk ahalinin deniz kıyısından ziyade yüksek yamaçları ve vadi içlerini yaşam alanı olarak benimsemeleri ve çok daha sonra kıyı şeridine yönelmeleri onların balıkçılık mesleğinden uzak kalmalarının en önemli sebebi görünümündedir. Öte yandan bazı balıkçılar, kendi ailelerinin muhacirlik yıllarında Gerze kıyılarında balıkçılığı öğrendiklerini ve Tirebolu'ya döndükten sonra Rumların bölgeden ayrılmaları ile mesleği devraldıklarını ifade etmektedirler. Geçmişte bölgede avcılık yapan Rizeli balıkçıların da yöre balıkçıları üzerinde önemli etkilerinin olduğu belirtilmektedir. (KK-128) Tirebolu'da ilk gırgır kayığının sahibi Karahasanoğlu ailesidir. Daha sonra Çırnık Yusuf tarafından ayrı bir gırgır takımı alınmıştır. (KK-27)

İlçe merkezinde teknelerini liman sahası içine bağlamaya devam eden balıkçılar, liman sahasının balıkçılara kapatılarak tamamen ticari bir limana dönüştürülmesi yolundaki teşebbüslerden ötürü tedirgindirler. Uzun zamandır devam eden bu belirsizlik zaman zaman gerginliklerin yaşanmasına da sebep olmaktadır. Karar alıcılar balıkçılar için ilçe merkezindeki Barabut sahilini doldurmak suretiyle bir barınak yapmak düşüncesindedirler. Ancak ahali, ilçenin sosyal tarihinde yer edinmiş olan Usturama ve Barabut sahilleri üzerinde bir tasarrufa gidilmesine rıza göstermemektedir.

Ek-55: Tirebolu limanının bugünkü halinden bir görünüm.

Tartışmalara konu olan liman sahasında boyları 5 ile 10 metre arasında değişen 150 civarında balıkçı teknesi bulunmaktadır. Bu balıkçılardan ancak 20 kadarının tek geçim kaynağı balıkçılıktır. Limanda, küçük balıkçı teknelerinin dışında *Genç Kardeşler* isimli orta ölçekli bir gırgır teknesi bağlıdır[135].

2.4.1.5.1. Yalıköy

Tirebolu'nun doğusundaki Bada ve Yalıköy beldeleri, yörenin denizci ve balıkçı ailelerinin yoğun olarak yaşadığı yerler arasında yer almaktadır. Trabzon istikametinde ilçe merkezine 5 km mesafede olan Yalıköy barınağında boyları 3 ile 12 metre arasında değişen 30 civarında kayık bağlıdır. Kış aylarında bunlardan sadece 4 tanesi denize açılmaktadır ve bu kayıkların sahiplerinin tek geçim kaynağı balıkçılıktır. Yalıköy'de daha önce müstakil bir barınak bulunmadığından kayıklar uzun yıllar çakıllık sahile çekilmiştir. Bugünkü çekek, sahil yolunun inşasından sonra yapılmış olup 10 yıllık bir geçmişe sahiptir.

Yalıköy'de bünyesinde denizci veya balıkçı birey bulunmayan aile yoktur. Belde oldukça eski bir balıkçılık geçmişine sahiptir. Nakliye gemilerinde uzun mesafeli denizcilik faaliyetlerinden emekli olup beldede yaşayanların yanı sıra ahaliden çok sayıda kişi bu mesleği sürdürmeye devam etmektedir. Beldenin isimleri hatırlanan eski balıkçıları arasında Soytarıoğlu Mustafa (Kerim), Şakir Kılıç, Halil Kabaca ve Kenazoğlu Yusuf'un isimleri hatırlanmaktadır. Bunların soyundan gelenler de balıkçılığı sürdürmüşlerdir. Bada ve Yalıköy kayıkçıları karayolunun yaygın olmadığı dönemlerde yörede "Hanım Kayığı", Trabzon ve Rize havalilerinde ise "Hafta Kayığı" tabir edilen tekneleriyle köy ve semt pazarlarına mallarını götüren köylü kadınları taşımışlardır. (KK-28)

Ek-56: Sağda Tirebolu-Yalıköy çekeğinden; solda hanım kayıkları ile ürünlerini Moloz pazarına götüren Trabzonlu kadınlardan görünümler. (Anonim)

Onların büyük kayıkları vardı. Yazın Gölbaşı'na kadın taşırlardı. Yani pazar kayıklarıydı. O zaman araba yoktu; sebze meyve taşırlardı. Hanım kayıklarıdır. Benim tanıdığım Gardak Yaşarları vardı. Gaçır guçur ederlerdi. Küreğe felek yağı bile sürmezlerdi, kazırlardı. Sonra sabahtan dere rüzgârı gelirdi, akşamdan giderken poyraza karşı boş vere vere giderdi. (KK-27)

2.4.1.6. Görele

Tarihsel konumu ve adı ile ilgili farklı görüşler bulunan ilçenin Miletoslular döneminde bugünkü Eynesil'i de içine alan bir genişlikte bir kale yerleşimi olarak kurulduğu düşünülmektedir. İlerleyen yüzyıllarda bölge kıyılarındaki diğer kale yerleşimlerindekilerle benzer bir şekilde kale sınırları dışına yayılmaya başlamıştır (Bilir, 2007: 30). Bugün Görele deresinin oluşturduğu küçük delta ovasının doğusuna doğru gelişen ilçede 1980'li yıllara kadar Giresun ve Trabzon havalilerinin genelinde olduğu gibi balıkçılar hamsinin merkezinde olduğu iki düzineye yakın farklı balık türünü avlayabilmişlerdir (Bilir, 2007: 166; Arslan, 1973: 19).

1940'ların ortasında Görele üzerine monografik bir araştırma yapan Pervin Kurumahmutoğlu, bu yıllarda ilçedeki balıkçılığın önemli geçim kaynağı olmaktan uzak olduğunu ve balıkçıların ilçenin ihtiyacını karşılayacak nispette balık avlayabildiklerini belirtmiştir (Kurumahmutoğlu, 1947'den aktaran Bilir, 2007: 166).

Göreleli balıkçılar, uzun yıllar teknelerini sahildeki kumluk ve çakıllık alanlara çekmişlerdir.

Ek-57: Görele sahilinin eski halinden görünümler. (Anonim)

1920'lerin ortalarında bölgede incelemeler yapan harita bilimci Ahmet Rasim, bu yıllarda Görele'de şiddetli havalarda teknelerin barınmasına imkân tanıyacak korunaklı bir bir limanın bulunmadığını ve bu sebeple fırtınalı havalarda tüm teknelerin Beşkidüzü'ndeki Büyükliman'a veya Akçaabat'taki Polathane limanına sığındıklarını kaydetmiştir (1930: 51). Sahil yolunun tamamlanmasından sonra hizmete açılan merkez barınağında bugün, boyları 5 ile 8 metre arasında değişen 110 civarında tekne bağlıdır. İlçede 20 civarında küçük balıkçının tek geçim kaynağı balıkçılıktır. İlçenin isimleri bilinen en eski balıkçıları, merhum Kuloğlu Mustafa (Kul), Hamdi Yayla, Derbeder Selahattin (Kaya), Kemençeci Yaşar (Öztekin), Temel Kaptan (Atik), Sert Ali (Demirtaş), Helim Melikoğlu, Erdoğan Akyazı, Cengiz İmamoğlu, Adnan Dülger, İmanım Hasan (Usta), Yorozlu Mustafa (Duru) ve manyatçılıkları ile meşhur Pastacı Ömer (Hacımemişoğlu) ve Gölcüo Mustafa (Gökçe) gibi isimlerdir. (KK-29, KK-178) Bu isimlerden Kuloğlu Mustafa ve Yaşar Öztekin'in çocukları balıkçılığı sürdürmüşlerdir. Nitekim ilçenin tek büyük balıkçı firması olan *Kul Balıkçılık*[136], Kuloğlu Mustafa'nın oğulları Nazım, Hazım, Asım ve Rasim Kul tarafından işletilmektedir.

Ek-58: (Solda) Kuloğlu Mustafa, babası ve oğulları ile; (sağda) Hacı Mustafa Kuloğlu adlı avcı motoru. (*Kul Ailesi Arşivinden*)

1926 doğumlu Kuloğlu Mustafa, 1940'lı yıllarda küçük balıkçılıkla uğraşırken 1950'lerin başlarından itibaren balık komisyonculuğu (manavlık) yapmaya başlamış ve kısa sürede yörenin ünlü manavlarından biri olmuştur. (KK-30, KK-179) Oğullarından Nazım ve Hazım, 1980'lerin başlarında İstanbul'a göç etmiş ve balıkçılığa orada da devam etmişlerdir. 57x16 metre boyutuyla Türkiye'nin en büyük gırgır teknelerinden İstanbul bağlamalı *Hacı Mustafa Kuloğlu* adlı tekne, ailenin İstanbul'a göç eden kolunun çocukları tarafından işletilmektedir. Kul Balıkçılık'ın tekneleri av sezonu dışında çoğunlukla Görele merkezindeki barınağa bağlıdır. (Ek-58)

Ek-59: Görele ve Çavuşlu barınaklarının bugünkü hallerinden görünümler.

İlçenin en eski mahallelerinden Soğuksu, Kumyalı ve Hendekbaşı Mahalleleri balıkçı ailelerinin yaşadığı yerler arasındadır. Balıkçıların geçmişte boş zamanlarında bir araya geldikleri en önemli mekân, eski balıkhanenin yanında bulunan "Bölükbaşı'nın Kahvesi" olmuştur. (KK-31)

Tirebolu'da olduğu gibi karayolunun yaygınlaşmasına kadar olan dönemde Görele'de, balıkçılık da yapan navluncuların önemli bir yer olmuştur. Ahmet Kaptan (Dönmez), Arif Kaptan (Çekiç) ve Mehmet Cebeci, ilçenin isimleri hatırlanan navluncularındandır.

2.4.1.6.1. Çavuşlu

İlçenin doğu sınırında bulunan Çavuşlu beldesindeki balıkçılar ise belde merkezindeki çekekte bulunmaktadır. Bu çekekte boyları 5 ile 7 metre arasında değişen 20 civarında tekne bağlıdır. Balıkçılardan yalnızca birkaçının tek geçim kaynağı balıkçılıktır. Çavuşlu barınağı, sahil yolundan önceki küçük çekek alanının bulunduğu yere inşa edilmiştir. Beldenin belirgin bir balıkçı mahallesi veya köyü bulunmamaktadır.

Beldenin bilinen en eski balıkçıları arasında Hüseyin Çeliktaş ismi hatırlanmaktadır. Balıkçı olmasının yanı sıra yaptığı çapar ve gulet tarzı kayıklarla da balıkçılar arasında ün kazanmıştır. Çaparlar çektirmelerden nispeten daha küçük kayıklar olup daha dar kıyılara yanaşabildiği için geçmişte yörede çokça tercih edilmiştir. Çeliktaş ailesi Samsun havalisinde trolcülük de yapmıştır. Ailenin balıkçı üyeleri bu araştırmanın geniş örneklem sahasında sıkça görüldüğü gibi 1960'lı yıllarda Romanya'ya kalkan avcılığına da gitmişlerdir. (KK-32) Beldede merhum Kemal Aktaş ve Aziz Şenay gibi balıkçılar uzun süre yunus avcılığı da yapmışlardır. (KK-33)

2.4.1.7. Eynesil

Çoğu zaman yerleşimi itibarı ile Görele ile birlikte değerlendirilen Eynesil'in ilk olarak ne zaman yerleşime açıldığı ve ilk yerleşimcilerinin kimler olduğu yolundaki görüşlerde fikir birliği bulunmamaktadır. Örneğine çokça rastlanan tipik bir kale hâkimiyetinde olduğu ve ilerleyen dönemlerde konumunun öneminden ötürü hızla geliştiği tahmin edilmektedir (Türkyılmaz, 1995: 34). Bugün Boztepe Burnu'nun batısındaki ilçe yerleşimi, batıya doğru yayılmaktadır.

Giresun'un doğu sınırını teşkil eden Eynesil ilçesi balıkçılığı, pek çok yönden Görele balıkçılığıyla aynı paralelde gelişmiştir. Küçük balıkçılığın hâkim olduğu ilçede firma ölçeğinde faaliyet gösteren tek aile Güdük ailesidir[137]. İlçenin merkez sahilinde bulunan liman sahası içinde barınan az sayıdaki küçük balıkçıdan çok azının tek geçim kaynağı balıkçılıktır.

Ek-60: Eynesil merkez balıkçı barınağından bir görünüm.

2.4.1.7.1. Boztepe

İlçenin doğu sınırında bulunan Boztepe Mahallesi ve Aralık Köyleri balıkçılık kültürünü topyekûn temsil etmektedirler. İlçe balıkçılarının % 80'ine yakını bu mahalleden çıkmıştır. Boztepe barınağı merkezdeki barınağa göre daha hareketlidir. İlçedeki balıkçı kayıklarının önemli bir kısmı fiziki imkânları oldukça sınırlı olan bu barınağa bağlanmaktadır. Balıkçılar ilçe merkezindeki barınağı tadilat işleri için kullanmaktadırlar. Boztepe çekeğine boyları 5 ile 7 metre aralığında değişen 50 civarında tekne bağlıdır. 10 civarında balıkçının tek geçim kaynağı balıkçılıktır. İlçede Güdük ailesi dışında Boztepe Mahallesinden ve Aralık köyünden Şeker (Kemal Şeker vd.) Kuru, (İshak ve Mehmet Kuru) Yetimoğlu (Ahmet, Mehmet, Cafer, Ali, Mustafa, Cafer ve Köksal Yetim), Civil (Niyazi, Hasan ve Mustafa Civil) ve Yüksel (Halil İbrahim, Mehmet ve Hüseyin Yüksel) aileleri balıkçılıkları ile bilinen aileler arasındadır. (KK-34)

Yörede uzun yıllar çektirmecilik yapan tekne sahipleri, Samsun'dan Giresun ve Trabzon'a tarım ürünleri taşımışlardır. Deniz taşımacılığı sahil yolunun yapımıyla 1970'lerden itibaren yerini karayolu taşımacılığına bırakmaya başlayınca pek çok çektirme, balıkçı teknesine dönüştürülmüştür.

Ek-61: Eynesil-Boztepe balıkçı barınağından bir görünüm.

1981 yılında vefat eden Ali Meme yörenin hatırlanan eski çektirmecilerindendir. Samsun ve Görele-Eynesil hattında gıda ürünleri taşımacılığı yapan ve aynı zamanda balıkçılık da yapan Ali Meme'den sonra oğlu Memo Mustafa (Meme) ve torunları uzun süre kendi havalilerinde ve İstanbul kıyılarında trolcülük de dâhil olmak üzere balıkçılık, nakliyecilik ve kumculuk yapmaya devam etmişlerdir. Aile yakın dönemlerde ekonomik sebeplerde ötürü denizden çekilmek zorunda kalmıştır.

Ek-62: Uzun yıllar navlunculuk, kumculuk ve balıkçılık yapan Eynesil-Boztepeli Memo Mustafa (Meme).

Ailenin balıkçı teknesi bugün Beşikdüzü limanında çürümeye terk edilmiştir. Boztepe'de geçmişte Samsun'da trolcülük yapan başka balıkçılar da olmuştuır. (Cafer Yetim vd.) Ayrıca ilçenin balıkçı ailelerinden Mustafa ve Ali Güdük kardeşler bugün Şile'de istiridye avcılığı yapmaktadırlar. (KK-35)

2.4.2. Trabzon

Doğu Karadeniz'in en büyük kent yerleşimi hüviyetinde olan Trabzon, Değirmendere vadisinin denize açıldığı alanın batısında daha çok Boztepe'nin yamaçları boyunca kurulmuş bir kenttir. Kentin büyük bölümünün üzerinde yer aldığı sırt, Değirmendere, Tabakhane Deresi, Zağnos Deresi, Karşıyaka (Kisarna) Deresi ve Beşirli Deresi vadileri tarafından fasılalarla bölünmüştür (Bekdemir, 2007: 21).

Trabzon Tarım İl Müdürlüğü'nün 2013 yılı verilerine göre Trabzon ili genelinde 1094 adet balıkçı teknesi faaliyet göstermektedir. Bu teknelerde çalışan 18 yaş üstü balıkçı sayısı 5236'dır. Amatör Balıkçı Belgesi'ne sahip balıkçı sayısı 3570 ile Giresun'a nispetle oldukça yüksek bir rakama ulaşmıştır. İl genelinde 7 adet su ürünleri işleme tesisi mevcuttur. Mevcut 24 adet barınak ve çekeğin tamamının mülkiyeti Millî Emlak İdaresi'ne aittir. Bu alanlar da yine Giresun'da olduğu gibi Tarım İl Müdürlüğünün ilgili birimi üzerinden kooperatiflere veya şahıslara kiralanmaktadır. Trabzon'da ilk balıkçı kooperatifi 36 ortakla 1952 yılında kurulmuştur (Cumhuriyetin 50 Yılında Giresun-1973 İl Yıllığı: 232). Bugün il genelinde 1847 üyeye sahip 23 adet balıkçı kooperatifi faaliyet göstermektedir. Tüm il genelinde toplam 95 adet perakende satış noktası mevcuttur. Satış yerleri sayısı balıkçılık sezonu dışında değişmektedir. Zira buralar sezon dışında farklı amaçlarla kullanılabilmektedirler.

Tablo 4: Trabzon Havalisi Kıyı Yerleşimleri Nüfus, Kıyı Uzunlukları ve Balıkçı Barınağı İstatistikleri

Yerleşim	Nüfus[138]	Kıyı Uzunluğu	Barınak / Çekek Sayısı
Trabzon / Merkez	312.000	25 km	2
Beşikdüzü	21,978	8 km	2
Vakfıkebir	26,291	13 km	2
Çarşıbaşı	15,814	12 km	3
Akçaabat	113,117	24 km	5
Yomra	30,556	6 km	1
Arsin	26,355	8 km	1
Araklı	48,254	10 km	2
Sürmene	26,945	16 km	4
Of	42,138	13 km	2

Kaynak: www.trabzon.gov.tr (15.02.2013)

135 km^2'lik kıyı şeridinde barındırdığı balıkçı yerleşimleri münasebetiyle zengin bir balıkçılık kültürüne sahip olan Trabzon'un bu minvaldeki kültür hatlarını Giresun'da olduğu gibi üç grupta değerlendirmek mümkündür. Trabzon ili balıkçılık kültürünün batıdaki hattını, geçimini büyük oranda balıkçılıkla temin eden kalabalık balıkçı gruplarının yaşadığı Beşikdüzü, Vakfıkebir ve Çarşıbaşı ilçelerinin oluşturduğu "Büyükliman/Yoroz" hattıdır. Giresun'la benzer biçimde Trabzon'da da batı hattının doğu sınırlarını kesin olarak belirlemek mümkün değildir. Zira Yoroz'un hemen doğusunda balıkçılığın önemli merkezleri olan Mersin, Akçakale ve Salacık üzerinde de "Büyükliman/Yoroz" hattının kültürel ve ekonomik izleri görülebilmektedir. Mersin ve Akçakale balıkçılarının önemli bir kısmının mesleğe dâhil olmalarında söz konusu Batı hattına mensup balıkçıların (özellikle Yorozlu balıkçıların) etkisi büyük olmuştur. İl kapsamında faaliyet gösteren balıkçı filosunun önemli bir kısmı Batı hattına mensup ailelerce işletilmektedir.

Trabzon balıkçılık kültürünün takip edildiği ikinci önemli alan Akçaabat'tan başlayıp Arsin'e kadar olan alanı temsil eden "Faroz/Değirmendere" kültür hattıdır. Bu alan üzerinde de zaman zaman "Büyükliman/Yoroz" kültür hattının izleri görülmektedir. Zira özellikle Çarşıbaşı'ndan Akçaabat ve Faroz'a gelerek balıkçılık yapan aile sayısı oldukça fazladır[139]. Daha ziyade küçük balıkçılardan oluşan bu alana Faroz Mahallesinin zengin balıkçılık kültürü mührünü vurmuştur.

Trabzon balıkçılık kültürünün üçüncü ve son kültür hattı ise şehrin doğu sınırlarına kadar uzanan ve Arsin, Araklı, Sürmene ve Of ilçelerini kapsayan "Manahos[140] / Solaklı" hattıdır. Daha ziyade küçük çapta balıkçılık yapan balıkçı zümreleri bulunmaktadır. Bu kültür hattında balıkçılığa dönük dikkati çeken en önemli etkinlik, tarihi dönemlerden beri devam eden tekne ustalığı olmuştur. Sadece Trabzon havalisinde değil, Doğu Karadeniz'in tamamında faaliyet gösteren hemen bütün ahşap veya sac teknelerde Sürmeneli ustaların imzasıyla karşılaşılmaktadır.

Şekil 6: Trabzon Kıyı Yerleşimleri

Trabzon merkez balıkçılarını lokasyonları bakımından iki bölgeye ayırmak mümkündür. Moloz'un doğusuna kadar olan ve bugün pek çoğu amatör vasfında olan balıkçılar 100. Yıl Barınağı'nda; Moloz'dan başlayıp Faroz'u da içine alan ve Beşirliye kadar uzanan alandaki pek çoğu kuşaklardır balıkçılık yapan profesyonel balıkçılar Faroz Barınağı'nda yoğunlaşmışlardır.

Yakın geçmişe kadar il merkezinde balıkçıların yoğunlaştığı alanlar Çömlekçi ve Faroz mevkileri olmuştur. Faroz, ilerleyen yıllarda da bu özelliğini korumaya devam etmişken Çömlekçi sahilinin liman sahası ve çimento fabrikası sahası içinde kalması bu mahallenin balıkçı mahallesi hüviyetini büyük oranda yitirmesine sebep olmuştur. Faroz'un yaşayan en eski balıkçılarından İsmet Paşalı çocukluk yıllarında Trabzon balıkçılığından bahsederken söylediği şu sözler bu süreci gözler önüne sermektedir: "Faroz'un dışında bir de Çömlekçi'de balıkçılar çoktu. Merkezde başka yerde balıkçılar pek yoktu."

Trabzon ili merkezinde balıkçı kültürünü eskiye nispetle zayıflamış olsa da bugün de en canlı şekilde temsil eden mahalledir Faroz. Neredeyse tamamı Yalı (Faroz) Mahallesinde yaşayan ve kuşaklardır balıkçılık yapan aileler, bugün de denizle iç içedirler. Mahallede yaşayan ailelerin hemen hepsinin soy kökünde ve bugününde balıkçı vardır.

Ek-63: Faroz barınağında mahallenin isimleri bugünde zikredilen balıkçılardan İhsan Reis, Gülüzarın Ahmet, Mehmet Bilazer, Ağa Cahit, Peyrem Usta, Osman Dayı, Asim Ağa'nın İsmail, Sarı Derviş ve Zeki Denizer'in yer aldığı 1968 tarihli bir fotoğraf. (Haluk Eyüboğlu Arşivinden)

Mahalle, takip edilebildiği kadarıyla Osmanlı döneminden bu yana Trabzon'un en önemli balıkçılık merkezi olmuştur. Bugün de Doğu Karadeniz öncelikli olmak üzere tüm Türkiye'de Karadeniz balıkçılığının simgesi olarak kabul edilmektedir. Araştırma süresince görüşülen Farozlu balıkçıların birlikte yaşama ve mensubiyet algılarının temelinde mahalleli kimliğinin özünde balıkçılık yer almıştır. Mahalle sakinlerinden balıkçı Mustafa Çakır'ın (KK-5) mahalleli kimliğine dönük şu sözleri bu durumu en iyi şekilde özetlemektedir:

> Trabzon'un gayrisâfî millî hâsılasından en düşük payı alan mahallesidir Faroz. Hepimiz yoksulluk içinde büyüdük. Tek ekmeğimiz denizdi bizim. Bugün de aslında öyle. Yoksul da olsak bir dilim ekmeğimiz varsa onu paylaştık. Tüm bu yoksulluğumuza rağmen eğlenmeyi bilmişizdir. Şimdi rahmetli olan büyüklerimizin eşleri evde kocalarının rakı içmelerini imrenerek seyrederlerdi. Biz çocuktuk uzaktan seyrederdik. Yine delikanlı ve evli olanların eşleri kocalarının rakı içmelerini ve eğlenmelerini imrenerek seyrederlerdi. Kimseye avuç açmamışızdır; kimseden beş kuruş istememişizdir. Farozlu kendini ezdirmemiştir, kimseye muhtaç da olmamıştır. Mahallemizin en güzel zamanı cenaze ve düğün zamanları olmuştur. Bu zamanlarda herkes bir aradadır.

Mahallenin uzun balıkçılık tarihi içinde balıkçılık kültürünün şekillenmesi ve çeşitlenmesinde katkıları bulunan ailelerden sadece bazıları şunlardır: Ciğeroğlu, Denizer, Kayıkçı, Karayunus, Karaalioğlu,

Hardaloğlu, Sakallıoğlu, Erkaya, Hısımoğlu, Bozali, Öntürk, Çakır, Karaçomak, Özçilingir, Çilingir, Tomruk, Hamisoğlu, Göksu, Usta, Nuhoğlu, Soydaş, Bektaş, Paşalı, Sekreter, Savaşer, Kavzoğlu, Beşli, Bakırman, Bozali, Akkan, Özusta, Özbay, Mutlu, Çalış vd. (KK-37; KK-5; KK-38)

Ek-64: (Solda) Farozlu balıkçılardan Samettin Savaşer, Osman Denizer, (Mido) Hasan Bakırman, Eşref Savaşer ve Mahmut Özusta. (Haluk Eyüboğlu Arşivinden) (Sağda) Farozlu Sakallıoğlu Ailesi. (Sakallıoğlu Ailesi Arşivinden)

Mahallenin en eski ığrıpçı ailelerinden bazıları Ciğeroğlu ve Hamisoğlu aileleridir. Bu ailenin dışında mahallede Tomruk, Denizer, Göksu ve Şemsiler lakaplı Kayıkçı ailesine ait dört yelkenli hamsi ığrıbı geçmişte uzun yıllar faaliyet göstermiştir. (KK-39) Mahallede, bu takım sahiplerinin dışında, yüzyılın başlarında bazı aileler kürekli ve bazen de yelkenli kayıklarıyla Soçi ve Kırım sahillerine kadar hamsi avcılığı yapmıştır. Dedesi de bu avlara katılan Ahmet Ferit Candeğer (KK-39) bu yıllarla ilgili olarak şunları anlatır:

> 1910'dan öncesi İstiklal Savaşı'ndan önce o zaman Rusya'ya kadar gidebiliyor bunlar. Onlar burdan Rusya'ya Soçi'ye kadar hamsiyle birlikte giderlerdi. Hamsi 2 mil mi gidiyor onlar da 2 mil giderlerdi. Hamsiyi tuttukları yerde satarlarmış; ta ki Kırım'a gidene kadar. Kırım'a gittikleri zaman da pamuk ağlarını satarlarmış. Gaz yağı alırlarmış tenekeyle birlikte. O zaman burada en kıymetli şey gaz yağı. Açarlarmış yelken lodosla buraya geldiklerinde de gaz yağlarını satarlarmış yeni ağ yaparlarmış.

Mahallede, yasaklandığı döneme kadar uzun süre yunus avcılığı da yapılmıştır. Balıkçı ailelerinin bir kuşak öncesine kadar hemen tüm bireyleri yunus avcılığına iştirak etmiştir. Mahallede ismi hatırlanan ünlü yunus yağcıları arasında, aynı zamanda oldukça ünlü bir kırıkçı (sınıkçı) olan Kadir Sakallıoğlu'nun önemli bir yeri vardır. (KK-38; KK-40)

1960'ların başlarından 1980'li yılların başlarına kadar Usta ve Mutlu gibi bazı balıkçı ailelerinin oluşturduğu gruplar her yıl nisan ayının başlarından mayıs aynın ortalarına kadar Van Gölü'nde inci kefali avcılığı yapmıştır. İnci kefali avcılığının safahatına ilerleyen bölümlerde değinilecektir.

Mahallede balıkçılığın bugüne nispetle çok daha merkezi bir geçim kaynağı olduğu yıllarda (1980'ler öncesi) pek çok balıkçı eşi fiilen balıkçılık yapmanın yanı sıra balık ağı örerek/donatarak aile bütçesine katkıda bulunmuştur.

Mahallede balıkçılık dışında uzun yıllar çektirmecilik de yapılmıştır. Trabzon havalisinde 1960'ların sonlarına kadar devam eden çektirmecilik sektörü büyük oranda Farozlu denizcilerin kontrolünde olmuştur. Çektirmeciliğin yanı sıra balıkçılık da yapan aileler arasında Şemsiler ve Baranların Salih Ağa, adları hatırlananlar arasında ilk sıradadır. Balık avına ara verilen zamanlarda, balıkçıların tabiriyle "ölü zamanlarda", birkaç aylığına navlunculuğa yönelen aileler; Bafra ve Çarşamba'dan bölgeye meyve ve sebze taşımışlardır. (KK-38) Çektirmeciler bazen de Rusya sularına kadar avcılık yaparak gitmişler ve buradan aldıkları Trabzon'da az bulunan tüketim malları ile geri dönmüşlerdir (Zengin, 2010: 15).

İlk balıkçı kooperatifinin 1955 yılında kurulduğu Faroz'da bugün, 150 kadar balıkçı teknesi bağlıdır. Barınakta kayıkları bulunan balıkçıların hemen tamamı bu mahallede yaşamaktadır. Farozlu balıkçılar, mesleği aile büyüklerinden öğrenmişlerdir. Bugün 30 civarında balıkçının tek geçim kaynağı balıkçılıktır. Barınakta zaman içinde amatör balıkçılar çoğunluğu elde etmişlerdir. Araştırma sahasındaki diğer pek çok balıkçı barınağında olduğu gibi başka mesleklerden emekli olan ancak soy kökünde balıkçılar bulunan kişiler amatör balıkçı hüviyetinde avcılık yapmaktadırlar.

Ek-65: Trabzon-Faroz balıkçı barınağından dünden bugüne görünümler. (Atilla Alp Bölükbaşı Arşivinden)

Mahallede balıkçıların müdavimi olduğu kahveler arasında, özellikle üç kahve hatıralarda canlıdır. Bunlar arasında Murat Karayavuz, İsmail Bektaş ve Enver Tayfur'un sırayla işlettikleri "Orta Kahve" en çok hatırlanan kahvehanedir. Balıkçılar genellikle gece yarısında denize açıldıklarından, geceleyin açılan Orta Kahve, yaz kış hep açık olmuştur. Giresun ve Rize gibi havalilerden gelen balıkçılar da havanın bozması halinde bu kahvelerde zaman geçirmişlerdir. Geçmişte faaliyet gösteren ancak bugün birçoğu unutulmuş olan başka kahvehaneler de vardır. Balıkçılar bugün barınağın içindeki kooperatif lokalinin yanı sıra barınağın karşısındaki dernek lokalinde ve bitişiğindeki kahvehanede bir araya gelmektedirler.

Ek-66 : Arka planda balıkçıların uğrak yerleri olan kahvehaneler. (Haluk Eyüboğlu Arşivinden)

Faroz barınağının yanında balık hali vardır. Yörede tutulan balığın toptan satışı burada yapılmaktadır. Haldeki en önemli komisyonculardan biri Faroz'un simge reislerinden Yahya Kaptan'ın oğlu Recep Denizer'dir. Ailenin hatırlanan en eski balıkçı üyesi üç kuşak öncesine uzanan Recep Reis'tir.

Ek-67: Denizer ailesinin balıkçı ve komisyoncu üyeleri Yahya, Bülent ve Recep Denizer. (Haluk Eyüboğlu Arşivinden)

Balık halindeki diğer bir önemli komisyoncu aynı zamanda Samsun'un Yakakent beldesinde salyangoz işleme tesisi işleten Ethem Sadıklar'dır.

Faroz'a çeşitli dönemlerde Büyükliman/Yoroz kültür hattından çok sayıda balıkçı aile göç etmiştir. Bugün mahallede aktif olarak balıkçılık yapmaya devam eden ve ailelerden önemli bir kısmı Çarşıbaşı ve Akçaabat havalilerinden mahalleye göç eden ailelerdir. Mahalleye Of ve Arsin'den göç edip sonradan balıkçılığa dâhil olan aileler de vardır. Faroz'a gerçekleştirilen göçlerin tamamının ortak sebebi ekonomik zorunluluklardır. Balıkçı aileler, bölgenin en önemli balıkçılık merkezlerinden biri olan Trabzon'a yakın olma düşüncesinin yanı sıra, mahallenin el sanatları çeşitliliği ile alternatif geçim kaynakları sunuyor olmasından ötürü söz konusu göçleri gerçekleştirmişlerdir.

Trabzon merkezindeki bir diğer barınak Değirmendere hattında bulunan 100. Yıl Barınağı'dır. Barınakta boyları 3-9 metre aralığında değişen 100 kadar tekne bağlıdır. Bu teknelerden ancak 25 kadarıyla balıkçılık yapılmaktadır. Aralarında küçük yatların da bulunduğu diğer tekneler daha ziyade gezi maksadıyla kullanılmaktadır.

Ek-68: Trabzon-Değirmendere mevkiineki 100. Yıl balıkçı barınağından bir görünüm.

Barınaktaki balıkçıların büyük çoğunluğu emeklilik sonrasında balıkçılığa merak duyan amatörlerden oluşmaktadır. Balıkçılık dışında alternatif bir geçim kaynağı olmayan balıkçı sayısı 5 civarındadır. Bunlar ağlarla avcılık yaparlarken 20 kadar amatör oltacılık yapmaktadır. Barınağın en kıdemli balıkçıları Cemal Yeşilçimen, Ergin Sırtlı, Yaşar Uzun ve Duygu Çağır'dır. (KK-41)

Barınaktaki balıkçılar, kayıklarını 2009 yılına kadar bugünkü Çimento Fabrikası'nın yan tarafında bulunan ve liman işletmesi tarafından daha sonra liman sahasına dâhil edilerek balıkçılara kapatılan doğal çekek alanına çekmişlerdir. Barınağın tamamlanmasını sonra bu alana yerleşen balıkçılar genellikle Kalkınma, Çömlekçi, Arafilboyu ve Değirmendere Mahallelerinde ikamet etmektedirler.

2006 yılında henüz bu barınağa taşınmadan önce kurulan kooperatifin başkanlığını Osman Ayıboğan yapmaktadır. Kooperatif, aidatlarla barınağın alt yapı ihtiyaçlarını büyük oranda karşılamıştır. Giresun balıkçı barınaklarına nispetle, Faroz barınağında olduğu gibi muntazam bir yapılaşmayla tek tip damlar yapılmış, her bir balıkçıya standart kullanım alanları tahsis edilmiştir.

2.4.2.1. Beşikdüzü (Şarlı)

Trabzon'un batı sınırını teşkil eden ilçe, doğuda Çamlık, batıda ise Akhisar dereleri arasındaki düz alanda 1834 yılında kurulan bu kıyı yerleşimi, bir süre Şarlı adı ile Görele ilçesine bağlı kalmıştır. Daha sonra Trabzon Vilayet Merkezine bağlanan Beşikdüzü, 1914 yılında Vakfıkebir'e bağlanmıştır. Uzun süre nahiye statüsünde kaldıktan sonra 1987 yılında ilçe hüviyeti kazanmıştır.

İlçede Çeşmeönü mevkiinde bulunan doğal çekek alanı uzun yıllar çektirmecilerin ve balıkçıların tercih ettikleri az sayıdaki doğal limandan birisi olmuştur. Bugünkü liman, dolgudan sonra yok olan bu mevkiin karşısına inşa edilmiştir. Boyları 4 ile 10 metre arasında 50 civarında teknenin bağlı olduğu limanda, geçimini balıkçılıkla temin eden balıkçı sayısı 5'i geçmemektedir. Giresun havalisindeki barınak sahalarına göre çok daha muntazam olan limana Eynesil ilçesi ile Çarşıbaşı ilçesinden bazı ailelere ait gırgır tekneleri de bağlanmaktadır[141].

Ek-69: Beşikdüzü limanından bir görünüm.

Beşikdüzü'nde Çeşmeönü mevkiindeki iki kahve, sermayecilerin ve balıkçıların toplandıkları yerler olmuştur. Bugün balıkçılar boş zamanlarında limanın bitişiğinde bulunan kooperatif lokalinde bir araya gelmektedirler. İlçe balıkçılarının avlakları Eynesil tüneli ile Çarşıbaşı arasındaki alanlardır.

İlçede balıkçılık geçmişten beri küçük ölçekte gerçekleştirilmiştir. Öncü ailesi dışında gırgırcılık yapan aile olmamıştır. İlçenin ismi hâlâ hatırlanan usta balıkçılarından biri Kaya Öncü'dür. İstanbul'da uzun süre Ermenilerle birlikte istavrit ve palamut avcılığı yapmış; memleketine döndükten sonra da balıkçılığa devam etmiştir.

İlçede geçmişte yunus avcılığı yapılmamıştır. Tüm havalide olduğu gibi ilçede de 1970'lerin ortalarına kadar navlunculuk yapan aileler olmuştur. Bu aileler arasında yer alan Deniz ailesinin hatırlanan en eski denizcileri merhum Kazım ve Yunus Reislerdir. Ailenin diğer bir navluncusu Osman Demir 1977 yılında Samsun'un Gümenez beldesinde fırtına da yeğeni ve bir tayfası ile birlikte vefat edince çocukları navlunculuğu bırakıp balıkçılığa başlamışlardır. (KK-1)

2.4.2.2. Vakfıkebir (Büyükliman-Fol)

Tarihi dönemler içinde Büyükliman ve Fol biçimlerinde adlandırılan Vakfıkebir, Osmanlı döneminde küçük bir balıkçı limanı ihtiva eden bir kaza merkezi olmuştur. Öte yandan havalinin bazı önemli pazar yerlerinin uzun yıllar Fol Deresi ağzında ve Çamlık mevkilerinde kurulmuş olmasından ötürü navluncuların ve pazarcıların rağbet gösterdikleri bir bölge olmuştur (Bıjışkyan, 1998: 81). Fol Deresi'nin denizle buluştuğu alanın hemen bitişiğindeki kıyı ovasında kurulan ilçe, ilerleyen dönemlerde arkadaki yamaçlara doğru gelişmiştir. İlçenin baskın bir balıkçı kültürü yoktur. İlçe, önemli balıkçı yerleşimlerinin güzergâhında yer alması hasebiyle araştırma kapsamına dâhil edilmiştir.

Ek-70: Eski Vakfıkebir pazarından bir görünüm.

İlçede 20 civarında küçük balıkçı teknesi vardır. İlçenin doğusunda bulunan Yalıköy (Klida) barınağındaki 10 civarında balıkçı teknesi bağlı olup bu teknelerin sahiplerinin tamamına yakını Çarşıbaşı ilçesinin Kaleköy Köyü'ndendir. Bu münasebetle Vakfıkebir ve Çarşıbaşı balıkçılık kültürünün tam anlamıyla birbirinden bağımsız bir biçimde değerlendirilmesi mümkün değildir. Zira Çarşıbaşılı balıkçı ailelere ait gırgır teknelerinin önemli bir kısmının da (Karahasanoğulları Balıkçılık, Kerem Balıkçılık vd.) bağlama alanı Vakfıkebir Limanı'dır. İlçede geçimini balıkçılıkla temin eden aile sayısı, teknelerini ilçe sınırları içinde bağlayan Çarşıbaşılı aileler istisna tutulduğunda 5 civarındadır.

2.4.2.3. Çarşıbaşı (İskefiye)

Trabzon il merkezinin 34 km batısında bulunan ve bugün ilçe statüsüne sahip olan Çarşıbaşı, havalinin en eski yerleşim alanlarındandır. İskefiye adıyla uzun süre Vakfıkebir'e bağlı bir bucak olan bu yerleşimin adı 1962 yılında değiştirilmiştir. 1991 yılında ilçe statüsüne kavuşan Çarşıbaşı, uzun yıllar Vakfıkebir pazarına giden köylülerin konaklama alanlarından biri olduğu için halk arasında Pazarönü adıyla da anılmaktadır (Öztürk, 2005: 253).

Büyükliman/Yoroz kültür hattını en etkili biçimde temsil eden alanlardan biri olan Çarşıbaşı'nda balıkçılık, ilçenin kurulduğu dönemlerden itibaren en önemli geçim kaynaklarından biri olmuştur. Geçmişte tütün ekimine izin verilmeyen ilçedeki sınırlı arazilerden elde edilen gelir, kalabalık ailelerin geçimini temin etmede yetersiz kaldığı için denize âşina olan ahali, zarureten balıkçılığa yönelmiştir. 1. Dünya Savaşı yıllarında 1916'da yaşanan büyük muhacirlikten önce yelkenli kayıklarıyla oldukça zor koşullarda balıkçılık yapan Zeytinlik (Laut) ve Burunbaşı (Hazer) Mahallelerinden Çakıroğlu Mehmet, Şaban Çavuş (Mazlum), Koskor Osman (Kaya), İshak Hoca, Sadık Ertuğrul, Rustemoğlu Mahmut, Hamzoğlu Temel ve Kadir gibi çok sayıda balıkçı muhacirlikle birlikte gittikleri yerlerde de balıkçılık yapmaya devam etmişlerdir. Bir kısmı muhacirlikte ölen, bir kısmı ise gittikleri yerlere yerleşen balıkçıların dışında muhacirlikten dönen balıkçıların çocukları ilçede balıkçılığa devam etmişlerdir.

İlçede diğer bir göç dalgası 1940'lı yıllarda başlamıştır. Pek çok aile, aralıklarla Akçaabat ve Trabzon ili merkezine (özellikle de Faroz'a) göç etmiş ve buralarda da çoğunlukla balıkçılıkla meşgul olmuştur. Öte yandan ilçede kalan balıkçılar, 1950'li yıllardan itibaren av sezonlarında gurbete çıkıp İstanbullu reislere tayfalık yaparak geçimlerini temine çalışmışlardır.

İlçede 1950'li yıllarda bazı aileler 12-13 metre boyunda alamana kayıklarıyla kıyı balıkçılığına başlamışlardır. Aynı dönemde 20-22 metrelik ağaç teknelerle gırgır balıkçılığı da yapılmaya başlanmıştır. Sürmeneli Sabri ve Mehmet isimli kayık ustaları tarafından yapılan 32 ve 35 karışlık ilk gırgır tekneleri, sırasıyla Kaleköy Merkez Camii bitişiğinden, Burunbaşı Camii önünden ve Zeytinlik Mahallesi sahilinden denize indirilmiştir (Akıntürk, 2012: 221).

Kısa bir süre sonra Çarşıbaşı havalisinde büyük balıkçı teknelerinin sayısı artmaya başlamıştır. Daha sonra bir kısmı denizden çekilmiş olan Özdemir, Ertuğrul, Küçük, Şahin, Genç, Yüksel, Kobya, Kaya, Terzioğlu,

Özbey, Doğru, Akyol ve Kul aileleri tüm Çarşıbaşı havalisinde 1980'li yıllara kadar gırgır teknesi edinen balıkçı aileler arasında olmuşlardır. 1990'lı yılların başlarında Çarşıbaşı'nda otuz yedi adet büyük balıkçı teknesi faaliyet gösterir olmuştur. Bu teknelerle Doğu Karadeniz sularında hamsi ve palamut avcılığı yapan aileler, Batı Karadeniz ve Boğaz avcılığına da iştirak etmişlerdir.

Ek-71: Kobya ailesinin yaşayan en kıdemli üyesi Şevket Kobya ve ailenin mali işlerinden sorumlu torun Onur Kobya

Çarşıbaşı'nda balıkçılar, teknelerini uzun süre Keremköy yalısındaki kumluk alana çekmiş, daha sonraları ise ilçe merkezindeki limanın haricinde Yoroz Burnu'ndaki limana çekmeye başlamışlardır. 1977 yılında ilçe merkezinde Burunbaşı mevkiinde inşa edilen barınakta boyları 4 ile 12 metre arasında değişen 70 civarında balıkçı teknesi bağlıdır.

Merkez barınağındaki balıkçıların hemen tamamı merkez mahallelerinde ikamet etmektedir. Yoroz hariç tutulduğunda ilçe merkezinde 30 civarında küçük balıkçı ailesinin alternatif bir geçim kaynağı bulunmamaktadır. Ancak ilçede gelir kaynağı sadece balıkçılık olan aile sayısı bununla sınırlı değildir. İlçede firma ölçeğinde faaliyet gösteren çok sayıda gırgır teknesinde firma sahibi aile bireyleri ile birlikte istihdam olunan 200'ü aşkın balıkçı ailesi de bu kapsama dâhil edilmelidir.

Firma ölçeğinde balıkçılık yapan Çarşıbaşı merkezli Kaya (*Can Kardeşler Balıkçılık, Karahasanoğulları Balıkçılık, Burak Balıkçılık, Trabzon Su Ürünleri*) ve Küçük (*Kerem Balıkçılık, Karadeniz Balıkçılık*[142]) aileleri merkez barınağını ve Beşikdüzü limanını dönüşümlü olarak kullanmaktadır. Yoroz istisna tutulduğunda ilçede faaliyet gösteren çok sayıda balıkçı firması arasında *Hacı Yusuf Balıkçılık*[143], *Kahveci Kardeşler*[144], Ali Kaya'nın sahibi olduğu *Ahmet Reis 61* gibi orta ölçekli gırgır takımları da yer almaktadır.

1950'li yıllarda Mustafa Çağlar tarafından kurulan kayık yapım tezgâhı bugün merkez limanında oğulları Halil ve Muharrem Çağlar tarafından işletilmektedir. Merhum Mustafa Çağlar, balıkçıların iptidai yöntemlerle de olsa bolca balık avladıkları yıllarda 8-9 metre boyunda pek çok tekne yaparak ilçe balıkçılığına katkıda bulunmuştur.

1970 yılının ortalarına kadar ahşap teknelerle avcılık yapan balıkçılar, bu yıllardan itibaren sac teknelere rağbet göstermeye başlamışlardır. Bu bağlamda Karadeniz sularındaki ilk sac tekne, Çarşıbaşılı balıkçılardan Celal ve Yunus Terzi ile Abonoz Küçük'ün İstanbul'da Rumeli Kavağı'nda ortaklaşa inşa ettirdikleri *Zafer*[145] isimli teknedir. (KK-42; KK-43)

Ek-72: Çarşıbaşılı Terzi ve Küçük ailelerininortaklaşa inşa ettirdikleri Zafer adlı tekne. (Küçük Ailesi Arşivinden)

Bu tekneden sonra Zekeriya Ertuğrul'un *Baba Mahmut* adlı sac teknesi inşa edilmiştir. Hüseyin Akkan'ın Sürmene'de yaptırdığı tekne, Şevket ve Hüseyin Kobya'nın[146] birlikte inşa ettirdikleri *Gümüşkale* adlı tekne, Zekeriya ve Mustafa Kul'un Mustafa Özbey'in tekneleri ile birlikte ilçedeki sac gırgır teknelerinin sayıları artmıştır (Akıntürk, 2012: 222). Bu ailelerden bazıları daha sonraki yıllarda denizden çekilmişlerdir.

Ek-73: Kobya ailesinin Sürmene yapımı ahşap teknesi ile Gümüşkale adlı sac teknelerinin denize indirilişi. (Kobya ailesi arşivinden)

26 Nisan 1986 tarihinde Çernobil Nükleer Santrali'nde meydana gelen kazanın deniz faunası üzerindeki yıkıcı etkileri, araştırma sahasında, meslekî ve sosyolojik açıdan en çok Çarşıbaşılı balıkçı aileler üzerinde etkiler bırakmıştır[147]. Çarşıbaşı ve çevresinde faaliyet gösteren bazı balıkçı aileler, balık kıtlığının yaşandığı bu dönemde geçimlerini temin etmek için İskenderun ve Mersin gibi Akdeniz'e kıyısı olan illere göç etmişlerdir. Meslekî karakterli bu göç ilk kez, Çarşıbaşılı olan ancak takımları o dönemde Faroz'da bağlı bulunan Hüseyin Akkan, Ahmet Akkan ve Osman Akkan kardeşler tarafından gerçekleştirilmiştir. 1989 yılında ailelerini geride bırakıp İskenderun'a giden üç kardeş, iki yıl süreyle İskenderun'da avcılığa devam etmişler ve 1991 yılında ailelerini de alarak topyekûn İskenderun'a yerleşmişlerdir. Müteveffa Osman Akkan'ın dışında ailenin diğer bireyleri çocukları ile birlikte İskenderun'da gırgır balıkçılığına devam etmektedirler. Aile 4 kuşaktır balıkçılıkla iştigal etmektedir. (KK-129)

Akkan ailesinden sonra Çarşıbaşı'ndan başka balıkçı aileler de aynı sebeple Akdeniz ve Ege sularında mesleklerini sürdürmeye çalışmışlardır. Sayıları bir düzineye yaklaşan bu ailelerin önemli bir kısmı bu yeni avlanma sahasının şartlarına uyum sağlayamamaları ve yaşadıkları finansal problemlerden ötürü tüm av takımlarını kaybetmişlerdir. Bu isimler arasında 1958 yılından bu yana balıkçılık yapan ve halen Çarşıbaşı'nda yaşayan Yılmaz Terzi ilk akla gelenlerdendir. Meslekî birikimi ile yöre balıkçıları arasında bugün de muteber olan Yılmaz Reis, kendi ifadesine göre trilyonlarca lira değerindeki av takımını finansal darboğazdan kurtulmak için değerinin çok altında bir meblağa satmak zorunda kalmıştır. En az dört nesildir balıkçılıkla uğraşan bir ailenin balıkçılık macerası çocuklarını başka mesleklere yönlendiren Yılmaz Terzi ile birlikte sona ermiştir.

Ek-74: Çarşıbaşı Keremköylü Küçük ailesinin balıkçı tekneleri.

İlçede geçmişten beri balıkçı aileleri ile tebarüz etmiş olan Fenerköy (Yoroz), Zeytinlik, Burunbaşı, Salova, Kaleköy[148], Gülbahçe köy ve mahallelerinin yanı sıra Keremköy Mahallesi de daima müstesna bir yere sahip olmuştur. İlçe merkezinin doğusunda bulunan ve Yoroz'a (Fenerköy) 3 km mesafede bulunan Keremköy Mahallesinde soy kökünde veya bugününde balıkçı bulunmayan aile yok denecek kadar azdır.

Çarşıbaşı'nda ilerleyen yaşlarından veya ekonomik sebeplerden ötürü denizden çekilen balıkçılar ve av yasağı süresince avlanamayan balıkçılar, boş zamanlarında Keremköy Mahallesinde bulunan 2 kahvehanede bir araya gelmektedirler. Mahallede ayrıca Mehmet Küçük'ün başkanlığını yaptığı bir balıkçı derneği bulunmaktadır. Çarşıbaşı'nda ilk balık istihsal ve satış kooperatifi 36 ortakla 1952 yılında kurulmuştur. (Cumhuriyetin 50 Yılında Giresun, 1973: 232) İlçede bugün birisi Yoroz'da olmak üzere iki ayrı kooperatif 200'den fazla üyeyle faaliyet göstermektedir. İlçe genelinde çoğunluğu ilçenin ve yakın balıkçı yerleşimlerindeki balıkçı ailelerinin teşekkülleri olan *Akerko Su Ürünleri, Koptur Su Ürünleri, Burak Balıkçılık Su Ürünleri, Çarşıbaşı Su Ürünleri, Taka Su Ürünleri* ve *Trabzon Su Ürünleri* adlarıyla beş adet su ürünleri işleme ve muhafaza tesisi faaliyet göstermektedir.

Ek 75- Kobya ailesinin Çarşıbaşı ve Gürcistan'daki su ürünleri tesislerinden görünümler.

2.4.2.3.1. Fenerköy (Yoroz)

Fenerköy (Yoroz), Çarşıbaşı ilçesi balıkçı kültürünün merkezi konumundadır. Doğu Karadeniz balıkçılık kültürünün ülkenin diğer bölgelerine tanıtımı konusunda çokça gündeme gelmesi hasebiyle popüler bir alan olan Yoroz'da, boyları 6 ile 10 metre arasında değişen 50 civarında balıkçı teknesinin yanı sıra Yorozlu balıkçı ailelerine ait çok sayıda gırgır teknesi bağlıdır.

Ek-76: Fenerköy (Yoroz) limanından eski ve yeni görünümler.

Ergün Kardeşler, Margo Balıkçılık[149], *Köroğlu Balıkçılık, Yılmaz Balıkçılık*[150], *Şahin Balıkçılık*[151] gibi büyük çapta avcılık yapan teknelerin dışında *Bilal Kaptan, Ahmet Şahin, Sofu Dayı, Karadayı Balıkçılık, Çakıroğlu 61, Genç Kardeşler* isimli orta ölçekli avcılık yapan gırgır tekneleri ile avlanan balıkların denizde şoklanmasına ve paketlenmesine imkân tanıyan *AKERKO* isimli tekne, limana bağlı olan avcı takımlarıdır. Yoroz limanı, gırgır teknelerinin yoğunluğu ile balıkçılığın endüstriyel yüzünü temsil etmektedir. Tekneleri limanda bağlı olan küçük balıkçıların hemen tamamı Fenerköy Mahallesinde ikamet etmektedir. Fenerköy'de soy kökünde balıkçı bulunmayan aile sayısı oldukça azdır. Teknelerini buraya çeken küçük balıkçıların 40 kadarının tek geçim kaynağı balıkçılıktır. 1970'li yıllara kadar küçük ve orta ölçekli teknelerle balıkçılık yapılan yörede bu yıllardan itibaren gırgır takımları çoğalmaya başlamıştır.

Ek-77: Fenerköylü Yılmaz ailesinin sahibi olduğu Ergün Kardeşler firmasının tekneleri.

Bugünkü Yoroz limanının inşasına 1974 yılında başlanmış ve çalışmalar 2000'lere kadar devam etmiştir. (KK-46) Alt yapıya dönük eksikleri olan barınakta tuvalet ve içme suyu mevcuttur. Barınakta küçük balıkçılar tarafından kullanılan birkaç dam dışında muhafazalı alanlar oldukça sınırlıdır.

Yorozlu küçük balıkçıların en popüler avlakları, Yoroz Feneri'nin karşısındaki Fener Adası[152] civarı ile Mersin Beldesi açıklarındaki Mersin Adası civarıdır. Yoroz havalisinde deniz tabanı yaklaşık 40 kulaçtan sonra taşlık (ilişken) olduğu için bu alanlarda avcılık ustalık gerektirmektedir.

Yoroz mahallinin en eski balıkçı aileleri arasında ilk sırada *Lağoğlu* lakaplı Birinci ailesi gelmektedir. Bu aile ortak kanaate göre Trabzon havalisinde 1950'li yıllarda tam donanımlı av takımı oluşturan ilk ailedir. Ailenin üç nesil önceki ataları kürekli kancabaş tekneleri ile hamsi avcılığı yapmış, ilerleyen dönemde 1991'e kadar gırgır takımları işletmişlerdir. 1991 yılında takımlarını devrederek denizden çekilen aile, pamuk ipliğinden yapılan ağların kullanılmaya devam ettiği 1960 yıllarda merhum Yaşar Birinci önderliğinde sentetik ağ ticareti ile de uğraşmıştır. Yaşar Reis'in oğlu Cahit Birinci (KK-47) bu dönemi şöyle anlatır:

> Rahmetli babam İstanbul'da o yıllarda dışarıdan getirttiği sentetik ağları pazarlayan Dimitri Finfinis isimli tüccardan naylon ağlar alıp getirmiştir. Bu naylon ağlar buraya ilk getirildiğinde balıkçılar bu ağların işe yarayıp yaramayacağı düşünmüşlerdi. Ama pamuk ağları kullanmak da çok meşakkatliydi. Babam bu ağları kendi avcılığında kullanıp çokça balık tuttuktan sonra balıkçılar baktılar ki düşündükleri gibi değil, babamdan ağ almaya başladılar.

Fenerköy'de Birinci ailesinin dışında Yılmaz ailesinden (Margo) Hüseyin, Samittin, Kör Ahmet (Yılmaz), Ertuğrul ailesinden Rüstemoğlu Mevlüt, Kansız Mehmet, Zekeriya ve Muharrem (Ertuğrul), Çakıroğlu ailesinden Büyük Mustafa, Mustafa, Kaya ailesinden Yakupoğlu Necati ve Kargaç Yaşar (Kaya), Kara ailesinden Dede Mustafa (Kara), Mazlum ailesinden Lülük İbrahim ve Korucu'nun Osman (Mazlum), Usta ailesinden Dede Mehmet ve İzzet (Usta) gibi isimlerden bazıları balıkçılığın haricinde Çarşıbaşı, Samsun ve İstanbul hattında sermayecilik yapmanın yanı sıra zaman zaman İstanbul'da kumculuk da yapmış eski isimlerdir. (KK-46)

2.4.2.4. Akçaabat (Polathane)

Akçaabat, Giresun ve Trabzon hattındaki pek çok kıyı yerleşiminde olduğu gibi denize açılan sırtlar ve taraçalar üzerinde kurulmuştur. İlçenin balıkçı ailelerinin de yaygın yaşam alanlarından Dürpınar, Ortamahalle ve Nefsipulathane, en eski mahalleleler olarak bu sırtlar üzerinde kurulmuştur. 19. yy'da bugünkü Vakfıkebir, Çarşıbaşı, Beşikdüzü ve Şalpazarı ilçelerinin yanı sıra bugün Trabzon'a bağlı olan köyleri de kapsayan büyük bir kaza hüviyetinde olan Akçaabat, limanı, kalabalık nüfusu, mısırı, tütünü, yörede oldukça kıymetli olan sebze ve meyveleri, hayvancılığı, ticareti ve balıkçılığı ile canlı bir yerleşim olmuştur (Saydam, 2001: 135). İlçe bugün doğuda Kalenima batıda ise Ahanda deresine kadar olan sahil şeridi boyunca büyümüştür (Bekdemir, 2007: 21, 58).

Trabzon balıkçılarının meslek folklorlarının bugün de canlı olarak takip edilebildiği önemli alanlardan biri olan Akçaabat, dolgu faaliyetlerinin henüz başlamadığı 1950'ler öncesinde sahil dokusuyla müstesna bir yere sahip olmuştur. Trabzon'un denize kıyısı bulunan ilçeleri içinde en uzun sahil şeridine sahip olan Akçaabat'ta pek çok tarihi kayıtta ticari potansiyeli ve korunaklı yapısı itibariyle sıklıkla zikredilen Polathane limanının yanı sıra geçmişte balıkçılara ev sahipliği yapmış pek çok doğal barınağı da bünyesinde barındırmıştır. Doğu Karadeniz sahilinde yapılması düşünülen limanlarla ilgili incelemelerde bulunmak üzere 1930'lu yılların sonlarında bölgeye gelen Süreyya Gürsu, Polathane limanının tarih boyunca önemli bir liman olmasının sebebini karayel ve batı rüzgârlarına kapalı bir alanda bulunması ile ilişkilendirmiş; batısındaki Yoroz ve yakınındaki Sargana burunlarının limanın korunaklı olmasına ayrıca önemli katkılar sağladıklarını, diğer yandan Yoroz Burnu ile Polathane arasındaki Kalecik ve Misafir Dağlarının da batı rüzgârlarının liman içerisine girmesini engellediğini belirtmiştir (1939: 23). Akçaabat havalisinde Polathane limanı dışında Mersin, Akçakale, Darıca ve Salacık sahilleri de topyekûn korunaklı alanlar olmuştur. Akçaabat balıkçılığı bu önemli avantajın da etkisiyle bu muhitlerde yoğunlaşmıştır. Geçmişte fırtınalı havalarda kürekli ve bazen de küreğe ek olarak yelkenli kayıkları ile avlanan her yöreden balıkçılar, fırtına öncesinde veya esnasında buralara sığınabilmişlerdir.

Ek-78: Akçaabat eski pazar yerinden bir görünüm. (Anonim)

İlçe genelinde "sermaye kayığı" olarak adlandırılan çektirmelerle uzun süre nakliyecilik yapılmıştır. Bu teknelerin sahipleri çoğu zaman balıkçılıkla nakliyeciliği bir arada yürütmüşlerdir. İlçede bu türde "sermayecilik" yapan aileler arasında Terme ve Çarşamba gibi yerlerden bu yöreye tarım mahsulleri taşıyan Hacı Tosunoğulları, Nuh Oğulları, Sağıroğulları aileleri ilk akla gelenlerdir. Karayolu ulaşımının yaygınlaşması ile bu uzun süreç sona ermiş; bazı tekne sahipleri denizle olan münasebetlerini tamamen bırakırken, bazıları balıkçılığa yönelmişlerdir (Aça, 2014: 654)

İlçenin idari sınırları içinde toplam 7 adet çekek yeri ve barınak bulunmaktadır. Bu sayı Trabzon ili merkezindeki barınak sayısından fazladır. İlçe merkezinde etrafı köftecilerle kuşatılmış olan barınakta boyları 4 ile 8 metre aralığında 100 civarında balıkçı teknesi bağlıdır. Barınakta balıkçılıkla geçimini temin eden balıkçı sayısı 15 civarındadır.

Ek-79: Akçaabat merkez balıkçı barınağından bir görünüm.

İlçenin Çolaklı ve Nefsipulathane Mahalleleri[153] balıkçı ailelerinin yoğunlaştığı ve geçmişte de balıkçılığın tek geçim kaynağı olduğu eski mahallelerdir. Barınakta başka mahallelerde ikamet eden balıkçılar da mevcut olup bunları pek çoğu amatördür. Sözü edilen iki mahallenin tanınmış balıkçı aileleri arasında nesillerdir balıkçılık yapan Pepe, Çolak, Güç, Usman, Manatoğlu, Özkan ve Koçuroğlu aileleri yer almaktadır. İlçedeki ilk gırgır takımı uzun süre balıkçılık yapan Mehmet, Muharrem ve Arslan Çolak kardeşler tarafından 1960'ların başlarında alınmıştır.

Akçaabat balıkçıların en önemli avlakları Galanima deresi ile Sargana mıntıkasına kadar olan deniz alanıdır. Galanima deresinin 2 mil açığından itibaren derinleşen su yaklaşık 6 mil sonra Panavra Adası denilen mıntıkada nispeten sığlaşmaktadır. Panavra adasının güney batısında (Aşağı Panavra) ve kuzey doğusunda (Yukarı Panavra) mezgit avcılığı yapan balıkçılara Mersin ve Akçakale balıkçıları da zaman zaman eşlik etmektedir. (KK-36)

Akçaabat'ta 1960'ların başlarında kurulan ilk balıkçı kooperatifi daha sonra lağvedilmiş ve yerine 1978 yılında yeni bir kooperatif kurulmuştur. Bugün İsmet Boğuçlu'nun başkanlığını yaptığı kooperatifin 85 balıkçı üyesi vardır.

Merkez barınağında balıkçılığın yanı sıra kayık ustalığı da yapan ve Temel Pepe ve Tuncay Zavrak, barınakta açık alanda zanaatlarını icra etmektedirler. Barınakta aslen Yorozlu ve Mersin Yalıköylü olan Çakıroğlu ve Genç ailelerine ait gırgır tekneleri de mütemadiyen konaklamaktadır.

2.4.2.4.1. Mersin

Akçaabat'ın en eski iki balıkçı beldesinden biri olan Mersin, 1983 yılında ülke genelinde yasaklanan yunus avcılığının yüzyıllar boyunca en önemli merkezlerinden biri olmuştur. Osmanlı döneminde balıkçılık Türklerin hâkimiyetine geçtikten sonra da daha önce olduğu gibi yunus avcılığı devam etmiş Trabzon havalisinde elde edilen balık yağının önemli bir miktarı Köroğlu ailesi başta olmak üzere beldedeki çeşitli balıkçı aileler tarafından işlenmiştir. Beldenin en ünlü yunus avcılarından biri merhum Mehmet Köroğlu'dur.

Ek-80: Mersinli Köroğlu ailesinin balıkçı ataları Mehmet ve Mustafa Köroğlu. (Köroğlu Ailesi Arşivinden)

Yunus avcılarının meslekî folklorları hakkında bilgiler verilirken Mersinli yunus avcılarına tekrar temas edilecektir. Mersin'de ilk balıkçı kooperatifi 80 ortakla 1952 yılında kurulmuştur. (Cumhuriyetin 50 Yılında Giresun, 1973: 232). Bugün de faaliyetlerini sürdüren kooperatife Faruk Saraç başkanlık etmektedir.

Beldede bugün Taşlıca, Oksuza, Saraçlar ve Çamburnu mevkilerinde 4 ayrı doğal çekek yeri vardır. Bu çekeklerde boyları 3-7 metre arasında değişen toplam 50 kadar kayık bağlıdır. Beldede 10 civarında küçük balıkçının tek geçim kaynağı balıkçılıktır. Ancak bunların dışında yöredeki gırgır takımlarında çalışanlarla birlikte yaklaşık 100 hanenin geçim kaynağı balıkçılıktır. Çekeklerin bulunduğu Taşlıca, Saraçlar ve Çamburnu mahalleleri geçmişten beri beldenin balıkçı ailelerinin yoğun olarak yaşadığı yerler olmuştur. Bunların dışında beldede Köroğlu ailesine ait balıkçı teknelerinde çalışarak geçimini temin eden aileler de vardır. Beldenin geçmişi eskiye dayanan balıkçı aileleri arasında Köroğlu ailesi haricinde önceleri, Kukuloğulları veya Limanlılar şeklinde adlandırılan Saraç ve Altun aileleri de yer almıştır. Köroğlu ailesi Ahmet Köroğlu önderliğinde firma ölçeğinde gırgır balıkçılığına[154] devam ederken, Saraç ve Altun aileleri küçük çapta balıkçılık yapmaktadırlar.

Ek-81: Köroğlu ailesinden merhum Adil Köroğlu ve kardeşi Ahmet Köroğlu.

2.4.2.4.2. Akçakale

Akçaabat'ın Mersin'den sonra diğer önemli balıkçı beldesi Akçakale'dir. Adını deniz kıyısındaki kale harabelerinden alan beldenin en eski balıkçı aileleri Akgün, Sağıroğlu, Şen, Ocak, Doğan ve Kara aileleridir. Bu ailelerin yeni nesilleri içinde özellikle Akgün ailesi balıkçılıkta ilerlemiş ve firma boyutunda balıkçılık yapar hale gelmiştir[155]. Oldukça kalabalık ve sağlam bir aile yapısına sahip olan Akgün ailesinin düzinelerce bireyi geçimlerini birlikte çalışarak balıkçılıkla temin etmektedir. Beldenin büyük ölçekte balıkçı ailelerinden Kara ailesi ise, 1991 yılından itibaren Kemal ve Nihat Kara kardeşler yönetiminde Kaptan Bora-1 adlı tekneleri ile Ege denizinde balıkçılık yapmaktadır. (KK-181)

Ek-82: Akgün ailesinin hayatta olan en kıdemli üyeleri Temel ve Mustafa Akgün ile ailenin bugünkü reisi konumunda olan Sedat (Vedat) Akgün ve ailesinin ortaklarından olduğu AKERKO şirketine bağlı şoklama gemisi.

2010'da hizmete açılan Akçakale barınağında boyları 4 ile 12 metre arasında değişen 55 civarında balıkçı teknesi bağlıdır. Tekne sahiplerinden 15'inin tek geçim kaynağı balıkçılıktır. Beldenin tek büyük balıkçı firması olan Akgün Balıkçılık, Perşembeli tayfaların haricinde Akçakaleli tayfları da istihdam etmektedir. Bu durum beldede 100'e yakın hanenin geçimini balıkçılıkta temin etmesinde etkili olmaktadır. Beldede balıkçıların ikamet ettikleri alanlar Çatalzeytin Mahallesi ve belde merkezidir.

Beldede 82 üyesi olan ve Cengiz Erol başkanlığında 2003 yılında kurulmuş olan bir balıkçı kooperatifi mevcuttur. Akçakale balıkçıları genellikle Galanima Deresi açıklarındaki Panavra Adası ile Mersin beldesi açıklarındaki Mersin Adası etrafındaki avlaklarda avcılık yapmaktadırlar. (KK-50; KK-51)

Ek-83: Akçakale sahilinden eski ve yeni görünümler. (Anonim)

2.4.2.4.3. Salacık (Zavena)

Geçmişte Trabzon havalisinde gerçekleştirilen yunus avcılığının Mersin'den sonra diğer bir önemli merkezi olan Salacık[156], Akçaabat'ın batısında Darıca ile komşu eski bir yerleşimdir. Köyün en köklü balıkçı ailesi Malkoçlardır. Ailenin balıkçılık geçmişi 19. yy'ın ikinci yarısında Helim Reis'e uzanmaktadır. Köyün yaşlıları tarafından hatırası hâlâ muhafaza edilen Helim Reis, çok usta bir yunus avcısıdır. Helim Reis'ten sonra oğulları Mustafa (1884-1967), Arif (1901-1981) ve İlyas (1903-1978) yunus avcılığı ağırlıkta olmak üzere balıkçılığa devam etmişlerdir. Köyün ilk balık yağı işlekhanesi muhacirlikten sonra diğer pek çok muhacir aile ile birlikte bir süre Çömlekçi'de kaldıktan sonra tüm ailesiyle Zavena'ya geri dönen Mustafa Malkoç tarafından kurulmuştur (KK-52). Muzaffer Lermioğlu 1949 yılında bu işlekhane hakkında şunları yazmıştır: "Halen balıkyağı Zavena köyünden Mustafa Malkoç'un imalathanesinde iptidai usullerle, fakat saf olarak istihsal edilmektedir. Balık yağı alındıktan sonra, hurdası gübre olarak tarlaya dökülmektedir." (Lermioğlu, 2011: 32)

Ek-84: Önde yörenin muteber isimlerinden Yahya Denizer ve Malkoçoğlu Mustafa Reis (Mustafa Zengin Arşivinden) ile ailesinin bugünkü kıdemli üyeleri Namık Kemal, Halim ve Yüksel Malkoç.

Uzun yıllar çalıştırılan bu işlekhane hakkında ailenin hayattaki en yaşı üyesi Helim Malkoç (KK-53) ise şunları anlatmıştır:

> Vakfıkebir'den beri bu ahalinin balığını biz alırdık. Kaynatırdık yağ yapardık, satardık. Yani misal babalarımız aldı; ben de aldım yağını çıkartıp sattım. Ama onu devlet yasaklayınca biz de öyle bıraktık.

Köyde Malkoçlar haricinde Kalafatoğullarından Aziz ve Memet Reis, Buruk ailesinden Osman ve Remzi Reis, Beşli ailesinden Zühtü ve Ahmet Reis, Emiroğulları ailesinden Memet Reis ile Sakaoğulları ve Çanakçıoğulları ailesinden balıkçılar yunus avcılığı yapan diğer isimler olmuşlardır. Yunus avcılarının meslekî folklorları hakkında bilgiler verilirken Salacıklı yunus avcılarına tekrar temas edilecektir.

Ek-85: Malkoç ailesinin Samsun'da trolcülük yaptığı Malkoçoğlu Mustafa Reis adlı trol teknesi. (Malkoç ailesi Arşivinden)

Köyde çektirmecilik ve balıkçılık yapan çok sayıda aile 1960'lardan itibaren Samsun ve diğer bazı sahil kentlerine göç etmişlerdir. Karayolu ağının genişlemeye başlamasına ek olarak limanların hizmete açılmasıyla buralara yanaşan büyük gemilerin çektirmeciliği cazip bir iş olmaktan çıkarması söz konusu göçlerin başlıca sebebi olmuştur. Çektirmecilik eskisi gibi kârlı bir meslek olmaktan çıkınca Malkoç ailesi, çeşitli büyüklüklerdeki 3 çektirmesini satarak İstanbul ve Hopa arasında yıllardır sürdürdükleri nakliyecilik serüvenine son vermiştir. Bundan kısa bir süre sonra Malkoç ailesi de köyden göç eden aileler arasına dâhil olmuş; 1963 yılında Samsun'a göç eden aile, bölgede yaygınlaşmaya başlayan trol avcılığına dâhil olmuştur (Zengin, 2013: 680). Ailenin kıdemli balıkçılarının vefatından sonra çocukları balıkçılığı sürdürmüşlerdir. Bugün Samsun'un Tekkeköy ilçesinde Atıf Malkoç ve kardeşleri trol balıkçılığına devam etmektedirler.

Karadeniz'de bilinen ilk balıkçı birliği 1948 senesinde Mustafa Malkoç önderliğinde Salacık'ta *Balıkçı Cemiyeti* adıyla kurulmuş; ilerleyen yıllarda cemiyet binası *Salacık Köyü Balıkçılık ve İstihsal ve Satış Kooperatifi* adıyla hizmet vermeye devam etmiştir.

Salacıklı balıkçılar, diğer araştırma sahasındaki yaygın kanaatle benzer biçimde, yörelerindeki en eski balıkçılarının Rumlar olduklarını ve atalarının balıkçılığı onlardan öğrendiklerini ifade etmektedirler. Balıkçılar, teknelerini bugün 20 kadar kayığın bağlı olduğu Darıca barınağına bağlamaktadırlar. Darıcalı balıkçılarla birlikte kullanılan bu alanda barınak tanımına asgari ölçüde de olsa uyabilecek hiçbir alt yapı unsuru bulunmamaktadır. Köyün sahilinde de birkaç balıkçı, kayıklarını çakıllık alanlara çekmektedir. Son dönemde Darıca Su Ürünleri Koopreatifi ve Doğu Karadeniz Kalkınma Ajansı işbirliği ile halen âtıl durumda bulunan bu alana geleneksel Doğu Karadeniz evlerinin mimari özelliklerini yansıtacak modern bir balıkçı barınağı yapılması kararlaştırılmıştır.

Ek-86: (Solda) Salacıktaki ilk Balıkçı Cemiyeti binası önünde balıkçılar; (sağda) binanın bugünkü durumundan bir görünüm. (Mustafa Zengin Arşivinden)

2.4.2.5. Yomra

Yomra ve Arsin geçen yüzyılın başlarına kadar Yomra adı altında ortak bir idari alan içinde değerlendirilmiştir (Bilgin, 2013: 59). Trabzon'un doğusundaki ilk ilçe olan Yomra, Kalafka deresinin kıyı düzlüklerinde kurulmuştur. İlçenin ilk yerleşim alanının Kovata mevkii olduğu düşünülmektedir (Bekdemir, 2007: 58)

İlçede 1990'lı yılların başlarında kadar 13 balıkçı teknesiyle iptidai yöntemlerle balıkçılık yapılmış ve yakalanan balıklar Trabzon merkezine sevk edilmiştir. Yomra açıkları Trabzon'lu balıkçıların önemli avlak sahaları arasındadır. Geçmişten beri Trabzonlu balıkçıların uğrak yerlerinden olan Yomra sahilinde bugün 10 civarında amatör balıkçı teknesiyle avcılık yapılmaktadır. Bu balıkçılar, ilçe kıyılarında deniz havuzu balıkçılığı yapan bazı firmalarla aynı çekek alanını paylaşmaktadırlar. Geçmişte Trabzon'da meyve üretiminin en önemli merkezi konumundan olan ilçede balıkçılık, bugünkü haliyle önemli bir geçim kaynağı değildir.

2.4.2.6. Arsin

Uzun süre Yomra ile aynı idari alan içerisinde değerlendirilen Arsin, Yanbolu deresinin batısındaki kıyı düzlüklerinde kurulmuştur. Trabzon'un sanayi işletmelerinin yoğunlaştığı ilçede balıkçılık hiçbir dönemde önemli geçim kaynaklarından biri olmamıştır. İlçede bugün amatör olarak balıkçılık yapan 15 kadar balıkçı vardır. Bunlar arasında geçimini bu yolla temin eden balıkçı sayısı birkaç kişiden ibarettir. İlçenin balıkçılık etrafında tebarüz eden bir kültürel özelliği bulunmamaktadır. Geçmişte bu iki ilçenin kıyıları Trabzon havalisi balıkçılarının önemli avlak alanları arasında iken bugün bu alanlarda balık üretimi yapılan deniz çiftlikleri mevcuttur.

2.4.2.7. Araklı

Bölgedeki diğer kıyı yerleşimlerinde görüldüğü gibi bir kıyı yerleşimi olarak kökeni oldukça eskilere giden ilçenin iki yüz yıl kadar önce kurulmaya başlandığı ve zaman içinde bugünkü haline ulaştığı düşünülmektedir (Durmuş ve diğerleri, 1996: 13). İlçe diğer pek çok Doğu Karadeniz kıyı yerleşimi gibi güneye doğru yükselen, kıyıya paralel uzanmış sıradağların önünde, dar bir sahil şeridi üzerinde kurulmuştur. Sahil yolu yapılıncaya kadar ilçedeki doğal liman, fırtınalı havalarda balıkçı teknelerinin sığınmasına imkân tanımıştır. 1953 yılına kdar Sürmene ilçesine bağlı bir bucak iken bu tarihte belediye statüsü kazanmıştır (Öztürk, 2005: 87).

Trabzon'un doğu hattındaki balıkçı yerleşimleri içinde bugün en çok balıkçı aileyi bünyesinde barındıran ilçe olan Araklı'da balıkçılık iki ayrı hatta takip edilebilmektedir. İlçenin batısında yer alan Kalecik Mahallesi bu hatlardan ilkini oluştururken ilçe merkezinde çoğunluğunu Hürriyet Mahallesinde ikamet eden balıkçıların oluşturduğu merkez barınağı ikinci hattı teşkil etmektedir. Bu iki önemli alanın dışında Kalecik Mahallesinin birkaç kilometre batısında bulunan Yalıboyu (Samayer) mevkiinde de az sayıda balıkçı bulunmaktadır. Kalecik Mahallesinde balıkçılar kayıklarını uzun yıllar mahalleye adını da veren kale harabelerinin altındaki doğal sahile çekmişlerdir. Sahil yolu çalışmalarının hız kazanmasından sonra bu alanın büyük bölümünün dolgu alanı altında kalması ile Kalecikli balıkçılar merkez barınağına sığınmak zorunda kalmışlardır. Bugün sadece birkaç balıkçı teknesi dolgu sonrasında doğal sahilden arta kalan kısmı da kapsayan küçük bir alanda inşa edilen barınağa çekilmeye devam edilmektedir.

Ek-87: Araklı-Kalecik yalısının eski ve yeni halinden görünümler. (Anonim)

Araklı balıkçılığını bugün en güçlü şekilde temsil eden merkez balıkçıları, ilçe merkezinde Kuruçeşmealtı şeklinde adlandırılan mevkideki barınakta toplanmışlardır. Bugünkü barınak, sahil yolu öncesinde var olan 2-3 km uzunluğundaki kumluk ve çakıllık alanın dolgu alanı altında kalmasından sonra inşa edilmiştir. Merkez barınağında boyları 4 ile 10 metre arasında değişen 120 civarında balıkçı teknesi bağlıdır. Bunların dışında 10 metreden büyük olup gırgır teknesi kategorisine giren ve Kazım Eğrioğlu, Ömer Eğrioğlu, Yusuf Uzun ve oğulları, Yakup Uzunhasanoğlu, Faruk Uzunhasanoğlu ve Hasan Türe'ye ait olan 7 tekne daha vardır. Gırgır takımı sahiplerinin yarıya yakını Kaleciklidir. İlçede balıkçılıktan başka geliri olmayan balıkçı sayısı 50 civarındadır. Gırgır takımlarında çalıştırılan tayfaların büyük bölümü Giresun ve Ordu havalisinden olduğu için gırgır takımlarının ilçenin balıkçı ailelerine ekonomik katkısı semboliktir. Merkez barınağında Recep Eğrioğlu ve babası Hakkı Eğrioğlu da kayık ustası olan Salih

Eğrioğlu'nun ustalık yaptığı 2 kayık yapım tezgâhı vardır. Bu ustaların dışında sabitkadem olmayıp sipariş üzerine seyyar çalışan Ahmet Terzi ve Hüseyin Eğrioğlu diğer ustalardır.

İlçede pek çoğu bugün de balıkçılığa devam eden aileler arasında pek çoğu Hürriyet ve Kalecik Mahallelerinden olan Eğrioğlu, Şimşir, Terzioğlu, Emiroğlu, Hasançebi, Uzunhasanoğlu aileleri ilk etapta dile getirilen ailelerdir. Bu mahallelerde son yıllarda gençler başka mesleklere yöneldikleri için yeni nesil balıkçılar gün geçtikçe azalmaktadır. Balıkçıların avlak sınırları Arsin ile Of arasındaki alandır. İlçede Şaban Şimşir yönetiminde faaliyetlerini sürdüren kooperatife ilçe balıkçılarının tamamına yakını üyedir.

Yunus avcılığının yaygın olduğu yıllarda ilçede bu avcılığa meyleden olmamıştır. Ancak Samsun Çarşamba'da ırmakçılığın ve Romanya kıyılarında kalkancılığın yaygın olduğu dönemlerde Mehmet Eğrioğlu ve tayfası yelkenli kayıkla mersin avcılığına katılırken, Veysel Emiroğlu, Araklılı olmayan Remzi Ayan'la birlikte kalkancılık yapmıştır. Navlunculuğun devam ettiği 1960'lı yılların sonlarına kadar bugün bir kısmı vefat etmiş olan Kibar Çavuşoğlu, Süleyman Hasançebi[157], Endumun Ahmet (Çavuşoğlu) ve Beşir Hasançebi, Samsun'dan Hopa'ya kadar olan kıyı yerleşimleri arasında bazen de Rusya kıyılarında navlunculuk yapmışlardır (KK-54)

Ek-88: Araklı Kuruçeşmealtı mevkii balıkçı barınağından görünümler.

2.4.2.8. Sürmene

Sürmene adı, uzun yıllar bugünkü Araklı ve Sürmene havalisini topyekûn ifade etmek üzere kullanılmıştır. Bu dönemler boyunca kaza hüviyetinde olan yerleşimin merkezi son olarak 1910 yılında bugün bulunduğu alana, yani Manahos (Gürçay) deresinin oluşturduğu dar bir kıyı ovası üzerine yerleşmiştir. İlçenin en eski merkezinin Halanik

(Karacehennem) köyü olduğu düşünülmektedir (Bilgin, 2013: 59; Bekdemir, 2007: 23, 58).

Araştırma sahasında Tirebolu'dan sonra denizcilik ve balıkçılık kültürü üzerine en çok söz söylenen balıkçı yerleşimi Sürmene'dir. Bölge balıkçılığının tarihi süreçlerinin anlatımında da ifade edildiği gibi Sürmene, antik çağa uzanan tekne yapımı ve balıkçılığı ile denizcilik ve ticaret konulu tarih araştırmalarında sıkça yer edinmiştir. Tirebolu örneğinde olduğu gibi ilçede yetişmiş sanatçılar, amatör araştırmacılar ve memleket hasreti çeken kişiler tarafından yayınlanan anı ve araştırma kabilinden eserlerde de ilçenin deniz kültürü ve balıkçılığına dair önemli bilgilere yer verilmiştir. 2005 yılından itibaren Sürmene Lisesi çatısı altında, öğretmen Hakan Sümer yönetiminde yayınlanan Tekne Kültür-Sanat Dergisi'nde yayınlanan araştırma ve anılar, ilçenin balıkçılık tarihine mührünü vurmuş pek çok ismin ölümsüzleşmesine vesile olmuştur.

Sürmene'de balıkçılık daha ziyade ilçenin doğu çıkışındaki Balıklı (Civra) Mahallesi ile yine doğuda ilçe merkezine 7 km mesafede bulunan ve Yeniay ve hemen doğusundaki Çamburnu Mahalleleri ile özdeşleşmiştir. Yöre halkı arasında Yeniay ve Çamburnu havalilerini ifade etmek üzere Mahno[158] toponimi kullanılmaya devam etmektedir.

İlçe merkezinde geçmişte balıkçıların yoğun olarak yaşadığı Ortamahalle ve Soğuksu Mahalleleri sahilinin kesişme noktasında bulunan barınak uzun yıllar Sürmeneli balıkçıların uğrak ve bağlama yeri olmuştur. Eski şöhretinden oldukça uzak olan barınakta bugün 60 civarında kayık bağlı olup yalnızca 3 balıkçı geçimini bu yolla temin etmektedir. İlçe merkezinde soy kökünde balıkçı bulunan ailelerden bazıları Kalayoğlu, Karaahmetoğlu, Çilingiroğlu, Kartal ve Ofluoğlu'dur. Soğuksu Mahallesinin mübadele öncesindeki Rum sakinleri arasında çok sayıda kayık ustası vardır. Tepelerdeki evlerinin altındaki tezgahlarda yaptıkları kayıkları denize indirmek için yöre halkının bugün de "kayık yolu" olarak adlandırdıkları alanı kullanmışlardır. (KK-55) İlçedeki yaygın kanaate göre kayık ustalığına meyleden Türkler bu zanaatı Rum ustalardan öğrenmişlerdir.

2.4.2.8.1. Balıklı (Civra) [159]

İlçenin balıkçılık kültürünün simgesi durumunda olan Balıklı (Civra) Mahallesi ahalisi 19. yy.'ın başlarına kadar bugün Aşağı Çavuşlu adı verilen "Voğa" sahillerinde yaşamış; bu sahillerin bataklık olmasından ötürü sık sık sıtma hastalığının baş göstermesi sebebiyle zaman içinde

Civra sahillerine yerleşmeye başlamıştır[160]. Mahallelinin balıkçılık geçmişi Voğa sahillerindeki dönemlere kadar uzanmaktadır.

Ek-89: Sürmene-Balıklı sahilinden 1963 yılına ve bugüne ait görünümler. (*Rıfat Karabacak Arşivinden*)

Doğu Karadeniz'in genelinde görülen göç olgusu 1960'lı yıllarda Balıklı, Yeniay ve Çamburnu Mahallelerini de etkisi altına almıştır. 1950'li yıllarla karayolu yapımının başlaması sürecinde Sürmene, iç bölgelerin denize ve anayollara ulaştığı bir konumda olamamıştır. Bu durum uzun vadede Sürmene'de ticaret hayatının gerilemesini beraberinde getirmiş ve ilçe ticaret merkezi olma ayrıcalığını başta Araklı olmak üzere bölgedeki başka kıyı yerleşimlerine kaptırmıştır. Aynı dönemlerde yöredeki ığrıp takımlarının dağılması da göçlerde etkili olmuştur. Pek çok aile daha iyi bir yaşam beklentisiyle mahallelerinden ayrılarak İstanbul başta olmak üzere büyük şehirlere, bir kısmı da o yıllarda işçi kabulüne başlayan Almanya'ya göç etmiştir (Karabacak, 2006a: 38-40).

Ek-90: Balıklı limanının son sahil inşasından önceki halinden bir görünüm

Sürmene'de ve hatta Doğu Karadeniz'de yunus avcılığının merkezi yüzyıllarca Balıklı (Civra) Mahallesi olmuştur. Yeniay ve Çamburnu (Mahno) beldeleri balıkçıları, yunus avcılığından imtina etmişlerdir[161]. Balıklılı yunus avcıları sadece Sürmene açıklarında avlanmamış, son yüzyılın ortalarına kadar Rusya sahillerine de gitmişlerdir. 10-15 beygir kapasiteye sahip motorları ile günler süren yolculuklarla gurbete çıkan balıkçılar elde ettikleri yağlarla geçimlerini temin etmeye çalışmışlardır. 1950'lerden sonra 10-15 beygir (kuvvet) motorların ithal edilmesi ile yelkenli kayıkların yerini yavaş yavaş motorlu kayıklar almaya başlamıştır. Tüm Doğu Karadeniz'de 1970'li yıllarda motorlu kayıklar hâkim olmaya başlayınca Sürmeneli balıkçılar da büyük oranda yelkenli teknelerden feragat etmeye başlamışlardır. Yörenin isimleri bugün de hatırlanan yunus avcıları arasında Kibar Kaptan (Çakır), Mağo Kasım (Bayraktar), Kasım Akbaş, Çolak Hasan[162] (Şolt), Selahattin Şivil, Saim Püskül, Hasan Sarı, Mehmet Ali Karabacak, Selahattin Kalyoncu gibi isimler yer almaktadır[163]. (KK-58)

Oldukça zengin bir balıkçılık geçmişine sahip olan ilçede, kendi avlaklarının haricinde uzun yıllar ağustos ve kasım ayları arasında İstanbul Boğazı'nda alamanacılık[164], ocak ve mart ayları arasında Yeşilırmak ile Kızılırmak nehirleri ağızlarında da mersin avcılığı (*ırmakçılık*) yapan balıkçı ailelerinin belli başlıları şunlardır: Karabacak, Şolt, Çakır, Emanet, Konyalı, Ofluoğlu, Demircioğlu, Birinci, Yetmişbir vd.

İlçede bir kısmı isimleri verilen ailelere mensup olan ve balıkçılık safahatları ile balıkçılık kültürünün ve meslek folklorunun merkezine yerleşen Balıklılı balıkçılardan bazılarının isimleri şöyledir: Çağo Saffet (Demircioğlu), Gorbar Osman (Öktem), Gâlâ Hasan(Küçük), Ahmet Ali Reis (Yılmaz), Koçero Nizam (Nizamettin Şengün), Kamil ve Fethi Şolt, Ferhat ve Dursun Emanet, İzzet Demirci, Kurşunoğlu Havuz Mahmut, Abdurrahman Bayraktar ve oğulları, Hasbi ve Lütfü Bayraktar, Ameş Şakir ve Mahmut kardeşler, Galdo Mehmet ve Ömer Aydın, Lütfü ve Ethem Çakır, Hasan Hüseyin Küçük, Kavluk Emin (Bayraktar), Celal Kalyoncu, Ahmet, Dursun ve Osman Karabacak, Ömer Kullukçu, (Pisikali) Ali Şengün, vd. (KK-59; KK-57)

Ek-91: Balıklı'da balıkçıların çoğunlukta yer aldığı 1964 tarihli bir fotoğraf. (Rıfat Karabacak Arşivinden)

Balıklı Mahallesinde balıkçılar, 1970'li yıllara kadar teknelerini Kastel deresinin denizle buluştuğu alandan Musalı deresinin denizle buluştuğu alan arasında bulunan ve yaklaşık 2 km uzunluğunda olan kumsala çekmişlerdir. Sahil yolunun tamamlanmasından sonra kumsalların yok olması balıkçılar için bir barınak yapılmasını zaruri hale getirmiş ve bugünkü barınak inşa edilmiştir. Balıklı barınağında bugün boyları 4 ile 12 metre arasında değişen 100 civarında balıkçı teknesi bağlıdır. Buradaki balıkçılardan ancak 15 kadarının tek geçim kaynağı balıkçılıktır.

2.4.2.8.2. Yeniay (Mahno)

Sürmenenin Balıklı'dan sonra diğer bir balıkçı merkezi olan Yeniay'da yeni tersane alanı içinde boyları 4 ile 10 metre arasında değişen 50 civarında balıkçı teknesi bağlıdır. Yeniaylı balıkçılar Balıklılı balıkçılarda olduğu gibi Araklı'daki Narlık Burnu ile Derepazarı Burnu arasındaki havalide avlanmaktadırlar. Beldede küçük balıkçıların dışında Saral[165] ve Avcı[166] ailelerine ait iki gırgır takımı mevcuttur. Bu iki köklü ailenin dışında beldede soy kökünde balıkçı bulunmayan aile oldukça azdır. Yıllar boyunca küçük çapta balıkçılık yapan aileler arasında adları hatırlananlardan sadece birkaçı Alioğlu, Emanet, Karamustafa, Kuku, Yazıcı ve Demir aileleridir. Yeniay'da 25 civarından balıkçının başka bir geçim kaynağı bulunmamaktadır. Beldede eşleri ile birlikte balıkçılık yapan 6 kadın balıkçı vardır. Araştırma sahasında yaygın olmayan bu durum, belde balıkçılarını rahatsız etmemekte, aksine takdirle karşılanmaktadır. Geçmişte balıkçı nüfusu Balıklı Mahallesinde daha fazla iken bu durum zamanla değişmiş ve Yeniaylı balıkçılar çoğunluğa ulaşmışlardır. Beldede geçmişte Vahit Yakupoğlu, Tahsin Emanet ve

Engin Saral gibi isimler tarafından işletilen balıkçı kahveleri uzun yıllar faaliyet göstermiştir. Yeniaylı balıkçılar Balıklılı balıkçılar gibi geçmişte İstanbul'da alamanacılık ve ırmak ağızlarında ırmakçılık yapmanın dışında Romanya, Kırım ve Rusya sahillerinde kalkancılık da yapmışlardır.

Ek-92: Balıklı (Civra) ve Yeniay (Mahno) mahallesi balıkçılarından eski bir görünüm. (Rıfat Karabacak Arşivinden)

2.4.2.8.3. Çamburnu (Mahno)

Sürmene balıkçılığının ilçenin doğusundaki son hattını oluşturan Çamburnu[167]'nda halen endüstriyel boyutta gemi ve tekne imalatı yapılan eski tersane alanı içinde boyları 4 ile 8 metre arasında değişen 25 kadar balıkçı teknesi bağlıdır.

Ek-93: Çamburnu tersanesi içinde bulunan balıkçı barınaklarından bir görünüm.

Bu tekne sahiplerinden sadece birkaçının geçim kaynağını balıkçılık oluşturmaktadır. Çamburnu'nda *Remzi Ağa*[168] ve *Yeni Ay* adlarıyla faaliyet gösteren 2 gırgır takımı vardır. 1960'lı yıllara kadar olan süreçte bir kısmı Yeniaylı olup av takımı sahibi olan reislerden isimleri hatırlananlar şöyledir: Ahmet Ali Avcı, Şevki Karakuş, Paşa ve İzzet Karaalioğlu, Remzi Ayan, Zekeriya ve Kemal Emanet, Ali Osman ve Süleyman Saral, Şakir Başaran, Miktat Alioğlu, Ferhat Arslan, Şükrü Emeksizoğlu vd. 1960'lı yılların başlarından itibaren balıkçılık biraz daha rağbet görür olmuştur. Göç dalgasına dâhil olmayan ailelerin yanı sıra çektirmeciliğin kârlı bir iş olmaktan çıkmasından sonra bu meslekten ayrılan ailelerin tek seçeneklerinin balıkçılık olması bu artışta etkili olmuştur. (KK-60) Balıkçı sayısındaki kısmî artışa rağmen mahalle, balıkçılığından ziyade tekne ustalığı ile tebarüz etmiştir.

Mahallenin geçmişte çektirmecilikle uğraşan ailelerinden Boduroğlu, Palamar ve Mehmetoğlu aileleleri sadece Orta ve Doğu Karadeniz kıyılarında değil Rusya sahillerinde de çalışmışlardır. (KK-61)

Sürmeneli kayık ustaları arasında ilçe merkezinden Tahsin Çilingiroğlu, Balıklı, Yeniay ve Çamburnu Mahallelerinden Kani Ofluoğlu, Ali, Ferhat, Mehmet ve Ziya Şengün, Remzi Türen, Orhan ve Adnan Şivil, Bayram ve Necat Ergün, Yusuf Kabaoğlu, Yakup ve Yusuf Ustaoğlu, Celal, Ahmet Ali, Süleyman, Temel ve Şerafet Kaya, Rasim ve Rıfkı Başaran, Şükrü, Yusuf ve Kenan Erhan[169], İsmail Şenyurt, Miktat Alioğlu vd. Bu isimlerin pek çoğu artık hayatta değildir.

Ek-94: Çamburnu'nun tekne ustalarından görünümler. (Anonim)

Yeniay ve Çamburnu sahilleri henüz sahil yolu dolgusunun altında kalmadan önce mahallenin tekne ustaları bugünkü tersane alanının hemen doğusundaki sahil boyunca dizili olan müstakil tezgâhlarında ahşap tekneler inşa etmişlerdir. 1960'lı yıllara kadar 36 ayrı tekne yapım tezgâhı faaliyet göstermiştir. Tekne inşasının temel malzemesi olan kestane keresteleri Çamburnu ve Of dağlarındaki kestane ormanlarından temin edilmiştir. Kesilen ağaçlar denize ulaştırılmak üzere ırmaklara bırakılmış ve denize ulaştıktan sonra motorlara bağlanarak tezgâhların bulunduğu alanlara getirilmiştir. (KK-61) Bu tezgâhlarda yapılan tekneler Türkiye'nin hemen bütün sularında kullanılmıştır. Sürmene dışında Karadeniz'de kayıkları ile meşhur diğer bir bölge Bartın'ın Kurucaşile ilçesi olmuştur. Karadeniz sularındaki balıkçı teknelerinin büyük çoğunluğu inşa üslupları itibariyle "Sürmene tarzı" ve "Kurucaşile tarzı" şeklinde adlandırılmaktadır.

Ek-95: Çamburnu'nda eski tekne yapım tezgâhlarından görünümler. (Anonim)

Havalide tekne ustalığı ile ilişkili bir başka zanaat da kalafatçılık olmuştur. Uzun yıllar ayrı bir meslek olarak devam eden kalafatçılık, yakın geçmişten itibaren tekne ustaları tarafından yapılır olduğundan kaybolmaya yüz tutmuştur. Yeniay ve Çamburnu'nda isimleri hatırlanan ünlü kalafatçılardan bazıları şunlardır: Mahmut Sofu, Venedik Ahmet (Saral), Sabri ve Şehzat Uysal, Arif Mudaç, Baki Süleymanoğlu vd. (KK-61)

Ahşap tekne imalatının çok yoğun olduğu yıllarda kalafatçılık yapmak üzere başka havalilerden gelip çalışan ustalar da olmuştur. Zira yörenin kendi kalafatçılarının ihtiyacı karşılayamadığı zamanlar olmuştur. (KK-62)

Araştırma sahasında nesillerdir faaliyet gösteren balıkçı ailelerinin % 90'a yakını teknelerini bu beldelerde faaliyet gösteren ve zanaatlarından ötürü tüm bölgede bilinen ustalara yaptırmışlardır. 1980'li yılların başlarından itibaren büyük balıkçı teknelerinde ahşap malzemenin yerine sac malzemenin tercih edilmeye başlamasıyla birlikte imalathaneler hızlı bir dönüşüme girmiş ve daha önce ahşap tekne inşa eden Ergün ve Başaran aileleri öncelikli olmak üzere sac tekne imal eder hale gelmişlerdir (KK-60). Bu aileler dışından bugün faaliyet gösteren diğer ailelerin (Aksoy, Erhan, Karaman, Kocabal vd.) büyük bölümü daha önce kaporta ve karoser işi yaparken sac tekne inşasının rağbet kazanmasıyla bu alana yönelmişleridir (KK-63). Çamburnu'nda ilk sac tekne *Çamburnu Gemi Sanayi* isimli firma tarafından 1975 yılında yapılmıştır. Necat ve Bayram Ergün, Ali Kemal ve Nihat Yılmaz, ile Bahattin Aksoy ortaklığındaki bu teşekkülde Ergün kardeşler dışında tekne ustalığı geçmişi olan yoktur. Bir diğer sac tekne ise 1976 yılında Başaran ve Şengün aileleri ortaklığında inşa edilmiştir. (KK-60)

1. Dünya Savaşı'nda Rus işgali yıllarında Sürmeneli balıkçı ailelerin büyük bölümü daha önce de ifade edildiği gibi deniz yolu ile muhacirliğe çıkmıştır. Ordu, Samsun, Sinop, Bartın, İzmit ve nihayet İstanbul'a kadar uzanan batı kıyılarına sığınan ailelerden bir kısmı, savaş sonrasında buralarda yerleşerek balıkçılığa devam etmişlerdir. Daha sonraki yıllarda buna başka göç dalgaları da eklenmiştir. Bugün İstanbul'da aktif olarak balıkçılığa devam eden Çınar ve Terzioğlu aileleri Sürmene kökenli ailelerden sadece birkaçıdır. Sarıyer ilçesi sınırları içinde Boğazın Karadeniz girişine bakan balıkçı köyü Garipçe'nin tüm ahalisi Sürmenelidir. (KK-64)

2.4.2.9. Of

Solaklı ve Kolenli derelerinin oluşturduğu kıyı ovası üzerinde yer alan ve Trabzon ilinin doğu sınırını teşkil eden Of'un ilk yerleşim alanının Solaklı çayının doğusunda hemen kıyı kesiminde bulunan Sulaklı

Mahallesi olduğu düşünülmektedir. Tarih içinde bu alanda bulunan iskele üzerinden gerçekleştirilen ticaretle bölge haraketlilik kazanmış ve yerleşim kasaba hüviyeti kazanmıştır (Bostan, 2002: 205). Yerleşim daha sonrasında bu lokasyonda büyümeye devam etmiştir.

İlçe merkezinde faal olarak kullanılan tek balıkçı barınağı mevcuttur. İlçenin balıkçılığı açısından geçmişte oldukça önemli olan Soğukpınar, Kalealtı ve Eskipınar mevkileri eski hareketliliğini yitirmiş ve ilçe balıkçıları bu tek barınakta toplanmıştır. Of balıkçı barınağında 25 kadar balıkçı mevcuttur.

Ek-96: Of balıkçı barınaklarından bir görünüm.

3 ile 7 metre arasında değişen teknelerle balıkçılık yapan ilçe balıkçılarının 10 kadarı profesyonel olup geçimlerini bu yolla temin etmektedir. Hemen her balıkçı yerleşiminde olduğu gibi Of'ta da amatör balıkçılar çoğunluğu oluşturmaktadır. Sahil yolunun inşası sebebi ile kıyı dolgusunun henüz yapılmadığı yakın geçmişe kadar Of'ta korunaklı bir doğal liman bulunmadığından balıkçılar kayıklarını sahillere çekmişlerdir. Kıyı şeridinde dolgunun yapılmasını müteakip şimdiki barınak alanı inşa edilmiştir. Mevcut barınağın fizikî imkânları araştırma sahamızdaki pek çok barınakta olduğu gibi yetersizdir. Balıkçılara tahsis edilen barınak alanında, balıkçılar tarafından iki katlı damların yapılması çeşitli problemlere sebep olmuş, karar alıcılar bu damların ev konforunda yapıldığı, dolayısıyla izin verilenin ötesine geçildiği gerekçesiyle yasal süreç başlatmışlardır. Uzun süre devam eden yasal süreç balıkçılar lehine sonuçlanmıştır. Bu durum barınaktaki bazı damların inşasının yavaşlamasına sebep olduğundan düzensiz bir fizikî alt yapı ortaya çıkmıştır.

İlçenin bilindik balıkçıları arasında üç kuşaktır balıkçılık yapan Aydın ailesi (Abdullah, Mehmet ve Sait Aydın) ve iki kuşaktır balıkçılık yapan

Karaman (Süleyman ve Fahrettin Karaman) ailesi ile bilhassa çapari avcılığındaki mahareti ile maruf Dursun Karakaş yer almaktadır.

Araştırma sahasının hemen tamamında geçmişte yaygın olan sermayecilik veya navlunculuk, ilçede merhum Yusuf Ziya Turgut tarafından uzun yıllar yapılmıştır. Turgut, 15-20 ton kapasiteye sahip 2 motoruyla Of'a tarım ürünleri nakletmek maksadıyla Samsun'a sefer yapmanın dışında, Romanya, Bulgaristan ve Rusya gibi ülkelerden getirdiği gaz, tuz ve zahireyi Soğukpınar sahilinde karaya çıkarmıştır. Sahil yolunun faaliyete geçmesi ile birlikte 1960'ların sonlarında ilçede navlunculuk sona ermiştir. (KK-65)

İlçede balıkçılıkla doğrudan ilişkili olan kayık ustalığı konusunda öne çıkan isim merhum Kazım Lütfü Arslan'dır. Hasan Basri Arslan, babasından öğrendiği bugün de sürdürmektedir. Barınaktaki 30 kadar kayığın büyük çoğunluğu onun elinden çıkmıştır.

İlçe balıkçılarının geçmişten bugüne verimli avlakları arasında Solaklı deresinin denizle buluştuğu alan yer almaktadır. Yöre balıkçıları uzun yıllara dayanan deneyimleri ile bu alanın deniz tabanını karış karış öğrenmiş, Kıbrıs haritasını andıran bu alandaki longozları ve adaları tek tek hafızasına kaydetmiştir. (KK-66)

İlçede geçmişte ticari maksatla yunus avcılığı yapılmamış, ancak bazı balıkçılar kendi yağ ihtiyaçlarını karşılayacak kadar yunus avlamışlardır. İlçe balıkçılarının bugün kısmen sürdürdüğü salyangoz avcılığı 1990'ların başlarından itibaren yaygınlaşmaya başlamıştır. (KK-67)

Fotoğraf: Mustafa AÇA

ÜÇÜNCÜ BÖLÜM

3. KÜLTÜREL BİR SÜREÇ OLARAK SOSYAL VE MESLEKÎ HAYAT

Avcılık, insan toplulukların medeniyet yolculuğunun başlangıç dönemlerine kadar uzanmaktadır. Küçük gruplar halinde yaşayan ve henüz tam anlamıyla bir sosyal organizasyona sahip olmayan topluluklar arasında hayatın devamlılığının sağlanmasında hayati unsur olan beslenme kaynaklarının taranmasına ve kullanılır hale getirilmesine dönük iş bölümü, sosyal organizasyonun ilk nüvelerini ortaya çıkarmıştır. Toplayıcılığın kadınlara, avcılığın ise erkeklere tevdi edildiği en eski iş bölümünü takiben uzun medeniyet yolculuğu içinde karma bir iş bölümü sistemi ortaya çıkmış, kadınlar ve erkekler benzer iş bölümleri içerisinde yer almaya başlamışlardır (Şenel, 2011: 17-18).

Sosyal organizasyonun çekirdeği konumunda olan her iş bölümü, bünyesinde yer alan insanlar üzerinden kültür üretme süreçlerinin ortaya çıkmasında belirleyici olmuştur. Her bir ekonomik ve toplumsal düzenin kendine özgü bir kültürü ve düşünüşü vardır. Nitekim halk kültürünün takip edilmesine imkân sağlayan insan toplulukları, içinde yaşadıkları çevrenin imkânları doğrultusunda geçimlerini doğrudan çiftçilik, çobanlık, avcılık ve balıkçılık gibi çok çeşitli mesleklerle sağlar hale gelmişlerdir. Her geçim, üretim biçimi kendine özgü bir toplumsal düzen ve o ekonomik toplumsal düzene uygun bir düşünüş biçimi yaratmaktadır. Halk kültürünün birçok yönü, en azından dolaylı şekilde yerel halk ekolojisi ile ilgilidir ve uyum stratejileri içermektedir. Halk gruplarının ve bu bağlamda meslek gruplarının dilleri, habitatı kullanmak için gerekli olan sözcüklere sahiptir; dinleri çevresel tehlikeleri azaltmaya çalışır, halk hikâyeleri büyük avcıları övgüyle anlatır, atasözleri hava ve bitki yetiştirmede uygun zamanlarla ilgili bilge sözler sunar ve geleneksel mimarileri yerel yapı malzemelerini ve iklimi yansıtır (Jordan-Bychkov ve Domosh, 2003: 77; Şenel, 2011: 300). Bu itibarla dinamik meslek gruplarında sosyal hayat çoğu zaman meslekî hayat etrafında şekillenmektedir. Bu sebeple balıkçılıkta da sosyal ve meslekî hayat birlikte değerlendirilmelidir. Aksi durumda balıkçı zümrelerinin gündelik hayat sahnelerindeki uygulama ve kabuller örneğinde olduğu gibi, pek çok unsurun tasnifi ve değerlendirilmesi mümkün olamayacak; folklorun oluştuğu sosyo-kültürel ve ekonomik arka plan göz ardı edilmiş olacaktır[170]. Bu itibarla bağlam merkezli folklor inceleme yöntemleri, meslek folkloru araştırmaları açısından geçerli ve işlevsel yöntemlerdir. Giresun ve Trabzon illeri balıkçılarının meslek folklorları, bu yaklaşımın bir ifadesi olarak meslek üyelerinin sosyal ve meslekî hayatları ile birlikte değerlendirilmiştir.

3.1. Sosyal ve Meslekî Hayat Bağlamlarında Statü ve Hiyerarşi

Statü en genel anlamıyla, bir grubun veya toplumun yapısında, kendine bağlanan haklar ve sorumluluklar yoluyla belirginleşen ve diğer konumlarla ilişkisi olan fakat bazı bakımlardan onlardan ayrılan bir sosyal konum, durum veya pozisyon şeklinde tanımlanmıştır (Akyüz, 2001: 202).

Geleneksel toplumlarda kişinin statüsü, çoğu zaman yapı gereği belirsizdir. Geleneksel olarak bir kimsenin yeri, küçük ve kapalı topluluk içindeki münasebetlerine göre tayin edilmekte iken, modern toplum hayatının örgütlenme sistematiğine dönük sınıflandırmalarda farklı ölçütler kullanılmaktadır (Berger ve diğerleri, 2000: 168).

Mesleğin bireyin sosyal ve ekonomik statüsünün ve dolayısıyla toplumdaki pozisyonunun temel göstergesi olduğuna dönük yaygın kanaat, mesleklerin, statüleri ile paralellik arz eden ve temelde bu statülerin algılanmasına dayanan prestijler de içerdiğini ifade etmektedir. Prestij, meslekî statünün ayrılmaz bir parçasıdır ve bu sebeple meslekî değerlendirmelerde statü ve prestij birlikte ele alınmalıdır (Seçer, 2009: 42).

3.1.1. Statünün Bireysel Temsilleri

Sosyal yapıyı oluşturan gruplar arasında yer alan meslekî organizasyonlarda birey ve grup statüleri farklı biçimlerde elde edilebilmektedir. Bu sebeple sosyolojik bakış statü çeşitlerini atfedilen / verilen ve başarılan / kazanılan statüler olmak üzere iki başlık altında değerlendirmiştir (Gönüllü, 2001: 195) . Geleneksel bir arka plana sahip olan ve bu arka planı pek çok unsuruyla muhafaza eden balıkçılık mesleğinde birey ve grup statülerinin elde edilme biçim ve kriterleri içerisinde ilk önce bireysel statü temsilleri dikkat çekmektedir.

a) Devralınan / verilen statü: Babaları ünlü balıkçı reisleri olan ve sonrasında aile reisi konumuna terfi eden çocuklardan bazıları babalarından devraldıkları prestiji ve statüyü temsil etmektedirler. Ancak onların bu statüyü koruyabilmeleri, babalarının topluluk üzerindeki etkilerini sürdürmeleriyle mümkün olabilmektedir. Onlar da en az babaları kadar iyi bir karaktere ve meslekî bilgiye sahip olmalı; liderlik vasfının tüm gereklerini yerine getirebilmelidirler. Ayrıca tekniğe ve dünya görüşüne dayalı geleneksel bilgiyi modern bilgi ile sentezleyerek deniz ve balıkçılık arka planına dönük hatırayı muhafaza edenler de devraldıkları statüyü koruma konusunda daha başarılı olabilmektedirler.

Trabzon'un ünlü balık komisyoncularından Recep Denizer, safahatı dedesi Recep ve babası Yahya Kaptan'a uzanan bir balıkçı ailesinin üyesi olarak dünyaya gelmiştir. Mensubu olduğu geniş ailede kuzenleri balıkçılığa devam etmiş olsa da kardeşi merhum Bülent'le birlikte balık komisyonculuğuna yönelen Recep, babasından devraldığı prestiji ve statüyü balık endüstrisine dayalı başarılı girişimleri ile sağlamlaştırarak muhafaza etmiştir.

b) Başarılan / kazanılan statü: Balıkçı aileleri ve meslek grupları arasında statünün en yaygın biçimlerinden birisidir kazanılmış statü. Soy kökünde büyük reisler bulunmayan bir denizcinin bu statüyü sabır ve fedâkarlık gerektiren uzun bir süreçten sonra elde etmesi veya geçmişinde balıkçı ataları bulunmayan bir balıkçının küçük yaşlarından itibaren avcılığa dâhil olarak mesleğin geleneksel ve modern süreçlerini en iyi şekilde öğrenmesi sonrasında grup içerisinde saygın bir yer edinmesi, kazanılmış statü örneklerinden sadece bir kaçıdır. Trabzon havalisinin en büyük avcı takımlarından birinin sahibi olan Akgün ailesinin reisi konumunda olan Sedat (Vedat) Akgün, çocukluk ve gençlik yıllarını babasının ve amcalarının birlikte işlettiği küçük teknelerde avcılık yaparak geçirmiştir. Cesaretine ek olarak yıllar içerisinde edindiği tecrübeyle orta yaşlarında yörenin en ünlü reislerinden biri olmuştur. Pek çok balıkçı reisinin ağ sarmaya cesaret edemediği avlaklarda başarıyla avlanan Vedat Reis, sadece geniş ailesi içinde terfi etmemiş, sosyal çevre içindeki diğer balıkçı aileler arasında da saygın bir statü elde etmiştir. Bu statü, Vedat Reis'in avlanıp başkalarının avlanamadığı avlak sahalarına "*Vedat'ın Adası*[171]" örneğinde olduğu gibi çeşitli isimlerin verilmesinde de etkili olmuştur.

3.1.2. Statünün Grup Temsilleri ve Hiyerarşi

Balıkçıların çoğu zaman meslekî hayat etrafında şekillenen sosyal hayatlarının tüm yönleriyle anlamlı bir biçimde değerlendirilebilmesi, onların sosyal ve meslekî statüye ve hiyerarşiye dönük kabullerinin ortaya konulması ile mümkündür. Böylece bu bütüncül yapının tüm argumanlarına ulaşarak, aile, örgütlenme, günlük yaşam, inanış ve kabuller, sosyal ve meslekî normlar ile folklor dağarcığı içinde yer alan pek çok alt başlığı, birbirleri ile olan ilişkilerinin yanı sıra bağlamları ile değerlendirme şansı ortaya çıkmış olacaktır. Bu münasebetle öncelikle araştırma sahasındaki balıkçı ailelerinin sosyal ve meslekî statülerinin belirlenmesinde etkili olan tipolojik özellikler ortaya konulmaya çalışılmıştır.

1990'lı yılların başlarından itibaren aralıklarla birkaç yıl boyunca Trabzon'un Çarşıbaşı ilçesi ve çevresindeki balıkçı toplulukları arasında araştırmalar yapan Norveçli sosyal antropolog Ståle Knudsen, Çarşıbaşı balıkçılığı özelinde balıkçı gruplarını, mesleğin gelişim süreçleri, av kapasiteleri ve sosyal ve meslekî statüleri gibi ölçütlerden hareketle iki gruba ayırmıştır: Yoğun emek esaslı küçük balıkçılık ve yoğun sermaye esaslı büyük balıkçılık (2009: 125).

Knudsen'in antropolojik esaslara göre yaptığı bu sınıflandırma meslek folkloru bağlamlı bu araştırma için de işlevsel bir sınıflandırmadır. Ancak bu sınıflandırmanın çeşitli elemanlarıyla detaylandırılarak Giresun ve Trabzon balıkçılığının tamamını ifade edecek şekilde uyarlanması doğru olacaktır. Buna göre sosyal, kültürel, meslekî ve ekonomik kriterlerden hareketle üç ayrı balıkçı grubundan söz etmek mümkündür. Çalışmanın muhtelif bölümlerinde bu zümrelere tekrar atıf yapılacağı için bu zümreler tip yapıları itibariyle şu başlıklar altında sınıflandırılmıştır:

1) Endüstriyel ölçekte balıkçılık yapan aileler (1. Tip)

2) Geçimlik ölçekte balıkçılık yapan aileler (2. Tip)

3) Amatör ölçekte balıkçılık yapan ve ilave geçim kaynakları bulunan aileler (3. Tip)

3.1.2.1. Endüstriyel Ölçekte Balıkçılık Yapan Aileler (1. Tip)

Mesleği çoğu zaman topyekûn aile katılımı ile gerçekleştiren bu balıkçı ailelerini başka ölçütlere göre daha özel tasniflere tabi tutmak da mümkündür. Ancak bu çalışmanın temel amacı balıkçıların meslekî organizasyonlarını ortaya koymak olmadığından, alan araştırmaları sırasında tespit edilen hususlardan sadece birine göre şöyle bir alt sınıflandırmayla yetinilecektir:

1) Uzun yıllar faaliyet gösteren ancak bir tarihte çeşitli sebeplerle balıkçılıktan çekilen balıkçı aileleri: Yoroz'un en eski ığrıp takımlarından birinin sahibi ve bugün de balıkçılar arasında saygın bir yeri olan merhum Yaşar Birinci önderliğindeki Lağoğlu lakaplı Birinci ailesi, Trabzon'un Faroz Mahallesinde merhum Recep Denizer'le birlikte balıkçılıkta tebarüz eden ancak daha sonraki kuşaklarının balık komisyonculuğuna yönelmesi ile bir kolu[172] denizden çekilen Denizer ailesi, Giresun havalisinde kooperatif gibi meslek örgütlerinin yaygınlaştırılması ve teknolojik yeniliklerin (motor, ağ, kurşun, mavzer vs.) yöre balıkçıları arasında yayılmasına yardımcı olan merhum Hamdi Altınbaş önderliğindeki Altınbaş ailesi, Çarşıbaşı'nın Keremköy Mahallesinde Doğu Karadeniz'in ilk sac teknelerinden birinin de ortaklarından olan ve nesiller boyunca balıkçılık yapan Terzi ailesi, Eynesil Boztepe mevkiinde yaşayan ve çektirmecilik ve kumculuğun dışında balıkçılık da yapmış olan merhum

Ali Meme önderliğindeki Meme ailesi bu grup içerisinde değerlendirilebilecek balıkçı ailelerden sadece birkaçıdır.

2) Uzun süre küçük ve orta ölçekli balıkçılık yaptıktan sonra büyük balıkçı statüsüne erişen balıkçı aileler: Aslen Ordu Perşembeli olup soy kökündeki ilk balıkçıların küçük teknelerle balıkçılık yaptığı ve 2000'lerin başlarında yeni nesilleri büyük avcı tekneleri ile avcılığa devam eden Giresun Kumyalı mevkiinden Ahmet, Mahmut ve Abdurrahman isimli kardeşlerin liderliğindeki Eyüboğlu ailesi; Giresun'un Görele ilçesinde merhum Hacı Mustafa ile balıkçılık faaliyetlerine ağırlık veren ve ilerleyen dönemlerde Nazım, Asım, Rasim, Hazım ve onların oğulları ile büyük ölçekli bir balıkçı teşkilatı oluşturan Kul ailesi; Bulancak-Yalıköy'de dedeleri deniz nakliyeciliği (navlunculuk) yapan ve 1950'li yıllarda babalarının nakliyeciliği yanı sıra balıkçılığa da meyletmesiyle çocuk yaşta denizle tanışan ve deniz nakliyeciliğinin sona ermesinden sonra tamamen balıkçılığa yönelen Ahmet, Bahtiyar ve Orhan kardeşlerin liderliğindeki Fat ailesi; Akçaabat'ın Salacık köyünde ve yabancı avlaklarda Mustafa Reis ve kardeşlerinin kuşaklar boyunca küçük teknelerle yunus avcılığı yapmasından sonra yeni kuşakları üzerinden büyük trol takımları ile Samsun havalisinde balıkçılığa devam eden Atuf, Mustafa, Cemal ve Kemal kardeşlerin liderliğindeki Malkoç ailesi; Çarşıbaşı'nın Keremköy Mahallesinde büyük dedeleri Yunus Küçük'ten itibaren küçük balıkçılık yapan ve 1970'li yılların ortalarında itibaren büyük balıkçılığa yönelen Ali, Zeki, Mehmet, Mustafa ve Yunus'un liderliğindeki Küçük ailesi; yine Çarşıbaşı'nda babaları uzun süre küçük balıkçılık yapan ve 1980'lerin ortalarından itibaren av takımlarını büyüten Yakup, Ali, Yusuf ve Hasan kardeşlerin liderliğindeki Kaya ailesi; Giresun'un Ayvasıl mevkiindeki çok sayıda balıkçı ailesi gibi uzun süre küçük balıkçılık yaptıktan sonra av takımlarının hızla büyümeye başladığı 1980'li yılların sonlarından itibaren büyük tekneleriyle Şükrü Kalafat'ın liderliğinde balıkçılığa devam eden Kalafat ailesi; Akçaabat'ın Akçakale beldesinde 1950'li yılların başlarında küçük balıkçı olarak mesleğe dâhil olan ve Vedat Akgün'le birlikte 1980'lerin ortalarında büyük balıkçılığa terfi eden Akgün ailesi; Çarşıbaşı Fenerköy (Yoroz) Mahallesinde ilk balıkçı üyeleri uzun yıllar küçük balıkçılık yaptıktan sonra 1980'li yıllardan itibaren takımlarını büyüten ve bugün iki ayrı grup halinde balıkçılığa devam eden Yılmaz ailesi bu grup içerisinde değerlendirilebilecek balıkçı ailelerinden bazılarıdır.

1950'li yıllarda Trabzon havalisinde Yoroz, Sürmene, Kalecik ve Faroz balıkçı yerleşimlerinde 10 kadar 1. tip balıkçı ailesi, o dönemin balıkçılık teknolojisine göre büyük av teknelerine sahip olmuştur. Bu aileler, Çarşıbaşı, özellikle de Yoroz başta olmak üzere çeşitli balıkçı yerleşimlerindeki balıkçıları takımlarında çalıştırmışlardır (Knudsen, 2009: 125).

Ek-97: İki ayrı teşekkül halinde balıkçılık yapan Yorozlu Yılmaz ailesinin bireylerinden Samettin Yılmaz ve Mahmut Yaşar Yılmaz

İlerleyen yıllarda balıkçılıktan ayrılan aileler istisna olmak üzere, değişen yapıya uyum sağlayarak daha büyük kapasiteli balıkçılığa terfi eden aile teşekkülleri, faaliyetlerini bugün de aile merkezinde ve denetiminde sürdürmeye devam etmektedirler. Yıllar içerisinde bazı balıkçı aileleri pek çoğu ekonomik temelli anlaşmazlıklar sebebiyle teşekküllerini dağıtmış veya balıkçılığa ayrı faaliyet grupları olarak devam etmiş olsalar da aile bütünlüğü içerisinde rol ve sorumluluk paylaşımlarını mükemmelen sürdüren aile sayısı hiç de az değildir. Akçaabat'ın Akçakale beldesinde yaşayan Akgün ailesi bu organizasyonu en başarılı biçimde sürdüren ailelerden biridir. Bugün oldukça kalabalık bir katılımcıya sahip olan Akgünler, 1940'ların sonlarında Osman, Temel ve Mustafa kardeşler önderliğinde balıkçılığa başlamış, ilerleyen yıllarda ailenin reisliğine terfi eden Vedat'la birlikte 1980'li yıllardan itibaren av teknolojileri ve kapasitelerinden görülen büyüme temayülüne ayak uydurarak büyük balıkçı statüsünde sergüzeştlerine devam etmişlerdir. Neredeyse tamamı aile teşebbüslerinden oluşan 1. tip balıkçılık içinde zaman zaman yaşanan ayrılıklar Akgün ailesinde hiçbir dönem yaşanmamıştır. Bugün ailenin ikinci ve üçüncü kuşak balıkçılarından on beş kadar isim (Vedat, Kadir, Mahmut Celal, Hüseyin, Adnan, Namık, Mahmut, Cemil, Hasan, Hüseyin, Metin, Nedim, Ömer, Yusuf) endüstriyel boyuta ulaşmış olan aile balıkçılığının çeşitli kademelerinde fiilen yer almaya devam etmektedirler. Vedat Reis'in 1992'de tekne reisliğinden ayrılmasından sonra sayıları artan avcı motorlarından Mahmut Celal ve Kadir Reisler sorumlu olmuşlardır. Denizden çekilen Vedat Reis ise ailenin balıkçılık faaliyetlerinin kara ayağında etkin rol oynamaya, yani organizasyonun lideri olmaya devam etmiştir. Aile, geçmişte olduğu gibi, bugün de herhangi bir ayrım gözetmeksizin evlilik çağı gelen çocuklarının ihtiyaçlarını ortak bütçeden karşılamayı, zor duruma düşen aile bireylerine dayanışma içinde destek olmayı sürdürmektedir.

Ek-98: (Solda) Akgün ailesinin eski ve yeni reisleri Kadir, Temel, Mustafa ve Adnan Akgün (Sağda) Nedim ve Mahmut Celal Akgün

Balıkçılığın endüstriyel yüzünü temsil eden bu tip aileler, balıkçılıktan elde ettikleri kazancı yine balıkçılık uygulamalarına harcamaktadırlar. *"Balıkçı emsalinden ileride olmalıdır."* Sözünün arka planını ortaya koyacak şekilde kazançlarını teknelerindeki teknolojik av donanımlarını geliştirmeye, daha kuvvetli motorlar ve hidrolik donanımlar almaya harcayan ailelerden bazıları, bunlara ek olarak su ürünleri tesisleri gibi endüstriyel yatırımlar da gerçekleştirmektedirler. Ortaklık oluşturarak balık şoklama ve ambalajlama tesisleri kuran ve hatta denizde şoklama yapabilme özelliğine sahip bir tekne inşa ettiren Fenerköylü (Yoroz) Yılmaz, Çarşıbaşılı Kobya ve Akçakaleli Akgün aileleri, bu türde ailelerden bazılarıdır. Teknolojik donanımı geliştirmenin yanı sıra tesislere yatırım yapan aileler kendi avladıkları balıkları şoklamakta ve balığın az bulunduğu dönemlerde piyasa sunarak daha yüksek gelir elde edebilmektedirler. Öte yandan avcılığın beklenen şekilde gerçekleşmediği sezonlarda karadaki tesislerinden elde ettikleri gelirlerle durumlarını stabil tutan aileler, böylesi teşekküllere dâhil olmayan ailelere nispetle ekonomik anlamda daha az sarsıntı yaşamaktadırlar.

1. tip aileler tarafından işletilen ve "gırgır" tabir edilen balıkçı teknelerinde çalışan balıkçı sayısı, küçük teknelere nispetle daha fazladır. Örneğin 40 metre boyunda bir gırgır teknesinde palamut ve hamsi avcılığı süresince 30'u aşkın tayfa görev yapmaktadır. Teknelerin çalışan kadrolarının kara ayağında da taşıma, kasalama ve nakliye gibi alanlarda çalışan bir o kadar insan mevcuttur. Bu durumda 40 metrelik bir gırgır teknesinin istihdam ettiği balıkçı sayısı 70 kişiyi bulabilmektedir. Bu

durum meslekî hiyerarşiye dönük yapının en bariz biçimiyle 1. tip balıkçı ailelerinin oluşturduğu teşekküller arasında takibine imkân tanımaktadır. Zira balıkçılığın endüstriyel bir halde, yüksek teknolojili ve av kapasiteli avcı tekneleri ile çok sayıda çalışanla gerçekleştirildiği bu aile tipinde sağlam bir meslekî işleyiş, hiyerarşi temelli sağlam bir meslekî organizasyonla mümkün olabilmektedir. Aksi durumda balıkçılık süreçlerinin aksamadan, birbirini tamamlar biçimde sürdürülmesi neredeyse imkânsız bir hal almaktadır.

Roller, grup içinde kişilere yüklenen emredici davranış kalıplarıdır. Bunlar gayrı resmî ve örtülü olabileceği gibi, resmî ve açık da olabilir. Grubun işlevlerini yerine getirmesini kolaylaştırmak üzere ortaya çıkan roller, grup içerisindeki işbölümünü temsil etmenin yanı sıra, üyelerin kendilerini tanımlamalarını ve grup içerisindeki yerlerini belirlemelerini sağlar. Grup içerisinde farklı roller vardır. Kimi roller daha prestijli iken kimileri daha az saygı duyulan türdendir. Grubun rolleri gereği muteber üyeleri aynı zamanda yüksek statüyü de temsil ederler. Meslek gruplarında statü, çoğu zaman meslekî tecrübe ve teknik bilgi birikimi gibi temel koşullarla belirlenir (Hogg ve Vaughan, 2011: 333).

Her meslek kültürünün merkezinde iş tekniklerindeki performans sayesinde kazanılan saygı ve saygıdan doğan itaatin meslekî türleri mevcuttur. Araştırma sahasındaki balıkçı topluluklarında da özellikle 1. tip balıkçı ailelerinin av takımlarında görülen ve görev alan katılımcıların rollerine göre belirlenen hiyerarşi temelli meslekî türler şu şekilde ifade edilebilir:

Reis: Endüstriyel ölçekte balıkçılık yapan ailelerde meslekî hiyerarşinin en üstünde takım sahibi konumunda olan aile reisi yer almaktadır. Av teşkilatı ortaklık usulüyle işletiliyorsa çocuklar veya kardeşler de onunla birliktedir. Bazı ailelerde avcı ve yedek teknelerinin reisliği görevi Akgün Balıkçılık, Eyüboğlu Balıkçılık, Ayvasıl Balıkçılık, Kerem Balıkçılık, Saral Balıkçılık vs. gibi aile teşekküllerinde görüldüğü gibi, aile bireyleri tarafından üstlenilmektedir. Karahasanoğlu Balıkçılık, Can Kardeşler Balıkçılık, Trabzon Su Ürünleri Balıkçılık vs. gibi bazı aile teşekküllerinde ise maaş veya pay karşılığında aileden olmayan reisler çalıştırılmaktadır.

Çarşıbaşılı reislerinden Ali Küçük (KK-44), bir reisin yetişme süreçlerini şöyle anlatır:

> Bir kişinin reis olabilmesi için öncelikle birkaç yıl tecrübeli reislerin yanında pişmesi gerekir. Önce tekneyi seyrettirme, limanlara yanaştırma ve kaldırmayı öğrenmesi gereklidir. Daha sonra teknenin balık bulucu teknik donanımlarını kullanmayı öğrenmesi gerekir.

Sonraki önemli husus denize ağ sarmayı öğrenmelidir. Öyle ki balıkçılar arasında "Baş başa gelmek" olarak adlandırılan husus becerilmelidir. Yani ağ sararken botu düşürdükten sonra tekrar bota ulaşacak şekilde ayar yapmak önemlidir. Eğer bu beceri yoksa av yapılamaz ve ağlar birbirine karışır toplaması büyük sıkıntı olur. Ayrıca reislik yapacak kişinin avlandığı bölgelerin dip yapısını da öğrenmiş olması gerekir. Eğer dip yapısını bilmezse dibi bozuk yerlere ağ atar; bu noktada ya ağ parçalanır ya da tamamen dipte kalır. Bu hususta "İlişkana sarmış." derler. İlişkan dibi bozuk yer demektir. Bu yüzden öncelikle eco-sounderi (Reislerin deyimiyle dip radarını) kullanmayı öğrenmelidir.

Geleneksel karakterli pek çok meslekte görülen usta çırak ilişkisine dayalı bir öğretim süreci, balıkçılıkta da yaygın şekilde uygulanmaktadır. Bu usul, sadece reisin yetişmesi sürecinde değil, balıkçı gruplarındaki tüm katılımcıların rutin avcılığı öğrenme süreçleri için de geçerlidir. Balıkçılar, geleneksel ekolojik ve teknik bilgilerini dinamik, katılımlı bir eğitim süreci ile edinirler. Araştırma sahasındaki pek çok balıkçı, ustalarının babaları olduğunu, ağ donatmaktan ideal avlağı bulmaya kadar pek çok bilgiyi onlardan uygulamalı biçimde öğrendiklerini ifade etmişlerdir. Dinamik eğitim sürecinde balıkçılar, meslek etrafındaki kültürel birikimden de haberdar olmakta, bu birikimi kültürel miras (*baba mirası*) olarak kabullenmekte ve muhafaza etmeye çalışmaktadırlar. Teknik bilginin pratiğe dönüştürülmesi, üretim esaslı tüm meslekler için önemlidir. Ancak garsonluk veya apartman görevliliği gibi herhangi bir özel meslekî teknikler gerektirmeyen mesleklerde mesleğe katılımın bu türden geleneksel boyutlarıyla karşılaşmak mümkün değildir.

> Ben usta çırak ilişkisi içinde her şeyi görerek öğrendim. Havanın eseceğini filan hep eski reislerden öğrendim. Havanın eseceğini usta balıkçı havaya bakarak, dumandan, rüzgârdan ve buluttan anlar. Çırak onun yanında, onun yaşadıklarını, yaptıklarını ve tecrübesini görerek öğrenir. Hem balık tutmakta, hem de havayı anlamakta kendini yetiştirir. (KK-68)
>
> *
>
> Yanına çocuğunu ya da çırağını alırsın, ona mesleğini öğretirsin. Ağı nasıl atarsın, balığı nasıl tutarsın... Usta çırak ilişkisi genelde kendi nesli arasındadır; babadan oğla geçer. Çırak işin içinde olacak, görerek öğrenecek; başka türlü olmaz. Balıkçılıkta teorik olarak hiçbir şey öğrenilmez. Denize çıkarak uygulama yaparak öğrenebilirsin. (KK-37)

Reis terimi, geçmişte ve bugün tüm balıkçı grupları arasında yaygın olarak kullanılan bir sıfat halini almıştır. Geçmişte avcılıklarıyla balıkçılar arasında nam salmış tecrübeli kişiler bu unvana sahip olabilirken bugün hemen her balıkçı için bu unvan kullanılır olmuştur. Reisler, ailenin dışından olsalar da balıkçılıkta engin tecrübeye ve bilgiye sahip olmalıdır. Bugün ilerlemiş yaşlarıyla balıkçı barınaklarındaki kahvehanelerde avcılık maceralarını anlatan eski reisler, şimdinin reislerini beğenmemekte ve onları *"radar reisi"* şeklinde adlandırarak tezyif etmektedirler. Akçaabat'ın Mersin beldesinin eski ve ünlü yunus avcılarından Hasan Altun'un (KK-69) şu sözleri, usta reislerin özelliklerini ortaya koyar türdendir:

> Momati'nin Hüseyin vardı. Karadeniz'de balıkla ilk konuşan[173] odur. Sürmene'de Rize'de çocuk doğduğu zaman anasından, erkek çocuk ise annesi şöyle nenni ederdi ona "*Nenni oğlum neni / Ben seni Tosunoğun Hüseyin'e gemici vericim.*" derdi. Palamutla dipte konuşan o idi. Ondan sonra Yahya Reis çıktı. O da balıkla, palamutla konuşurdu. Onda Allah'tan bir hikmet vardı.

Gaban[174] *Reisi:* Araştırma sahasındaki balıkçılık uygulamalarında balık tarayıcı cihazların henüz yaygınlaşmadığı dönemlerde av takımlarına yer alan bir diğer görevli de dışarı gözcüsü olmuştur. Sürmene ve Araklı havalilerinde "gaban reisi", diğer havalilerde ise genellikle "dışarı reisi" veya "tepe reisi" şeklinde adlandırılan bu gözcüye bölge balıkçılığının takip edilebilen en eski dönemlerine ait bilgiler bulunduran bazı antik kaynaklarda da rastlamak mümkündür. Batı Karadeniz kıyılarındaki balıkçıların avlanma biçimlerinden bahseden kimi antik çağ kaynaklarında balıkları karadan gözetleyip denizdeki avcıları yönlendiren bir gözcüden bahsedilmektedir:

> İlkbaharda, Boğazlar vasıtasıyla Akdeniz'den Karadeniz'e göç eden ton balıklarını avlamanın çeşitli yolları vardır. Keskin demirden mızraklar ya da ağlar onlar üzerinde kullanılabilir, ya da küçük bir ağ, balık sürüsünün küçük bir kısmı ile yetinecek bir balıkçı için kâfidir. Fakat onları yakalamanın en iyi yolu şudur: Yüksek bir ağaç üzerine bir gözetleme merkezi kurulur. Buraya keskin bakışlı biri yerleştirilir. Onun görevi gözlerini denize odaklamak ve elinden geldiğince uzaklara bakmaktır. Eğer bir balık sürüsünün yaklaşmakta olduğunu görürse, o zaman gene elinden geldiğince yüksek sesle aşağıdaki teknelerde bekleyenlere bağırarak balıkların miktarını belirtir ve teknelerdeki adamlar bu balıkları geniş ağlarla kuşatır. Böylece şahane bir av yapmak için balıkları birlikte sürükleyebilirler (Bursa, 2007: 78).

Batı Karadeniz sahillerindeki avlanma biçimlerine dönük bilgiler bulunduran bir başka antik çağ kaynağında da, bahar aylarının gelmesi ile birlikte av hazırlıklarına başlayan balıkçıların av malzemelerini hazırlamanın yanı sıra sahilde hâkim görüş açısına sahip bir yerde gözetleme kuleleri yaptıklarından, kulede balık sürülerini gözetleyen keskin gözlere sahip gözcünün denizdeki balıkçılara balıkların yerini ve miktarını bağırarak veya işaretlerle ilettiğinden bahsedilmiştir (Bursa, 2007: 78-79)

Anlaşılacağı üzere bugün "dışarı/gaban reisliği" şeklinde adlandırılan bu uygulama, tarihsel derinliği olan kadim bir av geleneğidir. Giresun ve Trabzon havalilerinde uzun yıllar palamut ve kimi zaman da hamsi avcılığı sırasında görev alan gözcülerin reis sıfatı, onların denizdeki takımı yönlendirme görevinden kaynaklanmıştır. Gözcü, bu görevi antik çağlardaki öncülleriyle aynı usullerde gerçekleştirmiştir. Teknolojik balık tarayıcılarının avcılıkta kullanılmaya başlaması ile bu gelenek zayıflamış olsa da tamamen kaybolmamıştır. Küçük balıkçılar palamut avcılığı dönemlerinde balık sürülerini dışarıdan gözetleyen gözcüler tarafından yönlendirilmeye devam edilmektedir.

Eskiden kendisine ait av takımını işleten ancak ekonomik sebeplerle takımını dağıttıktan sonra bazı yıllar palamut avcılığı döneminde Çarşıbaşı-Keremköylü Kerem Balıkçılık'ta "palamut reisliği" yapan Çarşıbaşılı Yılmaz Terzi ile Rize ve Trabzon havalilerinde ünü yayılan Rizeli Ruşen Aktaş, bu meslekî statünün tespit edilebilen son büyük temsilcileridir.

2012 yılının sonbahar aylarında Çarşıbaşı'nda Kerem Mahallesinde gerçekleştirilen söyleşi de Yılmaz Terzi (KK-43), balığı gören gözlerin önemini şöyle anlatmıştır:

> Bu radar, sonar bilmem neden önce reis olacak adamın gözlerinin balığı görmesi önemliydi. Öyle ki gündüz yapılan palamut avlarında bugün bile reisin balığı görmesi çok önemlidir. Palamut balığını görüp tespit edemeyen adamdan palamut reisi olmaz. Aynı şekilde gece görmek de önemliydi. Yakamoz olan gecelerde palamut parlar, bunu görüp balığı tespit etmek önemlidir. Günümüzde sonar cihazları kullanılmaya başlayınca görmenin bir önemi kalmadı elbette. Sonar 5000 metre mesafeden 360 derece görüyor çünkü balığı.

Denizi gören bir alanda gerçekleştirilen bu söyleşinin hemen bitiminde birden bire ayağa kalkarak cep telefonuna sarılan Yılmaz Reis'in denizdeki ahbaplarına o an denizde gördüğü palamut sürüsünü tarif etmeye başlaması, araştırmanın en ilginç anlarından birini oluşturmuştur.

İlerleyen bölümlerde hakkında bilgi verilecek olan alamana avcılığı yıllarında iç ve dış avlaklarda palamut ve hamsi avcılığı yapan bazı Trabzonlu balıkçılar, kıyıdaki gözetleme kulelerinin işe yaramayacağı hallerde teknelerinin merkezine monte ettikleri gözetleme direklerine gözleri keskin bir denizciyi çıkartıp gözcülük yaptırarak kadim geleneği amaçlarına uygun şekilde güncellemişlerdir.

Ek-99: Boğaz avcılıklarında teknelerindeki gözcünün talimatına göre ağ seren Sürmeneli balıkçılar. (Rıfat Karabacak Arşivinden)

Koca Reis: Meslekî hiyerarşi içinde reislerden sonra koca reisler yer almaktadır. Bu rütbe, çoğunlukla aileden olmayan, maaş veya payla çalışan balıkçılar arasından seçilen muteber ve tecrübeli bir balıkçı tarafından temsil edilmektedir. Onun "koca" sıfatı taşıyor olması, teknenin reisinden önce olduğu anlamına gelmemektedir. Bu sıfat aslında onun görev tanımının reisin altında olduğunu hatırlatan bir kinayedir. Koca reis, av sezonu süresince tayfanın ayarlanması, pulatka (avans) ve payların dağıtılmasının yanı sıra, palacı ile birlikte av sırasında teknedeki işlerin yolunda gitmesinden sorumludur. Koca reis tüm bu hazırlıklılar sürecinde sözlü bir hukuk takip ederek anlaşmaları sözlü olarak gerçekleştirmektedir.

Palacı: Palacı da çoğu zaman koca reisle aynı sorumluluklara sahiptir. Akçaabat-Mersinli Köroğlu Balıkçılık örneğinde olduğu gibi, bazı av takımlarında koca reisin yerini palacı almakta, sorumlulukları üstelenen tek bir yetkili isim tayin edilmektedir. Bir nevi güverte reisi olan palacı avın sorunsuz bir biçimde gerçekleştirilmesi ve tayfanın uyumlu bir biçimde çalışması gibi temel sorumlulukları yerine getirmektedir.

Irgatçı: Gırgır ağının altına takılı olan çelik teli, ağ denize indirilirken serbest bırakmakla ve ağ denizden toplanırken ırgat tabir edilen büyük makaralı vincin başında reisin talimatlarına göre belirlenen hızlarda toplamakla görevli gemicidir. Irgatçının mahareti ve hassasiyeti, ağın zarar görmemesi bakımından çok önemlidir. Örneğin balçıklı bir zemine indirilen ağ, ırgatçının ağın altındaki teli yavaş yavaş ve dikkatli bir biçimde çekmesi ile istenilen şekilde tekneye alınabilmektedir.

Botçu: Hiyerarşi içinde palacıdan sonra önemli bir rütbedir botçuluk. Avın tespitinden sonra palacı tarafından denize indirilen ve bazı yörelerde "canavar" tabir edilen ağ sarma botunu idare eden tecrübeli bir denizci tarafından temsil edilen rütbe, meslekî hiyerarşi içinde önemlidir. İyi bir botçu av sırasında ağı balık sürüsünün etrafında sorunsuz bir biçimde çevirecek ve avın kısa sürede beklenen şekilde gerçekleşmesinde belirleyici olacaktır.

Peçeci: Av sırasında çevrilen ağın "peçe" tabir edilen üst kısmını botçudan alarak düzenleyen kişiye verilen isimdir. Ağın düzenli bir biçimde toplanması bakımından peçecinin de dikkatli ve maharetli olması gereklidir.

Hamlacı: Tecrübenin yanı sıra, güç ve beceri gerektiren diğer bir rütbe hamlacılıktır. Hamlacının görevi, ağların dibe inmesini sağlayan kurşunları yığmaktır. Simetri ve kıvraklık gerektiren bu iş, herkes tarafından yapılamayacağı için gırgır teknelerindeki işleyiş temelli hiyerarşi açısından hamlacılık, diğer bir önemli rütbedir.

Gırgır teknelerinde yerine getirdikleri görevlerin önemi ve bu konudaki yeterlilikleri sebebiyle palacı, botçu ve hamlacı, çoğu av takımında daimi statüde çalışmaktadır. Deneyimli ve alanında kendini ispat etmiş bir palacı veya botçu bulmak kolay değildir zira. Palacının güverte üzerindeki sorumluluklarının bu konuda tecrübesiz birisine teslim edilmesi, çalışma ortamı ve biçimi bakımından zaten riskli bir meslek olan balıkçılığı, organizasyon işleyişi bakımından da güvensiz bir hale getirebilecektir.

Mapacı: Hamlacının yanında çalışan ve onun yaptığı işin devamını getiren mapacı ise, ağ mapalarının ağ telinden çıkarılmasından ve düzenlenmesinden sorumludur.

Aşçı: Av sezonu sırasında günlerce karadan uzak kalan gırgır teknelerindeki gündelik hayatın en önemli gereksinimlerinden birini sorunsuz ve ihtiyaçları karşılar şekilde yerine getirmekle sorumlu olan aşçı da hiyerarşi içinde önemli bir yere sahiptir. Av teknelerinde çalıştırılacak aşçıların seçimi sırasında aşçının gırgır teknelerinde daha önce çalışmış, denize alışkın ve iyi yemek yapan birisi olmasına dikkat edilmektedir. Teknelere alınan kumanyanın kaliteli ve çeşitli olmasına özen gösterilmekte; bu yolla tayfanın avcılık faaliyetleri süresince eksiksiz bir biçimde beslenmesine ihtimam gösterilmektedir.

Ek-100: Akçaabat-Akçakaleli Akgün ve Mersinli Köroğlu ailelerinin avcı teknelerinde aşçılar yemek hazırlığında.

Gırgır teknelerinde çalışan kimi Giresun-Ayvasıllı balıkçılar, sezon öncesinde çalışacakları tekneleri tercih ederken gırgır teknelerinin sunduğu beslenme imkânlarına ve aşçılarının yemek hazırlama konusundaki maharetlerine de dikkat ettiklerini şu cümlelerle ifade ederler:

> Ben yıllarca Fatoğlu'nda çalıştım. Şimdi bu adamlar dürüst işverendir. Bu önemli tabii. Ama ben bir de aşçısının yemeklerine bayılırdım. Çok güzel yemek yapardı, herkes de çok beğenirdi. Bazı aşçı vardır canım malzemeyi mahveder. Takım sahibi kileri ağzına kadar doldurur aşçı sürekli aynı yemekleri yapar. Tayfanın karnı doyacak yani. Ağır iş bizim işimiz malum. Başka takımlarda çalışırken yemek yüzünden çok tartışmalara şahit oldum ben. (KK-17)

Aşçının sezon boyunca yardımcılığı görevini üstlenen bir de yamağı (kamarot) vardır. Gırgır teknelerinde rutin biçimde üç öğün yemek verilmektedir. Yemek zamanları avcılığa göre belirlenmekte, örneğin ağ kurulacaksa veya toplanacaksa bu işlemin bitmesi beklenmektedir. Gırgır teknelerinde avcılık 24 saat devam eden bir süreç olduğu için muayyen öğünler dışında aşçı yamağı tarafından acıkan tayfaya zeytin, peynir ve reçel gibi gıdalardan oluşan aperatifler hazırlanabilmektedir. Havanın soğuk olduğu zamanlarda kahvaltı veya aperatiflerde tatlı ve helva türünden yiyeceklere daha fazla yer verilmekte, ıhlamur sürekli kaynar vaziyette tutulmaktadır. Bu yolla gemicilerin soğuk karşısında vücut dirençlerini korumaları amaçlanmaktadır.

Uzun yıllar balıkçılık yapan Sürmeneli Ömer Yetmişbir (KK-59), gırgır teknelerindeki aşçılık uygulaması, yemekler ve kumanya hakkında şunları söyler:

> Aşçılar işinin ehli kişilerdir. Takımlarda sevilir ve sayılırlar. Her takımın bir aşçıbaşısı vardır. Genellikle aynı takımlarla denize

açılırlar. Taze fasulye, nohut, kuru fasulye, patates yemeği başlıca yemek çeşitleridir. Öyle alengirli yemek yapmaktan hoşlanmazlar. Hava bozuk olduğu zamanlar genellikle limanda ızgara balık, denizde hava bozuk olduğunda tavalı balık yenir. Sabah kahvaltısının ana malzemesi zeytindir. Av mevsimine başlarken zeytin ve kuru baklagiller stoklu alım yapılır. Ayrıca tayfaların "koltuk altı kumanyası" dediğimiz kumanyalığı vardır. Bu kumanyalıkta sucuk, kaşar peyniri, elma, armut, hazır konserve yemek çeşitleri ve bolca kuru yemiş bulunur. Bizim Sürmene takımlarında ayrıca yöresel olarak "ağo peyniri[175]" ve "kurut[176]" başlıca kumanyamızdır.

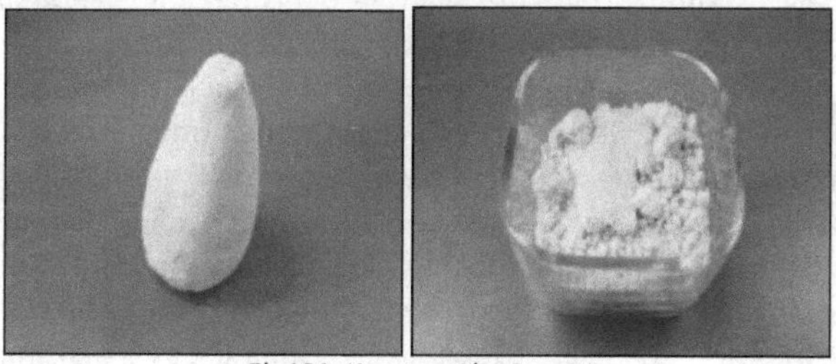

Ek-101: Kurut ve Aho Peyniri

İstifçi: Bu isim, beceri ve tecrübe temelli rütbelerin dışında kalan ve teknelerdeki insan gücü ihtiyacını karşılayan diğer katılımcıları karşılamak üzere kullanılmaktadır. Gırgır teknesinin boyutuna göre istifçi sayısı değişebilmektedir. Geçmişte bugünkülere nispetle daha küçük olan gırgır teknelerinde 3-4 istifçi yer almışken, bugünkü gırgır teknelerinde bu sayı 3-4 misline kadar çıkabilmektedir. Gırgır takımlarında çalıştırılan istifçiler, takım sahibi ailenin yaşadığı sosyal çevreden olabildiği gibi, Rize, Ordu ve Samsun havalilerinden de olabilmektedir. Takım sahipleri kendi havalilerinde kriterlerine uyan tayfa bulamadıkları zaman personel ihtiyaçlarını dış havalilerden karşılama yoluna gitmektedirler. Tayfa grubunun oluşturulması sırasında tayfa grubunun ağ tamirini biliyor olması gözetilen önemli bir teknik kriterdir. Av sırasında çeşitli sebeplerle yıpranan ağların ava ara verilen dönemlerde teknede zaman kaybedilmeden tamir edilmesi şarttır. Hamsi avı sezonunun son yıllarda giderek kısalması, 1. tip balıkçı ailelerinin zamanın kullanımına dönük tedbirler geliştirmelerine sebep olmuştur. Hasar gören ağların kıyıya götürülmesi ve tamir işinden anlayan kişilere teslim edilmesi, hem değerli zamanın boşa harcanmasına hem de zaten masraf kalemi fazla olan bu tip avcılığa yeni bir masraf kaleminin eklenmesine sebep olmaktadır. Akgün ailesinin reislerinden Kadir Reis'in (KK-161) ailenin av takımlarında çalışan tayfaların büyük çoğunluğunun Perşembeli olmasının sebebini anlatırken kullandığı ifadelerle Araklılı Uzunhasanoğlu ailesi üyelerinin tayfalarını Giresun havalisinden temin etmelerinin sebebini ifade ederken kullandıkları ifadeler, belirtilen tasarrufa vurgu yapmaktadır. Ağ tamiri yapacak donanıma sahip tayfaların dışında ayak işlerini yapacak tayfalara da ihtiyaç vardır. Zira ağ tamiri ile ilgilenen tayfaya bu işler yaptırılmamakta, ağ yapmayı bilmeyen tayfalar bu amaçla istihdam edilmektedir.

Makinist: Gırgır teknelerinde sayıları çoğu zaman birden fazla olan motorların sorunsuz biçimde çalıştırılması ve olası arızaların giderilmesinden sorumlu olan teknik elemandır.

Aktif avcılık süreçlerinde yer alan ve değişmez bir hiyerarşik yapıya sahip olan bu unsurlar[177] dışında, avlanan balıkların pazara çıkarılması sürecinde görev alan çalışanlar arasında da zaman zaman alt meslekî gruplar oluşabilmiştir. Örneğin ahşap gırgır teknelerinde bugün kullanılan ve "fish pump" adı verilen balık aktarma makinesinin henüz kullanılmadığı yıllarda, "şelekçilik" veya "kovacılık" adı verilen bir iş kolu mevcuttur. Limana yanaşan motorlardaki hamsinin 5-6 kişiden oluşan bir ekip tarafından kovalarla kasalara aktarılması ve açık kasa kamyonlara yüklenmesi işine "kovacılık" denilmiştir. Önemli sayıda kişinin geçim kaynağı olan bu uygulama, teknolojik donanımların artması ile yeni forma dönüşmüştür. (KK-26) Araştırma sahasında bugün bazı yerlerde "şelekçi" ve "işçi" adlarıyla anılan bir meslekî grup, geçmişteki "kovacılarla" benzer bir iş yapmakta; denizden gelen ve tüketim için piyasaya sunulacak olan hamsileri kasalama işi ile uğraşmaktadır. 1. tip balıkçı ailelerinin reisleri veya bu işle görevli koca reisler ağustos ayı içinde av sezonunda çalışacak personeli belirlerken "şelekçi"lerin çavuşlarıyla da anlaşmaya varmaktadırlar. Görüleceği üzere bu küçük meslekî grubun hiyerarşik yapılanmasının tek belirgin statüsünü "çavuş" temsil etmektedir. Av sezonu boyunca av takımını karadan takip eden bu ekip, avlanan balıkların karaya çıkartıldığı limanlarda kendilerine tahsis edilen ve yatakhaneye dönüştürülen, asgarî yaşam koşullarına sahip "otel otobüsler"de konaklamaktadırlar. Maaşlı olarak çalıştırılan bu ekibin üyelerinin pek çoğunun Fatsalı olduğu müşahede edilmiştir.

Ek-102: İşçilerin konaklamaları için yatakhaneye dönüştürülen otobüslerden bazıları.

Gırgır teknelerinde üstlendikleri sorumluluklara göre farklı isimlerle anılan katılımcılar arasında birinin diğerinden üstünlüğünü gösterir herhangi bir sembolik işaretler bulunmamaktadır. Tüm personel aynı masada, aynı yemekten yemekte, aynı kamaralarda altlı üstlü ranzalarda uyumaktadır. Günün neredeyse tamamını kaptan köşkünde geçiren reisin yemeği özel olarak servis edilmekte, muayyen çay, kahve saatlerinin dışında da servisler gerçekleştirilebilmektedir. Araştırmalar sırasında dâhil olunan gırgır teknelerinin hemen hepsinde reisin konforuna dönük dikkat çekici başka tasarruflarla da karşılaşılmıştır. Akgün ailesinin avcı teknesindeki son derece lüks kaptan köşküne yerleştirilen spor aletleri bunlara bir örnektir.

Doğu Karadeniz balıkçı grupları için taşıdığı ekonomik değerin yanı sıra bölge kültürüne olan etkileri itibariyle de merkezi teşkil eden hamsi, 1. tip balıkçı ailelerinin av çeşitliliği içerisinde ilk sırayı almaktadır. Hamsinin dışında palamut ve istavrit avcılığı da endüstriyel ölçekte avcılık yapan ailelerin geçim kaynakları arasındadır. Gelişmiş av takımlarındaki av teknolojisini buna göre düzenleyen aileler ileride bahsedilecek av takvimine göre bu üç balık türüne göre meslekî uygulamalarını şekillendirmektedirler. Kompleks bir meslekî programa göre çalışan bu tip aileler, bu balık türlerine dönük avcılıklarını ekonomik işleyişleri bakımından adeta kategorize etmişlerdir. Giresun'un Ayvasıl mevkiinde kuşaklardır balıkçılık yapan ve büyük balıkçı ailelerinden birinin üyesi olan Bahtiyar Fat'ın (KK-70) şu sözleri, bu yapıyı ortaya koyar türdendir:

> Daha av yasağı bitmeden önce şu denizdeki irili ufaklı tüm takım sahipleri İstanbul tarafından haber almaya çalışır. Acaba ağlara palamut vuruyor mu diye sorar soruşturur. Eğer birisi haber aldıysa bu haber hemen yayılır. Palamut ufak kayıklar için de bizim için de önemlidir. Palamuta ağ sardığımız zaman sürünün kalabalık olmasına

dikkat ederiz. Malum bizim işler hep masraf çünkü. Ekim ortalarına kadar iyi bir palamut avı yapmışsak seviniriz haliyle. O sezon iyi palamut avladıysak hamsi avının da mazot parasının en az yarısını çıkarmışız demektir. Anlayacağın palamut, sezonun başında can suyu gibidir. Palamut avlarken gözümüz bir yandan da sürekli hamsidedir. Hamsiler ağlarda tek tük görünmeye başladığı zaman anlarız ki öncüler geldi; arkası da yolda. Palamut ağlarını indirir hamsi ağlarını tekneye alırız. Hamsi bu büyük takımların olmazsa olmazıdır. Hamsi olmazsa bu hazırlıklarımız hep boşa gider. Kimimiz komisyoncuya, kimimiz fabrikaya kimimiz de bankaya borç yaparak hazırlanırız yeni sezona. Hamsi olmadı mıydı bu borç bizi yer bitirir. Büyük başın derdi de büyük oluyor vesselam. Hamsinin az olduğu yıllarda istavrite sararız. Hamsiyi piyasaya ve fabrikaya verirken istavriti sadece yemelik olarak piyasaya veririz. Bu yıl hamsi beklenen gibi olmadığından büyük takımlar Gürcistan'a gidenler de dâhil istavrite hamle yaptılar. İstavrit de yerine göre bize bir can suyu verir yani.

Ek-103: Akgün ailesinin avcı teknesinin kaptan köşkünden bir görünüm.

Bugün faal olarak balıkçılığa devam eden bu tipteki balıkçı aileleri endüstriyel alanların oldukça sınırlı olduğu bölgede önemli bir istihdam yaratmanın ötesinde[178] endüstriyel bir boyut kazanan mesleğin güncellenen folklor dağarcığını temsil etme vasfına da sahiptirler. Geleneksel ve modern meslekî tecrübelerin bu tip balıkçı ailelerinde iç içe geçmiş halde olması endüstriyel meslekleri konu alan meslek folkloru araştırmaları için eşsiz bir örneklem sahasının ortaya çıkmasına vesile olmuştur.

3.1.2.2. Geçimlik Ölçekte Balıkçılık Yapan Aileler (2. Tip)

Giresun ve Trabzon havalilerinde balıkçı aileleri arasındaki en kalabalık zümredir. Resmi otoriteler, Giresun ve Trabzon havalilerinde bu gruba dâhil olan balıkçı ailelerinin sayısını 2000 civarında olduğunu belirtmektedir. 15 metrenin altındaki balıkçı tekneleri ile kendilerine tanzim edilen profesyonel balıkçı belgelerine göre verilen bu rakama dikkatle yaklaşmak lazımdır. Zira alan araştırmaları sırasında balıkçılığa amatör olarak başlayan ancak satın aldığı tekne profesyonel balıkçı plakası taşıdığı için profesyonel statüsünde kabul gören onlarca balıkçı ile görüşülmüştür.

Giresun ve Trabzon'da geçmişte tek geçim kaynağı balıkçılık olan ailelerin sayısı 1990'lı yıllardan itibaren hızlı bir artış göstermiştir. Bölgede tarım yapılabilir alanların sınırlı olması, mevcut alanların miras hukuku ile giderek küçülmesinin yanı sıra, istihdamı destekleyen endüstriyel kuruluşların bulunmayışı küçük balıkçılığa dâhil olan aile sayısının artmasında etkili olmuştur. Ancak nicelik açısından görülen artışla ters orantılı biçimde son yirmi yılda küçük ölçekli balıkçılık yapan aileler, geçmişteki güzel günlere nispetle giderek yoksullaşmışlardır. Bulancak-Ayvasıllı balıkçı İsmail Aydeniz (KK-71), değişen durumu kendi aile hayatından bir örnekle şöyle anlatır:

> Bundan 10 sene öncesine kadar çoluk çocuğumu alıp her hafta pideciye götürürdüm. Şimdi ayda bir kez götürebilirsem ne mutlu. Tatile giderdik av bitiminde, paramız olurdu. Moralimiz yerinde olurdu. Dünyaya bir başka bakardık. Şimdi çocukları okutabilelim diye çırpınıp duruyoruz ancak.

Deniz kaynaklarında görülen azalma paralelinde balıkçılıktan elde edilen gelirin düşmesi, pazarlama biçimlerinin değişmesi ve büyük av takımlarının teknolojik donanımları ile balık sürüleri, avlaklar ve av kapasitesi gibi konularda bu grubu baskılaması bu durumun başlıca sebeplerindendir. Bu grup içerisinde değerlendirilebilecek kimi aileler, yakın geçmişte memleketlerinden büyük şehirlere göç eder veya denizden çekilerek başka mesleklere yönelmeyi tercih eder olmuşlardır. Araştırmalar sırasında edinilen izlenimlere göre bu durum artarak devam edecektir. 1990'lı yıllarda geçimlik ölçekte balıkçılık yapan aile sayısının hızla artması, tekne sayılarında da ciddi bir artışa sebep olmuştur. Bu durum, karar alıcı konumundaki kurumları harekete geçirmiş; yeni tekne ve av ruhsatlarının verilmesi sınırlandırılmıştır. 2. tip balıkçı aileleri, gerçekleştirilen yasal düzenlemelerdeki boşlukları bulmakta gecikmemiş ve hurdaya çıkardıkları eski teknelerindeki plakaları eskisine nispetle biraz daha büyük olan yeni teknelerine devrederek avlanma kapasitelerini yükseltmeye devam etmişlerdir.

2. tip balıkçı ailelerine mensup balıkçılar, çoğu zaman boyları 4 ile 10 metre arasında değişen tekneleri ile ağ kullanmak suretiyle balıkçılık yapmanın dışında 1. tip balıkçı ailelerinin av takımlarında tayfa olarak da çalışmaktadırlar. Bu tipteki balıkçı ailelerinin yoğun avcılık dönemleri

daha ziyade sonbahar ve bahar aylarının sonları ile yaz başları olduğu için bu ailelere mensup üyeler, kış aylarında avlanan 1. tip balıkçı ailelerinin av takımlarında tayfa olarak çalışma imkânı bulabilmektedirler.

1. tip balıkçı aileler için hamsi ne kadar önemli ise geçimlik ölçekte balıkçılık yapan balıkçı aileler için de palamut o kadar önemlidir. Palamut avcılığının dışında molozma ve barabat ağları ile barbun ve mezgit gibi dip balıklarını da avlayan bu aileler için 1980'lerin ortalarından itibaren yaygınlaşmaya başlayan salyangoz avcılığı da önemli bir geçim kaynağı halini almıştır.

Ek-104: Bulancak-Pazarsuyu'nda palamut avı için nispeten geniş gözlü palamut ağlarını hazırlayan balıkçılar.

Piraziz'in köklü balıkçı ailelerinden birine mensup olan Hamdi Arslan (KK-13) küçük balıkçıların av çeşitliliğini şöyle anlatır:

> Bizim donanımımız hamsi avcılığına uygun olmadığı için biz daha ziyade palamut avcılığına hazırlarız kendimizi. Küçük balıkçılar için palamut ekmek, rızık demektir. Ağustos ayı ortalarından itibaren çingeneler[179] çaparalara denk gelmeye başlar bazen. Ama toplu ağla avcılığı Eylül'dedir palamudun. Av kapasitemiz düşük olduğu için kârımız da düşüktür büyüklere göre. Palamut sezonu bu düşük gelir grubu için hayati önem taşır anlayacağın.

Geçimlik ölçekte balıkçılık yapan ailelerin teknelerinde ailenin tek bir bireyi balıkçılık yapabildiği gibi, baba oğul ve kardeşler ortaklığına dayalı bir organizasyon da olabilmektedir. Dolayısıyla teknedeki çalışma ortamı tamamen aile temellidir. Palamut avı gibi sezonlarda ihtiyaç duyulması halinde ailenin diğer akraba gruplarından eleman temini yoluna gidilmekte, son çare olarak aileden olmayan birisine başvurulmaktadır. Bu aileler küçük bir bahçeden ve bazen de bir inekten elde ettikleri sınırlı kaynaklar dışında ekonomik anlamda tamamen denize bağımlıdırlar.

Avladıkları balıkları kendi yerleşimleri içerisinde tüketilmek üzere pazarlayan 2. tip balıkçı ailelerinin teknelerinde, gerçekleştirilen avcılığın türüne göre en çok 2-3 kişiden oluşan bir küçük bir ekip çalıştığı için 1. tip balıkçı gruplarındaki gibi belirgin bir meslekî hiyerarşi bulunmamaktadır.

Belirtilen özelliklere sahip bu tipteki balıkçı aileleri arasında meslek folklorunun geleneksel unsurları canlı bir biçimde yaşamakta olup tespit edilebilen unsurlar bağlamları ile birlikte bütüncül biçimde yeri geldikçe değerlendirilecektir.

3.1.2.3. Amatör Ölçekte Balıkçılık Yapan ve İlave Geçim Kaynakları Bulunan Aileler (3. Tip)

Genellikle geçimlik ölçekte balıkçılık yapan ailelerle karıştırılan bu ailelerin en ayırt edici özelliği, ekonomik olarak balıkçılığa bağımlı bir hayat sürdürüyor olmamalarıdır. 1990'lı yıllardan itibaren sayıları giderek artan amatör balıkçılar, sadece olta (çapari) ile avlanmaktadırlar. Aralarında balıkçılığı hobi olarak yapanlar olsa da bu tipte ailelerin önemli bir kısmı, emekli maaşının ihtiyaçları karşılamadığı mevcut ekonomik yapı içerisinde tuttukları birkaç kilo balığı satarak yaşam standartlarını korumaya çalışmaktadırlar. Giresun ve Trabzon kıyılarındaki balıkçı yerleşimlerinde çokça örneği bulunan bu ailelerin Türkiye'nin diğer kıyılarındaki amatör balıkçılardan ayrılan önemli bir özelliği vardır. Marmara, Ege ve Akdeniz bölgesindeki amatör balıkçıların pek çoğunun soy köklerinde balıkçılık mesleğinin yeri yoktur. Hayatlarını kazandıkları mesleklerden emekli olan ve ortalama gelir grubuna dâhil olan bu zümre, kelimenin tam anlamıyla "amatör"dür. Doğu Karadeniz bölgesinde pek çoğu daha emekli olmadan damlarını ve kayıklarını temin eden amatörler, balıkçılığa yabancı değillerdir; soy köklerinde çoğu zaman balıkçı vardır. Onlar, elbette aktif olarak hayatlarını yalnızca balıkçılıktan kazanan "profesyoneller" kadar donanımlı olmasalar da denize yabancı da değillerdir. Alan araştırmaları sırasında katılımcı sayısını artırmak düşüncesiyle çalışmanın önemi ve gerekliliği noktalarında farkındalık yaratmaya dönük teşebbüslere ilk olumlu yanıt, pek çoğu emekli eğitimci, işçi veya memur olan amatör balıkçılardan gelmiştir. Onların konuya dönük duyarlılık düzeylerinin nispeten yüksek olmasında eğitim geçmişlerinin getirdiği bir kültürel kimliğin izlerini taşıyan ekolojik bakış etkilidir. Balıkçı atalarının ekolojik algılarına duyulan özlem, amatörler arasında yaygın bir nostaljik bakışın ortaya çıkmasında belirleyici olmuştur.

2. ve 3. tip balıkçı aileleri arasında barınak alanlarında ve avlaklara zaman zaman sorunlar yaşanabilmektedir. Geçimlik ölçekte balıkçılık yapan aileler, diğer adıyla profesyoneller, amatörleri çeşitli konularda eleştirmektedirler. Barınaklardaki damlarında zaman zaman misafirlerini ağırlayan ve bu maksatla alkollü ve sazlı sözlü yemekler tertip eden

amatörlerin barınakları kullanım amaçlarının dışına çıkardıklarına bu alanların turistik alanlar olarak algılanmasına sebep olduklarına vurgu yapan profesyonellerin pek çoğu aynı şekilde alkol tüketmekte ve aynı şekilde çevreden veya dışarıdan gelen misafirlerini damlarında ağırlamaktadırlar. Şu halde eleştirilerin temelinde başka sebepler aramak gereklidir. Alan araştırmaları sırasında yapılan gözlemler sonucunda bu çatışmaların temelinde yatan sebebin, balıkçılığa dönük kabul ve uygulamalar olduğu kanaatine varılmıştır. Yaşanan sorunların temelinde azalan balık popülasyonu ve daralan avlak sahaları yer almaktadır. Tek geçim kaynağı balıkçılık olan profesyoneller, avladıkları balık oranının düşmesinin tek sorumlusu olarak çoğu zaman sadece gırgır teknelerini görmemekte, sayıları her geçen artan 3. tip balıkçıları da bu kapsamda eleştirmektedirler. Amatör balıkçıların denizi ve deniz canlılarını tanımadıklarını, meslekî bilgi ve tecrübeden mahrum olduklarını, dolayısıyla denize, balıklara ve diğer balıkçılara saygı göstermediklerini ifade eden profesyoneller, kalkan, kırlangıç gibi kimi balık türlerinin daha yavruyken amatörler tarafından yakalandıklarını, bu türlerin soylarının tükenmesinde amatörlerin rollerinin büyük olduğunu ifade etmektedirler. Denize serdikleri ağların üzerine profesyonel balıkçı belgesine sahip amatörler tarafından ağ serilmesi gibi durumlarda uzun tartışmalar, hatta kavgalar yaşanabilmektedir. Zira balıkçılığa sonradan dâhil olan amatörlerin önemli bir kısmının ileride haklarında bilgi verilecek olan "kerteriz tutma" ve "iskandil atma" gibi av sahasını belirlemeye dönük temel geleneksel bilgilerden mahrum olmaları, ağların üst üste serilmesine sebep olabilmektedir.

Balıkçılık politikalarını belirleyen kurumlar, profesyonel balıkçı tanımlamasını balıkçının sahip olduğu balıkçı belgesine göre yapmaktadır. Yani bu tanımlama meslekî örgütlenmeye veya başka bir kritere göre yapılmamakta, daha ziyade teknik bir tanımlama olarak kullanılmaktadır. Oysa araştırma sahasında başka bir meslekten emekli olan veya halen başka bir meslekte çalışan ama aynı zamanda profesyonel balıkçı belgesi ile balıkçılık yapan çok sayıda balıkçı ile görüşmeler yapılmıştır. Anlaşılacağı üzere bu zümrenin tek geçim kaynağı balıkçılık değildir ve çoğu zaman düzenli bir balıkçılık faaliyeti de yürütmemektedirler. Yani onların amatör belgeli diğer pek çok katılımcıdan uygulamada ve meslekî gelenekte hiçbir farkları yoktur. Tek farkları, profesyonel balıkçı belgesine sahip olmaları ve bu belge sayesinde ağ serebilen teknelere sahip olarak daha fazla miktarda balık tutma şansına sahip olmalarıdır. Zira gerçek anlamda amatör balıkçıların teknelerinde ağla avcılık yapmaları yasaktır, olta/çapari avcılığı ile günde 1-2 kilogram balık tutmalarına izin verilmektedir. Bu durumda profesyonellik kavramının meslekî organizasyon, üyeler arası algı ve ilişkiler bakımından yeniden tanımlanması zaruridir.

Toplumsal yapıyı oluşturan her bir sosyal ve kültürel grubun birtakım alt gruplar oluşturacak karakterde olmaları gerçeğinden hareketle amatör balıkçıları, katılımcıları küçük balıkçılardan oluşan grubun bir alt grubu olarak kabul etmek yanlış olmayacaktır. Onların, mesleğe dönük algılarına ve meslekî teknik bilgilerine dönük eleştirilerle profesyonel küçük balıkçılar tarafından büyük oranda ötekileştirilmeleri, bir alt grup teşkil etmelerinde etkili olmaktadır.

2. ve 3. tip balıkçı grupları arasında görülen profesyonel ve amatör çatışmasının kavram ve algı boyutuna dönük olarak konuyu meslekî yaşam modeli bağlamında ele alan Şebnem Seçer, şunları söyler:

> Profesyonel meslek kavramı tanımlanması güç olan ve üzerinde henüz uzlaşma sağlanamamış bir kavramdır. Bunun da ötesinde, neredeyse bu konudaki her yazarın bir profesyonel meslek tanımı mevcuttur. Profesyonel meslek tanımlarının birçok ortak noktaya sahip olmaları gözden kaçmayacak kadar açık olmakla birlikte, hemen hemen her tanımda dolaylı ya da dolaysız şekilde sözü edilen, özel bir bilgi çeşidine sahip olma ya da bunu kullanma durumudur. Diğer bir deyişle, profesyonel meslek olgusunun merkezinde "bilgi"nin bulunduğu rahatlıkla söylenebilir (...) Profesyonel meslek, toplumun herhangi bir kategorisinin talep ettiği, çoğu insan için ulaşılması, anlaşılması ve kullanılması güç olan belirli bir bilgi çeşidini, yüksek düzeyde bir eğitim almak ve hayat boyu öğrenim bilincini kazanmak koşuluyla, üretmek ve bunu uygulamak konusunda, ayrıcalıklı bir yer edindiği piyasada belirli bir kontrol düzeyine sahip olan, öznel ve nesnel açılardan geçerliliği kanıtlanmış ve bilgisi sayesinde elde ettiği bir meslekî statüsü yanında yüksek düzeydeki maddi ödülleri de bulunan, ona bir baskı grubu niteliğini ve topluluk, üyelik ve kurum kimliği gibi duyguları kazandıran örgütlenme süreçlerini tamamlamış, kişisel boyutta da bağlılık, sorumluluk ve meslektaşlık bilinci gibi bazı hisleri içinde barındıran ve bütün bu özelliklerinden dolayı diğer iş ve mesleklerden farklılığını ortaya koyan kendine özgü bir yaşam tarzı olan meslektir[180] (Seçer, 2009: 37-38).

Kaynakların kullanımı ve meslekî uygulamalar kapsamında zaman zaman sürtüşmeler yaşıyor olsalar da Giresun ve Trabzon havalilerinde haklarında bilgi verilen tüm aile grupları aynı sosyal çevreyi paylaşmaktadırlar. Aynı köylerde veya mahallelerde dünyaya gelen, çocukluklarını bir arada büyüten, atalarından pek çoğu balıkçı olan, zaman zaman aynı akıbetlerle yüzleşen bu aileler, balıkçılık kapasiteleri ve teknik donanımları itibariyle ayrılmış olsalar bile ortak bir meslekî ve kültürel kimliğin temsilcileridirler. Onlar, topyekûn balıkçılık etrafında gelişen folklor dağarcığının yaratıcısı ve aktarıcısıdırlar.

3.2. Halk Hukukunun Meslekî Temsilleri

Toplumsal yaşam, bireyler, gruplar ve cemaatler arasındaki ilişkilerin düzenli bir biçimde sürdürülmesi için bir dizi beklentiyi, kalıp davranışı, işlemi, kaçınmayı ve yasağı gerektirir. Bu türden davranış ve beklentiler, sosyal kurallar kavramı içinde kümelenmektedirler. Bir takım düzenleyici ve denetleyici mekanizmanın özlerini oluşturduğu sosyal kurallar, sosyal alışkanlıklardan, örf, adet, töre, gelenek, görenek ve kanunlara[181] kadar genişleyen bir tabloyu içine almaktadır (Örnek, 1995: 121; Tezcan, 1985: 93). Yazılı hukuk düzenlemelerinin henüz gelişmediği veya mevcut düzenlemelerin halk hayatının çeşitli alanlarında ihtiyacı karşılayamadığı durumlarda, topluluk tarafından sözlü ve geleneksel karakterde geliştirilen halk hukuku kuralları işlerlik kazanmıştır. Halk gruplarının her biri bir ölçüde bir çeşit halk hukukuna sahiptir. Halk hukukunun karakteristik özellikleri genel olarak folklorun ve bununla beraber mitler, masallar (halk öyküsü), efsaneler, türküler, atasözleri, bilmeceler ve diğerlerinin karakteristik özellikleriyle aynıdır. Bu özellikler içinde çoklu varolma ve varyasyon özellikleri ilk sıradadır (Dundes-Renteln ve Dundes, 1995: 3). Toplumun inanç, gelenek ve örfleri ile vicdanında yaralar açmayacak düzenlemeler ortaya konulması düşüncesiyle, yazılı hukuk kurallarının oluşturulması süreçlerinde çoğu zaman halk hukukundan yararlanılmaktadır (Yund, 1963: 3181).

Doğaları gereği çoğu zaman değişime dirençli olan geleneksel hukuk kuralları, başlangıçta karmaşık koşulları karşılamak üzere ortaya çıkarlar. Mevcut koşullar devam ettiği sürece işlerliklerini koruyan kurallar, koşulların değişmesi halinde değişime uğrarlar. Diğer bir ifadeyle grubun bazı kuralları ihtiyaçlardan ve değişen unsurlardan ötürü esnetilebildiği gibi mevcut olanlara yenileri de dâhil olabilir. Sosyal gruplar içinde bağlılık fikri yaratmak, gruplar arası farklılıkları ortaya koymak, grubun kalıcılığını sağlamak, belli bir ortamda hangi davranış kalıplarının kabul edilebilir olduğunu belirtmek ve belirsizliği azaltarak doğru eylem çizgisini seçtiği konusunda kişinin kendinden emin olmasını kolaylaştırmanın yanı sıra üyelerin eylemlerini grubun hedeflerinin gerçekleştirilmesi doğrultusunda koordine etmek (Hogg ve Vaughan, 2011: 331-332) gibi işlevlere sahip olan geleneksel hukuk kurallarının takibi, sosyal grupların bir türü olan meslek gruplarında da mümkündür.

Geleneksel nitelikler taşıyan meslek organizasyonlarında halk hukukunun temsilinde sosyal hukukun genel ilkelerine, icra edilen mesleğin doğasından kaynaklanan özel hükümler de eklenmektedir. Bu bağlamda balıkçılık gibi uygulama ve üretime dayalı dinamik mesleklerde, meslekî süreçlerin çeşitlilikleri ile uyumlu olarak uygulanan süreçler içinde ortaya çıkan ve takip edilebilen özel kurallar da geliştirilebilmektedir. Katılımcıları aynı amaçlar etrafında birleştirmenin ve harekete geçirmenin yanında üretimin sürekliliğini sağlamayı amaçlayan her bir geleneksel kural, mesleğin zamanla bütün bir kurallar sistemine sahip olmasını sağlamaktadır. Kurallar, kimi zaman baskı ve zorlamalarla[182], kimi zaman da mesleğin sağladığı sosyal ve ekonomik avantajların çekiciliği ile gönüllü katılımla süreklilik kazanabilmektedir. Araştırma sahasının sınırlı ekonomik kaynakları içinde balıkçılık yaparak ortalama bir yaşam süren herhangi bir katılımcı, bu bağlamda çoğu zaman geleneksel meslekî kurallara kendiliğinden katılım sergilemektedir. Meslek grupları arasında takip edilebilen geleneksel nitelikli kurallar, çoğu zaman örtük, fark edilmeyen, doğal karşılanan niteliklere sahiptir. Meslekî kurallar, çoğu durumda sembol değeri olan söz ve eylemlerle ortaya konuldukları için bu kuralların anlaşılması ve incelenmesi, söz konusu sembollerin çözümlenmesi ile mümkün olabilmektedir. Araştırma sahasındaki balıkçı topluluklarının yaşam ve çalışma alanlarında gerçekleştirilen uzun süreli gözlemler sonucunda tespit edilebilen meslekî kurallar aşağıdaki başlıklar altında değerlendirilmeye çalışılmıştır.

3.2.1. Katılım ve Terfiye Dönük Kurallar

Gruplar, zamanla değişen dinamik yapılardır. Gruba yeni katılımların gerçekleşmesi veya mevcut katılımcılardan bazılarının ayrılması, bu dinamik yapının argumanları arasındadır. Gruplar, katılımcılarını çoğu zaman grubun devamlılığına sağladıkları katkılar ve grup normlarına olan bağlılıkları ile değerlendirirler. Gruba katkı yaptığı düşünülen üyelerin grup içerisinde rol geçişlerine müsaade edilmekte; bu geçişler, genellikle törensel (ritüel) karakterler taşıyan uygulamalarla gerçekleştirilmektedir.

Giriş veya geçiş ritüeli terimi, Arnold Van Gennep tarafından, bireyin çeşitli boyutlardaki sınırı geçme olayını ve toplum içindeki statüsünün değişimini konu alan ve belirli kurallara bağlanan geleneksel ve dinsel törenleri ifade etmek üzere ilk defa kullanılmıştır. Bu türde ritüellerin uygulanma alan ve amaçları çeşitlilik gösterebilmektedir. Gennep, giriş ritüellerinin her bir grubunu ayrılma (ön bilinç), giriş/kabul (bilinç) ve uyum (son bilinç) ritüelleri şeklinde adlandırmış; ayrılık ritüelleri için cenaze törenlerindeki, değişim ritüelleri için gebelik, nişan ve sosyal bir ortama girişi/kabulü anlatan törenlerdeki, uyum ritüelleri için ise düğün törenlerindeki dinlik ve büyülük karakterli uygulamaları örnek göstermiştir (1992: 11-21). Lauri Honko da benzer şekilde, giriş ve geçiş ritüellerinin bireylerin, yetişkin hâle gelip toplumda nitelikli duruma geldiklerini simgeleyen yaş grubu üyeliği, gizli bir topluluğa, külte veya mesleğe yönelik gizli kabul ve yüksek toplumsal statü içeren bir mesleğe kabulün gereği olarak yapılan mesleğe kabul ritüelleri şeklinde üç grupta değerlendirilebileceğini ifade etmiştir (2006: 132). Bir meslek grubuna veya bir sosyal zümreye katılımın simgesel ifadesi olarak gerçekleştirilen geçiş veya giriş ritüelleri, kolektif uygulamalar olsalar da özünde bireysel etkiler beklenen ritüellerdir. İnsan hayatının başlangıcından itibaren çeşitli evrelere terfî etme süreçlerinde gerçekleştirilen ritüellerde olduğu gibi, meslek grubu gibi bir sosyal grubun üyesi olmak suretiyle statüyü hedefleyen ritüeller de bir bütün olarak bireyin rüştünün topluluk tarafından sınanmasına ve onaylanmasına dönük simgesel anlamlar içerir (Eliade, 1991: 161). Zira bireyin yeni statüsü toplumsal rollerinde de değişimi zorunlu kıldığından bu yeni rollerin gerçekleştirilebileceğinin ispatı çoğu zaman bu ritüeller yoluyla mümkün olmaktadır.

Meslekî anlamda gerçekleştirilen giriş ve geçiş ritüelleri, kutlama şeklinde hoş bir üslupta olabileceği gibi acı, ıstırap ve aşağılamalar içeren nahoş bir üslupta da olabilmektedir (Simpson ve Roud, 2000: 264). Meslekî kariyerin bir basamağından diğerine geçişte görülen bu türde uygulamalar, erginlenme törenlerinin bir başka biçimi olarak da kabul edilebilir. Zira başlangıçlar ve terfiler, meslekî hayatta önemli dönüm noktalarıdır. Meslekî kültürün üyeleri, değişimin sosyal ve meslekî hayattaki önemini vurgulamak üzere sembolik anlamlar taşıyan değişim işaretleri üretebilmekte, bu yolla statü grupları arasındaki farkları ifade edebilmektedirler (McCarl, 1996b: 89). Çalışma ortamında kullanılan kimi kıyafetlerin (baret, yelek vb.) renklerinin farklı olması gibi daha çabuk fark edilebilir sembollerin yanı sıra şakalaşma grubu içerisine dâhil olma, lakapla anılma, bazı ekipmanlara erişim izni kazanma, statü temsilcileri ile aynı masada yemek yeme veya aynı sosyal mekânlara dâhil olma gibi çeşitlilik arz eden sembol davranışlar da statü geçişinin onaylanması anlamlarına gelebilmektedir. Lakaplar örneğinde olduğu gibi, bir meslek kültürünün üyelerinin bir gruptaki geçişleri ve değişimleri belirtmedeki yöntemleri, onların kültürel değerleri hakkında çok önemli ipuçları verebilmektedir.

Giresun ve Trabzon balıkçılığında, gruba yeni katılanlar tam anlamıyla o kültürün üyeleri olarak kabul görmeden önce, meslekî kariyerlerinin önemli bir kısmında geleneksel karakterde bir meslekî eğitime tabi tutulmaktadırlar. Av takımına dâhil olan yeni üye, formel bir balıkçılık eğitimi almış olsa bile bu eğitim fazlaca itibar görmemekte, mesleğin beceri ekseninde çeşitlilik kazanan çalışma alanları, enformel karakterli bir süreçte tâlim edilmektedir. Katılım gerçekleştiren yeni üye, meslekî teknik bilgiyi çoğu zaman kıdemli katılımcıların faaliyetlerini gözlemleyerek öğrenmenin yanı sıra kıdemli katılımcıların müdahaleleri ile fiilî bir şekilde de öğrenebilmektedir. Gırgır teknelerindeki gruplara dâhil olan yeni üyelerden pek çoğu, denize yabancı olmamalarına ve ailelerinden gelen bir meslekî alt yapıya sahip olmalarına rağmen ağın istiflenmesi, kurşunların dizilmesi, ağın denize bırakılması veya toplanması süreçlerinde emniyet tedbirlerinin gözetilmesi gibi çok çeşitli konularda kıdemliler tarafından eğitilmektedirler. Kıdemliler, bu enformel eğitimi avın devam ettiği periyotlarda aktif olarak verdikleri için süreç boyunca bazen "miço" da dedikleri acemilere kızmak veya nutuk çekmek gibi çeşitli yöntemlere de başvurabilmektedirler. Avın bu süreçte aksamadan devam etmesi temel koşul olduğundan kendi sorumluluklarını yerine getirmek zorunda olan kıdemli üye, kısa bir süre içinde aceminin işi öğrenmesi konusunda acele etmektedir.

Aynı sosyal çevrelerden gelerek aynı beklenti ve fedakârlıklarla Karadeniz'in güven telkin etmeyen sularında uzun yıllar iptidai av araçları ile avlanmanın getirdiği risklerden olsa gerek ki, eğitim sürecinde öncelik daima güvenliğe verilmiştir. Bu amaçla emniyete dönük katı kurallar geliştirilmiş ve bunlar, gruba yeni katılanlara ısrarla öğretilme yoluna gidilmiştir. İlerleyen dönemlerde mesleği sürdüren yeni kuşaklar çok daha gelişmiş av araçları ile balıkçılığa devam etmiş olsalar da balıkçılık dünyanın en riskli mesleklerinden biri olmaya devam etmiştir. Nitekim araştırma sahasında 1. tip balıkçı ailelerinden bazılarının teknelerinde yaşanan kazalarda güvenlik tedbirlerine dikkat etmeyen kimi tayfalar yaralanmışlar veya hayatlarını kaybetmişlerdir. Bu itibarla kıdemliler, acemilerin av sırasında riskli görevleri yerine getirmelerine bugün de izin vermemektedirler. Katılımcılar arasındaki meslekî konuşmalarda sıklıkla iş kazalarından ve denizde yaşanan tehlikelerden bahsediliyor olmasının arka planında genç katılımcılara ders vermek düşüncesi de vardır.

Balıkçılar arasında gruba katılım gerçekleştiren yeni üyelerin rüştlerini ispatlamalarının iki önemli yolu vardır; verilen görevleri başarı ile yerine getirmek ve grup normlarına uyum sağlamak. Acemi, rüştünü ispat etmeden kıdemlilerin işlerine müdahale etmemelidir. *"Dur bakalım daha sıçtığın bok denize inmedi."* Şeklindeki kalıp söz, kıdemlilerle acemiler arasında yaşanan tartışmalar sırasında statülerini hatırlatmak üzere kıdemlilerce acemilere söylenmektedir.

> Av sırasında herkes bağırır birbirine. Ama sonra biter yani kapanır konu. Bazen bitirmeyip uzatanlar da oluyor tabii. Ben birkaç tanesini kovdum öyle. Göz yumsan diğerleri görüyor, orda olmaz. Disiplin olacak orda. Mevkiini bildireceksin ona. (KK-43)

Acemi katılımcının sabır gerektiren öğrenme sürecinin ardından teknenin kıdemli üyeleri arasına dâhil olması sürecinde, geçmişte tatbik edilen bir kısmı şaka mahiyetinde gerçekleştirilen törensel karakterli uygulamalar, bugün büyük oranda uygulanmaz olmuştur. Uzun yıllar gırgır ve trol teknelerinde çalışan Sürmene Balıklılı Ömer Yetmişbir (KK-59), yakın geçmişteki bu uygulamalardan bazılarını şöyle anlatır:

> Teknelerde acemi personel genellikle ayak işlerini yapar. Su taşınacak, kumanya alınacak, motor yıkanacak, aşçıya patates, soğan soymada yardımcı olunacak; bu gibi işleri acemi personel yapar. Bir de meremetten[183] anlamayanlar bu işlere yollanır. Matis (yani meremet) yapan ustaların yanında onlara ağdan tutmak suretiyle yardım ederler. İğnelere iplik doldururlar. Acemi personele genellikle incir şakası yapılır. İddiaya girilir, 100 gram inciri üç dakikada yiyebilir misin diye. Sen de işin özünü bilmediğin için yerim dersin. 100 gram kuru incir alınır. Yedikten sonra "Tamam." demesi istenir. "Tamam." dedikten sonra tekrar hamle yapamaz. Bu şaka genellikle masa başında olur. Saat tutulur yemeye başlar üç dakika dolmadan yer ve "Tamam." der. Ama yediği incirlerin küçücük saplarını hesap etmez. Kül tabağına koyduğu saplar kendisine gösterilerek iddiayı kaybettiği belgelenir. Ve kendisinin altığı incirler afiyetle hep beraber yenir. Boğaz girişini görmeyen, ilk defa boğazdan içeri girecek olan acemi elemanlar, ayak bileklerinden bom direğine asılır. Böylelikle boğazdan geçerek millî olurlar. Benim de başımdan böyle bir hadise geçti. Ama ben İstanbul'dan memlekete o zamanın yolcu gemisi Ege ile giriş çıkış yaptığım için affa uğradım[184].

Bugün bazı gırgır teknelerinde takımın bir üyesi olarak daha fazla sorumluluk ve daha yüksek bir statü elde eden katılımcıların bir kova su ile ıslatılması veya deniz elverişli ise denize atılması gibi grup katılımlı uygulamalar görülse de bunlar çoğu zaman şaka temelinde gerçekleştirilen uygulamalar olarak dikkat çekmekte, genellik taşımamaktadır. Kabul ve terfî süreçlerine dönük kabuller, daha ziyade sembolik biçimleriyle gözlemlenebilmektedir. Acemiliği süresince sık sık alay konusu edilen veya sataşmalara maruz kalan katılımcı[185], süreci başarı ile tamamlayıp takımın gerçek anlamda bir üyesi olduktan sonra bu türde muamelelerle daha az karşılaşmakta, konumunu sağlamlaştırmaktadır.

> Balıkçılık çok zor bir meslektir. Sabahlara kadar uyumadığın, dinlenmediğin zamanlar olur. Şaka, makara olmadan stresini atamazsın çoğu zaman. Gırgır takımlarında şakanın olmadığı zaman yoktur. Acemi gemicilere çok şaka yapılır mesela. Ama bu şakalar hiçbir zaman kalp kıracak türden değildir. Fıkra türünden şakalardır bunlar. Gönül kırmayan, rencide etmeyen... Hava güzelse adamı

denize atarsın, kovayla kafasına su dökersin, yattığı yerde üstüne su dökersin... (KK-68)

Sosyal normlar, en genel anlamıyla bir grup üyesinin ne şekilde davranması gerektiğini anlatan ortak inançlardır. Kimi zaman da en yalın şekliyle, onaylanmış bir kültürel davranış (Oğuz, 2002: 247) şeklinde tarif edilen normlar hem betimleyici hem de emredici olabilmektedir. Normların ortak ve en belirgin özelliği yaptırımlarıdır. Yaptırımlar, sosyal denetimi sağlamak ve sosyal normların etkinliğini ayakta tutabilmek için bireylerin, grupların ve topluluğun üzerinde zorlayıcı, kınayıcı ya da özendirici, ödüllendirici tepkilerini ve baskılarını işletirler. Bu suretle toplumda arzulanan düzeni sağlamış ve korumuş olurlar (Örnek, 1995: 121).

Araştırma sahasındaki balıkçı topluluklarına meslekî normları itibariyle bakıldığında katılımcı sayısı fazla olan av takımlarında üyelerin kabul süreçleri boyunca meslekî yeterliliklerini ispat etmenin dışında, genel sosyal ve ahlakî kurallara da dikkat etmeleri gereklidir. Av takımı sahibinin veya grubun diğer katılımcılarının siyasi karakterli dünya görüşleri süreçte çok belirleyici olmazken toplumun genel değerleri dikkatli bir biçimde gözetilmektedir. Örneği az olmakla birlikte av sezonun boyunca bir arada yaşayan gruptan herhangi birinin eşyalarında görülen bir eksilme, yeni katılımcının dikkatle takip edilmesine sebep olmakta, hırsızlığın onun tarafından gerçekleştirildiği kesinleştiği takdirde zaman kaybetmeden tekneden uzaklaştırılması yoluna gidilmektedir. Söz konusu norm, sezon hazırlıkları sırasında av ekibinin oluşturulması sürecinde de gözetilmektedir. Hazırlıkların devam ettiği yaz aylarında takım sahibi veya koca reis, teknede çalışacak personeli belirlemek üzere görüşmeler gerçekleştirirken tayfanın daha önceki av sezonlarında sergilediği meslekî performansın yanı sıra söz ve davranışlarını da dikkate almaktadır. Örneğin dedikoducu, yalancı ve tembel kişiler, grubun ritmini bozup ayrışmalara sebep olabilecekleri için tercih edilmemektedir. Ancak teknelerinde çalışacak tayfa bulmakta zorlanan bazı takım sahipleri, son yıllarda bu kuralı, hırsızlık gibi hususlar haricinde, esnetmek zorunda kalmaktadırlar. Gırgır teknelerinde avcılık, teknolojik araçlarla gerçekleştiriliyor olsa da insan gücüne duyulan ihtiyaç devam etmektedir. Balıkçılık, geçmiş yıllara nispetle daha az tercih edilen bir meslek halini aldığından, becerikli ve tecrübeli personel sayısı azalmakta; bu durum sözü edilen türde normların esnetilmesine sebep olmaktadır.

Gruba dâhil olan yeni üyelerin kabul ve terfî süreçlerine dönük örneklerde olduğu gibi, balıkçı topluluklarının sosyal ve meslekî hayata dönük her türden normları, büyük oranda geleneksel niteliklerini korumaktadır. 1. tip balıkçı aileleri, avlanan balığın pazarlanması ve ödemeler noktasında kapasitesinin büyüklüğünden ötürü formel uygulamalara ihtiyaç duysalar da pazarlama ve finansal hususlar dışındaki meslekî süreçlerde 2. ve 3. tip balıkçı ailelerinde olduğu gibi, yine çoğunlukla geleneksel usullere bağlı kalmaktadırlar.

Giresun ve Trabzon balıkçılarının sosyal ve meslekî organizasyonlarında geleneksel özellikler taşıyan geleneksel kurallar içinde özelikle 1. tip balıkçı ailelerinde, yukarıda anlatılan hiyerarşik yapıya bağlılık ilk sırada gelmektedir. Aile reisi olmanın dışında av takımının da reisi konumunda olan liderin otoritesi, aldığı kararların sonuçlarından sorumlu tutulacağı için çoğu zaman sorgulanmamaktadır. Başarılı bir av sezonu sonrasında herkesin beklentilerinin karşılanması, reisin başarılı olduğu anlamına gelmekte ve bağlılık kalıcı hal alabilmektedir. Ancak diğer av takımlarının iyi bir sezon geçirdiği yılda gerçekleştirdiği avla beklentilerin altında kalan reisin meslekî hâkimiyeti sorgulanabilmektedir. Bu duruma dönük olarak Sürmene Balıklılı Ömer Yetmişbir (KK-59) şunları söyler:

> Reis havadan ağzı ile kuş kapsa yine takım içindeki tayfalara yaranamaz. Her yaptığı işte bir kusur aranır. Reis, eleştiriye açıktır fakat yine de bildiğini yapar. Bazı tayfalar reisi aleni çekiştiremezler ama kendi aralarında konuşurlar. Veya karşısında biri varmış gibi kendi kendilerine konuşurlar. Buna bizde "murmuris etmek" denir.

Bölgede uzun yıllar boyunca reisliğe terfi eden her bir genç, ilk avından başarı ile dönmesi halinde müdavimleri balıkçılar olan kahvehanelerde günlerce sohbetlere konu olmuş, bu suretle reislik statüleri onaylanmıştır. Pek çoğu, kıdemli reis olan babalarının yanında usta-çırak eğitiminden geçerek edindikleri meslekî teknik bilgi ve becerilerle reisliğe terfî eden katılımcılara, topluluk içindeki diğer statü gruplarında olduğu gibi özel bir kabul veya terfî töreni düzenlenmemektedir. Geçmişte ilk avından tekneye ve takımına zarar vermeden kârlı bir avla dönen genç reislerden bazılarının babaları, oğullarının bu başarısını kutsamak fikriyle kurbanlar kesmiş, aile bireylerinin katılımını içeren yemekler vermişlerdir. Ancak bugün bu türde açık biçimde takip edilebilecek uygulamalar giderek azalmış, yine diğer statü gruplarında olduğu gibi bu geçiş, sembolik anlam taşıyan davranışlar üzerinden onaylanır olmuştur. Topluluk içinde katılım ve terfîyi onaylama anlamına gelen ritüel uygulamalarla karşılaşılmasa da yeni reisin sosyal ve meslekî statüsü artık eskisinden farklı bir hâl almıştır. Av takımında çalışan tayfa grubu, başarılı avlar gerçekleştirerek kendilerine para kazandıran ve kendilerini Karadeniz'in tehlikeli sularından sezon sonunda sağ salim geri getiren reislerine bugün de büyük bir saygı beslemektedir.

Reis, grubun lideri olarak statüsünden kaynaklanan önemli kararları almakla sorumludur. Balıkçılığın tabiatın yasalarına göre işleyen bir meslek olduğu dikkate alındığında bu kararlar, kimi zaman büyük riskleri göze almayı gerektirecek türden de olabilmektedir. Örneğin tekne sahibi veya reis, fırtınalı bir havada kimse avlanmaya gitmezken tayfayı denize çıkmaya zorlayabilmektedir. Çoğu zaman tayfayla birlikte ava gitmeyen tekne sahibinin lider sıfatıyla aldığı bu kritik kararın arka planında çoğu zaman zorunluluklar yatmaktadır. Av öncesinde çoğu zaman ihtiyaçtan ötürü alınan ön ödemenin karşılığı olan hamsinin fabrikaya gönderilmesi; av sezonu hazırlığında temin edilen mekanik parçaların veya akaryakıtın ödeme takviminin gelmiş olması gibi işletmeye dönük durumların yanı sıra tayfaya ödeme yapma mecburiyeti (özellikle avcılığa dönük beklentilerin karşılanmadığı zor bir sezonda ödemelerin aksaması durumunda) gibi sebepler grup liderinin bu kararı almasında etkili olmaktadır. Grubun katılımcısı konumundaki tayfalar, kendilerini ne kadar zor bir durumun beklediğini biliyor olmalarına rağmen bu karara itiraz etmemektedir. Zira balıkçılık gibi risk faktörü yüksek bir meslekte risk alınmadan sonuca ulaşılamayacağı herkesin farkında olduğu bir durumdur.

Reisin kontrolü altındaki personelle olan iletişimi, çoğu zaman sert ve kıyıcı olmaktan uzaktır. Hiyerarşik yapı kesin çizgilerle belirlenmiş olsa da hiyerarşinin tepe unsurunu oluşturan reis, sorumluluğundaki katılımcıların tecrübelerine ve kişilik haklarına saygılıdır.

> Reisin yaşı küçük olur. Ama gemide ondan daha tecrübeli biri olur. Reis bu tecrübeli çalışanın "Bu havada balığa gidilmez, limana sığınmamız lazım." gerek gibi eleştirilerini kulak ardı etmez. Her reis illa her şeyi bilecek diye bir şey yok. Yanındaki ondan daha çok deniz hayatı görüp geçirmiş daha yaşlı biridir. Bu eleştiri karşısında bir problem ortaya çıkmaz. Reis onun tecrübesine inanarak o benden önce bunları yaşamıştır beni uyarıyor diye o kişinin lafına inanır. Eleştiri sonunda bir problem olmaz. (KK-68)

EK-105: Giresun'da Ayvasıl Balıkçılık sahibi ve reisi Şükrü Kalafat ve Akçakale'de Akgün Balıkçılık reislerinden Adnan Akgün tayfalayla birlikte matiz yaparken.

Av sırasında çeşitli sebeplerle anlaşmazlığa düşen personel arasındaki sorunlar palacı tarafından halledilmeye çalışılmakta, anlaşmazlığın sürmesi ve taraflardan birinin gruptan ayrılma kararı alması durumunda, takım sahibi aynı zamanda reis ise, durumdan haberdar edilmektedir. Devam etmekte olan avdan ötürü tayfaya ihtiyaç duyan reis, olumlu yaklaşımıyla arabuluculuk yapmaya çalışmakta, ancak durum yine de değişmezse limana ilk yanaşma anında personel tekneden ayrılmaktadır.

Grubun lideri konumunda olan takım sahibinin veya reisin sorumlulukları ile paralel işleyen bir diğer kural, söze sadakattir. İyi bir av sırasında maaşlara veya paylara küçük ilave vaatlerinin yerine getirilmesi, bir başka balıkçı liderinden veya komisyoncudan alınan borcun vaat edilen tarihte geri ödenmesi veya başka şekillerde mahsup edilmesi gibi farklı durumlar, bu normun işleyiş alanlarından bazılarıdır.

Takım sahibinin rol ve statüsüyle uyumlu biçimde önemli bir sosyal sorumluluğu da, sahibi olduğu av takımlarında çalışırken geçirdiği kazadan ötürü hayatını kaybeden veya sakat kalan tayfanın ailesine yardım etmektir. Giresun ve Trabzon havalilerinde av sezonunda zaman zaman yaşanabilen kazalar sonrasında takım sahipleri, hayatını kaybeden tayfanın zor koşullarda hayatını sürdüren ailesine ev veya arsa almanın dışında, toplu para vermek veya ailenin tahsil gören çocukları varsa tüm masraflarını üstlenmek gibi tasarruflarda bulunmaktadırlar. Takım sahibi, bu suretle sosyal güvence (sigorta) olmaksızın çalıştırdığı tayfanın ölümünden doğacak hukukî süreçleri ortadan kaldırmanın yanı sıra sosyal çevresinin sahiplenme ve yardım etme eksenli kabulleriyle de çelişkiye düşmemektedir.

Takım sahipleri ve reisler, gündelik hayatlarında da statülerini temsile devam ettiklerinden yaşantılarına dikkat etmelidirler. Dedikodu alışkanlığı, balıkçı ailelerinin yaşadığı sosyal çevrelerde de yaygındır. Bir av takımı sahibinin veya reisin sosyal çevresinde uygunsuz olarak tanımlanan davranışlar sergilemesi, prestijini olumsuz etkilemektedir. Örneğin Giresun havalisinde eskiden çok ünlü olan ancak alkol bağımlılıklarından ötürü itibarlarını yitiren reisler tespit edilmiştir. Takım sahibi konumunda olan reislerin aile bireylerinin yaşantıları da onun prestijinin teminatı konumundadır. Aile bireylerinden birinin kanunlarda suç olarak tanımlanan bir davranış sergilemesi, hele de yüz kızartıcı türden bir suç işlemesi halinde, tüm aile zor zamanlar yaşayabilmektedir.

Araştırma sahasında reislikte gösterdikleri becerilerle meslek kahramanı vasfına sahip olan Bulancak-Ayvasıllı merhum Kazım Kaptan (Kalafat), Abdullah Kalafat, Fatoğlu Ahmet Reis (Fat), Neciboğlu Yılmaz, Yorozlu merhum Lağoğlu Yaşar (Birinci) Reis, Yorozlu Celal (Terzi) ve Hacı Yunus (Terzi), Çarşıbaşı Keremköylü merhum Abonoz Reis (Küçük), Akçaabat-Salacıklı merhum Malkoçoğlu Mustafa Reis, Akçaabat Mersinli merhum Mehmet Reis (Köroğlu), Farozlu Hısımağa Temel Reis, Müdür Seyfettin (Usta) ve Gılivri Ahmet, Sürmene Balıklılı Kibar Kaptan (Çakır) ve daha nicelerinin isimleri, anı mahiyetli meslekî anlatılarda sıkça zikredilmektedir.

Ek-106: Faroz'un ünlü reislerinden Çakır Selahattin (Usta) ve Bilal Özçilingir. (Usta Ailesi Arşivinden)

3.2.2. Statü ve Hiyerarşi Temelinde Pay Hukukuna Dönük Kurallar

Ekonomik dinamiklerle iş bölümü esasına dayalı biçimde süreklilik kazanan meslek gruplarında gerçekleştirilen faaliyetten elde edilen kazancın meslekî gelenekler içerisine yerleşen bazı usullerle hak sahiplerine dağıtılması, geleneksel düzenlemeler içinde üst sıralarda yer almaktadır. Giresun ve Trabzon illeri balıkçılık kültürünün temelini teşkil eden balıkçı ailelerinde avcılık kapasitesi ve istihdam bağlamlarında kazancın paylaştırılması konusunda zaman içinde farklı usuller uygulanmıştır.

Avcılıktan elde edilen gelirin balıkçılar arasında paylaşımıyla ilgili en eski somut bilgiler Karekin Deveciyan tarafından belirtilmiştir. Deveciyan, yüzyılın ilk çeyreği içinde Boğaz ve civarında avcılık yapan gırgır ve alamana takımlarının pay hukukunu şöyle anlatır (2011: 403):

> [Gırgır takımındaki] mürettebat on dört tayfa, iki reis, bir palacı ve bir dümenci olmak üzere on altı kişiden oluşur. Beslenme masrafları balıkçılara aittir. Net hasılat otuz iki paya bölünür; yarısı, yani on altı pay herkese bir pay olmak üzere üleştirilir. Diğer on altı pay mal sahibine verilir ama mal sahibi kendi payından her reise paylaştırılan hissenin iki veya üç mislini, palacı ile dümenciye bir pay daha verir. [Yirmi dört kişilik alamana takımında ise] Net hasılat altmış paya bölünür. Yirmi pay tayfalara, sekiz pay kişi başı dört pay olmak üzere direkçilere, kişi başına iki buçuk pay olacak şekilde beş pay palacılara, bir pay tayfların başına (Koca Reis), yarımşar olmak üzere toplam iki pay başçı denilen pruva tayfalarına verilir; yirmi üç pay ağ ve teknelerin sahibinin olur ve nihayet iki pay da çekek yerini kiralamak için ödenir.

Trabzonlu hamsi avcılarının 1920'li yıllardaki sosyal ve meslekî yaşantılarının neredeyse tüm detaylarını anlatan Hamâmizâde İhsan Efendi, hamsi takımlarındaki pay hukukuna dönük bilgiler veren bir diğer isim olmuştur. Bu bilgilere göre avlanan hamsinin satılmasından sonra takım sahibi, elde edilen kazancın yarısını ağ ve kayık masrafı olarak kendisine ayırmakta, diğer yarısını ise ava katılanlara liyakatleri nispetinde dağıtmaktadır. Tayfa alacağı payın hesaplanma usulünü bildiğinden, hissesine düşen paraya itiraz etmemektedir (Hamâmizâde İhsan, 2007: 32).

İhsan Efendi'nin bir örneğini belirttiği pay usulü, 1. tip balıkçı ailelerinin av takımlarında uzun yıllar, işlevselliği ve hakkaniyet tarafıyla tayfalar tarafından da tercih edilmiştir. Ancak son 10 yıl içinde hızlı bir biçimde maaş usulü yaygınlık kazanmaya başlamıştır. Gırgır takımlarında pay geleneğinden maaş usulüne geçişte balık sürülerinin her geçen yıl azalması ve bu itibarla balıkçılığın ekonomik anlamda çok daha riskli bir meslek halini alması etkili olmuştur. Emeğin bedellendirilmesi hususunda görülen değişim, bu boyutuyla tayfanın hukukunu korumayı amaçlayan bir meslekî düzenleme olarak kabul edilmelidir. Zira avcılığın beklentileri karşılayacak şekilde gerçekleşmediği yıllarda pay usulüne göre çalışan tayfalar, ailelerinin geçimini temin etmekte zorlanmaya başladıklarından bir sonraki av sezonunda maaş usulüne göre ödeme yapan av takımlarını tercih eder olmuşlardır. Giresun ve Trabzon'da faaliyet gösteren ve tayfalarına pay usulüyle ödeme yapan 1. tip aileler, tayfa bulmakta zorlanmaya başlayınca hızlı bir biçimde sistemlerini değiştirerek maaş usulüne geçmişlerdir. Zira kapitalist niteliği giderek pekişen ekonomik ve toplumsal yaşam, bireye sürekli ve düzenli bir gelir sahibi olma koşulunu dayatmaktadır. Geleneksel karakterli pek çok meslek grubunda olduğu gibi balıkçılıkta da değişim çoğu zaman herhangi bir dış müdahale olmaksızın ihtiyaç ve işlev bağlamlarında kendiliğinden gerçekleşmiştir.

Bölge balıkçılığının grup katılımlı bir ekonomik faaliyet halini aldığı dönemlerden itibaren uygulanan pay geleneği, bugün zayıflamış bir gelenek olarak yaşamaya devam etmektedir. Araştırma sahasındaki onlarca gırgır takımı içinde pay usulüne bağlı olarak çalışan Akçakaleli Akgün ailesi geleneğin son temsilcisidir. Aile, av sezonu boyunca beklenen nispette bir av gerçekleştirememesi halinde pay usulüne göre çalışan tayfanın mağdur olmaması için başka teknelerde maaş karşılığı çalışanlara ödenen aylık meblağ nispetinde ödeme yapmaktadır. Aile, bu uygulama ile tayfasının hukukunu gözetmenin yanı sıra, bir sonraki av sezonunda çalıştıracak tayfa bulamama riskini de ortadan kaldırmış olmaktadır.

Av sezonuna hazırlıkların tüm hızıyla sürdüğü yaz aylarında 1. tip balıkçı ailelerinin av takımlarında çalışacak denizcilerle anlaşmalar yapılırken ödeme usulünde de anlaşmaya varılır. Takım sahibi veya koca reis, hangi ödeme usulüne göre anlaşma yaparsa yapsın, anlaştığı tayfaya "pulatka" adı verilen ve avans yerine geçen bir ödeme gerçekleştirir. Bu ödeme, tayfayı gruba bağlamak anlamına gelmektedir. Av sezonunda hangi av takımında yer alacağı belli olan tayfa aldığı "pulatka" ile varsa borçlarını kapatır; ailesinin eksiklerini tamamlar ve av sezonu boyunca göremeyeceği ailesine harçlık bırakır.

Kendisine ait küçük bir balıkçı teknesini işletmenin haricinde zaman zaman gırgır teknelerinde tayfa olarak da çalışan Bulancaklı Savaş Erdoğan (KK-17), mal sahibi ile tayfa arasındaki enformel karakterli anlaşma hukukunu anlatırken maaş ve pay usullerine de atıflar yapar:

> Biz genelde koca reisle anlaşıyoruz. Eskiden bazen koca reis sistemi pek olmuyordu. Ben Fatoğlu'nda çalıştım, orada koca reis sistemi şu üç dört senedir var, ondan önce yoktu. Mal sahipleri gelirdi böyle temmuz aylarında denize gidecek arkadaşları toplardı, listesini yapardı. İyi, kalifiyeli elemanlardan bakardı. Pay olurdu eskiden. Şimdilerde artık maaş sistemi çıktı. Hâlâ da payı sürdüren birkaç takım vardır bu kıyılarda. Yazılı çizili bir anlaşmamız olmaz bizim. Her şey söze, güvene göre işler. Daha önce çalıştığın takımlarda işini iyi yaptıysan zaten aranan adamlardan olursun. Ama sözünü bozup sezonun ortasında kaçtıysan adamları mağdur ettiysen en cafcaflı zamanda bu duyulur tabi. Aslında şu denizde çalışan tayfa sayısı bellidir ve aşağı yukarı herkes birbirini bilir. Böyle olunca da kim sözünün eridir kim değildir, kim çalışkandır, kim değildir bilinir.

Uzun yıllar uygulanan geleneksel pay usulünde her bir katılımcının payı, grup içindeki statüsüne göre belirlenmiştir. Daha önce belirtilen statü ve hiyerarşi grupları sadece görev ve sorumluluk bağlamlı bir meslekî organizasyonu ifade etmekle kalmamış gruba sağlanan katkı nispetinde hiyerarşik bir gelir dağılımına da işaret etmiştir.

Pay geleneği, çeşitli nüanslarına rağmen genellikle benzer şekilde uygulanmıştır. Av sezonu tamamlandıktan sonra "hesaplaşma" zamanı geldiğinde tayfalara ödenen "pulatka" paylarından düşülecek şekilde hesaplandıktan sonra şöyle bir sistem uygulanmaktadır:

> Av boyunca yapılan masraflar yani kumanya filan çıkarıldıktan sonra avdan kazanılan payın % 60'ı mal sahibinindir. Bu payın geriye kalan % 40'ı gemiciye dağıtılır. Herkesin payı teknedeki rütbesine göre yukarıda aşağıya sırlanır. Palacı, botçu, aşçı pay hakları yüksek olan rütbelerdir. Yani tayfa bir pay alırsa bunlar bir buçuk, iki pay alırlar. Ben iki pay, yani on liradan yirmi lira alıyorsam, öbür arkadaş biraz daha düşük, bir pay yani on lira alır. İşte böyle adamına göre pay dağıtırlar. Payda olay tamamen mal sahibinin vicdanına kalmıştır. Adam örnek veriyorum bir trilyon para kazanmışsa masrafı yüksek gösterip denizcinin payından kesebilir. Benim ve diğer tayfanın bir söz hakkı yoktur, hakkına razı olursun. Adama diyemezsin ki "Ben şu zamanda şu hamsiyi tuttum, kaç para etti; şu zamanda bilmem kaç kasa palamut tuttum söyle bizim listemiz nerde?" Böylesi olaylar olmuşsa bile bizim haberimiz pek olmaz. Yani böyle yapan takım sahiplerinin kimler olduğu pek bilinmez. (KK-16)

İyi bir av sezonu geçirip beklentisi nispetinde kazanç elde eden takım sahibi, kimi hallerde tayfalarını ödüllendirmekte ve payın hesaplanması sırasında önceden ödenen "pulatka" bedelini hesaplamaya dâhil etmemektedir. Öte yandan av takımının hissedarı konumundaki aile bireylerinin kendileri ve çocukları da avcılıkta faal olarak çalışmışlarsa (ki genelde çalışmaktadırlar) yaptıkları işin mahiyetine göre pay taksimine dâhil olmaktadırlar.

Faroz'un 1950'li yıllardaki ünlü reislerinden Ali Rıza Reis'in oğlu Muharrem Kayıkçı (KK-38), av sezonu sonunda babasının gerçekleştirdiği pay seremonisini şöyle anlatır:

> Balıkçılık zordu ama o zamanlar bereketliydi. Çocukluğumda babamın balıkçılıktan kazandığı paraları biz de sayardık. Sezon bitiminde mayıs başlarında eski evimizin bahçesinde tayfalar toplanır; herkesin payı şeffaf bir biçimde dağıtılırdı. Masraflar çıktıktan sonra mal sahibinin kayık payı ayrılır ve tayfanın işine göre pay taksim edilirdi. Bazı mal sahipleri hem av payı hem de motor payı alırlardı. Ancak babam genellikle av payı alırdı. Kayıklarımızda 30-35 kadar tayfa çalışırdı ve hepsi Farozluydu. Tayfa kayıkla birlikte

Giresun'da, Fatsa'da, Ünye'de, Tirebolu'da av yaparken, karıları babama gelir avans alır geçimlerini tedarik ederlerdi. Babamın bütün bu avansları tek tek not aldığını hatırlarım. Pay dağıtımında bu avanslar da hesap edilirdi.

Hamsi ığrıplarının yaygın olduğu geçmiş dönemlerde masraf kalemleri daha az olmuştur. Avda yer alacak tayfa yiyeceği de dâhil olmak üzere tüm ihtiyaçlarını kendisi karşıladığından hesaplaşma daha kolay olmuştur. Eski hamsi avcıları çok uzun süre denizde kalamadıkları için yiyecek çıkınlarını da beraberlerinde götürmüşlerdir. Modern donanımlara sahip güncel avcı teknelerindeki masraf kalemleri arttığı için daha detaylı bir pay hesabına ihtiyaç duyulmaktadır. Bugünün "pay" hesaplamasında tayfanın iaşe bedeli de masraf kalemleri arasında yer almaktadır. Zira bugünün gırgır tekneleri, gelişmiş teknolojik donanımlarıyla uzun süre denizde kalabilmektedir.

Av sezonu sırasında bir sebepten ötürü ekipten ayrılan tayfanın payı hemen ödenmeyip av sezonunun sonu beklenmektedir. Sezon içinde ayrılan tayfanın hesabı, çalıştığı süre nispetinde sezon bitiminde görülmekte ve hak ettiği pay kendisine teslim edilmektedir.

Daha önce de ifade edildiği gibi endüstriyel ölçekte balıkçılık yapan geniş aileler, akrabalık esasına göre işleyen büyük teşekküllerdir. Babalar, oğullar, kardeşler ve amcalar, bu büyük teşekkülün hissedarı konumundadırlar. Av takımının oluşumu sürecinde aile bireyleri bu oluşuma fiili hissedar konumunda dâhil olmuşlarsa, av sezonu sonunda masrafların ödenmesinden ve tayfanın hiyerarşisine uygun biçimde pay taksimi yapılmasından sonra kâr olarak kabul edilebilecek bir kazanç elde edilmişse, hissedarların hisseleri nispetinde paylaşım gerçekleştirilmektedir. Örneğin % 20 hisseye sahip olan bir kardeşin payı, kârın % 20'si nispetinde iken % 40 hisseye sahip olan diğer bir kardeşin veya babanın payı bu hisseyle uyumlu olmaktadır.

Çok uzun yıllardan beri balıkçılık yapan Çarşıbaşı Keremköylü Küçük ailesinin bireylerinden Abonoz Küçük'ün (KK-73) şu sözleri, hissedar konumunda olan aile bireylerinin kimi zaman da fiili bir pay taksimine girişmediklerini, elde ettikleri kârı başka biçimlerde değerlendirdiklerini ortaya koymaktadır:

> Sezon sonunda kazanılan paradan aile bireylerinin ihtiyaçlarını karşılayacak kısım ayrıldıktan sonra geriye kalanı mesleğin gereklilikleri bağlamında kullanılır. Balıkçılık mesleği, teknolojik gelişmelere ayak uydurmayı gerektiren bir niteliğe sahip olduğundan, kazanılan para genelde yatırıma yönlendirilir. Bahsi geçen bu yatırım anlayışı içe dönük bir niteliğe sahip olup kazanılan

para balıkçılık mesleği sınırları içerisinde değerlendirilir. Teknenin sonarı, makineleri, ağları ve diğer ekipmanları yenilenir. İhtiyaç halinde yeni tekne satın alınır. Hissedarlar mesleklerine yaptıkları yatırımlarla kuru parayı ceplerine koymak yerine ellerindeki teknenin değerini arttırırlar. Değerini arttırmanın yanında bir sonraki sezona daha güçlü bir şekilde girerler. Karadeniz'de teknenin para kazanabilmesi için teknik donanımımın güçlü olması gerekir, başka türlü rakiplerinle yarış edemezsin. Bu noktada bir örnek verecek olursam, 5000 metre menzili olan göbekten açmalı Furuno marka palamut sonarına sahip olmayan bir balıkçı teknesi gece avcılıklarında rakiplerinden geri kalacaktır.

Araştırma sahasındaki 1. tip balıkçı ailelerinin ortaklık hukukunda her zaman hissedarlık gibi bir usul takip edilmemektedir. Hissedarlık usulüne göre oluşmayan ve üyelerinin büyük çoğunluğu aynı zamanda av takımında çeşitli statülerde fiilen çalışan geniş ailelerde sezon sonunda daha farklı bir kâr paylaşımına gidilmektedir. Akçakaleli Akgün ailesinin lideri konumunda olan Vedat Akgün (KK-74), kendi av takımlarındaki pay hukukunu şöyle anlatır:

> Sezon bitip tayfanın payı reisten aşağıya dağıtıldıktan sonra eğer o sezon kâr etmişsek bir araya geliriz ve hesaplaşırız. Ailemizin 15 hanesi av takımlarımızdan geçimini sağladığı için herhangi bir hissedarlık hukukumuz yoktur. Tüm ödemeler yapıldıktan sonra mesela 500 milyar kâr elde etmişsek yeni sezona hazırlıklar için lazım olan parayı bir kenara ayırır ve kalan parayı eşit olarak paylaşırız. Bu husus sadece teknelerden kazandığımız para için geçerli değildir, bizim karada da balık işleme tesislerimiz olduğu için oradan gelen kârları da güzelce hesap eder yine eşit olarak bölüşürüz.

Araştırmalar sırasında tespit edilen bir başka usulde de ortaklığı oluşturan ailelerin çocuk sayılarının da payın taksiminde hesaba katıldığı gözlemlenmiştir. Hisseleri itibariyle farklı statüde olmayan ortaklardan 5 çocuğu olanın pay hakkı, 2 çocuğu olana nispetle daha yüksek hesaplanabilmektedir. 5 çocuğu olan ortağın masrafları daha fazla olacağından ailenin ekonomik standartlarının korunmasına özen gösterilmektedir.

Giresun ve Trabzon havalilerinde karayolu ulaşımının sınırlı olduğu dönemlerde uzun süre çektirmecilik yapan ve katılımcılarından bazıları balıkçılık yapan aileler de pay geleneğine bağlı kalmışlardır. Doğu Karadeniz'in diğer kıyı yerleşimlerinde de 1960'lı yıllara kadar devam eden deniz taşımacılığının Çayeli'ndeki örneklerine değinen Süleyman Kazmaz, Çayelili deniz nakliyecileri ve Kefkenli balıkçılar arasındaki pay hukuku örneklerine de yer vermiştir:

Çayeli ve Rize arasında eşya ve yolcu taşıyan bir motor için şöyle bir ortaklık sözleşmesi uygulanırdı: Motor sahibi ve gemiciler birlikte çalışırlar. Elde edilen gelirden ilkin masraflar çıkar, kalkan kazanç, 3 pay motora, birer pay gemicilere verilmek suretiyle bölüşülür, dört gemici varsa gelir yediye bölünür, 3 payı motor sahibi, birer payı gemiciler alır. Karadeniz'in batı kıyısında küçük bir kasaba olan Kefken'de de balıkçılar arasında buna benzer bir ortaklık sözleşmesi uygulanır. Aynı kayık ya da motorda çalışan balıkçılar arasında yapılan bu ortaklık sözleşmesi gereğince tutulan balıklar satıldıktan sonra elde edilen paradan ilkin masraflar çıkar; kalan kâr pay esasına göre bölüşülür. Yarısı ırıpa, kalandan 3 pay reise (Reis ırıpın sahibi ise ikisini birden alır.) ve çalışmalarına göre tayfalara 1 ya da 1,5 pay verilir; 10 tayfalı motorda reis 3, tayfalar 1'erden 10, ırıp sahibi de 13 pay alır; böylece kâr 26 paya bölünmüş olur. Bu ortaklık sözleşmesi çok eskiden beri uygulanır; şartlarını kimse değiştiremez (Kazmaz, 1985: 103).

Pay geleneğine dönük uygulamalar, 2. tip balıkçı ailelerinde bugün çok daha canlı bir biçimde yaşatılmaktadır. En fazla 10-12 metre boyundaki teknelerle avlanan küçük balıkçıların av kapasiteleri ve istihdamları, 1. tip balıkçı ailelerinin av takımlarına göre çok daha mütevazıdır. Uzun süredir beklenen palamut sürülerinin avlaklarda görülmeye başlamasıyla birlikte küçük balıkçılar, genellikle pay geleneğine bağlı biçimde anlaştıkları 2-3 kişiden oluşan tayfa ile birlikte avlanmaya başlarlar. Tekne sahibi balıkçılar, tayfalarıyla birlikte avladığı palamutları satıp parasını aldıktan sonra tayfayla birkaç farklı usulde hesaplaşmaktadır. Araştırma sahasındaki aynı yerleşimlerde bile görülebilen farklı pay usulleri şu şekildedir:

a) Masraflar çıkarıldıktan sonra kalan meblağ, ava katılan her bir balıkçıya eşit olarak pay edilmektedir.

b) Masraflar çıkarıldıktan sonra tekne ve ağ için 1 pay ayrıldıktan sonra kalan meblağ ava katılan her bir balıkçıya eşit olarak pay edilmektedir. Bu usulde teknenin ve ağın sahibi konumunda olan balıkçı 2 pay almış olmaktadır.

c) Masraflar çıkarıldıktan sonra tekne ve ağ için ayrı 1'er pay ayrıldıktan sonra kalan meblağ ava katılan her bir balıkçıya eşit olarak pay edilmektedir. Bu usulde teknenin ve ağın sahibi konumunda olan balıkçıya her biri için ayrı pay tahsis edildiği için 3 pay almış olmaktadır.

Palamut avcılığı dışındaki zamanlarda, örneğin mezgit veya kalkan avcılığı dönemlerinde, ayrı teknelere sahip küçük balıkçılar, bazen meslekî bir dayanışma örneği sergilemekte ve ağlarını serme ve toplama zamanlarında yardımlaşabilmektedirler. Örnekleri giderek azalan böylesi uygulamalarda her iki balıkçının ağından çıkan balıktan elde edilen gelir eşit olarak paylaşılmaktadır. Benzeri bir durum da av donanımı ortaklığında görülmektedir. İki kişiden oluşan bir ekibin üyelerinden birinin ağı diğerinin ise teknesi varsa, birlikte gerçekleştirdikleri avdan elde edilen geliri yine eşit olarak pay etmektedirler.

3.2.3. Av Hukukuna Dönük Kurallar

Balıkçılar arasında av hukukuna dönük kabuller, çoğu zaman kaynağını normlardan alan geleneksel karakterleriyle dikkat çekmektedir. Giresun ve Trabzon havalilerinde büyük ve küçük ölçekte avcılık yapan balıkçılar, av safahatları boyunca gerçekleştirildikleri avcılığın mahiyetine göre farklı normlara bağlı hareket edebildikleri gibi benzer normlara da bağlı kalabilmişlerdir.

1. tip balıkçı aileleri tarafından işletilen iki farklı gırgır teknesinin radarında aynı balık sürüsünün görünmesi halinde av önceliğinin kimde olduğuna dair formel bir düzenleme yoktur. Bu önemli husus, uzun süre geleneksel kurallarla tayin edilmiştir. Geleneksel karakterli av hukukuna göre ağ sarma önceliği, radarda görülen balık sürüsünü sancak tarafına alan avcı teknesine aittir. Zira uzun yıllar tek ağla avlanan teknelerde ağlar sancak tarafından denize indirilmiş ve toplanmıştır.

Balık sürülerinin bugüne kadar daha verimli olduğu yıllar boyunca bu önemli kurala, 1. tip balıkçı aileleri arasında büyük oranda riayet edilmiştir. Gırgır tekneleri zaman içinde çift ağ taşıyabilecek ve hem sancak hem de iskele tarafından ağ sarabilecek donanıma sahip oldukça söz konusu kuralın uygulanması konusunda problemler yaşanmaya başlamıştır. Genel literatürde gelenek ve modernizm çatışması adı ile ifade edilen çatışmanın meslekî kurallara etkisine dönük somut bir örnek ortaya çıkmıştır. Öte yandan deniz kaynakları hızlı bir biçimde azalırken gırgır takımlarının her geçen gün artması, bu önemli kuralın ihlal edilmesinde ayrıca etkili olmuştur. Araştırmalar sırasında limanlarda şahit olunan kavgalardan bazılarının av hukukuna dönük bu kuralın ihlalinden kaynaklandığı tespit edilmiştir. Bu ihlaller kimi hallerde avcı takımları arasındaki rekabetin bir ifadesi olarak görülüyor olsa da, asıl etken, büyük sermayeli 1. tip balıkçı ailelerinin büyük borçlar altında eziliyor olmasıdır. Zira hem Giresun'da hem de Trabzon'da faaliyet gösteren 1. tip balıkçı aileler arasında av sezonuna borçlanmadan girebilen yoktur. Bu tipteki pek çok balıkçı ailesi, milyonlara ulaşan borçların baskısıyla sadece formel karakterli kuralları ihlal etmekle kalmamakta, mesleğin kendi dinamikleri içinden çıkan ve kuşaklardır tatbik edilen geleneksel hukuk kurallarını da ihlal etmektedirler.

Endüstriyel ölçekte avcılık yapan balıkçı ailelerinin av hukukuna dönük diğer bir geleneksel hüküm de hareket halindeki bir gırgırın balık kollayan diğer gırgırın sancak tarafına geçememesi esasına dayanmaktadır. Bu kural, balık kollayan ve her an ağ sarabilecek olan gırgırın avlayacağı balığın üzerinden geçilerek dağıtılmaması gerekliliğinden hareketle oluşturulmuştur. Kural ihlal edilir ve ağ sarma hazırlığında olan gırgır balık sürüsünün dağılmasından ötürü beklentilerin çok altında balık avlarsa yine tartışmalar ve kavgalar yaşanabilmektedir.

Karekin Deveciyan, ilk kez 1915 yılında yayınlanan *Balık ve Balıkçılık* adlı ünlü eserinde Karadeniz'in Asya kıyılarında avlanan ve ileride hakkında bilgi verilecek olan, alamanacıların, gece avcılıklarındaki usullerinden bahsederken benzer bir geleneksel uygulamadan bahseder (2011: 436):

> Asya kıyılarında gece avlanan bir kayık, avlanmaya müsait olmayan bir yerde bir balık sürüsüne rastlar ve bu sürüyü müsait bir yere doğru kovalarsa ve bu arada bir ikinci kayık gözükürse, birinciler "Varda!" diye bağırır ve bu andan itibaren sonra gelen balıkçılar bu balık sürüsüne hücum edemezler. Buna karşın; birinci kayık ağlarıyla balıkları çevirdiği sırada, ikinci kayık diğerinin ağlarından kaçan balıkları çevirebilir ve sürünün etrafında ikinci bir çember oluşturabilir.

1990'ların başlarında avlanan hamsi miktarı piyasanın taleplerinin üstüne çıktığı için avlanan hamsiler, değerinin çok altında satılmaya veya fabrikalar tarafından bile alınmadığında, bahçelere veya tekrar denize dökülmeye başlandığında 1. tip balıkçı aileleri, kendi aralarında bir anlaşmaya vararak hamsi avı sezonu boyunca av takımlarının gün aşırı olacak şekilde dönüşümlü biçimde avlanmalarını kararlaştırmışlardır. Bu anlaşma çok uzun ömürlü olmamış ve anlaşmayı bozan bazı av takımlarından ötürü eski usule geri dönülmüştür.

1990'lı yıllarda bugüne nispetle daha düşük bir av donanımına sahip teknelerle balıkçılık yapan 1. tip aileler, 2000'lerin başlarından itibaren bugün kullanmakta oldukları teknolojik yeniliklere geçerek av kapasitelerini yükseltmişlerdir. 1990'lı yıllarda görülen hamsi bolluğu, ironik bir biçimde bu düzenlemelerden sonra yerini hamsi kıtlığına bırakmıştır. 2000'lerin ortalarında yine herhangi bir yasal müdahale olmaksızın 1. tip balıkçı aileleri arasında yapılan ve bugün de uygulanmaya devam eden sözlü anlaşma, bu trajik değişimin sebep olacağı ekonomik sonuçları hafifletmek düşüncesiyle ortaya çıkmıştır. Bu son sözlü anlaşmayla hamsi avcılığı sezonunda gün içindeki avlanma saatlerine dönük önemli bir mutabakata varılmış; gece boyunca sürdürülen avcılığın sabahın erken saatlerinden saat 16.00'ya kadar durdurulması kararlaştırılmıştır. Balıkçıların geleneksel ekolojik bilgileri[186] temelinde kararlaştırdıkları bu uygulama ile daha önce 24 saat boyunca avlanan ve tedirgin oldukları için Doğu Karadeniz kıyılarından hızla Gürcistan kıyılarına geçen hamsi sürülerinin Doğu Karadeniz avlaklarında daha uzun süre kalmasını sağlamak amaçlanmıştır. Zira hamsi avı sezonunun her geçen yıl biraz daha kısalması büyük masraflarla endüstriyel boyutta avcılık yapan balıkçı ailelerini olumsuz etkilemiş, hamsi stoklarının daha uzun süre bölgede kalmasına imkân tanıyacak bir uygulamaya duyulan ihtiyaç kaçınılmaz olmuştur. 1. tip balıkçı aileleri istavrit avcılığı istisna olmak üzere bugün de bu anlaşmaya riayet etmektedirler.

Av hukukuna dönük olarak tespit edilen diğer bir uygulama 1. ve 2. tip balıkçıların birbirleri ile av sırasındaki münasebetlerine vurgu yapmaktadır. Bu iki balıkçı tipolojisi arasında ava dönük olarak tatbik edilen kurala göre herhangi bir küçük balıkçının av gerçekleştirdiği avlakta bu küçük balıkçıyı da içine alacak şekilde ağ saran bir gırgır teknesi aldığı avdan küçük balıkçıya da pay verebilmektedir. Giresun, Gemilerçekeği'nde tespit edilmiş bir meslekî anlatı bu duruma atıf yapmaktadır:

> Ben kayığı çalar giderdim lise dönemlerinde. Küçük adanın üstünde balık tutuyorum. İri istavrit var, lüfer var. Geldi beni tahta bir gırgır sardı. O zaman küçüğüm ağın içinde kaldım nasıl korktum... Adam beni çağırdı. Beni (kayığı) bağladılar; "Bu balıkta senin hakkın vardır. Seni gördüm, burada balık tutuyordun." dediler. İri istavrit, lüfer doldurdular kayığa tenekeyle. Neredeyse kayık batacaktı. (KK-75)

Geleneksel ekolojik bilgi kavramına ve örneklerine dönük önemli çalışmaları bulunan Fikret Berkes, Türkiye'de bazı küçük ölçekli balıkçılarda balık kaynaklarının bölüşümü ve yönetimi ile ilgili yerel düzeyde düzenlemelerin ve kuralların varlığına vurgu yapmıştır. (Berkes, 1986'dan aktaran Knudsen, 1995: 437). Çarşıbaşılı 2. tip balıkçı ailelerinin avcılığa dönük geleneksel nitelikli düzenlemeleri üzerine tespitlerde bulunan Ståle Knudsen, Berkes'in yukarıdaki vurgusundan hareketle yöre balıkçılarının kaynakların bölüşme ve kullanma sistemlerini irdelerken, balıkçılar tarafından ifade edildiğinin aksine denizin herkes tarafından serbestçe kullanılmadığını, gerçekleştirilen her bir av türünün çeşitli enformel düzenlemelerle kuşatılmış olduğunu ifade eder (Knudsen, 2009: 101). Ayrıca küçük balıkçıların avlanma süreçlerinde uyguladıkları kuralların geleneksel vasıflarını tartışmak üzere şunları söyler:

> Hiç kimse küçük tekne balıkçılığındaki enformel düzenlemeleri oluşturmak ve kontrol etmek yetkisi ile donatılmamış ve bu sorumluluk hiç kimseye verilmemiştir. Tek tek balıkçıların

konumlarını veya köylerin sınırlarını belirleyen resmi veya yazılı anlaşma olmadığı gibi bu balıkçılıklardaki düzenlemeleri planlayan ve tartışan bir balıkçılar meclisi de yoktur. Bu düzenlemeler, balıkçılar tekno-ekolojik sistemlere uyum sağladığından ve denizle işi olan diğer insanlara hoşgörülü davranışla ilgili belli etik teknik bilgi standartlarına göre etkileşim kurduklarından her sezon toplu halde kendiliğinden (yeniden) ortaya çıkar. Bilinçli olarak planlanmış, savunulmuş ve konuşulmuş bir sistem değildir ama uygulamada hazırlanmış ve denenmiş, yaşanan ve canlandırılan bir sistemdir (Knudsen, 2009: 108).

Hak ve adalet temelli bir kültürel geleneğin yukarıdaki süreçleri ortaya çıkarmasına şaşırmamak gerekir.

Alan araştırmaları sırasında, Knudsen'in barbun ve palamut avcılığı bağlamında tespit ettiği geleneksel hukuk kurallarının farklı biçimleriyle karşılaşılmıştır. 2. tip balıkçı ailelerinin önemli geçim kaynaklarından biri olan palamut avcılığında uygulanan geleneksel nitelikli kurallar, hemen hemen benzer karakterlere sahiptir. Uzatma ağlarıyla palamut avlamak niyetinde olan balıkçılar, avlaklarını önceden işaretlemek suretiyle belirlerler. Palamut avcılığının devam ettiği sezon boyunca hemen her gün bu yer kapma olayı tekrarlanmaktadır. Balıkçılar bir önceki gün kurdukları bir yeri dubalarla veya çoğu zaman strafordan yaptıkları şamandıralarla işaretlemedikleri takdirde yerlerini kaybedebilmekte, başka bir balıkçı bu alanda avlanabilmektedir. Bu sebeple yerin sahipliliğine vurgu yapacak işaretlemeler oldukça önemlidir. Knudsen, etik teknik bilgi olarak kabul ettiği ve "ilk gelenin hakkı" şeklinde ifade ettiği yer ayırma veya sahiplenme usulünün molozma avcılığına özgü olduğunu, palamut avcılığında bu usulün balık sürülerinin bol ve hareketli olmasından ötürü tercih edilmediği belirtmiş olsa da (2009: 106) Darıcalı ve Salacıklı balıkçılar örneklerinde olduğu gibi, bazı balıkçılar yer kapma mücadelelerine son vermek için ağ kuracakları yere bir şamandıra yerleştirmekte ve sezon boyunca sahiplendikleri avlakta palamut avcılığı yapmaktadırlar.

Palamut avcılığı ile ilgili kural nitelikli bir diğer uygulama hem 1. hem de 2. tip balıkçı aileleri arasında tespit edilmiştir. Gündüzleri palamut sürüleri denizin yüzeyine yakın hareket ettikleri için deniz yüzeyinde gözle görülür bir "çepreşik[187]" yaratmaktadırlar.

Ek-107: Palamut sürüsünün hareket halide iken deniz yüzeyinde yarattığı çepreşik/yağıntı.

Bundan ötürü "yol balığı" şeklinde adlandırılan palamut sürüsünü gözle tespit eden balıkçılar, sürünün önüne geçip ağ sermek için hızlı hareket etmek zorundadırlar. Balıkçılar arasında "yol kapma" sözü ile ifade edilen bu süreçte, hızlı davranan balıkçı teknesi balığın önüne geçip ağ sermeye başladığı takdirde balığa hamle yapan diğer teknelerin av hakları sona ermiş olmaktadır.

Geleneksel ekolojik bilgileri ile balık hareketlerini ve rüzgârı, deniz sıcaklığını ve diğer çevresel koşulları dikkate alarak avcılık türleri geliştiren balıkçılar, birbirleri ile çatışma yaşamadan avlanabilmek için uyum içinde hareket etmek zorundadır. Araştırma sahasındaki 2. tip balıkçı ailelerinin av takviminde nisan ve mayıs ayları içinde önemli bir yere sahip olan barbun avcılığı sırasında geleneksel nitelikli av hukukuna dair başka bir hususla daha karşılaşılmaktadır. Bir başkası tarafından önceden işaretlenmiş, sahipli bir avlağa ağ sermek ne derece yanlış ise, bir balıkçının, gündüzleri kıyıya yaklaşan balıkların önünü kesecek şekilde serdiği ağın üzerine bir başkasının ağ sermesi de o derece yanlıştır. Bu sebeple avlağa ilk gelen balıkçı, ağını kıyıya dikey olarak sermişse yanına ağ serecek diğer balıkçılar ağlarını dikey sermelidir. Bu suretle ağlar karışmayacağı gibi avlağa önce gelen balıkçının ağına girecek balıklara da engel olunmayacaktır. Meslekî donanımsızlığın dışında rekabet gibi sebeplerle aksi davranışlar sergilendiği hallerde av sonrasında kahvehanede toplanan balıkçılar ateşli tartışmalar yapabilmektedirler.

> Ben ağımı kurduğum zaman gelip bunun yalı tarafına, sahil tarafına işte yak yakaya elli metre, yirmi beş metre ağ kuramazsın. Çünkü balık havalanarak yalıya doğru gelir, sabaha karşı geri döner.

Dönüşte sen benim avımın önünü kesmiş olursun. Bana gelecek balık senin ağına gelir. (KK-12)

*

Biz eskiden şimdi ha burada mesela izmarit var diyelim ben gelir kurarım buraya. Sen gelir kurarsın, öbürü gelir en az 3-4 tane av üst üste olur burada. En son kim kurdu; ben kurdum, ben kaldırırım ondan sonra sen ondan sonra herkes sırayla kaldırır ağını. Sıralama bozulmamalıdır bozulursa av da ağ da ziyan olur. Ama şimdi avlak daraldı kurallara pek bakan olmuyor ve çok tantana oluyor. Şimdi gider adamla konuşurdun balık burda idare edelim birbirimizi derdin. Ama şimdi idare etme de kalmadı yani. (KK-76)

Balıkçılar denize serdikleri ağın hareket halindeki diğer balıkçılar tarafından fark edilmesini sağlamak amacıyla denizde özel iletişim biçimleri kullanarak ağın zarar görmesinden veya avlağın paylaşımından ötürü doğabilecek problemlerin önüne geçmeyi amaçlamışlardır:

Ben denize ağ kurduğum zaman ağ denizin dibine inmez suyun üstünde kalır. Karşıdan bir balıkçı geldiğinde ağlara takılmasın diye, ağımı parçalamasın diye onun yüzüne lamba tutarım o da anlar yolunu değiştirir. Balıkçı bunu anlar diğerleri bilmez. Palamut ağında yanar söner bir ışık vardır, bir de kayıkta vardır kayıktaki yanmaz sabit durur. Bir balıkçı geldiğinde o ışıklı yerden geçmez ağ olduğunu bilir çünkü. Dalgınlığına geldi geçiyor lambayı gözüne vurursun anlar zaten. Sadece balıkçılara özgü konuşma dilimiz var. Şimdi telefonla yapılıyor bunlar. (KK-77)

2. ve 3. tip balıkçı grupları arasında bir önceki bölümde belirtilen sebep ve biçimlerde tartışmalar yaşansa da avcılık sırasında denizde ciddi bir yardımlaşma hukuku işlemektedir. Başı derde giren bir balıkçının işaretini fark eden diğer bir balıkçı onunla dargın dahi olsa yardım etmekle mükelleftir. Mesleğin çok sayıdaki enformel kuralından sadece biri olan bu hususu ihlal edenler, diğer katılımcılar tarafından kınanmakta ve dışlanmaktadır. Deniz tüm balıkçılar için aynı derecede tehlikeli bir çalışma alanıdır. Bugün bir balıkçı için oluşan tehdit yarın bir başkasının akıbeti olabilecektir.

Faroz'un eski balıkçı ailelerinden birine mensup olan ve kendisi de aile mesleğini sürdüren Osman Usta (KK-37), balıkçılar arasındaki bu önemli kuralın, tüm balıkçı grupları açısından ne denli önemli olduğunu, yardımlaşmanın sadece can güvenliği konularında değil denizden gelen rızkı paylaşmak konusunda da önemli olduğunu bir örnekle şöyle anlatır:

Şimdi bizim insanımızda olan dayanışma denizcilikte daha çoktur. Karada kavgalı olan kişiler denizde barışmak zorundadır. Denizde karadaki meseleyi bırakır. Mesela akıntıya kapıldı, motoru arıza

> yaptı; karada konuşmadığın arkadaş seni bağlar. İşte denizde böyle bir dayanışma olduğu için bu kurala riayet eden saygınlık kazanır. Mesela burada [Faroz'da] Allah rahmet eylesin 3 yıl önce Gılivri Ahmet diye bir reisimiz vardı. Bu gırgır reisiydi. O reis bu yöreyi bildiği için hamsiye sarıyor hamsiyi tutuyor. Fakat Sinop'tan buraya bir gırgır gelmiş sarıyor hamsi alamıyor. Bizimki kendi ağını sardı yedek kayığa atladı gitti o gırgıra. Orda da ağı sardı dolayısıyla o gelen kişide onun sardığı ağ ile hamsi tuttu. Adam ne yaptı kendi ağı sarılmış bıraktı ağını nasılsa bu ağın içine balık girdi diye düşündü gitti. Bir de diğer kayığa reislik yaptı yöreyi bildiği için o adamın da avlanmasına sebep oldu. Bu o insanda ne bırakır saygınlık bırakır. O adam hâlâ da soruyor "Gılivri Ahmet yaşıyor mu?" diye. Ta Sinop'tan soruyor. Çünkü niye bir iyiliği dokunmuş. Bizim insanımızda bu var.

Bulancak-Yalıköy balıkçılarından Bahtiyar Fat (KK-70), meslekî ve sosyal dayanışmanın 1. tip balıkçı aileleri arasındaki bir örneğini şöyle anlatır:

> Denizde ne kadar rekabet olsa da kişinin başına bir iş geldi mi herkes yardım ederdi. Bir arkadaşımız denizde fırtınaya yakalandı. Biz de bırakmadık tabii onu orda yalnız başına. "Ağı kes, şamandıra yap bırak gel." dedik. Onlar da ağı bıraktı ama şamandırayı yapamadılar. Tabii ağ gitti; ağı bulamadık denizde. Ama ona o zaman dedik ki "Biz nereye gidiyorsak sen de oraya gel kayıkla." Öyle de oldu. Arkadaş bizim avımızla birlikte avlandı parasını topladık, ağını o şekilde hep birlikte tekrar yaptık.

Of ilçesi balıkçılarından Ahmet Saral (KK-67), 2. tip balıkçı ailelerinin katılımcıları arasındaki yardımlaşma hukukunu ve av hukukuna dair bir başka önemli hususu şöyle anlatır:

> Bizim buralarda balıkçılar birbirlerini denizde yalnız bırakmazlar. Hele de havanın bozacağı anlaşıldıysa, balıkçı arası kötü de olsa yakınında avlanan diğer balıkçıyı bekler ve onunla birlikte barınağa döner. Balıkçının diğerini böyle hallerde geride bırakıp barınağa dönmesi hoş karşılanmaz. Bir de eskiden balık çoktu ve herkes istediği yerde avlanabiliyordu. Ama şimdi avlaklarımız ve balığımız azaldığı için başka yerlerden gelen balıkçılara pek iyi gözle bakılmaz. Faroz'dan ve Sürmene'den avlanmak için gelenler olduğunda onlara rıza göstermiyoruz.

Faroz'lu balıkçılardan Mustafa Çakır (KK-5), çocukluğundaki meslekî dayanışma ile bugünkü durumu karşılaştırdığı "güzel günler" temalı meslekî konuşmasında, geleneksel toplum yapılarının zayıflaması ve bireyselleşmenin kolektif davranış ve kabuller üzerindeki etkisine işaret eder biçimde şunları söyler:

> Biz çocuktuk denizden tekne gelirken bize derlerdi ki "Pantolonunu çıkar, donlan hazır ol! Altına felek verilecek kayığın". Tekne gelirdi takozlar hazırlanırdı kahvede ne kadar adam varsa çoluk çocuk da dâhil tekne dışarı alınırdı. Küs, barışık, dost, düşman hiç önemli değil, birinci görev tekneyi denizden karaya almak. Bu Ahmet'in Mehmet'in kim olursa olsun hısımlık dostluk öyle bir şey yok. Bugün bakıyorsun ki bir yardıma gelen olur mu? Yahu şurda ölsen dönüp bakmaz oldu millet. Ruhunu yitirdi anlayacağın.

Sürmene'nin Balıklı Mahallesinden Ömer Yetmişbir (KK-59), balıkçılar arasındaki dayanışmanın sosyal temsillerine dönük başka bilgiler de verir:

> Balıkçının bir defa eli açık olanı makbuldür. Eşi gurbette olanlara, yaşlılara aynı zamanda kayığını dışarıya çekmeye gelenlere balık vermen lazım. Bu âdeti eskiden beri yaşlı reisler uygulardı. Şimdiki genç reisler bu geleneği unutmuşa benziyor. Bunda da en büyük etken, balığın eskiye nazaran daha az yakalanmasıdır.

Avlak sahalarının sınırlandırılmadığı, yani 2. tip balıkçı ailelerinin Karadeniz kıyıları boyunca avlak kısıtlaması olmadan avlanabildiği dönemlerde, balıkçılar kendi avlaklarında avlanan yabancı balıkçılara dönük farklı tepkiler geliştirmişlerdir. Giresun ve Trabzon havalisi balıkçıları karşılaşacakları tepkiden emin olamadıkları için birbirlerinin avlak sahalarına dikkatle yaklaşmışlardır. Yukarıdaki anlatımda da görüleceği üzere, bazen bu durum daha özele inmekte, aynı ilin balıkçıları arasında da avlağın paylaşımına dönük problemler yaşanabilmektedir. Ståle Knudsen, 1990'lı yılların sonlarında Çarşıbaşı'nda kefal avcılığı sırasında Burunbaşılı ve Keremköylü balıkçıların birbirlerinin avlaklarının önünde avlanmadıklarından ve Hopa'ya kadar mezgit ve salyangoz avcılığı yapan Çarşıbaşılı ve Yalıköylü balıkçıların Hopa'dan kovulduktan sonra Eynesil'den de kovulduklarından, ancak bir süre sonra Eynesilli balıkçılarla bir anlaşmaya vardıklarından bahseder (Knudsen, 2009: 115; 117).

> Biz buradan Hopa'ya giderdik. İki buçuk, üç ay kalırdık orda. Bizim burda 30-40 kilo balık ancak tutarken orda günde 300 kilodan aşağı mezgit tutmazdık. Oranın suları mezgit için çok uygundu. Mezgitler azman gibi olurdu. Tabi parası biraz daha düşük olurdu orda çok olduğu için. Sonraları oraların balıkçıları ile bizim buradan gidenlerden bazıları tartışmalar yaşadılar. Derken iyice kızıştı ortalık, silah filan atılmaya başladı. Can tatlı, daha gitmez olduk Hopa'ya ondan sonra. (KK-78)

Yukarıdaki aktarımdan da anlaşılacağı üzere, balık kıtlığının yaşandığı yıllarda avlak paylaşımı ile ilgili problemler daha da artmış, bazı havalilerde ahali kendi avlağında avlanan yabancı balıkçıları çeşitli biçimlerde taciz etmek suretiyle uzaklaştırma yoluna gitmiştir. Giresunlu ve Trabzonlu balıkçı toplulukları yürürlüğe giren yeni düzenlemelerle bugün kendilerine tayin edilen avlaklar içinde avlanmak zorunda olsalar bile, avcılığı balıkların davranışları ve deniz topografyası ile uyumlu biçimde sürdürmeleri sebebiyle avlak ihlalleri gerçekleştirebilmektedirler. Türkiye kıyılarında sahil güvenlik ve denetim hizmetlerinin 1980'li yıllara kadar sınırlı sayıdaki tekne ile sağlanmaya çalışılması, balıkçıların avlaklarını korumaları noktasında şahsi tasarruflar geliştirmelerinin sebepleri arasında yer almıştır.

3.2.4. Tedarik ve Pazarlama Hukukuna Dönük Kurallar

Giresun ve Trabzon havalilerinde balıkçılar, teknelerini uzun yıllardır bölgedeki tekne ustalarına yaptırmaktadırlar[188]. Sürmene başta olmak üzere araştırma sahasında pek çok yerde karşılaşılan ahşap tekne ustaları ile balıkçılar arasında, teknenin sipariş edilmesinden tamamlanmasına kadar geçen süreçte geleneksel anlaşma usulleri kullanılmaya devam etmektedir. Tekne ustaları, siparişini aldıkları teknenin ödemeleri için herhangi bir sözleşme yapmamakta, tamamen söze dayalı bir anlaşmayla hareket etmektedirler.

> Ağaç kalitesi arttıkça maliyet artar. Ağacını alıp geliyor, atölyesi yoksa biçtiriyor o ağacı bunların hepsi para. Kayık ustası mal sahibinden bu parayı parça parça alır. Mal sahibi ustaya kapora verir iş başında. Kalanını zamanla parça parça verir. Parça parça vermeleri daha iyi belki usta kayığı yapmayacak. Herhangi bir sözleşme yok çünkü. (KK-79)

Söze dayalı bu anlaşma sistemi, kimi hallerde suistimallere de sebep olmaktadır. Sosyal ve meslekî normların çok daha etkili biçimde uygulandığı geçmiş yıllarda yaptırdığı teknenin ödemesini yapmayan balıkçıların sayısı bugünkülere göre çok daha azdır. Anlaşılacağı üzere geleneksel normların grup veya alt gruplar içerisindeki yaptırımları azaldıkça normlar zayıflamakta ve sembolik bir hal almaktadır.

Balıkçılar, pek çoğu aynı zamanda balıkçılık yapan tekne ustaları ile olan tedarike dönük meslekî münasebetlerindeki söze dayalı anlaşmaları, yedek parça, akaryakıt, av araç gereçleri gibi ihtiyaçları tedarik etme sürecinde de tatbik etmektedirler. Avcılığı sürdürebilmek için ihtiyaç duydukları her bir malzemeyi tedarikçilerden herhangi bir formel anlaşma olmaksızın çoğu zaman veresiye usulü ile temin eden balıkçılar, ödemelerini av sezonuna göre ayarlamakta, örneğin 2. tip balıkçı aileler palamut avı sezonunu ödeme zamanı olarak belirlerken 1. tip balıkçı aileleri hamsi avı sezonunu ödeme takvimi olarak belirlemektedir.

Balıkçılar zorunlu olmadıkça bankadan kredi çekme yerine tedarikçilere elden borçlanmayı tercih etmektedirler. Bu tercihte şüphesiz Türkiye'nin kırılgan ekonomik yapısı etkili olmaktadır. Borçlanmalar çoğu zaman söze dayalı bir hukukla gerçekleştirildiği için borcun ödenmesi konusundaki aksaklılar da yine benzer bir usulle telafi edilmeye çalışılmaktadır:

> Bizim borcumuz çok olur. Malum takımlarımız büyük bizim. Yani 5 trilyonluk takımın vardır belki ama 1 trilyon da borcun olabilir yerine göre. Bizde borç eğer bankaya değilse bu çok büyük problem değildir. Bankanın affı yoktur bilirsin. Banka faizi adamı bitirir, bir gecede batarsın. Bu yüzden imkân varsa elden borçlanmaya çalışırsın. Elden olan borcumuzu öyle veya böyle öderiz. Yani sezon iyi olmamıştır mesela gider konuşuruz mazotçuyla veya parçacıyla taksitlendirir bir yol bulmaya çalışırız. Veya sezon çok iyi geçmiştir gider borcumuzu öder, sonraki av sezonu için yedek parça ihtiyacımız varsa onun da ön parasını veririz. (KK-44)

Araştırma sahasında 1980'li yıllara kadar pazarlama organizasyonunda balıkçı kooperatifleri etkili olarak yer almışken, ilerleyen yıllarda kooperatiflerin işlevsizleşmesi ile hem 1. tip hem de 2. tip balıkçı aileleri avladıkları balıkları çoğu zaman komisyoncular (manav) aracılığıyla piyasaya sunar olmuşlardır. Her iki ilde de balıkçılık mesleği paralelinde ortaya çıkan bir meslekî bir örgüt olan manavlık, köklü bir geçmişe sahiptir. Eskiden beri bölgenin prestijli mesleklerinden biri olan manavlık, zaman zaman bölgenin bazı balıkçı ailelerini de cezbetmiş ve aileler balıkçılığı bırakıp manavlık yapmaya başlamışlardır. Trabzon havalisinin ünlü manav ailelerinden Denizer ailesi bu durumun en belirgin örneklerindendir. Çalışmanın ilerleyen bölümlerinde bölgenin diğer manav ailelerinden ve bunların balıkçılarla olan münasebetlerinden bahsedileceği için burada sadece pazarlama hukuku üzerinde durulacaktır.

Balıkçılar, balık komisyoncularıyla olan alışverişlerini de mesleğin diğer süreçlerinde olduğu gibi sözlü anlaşmalarla gerçekleştirilmekte; av sezonu hazırlıkları süresince ihtiyaç duymaları halinde eskiden olduğu gibi manavlardan avans çekebilmektedirler. Bu zaruret, daha av sezonu başlamadan balıkçıların manavlara borçlanmasına ve avladıkları balıkları zaruri olarak manavın takdir ettiği bedelde teslim etmelerine sebep olmaktadır. Hakkaniyeti gözeten ve balıkçılığın sürdürülmesine vurgu yapan manavlar, balıkçıların emeklerinin karşılığının verilmesi gerekliliğini şöyle ifade ederler:

> Bizim mesleğimiz balıkçılıkla etle tırnak gibidir. Şimdi balıkçılık olmazsa biz de olmayız. Bizim ekmek kapımızdır yani balıkçılar.

Balıkçı balık avlayacak ki biz de satacak balık bulalım. Şimdi bunu unutanlar yok mu? Elbette var. Yani türlü türlü manav var. Kimisi var mesela balıkçıya borç veya avans para verir; balık zamanı gelince balıkçının canını alır nerdeyse. Balığı 1 liradan alır 5 liraya satar. Yahu elbet para kazanacaksın bu işten ama balıkçının rızkına da çökmeyeceksin. Bu adam ölürse sen de ölürsün anla işte. (KK-80)

Yukarıdakine benzer yorumlar, balıkçılar arasında da oldukça yaygındır:

Biz çalışırız manav kazanır, balık satan. Balık az olduğunda biz daha çok kazanırız. Balığın bol olduğu yıl, olmayan yılları dengelemiyor bile. Biz çok balık olduğu zaman tutuyoruz, bunu veriyoruz 1 liraya; manav satıyor bunu 3 liraya. Biz burada hamallığını yapıyoruz. Bunun kazananı manav oluyor. Az olunca daha fazla para etsin. Bizim burada balıkçı daima ezilir toptancı kazanır. Manav benim tuttuğum 10 kasa balık parasını 2 kasadan kazanır, hem de oturduğu yerden. Arada aracı olduğu zaman biz kazanamıyoruz, halk da pahalı yiyor. (KK-77)

2. tip balıkçı aileleri, manava borçları olsun veya olmasın, haftada bir kez mahsuplaşma yoluna gitmektedirler. Manava verdiği balığın miktarını bilen balıkçı, balığın fiyatı konusunda çoğu zaman bir tasarruf gücüne sahip değildir. Avlanan genel balık miktarına veya piyasanın arz talep durumuna göre balık fiyatları oldukça değişken olabilmektedir. Birkaç gün önce mezgitin bolca avlanması fiyatı düşürebilirken fırtına gibi doğal sebeplerle balıkçıların denize açılamamaları, önceki fiyatın birkaç misline çıkmasına sebep olabilmektedir. Bu gibi zaruri sebeplerin dışında manavların keyfî sebeplerle fiyatı düşürmelerine karşı balıkçıların belirgin ve organizeli bir tepkileri çoğu zaman bulunmamaktadır.

Avlakların ve av çeşitliliğinin azalması ile özellikle 2. tip balıkçı ailelerin giderek fakirleşirken manavların zenginleşmeye başlamaları, kimi zaman balıkla ilgili bazı inanışlarla da açıklanabilmektedir. Bir mülakatta söylenen şu sözler bu türden bir inanışı işaret etmektedir:

Balık ne der biliyor musun? "Beni tutan onmasın. Beni satan pulum kadar para kazansın." Der. Niye ha bu mal sahipleri artırıp da bir şey olamazlar bak işte. Bir manav hiçbir şeyi yok. Alıyor 2 tane kamyon; Ahmet tutuyor balığı, veriyor ona... Manavın nesi vardı. Ha bu Recep Denizer'in nesi vardı. Tuttu Ahmet Reis, balığı götürdü verdi. Al 10 kuruşa, sat 100 kuruşa. (KK-69)

Bulancak-Ayvasıllı Halil İbrahim Aydeniz (KK-21), balıkçılarla manavlar arasındaki ilişkilerin sosyo-ekonomik çerçevede dönüşümünü şu sözlerle anlatır:

Tek tabanca turfanda hamsi sende var. 10 tane manav üşüşürdü başına. İhale yapılır, en fazla parayı veren alırdı. Eskiden balıkçılık çok iyiydi manav bize borçlanıyordu. Şimdi tersi oldu. Balıkçı manava, komisyoncuya mahkûm kaldı. Sattığı balığın dahi hesabını soramaz oldu.

3.3. Yerleşim, Aile ve Gündelik Hayat

3.3.1. Balıkçı Yerleşimlerinin Özellikleri

Halk mimarisi, profesyonel mimarların çizim masalarından değil, geleneksel halk gruplarının kolektif hafızasından çıkmıştır. Bu binalar (ev, ahır, vd.) planlara değil, nesilden nesle çok az değişen zihinsel imajlara dayanır. Bir bakıma mimarsız mimaridir. Halk yapıları, bir insan grubunun ve onun bölgesinin parçalarıdır[189]. Bu yapılar her bir sahanın ya da yörenin kendine ait eşsiz karakter kazanmasına yardım eder ve insan mozaiğinin en görünür yönünü oluşturur. Halk mimarisinde geleneksel, muhafazakâr ve işlevsel özellikler aramak gerekir. Halk mimarisinden sade bir güzellik, fiziki çevresi ile uyum, halk kültürünün görünür ifadesi beklenir. Malzeme bileşimi, zemin planı ve düzen halk mimarisinin önemli unsurları olmakla birlikte, diğer birçok özellik çiftlik binaları ve konutların sınıflandırılmasına yardım eder. Çatı şekli veya biçimi, baca konumu ve hatta kapı ve pencerenin sayısı ve yeri gibi ayrıntılar önemli sınıflandırıcı kriterler olabilir (Jordan-Bychkov ve Domosh, 2003: 59).

Giresun ve Trabzon illerinin kıyı alanlarındaki balıkçı yerleşimlerinin kıyıdaki diğer yerleşimlerle çoğu zaman uyumlu konut karakteristiğine sahip olduğu görülmektedir. Sahil yolu inşasının henüz başlamadığı 1960 öncesi yıllarda, yerleşim merkezleri fizikî yapısı çoğunlukla denize açık korumasız iskele ve kayıkhanelerin arkasında iki üç katlı yığma ve taş binalardan oluşmaktaydı. Balıkçı ailelerinin çoğunluğu oluşturduğu kıyı köylerinde geleneksel halk mimarisinin özelliklerini taşıyan konutlar, doğal bir koyda veya burun üzerinde konumlanmıştır. Konutları, dükkânları, kahvehaneleri, okulu ve camisi ile küçük yerleşme birimleri olan balıkçı köyleri, kıyıda uygun alanlar bulunmaması halinde tepelere ve yamaçlara kurulmuştur. Kıyı yerleşimlerindeki balıkçı köylerinin kuruluşunda etkili olan en önemli unsur, deniz ve topografya özellikleri ile doğa bileşenleri olmuştur. Yerleşimlerin oluşumunda etkili olan en önemli doğa bileşenleri şunlardır:

a) Yer-Gökyüzü: Yer ve gökyüzü, denizden başlayan derecelenme ile kıyı, kumsal, yapılar, yeşil, tepe, yamaç ve dağların gökyüzü ile buluşmasıyla şekillenmiştir.

b) Su: Deniz ve dalgaların başlıca faktörü rüzgâr bu yerleşmelerde en etkin doğa bileşenleridir. Zira Karadeniz, çoğu zaman çalkantılı veya dalgalı bir yapı arz eder. Kıyıya yakın alanlardaki muhafazalı yerlerde daha sakin bir deniz hali görülse de bu durum geçicidir. Kabaran ve yükselen dalgalarla köpükler, çatlayıp devrilmeler her zaman görülebilir.

c) Topografya: Dik dağ sıraları eğimli topografyayı oluşturur. Denize uzanmış bir burun, doğal bir koy, dağ ve dağ sıralanmaları, tepeler, yamaçlar, kayalar, toprak özellikleri yerleşmelerdeki doğa unsurlarını oluşturur.

ç) Bitki Örtüsü: Yerleşmeler, ılıman iklim ve bu iklimle verimli topraklar sayesinde zengin bitki örtüsüne sahiptir. Yerleşmelerde sırasıyla orman ağaçları, meyve ağaçları, çayırlar ve otlar, bahçe bitkileri ve çiçekler mevcuttur (Erşen, 2003: 74, 102).

Konut elemanlarının iklim şartlarına göre belirlendiği bölgede, bölgenin konut karakteristiği ile uyumlu biçimde nispeten düz olan kıyıdan uzakta olan balıkçı konutları yamaca yaslanmış halde ve güneş ışığından en etkili şekilde yararlanmaya imkân tanıyacak şekilde üç tarafı açık cephe karakteristiği ile oluşturulmuştur (Bekdemir, 2007: 188). Öte yandan kıyılardaki balıkçı yerleşimleri bu alanların yerleşim karakteristiği uyumlu biçimde vadi içlerinde serpilen yerleşimlere nispetle daha bütünleşiktir.

Geleneksel mimari tarz ve üslûbunun terk edilmeye başladığı dönemlerden itibaren kentsel alanlarda yaşayan balıkçılar da bu değişime uyum sağlamışlar ve betonarme binalara meyletmeye başlamışlardır. Kentsel alanların dışında mahalle veya köy hüviyeti taşıyan yerleşimlerde ise konut üslup ve elemanlarında değişimler daha sınırlı şekilde gerçekleşmiştir.

Yöredeki geleneksel konut mimarisinin özellikleri[190] arasında bu konutların iki ya da üç katlı, çok pencereli, ayrık düzende ve her cepheye açık olması belirgin özellikleridir. Bu konutların bodrum katı, çoğu zaman ahır olarak kullanılmıştır (Bekdemir, 2007: 189). Evlerin bodrum katları, barınakların oldukça sınırlı olduğu dönemlerde kayık damı olarak da kullanılmıştır. Nitekim bugünkü balıkçı damlarının tasarımında kıyı alanlarındaki balıkçı ev tipinin izlerini görmek mümkündür. Özellikle Trabzon havalisindeki balıkçı barınaklarının nispeten daha düzenli yapısı içinde alt kısmı kayık çekme yeri üstü kısmı dinlenme alanı olarak belirlenmiş iki katlı damlar, sahillerin evlerin önüne uzandığı dönemlerdeki balıkçı köylerinde görülen mimari tarzın özelliklerini hatırlatmaktadır.

EK-108: Sürmene'nin Balıklı Mahallesinde geçmişte örnekleriyle çokça karşılaşılan ve altı kayık damı olan evlerden birinin altında merhum balıkçı Kirba Mehmet. (Rıfat Karabacak Arşivinden)

Sürmene'nin Balıklı Mahallesinde balıkçı bir ailenin çocuğu olarak büyüyen Rıfat Karabacak (KK-57), çocukluk yıllarını geçirdiği evi şöyle anlatır:

> Benim çocukluğumun evi denizle kucak kucağa, göz göze idi. Denizle sevdalık eder gibi... Pencereler, kapılar denize; denizin bereketi de evlere açılırdı. Dalgaların sessiz ve sesli güzelliği evlerin kulaklarını okşardı. Kısacası, o mükemmel deniz kültürünü doya doya yaşadı evlerimiz. Evimizin altı aynı zamanda kayık damı olarak kullanılır idi. Fırtınalı havalarda evin altındaki kayığı dalgalar almasın diye halatlarla evin altına astıklarını iyi bilirim. Yeni evler de yapılırdı konağa benzer. Biz çocukluğumuzda denizin kucağına yapılan bu evlere "Yeni Evler" derdik. Büyüklerimiz ise, "Çakıroğlu Evleri" derdi. O güzellikleri yaşayan bilir. Bizler bu güzellikleri çocukluğumuzda yaşayan şanslı nesillerdik.

Pek çoğu ahşap tavanlı ve kiremit çatılı olan bu konutların bir diğer karakteristiği, küçük de olsa sebze ve meyve yetiştirmeye müsait bahçelere sahip olmalarıdır.

Ek-109: Sürmene'nin Balıklı (Civra) mahallesi sahilindeki balıkçı evlerine 1963 yılında denizden bakış. (Rıfat Karabacak Arşivinden)

En uzağı kıyıya birkaç kilometre mesafede olan balıkçı yerleşimlerinde bugün geleneksel halk mimarisi karakterini muhafaza edecek şekilde ayakta kalan az sayıda örnekte, çoğu zaman ahşap ve bazen de taş materyalle kalabalık balıkçı ailelerinin barınmasına imkân tanıyacak büyüklükte, harici fırın ve "aşana"nın (mutfak) yanı sıra balıkçılık malzemelerinin de istiflendiği ardiyelerle tamamlanan kompleks bir mimari tarzı hâkimdir. Rıfat Karabacak'ın çocukluğunun evini anlatırken ifade ettiği bu konut türünün örneklerinden birisi, Akçaabat ilçesinin Salacık köyünde bulunan ve yörenin en köklü balıkçı ailelerinden olan Malkoç ailesine ait konaktır.

Trabzon'un Ruslar tarafından işgali döneminde yöredeki pek çok aile gibi muhacirliğe çıkan ve İstanbul'a kadar uzanan Malkoç ailesi, Rus işgal güçlerinin Trabzon'dan çekilmelerinden sonra Trabzon'a geri döner. O dönemde geri dönen pek çok muhacir aile gibi Çömlekçi Mahallesinde Rum ahalinin boşalttığı ve şehirde pek çoğu tahrip edilmiş evlere nispetle oturulabilir vaziyette olan evlerden birine geçici olarak yerleşirler. Malkoçoğlu Mustafa, Arif ve İlyas kardeşlerin liderliğindeki bu büyük balıkçı ailesi, 1927 yılında Salacık'a dönme kararı alır. İstanbul yıllarında yeni bireylerin de katılmasıyla giderek büyüyen ailenin barınmasına imkân sağlayacak bir konuta ihtiyaç doğmuştur. Uzun süren bir inşaat sürecinden sonra 1935 yılında, zaman içinde "Malkoç Balıkçı Konağı" olarak adlandırılan, konut tamamlanır. Üç katlı ve on iki odalı bu ev, kullanım alanlarına göre üç kardeşin ailelerine tahsis edilir. Her aile için ayrı bir girişin bulunduğu konakta soldaki kapı İlyas Reis'in, ortadaki kapı Mustafa Reis'in, sağdaki kapı ise Arif Reis'in ailelerinin yaşam alanlarına açılmaktadır. Ailenin 30'a yakın bireyine yaşam alanı olan bu büyük konak, ailenin sosyal statüsünün ve balıkçılık yoluyla sahip olduğu zenginliğin bir ifadesi olarak yörede geniş bir şöhret yakalamıştır. (KK-53; KK-81)

Ek-110: Akçaabat-Salacık'ta Malkoç balıkçı konağının ön cephesinden bir görünüm.

Ailenin tarihini Mustafa Reis ve kardeşlerinden itibaren balıkçılık faaliyetleri bağlamında araştıran Mustafa Zengin, söz konusu konakla ilgili olarak şunları söyler:

> Yapımında taş, ahşap ve Marsilya kiremidi kullanılmıştır. Konağın keresteleri Ayancık'ın gür ormanlarından, çektirmelere yüklenerek taşınmıştır. Konak bol pencereli, geniş sofalar ve denize bakan görünümü ile Karadeniz sivil mimarisinin en dikkat çekici örneklerinden biridir. Sahile çok yakın, denize nazır, dik bir yamaca oturtulan evin ön kısmı tümüyle denizi kucaklar. Arka cephesi ise sırtını zeytin ağaçlarına dayamıştır. En üst katın yan cephelerindeki çatılı-balkonlu çıkıntılar konağın görkemini bir kat daha arttırır. Bembeyaz badanası, deniz mavisi ahşap çerçeveleri ile bir zamanlar sahiplerinin tasalarına, dertlerine, şenlikli günlerine, sevinçlerine, hâsılı tüm geçmişlerine tanıklık yapmış, bereketin, zürriyetin, ekonomik gücün simgesi olmuştur adeta (Zengin, 2014: 679).

Malkoç konağı kadar görkemli olmasa da balıkçı konutlarının karakteristik özelliklerini taşıyan çok sayıda konuttan birisi de Sürmene'de tespit edilmiştir. 1930 yılında Sürmene'nin Balıklı Mahallesi sakinlerinden Kamil Şolt tarafından, deniz kıyısında inşa ettirilen evin denizle olan ilişkisi sahil yolu dolgularından sonra kopmuştur. Sırtını dağa, yüzünü ise denize veren bu ev, dört oda, bir sofa ve bir de ateşlikten oluşmaktadır. Evin alt kısmı, kayık çekmeye uygun şekilde düzenlenmiştir. Uzun yıllar, aralıklarla bazı ailelerin barındığı ev, 2007 yılına kadar ayakta iken aynı yıl altında bulunan son geleneksel Sürmene takasının üstüne çökmüştür. Akıbeti çok önceden görüldüğü halde ev korumaya alınamamış, evin yanı sıra balıkçılık tarihi ve kültürü için oldukça kıymetli olan taka kurtarılamamıştır[191].

EK-111: Sürmene'nin Balıklı Mahallesinde altında Karadeniz takasının son örneklerinden birini de barındıran evin yakın geçmişteki ve bugünkü durumundan görünümler.

Kıyı boyunca karayolu inşasının tam anlamıyla başladığı 1960'lı yıllardan büyük oranda tamamlandığı 2000'li yıllara kadar alınan yanlış kararlarla doğal oluşumlar, yapılaşmış çevre birlikteliği, tarih, kültür, yaşantı ve yaşayanlarla ile meydana gelen oluşumlar göz ardı edilmiştir. Zira bu süreçte sadece balıkçıların teknelerini çektikleri alanlar tahrip edilmemiş, balıkçıların yaşamlarını paylaştıkları ve devam ettirdikleri yerleşimlerde de tahribat yaşanmıştır (Erşen, 2003: 111). Yaşanan bu tahribat, balıkçılık etrafında oluşan ve kuşaklar boyunca devam eden kültürel dokuyu zedelemiş, meslek bağlamlı sosyal ve kültürel dokunun hatırlama ve hatırlatma araçları konumunda olan pek çok mekân bu süreçte yok olmuştur. Balıkçıların ekonomik ve kültürel sonuçları itibariyle şikâyetçi oldukları bu durum, meslekî konuşmalarda sıklıkla protesto edilmektedir. Bu konuşmalardan birinde Bulancak-Ayvasıl mevkiindeki Talipli Köyü'nün 1960'lı yıllarına atıfta bulunularak mevcut duruma duyulan öfke şöyle dile getirilmiştir:

> Şimdi kurudu deniz. Böyle miydi eskiden buralar, cıvıl cıvıldı. Kayıklar denizden dönmeye yakın herkes toplanırdı yalıya. Şu kara yol da yoktu tabii. Evler zaten şuralardaydı. Kayıklar yarı beline kadar suya batmış gelirdi. Adeta sal olurlardı balıktan. Türlü türlü balık olurdu, mezgite dönüp bakan olmazdı düşün işte. Kimi felengin başına kimi kayığın iki yanına koştururdu. Kayık çekilirken bağrış çığrış "Hayda vira!" Çok şenlikli olurdu. Kayık çekildiği zaman fakir fukara gelirdi elinde kabıyla. Ben kimsenin kabının boş kaldığını görmedim. Deniz hepimizin rızkı, hayatıydı. Şu yollar daha yeni başlamıştı o zamanlar. Balık burnumuzun dibine kadar sokulurdu; karaya vurduğu olurdu düşün işte. Balığı ürküten bir şey yoktu ki. Şimdi şu yol ışıkları var ya, deniz ışıl ışıl gelmiyor balık. Balık gelip havyar dökecek yuvalara, bu yavrular yayılacak buralarda. Dolmaz denilen deniz doldu valla. Yıllarca dağları indirdiler denize. Ne yuva kaldı ne yavru. Kayıkları bağlamaya bile yer bulamadık taşa, kayaya çektik onca zaman. Bugün de halimiz ortada. Sığındık bir köşeye. Ne yaşantı kaldı, ne rızık. Deniz bizden bıktı, biz denizden. (KK-4)

Akçaabat-Beşirli'den balıkçı Murat İlarslan'ın (KK-82), yöredeki avlakların dünü ve bugünü arasında kıyaslama yaparken sarf ettiği şu sözler, doğal kaynakların tükenişinden duyulan rahatsızlığa vurgu yapmaktadır:

> Beşirli çıkışındaki şu derenin kıyısında kocaman kofana, lüfer balıkları kıyıya vururdu. İstavritleri, sarganları, kefalleri kıyıda çakılların üstünden toplardık. O derecelerdi. Önceden manyatçılar olurdu; gelirlerdi şuralardan ağın bir ucunu bırakırdı kıyıya öbür ucunu da denizden kıyıya doğru çekerlerdi. Ağ balıktan kalkmazdı. Ağı kıyıya çekemezlerdi yani o dereceydi. Sonra ne oldu ha bu yol geçti tüm kıyıların üstünden. Buradan yirmi metre denizin dibi pırıl pırıl

görülürdü. Şimdi nerde göreceksin boz bulanık. Kum filan da kalmadı kıyıda adımını atıyorsun doğrudan kuyuya düşüyorsun.

Çarşıbaşı-Keremköylü Muhammer Küçük (KK-42), geçmişteki balık çeşitliliğinin bugün bulunmayışını yine benzer bir tepkiyle şöyle dile getirir:

Kumsalken balık kaynardı. Tüm bu hayvanlar göç etti buralardan. Işıkların oluşu, arabaların oluşu, arabaların denize far vuruşu onlardan dolayı yuvalar hep bozuldu. Salyangozlar çoğaldı. Çoğalınca da yavru yaptığı yerler bozuldu. Hepsinde sıkıntı var. Artı derelerden zehir akmaya başladı. Deterjanlar meterjanlar... Derenin eski güzelliği yok artık. Her şey denize akıyor. Hepsinin bir zararı var denize.[192]

Hamsi başta olmak üzere, balık türlerinde görülen azalmanın balıkçıların sosyo-ekonomik hayatlarına olan etkileri, halk hayatının tezahürü olan sözlü kültür ürünlerinde de yer alabilmiştir:

Ekim, Kasim, Araluk
Ne hamsi var ne baluk
Uşaklar işsiz kaldi
Gayfeler kalabaluk (KK-69)

Dolgu çalışmaları ile doğal kıyı şeridinin tahribata uğraması, özellikle 2. tip balıkçı ailelerinin güvenlik zafiyeti yaşamalarına da sebep olmuştur. Zira doğal kıyı şeridinin henüz bozulmadığı dönemlerde fırtınalı havalarda ihtiyaç halinde kürekle bile kıyıdaki herhangi bir çekek bölgesine ulaşabilen balıkçılar, bugün teknelerindeki motorun gücüne güvenmek zorunda kalmışlardır.

(Giresun'da) Bu dolgu, kıyı balıkçılığını büyük ölçüde bitirdi. Denize giderdik; hava birden patlardı. Ne olduğunu anlayamaz bilmeyen. Birden oluverir her şey. Ama biz bunu 10-15 dakika önceden sezerdik. Buluttan, rüzgârdan... Hemen çaparayı sarar, yığardık kayığın içerisine. Mesela çok bunalırsam Çerkez'in çakılına kayığı baştan kara ederdim. Deniz arkadan geliyor. Elime bir halat alır kendimi atardım çakıla, kıyıya. Kayığımı tutabilirsem o arada birkaç kişi gelir de kayığı çekersem kayığımı da kurtarırım, canımı da... Şimdi böyle bir şansın yok. Denizde havaya yakalansan baştan kara yapacağın çakıllık, kumluk hiçbir şey kalmadı. (KK-83)

3.3.2. Balıkçı Topluluklarında Aile ve Gündelik Hayat

Geleneksel toplumlarda aile, dede, nine, kardeşler ve onların eşlerini ile teyze, dayı ve yeğenlerden oluşan çok sayıda katılımcının oluşturduğu geniş aile tipolojisindedir. Bu genişlik, babadan torunlara intikal eden yatay ve dikey genişlik içinde ortaya çıkabildiği gibi akrabaları da içine alabilecek bir boyuta da ulaşılabilmektedir. Geleneksel ailelerde torunlar ve çocuklardan oluşan genç kuşaklar modern aileye göre uzun bir süre aile çatısı altında tutulur. Bu yüzden kuşaklar içinde meydana gelen evlilikler de aile çemberinde yer bulabilmektedir. Geleneksel toplumlarda aile, çeşitli işlevleri yerine getirmektedir. Bu işlevler, genellikle şu başlıklar altında belirtilmektedir:

1) Ekonomik işlev: Aile, aynı zamanda hem üretim hem de tüketim birimidir. Bir köy evini ya da eski bir zanaatkâr evini göz önüne getirirsek ailenin bir işletme görünümünü yansıttığını açıkça görebiliriz. Aile içinde yaşa ve cinsiyete göre bir işbölümü mevcuttur ki evin reisi aynı zamanda hem baba hem de patron, çocuk ise hem oğul hem de çıraktır.

2) Saygınlık işlevi: Birey, ait olduğu aile ve akrabalık çevresinde bulunduğu konuma göre itibar kazanır. Kişinin toplumdaki statüsünü belirtmek için "kimlerdensiniz" diye sorulur.

3) Eğitim işlevi: Çocuk, toplumun kültürünü, meslekî bilgilerini aile içinde edinir. Aile içinde büyüklerin, küçük çocukların eğitimlerinde önemli payı bulunmaktadır. Bu anlamda aile toplumsallaştırmanın ilk basamağıdır.

4) Koruyucu işlev: Geleneksel toplumlarda insanın güvencesini sağlayan emniyet güçleri genellikle yoktur. Dıştan gelen saldırılara tüm aile üyeleri birlikte karşı koyarlar. Dolaysıyla bu çeşit ailelerin yaygın olarak görüldüğü geleneksel toplumlarda kan davaları görülür.

5) Dini işlev: Geleneksel aileler kendi üyelerine sadece dini eğitimi vermekle kalmaz, üyelerin, dinin pratiklerini yerine getirip getirmediklerini de denetlerler.

6) Çocuk yapma işlevi: İnsan türünün devamı için çocuk yapma işlevi aileye verilmiştir. Çocuk yapmak, aileler için zorunluluk arz eder. Aslında bu işlev tüm aileler için ortak bir özelliktir.

7) Psikolojik doyum sağlama işlevi: Anne, baba ve çocuklar arsındaki duygusal ilişkiler aile bireylerinin psikolojik doyuma ulaşmalarını sağlar. Geleneksel ailede psikolojik ilişkiler yoğun değil, yaygındır. Kişi ailesi ve çocuklarıyla olduğu kadar anne-baba ve kardeşleriyle de psikolojik bağlar içinde bulunur (Doğan, 2012: 305-306).

Geleneksel toplumlarda aile, çoğunlukla üretim esasına göre teşkilatlanmıştır. Kapalı veya açık alanlarda gerçekleştirilen her türden üretimde çocuklar da dâhil olmak üzere ailenin tüm bireyleri, üretim etkinliklerine katkıda bulunurlar. Ekonomik üretim biçimlerinin yanı sıra, bağlılık ve süreklilik algılarının değişmesi gibi sebeplerle ortaya çıkan modern toplum yapısı bağlamında Türk aile sisteminde de değişimler yaşanmış olsa da balıkçılar örneğinde olduğu gibi, kuşaklardır bağlı oldukları ekonomik hayatı modernize ederek sürdüren sosyal gruplarda ailenin geleneksel kimliği nispeten korunmuştur.

Karakteristiği itibariyle dünden bugüne büyük değişimlerin yaşanmadığı balıkçı ailelerinde geçmişte olduğu gibi bugün de otorite çoğunlukla ailenin reisi konumundaki baba tarafından temsil edilmektedir. Hayatlarının büyük bir bölümünü ailelerinin geçimlerini temin etmek için iç ve dış avlaklarda balıkçılık yaparak geçiren babaların reislik sorumluluğu bununla sınırlı olmayıp, çalıştırdığı tayfayı da kapsamıştır. Deniz kaynaklarının her geçen gün daha da azaldığı bu risk faktörü yüksek meslekte, sadece kendi ailesinin değil, denetimindeki tayfanın da ailelerinin geçiminden sorumlu olan reis, sorumluluklarını yerine getirebilmek için uzun süre ailesinden ayrı kalmakta ve rollerini karısına veya hayatta ise babasına teslim etmektedir. Balıkçı ailelerinde babaların mesleklerinden ötürü çocuklarından uzun süre ayrı kalmaları, onların fiziki ve ruhsal gelişimlerine çoğu zaman destek olamamaları, anneler tarafından sitemkâr bir biçimde onların "*kayık babası*" deyimiyle nitelendirilmelerine sebep olmaktadır. "*Balıkçının parası pul karısı duldur.*" Şeklinde kalıplaşan ve yöre balıkçıları arasında oldukça yaygın olan söz de bu durumu işaret etmektedir. Ailenin ve av takımının reisi büyük fedakârlıklar sergilemesine rağmen çoğu zaman büyük gelirler elde edemediği gibi eşi de, kocası ölmemiş olsa bile çoğu zaman ailenin sorumluluğunu yalnız başına üstlenmek zorunda olduğu için adeta dul hayatı yaşamaktadır. Bu kabul, bölge sözlü edebiyatının yaygın türlerinden manilerde de yer almıştır.

Barabut'ta kayıklar
Suda oynar balıklar
Balıkçıya kız vermem
Gece gündüz sayıklar (KK-84)

Trabzon'un Çömlekçi Mahallesinde uzun yıllar yaşayan T. İlkay Somel, anılarında uzun yıllar balıkçılık yaptıktan sonra ilerlemiş yaşından ötürü denize çıkamaz olmuş Yunus Reis'le yaptığı sohbeti aktarırken balıkçı eşlerinin ve çocuklarının kaderine de yer verir:

> Ben Çömlekçi'de doğdum, doksan küsur yıl önce. Çömlek yapardı Rumlar o zamanlar şu ilerde. Fabrikaya benzer bir de eski yapı vardı. Hoş görünürdü uzaktan; çömlekler, taslar. Boyarlardı kimisini. Heves edip öğrenmedim. Babam gibi olacağım, derdim. Babam takanın dümenini tuttu mu, dev gibi görünürdü gözüme. Kaç gün kalırdı denizde bilemem ama anam kayaların üstünde oturur beklerdi, ta gelene kadar. Sonra bir gün babanı deniz aldı dediler. Anam gene

bekledi, hep bekledi, son nefesine kadar... Sonra ben gittim denize, yaşım daha 15 olmamıştı. İstemedi anam ama benim dedem de balıkçıydı. Dededen gelen meslekti balıkçılık bizim için senin anlayacağın. Bunları neden anlattım bilir misin Bey? Dededen toruna balıkçıdır çoğumuz. Denizden başkasını bilmeyiz. Yolda doğru dürüst yürümeyi bilmeyiz biz; fırtınada takanın üstünde ayakta durmaktan başka (Somel, 2011: 76-77).

Balıkçı ailelerinde aile reisi konumunda olan babanın rolleri meslek temelli zaruretlerden ötürü çoğu zaman anne tarafından temsil edilmektedir. Av sezonunun başlaması ile birlikte evden ayrılan babanın sorumluluklarını ve otoritesini devralan anne, yukarıda belirtilen yerleşim karakterine sahip köylerde ve mahallelerdeki gündelik yaşantı içinde sadece rutin ev işleri ile uğraşmamakta, çocukların eğitim süreçlerini takip etmek, davranış kazandırmak, onların sorumluluk üstlenebilecek biçimde terbiye edilmeleri gibi görevleri de yerine getirmektedir. Bu süreçte günün ilk ışıklarından itibaren çalışmaya başlayan balıkçı eşleri, ineklerini besleyip sütlerini sağmakta, çocuklarının okul hazırlıklarını yapmakta, onları yolcu ettikten sonra ise evlerinin bitişiğindeki küçük bahçelerde çapa ve ekim işleri gibi pek çok işle uğraşmaktadırlar. Mustafa Zengin, Salacaklı balıkçı ailesi Malkoçların artık hayatta olmayan simge isimlerinden Malkoçoğlu Mustafa Reis'in karısı Leman Hanım'dan bahsederken bir balıkçı reisinin karısının profilini gözler önüne sermektedir:

Mustafa Reis'in karısı Leman bu konağın en godesmana[193] kadını olmanın yanı sıra, aynı zamanda Zavena'nın kadınları arasında da parmakla gösterilirdi. Otoriter bir karaktere sahipti. Son sözü hep Leman Hanım söylerdi. Sayılır, sevilirdi. Köyün lokman hekimi, düğünlerin değişmez aşçısı... Evlilik çağındaki delikanlıların yengesi, köydeki pek çok çocuğun ebesiydi... (Zengin, 2014: 679)

Av teknolojilerinin bugünkü kadar ilerlemediği dönemlerde balıkçı ailelerindeki kadınların gündelik hayatlarının sorumluluklarından birisi de avcılıkta kullanılan ağların örülmesi veya tamiri olmuştur. 1960'lı yıllara kadar balıkçılar pamuk ipliğinden örülen ağlarla avlanmışlardır[194]. Bu ağlar, büyük illerden hazır olarak alınmanın dışında çoğu zaman araştırma sahasındaki balıkçı köylerinde örülmek suretiyle yapılmıştır.

Babamların ağları hep pamuk ağlardı. Avdan sonra her zaman kurutulması gerekirdi; yoksa çürürdü. Buralar eskiden hep kum olduğu için bizim ağları kumun üzerine uzunca serer kuruturlardı. Bu pamuk ağların iplikleri çile halinde ham olarak paketli şekilde sipariş edilirdi. Bunlar Mersin'de, Yoroz'da ve İskefiye'de belli kadınlar vardı; onlara gönderilir ve ördürülürdü. Örülen her bir parçaya "tahta" derdik. Örülen her biri 10-15 kulaç büyüklüğündeki parçaları babamlar birleştirirlerdi. Daha sonrasında ağı donatmaya başlarlardı. Yani ne kadar kurşun, ne kadar mantar kullanılacağına karar vererek ona göre ağı donatırlardı. (KK-38)

Balıkçı ailelerinin geçmişte görücü usulüyle oğullarına eş ararken yine balıkçı ailelerinin kızlarına meyletmelerinde talip olunan kızların ağ örmeyi biliyor olmaları da kısmen etkili olmuştur. Doğu Karadeniz'de icra edilen çok sayıda el sanatı arasında ismi bugüne kadar pek zikredilmemiş olsa da ağ örücülüğü maharet gerektiren bir iştir. Yaygın kanaate göre yörenin en maharetli ağ ustaları geçmişte Rumlardır ve Türkler bu işi onlardan öğrenmişlerdir[195]. Giresun havalisinde "merhamet[196]", Trabzon havalisinde ise çoğunlukla "matiz/matis" şeklinde adlandırılan ağ tamiri işi, sabır gerektirmenin dışında başkalarına yaptırıldığında külfetli bir iştir. Bugün av sezonuna hazırlanan gırgır teknelerinden sadece birinin ağlarının matizinin 50-60 bin liraya mal olduğu düşünüldüğünde geçmişte nispeten daha küçük olan ığrıp ağlarının tamiri, kadınların aile bütçesine önemli derecede katkıda bulundukları anlamına gelmektedir. Balıkçı köylerinde ağ örme veya tamir etmeler imece topluluklarının oluşmasına zemin hazırlamıştır. İmece toplulukları, balıkçılık ve denizcilik etrafındaki meslek folkloruna dönük pek çok söylemelik ve anlatmalık ürünün oluştuğu ve aktarıldığı bir sözlü kültür ortamı olmuşlardır.

(Sürmene-Balıklı'da) Rahmetli babam matis ederken bir şey sorsam çok kızardı. "Bu mesleği mi yapacan?" diye terslerdi. Hatta çapari bile bağlatmazdı bana. 30 yaşımdan sonra öğrendim matisi ve kendimce babamın anısını yaşatıyorum. Babamlar çok zor bir hayat mücadelesi verdiler. Pamuk ağ zamanında ninelerimiz para karşılığı kalıpla ağ örerdi, tabii fabrika filan yoktu o zamanlar. (KK-85)

*

(Sürmene-Balıklı'da) Eskiden (çocukluğumuz ve gençliğimiz dönemleri 1960-70'li yıllar) mahalledeki kahvehanelerin köşelerinde balıkçıların ağları asılı olurdu. Balıkçılar denize çıkmadıkları fırtınalı havalarda ahşap sandalyelerine oturup, bir taraftan çaylarını yudumlar, balıkçılıkla ilgili sohbetlerini yaparken bir taraftan da matis yaparlardı. Balıkçılarımızın bu hallerini çok severdim. Evlerde gelinlik kızlar kanevice örerlerdi. Bizim balıkçılarımızın çeyizi matis etmekti. (KK-57)

*

(Trabzon-Faroz'da) 1940'lardan önce biz çocuğuz daha. Hepimiz balıkçı çocuklarıyız. Babalarımız denizde sürekli. Analarımız büyüttü bizi hep. Pamuk ağlar dayanmazdı pek, az zorlayınca hemen yırtılırdı. Kadınlar toplanır birlikte matis ederlerdi ağları. Biz çocuğuz tabi hayat bize oyun. Altımızda bir kısa don akşama kadar koştururduk.

> Kadınlar türkü söylerlerdi matis ederken. Yemek vakti geldiğinde evde ne varsa konulurdu ortaya. Ne olacak işte zeytin, peynir, domates, ekmek... (KK-7)

Mustafa Zengin, Akçaabat'ın ünlü balıkçı köylerinden Salacık (Zavena/Cavana) özelinden hareketle balıkçı eşlerinin bu maharetleri hakkında şunları söyler:

> Zavenalı kadınlar zeytin, tütün, mısır gibi rençperlik işlerinin yanında bir parça da kendir ekimi yapardı. Kendirin gövdesinden soyulan lifler evlerde "yiğ" denen tezgâhlarda iplik haline getirilirdi. Rum olsun, Müslüman olsun her evde bir tezgâh bulunurdu. Iğrıp ağları kendir bitkisinin kabuğundan elde edilen bu ipliklerden dokunurdu. Kadınlar tarafından parça parça dokunan bu ağların her bir parçası yirmi metreyi bulurdu. Daha sonra her bir parça birbirine çatılarak, hamarat reislerin ellerinde ağın tamamı donatılırdı... (Zengin, 2014: 679).

Kendi ağlarının tamirini imece usulüyle gerçekleştirenlerin dışında, ağ tamirini para karşılığında yapan balıkçı aileleri de olmuştur yörede. Kadınlar, bu suretle kazandıkları parayı kendilerine harçlık etmişlerdir. Bu anlamda Trabzon'un Faroz Mahallesinde de 1960'lı yıllara kadar bir kısmı balıkçı eşi olan pek çok kadın, kalabalık ailelerinin geçimine katkıda bulunmak için ağ dokumacılığı yapmışlardır. Mahallenin yaşlılarından alınan şu bilgi bu sürece ve işleyişine dönük önemli bilgiler içermektedir:

> Eskiden mahallemiz alan olarak daha büyük idi, sonradan Kurtuluş denen bölge bizden ayrıldı. Bilhassa bu bölgedeki bayanlar dokuma işini yapıyormuş. O zaman pamuk teli ile pamuk ağlar üretiliyormuş. O zamanki büyük Faroz'a dışarıdan gelin gelenler Ağcı Muhammet dedikleri bir amcadan tartarak kilo ile pamuk teli alır ve o telleri ördükten sonra yine tartarak geri verirlermiş. (KK-86)

Mahallede gerçekleştirilen araştırmalarda geçmişte uzun süre ağ dokumacılığı yapan ve bir kısmı hâlâ hayatta olan 11 emektar kadının ismi tespit edilmiştir. Ståle Knudsen'in Trabzon'un batısındaki balıkçı yerleşimlerinde balıkçılıkla küçük çaplı tarımın birlikte işlemesine karşılık Faroz'da balıkçılıkla el sanatlarının birleştirilmiş olduğu yolundaki tespiti (Knudesn, 1995: 438), Faroz'un Trabzon balıkçılık kültürü içindeki temsil gücünün ne derece önemli olduğunu vurgulaması bakımından önemlidir.

Hamâmizade İhsan Efendi'nin 1928 yılında yayınlanan *Hamsinâme* adlı eserinde verdiği bilgilerden anlaşıldığı kadarıyla ağ dokumacılığı sadece kadınların değil balıkçı erkeklerin de aile bütçelerine katkıda bulunmalarına imkân sağlamıştır. Trabzonlu hamsi avcılarının 1920'li yıllarda hamsi avcılığında kullandıkları eni yirmi beş, boyu yüz kulaç büyüklükte olan ağlar, 1000-1500 liraya mal olmaktaydı. Ağları ören kayıkçılar, kalın pamuk ipliğiyle eşine az rastlanır bir sanatkârlık sergilemekte, ağa giren ve kurtulmak isteyen hamsinin ağın ortasında birikmesini sağlayacak şekilde ortasını sıkı, yanlarını daha seyrek halde dokumaktaydılar (Hamâmizade İhsan, 2007: 28-29). Söz konusu tarihlerde Trabzon balıkçılığının en önemli bölgelerinin Moloz, Mumhaneönü ve Faroz olduğu hatırlandığında sözü edilen ağ ustası küçük balıkçılar Farozlu olsa gerektir. Nitekim Faroz'da 90'lı yaşlara ulaşmış balıkçılardan alınan bilgiler, bu hükmü destekler niteliktedir. Faroz'da adını lakabı "Çörçil"den alan teknesiyle uzun yıllar, deniz serpmeciliği de dâhil olmak üzere çeşitli biçimlerde balıkçılık yapan Çörçil Ahmet (Erdem), aynı zamanda ağ imalatı ile uğraşan isimlerden olmuştur. Eski avcılık usullerinden saçmacılığın yanı sıra geleneksel ağ dokumacılığının son temsilcilerinden Çörçil Ahmet'in 2011 yılında vefatı ile hem saçmacılığın hem de geleneksel ağ imalatçılığının yörede başka temsilcisi kalmamıştır.

Balıkçı ailelerinde kadınlar ağ dokumacılığının yanı sıra avcılıkta ihtiyaç duyulan kimi malzemeleri de hazır etmişlerdir. Çoğu zaman yağmur ve kar altında gerçekleştirilen avcılıklarda balıkçıların üstlerine giydikleri ve Faroz'da "gamesela" şeklinde adlandırılan yağmurluklar, kadınlar tarafından şeker çuvallarının yıkanıp mumlanması suretiyle hazırlanmıştır. (KK-38)

Balıkçı yerleşimlerinde imece geleneğinin bugün sona ermiş olması ağ dokumacılığı etrafında oluşan kültürel sahnenin gözlemlenmesi imkânını ortadan kaldırmıştır. Bağlam açısından oldukça önemli olan bu kültürel sahnenin bugün daha sınırlı bir modelini av sezonu hazırlıkları sırasında yevmiye usulüyle merhamet/matiz yapan tayfaların oluşturduğu tayfa grupları üzerinde takip etmek mümkündür. 10-15 kişilik bir tayfa grubu gırgır sahibiyle yevmiyede anlaşarak bir önceki sezonda yıpranan ağları tamir ederler. Bu suretle av sezonu dışında da en azından bir süreliğine geçimlerini temin imkânı bulan tayfa grupları, liman veya barınak alanlarında açık havaya serilen ağın etrafında toplanıp ağı tamir ederken mizah, eleştiri, rekabet ve anı içerikli meslekî konuşmaların yanı sıra günlük konuları içeren rutin konuşmalar gerçekleştirirler.

Ek-112: Solda Akçaabatlı balıkçılar (90'ların ortaları) ve sağda Çarşıbaşı-Keremköylü Küçük ailesinin üyeleri tayfaları ile birlikte ağ tamirinde.

Pamuk ipliğiyle dokunan ağların yerini sentetik ağların almasıyla birlikte ağ dokumacılığı yerini ağ donatıcılığına bırakmıştır. Paketler halinde satılan ağları alan balıkçılar, bunların maksada uygun bir biçimde donatılması ve ava hazır hale getirilmesi için yörelerinde bu işi meslek haline getirmiş ustalara müracaat etmektedirler. Hemen her balıkçı yerleşiminde bazen atölyelerinde bazen de evlerinde ağ donatan ustalarla karşılaşmak mümkündür. Herhangi bir yaş ve cinsiyet kriteri gözetilmeksizin her gruptan insan bu işi yapabilmektedir. Tirebolulu ağ ustası Tayip Domaç ile Saim ve Mehmet Çamur kardeşler örneklerinde olduğu gibi, bir kısmı balıkçılık da yapan veya soy köklerinden balıkçı bulunan bu ustalar, paket halinde aldıkları ağları avlanacak balığın avcılık usulüne uygun şekilde (mezgit ağı, barbun ağı, kalkan ağı, kefal ağı, vb.) düzenleyerek geçimlerini temin etmektedirler. Bölgedeki ustalar sadece deniz avcılığı için değil, ırmak ve göl avcılığı için de sipariş üzerine ağ donatmaktadırlar.

Ek-113: Tirebolu'nun Yeniköy Mahallesinde ağ ustaları Tayip Domaç ve Saim Çamur ile Bulancak-Küçüklü'den Pala Osman.

Balıkçı ailelerinin yapılarına ve gündelik yaşamlarına dönük gözlemler sırasında, araştırma sahasında kocalarını deniz kazalarında kaybeden balıkçı eşlerinin, hayatlarının geri kalan kısmında bir daha evlenmeyerek tüm hayatlarını çocuklarına vakfettikleri tespit edilmiştir. Büyüdüklerinde pek çoğu baba mesleğine devam eden bu çocuklar, Doğu Karadeniz lakap folklorunda örneğine sıkça rastlanan şekilde bu sergüzeştlerinden ötürü annelerinin adları ile anılır olmuşlardır. Araştırma sahasında örneklerine çokça rastlanan bu isimlerden Sürmene Balıklı Mahallesinden Fethiye'nin Hasan, ve Fadik'in Mehmet bunlardan sadece birkaçıdır. (KK-57)

Küçük kayıkları ile geçimlerini temin eden balıkçı ailelerin kadınları arasında fiilî olarak balıkçılık yapanlar da olmuştur. Giresun'da Ayvasıl ve Kumyalı, Trabzon'da ise Faroz ve Sürmene gibi önemli balıkçı yerleşimlerinde erkekler kadar maharetli kadın balıkçılar yetişmiştir. Bölgenin denizcilik kültürü üzerine kısmi araştırmalar yapan Yasemin Mirazlı Saral'ın Faroz derleme kayıtları içinde yer alan şu anlatı, balıkçı eşlerinin bu yönüne dönük bir örneği konu almaktadır:

> Bir akşam ava gidiyorum. Ocak ayları falan. Bu liman yeni yapılıyordu. Ördek avına gidiyorum. Bir baktım deniz küçük kırma bir deniz var. Kefal balığı sudan dışarı çıkar biliyor musun? Geldim dedim ki İsmet Abime "Abi falan kişi akşamdan balık attıydı." Kış günü tabi soğuk hava. Eve geldim. "Abi hadi..." dedim. İsmet Abim "Boşver." dedi. Soğuk hava. Evde biraz moral bozuk. Abim denize çıkmadı ya. Yengem dedi "Ne düşünüp duruyorsun?" "Hiç." dedim "Sorma ya balık..." dedim "Gidelim ben giderim." dedi. "Sen nasıl gidersin?", falan kalktık ufak bir tekne vardı. Bir burun var oraya ağ attık. İşte orda bir miktar balık tuttuk. Ordan gelirken balığı boşalttık. Şimdi tekrar geldik denize. Orda ne kadar balık var hep

görünüyor; yakamozda. O akşam nasıl balık biliyor musun? Beraber alamıyoruz balığı, kefal işte (Saral, 2006: 109-110).

Çoğu zaman kocalarına yardımcı olmak ve tayfaya verilecek payı aile bütçesine kazandırmak düşüncesiyle fedakârca denizin risklerine ortak olan balıkçı eşleri, bugün de mevcuttur. Alan araştırmaları sırasında 15 kadar balıkçı eşinin belirtilen sebeplerle eşleri ile birlikte denize açıldıkları tespit edilmiştir. 25 yıldır eşi balıkçı eşi Mehmet Usta ile balıkçılık yapan Giresunlu Aynur Usta (KK-87), kendi sergüzeştini şöyle anlatır:

> Balıkçılıkla beş kişinin geçimini sağlıyorduk. 32 yıl oldu evleneli. Evlendiğimizden beri eşime yardımcı oluyorum. 3 kızımız oldu çok şükür. Çocukları büyütürken denize gidemedim ama hep olta imledim[197]. Çocuklar biraz büyüyünce denize gitmeye başladım. Sarı denizci kağıdı aldım denize gidebilmek için. Beyim denizde ne iş yaparsa ben de aynını yaparım. Rızkımıza yardımcı oluyorum.

Ek-114: Üstte kalkan avına çıkan kocalarına yardımcı olan balıkçı eşleri; altta kocası ile birlikte balıkçılık yapan ve avladıkları balıkları cadde boylarında satan Aynur Usta.

Tirebolu'nun sosyal tarihi üzerine araştırmalar yapan Metin Karslı, Tirebolu'nun ünlü kadın balıkçılarından Nadide Hanım hakkında şunları söyler (Karslı, 2012b: 115):

Nadide teyzemiz bizim ilk kadın balıkçılarımızdadır. Allah uzun ömürler versin, hayattadır hâlâ. Babası balıkçı olduğu için onu da bir erkek gibi ve balıkçı olarak yetiştirmiş zamanında. Balığa çıkmadan kızına hitaben şöyle bir mani söylermiş:

Nadide kızım kalk gidelim;

Feneri, likmeni yak gidelim.

Sabah erkenden kalkar, yemeğini hazırlar, kayığa ağları yükledikten sonra babası ile denize açılırmış Nadide teyzemiz bizim. O gün rızıklarını yakalayıp akşama doğru Çayyalı'ya sahile gelirlermiş.

Balıkçı eşleri, geçmişte kocalar tarafından karaya çıkartılan balıkların kasalanması ve bu kasaların taşınması işlerinde de fiilen yer almışlardır.

Oğul! Biz ağ örerdik durmadan. Ama başkaca da işlerimiz olurdu. İşimiz hiç bitmezdi. Gece sabaha kadar sandık taşırdık. Araba yoktu, tahta sandıkları mal sahiplerinin hanımları taşırdı çaresiz. (KK-88)

Balıkçı ailelerinde dede ve nineler hayatta ve kendilerine yeter durumda iseler babanın bulunmadığı zamanlarda ailenin sorumluluklarını anne ile birlikte üstlenmektedirler. Ailelerde özellikle dedelerin torunlar açısından önemi büyüktür. Erkek çocukların yetişme çağlarında rol modelleri olarak benimsedikleri babaların yerini dedeler doldurmaktadır. Çarşıbaşı ilçesinin balıkçı aileleri ile meşhur Keremköy Mahallesinden Çolak Muhammer (Küçük) henüz 25 yaşında iken avcılık için gittiği gurbette (Gerze) geçirdiği bir iş kazası ile kolunu kaybettikten sonra birkaç yıl daha aktif balıkçılığa devam etmiş ve sonrasında oğlu Ali'nin balıkçılık yapabilecek yetişkinliğe erişmesiyle mesleği oğluna devrederek denizden çekilmiştir. Muhammer, sonrasında ailenin av takımlarının karadaki işlerini takip etmekle kalmamış çok sayıda üyesi olan ailenin günlük sorumluluklarını da üstlenmiş, eşleri aylarca denizde kalan gelinlerinin sorumluluklarını paylaşmaya çalışmıştır.

Ek-115: Muhammer Küçük ve büyük oğlu Ali Küçük

Dedeler, erkek otoritesinin merkezde olduğu bu aile tipolojisi içinde sadece torunlar üzerinde değil, balıkçı oğullar üzerinde de baskın bir karaktere sahiptir. Balıkçı ailelerinin hayattaki en yaşlı bireyleri fiziksel ve ruhsal olarak sağlıklı iseler alınacak kararların onay mercii olmaya devam etmektedirler. Av takımlarına dönük teknik düzenlemeler ve iyileştirmeler, elde edilen kazancın ailenin balıkçı bireyleri arasında pay edilmesi gibi meslek temelli iktisadi yaşamın yanı sıra, sünnet veya evlilik törenleri gibi ailevi uygulamalar da çoğunlukla dedenin onayıyla mümkün olabilmektedir.

Kuşaklar boyunca balıkçılıkla geçimini temin eden, bu meslek etrafında şekillenen bir sosyo-kültürel hayat süren ailelerde yaşlılık veya hastalıktan ötürü denizden çekilerek mesleği çocuklarına devreden kıdemli üyeler (dedeler ve babalar) sağlıkları el verdikçe avlanan balığın pazarlanması, motorlarda ihtiyaç durulan yedek parçaların temini, ödemelerin takibi gibi konularda çocuklarına destek olmaya devam etmekte bir tür "*dışarı reisliği*" görevi üstlenmektedirler.

Ek-116: Üstte Mesinli merhum Mehmet Köroğlu ve Çarşıbaşılı merhum Hacı İsmail Kobya torunları ile. Altta merhum Hacı İsmail Kobya oğulları Şevket ve Hüseyin'le. (Köroğlu ve Kobya Ailesi Arşivlerinden)

Tüm hayatlarını balıkçılığa göre düzenleyen ailelerde, balıkçılığın önemli bir gelir kapısı olduğu bereketli yıllar boyunca dünyaya gelen her bir erkek çocuk daha fazla av ve daha rahat bir gelecek anlamına gelmiştir. Aileler bu maksatla erkek çocuklarını ileride balıkçı olacak şekilde yetiştirmiş, denize ve balıkçılığa ilgi duymaları için teşvik etmişlerdir. Balıkçı ailelerinde yenidoğanın beşiğine ilk yatırılışı sırasında beşiğe deniz kabuğu konulması, omzuna küçük deniz kabuklarının da bulunduğu göz boncuklarının takılması, kırk sularına deniz suyu katılması veya yine kırklama sırasında kullanılan taşların özellikle sahillerden toplanması, sadece nazara dönük tedbirler olmalarının dışında yenidoğanın geleceğine dönük beklentileri ifade eden pratikler olmuştur[198]. (KK-89) Araştırma sahasında bazı balıkçı ailelerinin birden fazla sayıdaki teknelerine ailenin balıkçı geçmişini temsil eden dedenin ve geleceğini ifade eden oğul veya torunların isimlerini vermeleri de erkek çocuklarının meslekî tercihlerine dönük beklentileri ortaya koyan sembolik ifadeler arasında yer almaktadır.

Az sayıda balıkçı, mesleğin zorluğundan ve risklerinden ötürü çocuklarının bu mesleğe girmelerine razı olmadıkları için onları kayıkların yanına dahi yaklaştırmamış, denizden uzak kalmaları için uğraşmıştır. 2. tip aile balıkçılığı ekonomik anlamda geçmişteki güzel günlerinden çok uzakta olduğundan bugün de pek çok balıkçı baba, Giresun-Ayvasıllı Halil İbrahim Aydeniz'in (KK-21) ve Giresun Gemilerçekeği Mahallesi balıkçılarından İbrahim Bayraktar'ın (KK-76) şu sözlerindekine benzer vurgular yaparak dile getirmektedirler:

> Biz çok zorluklar çektik. Evet, güzel paralar da kazandık, rızkımızı sağladık. Ama o bitti artık. Ne para kaldı, ne itibar bu işte. Oğlum maliyeyi bitirdi bu yıl. İnat ettim sokmadım onu buralara. İşe girecek. Firmaya koyacağım onu. Masa başında tertemiz çalışacak.
>
> *
>
> Benim çocukları hiç bulaştırmadım bu işe. Eski balıkçılık olsaydı benim şimdi 6-7 tane dairem vardı. Benim zamanımda salyangoz boldu, balık boldu. Ben köy hizmetlerine girmedim, belediyeye girmedim, orman işletmeye girmedim, entegreye girmedim. Yani imkân vardı bu tür yerlerde çalışmana, adam yok kurum çok o zaman. Ama ben parasını beğenmedim. Çağırdılar gitmedim. 76'da belediyeye gitmedim. Aynı yıl Entegre'nin temelinde çalıştım. Orada çalışanları işe alacaklardı; gitmedim. Köy hizmetlerine gitmedim. Orman İşletme'ye Yavuz Köymen kart verdi git işe başla dedi gitmedim.

Bazıları bu çalışmanın kaynak kişileri arasında yer alan balıkçılar, geçmişte babalarının benzer tavırlarına rağmen balıkçılığı meslek olarak seçmekte inat etmişlerdir. Her türlü engele rağmen balıkçılığa duyulan bu merak *"Götüne deniz suyu değmek"* deyiminin bağlamını ortaya çıkarmaktadır. Zira balıkçılık heves olmaktan ziyade bir tutku halini almıştır. Bu tutkuyu Farozlu balıkçılardan Salih Yılmaz (KK-77) şöyle anlatır:

> Balıkçı denizle evlidir, eştir deniz balıkçıya. Denize bir girdin mi onunla evli olursun ayrılamazsın. Benim büyük babam da balıkçıydı derdi ki bize "Götün suya değdiği zaman bu denizden ayrılamazsın." Deniz seni içine çeker ondan ayrılamazsın, boşanamazsın da. Deniz bir çocuk gibidir ailenin bir parçası gibi. Ha çocuk, ha deniz; ikisi de aynı şey.

Bölgede balıkçılık her geçen gün kan kaybediyor olmasına karşılık bir aile mesleği olmaya devam etmektedir. Ancak devlet memurluğunun son derece rağbet görür olduğu 1980'li yıllardan itibaren balıkçılıktan elde ettikleri gelirin azalmaya başlamasının da etkisiyle çocuklarını okutmaya öncelik veren balıkçı ailelerinde[199] mesleği sürdürecek yeni nesiller yetişmemiş, ailelerin genç bireyleri devlet memurluğunun yanı sıra başka zanaatlara yönelir olmuşlardır.

Araştırmalar sırasında görüşülen kaynak şahıslardan birinin şu anlatımı 1. tip balıkçı ailelerinin çocuklarını okutma temayülüne vurgu yapmaktadır:

> Büyük balıkçının takımı kalabalık, namı büyüktür. Ama pek çoğunun av sezonu bitip de hesaplar görüldükten sonra cebinde 1 lirası kalmaz. Fabrikadan çektiği avansla veya krediyle yaşar. Hal böyle olsa da çocuğunu en iyi yerde okutur. Ne yapar eder o çocuğun okul parası neyse karşılar. (KK-21)

Bu anlatımda da ifade edildiği üzere Giresun ve Trabzon havalilerindeki 1. tip balıkçı ailelerinden pek çoğu, çocuklarını kolejlerde veya vakıf üniversitelerinde okutmaktadırlar. Bu tasarrufta sosyal ve meslekî prestijin korunması çabası da vardır.

Meslek etrafındaki geleneksel hayatın ve kültürel hafızanın bugün büyük oranda zayıflaması, av teknolojilerinin gelişmesi bağlamında mesleğin mekanik bir hal alması ile ilişkilendirilse de meslekî devamlılığa zemin hazırlayacak yeni katılımcıların mesleğe dâhil olmamaları da dikkatlerden uzak tutulmamalıdır. Zira çevre, insan ve kültür arasındaki ilişki her türlü teknik gelişmeye rağmen devam etmekte, mesleğin icrası süreçlerinde geçmişten gelen kültürel/folklorik unsurlar güncellenebilmekte veya mevcut birikime yenileri eklenebilmektedir. Bugün bazı balıkçı aileler, son temsilcileri ile balıkçılığa devam etmektedirler. Büyük gırgır takımı sahibi olan ailelerden Akçaabat'ın

Mersin beldesindeki Köroğlu ailesi gibi örneklerde kendilerinin de dile getirdiği gibi kalabalık ailedeki diğer akraba gençlerin başka mesleklere yönelmeleri, ailenin uzun balıkçılık macerasının mevcut kuşaktan sonra sona ereceğinin ipuçlarını vermektedir.

Ailelerin genç bireylerinin denize ve balıkçılığa karşı olan ilgileri çocukluk yıllarında başlamaktadır. Zira balıkçı çocuklarının günlük hayatları da üyesi oldukları ailenin sosyal ve ekonomik hayatının etkisiyle şekillenmiştir. Evleri sahile ulaşan balıkçı ailelerinde çocukların gözde oyun alanları, babalarının kayıklarını çektikleri ve ağlarını serdikleri kumsallar olmuştur. Çoğu zaman denizcilik ve balıkçılık temalı oyunlar oynayan çocuklar, ağaç kabuklarından veya tenekelerden yaptıkları oyuncak kayıkları yüzdürmenin dışında, sığ kumsallara ulaşınca kırılmaya başlayan dalgaların altında "viya koşmak"tan da büyük zevk almışlardır. Faroz'un balıkçı ailelerinden birinin çocuğu olarak dünyaya gelen ve kendisi de balıkçı olan Mustafa Çakır (KK-5), çocukluk yıllarını anlatırken "viya koşmak" deyimini de açıklamaktadır:

> Çocukluğumuzda tüm günümüz yalıda geçerdi. Karnımız acıkınca bir koşu eve gider ekmek arası bir şeyler atıştırır tekrar yalıya koşardık. Bazen de hiç eve gitmez salatalık ve midyeyle karnımızı doyururduk. Hiç birimiz pantolon görmemişizdir çocukluğumuzda. Çünkü sürekli denizde olduğumuz için kısacık şortlarımızla günü geçirirdik. Biz viya koşarken turistler bizim fotoğrafımızı çekerdi. Amerikalılara tahtanın üzerine çıkmayı öğrettik desek yeridir. Yabancı turistler bize "Bunlar çıldırmış mı?" der gibi hayretle bakarlardı. Bizim viya koşmalarımızın kendine mahsus özellikleri vardı. Tahtayı alır yüzmeye başlardık. Önde gelen dalgaya karşı hızla yüzer, dalganın altında geçerek arkadan gelen ve yarmakta olan büyük dalgayı yakalamaya çalışırdık. Sabahtan akşama kadar viya koşar rekabet ederdik birbirimizle. Denizin sakin olmasını istemezdik sürekli dalgalı olsun isterdik. Hepimiz sağlıklı ve güçlü çocuklardık; çünkü viya koşmak çok güzel ve yararlı bir spordu.
>
> *
>
> Yazın hamsi balığı buradan eksik olmazdı. Hamsiyi ayağımızla vurup dışarı atardık. Ufak ağlar alırdık o yandan bu yandan... Tenekeye doldurup yüzdürürdük. Özenirdik büyüklerimize, biz de öyle denize çıkardık... (KK-90)

EK-117: Sürmene-Balıklı'da ve Trabzon-Faroz'da viya koşan ve Trabzon-Kemerkaya'da kayalıklar arasında balık kovalayan balıkçı çocukları. (Rıfat Karabacak ve Haluk Eyüboğlu Arşivlerinden)

Denizle iç içe yaşayan balıkçı ailelerinde çocukların gözde eğlencelerinden birisi de yelkenli küçük teknelerle yarış yapmak olmuştur. Sürmene'nin Balıklı Mahallesinde balıkçı bir ailenin çocuğu Nurettin Akbaş (KK-58), çocukluk yıllarının bu eğlencesini şöyle anlatır:

> Çocukluğumuzda viya koşmanın dışında "külida" da yapardık. Yani dere ağızlarında akşam vakitlerinde çıkan rüzgârları bekler, rüzgârın çıkmasıyla sandallara direği diker, yelkenleri çeker birbirimizle yarış ederdik. Sürmene'ye olmadı Çamburnu'na kadar dere ağızları boyunca gider gelirdik.

Balıkçı ailelerinin gündelik hayat sahnelerine kimi hususlarda yine ailenin sosyal statüsünde de belirleyici konumda olan meslekî statüye göre çeşitlilikler görülebilmektedir. Balıkçı ailelerinin evlilik çağına gelen bireyleri arasında görülen evlilik biçimleri yine bölgenin genel evlilik biçimleri ile uyumlu biçimde görücü usulü, kaçma/kaçırma ve anlaşarak evlenme gibi biçimlerdir. Geçmişe nispetle giderek azalan görücü usulü evliliklerde gelin arayışındaki balıkçı aileler bazı özel kriterler gözetmektedirler. Bu kriterler çoğu zaman ailenin sosyal ve meslekî yapısıyla uyumludur. Geçmişte örneğiyle çok daha fazla karşılaşılan bir tasarrufta oğullarına kız arayan aileler, yine balıkçı ailelerin kızlarına rağbet göstermişlerdir. Bir balıkçı ailesinin üyesi olan gelin adayının balıkçılık mesleğinin koşullarını biliyor olması ve müstakbel kocasının hayatına uyum sağlamakta sıkıntı çekmeyecek olması, bu rağbetin ana sebeplerinden biridir. Daha önce de ifade edildiği gibi balıkçı eşleri, balıkçı kocalarının yokluklarında ailenin tüm yükünü sırtlanmak zorunda kalmaktadırlar.

Nesillerdir balıkçılık yapan balıkçı aileleri sahip oldukları meslek temelli prestijin de etkisiyle uzun süre konuşulan düğünler yapmışlardır. Kıyı şeridinin karayolu ulaşımının henüz yaygınlaşmadığı yıllarda Giresun ve Trabzon'da kıyı yerleşimlerinde yaşayan pek çok balıkçı ailenin düğün kafileleri takalarla oluşturulmuş ve gelinler yeni evlerine deniz yoluyla getirilmişlerdir. Ekmek teknesi görevi gören takalar, üzerlerinde düzinelerce insanın bulunduğu cümbüş ve eğlencenin yapıldığı bir eğlenme alanına dönüşüvermiştir. Yörede çok sayıda örneği olan bu türde düğünlerden birine ait hatıraları Hakan Sümer Sürmene'de derlemiştir:

> Açıklarda iğripçilik (yunus avcılığı) yapan bir motor aniden fırtınaya yakalanır ve kayıktaki tüm mürettebat azgın dalgaların kucağına düşer. Motorun battığı haberi kıyıya ulaşınca herkes perişan olur. Kayıktaki 7-8 kişi için ağıtlar yakılır, gözyaşları sel gibi akar. Ama motordaki mürettebattan biri olan İlyas, gecenin ilerleyen saatlerinde denizden kıyıya çıkar ve evine giderek, ağlamaktan perişan olmuş annesine sarılır. Öldü bilinen İlyas'ı karşılarında sapasağlam görenler ona "Hızır" lakabını takarlar ve adı o günden sonra Hızır İlyas olarak kalır... İşte bu Hızır İlyas ellili yaşlarına gelmiştir artık, daha da geç olmadan araştırılır ve ona göre bir dul bulunur: Civra'dan Fatma Yılmaz... Civra'dan gelini alacak kafile, Cinga Osman'ın İkiler ve Terzi Yakup'un Doğru Yol adındaki motorlarıyla yola çıkar. Gelin, evinden alınır ve Sürmene'ye doğru dümen kırılır... İşte bu sırada [takalar arasında] yarış başlar. Kumsala girinceye kadar iki motor da yarışı bırakmaz. Kıyıya hızlı bir şekilde dalan iki motorun yolcuları bir sağa bir sola savrulur. Kafile neşeyle motorlardan iner ve düğünün yapılacağı Gölonsa'ya, yine neşeyle çıkarlar... (Sümer, 2006: 53).

Ek-118: Sürmene Balıklı (Civra)dan Zarha'ya takalarla gelin götüren düğün alayı. (Tekne Kültür Sanat Dergisi Arşivinden)

Benzeri düğün alaylarıyla geçmişte Faroz'da da karşılaşılmıştır:

> Eskiden denizden gelin alıyorlardı. Amcamlar gelinini denizden getirdiler. Böyle bir uygulama vardı ama bu uygulama artık kalktı. O araçların olmadığı zamanlarda babamların devrinde denizden alıp geliyorlardı gelinleri. (KK-37)

Geçmişte kimi zaman karayolunun bulunmamasından ötürü zaruret karşısında gerçekleştirilen bu uygulama, karayolu ağının mevcut olduğu dönemlerde az da sürdürülmüştür:

> Bazı balıkçılar kendi eşini karadan değil de denizden tekneyle kız evinden alıp yeni evine getirir buralarda [Trabzon-merkez]. Ona eşlik eden başka balıkçılar da olur. Âdeta düğün alayı oluştururlar denizde. (KK-68)
>
> **
>
> Benim yengem Darıca'dandır. Amcamın hanımını kayıkla alıp geldik. Şimdi adrenalin olsun diye bir arkadaşım aldı geldi karısını. Şimdilerde balıkçıya kız vermiyorlar ki kaldı denizden kız getirmesi. (KK-77)

Balıkçıların sünnet ve evlilik eğlencelerinin değişmez katılımcıları meslekî ve sosyal dayanışmanın bir ifade olacak şekilde yine balıkçılar olmuştur. Balıkçı aileler düğünlerini, avcılığa ara verilmiş olması ve göçlerden ötürü pek çoğu uzaklarda yaşayan akrabaların toplanmasına imkân tanıması bakımından çoğunlukla haziran, temmuz, ağustos aylarında yapmaktadırlar. Yörede sünnet törenlerinde de düğünlerdeki gibi kına geceleri yapılmaktadır. Bu uygulamalar çoğu zaman evlerde gerçekleştirilirken son yıllarda sünnet törenlerini evlilik törenleri gibi düğün salonlarında yapanların sayısı artmaya başlamıştır.

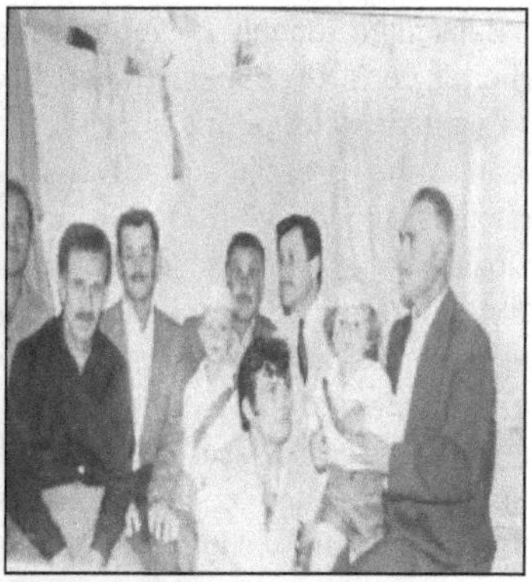

Ek-119: Trabzon-Faroz'da eski balıkçı düğünlerinden görünümler. (Haluk Eyüboğlu Arşivinden)

Murat Ergin, ahalisinin büyük çoğunluğu balıkçı olan Faroz Mahallesi hakkında yazdığı anı mahiyetli kitapta, kolbastının mahalledeki ilk temsilleri bağlamında sünnet düğünlerinin yakın geçmişini şöyle anlatır:

> Kolbastının ortaya çıkışı mahallede törensel hale getirilen sünnet düğünleriyle eş zamanlıdır. Faroz'da bir çocuğun erkekliğe ilk adımı attığı sünnet törenlerinin hazırlığı günlerce sürerdi. Erkekliğe geçiş, ev halkı için zahmetli ve masraflı bir süreçti. Sünnetten günler önce kadınlar evi temizler, evin her köşesine Isparta halıları serilir, somya bir divan çarşaflarla ve süslerle krallara layık bir tahta dönüştürülürdü. Çocuğun giyeceği kıyafet özenle seçilirdi. Tüm bunlar yapılırken, erkekler organizasyon işinin mevlüt ve çalgı aşamaları ile ilgilenirdi. Mahallede düğünler için ritimciler bulunur, çalınacak parçalar konuşulurdu. Düğünlerde Ankara misketi olmazsa olmazlardandı. (...) Bahriye çiftetellisi çalınırdı. Bu oyunun mahalle için ayrı bir önemi vardı. Faroz'un erkekleri çoğunlukla askerlik görevlerini bahriyeli olarak yaparlardı. (Ergin, 2011: 48-49)

Balıkçılığa dayalı ekonomik hayattaki değişim, sosyal hayatı da etkilemiş ve 2. tip balıkçı aileleri fakirleştikçe evlatlarına eş bulmakta da sıkıntı duyar hale gelmişlerdir[200]. Finansal üstünlüklerinden ötürü sosyal açıdan daha prestijli konumda olan 1. tip aileler böyle bir durumla karşılaşmadıkları gibi, tercih edilen aileler arasında üst sıralarda olmuşlardır. Ancak kimi günler balık avlayamadıkları için ekmek parası dahi bulmakta güçlük çeken ve başkaca bir gelir kaynağı olmayan küçük balıkçılar, sosyal yapıda hızla kan kaybetmişlerdir. Şehre ve apartman hayatına meyleden veya zaten bu yaşam biçimi içinde yer alan evlilik çağındaki genç kızların beklentilerini karşılamaktan uzak olan küçük balıkçı ailelerinin çocukları arasında ilerlemiş yaşlarına rağmen evlenemeyen birey sayısı her geçen gün artmaktadır. Küçük balıkçıların mesleklerine özgü dinamik yaşam tarzları ve tercihleri ötekileştirilmelerinde etkili olurken son yıllardaki ekonomik problemleri, algının giderek olumsuz bir şekil almasına sebep olmaktadır. Son balık avlanıncaya kadar devam edecek olan bu mesleğin küçük katılımcılarının yaşadıkları bu problemlere aile ve ekonomi gibi konularda karar alıcı konumunda olan kurumların itibar etmemesi, bölge balıkçıları arasındaki karamsarlığı daha da artırmaktadır.

Balıkçı ailelerinin cenaze törenleri, dayanışma fikrinin güncellenmesine vesile olmanın dışında önemli bir kültürel sahne olagelmiştir. Ömrü boyunca balıkçılık yapan bir aile bireyinin ölümünden sonra gerçekleştirilen uygulamalarda, uzun yıllar mesleğe dönük vurgulara da yer verilmiştir. Sırattan su gibi hızla geçerek cennetin ırmaklarına ulaşsın temennisiyle cenazenin parmaklarının bir kaba konulan deniz suyuna son bir kez batırılması veya defin hazırlıkları sürecinde üzerinden atlayan fare ve kediler ruhunu kandırıp da kapıyı pencereyi çarpmasın diye bedenin balık ağından yapılmış cibinlikler altında muhafaza edilmesi türünden inanış ve uygulamalar, bu kültürel sahnenin tespit edilebilen ürünleri arasında yer almaktadır. (KK-89)

Araştırma sahasındaki 2. ve 3. tip balıkçı aileleri, daha önce bahsedilen şekliyle çeşitli çatışmalar yaşıyor olsalar da, aynı avlaklarda aynı amaçlarla avlanan zümreler olmaları hasebiyle birbirleriyle sadece meslekî anlamda değil, sosyal anlamda da dayanışma örnekleri sergilemektedirler. Bir balıkçının düğün veya cenaze gibi sosyal katılımlı törenlerine diğer balıkçı aileler geniş katılım sergilemekte; meslekî kazalardan ötürü hayatını kaybeden veya çalışamaz hale gelen balıkçılara ve ailelerine kaynakları nispetinde yardım etmektedirler.

Faroz Mahallesinde yıllarca başka yerlerden gelen balıkçılardan karınları aç olup iaşesi bulunmayanların kayıkları mahalle halkı tarafından el birliği ile kıyıya çekilmiş ve balıkçıların karınları doyurulmuş iaşeleri tamamlanmıştır. Dayanışmanın diğer bir biçimi de ahali ile balıkçı dayanışması olmuştur. Faroz Mahallesinde nesillerdir balıkçılık yapan bir ailenin üyesi olan Osman Usta (KK-37), böylesi bir dayanışma örneğini şöyle anlatır:

> Balıkçılar Yomra çevresine düştükleri zaman Trabzon'un eski ailelerinden Eyüboğlu ailesi vardı. Çok itibarlı ve zengin bir aile idi. Yomra'da tuğla fabrikaları filan da vardı. Bunların anneanneleri vardı Şefika. Babalarımızdan yıllarca Şefika hanımın ismini duyduk biz. Balıkçıların adeta annesiydi o. Balıkçılara hep yemek verirdi. Orada balık satarken başkası balığımızı 2 liraya alırsa, o 4 liraya alırdı. Babalarımızla balık tuttuğumuzda "Hiç satamazsak Şefika Hanım'a veririz." derdik.

Doğu Karadeniz'in sınırlı geçim kaynakları içinde özellikle kıyı boyunca en üst sırada yer alan balıkçılık, ailelerin nesiller boyunca hayatlarını nispeten refah içinde sürdürmelerine vesile olmuştur. Denizi tarlaları olarak gören balıkçılar,[201] bu tarlanın kendilerine verdiği mahsullerden elde ettikleri gelirlerle genişleyen ailelerinin ihtiyaçlarına cevap verecek yeni konutlar inşa etmişler, av takımlarını yeni teknolojilerle donatmışlar ve çocuklarına eğitim aldırabilmişlerdir. 2. ve 3. tip balıkçı aileler için deniz, avcılık dışında başka fırsatlar da yaratabilmiştir. Bölge halkı arasında takvime dayalı olarak gerçekleştirilen ve çeşitli inanış ve düşünüş kalıpları ile donatılan uygulamalar arasında yer alan Mayıs 7'si[202] ve Alaturbi / Alaturbiya[203] etkinliklerinde küçük balıkçılar etkin bir biçimde yer almaktadırlar. Giresun'da ve Beşikdüzü'nde Mayıs 7'si olarak adlandırılan ve miladi takvime göre her yıl 20 Mayıs'ta gerçekleştirilen şenliklerde ve 6 Temmuz tarihinde Yoroz, Akçaabat, Faroz gibi balıkçı yerleşimlerinde gerçekleştirilen ve kadim dönemlerin izlerini açık biçimde yansıtan Alaturbi gününde, köylerden ve mahallelerden kıyıya akın eden ahali şifa bulmak, bereket dilemek ve uğurlu bir yıl geçirmek beklentileriyle çeşitli ritüeller gerçekleştirmektedir.

Ek-120: Beşikdüzü ve Giresun'da yapılan Mayıs 7'si etkinliklerinden görünümler.

Bu ritüeller arasında denizde yıkanmak, dilekler dileyerek denize taşlar atmak, sacayağından geçmek, kayıklara binerek en az üç, en çok yedi dere ağzı dolaşmak gibi pek çok uygulama ile karşılaşmak mümkündür.

Çocuğu olmayan kadınlarla çocukları yürümeyen kadınlar kayıkla denize götürülür. Balıkçıların kayıklarını kiralarlar. Çocuğu olmayan kadınlar, Deliklitaş denilen bir taş vardır Beşikdüzü'nde. Kayığın içinde o taştan geçirilir. O Deliklitaş'ın içinden ve buradan geçtikten sonra çocuğunun olacağına inanılır. Yine yürümeyen çocuklar da denizde gezdirilerek ve delikli taştan geçirilerek yürüyeceğine inanılır. (KK-92)

*

Bizim burada [Bulancak-Yalıköy] Deliklitaş vardı. Onun altından kayık geçirirlerdi. Orada insanları dolaştırıp para kazanıyorduk. Bulancak'ta meşhur Nuri Hocamız var bizim. Nuri Hoca bunlar, okur üfler bana gönderirdi. Bunları alır, arkaya bakmadan yedi dere ağzından, sonra da Deliklitaş'ın altından geçirirdim. Böyle ruh hastalığı olanlar, evlenmeyen kızlar filan gelirdi daha çok. Son yıllarda gelenler iyice azaldı. Hoca da daha göndermez oldu. (KK-93)

*

Önceden şey vardı, diyeyim sana ki böyle aynı nazar gibi sara hastalığı gibi olanlar nazarlardan, şunlardan bunlardan derlerdi ki yedi dere ağzı gezdirecen onlara. Ben bir kere gezdirdim. Benim bu kayığın daha küçüğü vardı bende. Bir kadıncağız, bir erkek, bir de anası onları aldım getirdim. Yedi tane dere ağzı gezdirdim. Taş aldılar karadan dere ağızlarını gezip görüyorsun üç tur, atıyorlar bir taş. Her dere ağzından ama ayrı ayrı dereler olacak. En sonunda kıyıya doğru yanaştım. Ben bilmiyordum o adetleri. Ya afedersin o adam karıya ha böyle bir tane vurdu, fırlattı attı onu denize. Kadıncağız yüzme de bilmiyor. O korkulan beraber o şeysini, hastalığını yeniyormuş. Attı onu denize orda afedersin çırılçıplak bir daha soydular onu tabi üstünü müstünü atıyorlar. Yani sıkıntılarını, dertlerini atmış gibi yapıyorlar. Onları yinede yapıyorlar ben bundan iki sene önce rastladım yine Faroz'dan bir kayıkla beraber geldiler. Attılar yine onu suya. Orda bıraktılar onları, onlar ordan kendi arabalarıyla, kayıkçıda kayığıyla yerine gitti. (KK-82)

Mayıs 7'si haricinde bugün de kutsal olarak kabul edilen gün dönümü zamanlarında Bulancak'ın Pazarsuyu Mahallesinde balıkçılık yapan küçük balıkçılar, uzun yıllardır, denizden 1 km kadar açıkta bulunan Çataltaş'a, diğer adıyla Evliya Taşı'na hasta götürürler. Yasemin Mirazlı Saral, Doğu Karadeniz deniz kültürü üzerine yaptığı araştırmada Evliya Taşı etrafında gerçekleştirilen uygulamaları yörede yaşayan Saniye Henden'in dilinden şöyle aktarır:

Evliya gibi anılan bir taştır bu taş. Her zaman, hasta olanlar tarafından ziyaret edilir. Taşın üzerine çok kısa bir süre için hasta iner ve ekmek bırakır. Sara hastalığı olanlar, akli dengesi bozuk olanlar, uykusunda korkanlar, çocuğu olmayanlar gider. Kayıkla gidilir. Taş üç kere dönülür. Geri dönerken kayığın dış gövdesine, başka bir kayığa veya denizde bir taşa yumurta atılıp kırılır. Bazen bir yumurta bazen yedi yumurta atılır. Dönüşte kayığın hareket ettiği noktadan oldukça uzak bir yerde inilir ki, daha çok faydası görülsün. (Saral, 2006: 231)

Mayıs 7'sinde Tirebolu'da da benzer ritüeller uzun yıllar tatbik edilmiştir. Reyhan Vural, Tirebolu anılarında halk arasında "çifte taş dolaşma" şeklinde adlandırılan geleneksel uygulamadan ve balıkçıların bu uygulama içindeki yerinden şöyle bahseder:

Mayıs yedisinde (20 Mayıs) taş dolaşmak âdetti. Kayıklara binip kale arkasından geçerek Kumyalı'ya gidilir, Punta'daki çifte taşların etrafı dolaşılırdı. Taşı dolaşan herkes, kabul olacağına inanarak bir dilekte bulunur, taşların üzerine para atardı. Daha sonra Kumyalı'dan yüzerek giden çocuklar o paraları alırlamış. Bu ziyaret için köylerden günübirliğine gelenler çok olurdu. Bunlar, limandan kayık kiralayarak küçük bir deniz seyahati yaptıktan sonra çifte taşları dolaşır, dualarının kabul olacağına, hastalıklarının geçeceğine inanarak, ferahlamış bir halde limana geri dönerlerdi. Dolayısıyla mayıs yedisinde kayıkçılar da iyi para kazanırlardı. Giden gelen kayıklar, bir nevi şenlik olurdu taş dolaşma (Vural, 2010: 36-37).

Benzeri bir uygulama, Görele'de bugün canlılığını yitirmeye yüz tutmuş olsa da "Derekulağı" adı verilen bir mevkide gerçekleştirilmektedir. Ali Bilir, balıkçılar için daha önceki örneklerde olduğu küçük bir gelir kapısı anlamına da gelen bu ritüel karakterli uygulamaları şöyle anlatır:

> Her yıl mayıs ayının 7, 17 ve 27'sinde köylülerin "Derekulağı" denilen yerde kayıkla yedi defa dönmeleri ve yıkanmaları meşhurdu. Bu belirli günlerde hasta olanlar hastalıklarına şifa, dertli olanlar dertlerine derman bulmak için, olmayanlar da dert görmemek için köylerden çoluk-çocuk, yeni elbiselerini giyerek kadınlı-erkekli yollara dizilirlerdi. Yanlarına kemençeci almayı da ihmal etmezlerdi. Kendilerini bir ücret karşılığında Derekulağı'na getirecek kayığa binerlerdi. Derekulağı yedi defa dönülerek geri gelinince hemen yerden yedi çift ve bir tek taş alınarak denize atılırdı. Böylece dertlerini denize attıklarına inanırlardı. Daha arkalarına bakmadan köylerinin yolunu tutarlardı (Bilir, 2007: 287).

Şifa ve arınma temelinde gerçekleştirilen bu ritüellerin gerçekleştirilmesi sürecine dâhil olan küçük balıkçılar, bu işi kimi zaman ücret karşılığında yapmaktadırlar. Ücret konusunda anlaşmaya varıldıktan sonra aralarında ruhsal veya fiziksel rahatsızlıkları olan hastanın da bulunduğu birkaç kişilik grubu kayığına alan balıkçı, onları isteğe göre yedi dere ağzından veya delikli taşların[204] altından geçirirken katılımcılar dualar okumanın dışında ritüel karakterli kimi uygulamalar da gerçekleştirmektedirler. Bu tür geleneksel uygulamalar muayyen takvimlerin dışında da gerçekleştirilebilmekte; dolayısıyla bu uygulamaların gerçekleştirildiği bölgelerdeki kimi balıkçılar yıl boyunca küçük de olsa ek gelirler elde edebilmektedirler.

2. ve 3. tip balıkçı ailelerinin gündelik hayatları içinde deniz, başka biçimlerde de aileleri ekonomik olarak destekleyebilmektedir. Doğu Karadeniz'de vadi tabanları boyunca denize akan çok sayıda ırmak, yağışların yoğun olduğu dönemlerde sellerin getirdiği pek çok materyali denize taşımaktadır. Sel baskınlarının sıklıkla yaşandığı bölgede yaşanan can kayıpları sonrasında bedenlerine ulaşılamayan insanlar bile günler sonrasında deniz tarafından geri verilebilmektedir. Sellerle birlikte denize taşınan ve küçük balıkçıların ganimetleri olarak adlandırılabilecek doğal malzemeler arasında "kargalak" olarak adlandırılan ağaçlar ve odun parçaları ilk sıradadır. Sel sularının denize ulaşmasından sonra taşınan alüvyonlara rağbet gösteren balıkların kıyılara yaklaşması, küçük balıkçıları harekete geçirir. Ancak bu zamanlarda avcılık daha fazla dikkat gerektirir. Zira deniz yüzeyinde ve tabanında sel suları ile gelen pek çok materyal mevcuttur. Ağlarını sermekten vazgeçen veya beklediği kadar balık avlayamayan balıkçılar bu durumlarda denizden boş dönmez, toplayabildikleri kadar kargalağı kayıklarına doldururlar. Doğu Karadeniz'de hem kırsal hem de kentsel alanlarda ısınma materyalleri

arasında odun önemli bir yer işgal ettiğinden, düşük gelirli balıkçı aileleri para ile temin edebilecekleri odunları kışın ısınmak amacıyla istiflemekte, ihtiyaçlarından fazla olanı da uygun fiyatlarla satarak aile bütçelerine katkıda bulunmaktadırlar.

Ek-121: 1960'lı yıllarda kargalak toplayan balıkçılardan bir görünüm. (Anonim)

Tabiatın balıkçı ailelerine sunduğu nimetlerden biri olan kargalakların toplanması hususunda geçmiş yıllarda özel bir hukuk da gelişmiştir. Evleri deniz kıyısında olan balıkçı aileleri, evlerinin hemen açığında denizde biriken kargalakları kendi hakları olarak görmüşler, başkalarının bunları toplamasına müsaade etmemişlerdir. Bir süre sonra bu usul genelleşmiş ve herkes kendi evinin önünde bulunan sahilde veya denizde biriken kargalakları toplar olmuştur. Açıklarda veya herhangi bir balıkçı yerleşiminin yakınlarında bulunmayan deniz alanlarında biriken kargalaklar "sahipsiz" olarak kabul edildiğinden herkes tarafından toplanabilmiştir (KK-73)

3.4. Avcılık Biçimleri ve Av Araçları

3.4.1. İç ve Dış Avlaklarda Gerçekleştirilen Avcılıklar

Giresunlu ve Trabzonlu balıkçılar, bölgenin balıkçılık tarihi boyunca sadece kendi avlaklarında avlanmamışlar, av araç gereçlerinin oldukça iptidai olduğu dönemlerden itibaren kendi avlaklarındaki yunus, kalkan ve palamut sürülerinden daha verimli olan veya kendi avlaklarında çok bulunmayan mersin/morina, orkinos ve inci kefali gibi balıkların olduğu dış avlaklara gurbet avcılıkları gerçekleştirmişlerdir. Balıkçılar, kimi zaman da hamsi avcılığı örneğinde olduğu gibi, balıkların göç hareketlerine uyum sağlayarak Doğu Karadeniz sularının dışındaki avlaklara yönelmişlerdir. Araştırma sahasında kıdemli balıkçılardan derlenen pek çok meslekî anlatı, her iki ilin balıkçılarının geçen yüzyılın başlarından beri Samsun ve İstanbul'un yanı sıra Romanya, Bulgaristan,

Kırım, Rusya, Gürcistan, Akdeniz ve Ege kıyılarındaki avcılıklarına dönük bilgiler içermektedir. 1. ve 2. Dünya Savaşı yıllarında savaş gemileri, denizaltılar ve torpidolar sebebiyle kesintiye uğrayan gurbet avcılıkları, bu dönemler haricinde cazibesini korumuş, balıkçılar avcılığın türüne göre boyutları değişen tekneleriyle ve yine değişen tayfa sayılarıyla kalkan, yunus, hamsi, palamut ve torik, mersin/morina, inci kefali türünden balıkları belirli av takvimleri içinde avlamayı sürdürmüşlerdir. Balıkçılar gerçekleştirdikleri bu avcılıkları çoğu zaman kendi meslek jargonlarıyla çeşitli biçimlerde adlandırmışlardır. Çalışmanın bu bölümünde balıkçıların bu adlandırma biçimlerine bağlı kalınarak her bir avcılık türünün meslekî kültür içindeki yerinden bahsedilecektir.

3.4.1.1. Alamanacılıktan Gırgırcılığa

Doğu Karadeniz balıkçılık kültürünün merkezi unsuru olmanın yanı sıra bölgenin deniz ve balık ekseninde şekillenen genel kültürel süreçlerinin de sembolü haline gelen hamsi, takip edilebilen dönemlerden itibaren Giresun ve Trabzon balıkçı toplulukları arasında özellikle 1. tip ailelerin en önemli geçim kaynağı olmuştur. Bölge balıkçılığının antik dönemlerine dair küçük bilgiler veren kaynaklarda izine rastlanmayan hamsinin, besin değerinin fark edilmesi ile ekonomik değer taşıyan balıklar arasına terfi etmesi anlaşılabildiği kadarıyla Komnenos hâkimiyeti döneminde gerçekleşmiş; Osmanlı hâkimiyetinde gelişerek devam etmiştir[205]. Bölgenin balıkçılık tarihi ile ilgili bilgiler verilirken de belirtildiği gibi, Osmanlı hâkimiyeti döneminde Trabzon ve çevresinde gerçekleştirilen hamsi avcılığına dair küçük bilgiler vermenin dışında hamsinin özellikleri ve sosyo-kültürel hayat içindeki yerine dönük tafsilatlı bilgiler, Âşık Mehmed tarafından *Menâzırü'l-Avâlim*'de verilmiştir. Sonraki yüzyıllarda Evliya Çelebi ve Kâtip Çelebi başta olmak üzere pek çok önemli isim tarafından hamsi etrafında oluşan sosyo-kültürel ve ekonomik hayat, türlü yönleriyle tasvir edilmiştir.

Hamsi avcılıklarında zaman içinde farklı âlet ve yöntemler kullanılmıştır. İnsan eliyle yapılan araçlarla ve geleneksel usullerle gerçekleştirilen en eski hamsi avcılıklarında uzun yıllar "sürgülü serpme" adı verilen pamuk ipliğinden mamul ağlar kullanılmıştır. Tüm süreçleri insan kuvvetine dayalı olan bu kadim av geleneğinde, serpmeler mehtapsız gecelerde, tekne kenarından denize tutulan ve yörede "fanya[206]" veya "likmen" şeklinde adlandırılan fitilli ve camsız gaz lambasının ışığına hamle yapan hamsinin üzerine atılmıştır.

Ek-122: Avlarda kullanılan likmen, finnuri ve tokmak (huni).

Daha sonraki yıllarda "lambalı avcılık" adını alacak olan bu geleneksel usulle, dört kişiden oluşan av ekibi her bir seferde birkaç yüz kilo kadar hamsi avlamış, serpme ağının içinde kalan balıkları kepçelerle kayıklarına almışlardır. Bu geleneksel av yöntemiyle avlanan bir balıkçı grubu, verimli bir avcılık gerçekleştirmesi halinde 1 tona yakın balık avlayabilmiştir (Çelikkale ve diğerleri, 1993: 309-310; Düzgüneş, 2010, 8-9).

Geçen yüzyılın başlarında Trabzon havalisinde gerçekleştirilen hamsi avcılığında tatbik edilen geleneksel usulleri anlatan en önemli kaynak olan *Hamsinâme*'de Hamamizâde İhsan Efendi, bölgede uzun yıllar hamsi avcılığında geliştirilerek tatbik edilen geleneksel lambalı serpme avcılığının, oldukça eski bir yöntem olduğuna vurgu yaparak bu usulü şöyle anlatır:

> O zaman müstakil kayıklarımızla ve kendi malımız olan saçmamızla ava çıkardık. Saçma, bugünkü ağın küçüğüydü ve her kayıkta bulunan meşale; uzunca bir ağacın başına yukarıdan aşağıya geçirilmiş demir bir kafesti. İçinde çıra yakardık. Bir yandan saçmayı denize atar, bir yandan meşaleyi ateşler, üzerine tutardık. Işığa hücum eden hamsi, saçmayı doldurunca bağlarını çekip toplar, onu kayığa alırdık ve böylece devam edip kayığımızı doldururduk. Bugün de bu usul de avlanan var. Ancak bu, şubattan sonra oluyor. Çünkü

şubatta havalar biraz ısınınca hamsi saçma ile tutulacak halde denizin yüzüne çıkıyor (Hamamizâde İhsan, 2007: 30).

Serpme ağlarıyla yapılan hamsi avcılığının usulleri ile ilgili diğer bir anlatım da şu şekildedir:

> Meşaleci çıra ve balık yağından oluşan meşaleyi tutar ve balıkları gözetler; siyacı (kürekçi) meşalecinin komutlarına göre kürek çekerek balıkları izler; balıklar kürek hareketlerinden ürküp açkı yapınca saçmacı ağı hazırlar, etekçi de ağın takılmaması için saçmacıya yardım eder (Öztürk, 2005: 488).

Araştırma sahasında bugün, hamsi avcılığının serpme ağlarla gerçekleştirildiği zamanları hatırlayan veya bilen çok az sayıda balıkçı vardır. 80 yaşın üstündeki birkaç eski balıkçı haricinde, hemen tüm kaynak şahıslar hamsi avcılığında kullanılan ve zaman içinde yine geleneksel nitelikler kazanan çevirme avcılığından bahsetmişlerdir. Ancak balıkçı folklorunun popüler türlerinden fıkralarda geleneksel serpme avcılığının hatırası yaşatılmaktadır:

> Şimdi eskiden balığın biri yavrularına hayat dersi verirken, balıkçıların onlara kurduğu tuzaklardan bahsediyormuş. Tuzaklarına yanına götürdüğü yavrularına tek tek "Buna iğne, buna ağ derler." derken hepsi birden serpme ağının altında kalmışlar. Tabii yavrular korkuyla "Anne! Buna ne ağı derler?" diye sorunca "Yavrum, buna tepeden inme derler." demiş. (KK-43)

Çevirme ağlarının ve avcılığının ilk örnekleri, 1. Dünya Savaşı'ndan sonra körfez ve dalyan ağızlarında gerçekleştirilen hamsi avcılığında görülmeye başlamış ve 1930'lu yıllara kadar geliştirilerek yaygınlık kazanmıştır. Hammaddesi pamuk ipliği olan bu ağların ilk örnekleri küçük ölçekte iken zamanla boyutlar büyütülmüş ve daha fazla miktarlarda balık avlanır olmuştur. Doğu Karadeniz Bölgesi'nde geçmişte "hamsi ığrıbı" şeklinde adlandırılan bu ağlarla tamamen kol kuvvetiyle gerçekleştirilen hamsi avlarında, 3 veya 4 çifteli adı verilen, 10-15 m boyunda ağaç tekneler kullanılmıştır. Geceleri yakamozdan, gündüzleri ise kızarıntıdan yararlanarak balık sürülerini tespit eden hamsi avcıları, her seferinde 4-5 ton kadar hamsi avlayabilmişlerdir (Çelikkale ve diğerleri, 1993: 310; Düzgüneş, 2010: 9-10).

Hamamizâde İhsan Efendi, avlardan birine fiilen katıldığı hissini uyandıran bir üslupla hamsi ığrıbı ile gerçekleştirilen avcılığın tüm süreçlerini şöyle anlatır:

> Hava denize çıkacak kadar iyi... Fazla rüzgâr, dalga ve fırtına yok. Ne de olsa avlanacağız. Havayı böyle bulunca gece yarısı da denize çıkardık. Şimdi dört kayık varız. Zaten ikiden az olamayız. (...) Biri alet

kayığımızdır, bunda hamsi ağı veya hamsi ığrıbı ve "Boş" denilen hamsi kepçesi var. Kayıktakiler duruma göre altı veya sekiz kişi kadardır. Öbürüne "yedek kayığı" veya "maiyet kayığı" diyoruz. Diğer yardımcı kayıklara da "Şelek" deniliyor. Bunları doldukça sahile göndereceğiz. Her kayıkta dörder arkadaşız ve işte güneş batmak üzere. Küreklere asıldık, açılıyoruz. Azimli kollarla çekilen kürekler, sulara dokunuyor. (...) Avın verdiği şevkle mest olmuş gidiyoruz. Bu gece mesaisinin sıkıntısını giderecek ışıktan bir yay, hilal parlamayacak. Bunu biz de istiyorduk. Çünkü mehtap olursa hamsi parıltısını göremeyiz. (...) Göklerdeki civalı yıldızlar ve sulardaki yakamozlar bizi bütün avlara eriştirirler. İşte hamsi yakamoz yapıyor. Haydi biraz daha ilerleyelim. Asıl hamsi topluca şuralarda bulunacak. Ötede beride küme halinde göze çarpıyor. Biraz daha etrafı arayalım. Hareketlerimizden yarım saat geçti, işte kaynağına geldik, şimdi onu sarmak lazım. Yedek kayığına sesleniyoruz, yanımıza geliyor. Kayığımızda ağı tutan ipin bir ucunu ona verdik, kayık olduğu yerde duruyor. Biz hamsiyi arkadan sarmak için denize döktük, çevirdiğimiz daireyi tamamlayarak, yedek kayığımızın yanına dönüyoruz. Ağ denize döktüğümüz sabit durumda. (...) Ağımız kalın ve kuvvetli pamuk ipliğinden. Ortasının sıkı, yanlarının daha seyrek dokulu olması, kurtulmak isteyen hamsinin ağın ortasında çırpındığı için, ağ ağır olarak toplanılır ve kullanılırken güçlük çekmemek için.

İşte yedek kayığımıza halat dön emrini verdik; o, aşağıya, yalıya doğru ağ ipinin her iki kayıktaki uçlarını çekme sırası geldi. Ağın alt tarafını daha çok toplamak zorundayız. İpi ipi çabuk çabuk çekiyor, biz de üstüne doğru gidiyoruz. Ağ küçülerek ve toplanarak iki kayığın arasına doğru geliyor. İçimizde garip bir sevinç var. Ağımızın torbası tıka basa dolu. İple ağ arasından ve biraz seyrek dokulu olan yanlarından tek tük kurtulup kaçan hamsiler varsa da, önemsiz... Sıkışan ağın torbası şimdi tamamen iki kayığın arasına toplandı. Adeta kayığın içine yıkılmış bulunuyor. (...) Alet kayığımıza daldırılan kepçeyle ağın içine alıyor, yardımcı kayıklardan birine boşaltmaya başlıyoruz. (...) Eğer ığrıp ağımız tamamen dolmuşsa bunu boşaltmak için bize belki on beş kayık gerekir. Her kayık iki, üç bin okkaya kadar hamsi alabileceğine göre, orta halli dolu bir kayık 2.500 okka hamsi alıyor demektir. Şu halde dolan ağımız 37.500 okka hamsi kapasitesindedir. Fakat bir ığrıp ağı tamamen dolmaz. (...) Bir kayığımız yarım saat içinde dolar ve hemen hareket eder. Mevcutları doldurduktan sonra hamsi artarsa, rast geldiğimiz kayıklara naklederiz. Dışarıda boş kayık olup da mesafe uygun ise boru ile çağrılır, yeterli olmadığı durumlarda yedek kayığından sonra alet kayığına da hamsi alabiliriz. İşaretlerden çevrede daha fazla hamsi olduğu anlaşılırsa araç tedariki mümkün olunca avlanmaya devam ederiz. Artık işlerimiz bitmiştir. İşte ağı toplayıp aldık, dönüyoruz. Arkadaşlar sevinç içinde. Dışarı rüzgârları sertçe esiyor, bizden önce gelen hamsi kayıkları da alışılmış bağrışmalarla kıyılara çekilmiş, anlaşılmaz bir hayhuy içerisinde "donam" ile çark ve halatlarla bu iş de tamamlanmış. Bizi de böyle felenkle Mumhaneönü sahiline çektiler. Ava gelmeyen alet sahibi tarafından güler yüzle karşılandık. Şimdi her kayıkta hamsinin üstünü tahtalarla örtüyoruz. Bir bekçi bıraktıktan sonra evlerimize, kahvehanelere dağılıyoruz (Hamamizâde İhsan, 2007: 25-30).

Bulancak-Ayvasıl'da bir süre ailesi ile birlikte balıkçılık yapan Dursun Çınartepe (KK-94), yukarıda anlatılan yakamoz avcılığının sonraki yıllarda farklı olmadığının anlaşılmasına imkân tanıyacak şekilde şu sözleri söyler:

O zaman mekanik cihazlar yoktu. Anlayacağın o zamanın maceraları anlatılmakla bitmez. Akşam olur. Sus, pus... Hiç tıkırdama yok kayıkta. Hamsi şıpır şıpır yanacak denizde yakamozla. Gördün mü hamsiyi vira! Rahmetlik Çöngül Dayı [1912 doğumlu Dursun Çöngül] vardı. O bir numaraydı yakamozculukta. Balığın hareketini yakamozla görürmüş. Yakamoz olmadığı zamanlarda paltosunu denize doğru tutar küreği suya vururmuş. Suyun rengi hafiften değişirse balığı bulurmuş. Herkes anlamazmış bu işi. Ne derler tüfek icat oldu mertlik bozuldu!

1940'ların sonlarından itibaren endüstriyel anlamdaki gelişmelerden av takımları da paylarına düşeni almışlardır. Daha önce çeşitli vesilelerle belirtildiği üzere hammaddesi pamuk ipliği olan ağların yerine sentetik ağların kullanılmaya başlaması, avcılığın kesintiye uğramadan ve daha büyük kapasitelerde yapılmasında etkili olmuştur. Eskisi gibi kurutulmak zorunda olmayan ve yıprandığı zaman yedek ağlarla hızlıca tamir edilebilen sentetik ağlar, sezon boyunca avcılığın süreklilik kazanmasını sağlamıştır (Çelikkale ve diğerleri, 1993: 312). İlk motorların kullanılmaya başlandığı 1910'lu yıllardan itibaren uzun süre düşük kapasiteli motorlarla çekilerek avlakta konumlandırılan küçük tekneler, yine aynı yıllarda motorla tanışmış, mevcut motorların kapasitesi ise yükseltilmiştir. Kürekle yönlendirilen ve genellikle boyları 10-12 metre arasında değişen hamsi ığrıplarının yerini boyları bazen 18-20 metreye ulaşan ve "Kancabaş[207]" tabir edilen ahşap tekneler almıştır. Faroz'un köklü balıkçı ailelerinden "Şemsiler" lakaplı ailenin üyelerinden Muharrem Kayıkçı (KK-38), mahallenin ünlü reislerinden olan babası Ali Rıza Reis'in avcılık dönemlerinden bahsederken bu yeni usul avcılığa atıflarda bulunur:

1940'lardan sonra, babamlar 15-16 metre boylarında iki kayıkla ava giderlerdi. Bu kayıklardan birisi avı bulur diğeri de ağı çevirirdi. Av kayıklarının kıç üstü geniş olduğundan ağ buraya istiflenirdi. Dört çift kürekli diğer kayık ise avlanan balıkların yüklendiği yedek kayıktı. Ana kayık avı tespit ettiği zaman yedek kayıktakiler kürekleri çekerek ağları balığın etrafında çevirirdi. Hamsi avı ile palamut avı farklıydı. Palamut hızlı hayvandır, bu yüzden acele etmek gerekir. Tüm bu avcılıkta her şey elle yapılırdı. Ağın altını bükmek çok önemliydi ve usta denizciler maharetlerini burada gösterirdi. Ağ kayığa çekilirken tayfalar hep bir ağızdan tempo tutularak "*Hey, Haydi, Hoppa!*" diye bağırırlardı. Bu balıkçıların yörelere göre farklı nidaları vardır. Mesela kimisi de "*Helesa, Yelesa!*" şeklinde bağırırdı. Denizden çekilen ağ kayığa yaklaştırılınca ağda biriken balıklar fileli kepçeyle alınıp kayığa boşaltılırdı. Hamsicilik kış mevsimi yapılırdı ve kayıkların üstü hep açıktı. Sığınmaya yer olmazdı. Buz gibi havada tayfa donma tehlikesi geçirirdi. Ben parmakları donmuş tayfalar gördüğümü hatırlarım. Uzak mesafelere örneğin Giresun'a hamsiciliğe gidildiğinde 30-40 gün orada kalınacağından hamsiciler orada bir yer kiralarlardı. Avın yapılmadığı zamanlarda veya fırtına zamanlarında tayfanın buralarda barınması mümkün olurdu.

Bulancak Ayvasılın yaşayan en tecrübeli balıkçılarından Şükrü Deniz (KK-2) eski hamsi avcılıklarının ne denli zorlu olduğunu şöyle anlatır:

İki kayıkta toplam 14, 15 kişi vardı. 36, 40 karış kayıklardı. O dönemde ayakta çizme yoktu hocam, böyle giyim, elbise yok, pazen donlar yok. Ben rahmetli annemin hırkasını sarardım kendime, bir de iple onu bağlardım. Her işi elle yapardık. Kar yağıyor o zaman. Abi dedim bu hamsi değil, dibindeki kar suyu. O kadar kar vardı hesap et... Donuyor millet, kürek de vermiyorlar millete. Kürek verseler çekip ısınacağım. Çift kayıkla yapılırdı avcılık, biri önde biri arkada... Araya da 4,5 kulaç 2 tane fır döndü bağlardık. İki taraftan elle çekerdik onu. Altı kalkana kadar av çekmek yoktu. Sonra başlardım vira vira demir atardım.

Bugünkü gırgırcılığın başlangıç dönemlerinde 10-12 metre boyundaki kancabaş tekneleri ile 20 civarında personelle avcılık gerçekleştiren yöre balıkçıları, bu avcılığı çoğu zaman "Alamanacılık" şeklinde adlandırmışlardır. Alamanacılıkta ortalama bir teknede yirmi tayfa, iki direkçi ve iki palacıdan oluşan yirmi dört balıkçı görev almıştır (Deveciyan, 2011: 403). Alamanacılık yıllarında balıkçılar tekneleriyle sadece hamsi avcılığı yapmamışlardır. Alamanacılığın kürekli kayıklarla yapıldığı dönemlere ait bir meslekî anlatıda, avcılığı yapılan diğer balıklardan şöyle bahsedilir:

Daha çok palamut avcılığında olmakla birlikte, kefal, lüfer avcılığında da kullanılan alamana ağları vardı. Alamana ağlarının kayıkları 3 çift kürekli, uzun kayıklar olurdu. Bu kayıklarda her küreği bir kişi çeker, altı tane kürekçi ve bir tane de dümenci bulunurdu. Avcılığa çıkıldığında ağ iki kayıkta olur, öndeki kayığa, arkadaki kayık kıçtan bağlanır, siye siye kürek çekerek öndeki kayık takip edilirdi. Öndeki kayığın balığı gözlemek için direği olur, molacı orada balık gözetler, balığı görüp, "mola" komutunu verdiğinde, her iki kayık ters yönde hızlıca hareket ederek, molacının gördüğü balığı sarardı. Balığın önü kesilip, sarıldığında ağın içinde takırtı yapılarak, balıkların ağlara vurması sağlanırdı. Ancak bu avlanma yöntemi fazla adama ihtiyaç olması ve zorluğu nedeni ile fazla gelişmedi, bırakıldı (Arpa, 2012: 52).

Giresun ve Trabzon havalilerinde bir kısmı sonradan balıkçılıktan çekilen 1. tip balıkçı aileleri, ilk büyük hamsi takımlarını alamanacılık usulüne göre oluşturmuşlardır. Kancabaş adı verilen asıl tekneye, bir ağ motorunun da refakat ettiği alamanacılıkta kancabaşın üzerinde de bir ağ yer almıştır.

Ek-123: Giresun Kumyalı ve Trabzon Moloz sahillerinde yüzyılın ilk yarısında hamsi ığrıpları. (Anonim)

Palamutçuluk yapan alamanacılar, av takvimlerini çoğu zaman palamut sezonuna göre ayarlamışlardır. Ağustos ayının ortalarından kasım ayına kadar palamut avcılığı yapan[208] Giresunlu ve Trabzonlu alamanacılar, bu avcılık için hemen her yıl gurbete çıkmışlar ve Boğaz'daki avlaklarda avlanmışlardır. Boğaz avcılığına giden alamanacılar teknelerde barınma imkânının olmadığı dönemlerde avlaklara yakın sahillere oluşturdukları barakalarda barınmışlardır. Sürmeneli alamanacıların "*balakan*[209]" adını verdikleri bu derme çatma barınaklara teknelerde barınma imkânı ortaya çıktıktan sonra ihtiyaç duyulmamıştır. Alamanacılık yıllarında henüz balık bulucular kullanılmadığı için teknelerin orta yerine ucunda tabla bulunan bir direk yerleştirilmiş, av takımının sahibi olan "*esas reis*" gözle balık takip etmiştir. Takım sahibinin bulunduğu tekneye eşlik eden diğer teknedeki direğin tepesinde ise "*eredi reis*[210]" denilen bir başka gözcü yer almıştır. Açık denizde, keskin soğuklarda bile av süresince direklerden inmeyen bu gözcüler, oldukça dikkatli ve tecrübeli gözcülerdir. Balık sürüsünü tespit eden reisin "Mola!" talimatı ile harekete geçen tekneler, balık sürüsünü iki yanından "baş başa" gelinceye kadar ağlar çevirmiş ve balıkları ağın içine hapsetmişlerdir. Elle çekilen ağlar, kayıklara yaklaşınca içindeki balıklar daha önceki usullerde olduğu gibi yine kepçelerle kayığın içine alınarak ağın yükü hafifletilmiştir. (KK-57; KK-59)

Hamsi avcılığı yapan alamanacılar, ay ışığının olmadığı karanlık gecelerde avlanırken henüz radarların yaygınlaşmamış olmasından ötürü hamsinin boyundan şüphelendikleri zamanlarda moladan önce denize bir çapari atarak, çapariye takılan balığın boyundan hareketle avın devam edip etmeyeceğine karar vermişlerdir.

Alamanacılık yıllarında Boğaz'a avcılığa giden balıkçılardan hayatlarını kaybedenler de olmuştur. Bu kazalardan birisi hatıralarda hâlâ canlıdır. 1940 Ekiminde Kilyos açıklarında alamanacılık yapan Sürmeneli Sarı Süleyman (Kocabal)'ın alamanası batmış ve Sürmeneli 5 balıkçı bu kazada hayatını kaybetmiştir (Sümer, 2005: 6, 28-31).

Alamanacılık veya ığrıpçılık adı verilen avcılıkları yapmak üzere gurbete çıkan balıkçılar, ileride bahsedilecek olan ırmakçılıkta olduğu gibi av sezonu bitip eve dönme hazırlığına giriştikleri vakitlerde bulundukları yerlerde alışverişler yapmışlar, kendi memleketlerinde bulunmayan ihtiyaç maddelerine rağbet göstermişlerdir. Çeşitli hububat, sebze ve meyve gibi yiyecekler Doğu Karadeniz'de ihtiyaç duyulan tüketim ürünleri oldukları için balıkçılar daha ziyade bu ürünlere meyletmişlerdir. Giresunlu ve Trabzonlu alamanacı ve ığrıpçıların aileleri ve komşuları "beyaz ekmek" dedikleri buğday ekmeğinin tadına çoğu zaman bu zamanlarda bakabilmişlerdir. Zira buğday gibi kıymetli bir tahıldan mahrum olan bölge insanının yegâne ekmeği mısır ekmeği olmuştur.

Aşağıdaki anlatım, böyle bir geri dönüş yolculuğunu ve beyaz ekmeğin önemini ve dağıtılışının arkasındaki inanç bağlamını ortaya koymaktadır:

> [Sürmene-Balıklı] Civra halkının av dönüşünde güzel bir geleneği vardı. O zamanın kıtlığında her evde beyaz ekmek yoktu. Karaya gelmeden önce çuvallarla ekmek alırlardı ve kayıkları çektikten sonra kayığın etrafına gelen çocuklara beyaz ekmek dağıtırlardı. Mevsim dönüşü denizden bereketlenen balıkçılar bu bereketin fitresi, zekatı olarak dağıtırlardı. O zamanlar beyaz ekmek ilaç gibiydi hastalara verilirdi. 1940-1960'lı yıllarda bize bir "urup" yani bir çeyrek bugünkü büyük ekmeklerin dörtte biri verilirdi. Biz onu yavan yerdik öyle bir lezzetli olurdu ki kabuğunu helva diye düşünürdük. Bana göre balıkçılar o yıl ki kazancın bir bereketi olarak çocuklara fitre ya da bereket olarak verilirdi. Bu bana göre balıkçılığın en harika geleneğiydi. (KK-57)

1960'lardan itibaren Giresun ve Trabzon havalilerinde "kâğıtlı radar" şeklinde adlandırılan ilk balık bulucu aletlerin kullanılmaya başlanmasının ardından "yakamoz" avcılığına ve "gözle tespit"e dönük geleneksel avlanma biçimlerine duyulan ihtiyaç azalmıştır. Alamanacılığın gırgırcılığa dönüşmeye başladığı bu yıllarda, ilk gırgır teknelerindeki teknolojik donanım hamsi avcılığının 24 saat gerçekleştirilebilen bir faaliyet halini almasında etkili olmuştur. Zira hamsi sürülerinin gözle tespitinin zor olduğu gündüz saatlerinde de avcılık yapılabilir olmuştur. Öte yandan avcı teknelerinin av kapasitelerinin yükselmesi ile 1. tip balıkçı aileleri "yedek" tabir ettikleri başka yeni teknelere ihtiyaç duyar olmuşlardır. İlave yedek teknelerin de av takımlarına dâhil edilmesiyle Giresun ve Trabzon havalilerinde 1. tip balıkçı aileleri, kalabalık bir av teşkilatının da sahibi konumuna yükselmişlerdir (Çelikkale ve diğerleri, 1993: 313; Düzgüneş, 2010: 10). Söz konusu gelişmelerin yaşanmasından çok önce diğer teknedekilerle veya kıyıdakilerle iletişim kurmak için boru çalmak, ıslık çalmak, bağırmak, ayna tutmak veya beden dilinden faydalanmak yoluna giden balıkçılar, gelişen av donanımlarına telsizleri de dâhil ederek daha hızlı iletişim kurar hale gelmişlerdir. Gırgır teknelerinde teknolojik balık bulucuların ve iletişim araçlarının kullanılması konusunda herhangi bir özel eğitim almamaktadırlar. Cihazları pazarlayan firmalar, montaj sonrasında bazen küçük tanıtımlar yapsalar da bilgi çoğu zaman deneme yanılma yoluyla edinilmektedir.

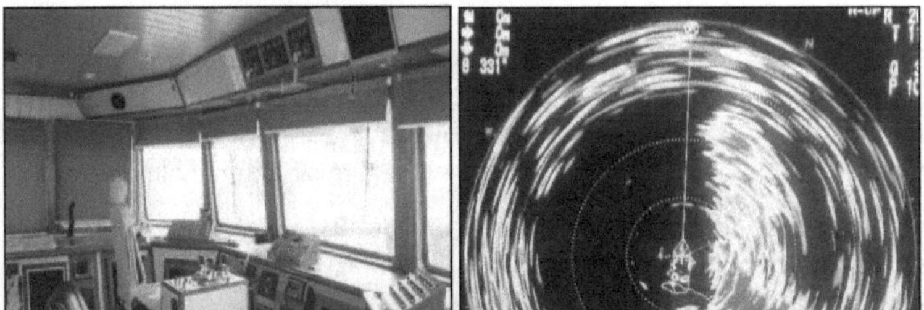

Ek-124: Gırgır teknelerinde kullanılan teknolojik balık bulucu cihazlar ve bunların kullanımından örnekler.

Bugün yüksek teknolojili av donanımları ile avcılıkta kullanılan gırgır teknelerinde oturma salonları, yatakhaneler, banyo, tuvalet, televizyon salonları gibi yaşam alanları mevcuttur. Her yıl kasım ayından nisan ayının ortalarına kadar devam eden bugünkü gırgır avcılığında av sırasında şöyle bir usul uygulanmaktadır: Akşam saatlerinde denize açılan av takımı hareket halinde iken kaptan köşkünde bulunan balık bulucu cihazları takip etmek suretiyle balık gözetleyen personel, radarda balık görünmesi halinde balık sürüsünün avlamaya değecek büyüklükte olduğu kararına vardıktan sonra av teknesini "mola suyuna almak" tabir edilen konuma getirir ve tayfayı hareket geçirmek için köşkte bulunan uyarı düğmesine basar. Siren sesiyle birlikte görev yerlerine geçen tayfa, palacının emir komutasına geçer. Reisin bu süreçte diyalogu palacı iledir. Bu sebeple palacı reisten gelecek talimatları uygulamak için bir gözü reiste, tetikte bekler. "Mola!" anlamına gelen uyarı sinyalinden sonra palacı, avcı teknenin arkasında taşınan ve ağı denizde çevirmeye yarayan botun bağlı olduğu çelik halatı boşaltır ve botçu haricinde ağın bağlanması işini yapacak birkaç tayfanın da içinde bulunduğu botu denize indirir. Bu işlem, "*botu düşürmek*" tabiri ile ifade edilmektedir. Geçmişteki ilk örneklerine nispetle oldukça büyük olan hamsi ağının bağlı olduğu bot sabitkadem halde iken avcı teknesi hareket etmeye başlar ve radarda belirlenen sahayı içine alacak şekilde ağı çevirerek botla tekrar baş başa gelir. Palamut avcılığında balığın doğası gereği hızlı hareket edilirken hamsi avcılığında hamsiler daha yavaş hareket ettikleri için nispeten daha yavaş hareket edilmektedir. Araştırma sahasındaki bazı balıkçı grupları arasında "canavar" şeklinde de adlandırılan botlar, oldukça güçlü motorlara sahiptir. Başka türlü ağır hamsi ağını çeken av teknesinin uyguladığı baskıya mukavemet göstermeleri mümkün değildir. Ağın serilmesi sırasında takımın tecrübeli üyelerinden botçu ile reis veya reisler arasında kesintisiz telsiz diyalogu gerçekleştirilir. Tekne üstündeki diyaloglar, gürültülü ortamda bağrışmalarla sağlanmaktadır. Gırgır teknesinde en fazla bağırış, çağırış ağ toplanırken ortaya çıkar. Irgatçı denetiminde ırgat tabir edilen vinçli makaraya takılan ağ denizden çekilmeye başlanır. Ağın düzenli bir biçimde toplanmasına nezaret eden istifçilerden başka mapacı da ağ mapalarını sıra ile dizer. Bu usulde ağlar tekneye alınırken ağda bulunan balıklar bocilik ağı tabir edilen derin kısımda birikir. Balıkların bu alanda biriktirilmesi işine "tava yapma" denilmektedir. Dikkatlice tava yapılırken ağın harici kısımları istifçiler tarafından tekneye çekilmeye devam edilir. Tava yapma tamamlandıktan sonra avcı motoruna yanaşan yedek motoruna ağın ucu verilir ve balık avcı motorla yedek motor arasına alınır. Avlanan balık, balık unu fabrikasına gönderilecekse yüksek emiş gücüne sahip olan pompalarla hızlı bir biçimde yedek motora aktarılır. Balıklar piyasada satılmak üzere gönderilecekler ise söz konusu pompa balığı zedeleyeceğinden daha değişik bir usul takip edilir; "roşi", "boş" veya "gudal/kital" adı verilen bir ağla yedek teknenin üzerindeki balık bölmelerine aktarılır. Verimli bir ağ gerçekleşmişse bu esnada "*Hayda maşallah! Deniz akay! Kayığı sal ettuk!*" türünde övünme ve balığı azizleme ifadelerinin yanı sıra hamsi konulu "*Hamsi koydum tavaya/Başladi oynamağa*" türünden bilindik türküler de söylenebilmektedir.

Ek-125: Üstte Akçaabat Mersinli Köroğlu ailesinin ve Çarşıbaşılı Kaya ailesinin teknelerinde hamsinin avlanışı ve yedek tekneye aktarılışından görünümler. Altta Akçakaleli Akgün ailesi palamut sürülerini tespite çalışırken.

Ağdaki balığın yedek tekneye alınmasından sonra hamsilerin arasında ağda kalan kalkan, barbun, mezgit gibi değerli balıklar ayıklanmakta, yemek öğünlerinde tüketilmenin yanı sıra başkalarına hediye edilmek üzere buzda muhafaza edilmektedir. 1. tip balıkçı aileleri, ağda kalan kalkanları yöredeki veya İstanbul, Ankara gibi büyük illerdeki hatırlı dostlarına göndererek jest yapabilmektedirler.

Giresun havalisinde gerçekleştirilen hamsi avcılıkları, geçmişte olduğu gibi bugün de çoğu zaman Giresun havalisinde, Baltama deresinin denizle buluştuğu alanın yakınlarındaki ve Keşap ilçesinin Kalecik mevkii açıklarındaki löngüzlerin etrafında, Eynesil kalesinin doğusunda "Hazine" tabir edilen mevki ile yine Eynesil'in batı sınırında "Heri Altı" denilen mevkide, Tirebolu'da "Fırın Taşı" adlı kayanın etrafında, Espiye Gülburnu (Zefre) körfezinde (özellikle de istavrit avcılığında), Giresun adasının güney taraflarında, Giresun Aksu deresinin açıklarında ve Ayvasıl açıklarında; Trabzon havalisinde ise Yoroz Başı (Burnu) açıklarında, Vakfıkebir Yalıköy'deki Hazer Başı (Burnu) ve Beşikdüzü körfezinde nisan ayına kadar avlanmaktadırlar.

Gırgır teknelerinin yanı sıra küçük balıkçı tekneleri, 1950'li yıllardan itibaren avladıkları balıkları muhafaza edebilmek için Et Balık Kurumu'nun buzhanesinden para karşılığında buz almışlar ve bunları depolarına doldurmuşlardır. 1980'lerin ortalarından itibaren, gırgır teknelerinde teknolojik yenilikler artınca deniz suyundan yaprak buz yapan aletler de kullanılmaya başlanmış, bu suretle ağlardan teknelere alınan balıklar hızlı biçimde buzlanır olmuştur. Avlanan balıkların meslekî kültür bağlamında muhafazasına ve pazarlanmasına dönük usullere ayrı bir başlık altında yer verilecektir.

Ek-126: Akçaabat-Mersinli Köroğlu ailesinin avcı teknesinde yemek vakti.

Gırgır teknelerinde, aşçı hakkında bilgi verilirken de belirtildiği gibi, rutin biçimde üç öğün yemek çıkmaktadır. Ancak av durumuna göre yemek öğünlerinde aksamalar olabilmektedir. Sezon boyunca aralıksız şekilde balık arayışında olan balıkçılar aldıkları bir haber üzerine hızlı bir biçimde balığın görüldüğü avlağa hareket edebildikleri ve ava hazırlandıkları için yemek öğünleri de aksayabilmektedir. Katılımlı gözlemler sırasında şahit olunan bu durumun bir benzerini Farozlu Osman Usta (KK-37), büyük av takımları arasındaki avlanma yarışını da işaret eder şekilde şöyle anlatır:

> Birkaç yıl önce Ramazan'da büyük tekneler burada herkes topun atılmasını bekliyor tam iftar edecekler burada bir tane tekne çıkış yaptı hepsi iftarını yapmadan çıkış yaptı. Büyük tekneler öyledir. Biri çıktı mı hepsi birden çıkar. Yani anlayacağın yemek öğünlerinde belirleyici olan avlanmadır.

Balıkçılığın çok daha küçük ölçekte yapıldığı geçmiş yıllarda da Giresun ve Trabzon havalilerinden pek çok balıkçı yelkenli kayıkları ile Gürcistan kıyıları boyunca avlanmışlardır. Avladıkları balıkları avlanma sahalarındaki kıyılarda satan balıkçılar bu suretle Poti'ye, hatta Kırım'a kadar gitmişlerdir. Kıyıya yakın vaziyette aylarca sürdürülen bu maceralı avcılıklarda bazı balıkçılardan bir daha haber alınamadığı da olmuştur. Gurbet kavramının meslekî temsilleri içinde önemli bir yeri olan Rusya kıyılarında, çok sayıda balıkçı hayatını kaybetmiştir. Bu can kayıpları meslekî hikâyelerin konuları arasında da yer bulmuştur. Örneğin kalkan avcılığı yapmak için Kırım sahillerine giden Sürmeneli bir reisin batan teknesinde hayatını kaybeden tayfalardan birinin cesedinin Sinop kıyılarında karaya vurması, balıkçılar arasında uzun yıllar anlatılabilmiştir.

1. tip balıkçı aileleri bugün geçmiştekine nispetle çok daha donanımlı av takımları ile hamsi sürülerinin Türkiye kıyılarından Gürcistan kıyılarına hareket etmesiyle birlikte gurbet avcılığını sürdürmektedirler. Kalabalık av filolarının taarruzlarından ötürü göç yolculukları sırasında Türkiye sularında eskiden olduğu gibi uzun süre barınamayan hamsi sürüleri son yıllarda oldukça hızlı bir biçimde, avcı teknelerinin nispeten daha az olduğu Gürcistan sularına ilerlemekte ve orada iklim elverdikçe çok daha uzun zaman geçirmektedir.

Öncülleri Gürcistan ve Abhazya sularında uzun yıllar herhangi bir bedel ödemeksizin avlanırken bugünkü hamsi takımları, Gürcistan sularında hamsi avcılığı yapabilmek 50 bin dolar gibi rakamlara varan ödemelerle özel izinler almaktadırlar. Bu ödemenin haricinde Gürcü limanlarından gerçekleştirdikleri hamsi sevkiyatlarında kasa başına ayrıca 3 dolar ödeyen balıkçılar için oldukça masraflı olan bu gurbet avcılığına büyük ümitler bağlanmaktadır. Türkiye sularında kısa süren av sezonunda borçlarını kapatabilecek nispette avcılık gerçekleştiremeyen Giresunlu ve Trabzonlu 1. tip balıkçı aileleri aralık ayından itibaren Gürcistan sularında av maceralarına devam etmektedirler.

1990'lı yılların başlarından itibaren Gürcistan sularında hamsi avcılığına katılan Çarşıbaşılı Köksal Akkan (KK-95) bu avcılığa dönük şu bilgileri verir:

> Ben yıllardır giderim Gürcistan'a. İlk gitmeye başladığımız yıllarda kanun nizam hiçbir şey yoktu. Biliyorsun Sovyetler yeni dağılmıştı. Rüşvet vermeden şurdan şuraya kımıldayamazdın. Rüşvetini verince de her şeyi yapabilirdin. Bu hal Sakaşvili'ye kadar devam etti. Ondan sonra bu rüşvet işleri biraz azaldı. Ama yine de problemler bitmedi tabi. Yok yasak alana girdin, yok kotanı aştın bahanesiyle ceza kesme işleri devam etti yani. Cezamız neyse verdik devam ettik avcılığa. Gürcistan avcılıklarından çok iyi paralar kazandığımız oldu. Oralarda

balık bol oluyor. Hem sahilleri daha düzenli hem de böyle bizimki gibi av takımları yok adamların. Ben yıllardır görmediğim kiloluk istavritleri orada tekrar gördüm. Türlü türlü balık çıkıyor ağlardan. Gürcistan avcılıklarımız yerine göre eğlenceli cümbüşlü olur bizim. Hele de iyi avcılık olduysa, tayfanın keyfi yerindeyse muhabbet gırla gider.

Ek-127: Solda Poti açıklarında demirleyen Akgün balıkçılık av filosu, sağda Batum limanına indirilmek üzere hazırlanmış balıklar.

Gurbetçiler bugün eskisine nispetle daha iyi durumda olsalar da Gürcü sahil koruma birimlerinin keyfi uygulamaları ile karşılaşılabilmektedir. Söz konusu keyfi uygulamalar, diplomatik yollarla çözümlenebildiği gibi Gürcü ve Türk hükümetleri arasında krizlere de yol açabilmektedir. Bu araştırmanın devam ettiği dönemde 27 Nisan 2013 tarihinde Çarşıbaşı Keremköylü Küçük ailesinin uluslararası sularda Zeki Küçük reisliğinde avcılık yapan "Karadeniz Balıkçılık" isimli teknesi ile yine Çarşıbaşı Gülbahçeli Akyol ailesinin Hasan Akyol reisliğinde avcılık yapan "Baba Akyol" isimli teknesi, Gürcü sahil güvenlik birimleri tarafından taciz edilmiş ve zorla Poti limanına çekilmiştir. Türk hükümetinin Gürcü hükümeti ile yoğun temasları sonunda serbest bırakılan balıkçılar, tekneleri ile evlerine dönebilmişlerdir[211].

Gürcistan ve Abhazya kıyılarında, kendi avlaklarındaki usullerle avlanan balıkçı takımları, avladıkları hamsileri talep olması halinde yedek tekneleriyle Türkiye'ye göndermektedirler. Yedek tekneler, her türlü deniz koşuluna rağmen balıkları Hopa limanına indirmekte ve balıklar oradan kamyonlarla fabrikalara ve piyasaya dağıtılmaktadır. Gürcistan avcılığının başladığı zamanlarda Hopa'da büyük bir hareketlilik yaşanmaktadır. Liman sahasında düzinelerce avcı teknesi ve yüzlerce balıkçı, hummalı bir çalışma içine girmektedir. Liman sahasında, yedek teknelerin getireceği hamsileri bekleyen kamyonlar uzun kuyruklar oluşturabilmekte, tüm bu hareketlilik Hopa'ya önemli bir ekonomik girdi sağlamaktadır. Gürcistan'da av takımı bulunan ve işleri karadan takip eden takım liderlerinin hemen tamamı aralık ayı ortalarından şubat ayı sonuna kadar Hopa'da bulunurlar. Takım sahipleri, hamsilerin Türkiye içindeki pazarlara sevkiyatına nezaret etmenin yanı sıra av takımında ihtiyaç duyulan akaryakıt, motor yağı, kumanya ve yedek parça gibi malzemeleri tedarik etmekte ve av teknesinin yanına dönen yedek tekne ile göndermektedir. Sarp sınır kapısının serbest geçişe açılmadığı dönemlerde, gurbet avcılığının yapıldığı zamanlarda Hopa'daki eğlence merkezlerinin ve otellerin başlıca müşterileri balıkçılar olmuştur. Ancak sınır kapısının serbest geçişe açılmasından sonra Hopa ekonomik ve sosyal açıdan eski canlılığını büyük oranda yitirmiştir.

Gürcistan ve Abhazya sularındaki hamsi avcılığı sırasında avlanan balıklar, son yıllarda Poti, Soçi, Sohum kıyılarında bir kısmı Türkler tarafından işletilen balık unu fabrikalarına nakledilir olmuştur.

Gurbet avcılığında yoğun bir çalışma programı içinde yer alan balıkçı ekipleri, av zamanları dışındaki gündelik hayatlarında limanlara çıkma fırsatı buldukça mesleğin stresli çalışma ortamından uzaklaşmak amacıyla eğlenceye önem vermektedir. Teknelerin Soçi veya Batum limanlarına demirlemesinden sonra izin verilen gemiciler, avcılık zamanında çoğunlukla Türk balıkçılarına hizmet veren eğlence mekânlarına giderek yorgunluklarını atmaya çalışmaktadırlar. Bu eğlencenin merkezinde çoğu zaman alkol ve kadınlar vardır. Balıkçılar kendi aralarında bu eğlence için "kedi boğmak" şeklinde bir jargon geliştirmişlerdir. Teknelerin limana yanaşmasıyla birlikte karaya ayak basan tayfalar birbirine şu türde cümlelerle takılmaktadır: *"Nereye gidiyorsun; kedi boğmaya mı?"*

Balıkçılar gurbet avcılıkları süresince de av aralarında şarkılar, türküler, şakalar ve eğlencelerle meslek folklorlarına dönük örnekler sergilemektedirler. Balıkçıların türküleri, genellikle memleket vurgulu türkülerdir. Giresunlu ve Trabzonlu balıkçılar, ailelerine ve memleketlerine duydukları özlemi doğrudan ifade etmenin yanında, türkülerle de dile getirmektedirler. Bağlamı içinde tespit edilen söylemelik ürünlerden bazıları şöyledir:

Denuzun dalgasini
Dereler savuşdirur
Ayri duştük yarimdan
Bizi kim kavuşdirur (KK-95)
*
Giresun'un kayıklari hep geliyi karundan
Vurildim öliyim gız senun efgarundan

Dereler buz bağladi avcular iz bağladi
Beni bir gelin vurdi yarami kız bağladi

Tabancamin ucunda fermana bak fermana
Göremedum boyini kız gelsena harmana

Yaylanin çemenunde kuzu güdeyrum guzu
Tam buldun zamenini sallan gavurun gızı

Kemençamin yayina süreceğum reçine
Yaz gelince sevduğum benziysun güvercine (KK-95)

Hamsi avcılığı sezonunun başlangıcından bitişine kadar olan uzun dönemde çok sayıda inanç temelli meslekî ritüel gerçekleştirilmeye devam etmektedir. Tespit edilebilen bu türde uygulamalara deniz ve balık etrafındaki inanışlardan bahsedilen bölümde yer verilecektir.

Hamsi avcılığında kullanılan araç ve yöntemler teknolojinin gelişimi ile paralel olarak güncellenmiş, geleneksel avcılığa dönük usullerin belirgin unsurları kaybolmuş olsa da meslekî kültürün diğer pek çok unsuru büyük oranda muhafaza edilmiş, modern avcılık araçları ile gerçekleştirilen hamsi avcılığı süreçleri, meslek folklorunun ortaya çıkma ve yayılma alanı olarak önemli kültürel sahneler olmaya devam etmiştir.

3.4.1.2. Yunusçuluk

Doğu Karadenizli balıkçılar arasında geçmişte genellikle "difrin[212]" adıyla ifade edilen yunuslar, yüzyıllar boyunca hem iç hem de dış avlaklarda yağı için avlanmıştır. Bölgenin balıkçılık tarihinden bahsedilirken de ifade edildiği gibi, yunus yağı, sadece Osmanlı döneminde değil, Cumhuriyet döneminde de oldukça önemli bir ekonomik değer olmuştur. Giresun ve Trabzon balıkçıları, yüzyıllar boyunca, yunus yağından elde ettikleri kazançla hayatlarını sürdürmüşlerdir. Giresun havalisinde Bulancak'ın Burunucu ve Erikliman (Ayvasıl) mevkii, merkez Kumyalı mahallesi ve Espiye'nin Gülburnu (Zefre)[213] köyü ile Tirebolu ilçesi balıkçılarının meylettiği bu avcılığa, Trabzon havalisinde Çarşıbaşı ilçesine ek olarak Akçaabat'ın Mersin beldesi ve merkez Çömlekçi ve Yalı (Faroz) mahalleleri ile Sürmene ilçesi balıkçıları rağbet göstermişlerdir. Araştırma sahasında geçmişte eylül ayından başından ilkbahar aylarına kadar devam yunus avcılıklarına, yunusların yavrulama dönemi olan yaz döneminde ara verilmiştir.

Ek-128: Yunus avcılarından görünümler. (Mustafa Zengin Arşivinden)

1930'lu yılların başlarında Trabzon havalisinde yunus avcılığı yapan 11 ığrıp takımı vardır. Yunus avcılığı yapılan bir teknenin ığrıp ağıyla birlikte maliyeti 4-5 bin lirayı bulmaktadır. Iğrıp ağının kullanılabilmesi için 4-5 kayığa ve 30-35 işçiye ihtiyaç duyulmaktadır (H. M., 1932: 11).

Giresun ve Trabzon havalilerinde antik çağlardan beri balıkçılar tarafından avlanan yunuslar, bu kadim dönemler boyunca mızrak türü av araçları ile avlanmışlarken, yukarıdaki ifadelerden anlaşılacağı üzere sonraki uzun yıllar boyunca ağlarla ve sonrasında ateşli silahların yaygınlaşması ile "dolma tüfeklerle" avlanmıştır (Zengin, 2008: 10). 1950'li yılların başlarından itibaren ise, devlet desteğiyle tüfekler modernize edilmiş ve "mavzer" adı verilen tüfekler kullanılır olmuştur. Yunus avcıları, uzun yıllar taş kalıplarda döktükleri mermilerle avlanmanın yanı sıra, devlet tarafından kendilerine sayıyla dağıtılan mermilerle de avlanmayı sürdürmüşlerdir.

Ek-129: Kurşun kalıbı ve yunus avcılarına dağıtılan mermilerin kutuları.

Uzun yıllar Giresun ve Çarşıbaşı Fenerköy (Yoroz) kooperatifleri üzerinden aldıkları mermilerin boş kovanlarını geri götürerek yenilerini aldıkları için boş kovanları kaybetmemeye özen gösteren yunusçular arasında özellikle bazı isimler bölge genelinde bilinir olmuşlardır. Adeta meslek kahramanı hâlini alan isimler arasında Salacık (Zavena)'tan Malkoçoğlu Mustafa Reis, Mersin'den Mehmet Reis (Köroğlu), Sümene'den Çolak Hasan Reis (Şolt) gibi yunusçuların adları bölgede hâlâ hafızalarda yaşamaktadır.

Ek-130: Malkoçoğlu Mustafa Reis'in Salacık (Zavena) sahilindeki işlekhanesinden ve mezarından bir görünüm.

Bizim burada solak olana çolak derler. Çolak Hasan, Kırıkkale üretimi beşli mavzerle avcılık ederdi. Ama o tüfeğini kendine göre yeniden düzenlemişti. Denizde dengeyi sağlamak zor olduğundan tüfeğinin nişangâhının üstüne kendi tasarımı olan bir tahta parçası yerleştirmişti. Ayrıca kayığın baş üstünde atış yaptığı için oraya da ayakta dengeli durabilmek için düz bir tahta eklemişti. Ateş etmeden önce tüfeğini uzun uzun ayar eder sonrasında da solak haliyle attığını kaçırmazdı. Bizim buradan Çolak Hasanla birlikte, Kıbar Kaptan (Çakır) ve Selahattin Şivil ve Mağo Kasım (Bayraktar) 1960'ların başlarında Yunanistan'da gırgır ağlarına zarar veren yunusları vurmak için Yunan hükümetinin davetiyle Rizeli avcılarla beraber Yunanistan'a gitmişler ve orada üç ay kadar yunus avlayıp avladıkları yunus başına para almışlardır. (KK-57)

*

Çolak Hasan daha denize çıkmadan silahını ayarlardı sahilde. Denize bir tahta atardı, tüfeğinin gezinin altına bir kurşun dikerdi. Bir de arpacığının altına sigara kâğıdı gibi bir şey koyardı. Tahtaya nişan alır, ateş ederdi. Ne oldu mesela, kurşun tahtanın altına vurdu; ayarlardı bir daha atardı. Böyle böyle iyice ayarlar, öyle çıkardı denize. Biz izlerdik onun bu hazırlığını. (KK-58)

Araştırma sahasında 1980'li yılların başlarında avcılığı yasaklanana kadar oldukça rağbet gören yunusçuluk, Giresun ve Trabzon'un çeşitli balıkçı yerleşimlerini konu alan anı türünden eserlerde de yer bulabilmiştir. Trabzon'un geçmişte balıkçıları ile meşhur Çömlekçi

Mahallesinde doğup büyüyen T. İlkay Somel, dedesinin yunus avcıları hakkında kendisine anlattıklarını şöyle nakleder:

> Çocuktum; ama çok iyi hatırlıyorum. O gün de Çömlekçi sahilinde yunus kazanları kaynıyordu. Ben yanlarından geçip denize gidiyordum ki balıkçı reisi Ahmet amca, "Dur bakalım Asım." dedi, koşarak yanına gittim. "Al şu parayı, git bir somun ekmek al." Babamın arkadaşıydı Reis. Koşarak bir somun ekmek alıp getirdim ona. Ahmet amcaya uzattığımda "Dur hele!" dedi ve ekmeğin bir kenarını koparıp bana verdi. Sonra da Batır kazana da ye." dedi. Yemesem olmaz; yesem midem bulanıyor. Bir gayret birkaç lokma yedim ve sonra oradan kaçtım. Ama sonraki günlerde, orada kazanlar kaynadığını gördüm her gün, evden ekmeğimi koltuğumun altına sıkıştırır, balıkyağına batırarak yemek için Ahmet amcanın yanında giderdim (Somel, 2011: 64)

Reyhan Vural, Tirebolu ile ilgili anılarında Tirebolu'daki yunus avcılığından da bahseder:

> Kumyalı'yı geçtikten sonra, Kırcakale'ye gelmeden küçük bir burun vardı; Punta. Çocukluğumda hiç görmek istemediğim bir yerdi orası. Aksine köye veya Körliman'a giderken hep oradan geçerdik. Sacayağa benzer biçimde yerleştirilmiş taşların üzerinde, dışları kara, kocaman kazanlar, altlarında odun ateşi, insanın midesini kaldıran son derece ağır bir balık kokusu etrafı sarmış... Bu kazanların içinde difrin balığı kaynatıyorlarmış. Öylesine ağır, öylesine fena kokular arasında, balıkçıların bir çubuğun ucuna bir parça ekmek takıp kazana batırarak yediklerini görünce, elimle burnumu tıkayıp öyle bir kaçardım ki, asla unutamam. Tirebolu sahillerinde yunus balıkları çok olurdu. Sürüler halinde gösteri yapar gibi, atlaya zıplaya kale arkasından geçer, bazen kıyıya da yaklaşırlardır. Punta'dan biraz ilerde yolun altında, kaynatılan difrin balıklarının iskeletleriyle dolu, küçük bir kıyı vardı. Oradaki kemik yığınlarının nahoş görünümü de bende kötü bir etki yapmıştı (Vural, 2010: 34-35)

Tirebolu'nun sosyal tarihi üzerine araştırmalar yapan Metin Karslı, ilçede çoğunlukla Kumyalı Mahallesi balıkçıları tarafından yapılan yunus avcılıklarını sözlü kaynaklardan edindiği bilgilerle şöyle anlatır:

> Kumyalı balıkçıları bir yunus balığı türü olan Difrin ve Motur cinsi balıklardan avlarlarmış. Denizde suyun yüzüne hava almak için çıkan yunuslar 5'li mekanizmalı Alman piyade tüfekleri ile vurulurmuş. Bu balıklar iri cüsseli olduklarından kayığın içerisine alınmayıp iplerle kayığın yan tarafına yedeklenerek sahile getirilirmiş. Kumyalı sahiline çekilen balıkların derisi yüzülür, içerisi temizlenir, dilim dilim çizilerek büyük bakır kazanlar içinde ateşte kaynatılarak balık yağı elde edilirmiş. Yunus yağları zamanının en değerli ürünlerindenmiş. Ellerine ekmeklerini alan ahali, kazanların başında kaynayan yağlara

ekmeklerini bandırıp yerlermiş. Özellikle mısır ekmeğini bir çatal yardımı ile yağ kazanının içerisine batırarak bir süre bekletirlermiş. Sonra dışarı çıkarıp yağı emmiş, nar gibi kızarmış bu ekmeği yerlermiş. Giresun, Trabzon ve Rize'den balıkçılar vurdukları yunusları Kumyalı'da kazanlarda eritirlermiş. Bu sektör, çevredeki oduncular da rızık kapısı olmuş. Katırlar dolusu odun getirilir, Kumyalı Sahili'ne yıkılırmış. Elde edilen yağları fıçılara doldururlar, Rusya'ya kayıkla geçerek satarlarmış. Bunun yerine Rusya'dan zeytinyağı, tuz ve sabun getirirlermiş. O yıllarda denizcilik yapan ailelerin evleri Rus manatları ile dolarmış (Karslı, 2013: 91).

Giresun ve Trabzon havalilerindeki yunus avcıları, yasaklandığı zaman kadar yunus avcılığını aynı usullerle yapmışlardır. Sürmene'nin Balıklı (Civra) Mahallesinde ailesinin kendiden önceki üyeleri gibi bir süre yunus avcılığı yapan Saim Püskül, yunus avcılığının usullerini ve avlanan yunuslardan nasıl yararlanıldığını şöyle anlatır:

Dedelerimiz buraya yerleşeli aşağı yukarı 300 seneye yakındır bu yunus balığı avcılığı ile uğraştılar. Çok büyük varlık idi o. Burada onun takımları vardı; 11 tane, 12 tane takım. Bir takım 15 parçadan müteşekkil; 2-3 tane motor, bir de onun ağ kayıkları, bir de onun yardımcıları, sandalları vardı. Bir takıma 35-40 kişi düşerdi. Bu sahilden 60 mile kadar açılırdık. Kıyı şeridinde ise en son Sakarya'ya kadar giderdik. En az bir buçuk ay gurbetçiliği var idi. Yunusun yağından yararlanılırdı. Yunusun eti yenmez, eti gübre olarak kullanılırdı. Tarlada kuyu kazarsın, kuyuya doldurursun. Çok iyi gübresi olurdu, onu vurduğumuz yerin mahsulü çok iyi olurdu. Bu Trabzon muhiti, bilhassa bu Sürmene muhitinde, fakirine, denize gidecek erkeği olmayana da faydası var idi. Onlara da balık verirlerdi, onlara da yardım ederlerdi. Balığın yağı Avrupa'ya, Almanya'ya giderdi. Trabzon'a yağ fabrikası yapılmadan önce burada sanayi yok, Almanya'da vardı. Sonra Veysel Çakıroğlu, Almanlar ile ortak fabrika kurdular Trabzon'a. Bu yağın özelliği donmaması idi. Dökümhanelerde, tren raylarında, hayvan arabalarının tekerleklerinde kullanılırdı. Buranın tabiri ile musur balığı dediğimiz bir tür yunus var, onun gagası yok, gagası böyle düzdür. Onu çok temiz kazanlarda, kalaylı kazanlarda eritiyorduk. O yağ içmek için kullanılıyordu. Hani, eczanelerde balık yağı satılır ya, şifa için içilirdi. Tüfeğin dışında ağla da yakaladık biz yunusu. Ağla beraber 400 tane, 500 tane alırdık. 1950 senesinde 1150 tane aldık, Fatsa-Yalıköy'de (Öksüz ve diğerleri, 2004: 12).

Ağla gerçekleştirilen yunus avcılığının süreçleri ve bu ağların özellikleri, yine Saim Püskül tarafından şöyle anlatılır:

Şimdi, balıkları gördün. Denizin altında nefes alamaz, su üstüne çıkmak zorundadır; çünkü ciğerli hayvandır. Suyun üstüne çıktığı zaman da motoru takıyorsun peşine. Gidiyor, balığı oradan döndürüyor. Dönmüyorsa kurşun atıyorsun, balığı döndürüyorsun. Balığın önüne mermiyi vurduğunda o döner, gerisi geri. Ağ daha bekliyor, çevrilmemiş. Motor, balıkları ağın yanına getiriyor, yardımcılar da onun etrafını çeviriyorlar. Balığı alıyorlar orta yere. Ağ kayığı da ağı sarıyor. Orada balık sargının içerisindedir. Kime doğru geliyorsa tüfek atıp korkutuyor, ağa gitsin diye. Eğer çok dalmışsa ve sana doğru geliyorsa, iki çakıl taşını sokuyorsun ellerinin dibine, telefon diyoruz ona, taşlarla şöyle zank zank vuruyorsun. Mesela ben taşı burada vursam, sen ta ileride olsan, senin kulakların zank zank bunu duyar. Balık da o şekilde doğru ağa gidiyor. Ağın ağzı kapanıyor. Onun altında halat vardır, halatlarla çekiyorlar ve ağın altını böyle halatlarla kaldırıyorlar. Böyle, oluyor tava gibi. Ağın altı da kesiliyor. Zaten öyle bir hayvandır ki, çook korkak, ürkek bir hayvan. Halbuki zıplasa ağdan kurtulabilir. Çünkü 2-3 metre havaya zıplar. (...) Yunusları avladığımız ağlara ığrip ağları denir. Kendir denilen bitki var ya, haşhaş. O kendirin sapını böyle yolduğun zaman ondan iplikler çıkar, tel tel olur. Onun ekincileri vardı. O kuruduğu zaman onları toplar, ondan iplik yapar, evlere dağıtırlardı. Yığ derdik, o yığlarla beraber çevirir iplik yaparlardı. Tabi, iki-üç katını bir araya sararlardı, sağlam olsun diye. Sonra, onun kalıpları vardı. Erkekler dokurlardı. Kadınlar da dokurdu (Öksüz ve diğerleri, 2004: 14).

Yunustan elde edilen kıymetli yağa duyulan ihtiyaç, Giresunlu ve Trabzonlu yunus avcılarının İstanbul, Bulgaristan ve Rusya kıyılarında gurbet avcılığı yapmalarında etkili olmuştur. Uzun yıllar Trabzon havalisinin en ünlü yunus avcılarından Mersinli Köroğlu ailesi ile birlikte balıkçılık yapan ve ailenin bugün de itibar gösterdiği 90'lı yaşlardaki Hasan Altun (KK-69), yunusla ilgili inanışlara rağmen yunus avcılığına duyulan ihtiyacın ekonomik sebeplerini şöyle anlatır:

Dedem Ali de babam İlyas da hep yunusçuydu. Ali Dedem, Rus harbinde Sarıkamış'ta kaybolup gidince babam da devam etti yunusçuluğa. Babam da 74 yaşında ölünceye kadar sürdürdü yunusçuluğu. İlla ki deniz olmayaydı biz ölürdük. 9 kardeştik, anamla babamla 11 nüfus idik. 5 dönüm yerimiz vardı. Bununla ne olur? Açtık, giderdik vururduk bir balık, satardık. Bilirdik yunusun mübarek hayvan olduğunu, kadın gibi aybaşı olup doğum yaptığını. Hele de Yunus Peygamber var; daha ötesine ne hacet. Ama neylersin açtık işte, başka neyimiz vardı. Onun parasıyla karnımızı doyururduk. Leşini de alırdık hayvanın. Derisini soyduktan sonra leşini toprağa gömer, orada çürütürdük. O toprağın üstüne mısır, patates eker ne yetişirse katık ederdik. Bu deniz ve yunus olmaya idi şu Mersin'de çok adam açlıktan ölür giderdi. Mermi almaya Samsun'a giderdik. Oradan sayıyla alırdık mermileri. Yunus avlamak için gitmediğimiz yer kalmadı. Makineli kayıklar yelkenliklere göre daha kuvvetliydi

> haliyle; onlarla giderdik çoğu zaman. Köroğlularıyla, Şile'nin Ağvasına bile gittik.

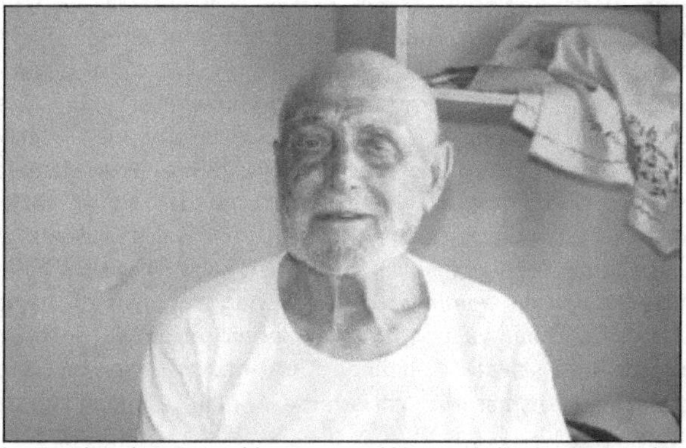

Ek-131: Akçaabat-Mersin'de yunus avcılıklarına da katılan Hasan Altun.

Sürmene-Balıklılı yunus avcılarından İsmet Kalyoncu'nun şu sözleri de bu avcılığın geçmişin ekonomik şartları açısından zorunlu olduğuna vurgu yapar:

> Yunusun eti yenilmez, gönü giyilmez. Etini korduk bahçeye, gübre niyetine; yağına ekmek batırıp yerdik, ilaç niyetine. Balığı tutardık kuyruğundan, alırdık bıçaklarımızı, şah damarına dayardık, keserdik. Balık, gözlerini bize çevirirdi; ağlardı, sızlardı, kıyameti koparırdı. Onların da annesi, babası, yavrusu var; nasıl inlerdi. En büyük katil biz, vururduk bıçağı. Benim ciğerlerim parçalanırdı, bu zanaat kaybolsa derdim. Bu hayvanı hiçbir zaman tutmak istemezdim; ama ne yapacaksın, çarığımız bile yoktu giymeye. Eğer bir taraftan 5 kuruşluk bir gelirin varsa o mesleği yapmayacaksın. Ondan beri bu memleketi o balık terk etti... Kiraz ayında, takımla Ünye'den gelirken, balığın harmanına girdik. O arada sardık ığripi, girdi ona yirmi bin yunus. Korkusundan hepsi doğurdu, kıpkırmızı oldu ağın içerisi, ateş gibi. Kırk tane hayvan kurtardık, geri kalanını denize attık, zanaatı da paydos ettik o zaman (Öksüz ve diğerleri, 2004: 13).

Et Balık Kurumu tarafından uzun yıllar yayınlanan Balık ve Balıkçılık Dergisi'nde Sürmeneli bir yunus avcısı ile gerçekleştirilen söyleşide, balıkçıların yanı sıra balıkçılıkla uğraşmayan bölge halkının, geleneksel ekolojik bilgi dağarcığı temelinde bu hayvanın davranışlarına dönük kabullerini işaret eden şu sözlere yer verilmiştir:

> Halk bu hayvanları zararlı tanır. Yunusun zararından çok kârı vardır. Evet, hamsi ile beslenir ama evvela çok obur bir balık değildir. Sonra sahile kış kışladığı vakit balıkları voli ve dalyanlarla avlamak kabildir. Bazen kıyıda kahvede otururken,

> açıkta gördüğümüz yunus sürüleri üzerine reisler aramızda "Payını bana satar mısın?" deyip diğer reislerin denize çıkmamasını sağlardık. Çünkü bilirdik ki yunus sürüsü önüne hamsi, palamut, uskumru sürülerini katmıştır. Bundan dolayı balığından zararından fazla faydası vardır. (...) Karnı doyunca açığa çekilir yunus. Karnı acıkınca tekrar yeme hücum eder. Dolayısıyla diğer balık sürülerini de sahile sıkıştırır. Ekseriyle mart ayında kuzey rüzgârlarını bulduğunda uyur. Uzaktan bakarız. Sürü sıçrayıp giderken, bir müddet sonra gözden kaybolur. Kürekle sessizce yaklaştığımız vakit kuşların su üstünde durduğu gibi, balıklar da gözleri kapalı, hepsinin başları kuzey rüzgârına çevrilmiş olarak uyurlar. Yavruları da hemen altındadır. Onlar ya uyur, ya annelerinin etrafında dolaşırlar. Yunus ana şefkati bakımından en hassas olan hayvandır denebilir. Kızışması ve çiftleşmesi April'in içindedir (Tezel, 1958: 13).

Yukarıdaki meslekî karakterli anlatılarda da zaman zaman ifade edildiği gibi, Giresun ve Trabzon havalilerinde yunus avcılığı yapan balıkçılar, Karadeniz'in sularında yaşayan yunusları türlerine göre üçe ayırmışlardır. Bu üç yunus türünden en büyüğüne "afalina" veya "afarna"; nispeten daha küçük olanına "tırtak", "dırdak" veya "turtak"; en küçük olanına ise "mutur", "motor" veya "musur" adını veren yöre balıkçıları, diğer türlere göre daha fazla yağ ihtiva ettiğini müşahede ettikleri "mutur" türü yunusları avlamaya öncelik vermişlerdir.

Ek-132: Yunus avcılığı yasaklandıktan sonra ağlara takılarak ölen yunusların yağlarını çıkaran Sürmene Balıklılı Üç Kuvvet Kazım (Karabacak) ve balıkçılar. (Tekne Kültür-Sanat Dergisi Arşivinden)

Balıkçılar, yunusun bir türü için "bardak burun" ismini de kullanmaktadırlar. Balıkçıların bu hayvanı "yunus" yerine genellikle belirtilen şekillerde ifade etmeleri, kutsal vasfa sahip av hayvanının isminin zikredilmemesine dönük bir kadim bir inanışın izlerini taşımaktadır. Dünya üzerinde kadim avcı kültürlerin pek çoğunda örnekleriyle karşılaşılabilen bu inanışa göre avcılar avlaklarda çeşitli kurallara uymalıdırlar. Zira avlaklar, hayvan ruhları da dâhil olmak üzere tüm tabiat ruhlarının mülkiyetinde olan alanlardır. Bu özel alanda av hayvanlarının, aletlerinin ve doğal nesnelerin kendi adları kullanılamayacağı için çoğu zaman örtmece temelli özel bir dil geliştirilmiştir (Lvova ve diğerleri, 2013a: 177). Bu inanışı, derinliği paleolitik dönemlere kadar ulaşan kutsal mahiyetli av törenlerinin bir uzantısı olarak kabul etmek mümkündür. Avcılar ilerleyen dönemlerde de bu türde törensel uygulamalarla insanların ihtiyaçlarını karşılarken doğa ve toplum arasındaki dengeyi gözetmeyi amaçlamışlardır.

Örnekleriyle avcılığın en eski türü olan kara avcılığında karşılaşılan av hayvanının adına dönük tabu, sonraki dönemlerde deniz avcılığına da uyarlanmış olsa gerektir. Zira hem kara hem de deniz avcılığındaki inanış temelli uygulamaların müşterekliğine dönük başka örnekler de mevcuttur. Kara avcılığındaki bazı örneklerine bakıldığında, Güney Sibirya'nın Türk soylu halkları arasındaki avcılar, kutsal kabul ettikleri "kiş"i yani samuru, *albaba*, "gelir-kazanç" (Şor), *albuba*, "tatlı su levreği" (Altay), *kara jubırtıp*, "kara koşan" (Kalar), *aldı*, "vahşi-yabani hayvan" (Tuba) adlarıyla ifade etmektedirler. Öte yandan av hayvanı oldukları takdirde at, inek ve koyun gibi hayvanları "uzun burun" ve "patlak göz" anlamına gelecek kelimelerle adlandırmaktadırlar (Potapov, 2012: 179; 181). Benzer biçimde Hakaslar, Güney Sibirya av inanışları içinde oldukça önemli bir yere sahip olan ayı için *tir ton* (koyun postu), kurt[214] için ise *uzun kuzruk* (uzun kuyruk) adlarını kullanırken (Lvova ve diğerleri, 2013a: 177) Karaçay-Malkar Türkleri avcıları ayı için *ullutaban* (büyüktopuklu), domuz için *çamçıkulak* (yamçı kulaklı), kurt için *örekulak* (dikkulak) adlarını kullanmışlardır (Tavkul, 2001: 39).

Denizcilik ve deniz avcılığı üzerine yapılan kültürel araştırmalarda da avcılığı yapılan ve haklarındaki efsanelerdeki kutsallık vurgularından ötürü kutsal kabul edilen kimi deniz canlılarının kendi isimleri dışında başka biçimlerde adlandırıldıkları tespit edilmiştir. Okyanus balıkçılarının meslek folklorlarında her zaman önemli bir yer edinen köpek balıklarına pek çok farklı ismin verilmesi bu inanışın en yaygın örnekleri arasındadır (Simpson ve Roud, 2000: 317).

Giresunlu ve Trabzonlu balıkçılar, gerçekleştirdikleri avcılıkların tüm çeşitlerinde olduğu gibi, yunus avcılığı etrafında da inanış ve bu inanışlara bağlı pratikleri içeren bir kültür oluşturmuşlardır. Bu kültür, balıkçıların geleneksel ve dinî karakterli dünya görüşlerinin kimi yönlerinin anlaşılmasına yardımcı olacak türdendir. Sadece kutsal olanların değil, genel anlamda başta memeliler olmak üzere bütün hayvanların öldürülmesi, avcı toplumlar açısından daha Paleoltik çağdan itibaren vicdani bir sorun teşkil etmiştir. Nitekim Fransız antropolog Lucien Lévy-Bruhl ile dinler tarihçisi Karen Armstong da kimi çalışmalarında, öldürülen / avlanan hayvanların neden olduğu vicdani rahatsızlıkla bu rahatsızlığı telafi etme yollarından "ilkel insan" özelinde söz ederler. Lucien Lévy-Bruhl, ilkel insanın, hayvan öldürmeden kaynaklanan vahşetin yok sayılmasına ve vahşet sonrasında ortaya çıkabilecek tehlikeli durumların bertaraf edilmesine yönelik çabayı, sadece insanlara değil, hayvanlara da has bir özellik olarak gördüğünü çarpıcı bir örnekle ortaya koyar:

> Timsahların da insanlar gibi yaşadıklarına inanılmaktadır. Timsah yakaladığı her kurbanı suyun altına çekip, bataklık çamuru içinde boğarak öldürmekte ya da suyun içine devrilmiş bir ağacın gövdesi, bir kökün altına sıkıştırdıktan sonra geri çekilip havasız kalarak ölmesini izlemektedir. Kurbanın öldüğüne emin olduktan sonra onu alıp, su yüzüne çıkarmaktadır. Güneş, Ay ve Yıldızlardan yardım dilenip, bu cinayetin sorumlusu olmadığına tanıklık etmelerini istemektedir: "Sizi ben öldürmedim, sizi su öldürdü". Bu tuhaf töreni üç kez yineledikten sonra timsah yeniden su altına dönerek cesedi yemek için hazırlık yapmaktadır. Bu cinayeti yadsıma olayı avcının avına kendisini onun öldürmediğini, bu yüzden kendisine kızmaması ve sonraki avlar sırasında kendisinden kaçmaması gerektiğini anlatmaya çalışmasının bire bir taklididir (Lévy-Bruhl, 2006: 42)

Dinler tarihçisi Karen Armstrong, paleolitik çağın avcı toplumlarının mitolojilerinden söz ederken paleolitik çağ insanının kendine dost yaratıkları öldürmek zorunluluğu ile başa çıkma çabaları ile bu çabalara bağlı bir şekilde geliştirdiği mitlerle ritüellerden şöyle söz eder:

> Ayrıca paleolitik mitolojide insanların öldürmek zorunda kaldığı hayvanlara büyük saygı gösterdiği görülür. İnsanlar avlanmak için donanımlı değildi çünkü avlarından çok daha zayıf ve küçüktüler. Yeni silahlar ve yöntemler geliştirerek bu açığı kapatmaları gerekiyordu. Ne var ki asıl sorun, psikolojik açıdan çelişkili duygular yaşamalarıydı. Antropologlar modern zamanlarda yaşayan yerli insanların hayvanlara ya da kuşlara gönderme yaparken, onları daha çok kendileriyle aynı düzeyde "insanlar" olarak gördüklerini belirtir. İnsanların hayvana, hayvanların insana dönüştüğü öyküler anlatırlar; bir hayvanı öldürmenin dostunu öldürmekle eşanlamlı olduğundan söz ederler, bundan dolayı kabile üyeleri başarılı av gezisinden dönüşte genellikle suçluluk duygusuna kapılır. Avcılık kutsal ve büyük ölçüde gergin bir etkinlik olduğundan, büyük bir ağırbaşlılıkla yürütülen, töre ve tabularla çevrili bir törene benzer. Ava çıkmadan

önce avcının cinsel ilişkiden kaçınması, kendisi temiz tutması gerekir; av öldürüldükten sonra eti kemiklerinden sıyrılır, hayvanın yeniden doğuşuna ve yeniden yaşam bulmasına olanak vermek üzere iskeleti, kafatası ve kürkü özenle bir yere serilirdi[215].

İlk avcıların da benzer duygular yaşadıkları düşünülmektedir. Zor bir ders öğrenmeleri gerekiyordu. Tarım öncesi çağda yiyeceklerini yetiştiremediklerinden, kendi yaşamlarını sürdürmenin yolu yakın ilişkide olduklarını düşündükleri başka yaratıkları yok etmekti. Başlıca avlar vücutları ve yüzleri kendilerine benzeyen büyük memelilerdi. Avcılar onların korkusunu sezer, korkulu çığlıklarıyla özdeşleşirlerdi. Onların da kanı insan kanı gibi akardı. Hiç de kolay olmayan bu ikilem, insanoğlunun kendine dost yaratıkları öldürmek zorunluluğu ile başa çıkma çabasıyla bazıları sonraki kültürlerin mitolojilerinde de geçerliliğini koruyan mitler ve ritüeller yaratmasına neden oldu. Paleolitik çağdan uzun yıllar sonra da hayvanların kesilmesi ve tüketilmesi insanları mutsuz etmeyi sürdürdü. Antik çağın neredeyase bütün inanç sistemlerini odak noktası, eski avcılık törenlerini barındıran ve insan için canını ortaya koyan hayvanların kurban edilme ayinleriydi (Armstrong, 2014: 26-27)

Kutsal (ongun) olarak kabul edilen bir canlının canına kastetmenin getirdiği vicdanî ağırlık, balıkçılar arasında yunus avcılığına dönük pek çok meslekî anlatının ortaya çıkmasında etkili olmuştur. Bu anlatıların ortak karakterlerine bakıldığında, yunus etrafındaki inanışların, sadece hayvanın adına dayalı tabu inanışı ile sınırlı olmadığı anlaşılmaktadır. Sürmene'de Balıklı Mahallesinde uzun süre yunus avcılığı yapan balıkçıların aksine mahallenin hemen doğusunda bulunan Yeniay ve Çamburnu Mahalleleri balıkçılarının bu avcılıktan uzak durma sebeplerini, "*Yunus mübarek hayvandır. Onu avlayanların çoluk çocuğu sakat doğdu. Bu avcılıktan kimse onmadı. Başlarına türlü türlü dert geldi.*" Cümleleri ile ifade etmeleri, aynı tabu inanışının türlü yönine işaret etmektedir. Çok kısa bir süre de olsa yunus avcılığı yapan Sürmeneli Ömer Yalnız'ın (KK-98) ve sonrasında Bulancak Ayvasıllı Muzaffer Kalafat'ın (KK-4) şu sözleri, bu inanışın kapsamına dönük çok daha açık vurgular içermektedir:

> Bizim buralarda yunus avcılığı yapılmadı. Balıklılı Dursun Karabacak'ın takımında bir sene yunus avcılığında çalıştım. Balıklıdan bu yanda Zarha'da da yunusçular vardı. Yunus avlamak hayır etmez. Bu hayvan insan gibi akıllıdır. Tekneye aldığın zaman çocuk gibi ağlar. Vurup da tekneye aldığında denizde yavrusu varsa gitmez dolaşır kayığın etrafında feryat eder, ağlar. Yunus avlayanlar bu yavruların bedduasını alırdı adeta. Sonra sonra yunusçuların çoluk

çocukları arızalı doğdu. Aldıkları para da hayır vermedi. Ben de sadece bir kez yaptım işte sonra da bulaşmadım ona.

*

Yapardık yunus avcılığı ama yapanların akıbeti pek iyi olmazdı. Yunus peygamberi kurtaran yunusmuş da o yüzden. Bu balık da insan gibi ağlar, gözünden yaşlar akarmış. Eskiden Sürmenelilerin hepsinin ağzı eğikti, gözü çaprazdı. Ne zaman yunus avlamayı bıraktılar o zaman adamların elleri ayakları düzeldi. Rahmetli babam da yapıyormuş önceden. Almış 3 tane tüfek, iki abinin yanında vurmuş onlara. Balıktan bir ceza geliyor babama "Allahhh!" diyerek balık düşüp ölüyor. Babam da ondan sonra tüfekleri denize atıyor. Daha da yapmadı yunus avcılığı. Başkaları avlamaya devam etti ama hepsi aç gitti. Mübarek hayvandı yunus. İnek sütü gibi bembeyaz süt gelirdi hayvanın memesinden.

Araştırma süresince hem Giresun hem de Trabzon balıkçıları arasında yunusun tabulu hayvanlardan birisi olduğuna dönük ipuçları içeren benzer pek çok anlatı tespit edilmiştir. Sürmene havalisinde olduğu gibi, Bulancak-Ayvasıl mevkiindeki Küçüklü köyünde de bazı aileler yıllarca yunus avcılığı yaparken, bazı aileler ise bu avcılıktan özellikle uzak durmayı tercih etmişlerdir. Balıkçı Halil İbrahim Aydeniz'in (KK-21) "*Yunus avcılığı yapanların ölümü pek iyi değildir.*" Sözleri ile Tirebolulu balıkçı Saim Çamur'un "*Hanımı gebe olanlara eskiden yunus kestirilmezdi. Kestirilirse doğacak çocuğun sakat olacağı söylenirdi.*" Şeklindeki sözleri, yunus avcılığı ile ilgili inanışların farklı bölgelerdeki balıkçı toplulukları arasında neredeyse aynı olduğunu ortaya koymaktadır.

Tüm bu ifadeler, pek çok avcı kültürde örnekleri ile karşılaşılan tabu inanışının bölge balıkçıları arasında özellikle yunus özelinde devam ettiğine işaret etmektedir. Çoğu zaman yaratılış veya yeniden doğuş temalı mitik öykülerle tebarüz eden ve kutsallık atfedilen hayvanların öldürülmesi sonrasında ortaya çıkabilecek olumsuzluklara dönük açık mesajlar veren tabu inanışı, Türk kültürünün kaynaklarında da geçmişten beri takip edile gelmiştir

Çoğu zaman kara avcılığında görülen bu tabu eksenli inanışlar, deniz avcılığının inanç temelli kültürel belleğine de yerleşmiştir. Fuzuli Bayat, tabulu hayvanın avlanmasının Türk inanış ve düşünüş sistemi içindeki yerinden bahsederken şunları söyler:

Bozkır kavimlerinin bilinçaltında hâlâ da yaşamını sürdüren bazı uygulamalar, av iyesinin ve öldürülmesi yasaklanan hayvanların öldürülmesinin felaket getireceği inancının tam unutulmadığını kanıtlar durumdadır. Şöyle ki Özbek avcıları öldürdükleri kurdun felakete sebep olmaması için kırk gün av eti yemez ve avlanmazlardı. Aslında bu bir bedel ödeme olup kırk gün av eti yememek şeklinde karşımıza çıkmaktadır. Ayrıca Azerbaycan'da da kurt vuran avcının tüfeğinin çileye düşeceği inancı vardı. Bunun için bazı uygulamalar gerekirdi. Bütün bunlar tıpkı ayı avlayan Sibirya avcılarının uyguladıkları bir dizi mitolojik içerikli uygulamalarda olduğu gibi eskiden zoomorfik hayvan koruyucusu veya ecdat olarak bilinen hayvanların avlanmasının topluma, aileye ve bireye getirebileceği zararı en aza indirmek çabaları olmakla beraber iye ve kutsal hayvan varlıklarının bilinçaltında olsa da korunduklarına işarettir (Bayat, 2009: 4).

Araştırma sahasında yunus haricinde, sadece kırlangıç balığı ile ilgili benzer bir inanış tespit edilebilmiştir. Dibi çamurlu sulardan hoşlanan kırlangıç balığının büyüğüne Giresun havalisinde "bey balığı", yavrusuna ise "derviş" adı verilmiştir. Akçakaleli ve Yorozlu kimi balıkçılar, yakalandığı zaman bağırdığını ve tıpkı yunus gibi gözyaşı döktüğünü söyledikleri bu balığı yiyenlerin çok yaşamayacaklarını ifade ederler. Önceleri çok yaygın olan bu inanışın bugün zayıflamasında, söz konusu balığın eskiye nispetle nadiren avlanır olması etkili olsa gerektir. Bu balığın kafa ve kuyruk kısmından yapılan çorba ile etinden yapılan tava ve buğulama balık mutfağı içinde prestijli bir yere sahip olduğundan, ağlarına kırlangıç takılan balıkçılar bu balığı gururla sergilemeye başlamışlardır.

Ek-133: Akçakaleli Akgün ailesinin balıkçı bireylerinden Namık Akgün kırlangıç balığı sergilerken.

Neslin devamlılığı için gerekli olan beslenme ihtiyacının karşılanması gibi zorunluluklar karşısında kutsalın sınırlarının ihlal edilmesi, benzer inanışa sahip başka kültürlerde de örnekleriyle karşılaşılan bir durumdur (Durkheim, 2010: 187). Giresunlu ve Trabzonlu yunus avcıları her ne kadar avladıkları yunusların etlerini yememiş olsalar da açlık sınırında yaşadıkları uzun yıllar boyunca yunus yağından elde ettikleri gelirle ailelerinin ihtiyaçlarını karşılamışlardır. İktisadi koşulların değişmesi ile daha önceki iktisadi yaşam modellerinden devralınan inanış temelli unsurların yeni yapıyla uyumlu biçimde güncellenmesi kültürün takip edilebilen özelliklerinden biridir. Kadim dönemlerde açlıkla baş etmek zorunda olan topluluklar, beslenmek amacıyla tabuyu esnetebilmişlerken bugün kapitalizmin yasalarına göre yaşamak zorunda olan topluluklar barınma, beslenme ve toplumsallaşma gibi imkânları sağlayacak parayı temin etmek amacıyla bilinçli biçimde tabuyu esnetmişlerdir. Mersinli Hasan Altun'un (KK-69) daha önce belirtilen şu sözleri, bu durumu en güzel biçimde özetlemektedir:

> Açtık, giderdik vururduk bir balık, satardık. Bilirdik yunusun mübarek hayvan olduğunu, kadın gibi aybaşı olup doğum yaptığını. Hele de Yunus Peygamber var; daha ötesine ne hacet. Ama neylersin açtık işte başka neyimiz vardı. Onun parasıyla karnımızı doyururduk.

Sürmeneli yunus avcısı bir ailenin çocuğu olarak büyüyen Hasan Çebi, yunusla ilgili inanışların ahali arasındaki etkilerini, kendi ailesinden bir örnekle şöyle anlatır:

> Dedemin adı Hasan Çebi. Ona verdiler bir balık, dediler ki "Hasan Reis, sen bu balığı al da kes." Dedem de, "Hayvanın değeri nedir?" diye sordu. Dediler ki şu kadar para. Parasını verdi, yunus balığını aldı. 40-50 kilo büyük yunus balığı. Mendilini çıkardı, bunun gözlerini okşadı. Dedi ki "Ey mübarek Allahım, bana rızık bundan verme, başka taraftan ver." Onu attı denize, halen daha gidiyor, anladın mı? (Öksüz ve diğerleri, 2004: 15).

Civralı yunus avcılarından Seçkin Şivil'in şu sözleri, aynı minvalde dikkat çekici mahiyettedir:

> Yunus balığı benim için bir sevgi idi. O zaman ekonomik koşullar kötüydü, parasız kaldık. Gidelim, Nuri ile beraber yunus vurup satalım dedik. Para yok o zaman, hiçbir şey yok. O zamanlar dolma tüfekler var. Tahmin ediyorum üç defa attık, dördüncüsünde biz bunu vurduk. Dümeni ben tutuyorum, Nuri de tüfekle atıyor. Yanında yavrusu vardı. Biz yunusu vurduk, aldık. O kan etrafa sıçrayınca, o yavru kanın etrafında böyle dolanıyor, hiç oradan ayrılmıyor. Anne yunus hâlâ canlı, yavrusunu orada görüyor. Gözlerinden yaş aktığını bizzat kendim gördüm. Korkunç bir şekilde duygulandım. O zaman 12-13 yaşındayım, dedim ki "Ben bir daha bunun peşinden gidersem, bir daha bunu vurursam..." Orada çok etkilendim, çok duygulandım. O günden bugüne dek ne onun peşine gittim, ne vurdum, ne de vuranı tasvip ettim. Onun gözünden yaş aktığını bizzat kendim yaşadım ve gördüm. Şimdi, baktık hayvan yaralı, tüfek paramparça etmiş. "Ne yapacağız?" dedik. Nuri aldı bıçağı. Ya, böyle katliam olmaz, böyle vahşet olmaz ya! Aldı bıçağı,

dayadı şah damarına, hayvan öldü tabi. Ben korktum. Hâlâ aklımdan çıkmaz. Şimdi balığa çıktığım zaman, ben onlara balık atarım, oynarlar, insan gibi. Onları vurmak benim için insanlık dışı bir olay yani (Öksüz ve diğerleri, 2004: 17).

Yunus etrafındaki inanış unsurlarının örnekleri, araştırma sahasında sadece balıkçılar arasında değil, aynı sosyal ve kültürel çevrede aynı inanış kalıplarının etkisinde yaşayan ahali arasında da tespit edilmiştir. Trabzon ili merkezinde yaşayan ve balıkçılıkla herhangi bir ilgisi olmayan Oktay Başkaya'nın (KK-100) şu anlatımı bu tespitlerden sadece biridir:

Trabzon'da bir zamanların ünlü Emperyal Restoranı'nda çalışırken nöbetçi olduğum bir sabah, alta, sahile indiğimde birden bir yunus balığı kum üzerinde ölmüş yatıyor. Yanına yanaştığımda saldırıya uğramış olduğunu gördüm. Diğer arkadaşımla birlikte ona bir mezar yaptık ve başlığını yazarak koyduk; ruhuna Fatiha diye de ekledik. Sonradan diğer garsonlar da geldi işe. İlk sahil kenarında ufak bir suni teneffüs yapar işe öyle başlardık. Arkadaşlar aşağı gelince mezarı gördüler ve sordular kim ölmüş diye bende olanı anlattım. "Neden gömdün?" dediler bende bu memeli bir yaratık diyerek gömülmeyi hak etti diye söyleyince arkadaşlar hak vermiştiler.

Yunus etrafındaki inanış ve kabullerin yanı sıra vicdani yaklaşımın yunus avcılarını ne denli zorladığı, yine Sürmene Balıklı'da soy kökü balıkçı olan Rıfat Karabacak (KK-57) tarafından şöyle dile getirilmiştir:

Bir keresinde amcamla beraber denize çıktık. Ben kürekçiydim; amcam da tüfekçi. Amcam atlayan bir balığı vurdu ama biz balığı kaybettik. Balığı yukarı doğru çıkarken vurursan yüzde kalır. Gagası aşağı doğru ise dalar gider, daha da çıkmaz. Aradan biraz zaman geçti, denizden "şaaaf" diye bir ses geldi. Havyan nefes almak için çıktı meğer dışarıya. Derken bir ses duyduk, kuş sesi gibi. Baktık bu nedir diye yavru anasının etrafından dönüyor. Bunu görünce amcam tüfeği fırlattı kayığa. "Bu işten ekmek yenmez. Çekin dışarı kayığı!" dedi. Yunusçuların duası ortaktı "Yaradanım bize başka bir nimet ver de bu hayvanı öldürmekten kurtulalım."

Araştırma süresince yunus etrafındaki inanışlarla şekillenen çok sayıda meslekî anlatı tespit edilmesine karşılık, tabu temelli inanışların merkezinde olduğu aşikâr olan yunus hakkında çok az sayıda efsane türünden anlatı tespit edilebilmiş olması dikkat çekicidir. Tespit edilebilen ve efsane karakteri taşıyan sınırlı sayıdaki anlatılar şöyledir:

Havada uçan ha bu canlı mahlûkatların en değerlisi arıdır. Denizde de en değerli balık yunus balığıdır. Neden yunus balığı? Yunus balığı, Yunus Aleyhisselamı yuttu da 40 sene karnında besledi; 40 sene sonra gitti de istifra etti onu dışarı. Allah indinde dünyada, denizde en değerli balık yunus balığıdır. Karada da arıdır. (KK-69)

*

Burada bir balıkçı var idi. Sarı Mahmut derlerdi ona. Balıkçılar derdi ki bunu limanda bekleyen bir yunus varmış. Bu yunus ona yol gösteriyormuş. Şurada balık var şuraya çok balık vuruyor dermiş. 70 yaşlarında öldü gitti bu adamcağız. (KK-68)

Merhum balıkçı Sarı Mahmut'a avları boyunca yol gösteren ve bolca balık avlamasına yardımcı olan yunus, geleneksel avcı topluluklarda örnekleri ile karşılaşılan kutsal yardımcı ruhu çağrıştırmaktadır. Av iyeleri, çoğu zaman avcıların nerelerde avlanabileceklerine, hangi hayvanları ne ölçüde avlayabileceklerine karar veren kutsal kılavuzlardır. Tabiatın bütün sisteminin dengeli biçimde muhafazası ile görevli olan bu türde ruhlar, avcılar tarafından tazimle karşılanmış, tabiatın kimi halleri bu ruhun ava dönük işaretleri olarak kabul görmüştür. Güney Sibirya'nın Türk soylu halklarında avcı ile av arasındaki ilişkide "tayga iye"sinin önemli bir rolü vardır. Ava giderken yanlarında destancı ve masalcı götüren Güney Sibirya Türkleri, av hayvanlarının koruyucusu ve sahibi olan "tayga iyesi"nin hoşnut edilmesi ve onun rızasının alınması gerektiğine inanmışlardır. Destan ve masal dinlemekten hoşlan "tayga iye"sinin anlatılan masal ve destanlar karşılığında kendilerine av hayvanlarını sunacağına inanan Güney Sibirya Türkleri, öldürme eylemini bir ayine dönüştürmüşlerdir. Güney Sibirya Türklerinde ava destancı ve masalcı götürme geleneği üzerine bir çalışma kaleme alan Mehmet Aça, bu hususta şunları kaydeder:

> Güney Sibirya Türk toplulukları için avlanma, basit bir öldürme eylemi değildir. Avı öldüren de avcı (insan) değildir. Av, anlatılan destan ve masaldan memnun kalan "tayga iyesi"nin destancı ve masalcıya, dolayısıyla avcıya bir armağanıdır. İye, ne kadar memnun olursa o kadar çok av verir. Böylece öldürme eyleminin ortaya çıkardığı sorumluluk ya da suçluluk duygusu, ya en aza indirgenmekte ya da kendiliğinden bütünüyle ortadan kalkmaktadır. Bu inanışla, hem insanın kutsallar ve tabular sayesinde doğanın dengesine müdahalesi sınırlandırılmakta, hem de öldürmenin doğurabileceği kötü sonuçlar (uğursuzluk, bereketsizlik, vahşi hayvanlarca parçalanma) bertaraf edilmektedir. "Tayga iyesi"nin memnuniyeti, av hayvanlarının, insanların (avcıların) sergilediği "vahşet" sonrasında taygayı terk etmelerini ve sonraki avlarda avcılardan kaçmalarını engellemektedir. Avlanma, tek taraflı bir öldürme sürecinden çıkarılmakta, destancı ve masalcıların aracılığı ile iyelerin rızası ve gözetimi altında gerçekleştirilen doğal ve dengeli bir alış-verişe dönüştürülmektedir. Avcı, av hayvanlarına yönelik öldürme eylemini kendi iradesiyle gerçekleştirdiği bir eylem olmaktan çıkarmakta, sorumluluğu büyük oranda koruyucu ruha yıkmaktadır. Sanatkârlığa adım attıkları ilk günden itibaren tayga

iyeleriyle ilişki içerisinde olan destancı ve masalcılar, avcılar adına tayga iyelerinin rızasını kazanmakta, anlattıkları destan ve masallarla, sergile-nen vahşi eylemi, kutsal bir zeminde gerçekleştirilen bir ayine dönüştürmektedirler. İyelerle ilişki içerisinde olan destancı ve masalcı, anlattığı destan ve masalla tayga iyesini kut ve bereketi arttırıcı bir pozisyona taşımakta; avcı, av hayvanı ve koruyucu ruhlar arasındaki doğal dengenin sürdürülmesine katkıda bulunmaktadır. Destancı ve masalcının icrası, meydana getirdiği kutlu ortamla, avcıya musallat olabilecek her türlü uğursuzluk ve kötülüğü engellemektedir. Kendisine Şamanik vasıflar atfedilen destancı ya da masalcı, bir Şaman ya da Bakşının fonksiyonlarını üstlenirken anlatılan destan ve masal metinleri de Şaman ya da Bakşılar tarafından terennüm edilen kutsal ve büyülü sözlerin yerini almaktadır (Aça, 2007: 13-14)

Kadim dönemlerden modern dönemlere kadar kültürlerde pek çok farklı biçimde karşılaşılan bu inanış, bugün inanış ve efsanelerle güncel tutulmaya çalışılmaktadır. Bulgaristan'daki Deliorman Türklerinin avlanma ya da odun kesmek amacıyla ormana gittiklerinde söyledikleri şu sözler, bu inancın günümüzdeki yansımalarına bir örnektir.

Ey orman! Biz seni kesip biçerek yok etmeğe gelmedik. Seni kırıp incitmeğe gelmedik. Senin artık işe yaramaz, kurumuş ve çürümüş dallarını, ağaçlarını ayıklamak, seni temizlemek ve rahatlatmak için geldik. Bize izin ver. (Destur)! (Aça, 2007: 13)

Deliorman Türklerinin, ağaç kesmeye gittiklerinde ormana hitaben söyledikleri bu sözler, tayga ya da ormana avlanmaya ya da odun kesmeye gidenlerin hayvanlara ve ağaçlara vahşice zarar vermek amacını gütmediklerini ifade etmeleri ve ormanın bir iyesinin olduğuna dair bir inanca sahip olmaları bakımından oldukça önemlidir.

Balıkçılar arasında tespit edilen bu iki kısa anlatı haricinde Bulancak ilçesi merkezinde balıkçılıkla ilgisi olmayan Hasan Ekmekçi'den (KK-101) tespit edilen şu anlatı, yunus etrafındaki inanışların İslami referansını ortaya koyar türdendir:

Yunus Aleyhisselam, milletinden kaçarken okyanuslarda en büyük balık olan yunus gelmiş. Tabi o zamanlar yelkenli gemiler var. Yunus önünü kesmiş, gemi gitmiyor. Kaptan da milleti güverteye toplamış. "İçinizde bir günahkâr var; ortaya çıksın." demiş. Bir demiş, iki demiş. Sonra "Daha sormayacam ben kendim bulacam adamı." demiş. Öyle dediği gibi Yunus Peygamber "Benim!" demiş. Denize atlamış. Yunus da gelmiş peygamberi yutmuş. Yunus peygamber yunusun karnında kırk gün kalmış. Karnında "Yarabbi, ben seni noksan sıfatlardan tenzih ederim, ben kendime zulmettim." Diye tespih etmiş. O zaman Cenab-ı Hak balığın iki tarafını camekân gibi yapmış. Denizdeki bütün alametleri ona göstermiş. Hatta balığın karnındaki sulardan namazına devam etmiş. Kırk gün durduktan sonra Cenab-ı Hak, bir gün ona rüya göstermiş. Rüyasında Cenab-ı Hak ona "Yunus senin feryadına dayanamadım bugün seni dışarı atacağım." demiş. Balığa da vahiy etmiş. Yunusa "Bugün kumsal bir yere git, sonra kus." demiş. Yunus, peygamberi kusmuş ama peygamber o kadar gevşemiş ki bedeni yayılmış. Güneş vurdukça toparlamış, bedeni canlanmış ve güçlenmiş. Bu olay öğleden sonra olmuş, ikindi güneşine kadar düzelmiş. Allah sıhhatini vermiş ve "Ya Yunus! Git! Seni bundan sonra dinleyecekler." demiş. Her peygamber türlü türlü miraca çıkmıştır. Peygamberimiz göklere yükseldi, İbrahim ateşe atıldı, Musa da baygın yattı uzun zaman. Yunus da balığın karnında miraç yaptı.

Etrafındaki inanışlara rağmen belirtilen sebeplerle yüzyıllarca sürdürülen yunus avcılığında, yunus yağının çıkartılması işinde sadece erkekler değil, kadınlar da yer almıştır. Ancak onların bu işle olan bağlantıları, sadece yunus derilerinin kazanlarda kaynatılması ile sınırlı kalmıştır. Cinsiyete dayalı bir tabunun hatırasını yaşatacak biçimde, yunuslar, kadınlara avlatılmamış ve kestirilmemiştir. Balıkçı eşleri, yağ kazanlarının altına odun taşımanın dışında, sepetlerle evlerine kadar taşıdıkları yunus derilerini evlerinin önündeki kazanlarda fiilen kaynatarak aile bütçelerine katkıda bulunmuşlardır. Meslekî inanışlar da cinsiyete temelli başka yasaklar da vardır. Kadınların teknelerden uzak tutulmaları gibi bir kısmı pek çok kültürde de mevcut olan bu yasakların sebepleri 4. bölümün ilgili kısmında tartışılacaktır.

Yunustan elde edilen yağ, balıkçıların kendi hayatlarında da işlevsel bir yere sahip olmuştur. İleride belirtilecek olan halk hekimliği ve veterinerliği gibi uygulamaların dışında, yunus yağı çoğu zamana gündelik hayatın temel ihtiyaç maddelerinden biri olmuştur. Rıfat Karabacak (KK-57), yunus avcılığı Sürmene'de fakir aileler tarafından yapıldığı için yörede bu avcılıkla meşgul olan ailelerin çocuklarının dahi zaman zaman tezyif edildiklerinden bahsederken önemli bir ayrıntıyı daha ortaya koymuş, yunus yağının uzun yıllar aydınlatma maksadıyla da kullanıldığına dikkat çekmiştir:

> Civralı yunus avcıları ve yağcıları ile aileleri yağın ağır kokusundan ötürü zaman zaman dışlanma noktasına gelmişlerdir. Okula giden çocukların üzerlerine sinen bu ağır koku, çocuklarla alay edilmesine ve Civralıların aşağılanmasına sebep olmuştur. Çaresiz çocuklar, yunus yağı ile yakılan likmenlerle aydınlatılan evlerde yaşadıkları için bu kokudan uzak kalamamışlardır. Çoğu zaman bu ağır kokuyu bastırması için portakal ağacının yapraklarından medet umulmuştur.

Balıkçıların tabiriyle "makineli" kayıklarında kullanmak üzere yakıt bulamayan balıkçılar, yunus yağını bu amaçla da kullanabilmişlerdir. (KK-2)

Sürmene bıçaklarının ilk örneklerinin çıktığı yer olarak kabul edilen Gölonsa Mahallesindeki eski bıçak ustaları, Sürmene bıçağının yapımında da yunus yağı kullanmışlar, yağı mahallede avcılık yapan yunusçulardan tedarik etmişlerdir. (KK-57)

Yunus avcılığı, avlanan balığın boyutu, ateşli silahların tehlikesi ve tüm süreçleriyle kol kuvvetine dayalı geleneksel bir avcılık biçimi olması hasebiyle oldukça riskli bir avcılık olmuştur. Yunus avcılığı zamanlarında av kazalarında çok sayıda avcı hayatını kaybetmiştir. 1930'lu yılların başlarında Trabzon'da 15 günde bir yayınlanan Akın Mecmuası'nın 15 Şubat 1933 tarihli sayısında, yunus avcılığına hayatını kaybeden Sürmeneli yunusçular haber olmuşlardır:

> Boğulan Kayıkçılar:
>
> Pazartesi günü öğleden çok anî olarak çıkan fırtına Sürmene açıklarında Yunus balığı avcılarını perişan etmiş ve yedi kişinin boğulmasına sebep olmuştur.

Yunus avcılığı sırasında yaşanan ölümlü kazalardan birinin canlı tanığı olan Mersinli yunus avcısı Hasan Altun (KK-69), olayı şöyle anlatır:

> İsmail Ağa vardı. Köroğlu. Onlar iki kardeş idiler. Afilana balığı geldi ha böyle yarıya. O zaman biz Mersin'de şu yukarı evde dururduk. İsmail Ağa başta aldı tüfeği "Tak!" etti. O zaman misket kurşunu yoktu. Afilana çıktı böyle su yüzüne; sonra başladı suya batmaya. Çektiler, çektiler gitti. İsmail Ağa'nın abisi Ali Ağa yanaştı ona. Ali Koştu gitti baş tarafa. Soyundu üstünü, atladı suya; balığa gitti. İsmail Ağa baktı ki Ali Ağa sudan çıkmıyor, başa koştu olmadı kıça koştu. Baktı olmayacak o da atladı suya. Dedim rahmetli babamla yukarıda oturuyorduk. "Bu adam çıkmayacak baba." dedim. Babam "La ne biliyorsun?' deyip bana çıkıştı. İsmail Ağa gördü abisinin boğulduğunu gördü orda ama cesaret edip de alamadı. Balıkla beraber Ali Ağa da suyun dibine gitti. Balığın leşi bir hafta sonra vurdu kıyıya. Ali'yi de Rize üstünde bir çektirme görmüş derler. Öylece gitti; mezarı belli değil.

1970'lerin sonlarında yunus avcılığına karşı basın yayın kuruluşları üzerinden oluşturulan kamuoyu, 1983 yılında yunus avcılığının resmen yasaklanmasında etkili olmuştur. Balıkçılar arasında bu yasağın asıl sebebi başka kaynaklara aranmakta, avcılığın uluslararası güçlerin zorlaması ile yasaklandığı iddia edilmektedir.

> Çinli yazar Konfüçyüs ne demiş "Denizin dibinde iki balık dövüşüyorsa anla bunda İngiliz parmağı vardır." İngiliz sana bir şeyi yapma derse onu yapacaksın. Bu yasağı koydurtan da İngiltere'dir. Bana sorarsan Türkiye'ye yapılmış en büyük kötülüktür. (KK-37)

Yunus avcılığının yasaklanmasından birkaç yıl önce İstanbul'da avlanan Mersinli yunus avcılarının başından şöyle bir olay geçer:

> Ağva'da yunus avlıyoruz. Limandayız, balık pişiriyorum köprünün altında. Balıkları eritip yağlarını İstanbul'da satıyoruz. Bir adam geldi o yana bu yana durmadan fotoğraf çekiyor. Ben de zannettim ki elin gavuru gelmiş fotoğraf çekiyor; ben iş yapma derdindeyim adam keyif derdinde diye söylendim içten içe. Kazanın içine koyuyorum soyulan yunus derilerini, kazanın altına odun atıyorum. Adam dikkatli dikkatli fotoğraf çekiyor. Derken adam geldi, "Selamünaleyküm" dedi. Ben içimde "Aha bizim gâvurlardanmış bu." dedim. Neyse aldım selamını. "Ben Hürriyet muhabiri Gülen Ümit." dedi. Geldi oturdu yanımıza. "Ben sizinle denize geleceğim yarın. Ama bak söylemedi demeyin ben de fil üstünde kaplan avlayan şerifim. Elimden uçanla kaçan kurtulmaz." dedi. Akşamdan gittik Ağva'ya kahveye oturduk; onu da aldık yanımıza. Bizim ekipte rahmetli Süleyman Ağa da vardı. Şakacı bir adamdı. Dayanamadı aldı onu maytaba. Tüm millet muhabbete yığıldı tepemize. Süleyman Ağa "Seni yarın inceltecem bak. Filistin'de kaplan avi yapanla, denizde motorun üstünde tüfek atan bir mi deneyeceğiz." dedi. Neyse sabah çıktık Ağva'dan denize. Biraz poyraz esiyor, deniz dalgalı hafiften. Gördük, önümüzde bir melan[216] balığı var. 40-50 tane balık var. Atlaya atlaya gidiyorlar poyraza. Süleyman Ağa, çağırdı gazeteciyi, "Gel buraya, al bu tüfeği geç şuraya." dedi. Tüfeğe dokuz tane mermi sürdü. Aldı tüfeği Gülen Ümit Bey. Motor düşüp kalkıyor tabi dalganın üstünde. Balık da durmadan atlıyor tabi durur mu. Beş tane mermi attı bir şey vuramadı. Süleyman Ağa "Ha böyle mi vurdun sen o kaplanları." diye dalga geçti bunla. Aldı tüfeği tekrar mermi sürdü. Motoru da boşalttırdıktan sonra Süleyman Ağa, üç atmada üç balık vurdu. Bunu gören Gülen Ümit "La siz ne biçim nişancısınız? Sizin gibi bir bölük askerim olsun şerefsizim dünyaya hâkim olurum." diye bağırdı. Süleyman Ağa bunla epey bir dalga geçti. Ondan sonra üç gün daha bizimle ava geldi Gülen Ümit. O üç gün çok büyük katliam yaptık. Yavrucuğunu dahi vurduk. Tüm bunları çekti tabi Gülen Ümit. Çok geçmedi zaten yunus avcılığı yasaklandı. (KK-69)

Araştırma sahasında özellikle 2. tip balıkçı ailelerinin bugün yunus balığına karşı kabulleri geçmişe göre daha olumsuzdur. Kısıtlı ekonomik imkânlarla avcılık yapmaya çalışan ailelerin en çok muzdarip olduğu konular, yunusların ağlara zarar vermesi ve oldukça obur bir hayvan olarak kabul edilmesidir:

Bedduanın en büyüğünü ben şu yunus avlama yasağını Türkiye'ye getirene yapıyorum. Yunus balığının Türkiye de balığa verdiği zararı hiç kimse vermiyor. En çok zararı yunus veriyor bir yunus balığı günlük 25 kilo balık tüketir. 1985 yılından beri Türkiye de yunus balığı avlanması yasak, yunus balığının doğal avlayıcısı Karadeniz de yok. Yunus balığı burada müthiş derecede arttı. Zaten gırgırlar balığı tutuyor bir de yunus işin için girince biz ne yapacağız. Yunus balığı şu anda sahile kadar geliyor zarar vermediği hiçbir balıkçı yok. Bütün ağların içindeki balığı alıyor ve balıkçılara çok fazla zarar veriyor özellikle de küçük balıkçıya. Benim ağıma üç defa yunus takıldı üçünü de kurtarıp yine denize bıraktım. Ama ağlarım darmadağın oldu. Diyelim ki biz dört parça barbon ağı yaptık bir milyar liraya. Bunu biz 4-5 sene kullanıyorduk eskiden ama yunus balığı olduğu zaman onu 1 ay kullanamıyoruz darmadağın oluyor. Bir günde bitirdiği de oluyor çok fazla zarar veriyor. Yunus balığının yağı insanlar için bir numaralı faydalı bir yağdır. Biz bu yağı Norveç'ten, İsveç'ten ilaç diye eczanelerimize alıyoruz. (KK-37)

Trabzon'da faaliyet gösteren Su Ürünleri Araştırma Enstitüsü uzmanlarının Karadeniz'deki yunus popülasyonu üzerine yaptıkları çalışmalara karşı ciddi eleştiriler yönelten balıkçılar, uzmanları, denizin yapısını bilmemekle ve gerçeği yansıtmayan istatistiki bilgilerle karar alıcıları yanıltmakla suçlamaktadırlar. Benzer bir tepki de 1. tip balıkçı aileleri arasında mevcuttur. Onlar da 2012 yılı itibariyle yürürlüğe giren son yasal uygulamadan söz konusu uzmanları sorumlu tutmaktadırlar[217]. Araştırmalar sırasında bazı kaynak kişiler, bu araştırmanın su ürünleri bağlamlı bir araştırma olduğunu düşünerek mezkûr öfkeden ötürü sert tepkiler ortaya koymuş; ancak araştırmanın içeriği hakkında bilgi sahibi olduktan sonra çok daha ılımlı bir yaklaşım sergilemişlerdir.

3.4.1.3. Irmakçılık / Morinacılık

Karadeniz hakkında bilgi bulunduran antik kaynaklarda da bahsedilen mersin balığı, hem etiyle hem de havyarıyla tarih boyunca Karadeniz faunasının en kıymetli balıklarından biri olmuştur. Havyarın tarih içinde zenginliği ve gücü temsil eden bir sembol haline gelmesi, hatta ülkeler arasındaki diplomatik ilişkilerde bir jest unsuru olarak bile kullanılması, mersin avcılığının yaygınlaşmasında etkili olmuştur. Anadolu'da Kızılırmak ve Yeşilırmak havzalarını da içine alan bölgede hüküm süren Hititler döneminden beri özellikle havyarı için avlanan morina balıkları hakkında Sümer kaynaklarında da bilgilere rastlamak mümkündür (Aksungur, 2008: 16-17).

Hazar Denizi ve Karadeniz, Ön Asya coğrafyasında mersin avcılığının gerçekleştirildiği önemli sucul havza olmuştur. Bu iki denizin bugünkü hallerini almadan binlerce yıl önce birleşik, tek bir deniz oldukları yolundaki nazariyeler dikkate alındığında mersin balıklarının da ortak bir kökten geldiklerini söylemek mümkündür. Balıkçılar çoğu zaman fizikî görünümünden ötürü bu balığı dinazorlar çağından kalma bir balık olarak nitelendirmektedirler. Ancak bu kanaatin tarihi arka planı da oldukça derinlere, 200 milyon yıl öncesine kadar uzanmaktadır (Üstündağ, 2005: 5).

Dinyeper ve Dinyester sucul deltaları başta olmak üzere, Karadeniz'in kuzey kıyılarında ve Azak Denizi'nde balıkçılık tarihi boyunca yoğun biçimde avcılığı yapılan mersin balıkları, Karadeniz'in güney kıyılarında daha ziyade Kızılırmak, Yeşilırmak ve Sakarya nehirlerinin denizle buluştukları bölgelerdeki geniş sucul deltalarda 1920 ve 1960 yılları arasında ticari amaçlarla avlanmışlardır (Aksungur, 2008: 17). Kış aylarını sığ deniz sularında geçiren mersin balıkları, bahar aylarıyla birlikte havyarlarını dökmek için nehirlere hareket etmişlerdir. Balıkların üremeye dayalı bu rutinlerini geleneksel meslekî bilgilerinde muhafaza eden Giresunlu ve Trabzonlu balıkçılar da 1960'lı yılların ortalarında kadar Kızılırmak ve Yeşilırmak deltalarındaki avlara katılmışlardır.

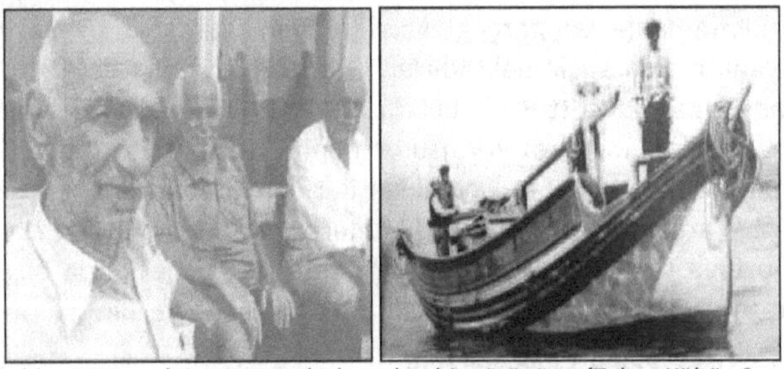

EK-134: Solda, Sürmene'nin son ırmakçılarından bir görünüm. (Tekne Kültür-Sanat Dergisi Arşivinden) Sağda, ırmakçıların kullandığı teknelerden biri. (Mustafa Zengin Arşivinden)

Meslekî kültür içinde "ırmakçılık" veya "morinacılık" şekline adlandırılan bu avcılığa her iki ilden sadece uygun av takımlarına sahip olan aileler katılmışlardır. 1940'lı yıllara kadar ırmakçılığa yelkenli-kürekli kayıkları ile katılan balıkçılar, daha sonraları küçük motorlar ilave ettikleri teknelerle bu avlara gider olmuşlardır. Çok büyük olmayan morina/mersin tekneleri, çoğu zaman Samsun'la Giresun ve Trabzon arasında çektirmecilik yapan ailelerin motorlu çektirmelerinin arkalarına bağlanmak suretiyle avlaklara götürülmüştür. 1950'lerin sonlarında Giresun havalisinden bazı aileler teknelerini kamyonetlerle de götürür olmuşlardır. Morina avcılığı zamanlarında kullanılan kayıkların son örneklerinden biri yakın geçmişte Sürmene Deniz Bilimleri Fakültesi'nde koruma altına alınmıştır. Bu kayıkların az sayıda örneklerinden birisi Sürmene Balıklı Mahallesinde yıkılan evin altında kalmıştır.

Irmakçılığın devam ettiği yıllarda zaman zaman avcı takımları içinde yer alan Sürmeneli Ömer Yalnız (KK-98), av hazırlığını ve yolculuğunu şöyle anlatır:

> Sürmene'de çoğunlukla Kastel ve Baştımar mevkilerinin balıkçıları ırmakçılık yapmışlardır. Haşim Ceylan, Kemal Dağınık, Ahmet Karamustafa, Dursun Salih Saral, Rüstem Saral, Mustafa Kuku, Recep Ali Küçükhüseyin benim isimlerini hatırladığım ırmakçılardır. Ben 1959 yılına kadar ırmakçılığa çıktım. Benden sonra Mahno'dan ırmakçılığa devam edenler de oldu tabi. 1960'ların sonlarına kadar devam ettiydi ırmakçılık. Benim emsalim balıkçılar hep giderdi ırmakçılığa. Ben tayfa olarak çalışırdım. Reissiz tayfa olmaz tabi. Reis gitmeden önce tayfayı ayarlar platkalarını verirdi. Tayfa platkayı harçlık eder çoluk çocuğa bırakırdı. Buradan toplanıp motorla ırmak boyuna giderdik.

Dört veya beş balıkçının oluşturduğu av takımında, hamsi avcılığındaki gibi kompleks bir yapıda olmasa da görev tanımına dayalı bir meslekî organizasyon oluşturulmuştur. Bu bağlamda her bir av takımında "kakacı", "başçı", "başçı yamağı" ve "kürekçiler" dışından bir de aşçı bulunmuştur.

Irmakçılar, morina avcılığında zamanla deneyim kazanmışlar, balığın avlanmasına dönük geleneksel karakterli teknikleri ihtiyaca göre geliştirmeye devam etmişlerdir. Balıkçılar deniz avcılığından aşina oldukları karmakçılığı[218] morina avcılığına başarı ile uyarlamışlardır[219]. Sürmeneli morina avcıları ile söyleşiler yaparak bu geleneksel avcılığın süreçlerini araştıran Rıfat Karabacak, morina avcılığı sırasında kullanılan av aletlerini ve uygulanan teknikleri şöyle anlatır:

> Irmakların (Kızılırmak ve Yeşilırmak) denizle kucaklaştığı denizin dibindeki kumluk alana 2-3 metre boyundaki kazıklar, dalyana tokmakla, 3-3,5 metre boyundaki kazıklar ise derin sulara "bomba denen 7- 8 kulaç boyunda özel hazırlanmış kalın bir sırıkla çakılırdı. Bu kazıklar, ya balıkçılar tarafından ormanlık alandan kesilip yapılır ya da çevre halktan satın alınırdı. Tahminen 40-50 metre arayla çakılan kazıklar arasında mersin balığını avlayacak karmak takımı serilirdi. Bir takım 100 kanca (olta), yarısı ise 50 kanca olurdu. Buna da "bir salık" denirdi. Yani iki salıktan bir takım oluşurdu. İki kazık arasına denize serilen ağ gibi karmak takımları serilirdi. Karmak takımlarındaki oltaların boyları 18 cm civarındaydı. Takımdaki oltaların birisi dipli yani denizin dibinden diğeri ise yüzlü yani denizin üstüne yakın avlayacak şekilde ayarlanırdı. Yüzlü avlayan oltaya mantar takılır ve oltanın suyun üst kısmında kalması sağlanırdı.

Balıkçılar, kendi özel işaretlerini ateşte ısıttıkları damgayla bu mantarlara basarlardı. Fırtınalı havalarda azgın dalgaların etkisiyle kazıklardan sökülen karmak takımları birbirine karışınca mantarlardaki işaretler sayesinde ayrılır ve böylece balıkçılar arasında herhangi bir sorun çıkmazdı. (...) Denize av için bırakılan karmaklar 3-5 gün bekletildikten sonra kaldırılırdı. Bunların yerlerine yenileri konur ve bekleme sırasında, kaldırılan karmaklardaki paslanan oltalar eğelenir, paslanmasını önlemek için de ayrıca ziftlenirdi. Avrupa marka paslanmaz nikelajlı oltalar vardı; ama çok pahalı olduğu için balıkçılar bizim demirci ustalarının yaptığı ucuz oltaları tercih ederdi... Karmaklar denizde bekleme anında bazen fırtına çıkar ve karmaklar kuma gömülürdü; bu olaya balıkçılar "Takım kumladı." derdi. Takımı kumdan çıkarmak için ırmak kayıklarının baş tarafında özel olarak yapılan 'kaka'ya, kumlayan takımın ucu takılması için 4-5 balıkçı önce kayığın baş tarafına gider. Kayığın baş tarafı suya batınca kumlayan takım kakaya takılır. Daha sonra balıkçılar hep beraber kayığın kıçına gider. Bu defa kayığın baş tarafı kalkar ve bu güçle kumlayan takım kumdan çıkarılır. Kumlayan takımdan bile pek çok mersin balığı çıkardı (Karabacak, 2007: 40-41)

Bulancak'ın balıkçılarıyla meşhur Ayvasıl mevkiinden geçmişte Samsun'a ırmakçılığa giden balıkçılardan Şükrü Deniz (KK-2), avladıkları balıkların türleri ve özelliklerinden şöyle bahseder:

Kancaları saluklara takardık. Saluk dediğim ha bu kendirden bükülen iplik işte. Çabuk çürürdü bu. Ona katran vururduk çürümesin diye. Şimdi bu hayvanın türleri olurdu. Bazısı "şip", bazısı "murina" derdi mesela en büyüğüne. Bu balıktan avlarsan çok kâr ederdin. Çok havyar çıkardı bu hayvandan. Bazı olurdu 20-30 kilo havyar alırdın bir balıktan. Her canlının dişisi de erkeği de vardır tabii. Bu hayvanın erkeğine de "golan" derdik biz. Dişi erkek ayırt edilmezdi pek, hepsi avlanırdı. Erkek balıkların eti Samsun'a gönderilirdi. Kendimiz de yerdik. Bazı olurdu, ordaki köylülere verir yerine yiyecek, sebze filan da alırdık. Eti çok kıymetliydi hayvanın. Ufağına da "sivruçka" denirdi onun.

"Mültecim" adı verilen havyar tüccarları tarafından balıkçılardan alınarak ihraç edilmek üzere gönderilen havyarların balıklardan çıkarılışı ve hazırlanması ustalık gerektiren bir iş olduğundan av takımında havyar çıkarmada ve hazırlamada mâhir bir balıkçı bu işten sorumlu olmuştur. Sürmeneli Ömer Yalnız (KK-98), havyarın çıkarılışını ve nakledilmek üzere hazırlanışını şöyle anlatır:

Mersin balığını kancayla ve ağla yakalardık. Havyarlı balığın karnı yarılır havyarı alınırdı. Hayvandan aldığımız havyarı elekten geçirirdik. Mercimek tanesi kadar olurdu havyar. Onun böyle özel bir ilaçlı tozu olurdu. Bu tozla havyar karıştırıldığında kabarırdı. Elekle bu havyarlar elendikçe köpükler eleğin altına giderdi. Altta köpük çoğaldıkça elimizle temizlerdik. Köpük iyice arınıncaya kadar eledikten sonra salamura haline gelen havyarı boy boy kutulara kor, Samsun'a gönderirdik. Artık oradan nereye giderse... O zamanın parasıyla iyi para ederdi havyar. Kutusuna göre 60 ila 120 lira arasında ederdi. Balığı yakaladığımız zaman etini kendimiz de yerdik. Çok lezzetli ızgarası olurdu. Ben ondan sonra böyle lezzetli et yemiş değilim.

Avcılığın durumuna göre üç ay devam eden ırmakçılık süresince balıkçılar temel ihtiyaçlarını mütevazı biçimlerde gidermişlerdir. Avlaklarına varan balıkçıların ilk işi, kendilerine barınacak bir yer yapmak olmuştur. Çoğu zaman kamıştan yaptıkları ve "kelif", "balakan", "salaş[220]" biçimlerinde adlandırdıkları geçici barınaklarında temel ihtiyaçlarını karşılayan balıkçıların gündelik hayatları, kaynak şahıslar tarafından şöyle anlatılmıştır:

Oraya varınca kamıştan kulübelerimizi yapardık. Av zamanı 200-300 balıkçı olurdu ırmak sahilinde böyle aralıklı. Trabzon'dan Giresun'dan çok balıkçı gelirdi. Çok ahbaplığımız olmuştur. Bafra'dan gelen beyaz ekmeğin dışında kendimiz de çamurdan yaptığımız büyük plakilerde mısır ekmeği yapardık. Yemekleri aşçımız yapardı. Onun başkaca bir vazifesi yoktu. 10-15 kişiyi doyuracak büyük kazanlarda yapardık yemekleri. Yemeklerde öyle lezzet filan olmazdı pek. Yemekten şikâyet eden olunca aşçı şaka yollu elindeki şişi dürterdi. Aşçı napsın parmak ucu kadar iç yağı katardı tat versin diye. Diğer yağlar nerde... Balık olmazsa yiyecek içecek de sıkıntı olurdu; hep para lazımdı. İçeceğimiz suyu da ırmaktan alırdık tabi. Su bulanık olurdu ama dinlendi mi çamuru dibe çökerdi. Etraftan bulursak odun toplardık bulamazsak köylülerden alırdık. Bazı parayla bazı balıkla köylülerden yoğurt, sebze filan aldığımız da olurdu. (KK-98)

Irmakçılık süresince ailelerinden ve memleketlerinden ayrı kalan balıkçılar, avcılığın tamamlanmasından sonra hızlı bir biçimde dönüş hazırlıklarına başlamışlardır. Öncelikli iş, hesapların görülmesidir. Av takımında yer alan balıkçılar sattıkları havyarlardan kazandıkları parayı alamanacılık ve sonrasında ortaya çıkan gırgırcılıktakine benzer bir biçimde pay etmişlerdir. Paylarına düşen parayı alan balıkçılar, tıpkı alamanacılıktaki gibi, memleketlerinde bulunmayan ancak Samsun havalisinde bolca bulunan tüketim maddelerinin tedarikine öncelik vermişlerdir:

Avcılık bitip de hesap görüleceğinde mal sahibi masrafını çıkardıktan sonra % 60'ını alırdı. Kalanını da tayfaya rütbesine göre pay ederdi.

Reis en fazla payı alırdı, havyarı salamura yapan usta da ayrı olurdu onun da payı fazla olurdu, aşçı da yine biraz fazla pay alırdı. Bunların dışında tayfa her işi yapardı ve payı da genelde eşit olurdu. Dönüşte köylüden mısır alırdık, ayrıca buğday unu da getirirdik. Memlekete gelince sahilde kendi aramızda teneke hesabı paylaşırdık. Kumun içinde paydan ne olur; unun içine bir teneke de kum karışırdı tabi. Anacağımın kumdan ayırmak için çok un elediğini bilirim. (KK-98)

Balıkçılar bazen ırmak ağızlarına gitmeden tesadüfen de morina avlayabilmişlerdir. Kalkan balığının bol ve ucuz olduğu yıllarda kalkan ağına morina balığı takılan Bulancak Ayvasıllı Muzaffer Kalafat'ın (KK-4) *"Bu hayvanların kellesi ayrı para ediyordu, eti ayrı para... Bir keresinde 8 çuval kalkan aldığım ağın içinde çıktı. Samsun'da manava götürdüm adam bana koca bir mendil dolusu para verdi. 8 çuval kalkandan aldığım para bunun zekâtı olmazdı."* Sözlerinden anlaşılacağı üzere morina balığı, balıkçılar için adeta piyango gibi olmuştur.

1960'lara gelindiğinde kısa süre önce yoğunlaşan trol avcılığının deniz tabanında yarattığı tahribata ek olarak, Kızılırmak ve Yeşilırmak nehirlerinin akımları boyunca yapılan Altınkaya ve Derbent barajlarının ırmakların debisinde düşüşe sebep olması, morina balıklarının yaşam alanlarındaki ekolojik şartlarda yıkıcı etkiler yaratmıştır. Doğal üreme alanları ortadan kalkan morina balıkları, kısa bir süre içinde nesli tükenme tehlikesi altında olan balıklar grubuna girmiştir. Balık sayısının azalması ırmakçıların sayısının günden güne azalmasına sebep olmuş; nitekim 1973 yılında alınan bir kararla morina avcılığı sınırlandırılmış, 1975'te alınan kararla da Kızılırmak, Yeşilırmak ve Sakarya nehirleri ağzında avcılık yapmak tamamen yasaklanmıştır (Üstündağ, 2005: 8; Aksungur, 2008: 18). Irmakçılığın sona ermesi ile yunusçuluktan sonra meslekî kültürün önemli bir üretim ve temsil alanı daha ortadan kalkmıştır.

Ek-135: Bulancak Ayvasıl mevkiindeki Erikliman köyünde balıkçı Recep Yıldırım'ın evinin havuzunda muhafaza ettiği mersin balıkları.

Denizciler ve balıkçılar, sosyal ve meslekî hayatlarının her sürecinde kültür üretmeye devam etmişlerdir. Irmakçılığın başlangıcından bitişine kadar olan bütün süreçlerde balıkçılar meslek folklorlarına dönük canlı örnekler de ortaya koymuşlardır. Örneğin memleketlerinden ayrılan balıkçılar, ırmak ağızlarındaki avlaklarına giderken bölgede "yol havası" olarak adlandırılan türküler söylemişlerdir:

Balıkçılar kayıklarla gurbete giderken yol havası[221] vura vura giderdi. Dümeni tutan tayfa veya reis cigarayı sarar başlardı yol havasına. Bu havalardan hatırladıklarım azdır. Giresun taraflarının balıkçılarından şunu hatırlarım:
Ne işlerun varidi Sis dağı başlarunda
Nedir başuma gelen gencecük yaşlarumda
Gencecük yaşlarumda oy.
Yunuslar dizi dizi aşar Karadeniz'i
Yalvariyom Mevlama ayirma ikimizi (KK-102)

Ek-136: (Solda) Göreleli Kul ailesinden Asım Kul, arkasında İspanya'ya ihraç edilecek hamsi salamura fıçıları ve önünde ağlara takılan mersin balığı ile, (sağda) Ergün Kardeşler Balıkçılık'ın ağlarına takılan mersin balığı. (Kul ve Yılmaz Ailesi Arşivlerinden)

Giresunlu ve Trabzonlu balıkçıların meslek folklorlarının popüler örneklerinden olan türkülerin pek çoğu bağlam içinde veya bağlama atıf yapar biçimde ortaya çıkmıştır. Nitekim son yıllarda popüler kültür içinde de yer edinen aşağıdaki türküde Kızılırmak kıyılarındaki morina avcılığı konu edilmiştir. Uzun yıllardır aynı sularda ırmakçılık yapan balıkçılar tabiatın hallerine vâkıftırlar. Bilirler ki her sert poyrazın ardı sert karayeldir ve yelkenin alanını küçültmek, yani kat vurmak gereklidir. Türküde amura yakası[222] ve çördek yakası[223] gibi teknik terimlerden bu vesileyle bahsedilmektedir. Yelkenlere kat vurmak için kullanılan ip yani "camadana bağı" çekilmeli, diğer bir ifadeyle camadana vurulmalıdır.

Çekin uşaklar çekin
Hemen attık ırgatı
Geliyor bir sert poyraz

Vuralım iki katı

Gemiciler kalkalum
Şu yelkeni takalum
Şişirup da yelkeni
Sırt ustüne yatalum

Kızılırmak başuna
Şu ırgatı atalum
Tutalum balık havyar
Keyfumuze bakalum

Kaptan attık ırgatı
Sen da tut ha bu katı
Gel girelum ırmağa
Esecek ha bu Batı

Gemici uşaklar
Deniz başımun tacı
Yoklayın şu ırgatı
İnşallah çıkar acı

(İsmail'la Murat'a)
Hasan geçsun çördeğe
Uşakla ben dumende
Coştum arkadaş coştum
Biraz çalam Kemençe

Dağı aldi bir duman
Oh hava güzel yaman
Doğru yürü ah gelin
Bayıldım aman aman[224] (KK-97)

Babası da uzun yıllar ırmakçılık yapan Sürmene Yeniaylı Paşa Ali Karamustafa (KK-56), ırmakçıların maceralarını anlattıkları kimi meslekî konuşmalara kulak misafiri olmuştur:

Bizimkiler 1 ay kadar kaldıkları ırmakçılıktan döndükten sonra maceralarını anlatırlardı arkadaşlarına ben de dinlerdim bazen. Bizim insanımız nükteyi sever malum. Rivayete göre bizim havyarcılar epey bir para kazanmışlar bir keresinde havyardan. İşleri bitip de dönmeden önce biraz hovardalık yapalım deyip Samsun'da mersin avladıkları yerlerin yakınlarındaki hafifmeşrep köylü kadınlara takılalım demişler. Bu kadınlardan birinin kapısında şöyle bir konuşma geçmiş:
Tık tık tık...
Aç kapıyı aç kapıyı gız!

(İçeriden ses gelmiş)
Siz kimsunuz siz?
(Bizimkiler demiş)
Irmak başında havyarcıyız biz.
Beşluk onluğa para demeyup
Elliluk yüzluk dizeriz biz.
(İçeriden tekrar ses gelmiş)
Ay kıçımı yiyesinız siz!

3.4.1.4. Kalkancılık

Giresunlu ve Trabzonlu balıkçıların meslek jargonunda "sac balığı", "gambula" veya "çivili/mıhlı balık" şeklinde adlandırılan kalkan balığı avcılığı, bugün daha ziyade 2. tip balıkçı aileleri tarafından iç avlaklarda gerçekleştiriliyor olsa da yakın geçmişe kadar çok büyük olmayan motorlarıyla gurbete çıkıp Kırım, Romanya ve Bulgaristan kıyılarına kadar gitmişler; meslekî kültürlerine ait mevcut unsurlara yenilerini eklemişlerdir. Kalkancılık yapmak üzere gurbete giden yöre balıkçıları önce İstanbul'a oradan da Romanya ve Bulgaristan kıyılarına bazen de Sinop üzerinden doğruca Kırım'a gitmeyi tercih etmişlerdir.

Zaman içinde kıymeti daha da artan kalkan balığını avlamak için bu uzak avlakların tercih edilmesinde balığın yaşam alanına dönük tercihleri belirleyici olmuştur. Zira daha önce de çeşitli vesilelerle belirtildiği gibi kalkan balıkları tarih boyunca deniz topografyasının Doğu Karadeniz kıyılarına göre nispeten daha düzenli, sığ ve kumluk olduğu kıyılarda daha fazla av vermiştir. Türkiye kıyılarının dışında avcılık yapan Giresunlu ve Trabzonlu balıkçılar, avladıkları kalkanları satılmak üzere çoğu zaman İstanbul'a göndermişlerdir. Bu vesileyle avcılık süresince İstanbul ve Romanya kıyıları arasında mekik dokuyan balıkçılar, kalkan balıklarının bugüne nispetle daha fazla avlanabildiği yıllarda bu avcılığı Karadeniz'in sayılı fırtınalarından pek çoğunun gerçekleştiği mart ayından mayıs ayı sonlarına kadar sürdürmüşlerdir. Kalkan balıkları bahar aylarında yumurtlamak üzere sığlıklara hamle yaptıklarından iç avlaklardaki kalkan avcılıklarında da av takvimi aynı olmuştur:

> April beşi balığın leşi. Aprilin beşi eski hesap nisanın on dokuzuna geliyor. Bu zamanda balıkçılar ağlarını denizde kurulu olarak bulundurmak isterler. Aprilin beşinde çoğu zaman balıkçıların yüzü gülmüştür. Yakaladıkları balığın bolluğundan..." (KK-59)

KARADENİZ

HAMSİ

Kilosu 3000 TL

Yıl:1 Sayı:1

OCAK 1991

Balıkçılarımız, kalkan balığını Sovyet sularından çalıyor

OKURLARIMIZA...

SEL GİTTİ, ACI KALDI

Ek-137: Balıkçıların kalkan avcılığı için kaçak yollarla Rusya sularına gittiklerine dair bir haber.

Kalkan avcılığında kullanılan tekneler, az çok barınma imkânı bulunan tekneler olduğu için kalkancılar, gurbet avcılıkları süresince teknelerde yatıp kalkmışlardır. Av, soğukların etkisini sürdürdüğü aylarda gerçekleştirildiği için balıkçılar teknelerin içine kurdukları sobalarla ısınmaya çalışmışlardır. Diğer takım avlarında olduğu gibi kalkan takımlarında da özel aşçı bulunmuş, balıkçılar şimdiki gırgır teknelerindeki yemeklere göre çok daha mütevazı yemeklerin konulduğu sofralarda karınlarını doyurmuşlardır. Ortalama 10 kişiden oluşan tayfa grubu genellikle aynı sosyal çevrenin insanlarından oluşmuştur. Av sezonunun iyi geçmesi halinde oldukça karlı bir avcılık olan kalkancılıkta pay işi ırmakçılıktaki ile aynıdır.

Ek-138: Paşa Reis adlı motor Karadeniz'de uluslararası sularda kalkan avında. (Ömer Yetmişbir Arşivinden)

Giresun'da uzun yıllar dış avlaklarda kalkan avcılıklarına katılan balıkçılardan Bulancak Ayvasıllı Tahir Yirmibeş (KK-8), kalkan avcılığı zamanlarında Karadeniz'in çok can aldığını söyleyerek, avcılık yıllarına dönük bir anısını şöyle ifade eder:

> Biz Rusya'da çalıştık. Ben öteden çıktım. Allah seni inandırsın yanıma üç kişi vardı. Nasıl biliyor musun kayık hep suyun içinde. İki tane makine var. Dağ gibi denizler geliyor. Deniz kafamızdan aşağı geçiyor. Ben sigara içiyordum, ağzımdan sigara atladı. Çocuklar yanımda "Abi gideceğiz dua edin!" diye bağrışıyorlar. Limandan içeri girdik. Bir baktım liman hiç yok, görünmüyor. Kafa gitmiş. Rıhtıma yollu girdim zorla durabildim. Kayıkta en az beş bin kasa hamsi var hepsi de bir karış. Karaya çıktık bizde kafa gitti, anormal olduk. Bizi çarşıda arabayla gezdiriyorlar, moral veriyorlar. Öyle geldik kendimize.

Romanya, Kerç, Kırım ve Sivastopol gibi pek çok bölgede kalkan avcılıklarına katılan Sürmeneli Ömer Yalnız (KK-98), balıkçıları oldukça zorlayan kalkan avcılıklarını detaylı biçimde şöyle anlatır:

> Bizim buralardan [Çamburnu] o dönemde gitmeyen yoktur kalkancılığa tayfa olarak. Bazıları da takımlarıyla giderdi. Kalkancılık için şubat veya mart aylarında Boğaz'dan veya Sinop'tan karşıya geçerdik. Sinop'tan 18 saatte Kırım'a giderdik. 15-20 metre filan olan tahta teknelerle giderdik. Gurbete çıkmadan önce aldığımız platkaları harçlık ederdik ırmakçılıktaki gibi. Gittik mi 3 4 ay kalırdık gurbette. Yola çıkmadan 3-4 ton buz alır motorda muhafazalı bir yere koyardık. 12-13 gün idare ederdi o buz. O arada avladığımız hayvanları İstanbul'a gönderir sonra yine devam ederdik. Farkında olmadan Rus sularına da girerdik bazen. Rus askerleri bizi alır giderlerdi kıyıya. İfademizi alırlardı. Ama mazotumuzu koyar, ekmeğimizi, kumanyamızı da tamamlarlardı. Et, tavuk epey kumanya verirlerdi; iyi adamlardı ama ne bileyim işte, biz korkardık; yemez, denize atardık içinde bir şey vardır belki diye. Kalkanı dişi erkek diye ayırmazdık; ağlarımıza ne takılırsa avlardık. Bazen morina da gelirdi ağlara. Ondan da ayrıca para kazanılırdı. 8-10 kiloluk kalkanların bazılarında markalar olurdu. Ruslar markalardı hayvanı demek ki. Karşıların suları geniştir. 50 kulaç sularda 30 saat gitsen değişmez. Kalkan böyle sularda çok olurdu. Bizim buraların suları düzensizdir löngüz doludur her yer. Denizler çok olurdu kalkancılıkta. Motor artık gidemeyecek hale gelince motoru boşa alır, başı denize verir, dalgalara uymaya çalışırdık. Her şeyi elle yapardık ellerimiz donardı soğuktan. Av bitip de hesaplaşmaya gelindiğinde takım sahibinin vicdanına kalırdık. Vicdanlı takım sahibi tayfaya yaptığı işe göre pay verirdi.

1. Dünya Savaşı yıllarında Samsun'un Yakakent (Gümenez) ilçesine göç eden çok sayıda Sürmeneli aileden birinin balıkçı üyelerinden Ahmet

İnan, Karadeniz sahili boyunca genellikle aynı şeklide gerçekleştirilen kalkan avcılığını şöyle anlatır:

> Kalkan ağları ipten dokunduğundan, yıkayıp, sermek gerekirdi. Ağlarda mantar olarak, Hindistan'da bir ağacın kabuğu olduğu söylenen, İtalya'dan getirilen ağaç mantar kullanılırdı. Kalkan ağlarımızda kurşun yoktu, ağların altına ince iple taş bağlardık. Her ağ çekildiğinde taşlar çözülür, ağları kurarken bağlamak amacıyla denize çıkmadan önce, ev duvarı örer gibi tekneye istif edilirdi. Kalkan ağlarını 50-55 kulaçlara kurardık. Dedemler akıntı olduğu zaman açıklara ağ kurmazlardı. Çünkü akıntıda ağlar düzgün yerleşip, çalışmaz, ip gibi olurdu. Akıntı olup olmadığı, ağ kurmaya gidildiğinde şamandıra atılıp, onun hareketinden anlaşılırdı. Kalkan ağları beş göz, 42 cm göz açıklığında olup, ağlarımızda ince balık olmazdı. Bir ara parekete ile kalkan avcılığı yapmıştık. O zaman iğnelere mezgit balığı vurmuş, ne balığı olduğunu bilememiştim. Babama "Bu balık ne balığı, sümüklü gibi?" diye sormuştum. O da, "Oğlum bu balık, Trabzon'un en birinci balığı, mezgit balığı." demişti. (...) Ağlar eskiden kıymetliydi. Elle dokunurdu ve çok çabuk çürürdü pamuktan olduğu için. Dayanıklılığı artsın, çürümesin, sağlam olsun diye kalkan ağları bezir yağı ile yağlanır, molozmalar ise çam kabuğunun toz haline getirilip kaynatılması ile hazırlanan karışıma sokulurdu (Arpa, 2012: 109).

Ek-139: Solda İstanbul Azapkapı Balık Halinden (1974); sağda Gerze kıyılarında trolcülük yapan Sürmene Balıklılı balıkçılardan bir görünüm. (Ömer Yetmişbir Arşivinden)

Kalkan balıkları ile ilgili uluslararası düzenlemeler ve ülkelerin kendi kıyılarındaki avcılıklara dönük tasarrufları sebebiyle kalkancılık zamanla daha ziyade iç avlaklarda sürdürülür olmuştur. Geçmişte bu avcılık için gurbete çıkmayan balıkçıların iç avlaklarda kullandıkları usuller merkeze yerleşmiştir. Balıkçılar iç avlaklardaki kalkan avcılıklarında 200 metre boyunda "fanyalı ağ[225]" tabir edilen bir ağ kullanmışlardır. Kıyıdan 6-7 mil açıkta 50 kulaçlık sığlıklarda deniz tabanına serilen bu ağın derinliği 2 metre kadar olup alt kısmında taş, üst kısmında mantar bağlıdır. Dış avlaklardaki teknelere nispeten daha küçük teknelerle 3-4 gün süreyle denizde kalacak şekilde serilen ağlar, genellikle 3 kişiden oluşan bir ekip tarafından denizden toplanmıştır. Kalkan avcılığı, bu amaçla donatılmış ağların dışında karmaklarla da yapılmıştır. Karmaklar yemlenmiş çok sayıda olta iğnesinin misinaya dizilmesi suretiyle oluşturulmuştur. Sayısı bini bulan iğnelerin tek tek yemlenmesi, yemlenen iğnelerin birbirine takılmayacak biçimde akıntılarla ve kürekçi ile uyumlu biçimde denize bırakılması, karmak avcılığını sabır ve maharet gerektiren bir usul haline getirmektedir. Karmağın kökeni ile ilgili bir mizahi anlatı şöyledir:

> Paraketeyi Yunanlılar icat etti. Niye icat etti biliyor musun? Şimdi Yunanlı karısına iş bırakırmış karısı yanlış ayak[226] yaptığı için karı bunu düşüne düşüne ne yapmış, bu geç gelsin diye paraketeyi icat etmiş. Kocası iki saatten önce karmağı denizden kaldıramadığı için karı da iki saatte işini görürmüş. (KK-103)

Zamanla av teknolojilerinde görülen gelişmeler ve av mevzuatındaki düzenlemeler bu usullerin revize edilmesinde etkili olmuştur. Kalkan avcılığı, başarılı bir av gerçekleştirilmesi halinde bugün de oldukça kârlı bir avcılık biçimidir. Ancak avlanan kalkan miktarı geçmiş yıllara göre oldukça azaldığından 2. tip balıkçı aileleri özellikle kalkan avcılığı ile uğraşmamakta, diğer avcılıklarla birlikte vakti geldikçe kalkancılık yapmaktadırlar.

Kalkan balıklarının iç avlaklarda daha fazla avlandığı yıllarda balıkçılar avladıkları balıkları çuvallarla karaya taşımışlardır. Balıkları mahallelerine götüren balıkçılar evlerinin avlularındaki beton veya taş zeminlere boşalttıkları balıkları daha önce sipariş aldıkları mahalleliye, talep edilen biçimlerde boylarına göre etiketleyerek ayırmışlardır. Taşıma sırasında hâlâ canlı olan balıklar, avın bereketiyle keyifli olan balıkçıların şaka malzemeleri de olmuşlardır. Tirebolu'da tespit edilen mizahî karakterli şu meslekî anlatıda, ortaklaşa av yapan balıkçıların balıkları pay etmelerine dönük bir olay konu edilmiştir:

> Avladıkları balıkları çuvala koyup evlerinin yolunu tutan balıkçılar, balıkları nasıl pay edeceklerine karar veremezler. Zira çuvaldaki kalkanların boyları türlü türlüdür. Bu sefer şöyle bir şeye karar verirler. Çuvalın içinde kımıldayan ilk balıktan başlamak üzere sırayla bölüşelim derler. Balıkları görmeden balık kımıldadıkça "Bu senin, bu benim." deyip balıkları tek tek çuvaldan çıkarırlar. Olacak ya birine hep küçükler denk gelmiş. Başlamış küfür etmeye "Senin yassı boyuna, kımıldayan boyuna..." (KK-104)

Balık mutfağında oldukça itibarlı bir yere sahip olan kalkan balığının lezzeti ve tüketim biçimi de balıkçıların meslekî anlatılarında yer bulmuştur:

Balçık içindeki balığa göre kayalık yerlerden avlanan kalkan daha lezzetlidir. Dere ağızlarında taze suyun, havanın bol olduğu yerlerdeki kalkanlar da lezzetli olur. Kalkan balığı ana avrat küfretmiştir derler, beni yakalayıp da kızartmadan başka yiyenler için. Kalkan balığının en lezzetli yeme şekli kızartmaktır. (KK-59)

3.4.1.5. Orkinosçuluk

Araştırma sahasında balıkçılar tarafından küçüğüne "tombik", büyüğüne "istavrit azmanı" da denilen orkinos, antik çağlarda Karadeniz faunası içinde yer almış ve büyük balıkları avlamaya meyleden ilk balıkçıların gözde avlarından biri olmuştur (Bursa, 2007: 78). Ancak Karadeniz'de orkinosun izine yüzyıllar içerisinde giderek daha az rastlanmaya başlanmıştır. Giresun ve Trabzon havalilerinde ilerlemiş yaşlarından ötürü balıkçılığı bırakan balıkçılardan bazılarının anı karakterli meslekî anlatılarında nadiren de olsa orkinos avladıklarından bahsedilmektedir:

Eskiden denk gelirdi orkinos buralarda. Sonra sonra kayboldu gitti bu hayvan. Mersin'de Niyaz Ağa'yla denize gidiyoruz. Emin Ağa bir direkte Süleyman Ağa da yedek motorumuzdur. Yunan makinesi vardı. Berber Osman'la ortak idi. Akçaabat'ın üstünden döndük beri doğru gelirken Sarana Başı'ndan beri geçtik. Üstüngar üzerine gelmeden balık çaktı ha böyle bileğimizi. Motor önden çektiriyor bizi. Biz kürek peşinde geldik ha bu Kabasağa içinde geçtik onun önüne. "Mola!" dedi Niyazi Ağa. Mola ettik ona kapattık ağı. "Yakamoz duruyor ağın içinde. Baba sakin elektrik vurma ona; balık palamut değildir." dedi. O arada Emin Ağa ona bir elektrik çaktı. O zamanda ağlar pamuk idi. Naylon ağı değildi pamuk ağı. Vuran aldı bir parça gitti. Bir tane geldi o boşluğa orkinos geldi o boşluğa sarıldı. Helim'in İlyas da palacımız. Aldık onu iki kayığın ara yerine. İlyas Ağa "Atın ha oradan bana bir halat. İneyim ha bu altına da bağlayım onun kuyruğunu öyle çekeriz." dedi. İndi oraya balık da küstü. Balığı tutunca İlyas Ağa tabi hayvan canlı. Kuyruğunu ha böyle bir etti, İlyas Ağa'yı aldı motorun kamarasının üstünden arkaya denize doğru fırlattı. Süleyman Ağa geçirdi onu hemen kancaya. Neyse aldı balığı motora, yolladık onu Trabzon'a. Bu balığı kim bilir, kim alır? Alan olmadı tabi. Gerisin geri geldi tabi köye balık. 750 kilo geldi balık. Parça parça dağıttık millete. Artanını da attık denize. (KK-69)

Benzer bir meslekî anlatı da Ayvasıllı balıkçılar arasında tespit edilmiştir:

Bir keresinde hamsi avıyla bir ağı saldık denize. Ağ karıştı, çekiyorum çekiyorum gelmiyor. Vuran gidiyor, vuran gidiyor. Bir de bakarım ki orkinos balığı. O zaman orkinos balığını bilen mi vardı. İstavrit azmanı diyorlardı. Bazılarında tüfek vardı, vurmaya çalışırlardı. Aynı ağın içinde 3 tane balık vurduk. Halat geçirdik ağızlarına öyle aldık. En baştaki yedek kayıktan bu yana çekip aldık. Sattık Samsun'da ama çok para etmedi. (KK-4)

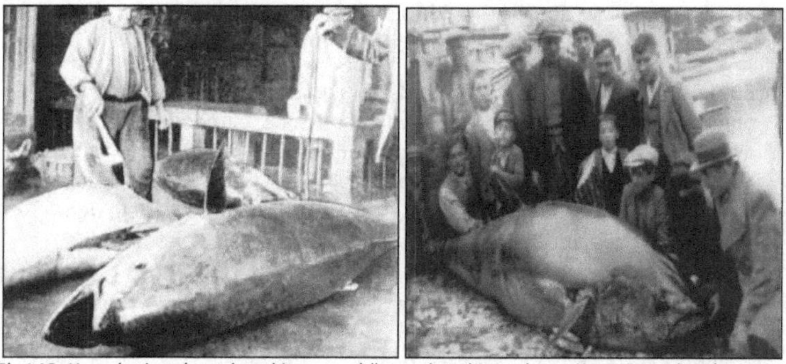

Ek-140: Karadeniz sularında orkinos avcılığı yapılan dönemlere ait görünümler. (Anonim)

Orkinos balığının bugünkü habitatı daha ziyade Akdeniz olduğu için, Giresun ve Trabzonlu 1. tip balıkçı aileler, eti oldukça kıymetli olan bu balığı avlamak için gurbet avcılıkları gerçekleştirmektedirler. 1990'lı yıllarda gerekli donanıma sahip olan av takımlarının katıldığı orkinos avcılığı, bugün formel bir düzenleme ile gerçekleştirilmektedir. Pek çoğu İstanbul teknelerinden oluşan katılımcı havuzunda üye olan 84 tekneden kura ile belirlenen 5 tekne orkinos avcılığı gerçekleştirebilmektedir. Kurada isimleri çıkan takım sahipleri bu avcılığa fiilen katılabildikleri gibi ücreti karşılığında haklarını başka bir tekneye de devredebilmektedirler. Kurada ismi çıkan firmaların bir dahaki orkinos avına katılmaları yıllar alabilmektedir. Geçmişte mayıs ayı ile başlayan ve herhangi zaman bir sınırlamasına tabi tutulmayan orkinos avcılığı, bugün 15 Mayıs-15 Haziran tarihleri arasını kapsayan 1 ayla sınırlandırılmıştır. Her bir takımın avlayabileceği orkinos miktarı 40 ile 70 ton arasında değişmektedir. Bu rakam Doğu Karadeniz'de tutulan balık miktarları dikkate alındığında az gibi görünecektir. Ancak orkinosun oldukça değerli bir balık olması, ava katılanların hatırı sayılır bir kazanç elde etmelerini sağlamaktadır. 2012 yılında Yorozlu Yılmaz ailesinin bir kolunun sahibi olduğu Ergün Kardeşler'e çıkan kotanın, aile tarafından başka bir balıkçı firmaya 1,5 trilyon liraya devredilmesi bu durumun izahı açısından yeterli olacaktır.

1980'lerden itibaren mesleğin modernize edilmesi yolundaki öncü teşebbüsleri ile tebarüz eden Bulancak-Yalıköylü Fat ailesi, Giresun havalisinin dış avlaklarda orkinos avcılığına katılan ilk balıkçı ailesi olmuştur. Giresunlu ve Trabzonlu balıkçıların orkinos avcılığına dâhil olmalarına öncülük eden bu aile, ilerleyen yıllarda Görele merkezli Kul Balıkçılık, Samsun merkezli Sürsan ve Rize merkezli Aktaşlar balıkçı firmalarıyla Kuşadası'nda ortaklaşa bir orkinos çiftliği kurmuştur.

Orkinos avcılığına katılan balıkçılardan Bulancak Ayvasıllı Halil İbrahim Aydeniz (KK-21), orkinos avcılığı ile ilgili olarak şunları anlatmıştır:

> Bu balığın meraklısı Japonlardır. Şuşi mi çuşi mi bir yemekleri var ya onu orkinostan yaparlarmış. Bu yıl Japonya'da tsunamiden ötürü avlanan orkinoslar alıcı bulamadı. Adamlar can derdine düştü tabi. Kilosu 40-50 dolardan ancak satılabildi. Hal böyle olunca ortaklaşa hareket eden bazı firmalar acayip zarar ettiler. Mesela Görele'den Kuloğlu'nun da içinde bulunduğu bir ortaklık, milyon dolardan fazla zarar etti diye biliyorum.

Ek-141: (Solda) Akgün Balıkçılık ve (sağda) Kul Balıkçılık av takımlarının Akdeniz ve Ege'deki orkinos avcılıklarından görünümler. (Akgün ve Kul Ailesi Arşivlerinden)

Orkinos avcılığı için Akdeniz'e giden balıkçılar, kimi zaman bu sularda başka avcılıklar da yapmışlar. Bu avlara ve yaşanan olaylara dönük bir meslekî anlatı şöyledir:

> Fatoğlu ile daha çok gittim orkinosa. Buradan orkinosa diye gidiyoruz ama iki ay önceden gidiyoruz. Lamba yakma davaları falan var ya. Kuzu balığı deriz mesela. Orkinos gibi değil ya akya gibi bir balık çeşidi. İşte ondan kolay yakalardık. Bize dediler ki "Haydi Kıbrıs'a gidelim." Orkinos'a daha bir ay var. Biz Kıbrıs'a gittik. Hayvan oraya, bildiğin hayvan cenneti, ağı atıyorsun kaldırma şansın yok. Hem de balıklar kırk elli kilo. Biz orada avlanmaya başladık. Üç beş ağ attık kayıkları falan yükledik karşıya yolladık, Taşucu'na. Kıbrıs'ın halkı bir geldi üstümüze. Adamlar ne güzel yaptı biliyor musun? Kırdık da, hayvanı kırdık. Adamlar ondan bir tane bir tane tutarmış. (KK-17)

Orkinos avcılığının gerçekleştirildiği kısa zaman dilimi içinde de balıkçılık kültürünün pek çok unsuru yine canlı bir biçimde yaşatılmaktadır. Balıkçılar, iklimi, deniz şartları ve faunası tamamen farklı olan Akdeniz'deki avcılıklarında başlarından geçen olayları meslekî anlatı formunda aktarırken adeta masal diyarından bahseder gibidirler.

Ek-142: Balıkçıların her yıl av kurasında çıkmak için can attıkları orkinos sürülerinden bir görünüm

3.4.1.6. Gölcülük / İnci Kefalciliği

Balıkçılar kendi avlaklarında beklentilerine cevap verecek avlar gerçekleştiremedikleri zamanlarda sadece dış deniz avlaklarına yönelmemişler, göl balıkçılığına da meyletmişlerdir. Ekonomik sebeplerle Van Gölü'nde avcılığa giden balıkçılar arasında Farozlular ilk sıradadır. Faroz'un balıkçı aileleri, 1960'ların ortalarından itibaren yaklaşık yirmi yıl süreyle 15 Nisan ve 15 Mayıs tarihleri arasında Van Gölü'nde inci kefali avcılığı yapmışlardır. Av takviminin belirlenmesinde deniz balıklarında olduğu gibi, kefal balığının davranışları etkili olmuştur. Kefal balıkları bahar aylarında yumurtlamak üzere göle dökülen ırmakların ağızlarına hamle yaptıklarından balıkçılar da bu zamanları kollamışlardır. Avcılığın yapıldığı ilk yıllarda göldeki kefal avlaklarını kiralayan bir kooperatif kârın yarısına ortak olacak şekilde, bu avlakları anlaştığı bir Farozlu balıkçı aileye tahsis etmiştir (KK-5).

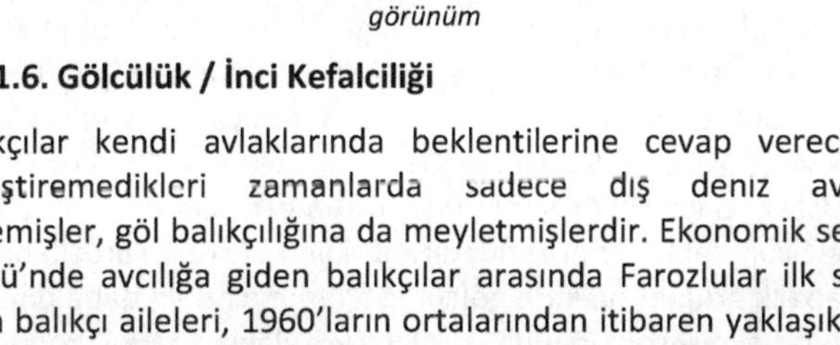

Ek-143: Trabzon-Farozlu balıkçıların Van Gölü'ndeki inci kefali avcılıklarından görünümler. (Usta Ailesi Arşivinden)

Faroz'da gölcülüğe ilk kez mahallenin ünlü balıkçılarından Müdür Seyfettin (Usta) liderliğindeki bir ekip katılmıştır. Bu öncü reisin oğlu Osman Usta (KK-37) gölcülük yıllarını ayrıntıları ile şöyle anlatır:

> Van Gölü'ne ilk, babamlar gitti 1962'de. Orda ortak buluyor yanına beraber çalışıyorlar. Bizim Farozlular Van Gölü'ne balıkçılığı götürdüler. O zamanlar bir, bir buçuk aylığına giderlerdi babamlar. Ben de giderdim onlarla. Nisan başında giderken de mayısın ortasında dönerken de kamyonlara atardık kayıklarla ağları. Kefal ağlarını bizim mahallede yaparlardı yine. Biz oraya gittiğimiz zaman kimse bilmezdi balıkçılık yapmayı filan. Avlanan balıklar oranın insanına, Kürtlere satılıyordu. Bu Kürtler balıkları filan bilmiyorlardı. Balık ne olursa olsun adı hep "masi"ydi. Hâlâ bilinir buralarda, bu balığın inci kefali olduğunu da manyatçılığı, gırgırcılığı da Kürtlere öğreten babamdır. Şimdi bu gölün suyu sodalı olduğundan inci kefali nisan gibi ırmakların ağzına geliyor tatlı suya.

Van Gölü'ne giden ilk balıkçılardan sonra daha önce bu avcılığa katılmak konusunda tereddütler yaşayan Faroz'un diğer balıkçı aileleri, kısa süre içinde yeni ekiplerle gölcülüğe dâhil olmuşlardır. Mahallede bugün bir kısmı artık hayatta olmayan Adil Reis (Sakallıoğlu), Golloş Salih (Sekreter), Golloş Mustafa (Sekreter), Rahmiyarın Yaşar (Özçilingir), Tavşan Cevdet (Mutlu), Süleyman Özçilingir, Numan Özçilingir, Kök Dayı (Habib Usta), Sığırcı Mehmet (Küçükahmet), Obuz Erol (Özçilingir) gölcülüğe çıkan balıkçılar arasındadır. Birkaç yıl içinde Farozlu balıkçıların daha kalabalık gruplar halinde gölcülüğe katılmaları ile daha önce sadece bir kooperatif taşeronluğunda kiralanan avlaklar farklı kooperatiflere kiralanır olmuştur. Göl kıyısındaki yerleşimlerin hak sahibi oldukları ırmak ağızlarını münferit olarak kiralamaya başlamasıyla av sezonunda göl etrafında oldukça hareketli bir yaşantı ortaya çıkmıştır. Avcılığın yaygınlaşması ve balıkçıların bizzat yer kiralamaya başlamalarıyla kooperatif ve balıkçı ortaklığına dayalı olan usul zayıflamıştır. Gölcüler, avladıkları balığın satışı konusunda doğrudan müdâhil olmamışlardır. Avcılıkta yer alan ailelerden Çakır ailesinin üyesi Mustafa Çakır (KK-5) avladıkları balıkların hangi yollarla pazarlandığını şöyle anlatır:

> Oraya gittiğimizde "Lazlar geldi." diye duyulunca ve kamyoncular yanımıza gelir; bizden aldıkları inci kefallerini Van, Diyarbakır, Doğubeyazıt, Kars, Ardahan, Ağrı, Bitlis gibi illere satarlardı. Onların "çap" dedikleri sandıklar vardı. Her biri 90 kilo gelirdi. Çaplara doldurdukları balığı götürür giderlerdi.

Ek-144: Farozlu balıkçıların Van Gölü kıyısındaki gündelik yaşamlarından bir görünüm. (Usta Ailesi Arşivinden)

Avcılık süresince balıkçılar, diğer gurbet avcılıklarında olduğu gibi geçici kulübelerde barınmışlar, yemeklerini kendileri yapmışlardır. Bölge insanı ile küçük problemler dışında çatışma yaşamayan balıkçılar, terör olaylarının artması ve balıkçılığı öğrenen bölge insanının, avlaklarını dışarıdan gelen balıkçılara kiralamak istememesi gibi sebeplerle Van Gölü yolculuklarına son vermiştir. Gölcülük yılları balıkçıların hem meslekî hem de umumî kültürlerini bölge dışından topluluklara aktarmalarına vesile olmuştur. Balıkçıların ifadelerine göre Van Gölü'nde inci kefali avcılığı yapan Vanlı balıkçılar, Faroz'un inci kefalcilerinden öğrendikleri geleneksel karakterli avlanma usullerini bugün de kullanmaya devam etmektedirler.

3.4.1.7. Kelercilik

Araştırma sahasında çoğu zaman "keler" şeklinde adlandırılan köpek balıklarının avcılığı çoğunlukla İstanbullu balıkçılar tarafından Boğaz çevresinde ve Romanya, Bulgaristan gibi ülkelerin kıyılarında ve Samsunlu balıkçılar tarafından Yakakent (Gümenez) beldesi avlaklarında gerçekleştirilmiştir. (KK-4) Köpek balıkları, ciğerlerinden elde edilen yağın yanı sıra çeşitli amaçlarla kullanılan yüzgeçleri için de avlanmıştır.

Ek-145: Köpek balığı avcılığının Samsun ve İstanbul havalilerinde yaygın olduğu dönemlerden bir görünüm. (Anonim)

Yunus avcılığının yasaklandığı 1980'li yıllarda yağ ticareti yapan aracılar, oluşan balık yağı ihtiyacını karşılamak üzere daha önce yunus avcılığı yapan Giresun ve Trabzonlu balıkçı ailelerinden köpek balığı avcılığı yapmalarını talep etseler de balıkçılar, bu avcılığa çok fazla ilgi göstermemişler, Faroz Mahallesindeki birkaç aile istisna olmak üzere özellikle keler avcılığı yapmamışlardır. Ancak kalkan, palamut veya torik avcılıkları sırasında toplu halde ağlarına takılan kelerlerden de gelir etmişlerdir.

> Romanya'da Tuna Nehri'nin ağzında bir divarna attık. 2 kardeş idik. Karadan yukarıya doğru Tuna Nehri ağzına serdiğimiz ağda 40 ton kadar keler kaldı. İstanbul'da Karaburun'a fabrika yapmışlardı. Onları yükledik, Karaburun'a getirdik, sattık. (KK-69)

Keler avcılığının uzun süre devam etmemesinde bu balıktan elde edilen yağın yunus yağına göre çok daha düşük kalitede olması, kısa sürede donması ve kullanım alanının yunus yağındaki gibi geniş olmaması etkili olmuştur.

Ek-146: Solda Beşikdüzü Köy Enstitüsü Balıkçılık Şubesi'nin av takımlarınca yakalanan köpek balıkları (Anonim); sağda Göreleli balıkçıların mezgit ağlarına takılan bir köpek balığı.

3.4.2. Yalnızca İç Avlaklarda Yapılan Avcılıklar

Giresunlu ve Trabzonlu 2. tip balıkçı aileler tarafından yakın geçmişe kadar Samsun'un Yakakent (Gümenez) beldesi ile Hopa arasındaki avlaklarda gerçekleştirilen ve hava şartlarına ve av durumuna göre kısa bir süreliğine de olsa uzaklaşmayı gerekli kılabilen avcılıkların tamamı bu başlığın altına dâhil edilmiştir. Yakın geçmişte avlak sahalarının sınırlandırılması ile uzun mesafeli iç avlak avcılıkları sona ermiş, balıkçılar kendi avlaklarında günlük avcılıklar yapar hale gelmişlerdir. Sabahın erken saatlerinden itibaren avlanmaya başlayan balıkçılar kendilerine ayrılan avlaklarda günün çeşitli saatlerinde avcılık yapmakta ve av bitiminde evlerine dönmektedirler. Çapari/olta avcılığı yapan 3. tip balıkçı aileler de yine aynı biçimde avlanmaktadırlar.

Balık ağlarının bugünkü kadar yaygın olarak kullanılmadığı dönemlerde 2. tip balıkçı aileleri tarafından uzun yıllar "karmakçılık" şeklinde adlandırılan avlanma biçimine "parekete" de denilmektedir. Giresun ve Trabzon havalilerinde bugün göz açıklığı 16-24 mm arasında olan ağların deniz tabanına kurulup sabahın erken saatlerinde sudan çekilmesi suretiyle yapılan mezgit avcılığı uzun yıllar Giresun havalisinde "tuna" adı verilen bir ipe dizilmiş olta iğnelerinden oluşturulan karmaklarla gerçekleştirilmiştir. Farozlu balıkçı Salih Yılmaz (KK-77), bu yöntemi ve yöntemin kullanımdan düşmesinin sebeplerini şöyle anlatır:

> Karmakçılık çoktu eskiden. Bin tane iki bin tane kancayı diziyorsun yemliyorsun bu kancaları da bırakıyorsun denize. Balığın sevdiği ne varsa onu takıyorsun mesela kancalara. Eskiden ağ işi yoktu denizde hep olta işi vardı. Şimdi hep ağlar var. Bu karmaklar ağa takıldı mı daha onu alamazsın bu yüzden de öldü bu yöntem[227].

Çarşıbaşı Kaleköylü balıkçı İbrahim Çetindemir (KK-78), delikanlı çağlarındaki balıkçılık günlerinden bahsederken 1990'lara kadar uygulanmaya devam eden karmakçılığa da atıf yapar:

> Biz köyden saat üçte kalkardık. Yirmi dakikada sahile inerdik, üç buçukta kayığı ordan suya atardık ve Çarşıbaşı'ndan Eynesil kalesinin üzerine giderdik. Bir saat kadar giderdik denizde. Üç saatte orada karmağımızı denize atardık. Yüz, iki yüz kilo kadar mezgit tutardık. Ordan da dışarı çıkardık; balığı arabaya koyup Trabzon haline gönderirdik. Sonra yine kayığımızı Yalıköy'üne çekerdik.

Balıkçılar arasında, av araçlarında ve ekolojik algıda görülen değişimlerle geleneksel nitelikli meslekî bilgi ve pratiklerden bazıları donuklaşmış bazıları ise canlılıklarını muhafaza etmiştir. Bu bağlamda araştırma sahasında geçmişte avlar sırasında hem 1. hem de 2. tip balıkçı aileler tarafından kullanılan ancak bugün sadece 2. ve 3. tip balıkçı aileleri tarafından kullanılmaya devam eden ve "kerteriz tutma", "iskandil atma" şeklinde tabir edilen geleneksel usuller mevcuttur. Balıkçılar, geçmişte olduğu bugün de avlaklarını zihinlerinde işaretlemek üzere bu tekniğe sıklıkla başvurmaktadırlar. 1. tip balık ailelerinin yüksek teknolojili av teknelerinde bu işlem artık GPRS cihazı ile yapılmaktadır. Sürmeneli Ömer Yetmişbir (KK-59), balıkçılık yaptığı yıllarda bu geleneksel usullerin nasıl tatbik edildiği ve bunların neden önemli olduğunu bir anekdot üzerinden şöyle anlatır:

> Eskiden radar kullanılsın veya kullanılmasın reislerin hepsinin kerteriz dediğimiz yer belirleme usulleri var. Bu kerterizler genellikle camilerin minareleri kullanılarak yapılır. Kastel [Sürmene] camiinin minaresi falancanın evinin çatısını alıyor. Bir de iskandil ipi vardır. Onunla da derinliği ölçersin. Daha önceden koyduğun kerterizi elinle

koymuş gibi bulur ağını atarsın. Akşamdan yatıya ağ atılırken yapılan iskandil ile alınan kerteriz teknedeki bütün tayfalara söylenir ki oradan balık fazla alındığında yine aynı yere ağ kurmak kolay olsun. Bir gün hiç unutmam Allah rahmet eylesin Çağo Saffet ile Samsun'da trolcülük yapıyorum. Teknemiz hava bozuk olduğu için limanda bağlı. Ben de kamarasını temizleyeyim dedim. Yatağının altında üstünde baktın boş sigara paketlerinden bir sürü kâğıt duruyor. Bir kısmını okuduğumda Mersin, İskenderun, Hatay civarlarından notlar, kerterizler tutmuş. Ne kadar kâğıt varsa çöp kutusuna attım. Akşama motorda çıngar çıktı. Bir dövmediği kaldı beni. "Onlar benim on yıllık kerterizlerimde hepsini mahvettin, yıktın ocağımı." diye çok serzenişte bulundu bana.

Giresunlu ve Trabzonlu balıkçılar, "kerteriz tutma" sırasında kendi kıyı coğrafyalarındaki özelliklerden yararlanmışlardır. Araştırma sahasında hemen her avlak sahasında avlak sahasını işaretlemeye yarayan unsurlar bu münasebetle farklıdır. Kıyıdaki tepeler, ağaçlar, minareler veya yapılar vs. avlak sahasının işaretlenmesi sırasında kullanılabilmektedir. Balıkçı Alahattin Turhal (KK-68), Trabzon Havaalanı civarındaki avlak sahasında tutulan kerterizlerden bir örneği şöyle anlatır:

> Burada [Trabzon havaalanı civarında] çifte kavak var. Orada iki üç tane ağaç yan yana olduğu için orya çifte kavak denir. Kayıkçılar bunu nişan alır o ağaca göre denize çıkıyor ona göre ağ seriyor veya orada bir batık var buraya ağ serilmez der bunlar nişandır hep. Kovata Burnu vardır mesela. Yomra limanının üstünde bir çıkıntı vardır oradan adam nişan alır oltacı onu görene kadar gider onu gördüğünde oltasını atar o suda balık tutmaya başlar. Bunlar nişandır nişansız balıkçılık olmaz.

Kerteriz tutma balıkçı kültürünün mizahî anlatıları içinde de yer edinmiştir:

> Temel ile Dursun balığa çıkmışlar. İlk gün hiç balık yakalayamamışlar. Ertesi gün de aynı derken sonunda üçüncü gün bir kova balık avlamışlar. Bunun üzerine Temel, Dursun'a "Dursun bu yeri iyi belle, yarın da buraya geliriz." demiş. Kıyıya vardıkları zaman Temel, Dursun'a tekrar sormuş "Dursun yeri iyi belledin mi?" Dursun cevap vermiş, "Evet, kayığın ucuna çarpı koydum." Temel sinirlenip "Ulan salak! Yarın bu kayığı kiralayacağımızı nerden biliyorsun?" diye bağırmaya başlamış. (KK-95)

Balıkçılar, ağlarını veya oltalarını denize bırakmadan önce avlamak istedikleri balıkların türüne veya av araçlarının özelliklerine göre bulundukları deniz alanının derinliğini ölçme ihtiyacı duymaktadırlar. 1. tip balıkçı ailelerinin teknelerinde bulunan radarlar aynı zamanda denizin derinliğini de gösterdiği için "kerteriz tutma"da olduğu gibi 2. ve 3. tip balıkçı aileler, "iskandil atma" tabir ettikleri geleneksel bir usulü uygulamaya devam etmektedirler. Denizin derinliğini ölçmek isteyen balıkçılar bu amaçla bir misinayı veya ipi ucuna bağladıkları ağırlıkla denize bırakmakta, ağırlık deniz tabanına ulaştıktan sonra bunu kulaç hesabıyla geri çekerek derinliği hesaplamaktadırlar.

3.4.2.1. Manyatçılık ve Barabatçılık

Araştırma sahasında sahil dokusunun korunduğu uzun yıllar boyunca daha ziyade 2. tip balıkçı aileler tarafından karanlık gecelerde gerçekleştirilmiş olan bir avcılık uygulamasıdır. İlk bakışta aynı gibi görünen bu iki usul, kullanılan ağın özellikleri ve avlanan balıkların türleri gibi yönlerden farklılık arz etmektedir. 1940'lı yılların başlarında Giresunlu balıkçılar üzerine müşahedelerde bulunan Selçuk Trak'ın yöredeki manyatçılık uygulamalarına dönük müşahedeleri şu şekildedir:

> Karadan denize "çıma" adı verilen iki sırık uzatılır. Balıkçılar 1 ile 5 metre derinliğe ve 9 ile 15 metre genişliğe sahip olan ve karaya bakan alt tarafında kurşun bağlı olan ağı çımanın birinden itibaren yarım daire şeklinde dökmeye başlarlar ve diğer uçta sonlandırırlar. Ağırlık sebebiyle dibe yönelen ağ, üst tarafındaki mantarlardan ötürü tamamen suya gömülmez. Çımaları karada olup ağı denizde olan bu uzatmanın tam ortasında balıkların toplandığı 10 ile 15 metre derinliğe sahip "kugil" adlı torba bulunur. Alamana ve gırgır avcılığı ay ışığının olmadığı karanlık gecelerde yapılırken uzatma avcılığı ay ışığında gerçekleştirilir. Alamana ve gırgırla avlanan kayıklarda ortalama onar kişi bulunurken uzatma ile yapılan avda tek bir kayık ve iki kişi yeterlidir. Bunlardan biri kayığı diğer ise ağı idare eder. Bunların dışında çımaların her birinin başında uzatmayı karaya çekmek için dörder kişi bulunur (Trak, 1944: 785).

Barabatçılığın devam ettiği yıllarda balıkçı akrabaları ile bu avcılığa katılan Farozlu Muharrem Kayıkçı (KK-38), manyatçılık ile barabatçılıkta kullanılan ağların ve tekniklerin benzer ve farklı yönlerini şöyle anlatır:

> Manyatta ağ, kurşun ağırlıklıdır; barabatta ise mantar ağırlıklıdır. Amaç manyatın dipten, barabatın üstten gelmesini sağlamaktır. Manyat genellikle barbun ve kıraça avlanırken kullanılır. Barabat ise hamsi, sargan ve çinekop avlamak amacıyla kullanılır. Manyat ağı, barabata göre daha büyüktür ve kıyıya çekilmesi 1,5-2 saati bulurdu. Manyat ağlarında da tayfa çalıştırılırdı. Manyatı büyük olanın tayfası da fazla olurdu. "Hamot" dediğimiz bir bel kayışı vardır. Bu kayış bele bağlandığında ön tarafında ağaçtan kelepçe gibi bir çıkıntısı bulunur. Ağın ucu buraya takıldıktan sonra manyat bel kuvvetiyle çekilirdi. Manyatın her bir ucunda üç kişi bu şekilde bel kuvvetiyle ağı kıyıya çekerdi. Barabatta ise böyle bir tekniğe gerek duyulmazdı.

Sahillerimizin kumsal olduğu zamanlarda manyatçılık ve barabatçılık rahat yapılan bir avcılıktı. Hamsiciliğe veya palamutçuluğa göre daha küçük çapta bir avcılıktı. Sargan sakinliği ve temizliği seven bir hayvandır. Onun bulunduğu yerde ışık olmayacak, deniz sakin ve temiz olacak. Geçmişte sargan Faroz'da kuma çıkardı. Bir barabat ağında 10-15 ton sargan tuttuğumuz olurdu. Sargan sakin bir balık olduğu için avcılığı da sakin ve sessiz yapılırdı. Çocukluğumda 7-8 yaşlarında bir sargan avına beni de götürmüşlerdi. Sabahın erken saatlerinde barabatımızın iki yakasında da bulunan "gudal" denilen ağaç vardı. Ağın alt ve üst yaka bu gudala bağlanır ve ağ buradan giderek genişler. Kıyıya 10-15 metre kala ağ ilişkene takıldı ve ağ yırtıldı. Sargan ağa takıldıktan sonra hızla çekmek lazımdı ağı. Bu yüzden babam "Hadi bakalım dal denize de ağı bağla." dedi. Daldım denize ama sarganın burnu gözüme batacak diye de çok korktum. Ağ yırtıldığı halde çokça sargan avlamıştık o gün.

Süleyman Alkan, balıkçıların Sürmene sahilinde barabatçılık yaptıkları dönemlerden bahsederken barabat avcılığının başlangıcından bitişine kadar olan bütün süreçleri detaylı bir biçimde anlatmıştır:

Barabat çekmek ekip işiydi. Bir kayık, 5-7 adam ve bir ağ. Bu, sıradan bir ağ değil, barabat adı verilen özel bir düzenekti. İki ucuna diklemesine "karankas" denilen sopaların yerleştirildiği, 100-150 metre uzunluğunda, üst kısmında mantar, alt kısmında ise kurşunların dizildiği bir ağ. Karanakaslara, kol adı verilen, 50-100 metre boyunda ipler bağlanırdı. Ağ ortasında "kukul" adı verilen torba şeklinde bir çıkıntı oluşturulacak biçimde örülmüştü. Akşam hava kararmadan başlardı; işler yolunda giderse sabaha dek birkaç kez tekrarlanacak olan uğraş. (...) Öyle her yerde çekilmezdi barabat. Öncelikle ağın deniz dibini tarayacağı yerde ilişkan olmamalıydı. Bazı yerler vardı ki bereketliydi diğerlerinden. Herkesten önce varıp oralara, yer tutulurdu erkenden. Reis karar verince barabat çekilecek yere, kıyıya yanaşır, adamların yarısını ve ipin bir ucunu bırakırdı. Sonra vereceği kol mesafesi kadar açılır, ardından kıyıya paralel hareket ederken ağı sererdi. Ağın tamamı serilince tekrar kıyıya iner, ipin diğer ucunu ve adamların kalanını bırakırdı. Kayıkta yalnız kalan reis, serili ağın arkasında, kukulu kontrol edebileceği bir yere geçer her şey yolunda ise komutunu verirdi: "Levaaaa!" Ağın iki ucundaki balıkçılar komutla birlikte ipleri çekmeye başlardı. Kayıkta bulunan reis, kukulun yanından iki tarafı gözler, bazen bir uç fazla çekildiğinde müdahale ederdi geceyi yırtan sesiyle: "Karayel levaaaa! Poyraz ağır, karayel levaaaa!" Bu komutlara balıkçıların sesleri karışırdı. "Hadi hep beraber! Hooop! Hadi bir daha! Hooop!" İki tarafın dengeli bir biçimde çekilmesiyle ağ, adım adım denizin dibini tarayarak kıyıya yaklaşırdı. Önce iki uçtaki karankaslar dikkatli bir şekilde kıyıya alınır, ardından da balıkların içinde oynaştığı kukul kuma çekilirdi. O anda onlarca çeşit balık, yosun ve deniz canlısı etrafa yayılır ve denizin bereketine bir kez daha şükredilirdi (Alkan, 2007: 38).

Sahilden çekilen ve bir tür trol işlevi gören manyatçılık ve barabatçılıkla her türden balık yakalanabilmiştir.

Ek-147: 1940'larda Trabzon sahilinde barabat çeken balıkçılardan bir görünüm. (Anonim)

Bu usul geçmişte hamsi avcılığında da kullanılmıştır. Hamsilerin kıyılara oldukça yakın olduğu zamanlarda manyatlar açıktan denize bırakılmış, dibe yerleştirildikten sonra kıyıya kadar uzun halatlarla çekilmiştir. Ağın kollarına bağlı halatlara, kıyıdaki tayfalar, bellerine doladıkları kalın bir ipi pratik bir düğümle bağlayıp, üç-beş metre çeker ve sonra gene aynı işlemi yapmışlardır (Düzgüneş, 2010: 12).

Ek-148: Tirebolu'da uzun yıllar manyat avcılığı yapan Tayip Domaç ve muhafaza ettiği manyat ağı.

Tirebolu'da manyatçılığın devam ettiği yıllara ait şu mizahî anlatılar bu geleneksel avcılık biçimi etrafında da zengin bir sözlü kültürün oluştuğunu ortaya koyar türdendir:

Mayıs ayındayız; ekibi toplayıp manyat için hazırlık yaptık. Tayfalar, Zafer Odabaş, Halil Çamur, Bülent Tekinalp, Asım Karahasanoğlu,

Ahmet Çalık ve rahmetli Yakup ve Soner Altay ile Yılgın İlkokulu'nun önüne geldik. Akşam karanlığı olunca manyatı dökmeye başladık. Ağı çekmeye başladığımızda Yakup bağırmaya başladı. "Ula Tayip, koş yetiş; kayık fokur fokur su çekiyor!" Ben de Asımla birlikte suyu boşaltmalarını söyledim. Asım dizine kadar gelen suyu ayağındaki çizmeyle boşaltmaya başladı. Neyse güç bela manyatı toplayıp altına felek atıp kayığı kıyıya çektik. Kayığın içine eğilip baktım. Gençler kayıkta horon teperek şarkı söylerken tahtaya ayaklarını vurdukça tahta yerinden oynamış, su da bu yüzden dolmuş kayığa. (KK-84)

*

1980'li yıllar. Adabük Sahili'ne manyata gitmek için kayığın motorunu çalıştırıp limandan hareket ettik. Kayıkta Molla Ferhat, Ekizo Orhan, Adem Zomp, Melih Kalfa, Çılgın Meloş'la birlikteyiz. Avlanma yerine vardık. Akşam olup suların yanmasını bekledik. Sular yanınca sahilde iki kişi bırakıp kayıkla manyat ağını dökmeye başladık. Ancak istediğimiz balığı alamadık. Peşinden bir manyat da Gölağzı'na döktük. Ancak yine balık yok. Motoru çalıştırıp Küçük Çay'a geldik. Hava güzel, ay ışığı var. Vakit gece yarısını geçiyor. Tayfalardan Orhan ve Adem'i sahilde manyatın bir ucunda bırakıp manyatı denize dökerek balığı sarmaya başladığımız sırada Orhan, sahilden bağırmaya başladı "Tayip abiii! Denizde iki tane büyük şey var üzerimize doğru geliyorlar!" Biz de kayıktan onlara seslendik "Ne o ula! Ne bağırıyorsunuz; denizde camış mı var?" Kıyıdaki Adem ve Orhan, manyat ağının kolunu yere atıp yanımıza geldiler koşarak. Denizde gördüklerinden çok kormuşlar betleri benizleri atmış. İkisi birden parmaklarının denizin ortasında duran Fırın Taşla Delikli Taşı gösterdiler. Meğer çocukları geceni karanlığında ayın ışığında bu taşları canavar sanmışlar. Bu olaydan sonra onları her gördüğümde "Denizde camış vaaar!" diye takılırım. (KK-84)

*

Yine bir akşam manyattayız. Bu sefer tayfaların arasında Abdi Abi de var. Abdi, gece fırından taze çıkmış bir sıcak ekmek almış. Ekmek yağsız gitmez. Ancak tereyağı da yok. Ne yapsam diye düşünürken gözüne felek yağı ilişmiş bunun. Felek yağını alıp ekmeğin içine sürmüş. Sıcak ekmeğin arasında tabi felek yağı faşır faşır erimiş. Bu bir güzel yemiş yağlı ekmeği. Neyse denize açıldık. Balık tutarken bir yandan Abdi terlemeye başladı. Herhalde bağırsakları da gaz yapmaya başladı ki ara ara kayığın içinde çürümüş balık kokusuna benzer bir koku peyda olmaya başladı. Ancak bu kokunun kimden geldiğinin bir türlü anlayamadık. Abdi durmadan su içiyor, koca bidonu bitirdi. Dayanamadık sorduk "Ne o ula! Bu kadar su içilir mi? Kavurma mı yedin yoksa ikilik peynirli mi?" Biz nerden bilelim bunun bir topak felek yağı yediğini. Av bitti, kayığı sahile çekeceğiz, feleği yağlamamız lazım. Ancak nereye baktıysak bir türlü bulamadık felek yağını. En sonunda Abdi'ye sorduk. Abdi kızarıp bozarmaya başladı. Onun bu halinden durumu anladık; tüm gece olanları da çözmüş olduk. (KK-84)

3.4.2.2. Molozmacılık

Araştırma sahasında balıkçılar tarafından bugün de kullanılmaya devam eden ve "fanyalı ağ" da denilen "molozma/moluzma" ağları, iki veya üç kattan oluşan ağlardır. Ağ ustalarına özel olarak hazırlatılan molozma ağlarının gömlek tabir edilen katı içte, fanya tabir edilen katı ise dıştadır. Gömlek gözleri fanya gözlerinden daha küçük olduğu için bu iç kata ulaşan balıklar geri çıkamadıkları için bu katın içinde birikmektedirler. 2. tip balıkçı ailelerle profesyonel balıkçı belgesine sahip 3. tip balıkçı aileler tarafından gerçekleştirilen molozmacılıkla geçmişte bolca avlanan ancak bugün artık kıymetli balıklar arasına giren barbun, sargan[228], kefal ve izmarit gibi balıkları avlamaktadırlar. Molozma avcılığında iki veya üç kişilik bir ekip yer almakta ve av tek kayıkla gerçekleştirilmektedir.

Molozma ağları, geçmişte diğer ağlar gibi pamuk ipliğinden yapılmakta idi. Pamuk ağlar daha önce de ifade edildiği gibi, bakım gerektiren ağlar olması sebebiyle molozmacılık bugün olduğu gibi sürekli bir avcılık biçimi değildi.

Ek-149: Yüzyılın ortalarında Giresun merkez sahilinde ve Trabzon Faroz sahilinde ağların kurutulup düzenlenemsinden görünümler. (Anonim)

Ağların kurutulması ihtiyacı balıkçıları avcılıktan alıkoymaktaydı. 1960'dan sonra sentetik/naylon ağların yaygınlaşmaya başlaması ile molozma ağları da güncellenmiş ve balıkçılar daha uzun süreler, aralıksız biçimde avlanır olmuşlardır. Balıkçılar denizden topladıkları ağlarındaki balıkları aldıktan hemen sonra ağlarını tekrar denize bırakma imkânına sahip olmuşlardır.

Çarşıbaşılı Muhammer Küçük (KK-42) molozmacılık yılları hakkında bilgi verirken bu gelişmeye şöyle atıf yapar:

> Eskiden barbun, sargan çok olurdu ama avlamaya fırsat olmazdı. Ağlar izin vermezdi avlanmaya. Nazlıydı eski ağlar. İlla kurutacaksın, havalandıracaksın. Kurutmadan 3 gün üst üste denize atsan parçalanır giderdi. Şimdi iyi hoş naylon ağlar var; ama bu sefer de balık yok. İstediğin kadar at çek deniz bomboş.

Oldukça tecrübeli bir balıkçı olan ve balıkçılık kültürüne özgü geniş bir repertuvara sahip olan Sürmeneli Ömer Yetmişbir (KK-59), molozma avcılığında kullanılan ağların özelliklerini, bu avcılıkta kullanılan geleneksel nitelikli kimi teknikler ve araçlar dışında molozmacılık etrafındaki diğer bazı meslekî kültür unsurları hakkında şunları anlatır:

> Birbirine bitişik üç kattan oluşan molozma ağının iki katının gözleri daha büyükken son katının gözleri diğerlerinden küçüktür. Büyük gözlü ağa "fanya" denirken küçük gözlüsüne "sıkağ" denir. Molozma fanyalı bir ağdır; tahminen 120 kulaç... Koltuk dediğimiz ilk şamandıradan sonra sahilden açığa denizin yukarısına doğru 7-8 kulaç gittikten sonra sahile paralel tekrar 7-8 kulaç bir koltuk daha sahile doğru ağları denize dökersin. Bu ağların son bırakılan yerine bir şamandıralı fener konur. Bu işlemler yapılırken sessizliğe son derece riayet edilmesi lazım. Sonra kayalık bir sahilse kürekle değilse makine ile ses çıkartılarak balıkların ağa gitmesi sağlanır. Ses çıkartmak için sandalın kıç üstüne ayaklar ile yapılan harekete 'tinban vurmak' denir. Bir sap üzerine vurulmuş büyükçe bir bakır tasa "ğoni" denir. Bunu kuvvetli bir şekilde denize vurulur arasında kalan havanın çıkardığı ses ile balıklar ağa vurur. Eskiden babamlar molozmaya gidiyorlar. Akşamdan attıkları ağdan yüklü miktarda kötek (minakop) balığı yakalarlar. Öteki balıkçılar balık alamadıkları için dışarıya gelmektedirler. Babamlar dışarı giderse balıklar görünecek. Gitmeseler bu sefer balıkçılar Azmi Reis balık alıyor diye tekrar denize çıkacaklar. Azmi Reis, Düzkiya denilen taşın üzerinde balıkları çıkartarak dışarı gelirler. Bizde balık alamadık diye herkes evin yolunu tutar. Azmi Reis tekrar denize açılarak sabaha kadar avlanır. Sabahleyin öteki balıkçılar şaşkınlık içindedir. Bir haftaya yakın böyle avlanırlar. Allah rahmet eylesin Çağo Saffet Eyüp'e 5 lira vereyim sana da bana nereden balık aldığınızı söyleyin diye rüşvet teklif etmiş.

Çarşıbaşı Keremköy Mahallesi balıkçı ailelerinden birine mensup olan çocukluk yılları boyunca sık sık barbun avına çıkan Abonoz Küçük (KK-73), barbun avcılığı üzerinden molozmacılığı şöyle anlatır:

> Barbun avcılığında herkes önceden yerini işaretlediğinden herkesin av yapacağı yer bellidir. Bu avcılığı ben de yıllarca molozmayla

yaptım. Sahil yolu geçmeden önce Gülbahçe [Çarşıbaşı] deresinin denize döküldüğü alanın batısından, Kerem Mahallesinde Yılmaz Terzi'nin evinin altındaki Terzi Taşı'na kadar olan alan benim av sahamdı. Barbun avcılığında ağın ucu sahile çok da uzak olmayan bir alandan itibaren bırakılır. Genellikle sahile yakın yapılan bir avcılık olmakla beraber bazen 30 kulaca kadar yapıldığı da olur. Ağın ilk ucu "C" harfi şeklinde deniz tabanına bırakıldıktan sonra karaya paralel şekilde devam edilir ve en sonunda gene "C" harfi şeklinde ağın son parçası da denize bırakılır. Bu "C" diye bahsettiğim meseleye "koltuk" denir. Hatta koltuğu fazla dökülen yani iyi ayarlanan avlardan yüksek verim alınır. Çünkü koltuk bu şekilde daha fazla balık alır.

1990'ların başlarından 2000'lerin başlarına kadar olan dönemde molozma avcılığının gözde avlarından birisi "Rus Kefali" olmuştur. Daha önce avlaklarda tek tük görülen bu tür, mezkûr yıllar arasında Giresun ve Trabzon havalilerinde ticari boyutta avcılığı yapılacak kadar çoğalmıştır.

1990'ların başlarından itibaren daha önce tek tük görülen Rus Kefali birden çoğalmaya başladı. "Nataşa" taktık biz bu balığın adını. Şimdi bu balık kiloluk boya gelirdi. Anlayacağın orta boy bir palamut gibi olurdu. 90'ların sonlarına doğru palamutla yarış eder oldu bu balık. Yani palamuttan nasıl güzel para kazandıysak sezonunda nataşadan da güzel paralar kazandık. Bu balık buralara geldiğinde ilk evvel palamut avcılığındaki gibi uzatmalarla yakalamaya çalışanlar filan oldu ama tutmadı bu usul. Sonra gözümüzle tespit ettiğimiz balıkların etrafına ağı çevirip kıyıya yaklaştırıp sıkıştırmaya başladık. Aynı barbun ağındaki gibi ağı güzelce koltuk ettirmek lazım tabi. Ağın koltuk kısmına bazen öyle kefal yığılırdı ki kayığa almak bile olay olurdu. Şimdi balıkçı biraz mucittir her zaman. Bildiğinden, yaptığından şaşmaz; lakin çaresiz kalınca başının çaresine bakar. Ağın altını koltuk etme işini molozmadan bildiğimiz için aldık buna uydurduk. Bize kimse dersini vermedi bu işin, biz av yapa yapa öğrendik bu avları. (KK-5)

Giresun ve Trabzonlu 2. tip balıkçı aileleri için palamutla eş değer öneme sahip olan Rus kefalinin adlandırılması, balıkçıların balıkları adlandırma yolunda güncel olay ve modelleri de kullandıklarına işaret etmektedir. 1990'ların başlarında Sovyetler Birliği'nin dağılmasıyla Sovyet Rusya hâkimiyetindeki bölgelerde yaşayan halklar, ekonomik buhranın etkilerini en trajik biçimiyle yaşamış, açlıktan ölen insanların haberleri dünya basınında yer almıştır. Eski Sovyetler Birliğindeki halklar serbest piyasa ekonomisine geçişte yaşadıkları sancılardan ötürü çoğu zaman Türkiye'yi bir kurtuluş olarak görmüşlerdir. İstanbul'a duyulan yoğun ilginin dışında Trabzon başta olmak üzere tüm Doğu Karadeniz illerinde bavul ticareti yapmanın yanı sıra fuhuş sektöründe de çalışmışlardır. Bu hayat kadınlarını ifade edecek şekilde kullanılan "Nataşa" tabiri Trabzon havalisinde Rus kefalini ifade etmek için kullanılırken, aynı balık Giresun havalisinde Sovyetler Birliği'nin son lideri olarak tarihe geçen "Gorbaçov"un adıyla anılmaya başlanmıştır. Görüleceği üzere, avlaklarda daha önce rastlanmayan bu balığın henüz bir adı yoktur ve balıkçılar mizahi bir yöntemle bu meseleyi hızlı bir biçimde halletmişlerdir.

Giresunlu ve Trabzonlu balıkçıları arasında yakın geçmişte Rus kefalini havyarı için avlayanlar da olmuştur. Bulancak-Ayvasıllı balıkçılar, kefal balığının havyarının çıkarılışını şöyle anlatırlar:

> Havyarın balığın içinde alınması, temizlenmesi ve kurutulması dikkat ve tecrübe gerektirir. Mayıs, Haziran aylarında kefal balığı olgunlaştığında, karnı biraz sıvazlanırsa erkeğinden süt, dişisinden yumurta gelir. Dişi balıktan havyar alınırken, balığı kesmeye, anüsünden bıçak sokularak başlanır. Havyarın balığın kesilmesi sırasında zarar görmemesi için, bıçağın keskin ucu dış tarafa gelecek şekilde tutulur. Bıçak sağ elde iken, sol elin işaret parmağı ve orta parmak balığın karnına sokularak, bıçak bu iki parmağın kaldırması ile oluşan boşluk boyunca hareket ettirilerek balığın karnı yarılır. İki bacaktan oluşan havyar dikkatlice dışarı alınır. Havyarın üzerindeki damarlarda bulunan kanlar, su içinde bozuk para ile itilerek çıkarılır. Yanlardaki damarlarda olan kanlar ortaya çekilerek alınır. Ters çevirerek 10-15 dakikada bir kanı alınmaya devam edilir. Kan alma işlemi bitince havyar tuza yatırılır. Sertleşme durumuna göre 2-3 saat tuzda bırakılır. Havyar sertleşinceye suda tuzu akıtılır, bir tahtanın üzerine konarak gölgede kurutulur. Bu esnada sürekli çevrilerek, iyi kuruması sağlanır. Tahtada biraz sertleşince ipe takıp asılır, her taraflı rüzgâr aldığı için daha iyi kurur. Havyar kuruduğunu, sertleşmesi ile belli eder. Bu süre bir haftayı bulur. Kuruyan havyarlar, uzun süre bozulmadan kalabilmesi için balmumu ile kaplanır. Bu işlem için balmumu kaynatılır, parmağı yakmayacak sıcaklıkta iken havyar içine daldırılıp çıkarılır. Bir sefer daldırılması yeterli olursa da, ağırlığı fazla olsun diye birden fazla sokulduğu da olur. Tokmakbaş kefalin havyarı daha çok tercih edilir. (KK-4)

Balıkçılar, ağlarla kefal avcılığı yapmanın yanı sıra balığın deniz yüzeyine yakınlaştığı dönemlerde yunus avcılığındaki gibi teknelerinin üstünde tüfekle ateş etmek suretiyle de bu balığı avlama yoluna gitmişlerdir.

> Kefal deriz biz, onlar denizin üstüne çıkardı. Şu kurbağalar olur göller de ya göllerde olan kurbağalar gibi denizin üstüne çıkar belirli mevsimlerde suyun yüzünde yağıntı yapar gibi gelirler. Bunları biz tüfekle beraber avlardık. Tüfekle vurup, dalardık suya ellerimize

ayağımızda ki çoraplardan geçirirdik kaymasın diye denize atlar alırdık onları. (KK-82)

3.4.2.3. Volicilik

Araştırma sahasında 2.tip balıkçı aileler tarafından bugün palamut, kefal ve lüfer avcılığı sırasında kullanılan ve ismini "voli" tabir edilen ağdan alan avcılık biçimidir. Yörede molozmacılık ile volicilik ayrı balıkçı grupları tarafından gerçekleştirilen avcılıklar değildir. Hemen her balıkçının av donanımı içinde molozmacılık ve volicilik yapmaya imkân sağlayan ağlar mevcuttur. Balıkçılar balıkların davranışlarına göre belirlenen av sezonlarıyla uyumlu biçimde bu farklı avcılık biçimlerini tatbik etmektedirler.

Alamanacılık yıllarında kullanılan ve yukarıda izah edilen pek çok usul, volicilikte de uygulanmaktadır. Bu avcılığa geçmişte "alamana" adı verilen ağlarla gerçekleştirilen avcılığın modernize edilmiş şekli demek yanlış olmayacaktır. Giresun havalisinde balıkçılar, 1920'li yıllarda "ulaca" ismi verilen özel pamuk ipliğinden yaptıkları ağlarla eylül ayı boyunca palamut avlamışlardır. Eylül ayı boyunca devam eden bu avcılıkta orta büyüklükte 50 ile 100 arasında palamut yakalama kapasitesine sahip olan bu ağın "gedal/gidal/gudal" adı verilen ağaçtan bir kolu vardı ve yuvarlak olan ağız kısmı da ağaçtan yapılmıştır. Eylül ayının gelmesi ile birlikte avlaklara dolan palamutları avlamak isteyen balıkçılar avı dört kayıkla gerçekleştirmişlerdir. Palamut sürüsünü ortalarına alan kayıklardan 60 ile 70 metre arasında derinliğe ve 80 ile 100 metre arasında uzunluğa sahip olan iplik ağı taşıyan kayıklar daha önde bulunan kayıklara doğru yarım daire şeklinde hareket ettirilirken öndeki kayıklardaki tayfalar denize taş atmak suretiyle balıkları ürküterek ağa yönlendirmişlerdir (Trak, 1944: 784). 1940'lı yıllardan itibaren "alamana" ağlarının yerini iç avlaklarda "voli" ağları almaya başlamış, palamut avcılığı genellikle bu yeni ağlarla yapılır olmuştur. Araştırma sahasında volicilikle palamut dışında, geçmişte lüfer ve iri istavritler de avlanmıştır. Ancak bu balıkların geçmişe nispetle oldukça azalmış olmaları bu usulün bugün sadece palamut avcılığında kullanılır olmasına sebep olmuştur.

Altındaki çelik telle toplanan gırgır ağları ile yapılan palamut avcılığında ağın içinde toplanan palamutlar tekneye alınırken herhangi bir çelik telle yönlendirilmeyen ağla yapılan volicilikte, ağların gözlerine takılan palamutlar balıkçılar tarafından tek tek ayıklanmaktadır. Ayrıca gırgır ağları ile yapılan palamut avcılığı açık denizde de gerçekleştirilebilirken, volicilik daha ziyade kıyıya yakın avlaklarda uygulanmaktadır.

Kıyıdan açıkta yüzen palamut, Karadeniz'e yaz sonlarında Boğaz'dan doğru iner. Daha sonra, Ege Denizi'ne doğru düz bir hatta dönmeden önce yem arayarak kıyı boyunca doğuya doğru ilerler. Palamut genelde kıyıya paralel hareket ettiğinden ağlar kıyıya dik yerleştirilir. Ağlar günbatımıyla atılır ve gece boyunca birkaç defa toplanabilir (Çelikkale ve diğerleri, 1993: 286).

Ek-150: Bulancak-Pazarsuyu Mahallesi balıkçılarından biri modern voli ağını av için hazırlarken.

Avın yoğun olduğu dönemlerde iyi konum için rekabet halinde olan balıkçılar avlanacakları alanları korumak için ağlarını erkenden suya indirirler. 2. tip balıkçı aileleri tarafından gerçekleştirilen güncel palamut avcılığı Çarşıbaşılı Köksal Akkan (KK-95) tarafından detayları ile şöyle anlatılır:

> Palamut böyle sabit bir hayvan değildir. Bir bakarsın sahildedir bir bakarsın açıkta. Şimdi durum böyle olunca palamut avında farklı boylarda ağlar kullanmak gerekiyor. Bazı ağlar vardır beş, altı kulaçtır bazıları da vardır yirmi, yirmi beş. Bugün balıkçılar üç çeşit ağ kullanıyorlar. Vonoz dediğimiz hayvan için göz açıklığı otuz-otuz iki milim olan ağ, orta boyları için otuz altı milim, kiloluk palamutlar için de otuz sekiz, kırk milim göz açıklığı olan ağlar vardır. Palamut ağı donatılırken üç parça birleştirilir. Ağın tamamının boyu üç yüz, üç yüz otuz, derinliği de yirmi, yirmi beş kulaç kadardır. Şimdi ayrı haldeyken beş kulaç olan beş parça ağ birleştirilince işte bu derinlikte bir ağ ortaya çıkar. Balıkçı kıyıda avlanmak istediğinde derinliği çok olan ağı kullanmaz; niye dersen ağ dibe oturur içine çöp, cağana, gargalak doluverir. Palamut diğer balıklar gibi değildir hemen büyür mübarek. Balıkçı da bunu bildiği için ağları ihtiyaca göre değiştirir. Yani anlayacağın palamut sezonunun sonuna doğru göz açıklığı en fazla olan ağ kullanılır. Şimdi bu hayvan yol balığı olduğu için balık ne tarafa akarsa balıkçı da o yöne ağını serer. Avın böyle çok yoğun olduğu dönemde tabii bütün balıkçılar denizde. Böyle başkası gelip de habersizce yüzeye çok yakın halde serili olan ağlara zarar vermesin diye fenerle filan işaret edilir.

3.4.2.4. Salyangozculuk / Gohlecilik

Araştırma sahasında salyangoz avlama belgesine sahip balıkçılar, 1 Mayıs- 31 Ağustos tarihleri arası hariç olmak üzere "algarna" adını verdikleri trol tarzı av aleti ile avlanmanın yanı sıra hava kompresörlü donanımlarla dalgıçlık yaparak da salyangoz toplayabilmektedirler[229]. Salyangoz ne şekilde avlanırsa avlansın yöredeki aracılar tarafından balıkçılardan toplanmakta ve Samsun'un Çarşamba ilçesinde faaliyet gösteren su ürünleri işleme fabrikasına sevk edilmektedir. Daha önce daha yakın bölgelerde (Çarşıbaşı vb.) faaliyet gösteren salyangoz işleme tesisleri faaliyetlerine son vermiştir. Bölge uzun bir geçmişi olmayan salyangoz avcılığının başladığı ilk yıllarda bu avcılığa yönelen balıkçılar deneme yanıma yoluyla av araçları geliştirmişlerdir. 2. tip balıkçı ailelerinin balık avcılığı için kullandıkları yöntemler gibi salyangoz avcılığında kullandıkları yöntemler de geleneksel nitelik kazanma yolunda olan yerel yöntemlerdir[230].

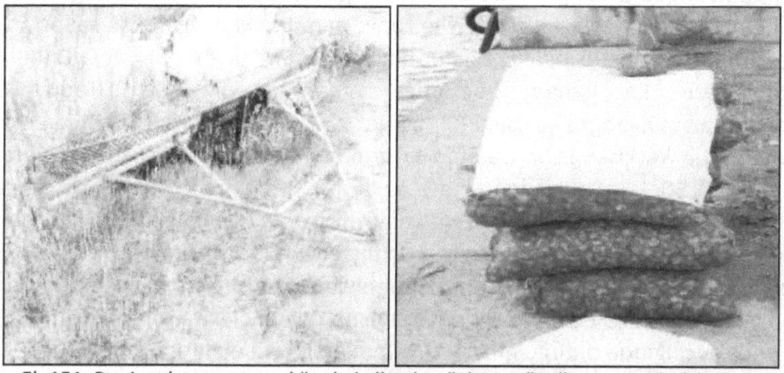

Ek-151: Deniz salyangozu avcılığında kullanılan "Algarna" adlı av aracı ile fabrikaya gönderilmek üzere hazırlanmış salyangozlar.

Balık merkezli meslekî inanışlar içinde yunus avcılığından sonra en çok salyangoz avcılığına dönük unsurlarla karşılaşılmaktadır. Yunus avcılığında çok daha kadim inanışların izleri görülebilirken, salyangoz avcılığı etrafındaki inanışların daha ziyade İslami kabullerle ilgili olduğu görülmektedir. Zira tüm omurgasız hayvanlar için olduğu gibi salyangoz da dinen mekruh kabul edilmekte, etinin tüketilmesine rıza gösterilmemektedir. Bu kabul, araştırma sahasındaki bazı balıkçı yerleşimlerinde salyangoz avcılığına karşı bir tavrın ortaya çıkmasında belirleyici olmuştur: "Bizim bu Küçüklü'de salyangoz avcılığına bulaşan çoğu balıkçı iflas etti. Salyangoz hayır etmedi onlara. Allah'ın bir hikmetidir bu." (KK-71)

Eynesil ve Faroz'da da salyangoz avcılığına rağbetin düşük olduğu görülmektedir. Araklılı ve Farozlu pek çok balıkçı, salyangoz avcılığında kullanılan algarnaların deniz tabanı için çok zararlı olduğunu ifade etmenin dışında, bu hayvanın etinin mekruh olmasından ötürü avcılığının da doğru olmayacağını ifade etmişlerdir.

> Faroz'da salyangozcuyu pek barındırmazlar. Pek olumlu değildir. Salyangoz konusu bize yapılmış en büyük kötülük en büyük yanlıştır. Salyangoz avlayanlar denizin dibini taratır yani salyangozu avlayan alganya dibi yarım metre tarar kumunda altına inerek o şekilde tarar. Türkiye'nin yanlışı nedir nüfusumuza göre az dalgıç yetiştiriyoruz dalgıçla beraber salyangoz avcılığı yapsak daha az zarar verilir. Neden çünkü dalgıç salyangozların üstlerinden yüzer elma armut toplar gibi toplar doğayı da tahrip etmez. Hem de daha iyi olur hem onun irisini seçer. Biz mahalle olarak bu salyangoz avcılığına sıcak bakmıyoruz. (KK-5)

Salyangoz avcılığı küçük balıkçılar için en az palamut avcılığı kadar önemlidir; zira balıkçıların ellerine toplu para bu iki avcılık türü sayesinde geçmektedir. 2. tip balıkçı ailelerinin avladıkları diğer balıklar, gündelik ihtiyaçlarını karşılamada bile çoğu zaman yeterli olmamaktadır. Bu bakımdan salyangoz avcılığının bölge küçük balıkçılarının bütçelerine önemli bir katkısı vardır. Talebin fazla olduğu yıllarda, kabuklu vaziyette kilosunu 50 kuruşa kadar satan balıkçılar, ekonomik açıdan nispeten rahatlamaktadırlar. Salyangoz'un mekruh bir hayvan olduğunu bildikleri halde avcılığını yapan balıkçılar, geçmişte yunus avcılığında olduğu gibi çoğu zaman belirtilen zaruretler sebebiyle bu avcılığı sürdürmektedirler. Salyangoz avcılığı etrafında İslam inancına dayalı olarak gelişen kısıtlama, yunus avcılığında olduğu gibi zaruretler karşısında esnetilmiştir.

Salyangoz avcılığına dönük olumsuz intibaların aksine bu avcılıkla uğraşan kimi balıkçılar, bu canlı türünün diğer deniz canlılarına zarar verdiğini düşündüklerinden avlanmasının deniz faunası açısından da yararlı bir iş olduğunu ifade etmektedirler: *"Denize zararı var bu mekruh hayvanın. Barbun balığı için zararlı mesela. Yumurtaları iki sene boyunca kalıyor. Balık bunun yumurtalarının olduğu yere bir daha uğramıyor."* (KK-106)

3.4.2.5. Dinamitçilik

Araştırma sahasında geçmişte çok yaygın olmamakla birlikte, bazı 2. tip balıkçı aileler tarafından özellikle kefal balığı avcılığında kullanılan bir yöntem olmuştur. Dikkat ve hâkimiyet gerektiren bu tehlikeli avlanma biçimi, Giresun ve Trabzon'da kefal balıklarının rağbet gösterdikleri kıyıya oldukça yakın alanlarda gerçekleştirilmiştir. Bulancak, Giresun, Tirebolu, Eynesil, Çarşıbaşı ve Trabzon havalilerinde geçmişte dinamitçilik yapan balıkçıların anlatımlarına göre balığı gözle tespit eden balıkçılar, denize fırlattıkları dinamitin patlama etkisiyle şoka giren balıkları sepetlerine doldurmuş ve perakende usulle mahalle aralarında satmışlardır. Bazı balıkçılar dinamit avcılığı ile geçimlerini temin etmiş olsalar da, bu avlanma biçimini konu alan anlatılardan anlaşılabildiği kadarıyla mesleği balıkçılık olmayan pek çok kişi genellikle kendi yemekliklerini temin etmek maksadıyla dinamitle avlanmıştır.

Dinamit avcılıkları sırasında yaşanan kimi olaylar mizahi içerikleriyle fıkra mahiyeti kazanmıştır. Bu türde anlatılardan tespit edilenler şu şekildedir:

> Tirebolu'da 1980 öncesinde dinamit lokumu ile balık avcılığı çok yaygındı. Belki zahmet çekmiyorlardı balıkçılar avlanırken ama balıkların çoğunu da telef ediyorlardı. Yine böyle bir "Lamya" lakaplı balıkçı Yılmaz Marangoz, kayığı ile gidip Kumyalı Sahili'ndeki Nebioğlu Yalısı'nda bulunan Beşik Taş'ın dibinde balıkları görünce dinamit lokumunu fırlatmış. Dinamit büyük bir gürültü ile patlamış ve bir sürü balık avlamış. Toplamakla baş edemeyeceğini anlayınca yakındaki gençlerden yardım istemiş Lamya Yılmaz. Yardıma gelen gençler balıkları toplamak için Beşik Taş'ın dibine dalmışlar. Balıklardan nerdeyse yarısından fazlasını taşın dibindeki kovuğa depolamışlar. Lamya Yılmaz, eline ulaşan balıklarla gittikten sonra tekrar taşın dibine dalıp balıkları çıkarıp aralarında bölüşmüşler. (KK-104)
>
> *
>
> Tirebolulu Kaya Genç abimiz o dönem çay fabrikasına çalışıyor. Öğrenmiş ki ilkokul diploması alır, fabrikaya teslim ederse biraz daha maaşı artacak; gitmiş Dumlupınar İlkokulu müdürü Cavit Temüroğlu'na kayıt yaptırmış. Ancak sınavlarda bir türlü başarılı olamadığı için müdür ona diplomayı vermemiş. Bir, iki, üç derken Kaya abimiz bu duruma fena halde içerlemiş, bir plan yapmış. Fabrikada çalışmadığı zamanlarda balıkçılık da yapan ve soydan cüce olan Kaya abimiz, bir gün kayığını suya indirmiş, Mehmet Günaydın, yazı işleri müdürü Müştak Namazcı ve emekli öğretmen Şevki Küçük ile birlikte okul müdürü Cavit Temüroğlu'nu da alıp denize açılmış. Bir dinamit lokumu atıp balık avlamakmış niyetleri. Derken kefalleri görünce Kaya abimiz cebinden dinamit lokumunu çıkarıp ucundaki fitili sigarasının közüyle ateşlemiş. Tam denize atacakken lokumu kayığın içine atıp başlamış bağırmaya "Arkadaşlar! Dinamit kayığın içine düştü. Boyum ermiyor uzanıp alamıyorum da. Şimdi patlayacak, hepimiz uçacağız havaya. Canını seven atlasın denize!" Kayıktakiler bunu duyunca dururlar mı can tatlı. Üstlerindekileri çıkarmaya fırsat bulamadan olduğu gibi atlamışlar denize. Cavit hoca tam gaz kıyıya yüzerken arada bir de kafasını sudan çıkarır geriye

bakarmış kayık patladı mı acaba diye. Neyse, denize atlayanlar güç bela kıyıya varmışlar ama üstlerindeki takım elbiseler kravatlar hep girmiş birbirine. Bunlarla beraber denize atlamayan Cüce Kaya ile Şevki Küçük kayıktan onlara bakıp kahkahalarla gülerlermiş. İşin aslı şuymuş Cüce Kaya, naylona doladığı kayık macununun ucuna bir de fitil takıp dinamit süsü vermiş. Kayığın içine düşürdüm dediği de buymuş. Cüce Kaya abimiz nihayet böylece müdür Cavit'ten intikamını almış. (KK-104)

Renkli kişiliği ve kuvvetli hafızasıyla Giresun kent kültürünün simge isimlerinden biri olan uzman hekim Ömer Gürel, şehrin elli yıllık geçmişine dönük oldukça önemli bilgiler içeren anılarında, Gemilerçekeği havalisi deniz alanında dinamitle avlananlara da yer ayırmıştır:

Çok iyi soluk gittiğim için (Denize dalıp, bir solukta su altında yüzerek gitmeye soluk gitmek denir) dinamitle balık vuranların bana ihtiyacı vardı. Çünkü ben derinlere rahat bir şekilde dalar ve bundan hiç rahatsız olmazdım. Başta, Salim Dal olmak üzere dinamitle balık vuranlar (Çakır Ali: Ali Işık, Halit İnce, Ali Çetinkaya, Torama'nın Hüseyin: Hüseyin Işık), denizin derin yerlerinde balık vuracak olunca beni bulurlardı. Balık vurma-toplama bölgemiz, genellikle Gelin Kayaları civarı, Küçük ve Büyük Ada'nın etrafıydı. Denize atılıp da patlamayan bombaları hiç çekinmeden, tehlikeyi düşünmeden dalıp çıkarırdım. Bir seferinde, arka arkaya atılıp patlamayan iki bombayı birden çıkarmıştım. Dalgaroğlu Salim (Salim Dal) dinamitle balık vurmanın kurduydu. Salim Aga, topladığım balıklardan bana hiç vermezdi. Onun için toplama esnasında bir iki balığı su dibinde taşlar arasına saklar, o iyice uzaklaştıktan sonra, o iyice uzaklaştıktan sonra veya hava kararınca gelip alır eve götürürdüm (Gürel, 2009: 386)

3.5. Meslekî Kültürün Eski ve Yeni Alternatif Aktarım Ortamları

Meslek folkloru araştırmalarında meslek kültüründe yer alan bir uygulamayı belgelendirmenin en faydalı yollarından birisi "kültürel sahneleri" araştırmaktır. Kültürel sahne, tekrarlayan sosyal bir durumdur ve bu durumun içinde bir veya daha fazla insan kendi kültürel bilgilerinin veya folklorunun bir yönünü paylaşır. Rutin şekilde gerçekleştirilen eylemlere öykünen bu kültürel sahneler, meslekî kültürün hem nasıl gerçekleştiğini hem de doğal ortamında nasıl değerlendirildiğini görmek açısından oldukça önemlidir (McCarl, 1996b: 73). Balıkçılarının kültürel sahneleri, mesleğin doğası gereği, statik mekânlarla sınırlı olmayıp mesleğin icrası sırasında oluşan iletişim ortamları ile birlikte büyük bir çeşitlilik kazanmaktadır. Balıkçıların en etkin ve doğal kültürel sahneleri aktif olarak avcılık yaptıkları periyotlardaki uygulamalardır. Bu uygulamalar, mesleğin somut ve soyut kültürel varlığına dönük pek çok unsurun takip ve tespitine imkân tanımaktadır. Balıkçı ailelerinde meslekî kültürün paylaşım konusunda aile hayatının belirgin bir yeri olsa da balıkçıların rutinleri arasında yer alan kimi uygulamalar da birer kültürel sahne görevi görmeye devam etmektedir. Bu bağlamda balıkçılık kültürünün güncel aktarım ortamları şu başlıklar altında belirtilebilir:

a) Boş zaman ve eğlence mekânları olarak kahvehane ve meyhaneler.

b) Ağların tamir edilerek (matiz / merhamet) av sezonuna hazırlanması sürecinde liman veya barınaklardaki açık alanlar.

c) Aktif avcılık sırasında verilen yemek ve çay molaları münasebetiyle gırgır teknelerinin tayfa salonları.

ç) Avlanan balıkların pazarlandığı balık halleri ve balık satış tezgâhları.

d) Barınaklarda daha ziyade 2. ve 3. tip balıkçılar tarafından kullanılan damlar, salaşlar.

e) Mutat toplantı ve faaliyetlerin gerçekleştirildiği kooperatif ve dernek salonları.

f) Balıkçıların sosyal dayanışma mekânları olan düğün veya cenaze törenleri.

Balıkçıların belirtilen alternatif kültürel aktarım mekânlarındaki diyaloglarının merkezinde çoğu zaman yine balıkçılık vardır. Balıkçılık gibi gündelik hayatın tüm safhalarına yayılan başka mesleklerde de görülen bu durumu, H. Şebnem Seçer mesleğin amatör ve profesyonel katılımcılar arasındaki farkları bağlamında şöyle yorumlar:

> Profesyonel mesleklere özgü bir meslekî yaşam düşüncesinin temelinde, meslekî yaşamın yoğun içeriği ve işleyişi yanında, bu içerik ve işleyişin etkilerinin iş dışı faaliyetlerle geçirilen zaman dilimine de yansıması ve bireyin bu süreçteki düşünce, davranış ve faaliyetlerini şekillendirmesi bulunmaktadır. Bu durum, profesyonellerin iş ve iş dışı yaşamı arasındaki sınırın diğer mesleklere göre daha belirsiz olmasından da kaynaklanmaktadır. Dolayısıyla, bu açıdan bakıldığında, profesyonel bir bireyin yaşamı, meslekî etkilerin egemenliğinde şekillenen bir bütün olarak değerlendirilmelidir (Seçer, 2009: 43)

Belirtilen kültürel aktarım ortamlarında gerçekleştirilen pek çoğu meslekî içerikli konuşmalarda balıkçılar, avlar sırasında başlarından geçen ilgi çekici olayları veya önceleri işlerin nasıl yapıldığını anlatırken farkında olmadan genç üyelere mesleğin geleneksel birikimini de aktarmaktadırlar.

FAROZ KIRAATHANESİ

Ek-152: Sağdan sola sırasıyla Beşikdüzü balıkçı kooperatifi lokali, Çarşıbaşı Keremköy Mahallesi balıkçı kahvehanesi, Bulancak-Küçüklü, Pazarsuyu ve Yalıköy barınak kahvehaneleri, Trabzon Faroz mahallesi kahvehanesi ve Faroz balıkçı kooperatifi lokalinden görünümler

Giresunlu ve Trabzonlu balıkçıların geçmişteki kültürel aktarım ortamları arasında han kahvelerinin ayrıcalıklı bir yeri olmuştur. Balıkçılar, avlanmak için gurbete çıktıkları eski dönemlerde, avlandıkları kıyılarda daha önce belirtilen barınma biçimlerinin yanı sıra, dış avlaklara gidiş ve dönüş yolculukları esnasında ve iç avlak avcılıklarında çoğu zaman hava koşullarından ötürü güzergâhlarında yer alan yalılardaki han kahvelerini kullanmışlardır. Meslekî kültürün yüzyıllarca aktarım ve paylaşım alanları içinde yer alan han kahvelerinden, Samsun ve Hopa arasında taşımacılık yapan çektirmeciler de yararlanmışlardır. Çoğu zaman zaruri barınma ihtiyacının karşılandığı bu mekânlar, bu münasebetle karada kervan yollarının aktif olarak işlediği yüzyıllar boyunca faaliyet gösteren hanlarla benzerlik taşımaktadır. Kara taşımacılığı yapan tüccar kafileleri gibi deniz taşımacılığı yapan tüccar kafileleri de balıkçılarla birlikte dinlenmek ve bazı temel ihtiyaçlarını karşılamak için Giresun ve Trabzon havalilerindeki kahvehanelerden yararlanmışlardır.

Kıdemli balıkçılarla yapılan görüşmelerde, geçmişte Giresun ve Trabzon sahillerinde çok sayıda han kahvesinin faaliyet gösterdiği bilgisine ulaşılmıştır. Giresun havalisinde Bulancak-Ayvasıl ve Keşap-Kalecik ve Tirebolu kıyılarında, Trabzon havalisinde ise Beşikdüzü, Sürmene, Yoroz ve Faroz kıyılarında faaliyet gösteren han kahvelerinin büyük bir bölümünden bugün geriye pek bir şey kalmamıştır. Söz konusu han kahvelerinden sadece Keşap ilçesinin Hisarüstü köyüne bağlı Kalecik Yalısında bulunan han kahvesinin temelleri sağlam haldedir. Bugün Daban ailesi tarafından müştemilat olarak kullanılan ve Rus işgali yıllarında deniz yoluyla Trabzon'dan göç eden ailelerin de sığındığı mekânlardan olan bu bina, Karadeniz kıyısı boyunca avlanan tüm Orta ve Doğu Karadeniz balıkçılarına geçici ev sahipliği yapmıştır. Balıkçılar, buradan aldıkları hizmet karşılığın küçük meblağlarda ödemeler yaparak mekânın ayakta kalmasına katkıda bulunmuşlardır. Han kahvesinin oldukça işlek olduğu yıllarda Kalecik yalısında bir de ekmek fırını işletilmiştir. Başka yörelerin balıkçıları, Kalecik'e geldiklerinde ekmeklerini çuvallarla bu fırından temin etmişlerdir. (KK-96)

Ek-153: Üstte, Hisarüstü-Kalecik yalısında zaman içinde tadilatlar gören han konağı ve diğer bir konuttan; altta Giresun Hacı Hüseyin Mahallesindeki Yalı Kahve'den görünümler. (Anonim)

Barınak ve limanların bugünkü kadar yoğun olmadığı yıllar boyunca balıkçılar, fırtınalı havalarda doğal limanlara yakın durmaya özen göstermişlerdir. Gülburnu (Zefre) sahili, bu özelliğiyle araştırma sahasındaki sayılı merkezlerden biri halini almıştır. Çekeğin yoğun bir balıkçı trafiği yaşıyor olması geçmişte burada 7 tane kahvenin hizmet vermesine vesile olmuştur. Pek çoğu "han kahvesi" işlevi gören bu mekânlarda, fırtınalı havalarda mahsur kalan balıkçılar bazen haftalarca barınabilmişlerdir. Bu kahvelerde barınan balıkçılar, Kalecik hanında olduğu gibi, barınma parası ödemeden sadece yiyecek parası ödeyerek kalmışlardır. Bugün hiçbiri ayakta olmayan bu kahvelerin isimleri hatırlanan son işletmecileri Yakup Çakır, Ahmet Özkan, Osman Özkan, Rüstem Yılmaz, Tevfik Çakır ve Nazım Küçük'tür. (KK-107; KK-108) Bu isimlerden aynı zamanda balıkçılık da yapan Nazım Küçük'ün eşi Ayşe Küçük, gelip geçen yolculara ve balıkçılara ayran dağıtması ve karnı aç olanları doyurması ile Trabzonlu ihtiyar balıkçılar tarafından yâd edilmektedir. Geçmişte aynı sahilde bir de fırın mevcuttur. Başka yörelerden gelen balıkçılar ihtiyaç halinde karaya çıkar ve buradan aldıkları taze ekmekleri çuvallara koyup denize geri dönmüşlerdir. Bu fırın, uzun yıllar Ahmet Özkan tarafından işletildikten sonra kahvelerle aynı akıbete uğramış, yıkılıp gitmiştir. (KK-109)

Faroz'un yaşayan en eski balıkçılarından İsmet Paşalı (KK-7), eskilerden konuşurken Gülburnu'ndaki bu kahvehanelerden de bahseder:

> Yelken kürek Beşikdüzü'ne, Giresun'a Sürmene'ye giderdik. Hamsicilik ve palamutçuluk yapardık. Bazen de tüfekle yağ balığı avlamak için Giresun'a giderdik. Her balıkçı yelken açamazdı, yelkencilik ayrı bir maharet isterdi. Ayvasıl'dan balıkçı dostlarım vardı. Ferhat Kaptan bunlardan biriydi. Hepsi rahmetli oldu. Rahmetli Hamdi Altınbaş da aslen buralıydı. Babam Cöntürk Yaşar havalinin en bilindik ağ ustasıydı. O kadar maharetliydi ki Doğu'da göl balıkçılığı yapanlara ağ yapmak için bile oralara giderdi. Ailemize annemin babasından ötürü Ciğeroğlu da derlerdi. Giresun Trabzon arasında fırtınaya yakalanınca Zefre'de Camialtı'na sığınırdık. Zefre'de bizim zamanımızda bir kahve vardı; orada yer içer dinlenirdik. Bir diğer sığınağımız da Vona'ydı. Doğuda da Sürmene'ye sığınırdık.

Mustafa Zengin, Karadeniz'de hamsi avcılığının tarihine dönük kısa değerlendirmesinde, Faroz'daki han kahvelerinin balıkçıların gözde uğrak yerleri olduğundan, kahvehanelerin arka tarafındaki peyklerde yatıp kalkan gurbetçilerin yeme içme ihtiyaçlarını da yine bu kahvelerde karşıladıklarından bahseder. Pek çoğu yine balıkçı reislerine ait olan bu han kahveleri, genellikle sahiplerinin veya işletmecilerinin adıyla anılmıştır. İncenin Sali, Baranların Salih Ağa, Şemsiler (Osman ve Ali Rıza Kayıkçı vd.), Emin Reis, Kalafat Temel, Hısımağa Temel Reis (Erkaya), Vanlıoğlu Recep (Denizer) ile Mucoğlu ve Loloğlu lakaplı balıkçılar, isimleri hatırlananlar kahve işletmecileridir (2010: 15).

Uzun yıllar balıkçılık ve sermayecilik yapan Çarşıbaşı Kaleköylü Bekir Çete (KK-110), fırtına konulu bir anlatıda Faroz'daki bu kahvelerden birine de şöyle atıfta bulunur:

> Allah kolaylık verdi kurtulduk; yettik Faroz'a. Sabahçı kahvesi vardı orada. Hasbi'nin Kahvesi derlerdi, çok namlıydı. Dara düşen, denizden kaçan gelir orda çayını içer, uyurdu. Ben karaya çıktıktan sonra heveslik ettim gittim çay içtim. Bizim Ali ile Haci Ağa da geldiler peşimden. Ama tabii kayık balık dolu. Başını boş bırakmak olmaz köpek filan çıkar balığı dağıtır diye ben duramadım öyle ara ara çıktım kontrol ettim. Sabahı öyle o kahvede ettik, sabahına da kimse denize gidemediğinden 40 lira gibi büyük parayla orda manava sattık balığımızı. İlk yeşil 10 liralıkları orda öylece gördüm.

Geçmişte Sürmene'nin Balıklı Mahallesindeki on bir kahvehane, fırtınalı ve yağmurlu havalarda denize açılamayan mahalleli balıkçıların toplanma yeri olduğu gibi, fırtınadan kaçan yabancı balıkçıların sığınağı olmuştur. Lütfünün Ahmet (Kalender), Gagalı Ahmet (Akbaş), Süleyman Birinci, Sefer Püskül, Haşim Birinci, Hüsnü Kocabal, Bahri Savaş, Kurdali Hasan (Yakuoğlu), Nusret Baştımar, İsmail Emanet ve Kasım Akbaş gibi pek çoğu bugün hayatta olmayan kişilerce işletilen bu kahvelerin geçmişi, 1940'lı yıllara kadar uzanmaktadır. (KK-111; KK-112) 1980'li yıllara kadar faaliyetlerine devam eden ve balıkçı kültürünün çok önemli aktarım ortamları olan bu hafıza mekânlarından geriye bir tek kahve kalmıştır. Balıkçı barınağının karşısında bulunan bu tek kahvede bugün de çoğunlukla denizden çekilmiş ihtiyar balıkçılar bir araya gelmektedir.

Balıklılı Nurettin Akbaş (KK-58), Sürmene havalisinde geçmişte faaliyet gösteren han kahvelerinden birinin uzun yıllar işletmeciliğini yapan babası Kasım Akbaş'tan bahsederken şunları anlatır:

> Pazar tarafından buralara balıkçılar gelirdi. Rahmetli babam Kasım Akbaş'ın kahvesi vardı eskiden. Kasım'ın Kahvesi derlerdi oraya. Hava bozunca buraya çekerdiler sandalları. Rahmetli babam kahveyi açardı, sobayı yakardı; ısınırdılar. Üzerlerinde paltolarıyla yatardılar. Hava açardı giderdiler.

Gurbetçi balıkçılar, han kahvelerine ulaşamadıkları ancak fırtınadan ötürü denizde de kalamadıkları zamanlarda Faroz sahilinde olduğu gibi yalıya yakın yerlerdeki çiftlik sahiplerinin samanlıklarında veya deniz kıyısındaki kayalıklarda bulunan mağaralarda barınmışlardır. Bu mağaraların en bilinenleri Trabzon Havaalanının alt kısmında deniz kenarında bulunan ve ancak deniz tarafından görülebilen ve Kovata Burnu yakınlarından olmasından ötürü "Govata" şeklinde adlandırılan mağaradır. Balıkçılar fırtınaya tutulduklarında bu mağaralara sığınarak, yaktıkları ateşin etrafında ısınmaya çalışmışlardır. Balıkçılar arasında bu tekinsiz yerlerle ilgili bir kısmı memorat karakterinde olan hikâyeler de anlatılmaktadır. Anlatı örneklerine çalışmanın bir sonraki bölümünde yer verilecektir.

Balıkçılar barınma imkânlarının sınırlı olduğu liman sahalarında veya barınmaya imkân tanıyacak paradan mahrum oldukları zamanlarda kayıklarında yatıp kalkmışlardır. Bu usulle barınma av sırasında da av aralarında da özellikle kış aylarında balıkçılar için oldukça meşakkatli olmuştur. Trabzon'un Faroz Mahallesi balıkçılarından Habib Beşli'nin (KK-113) başından geçen şu olay bu durumu örnekler türdendir:

> Benim bir Burhan diye bir arkadaşım var. Biz buradan giderdik Rize'ye 1 ay 2 ay hiç gelmezdik, Rizelerde çalışırdık, para için dururduk oralarda. Benim yeşil mavi bir teknem var onda yatardık. Git şimdi onun ambarına yatak var, battaniye var, yorgan var ben hep teknemde yatarım. O benim otelim hem çalışma şeyim hem ötelim. Gene bir gün gittik ocak ayı. Hava çok esti. "Burhan girelim ha bu Rize limanına." dedim. Girdik işte yattık. Hava çok soğuk Burhan'a dedim ki "Burhan arka arkaya yatalım da ciğer ciğeri ısıtır." Elimizde iki tane battaniye var daha da bir şey yok ne kadar da soğuk biliyor musun ocak ayı. Teknenin altı kar suyu üstü kar, kar yağıyor. Kaldık 2,5 cm'lik bir tahtanın arasında onunda altı kar. Bizde arka arkaya verdik yatıyoruz ama uyumak yok. Uyursak ciğerlerimiz donacak. Burhan'a "Bu gece hiç uyumayalım sabahlayalım." dedim. Böyle zangır zangır titreriz. Dişlerim vuruyor birbirine Burhan'ın da aynı. Neyse bir ara motorun kapağını kaldırdım baktım ki kapak kakmıyor. Yığınla kar oldu kayık, bir tekme vurduk kapağa kocaman kar düştü battaniyeme; süpürdüm battaniyemden karı. Burhan'a "Biz hasta olacağız uyursak. Uyuyan adam üşür ayakta duralım." dedim. Sabah oldu vardı yanımız 50- 60 kilo kefalimiz. Hepsi kar altında kaldı "Bunları kedi bulamaz. Kayığı demirleyip bir lokantaya gidelim yiyelim bir şey de ısıtalım ciğerlerimizi." dedim. Çıkardık çizmeleri, yeni üstümüzü giydik, gittik lokantaya. Lokantacı bizi gördü "Gardaşım siz ayazda mı yattınız direk sobaya daldınız." dedi. Bizde sobadan hiç ayrılmadan Çorba getir ha buraya." dedik. Herif de güldü. "Dışarıdamı yattınız suratınız simsiyah duruyor." dedi. Önümüze bir tas çorba getirdi, o zamanlar bakır sahandı taslar cam yok. Bakır sahanla bir çorba getirdi yedik, bir çorba daha koydurduk ısınmadı içimiz, yedik onu da. Burhan'a dedim ki "Burhan, bırakalım parayı; biz gidelim Trabzon'a." Oradan geldik Trabzon'a işte.

Han kahveleri, farklı yörelerden gelen balıkçılar için uzun yıllar eşsiz bir kültürel aktarım ortamı olmuştur. Görüşmeler sırasında Giresunlu ve Trabzonlu ihtiyar balıkçılar, Rize, Samsun ve Sinop'tan pek çok dostlarını bu yollarla tanıdıklarını ifade etmenin dışında, han kahvelerindeki sohbetler sırasında haberdar oldukları ve kendi yörelerinde örneklerine rastlanmayan kültür unsurlarından bahsetmişlerdir. Meslekî kültür içindeki geleneksel teknikler, inanış ve kabuller gibi pek çok unsur bir halk kültürü bölgesinden diğerine bu suretle aktarılma imkânı bulmuştur.

> İstanbul'a gelip giderken motorla poyraza yakalanınca Giresun taraflarında yalılarda kahveler olurdu; oralara sığınırdık. Eğer motorda yatıp kalkmaya yer varsa motorda yatar kalkar, o kahvelerde yer içerdik. Motorda yatıp kalkmaya yer yoksa o kahvelerde uyurduk. Kahvelerde çay demlerdik, kendi yaptığımız yemekleri yerdik. Bizden orda kalıyoruz diye para filan istemezlerdi. Oralarda türlü yerden balıkçı olurdu. Deniz vurdu mu herkes kendini karaya atma derdine düşerdi. Hava düzelene kadar oralarda kalır, sohbet muhabbet ederdik diğerleriyle. Ekmeğimiz filan bitmişse ekmeği çuvalla oralardan alırdık. Yok oralarda bulamazsak eğer küflü de olsa eldekileri yerdik, ne yapacaksın karın doyacak. (KK-69)

3.6. Balıkların Muhafazasına ve Pazarlamasına Dönük Geleneksel Usuller

3.6.1. Muhafaza Usulleri

Avlanan balıkların ihtiyaçtan fazla olanlarının muhafazası yolunda en eski yöntemlerden birisi, balıkların doğal su çukurlarına veya su basmış çayırlıklara bırakılması olmuştur (Çelikkale ve diğerleri, 1993: 4). Bu teknik, deniz avcılığının geliştiği ve avlanan balıkların canlı olarak muhafaza edilmediği dönemlerde güncellenmiş olsa gerektir. Zira Giresun ve Trabzon illerinde balıkların geleneksel usullerle muhafaza edilmeye çalışıldığı yıllarda en çok başvurulan yöntemle bu ilk yöntem arasında en azından usulen bir benzerlik vardır. Araştırma sahasında balıkçılar uzun yıllar, avladıkları balıkların satılmayanlarını bir sonraki gün satabilmek düşüncesiyle kazdıkları kuyularda muhafaza etmişlerdir. Doğal soğuk hava deposu görevi gören bu çukurlar, Anadolu'nun başka bölgelerinde başka gıda maddelerini muhafaza etmek amacıyla da kullanılmıştır. Hayvancılığın yoğun olduğu bölgelerde işlenen süt ürünleri (yağ, peynir, kaymak vs.) balık kuyularına benzer kuyularda veya çukurlarda muhafaza edilmiştir. Bugün de devam eden bu muhafaza usulü, ticari amaçlı gıda üretiminde de kullanılmakta, örneğin peynirler benzer biçimlerde hem muhafaza edilmekte hem de tatlandırılmaktadır[231].

Ek-154: Trabzon'un Karlık mevkiindeki kar kuyularından bir görünüm.

Araştırma sahasında kimi balıkçı aileler, avladıkları balıkları muhafaza etme konusunda ihtiyaç duydukları buzu, uzun yıllar yörelerinde bulunan kar kuyularından temin etmişlerdir[232]. Araştırma sahasında kar kuyularının en bilindik örnekleri, ismini bitişiğindeki Karlık isimli tepenin yanı sıra sınırlarındaki kar kuyularından alan Trabzon'un Karlık Köyü'ndedir. Havalideki kar kuyularının küçük boyutlu olanları genellikle aile ihtiyaçları için, büyük ve grup olarak yapılanları ise yaz döneminde il merkezine buz satışı yapılmak için kullanılmıştır. Havaların ısınmasıyla birlikte satamadıkları balıkları muhafaza etmek isteyen kimi balıkçılar, buralardan getirilen ve buza dönmüş olan karları para ile almış ve muhafaza amacıyla kullanmışlardır. Bu yıllarda buz oldukça kıymetli ve pahalı olduğu için balıkçılar, bu imkândan yaygın biçimde yararlanamamışlar; çoğu zaman artan balıklarını eskiden olduğu gibi bahçelerinde gübre olarak kullanma yoluna gitmişlerdir.

Balıkçıların geçmişte avladıkları balıkların tamamını gün içinde tüketilememelerinin sebepleri arasında, avlanan balık miktarının bugünküne nispetle çok olmasının yanı sıra balık tüketiminin daha ziyade şehir ve ilçe merkezlerine gerçekleştiriliyor olması yer almaktadır. Köylere ulaşımın sınırlı olduğu uzun yıllar boyunca Giresun ve Trabzon köylüleri, bu değerli besinden yeterince faydalanamamışlardır. Balıkçılar arasında bugün de yaygın olarak söylenen "*Rizik denizden gelur, karaya doğri; köylere doğri azlanur, incelenur.*" şeklindeki söz de bu duruma vurgu yapmaktadır.

Faroz'dan Muharrem Kayıkçı'nın (KK-38) şu anlatımı, balığın çok ve çeşitli olduğu yıllara atıf yapmanın dışında, balığın pazarlanması ve tüketilmesi konularında şehir merkezlerinin belirleyici olduğunu yani köylülerin balık tüketimi konusunda çok gerilerde olduğunu şu sözlerle anlatır:

> Ganita eskiden kumsaldı. Denize girerdi orada gençler, çocuklar. Babam ve amcamla bir keresinde Ganita'da çinekopa barabat sardık. Ancak, on ton kadar kıraça kaldı ağda. Ama o devirde kıraça balığına kimse itibar etmezdi. Kıraçayı satamayacağımızı bildiğimiz için rahmetli amcam çakısını çıkardı ve ağın ucunu kesti; tüm balık denize boşaldı. O devirde en gözde balık palamut büyüklüğünde olan kiloluk istavritti. Köylere yol olmadığı için balık köylere gitmezdi; bu yüzden de köylünün balıktan haberi yoktu. Avlanan balıklar hep şehirde tüketilirdi.

Araştırma sahasında yüzyılın ortalarında balıkçılık etrafında şekillenen sosyal ve meslekî kültüre dönük uygulamalar hakkında kısmen de olsa bilgi veren isimlerden biri olan dönemin İngiliz konsolosu Sir Denis Wright, balık muhafaza usullerinden kurutma (çiroz) hakkında bilgi vermiştir. Wright, Trabzon'un 1941 ve 1943 yılları arasındaki sosyo-ekonomik hayatından bahsederken Moloz'da, MS. 2. yy'da Roma İmparatoru Hadrian tarafından yaptırıldığı düşünülen liman sahasının, bu yıllarda ahali tarafından fındık ve balık kurutmak maksadıyla da kullanıldığını belirtmiştir (1992: 84). Yörede geçmişte kullanılan bir diğer kurutma biçimi de ocak ateşinden yararlanmak olmuştur. Karınları açılan büyük boy hamsiler ve tercihe göre istavritler, kılçıkları çıkartılmadan kuyruklarına bağlanan iplerle çubuklara dizilerek ocak üzerinden sarkan zincire veya soba üzerindeki tele asılmak suretiyle kurutulmuştur. (KK-114) Araştırma sahasında yüzyıllar boyunca kurutma (çiroz) yaygın bir muhafaza biçimi olarak kullanılmış, ancak ilerleyen yıllarda yine geleneksel bir usul olan tuzlama (salamura) muhafazanın aslî unsuru halini almıştır. Kurutmanın uzun yıllar temel muhafaza usullerinden biri olarak devam etmesinin önemli sebeplerinden birisi geçmişte tuzun kıymetli bir tüketim maddesi olmasıdır[233]. Bölgenin rutubetli yapısından ötürü çok elverişli bir yöntem olmasa da kurutmanın uzun süreler devam etmesinde tuza ulaşımın sınırlılığı etkili olmuştur. Bölgenin tuz ihtiyacı yüzyıllarca navluncular tarafından deniz yolu ile başka bölgelerden getirilmek suretiyle karşılanmıştır. Tuzlama için ihtiyaç duyulan bol miktarda tuza pek çok ailenin ulaşma imkânı olmamıştır. Kaynak kişilerden Salih Yılmaz'ın (KK-77) şu ifadeleri de bu duruma vurgu yapmaktadır:

> "Palamut ve hamsinin tuzlaması yapılır, diğer balıkların tuzlaması iyi olmaz. Güneşte kurutulur çiroz yapılırdı balıklar eskiden. Onlar çok eskidendi tuz yokken o yapılırdı. Tuzlama da olurdu ama kurutma kadar olmazdı."

Bölgenin dış bölgelerle ulaşım imkânlarının gelişmesi ile tuz nakliyatı kolaylaşmış ve tuza duyulan ihtiyaç rahatlıkla karşılanabilir olmuştur. Bu dönemlerden itibaren balıkları muhafaza etmenin gözde usulü tuzlama olmuştur.

Sürekli balıkla ilgilenen insanlar, balıkla olan tecrübesi sınırlı olanlara göre daha çok, daha çeşitli balık tüketmenin yanı sıra balığın daha fazla parçasından yararlanır. Benzer şekilde evde tüketimde balığı ele almak, korumak ve hazırlamak noktasında daha geniş bir dağarcığa sahiptirler. Özel ve genel sosyal olaylarda menülerine düzenli olarak balığı dâhil ederler. Kalabalık balıkçı aileleri, çoğu zaman protein ihtiyaçlarını karşılayacak tek gıda olan balıkları büyük miktarlarda kurutmuş veya tuzlamışlardır. Bu amaçlarla balıkların hazırlanması sürecinde araştırma sahasında imeceler de gerçekleştirilmiştir. Kadınların oluşturduğu bu imece topluluklarında balıkçılık folklorunun pek çok söylemelik ürünü ortaya çıkmış veya icra edilmiştir. Fikret Karadeniz, çocukluk yıllarına ait bir anıdan bahsederken Giresun'da 1930'ların sonlarında tuzlamak üzere balık ayıklayan kadınların imecelerinden bahsederek bu imecelerde söylenen ve ilerleyen yıllarda oldukça popülerleşecek olan bir türküyü şöyle aktarır (1979: 8761):

> Hamsiler konu komşuyla birlikte (*imece*) ayıklanırdı. O akşam türkücü Emriye Abla da imeceye gelenler arasında idi. Tezgah, koca karayemiş ağacının dibinde kurulmuştu. Gaz lambasının ışığında hamsiler ayıklanmaya başlanmıştı. (...) Zayıf, yoksul giysili, kara saçlı, sarı benizli Emriye Abla, incecik, tiz sesiyle türküsünü söylüyordu:
> Hamsi kurban o göze
> Baş dalarsın denize
>
> Atarlar barabati
> Alurlar seni yüze
>
> Korlar seni kayuğa
> Satarlar seni bize
>
> Biz de aluruk seni
> Sereruk seni köze
>
> Bir kusurcuğun vardur
> Çok su içursun bize

Şubat aylarının sonlarına kadar hamsiyi taze tüketmeyi tercih eden balıkçı aileleri, hamsilerin "arıkladığı" mart ayından itibaren hamsiden imtina etmektedir. Bu tarihten sonra daha önce tuzlanan hamsiler tercih edilmeye başlanmaktadır. Hamsinin en yağlı olduğu dönemlerde, diğer bir ifadeyle kar suyu yediği dönemlerde hazırlanan tuzlamalarda hamsilerin büyükleri ve küçükleri ayrı ayrı salamura yapılabilmektedir. Tuzlanan hamsiler, bu balığın taze olarak temin edilemediği yaz aylarında sadece evlerde değil fındık toplama zamanlarında bahçelerde de tüketilmektedir.

Yorozlu balıkçı karısı ve annesi Hatuncuk Yılmaz (KK-88), havalideki tuzlama usulünü ve tuzlanan balıkların değerlendirilme biçimlerini şöyle anlatır:

> Hamsi ve palamut tuzlarız en çok. Diğerlerinden de tirsi, istavrit ve çinekoptan da olduğu zaman az az tuzlarız. Balık taptazeyken tuzlarız. Hemen toplanır ayıklarız. Tuzlu suyun içinde bir gün bekletirsin balığı. Dört, beş saatte bir de suyunu değiştirirsin. Ertesi günü kalın tuzla iyice karıştırırsın. Koyacağın kabın altına kalın tuz koyarsın. Eğer bulabilirsen defne yaprağı filan da güzel olur altında. Balığı kaba iyice bastıktan sonra balık kendi suyunu bıraktığı için bazı çok bazı hiç su koymazsın kaba. Kabın ağzını sıkıca kapatırsın. Bol tuzla yaptığımız için bozulmaz ama yine de serin yerlere koyarız. Yemek yapmadan önce balığı suya koyarız. Akşam yemek yapacaksak sabahtan suya koyarız. Tuzlama balığın kızartması ve ızgarası olmaz, sadece buğlaması olur.

Tirebolu'dan Reyhan Vural (KK-115), gençlik yıllarında ahalinin katılımı ile gerçekleştirilen tuzlama hazırlıklarını ve usullerini şöyle anlatır:

> Buradaki Emniyet'in ön tarafı yalıydı. Özellikle oradan hamsi alınırdı teneke teneke. Ayıklamak için kadınlar birbirine yardım ederlerdi. Ne çok türküler söylenirdi bu zamanlarda. Şimdi unuttuk hepsini. Yalıda herkes bir arada hamsileri ayıklardı. Deniz suyunda yıkanırdı balıklar güzelce. Eve getirilir, üzerlerine tatlı su dökülürdü. Tenekeler de bir de kiremit küplerde tuzlanırdı. Küpe tuzlananı makbuldü. Sağlıklıydı kiremit, tenekede pas olurdu. Üzerine çakıl tuzu ekerlerdi. Balık olmadığı zaman, yazın domates soğanla yenirdi.

Bazı aileler balıkları tuzlu suda bekletmek yerine temizledikten sonra deniz suyunda da bekletebilmektedirler. Geçmişte çoğunlukla toprak küplerde tuzlanan balıklar, bugün çoğunlukla çeşitli boylardaki plastik kaplarda tuzlanmaktadır.

Araştırma sahasında tuzlanmış balığın lezzeti ve tüketilmesi konusunda farklı kabuller vardır:

> Hamsi ve palamut genelde tuzlanır bizim burada. Palamutun büyüğü torik ve lakerda kalın tuza toriği kesip koyuyorduk bunu 1 yıl veya 8 – 9 ay yazın çıkarmak şartıyla bunu saklarlar yazın haşlanmış patates, salatalık, domates onla beraber yerler var yani tuzlanır. Dondurucular çıktı sonra. Ama dondurulmuş balık tuzlanmış balığın

> yerini tutmuyor. Tuzlanmış balık daha güzel oluyor. Özelliğini kaybetmiyor yani. Ama dondurulmuş balık çok dondurulduğu zaman lezzetini ve minerallerini kaybediyor diye düşünüyorum. (KK-37)

Kaynak şahsın ifadelerinin sonunda vurguladığı husus balıkların muhafazasında geleneksel usullere gösterilen rağbetin son yıllarda yeniden artmasında da etkili olmuştur. Pazar yerlerinde, balık satış tezgâhlarında veya doğal gıda ürünleri satan dükkânlarda palamut ve hamsi tuzlamalarının tüketime hazır halde bolca bulunuyor olması, bu geleneksel usule olan meylin artmakta olduğuna işaret etmektedir.

3.6.2. Pazarlama Usulleri

Balıklar avlandıktan sonra balıkçılar balığın türü, hava koşulları, Pazar talebi ve ulaşım sıkıntısına bağlı olarak çeşitli geleneksel teknikler kullanarak balıkları değerlendirirler. Kıyıya dönüldüğünde, balıkçılar pazarlık becerilerini kıdemlilerden veya deneyimle öğrenerek balığı en kârlı şeklide satmak için çeşitli Pazar çevrelerine girerler. Tarihsel süreç içinde av kapasitelerini büyüten 1. tip balıkçı ailelerinin Pazar çevrelerine girme usulleri hakkında bütüncül karakterli en eski bilgiler, Evliya Çelebi ve Hamâmizâde İhsan tarafından verilmiştir.

Evliya Çelebi, Trabzonlu balıkçıların hamsileri kıyıya getirmeleriyle başlayan pazarlama sürecini yöre halkının hamsiye olan düşkünlüğüne dönük kimi mizahi anlatılardan da yardım alarak şöyle anlatır:

> Her sene hamsîn gününde hapsi balıkları karaya düştüğünde yahut meneksile adlı kayıklarla dopdolu iskeleye geldiklerinde balık dellâlları vardır, şu şekilde bağırırlar:
>
> "Ey muhterûn, ey muhterûn! Esi çıfata zun, den hurdesin, samur bada taraşa, ey lefte karun, ahnı kulup ipsarya, alam pamun, ey ümmet-i Muhammet ala pamun[234]" derler.
>
> Bir tür mücver ağacından boruları var, bir kere öttürünce azîmallah eğer cemaatle namaz kılanlar duyarsa o an namazı bırakıp hamsi balığına koşarlar. "Namaz bulunur, amma hapsi bulunma" diye camide bulunan imam ve müezzin bile namazı bozup "Ahçacuğumla bir makrama hapsi ver." diye o nazik sırmalı makramalara (havlulara) balığı korlar. Balığın suyunu akıtıp salınarak giderken, bazıları balığın suyunun aktığına acıyıp "Bre balığın suyın ya ne akıdırsın, suyına bir pilavcık salsana." diye birbirlerine şaka ederler.
>
> Bir keresinde Çiço Hüseyin adlı bir kimse eşiyle ala-vere eğlencesinde iken balık dellâlının boru çaldığını duyunca, eşinden balığını çekerek alıp uçkurunu bağlayarak iskele başına gelerek hamsi balığı aldığı meşhurdur, ama ben görmedim.

Ancak bir kere balık meneksile borusu çalınınca (...) hamamından beş tane çıplak adam kan ter içinde çıkıp har har soluyarak balık kayığına can atar, bellerindeki peştemallarına balığı doldurunca edep yerleri ortaya çıkar. Balıkçı bunlardan akçe isteyince, çıplak adamda akçe olmadığından balıkçıya kefil vermiş. Balıkçı "Balık emini, kefil ve yemin almaz, hemen akçedür." deyince "Bre âdem, işte şu âdemler şahit olsun imanım sana verdim." demiş. Balıkçı da "Ben, kendim namazlı imanımdan bezdim, al benimki de senin olsun." demiş.

Bu gibi hamsi balığı şakalaşmaları, Trabzon'un şehir oğlanları kibarları arasında darbımesel olmuş latifelerdir. Yine Trabzon zarifleri Çiço ırgatlarına şu tekerleme ile sataşarak,

Tarabozandır yerimüz
Akça tutmaz elimüz
Hapsi paluk olmasa
Niç'olurtı halümüz

kendi ırgatlarına üleşirler. Tâ bu derece sevdikleri balıktır. (Evliya Çelebi, 2011: 112-113).

Hamâmizâde İhsan, ünlü eseri *Hamsinâme*'de 1920'li yıllarda hamsi avcılığı yapan balıkçıların avladıkları balıkları pazarlama usullerinden bahsederken şu bilgilere yer verir:

Sabahleyin erkenden âlet sahibi [akşamki avcılığın mahsullerinin dolu olduğu] kayıkların başında ve av vergisinin memuru burada. Madrabazlar, manavlar, alıcılar da hazır. Şimdi hamsi kayıkları mezat olunuyor. Bu müzayede kuruş üzerine her kayık için ayrı ayrı yapılıyor. Bir kayıkta büyüklüğüne göre bin, iki bin hatta üç bin okka hamsi olur. Manavlar, hamsi miktarını, hatta kaça satılabileceğini tahmin ederek, pey sürerler. Kim çok verirse kayık onun üstünde kalır. Kayıklar layık olduğu bedeli bulmamışsa, bunu ağ sahibi kendi hesabına kabul eder. Hamsi kimin üzerinde kaç kuruşta kalmışsa, şimdi yüzde on iki oranında vergisini av memuruna, bedelini malın sahibine, yani ağ sahibine verir veya hamsiyi sattıktan sonra vermek üzere veresiye bırakır. (...) Hamsi dolu kayıklardan birini, bir kaçını müzayededen almış olan manav, her kayığın satışı hizmetinde iki, üç kişi bulundurur. Bunlar, günlükleri iki veya daha çok olan amelelerdir. Biri hamsiyi eliyle, tenekeyle müşterilerin kaplarına doldurur, diğeri herkesin kabını tartarak veya tahmin ederek bir dara çıkarır. Kayıkta küçük el kantarıyla veya teraziyle o kaptaki hamsiyi tartar, fazla ve eksiğini çıkarır, ilave eder, bazen parayı da alır. Bu adam manavın ortağı veya işçisi olabilir. Üçüncü genellikle manavın kendisidir. Kayıkta kıç üstünde oturur ve satılan hamsinin parasını peşin olarak alır, orada tahta kutuya atar. Bu manav sadece satışa nezaret eder (Hamâmizâde İhsan, 2007: 32)

Ek-155: Trabzon'da kayık hesabıyla yapılan eski bir mezattan görünüm. (Anonim)

Giresun ve Trabzon havalilerinde 1. tip balıkçı aileleri avcılığını yaptıkları balıkları geleneksel bir hâl alan bu usulle satışa sunmuşlardır. Bu usulün uzun yıllar devam etmesinin en önemli sebebi, ulaşım ve muhafaza gibi imkânlardan yoksun olunan yıllar boyunca avlanan balıkların, uzak bölgelere gönderilmeyerek avcılığın gerçekleştirildiği havalilerde tüketilmesi olmuştur.

1950'li yıllardan itibaren Et Balık Kurumu tarafından Trabzon'da da bir fabrika açılmasından sonra avlanan hamsilerin pazarlanmasına dönük yeni usuller ortaya çıkmaya başlamış, 1960'larda itibaren karayolunun işlerlik kazanması ile önceleri Samsun'a sonraları ise İstanbul'a kadar gönderilmek suretiyle Pazar genişlemiş ve ilave pazarlama biçimleri de geliştirilmiştir. Tüm bu süreçler boyunca komisyoncular (manavlar), işlevlerini korumuşlardır. Geçmişte olduğu gibi, bugün de Giresun ve Trabzon havalilerinde faaliyet göstermekte olan balık komisyoncuları sosyo-ekonomik hayat içerisinde prestijli bir konuma sahiptirler. Giresun'da ismi hâlâ zikredilen ve 1960-1990 yıllar arasının ünlü balık komisyoncusu merhum Paşa Dayı (Çevik) ile Görele'de merhum Kuloğlu Mustafa'nın dışında il merkezinde ve Bulancak'ta bugün Musa Anaforoğlu (Kıyı Balıkçılık), Aydın Önal (Aydın Balıkçılık) ve Eynesil'de Cahit Güdük (Güdükoğulları Balıkçılık) balıkçı ailelerinin itibar gösterdikleri komisyoncu (manav) ailelerdir. Trabzon havalisi manavları arasında ise, Yoroz'da Bekir Ziya Karaçengel, Faroz ve Moloz muhitlerinde bulunan ve babaları Yahya Kaptan'dan mesleği devralan Abdullah ve Recep Denizer (Denizer Balıkçılık), Ethem Sadıklar (Sadıklar Balıkçılık) ve Arsin'deki organize sanayi bölgesindeki tesisinde faaliyet gösteren Turgay Özsandıkçı (Özsandıkçı) aileleri benzer şekilde itibar gören ailelerdir.

Samsun'da balık unu ve balık yağı fabrikalarının açılması ve kısa süre içinde çeşitlilik kazanması ile 1. tip balıkçı aileleri komisyoncuları aradan çıkartıp doğrudan fabrika yetkilileri ile anlaşma yoluna gider olmuşlardır. Giresun ve Trabzon havalilerinde avlanan hamsinin yarısından fazlası, bugün de bu fabrikalara gönderilmektedir. Fabrikalarla balıkçılar arasında kurulan ekonomik bağlılık 1. tip balıkçı ailelerinin çoğu zaman bu fabrikalardan avans ödemeler alarak ihtiyaçlarını karşılamalarında etkili olmuştur.

Ek-156: Yüzyılın ortalarında Trabzon balıkhanesinden görünümler. (M. Reşat Sümerkan Arşivinden)

Pazarlama sürecinde kullanılan araç gereçler, zaman içinde değişim göstermiştir. Tahta kasaların henüz kullanılmadığı dönemlerde tenekelerle veya sepetlerle ölçülerek satılan balıklar[235], sonraki yıllarda çoğunlukla Çarşamba'daki imalathanelerde üretilen tahta kasalara konulur olmuştur.

> (Giresun'da) 1938 yıllarında yalıya hamsi gelirdi. Çifte direkli motorlarla. Yağlı fellekler üzerinde, insan gücüyle kaydırıla kaydırıla kuma çekilirdi, bu koca gövdeli kayıklar. Anbarları kıyılama hamsi dolu olurdu. Sonra bu hamsileri kumsala boşaltırlardı. Hamsi kumulları gümüş gibi parıldardı. Satış başlayınca her yığının çevresinde eli tenekeli köylüler halkalanırdır. Sonra bu tenekeleri sırtımıza alır, dürmeçle (*yün örgü ip*) bağlar, köye yollanırdık (Karadeniz, 1979: 8761).
>
> *
>
> (Sürmene'de) Bizim çocukluğumuzda hamsi teneke işi satılırdı. Kayık sahile yanaştı mı camide hoparlörle "Hamsi geldi." diye duyuru yapılırdı. Tenekesini kapan koşardı sahile. Kimi yemelik hamsi alırdı tenekeyle. Kimi gübrelik, kimi de ineklerine yal yapmak için alırdı. (KK-58)

*

(Trabzon-Faroz'da) Babamlar 1960'lı yıllarda 30 beygirlik motorlarla Giresun'a hamsi avına giderler ve 200-250 teneke hamsi avlarlardı. Hamsi 2-3 günde Trabzon'a getirildiği için bazen bozulurdu; buz filan o dönemde yoktu. Avlanan balıklar Mumhaneönü'ne götürülürdü. Balık kayığın üstündeyken komisyoncular gelirdi. Göz kararı ne kadar hamsi olduğuna karar verildikten sonra artırma veya pazarlık yoluyla satış yapılırdı. (KK-38)

*

(Giresun'da) Bizim çocukluğumuzda mal çoktu. Mutlaka vurarak alınıyordu balık. Manavlar geliyor fiyat vuruyordu. Belediyeden memur da gelirdi. Ruhsum[236] alırdı bunun üstünden. İhaleyi de o yapardı. "Var mı artıran!" gibilerinden. (KK-116)

*

(Tirebolu'da) 70'li ve 80'li yıllardı. Fısıltı gazetesi limana hamsi yüklü tarataların yaklaştığını haber verdiğinde, yaz için tuzlama, akşam mangal, buğulama, kızartma keyfi yapmak isteyen aileler kadın, erkek, çoluk çocuk soluğu koştura koştura limanda alırdı. Boş kasa yüklü kamyonlar sıraya girmiş, son kasa dolana kadar beklenirdi. Hamsi o kadar boldu ki, kasalar bittiğinde geri kalanları halka bırakılırdı. Elinde kovası, poşeti, tepsisi olan herkes bu bereketten faydalanırdı. (KK-117)

*

Eskiden mezat olurdu. Perşembe'de, Bulancak'ta iskeleler vardı. Hava iyiyse balıkçı avlar gelirdi buralara. Çarpışmalı mezad olurdu. Para da oydu zaten. İyi para ederdi balık. (KK-43)

20 kilo civarında hamsi alan bu tahta kasaların üzerleri, istiflenen hamsi dökülmesini engellemek için yağlı kâğıtla kapatılmıştır. Tahta kasalara konulan ve çoğunlukla açık kasa kamyonlarla nakledilen hamsiler, kasaların doğal materyalden yapılması sebebiyle daha uzun süre muhafaza edilebilmiştir. Ancak soğuk hava tertibatı olan kapalı kasa nakliye kamyonlarının yaygınlaşması ile paralel olarak tahta kasaların kullanımı da azalmış, 15-16 kilo balık kapasitesine sahip strafor kasalar yaygınlaşmaya başlamıştır. Balıkçılar tarafından tahta kasalara gösterilen rağbetin azalması ile Çarşambalı kasa ustaları önemli oranda zarara uğramış ve sadece sebze-meyve kasaları imal eder olmuşlardır. Strafor kasalara konulan balıklar, tahta kasadakilere göre daha kısa sürede bozulabilmektedir. Zira bu kasaların gerekli iç havalandırmadan mahrum olmaları sıcaklığın aniden yükselmesine sebep olmaktadır. Balıkların soğuk hava tertibatı taşıyor olsalar bile kamyonlarla hızlı bir biçimde satış

alanlarına gönderilmek istenmesinin önemli sebeplerinden birisi de bu zarurettir.

Ek-157: Trabzon limanında tahta kasalarda ve kamyon kasalarında gerçekleştirilen bir hamsi nakliyesinden görünüm. (*Anonim*)

Önceleri balık unu fabrikalarına gönderilen hamsiler izolasyonu çok iyi olmayan açık kasa kamyonlarla gönderilmişken zamanla hamsinin değerli suyunu ve yağını sızdırmayan kapalı kasa kamyonlarla gönderilir olmuştur. Bu suretle kıymetli hamsi yağını muhafaza etmeyi başaran fabrika sahipleri, daha fazla kâr elde edebilmektedirler. Hamâmizade, hamsinin geçmişteki pazarlanma usulünden bahsederken hamsi suyunun önceden de kıymetli olduğunu ve bu sebeple alınan hamsilerin ihtimamla taşındığını şöyle anlatır:

> Hamsiyi genellikle tütün tarlalarına gübre olarak almak isteyenler, kayık hesabıyla pazarlık ederler. Daha az batman hesabıyla alacaklarsa tartıda kolay ve külfetsiz olması için bir gaz tenekesi ölçü tutulur. Birinin dolusu, on dört, on beş okka gelen tenekelerden kaç tane ölçülmüşse okkaya çevrilip bedeli verilir. Yalnız bazı satıcılar hile yoluna sapar. Okkayı belirleyen teneke kabı, daha az hamsi alması için içine doğru ezerler. Hamsiyi kayıkla alanların tarlası sahile yakınsa kayık oraya yanaştırılır ve böylece nakliye masrafı azaltılmış olur. Böyle olmayınca nakliye sepetli atlarla veya hamallarla yapılır. Ancak bu durum, tarlanın verimini arttıracağı söylenen hamsi suyunun ziyan olmasına sebep olacağından, bu nakliyenin Trabzon'da varil denilen büyük yağ fıçılarıyla yapılması uygundur (Hamâmizade İhsan, 2007: 35):

1. tip balıkçı ailelerinin İstanbul, Ankara, Bursa ve Samsun gibi büyük şehirlerde hamsi sezonu boyunca irtibatta oldukları "yazaneler" vardır. Yedek teknelerle karaya çıkartılan balıklar, bu komisyonculardan gelen talepler doğrultusunda hızlı bir biçimde bahsedilen usullerle Türkiye'nin dört bir yanına sevk edilmektedir. Göreleli balıkçı Kul ailesi örneğinde

olduğu gibi bazı aileler sahibi oldukları pazarlama firmaları üzerinden de avladıkları balıkları piyasaya sunabilmektedirler.

2. tip balıkçı aileleri geçmişte olduğu gibi bugün de farklı pazarlama usulleri kullanmaktadırlar. 1. tip balıkçı ailelerine nispetle daha sınırlı bir av kapasitesine sahip olan bu aileler, bugün daha çok palamut avcılığı sezonunda komisyoncularla birlikte çalışmaktadırlar. Torik, levrek, uskumru, kefal gibi balık türlerinin de avcılığının bolca gerçekleştirildiği geçmiş yıllarda da avladıkları balıkları manavlara teslim eden balıkçılar, zamanla bu av çeşitlilikleri azaldığı için palamut ve her zaman olmasa da kefalin çokça avlandığı dönemlerde manavlarla çalışmayı tercih etmektedirler.

Palamut avcılığı dışındaki dönemlerde mezgit, barbun, iskorpit, istavrit, sargan gibi balıkları avlayan geçimlik ölçekte balıkçılık yapan aileler, bu balıkları kaçak olarak çalışan seyyar satıcılara veya sabit balık satış tezgâhlarını işletenlere verebildikleri gibi, liman girişlerindeki veya insan yoğunluğunun fazlaca olduğu yol boylarındaki küçük tezgâhlarında bizzat satmakta, talep olması halinde balık restoranlarına da verebilmektedirler. Yakın yıllara kadar bu ailelerin pek çoğu, avladıkları balıkları mahalle aralarında seyyar usulle bizzat satmışlardır. Balıkçı babaların denizde olduğu zamanlarda, balıkçı çocukları ve eşleri bu sürece dâhil olmuşlardır.

Ek-158: Solda kuviçalarıyla Sürmene Balıklılı Fethi Şolt ve Osman Karabacak (*Tekne Kültür-Sanat Dergisi Arşivinden*), sağda Ada mezgiti satan Giresunlu balıkçı çocukları. (*Anonim*)

Giresun ve Trabzon mahalle hayatında hatıraları hâlâ canlı olan seyyar satıcılarla balıkçılar, taze balıkları "çamat" ederek yani 20-25'erli gruplar halinde ipe dizerek veya ince dallardan yaptıkları hamteveklere dizerek (dizinlik) kollarında taktıkları küçük sepetleriyle[237] veya ağaç tekneleriyle sokak sokak dolaşarak satmışlardır.

Avladıkları balıkları bu usulle konu komşuya veya mahalleliye satan kimi balıkçılara, kent kültürü veya sosyal tarih bağlamlı bazı çalışmalarda atıflar yapıldığı görülmektedir. Sürmene-Balıklılı Fethi Reis (Şolt), bu isimlerden sadece biridir. Uzun yıllar kürekli küçük kayığı ile balıkçılık yapan Fethi Reis, zaten az gören gözleri, görme yetisini iyice kaybettikten sonra denize çıkamaz olmuştur. Denizden tamamen çekildiği yıllara kadar kürekli kayığıyla avladığı mezgitleri kilo ile satmak yerine "çamat" hesabıyla 20-25'li gruplar halinde kapı kapı dolaşarak satmıştır. Altmış yıl boyunca balıkçılık yapan ve avladığı balıkları aynı usulle satan Fethi Reis, Sürmene'nin simge isimlerinden biri oluvermiştir (Kol, 2005: 40-42; KK-57; KK-12). Giresun merkezinde de yıllarca Giresun Adası etrafındaki verimli mezgit avlaklarında mezgit avlayan 2. tip balıkçı aileleri mezgitleri aynı usulle satmışlardır.

(Giresun Gemilerçekeği'nde) Rahmetlik Recep dayı vardı. Kafasına vurur, "Niye geldin?" diye takılırlardı. Adam denizde durmaktan yürüme yürüyemiyordu. Çoluk çocuğu vardı. Motor filan nerde kürekle ailesinin geçimini sağlardı. Abdurrasim dediğimiz bir adam vardı; ufacık bir kayığı vardı. Adanın oralarda daha önce topladığı pis bıyıklarla yemli hane balığı avlardı. Balıkları teveklere dizer, omzuna atar Sokakbaşı'nda, Debboy'da dolaşır satardı. Geçim buydu adamlarda. Bir gün mahallenin gençleri alırlar garibin kayığını caminin musalla taşının üstüne bırakırlar. Adam sabahtan denize gidecek bakıyor kayık yok. Evine giderken caminin yanında geçerken görüyor kayığı musalla taşının üstünde. (KK-12; KK-76).

*

(Giresun Gemilerçekeği'nde) Olta balığı çok makbuldür. Bu yörenin halkı olta balığını, ağ balığını çok iyi tanır. Balık yemesini bildiği için olta balığına talep çok fazlaydı. Balıkçı, tuttuğu balığı kayığını çeker çekmez, doldurur teknesine, götürür; Sokakbaşı'nda veyahut Deppoy başında kendisi satardı. Yani malına manav için pay vermezdi. İşte manav üçe alıp beşe satıyorsa, kendisi gider doğrudan beşe satardı. Yörenin halkı o balıkçığı tanıdığı için "Ya bu adam denizden geçiniyor beş kuruş fazla versem bana dokunmaz." deyip pazarlık etmezdi. Balıkçı, dizindeki balığa kaç para derse parasını aynen verirdi. (KK-83)

*

(Tirebolu'da) Feyzi Aga balık tutar gelirdi. Eskiden sandal filan denmezdi "balık kayığı" derdik biz. "Feyzi Aga gelmiş." denildiğinde herkes evlerinden çıkar yalıya koşardı. Balık kayığı el birliği ile felekle kıyıya çekildikten sonra tazecik balıkları Feyzi Aga 3 kilo 5 kilo derken mahalleliye satardı. (KK-115)

Mustafa Reşat Sümerkan, çocukluğunun (1950'lerin sonları) Mumhaneönü sahilindeki balıkçı tezgâhlarında barbun, mezgit ve hamsi türünden balıkların pazarlanmasına dönük usullerden bahsederken yukarıdaki usullerin yaygın olduğu kanaatine ulaşılmasına imkân tanıyan bilgilere yer verir:

> O vakitler naylon yok, poşet yok. "Torba kağıdı" diye bildiğimiz, bir tür kahverengi kâğıttan veya gazete kağıdından yapılma kesekâğıtları var... Ama balıklar kese kağıdını ıslatıp yırttıkları için bir anlamı yok. O yüzden böylesi balıklara [barbun vb.] özgü bir yöntem kullanılıyor. Çuvaldız gibi iri bir iğneye ip geçiriyor, balıkları tek tek solungaçlarından girerek ipe diziyor. Taşırken elimi kesmesin diye de ipi bir parmak boyunda sarı renkli süpürge çubuğuna sarıp elime tutuşturuyor. Naylon poşetlerin olmadığı dönemde, irice boydaki balıkların ipe dizilmesi zorunlu bir taşıma yöntemiydi. Bu işlem balıkçının zamanını alıyor, diğer müşterilerle ilgilenemiyordu. Tezgâh sahiplerinin, balıkları önceden tartıp, iplere dizerek sattıkları da olurdu. Örneğin mezgitleri hep böyle alırdık. Balıkçı, balıkların ipini bileğine geçirip havaya kaldırarak: "Bak abi, habunun tazeluğune bak."' diye müşteriye gösterirdi. Tazeliğini koruması için tezgâhlarda sürekli ıslak tutulan balıkların eve taşınması her zaman problemdi. Özellikle de ipe dizilemeyen küçük boydaki balık türlerinin... Trabzonlular hamsi için özel bir sepet taşırlardı. Üstten saplı, iki dipli, sık örgülü sepetlerdi bunlar... Tartıldıktan sonra sepetlere konulan hamsilerin suları, eve varıncaya kadar sepetin dibinden akar, upuzun çizgiler oluştururdu. (...) Çok miktarda alınacak ya da köye götürülecek hamsiler için üstten sap takılmış tenekeler getirilirdi tezgâhların önüne (Sümerkan, 2011: 79-80).

Çocukluk yıllarını Trabzon'un Çömlekçi Mahallesinde geçiren T. İlkay Somel, sahile ulaşan balıkçıların teknelerindeki balıkların pazarlanışını şöyle anlatır:

> Kış gelip denize kar suyu düştüğünde, motorlar dolusu hamsi gelirdi Çömlekçi sahiline. Önce Çömleklili uzatırdı evinden getirdiği "gıylı"sını, tenceresini hamsi alabilmek için. İyice bollaşınca da tenekelerle satılmaya başlanırdı hamsi. Bir teneke hamsi alan irisini pişirir, geri kalanını da tuzlardı o yıllar. (...) Çömlekçi sahiline yanaşan hamsi motorlarından aldıkları hamsileri Taşbaşı yokuşundan yukarı taşırdı balık arabaları. Mahalle aralarında avazı çıktığı kadar bağıran satıcılar, arabalarındaki hamsileri iştahla satarlardı. (...) Liman yapıldıktan sonra artık hamsi motorları da gelmez oldu Çömlekçi sahiline. İnsanlar, balık arabalarında satılan hamsinin yolunu gözledi. Hamsiler Mumhaneönü'nden yüklenen arabalarla Taşbaşı yokuşuna ve Çömlekçiye getirilir oldu (Somel, 2011: 63).

Hasan Kantarcı, çocukluğunu Moloz civarında geçirmiş Suat Atay'dan naklen 1960'lı yıllarda balıkçıların sahile gelmeleriyle birlikte başlayan pazarlama koşuşturmasını şöyle anlatır:

> Elleri bakraçlı miçolar, iskeleye yanaşan motordaki hamsileri kıyıdaki kasalara doldururlardı. Hamsi motorlarının iskeleye yanaşmasıyla, bazı yoksul insanlar bakraçlarla iskeleye koşup motorcuların insafı doğrultusunda bedava hamsi alırlardı. Bu gelen insanları hamsicilerin geri çevirdiğini ben hiç görmedim. Takalarla Moloz iskelesine gelen hamsi, Moloz ve Mumhaneönü'nde satılırdı. Hamsi almak için Moloz ve civarına inemeyen insanlar da olurdu ki, onların imdadına garnallı satıcılar yetişirdi. Kamıştan yapılmış genişçe iki "garnal sepeti"nin içi hamsi ile doldurulur. İçinde hamsilerin taze kalabilmesi için üzerleri ıslak bir bez örtülür. Garnallar omuzda taşınan sırığın ucuna kalın sicimle bağlanarak, mahalle mahalle dolaşılırdı. Hamsi sezonunda mahalleler "Hamsici geldi!" sesleriyle çınlardı (Kantarcı, 2011: 164).

Avrupa Birliği uyum yasaları kapsamında gıda maddelerinin seyyar satışına getirilen sınırlamalar, balıkçıların geleneksel pazarlama usullerini de etkilemiştir. Bulancak Ayvasıllı Halil İbrahim Aydeniz'in (KK-21) konuya dönük şu sözleri dikkat çekicidir:

> Eskiden perakende balık satışı daha fazlaydı. Avrupa Birliği dalgası perakende satışı düşürdü. El arabaları kaldırıldı. Mahalleden yaşlı kadın balık haline gidebilir mi? Eskiden seyyar işi yaygın olduğu için her yerde bunların merkezleri vardı. Balığı kıyıya çıkarttığın zaman seyyarcı gelir alırdı. Balık iyi kötü değerinde giderdi.

Konuya mesleği gereği öncelikle ekonomik boyutuyla yaklaşan kaynak şahsın fark etmediği bir diğer husus da seyyar satıcılarla birlikte deniz ve balık konulu satıcı manilerinin ve kalıp sözlerinin de ortadan kalkmış olmasıdır. Balıkçıların avladıkları balıkları mahalle aralarında veya tezgâhlarında satarken söyledikleri manilerden ve kalıp sözlerden bir kaçı şöyledir:

Hamsi vurdi karaya
Tanesi beş paraya
Alın uşaklar alın
Bir tava kızartmaya (KK-114)
**
Alıyorsan mezgit
Durma hemen eve git (KK-118)

Fotoğraf: Attila Alp Bölükbaşı

DÖRDÜNCÜ BÖLÜM

4. BALIKÇILIK MESLEK FOLKLORUNUN DİĞER TEMSİLLERİ

4.1. Balıkçılık Süreçleri İle İlgili İnanış ve Uygulamalar

Balıkçıların mesleğin çeşitli süreçlerinde gerçekleştirdikleri etkinliklerin pek çoğu ritüel karakteri taşımaktadır. Bu sebeple tespit edilen uygulamaların tüm yönleriyle anlaşılabilmesi için ritüel ve büyü terimlerinin izahına ihtiyaç vardır. Ritüel (kut tören), en genel şekliyle, bir örnek üzerine kalıplaşmış davranışlar ve töreler bütünü olarak değerlendirilmiştir. Kut törenler sırasında geçerli olan kurallar ve bu kurallar çerçevesinde sergilenen davranışlar, yazıya geçmemiş, değişmez, standart ve kesin sınırlarla çevrili bir yapıdadır. Ritüelin gerçekleştirilmesi sürecinde ortaya konulan mesaj, aynı zamanda ritüelin esasını oluşturan manevi bir mesajdır (Rappaport, 1997: 106). Ritüelin yapılış sebebi ve dolayısıyla türü ne olursa olsun üyelerin grup bilincine dönük duyarlılıklarının gelişmesinde oldukça önemli bir yeri vardır (Cohen, 1999: 54). Geleneğin korunmasında sistematize olmuş inanç ve ritüellerin meydana getirdiği bileşimin önemine vurgu yapan Anthony Giddens, ritüel ve inançlar arasındaki ilişkinin, aynı zamanda içeride olanlar ve olmayanlar ayrımını ortaya koyduğunu, bu ayırımı sağlayan geleneklerle ritüellerin kimlik inşasında etkili olduğunu ifade eder (Giddens, 1994'ten aktaran Karaman, 2010: 233). Öte yandan Burhan Oğuz, ritüelin kutsal kökeni hakkında şunları söyler:

> Kadim dünyanın ladini (profane) faaliyet bilmediği bir vakıadır. Kesin bir manası olan bütün işler, kara ve deniz avcılığı, tarım, oyunlar, çatışmalar, cinsi hayat vs. bir yoldan kudsiye iştirak ederler. Sadece mitos açısından manası olmayan, yani numune-i imtisali bulunmayan faaliyetler ladini sayılır. Bu itibarla bir amaçtan sorumlu her bir davranış, kadim dünya için bir ritüeldir (Oğuz, 2003: 996).

Belirli kalıplar içinde ve tekrar edilme özellikleri nedeniyle kolaylıkla değişmeyen veya dar sınırlar içerisinde küçük değişikliklere uğrayan ritüeller, doğaçlama uygulamalar değildir. Aksine oldukça bilinçli olarak uygulanan ve duyguları açığa çıkaran bir karaktere sahiptirler. Ancak duyguların açığa vurulması, törenlerin tek özelliği değildir. Ritüeller, aynı zamanda, etkileri tören zamanlarıyla sınırlı olmayan ve tören niteliği taşımayan diğer eylemlerden ayrılan, uygulayıcıların hayatına değer ve anlam kazandıran bir güce de sahiptirler (Connerton, 1999: 71-72).

Ritüel ve büyü, birlikte işleyen iki önemli sosyo-kültürel müessesedir. Büyü, dünya üzerindeki en kadim inanış ve yaşayış biçimlerinden beri varlığını devam ettirmiştir. Sözlü kültür süreciyle başlayıp elektronik kültür şeklinde adlandırılan (Ong, 1995) mevcut kültür süreci içinde de bir müessese olarak hemen bütün topluluklarda varlığını muhafaza etmesi bakımından müstesna bir yapıya sahiptir. Büyünün mahiyeti hakkındaki, tabiat kurallarına müdahalede bulunmak şeklindeki genel kanaat göz önünde bulundurulduğunda, konu üzerine çalışanlar büyünün kökenini, insanların kabile hayatı yaşadıkları bir dönemde ya da daha değişik bir ifadeyle toplumların çocukluk dönemlerinde aramışlardır. Arkaik toplumlar, tabiatı anlamlandırabilme ve tabiatın gücünü olumlu ya da olumsuz anlamda kullanma anlamında büyüyü kutsallık zırhı ile çevrelemiş ve bir algılayış, yaşayış ve inanış biçimi haline getirmişlerdir. James Frazer, büyülük uygulamaları şu şekilde sınıflandırmıştır:

> Büyünün dayandığı düşüncenin ilkelerini çözümlersek, bunların olasılıkla ikiye ayrıldığı görülecektir; bunlardan ilki, benzerin kendi benzerini doğuracağı, ya da bir etkinin kendi nedenine benzediği ilkesidir; ikincisi, bir kez birbirine dokunmuş şeylerin fiziksel temas kesildikten sonra da, uzaktan birbirini etkilemeye devam edeceği ilkesidir. İlk ilkeye "Benzerlik Yasası", ikincisineyse "Dokunma" ya da "Bulaşma Yasası" denilebilir. Büyücü, bu ilkelerin ilkinden yani Benzerlik Yasası'ndan, istediği etkiyi yalnızca taklit etmekle yaratabileceğini, ikincisindense, maddi bir şeye ne yaparsa bunun o nesnenin bir zamanlar dokunduğu kişiyi, bu onun bedeninin bir parçası olsun ya da olmasın, aynı şekilde etkileyeceğini çıkarır (Frazer, 2004: 31).

Ritüeller de gerçekleştirilme amaçlarına ve dönemlerine göre çeşitli biçimlerde tasnif edilmiştir. Genel kabul gören sınıflamalardan birine göre ritüeller, giriş veya geçiş ritüelleri, takvimlik ritüeller ve kriz dönemi ritüelleri olmak üzere üç grupta değerlendirilmiştir (Myerhoff ve diğerleri, 1987: 380). Terimi, sosyolojik ve antropolojik boyutlarıyla irdeleyen Emile Durkheim, kutsal alan ile kutsal dışı (profan) alanı tabular koymak suretiyle birbirinden ayıran ritüelleri negatif, insan ve kutsal alanı birbiriyle etkileşime sokan ritüelleri ise pozitif ritüeller şeklinde ifade etmiştir (Durkheim, 2010: 291-292).

Çalışmanın bir önceki bölümünde meslekî katılım ve terfiden bahsedilirken giriş/geçiş ritüelleri hakkında bilgi verildiği için diğer ritüel türleri hakkında kısa bilgiler verilecektir. Takvimlik ritüeller, zaman algısı etrafında ortaya çıkan, kolektif olarak düzenlenen ve genellikle mevsimlerin başında ya da sonunda yapılan ritüellerdir. Tabiatın mevsimsel döngüsüne dair bilginin gözlem yoluyla keşfedilmesinden sonra başlangıçta biyolojik devamlılığı temin etmek, sonrasında ise bu devamlılığın hâkim unsuru olarak gördüğü kutsala yakınlaşmak maksadıyla gerçekleştirilen ritüeller, takvimlik ritüelleri oluşturmuştur.

Daha ziyade tarım, hayvancılık ve avcılık gibi tabiat ekseninde şekillenen ekonomik modellerde görülen bu ritüeller, sosyal hayatın ritmini oluştururlar; günümüzde, öncelikli amaçların ne olduğunu, hangi normların yürürlükte olduğunu rekabetin kurallarının ne olduğunu göstererek toplumun kolektif ve önceden belirlenmiş değerlerini ön plana çıkarırlar. Takvimlik ritüellerden, giriş veya geçiş ritüellerinin aksine kolektif etkiler beklenir. Toplumsal ve ekonomik aktivitelere giriş ve çıkışları düzenleyen bu ritüeller, tekrarlanan nitelikte dir ve katılımcıyı toplumsal çevresine, defalarca tekrarlanan ama aynı zamanda yaratıcı bir yolla bağlarlar (Honko, 2006: 133).

Kriz ritüelleri ise, hastalık, kıtlık, yangın, deprem, sel gibi belirsizlik ve huzursuzluk yaratan durumları ortadan kaldırmak beklentisiyle gerçekleştirilen ritüellerdir. Kriz ritüelleri, hastalıklardan korunma veya kurtulma örneğinde bireye dönük beklentiler içerirken, kıtlığın sona ermesi, deprem, fırtına veya sel gibi tabiat olaylarının yarattığı felaketin etkilerinin ortadan kaldırılması örneklerinde bireye veya topluluğa dönük beklentilerle gerçekleştirilmektedir. Her türde felaketten korunma ya da tekrarını önleme beklentisiyle gerçekleştirilen bu türde ritüellerin takvimlik ritüellerdeki gibi muayyen zaman aralıkları yoktur. Bunlar daha ziyade buhranlı dönemlerde ihtiyaç halinde gerçekleştirilirler (Honko, 2006: 133)

En eski dönemlerden beri insan topluluklarının çevreyi algılayışı ve anlamlandırışında ussal ve gözleme dayalı bilgiler birlikte etkili olmuştur. Bu bağlamda Malinowski, insan topluluklarının tabiat merkezli bütün işlerinde havaya ve iklimlere, zararlılara, toprağa ve köklere dönük yargılarını ortaya koyarken ussal ve ampirik bilginin büyü ile desteklenmiş kesin biçimlerinden faydalandıklarını ve bu bilginin doğruluğundan ötürü de asla taviz vermediklerini ifade eder (Malinowski, 1990: 18). Belirtilen her bir bilgi türü, birbirini destekler mahiyette olsa da esasında her biri kendi yasalarına göre işlemektedir. Ussal kaynaklı teknik bilgi ile ihtiyaç duyduğu aletleri ortaya koyan ve bu bilgiyi kuşaklar boyunca ihtiyaçlara göre güncelleyerek aktaran topluluklar, bu zaman zarfında bu araçların kullanıldığı alanlardaki öngörülemeyen tehlikelerle mücadele etme konusunda büyüye müracaat etmişlerdir. İnsanın üretim sürecinin kontrolünü ve tahmin edilebilirliğin kontrolünü artırmış olsa da onun hayatını tehlikeye sokan unsurların üzerindeki teknolojik kontrolde dikkat çekici bir artış olmamıştır. Teknolojik donanım ne kadar ilerlemiş olursa olsun kendi ölümlüğünün farkında olan insan kendini hiçbir zaman güvende hissetmeyecektir (Poggie ve Gersuny, 1993: 138). İnsanoğlu başlangıçtan beri tabiatta meydana gelen değişiklikleri ampirik metotla takip etmiş, ussal temele taşıdığı bilgiyle elde ettiği her türlü konfora rağmen güçle ve belirsizliklerle donatılmış tabiatın ölüme kadar götüren etkilerinden korunabilmek düşüncesiyle büyüye yönelmiştir. Bu yönelişte tabiatta çok sayıda gizli gücün var olduğuna dair kabuller etkili olmuştur. İlkel insan, her şeyden önce pratik nedenlerden ötürü doğa süreçlerini denetimi altına almaya çalışmış, bunu da doğrudan doğruya ayinler ve büyü aracılığıyla yapmış ve bunlar aracılığıyla rüzgârı, fırtınayı, hayvanları ve bitkileri iradesi altına almak istemiştir (Malinowski, 1990: 8-9).

Malinowski, belirsizlik ve risk durumlarının, büyü ve ritüelleri besleyen ana kaynaklar arasında üst sıralarda olduğu kanaatinedir. Bu teori özellikle temelinde tarım, hayvancılık, madencilik ve deniz balıkçılığı gibi ekonomik modellerle hayatını idame ettiren topluluklardaki mevcut teknolojilerin asla tümüyle istenilen ihtiyaçlara cevap veremeyeceği tespitine dayanmaktadır. Nitekim balıkçılık da dâhil olmak üzere her bir ekonomik faaliyet içinde tahmin edilemeyen sonuçlar ortaya çıkabilmektedir. Güvenli karadan uzak çalışma alanlarının yanı sıra, fırtınalar, dalgalı denizler, sudaki anaforlar, hava koşullarındaki ani değişimler ve makro çevredeki diğer etkenler tahmin edilebilirliği azaltmaktadır. Böylesi durumlarda ortaya çıkan belirsizlik ve risk, gerginlik yaratmakta ve bu gerginlikler potansiyel olarak eylemin kapasitesini olumsuz yönde etkileyebilmektedir. Malinowski'ye göre faaliyet grubu tarafından kullanılan mevcut teknolojilerin belirsizlikleri ve riskleri tamamıyla ortadan kaldırmadığı hallerde oluşan gerginlik büyü tarafından kontrol altına alınmaya çalışılmaktadır. Böylece büyü, gerginliğin dindirilmesi ve bireyin sosyal sistemlerinin devamı için gerekli olan bu riskli girişimlerde bulunması için özgürleştirilmesi görevini üstlenmektedir (Malinowski, 1990: 60-74).

Malinowski'nin bu tespitlerinin temelinde çoğu zaman Pasifik Okyanusu'ndaki kimi balıkçı ada toplulukları üzerine yaptığı alan araştırmaları sırasındaki izlenimleri etkili olmuştur. Yüzyılın başlarında bu topluluklara uzun süreli ziyaretler gerçekleştiren Malinowski, mercan kayalıklarının açıklarında tehlikeli, dalgalı ve köpekbalıkları tarafından istila edilmiş sularda balık avına giden balıkçıların, güvenlik maksadıyla gerçekleştirdikleri ve sihirli güçleri harekete geçirmeyi amaçladıkları ritüelleri bizzat gözlemlemiştir. Balıkçı toplulukları üzerine yapılan bu uzun süreli araştırmaların sonuçları, Doğu Karadeniz balıkçı gruplarının inanış ve pratiklerini yorumlamak ve farklı denizlerde aynı mesleği sürdüren toplulukların ava dair belirsizliklerin yarattığı gerilimin ortadan kaldırılmasına dönük eylemlerinin ve bu bağlamda geleneksel dünya görüşlerinin karşılaştırılması bakımından oldukça önemli bilgiler içermektedir.

Meslek grubu üyeleri tarafından gerçekleştirilen çoğu ritüel, belirli davranış kalıplardan kaçınmayı içinde barındırır ve eğer davranışı gerçekleştiren kişi yasaklanmış davranıştan kaçınmazsa başına kötü bir şey geleceğine dair imalarda bulunur. Katılımcıları balıkçılardan oluşan ritüellerde de, çoğu zaman mesleğe dönük tabuların şekillendiği görülmektedir. Franz Steiner'e göre, törensel değeri olan her türlü itaatin sosyal mekanizmasıyla ve tehlikeli durumlardaki özel ve kısıtlayıcı davranışlarla ilgilenen, (2004: 20); Radcliffe-Brown'a göre ise çiğnenmesi durumunda istenmeyen değişimler yaratan "törensel yasaklamalar"dan oluşan (1965: 134) tabuyu bilmemenin çok belirli ve istenmeyen sonuçlar ortaya çıkaracağına dair genel kabul, hem Giresun hem de Trabzon balıkçıları arasında varlığını sürdürmektedir. Denizdeki tehlikeler, avcılık uygulamalarındaki tehlikelerle birleşince tüm modern algılara ve mantığın sıkı kurallarına rağmen, tabuların sürekliliğine yardımcı bir ortamın mevcudiyetini koruduğu görülmektedir. Av sırasında kolları bağlamanın veya elleri cebe sokmanın bereketli avı olumsuz etkileyebileceği veya ıslık çalmanın rüzgârı ve sonrasında da fırtınayı getirerek felakete sebep olabileceği şeklindeki inanışlar, bu konuya dönük örneklerden sadece bazılarıdır.

Balıkçılık etrafında, kaçınmalar ve beklentiler bağlamında şekillenen ritüel karakterli uygulamalar, daha ziyade deniz avcılığı ile uğraşan topluluklarda görülmektedir. Göl ve ırmak avcılığında çoğu zaman böylesi ritüellerin bulunmayışı, Malinowski tarafından Trobriand adaları balıkçıları üzerinden şu şekilde örneklendirilmiştir:

> İç lagün köylerinde balıklar basit ve kesinlikle güvenilir bir biçimde, zehirle öldürülürler, bu yolla tehlikesizce ve hiçbir belirsizlik olmadan bol ürün elde edilirken, açık deniz kıyılarında avlanma yöntemleri hem tehlikelidir, hem de balık sürülerinin su yüzüne çıkıp çıkmadıklarına göre verim çok değişkendir. Lagünlerde yapılan ve insanın tamamen bilgi ve becerisine yaslanabildiği avlanmada büyünün olmaması, buna karşılık tehlike ve belirsizliklerle dolu olan denizdeki avda korumayı sağlayacak ve iyi ürünü bağışlayacak kapsamlı bir büyü ayininin bulunması dikkat çekicidir (Malinowski, 1990: 20).

Endüstriyel ölçekte balıkçılık yapan aileler, temel bir gelenekler dizisi paylaşsa da, diğer gelenek alt kümeleri balıkçılık faaliyetinin büyüklüğü ve balıkçının geçiminin ne kadarını balıkçılıktan sağladığına bağlıdır. Genel olarak en küçük faaliyetler, yaygın ve bütünleşik olarak sahil kıyısı toplumlarda görülür. Uygulayıcılar sahil kıyısı toplumda yaygın olan deniz bilgisini paylaşır ve çok uzaklara açılmaya teşebbüs etmediklerinden oldukça özel meslekî gelenekler veya sudaki işlerini çevreleyen yasaklayıcı batıl inançlar sergilemezler. Balıkçılık etkinliği daha büyük, daha uzmanlaşmış ve daha tam zamanlı oldukça, karaya yakın yerlerden yeterince farklı ve tehlikeli kabul edilen, özel çalışma, ekipman ve destek gerektiren ortamlarda, evden daha uzak mesafelerde gerçekleşmesi daha muhtemeldir. 1. tip balıkçı aileleri, genelde meslekî ritüellere ve kısıtlamalar içeren inanışlara daha bağlıdırlar ve ailenin tamamı yürütülen iş için bir destek sistemi gibi tatbik eder. Mesleğin yeri, özelleşmiş rutinler ve programlar, tamamı denize yönelmiş aile dinamikleri ve aile arası yoğun bağlılıklar nedeniyle büyük ölçekli endüstriyel balıkçılık farklı bir alt kültür geliştiren bir meslek olarak görülebilir. Sıklıkla yakın topluluklarda bu alt kültürün farklılığını belirten genel klişeler gelişir (Gilmore, 1996: 566). Bu genel durumla paralel biçimde, araştırma sahasındaki her bir balıkçı ailesi tipinin ava dönük beklentileri ve risk algısı değişkenlik gösterebildiğinden meslekî ritüeller de değişebilmektedir. Daha ziyade gündüzleri ve kıyı şeridini takip ederek asgari geçimini karşılamak maksadıyla avlanan 2. tip balıkçı ailelerinin risk algısı, günlerce sürebilen ve farklı deniz koşullarında ve teknolojilerle sonuçları itibariyle büyük beklentiler içinde olan 1. tip balıkçı ailelerinin risk algısına göre çok daha düşüktür. 1. tip balıkçı aileleri, çoğu zaman standart bir avlak yerine balık sürülerinin hareketlerine göre değişkenlik gösteren pek çok avlakta öngörülemeyen tehlikelerle yüzleşmek zorunda kalabilmektedirler. Bu tipoloji içinde yer alan balıkçılar, genel anlamıyla İstanbul Boğazı'ndan Sarp'a kadar uzanan hemen tüm alanları avlak olarak kullanmaktadırlar. Bu geniş alan içinde karşılaşılabilecek tehlikeli durumları bertaraf etmenin yanı sıra, avın bereketini artırmak gibi amaçlarla av öncesinde veya av esnasında gerçekleştirilen ritüel temelli uygulamaların, statik avlaklarda daha küçük av potansiyeliyle avlanan 2. tip balıkçıların uygulamalarından farklı olması, kolay anlaşılabilir bir durum olacaktır. Bu bağlamda, araştırma sırasında korunma ve bereket temennileri ile gerçekleştirilen ritüellerin pek çoğunun geçmişte olduğu gibi, bugün de 1. tip balıkçı aileleri tarafından gerçekleştirildiği tespit edilmiştir. Bu balıkçı tipinin yüksek teknolojili av araçlarına ve günlerce denizde kalabilecek teknik donanıma sahip teknelerle avlanıyor olmasına rağmen denizin bilinmezliği ve avcılığın öngörülemeyen cilveleri karşısındaki çaresizlik fikri ile sergilediği ritüel davranışlar, teknolojik ilerlemenin geleneksel dünya görüşünü bütünüyle ortadan kaldıramadığının, sadece yüzeysel değişimler yarattığının bir ispatı niteliğindedir.

Balıkçılar arasındaki inanışların sürekli olması, şüphesiz bunların geçmişten bir kalıntı olduklarını gösterir; yani tüm bunlar, balıkçılığın bugün olduğundan çok daha tehlikeli olduğu zamanlardan gelmektedir.

Balıkçıların meslekî folklorlarının önemli bir kısmını oluşturan bu ritüellerin bugünkü işlevleri, temelde geçmişteki işlevlerle aynıdır. Ancak bu işleve yenileri de eklenmiştir. Pek çok meslek grubu, kendi işleyişi ile uyumlu biçimde geliştirdiği meslekî geleneklerle, grup normlarını ve dinamiklerini tesis etmenin dışında kendini temsil etme şansı da yakalar. Balıkçılık etrafındaki ritüel karakterli uygulamaların da bu anlamda meslek grubunu temsil eden gelenekler olduğu unutulmamalıdır. Risk algısının çok daha yüksek olduğu dönemlere göre örnekleriyle daha sınırlı biçimde karşılaşılan ritüellerin güncel bir başka işlevi de grup kimliğinin ifşasına imkân sağlamaktır. Zira Trabzon'da av sezonunun başlangıcında bürokratların ve siyasilerin katılımında, bölgenin muteber 1. tip balıkçı aileleri denetiminde gerçekleştirilen açılış törenleri ve bu törenler sırasında gerçekleştirilen bir kısmı mizansenlerden oluşan uygulamalar yerel ve ulusal basında yer almakta, bu yolla meslekî kimliğin muayyen unsurları belleklere yerleşmektedir.

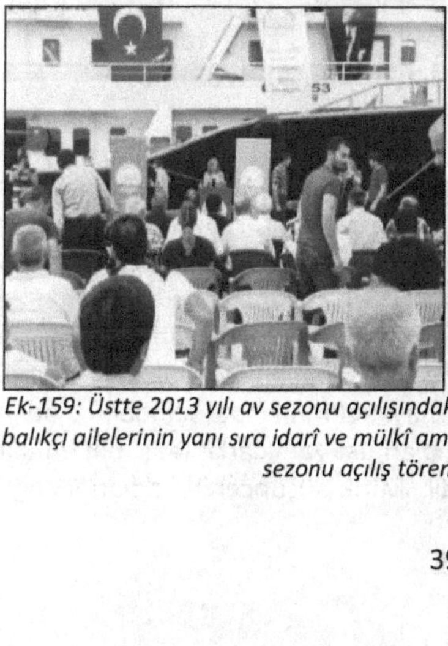

Ek-159: Üstte 2013 yılı av sezonu açılışındaki bir mizansenden; altta Akçakale limanında balıkçı ailelerinin yanı sıra idarî ve mülkî amirlerin katılımıyla gerçekleştirilen 2014 yılı av sezonu açılış töreninden görünümler.

Güney Sibirya Türkleri arasındaki kara avcılarının av merkezli inanış ve uygulama kalıpları üzerine oldukça önemli çalışmalar yapan Leonid Pavloviç Potapov, kara avcılığında da ritüelin avcılığın bir parçası gibi kanalize olduğunu ve her bir avcının bu ritüellere uyma zorunluluğu hissi taşıdığını ifade eder. Söz konusu toplulukların dini inanışları, kendine özgü ve takip edilebilen bir ritüel formu kazanmıştır. Dini uygulamayı tam ve şaşmadan, irticalen okunan duayla yerine getirmek, avın başarısının temel gereklerinden biri olarak kabul görmüştür. Kutsal av seremonilerinin izlerini taşıyan avcılıklarda iyi sonuç alabilmek için ölmüş atalarının ve diğer iyi kişiliklerin yüksek ruhlarına yapılan başvurularla onları lütufkârlıklarından yararlanmak amaçlanmaktadır. Avcılar bundan dolayı av arifesinde henüz evde iken, bazı dini uygulamalar, ritüeller yapmaktadırlar. Saçı (çaçılgı) mahiyetli bu törenlerde et, şarap, un sunusunda bulunan avcılar, ava dönük dileklerin dile getirildiği dualar okumaktadırlar (Potapov, 2012: 186).

Yakut Türkleri, ilkbaharda balık avına çıkmadan önce çokça balık avlamak için bir kayın ağacına "coloma" adını verdikleri renkli kumaş parçalarını bağlarlardı. Bu uygulamaya ek olarak bereketli bir av gerçekleştirme temennisiyle, kayın ağacının yanında yakılan ateşin üstüne çay ve süt dökülürdü. Balıkçılar, dileklerine cevap vermesi için su iyesine saçı yaparlardı (Kalafat, 1995: 43; Kalafat 2010a: 194).

Yine kara avcılığı ekseninde Karaçay-Malkarlı avcılar, av tanrısı Apsatı'ya yalvarmanın dışında, bir takım büyüler yapmaya ve davranışlarına dikkat etmeye gayret etmişlerdir. Avcılar, her zaman temiz elbiseler giymişler ve ava gitmeden önce eşleriyle cinsi münasebet kurmamışlardır. Kimseye rastlamamak için şafak sökmeden, karanlıkta yola çıkan avcılar, sanki önemsiz bir işe gidiyormuş gibi karıları ve çocukları tarafından, özellikle uğurlanmamışlardır. Öte yandan ava giden avcının evinde karısı gündelik ev işlerini (bulaşık ve çamaşır yıkama, temizlik vb.) yavaşlatma yoluna gitmiştir (Tavkul, 2001: 38).

4.1.1. Av Öncesine Dönük İnanış ve Uygulamalar

Erken dönemlerde bir tür ayin işlevi taşıyan avlar, insan topluluklarının medeniyet yolculuğu içinde zamanla sosyo-ekonomik bir boyut kazanmış olsa da kutsal zeminini çoğu zaman muhafaza etmiştir. Bu sebeple avcılığın hemen tüm biçimleri pek çok inanış ve uygulama ile kuşatılmıştır. Mitik tasavvurda avın bir parçası olarak kabul gören av yolculuğu, çoğu zaman kutsalın dünyasına yapılan bir yolculuk olarak simgeselleşmiştir. Bu yolculuk, av hayvanlarının da içinde yaşadığı tabiatın sahibi ve hâkimi konumunda olan üst varlıklarla iletişimin en üst seviyede olduğu süreçleri içermektedir. Mitik düşüncenin kodlarını çoğu zaman semboller aracılığıyla muhafaza eden modern/bilimsel düşünce, av yolculuğunun başlangıcına dönük kutsal mesajlar içeren pek çok uygulamayı toplum hayatının diğer alanlarında olduğu gibi, çoğu zaman süreklilik arz eden taklit mahiyetli uygulamalar haline getirmiştir. Toplumların dünya görüşlerinde çeşitli etmenler aracılığıyla gerçekleşen değişim, geçmişin kabul ve algılarını inkâr etmemiş, sürekliliğini koruyan uygulamaları mevcut dünya görüşü ile uyumlu hale getirmiştir (Bayat, 2009: 4-6). Mitolojik gerçekliğin yerini bilimsel ve dinsel gerçekliğin almasından sonra da devam eden av öncesi ritüellerinde, merkezde artık yüksek dinlerin yaratıcı tasarımı yer alır olmuştur.

Güney Sibirya avcı toplulukları arasında tespit edilen şu inanış ve uygulamalar, av yolculuğuna çıkışın mitik dönemlere uzanan kutsal zeminine dönük önemli atıflar içermektedir:

> Ava gidiş esnasında yerlilerin uydukları bazı kurallar, alametler vardır. Şorlar evden çıkarken geri dönüp bakmazlar. "Nereye gidiyorsun?" sorusuna asla cevap vermezler. Birine rast gelinirse, konuşma esnasında karşılaşılan kişiye sırtını dönmeyi daha iyi sayarlar. Ava giden bir avcının yolunun enine kesilmesine (önünden geçilmesine) kimseye müsaade edilmez. Avcılar, "Eğer evden çıkarken şakalaşırsan, o zaman, iyi şey bekleme." Derler. Avcılar ciddiyetlerini ve adaba uygunluklarını muhafaza etmeye çalışarak sessizce giderler. Şorlar, Kumandinler ve Tubalar eğer yollarını keserek bir kadın önlerinden geçerse, o zaman geri dönmek gerektiğine inanırlar. Altaylılar bundan başka yollarından eğer yılan sürünerek geçerse, bunu da kötü bir emare sayarlar (Potapov, 2012: 188-189).

Giresunlu ve Trabzonlu balıkçıların av öncesine dair inanış ve uygulamalarını iki grupta değerlendirmek mümkündür.

a) 1. tip balıkçı aileler tarafından gerçekleştirilen ilk av ritüelleri

b) Tüm balıkçı ailelerinde takip edilebilen inanış ve uygulamalar

Türkiye balıkçılığının genelinde olduğu gibi araştırma sahasında da 2. ve 3. tip balıkçı ailelerinin kanunlarla belirlenmiş muayyen av takvimleri yoktur. Onlar, türlü balıklar özelinde uygulanan av yasağı dönemlerine riayet etmek şartıyla yılın her döneminde balıkçılık yapabilmektedirler. Onlardan farklı olarak 1. tip balıkçı ailelerinin, gırgır tekneleri ile 1 Eylül-15 Nisan tarihleri arasında avcılık yapmalarına izin verilmektedir. Av takvimine dayalı bu zaruret, meslek grubu içinde av sezonunun başlangıcı ile ilgili ritüellerin geçmişten beri 1. tip balıkçılar tarafından tatbik edilmesinde belirleyici olmuştur. 31 Ağustos veya 1 Eylül tarihinde gerçekleştirilen av sezonu başlangıç ritüelleri, çoğu zaman takım sahibi ailelerin kendi özellerinde gerçekleştirilmektedir. Yaz ayları boyunca av sezonuna hazırlık yapan aileler, kazasız, belasız ve bereketli bir av sezonu geçirme dileklerini, çeşitli dinlik ve büyülük uygulamalarla ifade etmektedirler. 1. tip balıkçı aileleri arasında tespit edilen ritüel karakterli uygulamalar içinde kurban uygulamasının hem "kanlı" hem de "kansız" biçimleri ile karşılaşılmaktadır[238].

Ek-160: Bulancak-Talipli çekeğinde kurban kesildikten sonra denize indirilen bir tekneden görünümler.

Balıkçılar, doğrudan hayvan kurban etmenin yanı sıra kansız kurban olarak nitelendirilebilecek olan "saçı" uygulamalarına da avcılığın tüm süreçlerinde sıkça başvurmaktadırlar. Saçı, olağanüstü güçlere sahip olduğuna inanılan iye ve ruhlara sunulan ve onlar adına onların rızasını ve yardımını kazanmak için dağıtılan cansız nesnelere verilen bir isim, öz itibariyle bir cins kurbandır (Kalafat, 1995: 111). Araştırma sahasında balıkçılar arasında av başlangıcına dönük dinlik ve büyülük uygulamalar içinde hem kurban hem de saçı uygulamalarının tespit edilebilen örneklerinden bazıları şöyledir:

(Sürmene-Çamburnu'nda) Biz çocukken av başında, denize tekne indirileceği zaman sahilde fırın vardı. Orada gevrek yaptırırdı tekne sahibi. Bütün çocuklara bu gevrekleri dağıtır ve indirilen teknenin arkasından taş atmamız için bizi tembihlerdi. Teknenin ardından taş atmayı uğur sayarlardı belli ki. Tekne denize indirileceği zaman nazarından korkulan kişiler sahilden uzaklaştırılmaya veya çaktırmadan meşgul edilmeye ve dikkati dağıtılmaya çalışılırdı, bir musibet gelmesin diye. Nazardan çok korkardı balıkçılar. Tekneler denize indirilirken kurban da kesilirdi. Hayvanın kanı tekneye sürülürdü. Nazar değmesin diye teknelere boynuzlu hayvan kafası, eski çarık filan da takarlardı. (KK-61)

*

(Trabzon'da) Denize çıkarken büyük ümitlerle çıkılır. Kazancın bu sene büyük olması temenni edilir. Kurbanlar kesilir, gariplere dağıtılır. Ayrıca çocuklara ufak para verilir veya şeker çikolata alınır, sevindirilir. Bir tören havasında denize çıkılır. Tekneler boyanır pırıl pırıl parlar. Bir kız istemeye gider gibi davullu zurnalı şekilde denize açıldığı olurdu teknelerin. (KK-68)

*

Sürmene havalisinde eskiden gırgır ve trol motorlarını denize indirirken imece yapılırdı. Motorlar denize indirildikten sonra çocuklar, bu motorların kamaralarının en üst kısmından artistlik hareketler denize atlarlardı. Sonra helva ekmek dağıtılırdı. Biz ona "Boğda [buğday] ekmeği" derdik. (KK-59)

*

(Çarşıbaşı ve Beşikdüzü'nde) Av sezonu başlangıcında karada bulunan ağların mantar yakasının donamı bittiğinde ağlar kayığa alınırken mantar yakanın altına mal sahibi para atar. Bu para öyle bozuk para filan değil büyük paradır. Ağı donatanlara, tayfaya bahşiştir bu para. (KK-44; KK-1)

*

(Faroz'da) Denize yeni tekne atanlar, durumu iyiyse koyun, değilse horoz filan kesip kanını tekneye sürerler. Çok eskiden beri sürüyor bu âdet. Yalnız ikinci el tekne aldıysan böyle şeyleri pek yapmazsın[239]. (KK-37)

*

(Giresun'da) Biz her av sezonu başında kurbanımızı, adağımızı keseriz. Kanı akıtırız, kaza olmasın, avımız iyi geçsin diye yapar öyle denize çıkarız. (KK-119)

*

Ayvasıl'da, bizim burada Yalıköy'de hoca[240] varmış. Okur üflermiş ağı tekneyi. Çok balık gelirmiş. Durumu olan kurban da keser. Ben daha çok bereket muskası yaptırırım. Hocaya yaptırıp kamaraya koydum. O sene işimiz rast gitti şükür. (KK-21)

*

Balıkçılardan muska yazdırmayan yoktur nerdeyse. Bazıları yazdırdıkları halde inkâr ederler. Beşikdüzü'nün Oğuz Köyü'nde kuvvetli bir hoca vardı mesela, ben de ona çok muska yazdırmışımdır. (KK-178)

Balıkçıların av başlangıcına dönük ritüellerinde saçı uygulamasının dikkat çekici bir başka örneği de av hazırlıkların sonlarında, ailenin çocuklarından birinin talimat üzerine ağın av sırasında balıkları biriktiren kısmına idrarını yapmasıdır. Çoğu zaman bereket, kimi zaman da nazar[241] ve uğur[242] vurguları içeren bu uygulamaya idrarıyla dâhil olan çocuk, geleneksel dünya görüşünü muhafaza eden topluluklarda, tam anlamıyla erginlenmemiş ve bu dünyaya özgü kültürel bir varlık halini almamış doğal bir varlık olarak kabul edilmektedir (Lvova ve diğerleri, 2013b: 196-197). Bu kabule göre, sahip olduğu vasıfla kirlenmemiş, kötülüklerle tanışmamış ve bunları kanıksamamış olan çocuğun idrarı, mekruh bir unsur olmaktan ziyade bir saçı unsuru olarak kabul görmüştür[243]. Bu uygulamayla, av sürecinde, daha ziyade nazara dönük inanışlar paralelinde tekrar karşılaşılacaktır. Av başlangıcına dönük uygulamalar içinde tespit edilebilen bazı örnekler şu şekildedir:

(Araklı'da) Av bereketli olsun diye çocuklarımızı tekneye işetiriz. Bazen de nazar olmasın diye yahut nazar olduğuna inanırsak ağlara kurşun döktürürüz. (KK-120)

*

(Bulancak-Küçüklü'de) Ava çıkmadan önce nazar değmesin diye yahut nazardan şüphelenilirse bazen çocuklar ağın üstüne işerlerdi şans almak için. (KK-121)

*

(Eynesil'de) Nazara mani olmak için muska, sarımsak, nazar boncuğu asmanın yanı sıra ağlara işenirdi. (KK-35)

*

(Çarşıbaşı'nda) Ava çıkarken de av zamanında da hep "Besmele" çekeriz işin rast gitsin diye. Limandayken gece en küçük çocuğu ağın üzerine işettirirsin. Bir de motorun sağ kenarından işemek yasaktır. (KK-43)

Çarşıbaşılı Yılmaz Terzi'nin bahsettiği son uygulamadaki kaçınma dikkat çekicidir. Geçmiş yıllarda gırgır teknelerinde ağ, sadece sağ taraftan denize sarılabilmektedir. Bu sebeple tayfanın ihtiyaç giderme eylemini bereketin beklendiği sağ taraftan gerçekleştirmesi kesin olarak yasaklanarak olası uğursuzlukların önüne geçmek amaçlanmıştır.

Av sezonunun başlangıcında gerçekleştirilen uygulamaların önemli bir kısmı, ritüel karakterler taşıyor olsa da bazılarının bu kapsamın dışında kaldığı görülmektedir. Özellikle nazar ve uğur paralelinde gerçekleştirilen uygulamaların bir kısmı törensel özellikler taşırken bir kısmı bu vasfa sahip değildir. Hangi tipten olursa olsun, tüm balıkçı ailelerinin dinamik inanışları arasında yer alan nazar ve uğura dönük uygulamalarda ikili bir yapı dikkati çekmektedir. Nazara veya uğursuzluğa dönük bir şüphe oluşmadan özellikle av başlangıcında tatbik edilen korunma maksatlı uygulamaların yanı sıra, av sürecinde yaşanan birtakım olaylar veya beklenen avın gerçekleştirilememesi gibi şüphe uyandırıcı durumlar karşısında kurtulma maksatlı uygulamalara da başvurulabilmektedir. Balıkçılar nazardan korunmak veya kurtulmak maksadıyla çoğu zaman Türk halk inanışlarının geleneksel usullerinden yararlanmaktadırlar. Yukarıda başka vesilelerle yer verilen kimi anlatımlarda da görüleceği üzere, av başlangıcında nazardan korunma ve uğur elde etme maksadıyla gerçekleştirilen uygulamalar arasında nazarlıklardan medet ummak oldukça yaygındır. Balıkçıların nazardan korunmak maksadıyla gerçekleştirdikleri uygulamalar ve medet umdukları nazarlıklarla ilgili tespitlerden bazıları aşağıda belirtilmiş akabinde ise bu uygulamalarda medet umulmaları hasebiyle ver verilen unsurlar değerlendirilmiştir:

> (Of'ta) Kayık ustası olan rahmetli babamdan hatırlıyorum. Bizim buradan bazı balıkçılar babama bir kayık yaptırdıkları zaman kayığın baş altı iskeletine konulmak üzere muskalar getirirlerdi. Babam bu muskaları alıp söylendiği gibi baş altındaki kalasların arasına yerleştirirdi. Yine babamın yaptığı kayıklardan bazıları denize atılırken kayığın sahibi eski ayakkabı ve sarımsak bağlardı kayığın gövdesine. (KK-65)
>
> *
>
> (Sürmene-Çamburnu'nda) Tekne yaptıran balıkçılar, ustalara tekneye asması için sarımsak ve mavi boncuk takılı nazarlıklar verirlerdi. Kayıklar ilk avlarına çıkmak için suya indirilirken arkasından taş atılırdı. Zamanında bir Yunan'a altı tane ahşap gezi teknesi yaptık. Teknelerden birini denize indirirken Yunan elinde nazar boncuğu ile çıktı geldi. O da yetmedi koç aldı geldi ve orada kestirdi. (KK-60)
>
> *
>
> (Trabzon-Faroz'da) Bazıları kayıklarının baş kısmına Allah'ın 99 ismini küçük küçük yazarlar. Bir de çıra koyarlar, kayığın suya batmayan

yerine. Böyle el şeklinde ortasında göz olan nazarlıklarla[244] sarımsak koyanlar da vardır. (KK-77)

*

(Eynesil'de) Ninem Ayşe Yetim nazardan çok iyi anlardı. Nazardan korunalım diye onun dediğini yaptık biz. Kayığa nazar değmesin diye tavuk pisliği ve sarımsağı bir bezin içine sardık ve kayığın ambarına ve kamarasına astık. (KK-122)

*

(Bulancak-Pazarsuyu'nda) Yeni kayık yaptırıp bunu av için denize indiren mal sahipleri, sarımsakla yumurtayı haşlarlar, böyle torba gibi şeyle askıya asarlar bereketli olsun diye. (KK-123)

*

(Espiye-Gülburnu'nda) Nazardan sakınmak için balıkçılar, kayıklarına nazarlığın yanı sıra nal, sarımsak ve çam kozalağı asarlardı. (KK-124)

*

(Sürmene-Balıklı'da) Önceleri kesilen kurban hayvanlarının boynuzlu kafaları atılmaz getirilir nazarlık olsun diye teknelere bağlanırdı. (KK-112)

*

(Bulancak-Küçüklü'de) Nazar değmesin diye kayığın üzerine "Ssatılık" yazısı yazarlardı. (KK-125)

*

(Araklı'da) Nazara karşı inancımız çoktur bizim. Nazara karşı aldığımız önlemlerden biri ağları hocalara okutur, onlara kurşun döktürmektir. Eskiden gelen bir uygulamadır bu. (KK-126)

*

(Bulancak-Küçüklü'de) Annemin amcası vardı. Sağlam hocaydı. Annem ona kumu okutur kayığın baş altına koyardı. Ayrıca yine eskiden ava çıkılmadan önce ağların üstüne tuz döküldüğünü hatırlarım. (KK-21)

*

(Bulancak-Yalıköy'de) Biz eskiden ava çıkmadan önce bereketli olsun, nazar değmesin diye ilmi kuvvetli hocalara kumu okutur, okunmuş kumu ağlara serperdik. (KK-11)

*

(Trabzon-Faroz'da) Kayıklara nazarlık olsun diye çam ağacının sakızını yapıştırırdık. (KK-37)

*

(Tirebolu'da) Kayığın baş altına nazar boncuğu takarlarmış. Balık ağlarının halat kısmına da göz boncuğu takarlarmış. (KK-99)

*

(Bulancak-Yalıköy'de) Teknenin başındaki tırtıllı yere sarımsak, mavi boncuk, 1 tane acı biber, 1 tane de yumurta kabuğu takılırdı. Bunlar nazarı korusun, bereketi artırsın diye takılırdı. Daha çok göze gelmesin diye takılırdı. (KK-89)

Yukarıda belirtilen uygulamalar içinde, dinlik ve büyülük etkiler yaratmaları beklentileriyle kullanılan materyaller arasında yer alan ayakkabı, vücudun alt kısmına ait bir unsur olarak kabul görmesi sebebiyle kimi zaman üreme ve bereket, kimi zaman da ölümden ve kötülükten korunmak maksadıyla gerçekleştirilen büyülük uygulamalara dâhil olabilmiştir (Lvova ve diğerleri, 2013b: 209). Benzer bir nazariyede de eski çocuk pabucunun kadının cinsiyet uzvunun sembolü olduğu ileri sürülmektedir. Ayakkabı aynı zamanda hürriyeti ifade eden bir simge olmasıyla da dikkat çekicidir. Zira Roma'da kölelerin ayakkabı giymeleri kesin olarak yasaklanmıştır. Psikanalistler bedenle toprak arasında bir münasebet, bir temas noktası olarak gördükleri ayakabıyı "phallic" bir sembol olarak kabul etmişlerdir (Oğuz, 2002b: 811-812). Birbirleri ile paralel olan bu nazariyelerden de anlaşılacağı üzere ayakkabı, uzun bir ömür yaşamak anlamına gelir. Ayrıca, ayakkabı, daha çok toprak/kara üzerindeki hayatı simgeler. Kayığın gövdesine bağlanan eski ayakkabı, hem uzun yaşama hem de denizden tekrar karaya dönme arzusunu ifade etmektedir. Eskimiş ayakkabının, aynı zamanda ölümü de simgelemesi olasıdır. Eskimiş ayakkabı ile ölmüş kişi arasında da bir bağ kurmak mümkün olabilir. Bu bağ kurulduğu takdirde, eski ayakkabının sahibi zaten ölmüştür, bir kez daha ölmesi mümkün değildir. Kötücül/ölümcül varlıkların/ruhların zaten ölmüş birisine musallat olması da söz konusu değildir. Eski ayakkabı ile ölümcül/kötücül varlıkların/ruhların aldatılmaya çalışıldığını söylemek de mümkündür[245].

Uygulamalarda bütün şeklinde veya kabukları ile yer alabilen sarımsak, nazardan korunmaya dönük uygulamalarda sıklıkla kullanılmaktadır. Kokusunun kötü ruhları uzak tutacağına inanılır. Nazar ve kötü ruhlara karşı savunmada sarımsağın kullanımı dünya toplumları arasında son derece yaygın olup, kökenleri eski Mısır'a kadar gitmektedir[246].

Nazar savuşturmak beklentisiyle kullanılan çıralar, çoğunlukla çam ağacından imal edilmektedir. Çam ağacı ise, Türk inanç sisteminde kutludur ve bulunduğu yere kut, bereket, saadet getirir. "Kut"un olduğu yerde Tanrı himayesi vardır. Onun olduğu yerde nazara yer yoktur. Çam ağacının kendisinin yanı sıra, sadece bir parçasının bulunması yeterlidir. Onun olduğu yere kut siner. Kutun sindiği yere ise bereket, huzur, esenlik gelir[247].

Eynesil'de örneği ile karşılaşılan ve yine nazar savuşturmak maksadıyla gerçekleştirilen uygulamanın merkezinde bulunan tavuk dışkısı da oldukça dikkat çekicidir. Tavuk bacağı, tavuk kanı gibi nesneler, özellikle de büyülük uygulamalarda sıklıkla görülür. Horozun ötüşü ile kötü/kötücül ruhların/varlıkların kaçışı arasında da bir bağ kurulmuştur. Horoz kelimesi de doğrudan Mısır Güneş Tanrısı "Horus"tan gelir. Horozun ötüşü ile birlikte her yeri aydınlık kaplamaya ve gece ortaya çıkan kötücül varlıklar ortadan çekilmeye başlar. Bu bağlamda, tavuk pisliğinin de kötücül güçleri uzaklaştırmak gibi bir işlevinin olabileceğini düşünmek mümkündür.

Uygulamardan bazılarında karşılaşılan yumurta ise, bolluğun, bereketin ve doğurganlığın (Mitolojiye göre evren, kozmik yumurtadan meydana gelmiştir.) simgesi olan tavuktan çıkması münasebetiyle bereketin ve doğurganlığın simgesidir. Büyülük etkiler yaratması beklentisiyle gerçekleştirilen uygulamalarda haşlanmış yumurta kullanımı, bekereti arttırmaya yönelik bir düşüncenin ürünüdür.

Yakın geçmişe kadar Trabzonlu ve Rizeli balıkçılar arasında örneklerine daha fazla rastlanan teknelere hayvan kuru kafasından nazarlıklar takma uygulaması, bugün neredeyse unutulmuştur. Anadolu'da bağ, bahçe, ahır ve çardak gibi bereketi temsil eden mekânlara bugün de hayvan kafası asılmaktadır. Bu hem, bolluk ve bereketi arttırmak hem de bölgeyi kötücül varlıklardan uzak tutmak amacını taşır. Ağaca asılan hayvan kafası, aynı zamanda bir tür sunu (kurban) anlamına da gelmektedir[248].

Yukarıda örneklerine yer verilen uygulamalar arasında teknenin üzerine "Satılık" ibaresinin yazılı olduğu bir levhanın takılması da dikkat çekici bir uygulamadır. Satılık olmayan kayık ya da tekneye "Satılık" ibaresinin yazılması, doğrudan nazarı önlemeye dönük bir çabanın ürünüdür. Kayık ya da tekne, genellikle işlerin rast gitmemesi gibi nedenlerle satılır. Bu durumda tekne gidicidir ve işler de nazar değecek kadar iyi değildir. Bu tür bir değersizleştirme, nazarı kendiliğinden ortadan kaldıracaktır. "Satılık" ibaresi, ayrıca "sahip olma" olgusunu da geçici kılmaktadır. "Geçici bir sahipliğin" malzemesi olduğu için de nazar söz konusu olmayacaktır.

Av öncesinde ağların üzerinde dökülen tuz, Türk kültüründe bolluk ve bereketi simgelemenin yanı sıra, nazara karşı da kullanılmaktadır. Bu sebeple söz konusu uygulamayı nazar, bolluk ve bereket kavramları çerçevesinde değerlendirmek gereklidir[249]. Ağlara okunmuş kum serpme uygulaması da yine bolluk ve bereketi arttırmaya yönelik dinlik-büyülük bir uygulamadır. Bir hoca tarafından okunarak ağlara serpilen kumlar, ağlara takılması arzulanan balıkları (kum gibi çok balığı) simgelemektedir.

Kullandıkları çeşitli nazarlıkların uzaklaştırıcı, savuşturucu etkisinden medet uman balıkçılar arasında uğursuz ve nazarlı kişilerle ilgili inanışlar da oldukça yaygındır. Avcılığın başlangıcından sonuna kadar olan tüm süreçlerde örnekleriyle karşılaşılabilen ve yine nazar ve uğur vurguları içeren bu inanışın merkezinde çoğu zaman kadınlar vardır. Liman veya barınağın yukarısında yahut bir tepenin üstünde, balıkçının evi ile liman arasındaki yolculuğu güzergâhında beliriveren nazarlı veya uğursuz kadınlar, cinsiyete dayalı oldukça eski bir tabunun hatıralarının yaşatılmasına vesile olmaktadırlar[250]. Meslekî inanışlar içinde oldukça canlı olan bu inanışın av öncesine ait örneklerinden bazıları şöyledir:

> (Çarşıbaşı-Fenerköy'de) Rahmetli Yaşar Genç'in çok nazarının değdiğine inanılırdı. Bir balıkçı eğer onun ağzından bir şey duyarsa ava dair, denize gitmekten vazgeçerdi. (KK-47)
>
> *
>
> (Bulancak-Yalıköy'de) Babam sabahtan kalkıp denize giderken önüne adam çıkardı ayağını sınıyormuş. Ayağını sındığı zaman balıkçı balık tutamazmış. Onun adı da o şekilde kalırmış, daha sonra balıkçılar arasında bu konuşulurmuş. (KK-89)

Bazı durumlarda av araç gereçlerinin veya onlara ait bazı parçaların şekli ve duruşu da uğur inanışı içinde özel yorumlara ulaşılmasında etkili olmuştur. Bu inanışın dışında yine herhangi bir uygulama grubu içinde yer almayan münferit inanışlar ve uygulamalar da vardır. Teknenin denizde alabora olması gibi çeşitli kazalardan korunmak maksadıyla gerçekleştirilen şu uygulamalar da oldukça dikkat çekicidir:

> (Trabzon-Faroz'da) Nazar ve uğur çok önemlidir bizim işte. Teknenin ambar kapağını ters çeviririz biz mesela. (KK-77)
>
> *
>
> (Bulancak-Yalıköy'de) Güverte kapağını ters kapatmama vardı önceden. Bir de tekneye kuş konulduğunda uğursuz sayılıp kafası kopartılıyordu. (KK-11)

Meslekî inanışlar arasında kuşların teknelere konması fırtına habercisi olarak kabul edilmektedir. Bu sebeple adeta fırtınayı def etmek düşüncesiyle böyle bir uygulamaya gidilmiş olmalıdır.

(Sürmene-Balıklı'da) Düztabanlı kişilere yönelik olumsuz bir tavır söz konusudur. Kayığı denize indirirken düztabanın gelmesi, tutması istenmez. (KK-57)

*

(Sürmene-Balıklı'da) Balıkçılar av için teknelerine giderken birbirinin yanından geçerken el ile selamlaşır. Eğer durmuş ise rastgele diyerek selamlaşır. (KK-59)

Palamut avcılığı, hem 1. hem de 2. tip balıkçı aileleri için oldukça önemli olduğundan, sabırsızlıkla beklenen av sezonu öncesinde palamut sürülerinin beklentilere cevap verip vermeyeceğine dönük tahminler yürütülmektedir. Çalışmanın ilerleyen bölümlerinde bu konuya dönük kabullere yer verilecektir. Ancak balıkçılar arasında av öncesine dönük bir gelenek, bağlamı itibariyle bu bölümde zikredilmelidir. Araştırma sahasında yaz aylarında küçük teknesiyle olta balıkçılığı yapan bir balıkçının oltasına bir vonoz (küçük palamut) takılırsa balıkçı karaya çıkınca ilk iş, palamut sezonunu bekleyen mal sahiplerine veya komisyoncuya tuttuğu balığı göstermekte ve karşılığında müjdelik/bahşiş almaktadır. (KK-2)

Balıkçılık gibi deniz merkezli mesleklerde gerçekleştirilen ritüeller pek çok açıdan diğer yerlerdeki folklor dağarcığı ile benzerlik gösterir[251]. Malinowski'nin yüzyılın başlarında Pasifik Adalarındaki balıkçı topluluklar üzerine yaptığı alan araştırmalarında tespit ettiği inanış ve uygulamaların (1990: 198-204) dışında ilerleyen dönemlerde farklı topluluklar üzerine yapılan başka araştırmalarda elde edilen bulgular da yukarıda belirtilen inanış ve uygulamaları ile büyük oranda benzerlikler taşımaktadır. Örneğin İngiliz balıkçıları arasındaki yaygın inanışlara göre balıkçılar tekneye giderken olan bitene özellikle dikkat etmelidir. Örneğin, rıhtıma giderken bir kadınla karşılaşmaları şanssızlık olarak kabul edilir. Çok az balıkçı tekneye/gemiye kadınların binmesine müsaade eder ve kadınlar (eve dönüşlerini karşılamak için orada olabilseler de) teknelerin ayrılışını görmek için rıhtıma gelmelerine izin verilmez. Bir papaz ya da boğulmuş bir hayvanla karşılaşmak da kötüdür. Tavşan, yaban tavşanı veya domuz görmek de, şaşı bir insan görmek gibi şanssızlıkken kambur ya da aptal birini görmek şans getirir. Bu tehlikelerin dışında evden çıktıktan sonra geri dönmek ve hatta arkaya bakmak da şanssızlıktır. Tüm yeni gemilerin direğinin altında bir bozuk para olmak zorundadır. Ayrıca çoğu balıkçı ağın üzerindeki mantar şamandıraya delik açar ve avları için ödeme yapmak üzere bir bozukluk koyar. Çoğu gemide direğe çakılmış bir at nalı vardır ve direğe saplanmış bir bıçak, yeterli rüzgârı çağırabilir. Balıkçıların aileleri de av öncesinde çeşitli inanışlarla paralelinde eylemlerine sınırlamalar getirmişlerdir. Örneğin balıkçının karısı, kocasının kıyafetlerini avın hemen öncesinde yıkamamalıdır. İnanışa göre böyle yapan bir kadın kocasını denize atmış kabul edilmektedir. Bir başka uygulamada ise aile bireylerinin denize açılanlara el sallamadıkları veya "elveda", "güle güle" gibi son sözler söylemekten sakındıkları görülmektedir. Yakınları denizde olan aile bireyleri gemileri işaret etmez, saymaz, gözden kaybolana kadar gidişlerini seyretmezler. Uskumru balıkçıları ve aileleri, av mevsim başladığı gün, genellikle 1 Mayıs veya hemen öncesi, bir kutlama eğlencesi yaparlar. Kutlamaya ağları bükme geleneğine atıfta bulunan veya bereket (benediciton) kelimesinin bozulmuş hali olan 'bendinin' denilir. Balıkçılık sezonunun başında denizin, geminin, gemicilerin, balıkların vs. vaftiz edilmesi gibi oldukça yaygın uygulamalar da mevcuttur. Ava çıkacak balıkçı gemilerinin çelenklerle süslenmesi de yaygın bir gelenek halini almıştır. İngiliz ve Amerikalı balıkçılar, örneklerine Giresunlu ve Trabzonlu balıkçılar arasında da karşılaşılan bir inanışla geminin bir yerde alabora olmasına neden olacağından, örneğin kâse ya da ambar kapağı gibi bazı belirli şeyleri baş aşağı koymamaya dikkat etmişlerdir. Bu balıkçı toplulukları arasındaki bir başka inanışa göre de ava çıkmadan önce yanlışlıkla yere çarpılmış bir camın çıkardığı ses derhal durdurulmalıdır. Balıkçılar bunlara ek olarak denize Cuma günü açılmamaya, tekneden bir sıçanı kaçıyor görmüşlerse denize açılmamaya, denize kadın götürmemeye, elinde siyah bir çanta bulunduran birini tekneye almamaya özellikle dikkat etmektedirler (Simpson ve Roud, 2000: 124-125; Poggie ve Gersuny, 1993: 141-142).

4.1.2. Av Esnasına Dönük İnanış ve Uygulamalar

Av sezonunun başlaması ile birlikte yoğun bir biçimde avcılığa yönelen 1. tip balıkçı aileleri ile rutin şekilde avcılığa devam eden 2. ve 3. tip balıkçı aileleri arasında av esnasına dönük inanışların temelinde çoğu zaman yine nazar ve bereket vurgusu ön plandadır. Nazardan korunmak ve bereketli bir av gerçekleştirmek amacıyla av öncesinde çeşitli dinlik ve büyülük uygulamalara başvuran balıkçılar, gerekli her tedbiri almış, ağlarını zamanında ve tecrübelerine dayalı olarak sermiş ancak balık alamamışlarsa, kısmet algısına ek olarak nazar inanışına yönelmişlerdir. Öte yandan ev esnasında yaşanan kimi olumsuzluklar da (ağın yırtılması, motorun bozulması vb.[252]) benzer şekilde uğursuzlukla ve nazarla ilişkilendirilmiştir.

Balıkçılar, uğursuzluktan veya nazardan korunmak veya kurtulmak maksadıyla çok çeşitli eylemlere ve uygulamalara yönelmektedirler. Av esnasında uğursuzluk getirdiğine, nazarıyla av araçlarına veya bizzat balıkçıya zarar verdiğine inanılan çoğunluğu yine kadınlardan oluşan insanlar, av öncesi inanışlarda olduğu gibi, av esnasına dönük inanışlarda da ön plandadır. Bölge balıkçıları arasında geçmişten beri uğursuzluk getirdiğine inanılan veya avdaki bir olumsuzluktan sorumlu tutulan kişiler hep varolagelmiştir. Balıkçılar arasında bu olumsuz özellikleriyle tebarüz eden bazı kişilerin av esnasında ve av aralarında teknelerden uzak tutulmalarına veya tekne içindeki hareketlerinin kısıtlanmasına dönük çok sayıda örnek tespit edilmiştir. Av öncesine dair inanışlarda olduğu gibi bu süreçte de özellikle kadınlar baş şüphelidir. Bu inanışın kimi örnekleri şu şekildedir:

> (Espiye-Gülburnu'nda) Babamla birlikte yunus avına giderdik. Bir gün yine avdayız. Yunus balığını vurunca hemen kayığa almak lazımdır. Babam balığı vurunca kayığa almamıza fırsat kalmadan balık hemen dibe battı. Babam sinirlenip "Gözünü s...tiğimin karısı sabah sabah gördü beni." deyince, ben anladım ki biz ava çıkarken bizim mahalleden nazarıyla meşhur bir kadın bize bakarken babam görmüş meğer. (KK-24)
>
> *
>
> (Akçaabat-Mersin'de) Bir kadın vardı; Şuayip Ağa'nın karısı Asiye Abla. Allah rahmet eylesin. Ben babam ve Hüseyin Ağa (Köroğlu) 1943 senesinde denize gidiyoruz yunus vurmaya. Bir gün vurduk yedi tane balık. Dedim ki Hüseyin Ağa'ya "Gitmeyelim dışarı Asiye Abla gördü mü bizi; tamamdır, biz bittik." Akşam namazı olmadan Sarı Kayasına geldik; Asiye abla da geldi ha. Kutozlar'ın damı vardı orda. Orda bizi seyretti. Gittik sabahtan denize bir melon balığı atlıyor önümden attı ona mermiyi Hüseyin Ağa. Rus barutları vardı ha böyle sarı kutuda "fund" derdiler ona. Bir fund attık da o balığa da vuramadık onu. Kürekle kovalaya kovalaya onu İncir limanın içinde tuttuk Bekir'le. Hüseyin Ağa başladı ağlamaya. Dedim ona "Niye ağlarsın ben sana demedim mi Hüseyin Ağa; gitmeyelim dışarı Asiye abla görürse bizim halimizi..." Bir fund barutu da attık oraya tamam ha balığı küreklen tuttuk. Nazar vardır git onu bir âlim hocaya bak sor ne der sana. Ama böyle yandan kaptırma hocalara gitme sakın. (KK-69)
>
> *
>
> (Sürmene-Balıklı'da) Bazı kişilerin gözlerinin çok nazar ettiğine inanılır çoğu kimseler tarafından. Öyle ki Dedem Yusuf Reis yunus balığı avcılığından karaya gelmektedir. Çarçar Hasan (Kocabal) "Yusuf Reis ne kadar çok balık vurdu!" diyor. Saldat (Ağızdan dolmalı bir çeşit av silahı genellikle yunus avcılığı için kullanılırdı. Tek atımlık çakmaklı olurdu.) kurşunu ile vurulmuş yunus balığı kayığın güvertesinden denize atlayıp gitmiş. Böyle bir şey olmamış ama

gözünün çok nazar ettiğini belirtmek için bu rivayet söylenir. Gözünün kötü olduğuna inandığınız kişi size bakarken siz erkeklik organınıza tutacaksınız. Bunu genellikle kayıktaki en küçük kişiye yaptırırlar. (KK-59)

*

(Trabzon-Faroz'da) Korsan Mustafa geldi mi etraftan "Feleği bozma hiç, giderseniz ya ağ kalır ya makine bozulur." derlerdi. Onun nazarı çok değerdi. Bir de Fullu Hacer'in namı meşhurdur burada. Babamların başına gelmiş rahmetli amcamın babalığı iki poşete koymuşlar birde sağlam olsunlar diye. "Ya Eşref, ne var o poşette?" demiş. "Balık var." deyince de bakmış, "Uu ne gada güzel balık." demiş. Amcam diyor ki "İki adım attım balıklar olduğu gibi yere döküldü." (KK-37)

*

(Sürmene-Balıklı'da) Hiç denize gitmemiş başka yerden misafirliğe gelmiş kişiler balık olmazsa onun ayağının uğursuzluğuna bağlanır. Denize ilk defa çıkmış veya yeni çıkmış kişiye balık yoksa "Bu düztabanı niye denize getirdiniz? Ben bunun yemeklik balığını verirdim." Diye laf atılır. O da kendini haklı çıkartmak için "Kaç günden beri buradayım bir kılçık görmeyince denize çıktım." Der. "Ya benim balığımı her gün verirsiniz ya da ben her gün böyle denize çıkarım." diye tehdit eder. Gülüşmeler olur. Biz mesela trol ile balık avcılığı yaparken mal sahibi Niyazi Reis'e (Akgün) ağın torbasını bağlatmazdık. Kukul da dediğimiz bu torba, trol ağının son kısmıdır. Burası özel bir bağlama yöntemi ile bağlanır. Balıkları boşaltırken bu bağ çözülerek balıklar güverteye dökülür. Sinop Gerze'ye bağlı Çakırönü mevkiinde yine bir gün trol çekiyoruz. Çok da fazla balık alıyoruz. Niyazi Reis, "Torbayı ben bağlayayım." dedi "Bağlama senin elin uğursuz." dediğimiz halde ısrar etti ve kukulu bağladı. 45 dakika çektiğimiz o ağda hiç balık çıkmadı. (KK-59)

Ek-161: Ömer Yetmişbir'in anlatımına konu olan olaya ait bir görünüm. (Ömer Yetmişbir Arşivinden)

*

(Bulancak-Küçüklü'de) Benim amcam Ömer Altunbaş çok nazarlı biriydi. Kimse sokmazdı onu kayığa, yukarı çıkarmazlardı. Radara bir baksın dururdu radar. Mesela palamutta balık yağıyorsa o baksın hemen sinerdi balık. (KK-127)

*

(Sürmene-Balıklı'da) Babam denize gittiği zaman annem rahmetli limanlara meraklı değildi. Burada öyle kadınlar vardır gelirler hep kayıkları kollarlar. Birkaç tane de kadın var. Burada mesela çok tamahkâr hevesli bir kadın yaşardı. "Bahıllık" yani çok kıskanç olan bu kadın için babam denizden dönüşünde o kadını görmek istemezdi. Hele denizden bol kazanç sağlamışsa balıkları gizlerdi, sahile çıkmazdı. Çünkü onu gördüğü zaman babamın inancına göre ertesi gün denize gittiğinde balık alamazdı. Yahut babam eve gitmeden önce o kadın eve giderdi anneme haber verirdi. "Ayşe abla Hasan abi yine balığı dışarı döktü." derdi. Annem de bunu babama söylerdi. Babam anneme derdi ki "Sen kayığın yanına gelmeden nasıl gördün yine falancı kadın beni mi gördü?" derdi. (KK: 57)

*

(Tirebolu'da) Eskiden bazı balıkçılar nazara karşı ağlarına küçük bir muşamba parçası içinde muska bağlarlardı. Denizin nazarı çoktur. Eskiden nazarından korkulan Göbeğin Ömer, Mağşıgızının Ali, Küçükalinin Mustafa, Elevlioğlu Talip Aga'nın kayıklara bile bakmasına izin vermezlerdi. Eskiden kalkan çok çıkardı, balığı öylece sahile hiç getirmezdik. Nazardan korktuğumuz için kimse görmesin diye çuvala koyar öyle getirirdik. (KK-128)

*

(Trabzon-Faroz'da) Gözü nazarlı adam da çoktur. Bazı insanlar vardır gözüyle uçak düşürür valla. Şöyle bir olay hatırlarım bak mesela... Bir ara İspanyol uçağı düşmüştü Maçka'ya. Şimdi biz denizde havaalanının oralarda avlanıyoruz. Bu uçak da devamlı üstümüzde dolanıp duruyor. Şu karşı masada oturanla beraberiz. Dedi ki "Şu uçak da kafamızı şişirdi." Bir daha duyduk ki uçak düşmüş Maçka'ya. (KK-77)

*

Sürmene'nin Yeniay'ında alamana kayıklarında çalışıyorum o zamanlar. İsmet'in kayığı yanımızdan geçiyor gece. Bizim ağ da ağzına kadar hamsi dolu; kayığa almaya çalışıyoruz. Adam yanımızdan geçerken bize bir baktı bizim ağ orta yerinden patladı tonlarca balık denize saçıldı. (KK-25)

Balıkçılar arasında uğursuz olduğuna inanılan kişiler olduğu gibi, uğuruna inanılan kişiler de vardır.

> (Çarşıbaşı'nda) Bazen ilk ağı çözen bereketli olur. Motorun çıpasını "Bismillah" deyip çözerken adam seçilirdi eskiden. Yoksa işimiz aksi giderdi. Baktım Mustafa dedi, yattı uzandı kayığa. Sabah oldu, "Kimse dokunmasın ben çözerim." dedi. O gün botu da kayığı da balıkla doldurduk. (KK-43)

Yöre balıkçıları hem nazardan korktukları hem de balık tutamayanların nefislerini kabartmamak için avladıkları balığın miktarını genelde söylememektedirler. Ancak avcılıkta mübalağa her zaman olduğu için balıkçılıklarını övmek isteyen kimi balıkçılar aksi şekilde avladıkları balık miktarını olduğundan fazla da söyleyebilmektedirler. Örneğin çoğunluğu amatör balıkçılardan oluşan Giresun Gemilerçekeği Mahallesi balıkçıları tuttukları balık miktarını abartarak söylemeyi tercih ederken profesyonellerin çoğunlukta olduğu Kumyalı Mahallesi balıkçıları tuttukları balık miktarını söylemekten imtina etmektedirler. Aynı durum Trabzon Faroz Mahallesi balıkçıları arasında da oldukça yaygındır. Bu tavır, balıkçılar arasındaki rekabeti kızıştırdığı gibi eğlenceli sohbetlere de sebep olabilmektedir. Öte yandan araştırma sahasındaki pek çok 1. tip balıkçı ailesi kendilerine avın durumu ile ilgili sorular sorulduğunda sembolik ifadelere başvurmaktadırlar. Örneğin beklentilerin altında bir av gerçekleşmişse "*Ekmek parasını aldık.*" diyen reisler veya takım sahipleri, beklentilere cevap veren bereketli bir av gerçekleştirmişlerse "*Çorba parası aldık.*" demektedirler. Balıkçılar bazen sadece avladıkları balık miktarı konusunda değil, aynı zamanda birbirlerine avlaklarının yerini söylemek konusunda da çekimser davranmaktadırlar. Bu son tasarrufta nazar inanışından ziyade, rekabet olgusu etkili olmaktadır. Zira iyi bir av gerçekleştiren balıkçı, bir dahaki sefere de iyi bir av gerçekleştirmeyi umduğu avlağın başka bir balıkçı tarafından öğrenilmesini istememektedir[253].

> (Sürmene-Balıklı'da) Usta balıkçılar yakalamış oldukları iyi balıkları karşısındaki balıkçılara göstermezler. Gördükleri zaman bir daha yakalayamayacağına inanırdı. Gizliden gizliye, "kümesde" deriz buna. Onun için kayıkların yanında avlanmak istemezler. Ama bu bütün balıkçılar için geçerli değildi. Mesela Osman Emmi Feti Reisle Hasan Ağa onlar denizden balık avlarken kesinlikle başka kayıklara yakın gitmezdi ve hep böyle balığı görmesinler diye yandan atardılar. O inanç vardı. (KK-57)

Balıkçıların av süresince nazara dönük inanış ve uygulamalarına dair örneklerden bazıları şu şekildedir:

(Bulancak-Küçüklü'de) İşlerimiz rast gitmedi miydi adak adarız. Her 5 milyara 1 koyun keseceğim derim mesela. O sene 5 tane koyun kesip dağıttım mesela. (KK-21)

*

(Giresun'da) Av sırasında eğer istediğimiz gibi av yapamıyorsak nazar olduğuna inanır ilk limana çıkışımızda kurban keser, kanını ağlara atarız. (KK-119)

*

(Trabzon'da) Balıkçı bazen denizde istediği gibi av yapamayınca kendi kayığının nazarlandığından şüphelenir. Bunu denemek için başkasının kayığıyla denize gider mesela. Eğer bu avda balık tutarsa kendi kayığının nazarlı olduğuna iyice inandırır kendini. (KK-68)

Av öncesine dönük uygulamalarda da karşılaşılan çocukların ağlara idrarlarını yapmaları uygulaması, av süresince de nazar ve uğursuzluk savuşturma maksatlı pratikler arasında yer almıştır.

(Çarşıbaşı'nda) Ben daha küçükken babamlar 3-5 gün balık avlayamadıkları zamanlarda, babaannem beni çağırır "Sabah erkenden kimseye görünmeden gidip teknedeki ağa işe." derdi. Ayrıca teknelerimizde dantel örgüleri içine konulmuş sarımsaklar asılı olurdu. (KK-129)

*

(Bulancak-Küçüklü'de) Bir türlü istenen av olmazsa balığı ağa sürerler. Ayrıca işler yolunda olmadığında limana çıkıldığında küçük çocuğu ağa işettirirler. (KK-125)

Bu son uygulamada ağlara balık sürülmesi de büyülük karakterli bir başka uygulama olarak dikkat çekmektedir. Dokunma (temas) veya bulaşma karakterli bir büyülük uygulama ile balıkçılar, ağlarına daha fazla miktarda balık girmesini temenni etmektedirler[254].

Av esnasında nazar savmak veya bereketin önünü açmak düşüncesiyle gerçekleştirilen "saçı" uygulamaları arasında genel uygulamalardan farklı, dikkat çekici münferit uygulamalar da vardır.

İlk zamanlar dedim getirin bana rakı. Bu rakıyı güzelce ağın üstüne döktüm. Sürmene'ye doğru gidiyoruz. Yeniay'a ağ attık. Ağa sade bir tane kofana geldi. Bunu aldım direğe vurdum et parçası oldu her taraf. Ağ alamıyor onu parçalandı. İlerledik, tine attık denizde hareketlilik var kıraca gibi. Bir attık 400 kilo büyük torik geldi. Öyle rakı kokusu var ki durulmuyor teknede. Ağı aldık bu sefer lüfer geldi iki bin tane. Rakı işe yaradı ama sonra tevbe ettik. (KK-43)

Av sürecinde balıkçılar, uğur ve bereketin muhafazası yolunda çeşitli kaçınmalara özelliklere dikkat etmektedirler. Denizde zor durumda kalmaları halinde birbirleri ile küs olsalar dahi yardımlaşmaktan imtina etmeyen balıkçılar, uğur ve bereket eksenli inanışlar söz konusu olunca birbirleri ile hiçbir şeylerini paylaşmamaktadırlar. Bir başka tasarrufa göre ise balıkçılar, teknelerinde bir önceki avdan kalmış ölü balık bırakmamaya özen göstermektedirler. Bu uygulamaların bazı örnekleri şu şekildedir:

> (Çarşıbaşı'nda) Ölmüş balık teknede bırakılmaz. Bazen tayfa unutuyor ölmüş balığı teknede. Olmuyor; iş rast gitmiyor. Bir kere çok uğursuz geçti avlarımız. Çok aradım teknede buldum bir ölü balık. Balık kurtlanmış. Temizledik; avımız düzeldi. (KK-43)
>
> *
>
> (Giresun-Gemilerçekeği'nde) Denizden gelince kayık pırıl pırıl yıkanacak. Kayıkta ölü balık kalmayacak. Kaçar işte kıç arasına falan. Muhakkak temizlenir. Bu bir uğursuzluk addediliyor. Belki bu da bir kültürdür, temizlik alışkanlığı. Kayığın sabah denize temiz çıkacak. (KK-12)
>
> *
>
> (Beşikdüzü'nde) Yemek için tekneye balık bırakılırdı, gerisi eve götürülürdü. Sonra ava çıkarken teknede kasa kasa da olsa da başlı balık varsa hepsi denize dökülürdü. Tekne tamamen boş olmalıdır. Reis toplar seni kamaraya, acemilere anlatırlardı olacakları. (KK-1)
>
> *
>
> (Akçaabat-Mersin'de) Rahmetli abim kayıkta kafalı balık bırakmazdı. O işe hastaydı. Kayıkta kafalı balık gördü mü kızardı. (KK-49)

Balığın ya denizde olması ya da avlandıktan sonra karada tüketilmesi gerekir. Avlanan balığın ölü bir şekilde teknede bırakılması/unutulması ile bir insan cesedinin ortada bırakılması arasında bir fark görülmemiş olsa gerektir. Bu durum, av sırasında öldürmenin neden olduğu vicdan azabını katlamaktadır. İnsan eliyle doğal ortamından (deyim yerindeyse ailesinden) uzaklaştırılan balığın ölüsüne tıpkı insan bedeni/cesedi gibi saygı gösterilmeli. Balığı ölü bir şekilde teknede bırakmak, gerçek anlamda bir öldürmedir. Bu öldürme işlevsiz ve anlamsız bir öldürmedir. Bu nedenle anlamsız ve işlevsiz (daha doğrusu gereksiz) bir öldürme eylemi, uğursuzluğa yol açacak, gereksiz yere öldürülmüş olan balığın ruhu ya da iyesi, onu öldürenlere uğursuzluk getirebilecektir. Bu uygulamada ayrıca, bir önceki avın neticesi ne olursa olsun etkilerinin bir sonraki avdan uzak tutulması düşüncesi de takip edilebilmektedir. Yani anolojik ilişkinin koparılması düşüncesi ile de böyle bir uygulamaya gidilmektedir.

Bizim buralara da (Of) gelen Çamburnulu balıkçılar nazardan korktukları için kayıklarından tuz ve gazyağı filan vermezlerdi diğer kayıklara. Bir keresinde böyle birine denk geldim denizde; bir şey isteyecek oldum ters ters bakıp yanımdan uzaklaştı. (KK-67)

*

(Trabzon-Faroz'da) Kayıktan herhangi bir şey vermezlerdi başka bir tekneye bereketini alır davasına. (KK-37)

Daha önce de belirtildiği gibi tuz, mitolojik dönemlerden beri bereketin ve üremenin simgelerinden biri olmuştur. Bu münasebetle tekneden tuz vermek, bereketsizliğe, uğursuzluğa yol açar. Türk kültüründe benzer şekilde, çocuk doğan evden de kırk gün boyunca dışarıya bir şey verilmez. Zira bu, kut ve bereket kaybına yol açabilecek bir durumdur[255].

Daha ziyade 2. tip balıkçı aileleri arasında görülen bereket vurgulu bir diğer uygulamada ise av esnasında avlanan ilk balığın, şayet canlı ise tekrar denize bırakıldığı görülmektedir. Avlanan ilk balık adeta bir sunu olarak bereketi içinde barındıran denize iade edilmektedir. Balıkçı bu uygulama ile tabiatın sahibine ihtiyacı nispetinde avcılık yapacağının mesajını vermeye çalışmaktadır.

(Trabzon'da) Tekneye "Bismillahirrahmanirrahim" diyerek adım atmak gönül rahatlığı sağlıyor. Daha rahat çıkıyorsun denize rızkını daha iyi kazanabiliyorsun. Tuttuğum ilk balık eğer hâlâ canlıysa dikkatlice oltadan çıkarıp denize geri bırakıyorum. Daha az önce denizden geldim ve yeni tuttuğum balıkları attım; balıkları satıyorum ama yine de attım. (KK-68)

*

(Trabzon-Faroz'da) Teknede Kuran olmalıdır. Denize çıkarken besmele çekilmelidir. Bir de bizim buralarda balıkçılar bazen ilk tuttukları balığı denize atarlar. (KK-37)

Bu uygulama, bir önceki uygulamanın izahıyla ilişkili olsa gerektir. Ayrıca ilk tutulan balık, en değerli olan olsa gerektir. Tutulup da tekrar denize bırakılan balığın minnet duygusuyla hareket ederek balıkçıya başka balıklar da getireceğine inanılmış olabilir. İlk balığın, deniz iyesiyle irtibatlı olabileceğine de inanılmaktadır. Nitekim Tıva, Hakas ve Şor Türkleri arasında "Çağıs Ool" ve "Öskûs Ool" adlarıyla yaygın olan bir masalda "turna balığı" biçimindeki su iyesinin oğlu, Çağıs Ool tarafından yakalanıp serbest bırakılır. Bunun üzerine Çağıs Ool, su iyesi tarafından ödüllendirilir (Dırenkova, 1940: 243).

> Balıkçılık başladığı an tutulan ilk balığın başını keser, kanlarını güverteye, ağlara sürerlermiş şans gelsin diye. Bir de balığa kızmayacaksın avda. Bazen balık denizin üstünde oynuyor, görüyorsun ağları atınca. Hayvan çıktı ağdan kurtuldu. Bazı insanlar ona küsüyor, kızıyor, bağırıyor. Oysa kızmaması lazım, doğru değil. (KK-72)

Bu uygulamada saçı geleneğinin bir başka örneğinin yanı sıra nimetin kutsanması ve onun sahibi olan yaratıcının memnun edilmesi temennisi ifade edilmektedir.

Balıkçılar, av süresince kimi zaman bir türlü yüzlerine gülmeyen talihi kendi taraflarına çekmeye dönük uygulamalar gerçekleştirebilmektedirler. Büyülük uygulamalarda karşılaşılan dokunma (temas) ilkesinin örneklerini içeren bazı uygulamalar şu şekildedir:

> (Bulancak-Yalıköy'de) Başkasının kayığı iyi balık avlarken sen avlayamıyorsan çocuğunu gönderir o kayıktakilerden ekmek istersin. Şans alırım belki de balık avlarım diye yaparsın bunu. (KK-22)
>
> *
>
> (Çarşıbaşı'nda) Eğer yanındaki kayık iyi av yapıyor da sen yapamıyorsan limana yanaşınca şans almak için onun ağındaki mantarlardan veya kurşundan birini habersizce alır kendi ağına bağlarsın. (KK-44)
>
> *
>
> (Bulancak-Küçüklü'de) Avı rast gidenlerden mantar alma, kurşun kopartma gibi inanışlar var fakat bir kayıktan diğerine tuz vermezler çünkü bunun uğursuzluğuna inanırlar. (KK-71)
>
> *
>
> Avın kötü geçiyorsa git yanaşırken iyi av yapan adamın kayığına bindir boyasından senin kayığına azıcık da olsa bulaşsın. Yahut git adamdan ip filan iste. Adamdan şans çalarsın bu yolla. Ben denedim kaç kere. Gerçekten de işe yarıyor. (KK-180)

Av esnasına dönük uygulamalarda, daha önce söz edilen "saçı"yla tekrar karşılaşılmaktadır. 1. tip balıkçı aileleri tarafından av öncesinde çeşitli biçimlerde, bereket vurgusuyla gerçekleştirilen bu uygulamanın av sürecindeki örneklerinden biri şu şekildedir:

(Bulancak-Yalköy ve Küçüklü'de) İlk avda boş kayığa balığı koyarken ağ makaraya verildiğinde ağın altına bozuk para atılır. (KK-22; KK-125)

Balıkçılar, av sezonunun başlamasından sonraki ilk avlarında avladıkları balıkları "saçı" uygulamasının bir başka şekli olarak yorumlanacak şekilde akrabalarına, komşularına veya büyük bir av teknesi sahibi iseler tayfalarına ikram etmektedirler. Bu uygulama, çoğu zaman ilk avın mahsulü ile de sınırlı kalmamaktadır. Giresun ve Trabzon havalisindeki hemen tüm balıkçılar, av dönüşlerinde kendilerini karşılayanlara "yemeklik" veya "tavalık" balık vermektedirler. Hamsi avı zamanlarında gırgır tekneleri limanlara yaklaştığında, heyecanlı bir kalabalık ellerindeki naylon çantalarla veya "gıylı" adını verdikleri tencerelerle havanın ayazına aldırmadan gırgırları karşılamaktadır. Denizde avlanmaya devam eden avcı motordan devraldığı balıkları kıyıya taşıyan yedek motorların depolarındaki balıklar karaya aktarılırken reis orada olsun ya da olmasın tayfa herkesin talebini cevaplamaya özen göstermekte, yoğun iş temposu sırasında gönüller hoş edilmeye çalışılmaktadır. Bazen kendi ihtiyacından fazlasını isteyenler de olmaktadır. Örneğin bir ailenin farklı bireyleri, gırgırlardan kişi başı 3-5 kilo hamsi alıp daha sonra bunları birleştirip yasak olmasına rağmen mahalle aralarında seyyar arabalarında satabilmektedirler. Balıkçılar, bunu bilseler de kendilerine uzatılan çantaları boş çevirmezler. Bu uygulamanın görünen tarafında bir sosyal dayanışma ve yardımlaşma örneği sergilenirken balıkçıların kendi kabuller sisteminde nazarı savuşturmak ve bereketi daim kılmak arzusu ön plandadır.

(Sürmene-Balıklı'da) Balıkçı yakalamış olduğu balıkların bereketini artırmak için, denizden dönüşünde komşusunda dul ya da ailesinde çalışmayan biri varsa mutlaka yakalamış olduğu balıkların bir kısmından verirdi. (KK-57)

*

(Trabzon'da) Denizden bereket bekliyorsan denize sabah erkenden çıkacaksın. Rızık tembellikle olmaz. Yatmayacaksın; denize erkenden çıkacaksın. Avlanan ilk balık sürüsünden balıkları reis eğer imkânı varsa ailesiyle ve teknedeki gemicisiyle yer. Bereketin bu yolla da artacağına inanılır. (KK-68)

Limana yanaşan hamsi motorlarında tayfa tarafından kıyıda bekleyen ahaliye hamsi dağıtılması, aynı zamanda bir kültürel sahne teşkil etmiş ve aşağıdaki örnektekine benzer söylemelik türlerin ortaya çıkmasına vesile olmuştur:

Siya uşaklar siya
Gel gidelum hamsiya

Güzel kizlar gelmeden
Kofa vurmam hamsiya (KK-72)

Avın devam ettiği süreçte Giresunlu ve Trabzonlu balıkçılar, kutsal kabul edilen ve efsanelere konu olan mevkilerde seyrederken de çeşitli ritüeller gerçekleştirmişlerdir. Balıkçıların yanı sıra navlunculuk yapan denizciler de avın veya deniz yolculuğunun kazasız belasız ve bereketli biçimde tamamlanması beklentisiyle koruyucu birer hami kimliğine büründürülen velilerden medet ummuşlardır[256].

Örneğin 1. tip balıkçı ailelerine ait gırgır takımları, hamsi avcılığı için Sinop havalisine gittiklerinde İnce Burnu'ndaki bir yatırı akıllarından çoğu zaman çıkarmamış, bu mevkide denize ekmek atarak yine bir tür "saçı" uygulaması gerçekleştirmişlerdir. İnce Burnu'nda bir yatırın bulunduğuna dair somut bir emare bulunmamaktadır. Zira İnce Burnu'ndaki fenerin önündeki kayalıklarda bulunan üç mezardan ikisi, yaklaşık 150 yıldır bu fenerin bekçiliğini yapan Çilesiz ailesinin fertlerine aittir. Diğer mezarın ise kimliği tespit edilemeyen bir denizciye ait olduğuna, cansız bedenin bir fırtınadan sonra deniz tarafından kıyıya bırakıldığına inanılmaktadır. (KK-130) Bu son mezarın sözü edilen babaya veya veliye ait olup olmadığını kestirmek güçtür.

> Bizim buranın (Giresun ve Trabzon havalisi) balıkçılarından bazıları eskiden Sinop'un çıkışındaki İnce Burnu'nun ordan geçerken denize ekmek atarlardı. Rivayete göre orada bir baba varmış ve kendisine ekmek atmayanlara gazap eder denizi karıştırırmış. (KK-21)

Bugün, balıkçılar arasında oldukça zayıflayan bu inanışın merkezindeki "baba"ya atfedilen özellik, kadim inanışlarda var olan kimi tabiat ruhlarını veya mitolojik tiplerinin hatıralarını taşımaktadır.

Balıkçıların bugün hafızalarında zayıflamaya başlasa da geçmişte çokça itibar gösterdikleri mevkilerden birisi de Keşap ilçesinin Yolağzı köyünün Cingiren Mahallesinde bulunan Şeyh Aziz Hüseyin Baba Türbesi olmuştur. Balıkçılar uzun yıllar bu türbenin karşısındaki sularda seyrederken dualar okumuşlar ve İnce Burnu'nda olduğu gibi denize ekmek atmışlardır. Yöre halkı arasında bahse konu türbede medfûn olan ve "baba"nın hayatı hakkında menkıbe temelli çeşitli anlatılar bugün de tespit edilebilmektedir:

> Aziz Hüseyin Efendi, İstanbul'da on sene durmuş. Ondan sonra Hacı Bayram-i Veli'yle de beraber olduğu söyleniliyor. Onun hocası Şeyh Şaban-ı Veli'dir. Kastamonu'da yatıyor. Şeyh Şaban-ı Veli'den sonra şeyhlik mertebesi almıştır. Halvetî şeyhiymiş o. Halvetilerin derecesi yükseldikçe azizlik mertebesi alırlar. Bu azizlik kelimesi de Kuran-ı Kerim'de bile söylenir. "İnna azilü'n hakim". Yani Allah'ın ona güç

> verdiğine işaret olunmuş tasavvuf yönünden. Trabzon'dan ona bağlı olan, ondan ders alan bir kaptan onun vefatından sonra Trabzon'dan gelirken başlıyor Yasin-i Şerif okumaya. Oraya kadar geliyor ve orda bağışlamasını yapıyor. İstanbul'a işte mandalin portakal bir şeyler götürürmüş o kaptan. Gelirken de Ordu civarında başlıyor Yasin'i okumaya, yine orda bağışlama yapıyor. Bir gün hasta oluyor, denize çıkamıyor. Demiş ki ikinci kaptana "Vakfıkebir'e vardığında Yasin'e başla, Yolağzı'nın üstünde tepede kubbeli türbe var, o türbenin doğrusunda bağışlama yap. İstanbul'dan gelirken de Ordu'dan başla orada yine bağışlama yap. Sakın ihmal etme; ben öyle yapıyorum." İkinci kaptan unutmuş. Genç bir adam, kendi havasında. Unuttuğu gibi, gemi daire çekmeye başlamış, dönmeye başlamış olduğu yerde hızla. Gemi dönüyor böyle daire yaparak, bir de böyle "langırt langırt" titreşim yapıyor. Kaptan arıza oldu sanıp fırlıyor yerinden. Sonra birinci kaptanın dedikleri aklına geliyor. Eline bir kitap almış okumaya başlamış. On dakika sonra gemi dönmeyi bırakmış, normal seyrine başlamış. Bunu görenler kaptana soruyor, "Ne oldu da düzeldi siz kerametlisini söyleyin." İkinci kaptan gerçeği anlatmış. "Bizim kaptan o türbenin yanına geldiğinde Yasin bağışla demişti ama ben unutmuşum. O mübarek gemiyi koyvermedi. Yasin'i oku, borcunu öde, öyle geç demek istedi." Denizcilerle balıkçılar böyle bağışlar öyle geçermiş oradan. (KK-101; KK-90)

Giresun havalisinde 2. tipte balıkçıların kıdemli katılımcıları, geçmişte olduğu gibi bugün de bu yatırın kerametine inanmakta ve yatırın karşısındaki sularda avlanırken veya bu havaliden geçerken dua okumaktadırlar. Aynı ziyaretle ilgili benzer başka bir menkıbe temelli anlatı da Giresun adak yerleri üzerine araştırmalar yapan Ülkü Kara tarafından tespit edilmiştir:

> Bir gün bir yolcu gemisi İstanbul-Trabzon arası sefer yaparken Bulancak dolaylarında kuvvetli bir fırtınaya tutulur. Gemi kaptanı her yolu dener ancak geminin gidişatını karaya oturmaktan kurtaramaz. Her şeyin bittiği düşünülen bir anda elinde bir fenerle yaşlı, beyaz sakallı bir adam peydâ olur ve geminin yönetimini eline alır. Usta manevralarla gemiyi karaya oturmaktan kurtararak, limana yaklaştırır. Tüm mürettebat ve yolcular bu beyaz sakallı, nur yüzlü adama teşekkürlerini bildirir. Geminin kaptanı neredeyse bu zatın ellerine sarılır. İhtiyar, gemi kaptanına "Bana Aziz Hüseyin Efendi derler, Keşap'ın Yolağzı Köyü'ndenim, seni ziyaretime beklerim." der ve gider. Aradan birkaç yıl geçer, gemide kaptanlık eden şahıs bir kamyon alıp uzun yol şoförlüğüne başlar. Bir gün bir seyahati esnasında yolu Giresun-Keşap ilçesine düşer. Hemen aklına birkaç yıl önceki gemi yolculuğu ve Aziz Hüseyin Efendi gelir. Etraftaki ahaliden Aziz Hüseyin Efendi'nin evini sorar. Ahali ona Aziz Hüseyin Efendi'nin yüz elli yıl önce öldüğünü, türbesinin Yolağzı Köyü

Cingiren Mahallesinde ziyarete açık olduğunu söyler. Bunun üzerine gemi kaptanı türbeye giderek, söz verdiği ziyaretini eda eder[257] (Kara, 1999: 97).

1. tip balıkçı ailelerinin ev esnasında benzer inanışlardan ötürü dikkat ettikleri mevkilerden birisi de Keşap İlçesinin Hisarüstü Köyü ile Espiye ilçesinin Gülburnu (Zefre) köyü arasında bulunan Uluburun mevkii olmuştur. Gırgır teknelerinin reislerinden bazıları bugün de Uluburun önünden geçerken siren çalmaktadırlar. Karadeniz sahil yolunun inşasından sonra Giresun ve Trabzon illeri arasındaki kıyı şeridinde doğal yapının korunduğu nadir koylardan birinin de bulunduğu Uluburun hakkında tespit edilen menkıbe temelli bir anlatı şöyledir[258]:

> Zamanın birinde Zefre açıklarında seyretmekte olan bir gemi, şiddetli bir fırtınaya yakalanır. Yörenin nadir doğal limanlarından biri olan Zefre'ye sığınmaya niyetlenen gemiciler, küreklere asılırlar. Ancak denizin şiddeti ile yorulan gemiciler şiddetli rüzgâra teslim olurlar. Rüzgâr tekneyi savurmaya başlar ve kayalara doğru sürükler. Gemiciler tam ümidi kestikleri anda direğin tepesinde bir yeşil ışık peyda olur. Meğer burada bir velinin mezarı vardır. Gemicilerin zor durumda kaldıklarını gören veli, yeşil sarığıyla teknenin üstünde belirir; teknenin kontrolünü alır ve gemicileri kurtarır. Denizin de sakinleşmesini sağladıktan sonra gemicileri tekrar yolcu eder. (KK 23)

Bulancak Yalıköy'de tespit edilen ancak mevkii ve kimliği hakkında bilgi bulunamayan bir başka yatırla ilgili şu efsane de fırtınalara atıfta bulunması bakımından dikkat çekicidir:

> Önceden denizin kıyısında yatan yatır vardır. Her akşam onun ibriği boşalırdı. İbriğini doldururlardı. Başına mum yakarlardı. Ne kadar rüzgâr olursa olsun o mum sönmezdi. Şöyle derlerdi. Bir sabah kalkıyorlar bir ölü denizci buluyorlar. Adamı alıp mezarlığa gömüyorlar. Sabah bir bakıyorlar ki adam yine orada. Kaldırıyolar yine gömüyorlar. Adam yine o kayığın yanında. En sonunda anlıyorlar ki bu ermiş kişidir, dualarla son bir kere daha gömüyorlar. (KK-70)

Türk inanış ve düşünüş sisteminde yer-su ruhları, tabiatın dengesini düzenleme kabiliyetine sahiptirler. Tabiatın dengesinde görülen beklenmedik bir değişim, çoğu zaman yer-su iyelerinin hoşnutsuzluğuna yorulmuş ve telafi edici türde ritüeller gerçekleştirilmiştir. Potapov, Güney Sibiryalı avcıların av yolunda benzer ritüeller gerçekleştirdiklerini şöyle anlatır:

> Av yolunda avcılar dinsel ve büyüsel içerikli belirli eylemleri sırayla yaparlar. Her şeyden evvel yolda karşılaştıkları her şeye: dağlara,

> taygalara, kayalıklara şarap serperler. Aynı kaptan farklı dağlara serpilmez (Potapov, 2012: 187)

Benzer bir bilgi de Yaşar Kalafat tarafından verilmektedir:

> Bazı Türk soylu haklar arasında uzun yola çıkanlar, sarp dağları aşacak olanlar, ıssız geçitlerde bir sıkıntıya uğramamak için yol iyesine saçı yaparlar. Bunlar, çok kere yerleşim yerlerinin çıkış bölgelerinde veya yol boyunda yer alan dağ eteklerinde görülen taş yığınlarıdırlar. Buralara yola çıkanlar tarafından yardımı celp etmek, cezasından kaçınmak için taş veya çaput saçısı yaparlar. Yol iyesi adeta tekin olmayan yerlerin koruyucu ve korkutucu gücüdür (Kalafat, 2010a: 194-195)

Mitolojik yorumun oldukça popüler bir örneğini Yunan mitolojisinde deniz ve fırtına tanrısı "Poseidon" temsil etmektedir. Poseidon gazaba geldiğinde denizleri alt üst etmekte, denizcilere zulmetmektedir (Eliade, 2005: 247).

Balıkçılık ve denizcilik ekseninde gelişen meslekî kültürlerde denizin ve denizcinin hamisi konumunda olan doğaüstü varlıklarla ilgili efsaneler oldukça yaygındır. Bu bağlamda Türk kültürünün efsane külliyatı içinde de hem kara hem de deniz alanları etrafında bu türden efsanelerle karşılaşmak mümkündür.

Av süresine dönük dinlik ve büyülük uygulamalar sadece balıkçılar tarafından gerçekleştirilmemekte; kimi durumlarda ailelerin karadaki diğer bireyleri de tabiat olaylarının avcılara ve avcılığa etkilerine dönük uygulamalar gerçekleştirilebilmektedirler. Toplumların tabiat merkezli inanışlarla yaşamlarını ve çevrelerini anlamlandırmaya çalıştıkları en eski dönemlerden tüm bilimsel uğraşlara rağmen tabiatın insanlar üzerindeki yıkıcı etkilerinin önüne geçilemediği modern zamanlara kadar tabiat olayları etrafında pek çok büyülük ve dinlik uygulama ortaya konulmuştur. İnsanoğlu, kara veya deniz, hangi tabiat kaynaklardan yararlanırsa yararlansın tabiatın kendine çıkardığı engelleri bertaraf etme çabası içinde olmuştur. İhtiyaç duyulan besin kaynaklarına ulaşmanın önündeki doğal engellerin ortadan kaldırılması veya avcılık gibi etkinlikler sürecinde gerçekleşen fırtına kabilinden bir tabiat olayının cana mal olmasının önüne geçilmesi düşüncesi tüm bu uygulamaların ana amaçları arasında yer almıştır. Erken dönem topluluklarında tabiat yasalarına hükmetme kabiliyetine sahip büyücüler ve özel güçlere sahip olduğuna inanılan diğer bazı kişiler tabiatın yarattığı tehlikelerin ortadan kaldırılması süreçlerinde daima ön saflarda yer almışlardır. Bu minvalde kökleri oldukça eskiye dayanan kimi uygulamaların tabiat merkezli meslek grupları arasında eskisi kadar yaygın olmasa da bugün de tatbik edildiği görülmektedir. Giresun ve Trabzon havalileri balıkçı ailelerinde fırtınalı havaların sakinleştirilmesi yolundaki büyülük uygulamalar eşleri veya evlatları fırtına esnasında denizde olan kadınlar tarafından gerçekleştirilmiştir. Tespit edilen uygulamalardan bazıları şu şekildedir:

> Annem deniz rüzgâra varınca süpürgeyle elek asardı. Babamlar hep denizde olurdu çünkü. Eskiden yayık ipi vardı, onu süpürgeyle birlikte eleğe asarlardı rüzgâr dursun diye. Denizin de azması gitsin diye "Oğlum şu yağlı ekmeği denize at." derlerdi, deniz sakinleşsin, düzelsin diye. (KK-89)
>
> *
>
> Yaşlı kadınlar ekmeğin üzerine tereyağ ile bal sürerler denize atarlarmış. "Deniz durulan, eşimi bana sağ salim geri gönder." diyerek yakarışta bulunurlarmış. (KK-99)
>
> *
>
> Rahmetli babam denizdeyken fırtına çıktığı zaman bıçağı fırtınaya veya sudaki hortuma doğru diker duasını okurmuş. Hortum varsa dağılırmış birden. (KK-70)

Fırtınalar, denizin öfkesinin ifadeleri olarak kabul gördüğünden, trajik sonuçlar doğurmadan önce bu öfke dindirilmelidir. Analojik bir yaklaşım içeren yukarıdaki uygulamalarda bu amaçla denize yağlı ve ballı ekmekler atılmakta, akabinde ise bu sununun ne maksatla gerçekleştirildiği yalvarma mahiyetli sözlerle dile getirilmektedir[259].

Alan araştırmalarında bazı balıkçı yerleşimlerinde müşahede yoluyla edinilmiş bir başka bilgiye göre, Ramazan ayı boyunca tüm emeklerine rağmen balık avlayamayan bir balıkçı bu durumdan şikâyetçi olduğunda, oruç tutan diğer balıkçılar bu akıbeti, durumdan muzdarip olan balıkçının oruç tutmamasıyla ilişkilendirmektedirler. Yaygın inanışa göre Allah ibadette noksanı olanlara rızık vermemektedir.

Av sezonu devam ederken hamsi sürülerinin iklim vb. sebeplerle beklenenden önce avlakları terk ederek göç yolculuğuna devam etmesi, balıkçıları bereket temennili dini uygulamalara sevk etmektedir. 2004 yılında Görele limanında toplanan bir grup balıkçı, bir din görevlisi nezaretinde avlaklardan hızlıca geçip giden hamsi sürülerinin tekrar avlaklarda görünmesi için dua etmiştir. Havaların sıcak gitmesinden ötürü göç yolculuğuna ara vermeyen hamsi sürüleri balıkçıların mağdur olmasına sebep olmuş, ulusal basında "hamsi duası" şeklinde haber yapılan uygulamada, aslında mevsim koşullarının normale dönmesi, soğuyacak hava ile birlikte hamsilerin avlaklarda daha fazla kalması temenni edilmiştir.

Av öncesine dönük inanış ve uygulamalarda olduğu gibi av sürecine dönük ve inanış ve uygulamalarda da farklı balıkçı toplulukları arasında benzerlikler görülebilmektedir[260]. Örneğin İngiliz balıkçıları arasında denizdeyken dikkate alınması gereken sayısız yasaklama vardır. Açıkça bir avın boyutu hakkında konuşmaktan kaçınılmakta ve hatta bazı kelimeler tümden yasaklanmaktadır. İngiliz ve Amerikalı balıkçılar arasında yelkenli teknelerin yaygın olduğu dönemlerde denizde ıslık çalmak oldukça tehlikeli bir eylem olarak kabul edilmiştir. Denizde, sefer esnasında eğer durgunsa biraz ıslık gerekli olabilse de, ıslığın çoğu felakete neden olabilecek rüzgârı çağırdığına inanılmıştır. Ayrıca ıslığın, uzak kalmaları daha iyi olacak istenmeyen güçlerin dikkatini çektiğine dair bir inanış mevcuttur. Öte yandan balıkçıların av süresince durmadan kendilerini övmeleri, yataklarına şapka koymaları, aynı gün iki kere iskeleyi terk etmeleri, teknenin mutfağında etli yahni pişirmeleri (fırtına), bıçağı aldıkları şekilde geri vermemeleri uğursuzluğu çağıran eylemler olarak kabul görmüştür (Simpson ve Roud, 2000: 124-125; Poggie ve Gersuny, 1993: 141-142).

4.1.3. Av Bitimine Dönük İnanış ve Uygulamalar

Eylül ayının başında, örneklerine yer verilen uygulamalarla denize açılan 1. tip balıkçı ailelerinin avcılık süreçleri bugün, geçmişe nispetle daha kısa sürmektedir. Kanun koyucular tarafından av sezonunun bitişi 15 Nisan olarak belirtilmiş olsa da, av çeşitliliğinin ve miktarının oldukça azalmış olmasının yanı sıra mevcut hamsi sürülerinin avlakları hızla terk ederek göçlerine devam etmeleri sebebiyle mart ayı başlarında av sezonu büyük oranda sona ermektedir.

Uzun ve yorucu bir av sezonunun bitmesi balıkçılar ve aileleri açısından büyük bir sevinç kaynağıdır. Aylardır evlerinden uzak kalan balıkçılar, ailelerine kavuşacak; fedakârlıklarla geçen uzun zamanın ardından pay usulüyle çalışanlar avdan paylarına düşen parayı alıp biraz da olsa rahatlayacaklardır. Tayfalar için olduğu kadar takım sahipleri ve reisler için de av sezonunun sonu önemlidir. Kazasız, belasız ve bereketli bir av sezonu geçirmek için aylar boyunca büyük uğraşlar veren reisler, takımlarındaki tayfayı sağ salim geri getirmenin dışında iyi bir av sezonu geçirmişlerse kısa süreliğine de olsa rahatlama imkânı bulabilirler. Tayfa, tekne limana bağlandıktan sonra eğer matiz/merhamet ekibinde yer alacak ise takım sahibinden gelecek habere kadar ailesinin yanında kalmaktadır. Ağ tamirine çağrıldıktan sonra tekrar teknenin bağlı bulunduğu limana gelen tayfalar, av sezonu boyunca yıpranan ağları yevmiye usulüyle çalışarak tamir ederler. Takım sahipleri çok kısa bir süre dinlendikten sonra bir sonraki ev sezonunun hazırlıklarını başlatır.

Teknelerin motor ve güverte tadilatlarının yaptırılması işleri ile meşgul olur. Kalabalık balıkçı aileleri bu işler için başkalarına müracaat etmemekte, pek çok işi kendi üyeleri ile gerçekleştirmektedir.

Muayyen bir av takvimine göre avlanan 1. tip balıkçı aileleri tarafından gerçekleştirilen av sonu ritüellerinde "şükür" vurgusu belirgin şekilde takip edilebilmektedir. Av sezonunun başlangıcında kurbanlarını korunma ve bereket temennileri ile kesen balıkçılar, av sezonunun sonunda bu defa şükür maksadıyla kurbanlar kesmektedirler. Av sonu ritüellerinde avcılığın önceki süreçlerinde örnekleriyle sıkça karşılaşılan "saçı"ya da yer verildiği görülmektedir.

Av sezonu bitip de tekneler Sürmene'ye dönmeye başladığında ortalık düğün bayram yerine dönerdi. Uzaklardan gelen balıkçılar çuvallarla getirdikleri boğda (buğday) ekmeğini çocuklara bölüştürür gönüllerini hoş ederdi. Denizden sağ salim gelen balıkçılar birbirleri ile şakalaşır aileleri ile hasret giderirdi. (KK-59)

*

(Bulancak-Küçüklü'de) Av sezonu bitince eğlenceler olur dönüş yolunda. Yeme, içme, oyunlar olur. Av sezonunun bittiğini ifade etmek için bayrak açılır teknenin üstünde. (KK-125)

Av sezonunun bitiminde balıkçılık süreçlerinde meslekî ilişkilerinden ötürü birbirine bağımlı olan zümreler arasında da çeşitli uygulamalara yer verilmiştir. Örneğin sezon boyunca avladıkları balıkları daha önceden anlaştıkları manavlara satan balıkçılar, sezonun bitiminde bu manavlar tarafından düzenlenen kutlama mahiyetli yemeklerin aslî konukları olmuşlardır. (KK-70)

Bugün büyük çoğunluğu donuklaşan bu inanış ve uygulamaların yaşayan örnekleriyle alan araştırmaları sırasında kısmen karşılaşılmıştır. Uygulamalara dönük bilgilerin önemli bir kısmına orta yaş üstü balıkçıların meslekî anlatılarından ulaşılmıştır. Söz konusu anlatılardaki *"Eskiden..."* ve *"Hatırlarım..."* türünden vurgular bu inanışların donuklaştığına işaret etmektedir. Nitekim mesleğin genç katılımcılarının pek çoğu bu inanışların uzağında oldukları için belirtilen uygulamaları çoğu zaman gerçekleştirmemektedirler.

4.2. Geleneksel Dünya Görüşü Bağlamında Deniz ve Deniz Canlıları İle İlgili İnanışlar

Balıkçılar arasında denizle ilgili algı ve inanışların temelinde, evrensel su simgeciliğine dönük kabuller yer almaktadır. Araştırma sahasındaki hemen tüm balıkçılar denizi canlı bir varlık olarak kabul etmektedirler. Hatta onun cinsiyeti bile vardır ve bu cinsiyet dişidir. Deniz, sağladığı sonsuz nimetlerle adeta sürekli doğurmaktadır. Yörede bir müddet de olsa denize çıkmayan balıkçılara söylenen "Yatma zamanı değildir; deniz gecede dokuz kez doğurur." sözü, bu inanışın ifade biçimlerinden birisidir. Tabiattaki tüm canlılar arasında zaruri bir organik bağ vardır. Mitolojik dönemlerdeki animist algı, bugün inanç ve kabuller sistemi değişmiş olsa bile çeşitli sembollerle varlığını sürdürmektedir. İnsan ve tabiat arasındaki bağ, çoğu zaman insanın lehine işleyen bir ihtiyaçlar hiyerarşisi ile kurulmuştur. Hayatını denizin sunduğu nimetlerle idame ettiren balıkçılar için deniz, fırtınalı olduğu zamanlarda hırçın bir sevgili veya öfkeli bir baba; durgun ve sakin olduğu zamanlarda ise müşfik bir anne gibidir.

> (Bulancak-Küçüklü'de) Eskiden büyüklerimiz biz tembellik edince "Denizin yakasını bırakma, deniz gecede 9 defa doğurur." derlerdi. Deniz gebe bir kadın gibi durmadan doğururdu eskiden gerçekten de. (KK-71)
>
> *
>
> Deniz dişidir. Eskiden yatanlara yatma denize git; deniz akşamdan sabaha dokuz kere doğurur derlermiş. Deniz gece muayyen saatlerde iner sahile. Onun da bir saati vardır. (KK-2)
>
> *
>
> Deniz doğurgan bir kadın gibidir. Sancılanma zamanları da vardır onun. Bu zamanlarda balık gecede yedi kere kıyıyı yoklardı. Gün doğumu, gün batımı, ay doğumu, ay batımı gibi zamanlarda olurdu bu yoklamalar. Ama bugün bu doğurgan anne kısırlaştı. Kirlilik, gırgır takımları, aşırı avcılık, kıyılardaki ışıklar bu annenin doğurganlığını alıp götürdü. (KK-131)
>
> *
>
> Deniz dişidir; deniz anadır. Deniz devamlı doğurur. Deniz, üzerinde çalışan insanı asla aç bırakmaz. Deniz, sarhoşla pis adamı kabul etmez. Atar sırtından boğar onu. Bunu eski adamlar da derdi bugün biz de buna böyle inanırız. (KK-83)

Yaratılışın özündeki yegâne unsur olan su, farklı dini ve kültürel muhitlerdeki kozmogoni mitlerinde aynı biçimde üremenin ve bereketin aslî unsuru olarak kabul görmüştür (Roux, 2002: 143). Mircea Eliade'nin suyun bu vasfını ve bu vasıftan ötürü etrafındaki geliştirilen uygulamaların simge dilini izah ederken kullandığı şu ifadeler, balıkçıların denizin tabiatına dönük inanışlarının anlaşılması bakımından oldukça önemlidir:

> Şekilsiz ve güçlü olan şeyin prensibi, her kozmik tezahürün esası ve bütün kaynağı içinde bulunduran su, bütün cisimlerin meydana

geldiği; gerek bu varlıkların geri çekilmesiyle, gerekse de dünyanın tamamen yok olmasıyla tekrar döneceği ilk cevheri simgeler. O başlangıçta var idi ve her kozmik veya tarihsel devrin sonunda geri dönecektir, asla yalnız değil, her zaman mevcuttur. Zira su, bozulmamış birlikleri içinde cinslerin gücünü ihtiva etmekte olup her zaman gelişmeyi başlatıcıdır. Kozmogoni, mit, ritüel ve ikonografide su, bulabildiğimiz bütün kültürel yapıların her türlüsünde aynı işlevi yerine getirir. O bütün cinslerin önünde olup bütün varlıkları tutar. (...) Su ile her tür ilişki, tekrar yaratılışı ima eder: Birincisi, ölümü 'yeni bir doğuş' izler, ikincisi, suya dalış doğurganlaştırır, verimi artırır, yaratılışın gücünü artırır. Su, giriş/geçiş törenlerinde 'yeniden doğuşu' ihsan eder, büyü ritüellerinde tedavi eder, cenaze törenlerinde ölümden sonra tekrar doğuşu temin eder. Çünkü su kendinde bütün gücü bulundurur, hayatın simgesi 'hayat suyu' olur. Tohumlarda, döllerde bolca bulunur ve toprağı verimlileştirir, hayvanları ve insanları doğurganlaştırır. Kendinde, gerçekleşmesi mümkün olan her şeyde bulunur, oldukça akışkandır, sıvıdır, bütün varlıkların gelişmesini sağlar ve dolayısıyla Ay ile hem karşılaştırılır hem de beraber görülür. Suyun ahenkleri, Ay'ın ahenkleri gibi görülür; her ikisi de bütün cinslerin periyodik ortaya çıkışını ve ortadan kayboluşunu idare eder. Onlar, her yerdeki varlıkların gelişmesine devri-dönüşümsel bir şekil verirler (Eliade, 2005: 225-226)

Eliade'nin bu sözleri, hemen bütün kültürlerde verimliliğin kaynağı olan suyun evrensel anlamda bir anne olarak algılanmasının sebeplerini tüm yönleriyle izah etmektedir. Suyun merkezinden gelen balığın pek çok kültürde bereketin ve bolluğun simgesi olarak kabul görmesinin sebebi de bu suretle anlaşılabilmektedir[261].

Dişilik vurgusu, balıkların türeyişi ile ilgili kimi efsanelerde de görülmektedir. Özellikle 1. tip balıkçı ailelerinin en önemli geçim kaynakları arasında yer alan hamsi hakkında anlatılan şu efsane, kadın ve hamsi arasındaki cinsiyet münasebetini ortaya koyması bakımından dikkat çekicidir:

Bir gün kadın ve erkek konuşuyorlarmış. Kadın demiş "Ben üstünüm."; erkek demiş "Ben üstünüm." Kadın demiş ki "Bir kaba hacetimizi yapalım. Denize dökelim, bakalım kimin haceti daha faydalı?" Erkek kabul etmiş. Önce erkek hacetini denize dökmüş. Hiçbir kıpırtı yok. Suda kaybolmuş gitmiş. Kadın hacetini yapmış ve denize dökmüş. Biraz sonra hacetinin olduğu yerde balık larvaları oluşmaya başlamış. Bakmışlar güzel bir balık. Kadın üstün olduğunu kanıtlamış. İşte bu balık hamsi imiş.[262] (KK-132)

Türk yaratılış mitlerinden birisinde Ülgen, yeri yarattıktan sonra üç balığın üstüne koyar. Bu husus, balığın yerle deniz arasında bir yerde olduğunu göstermektedir (İnan, 1986: 19-20). Yer, Türk mitolojisinde dişidir ve "Toprak Ana" olarak nitelendirilir. Bu nedenle, yeri üzerinde tutan balığın/balıkların da yerle olan bağlantısı nedeniyle dişil bir karaktere sahip olması gerekir. Aynı durum, yeri üzerinde tutan su (deniz) için de geçerlidir. O da bu sebeple, tıpkı "Toprak Ana" gibi, "Deniz Ana"dır. Balığın kadının denize akıtılan idrarından meydana geldiğine dair inanışı bu bağlamda değerlendirmek son derece anlamlıdır.

Balıkçılar arasında denizin öfkesinin iki anlamı vardır. Bu anlamlardan ilki can güvenliği açısından olumsuz bir nitelik taşımakta iken içindeki canlıların yaşaması için olumlu bir nitelik taşımaktadır:

> Deniz bana göre hem anadır hem de babadır. Kızar mı kızar; kızdığı zaman da kimse önünde duramaz. Babadır size para verir. Ama çalışırsanız verir. Çalışmasanız vermez; çalışmayana eli de çok cimridir. Anadır seni yıkar paklar temizler. Karnını doyurur sen onu seversen o seni daha çok sever. Deniz hem dişidir celbeşik (fırtınadan sonraki zamanı) olduğu zaman. Deniz erkektir fırtınalı olduğu zaman. Deniz nazlı bir kızdır çarşaf gibi durgun olduğu zaman... Nasıl Kamber'siz düğün olmazsa balıkçısız da deniz yavan olur. Teknesiz hiç olmaz eskiden beri kayıklarımızı rengarenk boyayarak denizin kayığımızı ve bizi beğenmesini, bize cömert davranmasını istemişiz. Deniz öfkelenir ama öfkesi kendinedir. Böyle zamanlarda üstüne çok gitmemek lazım. Deniz öfkelendiği zaman içinde barındırdığı canlıların daha iyi beslenmeleri için hareket eder. Biz karada tarlayı nasıl belleyip, çapalayıp ekiyor isek. O da kendince tarlasını ekine hazırlıyor. (KK-59)
>
> *
>
> Deniz tam insanın kendisidir işte. İnsan karada ne yaşıyorsa deniz de onu yaşar. Karada ova var, denizin dibinde de balıkların otlakları var. Denizin canlılığıdır bu. İçinde kocaman bir dünya barındırır. Deniz sert, hırçın bir kadındır. Mesela sert havada seni kimse kurtaramaz, aldığını koparır. Denize ağalık olmaz. Gücü çok büyüktür. Kadın gibi hırçınlaştığı zaman nasıl ki evdeki hanımdan sakınıyorsun, denizde de sakınacaksın. Denizci denizin kızdığını karayelden dumanlar geldiği zaman anlar. Ayağını denk alır. (KK-37)
>
> *
>
> Bana göre deniz, bir insandan bile ileri gelen bir varlıktır. İnsanlar her şeyi yapar, insandan her kötülük gelir. Kirliliğinden tut da her şeysine kadar. Denizde böyle bir şey yoktur. Deniz bence bizim atamızdır. Yani o derecede laflarla ifade edilemeyecek bir şeydir deniz benim için. Deniz hayattır, sağlıktır, her şeydir. Ailene, çoluğuna, çocuğuna, abine, annene, babana nasıl davranırsan denize de aynıdır. Şimdi

annenin babanın kötü evladı olsan ne olur? Nasıl davranırlar sana? Bu da aynıdır. Deniz de aynıdır. Deniz de bir canlıdır; annedir, babadır, evlattır. Afedersin hanımdır. Nasıl davranırsan öyle davranır sana. Şimdi ben alayım ha burdan bir çanta poşet gidip atayım denize. Deniz napacak onu? Yarın gelip atacak onu benim önüme. (KK-82)

*

Hırçındır deniz. Zaten hep aynı kalsa da olmaz. Hırçınlaşır, karışır hem kendini temizler hem de bereketini arttırır. Denizin dibindeki o besinler, mineraller su yüzeyine çıkmaya başlar; balık da bunları yer. Deniz hırçınlaşınca balık çoğalır anlayacağın. Deniz hep sakin kalırsa bereketsizleşir giderek. Deniz aynı çamaşır makinesi gibi. Çamaşır makinesi nasıl çalıştığında temizler içindekileri, deniz de dalgalarıyla temizler kendini. İçindeki bütün zehiri dışarı atar. Deniz ne yapsın başka çaresi mi var; tüm lağım, tüm çöp denizde işte görüyorsun. (KK-77)

Kabaran dalgaları ile verimli bir anne kimliğinin yerini hırçın bir genç kadına veya öfkeli bir babaya bırakan denizin öfkesi geçicidir. Fırtına sonrasında sakinleşen deniz adeta pişmanlık duymakta ve birinin canını almışsa, cansız bedeni iade etmektedir.

Deniz canlıdır, aynı bizim gibi yaşar o da. Ancak son zamanlarda can çekişiyor. Babalarımız denizi hamile bir kadına benzetirlerdi. "Denizin ne zaman doğuracağı belli olmaz dikkat etmek lazım." Derlerdi. Ama şimdi bu da değişti; deniz adeta menapozlu bir kadın gibi oldu. Deniz adamını seçer, eğer ondan yararlanmak isteyen onun dilinen konuşmazsa birden hırçınlaşır. Bu yüzden denizi okşamak lazımdır. Nazlı bir kız gibi tatlı davranacaksın denize. (KK-67)

*

Deniz dişidir ama hava bozduğu zaman heriflik yapar. Deniz önce boğar sonra da niye boğdum diye pişman olur. (KK-22)

*

Deniz katil denmesini istemez. Eğer bir can aldıysa onu mutlak kıyıya bırakır. Deniz bereketin kaynağıdır yani bir anne gibidir, katil olarak anılmayı bu sebeple kabullenmez. (KK-1)

*

Denizi öfkelendiren de sahibidir yani Allah'tır. Küfür ediyorlar denize. Ne günahı var denizin. O deniz ki içinde bir adam öldüyse kıyıya atana kadar köpürür coşar; istemez can tutmayı. (KK-6)

Animist dönemlerden itibaren tabiata ve onun unsurlarına tazim ile yaklaşılmış, bu unsurların dengesinin bozulmamasına dikkat edilmiştir[263]. Bereketin kaynağı konumundaki denizin de temiz tutulması, gereken saygının gösterilmesi bakımından temel koşullardandır.

Deniz aynı nehirlere benzer. Nehirlerin yatağını kapatırsan nehir bir anda gelir yerini tekrar alır; denizin de önünü kapatırsan, yerini doldurursan deniz de kızar kendi yerini tekrardan almak ister. Denizi kollamak lazımdır. Denizi ev gibi kollamak lazım. Evini nasıl temiz tutuyorsan denizi de temiz tutacaksın. Yoksa deniz küser. Balığı sürekli yetiştirdiği için verdiği için deniz dişidir. Deniz sürekli bir şey verir, doğurgandır yani devamlı bir şeyler doğurur. (KK-68)

Tabiatın unsurları arasında her zaman benzerlik ilişkisi kurulmuştur. Balıkçılar denizi ve balıkları bu genel temayül bağlamında çeşitli yönleriyle başka tabiat varlıklarına benzetmektedirler.

Balık da ağaç gibidir. Nasıl ki bir ağaç bir yıl iyi meyve verir ertesi yıl az meyve verirse bir balık türü de bir yıl çok ise ertesi yıl az olur. Örneğin palamut bu yıl çok idi önümüzdeki yıl az olacak bence. (KK-25)

*

Bazı balıklar dışarının göçebe kuşları gibidir. Onun da yaşadığı bir su vardır. Yahut kıyıya indiği bir saat vardır. Balıkçı bu hayvanın göç zamanına veya saatlerine dikkat eder. Her şeyini buna göre düzenler. Eskiden bu çok daha düzenli idi. Her şey düzenliydi. Şimdi balığın da vakti saati karıştı hep. (KK-11)

Hiçbir varlık sahipsiz değildir. Av hayvanlarının da içinde bulunduğu tüm varlıklar Allah'ın sahipliğinde ve korumasındadır. Her şeyin sahibi olan Allah isterse ancak, balıkçılar denizin nimetlerinden yararlanabilirler. Yani balıkçının rızkı, Allah'ın rızasına bağlıdır. Allah'ın sonsuz kudreti her şeyi mümkün kılabilir; olmayacak denilen bir yerde bolca balık avlayabilmek, izine rastlanmayan oldukça kıymetli bir balığı ağlarında görüvermek hep Allah'ın lütfuyla mümkündür.

Büyük reisti Yahya Reis. Öyle Müslüman bir adam idi ki Cuma günü katiyen namaz kılmamış denize çıkmazdı. Cuma namazı ortak çalışıyoruz onla. Ben Sadık Reis'len denize gidiyorum. Bandırmaya gittik. Poyraz esiyor, güzel de baluk var. Öğleye 2 saat kaldı. Geldi yanımıza "Haydi!" dedi Sadık Reis'e. "Nereye gideceğim?" dedi Yahya Reis'e. "Namaza." Sadık Reis de Yahya Reis'e "Çok güzel balık var." deyince, Yahya Reis "Haydi, rızkımızı Cenab-ı Allah ayırmıştır." dedi. Gittik camiye kıldık Cuma namazını geldik öğleyinden sonra. Ne koydun ne bulasın, kuş geçmiyor Marmara'dan. Dedi ona Sadık Reis "Ne haber?" Yahya Reis de "Sen karışma!" dedi. Gittik akşamdan dışarı tabi akşamdan ay var. Denize gitmiyoruz. Yahya Reis, "Siz ha böyle durun, ben çıkıyorum denize." dedi. Ermeni köyünden çıkıyorduk denize Bandırma'da. Çıktı Ermeni köyünün arkasında Kapı Dağları. Ay vurmuyor oraya. Gitti oraya tabi orası karanlık olunca ay indi dağın arkasına. Ay denize vuruyor oraya vuruyor. Şimdi orda çıkıyoruz palamuta. 2 tane motor vardı. Bizde Ermeni köyünde demirliyiz. Bir de baktım yarı gece oldu, geldi. Mehmet Reis'in Beyaz Gül adlı kayığı vardı. Delikanlı bir uşak çalıştırırdı onu. Geldi "Kalkın, falan yerde balık var." dedi. Gittik oraya iki motorla yükledik 4 motor balık aldık geldik. Yahya Reis ondan sonra Sadık Reis'e "Ne haber Sadık? Ben sana demedim mi rızkımız ayrılmış diye." dedi. (KK-69).

*

Tüm bu mahlûkatın koruyucu Allah'tır. Bakıyorsun mezgitin ağzında pratika var; kofananın ağzında hamsi var. Allah öyle bir düzen yaratmıştır ki hepsi birbirine muhtaçtır. Mesele yine Allah hamsiye öyle bir özellik vermiştir ki bu denizde 200 metrenin altına inebilen tek balık hamsidir. Diğer balıklar inemez zehirlidir bundan sonrası. (KK-37)

*

Balıkçılık da nasip işidir. Allah size nasip ettiyse, denizden nasibinizi alırsınız. Şimdi denize aynı anda on tane tekne çıkar ama bakarsın beşi balık tutar ötekiler tutamaz. Halbuki hepsi de tam tekmil hazırdır ava. Ama Allah işte bazen birine bazen ötekine nasip eder rızkı. Bazı öyle olur ki dip dibe avlanırsın denizde. Senin ağın dolar yandakinin ağına zarar gelir yahut balığı kaçırır. Yani hep nasip işidir bu iş. Balıkçı bunu bildiğinden denize çıkarken "Ya nasip!" demeyi huy edinir. (KK-42)

*

Cenab-ı Allah bizi yaratmış nasıl ki dünyaya vermiş. Balık da öyle. Allah yaratmış, denize koyuvermiş. "Çalış da ye!" demiş. Bize "Benim ama, çalış sen de ye." Demesi gibi. (KK-6)

*

Bu hamsi kum olsa biter. Allah'ın Karadeniz'e verdiği bir nimet bu. Bitmeyen bir nimet. Bütün balıkların nerdeyse adet olarak yavrusu bilinir. Hamsinin sayısını kimse bilemez. (KK-21)

Deniz ve deniz canlılarının doğal çevre içindeki yeri, özelliklerine dönük bu inanışlardan farklı olarak araştırma sahasındaki kimi diğer halk inanışları içinde de balığın oldukça yaygın şekilde yer aldığı görülmektedir[264]. Merkezinde balığın bulunduğu ve kimi zaman kaçınma, kimi zaman da yaklaşma vurgusu içeren inanışlardan bazılarına, Evliya Çelebi'de de rastlanmaktadır. Evliya Çelebi, Trabzon'la ilgili müşahedelerinde hamsi kültüründen de uzun uzun bahsetmiş, Trabzon halkı arasında bazı inanışlarda hamsinin yerine dönük örnekler vermiştir. Çelebi, Trabzon'da bugün az da olsa örneklerine rastlanan ve hamsinin koruyucu, uzaklaştırıcı etkiyle dâhil olduğu bir büyülük uygulamadan bahsederken *"Bir evde yılan, çıyan ve akrep olsa hamsi balığının başını ateşte yakıp o evde tütsü etseler bütün çıyanlar kokusundan yok ola."* İfadelerini kullanmıştır (Evliya Çelebi, 2011: 113).

Geçen yüzyılın ilk çeyreğine Hamamizade İhsan tarafından bunlara başka bilgiler de eklenmiştir. İhsan Efendi, tafsilata girmeden hamsi ile fala bakıldığından, ayrıca çatalkuyruk da denilen iri hamsinin omurgasının çıkarılarak kurutulduğundan ve yeni doğmuş çocukların başlarına takılarak saçlarının gür olmasının temenni edildiğinden bahsetmiştir. Buna ek olarak, hamsi avının başladığı zamanlarda alınan ilk hamsilerden birinin kedi başı şeklindeki para kesesine atılmasının bereketi, parayı arttırdığından; bir şekilde hamsiyi üzerinde taşıyanların şeytan ve cin uğramalarından korunduğundan bahsetmiştir (2007: 52).

Belirtilen inanışlardan bazılarının araştırma sahasında geçerliliğini koruduğu tespit edilmiştir. Örneğin Çarşıbaşı havalisi balıkçı ailelerinden birinin kıdemli kadın üyelerinden Hüsniye Küçük'ün (KK-133) ifadesine göre hamsinin kılçığı çıkarılarak kurutulduktan sonra çocukların başlarına takıldığında saçları gür çıkmaktadır. Ayrıca bu uygulamadan sonra çocuğun çıkan ilk saçlarından birkaçı para kesesine atılırsa zenginlik artmaktadır. Aynı kaynak kişiden tespit edilen bir başka inanışa göre ise hamsi kılçığını cüzdanında taşıyanlar her türlü göz değmesi ve nazardan korunmaktadırlar.

Giresun havalisi balıkçı aileleri arasında tespit edilen ve örneklerine ortak kültür içinde de rastlanan bir başka inanışa göre ise denizden çıkarılan balıkların başları, balıklar ölmeden kesilmemelidir[265]. Aksine hareket edenler günah işlemiş sayılırlar. Bu inanışın devamı olacak şekilde, bir kişinin canlı iken kesilmiş bir balığı yemesi halinde ailesindeki kadınlardan birinin mutlaka sakat bir çocuk doğuracağına inanılmaktadır. Bu sebeple balığın başının kesilmeden önce ölmüş olmasına dikkat edilmektedir. (KK-6)

4.3. Geleneksel Ekolojik Bilginin Meslekî Temsilleri

Geleneksel ekolojik bilgi, bin yıllar boyunca insanın çevresiyle direkt teması ile elde edilmiş deneyimleri ifade eder. Kavramın yaygın olarak kullanımı 1980'leri bulsa da, uygulanışı antik avcı-toplayıcılar kadar eskidir. Geleneksel ekolojik bilgi kavramı etrafında toplanan araştırmacılar üzerine önemli etkileri bulunan ve yapısalcı kuramın kurucularından olan Claude Lévi-Strauss, ekolojiyi doğal çevrenin yerel varlıklarca anlaşılması şeklinde tanımlayarak, evrenin sadece ihtiyaçları karşılamak için bir amaç olmadığını, düşüncenin de kaynağı olduğunu ifade etmiştir (2010: 40-42). Lévi-Strauss örneğinde olduğu gibi, geleneksel ekolojik bilgi ile ilgili ilk sistematik çalışmalar antropologlar tarafından yapılmıştır. Ekolojik bilgi çalışmaları, etnolojinin bir şubesi olarak tanımlanabilen ve belirli insan gruplarının ya da kültürlerin ekolojik ilişkiler hakkındaki düşünce yapısına odaklanan etno-ekolojinin çatısı altında gerçekleştirmiştir. Başlangıçta tereddütlere sebep olan bu araştırma şubesi, çağdaş kaynakların idare edilmesi veya sürdürülebilir biçimde kullanılması konularında arayışlara cevap verebilecek veriler sunması itibariyle modern ekoloji araştırmalarını tamamlayıcı bir bilgi kolu olarak daha fazla ilgi görür olmuştur. Ekolojik bilginin geleneksel olup olmadığı da tereddüt yaratan konulardan olmuş, bu sebeple bazı araştırmacılar, geleneksel ekolojik bilgi yerine yerel ekolojik bilgi ifadesini tercih etmişlerdir. Yapılan çalışmalarla ekolojik bilginin geleneksel hüviyetine dönük tereddütler her geçen daha da azalmış ve geleneksel ekolojik bilgi, birikerek artan, kültürel süreklilikle nesillere aktarılan, insanlar da dâhil olmak üzere canlı varlıkların birbirleri ve çevreleri hakkındaki bilgi ve inançlarının bikrimi olarak kabul edilir olmuştur. Öte yandan bilimsel ekolojik bilgi ile geleneksel ekolojik bilgi, kavramsal çerçeveleri ve yöntemleri gibi hususlar bağlamında karşılaştırılarak aralarındaki farklar ortaya konulmaya çalışılmıştır. Tespit edilen farklılıklardan bazıları şöyle ifade edilmiştir:

a) Geleneksel ekolojik bilgi, niteliğe, bilimsel ekolojik bilgi, niceliğe odaklanmaktadır,

b) Geleneksel ekolojik bilgi, sezgisel elementler barındırırken bilimsel ekolojik bilgi aklın sınırları içinde işler,

c) Geleneksel ekolojik bilgi, bütüncül (holistik) bir bakış açısına sahipken, bilimsel ekolojik bilginin bakışı indirgemecidir,

ç) Geleneksel ekolojik bilgi, zihni ve maddeyi birlikte düşünürken, bilimsel ekolojik bilgi bunların ayrılması yönünde bir tavır içindedir,

d) Geleneksel ekolojik bilgi, bilimsel ekolojik bilginin aksine ahlakçıdır; değer yargılarından arınma gibi bir temayül içinde değildir,

e) Bilimsel ekolojik bilgi mekanik işleyişi önemserken geleneksel ekolojik bilgi ruhsallığı ön planda tutmaktadır,

f) Geleneksel ekolojik bilgi ampirik gözleme ve gerçeklerin deneme-yanılma yöntemiyle elde edilmesine dayalı iken bilimsel ekolojik bilgi gerçeğin sistematik bir bilinçle ve deneyle elde edilmesinde yanadır,

g) Geleneksel ekolojik bilgi, ekolojik kaynakları kullananların tecrübeye dayalı verilerine dayanırken, bilimsel ekolojik bilgi uzmanlaşmış araştırmacı grupların verilerine değer verir,

h) Geleneksel ekolojik bilgi, artzamanlı verilere dayanırken yani derin tarihsel süreçleri önemserken, eşzamanlı verilere önem veren bilimsel ekolojik bilgi tespitte bulunmak için kısa zaman aralıklarını yeterli görmektedir.

Bilimsel ekolojik bilgi gibi doğayı kontrol etmek gibi bir amacı olmayan geleneksel ekolojik bilgi, sahip olduğu büyük çaplı sosyal arka planla toplum yararına ve uygulanabilirliğe odaklanır. Bu bağlamda geleneksel ekolojik bilginin sosyal arka planında şu boyutlar vardır:

a) Sözlü tarihle gelen sembolik anlam, yer isimleri ve ruhsal ilişkiler,

b) Göze batan bir kozmoloji ya da dünya görüşü, bilimsel ekolojinin bir parçası olduğu Batı biliminden farklı bir çevre konsepti,

c) Hem topluluk üyelerine hem de diğer canlılara karşı duyulan sorumluluğa dayalı ilişkiler ve paylaşılan bilgi ve anlamlara dayanan toplu kaynak yönetimi.

Bu maddeler paralelinde bakıldığında, avlanmak, balık tutmak, tuzaklar kurmak, toplamak ya da sürü gütmek; yemek, hammadde ve gelir için devasa kaynaklar olmaya devam etmektedir. Dahası, yerli toplumlara geçmişlerinin devamlılığını ve doğal dünyayla bağlılıklarını onaylayan, kendi kültürlerine dair ayırt edici bir bakış açısı sağlarlar. Bu gibi aktiviteler, birçok neslin bakış açısına dayanarak, ruhsal değerleri, paylaşma etiğini ve arazinin korunması için bağlılık hissini pekiştirirler (Berkes, 1993: 1-5).

Ekolojik çevre içinde faaliyet gösteren meslekler arasında geleneksel ekolojik bilgi birikimi itibariyle en dikkat çekici mesleklerden olan balıkçılığın katılımcıları gözlem, sözler ve deneyimle su ve balıkçılıklar ilgili çok çeşitli yaklaşımlar, beceriler ve davranışlar öğrenirler. Yoğun olarak gözlemlenmiş becerilerin uygulanması ile var olan balık türlerinden istenilen ve istenmeyenleri isimlendirmeyi ve ayırt etmeyi, belli balık türleri ve hatta belli balıkların kişisel özellikleri ve alışkanlıklarını öğrenirler. Balıkçılar, balıkçılık alanları bilgisi, su altı topolojisini görselleştirmeyi öğrenmeyi, yaygın olarak bilinen su altı özelliklerinin isimlerini öğrenmeyi, su altı balıkçılık teçhizatlarını ve su üstünde kendilerini konumlandırmak için nirengide kullanmak üzere kıyıdaki işaretleri hafızalarına kaydederler. Hava değişimi ve balıkların hareketlerini tahmin etmek için kuşların hareketlerini, hava davranışlarını ve suyun rengi ve şeklini kullanırlar. Ayrıca kendi balıkçılık alanlarını korumak için diğer balıkçıların davranışlarını izlemeyi ve tanımlamayı da öğrenirler; diğer balıkçıların avlanma alanları, ekipmanları ve başarılarını belirler ve acil durum anında kurtarmaya giderler.

Balıkçılık gibi geleneksel nitelikli mesleklerde yıllar boyunca edinilmiş deneyimler sayesinde birikmiş olan teknikler kümesi sözel olduğu kadar fiziksel dile getirmeyi de gerektirir. Ağ örmek veya tamir etmek, av sırasında ekipmanı uygun şekilde kullanmak, karşılaşılan bir problemi pratik yollarla çözüme ulaştırmak gibi pek çok teknik bilgi içerikli uygulama bu durumun sadece bazı örnekleridir. Kendilerini işlerine adamış balıkçılar aynı zamanda, hepsi de özenle yerele ayarlanmış ağlardaki yemler ve iğnelerden, küçük kayıklardan büyük gırgır motorlarına kadar balıkçılık teçhizatının tasarımı, yapımı, bakımı ve kullanımı ile ilgili çok geniş geleneksel bilgiyi de paylaşırlar. Balık tutma ekipmanı yapmak ve aletleri korumak için temel düğüm dağarcığına benzer şekilde balıkçılar genelde düğüm yeteneğini balık tutma becerisi ile ilişkilendirirler. İkincil olarak ise düğümleri aletlerinin tanınması için bireysel bir imza sağlar. İyi tasarlanmış, uygun şekilde düğümlenmiş alet ile balıkçı, balık davranışları, su ve hava koşulları ve teknenin becerilerine göre o aletleri en etkili şekilde nasıl yerleştireceğini de öğrenir. Çoğu balıkçılık faaliyetinde ekipmanın yerleştirilmesinde önemli olan kayıkları hareket ettirirken, ekipmanı tutarken ve ekipmandan balıkları ayırırken ritim, zamanlama ve hız öğrenerek diğerleri ile iletişim ve koordinasyondur (Gilmore, 1996: 565-566).

Yöre balıkçıları, geçmişten beri denizi adeta tarlaları olarak algılamışlar; pek çoğu geleneksel yolla edinilmiş bilgilerle dip görüntüleme teknolojileri ortaya çıkmadan çok önce deniz tabanındaki löngüz ve ada türünden yüzey şekillerini hafızalarına kaydetmişlerdir. Ağlarını nereye ve kaç kulaçta sereceklerine babadan oğula, ustadan çırağa aktarılan geleneksel bilgilerle karar vermişlerdir. Balıkçılar, aynı dönemlerde harita ve pusula gibi yön tayinini sağlayan araçlardan da çoğu zaman mahrum olmuşlardır. Sisli havalarda ve tanımadıkları sularda avlanırlarken tabiata özgü unsurlardan (güneş, yıldızlar, rüzgâr vb.) yararlanmışlardır. Bugünün görüntüleme teknolojileri henüz mevcut değilken deniz tabanına dair bilgi ve öngörülerin doğruluğu avın bereketli açısından oldukça önemlidir. Yakın geçmişte bu türde geleneksel mahiyeti haiz bilgilerin genç kuşaklara aktarılması meslekteki devamlılığın yegâne şartlarından biri halini almıştır. Daha önce de çeşitli vesilelerle belirtildiği gibi geleneksel bilginin sahibi konumundaki eski reisler, şimdiki reisleri "Onlar sonar reisi!" türünden cümleleriyle tezyif etmektedirler. Balıkçılar balıkların karakteristik davranışları ve rutinleri balıkların yerinin tespiti konusunda yıllar içinde yerleşen geleneksel bir bilgi birikiminin oluşmasına vesile olmuştur. Balıkçılar, günümüz küçük balıkçılarının da yapmaya devam ettikleri gibi deniz tabanında bulunan derin yarık ve kuyular civarında avlanmayı tercih etmişlerdir. Zira deniz tabanındaki bu türden "löngüz"ler, balıkların beslenmeleri, yuvalanmaları ve yumurta (havyar) dökmeleri açısından elverişli bölgelerdir. Ağlarını kuyu ağızlarına veya yakınlarına seren balıkçıların iyi bir av elde etmelerinin ihtimal dâhilinde olduğu kabul edilmiştir Ancak av sırasında kıymetli ağlarını kuyulara kaçıran ve ciddi anlamda zarar eden balıkçılar da olmaktadır.

Balıkçıların daha önce üzerinde durulan denizle ilgili kabullerinin merkezinde de çoğu zaman geleneksel ekolojik bilgi birikimleri bulunmaktadır. Deniz kirliliğinin doğal çevreye ve bu çevreye bağımlı olarak yaşayan balıkçı ailelerine olan etkileri konusundaki bilinç, bilimsel ekolojik bilginin deniz kültüründen uzak insanlar üzerinde yaratmaya çalıştığı farkındalığın çok önündedir.

Balıkçılar, avcılığın hemen tüm süreçlerinde geleneksel nitelikli ekolojik bilgi ve kabullerinden yararlanmakta, mevcut bilgilere yenilerini ekleyebilmektedirler. Örneğin av sırasında hava koşullarının kötüleşmesi ile zor durumda kalan balıkçılar, tehlikeli çalışma ortamından ayrılıp kıyıya ulaşmak istediklerinde, tecrübe temelli geleneksel ekolojik bilgilerinden uzun yıllar yararlanmışlardır.

> Motorlar şimdiler güçlü deniz kabardı mı atıyorsun kendini kıyıya. Ha bir de liman çok artık. Ama eskiden bu kayıklardaki motorlar çok zayıftı hava bozunca motorlar denize yetmezdi. Hava esip de kıyıya yetişemezsek büyük sıkıntı yaşardık. Motorlar zayıf olduğundan biz kıyıya varıncaya kadar dalga iyice kabarır, boncuk gibi oynardı kayıkla. Limanın ağzına geldiğimizde öyle rastgele girmezdik, çünkü dalga alır vururdu bizi taşlara. İşte bu yüzden dalgaları sayardık. Bu kıyılarda dalgaların bir huyu vardır. Hava estiğinde vuran ilk dalga azdır, ikinci dalga ondan biraz daha büyük olur; en büyük dalga ise üçüncüsüdür. Bu üçüncü, büyük dalgadan sonra deniz şöyle hafiften sakinleşir. Ha işte bu arada limana girdin girdin, bunu kaçırırsan işin Allah'a kalırdı. (KK-134)
>
> *
>
> Fırtınaya yakalandığı zaman eskiler motoruna değil küreğine güvenirdi. Motor bozulurdu ama kürek bozulur mu? Kayık akıntıyı belli ederdi. Kendi haline bıraktın mı akıntı kayığa yön verir, balıkçı da akıntının yönünü bilirdi. Akıntıyı hesap ettiğin için en yakın kara neresi ise o tarafa gidersin. Ama suların, rüzgârın üstüne gidemezsin. Rüzgârı yanına alırsın. Yandan yandan en yakın karar nereye giderse

oraya gidersin. Dere ağzına mı geldin; burayı diklemesine geçemezsin yine çapraz geçersin karaya ulaşırken. (KK-76)

Balıkçılar, avlanmak üzere avlaklarına yerleştiklerinde denize ağ sermeden önce deniz tabanındaki akıntıların durumunu kontrol etme ihtiyacı duyarlar. Geleneksel bilgi temelli bir yöntemi, her av öncesinde bu amaçla tatbik ederler.

Denize ağı sermeden önce kıyıdan kendimize kerteriz belirleriz. Belirlediğimiz kerterize göre ağ sermeden biraz bekler suların (akıntıların) kayığı ne tarafa yönlendirdiğine bakarız. Deniz, kayığı çok geçmeden belirlediğimiz kerterizden poyraz veya karayel yönüne doğru çevirirse suların çok olduğu belli olur. Sular çoksa ağın içi çamurla, çöple dolar. İnat eder serersen ağı denizde bırakma ihtimalin yüksektir. Bu yüzden suların çok olduğu zamanlarda ağ sermemeye dikkat ederiz. En iyi avcılık suların az olduğu zamanlarda yapılır. (KK-135)

Tabiatı tüm elemanlarıyla bütün halde izleyen, onu canlı bir organizma olarak kabul etmenin etkisiyle etrafında geleneksel dünya görüşüne dair inanışlar geliştiren balıkçılar, çoğu zaman gözlem ve tecrübe temelli geleneksel meslek bilgileri ile hareket etmektedirler. Bu bağlamda balıkçıların geleneksel ekolojik bilgi birikimlerinin önemli bir alanını deniz canlılarının davranışları ve rutinleri oluşturmaktadır. Av takvimlerinin balıkların göç zamanlarına veya kıyıya yakınlaşma rutinlerine göre belirlenmesinden, verimli avlakların tespitinde balıkların gün içindeki hareketlerinin dikkate alınmasına kadar pek çok konuda geleneksel nitelikli ekolojik bilgilere müracaat edildiği görülmektedir. Örneğin bahar aylarında poyraz sürekli esmeye başladığında kefal sürülerinin bölgeye geleceğine inanılır. Bu bilginin temelinde uzun süreli gözlemler ve tecrübeler vardır. Zira poyraz estiğinde güneş sürekli olarak görülür ve hava ısınmaya başlar. Suyun ısınmaya başlamasıyla birlikte sıcak suda havyar döken balıklar, havyarlarını dökmek için kıyılara yaklaşırlar. Mesleğe dönük bu teknik bilgi, geleneksel karakter kazanmakta ve kuşaklar boyunca devam edebilmektedir. Hamsi sürülerinin avlaklara yaklaştığının nasıl anlaşıldığını konu alan şu anlatı da, konunun izahı açısından oldukça dikkat çekici ipuçları vermektedir:

Şimdi eskiden hamsi böyle uydudan falan görünmez. Buraya sermaye motorları gelirdi sermaye motoru derler taşımacılık yapardı, onlar hamsiyi görürler gelirken yolda nerde gördüler işte Çarşıbaşı'nın üzerinde rastladılar hamsiye üzerinde ne var bizim palamut kuşu dediğimiz bir kuş var, hamsi kuşu. Böyle sivri çatal kuyruklu zurna gibi çatlak bir ses çıkarır bir de pelikan vardır doldurur gagasını. Bunları denizin üstüne sürekli hamle yapar vaziyette görünce haber ulaşır hemen buralara ve "Hamsi davuluylan zurnasıylan geliyor." Denir. (KK-39)

Balıkların hangi dönemlerde boyutları ve lezzetleri ile avlanmaya müsait olduklarına dair kabuller ve bu kabuller bağlamında gerçekleştirilen avcılık da yine geleneksel ekolojik bilgi birikimine öykünmektedir:

İzmaritler çiftleşme dönemine girdikleri zaman ağları zigzaglı sererdik ki izmaritler arasında geçsin. Çünkü izmaritler çiftleşme zamanında çok hareketli olurlar. Çiftleştikten sonra da balık gevşer, lezzeti azalır, yağı biter. Biz böyle balıklara "arıklar" deriz. Artık o balık yenmez lezzeti yoktur. Ağlara vurması istenmez. (KK-12)

*

Palamut göç balığıdır. Yavru yaparken doğuya doğru gelir. Bitirdi mi doğruca batıya gider. Kayığı ufak olanlar uzatmalarla bu geçit balığını tutarlar. Tutulan balıklar elle tek tek ağdan temizlenir. Gırgırı olanlar daha fazla miktarlarda tutarlar palamudu. (KK-18)

Balıkçılar, balıkların göç yolcululuklarını da kendi geleneksel kabulleri ile izah etmektedirler. Alan araştırmaları sırasında pek çok balıkçının, göçmen kuşlar ile göçmen balıkların davranışları arasında benzerlikler olduğuna inandıkları müşahede edilmiştir. Balıkçıların inanışlarına göre kuşlar nasıl ki göç mevsimlerinde aynı güzergâhları takip ediyorlarsa balıklar da göç yolculuklarında hep aynı güzergâhı takip ederler. Yine kalabalık kuş sürülerinde olduğu gibi balık sürülerinin önünde de bir küçük öncü grup bulunmaktadır. Yöreye ulaşan ilk balık sürüleri bu öncülerdir.

Balıkların karakteristiklerinin teşhisi sırasında, denize dönük kabullerde olduğu gibi, çoğu zaman insana özgü vasıfların ön plana çıkartıldığı görülmektedir. Örneğin, balıklar, şımarık, zeki, kurnaz, kural tanımaz gibi pek çok sıfatla tavsif edilebilmektedir. Bu türde kabullerden bazıları şu şekildedir:

Sargan ve Kefal denizin haylaz çocukları gibidir. Ufak bir ışık veya gürültü duysunlar hemen fırlayıp kaçarlar. Barbun ise denizin mazlumudur. Vuracak, sokacak, ısıracak tarafı yoktur garibin. Mezgit de öyledir ama mezgitin hamsi bile yediği olur. (KK-6)

*

Denizin mazlumu mezgittir. Kimseye zararı yoktur garibin. Dipte ne bulursa yer hayvan. Öyle kimsenin canına kast etmez. (KK-136)

*

> Hamsi balığı sürü halinde gezen bir balık türüdür. O sebeple denizin en korkunç canavarı küçük olmasına rağmen hamsi balığıdır. Karadeniz Ereğli'sinde hamsiye sardığımız bir ağda 350 kiloluk bir orkinos balığının hamsi tarafından boğulduğuna şahit oldum. Hamsi tehlike anında kendisini aynen bir futbol topu gibi sımsıkı birleştirir. Onu yiyecek olan büyük balığın solungaçları arasına sıkışarak ölmesine sebep olur. Az hamsiye ağ sarmak ekonomik olmadığı için hamsinin bir arada toplanmasını gırgır reisleri isterler. Havalar sıcak oldu mu hamsi dağılır (insanlar nasıl piknik yaparlar ya). Hamsilerde sağa sola parçalar halinde ayrılır. Kar suyu dediğimiz zaman denizin suyu soğuyor. O zaman da hamsiler birleşiyor balıkçılar için kolay av oluyorlar... (KK-59)
>
> *
>
> Lüferler oldukça saldırgan balıklardır. Kendilerinden büyük balıklara bile saldırırlar. Balıkçılar arasında yunuslarla mücadele eden lüfer hikayeleri meşhurdur. Lüfer sürüsü içinden geçen yunusa saldıran lüferler yunusun taklalar atmasına kaçmak için çabalamasına sebep olurlar. Kefal, kurnaz ve çevik bir balık olduğundan kolay avlanamaz. Ağla çevirme şeklinde avlanırken bile deniz yüzeyindeki mantar yakasının üstünden zıplayıp kaçar. Öte yandan diğer balıklar gibi oltaya da çok meyletmez. Çevikliği ile kendine kasteden balıklardan kolaylıkla kurtulur. Avlanmamak konusunda en zeki balıktır. Kırlangıç balıklarının kılıçbalıkları gibi çift halinde (bir erkek bir dişi) yüzdükleri, biri yakalandığında diğerinin homurdanarak ağladığına inanılır. Bu sebepten Fransız balıkçılar bu balık ağlarına takıldığında tekrar denize atarlarmış. Fransızlar arasındaki bir inanışa göre eşi yakalanan balık intihar edermiş. Levrek olağanüstü obur, doymak bilmez bir balıktır. Fransızların bu balığa "kurt balığı" da demelerinin altında da herhalde bu sebep olsa gerek. İzmarit belalı balıktır. Eti çok kılçıklı olduğundan kendisini yiyen balıkların ağızlarında yaralar oluşmasına sebep olur. Bu yaralar bazen iyileşir ama çoğu zaman da büyür ve yiyen balığı ölüme götürür. Hamsi en beyefendi en mazlum balıktır. Silahı olmayan, hiç kimseye saldırmayan, parlak, şık giyimli, yakalandığında dahi güler yüzlü olan tek balık hamsidir. (KK-137)

Balıkçılar, sabırsızlıkla bekledikleri palamut ve hamsi sürülerinin av sezonu boyunca az veya çok olacağına dönük tahminler de yürütmektedirler. Kimi zaman çeşitli inanışların etkisinde yapılan bu tahminlerde tabiata ait kimi canlı ve cansız unsurların hareketleri, azlık veya çoklukları ile analojik ilişkiler kurulabilmektedir:

> (Bulancak-Yalıköy'de) Eski adamlar depedelen (helikoptere benzeyen böcek) çok olduğu zaman palamut çok olur derlerdi. Kestane çok olduğunda yine palamut çok olacak derlerdi. İncirle kara üzüm de bunların içindeydi. (KK-70)

*

(Sürmene-Balıklı'da) Genellikle ağustos eriği ve ayvanın bol olduğu sene palamut çok av verir. 2012 senesinde ağustos eriklerinin dalları fazla meyveden kırılmıştı. Ve o sene çok fazla balık avlandı. (KK-59)

*

(Bulancak-Küçüklü'de) Arı çok oldu mu palamut da çok olur derlerdi. (KK-8)

*

(Trabzon-Faroz'da) İncir çok olduğu zaman balık çok olur derler. Bir de bıldırcının çok olduğu zaman palamut çok olur. (KK-77)

*

(Araklı'da) Kestane ve karayemişin çok olduğu zaman palamut da çok olması beklenir. (KK-120)

*

(Araklı'da) Havyar zamanı havalar düzgün giderse palamut yumurtası tutar ve balık bol olur. Ayrıca kestane ve karayemişin çok olması palamut nişanıdır. Ayrıca kış da ağır geçer. (KK-54)

*

(Akçaabat-Mersin'de) O sene baktı ki incir çok oldu, palamut da oldu. İncir olmadı, o sene de palamut olmadı. (KK-69)

*

(Trabzon-Değirmendere'de) Kışın ağır geçmesi yazın palamutun daha iyi olacağına hamsinin daha iyi olacağına işarettir. Ayvanın ve karayemişin çok olması balığın bol olacağına işarettir. (KK-68)

Yukarıdaki bazı anlatılarda da kısmen atıfta bulunulduğu gibi balıkçılar, sezon içinde balık rekoltesinin durumuna dönük tahminler yürütürken geleneksel takvim bilgisine dönük kabulleri de dikkate almaktadırlar. Havanın ve deniz suyunun sıcaklık değerleri, deniz akıntıları ve fırtınalar gibi doğal etmenlerle, balıkların ilk av verme tarihleri gibi takvimlik süreçlerin balık sürülerinin akıbeti üzerine oldukça etkili olduğuna inanılmaktadır. Gözlem temelli uzun tecrübelerden kaynağını alan bu kabullerden birine göre çingene palamutu olarak adlandırılan öncü palamut grupları haziran ayı başlarında ağlara takılmaya başladığı takdirde o sezon palamut bol miktarda olacaktır. Ancak balığın ağlara vurması temmuz ayı ortalarına veya sonlarına kalırsa balığın o yıl az olacağına kanaat getirilmektedir. (KK-13).

Balık sürülerinin akıbeti üzerinde belirleyici olan doğal etmenler ve bunların etkileri hakkında tespit edilen kabullerden bazıları şu şekildedir:

> Temmuz ayında karayel rüzgârı fazla eserse o sene palamut az olur. Palamut, torik balığı o zamanda havyar, yumurta dökecek. O rüzgâr estiği zaman denizi sallar, çalkantı olur. O zaman yüz bin yumurtanın varsayalım on bini tutar, doksan bini köperir. Ama tam tersi temmuzda hava sakin olursa o sene çok palamut olur. Biz bu bilgileri hem babalarımızdan öğrendik hem de bizzat yaşadık, gördük. Mesela o sene deniz temmuz ayında göl gibi limanlık durdu; o sene çok büyük palamut oldu. (KK-78)
>
> *
>
> Şimdi biz akasya ağaçları deriz. Diken ağacı. Bu diken ağacı açtığı zaman, ha böyle çiçekler açar o zaman istavrit görünür. Yani biz halk dilinde öyle deriz. Gittiğin zaman ilk zamanlar bir tane, iki tane, üç tane dalar oltaya. Ani dalmaları vardır. Gelirler ha böyle bire bir tabur biçimde, diyelim ki on, on beş kancalı olta attın ya bire bir, sırayla ona dalarlar. Öyle pat pat pat onu doldururlar. O zaman deriz ki bu sene demek balık bol. Bunun geçişi vardır. İki gün, üç gündür burada. Sonra gider. Eğer ki bir hafta, on gün durursa demek ki balık boldur deriz. (KK-82)
>
> *
>
> Denizin hâli ile rüzgârlar da önemli balık azlığında çokluğunda. Şu an [Haziran sonu] havyar zamanları geliyor. Poyraz rüzgârı estiği sürece, bu rüzgâr soğuk yapar. Soğuk da ne yapar; bu yumurta tutmaz. Karayel rüzgârı devamlı sıcak verir sana. Karayeli rüzgârı eserse palamutun yumurtası o zamanlar olur işte. (KK-49)

Sezon tahminine dönük kabuller arasında tabiat merkezli analojik kabuller arasında istisnai örnekler de vardır:

> (Tirebolu'da) Plajımızdan akan derenin suları coşkun aktığında, plaj kumunu ortadan yardığında hamsinin bol olacağının işareti imiş. (KK-99)

4.3.2. Halk Takvimine ve Meteorolojisine Dönük Kabuller

4.3.2.1. Halk Takviminin Meslekî Temsilleri

Herhangi bir bölge insanının kültürel miras olarak kazandığı doğal olgularla, toplumsal kurumlar ve olgular arasındaki uzun süreli deneyimlere dayalı ilişkilerin kurulduğu tarihsel, töresel, dinsel, eğitsel, inançsal, hukuksal, tarımsal, siyasal, ekonomik bağın anımsama ve anımsatma görevini üstlenmiş olan zaman-hayat ikilisinin bir dizgesi şeklinde tanımlanan halk takvimi (Erginer, 1984: 22), en genel ifadeyle insan-doğa ilişkilerinde doğanın egemenliğine yenik düşmemek için halk tarafından oluşturulmuştur[266]. Türk toplum hayatında tarih boyunca avcılık, hayvancılık ve tarım, hâkim iktisadi modeller oldukları için bu geleneksel nitelikli mesleklere dönük her bir tasarruf, faaliyetin gerçekleştirildiği alanın iklim koşulları merkezde tutularak geliştirilmiş halk takvimine göre gerçekleştirilmiştir.

Araştırma sahasında halk takvimine göre ayların adlandırılması konusunda benzerliklerin yanı sıra her bir halk kültürü bölgesine özgü tasarruflar da görülebilmektedir. Her bir balıkçı grubu, kendi sosyo-kültürel muhitindeki halk takvimi kabulleriyle uyumlu biçimde yılın aylarını genellikle şu isimleri vermektedirler:

Ocak	: Zemheri / Kalandar
Şubat	: Gücük
Mart	: Mart / Dert
Nisan	: Abrul-April / Çiçek Ayı
Mayıs	: Mayıs
Haziran	: Kiraz
Temmuz	: Orak / Çürük
Ağustos	: Ağustos / Asus / Harman
Eylül	: İstavrit / İlkgüz/ Hacı Ayı / Ceviz Ayı
Ekim	: Darı Ayı / Ortagüz / Koç Ayı
Kasım	: Üzüm / Ahırgüz / Ayerit
Aralık	: Karakış / İstiyanar[267]

Balıkçıların ortak kültürün geleneksel takvimine dönük kabullerinin dışında meslekî uygulamalar bağlamlı özel kabulleri de mevcuttur. Bu özel takvime bakıldığında 1. tip balıkçı aileleri için yıl iki ana bölümden oluşmaktadır. Avcılığın yoğun biçimde gerçekleştirildiği Eylül-Nisan arası yılın ilk dönemi oluştururken avın sona erdiği ve yoğunluğun nispeten azaldığı Mayıs-Ağustos arası yılın ikinci dönemini oluşturmaktadır. 2. ve 3. tip balıkçı aileleri avcılığa 12 ay aralıksız devam edebildikleri için bu algının dışındadırlar. Ancak onların da takvime dönük meslekî tasarrufları yok değildir. Örneğin, ayları balıkların avlaklara geldiği ve av vermeye başladığı zamanlara göre adlandırabilmektedirler. Ekim ayı palamut avcılığının en yoğun olduğu dönem olması hasebiyle "Palamut Ayı" şeklinde adlandırılırken, mart ayı sargan balığının av vermeye başlamasından ötürü "Sargan Ayı", Eylül ayı ile birlikte istavritin bol ve lezzetli olmasından ötürü "İstavrit Ayı" adıyla anılabilmektedir.

Balıkçıların takvim algısında dikkate değer bir diğer konu da av takvimine dönük kabullerdir. Av takviminin süreçlerinin tespiti ve takibinde tabiat takvimi üzerinde belirleyici olan rüzgârlar ve sıcaklık farklılıkları gibi klimatolojik unsurların yanı sıra balık hareketlerinin gözlemlenmesi esasına göre geliştirilmiş geleneksel meslekî kabuller etkili olmaktadır. Bu bağlamda göçmen balıkların göç zamanları ile yerli balıkların kıyılara yaklaştığı yumurtlama ve beslenme zamanları da ayrıca dikkate alınan hususlar arasındadır. Balıkçıların oldukça gelişmiş bir geleneksel ekoloji bilgileri vardır. Uzun tecrübeler sonucunda ulaşılan ve kuşaklar boyunca aktarılan bu bilgiler özellikle 2. tip balıkçı aileler için hayati önem taşımaktadır.

Balıkçılar yolunu gözledikleri göçmen balıkların avlaklarına ulaşma zamanlarını genel takvim algısının yanı sıra geleneksel takvim bilgisi ile birlikte çoğu zaman tabiata dönük çeşitli emarelerden hareketle tahmin etmektedirler. Hamsi sürülerinin avlaklara ulaşmasının takvimlik süreçleri hakkında en eski malumat Âşık Mehmet tarafından kısaca "Bu balık kış günlerinin dışında avlanmaz ve hamsîn[268] günlerinde çok avlanır." şeklinde belirtilmiştir (2007: 1505). Evliya Çelebi de Seyahatnamesi'nin Trabzon'la ilgili bölümünde hamsi özelinde bilgi verirken benzer bir malumatı bir efsaneye atıfla şöyle anlatır:

> Hamsîn gününde ortaya çıktığı için hamsi balığı derler. Hamsîn gününde çıkmasının sebebi; Büyük İskender zamanında bir olgun usta kişi gelip ruhban ve patriklere gıda olsun diye Moloz Kapısı'ndan taşra deniz içinde bir direk üzerine hamsi balığı şeklinde tunçtan bir balık tılsımı yapmış. Hamsîn gününde o balıktan ses çıktığında Karadeniz'de olan bütün hamsi balıkları Trabzon Limanı'na gelip deniz kıyısına düşerler. Daha sonra Peygamber Efendimiz yeryüzüne ayak basınca binlerce tılsımlar yıkılıp Nemrut ateşi söndüğünde bu hamsi tılsımı da yıkılıp denize düşer. Ancak denizle ilgili bir tılsım olduğundan hâlâ etkisi sürer (Evliya Çelebi, 2011: 112):

Balıkçıların takvim algıları özelinde av saatleri ile ilgili muayyen tasarruflar da tespit edilmiştir. Örneğin araştırma sahasındaki avlaklarda av için en elverişli saatler, sabah 04.00-08.00 saatleri ile akşamüzeri 16.00-18.00 saatleri arasıdır. Balıklar 08.00-16.00 saatleri arasında gözlerini çok iyi kullandıklarından oltaları fark edebilirler. Gece avcılığında ise bilhassa ay karanlık gecelerde balıklar sürü halinde bulundukları için çevirme ağları ile bolca yakalanabilirler.

Balık takviminin balık mutfağına etkileri ile ilgili olarak da pek çok kabul vardır. Akçaabat havalisindeki ünlü balık restoranlarından birinin sahibi olan emekli öğretmen Fevzi Çimşit (KK-137) konuya dönük şu bilgileri verir:

> Ocak ayında hamsi en yağlı dönemindedir. Bu sebeple hamsinin en leziz olduğu aydır. Bu ayda hamsinin yanı sıra mezgit, çinekop, palamut, tirsi, zargana ve istavrit de hem lezzetli hem de boldur.

Şubat ayında hamsi yavaş yavaş yağını ve lezzetini kaybetmeye başlar. Hamsi ezeli göçüne devam eder ve Azak Denizi'ne doğru yol almaya başlar. Bu ayda hamsinin yerini kalkan balığı almaya başlar. Öte yandan istavrit, zargana, mezgit önceki ayda olduğu gibi yine bolca bulunabilmektedir. Mart ayında kalkan, tirsi ve kefal balıklarının lezzetli olduğu aydır. Ayrıca barbun balığının da bol ve lezzetli olduğu aydır. Zargana, istavrit ve mezgit yine temin edilebilmektedir. Nisan ayında barbun ve kalkan balıkların en bol ve en lezzetli olduğu aydır. Daha önceki aylarda olduğu gibi mezgit ve istavrit yine bolca bulunur. Ancak bu ayda onlara eşkina (lendanoz) ve karagöz de katılır. Eşkina bu ayda kalkan kadar lezzetlidir. Mayıs ayında kalkan, iskorpit (çalar/çarpan) ve kalkan bol miktarda çıkar. Dikenli dış yüzeyinden ötürü temizlenmesi zahmetli olan iskorpit balığının eti bembeyaz ve oldukça lezzetlidir. Özellikle buğulaması ve çorbası tercih edilmektedir. Özellikle Giresun yöresinde oldukça popüler bir balıktır. Her zaman olduğu gibi bu ayda da istavrit, mezgit ve barbun yine balıkçılar tarafından avlanabilmektedir. Haziran ayının en gözde balığı karagözdür. Balık bu ayda iyice yağlanıp en lezzetli haline ulaşır. Bu ayda balıklar artık azalmaya başlar. Geçen aylara nispetle daha az miktarda mezgit, levrek ve barbun bulunur. Temmuz ayı, balığın denizden çekildiği aydır. Mezgit ve istavrit azalmış olmakla birlikte yine sofralardadır. Bunların ihtiyacı karşılamadığı hallerde çiftliklerde yetiştirilen levrek ve çipura ile açık kapatılmaya çalışılır. Ağustos ayı, temmuz ayına göre küçük de olsa bir hareketlilik vardır. İskorpit, izmarit, zargana, mezgit ve istavrit nispeten artar. Yolu gözlenen palamut, ilk olarak Çingene palamutu olarak bu ayda kendini gösterir. İlk zamanlar oldukça yağsız olan bu balığın lezzetlenmesi için biraz daha zamana ihtiyaç vardır. Eylül ayında yağmurlarla birlikte Çingene palamutları da irileşmeye başlar. Ancak daha istenilen nispette yağlanmamıştır. Lüfer yavaş da olsa tezgâhları süslemeye başlar. Öte yandan izmarit, tirsi, mezgit, zargana ve istavrit bu ayda çeşitliliği sağlayan diğer balıklardır. Ekim geldiğinde ise, yaz boyunca Karadeniz'de konaklayan balıklar Marmara Denizi'ne doğru hareketlendiği için bu ayda balık oldukça bol ve çeşitlidir. Palamut ve lüferin en yağlı ve lezzetli olduğu aydır. Bunların dışında çinekop, levrek, eşkina, barbun, mezgit, zargana ve istavrit de bolca bulunur. Kasım ayında aylardır yolu gözlenen hamsi artık tartışmasız ilk sıradadır. Bu ayda hamsi bolca bulunur. Hamsinin yanı sıra palamut, eşkina, lüfer, çinekop, torik, zargana, levrek, istavrit, mezgit de boldur. Nihayet aralık ayı geldiğinde hamsi, palamut, lüfer, çinekop, kalkan, barbun, mezgit ve istavrit balıkları yine bol ve lezzetlidir.

4.3.2.2. Halk Meteorolojisinin Meslekî Temsilleri

Meteoroloji, tarihin derinliklerinden itibaren insanoğlunun yaşam kavgasının bir istihbarat silahı olmuş; her yıl mutad şekilde tekrar eden semavi olaylar, fırtına, soğuk veya sıcak dalgaları özenle kaydedilmiştir (Oğuz, 2003: 778). Anadolu'da geleneksel hava tahminleri yörelere göre az çok farklılıklar arz etmektedir. Çoğu zaman geneneksel takvim bilgisi ile birlikte işleyen bu bilgi çeşidinde, hava tahminlerinin yapılmasında dikkate alınan emare ve araçlar, Nail Tan tarafından şu başlıklar altında toplanmaya çalışılmıştır:

1) Uzaydaki varlıklardan ve göksel olaylardan yararlanarak tahmin
2) İnsanlardan yararlanarak tahmin
3) Bitkilerden yararlanarak tahmin
4) Hayvanlardan yararlanarak tahmin
5) Yerel işaretlere göre tahmin
6) Tabiattan yararlanarak tahmin
7) Haftanın günlerinden yararlanarak tahmin
8) Halk takvimine göre tahmin
9) Diğer tahmin yöntemleri (Tan, 1976c: 250-275).

İnsanlar için olduğu kadar bitki ve hayvanlar için de önemli olan hava koşulları, tabiat merkezli çobanlık ve çiftçilik gibi mesleklerde olduğu gibi balıkçılıkta da temel meslekî bilgiler arasında üst sıralarda yer almıştır. Balıkların yumurtlamalarından, yavru balıkların büyümelerine ve avlaklarda avlanabilir hale ulaşmalarına kadar hemen tüm süreçlerde takvim bilgisiyle birlikte işleyen bir diğer unsur da geleneksek meteoroloji bilgisi olmuştur.

Geleneksel ekolojik bilgi birikimi içerisinde yer alan meteoroloji bilgisi, av sezonunda palamut veya hamsinin ne derece av vereceğinin tahmininde ve özellikle avcılık süreçlerinde oldukça dikkatle kullanılmaktadır.

> Denizi bir tencere çorba olarak düşünün. Bu tenceredeki çorba karıştırmazsanız suyu ayrı tanesi ayrı olarak dibine çöker. Bunu bir kepçe ile karıştırırsanız yenecek kıvama gelir. Deniz de aynı böyledir. Denizin bozduğu (biz deniz arttı deriz) zamanlar dibi karışınca balıkların yiyecek olduğu yemler açığa çıkar. O zamanda hareket halindeki balıkların ağa vurması daha kolay olur. (KK-59)
>
> *
>
> Havayı bilmek için eskiler aya bakarlardı. Güneşine batışına bakarlardı. Güneş kızarık batarsa ertesi gün havanın iyi olacağına, bulanık batarsa havanın kötü olacağına karar verirlerdi. Kaçık Rüzgârı dediğimiz rüzgâr esmeden önce Karaburun üzerinde pamuk gibi bir bulut peyda olurdu. O bulut dağılmaya başlayınca hava esmeye başlar Kaçık Rüzgârı oluşurdu. Balığın yumurtlayacağı zaman poyraz esmediyse o yıl balığın çok olacağını düşünürüz. (KK-35; KK-34)

Dünyanın en riskli mesleklerinden biri olmaya devam eden balıkçılığı, Karadeniz gibi sabitkadem olmayan bir denizde yapan balıkçıların risk algısı oldukça yüksektir. Nitekim geçmişte yaşanan pek çok trajik olay ve bu olayların sonuçları hatıralarda yaşatılmakta, meslekî anlatılar arasında üst sıralarda bulunmaktadır. Havanın hallerinin takip ve tahlili bugün geçmişe nispetle daha pratik biçimlerde gerçekleştiriliyor olsa da, balıkçılar geleneksel meteoroloji bilgilerinden bugün de yararlanmaktadırlar. Radyodan, televizyondan veya internetten rüzgâr, sıcaklık ve dalga boyu gibi detaylara inen bilgilere ulaşsalar da gözleri fırtınaların ortaya çıktığı burunlarda veya ufuklardadır. Modern bilginin geleneksel bilgi karşısında hâlâ tam anlamıyla güvenilir olmadığının bir ifadesidir bu davranış. Tabiat canlıdır; zira onun sahibi olan yaratıcının takdirindedir her şey.

> Kimse bilemez Allahın yapacaklarını. Hava esmeyecek der meteoroloji; ama bir kaçık rüzgârı çıkıverir bakarsın. Bir minicik bulut dağın tepesinde, kabarır, birikir; yarım saat içinde dikilir tepene, vurur kırar. Sonra da hiçbir şey olmamış gibi çekilir gider. Allah'ın işidir kim bilecek. (KK-138)

Balıkçılar, hava tahminlerinin henüz ilmî yöntemlerle gerçekleştirilmediği dönemlerde hava durumunu, yörede bu konuda tutarlı tahminlerde bulunan tecrübeli balıkçıların yorumlarına veya onlardan edindikleri geleneksel bilgilerle yorumlamışlardır. Bu yorumları yaparken de çoğu zaman yukarıda belirtilen takvim algısı paralelinde tasavvurlar geliştirmişlerdir. Araştırma sahasında tutarlı hava tahminleri ile adeta bir meslek kahramanı vasfına erişmiş kimi balıkçılarla ilgili anlatılardan bazıları şu şekildedir:

> (Sürmene-Balıklı'da) Rahmetli babam Araklı Burnu'na güneş batarken baktığında yarın havanın nasıl olacağını yüzde yüz bilirdi. Eski zamanlarda hava durumundan anlamak çok önemliydi. Zamanın birinde kaptan gemisiyle fırtınalı bir havaya yakalanır. Kendilerini bir koya zor atarlar. Sandalı suyu atarak köye giderler. Hem eksik sularını tamamlamak hem de kumanya tedarik etmek için. Köyün kahvesinde çay içerken köyün çobanı yanlarına yaklaşır. Burada niye oturduklarını sorar fırtına var ondan sebep oturuyoruz cevabını alır. Hava kaldı bütün gemiler gidiyor dedi. Kaptan yüksek bir tepeye bir gemicisini göndererek çobanın haklı olduğunu görür. Çobana gemisinde çalışması için iş teklif eder. Çoban hiç bir şeye karışmayacak sadece o günkü havanın nasıl olacağını söyleyecek. Çoban kabul ederek kaptan ile beraber sefere gider. İkinci günde çok büyük bir fırtınaya yakalanırlar. Kaptan çobana çıkışır seni bu gibi havaları haber vermek için işe aldım. Ama görüyorum ki beni aldattın sen havadan anlamıyorsun. Çobanın verdiği cevap ben

köyümdeki havadan anlarım. Burada da o kadar kalsam buranın da havasından anlarım. Kaptan çobanı en yakın limanda dışarı atar. Eski reislerin havanın durumunu anlamaları için bazı kerterizleri vardır.Bunları bazıları yakın çevresine paylaşır bazıları da sır vermez. Sırlarıyla beraber toprağa girer. (KK-59)

*

(Bulancak-Yalıköy'de) Rahmetli dedem Şükrü Yirmibeş, Ayvasıl'ın çok eski balıkçılarındandı. O pencereye gelir bakardı. "Oğlum bugün denize gitme, fırtına çıkabilir." derdi. Gerçekten de deniz biraz sonra birbirine girerdi. Şimdi nerde öyle fırtınalar. Havalar değişti; eskiden dalga gelir vururdu, korkardık çocukken. (KK-89)

*

(Of'ta) Bir keresinde arkadaşlarla birlikte balığa çıkacağız. Hava da oldukça güzel. Bizim buranın namlı çaparicilerinden Dursun Dayı (Karakaş) bizim hazırlandığımızı görmüş; yanımıza geldi. "Uşaklar dikkat edun hava kaçık yapacak." dedi. Ben Dursun Dayı'nın bu konudaki namını bildiğimden denize gitmekten vazgeçtim. Arkadaşlar bana biraz bozuk çaldılar ve gittiler denize. Gerçekten de akşama doğru müthiş bir fırtına koptu denizde. Bizimkiler bin bir uğraşla güç bela attılar kendilerini kıyıya. (KK-67)

*

(Akçaabat-Akçakale'de) Hamza Sağır ve Temel Akgün hava tahminleri ile ünlü isimlerdir. Kendileri de balıkçı oldukları için havanın durumunu çok iyi gözlemleyen ve yorumlayan bu isimlerden olur almadan çoğu zaman denize çıkmazlarmış. (KK-50)

*

(Araklı'da) Merhum Yakup Reis (Eğrioğlu) havayı çok iyi tahmin ederdi, onun iyi bir reis olmasında bu özelliği de etkiliydi. (KK-139)

*

(Trabzon-Faroz'da) Eski balıkçılarından merhum Hısım Ağa Temel Reis, tam bir reisti. Elini kaldırıp da Yoroz'a bir baktı mı hemen anlardı havanın ne olacağını. Kıble estiğinde bize derdi ki "Karayel geliyor dikkat edin." Pek çok balıkçı onun hava yorumlarına çok itibar ederdi. (KK-7)

*

(Sürmene-Merkez'de) Rahmetlik Dursun Ali Kalayoğlu nasıl ederdi bilmezdik ama havayı bilirdi. Balığa gidecekler ondan haber almadan çıkmazlar idi. (KK-55)

*

(Çarşıbaşı-Fenerköy'de) Buraların namlı reislerindendi Kör Ahmet Reis (Yılmaz). Lağoğullarının yanında uzun yıllar çalışmıştı. Tek gözünün kör olmasına rağmen değme reislere taş çıkartırdı. Buraların en iyi hava tahminlerini o yapardı. (KK-140)

*

(Bulancak-Küçüklü'de) Aga Dayı vardı. Bakardı, bakardı. "Arkadaşlar kayığınızı yukarıya çekin de yüzmesi kolay olsun, gitmeyin denize." Derdi. Hesabı isabetli olurdu. Dedikleri doğru çıkardı. (KK-127)

İsimleri bugün de yaşatılan bu ünlü hava tahmincileri, tahmin yürütmek konusunda bir kısmı anlatılarda geçen bir kısmı ise ileride belirtilecek olan muayyen emare ve yöntemlerin yanında oldukça dikkat çekici yöntemlere de başvurmuşlardır:

(Akçaabat-Mersin'de) Önceleri öyle adamlar vardı ki adam suya bakardı anlardı. Sen keşfedemezdin onu. Onu ayar etmiş. Günün doğuşuna bakardı, batışına bakardı. Rengine, ondan not tutardı. Bizim rahmetli amcam vardı. Babamın amcası. Yağmurun ne zaman yağacak olduğunu derdi sana. Karıncanın folundan, çıkarırdı toprağı da yığardı yığardı da ordan altına inerdi girerdi o mağaraya. O mağaradan inince o ha böyle bakardı bakardı; "Bu sene falan ayın falan günün de yağmur yağacak." derdi. O gün geldi mi yağardı. Deli Reşit derdiler ona. (KK-69)

*

(Bulancak-Ayvasıl'da) Eskilerimiz su dolu kavanoza kurbağa kor, kavanozu kayığın baş altına yerleştirirdi. Kurbağa devamlı suyun yüzünde kalırsa, hava açacak anlamına gelirdi. Ama kurbağa dibe çökünce havanın bozacağına inanırlardı. (KK-2)

Anlatıya konu olan Deli Reşat'ın havayı tahmin etmek konusunda dikkat ettiği genel emarelerin dışında kadim Türk kültüründe, Şamanların havanın tahmini konusunda tatbik ettikleri bazı yöntemleri kullanmış olması dikkati şayandır. Avcı ve tarımcı topluluklar için oldukça önemli olan bu bilginin ortaya konulması şamanların görevleri arasında yer almıştır. Bu münasebetle Şamanların ihtiyaç duyulan kehanetleri arasında yıl içerisinde havanın nasıl olacağına dair yorumlar üst sıralarda olmuştur.

Anadolu'da kuşların hareketlerinin (uçuş biçimlerinin, vd.) hava tahminlerinde önemli bir yere sahip olduğuna inanılmaktadır. Bu bağlamda Güney Sibirya şaman kıyafet ve şapkasının kuşa benzer biçimde olduğu hususu dikkat çekicidir. Hakas şaman kıyafetinin vazgeçilmez unsurları, kartal veya guguk kuşu telek ve başlarıdır. Hakas inançlarına göre, kuzgun ve puhu kuşu (seda/eko gibi), ne yeryüzüne, ne de "başka dünyalar"a kabul edilmeyen başıboş şaman ruhlarıdır. "Başka dünyalar"a kabul edilmeyen başıboş şaman ruhları olduğuna inanılan bu kuşların Şamanın hava tahimini yeteneğinin oluşumu ve sürekliliğinde önemli bir yere sahip olduğunu düşünmek mümkündür (Lvova ve diğerleri, 2013b: 170-171).

Atalar dünyasıyla ilişkili şaman, hâkim ve "ihtiyar" gibi doğal olaylara müdahale etme gücüne sahiptir. Bilindiği gibi bu meslek, Türk dünyasında çok yaygındır. *Yada* (*cada*) taşıyla yağmur yağdıran veya kuraklık çıkaran uzmanlar olduğu bilinmektedir. Ancak şaman, bu hususta da herkesten öndedir. Onun doğa dünyasına müdahalesi, büyük olaylara yol açar. Hakas inançlarına göre şaman, tokmağıyla üç kez tefe vurduğunda, "gök ile yer birleşir ve korkunç bir fırtına çıkar, şimşek çakar, yıldırım düşer ve dolu yağar". Hâlâ bazı kişilerin havaya etki edebilme yetisine sahip olduklarına inanılır. Fakat bu yetiye günümüzde şamanların olmaması nedeniyle anlatıcıların (Altay'da) sahip olduklarına inanılır (Lvova ve diğerleri, 2013b: 106). Mitolojik bilinç, insana doğal olayları etkileyebilme, havayı yönlendirme ve hatta değiştirebilme gücünü yüklemektedir. Möngün-Tayga ve Kara-Hol Tuvalarına göre yazın tesadüfen *toşkuy kunaji* bitkisi veya kurt otu (*pürü ot*) koparıldığında yağmur ve soğuk başlayabilirdi. *Yadaçi*ler, yani *yada*-taşına sahip olanlar, bilinçli olarak havayı değiştirme yeteneğine sahip kişilerdir. Altay geleneklerine göre iklimsel değişiklikleri meydana getirme teknolojisi şöyledir: "Rüzgâr çıkarmak için taş, kuru ve sıcak yerde veya omuz kası altında tutulur; sıcak havada at terlemesin diye soğuk kuzey rüzgârını çıkarmak için taş atın yelesine bağlanırdı; kötü hava çıkarmak için taşı bir gün suda tutmak gerekirdi". Ancak bu taşı alabilmek için *yadaçi* taşa "kendi adı ile yemin eder ve kendi karnını verir. Bu nedenle o, fakir, çocuğu olmayan ve kısa sürede dul kalan bir insan olur". Taşa sahip oluş, onu özel bir konuma getirir. Havayı yönlendirme hakkı olan *yadaçi,* fakirlik ve sıkıntı içerisinde yaşamaya mahkûm olmaktadır. Bu insan, tıpkı Şaman gibi kültür alanından çıkar ve farklı varlıklar topluluğuna girer. O, doğaya hükmetmekten çok onun içinde kaybolarak içeriden etkilemeye çalışır (Lvova ve diğerleri, 2013a: 17).

Balıkçılar arasında çalışma alanının iklim özelliklerine dönük çoğu zaman gözlemden tecrübeye dönüştürülen zengin bir ekoloji bilgisi ile karşılaşılmaktadır. Balıkçılar göre havanın değişeceğinin habercisi konumunda olan pek çok emare vardır. Giresun havalisi balıkçıları arasından tespit edilen ve bu türden emarelerden bahseden çok sayıda bilgiden sadece biri şu şekildedir:

> (Giresun'da) Bizim için sahilde olan fırtınanın en birincisi bu kıble, lodos fırtınasıdır. Güneyden, güneybatıdan ve güneydoğudan vurur

bu fırtına. Ta Vona başından deniz çiçek atmaya başlar, yani köpüklü küçük dalga yapar. Vona Burnu'ndan uzaktan masa büyüklüğünde görülen küçük bulutlar belirir. Rüzgâr onu üfleye üfleye dağıtır. Bu duman parçası on beş yirmi dakika sonra senin yanındadır. Ayrıca fırtına gelmeden hemen önce deniz acayip limanlık olur. Bir de bakarsın yirmi dakika sonra deniz karışır. Evvelden elli altmış kulaçlık açıklarda mezgit avlarken oraya bir gazel düşerdi. Şimdi bu gazel yaprağı ta Çaldağ'ın tepesindeki veya daha aşağısındaki ağaçlatan kopar gelirdi. Bu bize işaret olurdu denizde gazeli gördük mü, "Kıble geliyor, kaçın!" derdik birbirimize. Eski kıble fırtınaları yok artık. Eski havalar olsa ha bu balıkçıyım diyenlerin alayı kalır denizde. Karayelden gelen fırtına da önemlidir ama kıble kadar değildir. Karayel havası batıdan ve kuzeybatıdan gelir. Karayel eseceğinde denizin rengi bile değişir. Masmavi deniz yemyeşil olur. Yıldız karayeli dışarı döven denizi yapar. Deniz yalıyı çok fena döver. Özellikle bu yol olmadan önce kayıkları milletin yukarıya kadar çıkardığı olurdu. (KK-104; KK-12)

Yukarıdaki anlatımda yer verilen hususlar arasında da olduğu gibi yöre balıkçılarının havanın durumunu gözlemlemek ve tahmin etme konusunda en çok itibar ettikleri tayin noktaları Vona (Yason) Burnu, Karaburun, Uluburun ve Yoroz Burnu'dur. Trabzon'un batı hattında avlanan balıkçılar Yoroz Burnu[269] ve civarındaki havanın berrak olması halinde gönül rahatlığıyla denize açılırlarken, Giresun'un batı hattında avlanan balıkçılar Yason burnunu, doğu hattında avlananlar ise Karaburun ve Uluburun'daki hava olaylarını dikkatle takip ederler. Bu alanlardaki en küçük hava değişimi karşısında hızlı bir biçimde tedbir alma ihtiyacı duyan balıkçılar, donamlarını ve ağlarını denizden toplayarak kıyıya yönelirler. Bu tercihte hiç şüphe yok ki tecrübeler ve geleneksel biçimde öğrenilen bilgiler etkili olmaktadır. Zira denize çıkmadan havanın nasıl olacağını tahmin eden ve pek çoğu artık hayatta olmayan tecrübeli balıkçıların hatıraları bu özellikleri ile meslekî anlatılarla yaşatılmaktadır.

(Giresun-Gemilerçekeği'nde) Sabahtan liman gelince limanın başına bakarız. Ayvasıl tarafına, batıya bakarız. Bize hava batıdan gelir. Batı nedir? Karayeldir. Yıldız ve karayelden gelir. Bakarız; orda duman, bulut gördüğümüz zaman anlarız ki hava yarım saate kalmaz gelir. Zaten gerçek balıkçı hangi bulutlar rüzgâr getirir, yağmur getirir bilir. (KK-83).

*

(Trabzon'da) Bu Yoroz dediğimiz yerde bulutlar atmaya başladı mı kabarmaya başladı mı anla ki karayel gelecek yani hava esecek. Dumandan (buluttan) anlaşılır. Havanın esip esmeyeceğini böyle anlarız biz internetten falan bakmayız balıkçı havaya bakıp dumanların atmasından anlar. Bulutlar kabardı mı şişti mi havanın eseceği anlamına gelir. Denizde bazı zaman Samsun tarafına bazı zaman Rize tarafına akıntı olur, sular çekilir, şişer bundan havanın esip esmeyeceğini balıkçılar anlar. (KK-68)

*

(Akçaabat'ta) Şimdi ben hava durumunu bakarım, ha orda burun vardır Yoroz Burnu. O Yoroz Burnu'nun üstünde bulutlar olduğu zaman anlarız ki karayel esecek. Üsten aşağıya karayel esecek. Bakarız oradaki durumlara zaten orda bulut oldu mu bakarsın denizin başına ki dalgalar beyaz beyaz yarıyor. Başlar aşağılarda kayık sallanmaya. (KK-82)

*

(Trabzon-Faroz'da) Eski balıkçılar Yoroz Burnu'ndan duman kalktığı zaman, oradan ne esecek gözleriyle baktığı zaman, aynen çıkardı. Hangi rüzgârın eseceğini gözüyle beraber keşfeder bakar denize Yoroz Burnu'ndan ve aynen çıkardı. Meteorolojinin tutturamadığını onlar tuttururdu. Bugün de meteorolojiye pek itibar etmez bizim balıkçılarımız. Bugün meteoroloji Trabzon yağmurlu dese de balıkçılar "Bugün hava yağmaz." Derse yağmaz. (KK-5)

Hava durumunun tahmini konusunda yukarıdaki anlatımlarda da örneklerine rastlanacak şekilde, geceleyin ayın etrafında oluşan halenin genişliği veya darlığı, rüzgârın yönü, karadan veya denizden esmesi, şimşeklerin (*çakıntı*) ufukta denize yakın şekilde çakması, yine ufukta bulut (*duman*) parçalarının görülmesi, deniz kuşlarının davranışları, dalgaların şekli gibi emareler dikkate alınmaya devam etmektedir.

(Tirebolu'da) Güneş batarken denize yaklaştığında ufukta kırmızı renk oluşunca yağmur yağmaya delalettir. Aynı bölge, gri renkli, sert bir görünüm arz ederse kuvvetli rüzgâr çıkacağının işareti. Martılar yukarıda dönmeye başlayınca rüzgârın işaretidir. Bağırırlarsa yağmura işarettir. Bir de denizin kıyısına sığ bir yere bir çubuk dikilir; deniz suyunun çubuğun etrafındaki hareketleri izlenerek "göller oynuyor" hava bozacak denirdi. En geç 24 saat sonra hava bozardı. (KK-99)

*

(Bulancak-Küçüklü'de) Ayın etrafında sarımtrak bir kuşak yaparsa, bil ki hava geliyor. Daha geniş bir kuşak varsa daha geç geleceğine delalettir. Bir nevi zamanda da belirleyicidir. Bir de şimşek çakması belirleyici olur. Ha bir de yunus balıkları hava yeni yeni ayaz yapmaya başladığında denizde çok sıçrarsa kış sert geçer derler. Bazı zamanlar da balık suyun üstünde atlarsa yağmur yağar. (KK-4)

*

Bizim Of'un fırtınası karayelden gelir. Havanın durumunu tahmin etmek için babalarımızdan öğrendiğimiz gibi ufka bakarız. Ufuktaki bulutların hareketleri önemlidir. Dikkat ettiğimiz bir başka şey de 'ay'dır. Ay net olduğunda ay batımı ve ay çıkımı zamanlarına dikkat etmek lazımdır[270]. Bu zamanlarda hava çoğunlukla eser. Yine bir başka şey de balığın hareketidir. Balık bolca avlanılabiliyorken birden kesilirse, bunu denizde havanın bozacağına yorarız. (KK-67)

*

(Trabzon-Faroz'da) Yoroz başına bakardık hava geliyor mu diye. Şimşekler suyla bir çakmaya başladı mı ama suyla bir, suyun hizasında çakıyorsa hava sert geliyor demektir. Bu yörenin havasını biz çok iyi biliriz yani 5-6 saat. Biz bununla denize giderdik babası derdi ki "Oğlum yatmayın; bak hava gelebilir, eğer çakmaya başlarsa kaçın." Ağlar var denizde, kaçmaktan daha önemli. Ağları toplayacaksın ağları toplamak en az bir buçuk saat. Toplayacaksın ve en yakın limana gideceksin. Bir de aya bakarlarmış mesela, tabi ayın hali genelde ay batımı ya da ay doğumu. Burada biz gece havayı çok iyi biliriz. Gece otururken yüzüne böyle bir serin bir rüzgâr vurur denizden. Çok serin bir rüzgâr, onu hissettiğin zaman kaç. (KK-5)

*

(Araklı'da) Havanın tahmininde batıdan kalkan bulutlara dikkat edilirdi. Bizim buraların sert havaları genelde batıdan eser. Ayrıca gün doğumu, gün batımı, ay doğumu, ay batımı gibi zamanlara balıkçılar dikkat ederlerdi. Bu zamanlarda hava genelde eserdi. Bizim buraların kaçık rüzgârı kuzeyden ve kuzeybatıdan eser. Öyle aniden çıkıverir önceden tahmin edilmesi çoğu zaman zordur. (KK-139)

*

(Eynesil'de) Biz havayı dumanlardan anlardık. Rüzgâr daha esmeden duman seni takip ederdi. Nereye gitsen bulut dumanı gelirdi. Sonra da rüzgâr gelirdi. Bir de dalga ses çıkarırdı dışarı vurduğunda. Kumlar, çakıllar dalgayla beraber ses çıkarırdı, geri çekilirdi. Anlardık ki hava bozacak. Ayın etrafındaki dumana bakılırdı. Ayın çevresi dar oldu mu hava bozuk olurdu. Ayın çevresi genişse işimize devam ederdik. Şimşekler denizin dibinden çakarsa veya denize değer şekilde çakacak olursa orada rüzgâr vardır ve mutlak gelir. (KK-6)

*

(Araklı'da) Büyüklerimizi derdi ki "Deniz kenarında deniz çakılları sahile yığarsa hava esecek sakınun. Yok çakıl değil de kum yığarsa çıkın denize." (KK-54)

Hava durumunun tahmininde önemli tayin edicilerden biri olan rüzgârlar hakkında balıkçıların oldukça geniş bir bilgi dağarcığı vardır. Örneğin yazın esen rüzgâr tehlike arz etmezken kışın esen rüzgârlar kısa süre içinde dalgaları kabarttığından küçük kayıkların bir an önce kıyıya gitmesi gerekmektedir. Bu genel kabulün dışında yörenin ortak kültürünün meteoroloji bilgisi içinde de oldukça önemsenen rüzgârlardan "Sarıyel", doğudan batıya doğru esen ve aşırı derecede ayaz yapan bir rüzgârdır. "Karayel", kuzeyden güneye doğru eser ve kasım ayı sonlarında başlar. Ancak bazı yıllarda aralık ayında başladığı da görülmektedir. Kuru soğuk yapan bu rüzgâr, karın yağacağını haber vermektedir. "Ağyel", mart ayında başlayıp ekim ayına kadar devam eden ve batıdan doğuya esen bir rüzgârdır. Ferahlık veren bu rüzgâr, meyvelerin oluşmasına ve yüksek kesimlerdeki ekinlerin başak tutmasına yardımcı olur. "Kabayel", genelde kuzeydoğudan esen ancak zaman zaman yön değiştirebilen, karın erimesinde ve baharın emarelerinin ortaya çıkmasında etkili olan rüzgârdır. Öte yandan "Poyraz", balıkçıların en çok çekindikleri rüzgârdır. Poyrazın ortaya çıkışı ve yıkıcı etkisi hem Giresunlu hem de Trabzonlu balıkçılar arasında, poyraza atfedilen şu sözlerle anlatılmaktadır:

> Yoroz'da biterim
> Yason'da tüterim
> İnce'de kaptan seçerim
> Kerempe'de anacuk sikerim
>
> Ha burada ne demek istiyor? "Yoroz'da başlarım." demek istiyor. Yason var Perşembe'den aşağı; "Orda denizlerim." diyor. İnce Başı var Sinop'tan aşağı, "Orda kaptan seçerim yani her adam gidemez orda." diyor. Kerempe başı Zoguldak'tan aşağıdır. Orda da "Felaket yapar, anacıkları ağlatırım." diyor. (KK-78)

Poyraz örneğinde görülen bu kabulün benzerleriyle, isimleri belirtilen diğer rüzgârlarla da karşılaşılabilmektedir:

> (Giresun'da) Poyraz, karayel, yıldız gibi isimleri vardır rüzgârların. Dışarıdan kıble gelir. Lodos gelir mesela. Ama tabiriyle kıble esiyor deriz. Aslında tehlikeli rüzgârlar yöre yöre değişir. Şimdi en tehlikeli deniz, karayel yıldız denizidir. Ayrıca yıldız poyraz denizi de çok tehlikelidir. Bizim buranın ve Karaburun taraflarının en tehlikeli denizini yıldız poyraz yapar. (KK-96)
>
> *
>
> (Giresun'da) Rüzgâr batıdan eserse tehlikeli olduğunu gösterir ama doğudan esen rüzgârdan yani dışarı rüzgârı, karada olan rüzgârdan korkmayız. Doğudan esen ya kıble olur ya da dışarı rüzgârı, batıdan esen ya yıldız olur ya karayel o da tehlikeli olur, tedbirimizi almaya bakarız, denizdeysek kıyıya geliriz. Bulutları da takip ederiz.

Karayelden hemen kaçmalıyız, karayel kuvvetli olduğunda bulutlar simsiyah kabarır, ortalık karanlıklaşır. Kuvvetli bir havanın geldiğini hisseder, en yakın liman neresiyse oraya kaçarız. (KK-91)

*

(Giresun'da) Batıdan gelen hava mutlaka fırtına habercisidir. Genellikle karayel gelir. Yıldız karayelle yıldız poyraz burada afet yaratır. Yıldızla takviyeli karayel gelirse, yıldızla takviyeli poyraz gelirse bilhassa yıldızla takviyeli poyraz burayı darmadağın eder. Çünkü karşıdan kaşıya geliyor. (KK-83)

*

(Sürmene-Yeniay'da) Eskiden beri havayı tahmin etmek için batıya dikkat ederiz biz. Dedelerimiz tembihlerlerdi batıdan gelen havaya karşı bizi. (KK-56)

Tabiat takviminin değişimi süreçlerinde gözlemlenen meteorolojik olaylar, ortak kültürün geleneksel nitelikli meteoroloji bilgisi içinde standart bir forma ulaşmıştır. Ortak kültüre ait pek çok unsuru, çalışma ortamı ve işleyişi itibariyle detaylandıran mesleklerden biri olan balıkçılıkta da muayyen dönemlerde gerçekleşen fırtınalarla ilgili bir takvim algısı ortaya çıkmıştır[271]. Ortak kültür içindeki tabiat merkezli her bir çalışma kolunun geleneksel bilgi birikiminde önemli bir yeri olan bu fırtınaların adlandırılması yolunda çeşitli tercihler ortaya konulmuştur[272]. Bu tercihlerden bazıları şu şekilde ifade edilebilir:

a) Halk takvimindeki belirli günlerle ilişkilendirilen fırtınalar: Halk takviminde gün dönümü şeklinde adlandırılan ve yazdan sonbahara veya kıştan bahara geçiş dönemleriyle ilişkilendirilip araştırma sahasında Mart 9'u, Aprul 5'i, Zemheri, Kalandar, Sarı Buz, Kestane Karası gibi adlarla anılan fırtınalar bu kapsama dâhil edilebilir.

(Giresun'da) Kestane Karası, Eylül'ün 25'i ile 30'u arasında olan bir fırtınadır. Yani sonbahardan kışa geçmenin göstergesidir. Eskisi gibi denizin suyu çok soğuk olmuyor. Yani balık uyuşmuyor. Bizim yöremize gelen balıklar deniz soğuk olursa daha iyi oluyordu. Mesela hamsiler, palamutlar toplanıyordu. Kestane Karası'ndan sonra balıklar daha toplu oluyordu. Çünkü deniz suyu soğuyordu. Hayvan üşüdüğü zaman hareketsiz oluyor, avlanması da ona için kolay oluyordu. Şimdi deniz sıcak olduğu için hayvanların geçiş süresi kısaldı. Hava sıcak olduğu için hayvan uyuşmuyor, enerjisini koruyor varıp gidiyor yoluna. (KK-119)

*

(Giresun'da) Kestane Karası 23 Eylül'de olur; yani 23-24 Eylül, gündüzlerin kısalıp gecelerin uzaması dönemlerinde. En azılı fırtına budur. Sayılı fırtına bir de Avrul 5'i vardır. Nisan ayının 18'ine filan rastlar. Avrul 5'inden önce Mart 9'u vardır. Martın dokuzundan bir dokuz daha sayarsın iki dokuz bir dokuz daha sayarsın üç dokuz olur. O üç dokuzu atlattıktan sonra Avrul 5'i gelir. Bu da sayılı fırtınadır ve iki gün önce veya sonra mutlaka yapar. (KK-83)

*

Bu sayılı fırtınalarda Mart 9'u da önemlidir. Mart 9'unda hava dönerken olur bu fırtına. Hem karada hem de denizde epey bir etkili olur. Bu zamanlarda büyük balıkçılık zaten büyük oranda tamamlandığı için küçük balıkçılar dikkat ederler bu fırtınaya. (KK-44)

*

(Trabzon'da) Şimdi Mart 9'u fırtınasından sonra bir de April 5'i fırtınası vardır. Eskiler şöyle derdi:
Korkma Mart 9'undan
Kork Aprilin 5'inden
Yolcuyu yoldan eder
Öküzü ayırır eşinden.

Şimdi bu laf boşuna edilmiş değildi. April 5'inde karayel eser büyük fırtına olur. Balıkçılar bunu bildiğinden bu zamanlarda temkinli olur hep. (KK-5)

*

(Sürmene-Çamburnu'nda) Husum fırtınası[273] dediğimiz bir fırtına var bizim. Şubat ve mart ayları arasında olan çok şiddetli bir fırtınadır. Bizim buradan trolculuk yapan Emenatlerin 28 metrelik sac teknesi husum fırtınasında Ukrayna'da batmıştı. 7 tayfadan 2'sinin cesedi ta Sinop'ta çıktı kıyıya. Diğerlerini deniz vermedi. (KK-98)

*

(Bulancak-Küçüklü'de) Ocak ayı ile şubat ayı arasında zemherinin ortalarında ile buzlar saçaklardan sarkmaya başladığı zaman olan fırtınaya Sarı Buz[274] fırtınası deriz biz. (KK-4)

b) Tabiattaki değişimleri temsil ettiği düşünülen kimi tabiat unsurlarının (kuş vb.) adlarıyla ilişkilendirilen fırtınalar: Bir önceki tasarrufa benzer biçimde, mevsim değişimleri paralelinde tabiattaki kimi canlıların davranışlarında görülen değişiklikler veya kuşların göç zamanları örneğinde olduğu gibi rutin davranışlarla ilişkilendirilip araştırma sahasında Bıldırcın Fırtınası, Çaylak Fırtınası, Kuğu Fırtınası, Kırlangıç Fırtınası, Turna Fırtınası gibi adlarla anılan fırtınalar bu kapsamda değerlendirilebilir.

(Giresun'da) Kestane Karası'ndan önce Bıldırcın Fırtınası olur. Bıldırcınların buralardan gitmeye başladığı zamanlardır, havalar soğuyor ya. İkisi birleşecek olursa çok kötü afet yapar. Her sene Eylül ayının 26'sı gibi başlar üç gün boyunca devam eder. (KK-106)

*

(Çarşıbaşı'nda) Eskiden "Balık Fırtınası" derlerdi Ekim'in ilk haftasındaki fırtınaya. Neden böyle denildiğini pek bilmiyorum ama herhalde palamut balıkları bu fırtınadan sonra bolca avlandığı için olabilir. (KK-42)

c) Yaşanan veya yaşandığına inanılan olaylardan hareketle verilen adlandırmalar: Fırtınalar kimi zaman ortak kültürde bilinen adlarının veya yörenin halk takvimindeki mevcut adlarının dışında başka adlarla da anılabilmektedir. Bu tasarrufta kimi zaman da söz konusu fırtına esnasında yaşanan bir olay, örneğin ünlü bir reisin teknesinin alabora olması sonucunda tayfalarından bazıları ile birlikte hayatını yitirmesi, bölgede veya bölge dışında gerçekleşen sert bir fırtınada bazı canlı varlıkların telef olması alternatif adlandırmanın sebepleri olarak kabul edilebilmektedir. Araştırma sahasında, Rahmi Kaptan, Samsun, Ayandon, Kocakarı[275], Camış Kıran, Karakoncolos gibi adlarla anılan bazı fırtınaları bu başlık altında değerlendirmek mümkündür. Bu fırtınalar genellikle bir olayla ilişkilendirilerek adlandırıldığı için haklarındaki bilgilere çoğu zaman meslekî anlatılardan ulaşılabilmektedir:

Tirebolu havalisi balıkçıları arasında Kasım ayının sonunda gerçekleşen şiddetli fırtına için "Rahmi Kaptan Fırtınası"[276] adı verilmiştir. Bu isimlendirmede 1933 yılı Kasım'ının son gününde yörenin ünlü sermaye motorcularından Hocaoğlu Rahmi Kaptan'ın Samsun'da fırtınaya tutulan motorda tayfaları ile birlikte boğulması etkili olmuştur. Bugün yöre insanının takvim algısına yerleşen bu tarih, "Rahmi Kaptan Fırtınasından önce" veya "Rahmi Kaptan Fırtınası'ndan sonra" biçimlerinde olduğu gibi bir olayın zamanının ifade etmek için de kullanılır olmuştur.[277] (KK-104)

*

İsimlendirdiğimiz fırtınalar var. Kestane karası, kırlangıç fırtınası, abrül beşi, mart dokuzu, üç dokuz gibi fırtınalar var. Bunlar her sene olur. Cemrenin toprağa düştüğü zamanda fırtınalar olur. Bir fırtına oldu o zamanda çok fazla kırlangıç öldü bundan dolayı o fırtınaya kırlangıç fırtınası deriz. Çamış Kıran Fırtınası var Van'da. Çok büyük bir fırtına oldu bu çamışlar hep öldü soğuktan ondan bu fırtınaya Çamış Kıran diyoruz; bu fırtınaya burada Abrül Beşi diyoruz. (KK-77)

*

Şimdi bu Ayandon Fırtınası vardır. Ocak ayının sonlarında vurur bu. Fırtınalar içinde en tehlikelisi budur dersek yanlış olmaz. Geçmiş zamanda ocak ayının sonlarında İnce Burnu taraflarında çok büyük bir fırtına olmuş. Bu fırtınada buraların ünlü Rum reislerinden Ayandon isimli bir reisin kayığı batmış ve adam ölmüş orda. Adı da buradan kalmış derler.[278] (KK-138)

Fırtınaların balıkçılar arasında bilinen adlarının sebebine dönük anlatıların dışında bu fırtınalarda yaşanan olayları, maceraları konu alan anlatılar da özellikle kıdemli balıkçılar arasında oldukça popülerdir. Tespit edilen oldukça fazla sayıdaki bu türden anlatıdan sadece bazıları şu şekildedir:

(Giresun-Gemilerçekeği'nde) Sene 81. Biz buradan Keşap üstüne mezgite saçmaya gittik. O kadar da güzel balık geliyor ki saçmaya. Keşap üstündeki avlakta iki saçma attım. Baktım Ayvasıl başından karayelden hava geliyor. Simsiyah bir Arap... Dedim arkadaşa "Hava geliyor, yarım saate kalmaz." Kalmadı da zaten. Saçmayı çektim kayığıma, hava bindirdi. Nasıl bir tipi, kar, boran. Baş altını açıp da yağmurluğumu giyene kadar çırçıbıcık oldum. Fena deniz yedim. Artık birbirimizi daha tanımıyoruz. Birbirimize yardım edecek halimiz yok. 7-8 ufak kayık var; herkes başının çaresine bakacak. Karadan aşağı yukarı 3-4 mil uzaktayız. Ben ümidimi kestim; alargadan deniz yiyorum. Keşap'ın ilerisinde bir kumsal vardı. Bulabilirsem oraya kaçacam ama sis var nasıl bulacaksın. Niyetine girdim; baştan kara edip kumsala bindireyim dedim. Denizi arkaya, kayığı da ağır yola aldım. Yol yapacak hava da yok zaten. Böyle böyle kıyıya yaklaştım. Derken Keşap deresinin ağzına gelmişim. Sisten haberim yok ben liman sandım orayı. Derenin içine hamle yaptığımı görmüş biri. Geri git diye işaret etti. Görünce aklımı toparladım. Limanın ağzını güç bela buldum. Liman ağzında saylık bir yer varmış, oraya kayıkla oturdum. Derken dalga bana bir vurdu viyaladı yalının içerisine bıraktı. Arkadaşlar geldi hemen kayığı yukarıya çektiler. Öylece kurtuldu herkes o felaketten. (KK-83)

*

(Çarşıbaşı-Fenerköy'de) Rahmetli Lağoğun Yaşar'ın amcasının oğlu Kara Ahmet Yason'da denizcileri öldüren bir fırtınayı şöyle anlattıydı: Önümdeki giden tekneler 19 metre, 15 metre, 9 metre tekneler. Fırtına Fatsa tarafından Yason'a yanaştı. Deniz yarıldı. Kayık önümde kayboldu. Biz de gittik; önümde 7 metrelik makinesiz kancabaş tekne var. O da kayığın peşinden kayboldu gitti. Ben gidiyorum öyle ama "Allah!, Allah!" diye bağırıyorum. Bir dalga aldı beni bir tünelin içine sürükledi. Çıktım tünelden tekneden sular boşalıyor. Fenerin orda çevirdik güç bela limana girdik. Lağoğun Yaşar geldi "Sağlam mısınız? Tekneler önemli değil adamlar sağlam mı?" dedi. Tabi benim gözümün önünde oldu her şey, garipler hep öldü denizde. Şu yaşıma geldim böyle afet görmedim. Kurtulmamız tam mucizeydi.

Cenazelerden bulunanlar Çarşıbaşı'na getirilmiş çok ağıtlar feryatlar edilmiş. (KK-1)

*

Vakfıkebir açıklarında bir buçuk saat hava yakaladı bizi. Yoroz limanına ininceye kadar akla karayı seçtik. Ben ümidi kestim daha dışarıya çıkmayacağız diye. Batarsak da denizin dibine çekilmeden, rüzgâr bizi bir yere atar diye üzerimi başımı hep çıkardım, kendimi sağlama aldım; kayığın kapaklarını çaktım. Yoroz'a varınca adeta yeniden doğmuş gibi oldum. (KK-78)

*

(Rize) Pazar üzerine bir ağ çevirmiştik. Sene 1963. O zamanları burada iri istavrit var idi. Ona bir ağ çevirdik ama o zamanlar telsiz melsiz bir şey yok iletişim aracı yok. Fırtına gelmiş Rize'ye biz Kemerbaşı'na Pazar üzerine ağ çevirdik. Tabi o arada bizi rüzgâr vurdu ama kimse kimseyi görmüyor, yani karmakarışık. Öyle bir hava oldu ki kar yağdı yani gece ben heyecandan bayılmışım haberim yok. Şeyde buldum kendimi Hopa hastanesinde. Denizde kaldı iki üç takım. Denizde pervanelerini aldıydılar. Yani denizcilik öyle dışarıdan görüldüğü gibi kolay bir şey değil. Hayatta benim bildiğim kadarıyla bir yer altı madenlerine yani kömür madenlerine çalışan işçiler ikincisi denizciler. Herkes heves ediyor ama hiçbir şey göründüğü gibi değil. (KK-43)

*

(Bulancak-Küçüklü'de) Bir akşam Fatsa'dan geldim. İlla denize gidelim dediler. O ara babam acele etme dedi. Dipten şimşek çaktı, bana söylemediler bilseydim ağ atmazdım denize. Derken Çıplak Kaya'nın üzerine doğru hava bir karardı. Rüzgârın ağzı biraz gevşek geldi bize. "Hamdi [Altunbaş] kalk! Bunlara kayıkta akıl vermeye adam lazım." dedim. Hamdi de "Tamam." dedi; hiç kırmazdı beni. Ben geçtim o geçmedi. Ben yine tek kaldım kayıkta. Girdik kayığa, hamsiyi böldük ortadan ikiye avı 3-4 parçaya böldüm, mantarları da bağladık gönderdik mareşalın peşine. Kar yağışı başladı nasıl ama biliyor musun göz gözü görmüyor. Aykırıydık denize, denize aykırı olmasaydık gidemezdik. Ha bakalım ha bakalım derken bir bölme patladı bizde. Bir tondan fazla hamsi gitti. Gerisini limana soktuk. (KK-4)

*

(Trabzon'da) Denizin ortasında, görünce adamı korkudan bayıltacak ağrı dağı gibi dalgalar vardı. Dalgalar denizi parçalıyor yarıyordu sanki. Dalgalar birkaç kez tekneye aktı; fakat yanlardan boşaldı. Eğer tekneye dolan sular makine bölümüne gitse tekne istop edecek ve ben denizin ortasında fırtınada ölümü bekleyecektim. Allah'a şükür ki dönebildim. Buradaysa herkes öldüm zannedip ağlıyordu. Fırtına o kadar büyüktü ki karada cami minareleri yıkıldı. İnsanlar rüzgârdan dükkân kepenklerini kapatamadılar. (KK-141)

*

(Trabzon'da) Ben babamla, Zade Abi Abdullah ve Atanın Faruk Mehmet abiyle 3 kayığız. Bağladık kayıkları Petrol Ofisi'nin oraya. Sular çok yüksek denizde ondan bağladık. Eskiden oralar hep mısır tarlasıydı şimdi hep bina. Zade Abi babama dedi ki "Kayıkları bindirelim denize batana kadar dışarıya atalım, kayıklar kırılsın canımızı kurtaralım." Deniz o kadar yüksek ki babam da "Boğuluruz, o şamandıraya bağlayalım kayıkları." dedi. Benim hâlâ kulağımda küpedir babamın sözü sizin de aklınızda bulunsun denizde olduğunuzda "Giden kayık batar, duran kayık batmaz." derdi babam. Şamandıraya bağladık biz de kayıkları, durduk ben de 19 yaşında delikanlıyım yatıyorum böyle güvertede. "Batarsak babam boğulacak ben daha gencim yüzer kurtulurum." diyorum kendi kendime ama babam napacak diye düşünüyorum o halde bile. Deniz gitgide daha da yükseliyor, yarılıyor resmen bizim kayığın güvertesi bile suyla kaplı. Neyse o halde sabahladık orada. Gün ışıyınca babam Zade Abiye bağırdı "Zade bak! Bağırıyorlar orada gemi batıyor ışıkları kayboluyor." dedi. Biz geminin batmasını canlı canlı seyrettik. Geminin ışıkları ağır ağır batıyor ama nasıl cırlıyorlar; odun bulan atlıyor denize, geminin kaptanı kaldı orada, onunla birlikte 7-8 kişi boğuldu, suyun üstüne çıktı cesetleri, 3-5 kişiyi de römerker topladı. (KK-113)

Fırtına konulu meslekî anlatılarda balıkçıların fırtına bağlamında geliştirdikleri kabul ve inanışların izleri ile de karşılaşılmaktadır. Çarşıbaşı Kalköylü Bekir Çete (KK-110), geleneksel dünya görüşü bağlamında denizi nasıl algıladığını anlatırken geçmişte fırtınalar karşısında balıkçıların ne kadar çaresiz olduklarını da şu cümlelerle aktarır:

Deniz bazı zaman öyle erkeklik eder ki fırtına olduğu zaman yalvarmağa başlarsın ona. Limanlık olduğu zaman da nefret edersin. Kıymet vermezsin ona. Bir keresinde Yoroz Başı'ndan fırtınaylan beraber giderken öyle korktum ki "Şimdi ben bi köpek olsam da bi saman yığınının içine girip yatsam daha iyi." dediğimi bilirim. Bak şimdi burada dalı yok, budağı yok denizin ortasında soğuk, kar, fırtına. Balıkçılık çilelidir. Daha zordur. Evelden ne balıkçılar böyle fırtınalara yakalandılar. Neler gitti bilir misin? Trabzonda ağlara bulaştılar. Böyle Trabzonda kurtulamadılar. Kayık devrildi. Ağların içerisinde kaldı, öldü gitti adamlar.

Fırtına konulu memorat karakterli kimi anlatılarda Hızır ve İlyas Kültünün[279] izleriyle de karşılaşmak mümkündür. Anlatılarda İlyas Kültüne dönük göndermeler, kimi zaman metafizik varlıklar üzerinden kimi zaman da çeşitli özellikleri ile tebarüz etmiş kişiler üzerinden yapılmaktadır. Aşağıdaki anlatılarda bahsi geçen ve fırtına anında batmakta olan teknenin yelken direğine kuş suretinde konan İlyas, yahut ölümün kaçınılmaz olduğunun düşünüldüğü ümitsiz anlarda balıkçılara atı ile görünüveren Hızır, ilk durumun örneği iken, Görele'nin simge isimlerinden merhum Ali Baba'nın (Deli Ali), İlyas'ın yerini alması ikinci durumu örneklemektedir.

(Çarşıbaşı Kaleköy'de) Uzun yıllar navlunculuk yapan rahmetli dedem Paşaoğlu Mustafa'dan (Keleş) dinlemiştim. 1952 yılında Ayanton fırtınası ırmakbaşında ilk önce kıble olarak başlamış. Şiddetli kıble dedemin nakliye motorunu açığa sürüklemiş. Öyle bir fırtına olmuş ki dışarısı adeta görünmüyormuş. Nerdeyse Rusya karasularına yaklaşmış. Tabi bu arada yirmi beş tonluk motorun yükünün hafiflemesi için pastırma çuvalı, helva tenekeleri, un, zeytinyağı tenekelerini dedemler denize dökmüş. Can havliyle bunları atmaları onlara hiç geliyormuş. Tabi bu arada motordakiler batmamak için mücadele etmiş. Kıble kestikten sonra fırtına yıldız-karayele dönmüş. Üç karış kar yağmış. Motordakiler korkudan üç defa helalleşmiş. Dedemin babası kaptan Paşa Mahmut da motorda bulunuyormuş. Mücadele esnasında bayılan kendinden geçen çok insan olmuş. O sırada direğin tepesinde yeşil bir ışık yanmış. Ve o sırada gözlerinin önünde Ak sakallı beyaz saçlı bir ihtiyar belirmiş. Ve onlara "Korkmayın oğlum başınız selamettir." demiş. Bu fırtına üç gün üç gece devam etmiş. Motor mürettebatı "Uyuzlu köpek olsak da Sis Dağı'nda olsak!" demişler. Eğer sağ çıkarsak kurban keseceğiz demişler. Fırtına dinme üzeri yanlarında büyük bir şilep bunlara halat atıp bağlayıp limana çıkartmış. (KK-142)

*

Babamın lakabı Koç Osman'dı. Çok meşhur bir balıkçıydı Kaleköy'de. Babam anlattı, bi defa işte denizde çok sert bir havaya yakalanmışlar. O teknenin direğine yeşil bir ışık inmiş. Öyle bir ışık inmiş yani. Onu babam çok derdi. O bizi kurtardı derdi. Eskiler anlatırdı yeşil ışıklar kurtardı bizi diye. Şimdi öyle bir şey duymuyoruz. (KK-45)

*

Altmışlı yıllar. O zaman balıkçılıktan sonra deniz motoru yaptık. İşi ilerlettik. Akçaabat'tan gemiden gübre yükledik; Tirebolu'ya getiriyoruz. O zamanlar navlonculuk yapıyoruz. Orda limanlık vardı. Yüklü kayuğun o zaman yanlarına muşamba çakarlar. Deniz yatıp kalktığı zaman deniz girmesin diye. O çaplikaları tutmak için muşamba çakılırdı. Onlar yapılmamış bizim motorda. O gübre çuvallarını orda yerden yukarı ha böyle yığdık. Yanlar boş. Ne zaman ki Yoroz Başı'na geldik. Gece gece karanlık, dolunay çıktı ha böyle vuruyor. Rahmetli Ali Ağa'nın Osman var gemici. Onlan beraber biz muşamba çekmeğe başladık. Denizledi hava Yoroz Başı'nda kayık kalkmaya başladı. Biz de durmadan muşamba çakarız öyle. O anda o gübre çuvalları kaydı. Bizi ayaklarımızdan kayığın parampetine yani yan tarafına sıkıştırdı. Oraya bizim ayaklarımız sıkıştı. Ama deniz de nerdeyse kepçelemeğe başladı. O kadar yanladı. O anda ben korktum. Şöyle denizin az ilerimizde aya karşı böyle at başı gibi öyle bişey gördüm orda. Atın başı, atın ön bacaklarından yukarı ha öyle bişey gözümün önüne geldi. Osmanlan beraber bize bir gayret geldi aldık yüz kiloluk çuvalları ayaklarımız sıkışıkken çektik kenara. Biz de şaştık. Kayığın dengesini bozmamak için iki yana da attık. Sonra düzelttik işimizi. Muşambaları çaktık ve gittik Tireboluya yükümüzü boşalttık. (KK-110)

*

Eskilerden duymuştum denizde bir motor batıyor. Hızır, kuş halinde geliyor. Batmadan motoru kurtarıyor. Allah tarafından oluyor tüm bunlar. Balıkçılar iyi dua almak isterler çünkü bir dua bin kötülüğü kovar. İyi dualar almış insanlar Hz. Hızır'ın yardımını görür. (KK-143)

*

Zamanında balıkçının biri denize açılır, her şey yolunda ve av iyidir. Ancak aniden deniz kükrer, ani fırtına çıkar ve balıkçı ne yapacağını şaşırır. Ufacık bir kayıkla nasıl o denizden kurtulacağını düşünen balıkçı bir ses ile irkilir "Gorgma Ali Baba burda!". Akabinde kayığın yekesini (dümen) kontrolüne alan Ali Baba salimen balıkçıyı sahile getirir ve gözden kaybolur. (Aça, 2013: 106).

4.4. Halk Hekimliğine Dönük İnanış ve Uygulamaların Temsilleri

Halk hekimliği veya diğer bir ifadeyle geleneksel sağaltma pratikleri, en eski dönemlerden itibaren insanın doğa olayları karşısında takındığı tavır ve ilişkilerden doğmuştur (Oğuz, 2005: 40). İnsan ve doğa ilişkisinin hemen tüm biçimlerinde olduğu gibi hastalıkların tanımlanması ve tedavisi yolundaki kabullerde de büyünün oldukça önemli bir yeri vardır. Animist dönemlerden itibaren doğanın egemen güçlerinin insanın ruhsal ve bedensel konforu üzerindeki özellikle olumsuz etkileri büyülük uygulamalarla bertaraf edilmeye, insan ve doğa arasındaki denge bu yolla korunmaya çalışılmıştır. Ancak büyünün beklentilere cevap vermediği hallerde doğadan temin edilen materyallerle hazırlanan ilaçlara da müracaat edilmiştir. Hastalığın türüne göre değişen geleneksel tedavi yöntemleri içinde bu iki usulün bağımsız olarak kullanılmaları da örnekleriyle sıkça karşılaşılan durumlardandır (Boratav, 1994: 123).

Balıkçı ailelerinin sosyal ve meslekî hayatlarından bahsedilirken de ifade edildiği üzere balıkçılar, kimi zaman ruhsal kimi zaman da bedensel hastalıkların tedavi edilmesine dönük büyülük uygulamalarda hastayı ve ona refakat edenleri kayıklarıyla yedi dere ağzından veya delikli taş altından geçirerek inanış temelli bu kadim geleneğin sürdürülmesinde önemli bir rol oynamanın yanı sıra, genel/ortak kültür içinde deniz suyu veya bazı deniz canlıları ile gerçekleştirilen geleneksel tedavilerde ihtiyaç duyulan materyallerin bir nevi tedarikçisi durumundadırlar.

Hayatlarının önemli bir bölümünü denizde geçiren balıkçılar, geçmişte, av sırasında yaşadıkları rahatsızlıkları geleneksel yöntemlere tedavi etmeye çalışmışlardır. Örneğin deniz tutmasından muzdarip balıkçılar çareyi ekmek içi yemekte, bazen de bir yudum mazot veya deniz suyu içmekte bulmuşlardır. (KK-70) Vücutlarındaki küçük yaraları veya sinek ısırıklarını tedavi etmek için deniz yosunu kullanmaları (KK-12), avcılık sürecinde her işin elle yapıldığı geçmiş yıllarda su toplayan ellerin bir an önce nasır tutması ve hissedilen acının azaltılması için incir ağaçlarının süte benzer sıvılarından yararlanmaları (KK-69), yörede "çalar" veya "çarpan" isimleri verilen iskorpit balığının dikenlerinin sebep olduğu acıyı hafifletmek için kendi idrarlarından veya amonyaktan yararlanmaları (KK-73) balıkçıların tatbik ettikleri diğer bazı sağaltma yöntemleri olmuştur.

Balıkçılar halk hekimliği uygulamalarına sadece denizde değil karada da müracaat etmişlerdir. Giresun'daki kimi balıkçı ailelerinde olduğu gibi sünnet olan çocuklar, sünnet yaraları daha çabuk iyileşsin diye denize sokulmuşlardır. Bir başka uygulamaya göre Giresun havalisinde "hasta balığı" da denilen mezgit balığı, sindirimi kolay bir balık olmasından ötürü özellikle yaşlılara, hastalara ve çocuklara yedirilmektedir. Yunus avcılığının yoğun olarak yapıldığı dönemlerde yağları çıkartılan ve kazanlarda kaynatılıp yağı alınan yunusların derilerinden geriye kalan kızarmış kıkırdaklar ekmek arasında konarak çocuklara yedirilmiştir. Ayrıca yunus yağının kırıkların iyileşmesinde, kemiklerin güçlenmesinde etkili bir ilaç olduğu kabul edilmiştir. Bununla ilgili olarak Giresun kent kültürünün simgelerinden biri olmuş Deli Abidin'in kahramanı olduğu bir anlatı şöyledir:

> 90'ların başlarında ölen Deli Abidin balıkçıydı. Yunuslarla konuşurdu, denizden ayrılmazdı. Balıklarla ilgili çok bilgiliydi. Ancak alkole karşı diğer deliler gibi büyük zaafı vardı. Kendi takımı yoktu ancak yardım isteyenlerle denize balık avına giderdi. Tutulan balıktan pay verirlerdi böylece geçimini sağlardı. Balık yağı çıkarır ve bu yağları satardı. Çok yardımseverdi. Sokaktan geçen bir kadının yanında arık (çelimsiz) bir

çocuk görse yanına çağırır ve para almadan zorla balık yağı verir ve çocuğa içirmesini isterdi (Aça, 2013: 107).

Balıkçılar arasında esprili bir dille hamsi, mersin, orkinos ve salyangoz gibi deniz canlılarının etlerinin afrodizyak etkileri olduğuna, cinsel sorunlar yaşayanların çevrelerine belli etmeden bu balıkların etlerine özellikle meylettiklerine vurgu yapılmaktadır. Hatta bazı balıkçılar, Karadeniz erkeklerinin diğer bölgelerin erkeklerine göre cinsel olarak daha kuvvetli olduklarını ve bunun da hamsiyle mümkün olduğunu ifade etmektedirler. Hamsinin halk hekimliği uygulamalarında özellikle ağrı hastalığının tedavisinde kullanıldığına atıfta bulunan Evliya Çelebi, hamsinin afrodizyak etkisine dair bir malumata da yer vermiştir:

> Evvela bir karış kadar ince, morca, parlakça ve semizce balıkçıktır. Yararı o derecedir ki yedi gün bir adam yese her gece ehline varıp yedişer kere kendi balığın ehline yedire, gayet güçlendirici ve hazmı kolaydır (Evliya Çelebi, 2011: 113)

Evliya Çelebi'nin balıkların yararından bahsederken atıf yaptığı bir diğer deniz canlısı da kalkan balığı olmuştur. Çelebi, kalkan balığının etinin kadınların doğurganlığını artırdığını ifade etmiştir (Evliya Çelebi, 2011: 111).

Çeşitli deniz canlılarının bu türden yararlarına dönük kabul ve uygulamalardan bazıları şu şekildedir:

> Bizim burada Adem diye bir arkadaşımız vardı. Sonradan buradan Gökçeada'ya gidip yerleşti. Bu, istek üzerine bizim meşhur İstikamet Eczanesinin sahibine midye ve pavuriye [yengeç] götürüyordu. Bu salyangoz yeni çıkınca Adem bir gün eczanede "Bir sülük davası çıktı; bu yenir mi ya!" demiş. Eczacı amcamız da "Ah oğlum! Sen onu bana gençliğimde getirecektin. O beyaz işetiyor." demiş. Balıkçılar arasında bilen bilir salyangozun bu kerametini. (KK-12)

Belirtilen uygulamaların dışında alan araştırmaları sırasında deniz suyunun veya deniz ürünlerinin meslekî ve ortak kültürdeki halk hekimliği uygulamaları içindeki yerine dönük örnekler tespit edilmiştir:

[Pişik]

> Yeni doğan çocukların altı pişik olduğunda pişik olan yerler kıyıdan alınan deniz suyuyla yıkanırdı. Ama şu anda deniz kirli olduğu için balıkçılar kendi çocuklarında kullanacakları zaman veya istenmesi halinde açıktan temiz deniz suyunu bidona koyarak isteyenlere verirler. (KK-82)

[Kanser]

Köpek balığı ürkütücü olduğu kadar lezzetli bir balık türüdür. Yakaladığımızda kilosunu 45-50 liradan satıyoruz. Köpek balığı eti kanser başta olmak üzere birçok hastalığa iyi gelmektedir. Ayrıca köpekbalığı çorbası da yapılmaktadır. Köpek balığının adına bakıp da yanlış inançlara kapılmamak gerekir. Tezgâhlarda yer aldığında insanların ilgisini çeken ve bazı insanların korkmasına neden olan köpek balığı çok lezzetli ve bir o kadar da çok şifalı bir balıktır. (KK-30)

*

Köpek balığının kansere iyi geldiği söylenir. Köpek balığı ağlara vurunca insanlar özellikle arıyor. Ondan medet arıyor duymuş bir yerden köpek balığı kansere iyi geliyor diye onu arıyor. Benden de isteyen arkadaşlarım var. Köpek balığı gördüğünde bana getir hastamız var diyorlar. (KK-68)

[Böbrek Taşı]

Eşkina balığının kafası içerisindeki kürecikte iki adet elmas şekline benzer şekilde taş (kemik) bulunur bu taşlar böbrek taşlarını kesinlikle düşürüyor, hem de herhangi bir cerrahi müdahale vb. tedavilere gerek kalmadan. Bir çay bardağına geceden 1 tane taş atıyorsun ve üzerine 1 limon sıkıyorsun, sabaha kadar bu taş limon suyunda eriyor, aç karnına bunu içip 1 saat bir şey yemiyorsun. 1 ay içinde böbreklerde hiç bir şey kalmıyor. (KK-32)

*

Kötek Balığı veya Minakop da denilen Eşkina'ya bazı yerlerde Taş Balığı da denilir. Bu hayvana taş balığı denilmesinin sebebi, gözlerinin arkasındaki beyaz renkli taşlardandır. Bu taşlar limonda eritilerek sabahları aç karnına içilirse böbrek kum ve taşlarını eritip ve parçalayıp düşmesine yardımcı olduğu söylenir. (KK-42)

*

Mavruşkilin ve kötek balığının başında böyle iri tuz büyüklüğünde bir taş vardır. Bu taşı limonla beraber karıştırıyorlar, böbrek taşına iyi geldiğini söylüyorlar. Bir de idrar söktürme de kullanılıyor bu taş. (KK-37)

*

Kötek balığının başındaki bir taşın böbrek taşına iyi geldiğine inanılıyor. (KK-33)

*

Karagöz balığının başında taşı var. Onu ezip limonlu suya koyup güneşte bekletip üç dört gün içince böbrek taşını düşürürdü. (KK-1)

[Mayasıl ve Egzama]

Köpek balığının bir yerinden alınan bir parça etin mayasıla ve egzamaya iyi geldiğini söylerler. (KK-82)

*

Yunus yağı, mayasıl derler ya, o hastalığa iyi geliyordu. (KK-144)

[Kalp Hastalığı]

Mavrişgil balığının kafasından çıkan tas limon suyunda, serin bir yerde üç beş gün bekletilir. Kalp hastalıklarına iyi gelir. (KK-145)

[Yanık]

Yanık olan yere deniz suyu sürülünce yanığı önce dağlar ama sonra iyileştirir. (KK-8)

*

Yunus yağı yanığın üzerine böyle sürekli sürülürse bir zaman sonra yara kabuk bağlar ve alttan taze deri çabukça gelir. (KK-44)

[Kas ve Kemik Hastalıkları]

Kas ve kemik ağrıları için yosun iyidir. Balık yağı şifa kaynağıdır. Yunus balığı eskiden büyük kazanlarda kaynatılırdı. Bu yağa insanlar ekmek banıp yerlerdi. Şifalı olduğu söylenir. (KK-99)

*

Kemik hastalığı olanlara yunus yağı ile banyo yaptırırlarmış. (KK-146)

*

Eskiler derdi ki trakon balığı insana vurduğu zaman romatizma azalır. (KK-147)

*

Kavanozun içinde bir yıl saklanarak adeta sade yağ haline getirilen deniz alabalığı kemik erimesine iyi gelir. (KK-145)

[Verem]

Ciğer hastalarına, verem hastalarına da yunus yağı içirirlermiş. (KK-148)

*

Ciğerlerinden hasta olanlar dil balığını haşlayıp suyunu içerler. (KK-143)

[Sara]

Sara hastalığı için çarpan balığı canlı yakalanıp alınır. Dikenleri bozulmayacak şekilde haşlanıp suyu içilir. (KK-113)

[İdrar Kaçırma]

Altını ıslatan çocukların altını ıslatmamaları için minakop balığının kafasındaki beyaz kemik suda kaynatılarak çocuğa içirtilir. (KK-59)

[Görme Bozuklukları]

Hamsi suyu ağrılı durumlarda hastalara içirildiği gibi göz ağrılarında da harici tedavi olarak göz hamsi suyu ile yıkanırdı eskiden. (KK-54)

*

Balık yiyen adamın gözü zehir zemberek görür. Artı onu da kılçığınla yiyeceksin, ha öyle kılçığını atayım demeyeceksin. (KK-78)

[Ülser]

Eskiden ihtiyarlar midem ağrıyor diyene 'Midende iltihap vardır. Deniz alasının yavrularını canlı canlı yut bir şeyin kalmaz, söker atar.' Derlerdi. Bir de midesi ağrıyanlar bulurlarsa balık havyarı yerlerdi. (KK-57)

[İştahsızlık, Kansızlık ve Kabızlık]

Yunus yağı, iştahsızlığa, kansızlığa ve kabızlığa çok yararlıdır. (KK-149)

[Kaşıntı ve Uyuz]

Sürekli kaşınan veya uyuz illetine tutulan kişi deniz suyuyla yıkanırsa kaşıntıları azalır. (KK-150)

4.5. Halk Veterinerliğine Dönük İnanış ve Uygulamaların Temsilleri

Araştırma sahasında deniz suyu ve deniz ürünleri, halk veterinerliği uygulamaları içinde de yer edinmiştir. Tüm mal varlıkları çoğu zaman küçük bir balıkçı teknesi ve birkaç inek olan 2. tip balıkçı aileleri, bu inekler başta olmak üzere tavuklar gibi diğer bazı hayvanların tedavisi amacıyla deniz ürünlerinden de yararlanma yoluna gitmişlerdir. Öte yandan balıkçılar, halk hekimliği uygulamalarında olduğu gibi, sosyal çevrelerindeki insanların halk veterinerliği uygulamaları sırasında ihtiyaç duydukları deniz kaynaklı doğal materyallerin temin edilmesine de yardımcı olmuşlardır.

Giresun ve Trabzon havalilerinde geçim kaynağı hayvancılık olan topluluklar arasında da örnekleriyle karşılaşılabilen uygulamalardan tespit edilebilenler şu şekildedir:

Yunus yağı bazı hastalıklara da iyi gelirmiş. Köyde yaşayanların yunus yağını bostanlarının kenarına döktükleri de olurmuş. Bu yağın kokusundan ötürü tavşanlar ve diğer kemirgenler bostanlara musallat olmazmış. Büyükbaş hayvanların üzerine bu yağdan sürünce karasinekler bir daha konmazlarmış. (KK-151)

*

Eskiden bizim buralarda (Sürmene havalisi) güneş altında derileri çatlayan camışların sırtlarındaki çatlaklara yunus yağı sürülür ve hayvanların rahatlamaları sağlanırdı. (KK-152)

*

"Güvenek" adı verilen sinek konup da rahatsız etmesin diye ineklerin tüm vücutlarına yunus yağı sürülürdü. (KK-32; KK-33; KK-1)

*

Yunus balığının yağı büyükbaş hayvanlara içirilir bir de hayvanların ayaklarına sürülür. (KK-152)

*

Hamsi suyu, hayvanların hastalığına iyi gelir, tavuklar hasta olduğu zaman ağızlarına hamsi suyu dökülür. (KK-54)

*

Zehirlenen hayvanlara hamsi suyu içirilir. Örneğin, zehirlenen ineklerin ağızlarına hamsi suyu dökülür. Hamsi suyundaki tuzdan yararlanmak için hamsi suyu ekmeğe ve hayvanlara yiyecek olarak verilen yallara katılır. (KK-2)

4.6. Ad Folklorunun Meslekî Temsilleri

Varlığın yegâne işareti adıdır. Bu bağlamda varlığı ve hareketini gösteren ad, bir kimlik kartıdır. Canlıların, nesnelerin ve kavramların, kısaca görülen ve algılanan her şeyin adıyla ilgilenen ad bilim (onomastik), dil bilimi, sosyoloji, halkbilimi ve hukuk gibi pek çok disiplin tarafından ihtiyaç duyulan hallerde müracaat edilen önemli bir bilgi koludur (Sakaoğlu, 2001: 11). Kapsamı itibariyle oldukça geniş bir inceleme sahasına sahip olan ad bilimin şubeleri şu şekilde belirtilmiştir (Boyraz, 1998: 108-109):

I. Tür Alanı Adları

- A) Bitki Adları
- B) Hayvan Adları
- C) Yiyecek-İçecek Adları
- Ç) Giyim-Kuşam Adları
- D) Spor ve Sporla İlgili Adlar

E) Alet Adları
F) Meslek Adları
G) Hastalık Adları vs.

II. Özel Adlar Alanı

A) Kişi Adları

1. Künyevi Adlar
    a) Asıl Adlar
    b) Soyadları
    c) Sülale Adları
    ç) Unvanlar
    d) Köken ile ilgili adlar
        1) Memleket adları
        2) Irk ve Etnik Grup Adları
    e) Meslek Adları
2. Yakıştırma Adlar
    a) Lakaplar
    b) Mahlaslar, Müstearlar, Tapşırmalar, Rumuzlar

B) Yer Adları

1) Coğrafi Yer Adları
2) Belde ve Beldeyle İlgili Adlar
3) Yerel Adlar

C) Din, Mezhep, Millet Etnik Grup Adları

Ç) Kurum, Kuruluş ve Eser Adları

4.6.1. Kişi Adları

Kişi adları, ad vericinin karakteri, zevkleri, eğilimleri, dünya görüşü; içinde bulunduğu toplumun yapısı, kültürü, dili, gelenek ve görenekleri hakkında ipuçları verebilen çok önemli dil ve folklor malzemeleridir (Karahan, 2008: 1). Toplumun bütünü içindeki kimi sosyal gruplarda grubun özellikleri ve karakteri ile uyumlu ad verme temayülleri mevcut olsa da bu tasarruf, tüm grup kültürlerinin üstünde bulunan genel kültürdeki ad verme gelenekleri ile çoğu zaman uyumludur. Türk kültüründe çocuklara ad verilmesi yolunda oldukça kapsamlı bir gelenek vardır. Bu münasebetle ad verme sırasında gözetilen kriterlere dönük oluşturulabilecek bir listenin oldukça uzun olacağına şüphe yoktur[280]. Araştırma sahasındaki balıkçı aileleri, geçmişte meslekî kültüre vurgu yapan isimlere öncelik verirlerken bugün, parçası oldukları sosyal ve kültürel çevrenin ad vermeye dönük kabulleriyle aynı paralelde hareket etmektedirler. Balıkçı ailelerinde yenidoğana ad verme eylemi genel kültür içinde olduğu gibi dedeler tarafından gerçekleştirilse de adın ne olacağının kararı yine çoğu zaman anne ve babaya aittir. Bu meslek grubunun katılımcıları çocuklarına ad verirken, örnekleriyle genel kültürde de karşılaşılan şu tercihlere göre hareket etmektedirler:

a) Ata ve akraba ile ilgili adlar,
b) Din büyükleri ile ilgili adlar,
c) Çocuğun doğduğu yer, gün, ay ve mevsimle ilgili adlar,
ç) Hayvan, maden ve bitkilerle ilgili adlar,
d) Coğrafi, kozmik ve meteorolojik ögelerle ilgili adlar,
e) Minnet, şükran, hayranlık ve dostluk duygularıyla ilgili adlar,
f) Kültür değişimini yansıtan adlar,
g) Herhangi bir gerekçesi bulunmayan adlar.

Balıkçılar arasında, meslekî kültüre vurgu yapan İlyas, Yunus vb. gibi isimlerin geçmişte, bugüne nispetle daha çok verildiği anlaşılmaktadır. Ancak Türk kültüründe ad vermeye dönük kabullerin zamanla değişmesi ile balıkçılar da çocuklarına ortak kültür içinde örnekleriyle sıkça karşılaşılan isimler verir olmuşlardır. Türk kültüründe kişi adlarında örnekleriyle en çok karşılaşılan Mustafa, Mehmet, Ahmet, Ali, Hüseyin gibi yaygın isimler balıkçılar arasında da sıkça karşılaşılan isimler olmuştur. Doğu Karadeniz ve balıkçılar açısından bakıldığında, bölgenin güncel sosyo-kültürel yapısını bilmeyenlerin akıllarına hemen "Temel" ve "Dursun" adları gelmektedir. Bu durumda hiç şüphe yok ki kahramanı oldukları fıkralarda meslekleri çoğu zaman balıkçılık olarak anılan fıkra tipleri Temel ve Dursun'un etkisi büyüktür[281]. Araştırmalar sırasında anlaşılabildiği kadarıyla balıkçılar arasında Temel veya Dursun ismi vehmedildiği kadar yaygın değildir. Giresun ve Trabzon havalisi balıkçıları arasında bugün, Temel ve Dursun isimlerini taşıyan ancak 20 civarında eski ve yeni balıkçının bulunduğu tespit edilmiştir.

Araştırma sahasında kişi adları bağlamında özellikle Trabzon havalisinde örnekleriyle karşılaşılan bir tasarruf dikkat çekicidir. Örneklerine bölgenin ortak kültüründe de rastlanan bu tasarrufa göre, bazı kişiler iki adla anılmaktadır. Ad verme geleneği bağlamında ailenin yeni katılımcısına verilen ad, doğal olarak resmî nüfus kayıtlarına da işlenmektedir. Ancak aralarında balıkçıların da bulunduğu kimi aileler, ailenin yeni üyelerine başka bir ad daha verebilmekte, kişi tüm hayatı boyunca kendi sosyal çevresinde bu ikinci isimle çağrılabilmektedir. Bu ikinci isimlerden bazıları lakabı andıran türde olabilmekte iken bazıları doğrudan farklı bir isim olabilmektedir. Akçaabat'ın Akçakale Beldesi balıkçı ailelerinden Akgün ailesinin üyelerinden merhum Fadime Akgün'e "Gülhanım", onun torunlarından Yılmaz Akgün'e "Neci"; ailenin ilk balıkçı üyelerinden Temel Akgün'den reisliği devralan oğlu Sedat Akgün'e

"Vedat" adının verilmesi (KK-153) bu tasarrufun bir aile aile geleneği şeklinde sürdürüldüğünü gösterir türdendir.

Giresun havalisinde de örnekleriyle karşılaşılabilen, ancak Trabzon havalisinde çok daha yoğun bir biçimde takip edilen bu tasarrufun gelenekleşme yolunda olduğu müşahede edilmiştir. Bazı münferit örneklerde yenidoğana ad verme konusunda aile içinde oluşan ihtilaftan ötürü bu tasarrufa gidildiği tespit edilmiştir. Türk kültürünün çeşitli temsil ortamlarında çocuklara iki ayrı ad verilmesinde kimi zaman bazı inanışların etkili olduğu bilinen bir durumdur. Ancak araştırma sahasında bu tasarrufun herhangi bir inanış kapsamında gerçekleştirilip gerçekleştirilmediği yolunda bir bilgiye ulaşılamamıştır.

4.6.2. Lakaplar

En yalın şekliyle, kişiye herhangi bir özelliği dolayısıyla kendi grup kültürü bağlamında sonradan verilen isimler (Boyraz, 1998: 109) veya kişiyi kendi adından ayrı olarak tanıtan, sonradan konan ve onun belirgin bir özelliğini gösteren isimler (Coşar, 2003: 27) şeklinde tanımlanan lakaplar, kişinin ruhsal, bedensel, fizyolojik bir özründen; toplumsal yaşamındaki uyumsuz ve aykırı bir davranışından; işinden, uğraşısından; başından geçmiş bir olaydan vb. dolayı takılır (Örnek, 1995: 159).

Lakapların genel işlevleri, tanıtma, yüceltme ve küçültme şeklinde sınırlandırılabilir. Lakapların tanıtma işlevi içinde çeşitli sosyal grupların muayyen özelliklerinin ortaya konulması da yer almaktadır. Grup folklorunun önemli unsurlarından biri olan lakaplarda, lakap olarak kullanılan kelimenin lakabı takanın ve lakap sahibinin içerisinde yaşadığı kültür grubu tarafından bilinmesi veya bu kelimenin lakabın ortaya çıktığı kültür grubunda, ortak kültürün bildiği anlamı dışında başka bir anlam yüklendiği görülmektedir (Boyraz, 1998: 112). Meslek grubunun katılımcıları arasında örneklerine başka gruplarda da rastlanabilecek türde lakaplar kullanılıyor olsa da balıkçılık gibi geleneksel vasfını büyük oranda muhafaza eden dinamik mesleklerde, meslekî uygulamalara, tecrübelere ve mesleğin her bir sürecine özgü lakaplar ön plandadır[282]. Hem Giresun hem de Trabzon illeri balıkçıları arasında tespit edilen pek çok lakap, bu tezi destekler mahiyettedir. Örneğin Sürmeneli balıkçı Kazım Karabacak'a verilen "Üç Kuvvet" lakabının anlamı sadece yöre balıkçıları tarafından bilinebilecek türdendir. Zira balıkçı Kazım, bu lakabı, geçmişte balıkçılar arasında oldukça meşhur olan üç kuvvet (beygir) motorlara çok düşkün olmasından ve bu motoru dilinden düşürmemesinden ötürü almıştır. (KK-57)

Çoğu zaman balıkçılık etrafında şekillenen sosyal ve kültürel hayattaki değişimlerden lakaplar da paylarına düşeni almışlardır. Örneğin yunus avcılığının devam ettiği yıllarda Espiye Gürburnu'nda balıkçı Ahmet Özkan'a "tırtak" adı verilen yunus türünü avlamasından ötürü "Tırtakçı" lakabı verilmişken, yunus avcılığının yaklaşık 30 yıldır yasaklanmış olmasından ötürü bu lakabın anlam arka planı büyük oranda unutulmuştur.

Kişiyi içinde yaşadığı topluluk içinde küçültme (tezyif etme) işlevi taşıyan lakapların örnekleriyle balıkçılar arasında da karşılaşılmaktadır. Bu türde lakaplar, çoğu zaman lakap sahipleri tarafından kanıksanmadığından kaynak kişiler bu şahısların soyadlarını söylemekten imtina etmektedirler. Bu tasarrufun arka planında lakabın verildiği kişiyi rencide etmemek veya sinirlendirmemek; ait olunan sosyal gruptan birini dışarıya karşı korumak düşüncesi bulunmaktadır.

Araştırmalar sırasında balıkçı lakapları tespit edilirken, lakapların kullanımında bazı özel tasarrufların işletildiği de tespit edilmiştir. Birden fazla balıkçının yer aldığı mülakat ortamlarında, ortamda bulunan kaynak kişilerden nispeten daha küçük olanlar, yaşlı kaynak kişilerin lakaplarını söylemekten imtina etmişlerdir. Bu durumun mülakat sürecine dönük bir tasarruf olmadığı, hemen tüm balıkçı grupları arasında gençlerin kendilerinden büyük balıkçılara lakapları ile hitap etmedikleri katılımlı gözlemler ve derinlemesine mülakatlar sırasında da müşahede edilmiştir.

Araştırma sahasında lakap folklorunun en canlı olduğu alanlardan birisi olan Trabzon-Faroz Mahallesi başta olmak üzere pek çok balıkçı yerleşiminde balıkçılar, çoğu zaman birbirlerini lakapları ile çağırmaktadırlar. Lakabın adın önüne geçmesi şeklinde değerlendirilebilecek bu durum, bazen balıkçıların birbirlerinin adlarını hatırlamamaları gibi mizahi karakterli olayların yaşanmasına da sebep olabilmektedir[283]:

> Bizim burada balıkçılar hiç adı soyadı ile çağrılmaz da, bilinmez de. Birisi gelse dışarıdan dese ki "Yahu adı soyadı şu olan birini arıyorum." Biz düşünür dururuz acaba kimdir o diye. Birimiz dese ki "Ula bu bizim bilmem ne olmasın." derse o zaman anlarız aranan adamın kim olduğunu. (KK-37)
>
> *
>
> Sürmene Yeniay'dan Abanoz Abdurrahman, Çete Mehmet ve Mahona Mehmet, Morfo Selahattin önderliğinde Rumelikavağı'ndaki av takımlarında balıkçılık yaparlardı. Rumelikavağı kumsallarında 'mağaza' denilen barınaklarda yatıp kalkar, fasulye, soğan ve ekmek yiyerek karınlarını doyururlardı. Her

bir av takımında 30-35 kişi çalışırdı. Akşamlar balıkçılar yıpranan ağlara merhamet yaparlardı. Yine böyle bir akşam herkes merhamet yaparken Morfo Selahattin'in sorumluluğundaki diğer üç kafadar işten kaytarmanın yolunu bulurlar. Takım sahibi Paşa Reis gelip de bunları göremeyince öfkeyle çağırır Morfo Selahattin'i ve "Nerde senin adamlar?" diye sorar. Morfo telaşla toplar Paşa Reis'in önüne dizer kafadarları. Paşa Reis şaşkın şaşkın bakar ve "Kim ulan bunlar?" diye sorar. Morfo bunları tek tek lakaplarıyla tanıtınca temelli zıvanadan çıkan Paşa Reis, "Ulan Morfo ben savaşamı gideceğim ki bana Çete getirdin, ben kerhane mi açacağım ki bana Abanoz getirdin. Ver ulan paramı geri!" diye bağırır. (KK-63)

Giresun özelinde "ayama" şeklinde de ifade edilen lakapların Giresun ve Trabzon'daki örneklerinin tespiti yolunda amatör araştırmacılarca çok sayıda çalışma yapılmış olsa da sınıflandırma tecrübesi de içeren tek ilmi araştırma Trabzon ili özelinde A. Mevhibe Coşar tarafından gerçekleştirilmiştir. Araştırmacı, lakapların veriliş sebeplerinden bahsederken, lakapların kişilik özellikleri ile ilişkisine dikkat çekmiş, kişinin tutum ve davranışlarının, karakter özellikleri, mizacı, fiziki görünüşü, yaşama biçimi, özel zevkleri ve yeteneklerini karşılayan veya çağrıştıran türlü isim ve sıfatların lakap halini alabildiğini belirtmiştir (2003: 27). Söz konusu çalışma, herhangi bir sosyal grup sınırlılığında gerçekleştirilmediğinden, çalışmada yer verilen sınıflandırma tecrübesi balıkçılar arasında tespit edilen lakapların sınıflandırılmasına dönük denemede aynen uygulanmasa da büyük oranda yol gösterici olmuştur. Balıkçı lakaplarının verilişine dönük sınırları belli genellemelere ulaşmak hayli zordur. Bu sebeple hayatta olan veya olmayan balıkçıların tespit edilebilen lakaplarının sınıflandırılması gibi zor ve tartışmalı bir konuda mezkûr sınıflandırma tecrübesinin bazı başlıklarından yararlanılmış; veriliş sebebi tespit edilemeyen veya bu sınıflandırmadaki başlıklar içinde bulunmayan, çoğu zaman balıkçılık mesleği etrafındaki gündelik hayat ve olaylar bağlamında ortaya çıkan lakaplar için ilave başlıklar oluşturulmuştur.

1. Balıkçıların fizikî özellikleri ve görünüşleri ile ilgili lakaplar:

* Arap Yaşar - Trabzon/Faroz
* Ayı Bülent - Giresun/Kumyalı
* Bit Mehmet - Giresun/Kumyalı
* Çakır Selahattin (Usta) - Trabzon/Faroz
* Çolak Muammer (Küçük) - Trabzon/Çarşıbaşı
* Gama Ahmet (Çavuşoğlu) - Araklı
* Gambur Özcan - Giresun/Kumyalı
* Kara Dayı (Mustafa Şahin) - Çarşıbaşı/Fenerköy
* Kara Hacı - Trabzon/Faroz

* Kara Mustafa (Akgün) - Akçakale
* Kel İsmail (Yılmaz) - Trabzon/Faroz
* Kepçe Ahmet - Giresun/Gemilerçekeği
* Kirli Osman - Beşikdüzü
* Kocaman İsmail - Bulancak/Küçüklü
* Kör (Tufan Şimşir) - Araklı
* Kör Galip - Giresun/Kumyalı
* Kör Haşim (Ceylan) - Sürmene/Yeniay
* Pala Osman - Bulancak/Küçüklü
* Parmaksız Hasan - Trabzon/Faroz
* Paslı Kadir - Giresun/Gemilerçekeği
* Sağır Mustafa - Bulancak/Küçüklü
* Tek Diş (Ali Eroğlu) - Araklı
* Tıfıl Tuncer - Giresun/Kumyalı
* Tıpa İsmet (Beşir) - Araklı
* Topal Salih- Giresun/Kumyalı
* Yarma Şükrü (Beşli) - Trabzon/Faroz

2. Balıkçıların merak ve ilgi alanları ile sıkça kullandıkları sözlerden ortaya çıkan lakaplar:

* Çıkam Ahmet - Giresun/Kumyalı
* Çırnık Yusuf (Çamur) - Tirebolu[284]
* Gözüm Mustafa (Genç) - Çarşıbaşı/Fenerköy
* Hava Esti Niyazi - Trabzon/Faroz
* Köfte Hayati (Deveci) - Trabzon/Faroz
* Netçik (Şaban Eğrioğlu) - Araklı
* On Kuruş Şükrü - Trabzon/Faroz
* Sıçan Az Oktay - Giresun/Kumyalı
* Tavlacı Mehmet - Giresun/Kumyalı
* Üç Kuvvet Kazım (Karabacak) - Sürmene/Balıklı[285]
* Yolver Memet (Kakıl) - Eynesil[286]

3.Balıkçıların meslekî özellikleri ve becerileri ile ilgili lakaplar:

* Afalina (Mustafa Köroğlu) - Akçaabat/Mersin[287]
* Beşluk (Mustafa Altun) - Akçaabat/Mersin[288]
* Çağo Saffet (Demircioğlu) - Sürmene/Balıklı[289]
* Çolak/Solak Hasan (Şolt) - Sürmene/Balıklı[290]
* Çotanak Kaptan (Dursun Neciboğlu) - Bulancak/Yalıköy[291]
* Gazıyan (Köksal Yetim) - Eynesil/Boztepe[292]
* Faş Temel (Erkaya) - Trabzon/Faroz[293]
* Sürsan İbrahim - Bulancak/Küçüklü[294]
* Tırtakçı (Ahmet Özkan) - Espiye/Gülburnu[295]

* Törük Nuri - Trabzon[296]
* Yadeller Hasan (Kalayoğlu) - Sürmene[297]

4. Balıkçıların haricî meslekleri ile ilgili lakaplar:[298]

* İtfaiye (Haluk Aksu) - Giresun/Gemilerçekeği
* Kemençeci Yaşar (Öztekin) - Görele
* Komutan (Salih Eğrioğlu) - Araklı[299]
* Müteahhit (Erol Yıldırım) - Giresun/Gemilerçekeği
* Sağlıkçı (Dursun Kürekçi) - Giresun/Gemilerçekeği
* Ormancı (Günay Turan) - Trabzon/Faroz
* Öğretmen (Hüseyin Koçoğlu) - Giresun/Gemilerçekeği
* Tekel (Mustafa Aydın) - Giresun/Gemilerçekeği vd.

5. Balıkçıların yaşadıkları bir olayla ilgili lakaplar:

* Albay Mustafa (Kıranlı) - Tirebolu

Küçükken babaannem beni hep "yarbayım", "albayım" diye sevdiği için aile içinde ve çevrede böyle kalmış lakabım. (KK-128)

* Gogo İsmet (Paşalı) - Trabzon/Faroz

Büyükler, çocukluğunda köpek geliyor anlamında "Gogo geliyor!" diye korkuturlarmış onu. (KK-171)

* Fobogo (Ahmet Saral) - Of:

Delikanlı çağlarında babasının BMC Fobogo marka kamyonetini gizlice alıp kaçmayı alışkanlık haline getirdiği için adı böyle kaldı. (KK-67)

* Karga Sebahattin - Giresun /Gemilerçekeği:

Karganın yavrusunu öldürür. Karga bunu eve kadar takip eder. Günlerce bu durum devam eder. Mezarının başında bile karga durduğu rivayet edilir. (KK-12)

* Kıbık Ahmet (Kıbıkoğlu) - Tirebolu:

1830'dan itibaren Tirebolu pilajında faaliyet göstermeye başlayan kayık yapım atölyelerinde kayık ustası olarak çalışmıştır. Bir gün elindeki keser ile tahtaya çivi çakarken çivinin başı fırlamış ve gözüne gelmiş. Bu yüzden de bu göz kapağı biraz kısık kalmış. Bu sebepten ona Kıbık Ahmet denmeye başlanmış. Bu sülalenin soyadı da buradan hareketle Kıbık olmuştur. (KK-104)

* Kök Dayı (Habib Türk) - Trabzon/Faroz:

Bir keresinde mahallede zeytin ağacının kökü çıkarılmak istenmiş. Kimse çıkaramamış Kök Dayı çıkarmış ağacın kökünü. Ondan sonra da lakabı böyle kalmış. (KK-172)

* Kugo Rasim (Güven) – Sürmene/Kastel

Biri öldüğünde veya kötü bir olay olacağında Rasim'in gabandaki (tepe) evinin yanında kugo (guguk) kuşu sürekli öterdi. Bu kuşun adı ona lakap kaldı. Sonra da aile bu lakapla anılır oldu. (KK-72)

* Lap Lap Ali - Giresun/Kumyalı:

Gemide çalışırmış bu. Bir keresinde geminin yükü boşalınca pervanesi suyun üste çıkmış. Bu da dönen pervaneye bakıp 'Pervane boşa çıktı lap lap ediyor.' deyince bunun adı böyle kalmış. (KK-96)

* Molla Ferhat (Say) - Tirebolu:

Ferhat Reis çocukken mahallenin diğer çocuklarıyla hoca gidermiş. Hoca çocuklara en güzel şekliyle Kuran okumayı öğretmeye başlamasına rağmen Ferhat bir türlü elifbayı öğrenememiş. Bunun üzerine hoca kızıp "Sen nasıl Molla olacaksın herkes ebcede geçti sen hâlâ elifbadasın." demiş. Ondan sonra da şaka mahiyetinde lakabı Molla kalmış. (KK-104)

* Pisik Ali (Şengün) - Sürmene/Balıklı:

Buralarda kediye halk arasında "pisik" denir. Yanılmıyor isem Ali'nin çocukluğunda pisiklerle ilgili bir söyleminden olsa gerek "Pisik Ali" lakabı verildi. (KK-57)

* Sahte Hoca (Mustafa Öntürk) - Trazon/Faroz.

* Torlak Kaptan (İbrahim Çetindemir) - Çarşıbaşı/Kaleköy:

İstanbul'da Torlak Reis diye bir kaptan vardı. Çok açıkgöz bir adamdı. "Denizde iki balık varsa, biri Torlağın, diğeri Allah'ın!" derdi. Onun hikâyesini anlattım buralarda benim de kaldı lakabım Torlak Kaptan. (KK-78)

* Toto Cemal (Ermiş) - Çarşıbaşı/Fenerköy[300]

6. Balıkçıların aile büyüklerinin isimleri, lakapları ve aile soyadları ile ilgili lakaplar:[301]

* Abuşun Muharrem - Giresun/Kumyalı
* Aganın Ferhat- Giresun/Kumyalı
* Babanın Sali - Trabzon/Faroz
* Ciziro (Mustafa Bahri Çölsüzoğlu) - Giresun/Gemilerçekeği
* Ceyar Memet (Elevli): Babadan devralınmıştır.
* Çarukcunun Yılmaz - Giresun/Kumyalı
* Çökelik (Mehmet / Dilaver Yuvarlak) - Of
* Dırızo Aziz - Giresun/Kumyalı
* Ekizo Orhan - Tirebolu
* Etemin İsin (Hüseyin) - Giresun/Kumyalı
* Emişin Şükrü - Giresun/Kumyalı
* Folun Ali / Yılmaz - Giresun/Gemilerçekeği
* Galaşın Ahmet (Kalaycı) - Çarşıbaşı[302]
* Gılivri (Ahmet / Mustafa) - Trabzon/Faroz[303]
* Guttin Erol (Kakıl) - Eynesil[304]
* Gümgüm (Zeki / Ahmet Çalış) - Trabzon/Faroz[305]
* Fadikin Mehmet - Sürmene/Balıklı
* Fethiyenin Hasan (Karabacak) - Sürmene/Balıklı
* İnco Mustafa (İnce) - Giresun/Gemilerçekeği

* Korucu Şükrü (Kalafat) - Bulancak / Küçüklü[306]
* Kitapçı Memet (Mehmet Yetim) - Eynesil[307]
* Köfteci Hüseyin - Giresun/Kumyalı[308]
* Kör Reisin Hacı (Mehmet Usta) - Giresun/Kumyalı
* Kuduruk Şaban (Kara) - Espiye/Gülburnu[309]
* Obuz Mehmet (Özçilingir) - Trabzon/Faroz[310]
* Poştofun Halit (Karaahmetoğlu) - Sürmene[311]
* Rahmiyarın Yaşar - Trabzon/Faroz
* Sarımehmetin Niyazi - Giresun/Kumyalı
* Sertin Halil (Aydeniz) - Bulancak/Küçüklü[312]
* Şiretoğ Sidik Emin - Giresun/Kumyalı
* Tekiro Mehmet - Giresun/Gemilerçekeği
* Temelin Hasan (Çakır) - Espiye/Gülburnu
* Üçkurban (Tufan Eğrioğlu) - Araklı[313]
* Yanığın Şükrü (Yanlı) - Araklı
* Yüzbaşıoğlu İbrahim - Tirebolu

7. Balıkçıların mizaçları ve yaşam tarzları ile ilgili lakaplar:[314]

* Ajan (Hüseyin Yüksel) - Eynesil/Boztepe[315]
* Akrep Hasan (Hasançebi) - Araklı[316]
* Amcı - Bulancak/Küçüklü[317]
* Atmaca İbrahim - Giresun/Gemilerçekeği[318]
* Baba Reis (Hüseyin Akgün) - Akçaabat/Akçakale[319]
* Balta Emin - Giresun/Kumyalı
* Baron Reis (Adnan Akgün) - Akçaabat/Akçakale[320]
* Biber (Dursun Ali Terzi) - Sürmene/Balıklı[321]
* Cabbar - Giresun/Kumyalı[322]
* Cane Halis - Giresun/Kumyalı[323]
* Casus (Cemal Yetim) - Eynesil/Boztepe[324]
* Cin Yılmaz - Giresun/Gemilerçekeği[325]
* Cin Şükrü - Giresun/Kumyalı[326]
* Çakal Süleyman / Telat - Giresun/Kumyalı[327]
* Çivi Zeki (Sönmez) - Giresun/Gemilerçekeği[328]
* Çörçil Ahmet (Erdem) - Trabzon/Faroz[329]
* Deli Kadir (Kavzoğlu) - Trabzon/Faroz
* Efe Ahmet (Karamustafaoğlu) - Sürmene/Yeniay[330]
* Efe Mehmet (Usta) - Trabzon/Faroz[331]
* Efendi Kaptan Avni - Trabzon/Faroz[332]
* Fantom Birol - Giresun/Kumyalı
* Galaş Osman (Kalaycı) - Çarşıbaşı[333]
* Galtak Niyazi - Giresun/Gemilerçekeği[334]
* Gavur Mehmet (Mahmutçebi) - Araklı[335]

* Gavur Ali (Nişancı) - Çarşıbaşı/Fenerköy[336]
* Göt Yakup (Uzunhasanoğlu) - Araklı[337]
* Fişek Salih (Karamustafaoğlu) - Sürmene/Yeniay[338]
* Halabot (Orhan Kılıç) - Of[339]
* İnönü Reis (Kadir Akgün) - Akçaabat/Akçakale[340]
* Karabatak Hasan (Ceylan) - Araklı[341]
* Keser Hamdi - Giresun/Kumyalı[342]
* Korkucu Mustafa - Tirebolu[343]
* Korsan Mustafa (Kırıcı) - Çarşıbaşı/Fenerköy[344]
* Kudus/Mikrop Dursun (Karabacak) - Sürmene/Balıklı[345]
* Kureyş (Ali Köroğlu) - Akçaabat/Mersin[346]
* Kurnaz (İlker Kıran) - Eynesil[347]
* Majesteleri (Turgut Elevli) - Tirebolu[348]
* Pisluk (Zeki ve Cengiz Kavzoğlu) - Trabzon/Faroz[349]
* Pompacı Mehmet - Trabzon[350]
* Racon Yunus - Giresun/Kumyalı[351]
* Sert Ali (Demirtaş) - Görele[352]
* Şeytan/Tomak (Çağlar Civil) - Eynesil/Boztepe[353]
* Vampir Recai - Giresun/Kumyalı
* Tavuk Orhan - Trabzon/Faroz[354]
* Tilki Mustafa - Bulancak/Küçüklü[355]
* Ziniya (Köksal Yılmaz) - Trabzon/Faroz[356]

8. Balıkçılara duyulan sevgiye ve dostluğa vurgu yapan lakaplar:

* Anikom (Hüseyin Demirkale) - Trabzon/Faroz
* Bızdık Kadem (Çakır) - Espiye/Gülburnu
* Boncuk İsmet - Piraziz
* Çılgın Meloş (Mehmet Altaylı) - Tirebolu
* Çıvanım (Osman Kayıkçı) - Trabzon/Faroz
* Guli (Hasan Türe) - Araklı
* Kanka Ahmet (Akarsu) - Trabzon/Faroz
* Kuşum Aydın - Tirebolu
* Nanuk (Namık Şimşir) - Araklı
* Nuni (Muhammet Küçük) - Araklı
* Mıncık Mustafa - Giresun/Kumyalı
* Mini Mini Aydın - Giresun/Kumyalı vd.

9. Sosyal çevre ve meslekî kültür içinde ortaya çıkan ve veriliş sebebi tespit edilemeyen lakaplar:

* Aga Muzaffer (Bozali) - Trabzon/Faroz
* Agop Ahmet - Giresun/Kumyalı
* Baligo Metin (Öztekin) - Görele

* Baltar Osman (Usta) - Trabzon/Faroz
* Cındık Ali - Giresun/Kumyalı
* Çekçek Özcan - Trabzon/Faroz
* Çoğur Mustafa (Kuku) - Sürmene/Yeniay
* Çürük Familya (Osman Özçilingir) - Trabzon/Faroz
* Dıpıç Veli - Giresun/Kumyalı
* Erük Memet (Yılmaz) - Espiye/Gülburnu
* Felek Erol - Trabzon/Faroz
* Geyik Nabi - Trabzon/Faroz
* Godi Nizam - Giresun/Kumyalı
* Goloş Salih - Trabzon/Faroz
* Goncovuş Hüseyin (Eğrioğlu) - Araklı
* Gover Ağa (İsmail Emir) - Araklı
* Gulle Temel (Soydaş) - Trabzon/Faroz
* Halabut Emrullah - Bulancak/Yalıköy
* Helim Reis (Süleyman Köroğlu) - Akçabat/Mersin
* Hısım Ağa (İhsan Erkaya) - Trabzon/Faroz
* Kayalık Ağası / Kamber Ağa (Osman Mutlu) - Trabzon/Faroz
* Kelle Naim - Giresun/Kumyalı
* Kelleci İbram - Giresun/Kumyalı
* Keski Nevzat / İsmet - Trabzon/Faroz
* Kıraç (Ömer Köroğlu) - Akçaabat/Mersin
* Koca Costik - Giresun/Kumyalı
* Kusto (Zafer Barın) - Görele
* Kürt Mehmet - Trabzon/Faroz
* Laz Yusuf (Tosun) - Giresun/Gemilerçekeği
* Lügof İsmail - Trabzon/Faroz
* Mişon Reis (Namık Akgün) - Akçaabat/Akçakale
* Mudi (Koray Akgün) - Görele
* Müdür Seyfettin (Usta) - Trabzon/Faroz
* Nallı Burhan (Savaşer) - Trabzon/Faroz
* Onbaşı İsmet - Giresun/Kumyalı
* Rabba Recep Ali (Küçükhüseyin) - Sürmene/Yeniay
* Rap Rap Burhan - Giresun/Kumyalı
* Rogo Ömer (Emir) - Araklı
* Sıçaro - Giresun/Gemilerçekeği
* Siçan Osman (Erosmanoğlu) - Trabzon/Faroz
* Simbat Mustafa (Şahin) - Çarşıbaşı/Fenerköy
* Tırık Hakkı - Giresun/Kumyalı
* Yaz Mesut - Giresun/Kumyalı
* Zozi Sıtkı (Bektaş) - Çarşıbaşı/Fenerköy vd.

Fotoğraf: Haluk Eyüboğlu

4.6.3. Deniz Canlılarının Adları

Balık adları, Kıpçak Türkleri döneminden başlamak üzere Türkler arasında onomastik bir unsur olarak kullanılır olmuştur. Eski Uygur Türkçesi metinlerinde (Caferoğlu, 1968) ve Türk dilinin güzide kaynaklarından Divânü Lügati't Türk'te balık ve balık avı araçlarının adlarıyla karşılaşılmaktadır (Çeneli, 1975).

Türkiye'de deniz balıkları hakkında detaylı bilgi veren isimlerin başında uzun süre İstanbul Balıkhanesi müdürlüğü de yapan Karekin Deveciyan yer almaktadır. Türkiye'de balık ve balıkçılık üzerine hazırlanmış ilk ihtisas kitaplarından biri olan ve ilk defa 1915 yılında yayınlanan *Türkiye'de Balık ve Balıkçılık* adlı bu eserinde Deveciyan, balıklar, av araçları ve teknolojileri gibi konular hakkında bilgiler verirken tüm bu unsurların literatür dışındaki adlarına da sıklıkla atıfta bulunmuştur. Deveciyan'dan oldukça uzun bir süre sonra müstakil bir sözlük deniz balıkları özelinde Ü. Nalbandoğlu tarafından 1954 yılında *Türkiye Deniz Balıklarının Sözlüğü* adıyla yayınlanmıştır. Balık adları hakkında Türkiye'de yapılan bu az sayıdaki çalışma arasında Ahmet Caferoğlu'nun 1960 yılında kaleme aldığı *Türkiye Balık Adları* başlıklı makalenin de önemli bir yeri vardır. Caferoğlu, o dönemde daha büyük çapta bir balık adları sözlüğü hazırlamak niyetiyle Mersin, İskenderun ve İstanbul'daki balıkçı toplulukları ile görüşmeler yapmış; ancak ne yazık ki bu çalışmayı neticelendirememiştir.

1983 yılında Varşova'da Alexander Dubinski ile birlikte Slownik Turecko Polski-Polsko Tureçki adıyla bir de sözlük yayınlayan ve Polonezköy örneği özelinde Türkiye'deki Leh kökenli topluluklar üzerine çalışmalar da yapan Polonyalı Türkolog Lucyna Antonowicz Bauer'in Türkçedeki balık adları üzerine İstanbul balıkçılarından derlemeler yaptığı veya yaptırdığı Ahmet Miskioğlu'nun anılarından (2012) öğrenilmektedir. Söz konusu çalışmanın yayınlanıp yayınlanamadığı konusunda bir malumata ulaşılamamıştır. Balık adları üzerine son yıllarda deniz balıkları özelinde Mustafa Pulta(2012) önemli bir çalışma kaleme almıştır.

Türkçede, yabancı kökenli denizcilik terimlerinin kaynağında Ceneviz ve Venedik dilleri varken, balık adları da dâhil olmak üzere balıkçılıkla ilgili terimlerin kökeninde Grekçe veya Rumca yer almaktadır (Pultar, 2010: 81). Türkçede göl ve ırmak gibi kapalı veya iç sucul alanlarda yaşayan tatlı ve acı su balıklarının adlandırılması hususunda bu genellemenin dışına çıkıldığında balıklara verilen adların çoğunlukla Türkçe olduğu görülmektedir. Sazan, sudak, bıyıklı, çılpık, oklama vb. örneklerde rahatlıkla takip edilebilen bu tasarruf, deniz balıklarının adlandırılması hususunda farklılık göstermektedir. Literatürde pek çoğu

Grekçenin ve Rumcanın söz varlığında yer alan kelimelerle adlandırılan deniz balıklarının, balıkçılar başta olmak üzere Türk toplumunun geneli tarafından adlandırılmasında ikili bir tasarruf dikkati çekmektedir. Kimi zaman yabancı adlandırmalar üzerinde fonetik tasarruflarda bulunulmakta ve deniz canlısının literatür adı[357] adeta Türkçeleştirilmekte iken (deniz salyangozunun Yunancadaki karşılığı olan "koholi" kelimesinin Trabzon ve Rize yöresi balıkçıları arasında "gohlis/gohle" şeklini alması örneğinde olduğu gibi) kimi zaman da bu deniz canlılarının literatür adlarından tamamen bağımsız olarak geliştirilen ve çoğu zaman benzetme yoluyla ortaya çıkarılan yöresel adlandırmalar mümkün olabilmektedir (Kalkan balığı için "Sac Balığı" veya "Gambula"; Kırlangıç balığı için "Bey Balığı" denmesi örneklerine olduğu gibi). Bir deniz canlısına aynı yörede bazen birden farklı isim verildiği de görülmektedir. Örneğin deniz yengecinin çeşitli türlerini ifade etmek üzere "bavur, bagorya/pavurya ve cane" gibi adların kullanıldığını görmek mümkündür.

Deniz canlılarının fiziksel özellikleri, davranışları, yaşama alanları (genellikle dere ağızlarında veya kanalizasyon akımları etrafında bulunmasından ötürü kefale "bok balığı" denmesi örneğinde olduğu gibi) veya bazı inanışlar sebebiyle yöresel adlarla anılıyor olmaları durumu sadece Türk toplumu veya Türkçe için geçerli bir durum değildir. Örneğin bünyesinde çok sayıda farklı etnik unsuru barındıran Avustralya toplumunun kıyı popülasyonları içinde aynı balığa çok sayıda farklı adlar verildiği ve bu adlandırmaların Türk toplumundaki tasarruflarla büyük oranda benzediği görülmektedir (Pultar, 2012: VII; Pasiner, 2005: 29).

Türkçe balık adlandırmalarında yaygın olarak görülen bir diğer husus da belirtilen şekillerde verilen isimlerin sonuna "balık" veya "balığı" vurgusunun yapılmasıdır. Bey balığı, kalkan balığı, vb. Araştırma sahamızda bu vurgunun yapılması bağlamında hamsi ve yunusla ilgili özel tasarruflar olduğu tespit edilmiştir. Kaynak şahıslarımızın hemen tamamının Doğu Karadeniz kültürünün simgelerinden biri halini alan hamsiyi, bahsi geçtiğinde "hamsi balığı" şeklinde ifade etmemeye özen gösterdiği gözlemlenmiştir. Bölgenin sözlü kültüründe bu adlandırma tasarrufunun sebeplerini izah edecek türde çeşitli fıkralar ve nükteler de zaman içinde anlatılır olmuştur. Hamsi, yörenin denize olan bağlılığının tarih boyunca en önemli simgesi olmuştur. Zira bolca avlanan ve çok farklı şekillerde tüketilebilen hamsi, adeta kişiselleştirilmiş; duygusal, mazlum ve bonkör bir canlı gibi kabul edilir olmuştur. Tüm bu yönler onu diğer balıklardan ayırmış, onun alelade bir balık olarak kabul edilmesinin önüne geçmiştir.

Adlandırma konusunda hamsi ile benzer durumda olan diğer bir deniz canlısı da yunus olmuştur. Yöre balıkçılarından bir kısmı bu deniz canlısını ifade etmek için "yunus balığı" ifadesini kullanırken bir kısmının sadece "yunus" ifadesi ile yetindiği görülmüştür. Bu son şekli tercih eden balıkçılar, bazı su ürünleri uzmanları ile aynı fikri paylaşarak bu canlının doğum yapan memeli bir hayvan olmasının yanı sıra, zeki ve hisleri olan bir balık olduğunu ve dolayısıyla onun herhangi bir balıkla aynı vasıflara sahip olmadığını ifade ederek "yunus balığı" şeklindeki adlandırmayı doğru bulmamaktadırlar. Yunus'un çeşitli türlerini ifade etmek üzere kullanılan "afalina, tırtak ve mutur" gibi adların sonunda da bu vurgu bulunmamaktadır. Görüleceği üzere yunusa dönük bu adlandırma usulünün sebepleri arasında hamsiden farklı olarak bu canlının fizyolojik özellikleri ve davranışları gibi hususlar belirleyici olmuştur.

Bu son örneklerde de olduğu gibi balıkçılar, balıkları adlandırırken ortak kültürdeki balık adlarının dışında meslekî ihtisas gereği farklı adlandırmalara sıkça başvurmaktadırlar. Ortak kültürde "palamut" şeklinde adlandırılan balığın, meslekî kültürde büyüklüklerine göre "paçoz, vonoz, vb."; benzer şekilde kefal balığının her bir türüne "soyul, tokmak baş / kot kafa ve sarı kulak" adlarının verilmesi bu tasarrufun örneklerinden sadece bazılarıdır.

Araştırma sahasında bazı balıklara, bu balıklardan yararlanma biçimlerine veya etlerinin özelliklerine göre de adlar verilmiştir. Nitekim mezgit balığı için Giresun havalisinde "tavuk balığı" veya "hasta balığı" denilmesi bu türden bir tasarruftur.

Balıkçılar, balıkları adlandırırken yörenin diğer balıkçıları arasında kullanılmayan münferit adlar da kullanmaktadırlar. Çarşıbaşı'nın Kaleköy Mahallesinden balıkçı İbrahim Çetindemir'in (KK-78) lüfere "lüferbegoviç", palamuta "ajans" adlarını kendince sebeplerle vermesi bu tasarrufun örneklerinden sadece bazılarıdır.

Balıkların adlandırılması yolunda tasarruflar aşağıda sıralanırken adların tespit edildiği yerleşimler de belirtilmiştir. Bu tasarruf bazı balık adlarının araştırma sahasında başka havalilerde kullanılmadığı anlamına gelmemektedir.

afala/afalina/afarna : Yunusun en iri cinsi. (Trabzon, Giresun)
ağuli balık : Trakonya balığı. (Sürmene)
ajans : Oldukça hareketli bir balık olan palamutun bu özelliğine de vurgu yapan münferit bir adlandırma. (Çarşıbaşı)
akya : Lüfer balığının en irisi. (Sürmene)
alikonda : Deniz anası. (Sürmene)

altıparmak : Dört yaşına ulaşmış palamut; torik irisi. (Giresun-Trabzon)
amkapağı : Dil balığının küçüğü. (Bulancak)
ayı balığı : Fok balığı. (Trabzon, Giresun)
aziz balığı : Kafasında boynuz şeklinde zehirli dikenleri olan kum balığı. (Tirebolu)
bafra/bağra/bavra/bavur/bavurya/bagorya : Deniz yengecinin büyüğü. (Trabzon, Giresun)
bey balığı : Kırlangıç balığı. (Giresun)
böcek : Karidesin büyüğü. (Trabzon)
cabuga / camuka: 1) Hamsinin bol çıktığı zamanlarda görülen bir cins balık. (Keşap) 2) Hamsinin küçüğü. (Tirebolu)
cana/cağana/cağna/cahana/cığana/zağana/zahana: Deniz yengecinin küçüğü. (Giresun,Trabzon)
caplike : Hamsinin yassı ve zayıf bir türü. (Görele)
cikcik : Midyenin küçüğü. (Trabzon)
cilavra / çilavıra : Kefal balığının küçüğü. (Giresun, Tirebolu)
cücürge : İzmarit balığının dişisi veya küçüğü. (Giresun)
cülle : Kefal balığının küçüğü. (Giresun)
çaça/çeçe : Kefal balığının küçüğü. (Çarşıbaşı, Eynesil)
çağo[358]/çako/çaho/ sağo[359]: İskorpit, trakon balığı. (Akçaabat, Sürmene, Of)
çalar : İskorpit balığı. (Giresun)
çanaklı : Taşlık alanlarda yaşayan ve sümüklü balığına benzeyen bir balık. (Çarşıbaşı)
çarpan : Iskorpit balığı. (Trabzon)
çatalkuyruk : 1) İri hamsi. (Giresun) 2) Kaya balıklarının bir türü. (Tirebolu)
çiçina : Vatoz balığı. (Giresun)
çuka : Mersin balığının bir türü. (Sürmene)
defne yaprağı : Lüfer balığının en küçüğü. (Sürmene)
demirel balığı : Baş kısmının kalınlığından ötürü Süleyman Demirel'e benzetilen bir tür kaya balığı. (Of)
deniz alası : Deniz alabalığı. (Görele)
derviş : Kırlangıç balığının küçüğü. (Giresun)
dıragon : Trakonya balığı. (Giresun, Trabzon)
difrin : Yunus. (Giresun)
dikenli : İskorpit balığı. (Giresun, Trabzon)
dirgona/dirvana/divranos : Vatoz balığı. (Trabzon, Sürmene)
ekşililik : Ekşili adı verilen balık yemeğinin gözde malzemelerinden deniz alabalığı. (Trabzon)
enli ağız : Kaya balıklarının bir türü. (Sürmene)

ermeni siki : Mezgite benzer, dış yüzeyi kaygan bir kaya balığı türü. (Görele)
fangiri : Mercan balığının bir türü. (Trabzon)
galle : Gelincik balığı. (Giresun)
galya : Gövdesi oldukça kaygan bir kaya balığı türü. (Tirebolu)
gambula : Kalkan balığı. (Giresun, Of)
gapçuklu sülük : Deniz salyangozu. (Giresun)
gaste : Karides. (Tirebolu)
gohle/kokle/gohlis: Deniz salyangozu. (Trabzon)
golan : Mersin balığının erkeği. (Sürmene)
gorbaçov : Rus kefali. (Trabzon)
gorçil : İskorpit balığı. (Giresun)
gotbaş / kotbaş : 1) Ağzının görünüşünden ötürü "Özal balığı" da denilen bir kaya balığı türü. (Giresun) 2) Kefal balığının irisi. (Trabzon)
göti patlak : İzmarit balığının dişisi. (Sürmene)
ğovit/gomit : Eti yenmeyen bir kaya balığı türü. (Giresun, Tirebolu, Sürmene)
hane/hani/haneli: Kaya balıklarının bir türü. (Trabzon, Giresun)
hasos / façoz : Kefal balığı. (Trabzon)
haşim balığı : Fener balığı. (Espiye)
ince kum zağanası : Deniz yengecinin küçüğü. (Trabzon)
irina balığı : Dirvana balığı. (Çarşıbaşı)
istavrit canavarı: Orkinos. (Trabzon, Giresun)
kamçı kuyruk : Zehirli vatoz. (Giresun)
kanatlı cane : Deniz kıyısındaki kayalıklar arasında bolca bulunan küçük deniz yengeci. (Giresun)
kandilis/kanzilis: 1) Çekirdeğe benzer küçük bir balık. (Giresun, Trabzon) 2) Karides. (Trabzon)
karaağız : İstavrit balığının irisi. (Giresun)
karaca balık : Mersin balığı. (Trabzon)
karakaş : Palamut büyüklüğünde iri istavrit. (Giresun, Espiye)
kaynana balığı : Tirsi balığı. (Trabzon)
keler : Köpek balığı. (Trabzon, Giresun)
kemençe balığı : Gomit balığının küçüğü. (Tirebolu)
kızıldirik : Kaya balıklarının küçük bir türü. (Tirebolu)
kötek balığı : Minakop balığı. (Trabzon, Giresun)
kum yeşili : Üreme çağındaki yeşil izmarit. (Beşikdüzü)
küflü : Tirsi (Akçaabat)
laro / laho : Mezgit balığının irisi. (Sürmene, Of)
lendanoz/lendinoz: Eşkina balığı. (Trabzon, Giresun)

leş balığı : Yunus. (Avcılığının yapıldığı yıllarda yağı için derisi yüzüldüğü için.) (Akçaabat)
liksiya : "Sümüklü" adı da verilen bir kaya balığı türü. (Sürmene)
mavruşkil/mağruşkil : Eşkina balığı. (Trabzon, Giresun)
makanta : Deniz salyangozu. (Of)
mavi kanat : Kefal balığının bir türü. (Trabzon)
mavili : İzmarit balığının erkeği (Üreme döneminde rengi maviye çaldığı için.) (Giresun)
mezgit çalağanı : İskorpite benzeyen ancak dikenleri açık mavi renkte olan oldukça zehirli bir kum balığı türü. (Tirebolu)
moçin : "Muştak balığı" da denilen bir tür kaya balığı. (Araklı)
musur/mutur/motor : Yunusun bir türü. (Trabzon, Giresun)
muştak balığı : Kaya balıklarının bir türü. (Araklı)
nataşa : Rus kefali. (Çarşıbaşı)
öküz balığı : "Muştak balığı" da denilen ancak bazı yerlerde başı öküz başına benzetildiği için bu adla anılan bir kaya balığı türü. (Trabzon, Giresun)
özal balığı : Ağız yapısı Turgut Özal'ı çağrıştırdığı için bu adla anılan bir kaya balığı türü; gotbaş (Giresun)
paçoz : Palamutun en küçüğü. (Trabzon, Giresun)
paslı : Kaya diplerinde yaşayan, koyu renkli bir balık. (Giresun)
patlak göz : En fazla 20 kg ağırlığa ulaşan bir orkinos türü. (Görele)
pic izmarit : İzmaritin küçüğü. (Trabzon, Giresun)
platika : Çirozluk küçük hamsi. (Sürmene)
sandıklı : Kaya balıklarının bir türü. (Trabzon)
sandukli gohlit : Deniz salyangozu. (Sürmene)
sarıkanat : Lüfer balığının irisi. (Sürmene)
selami balığı : "Sümüklü" veya "öküz balığı" da denilen bir kaya balığı türü. (Espiye)
sibar/sipar : İstavritin en küçüğü. (Çarşıbaşı, Trabzon)
sivri : Torik adı verilen iri palamuttan daha iri olan palamut. (Sürmene, Trabzon)
sivrişka/sivruçka: 1) Mersin balığının küçüğü. (Sürmene) 2) Havyarını dökmüş ve arıklamış mersin balığı. (Sürmene)
siyaçi : Kalkan balığı. (Of)
sofra balığı : Kalkan balığı. (Trabzon, Giresun)
sülük : Deniz salyangozu. (Giresun)
sümüklü : Yüzeyi oldukça kaygan olan; "öküz balığı" veya "arala balığı" adları da verilen bir kaya balığı türü. (Espiye, Çarşıbaşı)
şafliya : "Tiryaki balığı" da denilen, eti yenmeyen bir balık. (Sürmene)

şahriz/şakris : "Sümüklü" adı da verilen bir kaya balığı türü. (Akçaabat)

şip : Mersin balığının en irisi. (Sürmene)

tarak balığı : 1) Karagöz balığı. (Trabzon) 2) İsparoz balığı. (Sürmene)

tarat : İstavrit balığı. (Trabzon)

taş balığı : 1) Kaya balıklarının genel adı. (Trabzon, Giresun) 2) Eşkina balığı. (Trabzon, Giresun)

taş pavuryası : Deniz yengecinin büyüğü. (Trabzon)

tavuk balığı : Mezgit balığı. (Giresun)

tıravla : Balık yakalamak için oltanın ucuna takılan, midyelerin arasından ya da kumdan çıkarılan iki ayrı cinsi bulunan, alt kısmı fosforlu deniz solucanı. (Trabzon, Giresun)

tiriça : Sardalya. (Trabzon, Sürmene)

tirsi : Lüfere benzer, ince yassı bir balık. (Giresun)

tirtak : Yunusun bir türü. (Trabzon)

tokmakbaş : Kefalin büyüğü. (Trabzon, Giresun)

tombik : Orkinos balığının küçüğü. (Akçaabat)

vanoz/vonoz : Orta boy palamut; Çingene palamutu. (Trabzon)

vorongeliz : Kaya balıklarının bir türü. (Sürmene)

yağ baluğu : Yunus. (Trabzon, Giresun)

yalku/yalkuk : Deniz anası. (Keşap, Çarşıbaşı)

yazılı : Üzerinde çizgiler bulunan nispeten küçük bir orkinos türü. (Görele)

yeşil izmarit : Büyük boy, rengi yeşile çalan izmarit. (Trabzon, Giresun)

yılar/yılarya : Kefal balığının büyüğü. (Giresun, Beşikdüzü, Sürmene)

zefli : Kaya balıklarının bir türü. (Vakfıkebir)

zibil : Hamsinin en küçüğü. (Giresun)

zindandelen : İri palamut, torik. (Trabzon, Giresun)

Balıkçılar, balıkların avlaklara girişini fark etmek veya avlakta nerede balık bulunduğunu anlamak için hareketlerine dikkat ettikleri deniz kuşlarına da çeşitli adlar vermişlerdir:

efiya : Bir deniz kuşu türü. (Akçaabat)

gugarina/kukarina: 1) Su tavuğu. (Sürmene) 2) Karabatak (Akçaabat)

golemisya : Boynu uzun gövdesi küçük bir deniz kuşu. (Trabzon, Tirebolu)

zino(s)/cino/sino/vizviz: Hamsi türünde küçük balıklarla beslendiğinden hamsinin avlak sahasına geldiğinin habercisi olan martı ailesinden bir kuş. (Trabzon, Sürmene, Akçaabat)

Sonuç olarak, tespit edilen adlandırmaların % 80'e yakınının Türkçe olduğu dikkati çekmektedir. Diğer adlandırmaların fonetik tasarruflara tabi tutulmuş yabancı adlar olduğu anlaşılmaktadır. Balıkçılar, yukarıda belirtilen sebeplerle deniz canlılarına Türkçe adlar verirlerken bunların literatür adlarını çoğu zaman bilmemekte; bunu bir eksiklik olarak da görmemektedirler.

4.6.4. Deniz Araçları Adları

Denizcilerin teknelerine ad vermelerinin yaklaşık 5 bin yıllık bir gelenek olduğu düşünülmektedir. Teknelerin adları çoğu zaman denizcilerin ruhlarını, sevgilerini, özlemlerini, sevinçlerini yansıtır ve dolayısıyla hayata bakış açılarını ve karakterlerini ortaya koyar. Araştırma sahasında oldukça köklü bir geçmişi olan bu gelenek, teknelere ad vermenin zorunlu hale getirilmesinden istisnasız biçimde herkes tarafından tatbik edilir olmuştur. Balıkçılar arasında "plaka yasası" adı verilen bu yasal düzenlemeyle birlikte denize indirilen her yeni tekneye bir ad verilmiş, teknenin tüm resmi işlemleri plaka numarası ve verilen bu adla gerçekleştirilir olmuştur. Ege ve Akdeniz kıyılarındaki balıkçı kültürleri içinde geçmişte zaman zaman yeni bir tekneye isim bulunması yolunda yarışma kabilinden uygulamalara gidilebilmişken[360] araştırma sahasında benzer uygulamalar tespit edilememiştir.

Türk folklor araştırmaları kapsamında balıkçıların teknelere ad verme usulleri hakkında hazırlanmış yegâne akademik çalışma, Ayvalık balıkçılığı özelinde Şükrü Elçin tarafından gerçekleştirilmiştir. Yaz aylarını tatil maksadıyla Ayvalık'ta geçiren Elçin, 1970 yılında tespit ettiği 173 tekne adının tarihî, sosyal ve kültürel özelliklerine kısaca değindikten sonra veriliş biçimlerine göre adları şu şekilde sınıflandırmıştır:

I. Sahibinin soyadını veya lakabını alan taşıtlar,

II. Sahibinin oğlunun adını alan taşıtlar,

III. Sahibinin kızının adını alan taşıtlar,

IV. Tabiat ile ilgili adlar,

V. Hayvan ve kuş adları,

VI. Çiçek adları,

VII. Yer adları,

VIII. Maddi unsur adları,

IX. Manevi unsurlar ve tasnifin dışında kalan adlar (Elçin, 1997: 477-483).

Giresun ve Trabzon havalilerinde bazı balıkçı toplulukları arasında teknelere ad vermeye dönük bazı tasarrufların geleneksel nitelik kazanmaya başladığı tespit edilmiştir. Örneğin Giresun, Görele, Çarşıbaşı ve Sürmene gibi yerleşimlerdeki bazı 1. tip balıkçı aileleri, avcı teknelerine ailenin balıkçılık geçmişinde önemli bir yeri olan dedelerden birinin ismimi verirken, yedek teknelerine erkek çocuklarından veya torunlarından birinin ismini vermektedirler. Aile, bu suretle bu mesleği kuşaklardır sürdürdüğünü ve gelecek kuşakların da bu mesleği sürdürmeleri temennisinde olduğunu sembolik bir dille ortaya koymaktadır.

Meslekî kültürleri arasında zaman zaman farklılıklar bulunsa da Giresunlu ve Trabzonlu balıkçılar teknelerini adlandırırken çoğu zaman benzer tercihler ortaya koymuşlardır. Aşağıda belirtilecek sınıflandırma başlıklarında görülen paralellikler dışında, Trabzon yöresinde balıkçı teknelerinin adlarının sonuna yoğun biçimde "61" plaka numarasının eklendiği görülmektedir. Bu tavır, Trabzon balıkçılarındaki kadar yaygın olmasa da Giresun balıkçıları arasında da görülebilmektedir. Alan araştırmaları sırasında Trabzon yöresinde sadece Akçaabat ve çevresinde bulunan 280 tekneden 100 kadarının isminin sonunda bu plaka vurgusunun yapıldığı tespit edilmiştir. Türkiye'nin ve Avrupa'nın farklı pek çok bölgesinde yaşayan çok sayıda Trabzonlunun memleket tutkusunu ve özlemini ifade etmek üzere kullanır olduğu "*Bize her yer Trabzon!*" söylemi, balıkçılarca da uğranılan her limanda veya barınakta bu isim tasarrufu ile adeta tekrar edilmektedir.

Araştırma sahasında paralellik arz eden bir başka adlandırma tasarrufuna göre 1. tip balıkçı aileleri teknelerine erkek çocuklarının isimlerini vermeyi tercih ederken bazı yerleşimlerde 2. ve 3. tip balıkçı ailelerinin teknelerine kız çocuklarının ismini vermeyi tercih ettikleri müşahede edilmiştir. Bu tercihin örnekleriyle başka denizci kültürlerinde de karşılaşılmaktadır. Örneğin Batı toplumlarında deniz taşıtlarının çoğunlukla kadın isimleri taşıdıkları bilinen bir durumdur. Öte yandan yıllarca tekne hayali kuran ve pek çoğu amatör balıkçı olan emeklilerin (3. tip), yaptıracakları teknenin adını tekne yapılmadan yıllar öncesinden kararlaştırdıkları tespit edilmiştir.

Giresun ve Trabzonlu balıkçılarının teknelerine isim verirken Doğu Karadeniz'in diğer yörelerinde de örneklerine rastlanır biçimde genellikle şu yolları tercih ettikleri görülmektedir:

a. Aile soyadına göre:

Köroğlu Balıkçılık (Trabzon)	Eyüboğlu Kardeşler (Giresun)
Akgün Balıkçılık	Kul Balıkçılık
Saral Balıkçılık	Bozatlı Kardeşler
Malkoçoğlu	Ejderoğlu

Yılmaz Balıkçılık
Şahin Balıkçılık
Özlü Kardeşler
Özmen-61

Ertürk Kardeşler
Fat Balıkçılık
Aydenizler
Firidin Kardeşler

b. Aile büyüklerinin (dede, baba vb.) isimlerine göre:

Gilivri Ahmet (Trabzon)
Habib Reis-4
Hacı Temel Reis
Hacı Yusuf
Hüsnü Reis-2
Kaptan Hacı Yunus
Mustafa Çağlar
Müdür Seyfettin
Remzi Ağa

Hacı Ahmet Çeceli (Giresun)
Ali Reisoğulları
Hacı Hüseyin
Hacı Yılmaz
Halittin Reis
Kazım Reis
Kemal Reis
Mehmet Fatoğlu-1
Niyazi Kaptan

c. Çocukların veya torunların isimlerine göre:

Burak Balıkçılık (Trabzon)
Can Kardeşler
Ergün Kardeşler
İremsu-61
Kaan
Mertcan-61
Oğuzcan-61
Pınar-61
Sema-3

Banu (Giresun)
Baran
Barış
Burak Kaptan-1
Damla Can
Elvan
Enes-28
Ezgi
Feray

ç. Balıkçıların kendi isimlerine göre:

Hasan Reis (Trabzon)
Hayrettin-1
H. Koca
H. Kurt
İzzet

Abdullah Reis (Giresun)
Asaf Zeki Kitapçı
Beytullah Reis
Hayrettin Kaptan
Kadir Reis

d. Aile veya kişi lakaplarına göre:

Ağır Abi 61 (Trabzon)
Avcı Baba
Baba Ahmet/Aydın/Celal/Galip
Baba Karabina
Bey Efendi
Böcek-61
Casa

Acente (Giresun)
Aktör
Albay
Babacani
Cino
Divdo
Fenerci Ağa

Cobur
Çavuşdayı-1
Çörçil-1
Dede Reis
Doktor
Düsse Mehmet
Efe Mustafa
Emice
Gara Reis
Godik Reis
Gümgüm
İki As
İhtiyar
İmam
İmparator-61
Kara Dayı Balıkçılık
Kasırga Kaptan
Keski
Kırno
Kolombo
Komutan
Koreli
Korsikalı-61
Küçük Ağa
Lalük
Margo Balıkçılık
Pir Sultan
Sert Ağa
Sülün Dayı
Sütoğlan
Topraksız Ağa
Yarım Ağa vd.
Gallanco İdris
İnco
İstanbullu
Kapak Reis
Komutan
Komando-1
Kör Galip
Körünoğlu Baba Kazım
Kral
Lemlo
Mutuk
Ofli
Otobüscü-28
Tortumlu

e. Tabiat olaylarının adlarına göre:

Alize 61 (Trabzon)
Alizem
Dalga-1
Esinti-3
Fırtına-61
Gökkuşağı-61
Karayel61
Kestane Karası
Alize (Giresun)
Çiğse
Esinti
Fırtına-28
Gökyüzü
İmbat-28
Karayel-28
Lodos

Meltem
Poyraz
Rüzgâr-61
Samyeli-1
Şimşek
Güneş
Şimal Yıldızı
Şimşek
Tsunami
Yakamoz 61
Yıldırım-61
Poyraz
Samyeli-28
Yakamoz-28

f. Yer adlarına göre: Bu başlıkta mensup olunan memleket ya da yöre adı gibi herhangi bir bölge ya da yer adı tercih edilebilmektedir.

Ayasofyalı (Trabzon)
Baştımar-1
Bayburt
Boztepeli
Çatal Zeytin
Darıca
Kemerkaya-1
Darıcalı
Ekvator 61
Faroz-61
Galanima-1
Hastikoz
Hıdırnebi
Kadırga-1
Kalamış-61
Karadeniz Balıkçılık
Kerem Balıkçılık
Keremköy
Kıbrıs-61
Maçkalı
Mahnolu-61
Öz Mersin
Salacıklı Remzi
Sebatlı
Trabzon Su Ürünleri
Yeniay
Ayvasıl Balıkçılık (Giresun)
Bodimeli
Boztepe 28
Eğribel
Ege
Güzelyalı
Hazar
Karayip-28
Karadeniz-1
Özeğriceli
Özlü
Pırazizlı
Sisdağı

g. Hayvan adlarına göre:

Atmaca 61 (Trabzon)
Balık
Beyaz Balina
Cemoka
Ceylan-61
Çinekop
Deniz Kuşu-61
Denizyıldızı-1
Eşkina
Gök-Tay
Hamsi
Horozum
Kanarya-61
Kartal 61
Kelebek
Dragon
Kobra 61
Martı
Penguen-2
Tirsi 61
Torik 61
Vatoz
Yalı Çapkını
Yalnız Kurt-2
Yeşilkanat

Albatros (Giresun)
Atmaca
Cane (Yengeç)
Ceylan-28
Deniz Aslanı
Deniz Kuşu
İskorpit
Kanarya-28
Kırlangıç-1
Kuğum
Lendonoz
Martı
Sülün
Tırtak
Zindandelen

h. Bitki adlarına göre:

Beyazgül-61 (Trabzon)
Erguvan-61
Manolyam
Kırmızı Gül-61
Menekşe
Papatyam-61

Yabangülü (Giresun)
Kardelen
Deniz Gülü

ı. Mahalli kelimelere göre:

Guhu (Trabzon)
Koçi
Kranda-61
Liva
Misgona

Orfoz-61
Sindoma-1
Sisore
Zifona

i. Doğaüstü varlık ve olayların adlarına göre:

Canavar (Trabzon)
Deniz Kızı-61
Mavi Sır

Deniz Perisi (Giresun)
Peri Kızı

j. İnanç ve emek vurgusuna göre:

Alınteri-1 (Trabzon)
El Rahman
Hızır-61
Kader
Kaderim-61
Dursun Rasgele
Nazar
Yed i Beyza

Huzur (Giresun)
Kaderim-5
Kısmet-6
Sabırtaşı

k. Mizaç ve abartı vurgusuna göre:

Azgın (Trabzon)
Dalgıç Yıkar
Denizlerin Hakanı
Hırçın
Muhteşem-61
Şekerbaba-61
Yorgun

Derbeder (Giresun)
Neşeli
Rüzgârın Oğlu
Yorgun

l. Yabancı kültürlerdeki adlara göre:

Capitano (Trabzon)
Feliçita-61
Firondoli
Jaws
Joke
Mazda
Melinda

Nirvana-1 (Giresun)
Royal

m. Sevgi ve bağlılık vurgusuna göre:

Kara Gözlüm (Trabzon)
Sevbeni
Tutkum-1

Arkadaş-28 (Giresun)
Aşkım Kaptan
Aşkım-2

Vefalı	Ballım
Vuslat 61	Mavilim
Yorgun Gözler	Şekerim-1
	Tutkum-1
	Vuslat-1
	Dayı-Yeğen

n. İdeoloji ve etnisite vurgusuna göre:

Kafkas Kartalı (Trabzon)	Bozkurtlar (Giresun)
Dağıstanlı-61	
Oli Sahra	

o. Tarihî ve efsanevî şahsiyetlerin adlarına göre:

	Cengiz Topel (Giresun)
	Çakabey
	Mican

4.6.5. Deniz Topografyasına Ait Unsur ve Avlakların Adlandırılması İle İlgili Tasarruflar

Çalışma ortamı açık ve geniş mekânlar olan tüm mesleklerde katılımcılar, yürüttükleri faaliyetin çevre ile olan ilişkisini organize etmede ve tanımlamada pek çoğunu geleneksel yollarla edindikleri zengin çevre bilgisinden yararlanırlar. Örneğin hayvan sürülerinin bakımından ve emniyetinden sorumlu olan bir çoban, mevsimlere göre hangi mevkilerin otlak vasfı taşıdığını, hangilerinin hayvan sürülerinin daha iyi beslenmesine imkân sağlayacak türde ve emniyetli olduğunu bilir. Çevre bağlamında sahip olunan bu meslekî bilgi, aynı çevre koşullarında çalışan tüm mensupların ortak bilgi birikimi içinde yer alır. Meslekî bilginin paylaşımı veya yaşanan bir olayın mesleğin diğer katılımcılarına aktarılması gibi durumlarda her mevki veya daha özelde bu mevkilerde bulunan topografik unsurlar katılımcıların dağarcığında mevcut olan adları (toponim) ile zikredilirler. Kara ve deniz avcılığı gibi mesleklerde de mensuplar, meslekî uygulamalarda etkili olan topografik unsurları çeşitli biçimlerde adlandırma yoluna giderler. Topografyanın adlandırılmasına dönük tasarruflar kimi hallerde ortak kültürün hafızasına da sirayet eder ve bir kayalık, patika veya mevki hem meslek üyeleri hem de bu coğrafyada yaşayan diğer insanlar tarafından aynı adlarla hafızalara yerleşebilir. Türk toplumu, coğrafyayı tüm unsurlarıyla vatan haline getirirken sadece genel toponimlerle yetinmemiş, içinde yaşadığı çevrenin unsurlarını ifade etmek üzere özel toponimlere de müracaat etmiştir. Hayatlarının büyük bölümünü denizde geçiren balıkçıların, çoğu zaman kara topografyasında karşılaşılan bu tasarrufu denize uyarlamaları doğal bir durumdur. Deniz, çalışma ve yaşam alanı olması hasebiyle onların meslekî kültürlerinin merkezî unsurudur. Çobanlık örneğinde olduğu gibi onlar da birbirlerine mevki tarif ederken veya denizde başlarından geçen bir olayı anlatırken tercih ettikleri bu adlandırma sistematiğinden yararlanırlar.

Giresun ve Trabzon havalileri balıkçıları, zengin ad folklorları içinde, balıkçılığın icra edildiği diğer deniz alanlarında olduğu gibi, kendi av sahalarındaki deniz topografyasının hemen tüm unsurlarını adlandırma yoluna gitmişlerdir. Balıkçılar, gözle fark edilebilen kayalar, taşlar, adacıklar, vadi ağızları, ırmak-deniz buluşma hatları gibi topografik unsurların yanı sıra deniz tabanındaki yarıklar, yükseltiler, taşlık veya kumluk alanlar ve özellikle bazı balık türlerinin avlanması sebebiyle tebarüz eden mevkilere çeşitli adlar vermişlerdir. Deniz topografyasında herkes tarafından fark edilebilen alanlara verilen isimler kıyı şeridinde yaşayan ve meslekle bağı olmayan ahali tarafından da aynı şekilde adlandırılabilirken deniz tabanındaki topografya unsurlarının adları çoğu zaman yalnızca balıkçılar tarafından bilinmektedir. Yine bu paralelde deniz yüzeyini işaret eden toponimler ortak kültüre ait adlar olabilirken deniz tabanını işaret eden toponimler balıkçılar tarafından verilmektedir. Balıkçılar deniz yüzeyindeki veya tabanındaki topografik unsurları adlandırırken genellikle şu etmenleri dikkate almışlardır:

a) Adlandırmaya esas olan unsurun fiziki yapısı, görünüşü,
b) Etrafında yaşanan veya yaşandığı rivayet edilen bir olay,
c) Yakınında bulunan karasal mevki,
ç) Yakınında bulunan yerleşim, konut veya bir başka yapı
d) Deniz altı topografyasının fiziki, karakteristik özellikleri,
e) Sebebi bilinmeyen adlandırmalar.

Araştırma sahasında tespit edilen bu türden adlandırmalar belirtilen başlıklara göre ayrılmadan aşağıdaki gibi belirtilmiştir:

Ada : Eynesil havalisinde, deniz tabanında taşlık yükseltinin bulunduğu deniz mevkii. (KK-6)

Aktaş Başı : Zefre ile Espiye arasındaki tünelin girişine denk gelen ve bugün Petrol Ofisi'nin denizden tankerle mazot boşalttığı deniz alanına verilen isimdir. Uzun yıllar balıkçılar için verimli bir av sahası olmuştur. (KK-25)

Ali Osman Reis'in Kayası : Akçaabat Mersin havalisinde eski ve ünlü bir balıkçının adı ile anılan kaya. (KK-154)

Angisa Başı : Tirebolu limanının açığındaki deniz tabanında bulunan taşlık (ilişken) yükselti. (KK-155)

Asarkaya/Asalli[361] : Keşap ilçesi Hisarüstü Köyü, Kalecik yalısı karşısında bulunan ve Türk hâkimiyeti öncesinde ve Osmanlı dönemlerde idam mahkûmlarının cezalarının infaz edildiği rivayet edilen kayalıklar. Kayanın üstüne darağacının kurulduğunu düşündüren yapay çukurlar da mevcuttur. (KK-23)

Asiye Hanımın Önü : Trabzon Yomra havalisinde bulunan ve tek başına yaşayan Asiye isimli bir kadının evinin önündeki deniz mevkiini ifade etmek üzere kullanılan tabir. (KK-77)

Aşgana Taşı : Tirebolu'da, geçmişte balıkçıların av arasında mola verdikleri ve karınlarını doyurdukları rivayet edilen taş. Araştırma sahasında aşhane kelimesinin yerel söylenişi "aşgana" şeklindedir. (KK-104)

Balık Taşı : Sürmene Balıklı havalisinde Kukul Taşı olarak bilinin taşın kuzeyinde yer alan taş. (KK-57)

Başkaya : Trabzon Faroz havalisine bulunan ve mahallenin deniz kültüründe önemli yeri olan bir kayalık. (KK-37)

Belemüt Taşı : Giresun Emniyet Müdürlüğü binasının karşısındaki deniz alanında gözle zor fark edilebilen taşın adı. Uzun yıllar Gemilerçekeği balıkçılarının gözde avlaklarından olmuş, etrafında çapari ile izmarit gibi kıymetli balıklar da avlanabilmiştir. (KK-156)

Beşik Taşı : Tirebolu Devlet Hastanesinin bitişiğindeki tepenin önündeki deniz alanında bulunan taşlardan biri. (KK-104)

Bodama Taşı : Akçaabat'ın Mersin beldesinde, geçmişte Trabzon'da rahatça denize giremeyen kadınların tercih etikleri mevkiin adı. (KK-69)

Boklu Kaya : Trabzon'un Faroz Mahallesi deniz alanında bulunan ve burada konaklamayı tercih eden martıların dışkılarından ötürü bu isimle anılan kaya. (KK-37)

Boncuklu/Pamuklu Kaya : Trabzon'un Faroz Mahallesi deniz alanında yosunlarla ve midyelerle kaplı olduğu için bu isimle anılan kaya. (KK-37)

Bostanburnu Üstü : Eynesil havalisinde Bostanburnu adı verilen karasal mevkiin karşısındaki deniz alanı. (KK-69)

Boşa Taşı : Akçaabat'ın Mersin beldesi deniz alanında bulunan taşlardan biri. (KK-157)

Burbut Kaya : Sürmene'de bugünkü viyadük alanının bitişiğinde bulunan kaya. (KK-57).

Büyük Çapriya : Sürmene'nin Balıklı Mahallesinde, Hürriyet çay alım yerinin önünde, sahilde ve denizde bulunan kayalıklardan biri. (KK-57)

Büyük Pilima Kayası : Trabzon'un Faroz Mahallesi deniz alanında bulunan çok sayıda taştan biri. (KK-37)

Büyük Yedi Kardeş : Sürmene'nin Balıklı Mahallesinde bulunan balıkçı barınağının inşası sırasında dolgu alanı altında kalan taşlardan biri. (KK-57)

Büyük Yoksul Taşı : Akçaabat'ın Mersin beldesinde ahalinin denize girdiği ve gençlerin viya yaptığı alanda bulunan taş. (K.K.-158)

Cenabet Gölü : Tirebolu ilçesi merkez sahilinde, geçmişte insanların yıkanmak maksadıyla gittikleri için bu adla anılan ve yine geçmişte balıkçıların balık sürgünü zamanlarında bolca balık avladıkları çanak biçimli kıyı mevkii. Kıyı dolgusu çalışmalarından sonra dolgu alanı altında kalmıştır. (KK-27)

Cincinin Taşı : Sürmene'nin Balıklı Mahallesindeki balıkçı barınağının inşası sırasında dolgu alanı altında kalan ve "Cinci" lakaplı bir balıkçının kayık damının önünde olduğu için bu adla anılan taş. (KK-57).

Çakıroğun Taşı : Sürmene'nin Balıklı Mahallesindeki balıkçı barınağının bitişiğinde, eski sahilden 30-40 metre açıkta bulunan, Çakıroğulları sülalesinin oturduğu mevkiin önündeki deniz alanında bulunması hasebiyle bu adla anılan taş. (KK-57)

Çamburnu : Espiye'nin Gülburnu (Zefre) Köyü eski çekeğinin batı tarafında kalan deniz fenerinin yan tarafındaki deniz alanına verilen isim. (KK-25)

Çatlak : Tirebolu havalisinde, önce yükselen sonra derinleşen taban topografyasına sahip deniz alanı. (KK-155)

Çatlakbaşı : Espiye'nin Gülburnu (Zefre) köyünde eski çekeğin karşısında asma karayolunun biraz ötesindeki deniz alanına verilen isim. Oldukça derin bir kuyu özelliği taşıya bu alan balıkların yumurtlama alanı olarak kabul edilmektedir. (KK-25)

Çınarlık Taşı : Beşikdüzü limanının hemen ardında bulunan 6-7 kulaç derinliğe sahip olan ve algarna ile salyangoz avcılığının henüz yaygınlaşmadığı yıllarda yeşil izmaritin bolca av verdiği taşlık (ilişken) alan. (KK-1)

Çifte Kavak : Trabzon'da havaalanın yakınlarında, adını karşısındaki karasal alanda bulunan ağaçlardan alan deniz mevkii. (KK-77)

Çifte Taş : Tirebolu'da Devlet Hastanesi'nin karşısındaki deniz alanında bulunan ve Mayıs 7'si şenliklerinde ahalinin etrafında çeşitli ritüeller gerçekleştirdiği iki taş. (KK-104)

Çiniya Taşı : Sürmene'nin Balıklı Mahallesinde, Memişağa konağının batısında, "Koro" lakaplı eski muhtar Enver'in evinin önünde bulunan ve üzerine konan küçük martıların (cino) bolca dışkı bırakmasından ötürü bu adla anılan taş. Sürmene havalisinde kanatlı hayvanların dışkılarına "çiniya" denilmektedir. (KK-57; KK-59)

Çürükkale Burnu : Tirebolu'da Bahçeci Yalısını da bünyesinde barındıran deniz mevkii. (KK-104)

Dalyan Taşı : Sürmene'nin Balıklı Mahallesinde bugünkü balıkçı barınağının batısında ve açığında bulunan ve barınak inşası sırasında dolgu altında kalan; dalyan alanı içinde olması hasebiyle de bu isimle anılan taş. (KK-57)

Dedenin Mili : Sürmene'de bugünkü viyadük alanında bulunan ve dolgu alanı altında kalan taşlardan biri. (KK-57)

Değirmen önü : Yomra ilçesi deniz alanında, karşısındaki karasal alanda bulunan değirmenden adını alan mevki. (KK-77)

Delikli Taş : 1) Tirebolu'nun Yılgın köyü karşısındaki deniz alanında bulunan ve üzerindeki deliklere eskiden kayıkların bağlandığı rivayet edilen taş. (KK-27) 2) Giresun'un doğu yakasında Alman Çeşmesi olarak anılan mevkinin karşısındaki deniz alanında bulunan ve kıyı dolgusundan sonra tahrip olan taşlardan biri. (KK-159)

Demirli Taşı	: Sürmene'de Bugünkü Zarha balıkçı barınağının içinde bulunan ve dolgu alanı altında kalan taşlardan biri. (KK-57)
Denizcim Taşı	: Trabzon il merkezindeki deniz alanında bulunan ve geçmişte bir balıkçı tarafından bolca balık avlandığı için bu isimle anılan taş. (KK-77)
Dere Taşı	: Sürmene'de Kocabal Deresi'nin denizle buluştuğu alanın önündeki taş, konumundan ötürü bu adla anılır olmuştur. (KK-57)
Dimbo Kayası	: Sürmene'nin Çamburnu beldesi sahilinde bulunan, çocukların denize atlama usullerine yörede verilen isimden ötürü bu adla anılan kaya dolgu alanı altında kalmıştır. (KK-61)
Dirdop Taşı	: Sürmene'nin Soğuksu Mahallesi Kaban mevkiinin doğusunda bulunan ve buradan denize atlayan çocukların "dirdop" denilen bu usulle atlamalarından ötürü bu isimle anılan taş. (KK-57)
Dökme Taş	: Keşap ilçesi Hisarüstü Köyü sınırları içinde bulunan Kalecik yalısı karşısındaki deniz alanında bulunan taşlardan biri. (KK-23)
Dönertaş	: Sürmene'de bugünkü Zarha balıkçı barınağının içinde bulunan ve dolgu alanı altında kalan taşlardan biri. (KK-57)
Dumbul Kaya	: Sürmene'de bugünkü viyadük alanının doğusunda bulunan ve dolgu alanı altında kalan taşlardan biri. (KK-57)
Düz Kaya	: Sürmene'nin Balıklı Mahallesinde Hürriyet çay alım yerinin önünde, kıyı dolgularından sonra bir kısmı sahilde, bir kısmı ise denizde kalan taş. (KK-57)
EşşekTaşı	: Sürmene'nin Soğuksu Mahallesi deniz alanında bulunan taşlardan biri. (KK-57).
Eynesil Taşı	: Tirebolu ilçe merkezinin batısındaki deniz alanında bulunan taşlardan biri. (KK-104)
Fani Taşı	: Tirebolu ilçe merkezinde, eski parkın uç kısmında yer alan ve yörede meşhur olan Fani Bey isimli birinin burada denize girmesinden ötürü bu adla anılan taş. (KK-99)
Fırın Taş[362]	: Tirebolu'nun Yılgın Köyü karşısında bulunan kayalardan biri. Bu kayanın üstünde fırını andıran doğal bir şekil olduğundan bu isimle

anılır olmuştur. Ayrıca kayık bağlamak için çok eski dönemlerden kaldığına inanılan taş mapalar bulunduğu rivayet edilmektedir. Fırın Taş'ın etrafında bolca "bavur" (deniz yengeci) bulunduğundan meraklıları buralarda bavur tutmuşlardır. (KK-27)

Fıstık Burnu	: Espiye'nin Gülburnu (Zefre) çekeğinin doğu tarafındaki burnun karşısındaki deniz alanı. (KK-25)
Fiy Yalısı	: Giresun'da şimdiki Vali Konağı'nın alt tarafındaki sahil alanına geçmişte verilen isimdir. Yalıda yunus avcıları uzun yıllar yağ kaynatmışlardır. (KK-96)
Foka Taşı	: Tirebolu ilçe merkezinin batısında bulunan ve Çifte Taşlar adı verilen kayalıkların bitişiğindeki taş. (KK-104)
Frondoli Taşı	: Sürmene'de bugünkü Zarha balıkçı barınağının içinde bulunan ve dolgu alanı altında kalan taşlardan biri. (KK-57)
Gağur Havzası	: Sürmene'de bugünkü viyadük alanının batısında bulunan deniz mevkii. (KK-57)
Ganli Kaya	: Akçaabat'ın Mersin beldesinde bulunan ve bitişiğinde bir balıkçının ölmesinden ötürü bu adla anılan taş. [Kanlı Kaya] (KK-157)
Gavuklu Taşı	: Tirebolu'da Töngel Taşı diye adlandırılan taşın bitişiğinde bulunan ve şekli kavuğu andırdığı için bu adla anılan taş. (KK-104)
Gavur Taşı	: Sürmene'de geçmişte Urumluk da denilen Gölonsa Mahallesinden yaşayan Rum çocuk ve gençlerinin denize girdikleri yer olmasından ötürü Soğuksu Mahallesi ahalisi tarafından bu adla anılır hale gelen taş. (KK-57)
Gelin/Gelincik Taşları	: Giresun ili merkezinin doğu çıkışında sanayi bölgesinin karşısında denizde bulunan ve sahil yol çalışmaları sırasında dolgu alanı altında kalan taşlar. (KK-12)
Gemi Taşı	: Tirebolu'nun Kaynarca mevkiinde bulunan ve gemiye benzetildiği için bu isimle anılan taş. (KK-27)
Giresun Taşı	: Tirebolu ilçesi merkezinde Usturama olarak adlandırılan mevkiin yan tarafında, rıhtımın açığında bulunan taşlardan biri. (KK-27)

Gogosa Taşı	: Tirebolu ilçe merkezinin deniz alanında bulunan ve dolgu alanı altında kalan taşlardan biri. (KK-104)
Ğalko Taşları	: Sürmene'nin Kastel mevkiinde, bir kısmı dolgu alanı altında kalan taşlar. (KK-57)
Ğoli Taşları	: Sürmene havalisi deniz alanında bulunan ve çokça yosun (ğoli) bağlamasından ötürü bu adla anılan taş. (KK-57)
Hanımın Evinin Önü	: Trabzon'da şimdi Dünya Ticaret Merkezi'nin bulunduğu yerde yaşayan Ongan ailesinin annesinin evinin önündeki deniz alanını ifade etmek üzere kullanılan mevki adı. (KK-77)
Harmanlı Kayası	: Trabzon'un Faroz Mahallesi deniz alanında bulunan taşlardan biri. (KK-37)
Havuza Taşı	: Sürmene'de bugünkü Zarha balıkçı barınağının içinde bulunan ve dolgu alanı altında kalan taşlardan biri. (KK-57).
Hocanın Taşı	: Trabzon ili merkezinin doğusunda bulunan ve "Hoca" tabir edilen birinin evinin önündeki deniz mevkiinin adı. (KK-77)
Hupsi Başı	: Trabzon havaalanının üst kısmındaki deniz alanına verilen ad. (KK-77)
İbraam Taşı	: Tirebolu halk plajının hemen açığında bulunan ve İbrahim adında bir çocuğun burada boğulmasından sonra bu isimle anılır olan taş. (KK-27)
İkiz Kaya	: Keşap'ın Hisarüstü Köyü sınırları içinde bulunan Kalecik yalısı karşısındaki kayalardan biri. (KK-23)
İmisoğun Gölü	: Akçaabat'ın Mersin beldesinde denizle karanın birleştiği bir alanın adı. (KK-158)
İn Önü	: Keşap'ın Hisarüstü Köyü sınırları içinde bulunan Kalecik yalısı civarındaki deniz mevkilerinden birine verilen ad. (KK-96)
Kabadağ	: Tirebolu ilçe merkezinin batısında bulunda ve yörede "Fırıntaş" ve "Gölağzı" şeklinde bilinen taş ve mevki arasında kalan deniz alanının adı. (KK-155)
Kaban Taşı	: Sürmene'de bugünkü viyadük alanının bitişiğinde bulunan taşlardan biri. (KK-57).
Kaba Taş	: Tirebolu ilçe merkezinde "Usturama" olarak adlandırılan mevkiin yan tarafında, rıhtımın açığında bulunan taşlardan biri. (KK-155)

Kalebaşı	: Eynesil Kalesi'nin karşısındaki deniz alanı. (KK-6)
Kalebaşı İlişkeni	: Eynesil'de kalenin karşısında bulunan sığ ve tabanı taşlık (saylık) deniz alanı. (KK-6)
Kalkancı Adası	: Keşap ve Espiye ilçeleri arasında deniz tabanında bulunan ada şeklindeki yükselti. (KK-96)
Kalpak Taşı	: Espiye'nin Gülburnu Köyü eski çekeğinin batısında bulunan, ancak dolgu çalışmaları sonrasında karasal alan içinde kalan ve kalpağı andıran şeklinde ötürü bu adla anılan taş. (KK-25)
Kanlı / Ganli Kaya	: Trabzon'un Faroz Mahallesi deniz alanında bulunan ve üzerindeki midyelerin, kayanın üstüne çıkanların ayaklarını kesmesinden ötürü bu isimle anılan kaya. (KK-5)
Kanlıdere	: Yomra'da eskiden vurulma olayı olmuş. Bu olayın olduğu yeri ifade etmek için bu isim verilmiş. (KK-77)
Kara Taş	: Sürmene'de Kocabal deresinin doğusunda bulunan taşlardan biri. (KK-57)
Karacehennem (Dikili)	: Araklı havalisinde eski bir gemi batığının bulunduğu deniz alanı. (KK-54)
Karacehennem Taşları	: Sürmene'de deniz fenerinin kuzeyinde bulunan taşlar. (KK-54)
Karagöz Taşı	: Tirebolu ilçe merkezinde Devlet Hastanesi hizasındaki tepenin önündeki taşlardan biri. (KK-104)
Karanluğun Yalisi	: Çarşıbaşı'nda yakın geçmişe kadar Alaturbi şenliklerinin de yapıldığı kıyı şeridi. Bu mevkide yaşayan birinin lakabından hareketle bu şekilde adlandırıldığı tahmin edilmekte. (KK-110).
Kaş Götü	: Beşikdüzü'nde limanın hemen açığında bulunan, balıkçıların geçmişte bolca kötek, mavruşkil, sarıkulak ve kum yeşili (yeşil izmarit) avladıkları mevki. (KK-1)
Kavak Taşı	: Sürmene'nin Balıklı Mahallesi deniz alanında bulunan ve yöre halkı tarafından "Çiniya Taşı" şeklinde adlandırılan taşın batısında yer alan taşlardan biri. (KK-57)
Kaynarca	: Tirebolu'nun Kiliseburnu mevkii ile Yılgın Burnu arasındaki deniz alanı. (KK-155)

Kazalak Taşı : Sürmene'de Hasan Tahsin Kıralı İlkokulunun önündeki deniz alanında bulunan taş. (KK-57)

Kazan Gölü : Tirebolu'da dolgu alanı altında kalan Cenabet Gölü adlı mevkiden geriye kalan çanak biçimli kıyı mevkii. (KK-27)

Kazan Taşı : Akçaabat'ın Mersin beldesi deniz alanında bulunan taşlardan biri. (KK-160)

Keçi Adası : Giresun Gemilerçekeği havalisinde deniz tabanında bulunan ve geçmişte çevresinde oldukça verimli avların gerçekleştirildiği taban yükseltisi. (KK-12)

Kefaliya Taşı : Sürmene'nin Balıklı Mahallesinde, Memişağa konağının önünde bulunan ve geçmişte etrafında bolca kefal balığı barındırmasından ötürü bu adla anılan taş. (KK-57)

Kel Kaya : Trabzon'un Faroz Mahallesi deniz alanında bulunan ve üzerine yosun veya midye bulunmadığı için bu isimle anılan taş. (KK-37)

Kız Kayası : 1) Of'ta bugünkü otobüs terminalinin karşısında bulunan ancak kıyı dolgusu altında kalan kaya. (KK-67) 2) Sürmene'nin Çamburnu beldesi sahilinde bulunan ve geçmişte annelerinin refakatinde kızların yıkandığı yer olmasından ötürü bu isimle anılan kaya, dolgu alanı altında kalmıştır. (KK-61)

Kızılca Taşı : Tirebolu Ilçe merkezinde, şimdiki Kumyalı sahilinde bulunan ve dolgu alanı altında kalan taş. (KK-104)

Kilit Taşı : Giresun'un doğu yakasında Alman Çeşmesi olarak anılan mevkinin karşısındaki deniz alanında bulunan ve kıyı dolgusundan sonra tahrip olan taş. (KK-159)

Kiraz Taşları : Sürmene'nin Balıklı Mahallesi balıkçı barınağının doğu tarafında bulunan ve dolgu alanı altında kalan taş. (KK-57)

Kollor Taşı : Sürmene'de Zarha balıkçı barınağının doğusunda bulunan taş. (KK-57).

Koltuk Taşı : Tirebolu'nun batı girişinde, "Beygir Kumu" olarak anılan mevkide bulunan ve koltuğa benzerliğinden ötürü bu isimle anılan taş. (KK-27)

Konakönü Karagöz Mevkii: Araklı ilçesi merkezi deniz alanında bulunan ve geçmişte karagöz balığının bolca avlanmasından ötürü bu isimle anılan mevki (KK-54)

Korsan Burnu : Beşikdüzü ilçesi deniz alanında bulunan bir mevki. (KK-1)

Kovata Burnu/Başı : Trabzon ili merkezinin doğusundaki Şana Irmağı yakınlarında, balıkçıların çokça tercih ettikleri avlaklardan biri. (KK-5)

Kovar Taşı : Sürmene'de Aşağı Çavuşlu Mahallesi deniz alanında bulunan ve şekli insan dışkısına benzetildiği için bu isimle anılan taş. Sürmene havalisinde açık alana yapılan insan dışkısına "kovar" denilmektedir. (KK-57; KK-59)

Köprü Kaya : Sürmene'de bugünkü viyadük alanının doğusunda bulunan ve köprüye benzediği için bu isimle anılan taş. (KK-57)

Kör Taş : Giresun'un Gemilerçekeği Mahallesi deniz alanının açıklarında bulunan taşlardan biri. (KK-116)

Kuçirina : Sürmene'nin Balıklı Mahallesinde, balıkçılar arasında "Büyük Yedi Kardeş" adıyla bilinen taşın kuzey doğusunda bulunan taş. (KK-57)

Kukul Taşı : Sürmene'nin Balıklı Mahallesinde Memişağa Konağı'nın batısında bulunan ve şapkaya "kukul" benzerliğinden ötürü bu isimle anılan taş. (KK-57)

Kukula Taşı : Sürmene'de Çağlıyan Irmağı'nın denizle buluştuğu alanın batısında bulunan ve şapkaya (kukul) benzerliğinden ötürü bu isimle anılan taş. (KK-57)

Kurşunlu Kayası : Trabzon'un Faroz Mahallesi deniz alanında bulunan ve geçmişte askeriyenin burada atış talimi yaptığı yolundaki rivayetlerle paralel biçimde kayanın üzerindeki kurşun deliklerinden ötürü bu adla anılan kaya. (KK-5)

Kurşunoğlu Kayası : Of havalisinde bulunan ve geçmişte etrafında barbun, sargan, kötek, kofana gibi balıkların bolca avlandığı kaya. (KK-65)

Küçükada Taşı : Giresun'un doğu yakasında Alman Çeşmesi olarak anılan mevkinin karşısındaki deniz alanında bulunan ve kıyı dolgusundan sonra tahrip olan taşlardan biri. (KK-159)

Küçük Pilima Kayası : Trabzon'un Faroz Mahallesi deniz alanında bulunan taşlardan biri. (KK-37)

Küçük Şapriya : Sürmene'nin Balıklı Mahallesinde bir kısmı karada bir kısmı denizde olan kayalıklardan biri. (KK-57)

Küçük Taş : Beşikdüzü'nün Çınarlık mevkiindeki taşlardan biri. (KK-1)

Küçük Yedi Kardeşler : Sürmene'nin Balıklı Mahallesi deniz alanında bulunan ve balıkçılar arasında "Büyük Yedi Kardeş" adıyla bilinen kayanın batısında sırayla dizili olan ve balıkçı barınağı dolgusu altında kalan altı adet taş. (KK-57)

Laz Limanı : Trabzon ili merkezinde Şana sahilinde bulunan ve geçmişte sermaye motorlarının güzargahları arasında yer almasından ötürü bu adla anılan mevki. (KK-77)

Mal Taşı : 1) Trabzon ili merkezi deniz alanında bulunan ve yakınlarında başka bir taş bulunmadığı için bu isimle anılan taş. (KK-77) 2) Giresun'un doğu yakasında Alman Çeşmesi olarak anılan mevkinin karşısındaki deniz alanında bulunan ve kıyı dolgusundan sonra tahrip olan taşlardan biri. (KK-159)

Martı Taşı : Tirebolu'da Kiliseburnu mevkiinin hemen açığında bulunan, martıyı andıran görünümünün yanı sıra martıların sıkça ziyaret ettiği alanlardan biri olmasından ötürü bu adla anılan taş. (KK-27)

Mavroşil Taşları : Sürmene'nin Soğuksu Mahallesi deniz alanında bulunan ve yörede "mavroşil" olarak adlandırılan eşkina balığının etrafından bolca avlanmasından ötürü bu adla anılan taş. (KK-57)

Mezgit Adası : 1) Giresun Adası yakınlarında deniz tabanında bulunan ve etrafında bolca mezgit avlandığı için bu isimle anılan taban yükseltisi. (KK-116) 2) Bulancak'tan Perşembe Burnu'na kadar uzanan, kıyıdan 7 mil açıkta bulunan ve yakın zamanlara kadar etrafında bolca mezgit avlandığı için bu adla anılan deniz tabanı yükseltisi. (KK-13)

Mustafa Reis Taşı	: Akçaabat'ın Salacık köyü plajının karşısında bulunan ve adını yörenin ünlü reislerinden Malkoçoğlu Mustafa Reis'ten alan taş. (KK-161)
Of'un Üstü	: Of havalisinde, Solaklı deresinin denizle buluştuğu alanın açıklarındaki mevki. (KK-67)
Osmanlı Kayası	: Trabzon'un Faroz Mahallesi deniz alanında bulunan çok sayıda taştan biri. (KK-5)
Ömerli Taşı	: Tirebolu ilçe merkezi deniz alanında, balıkçılar ve ahali tarafından "Kızılca Taş" şeklinde adlandırılan taşın ilerisinde bulunan ve karabatakların çokça tercih ettikleri bir taş. (KK-104)
Palamut Taşı	: Trabzon ili merkezi deniz alanında bulunan taşlardan biri. (KK-77)
Panavra Adası	: Akçaabat açıklarında balıkçılar arasında *Vedat'ın Adası* da denilen ve deniz tabanındaki taşlık (ilişken) yükseltiyi ifade etmek üzere kullanılan ad. (KK-153)
Pire Taşı	: Sürmene'nin Balıklı Mahallesi deniz alanındaki taşlardan birisidir. Hakkında anlatılan bir efsaneye göre geçmiş zamanda köye gelen Bayburtlu bir dilenci hava çok sıcak olduğu için denize girip serinlemek ister; elbiseleriyle denize girince üzerindeki bütün pireler bu taşa çıkar ve bu olaydan sonra taş bu adla anılır. (KK-59)
Plajın Önü	: Trabzon ili merkezi deniz havalisinde, bugünkü Ganita yakınlarında, önceleri kadınların denize girmeyi tercih ettikleri sahilin bulunduğu deniz alanı. (KK-77)
Plasto	: Sürmene'nin Balıklı Mahallesinde Dursun Karabacak İlköğretim Okulunun açığında bulunan ve balıkların üreme alanı olarak kabul edilen geniş taşlık alan. (KK-57)
Poyraz Kafa	: Of'ta, balıkçı barınağının açıklarında bulunan poyraz esintisi ile meşhur olan deniz mevkii. (KK-66)
Roşi Kayası	: Of'ta bugün dolgu alanı altında kalan ve geçmişte balıkçıların etrafında bolca sargan ve barbun avladıkları taş. (KK-66)
Saluğun Kayası	: Akçaabat'ın Mersin beldesi, Çamburnu mevkiinde bulunan ve adını yörenin balıkçılarından Salih Reis'ten alan taş. (KK-160)

Sandık Kaya	: Sürmene'de Soğuksu ve Balıklı Mahallelerini birbirinden ayıran Musalı deresinin denizle buluştuğu alanın hemen önünde bulunan ve sandığa benzerliğinden ötürü bu adla anılan taş. (KK-57)
Sandık Taşı	: Sürmene'de Kocabal deresinin batısında bulunan ve sandığa benzerliğinden ötürü bu adla anılan taş. (KK-57)
Sargan Kayası	: Sürmene'de Çamburnu beldesi sahilinde bulunan ve etrafında bolca sargan balığı avlandığı için bu adla anılan kaya, dolgu alanı altında kalmıştır. (KK-61)
Sargana/Sarganlı Taşı	: Tirebolu ilçesi merkezinin batısında "Usturama" adı verilen yalının ucunda bulunan ve sargan balığı gibi uzun olduğu için bu adla anılan taş. (KK-99)
Sarganlı Kayası	: Trabzon'un Faroz Mahallesi deniz alanında bulunan çok sayıda taştan biri. (KK-37)
Sarı Taş	: Trabzon ili merkezi deniz alanında bulunan taşlarlardan biri. (KK-77)
Sarı Yer	: Tirebolu'da halk plajının açıklarında bulunan deniz mevkii. (KK-155)
Sayvan Taşı	: Giresun ili merkezinde, Gemilerçekeği Mahallesi havalisinde bulunan ve uzun yıllar, geceler tokmaklı barbun avcılığı yapan balıkçıların ihtiyaç duymaları halinde altındaki oyukta konakladıkları delikli taş. (KK-103).
Sıçanlı Kayası	: Trabzon'un Faroz Mahallesi deniz alanında bulunan çok sayıda taştan biri. (K.K.: Osman Usta)
Sofra Kayası	: Sürmene'nin Çamburnu beldesi sahilinde bulunan ve adını düz şeklinden alan kaya, kıyı dolgusu sonrasında dolgu alanı altında kalmıştır. (KK-98)
Soğanlık	: Trabzon ili merkezinde Trabzonspor tesislerinin bulunduğu kıyı şeridinin açıklarında bulunan ve tabanındaki soğanlı bitkilerden ötürü bu isimle anılan deniz mevkii. (KK-77)
Şükrü'nün Taşı	: Sürmene'nin Balıklı Mahallesinde, bugünkü balıkçı barınağının yanında bulunan ve Şükrü adlı balıkçının kayık damının önünde olmasından ötürü bu adla anılan taş. (KK-57)

Tarak Kayası : Sürmene'nin Çamburnu beldesi sahilinde bulunan ve geçmişte çocukların etrafında bolca tarak balığı tutmasından ötürü bu isimle anılan kaya, kıyı dolgusu sonrasında dolgu alanı altında kalmıştır. (KK-98)

Taşbaşı : Keşap ilçesi Hisarüstü Köyü, Kalecik yalısı civarındaki deniz mevkilerinden biri. (KK-96)

Tek Kiraz : Tirebolu'da Kabadağ ile Adabük mevkileri arasında bulunan deniz alanı. (KK-155)

Tikilli Kaya : Trabzon'un Faroz Mahallesi deniz alanında bulunan çok sayıda taştan biri. (KK-37)

Tombul / Dumbul / Tumbul Kaya: 1) Trabzon'un Faroz Mahallesi deniz alanında bulunan ve şeklinden ötürü bu adla anılan taş. (KK-37) 2) Akçaabat'ın Mersin beldesi deniz alanında bulunan ve şeklinden ötürü bu adla anılan taş. (KK-160) 3) Giresun'un doğu yakasında Alman Çeşmesi olarak anılan mevkinin karşısındaki deniz alanında bulunan ve kıyı dolgusundan sonra tahrip olan taş. (KK-159)

Töngel Taşı : Tirebolu'da Bahçeci Yalısı adı verilen mevkii içinde bulunan taş. (KK-104)

Uzun Taş : Tirebolu merkezinde "Barabut" olarak adlandırılan sahil alanının açığında bulunan bitişik nizam taşlar. (KK-155)

Uzunlu Kayası : Trabzon'un Faroz Mahallesi deniz alanında bulunan çok sayıda taştan biri. (KK-5)

Vattara Taşı : Akçaabat'ın Mersin beldesi deniz alanından bulunan taşlardan biri. (KK-157)

Vedat'ın Adası : Akçaabat havalisi açıklarında bulunan Panavra Adası'nın diğer adı. Başka balıkçıların taşlık (ilişken) zemininden ötürü ağ sermeye cesaret edemediği "Panavra Adası" etrafında yörenin ünlü reislerinden Akçakaleli Sedat (Vedat) Akgün uzun yıllar başarılı avlar gerçekleştirdiği için deniz tabanı yükseltisi bu adla anılır olmuştur. (KK-74)

Viya Taşı : Beşikdüzü'nde Çınarlık mevkiinde geçmişte çocukların viya yaptıkları yerde bulunan taş. (KK-1)

Vola Taşı : Eynesil tünelinin Beşikdüzü tarafındaki deniz alanında bulunan tabanı taşlık (ilişken) deniz alanı. (KK-1)

Vrağdi/Vreda Taşları	: Sürmene'de Çağlıyan ırmağının denizle buluştuğu alanın önünde bulunan taş. (KK-57)
Yeni İstanbul Taşı	: Sürmene'de, eski belediye başkanlarından Ali Karadeniz' in evinin önündeki deniz alanında bulunan taş. (KK-57)
Yoroz[363]	: Sürmene'de Balıklı Mahallesi balıkçı barınağının doğusunda, sahilin 200-300 metre kadar açığında bulunan taş. (KK-57
Yumru	: Beşikdüzü'nde Çınarlık mevkiinde bulunan ve şeklinden ötürü bu isimle anılan taş. (KK-1)
Zinoval Kayaları	: Akçaabat'ın Beşirli beldesi deniz alanında, tabanı taşlık (ilişken) mevkii. Balıkçılar uzun yıllar verimli bir avlak olan bu taşlık yükselti etrafında büyük istavritler ve "küflü" dedikleri tirsileri avlamışlardır. (KK-82)

4.7. Meslek Argosu ve Jargonunun Temsilleri

Avrupa ve Amerika merkezli meslek folkloru araştırmalarında meslekî şarkılardan sonra üzerinde en çok durulan hususlardan birisi, meslek argosu olmuştur. Çalışmanın ilk bölümünde Türkiye'deki meslek folkloru bağlamlı çalışmalardan bahsedilirken de ifade edildiği gibi bazı araştırmacılar, çeşitli esnaf gruplarının meslek argoları ile ilgili çalışmalar yapmışlardır. Halkbilimsel düşünce açısından argo, meslekî veya sosyal bir grup müştereğine bağlı olarak ortaya çıkan konuşmalık bir halkbilimi türüdür. Bir başka ifadeyle argo, söz konusu konuşma gruplarının özel kelime hazinelerinden ortaya çıkar ve gruba has olarak kaldığı müddetçe "jargon" olarak adlandırılır. Ancak o belli bir grubun malı olmaktan çıkıp genel sirkülasyona geçtiği zaman jargon olarak değil, argo olarak adlandırılır. Bu tanım ve sınıflandırma doğrultusunda, hemen her meslek grubunun, sosyal tabakanın veya bir müşterek faktöre dayalı sosyal grubun kendine has bir jargona sahip olduğu ve yine bunların şu veya bu ölçüde argoyu beslediği söylenebilir[364]. Dahası, bugünün argosu yarının standart diline dâhil olabilir veya kulağa aptalca ve sun'i geldiği için yahut başka nedenlerle kullanımdan çıkabilir. Argonun meslek grubu gibi küçük gruplarda yüz yüze iletişim ve etkileşim ortamlarında, grup kimliğini oluşturucu ve dışa vurucu, kişiler arasındaki ilişkilerde "buzları kırıcı", samimiyet arttırıcı veya yapıcı işlevleriyle günlük konuşmanın akış ve biçimine göre kolayca şekillenen esnek yapısal özelliklerinden kaynaklanan nedenlerle bireyin diğer bireylerle olan sosyal ilişkilerinde yaratıcılığını ortaya koyabileceği ve buna dayalı bir iletişim gerçekleştirebileceği "sözel bir sanat" biçimi olduğu söylenebilir (Çobanoğlu, 2003a: 52-53).

Avcılık en eski çağlarda bireysel bir eylem olmaktan çıkıp takım halinde gerçekleştirilen bir eylem haline gelmeye başladığında avlananlar arasında özel bir iletişim biçimine olan ihtiyaç da artmıştır. Bazı dilbilimciler, bu münasebetle dilin ilk şekillerinin de bu temel ihtiyaçtan ortaya çıktığı tezini ileri sürmüşlerdir (Şenel, 2011: 19). Dilin ilk nüveleri olsun veya olmasın avcılık etrafında geliştirilen iletişim dili, insanlık tarihi boyunca insan türünün ve iletişim biçimlerinin gelişimi ile paralel biçimde evrilmiş ve kendi kompleks yapısına ulaşmıştır[365]. Bin yıllar süren periyotlarda avcılığın hayatın devamlılığını sağlayan ve herkes tarafından gerçekleştirilen bir eylem olmaktan çıkıp beslenme kaynaklarının çeşitlenmesi ile birlikte bir meslek halini alması ile bu mesleğin katılımcıları avcılığın türüne (kara veya deniz avcılığı) göre meslekî karakterli uygulamalar sırasında özel bir iletişim dili kullanır olmuşlardır. Diğer meslek gruplarında olduğu gibi katılımcı konumunda olmayan kişiler tarafından çoğunlukla anlaşılmakta güçlük çekilen mecazlara ve istiarelere dayalı özel bir meslek jargonu ortaya çıkmıştır. Avcılık etrafında gelişen dil, avın ve avcının hareketleri, av sahası, avcılık uygulamaları, avla ilgili inanış ve kabuller, av araç gereçleri gibi pek çok unsuru içerecek şekilde özel anlatım biçimleri ve tanımlar içerir olmuştur.

Alan araştırmaları sırasında gerçekleştirilen katılımlı gözlemlerin yanı sıra tespit edilen meslekî anlatılarda yer verilen argo veya jargon kabilinden ifadeler, kimi zaman tek bir kelimeden oluşurken kimi zaman da birkaç sözden oluşan söz öbekleri şeklinde deyim karakterli ifadelerdir. Meslek jargonu kapsamında değerlendirilen ifadelerden bazıları araştırma sahasındaki pek çok balıkçı yerleşiminde müşterek iken bazıları çok daha sınırlı bir alanda kullanılmaktadır. Öte yandan balıkçıların av araç gereçlerine veya onlara ait aksama bilindik adlarının dışında adlar verdikleri bilinen bir durumdur. Söz konusu tasarruflar meslek jargonu kapsamında değerlendirilmediğinden çalışmaya dâhil edilmemiştir.

abaşo : Av ırasında "Aşağı indir; bekle; tut!" anlamlarına gelecek emir ifadesi.

ağ çatmak : Ağları denize sermek.

ağı körlemek : Başka bir balıkçının deniz tabanına kurduğu ağın hemen bitişiğine ağ kurarak diğer ağın önünü kesmek.

ağı koltuk ettirmek: Ağı balıkların içinden çıkamayacağı şekilde sermek.

ağır dolu gitmek : Kürekleri suya derince daldırarak yavaş yavaş ve vücut hamlesiyle çekmek.

Akdeniz arpalık/Karadeniz buğdalık: Zenginliği ifade etmenin yanı sıra bol keseden konuşanlar için de kullanılan tabir.

akşam suyuna kalmak: Balığın abanoz av vermeye başladığı zamanı beklemek.
alamuklamak : 1) Bulutlu durgun ve çok sıcak hava. 2) Rüzgârlı ve bulutlu havada güneşin zaman zaman görünmesi.
alarka : Limanların yetersiz olduğu balıkçı alanlarında fırtınalı havalarda zarar gelmemesi amacıyla kayıkları liman içine demirlemenin yanı sıra sağlam halatlarla direklere ve mapalara bağlamak.
aloboslamak : Dalgaların fırtına habercisi olacak şekilde köpüklenmeye başlaması.
alttan vurmak : Yunus avcılığı zamanlarında mavzerle ateş eden nişancının hedefi tutturamaması sonucunda kurşunun hedefin önüne düşmesi.
avare etmek : Teknenin limandan, sahilden ayrılması.
ayaktaşı sarmak: Barbunya ağı gibi sık gözlü ağların her iki baş kısmının alt ucuna 2-3 kg. ağırlığında taş bağlayarak ağın batmasını sağlamak.
ayamlık hava : Havanın yağmursuz ve güneşli olması.
ayam limanlamak: Güneşin çıkıp bulutların dağılması.
ayar olmak : Denizde göz aldanması yoluyla bir şeyi olduğundan büyük ya da küçük görmek.
ayeseri yakalamak: Ağustos ayının ikinci yarısında başlayan birinci ve ikinci ayeser adı ile anılan yağmurların ve rüzgârların başladığı, iklimin sonbahara döndüğü zamana yetişmek.
aykırıdan tutmak: Olta iğnesinin balığı ağzının dışında vücudunun başka bir yerinden yakalaması.
azmağa gitmek : Irmakların denizle buluştuğu alanlarda avcılık yapmak.
balığı boğmak : Çokça balık avlamak.
balığı dışarı dökmek: Çokça balık avlamak.
balıktan denizin kokması: Denizde bolca balık bulunması.
barabata çıkmak: Sahili kumsal olan bölgelerde sahile yakın balık sürülerinin etrafını bir tür sürütme ağla çevirerek sahile çekmek.
baş başa gelmek: Gırgır teknelerinde ağ sarılırken botla teknenin buluşması.
başı kıçı tamam olmak: Kayığı feleğin üzerine doğru şekilde yerleştirmek.
baştan kara yapmak: Denizdeki teknenin, dalgaları dikkate almadan doğruca sahile yönlendirilmesi.
baş üstüne oturmak: Kayığın baş tarafında oturmaya müsait alana oturmak.
beline kar düşmek: Kış ayazında yakalanmış lezzetli hamsi için kullanılan deyim.

bociliği toplamak: Gırgır teknelerinde kullanılan hamsi ağlarının balığı topladığı kısmı toplamak.
bohça olmak : Oltanın bağlı olduğu mantarın etrafında dönerek düğümlenmesi.
cabırga/caburga: Ezilmiş, bozulmuş balık.
cablıkalı deniz : Hafif çalkantılı deniz.
canelik : Derenin denize döküldüğü alan.
caranağa kalmak: Sağanak yağmura tutulmak.
cıbıla çekmek : Suyun sığlıklarına hareket etmek.
cimirtleği bırakmak: Aynı cins balıkların küçüklerini avlamaktan vazgeçmek.
circimit olmak : Yağmurdan sırılsıklam olmak.
çakallamak : Güneşli havada yağmurun atıştırması.
çamçakıl olmak : Havanın berrak olması.
çatlağa çıkmak : Kayığı batan veya batma tehlikesi geçiren balıkçıların denizde çatlak adı verilen küçük taşlara çıkarak canlarını kurtarmaları.
çatlağa gitmek : Deniz tabanında bulunan yükselti etrafından avcılık yapmak.
çepek /şepeklenmek: Hamsinin üzerinin balçıklanması.
çerpeşik/çepreşik yapmak: 1) Rüzgârla birlikte havanın bozacağının ifadesi olacak şekilde deniz yüzeyinin hareketlenmesi. 2) Palamut sürüsünün yüzeye yakın halde giderken su yüzeyinde yarattığı hareket.
çıvgın yağmak : Yağmurun rüzgârda karla karışık yağması.
çişkinlemek/çisemük : Sisli ve yağmurlu hava.
çolgın yağmak : Rüzgârla birlikte serpinti şeklinde yağan yağmur.
deniz taraf : İskele tarafı, sol taraf.
dizin dizmek : Avlanan balıkların satılmak üzere ham tevek adı verilen dallara dizilmesi.
erdişi olmak : Havyarı ve spermi aynı anda muhafaza eden balık.
esirgün : Yağmur ve karla karışık esen şiddetli rüzgâr.
etekçilik yapmak: Saçmacılıkla hamsi avcılığının yapıldığı dönemlerde ağı tutarak saçmacıya yardım eden kişiye etekçi, yapılan işe ise etekçilik adı verilmiştir.
feleği bozmak : Kayığı denize indirmek için feleği serbest bırakmak.
feleğe koyulmak: Kıyıya yanaşan kayığın felekle karaya alınması sırasında feleği çevirenlere dâhil olmak.
fışırgın : Rüzgârlı, hafif yağmurlu, çiğseli hava.
gaburgayı kırmak: Teknenin omurgasına bağlı ağaç parçalarını kırmak.
gargalağa gitmek: Sel sularıyla denize inen ve dalgaların tekrar sahile vurduğu odun ve ağaç parçalarını toplamak.

gargun kopmak : Büyük bir sel felaketi ile karşılaşmak.

garnalcılık : Avlanan balıkları kollarına taktıkları sepetin içinde mahalle aralarında satmak.

gece yemlisine çıkmak : Geceleri yemli oltalarla avcılık yapmak.

götü ıslatmak : Balık avlamak için fedakarlıkta bulunmak.

götüne deniz suyu değmek: Balıkçılığa merak sarıp denize heveslenmek.

gözü yarmak : Ağ düzeneklerinde düğümler arasında yer alan ve tutulacak balığın büyüklüğüne göre değişebilen açıklığın yırtılması.

hanımkayığı : Pazarda satmak için sebze, meyve, süt, yoğurt getiren kadınları taşıyan kayıklara verilen ad.

hava yemek : Av sırasında kötü havaya yakalanmak.

hava sonuna yetişmek: Fırtınanın sona ermesinden birkaç gün sonra denizin durulması ile balık sürülerinin bolca av vermesinden ötürü avcılığın yoğunlaşması.

havalanmak : Deniz suyunun soğuması ile birlikte balık sürülerinin daha sıcak olan yüzeye yaklaşmaları.

ırgata gitmek : Kayıkları denizden çekenlere yardıma gitmek. Yörede imece usulü ile yapılan her türden iş için de kullanılmaktadır.

ilişkana sarmak : Deniz tabanındaki taşlık, bozuk satha ağ sermek.

ince saman : Echo-sounder adı verilen balık bulucu aletin ekranında az miktarda görülen hamsi.

iskandil atmak : Derinliği ölçmeye yarayan ucuna ip bağlı ağırlık denize indirmek.

iskota yapmak : Yelkeni indirmek.

kaçık yapmak : Rüzgârın beklenmedik bir biçimde, herhangi bir emare olmaksızın ortaya çıkması.

kafa atmak : 1) Yakalanan balığın tekneye çekilirken oltayı sert biçimde çekiştirmesi. 2) Kuvvetli bir dalganın tekneye baştan çarpması.

kakıçlamak : Ucunda kancası bulunan ve tutulan yunus türünde balıkları tekneye almak için kullanılan saplı aleti kullanmak.

kalaş denizine kalmak: Denizde fırtınaya yakalanmak.

kamanya olmak : Kayığı feleğin üzerine doğru şekilde yerleştirmek.

kanı da var canı da: Yanlış iş yapmaya kararlı olan kişilere söylenen söz.

karıncanın denizden su içmesi : Denizin son derece durgun olması.

karşının denizi/havası : Karadeniz'in açıklarında veya kuzey kıyılarında meydana gelen fırtınaların güney kıyılarında da hissedilmesi.

kaskallimik : Kıyıda balık avlarken sırıkla taş aralarını karıştırmak.

kayığı sal etmek: Av sırasında tekneye alınan balıkların çokluğuyla teknenin denizle bir hizaya gelmesi.

kayık babası olmak: Sürekli balıkçılıkla uğraşmak yüzünden çocuklarından uzaklaşmak.

kepçelemek : Fırtına öncesinde denizin yavaş yavaş kabarmaya başlaması.

kerteriz tutmak : Avlağı bir dahaki sefere tekrar kullanmak üzere karadaki bazı yer tayin edicilerden yardım almak suretiyle zihinde işaretlemek.

kulaç atmak : Derinliği tayin etmek amacıyla denize atılan iskandilin kulaç hesabı yapılarak denizden toplanması.

kumbaşına dönmek: Dalgaların fırtına habercisi olacak şekilde açıkta köpüklenmeye başlaması.

kuzulamak : Fırtına habercisi olan köpüklü küçük dalgaların ortaya çıkması.

leğa/leva etmek: 1) Reisin komutuyla ağ dlu balığı tekneye çekmek. 2) Avda çokça balık yakalamak.

limanlık deniz : Çok durgun rüzgârsız deniz.

longoza/löngüze sarmak: Ağı deniz tabanındaki kuyu tabir edilen çatlakların ağzına sarmak.

löngüze kaptırmak: Ağı deniz tabanında kuyu tabir edilen derin çatlaklara kaçırmak.

lüfer suyu : Lüfer avcılığı zamanı.

makas atmak : Bir balıkçı tarafından denize serilmiş ağın paraleline bir başka balıkçının ağ sermesi.

mangaliman : Fırtına sonrasında yatışmış deniz.

manyata gitmek: Barbunya ve mezgit gibi dip balıklarını avlamaya yarayan ve ağın denizden karaya çekilmesi suretiyle gerçekleştirilen av katılmak.

matis yapmak : Ağları tamir etmek.

mayna etmek : Denizin ve rüzgarın sakinleşmesi.

melenlemek : Yunuslar başta olmak üzere balıkların sürü halinde gezmesi.

merhamet yapmak: Ağları tamir etmek.

mola etmek : Gırgır teknelerinde balık sürüsünün tespitinden sonra ağın sürünün etrafını çevirecek şekilde denize serilmesi.

mola suyuna almak: Gırgır teknesinin radarda görülen balığa ağa saracak şekilde manevra yaptırılması.

muhacir/lik : Göç balıkları için kullanılan genel tabir.

n/levini kapatmak: Sandalın içine biriken suyu tahliye etmek amacıyla alt tarafta açılan tahliye deliğini tıkamak.

oksijenli deniz : Dere ağızları gibi, bolca balık bulunduran deniz mevkileri.
palamut suyu gütmek : Yol balığı da denilen palamut sürülerini avlamak maksadıyla takip etmek.
püskül olmak : Ağın tamamen balıkla dolması.
sabah suyuna kalmak: Balığın günün ilk ışıklarıyla av vermeye başladığı zamanı gözetmek.
sahipliyi almak : Küçük balıkçıların duba veya mantarlarla işaretlemek suretiyle kendilerine ayırdıkları avlak sahasında başka bir balıkçının avlanması.
sakarcık : Fırtına öncesinde görülmeye başlanan küçük dalgalar.
salbaya almak : bk. alarka
sardon yapmak : Hamsi ağının alt kısmına boydan boya dikilen ağı donatmak.
sıya üstünde durmak: Akıntıda kürekleri ileri doğru iterek teknenin dengede durmasını sağlamak.
sifos almak : Denizden esen rüzgâra maruz kalmak.
sineklemek : Echo-sounder adı verilen balık bulucu aletin ekranında az miktarda görülen hamsi. (bk. ince Saman)
siya gitmek : Kürekleri geriye doğru çekerek kayığı ters istikamete ilerletmek.
solurganlamak/solağanlamak: 1) Fırtınalardan sonra geride kalan dalgalar. 2) Açıkta veya karşı kıyılarda meydana gelen şiddetli bir fırtınanın etkisiyle kabaran dalgaların kıyıdaki kayalara çarparak yükselip alçalması.
suların artması : Akıntıların çoğalması.
sürgün sürmek : Küçük balıkların kıyılara yakın şekilde büyük balıklardan sürü halinde kaçmaları.
şalvarı düşürmek: Hamsi ağlarının altına eklenen ağ parçasının kopması.
şamdirayı bulmak: İskeleye erişmek.
şeleme kapılmak: Yengeç ve pavuryaların iri kıskaçlarına yakalanmak.
tava yapma : Gırgır avcılığında ağa giren balıkların ağın bocilik tabir edilen çukur kısmında biriktirilmesi.
tekmil vurmak : Gırgır teknelerinde avın başlamasıyla herkesin görevi başına geçmesi.
topuğa basmak : Kıyının açığındaki sığlık alanlara ulaşmak.
tüfek çubuğu gibi yağmak: Yağmurun aşırı şekilde ve kesintisiz yağması.
uzaktan kumanda: Balıkçılar küçük teknelerindeki dümeni, bağladıkları iple uzaktan da idare edebilmektedirler. Bu usule Faroz havalisinde verilen isimdir.
uzatmaya gitmek: Palamut avcılığına çıkmak.
üçerleme : Ardı ardına gelen üç büyük dalga.

vira ! : Irgat başı tarafından ırgatı çevirenlere verilen "çevir" komutu.
viraya gitmek : Irgatla kayıkları kıyıya çekenlere yardım etmek.
viya gitmek : Dümeni ortalayarak sandalı kendi haline bırakmak.
viya koşmak : Denizin sığ ve kumlu olduğu yerde yüksek dalgaların önünde tahta üzerinde sörf yapmak.
viyalamak : Dalgayı alttan almak.
viyaya kapılmak/asılmak : Fırtınalı havalarda denizden karaya ulaşmak isteyen balıkçıların teknelerini kara yönünde dalgaların itişine bırakmaları.
voliye çıkmak : Balık ağını, yarım ay şeklinde sahil kenarında çevirmek suretiyle avlanmak.
yağıntı : 1) Balığın çok bol olduğu yıllarda kendisini kovalayan büyük balıklardan kurtulmak isteyen hamsinin kıyıdaki taşların üzerine atlaması veya karaya vurması. 2) Yüzeye yakın yüzen palamut sürülerinin deniz yüzeyinde yarattığı hareketlilik.
yakamoza gitmek : Yakamozlu gecelerde yakamoz yardımıyla avcılık yapmak.
yalı gitmek : Denizde kıyıya yakın seyretmek.
yalı taraf : Sancak tarafı, sağ taraf.
yapı : Kayık.
yarbaşına sarmak: Ağı deniz tabanındaki derin çatlakların ağzına sarmak.
yarılmak : Dalgaların deniz yüzeyindeki veya tabanındaki kaya çarpmasından sonra ayrılması.
yatıya bırakmak: Ağı denize serip bir süre bekletmek.
yekeyi kırmak : Kayığın dümen kolunu çevirmek.
yeleç : Denizdeki rüzgârlı alan.
yeme haylanmak: Derin sulardaki balık sürüsünün beslenmek için yukarıya çıkması.
zifo kopmak : Herhangi bir emare taşımayan ve birden ortaya çıkan şiddetli rüzgâr.

4.8. Sözsüz İletişimin Meslekî Temsilleri

İlkelden moderne uzanan tüm süreçlerde iletişim, söz ile bedeni çoğu zaman birbirine karıştırmıştır. El, kol ve yüz hareketlerinin iletişimdeki şekilleri, çeşitli kültürlerin bedenin temsili hususundaki düşüncelerine bağlı olarak gelişmiştir. Toplumun her üyesi, içinde bulunduğu sosyal yapıda temsil ettiği statü ve geçmiş hakkında çeşitli işaret akımları ortaya koyar. Bedenin genel görünüşü, onun takdim ve tutumu, onu hareketlendirme şekli, bedensel tavırlar, el kol hareketleri ve mimikler, hareket öğretisinin bir sonucu olmakla birlikte, kültürel değer ve normların, statü ve sosyal rollerin sosyal tabakalaşma içindeki yerlerinin belirlenmesinde de önemli bir işleve sahiptir. İletişimdeki yeri itibariyle sözsüz/işaretlere dayalı iletişim biçimlerine ilk olarak etnolog Marcel Mauss dikkat çekmiş, sonraki dönemlerde bu alana dönük çalışmalar oldukça büyük bir yekûna ulaşmıştır (Oğuz, 2006: 150).

Meslekî uygulamalarda çalışma ortamının fiziki koşullarına göre sözlü iletişimin yanı sıra sözsüz iletişime de ihtiyaç duyulabilmektedir. Beden dili şeklinde de ifade edilebilecek sözsüz iletişime, 1. tip balıkçı ailelerinin sahibi oldukları gırgır teknelerindeki gürültülü çalışma ortamlarında daha fazla ihtiyaç durulmaktadır. Zira avın başladığını ifade eden "Mola!" talimatından sonra tekne üzerindeki mekanik av aletlerinin çalıştırılması, görev yerlerine dağılan tayfanın gürültülü diyalogları kimi hallerde sözlü iletişimin işlevselliğini ortadan kaldırmaktadır. Böylesi hallerde, uyarma veya dikkat çekme maksadıyla çalınan ıslıkların dışında, hemen tüm gırgır teknelerinde aynı anlamlara gelecek şekilde kalıplaşan sözsüz iletişim teknikleri geliştirilmiştir.

Küçük tekneleri ile avlanan 2. tip balıkçı aileler, gırgır teknelerindeki kadar yoğun şekilde olmasa da geliştirdikleri kimi sözsüz iletişim tekniklerinden yararlanmaktadırlar. Aynı avlakta avlanan ancak aralarındaki mesafeden ötürü sözlü iletişim kuramayan balıkçılar, devam etmekte olan avın gidişatını, havanın veya akıntıların durumunu birbirlerine haber vermek maksadıyla bu iletişim biçimine yönelmektedirler. Alan araştırmaları boyunca gerçekleştirilen katılımlı gözlemler sırasında tespit edilebilen beden dili figürleri ve anlamları şu şekildedir:

Eli sağa sola kaydırmak : *Kayığı veya ağı sağa veya sola götür.*
Eli yukarı kaldırmak : *Yukarı doğru git.*
Eli düz vaziyette aşağı yukarı hareket ettirmek: *Motoru yavaşlat.*
El sallamak : *Ne var ne yok; durumlar nasıl?*
Eli sağa sola hareket ettirmek : *Suların (akıntıların) durumu nasıl?*
Eli sola çevirmek : *Poyraz var.*
Eli sağa çevirmek : *Karayel var.*
Elin dışını ileriye hareket ettirmek: *Yaklaşma!*
Kolları havaya kaldırıp sallamak: *Yardıma ihtiyaç var.*
İşaret parmağını kaldırmak : *Balıklar küçük.*

4.9. Halk Edebiyatı Türlerinin Meslekî Temsilleri

Doğu Karadeniz sözlü kültürü içinde deniz ve balıkçılık vurgulu oldukça zengin bir repertuvar mevcuttur. Önemli bir kısmı söylemelik karakterli halk edebiyatı ürünlerinden oluşan bu repertuvarın önemli bir kısmı kurumsal veya bireysel derleme faaliyetleri ile kayıt altına alınmıştır. Her dönem, ayırt edilebilir özellikleri ile dikkat çeken Doğu Karadeniz sözlü kültürü, ortak kültür içinde çoğu zaman deniz ve balık eksenli halk edebiyatı ürünleri ile gündeme gelmiştir. Çalışmanın bu bölümünde derleme ve yayın çalışmaları sonucunda ortaya konulan örneklere tekrar yer verilmemiş; alan araştırmaları sırasında sözlü kaynaklardan tespit edilen söylemelik, anlatmalık ve göstermelik nitelikli halk edebiyatı türleri değerlendirilmeye çalışılmıştır.

4.9.1. Söylemelik Türler

4.9.1.1. Maniler

Türk sözlü edebiyatının anonim karakterli türleri arasında zaman ve mekân seyri içinde işlevselliği ile rağbet gören mani[366], genellikle yedi heceli dört dizeden oluşan ve anlam bütünlüğü bu dört dize ile sınırlanan bir türdür. Anlamın ağırlığı üçüncü ve dördüncü dizelerde olsa da ilk iki dize, maniyi estetik bir yapıya kavuşturması bakımından oldukça önemlidir. Bu ilk iki dize, maninin dış dünyayla olan bağını ifade ederken bunları takip eden iki dize duygu ve düşüncenin ortaya konulma alanıdır. Bazı araştırmacılar tarafından maniciye kafiye ve söz için zaman kazanma imkânı da sunan ilk iki mısra maninin hazırlık bölümünü teşkil eder (Boratav, 2000: 208-209). Araştırmaların tarihi boyunca manilerin türlü özellikleri ile çok çeşitli biçimlerde sınıflandırıldığı görülmektedir. Tüm bu tasniflerin verilmesi çalışmanın doğasıyla uyumlu olmayacağından Doğan Kaya'nın tasnif tecrübesi ile yetinilmiştir. Manileri yapılarına göre, hazırlanış ve uygulanışlarına ve nihayet konularına göre olmak üzere üç başlıkta değerlendiren Doğan Kaya, bu başlıkları şu şekilde detaylandırmıştır:

a) Yapılarına göre: Hece sılarına göre, 4, 5, 6, 7, 8, 11 heceli maniler; dize sayılarına göre, düz mani, kesik/cinaslı mani, yedekli mani, müstezat mani.

b) Hazırlanış ve uygulanışlarına göre: Niyet manileri, katar manileri, karşılıklı maniler, saya manileri, bayraktar manileri, soru-cevaplı maniler ve iş yaparken söylenen maniler [Tarlada çalışan kadınların gelip geçenlere söyledikleri maniler, halı dokuyan kızların söyledikleri maniler, bulgur çekerken söylenen maniler, taş toplarken söylenen maniler, çayır biçerken söylenen maniler, bostanda çalışırken söylenen maniler[367].]

c) Konularına göre: Sevda manileri, şehir manileri, cinsel konulu maniler, ramazan manileri, millî hislerle söylenmiş maniler, mektup manileri, hayvanlarla ilgili maniler, askerlik manileri, gelin kaynana manileri, tatlı manileri, öğüt manileri, sosyal konulu maniler, felek için söylenmiş maniler, isimlerle kurulu maniler, gurbet manileri, anne için söylenmiş maniler, sünnet manileri, meslek manileri, mezar taşı manileri, kabadayı manileri, nazarla ilgili maniler, kardeş manileri, ırmak manileri, politik maniler, fotoğraf arkası maniler (Kaya, 1999: 30-81)

Türkiye'de davulculuk, bekçilik, sokak satıcılığı ve şoförlük gibi meslek grupları üzerine yapılan folklor bağlamlı araştırmalarda söz konusu mesleklerin bünyesinde oluşan ve aktarılan manilerin de değerlendirildiği görülmektedir. Çalışmanın ilk bölümünde bu değerlendirmelerden bahsedildiği için haklarında tekrar bilgi verilmeyecektir.

Türk sözlü kültürünün önemli temsil alanlarından birisi olan Doğu Karadeniz'de maniler müstesna bir yere sahiptir. Zengin bir konu çeşitliliğine ve çoğu zaman somut olarak takip edilebilen bir bağlama sahip olan maniler, bölgenin ortak kültürünün önemli referanslarından biri olan balıkçılık kültüründe de sıkça tercih edilen estetik ifade araçlarından olmuştur. Giresun ve Trabzon havalileri balıkçılık kültürünün temsilcileri konumunda olan aileler arasında tespit edilen ve bir kısmı daha önce Giresun veya Trabzon bağlamlı alan araştırmalarında kayda alınan manilerin icracıları kadınlardan ve erkeklerden oluşmaktadır. Bu yönüyle türün karakteristik özellikleri ile uyumlu bir icracı tipolojisine sahip olan manilerde, sevda ve ayrılık gibi yaygın konular işlenirken balıkçı aileleri arasında meslekî kültürün unsurlarına dolaylı biçimlerde atıflar yapıldığı görülmektedir[368]. Balıkçı ailelerinin sosyal ve kültürel hayatlarının meslekî hayat etkisinde şekilleniyor olması, bu çevrelerde ortaya çıkan veya icra edilen manilerde mesleğe dönük unsurlarla sıkça karşılaşılmasının sebebini ortaya koymaktadır.

Ayağında iskarpin
İskarpinin iyisi
Yarimi sorarsanız
Hamsicinin birisi (KK-114)
*
Çiçekler dalda kaldı
Balıklar salda kaldı
Hafta geçti gelmedi
Gözlerim yolda kaldı (KK-84)
*
Dalacağum denize
Hey baluklar baluklar
İki gözünden gelsun
Yaptuğun sevdaluklar (KK-133)
*
Deniz dibi tekneli
Tekneye gül ekmeli
Küçükten yar sevenler
Biraz sevda çekmeli (KK-114)
*
Deniz meyilli olur
Sevda delilli olur
Bu dünyanın sefası
Nazlı yarimde olur (KK-162)
*
Deniz üstünde balık
Okkalıktır okkalık
Evlensene ey oğlan
Cana yetti bekarlık (KK-162)
*
Deniz ustunde kayuk
İze ize giderler

Uzaktan gelen yari
Terli terli öperler (KK-114)
*
Denizde iki kayık
Güzel güzele layık
Çirkinleri yaratmış
Güzellere halayık (KK-114)
*
Denizde iki kayık
Biri kayıp olur mu
Ben türkü diyorum
Acep ayıp olur mu (KK-114)
*
Denizdeki kayiğun
Köpüriyi yanlari
Öyle anlaşuluyi
Sevdaludur canlari (KK-72)
*
Denize dalan bilir
Bir balık alan bilir
Kızların iyisini
Delikanlılar bilir (KK-162)
*
Denize felukacuk
Açuk gidiyor açuk
Mevlam vermedi bana
Zerre kadar ikbalcuk (KK-72)
*
Denizin dalgasını
Saysam ahrı gelir mi
Güzellere vurulanın
Veremi tükenir mi (KK-162)
*
Denizin dalgasini
Saydim felugasini
Çeken eller kurusun
Yarimin kurasini (KK-114)
*
Denizin dalgasının
Saysam ardi gelir mı
Yarı asger olanın
Veremi tükenir mı (KK-114)
*
Duman gelir balçıktan
Hamsi yenmez kılçıktan
Bir Eminem var idi
Irganamaz amcuktan (KK-84)
*
Elma attım denize
Gideyi yüze yüze
Selam söyle reyize
Kızını versin bize (KK-59)
*
Eneceğum yaliya
Yelken açturacağum
İnadım inat olsun
Seni bastıracağum (KK-114)
*
Erikliman deresi
Yoğurt olmuş akıyor
Nevzat askere gitti
Nihat balık satıyor[369] (KK-90)
*
Gayığı atdum suya
Su geldi kaynalara
Pek da güzel değilsun
Bakarsun aynalara (KK-59)
*
Gayığım yürümeyi
Demendendir demenden
Gızlar beni almayi
Nenemdendur nenemden (KK-87)
*
Gayuğumun istine
Tenta çekarum tenta
Ha bu fani dunyada
Sen da çekersun ben da (KK-163)
*
Gemi gelıyi gemi de
Vona burnindan beri
Kız Allahı seversen
Al başından çomberi (KK-89)
*
Gemileri yürüten
Yelken ile serendir
Hovarda olan kızlar
İstemeden verendir (KK-84)
*
Giresun kayıkları
Geliyilar karından
İstedu alamadı
Eriyor efkarından (KK-114)

*
Giresun'da kayıklar
Kızlar findık ayıklar
Kız alma kocaman
İkincide sayıklar (KK-114)
*
İzdırdım kayuğumi
Taktım küreklerumi
Urumun kızi seni
Yaktın yüreklerumi (KK-115)
*
Kayığı attım suya,
Taktım küreklerini
Adam cebine saklar
Senin gibi güzeli (KK-133)
*
Kayıkçı kullanıyor
Rüzgârın kaçığını
Bitti kalmadı sabrım
Çıkar şalvarcığını (KK-84)
*
Kayıklar yali yali
Benim yarim kürekte
Gene kaynıyor gene
Eski sevda yürekte (KK-114)
*
Kayıklar yali yali
Düştü Kadir'in nali
Ander kalsın ince bel
Tutmuyor peştemali (KK-114)
*

Kumyalı'da kayıklar
Kızlar fındık ayıklar
Sevenler sevdiğini
Gece gündüz sayıklar (KK-84)
*
Limanun gerisinden
Akti bulutlar akti
Ya bakun e uşaklar
Bu kız ne güzel yatti. (KK-164)
*
Motorun tepesinden
Görünuyir Arakli
Güzel güzel gızlara
Merakliyim merakli (KK-126)
*
Oy Kumyalı Kumyalı
Kayıkları oyalı
Kumyalı kızlarının,
Tırnakları boyalı (KK-84)
*
Uzundur kayuklari
Yürya giderum yürya
Civranun kızlari
Hep geludi burya (KK-164)
*
Yuzdurdum gayuğumi
Fola giderim Fola
O beyaz gollaruni
Dola boynuma dola (KK-1)

Manilerde kimi zaman da doğrudan meslekî süreçler veya meslek grubuna dönük algılar konu edilmektedir. Örneğin aşağıdaki manide, yörede balıkçılara kız verme konusunda yaşanan tereddütlere atıfta bulunulmuştur.

Barabutta kayıklar
Suda oynar balıklar
Balıkçıya kız vermem
Gece gündüz sayıklar (KK-84)

Yörede bugün her ne kadar balıkçılara kız verme konusunda tereddütler yaşanıyor olsa da varlıklı ve ünlü reislerin kızlarını oğullarına alarak bu prestijli aile ile akrabalık kurmak isteyen meslek grubu harici aileler de vardır.

İğne attım denize
Geliyor yüze yüze
Gidin deyin reyise
Versin kızını bize (KK-114)

Çalışmak maksadıyla kimi zaman tamamen kimi zaman da sezonluk olarak memleketinden ayrılan Doğu Karadeniz insanı, bu zoraki ayrılıkların yarattığı ruh halini sözlü edebiyatta sıkça işlemiştir. Av sezonun başlamasıyla birlikte dış avlaklarda avlanmak üzere bir süreliğine ailelerinden ayrılan balıkçılar, geride kederli anneler ve eşler bırakmışlardır. Geride kalanlar yalnızca geçici ayrılıktan muzdarip değillerdir; onlar mesleğin ne kadar tehlikeli olduğunun farkındadırlar ve denize yolcu ettikleri sevdiklerinin akıbetlerinden de endişe duymaktadırlar. Balıkçı aileleri arasında söylenen manilerde bu ayrılıklardan duyulan üzüntü ve endişeler de dile getirilmiştir:

Geminin direğine
Yarim sardı koluni
Nasıl ağlamayayım
Iraklattı yoluni (KK-114)
*
Karadeniz ustünde
Görünen kayık midur
Ben özledum yarimi
Ağlasam ayıp midur (KK-114)
*
Denize kum kaynayi
Yarum yelken bağlayi
Oturmiş güverteye
Garip garip ağlayi (KK-72)

Doğu Karadeniz manilerinde, bölge insanının hamsi başta olmak üzere deniz ürünlerine gösterdiği rağbete sıkça yer verildiği görülmektedir. Nitekim Hamamizâde İhsan'ın *Hamsiname*'si başta olmak üzere pek çok eserde hamsiye olan düşkünlüğün örneklerine yer verilmiştir. Balıkçı aileleri arasında tespit edilen manilerde, bu temayülün yanı sıra müreffeh bir hayat sürmek için hamsi avcılığının ne denli önemli olduğu da ifade edilmiştir:

Deniz alti kumbara
İçi doli çil para
Erkeklerden geçti iş
Şimdi gızlar zampara (KK-114)
*
Deniz üstü yüzerum
Sarı altın dizerum
Ben babamın gününde
Boyle nazlı gezerim (KK-114)
*
Hamsi vurdu karaya
Kilosu elli liraya
Onu da aldi zengün
Kalmadi fukaraya (KK-162)
*
Hamsi benim canımdır
Neylerum başka avi
Paklava olsa yemem
Yedum hamsi pilavi (KK-114)
*
Hamsi vurdi yaliya
Varun deyın Ali'ya
Alsun kufalarini
Gelsin dönsun yaliya (KK-114)
*
Hopa'nın limanuna

Hamsi için sıra var
Çaliş uşağum çaliş
Bu hamsiye para var (KK-133)
*
Siya kayığım siya
Sür gidelim hamsiya
Yarimle bineceğum
Radiyolu taksıya (KK-114)

Balıkçılık, fedakârlık gerektiren meşakkatli bir meslektir. Nesillerdir bu mesleği sürdüren balıkçılar, ailelerinin geçimlerini temin etmek için mesleğin gereklerini yerine getirmek zorundadırlar. Balıkçılar ve aileleri bu durumun farkında olsalar bile zorluklar karşısında zaman zaman şikâyetçi olabilmektedirler:

Denizin dibindeyim
Saatin dördündeyim
Eller tatlı uykuda
Ben yarin derdindeyim (KK-84)
*
Kürek sana doyamadım
Kalkıp vurmaktan
Kemiklerim ağrıdı
Eğrilerde yatmaktan (KK-77)
*
Oy likmeni likmeni
Vurdu geçti su seni
Bir daha da gelirsem
Ahdım olsun sik beni (KK-84)
*
Siya gayuğum siya
Gidiyirum hamsiya
Yari geceden sonra
Yollarlar beni suya (KK-72)

Çalışmanın ilgili bölümlerinde de belirtildiği gibi bölgenin denizcilik kültürü içinde balıkçılığın yanı sıra nakliyecilik de yapan katılımcıların sosyal ve meslekî yapı içinde önemli bir yeri vardır. Bu bağlamda 1960'lı yıllara kadar yoğun olarak devam eden deniz nakliyeciliğinin hatıraları manilerde yaşatılmaya devam etmektedir.

Gemi geliyor gemi
İçi dolu lahana
Habu köyün kızları
Hepsi de salahana (KK-162)
*
Oy gemici gemici de
Nerden aldın pirinci
Benim sevdiğim güzel de
Şu Yoroz'da birinci[370] (KK-133)
*
Ben Samsuna gedemeyom
Kâr olmayınca
Samsun bana heram olsun
Yar olmayınca[371] (KK-6)

4.9.1.2. Türküler

Türk halk edebiyatının anonim karakterli türleri içinde mani gibi yaygın türlerden biri olan ve muayyen bir nazım biçimine sahip olmaksızın hece ölçücüyle meydana getirilen türküler (Aça, 1999: 514), bölge ve konulara has özellikler ya da ezgi ve sözlerin çeşitlenmesine göre "şarkı", "deyiş", "deme", "ninni" ve "ağıt" şeklinde de adlandırılabilmiştir. Tür özelliklerinden ötürü çoğu zaman ezgisine göre değerlendirilen ve sınıflandırılan türküler, konularına göre; lirik türküler (ninniler, aşk türküleri, gurbet, askerlik ve hapishane türküleri, ağıtlar vd.), taşlama, yergi ve güldürü türküleri, anlatı türküleri (efsane konulu türküler, bölgelere ya da bireylere özgü konuları olan türküler ve tarihlik konuları olan türküler) şeklinde üç başlıkta değerlendirilirken kullanıldıkları yerler ve görevlerine göre, iş türküleri, tören türküleri (bayram türküleri, düğün türküleri, dinlik ve mezheplik törenlere değgin türküler ve ağıt töreninde söylenen türküler), oyun ve dans türküleri (çocuk oyunlarında söylenenler ve büyüklerin oyunlarında söylenen türküler) olmak üzere yine üç başlıkta değerlendirilmiştir (Boratav, 2000: 150-151). Türküler ezgileri bakımından da çoğu zaman usullü ve usulsüz türküler şeklinde iki grupta ele alınmıştır (Gözaydın, 1989: 27).

Sözü ezgiyle bütünleştiren ve böylece hafızada tutmayı, çağrışımı ve aktarımı kolaylaştıran sözlü kültür geleneği, bu işlevini Doğu Karadeniz bölgesinde çoğunlukla kemençeciler vasıtasıyla icra etmektedir (Üçüncü, 2007: 130). Manilerde olduğu gibi, balıkçılık mesleği kültürü içinde ortaya çıkan veya bu kültüre dönük atıflar barındıran çok sayıda türkü, Doğu Karadeniz müzik folkloru araştırmaları sırasında tespit edilmiştir[372]. Önemli bir kısmı mani dörtlükleri ile oluşturulan ve bölgede "atma türkü", "atma, "atışma", "çatma", "çatışma", "kesme türkü", "karşıberi" biçimlerinde adlandırılan ve iki grubun ya da iki kişinin karşılıklı olarak irticalen söyledikleri türkülerden (Mirzaoğlu, 2002: 103) bazıları popüler kültür içinde görülen otantiğe dönüş temayülü kapsamında zaman zaman yeniden popülerlik kazanmaktadır. Aşağıda sadece alan araştırmaları sırasında tespit edilen ve bir kısmı küçük farklılıklarla daha önce de tespit edilmiş olan örneklere yer verilmiştir.

Veysel Arseven tarafından 1940'lı yılların ortalarında Beşkidüzü Köy Enstitüsü Balıkçılık Şubesi öğrencileri arasında derlenen (1948: 23) ve şubeye özgü bir marş edasında olan manzume, yazılı kültürden sözlü kültüre aktarıldığı muhtemel olan bu manzume tarafımızca Trabzon'un Faroz Mahallesinde aşağıdaki şekliyle tespit edilmiştir:

Sert karayel esiyor
Yok denizin imanı
Bize şeref veriyor
Şirin Vona limanı

Lo lo lo lolo lolo
Geliyor hamsici kolu

Lale sümbül kokuyor
Şu Vona'nın dağları
Bize şeref veriyor
Şirin Vona bağları

Lo lo lo lolo lolo
Geliyor hamsici kolu

Motor ile kayıklar
Geliyor yelken kürek
Girdiler mi limana
Gülerler gevrek gevrek

Lo lo lo lolo lolo
Geliyor hamsici kolu (KK-166)

Doğu Karadeniz atma türkü geleneği içinde icra edilen türkülerin konuları arasında hamsiye de sıkça yer verildiği görülmektedir. Alan araştırmaları sırasında sözlü kaynaklardan tekrar tespit hamsi konulu atma türkü örneklerinden bazıları şu şekildedir:

Gız Fadime duydun mi
Yine hamsi çıkayi
Mubarein hasreti
Yüreğumu yakayi

Kasımoğli Mustafa
Akşam şehirden döndi
Baluk gibi hamsinin
Okkasi onbeş dedu

Kaç gündur Osmancuğum
Hamsi diye ağlayı
Uşağumun feryadu
Yureğumi dağlayi

İşte deduğum gibi
Çaruklaru koy suya
Yarın sabah erkenden
Çıkacağum hamsiya

Misafirun gelursa
Hiç düşunma oni ver
Evde bişey yoğuysa
O yüzünu ak eder

Sıra sıra dizerek
Kızart oni tavada
Bak ki ondaki lezzet
Var midur baklavada (KK-114)
*
Ah hamsicuk hamsicuk
Baş vurursun denize
Atarlar sana saçma
Alırlar seni yuze
Kayuk babalarınlan
Satarlar senu bize
Ne acayip huyun var
Çok su içursun bize (KK-114)

Uzun yıllar balıkçılık yapan Sürmeneli Mahmut Oflu (KK-72), yıllar önce Sürmeneli ünlü kemençe sanatçısı Hüseyin Dilaver'den dinlediği, denizci ve balıkçı kültürüne dönük pek çok vurguyu ihtiva eden bir türküyü şöyle aktarır[373]:

Hopadan Arhavi'ya
Gel gidelum Pazar'a
Ben duramam Pazar'a
Beni Rize'den ara

Ey benum sevdiceğum

Olur mi boyle keder
Of Sürmene yaylasi
On beş doktora bedel

Arakli Yomuradan
Trabzona konduğum
....

....

Trabzon'un feneri
Yedi defa dönüyor
Geldi Ege Vapuri
Limana mi iniyor

Yandan iskandil etti
Tam on yedi kulaca
Demirini koyverdi
Gece sabaha kadar

Bizde atladuk ona
Abanoz kalkti
....
....

Haydi yarum gidelum
Akçaabat Yoroz daği
Ne şirin ne hoş olur
Vakfikebirun yaği

Vakfikebur Görele
Giresun'a konduğun
Bulancak Ordi bilur
Kıymetini finduğun

Aldi bize bir bora
Vona bir küçük liman
....
....

Fatsa Ünye Terme'den
Şu çaltiyi aşalum
Samsun güzel şehirdur
Bir ziyaret edelum

Kızılırmak başından
Kaptan yali geçelum
Gerze Sinop suyundan
Doya doya içelum

Ya bakun o gemiler
İnce burnundan geçer
İnce öyle incedur
Hep kaptanlari seçer

Ayancik fabrikasi
Zingaldan tahta biçer
....
....

Yakti ocaklaruni
Geminin ateşçisi
Çok çalişkan oluyi
İnebol kayikçusi

Gelenbe fenerini
Akşamüzeri dönduk
Bir sis kapladi bizi
Zonguldaği zor bulduk

Ey Zonguldak Zonguldak
Hep sendedur umudum
Toprağuna bereket
Altun olsun komurun

Bababurun Eleğli
Deniz taslari çalkar
Aleğli bağlarindan
Çok güzel çilek çikar

Alapli Akçakoca
Dönduk kefkeni dönduk
....
....

....
Gel bi horon tepelum
Şile güzelleri çok
Birer tane seçelum

İki taş arasindan
Girduk boğaza girduk
Kaptan azcik yali gel
Bir ziyaret edeluk

Sariyer büyükdere
İstinye'ye geçtuk
Yanaştuk Tophaneye
Sahile demir attuk

Tepebaşi yukari
Çikalum beyoğlina
…………………
…………………

Beyoğli caddesine
Var güvercin kuşlari
Onlara baka baka
Oldi geceler yari

Birde baktuk ara
Saat geldi yediye
Yeter uşaklar yeter
Enelum Sirkeci'ye

Yavuz etti manevra
Bolandurdi denizi
Haydarpaşa üstune
Üç gun sakladi bizi

Haydarpaşadan aldık
Üç gun kumanyamizi
…………………
…………………

Akdeniz dalgalari
Şimdi alıyor bizi
Sallanmayin uşaklar
Deniz tutmasun sizi

Yüz elli alti ocak
Hepsi birden yanacak
…………………
…………………

Yüz kişi vardiyamuz
Ellisi bayilacak
Bişe değil bu işler
Kizlar hep dul kalacak

Şanli Türkun yavuzi
Kaldur namluni kaldur
Her attuğun mermiyi
Su kesiminden aldur

Meslekî kültür bağlamında ortaya çıkan ve sonrasında ortak kültürün dağarcığına dâhil edilen türkülerden bazıları ağıtlardan oluşmaktadır. Türkülerden bazılarının kaynağını ağıtlardan alması Türk sözlü kültüründe örnekleriye sıkça karşılaşılan bir durumdur. Söz ve müzik bakımından kuvvetli ve güzel olan ağıtlar zamanla türkü haline gelebilmiştir (Görkem, 2001: 29). Ağıt niteliği taşıyan aşağıdaki türkü, daha önce bazı araştırmacılarca muhtelif zamanlarda tespit edilmiştir. Türküyü yakın geçmişte derleyen isimlerden Ayhan Yüksel, türküye konu olan olayı şöyle anlatır (http://tirebolu.bel.tr/v2/sayfa.php?id=42):

> Türkü, Halil adlı gemici gencin çıkan fırtına sırasında Çürükkale'de boğulması üzerine yakılmıştır. Halil, çıkan fırtına sırasında patalya ile motoruna çıkmak, motoru fırtınadan etkilenmeyecek bir yere çekmek ister. Ancak, patalya dalgalara dayanamaz ve devrilir. Halil'in kulağı bir çatlağa çarparak bayılmasını yol açar. Halil'in imdadına Hayrullah [Yazıcı] Kaptan yetişir. Giresun'a hastaneye kaldırılan Halil kurtulamaz. Olaydan en büyük üzüntüyü Halil'in annesi ve sözlüsü Süriye duyar.
>
> Çürükkale Burnu bir delikli taş
> Kulağımdan kanlar akar gözlerimden yaş
> İmdadıma yetiş Hayrullah kardaş
> Ağla annem ağla azıklar oldu
> Sevgili oğlun Halil'e yazıklar oldu

Limana çeşme yaptırdım su içemedim
Azgın dalgalarla baş edemedim
Süriye'ye kendime eş edemedim
Ağla annem ağla sen bana ağla
Altın dişli Süriye'm ağlamaz bana

Giresun'a vardım yatsıya karşı
Hastane pencerem limana karşı
Ameliyat ettiler sabaha karşı
Ağla annem ağla sen bana ağla
Altın dişli Süriye'nin gitti yoluna (KK-162)

Sadiye ve Mustafa isimli iki aşığın maceralarını konu alan ve Tirebolu'da derlenen şu türküde denizcilik kültürüne dönük atıflarla karşılaşılmaktadır:

Deniz mil ile olur
Sevda dil ile olur
Bu dünyanın sefâsı
Güzel yâr ilen olur

Deniz üstü portakal
Portakalı kim soyar
Delikanlı dururken
Kocamana kim bakar

Deniz üstü milleri
Dalga vurur kenara
Kalk oyna sevdiceğim
Ben çalayım kemane

Giden kayık durur mu
Acep liman bulur mu
İki baş bir yastıkta
Acep kısmet olur mu

Çekin uşaklar çekin
Kayalım şu burunu
Sadiye'yle Mustafa
Sattı yedi fırını (KK-162)

Tirebolu havalisinde oldukça popüler olan ve ağıt niteliği taşıyan aşağıdaki türkü ile ilgili bir anlatı, Metin Karslı (KK-104) tarafından şöyle aktarılmıştır:

Kuyrukoğlu Ali Reis, Tirebolu Yeniköy Mahallesinin 14 Evler semtinde yaşamış ve hayatını balıkçılık yaparak sürdürmüştür. Bir gün sabah erkenden kalkar kayığının başına gelir. Fakat sert bir şekilde kıble rüzgârı esmektedir. Ali Reis ne yapsam diye düşünürken mahallenin diğer balıkçıları ve kardeşi Yaşar da kayıklarının başına gelmişlerdir. Kıble rüzgârı çok sert estiği için kimse denize açılmak istemez; cesaret edemezler. Ali Reis, kardeşi Yaşar'a "Kardeşim, kimse denize açılmıyor; haydi biz çıkalım." der. Yaşar ise, "Ben bu rüzgârlı havada denize çıkmam." der. Ali Reis, denize çıkmaya kararlıdır. Kayığını yüzdürür ve Usturama'dan denize açılır. Öğle vakti olur denizden geri gelmeyince ailesi endişelenir. Akşam olur yine denizden geri gelmez. Ailesi çaresizdir. Ertesi sabah olur yine denizden dönmez. Saatler ilerledikçe ailenin feryadı yükselmeye ağıtlar yakılmaya başlanır. Yaklaşık iki gün geçtikten sonra Ali Reis'i aramaya çıkanlar, onu denizin çok açıklarında kayığında kıvrılmış vaziyette kendinden geçmiş yatarken bulurlar. Ali Reis kıble rüzgârına karşı saatlerce kürek çekmiş, sonunda da yorgun düşmüştür. Bu olay üzerine söylenen manilerle Ali'm Türküsü ortaya çıkmıştır.

Usturama üstünde
Barabat direkleri
Ne haindir ne hain
Yaşar'ın yürekleri

Aman Ali'm gel A'lim
Civan Ali'm gel

Kucaklama altında
Celavura parlıyor
Güngör kızı sorarsan
Hüngür hüngür ağlıyor
Aman Ali'm gel Ali'm
Civan Ali'm gel

Cami yanı çeşmesi
Yandan akıyor yandan
Kıymet'i de sorarsan
Camdan bakıyor camdan

Aman Ali'm gel Ali'm
Civan Ali'm gel

Nadide kızım kalksana
Lambaları yaksana
Baban elden gidiyor
Çaresine baksana

Aman Ali'm gel Ali'm
Civan Ali'm gel

Gemi geliyor gemi
Limanı taramaya
Üç beş motor bir çıkmış
Alim'i aramaya

Aman Ali'm gel Ali'm
Civan Alim gel

Evlerimin üstünde
Kiremitler dizili
Alim'in balıkları
Dizinlikte dizili

Aman Ali'm gel Ali'm
Civan Ali'm gel

Ali'm Ali'm demekten
Ben kesildim yemekten
Eller almış Ali'mi
Yanıyorum yürekten

Aman Ali'm gel Ali'm
Yaman Alim gel

Ali'min abası var
Kolunda yaması var

Ali'm çok çirkin uşak	Aman Ali'm gel Alim
Ay gibi karısı var	Civan Ali'm gel Alim (KK-162)

Kıyıya yakın yerlerde avlanan balıkçılarla kıyıyı takip ederek seyreden sermaye kayıkları, fırtınanın kopacağı sezilince ırmak ağızlarına ve içlerine çekilir, fırtınanın dinmesi beklenirdi. Ayrıca poyraz her zaman balıkçıların korkulu rüyası olmuştur. Sığınacak elverişli sahilin az olmasından ötürü çoğu zaman kendilerini tehdit altında hisseden balıkçılar, poyraz esmeye başlayınca kayıklarını yanlarında taşıdıkları seyyar feleklerle kayalıklara çekmişlerdir.

Yükseldi malımetre
Daldı denize daldı
Vurdu bana sert poyraz
Üç gün Vona'da kaldım

Yüzdürelim takayi
Seyrek dolu atayi
Alan vurayı başa
Yarim dümen tutayi

Mayna edin yelkeni
Denizlerdir artayi
Bindirelim dışari
Tutalım ha bu çayi (KK-7)

4.9.2. Anlatmalık Türler

4.9.2.1. Fıkralar

Türk sözlü edebiyatının anlatma esasına dayalı türlerinin gelişim seyri içinde fıkra türünün her zaman önemli bir yeri olmuştur. Diğer anlatı türlerinde olduğu gibi fıkranın tanımı konusunda da uzlaşmaya varılmış bir tanım yoktur. Araştırmacılar türün kompozisyonu, fonksiyonu, teşekkülü ve gelişimi gibi farklı unsurlardan hareket ederek çeşitli tanımlar ortaya koymuşlardır. Türün tüm özelliklerini kapsayan en geçerli tanımlardan birini ortaya koyan Dursun Yıldırım'a göre fıkra, gerçek hayatla bağlı olan vak'aları, tam bir fikrî, sosyal ve beşerî kusurları, günlük yaşantımızda karşılaştığımız çarpıklıkları, gülünç durumları, tezatları, eski/yeni çatışmalarını ince bir mizah, hikemî bir söyleyiş, keskin bir istihza ve güçlü bir tenkit anlayışına sahip bir üslup içinde, dramatik öğeleri ağır basan bir hikaye çatısı etrafında toplayarak, genellikle bir tipe bağlı olarak anlatan, nesir diliyle yaratılmış küçük hacimli sözlü edebiyat kompozisyonlarına verilen addır (1998: 222).

Türk edebiyatının hem sözlü hem de yazılı geleneklerinde mevcut tüm fıkralar halk tarafından yaratılmış fıkra tiplerine bağlı olarak anlatılmakta ve aktarılmaktadır. Fıkralar genellikle tek ana tip etrafında inşa edilmiştir. Bu ana tipe eşlik eden tali tipler de vardır; ancak bu tipler mizahın ortaya konulmasında adeta bir dekoratif unsur gibidirler. Fıkralar bu ana tip etrafında şekillenen tek motifi birer kısa hikâye kompozisyonuna sahiptir (Aça, 2010: 637).

Türün tanımında olduğu gibi tasnifinde de farklı görüşler ortaya konulmuştur. Bu tasnifler içinde Saim Sakaoğlu ve Dursun Yıldırım gibi araştırmacıların teklifleri mizah araştırmalarında sıkça tercih edilmektedir. Dursun Yıldırım fıkraları yedi ayrı başlık altında değerlendirmiştir:

1. Ortak şahsiyeti temsil yeteneği kazanan ferdi tipler

a. Türkçe'nin konuşulduğu coğrafi alan içinde ve dünyada ünlü kabul edilen tipler: Nasreddin Hoca

b. Türk boyları arasında tanınan tipler tipler: Incili Çavuş, Bekri Mustafa, Esenpulat, Ahmet Akay, Kemine

c. Türk boyları arasında halkın ve zümrelerin ortak unsurlarının birleştirilmesinden doğan tipler: Bektaşi, Adlar Köse

d. Aydınlar arasından çıkan tipler: Haşmet, Koca Ragıp Paşa, Mirali, Nasreddin Tüsi, Keçecizade Izzet Molla

e. Mahalli tipler

f. Belli bir devrin kültürü içinde yaşatılan tipler: Karagöz

2. Zümre tipleri

3. Azınlık tipleri

4. Bölge ve yöre tipleri

5. Yabancı fıkra tipleri

6. Gündelik fıkra tipleri

a. Aile fertleri ile alakalı tipler: Ana-baba, karı-koca, kaynana, baba- çocuk, anne-çocuk

b. Mariz ve kötü tipler: Deli, hasis, cimri, kör, topal, sağır, dilsiz, hırsız, dolandırıcı, abanoz, yankesici, bıçkın

c. Sanat ve meslekleri temsil eden tipler: Ressam, şair, doktor, avukat, bezirgan, bakkal, kasap, molla, imam, kadı, asker

7. Moda tipler. (Yıldırım, 1999: 24)

Saim Sakaoğlu'nun yukarıdaki tanifle paralellikler arz eden tasnifi ise şöyledir:

1. Tarihte yaşamış şahıslar etrafında teşekkül eden fıkralar:

a. Her bölgede tanınan ünlü tipler: Nasreddin Hoca, İncili Çavuş, Bekri Mustafa

b. Sadece yaşadıkları bölgede tanınan tipler: Tayyip Ağa (Konya), Niyazi Dede (Sivas), Murtaza (Kastamonu), İbik Dayı (Ağın-Elazığ)

2. Bir topluluğu temsil eden tipler etrafında teşekkül eden fıkralar:

a. Din ve inanışsistemiyle ilgili olanlar: Hoca, kadı, bektaşi, tahtacı

b. Bir bölge halkı ile ilgili olanlar: Laz, Karatepeli, Kayserili

c. Bir karakter veya meslek grubu ile ilgili olanlar: Ahmak, deli, cimri, sarhoş, hırsız, doktor

3. Eş kahramanlı fıkralar: Hoca-talebe, usta-çırak, ebeveyn-evlat, komutan-asker, efendi-uşak (Sakaoğlu, 1992: 43-44)

Doğu Karadeniz, Anadolu sahası Türk fıkra geleneği içinde ayrıcalıklı bir yere sahip olup; Temel, Dursun, Fadime, Cemal gibi geniş ölçekte bilinen fıkra tiplerinin yanı sıra çok sayıda mahalli fıkra tipini de bünyesinde barındırmaktadır. Bölgede fıkra tipi olarak tebarüz eden bazı tipler, yapılan çalışmalarla literatüre kazandırılmışken hayatta olan veya olmayan daha pek çok fıkra tipi, anekdot türünden anlatıların içine serpiştirilmiş maceraları ile hafızalarda yaşatılmaktadır.

Meslekî kültürler içinde, mesleğin katılımcıları ve uygulama alanları bağlamında mizah ihtiyacını karşılamak üzere fiziksel görünümleri, davranışları, mizaçları ve sözleriyle tebarüz eden grup üyeleri, Dursun Yılıdırım'ın tasnifinde belirtilen "Zümre tipleri" başlığı altında değerlendirilebileceği gibi, kahramanı oldukları mizahi anlatıların meslek grubu dışında da bilinir hale gelmesiyle yine aynı tasnifte belirtilen "Bölge ve yöre tipleri", yahut Sakaoğlu'nun tasnifinde belirtilen "Bir karakter veya meslek grubu ile ilgili fıkralar" başlığı altında değerlendirilebilir.

Kahramanı balıkçılar olan fıkralarda, mizahın ortaya çıktığı ortam, balıkçılık faaliyetlerinin yürütüldüğü çalışma alanlarıdır. Aşağıda örneklerine yer verilecek olan fıkraların hemen hepsi yaşanmış tecrübelere dayanmakla birlikte, bu olaylar mesleğin katılımcıları tarafından üsluplanmış ve fıkra formuna sokulmuştur. Çalışma ortamının değişkenliği, risk faktörünün yüksek olması ve sosyo-ekonomik yapının katılımcılar üzerindeki baskıları sebebiyle oldukça stresli bir meslek olan balıkçılıkta mizah oldukça önemli bir işleve sahiptir. Meslekî nitelikli fıkralar, katılımcıların dayanma ve meslekte süreklilik kazanma hislerinin desteklenmesine önemli derecede katkıda bulunmaktadır. Öte yandan bir meslek grubunda şakaların ve fıkra türünden anlatıların olmaması bir şeylerin yanlış gittiğinin habercisi olarak kabul edilmelidir (McCarl 1996b: 79). Zira fıkralar grup üyelerinin yalnızca mizah ihtiyaçlarını karşılamamakta, önemli bir iletişim unsuru olarak da kullanılabilmektedir. İyi bir balıkçının av sırasında nasıl davranması gerektiği, karşılaştığı güçlüklerin üstesinden nasıl geleceğine hızlı bir biçimde karar vermesi yahut en kötü durumlarda bile nasıl iyimser kalınabileceği gibi mesajlar bu türdendir.

Araştırma sahasında özellikle Tirebolu ve Trabzon'un Faroz Mahallesi balıkçı grupları arasında meslekî karakterli mizahî anlatıların fıkra formunda sunumunun yaygın olduğu tespit edilmiştir. Bu kültür hatlarında anlatılan fıkra hüviyetli anlatılarda özellikle bazı isimlerin tipleşme yolunda oldukları görülmektedir. Tirebolulu Yaşlo İbrahim ve Cüce Ahmet ile Tayip Domaç'ın yanı sıra Farozlu Baltar Osman (Usta) ve Habib Beşli, kahramanı oldukları olaylarla ilgili anlatılarla meslek grubu içinde bilinir hale gelmişlerdir.

Ek-162: Baltar Osman (Usta) ve Hebib Beşli

Doğu Karadeniz mahalli fıkra tiplerinin karakteristik özelliklerinden pek çoğunu yansıtan bu isimlerin başlarından geçen mizahi olayların bir kısmı kendilerinden bir kısmı ise aynı sosyal ve meslekî çevrede yaşıyan diğer balıkçılardan tespit edilmiştir. Giresun ve Trabzon havalileleri balıkçı grupları arasında kaydedilen fıkralardan bir kısmı çalışmanın önceki bölümlerinde meslekî uygulamalar bağlamı içinde belirtilmiştir.

[Dursun'un Bedduası]

Günlerden Ramazan. İkindi namazından sonra Dursun Kullukcu, Mustafa Kutlu ile birlikte üç kişi çapari avlamak için denize açıldık. Dursun arkadaşımızı deniz tuttu midesi bulandı. Çok ısrar etmesine rağmen dışarı gitmedik. Yanımızdaki kayıkların hemen hepsi dışarı gitti. O kadar balık vuruyordu ki (istavrit, tirsi), balığı bırakıp gitmek olmaz dedik. Dört kasaya yakın balık tuttuk. Dışarı gittiğimizde balıkları satacak veya verecek hiç kimse kalmamıştı. Mecburen balıkları kendi aramızda pay ettik. Dursun'un bedduasına kalmıştık. (KK-59)

[Bir Bağ Mezgit]

Mahallede bir arkadaşın düğünü var biz de gittik. Takılar takılıyor. Amcasında 1000 YTL, teyzesinden 1 büyük altın filan derken bizim Köksal da "Hebib abisinden de bir bağ mezgit." deyince, düğüne gelen millet yattı gülmeye. Köksal durmadı "Hep altın takılmaz. Boğaz da yiyecekler bunlar yarına. Hepsi altın olmasın yarın ne yiyecekler, mezgit yesinler." dedi. (KK-113)

[Boğazım Yüzünden]

Şimdi her kuş gibi karabataklarında göç zamanları vardır. Hayvan bir şekilde karnını doyuracak herkesin rızkı var. Bu hayvanlar aç kaldıklarında denizdeki ağ şamandıralarının dibine dalar ağlardaki balıklara hücum ederler. Çalarlar balıkları, haksız kazanç elde ederler. Bir gün yine karabataklar daldı ağlara. Hebib Abi, "Kışt!" dedi, "Höyt!" dedi, "Füv füv!" etti ama kaçmadı karabataklar. Kayığındaki çift kırmayı çıkardı bir atmayla vurdu kuşu. Denizden çıkınca aldı götürdü bu karabatağı bizim lokalin toplantı yerine astı. Boğazına astığı kağıda da şunu yazdı: "Hebib Amcamın bir suçu yoktur. Ben boğazım yüzünden öldüm." (KK-143)

[Kayıkta Çakal]

Babamlar, elli altmış sene önce gece balığa gitmişler Yomra, Arsin taraflarına. O taraflarda barabat çekerdiler eskiden. Barabat çekerken balığı kayığa yükleyip dışarı gelmişler. Kayığı dışarıya çekip öyle üstünde balıklan bırakmışlar. Ondan sonra bunlar yemeğe gitmişler. Kayık duruyor. Neyse, sabahtan gün açmış denize gidecekler. Bir daha bakmışlar ki kayık duruyor denizin ortasında. "La kim aldı gitti onu?" derken, meğer kayığa dışarıdan iki üç tane çakal atlamış, kayık hafif sallandığı gibi yürüyüp kalkmış denize. Kayığın reyizi bunu bilmiyor ya kayıktaki karaltıları görüp bağrıy "La çıkın dışarı, gelin!" derken kayıktakiler adam değil ki kayıktakiler hayvan kime bağırıyor? Neyse bu sabahları esen rüzgâr vardır, sabahları dışarıdan eser. Ha bu rüzgâr kayığı iyice alıp geçip gitmiş. Ordan başka bir kayığı kiralayıp giderler. Kayığın yanına varınca bakarlar ki çakallar balığın yarısını yemiş bitirmiş. Bizimkiler çakaldan, çakallar bizimkilerden korkmuş. Çakalların biri bu yandan, biri o yandan atlamışlar denize. (KK-78)

[Bana da Öyle Geliyor]

Benim bir tane reisim vardı gece bununla ağ kurmaya gidiyorduk. Barbona ağ kurmaya. Neyse bana her şey hazır mı dedi bende evet her şey hazır dedim. Uykususuz tabi. Denizin ortasına geldik ağı kurmaya başladık. Reisim kürekleri çekiyordu ben de ağ kuruyordum arkadan ağı denize seriyordum. Bana dedi ki "Osman öne değil dibe gidiyoruz öyle geliyor bana." dedi. Dedim ona "Bana da öyle geliyor". Bana dedi ki "Levi kapadın mı?" "Yok." dedim. Lev kayığın tıkacıdır. Tıkacı takmayı unutmuştum kayık yarıya su doldu. "Eyvah batıyoruz!" dedi. Ondan sonra ağları denize attık, makineyi zoraki çalıştırdık bu sefer baştaki su kıça inince dümende denize düştü. "Lan batıyoruz!" dedi. Limanı zor bulduk battık zaten. (KK-37)

[Hacı Çapa Yok!]

Reisim bir gün bana "Çapayı denize at!" dedi; attım çapayı. O da iskandil yapıyordu; yani denizin derinliğini ölçüyordu. Bana dedi ki "Git kaldır çapayı!". Gittim çapa yok. Dedim "Hacı çapa yok!" Bana dedi ki "Bağlamadın mı ucunu iple?" "Yok." dedim. "Ee niye attın?" dedi. "At dedin ondan attım." dedim. (KK-37)

[Ağ Nerede?]

Biz palamuta gidiyoruz bir gün. Önümüzden bir kayık geçti yol kapma var yani palamutçulukta. Bende "Çabuk, çabuk öndeki kayık gidiyor geçelim onu." dedim. Önümüzde ki kayığı Ayasofya da geçtik. Biraderim dedi ki "Ağbi nereye gidiyoruz?" "Palamuta..." dedim. "Hani nerede ağ?" dedi. "İskelede unuttum." dedim. "O zaman niye koşarak gidiyoruz?" dedi. Döndük geri. (KK-37)

[Aşk Kazası]

Barbon zamanı benim babamla Osman Abi [Usta] ava gidiyorlar. İstinat duvarının orada bir tepe var. Orada Kamer Yılmaz diye birinin evi var. Osman Abi o zamanlar o adamın kızına âşık, seviyor onu. Osman Abi gittiğinde hep gözü orada, kızı görmek için. Babamlar geliyor yine buraya. Ağı temizliyorlarmış. Osman Abi de kızı görmek için o yana doğru bakıyormuş. Bir anda bağırmış Osman Abi "Bindiriyoruz taşa!" diye. Babam da arkasını dönmüş bakmış ki Uzunlu Kayası duruyormuş önlerinde. Babam da "Motoru istop et de kayığı vurmayalım." demiş. Ama iş işten geçmiş bindirmişler taşa. (KK-77)

[Kurbağa Sesi]

Eskiden bizim buralarda (Bulancak-Küçüklü) balıkçılar kıyıya yakınlıklarını tespit etmek için kurbağa seslerini dinlerlermiş. Kurbağa sesi çoğalınca kıyıya çok yaklaştıklarını anlar açığa çekilirlermiş. Cengiz Dayı ile oğlu İbrahim bir gün denize çıkmışlar akşam. İbrahim kurbağayı baş altına koymuş babama takılayım diye. Cengiz Dayı kurbağa sesi geldikçe açılmış da açılmış kürekle. Derken durumu fark etmiş ama epey de yorulmuş. Sinirli adammış başlamış İbrahim'i şamarlamaya. (KK-21)

[Yarısı Senin Yarısı Benim]

İmamla kardeşi varmış eskiden. İki kardeş anlaşamazlarmış kayık konusunda. Kayığı satıp parasını pay etmek akıllarına gelmemiş herhalde ki kayığı ortadan ikiye kesmişler. Yarısı senin yarısı benim derken kayıp çürüyüp gitmiş. (KK-21)

[Yaşlo İbrahim ve Cüce Ahmet-1]

Tirebolu Kumyalı sahili balıkçılarından Yaşlıoğlu İbrahim, seher vakti denize çıktığı bir gün hayli kısmetli bir balık avından sonra küfe dolusu balık yakalar ve limana geri döner. Cüce Ahmet Dayı, İbrahim'den az önce limana girmiştir. İkisi arasında balıkçılık konusunda kıyasıya bir rekabet varmış. İbrahim'in ağzına kadar dolu olan küfesini gören Cüce Ahmet kıskançlıkla sataşmaya başlamış. "Bu balıklar ne kadar ufak tefek! Adam bunları tutar mıydı? Utanmaz! Ben olsam yarısını denize dökerdim." Bu söz üzerine Yaşlo İbrahim sinirlenmiş. Ahmet'in üzerine atılmış. Başlamışlar kavga etmeye. Arkadaşları gelip ayırana kadar birbirlerini epey hırpalamışlar. İbrahim akşama doğru evine gelmiş. Evdekiler pantolonu paramparça olmuş, bacakları kan içerisinde kalmış İbrahim dayıyı görünce hayretle ne olduğunu sormuşlar. O da başlamış anlatmaya. "Hıhh! Ben üstten üstten vurmaya uğraşırken Ahmet'e, o kısacık boyuyla alttan alttan yemiş kemirmiş bacaklarımı. Kör olası herif!" demiş. (KK-104)

Ek-163: Yaşlo İbrahim ve Cüce Ahmet'in oğullarından Kaya Genç (Metin Karslı Arşivinden)

[Yaşlo İbrahim ve Cüce Ahmet-2]

(Tirebolu'da) Fırtınalı bir gün balık avından erken dönen İbrahim Dayı, biraz erkenden limana gelmiştir. Vakit daha erken olduğu için hemen eve gitmek istemez. Arkadaşlarıyla beraber deniz kenarına çilingir sofrasını kurarlar. Hep birlikte sazlı, cümbüşlü bir muhabbete dalarlar. İlerleyen zamanda İbrahim, dut gibi sarhoş olur. Geç vakitte sallana sallana evinin yolunu tutar. Terzili rampasını güç bela çıkar, evine varır, hemen vurur kafayı yatar. Sofrada bulunan arkadaşları

İbrahim'e bir şaka yapmayı plan kurarlar. İbrahim'in 4 metrelik çırnık kayığını 7-8 kişi omuzlarına alırlar. Güç bela Terzili'nin dik yokuşunu çıkarlar. Kayığı İbrahim'in evinin önüne bırakırlar. Sabah olur. İbrahim uyanır. Akşamdan kalma gözlerini oğuşturup pencereden dışarıya baktığında kapısının önündeki kayığını görünce şaşkınlıktan donup kalır. Hemen kız kardeşine seslenir. "Kalk Rafet kalk! Deniz evin önüne çıkmış! Baksana kayık kapıda. Allah Allah! Dün hava bozuk, deniz dalgalıydı. Deniz Terzili'ye kadar benim kayığı attı ise, bizim Cüce Ahmet'i dalgalar kesin Ayana Dağı'nın arkasına atmıştır." deyiverir. (KK-104)

[Bahtsız Balıkçı]

(Espiye) Zefre'de adamın biri on gün aralıksız denize gitmiş gelmiş ama hiç balık tutamamış. En sonunda vazgeçmiş, "Uzun zamandır görmediğim hanımımı göreyim." deyip eve gidip yatmış. Derken bir zaman sonra iskelede balıkçıların bolca balık indirdiklerini görmüş. Sinirlenmiş ve karısına bakıp kendi kendine söylenmiş. "Açık ağzını siktiğiminin karısı, o da benden balık yemeye bakar!" demiş. (KK-25)

[Siz de Ha Bu Baş Tarafını Tutun!]

Bir keresinde yunus avında kılıç balığı vurduk Karadeniz'de. Yazıcıoğlu Ömer'in bir motoru vardı; ben de daha askere gitmedim onunla giderdik denize. Süleyman Dayım, Kekeme Hüsnü, Ömer Eniştem, ben, biri daha vardı. Vurduk 20-25 dane balık ha böyle limanlık bir hava var. Ula bişey çizdirir ha öyle. "Dön!" dedi Ömer Eniştem; döndük. Aldı eline mavzeri soyun dedi bana. Küçüktüm o zaman ama ben çok çevik idim. Tak vurdu ona bir kurşun, kan fırladı. Ben kana atladım. Atladım ha bu sol elimi uzattım. Bir ağaç geldi elime, tuttum hemen. Ba böyle kuvvetli ağaç, baktım titrer öyle, canlı... Çıktım "O yandan alın beni." dedim. Aldık onu motora kimse tanımadı onu. Rahmetli Mehmet Aga (Köroğlu), kahvenin önünde orda bir ufacık baltası vardı. Ömer Eniştem dedi bana ki "Git; de ha Mehmed Aga'ya da gelsin. Baksın ha bu ne balığıdır." Gittim oraya. "Mehmed Aga, balık vurduk ama tanıyamadık onu, Ömer Eniştem yolladi beni." dedim. Anladı onu çok kurnaz idi. Aldı baltacığını koydu arkasına geldi. Baktı, başladı balığı orta yerinden kesti. Kuyruk tarafını vurdu aldı. "La sizde ha bu 5 kişi de baş tarafını tutun." dedi, çekti gitti. (KK-69)

[Üç Sandalye İşgal Edenleri Çağır!]

Adam denizden gelmiş kayığı çekecek; orada çocuğa demiş ki "Oğlum bana şu kahveden 3-4 Türk çağır." Rumlar da var ya önceden. "Türk çağır da şu kayığı dışarı çekelim." Çocuk da demiş ki "Amca ben nerden bileyim bu kahvede kim Türk'tür kim Rum'dur." Adam da "Oğlum bir sandalyede oturup diğer sandalyeye ayağını öbür sandalyeye de kolunu koyan kim varsa çağır üç sandalye işgal eden Türk'tür." demiş. (KK-37)

[Arabada Kürek Çekilir mi?]

Bizim bir Turgut abimiz vardı. "Çalışayım senle." dedi bana bir gün. Her akşam içerdi kayıkta bardağı yanında; hem kürek çekerdi hem içerdi, ben de ağ kurardım. Kıyıda sarı bir ev vardı oranın sahibi benim arkadaşımdı, her gün balık verirdim ona. Bir gün bana dedi ki "Hebib Abi benim taksiyi getiriyim fundukluğun altına da geceleri teknede değil de takside yatın." dedi. Ben de "Olur getir." dedim. Getirdi arabayı. Turgut abinin kafası iyi tabii yattı arkaya ben de öne geçtim. Kayığı da demirledik, denizde duruyor. Sabah olmaya başladı ben de Turgut abiyi kaldırayım dedim. "Kalk Turgut Abi, sabah oluyor ağı kuralım." dedim. Gözleri kapalı kalktı ayağa "Kaldır kaldır demiri." dedi bana. "Lan ne demiri arabanın demiri olur mu?" diyorum ben. O hâlâ bana "Kaldır demiri ben kakıyorum, tak kürekleri haydi kakacam ben." diyor. "Turgut Abi arabanın içinde yatıyoruz!" diyorum. O kadar sarhoş ki arabanın içinde kürek arıyor. Sonra ayağa kaktı "La biz arabanın içinde mi yatıyoruz?" dedi. (KK-113)

[Karabatak Kazası]

Ha bu Köksal Yılmaz, bizim arkadaş o dönem yeni balıkçı bu. Tutturdu bir gün baba şu av yerlerini öğret diye. Dayanamadım "Tamam." dedim. Biz gittik Araklı'ya. Araklı'da Narlıkbaşı diye bir yer var. Tüm balıkçılar orayı bilir. Orda incir ağaçları vardır; hep karabataklar yatar. Siyah karabataklar var ya dalar onlardan işte. Gece gittik oraya tokmakla denize vururuz ki balıklar hareketlensin diye. Köksal'a "Yavaş vur da karabataklar uyanmasın." dedim. Karabataklar vücutları ağır olduğu için uçamaz; uçsa da illa ayakları denize değecek. Uyku sersemi hayvanlar... Neyse arkadaşım tokmağı vurdu birden bir sürü karabatak kafamıza geldi. Bir sürü karabatak düşüyor, bağrıyor "Vıyık vıyık" diye. Neyse aradan biraz zaman geçti ağlarımıza baktık hep dolu, sandık ki kefal vurdu. Çıkarttık ağı "Vıyık vıyık" hep canlı karabatak dolmuş ağ. Biz onları ağdan nasıl çıkartacaz? Hep dişlerler bizi. Basıyorum şimdi bunların boğazına incitmeden. Dalıyorlar bana, deliyorlar elimi. Çıkardıklarımı atıyorum denize. Arkadaşım çekiyor kafalarını. Ya ağ kopuyor ya kafaları... Bir taraftan da "Sungurlu'da otobüs devrildi bir ölümüz var." diyor; atıyor denize. "Yaralımız var Hebib Abi." Deyip yaralıları da atıyor denize. Baktım olacak gibi değil "Yavaş ol oğlum, ağımız hep yıpranıyor." dedim. Ağlar naylon ya kafaları sarılmış karabatakların "Bismillahirrahmanirrahim diyor; ya kafaları kopuyor ya ağ... Ben yavaştan zarar vermeden yapıyorum Allah korkusu var bende. Tam Yomra'dan Trabzon'a kadar 1.5 saat 60 tane karabatak çıkardık, öldük resmen. Ha buraya geldikten sonra Köksal, "Otobüs devrildi 60 tane yolcumuz vardı. 30-35 ölümüz var, bilmem kaç tane yaralımız var." dedi. Herkes soruyor "La nerde devrildi?" diye. O da "Araklı'dan gelirken, Hebib Abi sürüyordu arabayı." diyor. (KK-113)

[Demiri Aldın mı?]

Balığa çıktık bir gün yine demiri attık denize çay yapalım çay içelim hem de vakit geçer dedik. Attık demiri demir derken kayığı tutmak için bağladık bir yere böylece kayık hareket etmez. Neyse vakit doldu, hava da tuhaflaştı esti esecek. Motoru çalıştırdık devam ettik motor bir an yavaş gibi geldi bana gittik gittik Ayasofya'da taşlar vardır, tam o taşlara geldik motor bir anda durdu. "Noldu?" falan dedik anlamadık meğer demiri çıkarmayı unutmuşuz. Süratli gidiyoruz ya demir havalandı taşlara değmeden Ayasofya'daki taşlara gelince takıldı işte. Taşı aldığı gibi demirin tırnakları tuttu. Bir korktuk ki sorma. Burhan bana dedi "Hebib demiri aldın mı?" Ben de "Yooo unuttum onu ben. Uyku sersemliğine dedim öyle." dedim. (KK-113)

[İnek Bize Niye Bakar?]

Bir ağustos günü sene 76'lı yıllar şu an Samsunspor'un başkanı olan Emin Kara arkadaşımızla denizde geziyoruz. Yomra'ya gittik dönüyoruz. Emin'e dedim ki "Emin, hep denizde geziyoruz, gel girelim Değirmendere'ye de, dereyi gezelim." Değirmendere'den tekneyle girdik içeri, köprüye kadar gittik. Bir sıkıntı yaşamadan dönelim dedik. Dönerken derede durgunluk göründü meğer derenin altında akıntı çoğalmış, dönemedik, derenin karşı tarafına tekneyi bindirdik, kaldık orda. Kendi imkânlarımızla tekneyi kurtaramadık. Emin bana "Yav Mustafa Abi ben gidiyim mahalleye de arkadaşlara haber vereylm gelsinler yardım etsinler." dedi. Ben de "Ee sen mahalleye gidecen ne anlatacaksın onlara? Tekne Değirmenderede mi diceksin? Demeyecekler mi lan ne işi var teknenin orada, siz manyak mısınız? Sakın bir şey deme manşet ederler bizi." dedim. Kendi imkânlarımızla uğraşıyoruz ama çıkamadık. Derenin karşısında inek otluyor, dikkatimi çekti inek otlamayı bırakıp bizi seyrediyor, o benim tuhafıma gitti. İnek otlamayı bıraktı, Emin'e dedim "Emin, ineğe baksana." O da "Ne var inekte?" dedi. "Baksana inek bakıyor bize, bunlar hangi mızinet diye." Kendi derdimi bıraktım ama ineğin bize bakışı zoruma gitti bizim çektiğimiz azap zoruma gitmedi." (KK-5)

[Ecinli Bira İçer mi?]

Bir gün Ali İhsanla geldik denizden, 7 tane birayı koydu kayığın kıçına, içmeye başladı. Benim bir arkadaşım var Murat diye. Bana geldi "Hebib Abi, bunu korkutalım da daha da içmesin, kayığı mayığı yakar." dedi. "Nasıl korkutacan?" diye sordum. "Sen ayrıl buradan git o arkaya." dedi. Gittim arkaya bir demir merdiven vardı oturdum orada seyrediyorum. Ali İhsan bira içiyor. Murat gitti beyaz çarşafı aldı gece saat 2.30. Beyaz çarşafı Murat kafasına geçirdi teknenin aşağısından yere çömelip kalkıyor "Böh-Böh!" ederek. Ali İhsan gördü onu ama biralarından hâlâ ayrılamıyor. Koydu elini cebine geri geri gidiyor. Ali İhsan baktı ki yiyecek beni ecinli; korkuyor. Ben de olsam korkarım. Murat da devam ediyor hâlâ korkutuyor onu. Ali İhsan sonunda bıraktı biraları kaçtı. Murat o gidince çarşafı atıp biraları içmeye başladı, oldu sarhoş. Ali İhsan geldi yanıma dedim "Ali İhsan haber oğlum?" "Hebib ağbi ne durursun burada?" dedi. "Denize gidecem oğlum sabaha karşı ağ kuracam." dedim. Ali İhsan "Senin kayığın önünde beyaz bir şey var -Hööö!- diye ötüyor bana." dedi. "Ne dersin la! Haydi gidip bir bakalım." dedim. Gittik beraber ben biliyorum tabii onun Murat olduğunu ama Ali İhsan'a his vermiyorum. Baktık Murat çarşafı atmış, biraları bitirmiş. Ali İhsan biraları aldı "Hebib Abi, ecinli hiç bira içer mi içmiş tüm biralarımı." diyip başladı ağlamaya. Ben de "Erkekse içer oğlum erkek ecinler içer." dedim. Başladı sövmeye. Murat da "Sövme la ecinliye! Sövme çarparlar seni." diyor ordan. Deli Ali İhsan da hâlâ ağlıyor biraları için. Murat da bedavaya sarhoş oldum diye seviniyor. Ali İhsan o gün ne olduğunu anlamadığından bir daha hiç gelmedi korkusundan. (KK-113)

[Ali İhsan'ın Yediği Dayak]

Bir gün denize balığa gideceğim. Ali ihsan beni korkutmak için elinde birasıyla teknenin ordaki direğin arkasına saklanmış bizi bekliyor. Benim küçük oğlan önde bende arkasındayım sigara içerek gidiyorum. Daha sabah ezanı yeni okunmuş etraf alacakaranlık. Küçük oğlum ileriyi gösterip baba "Ha orada bir şey var direğin arkasında." dedi. Ben de baktım adam kafasını uzatıp bakıyor bize ama hiç çabalamıyor. "Ulaa!" diyorum ona ki cevap versin; ama cevap vermiyor, dilsiz adama benziyor. Tekrar "Ulaaa ulaaa!" diyorum ama ses yok. Ben de korktum bu ecinlidir diye döndüm gittim. İsmet Abim beni görünce "Niye döndün oğlum sular mı çoktu?" dedi. "Ne suları abi, kayığın önünde bir şey var hiç çabalamıyor, ula diyorum ona, hiç ses çıkarmıyor ama adam olduğu belli şeklinden korktum." dedim. İsmet Abim "Hadi kalk bakalım." dedi. Abimde korkmayan adam ama korktu aldı eline böyük değnek. O önden gidiyor ama benden de cesaret alıyor. "Oğlum gel sen de benle. Bana dalarsa ikimiz birden ona dalarız." Diyor. Abim "Ooo!" etti direğe doğru. Ses yok... Değneği direğin arkasına bir soktu Ali İhsan'ın başına "Çaat!" diye vurdu. Ali İhsan ordan cırladı çıktı. Anladık onun olduğunu hep birlen sardık ona dayağı. Elinden bira şişesi düştü hâlâ cırlıyor. Ama sabahtan millete "Hepsini korkuttum." diyor. Böyle gururla kaldırıyor koltuklarını dayak yedini söylemiyor. Onun o gün yediği dayak karşıdan karşıya köprü olur." (KK-113)

4.9.2.2. Efsaneler

Türk insanının inançlarını, değerler sistemini, olaylar ve nesneler karşısındaki tutum ve davranışlarını, iyi ve kötü hakkındaki temel düşüncelerini ortaya koyma girişimlerinde kaynaklık etme[374] vasfına sahip olan efsaneler (Oğuz ve diğerleri, 2010: 143), şahıs yer ve hadiseler hakkında anlatılan, anlatılanların inandırıcılık vasfı taşıdığı, şahıs ve hadiselerde olağanüstü olma vasfı görülen ve muayyen bir şekli olmayıp kısa ve konuşma diline yer veren yaygın bir anlatı türüdür (Sakaoğlu, 1992: 10).

Konu kadroları oldukça geniş olan efsaneler, Pertev Naili Boratav tarafından konuları itibariyle, yaratılış efsaneleri, tarihlik efsaneler, olağanüstü kişiler, varlıklar ve güçler üzerine efsaneler ve dinlik efsaneler şeklinde sınıflandırılmıştır (2000: 100).

Efsanelerin genel işlevleri ile uyumlu biçimde Doğu Karadeniz insanı, içinde bulunduğu inanış ve düşünüş sistemine dönük kabulleri efsaneler yardımıyla canlı tutmaya ve aktarmaya çalışmaktadır. Balıkçılık kültürü etrafında tespit edilen ve bir kısmı daha önceki bölümlerde bağlamları içinde ifade edilen efsaneler, Türk efsane külliyatının karakteristik özelliklerini taşımaktadır. Bir kısmı önceki bölümlerde bağlamları içinde aktarılan efsanelerde Karadeniz'in oluşumunun yanı sıra balıkçıların sosyal ve meslekî çevrelerindeki deniz ve kara mevkilerinin oluşumu ve adlandırılması, bir balık türünün kökeninin izah edilmeye çalışıldığı görülmektedir.

4.9.2.2.1. Sucul ve Karasal Mevkilerle İlgili Efsaneler

Çalışmanın birinci bölümünde Karadeniz'in deniz alanının oluşum süreçleri hakkındaki nazariyelerden bahsedilirken de ifade edildiği gibi, deniz jeologları Karadeniz'in sularının son buzul çağına kadar şimdikine nispetle daha yüksek olduğu kanaatindedirler. Bu kanaatlerle paralel biçimde balıkçılar arasında Karadeniz sahilinin şimdi karasal alan içinde olan yamaçlara ve vadi içlerine kadar uzandığı yolunda kabuller mevcuttur. Söz konusu kabuller çoğu zaman efsane mahiyetli halk anlatıları ile dile getirilmektedir. Nitekim kendisi de aslen Trabzonlu olan ve 1817-1819 yılları arasında Karadeniz sahillerini dolaşan Minas Bıjışkyan, Karadeniz'in oluşumu ile ilgili nazariyelerden bahsettikten sonra bu meseleye dönük olarak şunları söyler (1998: 17):

> (...) Karadeniz'in bazı yerlerinde suyun altında binalar görünür ve denizden ara sıra bina kalıntıları çıkar. Bundan başka, yüksek dağlarda gemi bağlayacak yerler, iplerden aşınmış taş ve halkalara rastlanır. Trabzon ve İnebolu'ya üç saat mesafedeki tepelerde gemi

bağlayacak yerlerin bulunduğunu bizzat tespit ettim. Aynı şeyi yerli halk da rivayet eder.

[Gemikaldıran Gölü]

Sahilden 3,5 km içeride, Domaç Vadisi veya Yalç Deresi Vadisi adı verilen bir vadinin hemen üstüne bulunan Yalç Köyü sınırları içinde bulunmaktadır. Vadi tabanında şimdi cılız vaziyette akan derenin antik dönemlerde çok büyük bir nehir olduğu, bu nehrin Yalç Köyünün biraz üstünde bulunan ve şimdi çok küçük bir kısmı ayakta olan Yalç Kalesinin hemen aşağılarına kadar ulaştığı rivayet edilmektedir. Burada halk arasında Gemikaldıran Mevkii adıyla bilinen ve gemi bağlama direklerinin bulunduğu rivayet edilen bir mevki vardır. Antik dönemlerde korsan gemilerinin sığınmak maksadıyla, ticaret gemilerinin ise iç bölgelerden karayoluyla getirilen malları yüklemek veya getirdikleri malları iç bölgelere iletilmek üzere boşaltmak için buraya kadar geldikleri rivayet edilmektedir. Yörede görüşülen pek çok kişi bu gemi bağlama taşlarını gördüklerini belirtmiştir. Mayıs ayı içinde gerçekleştirilen alan araştırması sırasında otlar ve çalılar yüzeyi kapladığı için söz konusu bağlama yerleri tespit edilememiştir[375].

Ek-164: Gemikaldıran Gölü ve civarından görünümler.

[Gürleyen Kaya]

Benzer motifler Bulancak İlçesinin Kuzköy köyünde bulunan Gürleyen Kaya hakkında anlatılan bir efsanede de yer almıştır. Yöre halkı arasında Gürleyen Kaya'daki büyük demir halkalarla ilgili anlatılan bir efsane Cengiz Gökşen tarafından tespit edilmiştir (1999: 165):

İstanbul Boğazı açılmadan önce buralar hep su altındaymış. Deniz Kuzköy'e kadar çıkıyormuş. O zamanın denizcileri teknelerini bağlamak için liman çevresinde bulunan bu kayalara demir halkalar takmışlar. Boğazlar açılınca deniz suları çekilmiş ve demirler de burada kalmışlar. Bu çevrede bulunan Büyükada ve Küçükada köylerinin deniz buraya kadar gelirken aynı isimlerle anılan birer ada olduğu ve bu köylerin isimlerinin o zamandan kaldığı söylenmektedir.

[Kayıktaşı]

Çarşıbaşı ilçesinin sınırları içinde bulunan ve Kaldırım Yaylası veya Fındıklık Çimeni şeklinde adlandırılan yüksek bir tepede bulunan kayalık alandaki Kayıktaşı hakkında köylüler tarafından anlatılan benzer bir efsaneye göre de uzun yıllar önce deniz bu alana kadar gelirmiş. Kayıklar bu taşa başlanır; gemiler Gavur İskelesi denilen yere çekilirmiş. Kayıkları bağlamak için kullanılan demir halkalar yakın zamanlara kadar görünürmüş (Akıntürk, 2012: 44).

[Ancomah]

Benzer efsanelerden birisi de Of ilçesinin Bölümlü Köyü'nün yaslandığı dağların arkasında, Baltacı Deresi havzasında bulunan ve "Ancomah" şeklinde adlandırılan mevkii ile ilgilidir. Ancomahla ilgili efsane karakterli anlatılara göre Boğazlar açılmadan önce deniz kıyısında olan bu alanda oldukça zengin bir liman şehri varmış. Yanaşan gemileri oradaki büyük bir taştaki demir halkalara bağlarlarmış. Boğaz açılıp sular çekildikten sonra liman şehri eski zenginliğini yitirmiş ve ahali başka yerlere göç etmek zorunda kalmış. Şimdilerde HES inşaatı altına kalmak üzere olan bu alandaki gemi bağlama halkalarını uzun zamandır gören olmamıştır[376].

Ha bu boğaz deniz imiş hep. Ha buraya bi taş var imiş; oraya gemiyi taşa kukar atarlar imiş. Gemiyi, vapuru oraya takarlar imiş gitmesin diye. O şeher var ya çahmutlardan[377] beri yaptılar ordan oraya su gelirdi, mandarat[378] yapardılar oraya peynir yağ. (KK-170)

Haydar Gedikoğlu, Ancomah'la ilgili tespit edilmiş efsanelerden birini şöyle aktarmıştır (1998: 121):

İstanbul Boğazı açılmadan önce Of yakınlarındaki Baltacı deresinin denize döküldüğü yerde Ancomah adlı zengin bir ticaret kenti varmış. Kentin limanında demirleyen irili ufaklı gemiler, Ancomah ürünlerini uzak limanlara, uzak limanlardaki ticaret ürünlerini Ancomah'a taşırmış. Baltacı deresinin kaynaklandığı yaylalarda sağılan tonlarca süt, özel borularla Ancomah limanına akıtılırmış. Yörede yaşayanların anlattığına göre o zamanlar Marmara çukurunda bulunan kentlerin kraliçesi Keydafe'den öç almak isteyen Makedonya kralı Büyük İskender, Karadeniz kıyılarından Marmara çukuruna doğru derin bir boğaz açtırıp kraliçenin kentlerini sular altında bırakmış. Karadeniz'in kıyı suları, Marmara çukuruna dolan sular yüzünden kilometrelerce geri çekilmiş, kıyı boyunca sıralanan bütün kentler gibi Ancomah kenti de bir kıyı kenti olmaktan çıkıp bugünlü Bölümlü (Zisino) köyünün arkasındaki dağların ortasında kalmış. Ancomah limanına çekilen gemilerin bağlandığı demir halkalar, yakın zamanlara kadar Ancomah yıkıntılarının bulunduğu sarp kayalıklarda görülüyormuş. Karadeniz sularının çekilmesiyle eski önemini yitiren Ancomah kentinin kralı, yakınlarını çağırıp kararını bildirmiş: "Artık buralarda kalamayız. Başka yerlere göçmemiz gerek." Yola çıkmadan önce deniz suları yeniden kabarır da Ancomah kıyılarını kucaklarsa geri döneriz umuduyla hazine sandıklarını balmumu hamuruyla sıvayarak kentin ortasındaki derin çukura gömmüşler. Baltacı deresinin en sarp yerinden gizli bir suyolu açıp bu çukura bağlamışlar. Sandıkların gömülü olduğu çukuru, dibi görünmeyen karanlık bir göle dönüştürmüşler. Geri kalan eşyalarını Dercan adlı öküzün çektiği arabaya yükleyip yola girmişler. Kral "Öküz nereye çekerse oraya konacağız." demiş. Günlerce yol almışlar. Erzincan yakınlarına vardıklarında arabayı çeken öküz olduğu yere çömelmiş. Ancomahlılar orayı yurt edinip Tercan kentinin temelini atmışlar.

Ek-165: Ancomah mevkiine yukarıdan bakış.

4.9.2.3. Memoratlar

Türk sözlü edebiyatı içinde çoğu zaman efsane karakterli anlatılarla birlikte değerlendirilen memoratlar ise, tabiatüstü ferdi bir tecrübenin yaşayan veya ondan dinlemiş birisi tarafından anlatılan şahsa bağlı hikâye şeklinde tanımlanmıştır. Bu tanımdan hareketle efsanelerle benzer sosyal ve kültürel işlevlere sahip olan memoratlar[379], öteki dünyaya ait varlıkların yanı sıra insanlarla aynı mekânları paylaşan cin, peri, şeytan, alkız, karabasan veya çeşitli ruhlardan oluşan ve sosyal bir hayat yaşadığına inanılan varlıklarla görme, konuşma, dokunma, hissetme, rüya veya bunlardan başka bir yolla iletişim kuran kişiler tarafından veya onlardan dinleyen başkaları tarafından aktarılan anlatılardır (Çobanoğlu, 2003b: 21).

[Cadı ve Karagoncoloz]

Doğu Karadeniz sözlü kültüründe efsane ve memorat karakterli anlatılarda "cadı/cazı" inanışının izleri ile sıkça karşılaşılmaktadır. Hayatın başlangıcı anlamına gelen doğum etrafındaki inanış ve uygulamalar arasında oldukça yaygın şekilde görülen cadıların, yenidoğana ve lohusaya musallat olduğuna inanılmaktadır. Konu üzerine araştırmalar yapan Abanoz Küçük'ün halk arasında yaptığı derlemelerden anlaşılabildiği kadarıyla cadıların Rusya ile Türkiye arasında deniz yoluyla seyahat ettiklerine inanılmaktadır. Balıkçılardan bazıları başlarından geçen olağanüstü olayları yorumlarken yiyecek çocuk ciğeri bulamayan cadılarla denizde karşılaştıklarını ifade etmişlerdir (Küçük, 2011: 128).

Ali Çelik, Trabzon ve çevresinde benzer biçimlerde örnekleriyle karşılaşılan bu inanışı Çaykara havalisinde şu şekilde tespit etmiştir

> Her kiraz (haziran) ayının yirmi dördüncü akşamı cazular (cadılar) emir almak için, karşıya geçerler. Karşı denen yer Kırım'ın bilinmeyen bir yerindeki cazuluk merkezidir. (...) Cazuların diğer bir ismi de "Mayısa"dır. (...) Halk mayısaların ne zaman ne iş yapacaklarını bildiği için korunma çareleri arar. Mayısa'yı yakalayacak erkek yetmiş defa (Allahu Lâilihe illâhu velheyyul kayyum)'u okur ve her defasında kendi üstüne üfler, obasını bağlamaz ve ahır kapısını besmelesiz kapar. Daha önceden hazırladığı bir balık ağı veya kırk bir iğne ile öldürülüp yüzülerek kurutulan kurbağayı başına koyup ahırın bir köşesinde saklanır (Çelik, 2010: 250-252):

Yörede bazen Karakoncolos[380] şeklinde de adlandırılan cadının deniz yoluyla seyahat ettiği yolundaki inanışın izlerine başka biçimlerde de rastlamak mümkündür. Üzerine yapılan az sayıda çalışmayla ortaya konulan görüşlere göre antik dönem Anadolu inanışlarının izlerini taşıyan (And, 1962: 47) Karagoncoloz, Yunan folklorunda deniz cini olarak geçen "kalikantzaros" ile oldukça benzerdir (Öztürk, 2005: 622). Aralık ayının son haftası ile ocak ayının ilk haftası arasında ortaya çıktığına inanılan Karagoncolozların diğer zamanlarda bilinmedik bir deniz kenarında ellerindeki elekle kum ölçmekle meşgul olduklarına; ellerindeki eleğin altı delik olduğu için kumun tekrar boşalmasından ötürü bu işi aralıksız olarak yapmaya devam ettiklerine inanılmaktadır (KK-165). Araştırma sahasında bilhassa Trabzon'un doğusundaki "Manahos-Solaklı" kültür hattında, anneler ve nineler bugün bile haylazlık eden çocukları korkutmak maksadıyla kökeni kadim dönemlere uzanan inanışa göndermelerde bulunmaktadırlar:

> Babaannem önceden çok anlatırdı. Küçükken yaramazlık yapardık babaannem "Aha! Denizden canavar geliyor; sizi yiyecek." derdi. Biz de sinip otururduk öyle. "Babanız denizden boynuzlu dedeyi getiriyor ben karışmam." derdi... Ondan sonra biz de korkup kavgayı bırakıyorduk dört kardeş. (KK-89)
>
> *
>
> Küçüklüğümüzde havanın fırtınalı olduğu zamanlar büyüklerimiz çocukları Karagoncolos ile korkuturdu. Mahallemizde bir dere var. Fırtınalı havalarda Karagoncolos denizde duramadığı için gemilerini, sandallarını dereden yukarı "Hayessa-Yalessa" diye bağırarak çekerlermiş. Bizler de korku ile bu olmayan sesleri bu pür dikkat kesilip dinlemeğe çalışır. Sonra da mışıl mışıl sabaha kadar uyurduk. (KK-59)
>
> *
>
> Her sene ocak ayının 1 veya 2'sinde büyük fırtına olur. Büyüklerimiz bu fırtınayı Goncoloz getirir derlerdi. Goncoloz gelir vurur oradan yukarıya çıkar bağırırmış. Şu yukarılarda bir değirmen varmış Yanık ailesine ait. Orda bağırırmış "Yanık yanık ede hamur yiyelum / Değirmenin içine oynayalum gülelum" Sabahları da kar yağarmış, kar getirirmiş. (KK-168)

[Tekinsiz Yerler]

Balıkçılar, sadece denizde veya deniz kıyısında yaşanan olağanüstü olayları değil aynı zamanda karada başlarından olayları da kendi mesleklerine vurgu yapacak şekilde anlatılarına dâhil etmişlerdir. Fikret Karadeniz'in Giresun Gemilerçekeği Mahallesi balıkçılarından biri hakkında tespit ettiği bir memorat örneği şöyledir:

> Balıkçılık yapan bir yaşlı Hasan Dayı vardır. Hasan Dayı bir akşam geç vakit evine döner. Tam yatmak üzereyken kapı çalınır. Hasan Dayı hemen gelip kapıyı açar. Karşısında simsiyah giyinmiş, upuzun, ayakları ters bir adam görür. Adamın cin olduğunu hemen anlar ve

içinden Ayete'l-Kürsiyi okumaya başlar. Cin, "Hasan Dayı, bu gece karşıdaki düzlükte bir eğlencemiz var. Davetlisin, hadi gidelim." Der. Hasan Dayı "Kusura bakmayın, çok yorgunum gelemem. Yarın yeniden balığa çıkacağım." Der. Cin bölünüp iki kişi olur. Bir "Bırakalım Hasan Dayı istirahat etsin." dediği halde diğeri götürmeleri için ısrar eder. Hasan Dayı "Yapmayın, etmeyin; yorgunum." Diye yalvarır. Bunun üzerine iyi cin diğerine "Bırakalım rahat etsin." Deyince, o da ses çıkarmaz ve Hasan Dayı'yı götürmekten vazgeçerler. Hasan Dayı kapıyı kapatıp korku içinde, bildiği bütün duaları okuyup yatar. Sabah balığa çıkan Hasan Dayı, akşam cinlerin eğlence var dediği yerde üç tane erkek cesediyle karşılaşır (Karadeniz, 1986: 5).

Trabzon'un Yalı (Faroz) Mahallesi balıkçılarından Habib Beşli'nin bazı balıkçılarla birlikte av sırasında yaşadıkları ve mizahi unsurlar taşıyan bazı olaylar da memorat karakterli anlatılara konu olmuştur:

Bir gün yine Köksal'la kefal avlıyoruz. Böyle lağımın aktığı yuvarlak bir yer var. Köksal bıraktı ağı. Derken Köksal "Ha bu tünelin içindekinin gözleri nedir?" dedi. "Kedidir." dedim. İnanmadı bana "Kedi saat ikide mağaranın içinde ha böyle!" Baktım olmayacak "Oğlum kaldır ağları dışarı şerlidir o." dedim. Köksal, "Ha bu dışarı şerliysen de içeri şerliysen de gözün kör olsun." deyince "İçeri şerli nedir?" dedim. "Dışarı şerlinin tersi içeri şerliymiş ne olacak ecinni iste." deyince korktuk kaldırdık ağları gerisin geri. (KK-113)

*

Bir delikanlı arkadaşım, "Hebib Abi ben senlen denize gelmek istiyorum, öğrenmek istiyorum denizi." dedi. Ben de, "Olsun oğlum, gel." dedim. Kürek çekmeyi öğrettim, balık çıkarmayı öğrettim her şeyi öğrettim ona. Bir akşam çıktık yola mübarek gece o gün Peygamberimizin doğduğu gece gittik Govata Başı'na. Ben bu Govata Başı'nda babamla çok çalıştım hep derdi ki bana oğlum buralar sahaplıdır, buralar ecinlidir. O zamanlar buralarda ışık yok bir şey yok bundan 40 sene evveli Trabzon bile köydü. Gittik Yomra'ya. Yomra da kurduk birkaç ağ. Geldik Govata Başı'na; orada mağaralar var, deniz oymuş oraları vura vura vura dağı taşı oymuş. Çok mağara var orda. Eskiden koyun sürüleri girerdi içerisine yağmur yağdımı. Neyse yanımdaki delikanlı bana "Hebib Abi benim büyük abdestim geldi; at beni çağala da büyük abdestimi yapayım." dedi. "Atla oğlum çizmeyle." dedim. Ben de barbon çıkartıyorum biraz istavritle barbon vurdu ağlara. "Sen işini görene kadar ben de balığı çıkartayım." dedim. Çıkarırken koşa koşa geldi yanıma. Yav bir insan birden bire ağlar mı? Nefes nefese geldi. "Noldu oğlum?" dedim. "Bir sürü geçti o yandan, adam gibi bir şeyler, ayakları tersti, kısa boyluydular ecinlerdi. Yav ne çabuk geçtiler, rüzgârları vurdu yüzüme korktum. Pantolonumu o korkuyla pis pis çektim." Dedi. Ben de güldüm, şaka sandım ama baktım ağlıyor o kadar hırslandı ki. Daha askere gitmemiş uşak daha 19 yaşında delikanlı. Aradan iki dakika geçmedi bir kedi sesi duyduk. Ama nasıl cırlıyor mağaranın içinde gecenin saat 2'si, "miyav miyav" ediyor. "Oğlum su kunduzu tuttu, kediyi boğuyor." dedim. Çünkü su kunduzları kediyi boğar. O ara benim arkam ha böyle dışarıya dönük balık çıkartıyorum, onun yüzü mağralara doğru o da oradan balık çıkartıyor. Bana "Hebib abi sığır kadar kedi olur mu?" dedi. Ben de benimle dalga geçiyor sandım, "Oğlum sığır kadar kedi olur mu?" dedim. "Abi dışarıya baksana sığır kadar kedi var, gözleri ha bu kadar." dedi. Ben baktım ama göremedim, aynı yere bakıyoruz ama ben göremedim kediyi. Şimdi ben tiksinmedim ya ondan bana görünmedi. Bakıyorum oraya bana bir şey görünmüyor, tarif ediyor nerede olduğunu ben bakıyorum oraya ama göremeyrim. Hâlâ diyor ki "Ha orada koca nalet, sığır gadar var." Neyse ben de tiksinmeye başladım o öyle dedikçe. Tiksindiğim gibi baktım ha oraya, yalan olmasın ben kediyi görmedim ama o ilk geçenleri gördüm. Baktım kısa boylu adamlar, bunların ipince kafaları, gözleri yusyuvarlak ufak, ha böle çapraz goşaylar ayakları ters. Hemen Ayete'l Kürsi okuyup kendimi üfledim ona da okuyup üfledim o bilmiyor tabi. Okuduktan sonra "Görünüyor mü sana?" dedim. "Görünüyor." dedi. Ben de aldım demiri bastım marşa gittim oradan. Gidiyoruz şimdi Yomra tarafına, ışıklı bir yere gidiyim dedim çünkü bu uşak korktu. Bana "Hebib Abi gelme yanıma beni mi yiyecen?" dedi. "Lan ne yiycem seni!" dedim. "Dişlerin kocaman aslan gibi. Uy gözlerinden kan akıyor." dedi. Lambayı çevirdim gözüme daldım gözlerime baktım ışıkta gözlerimde kan yok, ama ona öyle geliyor. Bana hâlâ diyor ki "Hebib Abi gözlerinden kan akıyor, dişlerin kocaman beni mi yiyecen?" dedi. "Etme oğlum gitme oğlum!" dedim. Ekmekle kaşar peyniri veriyim ona da sakinleşsin dedim. "Al ha bunu ye oğlum." dedim. Aldı kaşar peynirini attı bana, ağlıyor öyle "Yeme beni." diye hâlâ. Buna bir şamar attım "Çat!" etti kendine geldi. O şamarı atmasam delirecekti. Ama bu sefer de bana "Kafan hep ince, ayakların da hep ters." dedi. Onlar görünüyor ona, o da ben sanıyo. Baktım ayaklarıma, "Lan ne dersin." derim ona. Neyse uzatmayalım "Abi ben para istemiyorum beni Trabzon'a getir." dedi. Ben de aldım götürdüm onu. Geldik işte buraya. O zaman bu liman yok küçük liman var. Motorun kapağını açıyorum korkuyor, her gelenden korkuyor. Benim oğlum olayı bilmiyor, dedi ki "Baba mübarek günde içki içti de ondan çarpılmış bu." Kapağı açtım mı ağlar, bağırır, cırlar. Benim oğlum olayı bilmiyor ama "Baba bu uşağın kafası ince. Ne kadar ince kafası var."dedi. Bakıyorum ama ben ince görmüyorum, çarpıldı ya hani bu, ondan kafası ince görünüyormuş. Gittim caminin hocasını bulmaya. Hocanın hanımına Müzeyyen Teyze derim; gittim ona "Müzeyyen Teyze kocan evde mi?" dedim. "Ha şimdi sabah namazından çıktı, yeni yattı." dedi. "Onu kaldırır mısın, gelsin benim hatırım için kalksın hoca." dedim. Hoca da o sıra kalktı "Noldu uşağım hayırdır?" dedi. "Hocam ha böyle böyle bir hadiseye kaldık yardım et." dedim. Hoca da "Ben o çouğu görmedim ama o çarpılmış, geliyim." dedi. Hoca geldi, motorun kapağını açtığı gibi uşak bağırmaya, cırlamaya başladı. Hoca da örttü kapağı, "Bu çarpılmış." dedi. Motorun kapağını hafiften açtık hoca okumaya, üflemeye başladı. Hoca okuduktan sonra uşak havalara bakıp "lak-lak" gülmeye başladı. "Uşak delirdi." dedim. Gülmekten yaş akar gözlerinden, hoca okuduktan sonra gülmeye başladı ama. Neyse 1 saat boyunca güldü, sonra geldi kendine düzeldi. Ertesi gün bana "Hebib Abi akşam ne oldu bana?" dedi. Hiçbir şeyi hatırlamıyor. "Ula akşam yiyecekmişim seni, bak bakayım dişlerim büyük mü, kocaman mı? Bak bakayım, gözümden kan akar mı?" dedim ona. "Yok" diyor. "Lan ben mi dedim o lafları sana." diyorum; "He sen dedin bana." diyor. "Lan dün sana şamar vurdum hatırlar mısın?" derim; "Bi yüzümün acıdığını hatırlarım." diyor. "Sen dün anlattın ya önümden bir sürü geçti diye onu hatırladın mı?" dedim. Aniden "Daha anlatma, daha anlatma bana Hebib Abi." dedi. Ben de "Tamam" deyip sustum. Neyse ona muska yaptılar, hâlâ da taşır o muskayı. Şimdi evlidir çocukları da var hâlâ gece gezemez. Akşam oldu mu hemen eve kaçar, duramaz. Bir arkadaşı onu evine kadar getirdi mi gece dışarıda durur; ama tek gidemez, yine görünür bana diye tiksinir. Orada bizden evvela babamlar görmüşler. Ora sahipliymiş yani. Babam elli sene kadar önce gördü. Babam ecinnilerin düğününü gördük; "Düğün yaparlar." dedi. Bir kadınla bir adamı evlendirmişler. Onlar aynı insan yani. Hocadan öğrendim ki onların da ibadet ettiği yerler varmış. Gece ibadet ettikleri yere ufak su dökersen çarparlarmış. Onun için ibadet ettiği yerlere dikkat edeceksin. Öğrendim ki buralara gece gidersen okunmuş şerbet dökmek gerekmiş. Bir keresinde de gündüz gittim oraya üç kulhuvallahü bir elhamla vardım. Gündüz görünmüyor bunlar, gece görünüyor. Gece kayıkla ordan geçerken okuruz. Ürkerim ordan geçerken tüylerim diken diken olur. Ordan geçerken okumazsan adamı boğarlar orda. Dışarıdan görünmüyor sade deniz yani. Gençler yıkanıyorlar, oturuyorlar orada. Ama gece oldu mu böyle karanlık ağaçlık bir yer görünce insan korkar. Bundan epey önce bir defasında kedi gördüm ben orada. Karanlıkta "miyav miyav" sesini duydum. O yana, bu yana gidiyor. Ondan sonra gelin bakayım dedim. Farları yakınca acaba görebilecez mi dedim. Yaktık farları göremedik bi şey. Ama farları söndürünce aynı kedi duruyor gözleri ışıl ışıl. Bizim caminin hocası "Onlar o kadar acizdir ki üç kulhuvallah bir elham onları yok eder. Envayi çeşit kılığa girer, görünür sana. Taş filan atar sana, ama taş değmez sana." dedi. Böyle taş attığını görmedim ama taşın suya düştüğünü filan gördüğüm oldu. (KK-113)

4.9.3. Göstermelik Türler

Verimliliğin, münbitliğin, doğurganlığın korunması ve artırılmasını amaçlayan geleneksel ritüellerde dans önemli bir yer işgal etmiştir. Bu yönden, doğrudan kendi etkisinin dışında, diğer bazı ritüelleri de taklit ederek icra etmesiyle bu ritüllerin etkinliğine aracı olmaktadır (Oğuz, 2002b: 999). Yaygın kanaate göre bu yöndeki bazı danslar, zamanla seyirlik oyunlara dönüşmüştür. Dinlik karaktere sahip ilk ritüellerin dansı, zamanla bir temaşaya dönüşmüştür (And, 1985: 9-42).

Araştırma sahası balıkçı kültürünün temsil unsuları içerisinde göstermelik yönüyle dikkati çeken ve son yıllarda popüler kültüre aktarılması[381] hasebiyle ulusal ölçekte bilinir hale gelen kolbastı için Giresun balıkçıları "*metelik*", Trabzon balıkçıları ise "*hoptek*", ve "*Faroz kesmesi*" gibi isimler de vermektedirler.

Kolbastının popülerlik kazanmasından sonra nereye veya kimlere ait olduğu, konusu, oynanış biçimi ve müziği gibi konular tartışılır hale gelmiştir. Alan araştırmaları sırasında bu tartışmalara balıkçıların da katıldıkları gözlemlenmiştir. Giresun balıkçı kültürünün önemli temsil alanlarından olan Ayvasıl havalisi balıkçılarından bazıları bu oyunun daha 1950'li yıllarda kendi yörelerinde şekillenmeye başladığını; kaynağını soğuk havalarda üşüyen balıkçıların ısınmak amacıyla sergiledikleri çeşitli figürlerden aldığını belirtmektedirler. (KK-2; KK-4) Bir başka yaygın görüşe göre ise bu oyun, Osmanlı Devleti'nin son dönemlerinde ağır vergi yükünden kurtulmak amacıyla Giresun yöresinde deniz yoluyla kaçakçılık yapan balıkçı ve sermaye teknesi sahipleri ile onları engellemekle görevli kolcular arasındaki mücadelelerden doğmuştur (Pelikoğlu, 2009: 40-41). Oyuncuların karşı karşıya geldiklerinde birbirlerine meydan okur şekilde tavırlar sergilemeleri, oyun boyunca devam eden boğuşma, yaralanma ve düşme figürleri ile bu oyunun bir çatışmayı anımsatması bu son değerlendirmenin ortaya çıkmasında şüphesiz etkili olmuştur.

Ek-166: Merhum Konstantin Muammer (Karayunus)

Trabzon yöresinde özellikle Yalı (Faroz) Mahallesi balıkçılarının kolbastıya karşı oldukça duyarlı oldukları gözlemlenmiştir. Onlara göre bu oyunun Giresun havalisi ile hiçbir ilişkisi yoktur. Ahalinin ortak kanaatine göre oyun, geleneksel mahalle kimliğini bugün de büyük oranda muhafaza eden Faroz'da ortaya çıkmıştır. Oyuna bu yörede "*Faroz kesmesi*" denilmesinin sebebi de budur. Farozlular arasındaki yaygın kabule göre bu oyun ilk kez, mahallede "Gıymetli" lakabıyla bilinen Muzaffer Karaalan oynamıştır (KK-173). 1950'li yıllarda esprili kişiliği ile simgeleşen Konstantin Muammer (Karayunus) tarafından düğünlerde çeşitli mimik ve mizansenlerle doğaçlama olarak oynanır hale gelmiştir. Bu ilk dönemlerde Konstantin Muammer'e, Sese Selim (Karayavuzoğlu) eşlik etmiştir. Bir süre sonra mahallede yaygınlık kazanmaya başlayan oyun, bir kısmı balıkçı olan Hasan Odabaş, Obuz Erol (Özçilingir), Tavşan Cevdet (Mutlu), Dayı Zekeriya (Erdaloğlu), Sıçan Osman (Erosmanoğlu), Faş Temel (Erkaya) ve Deniz Erkaya gibi isimler tarafından başarılı biçimde icra edilmiştir. Bu isimlerden her biri kendi mesleklerine dönük vurguları zamanla oyuna dâhil etmişlerdir[382].

Ek-167: Merhum Muzaffer Karalan (Gıymetli) kolbastı oynarken

Oyun sırasında sergilenen tıraş etme, balık ağı atma ve çekme gibi figürler bu suretle çeşitlilik kanmıştır (Demirkaya, 2004: 42). Başta balıkçı aileleri olmak üzere mahalle sakinleri, belirtilen sergüzeştle mahallelerinin kültürel birikimi içinden çıktığını ifade ettikleri bu oyunun Giresun gibi başka yöreler tarafından sahiplenilmesini bir nevi hırsızlık olarak kabul etmektedirler.

Oyunun hangi yöreye ait olduğu yolundaki görüş ayrılıkları devam ediyor olsa da, ortaya çıktığı havaliden balıkçılar ve navluncular aracılığıyla yakın havalilere taşındığı bir vakıadır. Daha önce de belirtildiği gibi Giresun ve Trabzon havalisi balıkçıları geçmişten beri iç içe olmuşlar ve kültürel belleklerini paylaşmışlardır.

Hiç şüphesiz tüm danslarda olduğu gibi kolbastı da majiden dramaya geçişin izlerini görmek mümkündür. Ancak kültür statik bir unsur olmadığından kültürün bir unsuru olan dans da statik değil, dinamiktir. Yani kolbastının kültür kodları eski, koreografisi yenidir. Kolbastı, kara avcılığının yaygın olduğu topluluklarda kadim dönemlerden beri örneklerine rastlanan ve av öncesinde sergilenen, bereket ve uğur beklentilerini ifade eden kutsal oyunlarla dikkat çekici benzerlikler taşımaktadır[383].

Ek-168: Faroz Mahallesi sakinleri gün içinde kolbastı ile eğlenirken

Kolbastı, Giresun balıkçıları arasında "*Metelik Havası*"sının yanı sıra "*Dere Boyu Kavaklar*" türküsü eşliğinde nispeten yavaş bir tempo ile oynanmaktadır. Trabzon balıkçıları da "*Dere Boyu Kavaklar*" türküsüne ek olarak "*Yaylanın çimenine kuzu yayılır kuzu*" türküsü eşliğinde daha hızlı bir tempo ile bu oyunu icra etmektedirler. Her iki yörede de ortak şekilde görülen "Dere Boyu Kavaklar" türküsünün sözleri şöyledir:

Dere boyu kavaklar
Açtı yeşil yapraklar
Ben sana doyamadım
Doysun kara topraklar
Hadi gülüm yandan yandan yandan
Biz korkmayız jandarmadan

Dere boyunun düzü
Mevlam ayırdı bizi

Ah babanın aklı olsa
Evlendirirdi bizi
Hadi gülüm yandan yandan yandan
Biz korkmayız jandarmadan

Gidiyom Giresun'a
Kızlar meyhanesine
Orda bir güzel ölmüş
Varam cenazesine
Hadi gülüm yandan yandan yandan
Biz korkmayız jandarmadan

SONUÇ VE ÖNERİLER

Dört asıl bölümden oluşan bu çalışmayla ulaşılan sonuçlar ve bu sonuçlar bağlamında belirlenen öneriler, bölümlerin sıralamasına ve içeriklerine göre ortaya konulmuştur. Giresun ve Trabzon illerinde, balıkçılık mesleği etrafında oluşan meslekî kültürü geçmişten bugüne uzanan derinliği içinde araştırmayı amaçlayan bu çalışmanın teorik çerçevesini oluşturmak düşüncesi ile çalışmanın birinci bölümünde meslek gruplarını da içinde barındıran halk grupları bağlamında ele alınan halk terimi ile ilgili öncü görüşlerin 18. yy.'ın Batı Avrupasında ortaya konulmaya başlandığı görülmektedir. 19. yy.'da özellikle Alman ve İskandinav kültür araştırmaları ile çeşitlilik ve derinlik kazanan tartışmalar, 20. yy.'ın ilk çeyreğinden itibaren Batı Avrupa geleneğinden beslenen ancak çeşitli argumanları ile farklılıklar da arz eden Kuzey Amerika sosyolojisi ve antropolojisinde de tartışılır olmuştur. Tüm bu süreçler boyunca antropoloji ve folklor gibi kültür araştırma şubelerinin gelişimine zemin hazırlayan sosyoloji disiplini içinde ortaya konulan tartışmalar, zamanla söz konusu disiplinlerin kendi çalışma alan ve amaçlarına göre yorumlanır olmuştur.

Türk folklor araştırmalarında halkın tanımlanması ve mahiyetinin ortaya konulması yolundaki ilk görüşler 20. yy.'ın ilk çeyreğine uzanmaktadır. Folklorun bir ilim kolu halinde gelişmesine öncülük eden Ziya Gökalp, Fuat Köprülü, Rıza Tevfik ve Yusuf Akçura, halka ve dolayısıyla millî kaynaklara yönelme telkinleri sırasında konuya temas eden isimler olmuşlardır. 1930'lu yılların ortalarından itibaren folklorun dinamik karakteri bağlamında halk terimine dikkat çeken Pertev Naili Boratav ve Tahir Alangu gibi isimler öncüllerinde olduğu gibi Alman kültür araştırmaları başta olmak üzere Batı Avrupa kültür araştırmaları içinde ortaya konulan görüşleri tartışmaya açmışlardır. Türk folklor araştırmalarının akademik bir hüviyette gerçekleştirilmeye başlandığı dönemlerde ortaya konulan ve bu çalışmanın ilgili bölümünde detaylı şekilde aktarılan bu görüşler, Türk folklor araştırmaları tarihi açısından oldukça önemlidir.

Pertev Naili Boratav tarafından ilerleyen dönemlerde de kültürel ve tarihsel bağlamı içinde sık sık gündeme getirilen halk, halk grupları ve grup folkloru konuları, Türk folklor araştırmalarına dönük yöntem tartışmalarının yeniden gündeme geldiği 1990'lı yıllardan itibaren rağbet gören konular arasında olmaya devam etmiştir. Boratav ve Alangu ikilisinden sonra uzun süre özgün yaklaşım ve tartışmaların ortaya konulmadığı bu önemli konular, Metin Ekici ve M. Öcal Oğuz gibi bazı Türk folklor araştırmacıları tarafından bu defa Kuzey Amerika folkloristiği referansıyla tartışmaya açılmıştır. Halk ve halk grubu terimlerini ulus inşa etme süreçleri bağlamında ele alan Batı Avrupa folkloristiğinin aksine söz konusu terimleri kendi sosyolojik yapısından ötürü uluslar üstü kültür grupları penceresinden yaklaşan Kuzey Amerika folkloristiğinin bu anlamda en önemli sözcüsü Alan Dundes olmuştur. Dundes'in Kuzey Amerika modern antropoloji ve folklor araştırmaları içinde zaman zaman eleştirilere konu olan görüşlerinden bazılarının Türkçeye tercüme edilmesiyle birlikte Türk folklor araştırmacılarının söz konusu terimlere dönük görüşlerinin temel referansı büyük oranda tek bir kaynakla sınırlı olmuştur. Halk ve halk grubu terimlerinin mahiyetini konu alan güncel tartışmalarda Boratav ve Alangu'nun tespitleri itibar görmemiş, Türk folklor araştırmalarının yöntem sorunlarının üstesinden gelmek için uzun süreden beri yapılmakta olduğu gibi Türk kültür havzasının kültürel, siyasi ve sosyal süreçlerini bütüncül olarak değerlendirme kaygısı taşımayan, dolayısıyla yöntem arayışlarına dönük ihtiyaçlara cevap veremeyen görüşler ortaya konulmuştur.

Bu araştırmanın ilk bölümünde meslek grupları özelinde meslek folkloru olgusuna uzanacak biçimde halk ve halk grupları konularında ortaya konulmaya çalışılan genel durum, yöntem arayışlarına cevap vermek üzere yapılacak çalışmalara kaynaklık edecek türdendir.

Geçen yüzyılın başlarında Batı Avrupa'da ve özellikle de Kuzey Amerika'da kovboyların, denizcilerin, oduncuların, madencilerin ve demiryolu işçilerinin folklorlarının derlenmeye başlamasıyla gelişmeye başlayan meslek folkloru araştırmaları, folklor araştırmalarının genişleyen kadroları içinde, kısa sürede önemli bir yere sahip olmuştur. Folklor araştırmalarının saha algısında görülen değişimle birlikte, meslekî kültürlerin hem geleneksel hem de modern meslekleri içine alacak şekilde çok yönlü olarak ele alınmaya başlaması, yeni bulguların yanı sıra yeni bakış açılarının da ortaya çıkmasına vesile olmuştur. Batı Avrupa ve Kuzey Amerika'da antropoloji ve sosyoloji ile de ilişki biçimde gerçekleştirilmeye başlanan öncü meslek folkloru araştırmaları, ilerleyen dönemlerde Türk folklor araştırmacıları için model teşkil etmiş olmakla birlikte, bu yeni araştırma şubesi, model teşkil eden öncü çalışmalarda olduğu gibi kültür bilimleri bağlamında bütüncül bir yaklaşımla geliştirilememiştir. Sosyoloji, antropoloji, folklor, sosyal psikoloji, kültürel ve ekonomik coğrafya gibi kültür bilimleri, çalışma sahaları ve yöntemleri itibariyle birbirleri ile sürekli ilişkide olan, birbirlerine malzeme sağlayan disiplinlerdir. Türk folklor araştırmaları içinde ele alınan diğer bazı konularda da benzerleriyle karşılaşılan bu durum, meslek gruplarının sosyal, kültürel ve ekonomik özellikleri üzerine yapılan çalışmaların çoğu zaman sınırlı veya eksik bulgulara ulaşmasına sebep olmuştur. Çalışmanın birinci bölümünde ilgili başlık içinde örneklerine yer verilen çok sayıda folklor araştırmasında geleneksel nitelikler taşıyan mesleklerin üretim teknikleri ve araç gereçleri gibi bilgilere yer verilmesi bu durumun bir sonucu olarak değerlendirilmelidir.

Bu çalışmada mümkün olduğunca, sözü edilen kültür bilimlerinin yöntem, yaklaşım ve kavramları dikkate alınmaya çalışılmıştır. Bugüne kadar yapılan folklor araştırmalarında bu disiplinin ilgi alanına girip girmediği hususunda yaşanan tereddütlerden ötürü çoğunlukla dikkatlerden uzak tutulan grup ve meslek sosyolojisi, kültürel coğrafya, sosyal psikoloji ve kültürel antropoloji gibi kültür bilimlerinin destekleyici yöntem ve bakış açılarından yararlanılmaya çalışılmıştır. Aynı sosyal ve coğrafî çevrede, aynı ortak kültürel kimlik içinde yaşayan ancak meslekî tercihlerinden ötürü nevi şahsına münhasır bir meslekî grup kültürü inşa eden balıkçıların sosyal, ekonomik ve kültürel özelliklerine dönük envanter özelliği de taşıyan bir değerlendirme ortaya konulmaya çalışılmıştır.

Batı Avrupa ve Kuzey Amerika merkezli folklor araştırmaları içinde uzun zaman önce ilgi alanları ve yöntemleri itibariyle tartışmaya açılan ve bugün teorik çerçevesi büyük oranda belirlenen meslek folkloru araştırmaları, çalışmanın ilk bölümünde belirtilen literatür özetinden de anlaşılacağı üzere Türk folklor araştırmaları içinde üzerinde fazlaca durulan bir konu olmamış; konuya dolaylı ve doğrudan atıflarda bulunan sınırlı sayıda çalışma dışında, folklor araştırmalarının bu önemli şubesi hakkında bütüncül bir teorik çerçeve oluşturulamamıştır. Bu çalışmanın öncelikli amaçlarından birisi, alana dönük bu ihtiyacı karşılamak olduğundan, Türk sosyo-kültürel ve ekonomik hayatı içinde yer alan geleneksel ve modern nitelikli meslekler üzerine yapılacak folklor araştırmalarında dikkat edilmesi gereken konu ve kadrolarla bunların tespiti ve incelemesi süreçlerinde uygulanacak yöntemler ilk kez bütüncül olarak değerlendirilmiştir.

Araştırma sahasının tarihî, coğrafî ve kültürel özelliklerinin değerlendirildiği ikinci bölümde, balıkçı yerleşimlerinin bugünkü sosyo-kültürel ve ekonomik özellikleri ile ilgili alan araştırmaları bağlamlı müşahedeler ortaya konulurken bazı önemli bulgu ve sonuçlara ulaşılmıştır. Giresun ve Trabzon yöresi balıkçılarının meslekî kültürlerinin önemli aktarım ortamları arasında yer alan balıkçı barınaklarının mevcut fizikî koşulları üzerinden bir karşılaştırılma yapıldığında Trabzon havalisindeki balıkçı barınaklarının gözle görünür bir biçimde daha iyi koşullara sahip olduğu görülmektedir. Balıkçıların temel ihtiyaçlarına cevap verecek şekilde donatılan balıkçı barınakları, balıkçıların bu alanlarda çok daha fazla zaman geçirmelerine ve meslek etrafında oluşan kültürel birikimi daha uzun süre paylaşmalarına imkân tanımaktadır. Giresun havalisi balıkçı barınaklarının önemli bir kısmında ise balıkçılar önceliği temel ihtiyaçlarını tedarik etmeye vermektedirler. Alan araştırmaları sırasında mülakat ve katılımlı gözlemler süresince uzun süre diyalog halinde olunan Giresunlu balıkçıların önemli bir kısmı bu öncelikten ötürü meslekî kültüre ait dağarcıklarını paylaşmanın lüzumu konusunda tereddüt yaşamışlardır. Kültürel aktarım ortamları arasında görülen farklılıklardan kaynaklanan bu durum, meslekî süreçler etrafındaki inanış ve uygulamaların Giresun havalisine nispetle Trabzon havalisinde daha canlı bir biçimde takip edilebiliyor olmasının önemli sebeplerinden biri olarak müşahede edilmiştir. Şüphesiz bu iki yerleşimin aynı kültür coğrafyasının farklılıklar gösteren halk kültürü bölgeleri olmaları da meslekî inanış ve uygulamalara olan meyil ve bağlılıkta etkilidir. Zira kültürle ilgili her bir özellik ve ayrıntı mekânsal olarak benzersizdir ve her bir mekânsal farklığın açıklanması diğer hiç birisine uymaz. Bir saha içinde kültür devamlı değişir ve dolayısıyla yeryüzünde yerleşilmiş her yer, bir ya da birden fazla unsur bakımından diğer yerlerden farklılaşarak benzersiz kültürel özellikler kombinasyonu gösterir. Tamamen bir diğerine benzeyen yer yoktur. Kültür bölgelerinin incelenmesinde genellikle üç tür bölge ayrımı söz konusudur ve bunlar şekilsel (formel) ve işlevsel (fonksiyonel), vernaküler (halk kültürü) kültür bölgeleri şeklinde adlandırılmaktadır. (Jordan-Byhckov ve Domosh, 2003: 8; Tümertekin ve Özgüç, 2012: 138). Şekilsel kültür bölgeleri, insanların yaşadığı, ortak bir ya da daha fazla kültürel özelliğe sahip alan şeklinde tanımlanırken işlevsel kültür bölgeleri, siyasi, sosyal ve ekonomik bakımdan örgütlenmiş heterojen karakterli alanları ifade etmek üzere kullanılmaktadır. Bu tanıma göre bir şehir, bir bağımsız devlet, bir seçim bölgesi, bir ticaret alanı veya bir çiftlik işlevsel bölgeler kapsamında değerlendirilebilir. Üçüncü kategoriyi oluşturan halk kültürü (vernaküler) bölgesi ise yaygın kabul ve özel bir bölgesel adının kullanımı ile ortaya çıkan, içinde yaşayanlar tarafından varlığı kabullenilmiş bir bölge şeklinde tanımlanabilir. Bazı halk kültürü bölgeleri fiziki çevre faktörlerine dayandırılırken, diğerleri ekonomik, siyasi, tarihi ve gelişmişlik özellikleri üzerine inşa edilmiştir. Kültür bölgelerinin birçoğunda olduğu gibi halk kültürü bölgeleri genellikle kesin sınırlardan yoksundur ve her belirli sahanın sakinleri bu bölgeden daha geniş bir alanda yaşadıklarını düşünebilirler. Halk kültürü bölgesi, sadece bir şehri veya şehrin bir mahallesini ya da bir kasabayı kapsayan küçük bir alandan, birkaç ülkeyi kapsayan çok geniş alanlara kadar değişir. Halk kültürü bölgesi, genelde insanların mekânsal algılamasının ürünü olup, insanların mensubiyet duygusundan ve bölgesel bilincinden doğmuştur. Halk kültürü bölgeleri, tek bir şehir odağında merkezileşebilir ve sık sık şekilsel kültür bölgelerinin karakteristiği olan kültürel homojenlik sergilerlerse de, işlevsel bölgeler için zorunlu olan örgütlenmeden yoksundur. Kökünü kültürün kendisinden alan bir bölge tipidir (Jordan-Byhckov ve Domosh, 2003: 10-11; Tümertekin ve Özgüç, 2012: 138-142).

Araştırma sahası bir bütün olarak ele alındığında öncelikle şekilsel kültür bölgesi olarak değerlendirilmelidir. Ancak Giresun ve Trabzon, kültürel coğrafyaları bakımından aynı zamanda önemli farklılıklar gösteren nispeten büyük halk kültürü bölgeleridir. Ayrıca her iki ilin kendi içinde diğer kültürel özelliklerin yanı sıra ekonomisinde balıkçılığın belirleyici olduğu daha özel halk kültürü bölgeleri vardır. Bu anlamda Giresun'da Ayvasıl mevkii haricinde Kumyalı ve Sokakbaşı Mahalleleri ile Trabzon'da Faroz Mahallesi ile Çarşıbaşı ve Sürmene ilçeleri balıkçı yerleşimleri en dikkat çekici halk kültürü bölgeleridir. Bu alanlar içinde Trabzon özelinde Faroz, balıkçılık da dâhil olmak üzere pek çok kültürel özelliği ile Trabzon havalisindeki diğer balıkçı yerleşimlerinden hem farklı hem de dinamiktir. Nasıl ki Giresun'da Kumyalılı veya Sokakbaşılı olmak önemli bir mensubiyet olarak kabul ediliyorsa Trabzon'da da Farozlu olmak aynı anlama gelmektedir. Trabzon'u konu alan kültür bağlamlı popüler TV yapımlarının (belgesel, gezi programı vb.) ilk adres olarak Faroz'a uğramaları, mahallenin özel bir halk kültürü bölgesi haline gelmesinde etkili olan diğer bir faktör olmuştur. Öte yandan Farozlu balıkçıların mahalle dâhilinde olmayan merkez balıkçılarını yaygın biçimde ötekileştirmeleri ve tabir yerindeyse balıkçı olarak bile kabul etmiyor olmaları aynı mensubiyet hissinin sonucu olarak değerlendirilebilir. Netice itibariyle, iki ayrı ilin balıkçılarının meslek folkloru üzerine gerçekleştirilen bu araştırmayla tespit edilen kültürel malzemeler, kimi halk kültürü bölgelerina ait özgün taraflar istisna tutulacak şekilde bütüncül olarak değerlendirilmiştir.

Büyük balıkçı teknelerinde tatbik edilen meslekî teknikler ve iletişim biçimleri ile küçük balıkçıların meslekî teknikleri ve iletişim biçimleri arasındaki farklar aynı mesleğin iki ayrı temsil kolunda meslek folkloruna dönük farklı unsurların ortaya çıkmasında etkili olmuştur. Çalışmanın üçüncü bölümünde detaylı bir biçimde ifade edildiği gibi av araçlarının kapasitesi ile uyumlu biçimde 2. ve 3. tip balıkçı ailelerinin av takımlarına nispetle daha geniş bir katılımcı grubunu bünyesinde barındıran 1. tip balıkçı ailelerinin av takımlarında, geleneksel esaslara göre belirlenmiş kesin bir hiyerarşik yapı söz konusudur. Aktif avcılıkta yer alan katılımcılardan av sonrası süreçlerde görev alan katılımcılara kadar oldukça geniş bir yapının sistematik ve işlevsel bir biçimde işlemesine imkân sağlayan grup hiyerarşisi balıkçılığın türlü kollarında nesillerdir devam edegelmiştir. Yöre balıkçıları tarafından geçmişte yaygın olarak gerçekleştirilen alamanacılık, yunus ve ırmak/morina avcılıkları dönemlerinde standartlaşan meslekî iş bölümünün ve görev tanımlı hiyerarşinin ilk örneklerinin antik dönemlere kadar uzandığını söylemek yanlış olmayacaktır. Değişen tarihsel, çevresel, sosyal, kültürel ve ekonomik koşullara rağmen bu yapının tüm bu değişimlerle uyumlu biçimde güncellenmesi meslekî süreklilik açısından oldukça önemlidir. Karar alıcı konumunda olan kurumların müdahalesi ve telkini olmaksızın devam eden bu yapı, meslek hukukunun geleneksel esasları ile aynı önem ve işleve sahiptir. Balıkçılık uygulamalarının çeşitli yasal düzenlenmelerle gerçekleştirilir olduğu 19. yy.'dan bugüne kadar geçen süre zarfında balıkçılar meslekî süreçlerde karşılaştıkları sorunların üstesinden yine geleneksel nitelikli düzenlemelerle gelmeye çalışmışlardır. Yıllardır çeşitli beklentilerle aralıklarla yeniden düzenlenen formel kanunların yetersiz kaldığı pek çok konuda kuşaklardır tatbik edilen geleneksel kanunlardan bugün de yararlanılmaktadır. Büyük oranda töre hukukunun hâkim olduğu bir sözlü hukuk düzeni söz konusudur. Ancak balıkçı nüfusunun artması, deniz kaynaklarının geçmişe nispetle azalması paralelinde verimli avlakların sınırlarının daralması ve rekabet koşullarının değişmesi gibi sebeplerle yakın geçmişe kadar kesin şekilde kabul gören bazı kuralların ihlal edilmeye başladığı görülmektedir. Bir çözülme şeklinde değerlendirilebilecek bu durum, balıkçı grupları arasında daha önce örnekleriyle çokça karşılaşılmayan problemlerin ortaya çıkmasına sebep olmaktadır. Daha ziyade geçimin temini için yapılan geleneksel balıkçılık, yerini pazara ve kapitalist piyasa koşullarına hitap eden yeni bir meslekî formasyona bırakmıştır. Bu bağlamda kapitalist piyasa koşullarına hitap eden yeni bir meslek etiği gelişmek zorundadır.

Giresun ve Trabzon illerinde balıkçılık etrafındaki oluşan meslekî örgütlenme, oldukça eski dönemlere uzanmaktadır. Bu uzun periyot içinde mesleğin kıdemlileri yeni üyelere geleneksel bilgilerini aktarmışlar ve devamlılıkta önemli bir rol üstlenmişlerdir. Balıkçılık teknolojilerinin etkisini tamamen gösterir olduğu 1980'li yıllardan itibaren geleneksel bilginin aktarımı hususunda aksaklıklar görülür olmuştur. Başta geleneksel avlanma yöntemleri olmak üzere bu meslek grubunun tüm geleneksel sosyo-kültürel dinamikleri kan kaybetmeye başlamıştır. Gelişen ve daha fazla miktarlarda balık avlamaya vesile olan yüksek teknolojili av araçları, başlangıçta büyük bir refah yaratmışken bugün avlayacak balık tutmakta zorluk çeken balıkçıların yegâne öncelikleri geçim kaygısı olmuştur. Geleneksel kabuller etrafında şekillenen pek çok meslekî kabul ve uygulama nostaljik birer unsur halini almıştır. Bu bağlamda balıkçılık etrafında çeşitlilik kazanan yüksek teknolojili av araçlarının sınırlandırılması şüphe yok ki sadece balıkçılığın kaynakları itibariyle sürdürülebilirliğini sağlamayacak, aynı zaman mesleğin kültürel dinamiklerinin korunmasına da yardımcı olacaktır.

Balıkçılık uygulamalarına dönük yasaların düzenlenmesinden sorumlu karar alıcıların, kaynakların ve dolayısıyla mesleğin sürdürülebilirliğini sağlamak amacıyla aldıkları kararların birinci derecede muhatapları çoğunlukla 1. tip balıkçı aileleridir. Bu ailelerin av ve istihdam kapasitelerinin yanı sıra sermaye standartları ile 2. tip balıkçı ailelerine göre daha üstte olmaları ve bu bağlamda deniz kaynaklarına olan etkileri, bu tercihin önemli sebepleridir. Giresun ve Trabzon havalilerinde sayıları her geçen gün azalıyor olsa da balıkçılıktan başka bir geçim kaynağı bulunmayan küçük balıkçı sayısı oldukça fazladır. Yetersiz deniz kaynaklarının yanı sıra bazı yasal düzenlemelerin yarattığı keyfiyetlerden ötürü denizden çekilmek zorunda kalan her bir balıkçı, geçimini temin etmek amacıyla niteliksiz işçi olarak çalışabileceği büyük şehirlere göç etmek zorunda kalmaktadır. Bu durum sadece meslekî kültürün ve kimliğin sürekliliğini olumsuz etkilememekte, ekonomik ve sosyolojik sorunları da beraberinde getirmektedir.

İnsan topluluklarının başlangıçtan bugüne beslenme, barınma, üreme, sağlık ve güvenlik şeklinde ifade edilebilecek temel ihtiyaçlarında bir değişme olmamıştır. Bu ihtiyaçlar bütünü içinde başlangıçta doğanın biçimlendirdiği insan tipi, medenileşme tabakaları içerisinde doğayı biçimlendirerek onun çeşitlilik kazanmasını sağlamıştır. Belirtilen tüm ihtiyaçlar çevresel koşulların tanıdığı imkânlara göre karşılanmaya çalışılmıştır. Başlangıçtan itibaren ihtiyaçlarını deniz kaynaklarından karşılayan ve bu eksende bir kültürlenme süreci yaşayan topluluklar için balıkçılık hâlâ sağlam bir geçim kaynağı ise bu yapı o bölgenin sosyo-kültürel ve ekonomik hayatını biçimlendirmeye devam ediyor demektir. Ancak balıkçılık sağlam bir geçim kaynağı olmaktan uzaklaşmışsa sosyo-kültürel ve ekonomik hayattaki işlevini de yitirmiş demektir. Bugün pek çoğu unutulmaya yüz tutan meslekî teknikler, gelenekler ve inanışların sosyal ve kültürel bellekte tutunabilmesine imkân sağlayacak sosyal ve ekonomik politikalara duyulan ihtiyaç, bu meyanda âşikardır. Tekrar ifade etmek gerekirse, mevcut koşullardan ötürü geçimlerini temin etmeye öncelik veren balıkçıların kültürel miraslarını korumaya ve aktarmaya dönük kaygıları oldukça geri plandadır.

Belirtilen bu hususlar paralelinde meslekî kültürün temsilcileri konumunda olan 1. ve 2. tip balıkçı aileleri arasındaki sosyal ve ekonomik çatışmaların ortadan kaldırılarak kültürel birikimin eskiden olduğu gibi ortaklaşa değerlendirilmesi amacıyla bu zümreler arasında gerginliğe yol açan konuların zaman kaybedilmeden karar alıcılar tarafından çözüme kavuşturulması gerekmektedir. Öte yandan, bir meslek grubunu oluşturan üyelerin sosyal güvencelerinin bulunmaması, onların önceliklerinin belirlenmesinde olumsuz etkiler yaratmaktadır. Yöre balıkçılarının geliştirilecek politikalarla sosyal güvencelerinin teminat altına alınması, mesleğin kültürel dinamiklerine sahip çıkma konusundaki duyarlılığın artmasına katkı sağlayacaktır.

Çalışmanın dördüncü bölümünde ayrı başlıklar altında değerlendirilmeye çalışılan meslekî kültür ögelerinden anlaşıldığı kadarıyla yöre balıkçılarının geleneksel kültürel miraslarının yaşayan kısmını büyük oranda av ve avcılıkla ilgili inanışlar ve pratikler oluşturmaktadır. Meslekî inanışlar ve bunlar etrafından gerçekleştirilen ritüel karakterli uygulamaların Trabzon havalisi balıkçıları arasında nispeten daha canlı biçimde yaşatıldığı görülmektedir. Alan araştırmaları sırasında pek çok Giresunlu balıkçının herhangi bir meslekî inanışı örneklendirirken bile Trabzonlu balıkçıları refere ettikleri müşahede edilmiştir. Bu durumu, Trabzon'un ticarî balıkçılık uygulamaları açısından Giresun'a nispetle daha eskilere uzanması, topografik özelliklerinden ötürü tarih boyunca oldukça stratejik bir öneme sahip olan Trabzon'un pek çok kavmin ve bunların kültürlerinin etkisinde kalarak zamanla bu kültürel mirası aynı potada buluşturup ortak bir kültürel kimlik oluşturması, yine ticaret yollarının kavşağında bulunuyor olmasından ötürü erken dönemlerden itibaren deniz taşımacılığının üssü haline gelmesi ve balıkçı gruplarının bu havalide daha yoğun olması dolayısıyla bu gruplar arasındaki kültürel aktarımın daha fazla olması gibi sebeplerle ilişkilendirmek mümkündür.

Çalışmanın son bölümünde üzerinde durulan ve oldukça zengin bir kültürel ve folklorik çeşitliliğe sahip olan ad folkloru örnekleri ile meslek jargonu örneklerinden anlaşılabildiği kadarıyla balıkçılar, meslekî kültürün diğer temsil alanlarında olduğu gibi bu alanlarda da öncüllerinden devraldıkları kültürel mirası sürdürmenin yanı sıra, bu kültürün işlenmesi ve mesleğin, hem kültürel hem de sosyal yapısıyla değişen koşullara uyum sağlayarak süreklilik kazanması hususlarında son derece duyarlı olmuşlardır. Kuşaklar boyunca balıkçılık yapan aileler, ata mirası olarak kabul ettikleri balıkçılık mesleğinin her türden sosyal ve kültürel dinamiğini popüler kültür akımlarının henüz hakim olmadığı dönemlere kadar özenle muhafaza etme yoluna gitmişlerdir. Çoğu zaman usta reislerin yanında yetişen yeni nesil balıkçılar, ustalarından aldıkları bilgileri, edindikleri tecrübelerle destekleyerek kendi çocuklarının meslekî safahatları üzerinde belirleyici olmuşlardır. Bu suretle, oldukça geniş bir yelpazeye sahip olan Türk kültürünün, deniz ve deniz avcılığı ekseninde sahip olduğu birikimi desteklemeyi kuşaklar boyunca sürdürmüşlerdir.

Yaygın kanaate göre Türkçedeki, yabancı kökenli denizcilik terimleri Ceneviz ve Venedik dillerinden alıntılanmışken, balık adları da dâhil olmak üzere balıkçılıkla ilgili terimlerin pek çoğu Grekçe veya Rumca kökenlidir (Pultar, 2010: 81). Balıkçıların ad folkloru ve meslek jargonlarındaki söz dağarcıklarına bakıldığında, meslekî folklorun bu kadroları içinde yer alan pek çok ad, deyim ve tâbirden bazılarının sözel hafızaya fonetik itibariyle Türkçeleştirilmiş biçimde dâhil edildiği veya bu türden yabancı kaynaklı isim ve terimler yerine tamamen Türkçenin söz varlığına ait unsurların kullanıldığı görülmektedir. Bölge balıkçılığının tarihsel kökenleri üzerine daha ziyade amatör/popülist kaynaklarda ortaya konulan ve genellikle mesleğin söz varlığı içinde bulunan ve kaynağını farklı kültürlerden alan ad ve terimleri kendisine referans edinen görüşlerde Türklerin deniz balıkçılığı ile tanışmalarının oldukça geç bir dönemde olduğu ifade edilmektedir. Bu görüşte Bahaeddin Ögel gibi önemli kültür tarihçilerinin "*Türklerin çoğu, büyük denizi bilmez ve tanımazlar. Bundan dolayı, halk ağzından derlenmiş şiir ve atasözlerinde geçen deniz, daha çok ırmak ve göller ile igilidir*" (Ögel, 1995: 395) şeklindeki değerlendirmeleri de etkili olmuştur. Bu yaklaşım Karadeniz özelinde ayrıca, Türk soylu halkların Doğu Karadeniz bölgesine yönelişlerini tarihlendiren ve bugün büyük oranda geçerliliğini yitirmiş olan nazariyelerden de ilham almaktadır. Bölge sahillerinin kadim yerleşimcileri durumunda olan ve aralarında Türk soylu halkların da bulunduğu otokton toplulukların medenî düzeyleri bağlamında organize bir boyuta ulaşan deniz balıkçılığının, bölgenin sonraki sakinleri arasında bulunan Grek kolonistlerce de yapıldığına şüphe yoktur. Bu itibarla mezkûr görüşlerin eleştirel bir bakışla değerlendirilip Türklerin bölge balıkçılığının tarihselliği içindeki yerlerinin ortaya konulabilmesi, bazı önemli soruların cevaplanmasına olan ihtiyacı bir kere daha ortaya koymaktadır. Pek çoğu Grekçenin söz varlığında tespit edilemeyen ve balıkçıların meslekî süreçler içinde bugün de kullanmakta oldukları ad ve terimlerin kaynağı nerede aranmalıdır? Denize ve dolayısıyla deniz yoluyla ulaşıma ve deniz balıkçılığına söylendiği gibi oldukça geç dönemlerde intibak etmiş Türk soylu halklar, karşılaştıkları ve büyüklüklerinden ötürü "tengiz/deniz" şeklinde adlandırdıkları ırmakları veya doğrudan denizleri nasıl aşmışlardır? Karadeniz'in kuzey kıyılarında deniz ticareti ve korsanlığının yanı sıra balıkçılıkları ile de modern araştırmalara konu olan Türk soylu halklar, aynı denizin güney kıyılarına ilgi duymamışlar mıdır? Bu bağlamda denizin iki yakası arasında, yelkenli teknelerle kurulan münasebet esasında hangi dönemlere kadar uzanmaktadır? Öte yandan benzerleriyle farklı dinî ve etnik çevrelere mensup farklı deniz kavimlerinde de (örneğin Pasifik Okyanusu'ndaki balıkçı ada toplulukları veya Afrika kıyılarındaki balıkçı toplulukları) karşılaşılan her türden meslekî sürece, inanış ve uygulamalara Greklerin tesiri mümkün müdür?

Çalışmanın son bölümünde meslekî süreçler içinde oluşan ve aktarılan söylemelik, anlatmalık ve göstermelik türde halk edebiyatı ürünlerinin bugün büyük oranda işlerliğini yitirdiği ve dolayısıyla unutulmaya yüz tuttuğu görülmektedir. Doğu Karadeniz kıyılarının sözlü kültürü içinde oldukça büyük bir yer kaplayan deniz ve balıkçılık bağlamlı halk edebiyatı repertuvarı, hâlihazırda büyük oranda kadim balıkçıların kültürel mirasından beslenmektedir. Geçmişte oluşan bu repertuvara, sosyal ve meslekî hayat içinde yaşanan mizahî karakterli olaylardan doğan "fıkra" gibi sınırlı sayıda anlatmalık türle katkı sağlanabilmektedir. Bu bağlamda çalışmanın önemli sonuçlarından birisi de yaşları oldukça ilerlemiş olan kıdemli balıkçıların repertuvarlarının büyük oranda kayıt altına alınması olmuştur. Alan araştırmaları sırasında mülakatlara ve müşahedelere eşlik eden genç balıkçılardan pek çoğu, kıdemlilerin meslekî kültüre dönük paylaşımları üzerinden üyesi oldukları topluluğun kültürel mirasının farkına varmışlardır. Çalışma, bu vesileyle başlangıçta öngörülemeyen bir amaca da hizmet etmiştir. Alan araştırmaları ile ulaşılan malzemeler ve bunlar üzerine yapılan değerlendirmeler, kültür bilimleri tarafından balıkçılık özelinde ve bölge kültürü genelinde yapılacak her türden bilimsel çalışmaya, Doğu Karadeniz kültür araştırmalarının önemli eksiklerinden biri olan kültür envanterlerinin hazırlanması süreçlerine ve karar alıcıların geliştirecekleri kültürel ve ekonomik politikalara veri sağlayacaktır.

NOTLAR

[1] Odak grup görüşmeleri, kişilerden belirli bir konuya ait düşüncelerini açıklamalarına ve bu düşünceleri grup içinde tartışmalarına imkân tanıyan bir araştırma tekniğidir. (Kümbetoğlu, 2012: 117).

[2] Toplumu ve toplumsal örgütlenmeyi XIX. yüzyıldan itibaren bizatihi geliştirdikleri kuramlar bağlamında değerlendiren ve bu münasebetle sosyolojinin kurucuları olarak kabul edilen August Comte, Herbert Spencer, Karl Marx, Emile Durkheim, Max Weber, Georg Simmel gibi isimler, toplumsal bütünü ve bu bütünü oluşturan grupları çeşitli ve farklı yönlerden bakarak açıklamaya çalışmışlardır. Spencer'in pozitivizm ve sosyal Darwinizm, Marx'ın üretim ve sınıf çatışması, Durkheim'in sosyal iletişim ve dayanışma, Weber'in ise davranışların anlaşılması kuramları çerçevesinde oldukça geniş bir düşünce yelpazesi ortaya çıkmıştır (Ergun, 2003: 85-90). Çalışmanın bu bölümünde söz konusu kuramlardan bazılarına sosyal grupların oluşumu ve tasnifi münasebetiyle sınırlı atıflarda bulunulacaktır.

[3] Gramsci'nin genel düşünce evreni ve halkın ne olduğuna dönük tespitleri ile ilgili olarak bk. (Forgacs, 2010).

[4] Etnografya ve etnolojinin kültürel/sosyal antropolojinin iki ana kolu olarak değerlendirilmesi hususunda bk. (Haviland ve diğerleri, 2008: 69-77).

[5] Kavramın içeriği ve sınırları ile ilgili olarak bk. (Geertz, 2007).

[6] Sosyal antropolojinin başlangıçtan bugüne araştırma saha ve konularının yanı sıra bir kültür bilim olarak sosyolojiden ayrılan yönleri hakkında kısa bilgi için bk. (Mauss, 2011: 373-379; Beals ve Hoijer, 1991; Monaghan ve Just, 2013: 100).

[7] Fransız İhtilali ve özellikle de Sanayi Devrimi sonrasında Batı Avrupa'da görülen hızlı sosyal dönüşüm, sosyolojinin bir bilim olarak gelişmesinde oldukça etkili olmuştur. Toplumsal yapıdaki görülen hızlı dönüşüm (özellikle kırsalın kentsele yönelişi bağlamında) ve sosyal yapıya dahil olan yeni kurum ve gruplar, alanın meraklılarınca zaman kaybedilmeden tespit edilmeye çalışılmış; pek çoğu bugün de tartışılmaya devam eden nazariyeler geliştirilmiştir (Giddens, 2003a: 14-17). İngiltere başta olmak üzere Batı Avrupa'da ve Kuzey Amerika'da sanayileşme paralelinde oluşmaya başlayan (sosyolojinin diliyle) "karmaşık toplum" yapısını irdelemek amacıyla geliştirilen bu kuramlar, toplumda görülen yapısal değişimlerin ortaya konulması amacıyla paralel olarak kültürün tanımlanması ve incelenmesi konularında da sosyologlar ve sosyal antropologlar arasında temel argumanların yeniden gündeme getirilmesine vesile olmuştur (Billington ve diğerleri, 2003: 33).

[8] Folklor ile kültürel antropolojinin yolları çoğu zaman ritüel karakterli uygulamalar münasebetiyle kesişmektedir. Bu durum Amerikan antropolojisi tarafından çoğu zaman bir kesişmenin de ötesinde folklorun kültürel antropolojinin bir şubesi gibi değerlendirilmesine de sebep olmuştur. Ayrıntılı bilgi için bk. (Bascom, 2003).

[9] William Goode, meslek üyelerinin bir topluluk olarak kabul edilmelerinde etkili olan özellikleri şöyle sıralar :

1) [Meslek] Üyeleri kimlik duyguları ile birbirine bağlıdırlar. 2) Bir kez üye olunduğunda sadece çok az kişi mesleği terk edebilir. 3) Üyeleri açısından, meslekler son bir nokta ya da çoğu kimse için sürekli devam eden bir süreçtir. 4) Hem üyeler hem de üye olmayanlar açısından rol tanımlamaları bellidir ve her üye için aynıdır. 5) Birlikte hareket edilen alanlarda, meslekten olmayanların sadece kısmen anlayabilecekleri ortak bir dil vardır. 6) Topluluk, üyeleri üzerinde bir otoriteye sahiptir. 7) Bunun sınırları makul ölçülerdedir ve coğrafyasal ya da fiziksel olmasa bile toplumsaldır. 8) Meslekler biyolojik olarak gelecek kuşakları üretmese bile, yeni gelen acemileri seçmede elinde tuttuğu kontrol ve bu kişilerin gönderdiği eğitim ya da toplumsallaşma süreçleri sayesinde bunu toplumsal olarak yapar. Şüphesiz ki, mesleklerin topluluk olma dereceleri değişiktir ve bunları bu şekilde görmek de yeni değildir (Goode, 1996: 67-68).

[11] Sosyal ve siyasal teşkilatların organizasyonunda etkin rol üstlenen anayasa benzeri yazılı (formel) kanunların sosyolojik anlamda özellik ve işlevleri hakkında bk. (Weber, 2004: 109-111).

[12] Toplum, belirli amaçları ve görevleri olan unsurların birbirleriyle olan ilişkilerinin sosyal bir bütününü oluşturduğu yapılanmadır. Bu çerçevede söz konusu olan bütünü meydana getiren unsurların ayrışmasını 'iş bölümü', bu unsurların birbirleriyle olan ilişkilerinde beklenen davranış biçimlerini ise 'sosyal rol' olarak kabul etmek mümkündür (Birkök, 2006'dan aktaran: Sevim, 2011: 92).

[13] Bireyin gerçek kişiliğinin içinde belirdiği gruplar oldukları için "birincil gruplar" şeklinde adlandırılmıştır (Fichter 2011: 71). Amerikan toplumu model alınarak ortaya konulan "birincil gruplar" tanımlaması kapsamında yer alan aile, komşuluk, akran grupları vs. tanımlamanın yapıldığı yüzyılın başındaki biçimlerine nispetle bugün hayli karmaşık ve kısmen de çözülmüş haldedir. Amerikan toplumundaki kadar bariz bir biçimde olmasa da Türk toplum hayatında da birincil gruplar kapsamındaki unsurların değiştiği söylenebilir. Bu itibarla Türk toplum hayatının yapısını tüm yönleriyle ortaya koyacak daha özel kriterlerle belirlenen hususi bir tanımlamaya ihtiyaç vardır.

[14] Küçük grupların sosyolojik bağlamda ele alınışına dönük olarak bk. (Kaya, 2008; Mavili-Aktaş, 2001).

[15] Bireyci yaklaşıma göre, bireyler tek başlarınayken nasıl davranıyorlarsa bir gruba dâhil olduklarında da aynı şekilde davranmaya devam etmektedirler (Hogg ve Vaughan, 2011: 305).

[16] Kolektivist yaklaşıma göre, gruba dâhil olan bireyin davranışları, toplumsal süreçlerin ve grup dinamiklerinin etkisi altında şekillenmektedir (Hogg ve Vaughan, 2011: 305).

[17] Örgütlü ve yüz yüze iletişimle şekillenen ortak ilgi topluluklarına internet kullanımının yaygınlaşması ile birlikte sanal ortak ilgi toplulukları da eklenmiştir. Hacker grupları, fun kulüpleri, hobi veya ihtisas forumları tüm dünyada olduğu gibi Türkiye'de de hızla yaygınlaşmaktadır.

[18] Halk terimini ümmet ve millet terimlerinden ayrı düşünmek gerekliliğine vurgu yapan Ziya Gökalp, bu ayrımı ortaya koymak üzere halk terimini, milletin güzideler dışındaki kısmı yani ahali şeklinde anlamlandırmanın doğru olacağını söyler (1981: 151).

[19] Batı Avrupa'da folklorun ve ilişkili olduğu bilim dallarının gelişimi hakkında pek çok araştırma mevcuttur. Bu araştırmalar arasında karşılaştırmalı bakışıyla önemli bir yere sahip olması hasebiyle bk. (Degh, 1965).

[20] Kültürel ekoloji terimi hakkında detaylı bilgi için bk. (Sutton ve Anderson, 2010; Inglis, 1993).

[21] Geçmişten bugüne uzananların dışında modern zamanlarda ortaya çıkan mesleklere dönük çeşitli sınıflandırma tecrübeleri ortaya konulmuştur. Farklı kriterler gözetilerek gerçekleştirilen bu tecrübeler arasında *International Labour Organization* (ILO) tarafından *International Standard Classification of Occupations* (ISCO) adıyla yapılan sınıflandırma uluslararası kabul gören önemli bir sınıflandırma olmuştur Bu sınıflandırmada yaşayan meslekler; 1) Millet meclisi üyeleri, kıdemli memurlar ve yöneticiler, 2) Profesyoneller, 3) Teknisyenler ve benzer meslekler, 4) Tezgâhtarlar, yazıcılar vb. meslekler, 5) Servis işçileri ve mağaza, market çalışanları, 6) Tarım ustaları ve balıkçılık meslekleri, 7) El sanatları ve benzer meslekler, 8) Fabrika ve makine operatörleri, montajcılar, 9) Basit meslekler, 10) Askerî meslekler şeklinde belirtilmiştir (Tuncer ve Taşpınar, 2004: 5).

[22] Meslek folkloru araştırmaları tarihi ve metodolojisi üzerine çok sayıda çalışma yapan Robert McCarl, "teknik" terimini, birey ve onun çalışma çevresi arasındaki etkileşimden doğan ve grup tarafından tanımlanan üyeliği ve onun içindeki statüyü belirlemek için kullanılan eylem ve ritimler şeklinde tanımlamakta ve Alman meslek folklorcularından Carl B. Kaufmann'dan naklen, meslek folkloru araştırmalarında "beceri" terimi yerine "teknik" teriminin kullanılması gerektiğini vurgular. Zira teknik, aletlerle, çevreyle ve diğer işçilerle olan bir tür etkileşimi, deneyimi ve grup içi bilgiyi işaret etmektedir. Bu anlamda teknik, çalışma süreçlerinin ve davranış biçimlerinin daha iyi görülebilmesine de imkân sağlamaktadır. Zira alet ve kalıp yapımcılığı türünden meslekler montaj hattı gibi mesleklere göre daha belirgin teknikler üretmekte ve uygulanan her bir teknik, meslek grubu içinde yeni iletişim biçimlerine ve değerlendirmelere uygun ortam hazırlamaktadır. Teknik bir mesleği şekillendiren kurallardır ve onun bir üyeden diğerine aktarılması belirli bir işin harici ve dâhili kavramlarının temelini oluşturur. Meslek içinde işi bilmek, iyi bir usta olmak veya işe yatkın olmakla aynı şeydir. Meslek grubunun dışındaysa buna genellikle beceri denmektedir (McCarl, 1978a: 6-7).

[23] Mesleğin sözlü iletişimine dönük incelemelerde meslek argosu ve jargonu öncelikli konular arasındadır. Her bir meslek jargonu kendi içinde sayısız mecaz barındırabilmektedir.

Sözlü iletişimde sıkça kullanılan bu mecazlar sadece bir meslek jargonu oluşturmakla kalmamakta, aynı zamanda başka sözlü performanslara da zemin hazırlamaktadır. Örneğin çalışanlara takılan lakapların pek çoğu mecazlarla oluşturulmaktadır. Farklı mesleklerde çalışan her bir birey, dünyayı farklı biçimlerde algılamaktadır zira meslek, bireyi yaşadığı deneyimleri meslekî terimlerle tanımlamaya zorlamaktadır (McCarl, 1996b: 77-78).

[24] Ahmet Edip Uysal'ın bu çalışması Türkiye'deki bir meslek grubunun folkloru üzerine gerçekleştirilen ilk çalışmalardandır. Türk folklor araştırmaları tarihinde meslek folkloru bağlamlı araştırmalardan bahsedilirken bu çalışmaya tekrar atıfta bulunulacaktır.

[25] Kültürel antropoloji ile folklor ortaya çıktıkları ilk dönemden itibaren benzer konuları yine benzer yöntemlerle çalışan iki ayrı kültür bilimi olmuştur. Amerikalı antropolog Ward H. Goodenough başta olmak üzere bazı araştırmacılar, bu iki kültür bilimi arasındaki ayrımı ifade etmek üzere halk kültürünün anlatı esasına dayanmayan unsurlarını "folklife" adını verdikleri bir terimin kapsamına dahil etmişlerdir. Onlara göre modern toplulukların anlatı esasına dayalı olmayan kültürel ve geleneksel unsurları, tek katmanlı (ilkel) toplulukların inanç, dil, kültür ve sosyalizasyonu üzerine çalışan kültürel antropoloji yerine çok katmanlı (karmaşık) toplumların sözlü ve geleneksel kültürü üzerine çalışan folklorun kapsamında değerlendirilmelidir. Bu kanaatin yaygınlaşması ile birlikte ilkel toplulukların geleneksel yaşantı ve tecrübeleri kültürel antropoloji kapsamında değerlendirilirken, modern toplulukların sözel olmayan kültürel birikimleri "folklife" araştırmalarının kapsamına dahil edilir olmuştur. Avrupa'da daha 1930'lu yıllardan itibaren yayınlanmaya başlayan "folkliv" başlıklı kitap ve dergilerden çok sonra Kuzey Amerika'da ilk kez 1963 yılında yayınlanmaya başlayan ve bugün de yayınlanmaya devam eden *Folk Life: Journal of Ethnological Studies* adlı derginin yanı sıra 1976 yılında Amerikan Kongresi'nin desteğiyle kurulan *American Folklife Centre* bu alanın tescili ve araştırmalar tarihi açısından belirleyici olmuştur. Ayrıntılı bilgiler için bk. (Goodenough, 1976: 19-20; Jenkins, 1972: 497-504; Yoder, 1976; Bronner, 1985).

[26] Bu türde müzelerin ilk örnekleri İskandinav ülkelerinde kurulmuştur (Taylor, 1993: 15). Amerika'daki müzeleme çalışmalarının sistematiği bu ilk örneklere öykünmektedir.

[27] Amerikan meslek kahramanları ile ilgili anlatılar hakkında bk. (Dorson, 1974; Santino, 1978b).

[28] Araştırma sahasında ilk sac teknenin veya ilk sonarın kim tarafından kullanıldığı yolunda anlatılan ve rekabetin hissedilir boyutta olduğu anlatılar bu durumun örneklerinden sadece biridir.

[29] İş kaynaklı konuşmaların çoğu mesai aralarında veya iş sonrasındaki ortak zaman geçirme mekânlarında gerçekleştirilmektedir. İş temelli konuşmalar genellikle bir vesile üzerine başlamaktadır. Bu, kimi bir kazadan kıl payı kurtulma olabileceği gibi meslekî hiyerarşide daha yukarıda bulunan bir başka çalışanın muamelesi gibi çok çeşitli konulardan oluşabilmektedir. Herhangi bir vesile ile başlayan meslekî konuşmalar, kısa, mecazlı ve parçalar halindedir.

Meslekî jargona hâkim her bir çalışan bu süreçte birbiriyle kolayca anlaşabilirken mesleğin dışından birilerinin bu konuşmaları anlaması neredeyse imkânsız olacaktır. Bu itibarla folklor araştırmacısı meslek üyelerinin ortak zaman geçirme ortamlarında mümkün olduğunca fazla zaman geçirmeli ve meslekî konuşmaların belirtilen yapısına nüfuz edebilmelidir. Bu durum aynı zamanda bir başka işlevsel tarafın da ortaya çıkmasında etkili olmaktadır. Zira meslek dışından birine tüm açıklığıyla ve detaylarıyla bilgi veren bir çalışan kendi mesleğinin folklorik birikimini anımsama imkânı da bulmuş olmaktadır (McCarl, 1978a: 15).

[30] Mesleklerin çeşitlilik kazanmaları ve bazılarının bu süreçte dönüşüme uğramaları konusunda bk. (Reskin, 2000: 3261-3268).

[31] Amerikan madencilerinin meslek folkloru üzerine çalışmalar bunlarla sınırlı kalmamış, ilerleyen dönemde Russell Bart Frank (1982) ve Kevin R. Martin (2003) başta olmak üzere başka araştırmacılar da konuya ilgi göstermeye devam etmişlerdir.

[32] Yapılan çalışmalara emekli olmuş çalışanların da dahil edildiği görülmektedir. Örnek olarak bk. (Lundrigan, 2009). Öte yandan Avrupa ve Amerika'da meslek gruplarının yanı sıra ikincil sosyal gruplar içerisinde değerlendirilen bazı sosyal grupların kültürel özellikleri üzerine de çalışmalar yapılmıştır. Örneğin özellikle Amerika'da "kardeşlik" adı altında toplanan ve yasadışı faaliyetleri ile çoğu zaman bir çete olarak tanımlanan motosiklet kulüplerine özgü giriş ve geçiş ritüelleri, grup içi hiyerarşiler, uygulama ve gelenekleri çalışılan popüler konulardan biri olmuştur. Örnek olarak bk. (Ballard, 1997).

[33] Bu temayül Amerikan Folklor Topluluğu'nun kurulduğu andan itibaren İngilizce konuşmayan Amerikan halklarının sözlü edebiyatlarına ve kültürlerine dönük araştırmalara öncelik verilmesi ile paralellik arz etmektedir (Green, 1978: 72).

[34] Sosyologlar toplumların sınıflı yapıları hakkında karşıt görüşlere sahiptir. Alman sosyolojisinin bazı isimleri tarihin kaydettiği bütün toplumlarda sosyal sınıfların mevcut olduğu tezi etrafında birleşirken, İngiliz sosyolojisinin kimi isimleri sosyal sınıfların sadece çağdaş toplumlarda, pazar ekonomisinin ve sanayileşmenin bütün şartlarının görüldüğü toplumlarda mevcut olduğu tezinin savunucusu olmuşlardır (Erkal, 1987: 249).

[35] Göçmen Türk halklarında avcılık, her biri ayrı uzmanlıklar gerektiren kaçan, uçan ve yüzen avcılığı biçimlerinde gerçekleştirilmiştir. Ayrıntılı bilgi için bk. (Baykara, 2001: 112-114; Caferoğlu, 1972: 169-175).

[36] Tarımın yerleşik yaşam biçimi ile birlikte Türk halkları arasında görülmeye başlandığı şeklindeki kabuller bugün geçerliliğini yitirmiştir.
Türk dilinin en eski yazılı kaynaklarında tarımla ilgili terimlerin tespit edilmesinin yanı sıra Türk kültür havzasında Avrupalı arkeologlar tarafından 19. yüzyılın ikinci yarısından itibaren başlatılan ve 20. yüzyılda da sürdürülen arkeolojik araştırmalarda elde edilen çok sayıda bulgu, Türklerin en eski dönemlerinden itibaren tarıma aşina olduklarını ortaya koymuştur. Konuyla ilgili olarak bk. (Eberhard, 1943: 22-23; 1996; 96-97; Kafesoğlu, 2003: 327-328; Ögel, 2000: 1-5).

[37] Kadim Türk topluluklarında belirtilen mesleklerin dışında bürokrasi ve sosyal yaşam içinde iş gören başka meslekler de olmuştur. Bu mesleklerden bazıları şunlardır: Müşavirlik, katiplik, elçilik, damgacılık, izcilik ve kılavuzluk, marangozluk, oymacılık ve tezyinatçılık, şifacılık, ağıtçılık vd. Söz konusu meslekler hakkında bk. (Şen, 2007; Aydın, 2008; Güner, 2010).

[38] Karahanlı dönemini müteakiben Türkiye Selçukluları dönemindeki meslekler hakkında bk. (Merçil, 2000; Polat, 1998).

[39] Yöntem arayışlarına ve konuya dönük çeşitli tekliflere yer veren son dönem çalışmalarından birisi olması hasebiyle bk. (Oğuz, 2000).

[40] Türk el sanatları, köy ve kent muhitlerinde icra edilmelerine göre sınıflandırılmanın (Arlı, 1990) yanı sıra kullanılan malzemeler ve üretim tekniklerine göre de sınıflandırılmıştır. Bu sınıflandırma tecrübelerinde el sanatları hammaddeleri itibariyle lif, yün, ağaç, taş, toprak, maden, cam, deri ve hayvansal artıklar, ince dallar, saplar ve ağaç şeritlerden oluşan el sanatları şeklinde gruplandırılmıştır (Barışta, 1998).

[41] 1925 yılında Trabzon ve yöresini dolaşarak Kuzey Anadolu ağızlarını incelemek üzere mani ve türküler derleyen Fin âlim Martti Räsänen de balıkçılık kültürüne atıfta bulunan örnekler tespit etmiştir (1926).

[42] Halk müziği derlemelerinde ikinci büyük faaliyet, Ankara Devlet Konsevatuarı uzmanlarının Milli Eğitim Bakanlığı Güzel Sanatlar Genel Müdürlüğü'nün desteğiyle 1937-1953 yılları arasında gerçekleştirdiği 16 derleme gezisi ile olmuştur (Tan, 1997: 36). Trabzon ve Giresun yöresi türküleri bu vesileyle tespit edilebilenler nispetinde ikinci kez kayda alınmıştır. Bu derlemeler sonucunda Türkiye genelinde kayda alınan toplam 6565 türkünün nerelerde ve ne sebeple icra edildikleri, derleme fişlerine açılan bir başlıkla tespit edilmeye çalışılmıştır. Giresun ve Trabzon yöresinde faaliyet gösteren balıkçılar başta olmak üzere çeşitli meslek gruplarının türkülerine dair örneklerin de kayda alındığı bu ikinci derleme faaliyetinde bağlamı ifade etmek üzere fişlerde yer verilen başlık çoğu benzer şekillerde cevaplanmıştır. TRT tarafından 1967 yılında gerçekleştirilen I. Folklor Derleme Gezileri'nde Trabzon yöresi türküleri üçüncü kez derlenme şansını yakalamıştır. Bu derlemelerde kullanılan fişlerde sözü edilen türde bağlam sorgulayıcı sorulara yer verilmemiştir. Trabzon bölgesi türkülerinin derlenmesi yolundaki faaliyetler hakkında detaylı bilgi için bk. (Şenel, 1994).

[43] Ahiliğin ortaya çıkışı ve kurumsallaşması süreci hakkında ayrıca bk. (Bayram, 1991).

[44] Franz Taeschner'in ahilik konulu araştırmaları hakkında bk. (Odabaşı, 2008).

[45] Son yıllarda farklı disiplinler tarafından ahilik bağlamında gerçekleştirilen çalışmalara örnek olması hasebiyle bk. (Köksal, 2005; Şanal ve Güçlü, 2007).

[46] Ahiliğin kültürel özellikleri hakkında 1923 yılından 1988 yılına kadar yapılan çalışmalar hakkında bk. (Bozyiğit, 1989).

[47] Ahiliğin temsilî olarak yaşatılmasına vesile olan bu geleneksel etkinliklerle ilgili çalışmalardan belli başlıları şöyledir: (Bayrı, 1938; Er, 1988; Alp, 1963; Tezcan, 1989; Çakır, 2005; Yalçın, 2005; Akman, 2006; Köksal, 2008; Ekici ve diğerleri, 2013).

[48] Söz konusu meslekler üzerine benzer içerik ve yöntemlerle başka çalışmalar da yapılmıştır. Genellikle tek bir meslek üzerine hazırlanan bu türde çalışmaların dışında kimi yörelerdeki geleneksel meslekleri toplu halde değerlendiren monografik çalışmalar da yapılmıştır. Son dönemde yapılan bu türden bir araştırma için bk. (Yolcu, 2014)

[49] Çeşitli dönemlerde destancı şairler tarafından yazılan kimi esnaf destanlarında denizciliğe, balıkçılığa ve kalafatçılığa atıflar yapıldığı görülmektedir. 18. yy halk şairlerinden Kâmilî ile 19. yy halk şairlerinden Bayburtlu Celâlî, İçelli Kılâbî ve Niğdeli Tâhirî gibi isimlerin destanlarında denizcilik, balıkçılık ve kalafatçılık çeşitli yönleriyle zikredilen, tecrübe edilen ancak başarısız olunduğu için şikâyetçi olunan meslekler arasında yer almıştır. Örnekler için bk. (Bozyiğit, 1988: 32-35).

[50] Pek çoğu peygamber ve evliyanın bir mesleğin ilk icracısı olmalarından ötürü o mesleğin pîri olduğuna inanılmaktadır. Meslekî anlatılar içinde meslek pîri inanışına dönük anlatılara sıkça yer verilmesi, mesleğin kutsal zemine oturtulması ihtiyacından doğmuştur (Aksel, 1964: 3456). Bazı mesleklerin pîrlerinin şu isimler olduğu kabul edilmektedir: Kasaplık, dokumacılık ve demircilik (Hz. Adem, Hz. Davud), terzilik (Hz. İdris, Hz. Hûd, Hz. Lokman), marangozluk ve gemicilik (Hz. Nuh), tüccarlık (Hz. Hûd, Hz. Salih, Hz. Harun, Hz. Zekeriya), tabiplik (Hz. Lokman, Hz. İsa), çobanlık (Hz. Muhammed, Hz. Musa, Hz. İshak, Hz. Yakup, Hz. Şuayib), avcılık (Hz. İsmail), hallaçlık (Hallac-ı Mansur) vd. (Abdülkadiroğlu, 1992: 4-5; Koman, 1967: 3447). Ayrıca meslek pîri inanışının mitolojik karakterli Türk halk anlatılarındaki kültür medeniyet kahramanı vasfı taşıyan tiplerle olan ilişkisi hakkında bk. (Aça, 2000; Bayat, 2007; Ergun, 2011.)

[51] Millî Folklor dergisinin 71. sayısı "Çağdaş Kentte Grup Folkloru" dosya başlığı ile yayınlanmıştır. Lisansüstü öğrencileri tarafından hazırlanan çalışmaların yer aldığı bu sayıda, bir meslek grubu teşkil etmeyen kent merkezli kimi küçük grupların folklorlarına dönük yazılara da yer verilmiştir. Bu kitapta üzerinde durulan mesleklerin haricinde, profesyonel bir meslek olmanın yanı sıra vatani görevlerini yerine getiren gençlerin oluşturdukları askerlik temelli grup folkloru hakkında 1992 yılında gerçekleştirilen bir derleme çalışması için bk. (Özkurt ve Yanmaz, 2002).

[52] Bu tespitimizi somutlamak bakımından mezkûr çalışmadaki efsanelerden bazılarının isimlerini vermek yeterli olacaktır kanaatindeyiz: Rize Adına İlişkin Efsaneler; Kemençeye İlişkin Bir Rize Efsanesi, Trabzon Adına İlişkin Efsane, Trabzon'un Fethine İlişkin Efsane vd. (Saral, 2006: 79-81)

[53] Alman coğrafyacılar Alexander von Humboldt ve Carl Ritter'in 18. yüzyılın sonları ile 19. yüzyılın ilk çeyreği arasında gerçekleştirdikleri öncü çalışmalarla coğrafyanın, insanlar ve insan edimi kültürler üzerindeki etkileri tartışılmaya başlanmıştır (Jordan-Bychkov ve Domosh, 2003: 2-3; Doğanay, 2000: 123).

Takip eden dönemde ortaya konulan nazariyeler arasında ön sırada olan ve Ellsworth Huntington tarafından geliştirilip sonrasında Leslie A. White (1959) ve Julian H. Steward (1955) gibi antropologlar tarafından desteklenen "kültürel evrim" teorisiyle de nispeten ilgili olan "coğrafî determinizm" kavramıyla insanın coğrafya karşısındaki acziyetine vurgu yapılmış; coğrafya kültürün yegâne belirleyicisi olarak kabul edilmiştir.

20. yüzyılın ilk çeyreğinden itibaren bu yaklaşımı eleştiren posibilist yaklaşım ise insan topluluklarının içinde yaşadıkları coğrafyayı şekillendirebilecek akli ve kültürel birikime ulaştıkları ilk dönemlerden itibaren coğrafyaya hükmetme arzusu taşıdıklarını, bu sebeple de aynı coğrafî özelliklere sahip bölgelerde farklı kültürel yapıların ortaya çıkabildiğini ifade etmişlerdir (Jordan-Bychkov ve Domosh, 2003: 18-20; Tümertekin ve Özgüç, 2012: 105-106). Aynı çevresel koşullarda yaşayan ve aynı soydan gelen topluluklarda bile kültürün farklı yorumlarıyla karşılaşılabilmesi de bu durumla ilgilidir. Bu araştırma sırasında alan araştırmalarının gerçekleştirildiği kıyı yerleşimlerinde balıkçıların ortak kültürel özelliklerinin dışında kendi yörelerine özgü kültürel özelliklere sahip olmaları posibilist yaklaşımla uyumludur.

[54] Minas Bıjışkyan, bölgeyi konu alan antik dönem kaynaklarından hareketle bölgenin ilk sakinlerinin Yafes'in soyundan geldiklerini ve bu sebeple Karadeniz'e Yafes'in torunu "Aşkanaz"ın adını verdiklerini ifade etmektedir. Bu isim daha sonra Helenler tarafından fonetik tasarruflarla değiştirilmiş ve Karadeniz "Öksinos" şeklinde adlandırılır olmuştur (1998: 15).

[55] Örtmece veya örtmece söz, kimi varlıklardan, nesnelerden söz edildiğinde doğacak korku, ürkme, iğrenme gibi duyguların, kötü izlenim ve çağrışımların önlenmesi amacına yönelen ve dünyanın her dilinde rastlanan bir değiştirme olayıdır. (Aksan, 1990: 100). Tabu esasına göre gerçekleşen anlam değişmesi/örtmece kavramı, kökeni, işlevi ve örnekleri ile ilgili ayrıntılı bilgi için bk. (Güngör, 2006; Demirci, 2008).

Karadeniz'in antik dönemin uygarlık düzeyi bakımından daha ileride olan toplumları için gizemli bir deniz olması, pek çok efsaneye konu olmasına sebep olmuştur. Karadeniz'in korkunç dalgalarına, deniz yaratıklarına ve vahşi insanlarına atıf yapan bu efsaneler zamanla başka örnekleriyle de karşılaşılan tabu yaklaşımını otaya çıkarmış ve "konuksever/dost olmayan deniz" anlamı yerini "konuksever/dost deniz"e bırakmıştır. Benzeri bir durum Afrika'nın tehlikelerle dolu olan güney ucuna denizciler tarafından "Umut Burnu" denilmesinde de görülebilmektedir (King, 2008: 33). Öte yandan ilerleyen dönemlerde deniz ulaşımındaki imkânların artması ile Karadeniz'e yapılan seyahatlerin sıklaşması ve hatta kolonilerin kurulmaya başlaması da algının değişmesinde ve kelimeye yüklenen anlamın tamamen menfiden müspete dönüşmesinde etkili olmuştur (Işık, 2001: 2; Emir, 2011: 20) .

[56] Türklerin tahmin edilenden çok daha önce Karadeniz havzasında bulunduklarını ve hatta ana yurtlarının da Karadeniz'in kuzeyi olabileceğini iddia eden Osman Karatay, renk ve yön ilişkisine vurgu yapan görüşlere temkinli yaklaşmış; uzun zaman önce J. H. Mordtmann'ın da ifade ettiği "kara" kelimesinin "büyük", "güçlü" veya "korkunç" anlamları üzerinde durulması gerektiğinden, zira Doğu ve Batı kaynaklarında sıkça zikredilen "Büyük Deniz" ve "Kuzey Denizi" ibarelerinin de Karadeniz'i ifade etmek üzere kullanıldığından bahsetmiştir (2010: 70). Araştırmacının Türklerin kökeni ve ana yurdu ile ilgili çarpıcı tezi için ayrıca bk. (Karatay, 2012).

[57] Antik dönemlere "Palus Maeotis" adı verilen ve "Pontus Euxeinos" yani Karadeniz'in annesi ve ebesi unvanlarıyla zikredilen Azak Denizi, 240 km^2 uzunluğa ve 135 km^2 genişliğe sahiptir. 15 metre derinliği ile dünyanın en sığ denizi olan Azak Denizi'nin antik dönemlerdeki mezkûr isminin Yunanlılar tarafından İskitlerden alıntılandığı düşünülmektedir (Öztürk, 2012: 40; Ardel, 1957: 243).

[58] Mustafa Öner'in isimleri verilen nehirleri de içine alan şu değerlendirmesi Türk kültürünün yayılma alanının sınırlarının çizilmesi açısından önemlidir:

> Türk Dünyasını doğudan batıya doğru başlıca şu beş büyük su havzası çevresinde birleştirip değerlendirmek mümkün olabilir: Baykal, Balkaş, Aral, Hazar ve Karadeniz. Türklerin tarihi, Sibirya'dan Doğu Avrupa'ya kadar bu beş su birikimini kendi coğrafyalarının ortasına alarak şekillenmiş gibidir. Bu havzalarla bağlantılı olan Orhun, Yenisey, Selenga, İli, Amuderya, Siriderya, İtil (Volga), Yayık (Ural) Ten (Don), Özü (Dinyeper), Turla (Dinyester), Tuna, Sakarya, Kızılırmak, Yeşilırmak gibi nehirlerin sadece adını anmakla bile, Türk uygarlığının etrafında biçimlendiği suların kültür dağarcığını göz önüne getirmek mümkündür (Öner, 2010: 267).

[59] Karadeniz'e dökülen ırmaklar, antik dönem yazarlarının Karadeniz'i anlatan eserlerinde üzerinde durulan konular arasında olmuştur. Polybios başta olmak üzere bazı antik dönem tarihçileri Karadeniz'e akan çok sayıda ırmak yüzünden Karadeniz'in dolacağını ve alanına sığmayıp taşacağını bile iddia etmişlerdir. Sonraki dönem eserlerinde de ırmaklar mevzubahis olmuştur. Örneğin Evliya Çelebi Seyahatnamesi'nde Karadeniz'e irili ufaklı 1680 ırmağın aktığından bahsedilmektedir (Güveloğlu, 2013: 729; Arslan, 2005: 71).

[60] Göçmen balıklar grubunda olan mersin balıkları, çevre şartlarına kolayca uyum sağladıklarından, deniz, göl ve ırmaklara kadar çok değişik su koşullarına girebilmekte ve adapte olabilmektedirler. Büyüme evrelerini derin sularda geçiren mersin balıklarının üremeleri nehirlerde gerçekleşir. İlkbaharda suların ısınmasıyla birlikte üremek üzere nehirlere hareket eden yetişkin balıkları nehirlerin bol oksijenli, çakıllı sularına yumurtalarını bıraktıktan sonra tekrar denizlerin derin sularına dönerler (Akbulut, 2002: 10).

[61] 1960'lı yıllara kadar balıkçıların sağladığı ekonomik avantajdan ötürü rağbet gösterdikleri bu avcılığa araştırma sahasında "ırmakçılık" ve "mersincilik" de denilmektedir.

Baraj inşaatların çoğalması ile birlikte habitatları tahrip olan mersin balıklarının soylarının tükenmeye başlaması ile mersin avcılığı eski rağbetini yitirmiş; nitekim bir süre sonra mersin balıklarının koruma altına alınması ile avcılığı tamamen sona ermiştir. Çalışmanın ilerleyen bölümlerinde "ırmakçılık" etrafındaki meslekî kültür üzerinde tekrar durulacaktır.

[62] MS. 2. yy.'ın başlarında Doğu Karadeniz'i ziyaret eden Arrianus, Karadeniz'in suyunun bütün denizlerden daha tatlı olduğunu, bunun nedeninin de denize dökülen çok sayıda su kütlesi olduğunu söyleyerek deniz kıyısında yaşayan halkın hayvanlarına denizden su içirdiklerini, bunun da hayvanlara iyi geldiğini belirtmiştir (Güveloğlu, 2013: 729).

[62] Deniz tabanındaki taşlık ve kayalık sathın yanı sıra batıkların enkazlarını ifade etmek üzere balıkçılar arasında kullanılan tâbir.

[63] Düzensiz bir deniz tabanı topografyasına sahip olan Doğu Karadeniz sahillerinde birden bire derinleşen ve kuyu olarak da ifade edilen oldukça derin alanları ifade etmek üzere balıkçılar tarafından kullanılan tâbir.

[64] Minas Bıjışkyan, Karadeniz'in Anadolu kıyılarında etkili olan rüzgârlardan bahsederken özellikle vurguladığı Batı rüzgârları, balıkçılar tarafından bugün de dikkatle takip edilmektedir:

> Karadeniz'de hüküm süren Doğu ve Batı rüzgârlarıdır. Doğu rüzgârı o kadar zararlı değilse de Batı rüzgârı çok tehlikeli olup büyük fırtınalar çıkarır. Kuzey rüzgârı da Kuzeybatıdan estiği vakit (karayel) fırtına koparır. Güney rüzgâr da, bilhassa kışa yakın zamanlarda, uzun sürmemekle beraber, denizi birden bire altüst eder. Kışın daha ziyade Batı ve Kuzey rüzgârları estiği için seyir imkânsız bir hale gelir ve bazen de Kral Mithridates ve Kobrinimos'un zamanlarında olduğu gibi, yüzlerce yer donar (Bıjışkyan, 1998: 26).

[65] Karadeniz'de soğuk sulardan hoşlanan bir mezgit türü yaşamaktadır. Genellikle 30 ile 100 metre arasındaki derinliklerde, sahil sularında ve çamurlu dip yapısında yaşayan mezgit, ilkbaharda beslenmek için 15-30 metrelik sığ sulara, sonbaharda ise yumurtlamak üzere 80-100 metre gibi daha derin sulara göç eder. Karadeniz mezgiti yılın her mevsimi üreyebilir. 1 veya 2 yaşında üreme yetişkinliğine ulaşan mezgitlerin boyları 50 cm'ye kadar ulaşabilmektedir (Aydın ve diğerleri, 2008: 4).

[66] Kalkan balığının Karadeniz'de iki türü yaşamaktadır. Boyları 1 metreye, ağırlıkları 20 kiloya ulaşabilen kalkan balıklarının yassı vücutları üzerinde "çivi" denilen büyük pullar bulunur. Daha çok kumlu, çamurlu ve midyeli sığ zeminlerde yaşamaktadır. Genellikle 3 yaşından sonra üreme büyüklüğüne ulaşan kalkan balıkları, mart ayı ile temmuz ayı arasında ürerler (Aydın ve diğerleri, 2008: 5-6).

[67] Araştırma sahasındaki tüm balıkçı gruplarının önemli geçim kaynaklarından bir olan istavrit, küçük teknelerde çaparilerle, büyük teknelerde ise çevirme ağları ile avlanmaktadır.

Giresun ve Trabzon avlaklarında geçmişte bolca avlanan iri istavritlerin yanı sıra bugün avcılığı yapılan küçük istavritler bu türün iki belirgin varyetesidir. Mayıstan ağustosa kadar sahillerden birkaç mil açıkta sürüler halinde yumurta bırakan ve tüm yaşamını Karadeniz'de geçiren istavritler ortalama 14 yıl kadar yaşamaktadırlar. Yavruları planktonlarla, yetişkinleri ise hamsi, çaça, gümüş, sardalya, kaya balığı gibi balıkların yavrularıyla ve bazı omurgasız canlılarla beslenirler (Polat ve Ergün, 2008: 2).

[68] Tarih boyunca Karadeniz'in ismi en çok zikredilen balıklarından olan palamut, bahar aylarından itibaren hem beslenmek hem de üremek için Karadeniz'e girmektedir. Oldukça hızlı biçimde büyüyen palamut, sonbahar aylarından itibaren geliş yönünde geri döner ve Marmara'ya göç eder. Karadeniz'e girişleri ve Marmara'ya dönüşleri sırasında Giresunlu ve Trabzonlu balıkçıların gözde avları arasında yer alan palamut, sürü halindeki hamsi, uskumru, istavrit ve sardalya gibi balıklarla beslenen oldukça hareketli ve yırtıcı bir balıktır. Gırgır teknelerinde çevirme ağlarıyla avlanan palamutlar, küçük tekne avcılığında çaparinin yanı sıra uzatma tabir edilen ağlarla avlanmaktadır (Polat ve Ergün, 2008: 3).

[69] Göç balıklarının lezzetiyle en kıymetlileri arasında yer alan lüfer, büyüklüğüne göre değişik adlar alır. Boyu 10 cm'ye kadar olan lüferlere defne yaprağı, 10-18 cm arasında olanlara çinekop, 18-25 cm arasında olanlara sarıkanat, 20-25 cm arasında olanlara lüfer, 35 cm'den fazla olanlara kofana denir. Güçlü çeneleri, sivri ve keskin dişleri ile çok yırtıcı bir balık olan lüferin başlıca besini hamsi, istavrit, sardalya, uskumru, kolyoz gibi sürü halinde gezen küçük ve orta boy balıklardır. Bulduğu her tür küçük balığa saldırabilen lüfer, yazları Karadeniz'de kışları ise Marmara'da ve Ege'de geçirir. Uzatma ağları ile avlanabilmesinin yanı sıra gırdır ağlarındaki balıklar arasında da görülebilen lüferi olta ile avlamak da mümkündür. (Polat ve Ergün, 2008: 3).

[70] Yakın geçmişe kadar Giresunlu ve Trabzonlu balıkçıların av çeşitliliği içinde önemli bir yere sahip olan kefal, hemen her türlü su koşulunda yaşayabilen bir hayvan olduğu için Karadeniz'de geniş bir yaşam alanına sahiptir. 15 yıl kadar yaşayan kefal, yarı ömründe üremeye başlar. Deniz bitkileri ve yumuşakçalarla beslenen kefal, akarsulara girip beslenme diyetini genişletebilmektedir. Geçimini balıkçılıktan temin eden balıkçı aileler tarafından ağlarla avlanan kefal, amatörler tarafından olta ve zıpkınla da avlabilmektedir (Polat ve Ergün, 2008: 4)

[71] Eti ile Karadeniz'in en değerli balıklarından olan bu balık, yaklaşık 18 yıl yaşamakta ve 60-70 cm boya erişebilmektedir. Oldukça çevik ve süratli bir balık olan sargan, kefal gibi suyun yüzeyine sıçraması ile meşhurdur. Hamsi, çaça ve kıraça gibi küçük balıklarla beslenen sargan, 5-6 yaşlarından itibaren üremektedir. Araştırma sahasında bugün daha ziyade oltalarla avlanmaktadır (Polat ve Ergün, 2008: 5).

[72] 1980'li yıllardan itibaren hamsi avcılığında teknolojik donanımın kullanılmaya başlaması ve av filolarının genişlemesi ile paralel biçimde çok daha fazla miktarlarda hamsi avlanmaya başlamış, hamsi avcılığı kısa süre içinde endüstriyel avcılık formuna ulaşmıştır (Üstündağ, 2010: 68).

[73] Diodoros Siculus ve Strabon çeşitli antik dönem efsanelerine de atıfta bulunarak Karadeniz'in bir zamanlar göl olduğunu ve kendisine dökülen çok sayıda ırmak yüzünden taştığını ifade etmişlerdir (King, 2008: 33; Arslan 2006: 76). Karadeniz'in oluşumuyla ilgili çok sayıda efsaneden birisi de Evliya Çelebi tarafından kaydedilmiştir:

> Karadeniz, Nuh tufanının karanlıklarından kalma izlerden biridir. Öyle derindir ki, derinliği seksen kulacı asan kara bir denizdir... İskender yedi kere yüz bin dağlar deviren gençler toplayıp Karadeniz boğazını açmaya giriştiğinde, Hz. Hızır kazıyı yönetmekteydi. Zira Hz. Hızır İskender-i Zülkarneyn'in askerlerinden biriydi. Nebiliğinde anlaşmazlık vardı. Nebi diyenler çoğunluktu. İskender ile ordusu Zulümat'a gittiğinde hayat suyu Hızır'a nasip olup hâlâ yaşamaktadır. Bugün de denizler üzerinde görevlidir ki Karadeniz'i Akdeniz'e karıştırmada etkin Hızır Nebi olmuştur. Allah'ın emri ile Yedikule burnundan Kalamış burnuna varınca, deniz üzerinde kırmızı bir çizgi çekilmiştir ki, sanki kudret elinin çizgisidir. Bu çizginin kuzey tarafı İstanbul'a doğrudur ki Karadeniz'dir. Yine bu çizginin güney tarafına doğru çivit renginden beyaz olmak üzere Akdeniz'dir... Allah'ın hikmeti, bu çizginin Karadeniz tarafı az tuzlu, Akdeniz tarafı acıdır.

Günümüz Türkçesiyle kısaltılarak verilen efsanenin transkripsiyonlu tam metni için bk. (Evliya Çelebi, 2011: 16).

[74] Konuya dair en eski nazariyelerden biri 1932 yılında A. Arhangelsky tarafından ortaya konulmuştur. Araştırmacı, Karadeniz'in oluşum sürecini dört devirde değerlendirmiştir. Buna göre ilk devirde Karadeniz'in Akdeniz'le irtibatlı olup olmadığı bilinmemektedir ve deniz tatlı suda ve az tuzlu sularda yaşayan deniz canlılarına ev sahipliği yapmıştır. İkinci dönemde bugünkü boğazların meydana gelmesiyle Akdeniz'le irtibatlanan Karadeniz'in faunası Akdeniz balık türleri dâhil olmaya başlamıştır. Üçüncü devirde Karadeniz'in Akdeniz'le irtibatı kesilmiş ve deniz tekrar tatlı su karakterli bir denize dönüşmüştür. 5-6 bin yıl öncesine uzanan son devirde ise Akdeniz'le tekrar irtibatlanan Karadeniz ikinci döneme nispetle daha az tuzlu bir deniz formuna kavuşarak bugünkü halini almıştır. (Arısoy, 1968: 147-14).

[75] Mersin balığı, habitatı ve avcılığı hakkında ayrıntılı bilgi için bk. (Aksungur, 2008). Karadeniz sularının tarih öncesi dönemlerden gelen ve bugün nesli büyük oranda tükenen mersin balığının bu alan dışında çoğunlukla Hazar Denizi'nde bulunuyor olması bu iki denizin ortak kökeninin bir sonucu olsa gerektir.

Öte yandan Ön Asya'nın antik dönemlerdeki en güçlü medeniyetlerinden birini kuran Sümerlerin Hazar çevresinden gelerek Anadolu'yu da içine alan Mezopotamya sahasına yerleştikleri yolundaki görüşler (Gerey, 2004; vd.) dikkate alındığında Sümer dil yadigarlarında sıkça atıfta bulunulan mersin balığına olan aşinalığın kökeni anlaşılmış olacaktır.

Sümer metinlerinde balıkçılığa dönük somut vurgulardan birini Samuel Noah Kramer (1995: 281-283) "ilk akvaryum" başlığı altında vermiştir. Kramer detaya girmemiş olsa da bu metin üslubu ve içeriği bakımından bir balıkçının av öncesinde düzenlediği bereket ritüelinin izlerini taşımaktadır. Sümerler başta olmak üzere eski Anadolu medeniyetlerinin sosyo-ekonomik hayatlarında balıkçılığın yeri hakkında ayrıca bk. (Kınal, 1991).

[76] Bu politikaların sonucunda Doğu Karadeniz'de Bizanslı hüviyetine bürünen Türk dilli topluluklar hakkında bk. (Shukurov, 1999).

[77] Yunan kolonilerinin Karadeniz'e yönelişlerinin tarihi periyotları ile ilgili tartışmalar için bk. (Emir, 2011: 84-90).

[78] Helen kolonilerinin Doğu Karadeniz'e yönelmelerinin önemli sebeplerinden birisi de bu bölgenin geniş ormanlarından temin edilen kereste idi. Antik çağda gemi yapımının dışında daha pek çok alanda kullanılan kereste bölgenin en önemli ihraç ürünleri arasında idi (Arslan, 2007: 64). Bölgeye yerleşen ilk kolonistler temin ettikleri kerestelerle öncelikli gemiler yapmışlar ve sonrasında da hızlı bir ihracata girişmişlerdir. Bu ihracat bir süre sonra o denli yoğunlaşmıştır ki Grekler, bölge ormanları üzerinde büyük tahribatlara yol açmışlardır (Emir, 2012: 174). Antik çağdan beri gemi inşasında kullanılmaya uygun olan en kaliteli keresteler bu bölgeden temin edilir olmuştur. Bugün de yörede ahşap tekne yapımını sürdüren tekne ustaları geçmişte kıyılara kadar uzanan ancak zamanla içerilere çekilen kestane ormanlarından temin ettikleri keresteleri kullanmaya devam etmektedirler.

[79] Belirtilen bu isimlerin bugünkü liman sahalarını karşılayıp karşılamadığı yolunda tereddütler de vardır. Ancak konudan uzaklaşmamak amacıyla söz konusu tartışmalara yer verilmemiştir.

[80] Şehrin adının kökeni ve kurulduğu yerle ilgili tartışmalar hakkında bk. (Bilgin, 2010: 39-40; Bryer ve Winfield, 1985: 126-134; Emecen 1996: 78-79).

[81] Anthony Bryer, Helenlerin bu iki yerleşimin kendilerinden önceki isimlerini çarpıtarak "Trapezos" ve "Kerasus" şekline dönüştürdüklerini söyleyerek bu iki şehrin isimlerinin kaynağını Grekçeden almamış olabileceklerini dile getiren görüşlerin artmasında etkili olmuştur (1984: 211). Trabzon adının kökeni ile ilgili diğer görüşler hakkında bk. (Tekindağ, 2001: 456-457; Usta, 1999: 14).

[82] Helen kolonizatörlerin Trabzon ve çevresindeki ilk faaliyetlerinin eleştirel bir değerlendirmesi için bk. (Emir, 2011: 90-96).

[83] Trabzon limanının antik dönemlerdeki önemi hakkında bk. (Çiğdem, 2007).

[84] Miladın öncesinden modern zamanlara kadar bölgeyi ziyaret eden çok sayıda gezgin tarafından oluşturulan eserler ile yine aynı tarihi genişlikte bölgede faaliyet gösteren sefirler/büyükelçiler tarafından hazırlanarak ülke yönetimlerine havale ettikleri raporlar bu başlık altında toplanan kaynaklardır.

[85] Şer'iyye sicillerinin düzenlenme amaçları, düzenleyicileri ve içerikleri gibi genel bilgiler için bk. (Pakalın 1983: 343)

[86] İzn-i sefîne defterlerinin düzenlenme amaç ve biçimleri hakkında bk. (Bostan, 1990: 25-31).

[87] Cumhuriyetin ilanından sonra 1925 yılından itibaren *Türkiye Cumhuriyeti Devlet Salnamesi* adıyla 3 ciltlik bir salname hazırlanmıştır (Duman 1982: 35). 1928'de sonuncu yayınlanan bu salnameden sonra Cumhuriyetin kuruluşunun 10, 15 ve 20. yılları münasebetiyle diğer illerde olduğu gibi Giresun ve Trabzon'da da müstakil il yıllıkları hazırlanmıştır. Bu süreçte Giresun ve Trabzon Ticaret ve Sanayi Odaları tarafından 1933 yılında yayınlanan yıllıklar en dikkat çekici örneklerdendir. Daha sonra 1967'de Cumhuriyetin 50. yılı münasebetiyle 1973 yılında Türkiye genelinde yayınlanan il yıllıkları kapsamında Giresun ve Trabzon'da da birer yıllık hazırlanmıştır. Bu tarihten sonra her iki ilde pek çoğu valilikler veya belediyeler tarafından müstakil il yıllıkları hazırlatılmaya devam edilmiştir.

[88] Karadeniz'in kuzey kıyılarının balıkçılık potansiyelini ortaya koyan arkeolojik veriler ve bunların konu bağlamında değerlendirilmesi bakımından önemli birer kaynak olarak bk. (Bekker-Nielsen, 2005; Bilde ve Petersen, 2008; Gabrielsen ve Lund, 2007; Bursa, 2007: 58-65).

[89] Karadeniz balıkçılığının antik dönemleri üzerine oldukça önemli bir çalışma hazırlayan Pınar Bursa, kesin olmamakla birlikte Karadeniz'den sağlanan ilk ticari nesnenin balık olduğunu vurgulamıştır. Çeşitli tekniklerle avlanan balıklar tuzlanmış ve kurutulmuş olarak ihraç edilmiş olmanın yanı sıra sos olarak da ihraç edilmişlerdir. Karadeniz'e gelen ilk Yunan kolonistlerinin balıkların göç yollarını takip ederek Karadeniz'in doğu kesimlerine yöneldikleri varsayımından hareketle bölgedeki balıkçılık endüstrisinin MÖ. 7. yüzyılda geliştiği kabul edilmektedir (Bursa, 2007: 73-75).

[90] *Moneksila / Meneksile*: Antik çağda ve sonrasında Giresun başta olmak üzere Doğu Karadeniz kıyılarında kullanılan ve Ksenephon'un tarifine göre kalın bir tomruğun oyulması suretiyle yapılmış, kişi taşıyabilecek büyüklükte kürekli kayıklardır (Işık, 2001: 136). Ksenephon'dan yaklaşık 2 bin yıl sonra Evliya Çelebi Trabzonla ilgili intibalarını anlatırken bu kayıkların Trabzonlu balıkçılar tarafından kullanıldığı ifade etmekle kalmamış, şu bilgilere de yer vermiştir:

> Meneksile tabir ettikleri gemiler Çoruh nehri kenarında yetişen kaba kavak ağacından gemilerdir ki üç parça tahtadandır. Bir tahtası tekne gibi altındadır. Birer tahta da yanlarındadır. Tâ bu derece büyük levhalardır. Bu gemilerin kenarında iki adam beli kalınlığında kamış ve hasır saz vurulmuştur. Denizin fırtınası o kamışlardan gemi içine girmeyip bu gemiler Karadeniz fırtınasında mantar gibi yüzer. Kıçı başı belli olmayan tekne gibi bir tuhaf kayıklardır. Bu denizlerde ona meneksile derler. Yüzer adam alır (Evliya Çelebi, 2011: 112; 119).

Çelebi'nin verdiği bilgilere değerlendirildiğinde Ksenephon'dan sonraki zamanlarda tekne inşasının daha da yaygınlaştığı bölgede farklı özelliklere sahip kayıkların da aynı isimle adlandırılmaya başlandığı düşünülebilir. 18. yüzyılda ticaret amacıyla Karadeniz'de ve Tuna'da kullanılan ve pek çoğu başta Sinop olmak üzere Orta ve Doğu Karadeniz kıyılarındaki küçük imalathanelerde inşa edilen yelkenli gemilere *melekse* adının verilmiş olması bu tespiti desteklemektedir. Melekse gemileri hakkında ayrıntılı bilgi için bk. (Öztürk, 2009).

[91] Bizans tarihi araştırmaları bağlamında Bizanslıların Doğu Karadeniz'i de içine bölgede gerçekleştirdikleri balık avcılığı ve ticareti ilgili çalışmalar dışında modern literatürde de bu döneme ışık tutan araştırma oldukça azdır. Çoğu zaman Trabzon ve çevresine konu bağlamında küçük atıflarda bulunan bu araştırmalardan biri için bk. (Braund, 1995: 164-165).

[92] Karadeniz'in kuzey kıyılarında İskitlerden sonra balıkçılık konusunda dikkat çeken diğer bir Türk kavmi Hazarlar olmuştur. MS. 8. yüzyıldan itibaren Orta Asya'dan Karadeniz'e hareket eden Hazarlar, Kırım'ı da içine alan büyük bir imparatorluk kurmuşlar ve burada Museviliğe intisap etmişlerdir. Başkentleri Sarkel kısa süre içinde bölgenin en önemli balıkçılık merkezi haline gelmiştir (Artamonov, 2008; Ögel, 1991b: 226; Atar ve Ateş, 2009: 271-272).

[93] Rus arkeolojisinin uzun süreli çalışmaları ile gün yüzüne çıkartılan Elizavetovka, Tyritake, Myrmekion, Khersonesos, Zolotoe ve Salatcik kentlerinde çok sayıda balık işleme tesisi tespit edilmiştir. Ayrıntılı bilgi için bk. (Højte, 2005).

[94] Giresun ve Trabzon il merkezlerinde, inşaat çalışmaları sırasında tesadüfen ortaya çıkarılan arkeolojik bulgular bu tezi destekler mahiyettedir.

[95] Osmanlı öncesi ve sonrası balıkçılığı üzerine yapılan çalışmaların büyük çoğunluğu malzemenin çokluğu sebebiyle kent tarihi ve gündelik hayat araştırmaları bağlamında İstanbul'la ilgili olmuştur. İstanbul balıkçılığının neredeyse bütün tarihsel dönemleri araştırılmıştır. Bu araştırmalardan bazıları için bk. (Deveciyan, 2006; Tekin, 2010; Arslan, 2010; Ünsal, 2011; Doğan, 2011; vd.).

[96] Menâzırü'l-'Avâlim'in bugünkü Türkçe ile neşri yapılmadığından alıntılanan bu kısmın anlaşılabilmesi için bugünkü Türkçeye aktarılması zarureti ortaya çıkmaktadır:

> Trabzon denizinde nefis balıklar avlanır. Mezgid balığı ve kalkan balığı hepsinin en güzeli ve tercih edilenidir ki kalkan balığı Trabzon denizi ile Kostantiniye halicinde boldur ve Trabzon denizinde hamsîn günlerinde küçük balık avlanır ki Trabzon halkı hamsi söyleyişini değiştirip onu hasbi diye adlandırırlar. Trabzon halkının zarifleri, Trabzon avamını hasbi balığı (sözü) ile alaya alır. Zira hamsîn günlerinde bu küçük balığın avcıları küçük teknelerle bunu avladıklarında halka duyurmak için bir boruya üflerler ki sesi iki üç fersah mesafeye ulaşır ve bu sesi işitenlerin ölüsü dirisine binip hamsi balığı çıkmış diye baş ayak açık giderler. Bunun yanında bu küçük balığın sindirimi güçtür ve ağır bir yiyecektir. Ancak mah-i kuş (mah-ı keş) denilen bir şerbetle hazmedilebilir.
>
> Garip olan şudur ki, 'mahi kuş' kelimesinin adını dahi duymayanlar bile bu balık üzerine kırılmış gibi düşerler ve kış günlerinde bu küçük balığın mahvedici iğrenç kokusundan, evlere ve konaklara girilmez. Kış günlerinde bu küçük balığın pisliklerini yiyen tavuğun eti ve yaptığı yumurta da kötü kokar ve yenilmez hale gelir.

[97] Bölge tarihi üzerine çalışmalar yapan Feridun Emecen, Evliya Çelebi'nin Trabzonla ilgili bilgileri büyük oranda Âşık Mehmet'ten aldığını, bu münasebetle Çelebi'nin, Trabzon'un 1640 yılındaki durumundan ziyade Âşık Mehmet'in Trabzon'da çocukluk yıllarını geçirdiği 1555-1575 yılları arasındaki durumunu tasvir ettiğini ifade etmiştir (Lowry ve Emecen, 2012: 299).

[98] Evliya Çelebi'nin Trabzon seyahati hakkında ayrıntılı bilgi için bk. (Dağlı, 1999).

[99] Çalışmanın ilerleyen bölümlerinde Evliya Çelebi'nin verdiği kıymetli bilgilere ele alınan konular bağlamında tekrar müracaat edilecektir.

[100] Trabzon'un tamamen Osmanlı hakimiyetine girdiği 16. yüzyıldan itibaren Karadeniz uluslar arası ticarete büyük oranda kapanmış, denize kıyısı olan yerleşimler arasındaki ticari faaliyetler Türk gemiciler tarafından yürütülmüştür. Bu durum Küçük Kaynarca anlaşmasının imzalandığı döneme kadar devam etmiştir (Bostan, 1995: 357-358; Bostan, 1999: 303;)

[101] 18. yüzyılda deniz ticaretine ilgi duyan Türk ailelerden bir kısmı, bu yüzyılda Osmanlı coğrafyası genelinde önemli nüfuzlar elde eden âyanlık sistemi içinde yer almaktaydılar. Trabzon ve çevresinde faaliyet gösteren âyanlardan bazıları Tuzcuoğlu Memiş Ağa, Haznedarzade Osman Paşa vs. idi. Osmanlı yönetimi başta gemi yapımı olmak üzere denizcilikle ilgili pek çok faaliyette onları yetkili kılmasının getirdiği güçle zaman içinde imtiyazlarını kullanarak kaçakçılık ve korsanlık gibi faaliyetlere de yönelmişlerdi. Karadeniz'in serbest ticarete açılmasından sonra ticaret zamanla Rum tüccarların hâkimiyeti girmiş, eskiden beri denizcilikle meşgul olan kimi âyanlar da onlarla ortaklık kurmak suretiyle faaliyetlerine devam etmek istemişlerse de bir süre sonra ticari faaliyetlerini karada yürütür olmuşlardır. Âyanlar ve Doğu Karadeniz'deki denizcilik faaliyetleri hakkında ayrıntılı bilgi için bk. (Özkaya, 1994; Ekinci, 2013.)

[102] Doğu Karadeniz havalisinde deniz nakliyeciliğinde kullanılan motorlara uzun yıllar *pene, gulet, kancabaş, çektirme, hanım kayığı, sermaye kayığı* ve *çapar* gibi isimler verilirken nakliyecilik işine *çektirmecilik, sermayecilik, navlunculuk* ve *Samsunculuk* gibi isimler verilmiştir. Yelkenli ve motorlu teknelere verilen isimlerin farklı olmasında fiziki özellikleri ve kullanım amaçları da belirleyici olmuştur. Örneğin 50 ton ve üzerinde yük taşıyabilen motorlara *gulet*, daha küçük kapasitedekilere *pene* denilmişken, Samsun ve Hopa arasında gıda ve dayanıklı tüketim ürünleri nakleden teknelere *çektirme* veya *sermaye kayığı*, köylerle il ve ilçe merkezleri arasında özellikle ürünlerini pazarlara götüren köylü kadınları taşıyanlara *hanım kayığı* denilmiştir.

[103] kıyye / okka: Yaklaşık bin üç yüz gramlık ağırlık ölçüsü birimi.

[104] Karadeniz'de yunus avcılığı bu araştırmanın örneklem sahasında bulunan pek çok balıkçı yerleşiminde uzun süre devam etmiştir. Trabzon havalisinde çoğunlukla Mersin, Faroz ve Sürmene balıkçıları, Giresun havalisinde ise Ayvasıl, Gülburnu (Zefre) ve Tirebolu balıkçıları yüzyıllarca yunus avcılığı yapmışlardır. Yunus avcılığının Doğu Karadeniz'deki süreçleri hakkında ayrıca bk. (Zengin, 2008).

[105] Kilogram.

[106] Kuruş olarak tahmini bedeli.

[107] Trabzon'da balıkhane 1911 yılında Vali Semih Rıfat Bey tarafından hizmete açılmıştır (Özdemir, 2011: 134). Bu sebeple Abdülvahap Hayri Bey'in balıkhane ile ilgili bu vurgusuna dikkatli yaklaşmak gereklidir.

[108] Birinci Dünya Savaşında (1914) Osmanlı Ordusunun Kafkasya Cephesindeki yenilgisinden sonra Rus Orduları Doğu Karadeniz'de Harşit deresine kadar olan bölgeyi işgal etmiştir. 1916-1918 yılları arasında iki yıl süren işgal sürecinde Trabzon halkının yarısından fazlası tüm varlıklarını geride bırakarak denizden teknelerle ve bazen de yaya olarak karadan Giresun hattı üzerinden, Ordu, Samsun ve Batı Karadeniz'e kadar gitmişlerdir. Çarlık Rusyasının yıkılıp yerine Bolşevik Rusya'nın kurulmasıyla sona eren işgal sonrasında evlerini terk eden ahalinin büyük bölümü evlerine geri dönmüştür. Doğu Karadeniz'de muhacirlik yılları ile ilgili bir kısmı sözlü tarih bağlamlı çok sayıda çalışma yapılmıştır. Bunlardan bazıları için bk. (Goloğlu, 2000; Lermioğlu, 2011; Yüksel, 2007: 105-121; vd.).

[109] Yakakent balıkçıları arasında büyük çoğunluğu oluşturan Sürmeneli ailelerden bazılarının muhacirlik hikâyeleri ve yeni yurtlarındaki balıkçılık faaliyetleri hakkında bk. (Arpa, 2012).

[110] Çarşıbaşı'nın eski balıkçılarından birinin kızı olan Zehra Mutlu (KK-3), 1950'li yıllarda karaya vuran balıklarla ilgili olarak şunları anlatmıştır: "Çocukluğumuzda kumlardan ve taşların arasından sadece hamsi toplamazdık, sık sık karaya istavritlerle sarganlar da olurdu. Babamlar anlatırdı daha önceleri dalgalar kıyıya iri palamutları bile atarmış."

[111] Emniyet Müdürlüğü binasının karşısında denizde zor fark edilebilen bir taştır. Burası Gemilerçekeği balıkçıları için oldukça önemli bir avlak olmuştur. Balıkçılar yakın geçmişe kadar çapari ile bugün artık nadiren avlanan izmarit balığı avlamışlardır. (KK-156)

[112] Akçaabat havalisinin ismi en çok anılan balıkçılarından merhum Malkoçoğlu Mustafa Reis'ten çalışmanın ilerleyen bölümlerinden tekrar bahsedilecektir.

[113] 1920'li yılların ortalarında Değirmende mevkiinde "Delfin Limitet Şirketi" adıyla kurulan ilk balık yağı fabrikası 1930'lu yıllarda Veysel Çakıroğlu ve İsviçreli ortağı Ernest Haegler tarafından devralınır. 1940'lı yılların ortalarından itibaren yeterince hammadde gelmediği için işletilemez hale gelen fabrika 1952 yılında Et Balık Kurumu tarafından satın alınmış ve aktive edilmiştir. (Cumhuriyetin 10 Yılında İktisat Meydanında Trabzon: 63; Çakıroğlu, 1969: 136). Mustafa Zengin yunus yağının bu yıllarda ekonomik ve siyasi hayat açısından önemini şöyle ifade eder:

> İkinci Dünya Savaşının yaşandığı bu yıllarda gerçekten yunus yağına büyük bir ihtiyaç duyulmaktaydı. Savaşın kaderini değiştirebilecek kadar önemliydi yunus yağı. Alman ordularının 1942 yılının ağır kış şartlarında Stalingrad önlerinde Sovyetler tarafından mağlup edilmesinin başlıca sebeplerinden biri olarak da yunus yağının yetersiz oluşu gösterilir. Bu yağlar kış koşullarında donan tankların hareketini sağlamaktaydı. Tanklarını hareket ettirebilecek kadar yağa sahip olmayan Alman ordusu Sovyet topraklarında ilerleyememiş ve büyük bir yenilgiye uğramıştır. Bu yenilgi ile birlikte de Hitler'in orduları peyder pey Doğu Cephesinden çekilmeye başlar.

Savaşın en kritik döneminin yaşandığı bu yıllarda Trabzon'daki yunus yağı sanayi hayati bir önem taşıyordu. 'Milli Şef' İsmet İnönü hep bu nedenle; birazda yunus yağının gelişimi için teşviklerde bulunmuştur. O yıllarda Alman ve İtalyan hükümetlerine önemli miktarlarda bu yağdan ihraç edilmiştir (Zengin, 2013: 673).

[114] Bölgede *ığrıp* ve *erip* de denilen ve dipten biraz yukarıda bulunan balıkları avlamak için beş çifte kürekli kayıktan atılan ve sürütme ile çekilen torbalı büyük ağdır. Bu ağla avlanan kayıklara da ırıp/ığrıp kayığı denilmiştir. Irıpla yörede en çok avlanan balıklar hamsi ve istavrit olmuştur. Irıp avcılığında bir reis, on bir tayfa, bir ağı atan kıç yoldaşı ve bir de baş taraf palacısından oluşan 14 mürettebat görev almaktaydı. Kıyıda da yardımcı tayfalar bulunurdu (Zengin, 2014: 680).

[115] Bölgede başka türde küçük tekneleri ifade etmek üzere kullanılıyor olsa da genellikle, misinalarla istavrit ve barbun türünden balıkların avında veya ağla yunus avcılığının yapıldığı dönemlerde ağ etrafında dolaşarak yunusların tek bir noktadan ağı delmesine engel olmaya çalışan 32 karış uzunluğundaki sandallar için kullanılan addır (Öztürk, 2005: 274).

[116] Balıkçılar bugün de kamaralı balıkçı tekneleri için *alimetre*, kamarasız küçük kayıklar için ise *çırnık* tabirini kullanmaya devam etmektedirler.

[117] Ahmet Rasim, 1920'lerde Giresun'da mevcut olan liman sahalarından bahsederken bu malumatlarla benzer şekilde şehrin doğusunda (Demirkapı, Kumkapı, Goğre/Gogara) ve batısında (Lonca) iki ayrı liman bulunduğunu ve bunların yeteri kadar emniyetli ve ihtiyacı karşılar türde olmadıklarını ifade etmiştir (1930: 54-55).

[118] 1970'li yıllara kadar özellikle İstanbul ve çevresinde balıkçılar tarafından kullanılan, dar ve uzun boylu bir tekne türüdür. Büyüklüklerine, bazı özelliklerine ve yörelere göre alamana, alamatra, baltabaş, gagaburun, gagali, çırnık olarak da adlandırılmıştır. (Zengin, 2014: 675)

[119] Sümerkan'ın sözünü ettiği balıkhane, 1970'li yılların sonlarında kapatılmış ve daha sonra yerine çok katlı dükkânlar yapılmıştır. Yeni balıkhane ise 1980'lerin ortalarında, sahil yolunun deniz tarafına taşınmış ancak eski balıkhane kadar rağbet görmemiştir. Balıkçılar bu sebeple, seyyar ve sabit tezgâhlarıyla uzun süredir Mumhaneönü Meydanında mesleklerini icra etmektedirler.

[120] 1960'lı yıllardan itibaren Doğu Karadeniz balıkçılığında devlet desteğiyle görülen hızlı değişim ve bu değişimin avcılık faaliyetlerine olan etkileri hakkında bk. (Knudsen, 1995: 438-439).

[121] Giresun yöresinin en yaşlı balıkçılarından olan Nihat Ejderoğlu, görüşmeden 6 ay kadar sonra vefat etmiştir.

[122] Kıyı şeridinde 1950'lerde başlatılan bugün de nispeten devam eden dolgu faaliyetleri ile iki ilin kıyı şeridinde büyük çaplı dolgu alanları oluşmuştur. Bugünkü sahil yolunun bu iki ilden geçen kısımlarının büyük bölümü, yakın geçmişe kadar balıkçıların doğal barınak alanları olan yerlerin üzerinden geçmektedir.

[123] Giresun ve Trabzon illeri coğrafi olarak birbiriyle önemli farklılıklar gösteren ikili bir yapıya sahiptir. Yörenin kıyı yerleşimlerindeki iklim ve nüfus dağılımı ile vadilerden yukarıya doğru uzanan yüksek kesimlerinin iklim ve nüfus dağılımı bu farklılıkta dikkati çeken ilk husustur. Bu iki ilin kıyı şeridine paralel biçimde devam eden dağlık sistemin denize bakan eteklerinden başlamak üzere art alanlarında tarım ve hayvancılığa dayalı bir ekonomik hayat tezahür etmiştir. Zaman zaman karasal iklim özelliklerinin bile gözlemlenir olduğu bu yüksek yerleşimlerin aksine tipik Karadeniz iklimi özelliklerinin hâkim olduğu kıyı şeridinde tarımın yanı sıra balıkçılık da tarih boyunca önemli geçim kaynaklarından biri olmuştur.

[124] Giresun ve Trabzon havalisinde geçen yüzyıl içinde il merkezlerine ve başka bölgelere gerçekleştirilen kalıcı ve geçici göçlerin periyotları ve sebepleri hakkında ayrıntılı bilgi için bk. (Bekdemir, 2007: 72-82).

[125] Nüfus verileri Giresun Valiliği'nin internet sayfasından alınmış olup belirtilen yerleşimlerin köy ve belde gibi eklentilerini de kapsamaktadır.

[126] "Amatör" ve "profesyonel" kavramları bölge balıkçılarının sosyal ve meslekî yapılarından bahsedilirken çok yönlü olarak ele alınacaktır.

[127] Giresun ve Trabzon balıkçı barınaklarında araç gereçleri muhafaza etmek ve konaklamak maksadıyla balıkçılar tarafından inşa edilen ve pek çoğu derme çatma olan korunaklara yörede *salaş* adı da verilmektedir.

[128] Oldukça eski bir balıkçı ailesi olan Ceceliler, bugün daha küçük bir motorla avcılığa devam etmektedir.

[129] Bazı balıkçılar bu adın "Kokar Yalı" adından geldiğini, zira geçmişte şehrin lağımının denize bırakıldığı alanlardan birisinin bu bölge olduğunu ve yaz aylarında oluşan kokunun bu ismin ortaya çıkmasında etkili olduğunu ifade etmişlerdir. (KK-12)

[130] Derneğin önceki adı Hacıhüseyin ve Gemilerçekeği Mahallesi Balıkçıları Koruma Dayanışma ve Kalkındırma Derneği iken yakın dönemde, barınağın açığında bulunan bitişik nizam üç kayadan esinlenilerek bu yeni ismi verilmiştir.

[131] Çekekte başka meslekten emekli olup ticari plakalı kayıklara sahip balıkçılar da vardır.

[132] Bölge balıkçıları uzun yıllar herhangi bir sınırlama olmaksızın tüm Karadeniz sularında serbestçe avlanabilmişlerdir. Yakın dönemlerde karar alıcılar tarafından her havali için ayrı avlak sınırları belirlenerek balıkçıların avlakları daraltılmıştır.

[133] Küçüklü sahilindeki yüksek binaların sahipleri hep balıkçıdır. Zamanında balıkçılığın yüksek bir getirisi vardı. On beş, yirmi yıl önce bir devlet memuru 100-150 lira para alıyordu. Ama balıkçı yerine göre bu parayı tek bir avda alıyordu. Balıkçılıktan gelir azalınca alternatifi olan bıraktı kaçtı; olmayan çaresiz devam etti. (KK-21)

[134] Babama Kırışın Yakup (Kıranlı) derlerdi. Şimdi ta Espiye' ye giderdik pazarcı taşırdık. Köftecisi, ekmekçisi, bakliyatçısı... Saat ikiye doğru yollanırdık. Ben daha çok küçüktüm. Ekmek getirirdi ordan Ahmet, Çamurlar, Osman Çamurlar. O zamanlar kayıkların üstü ayna kıçtı.

Tabi kadınlar dedikoduya başlayınca çocukların elinde de "firika" olurdu. Firika da çam kabuğundan kayık yapılır üstten bağlanır çocuklarda onla oynarlardı. Kayıktayken de bir yandan da firikayı denizde yüzdürürlerdi. Tabi kadınlar da başlarlardı dedikoduya. (KK-27)

[135] Teknenin eski reisi Cabir Genç birkaç yıl önce trafik kazasında vefat ettikten sonra ailenin diğer bireyleri balıkçılığı sürdürmeye çalışmaktadırlar.

[136] İlk büyük gırgır teknelerini 1976 yılında Sürmene'de yaptıran Kul ailesinin bugün 3 avcı ve 3 yedek teknesi vardır. Ailenin 12 hanesi geçimini balıkçılıkla sağlamaktadır. Ailenin İstanbul Kumkapı Balık Hali'ndeki dükkânın dışında, Çeşme Ildırı Körfezi'nde bir de orkinos çiftliği vardır. Hem avcılık hem de ticaret bakımından uluslar arası bir niteliğe ulaşan aile işletmesinin kurucusu Nazım Kul'dur. Av takımlarında çoğunlukla Perşembeli tayfaları çalıştırmaktadırlar. (KK-180)

[137] Cahit Güdük yönetimindeki *Güdükoğlu Balıkçılık*, 2007 yılından itibaren avcılığa dâhil olmuştur. Uzun yıllardır balık komisyonculuğu ve nakliyeciliği ile uğraşan aile, ilçedeki 2 adet şoklama tesisinden birini müstakil diğerini ise Çarşıbaşı Keremköy mahallesinden Küçük ailesinin sahibi olduğu *Kerem Balıkçılık* firması ile ortak olarak işletmektedir.

[138] Nüfus verileri Trabzon Valiliği'nin internet sayfasından alınmış olup belirtilen yerleşimlerin köy ve belde gibi eklentilerini de kapsamaktadır.

[139] Yörede tütüne dayalı ziraatın yaygın olduğu yıllarda tütün ekimi için belirlenen saha batıda Yoroz'la sınırlandırılmıştır. Bu uygulamadan ötürü tütüncülük yapamayan Çarşıbaşılılar uzun yıllar başkalarının yanında denizcilikle geçimlerini temin etmişlerdir. Geçim sıkıntısı yüzünden zor zamanlar yaşayan pek çok aile Akçaabat ve Faroz'a göç etmek zorunda kalmış; buralarda çeşitli zanaatların yanı sıra balıkçılıkla geçimlerini temin etmişlerdir. (KK-36)

[140] Sürmene deresinin eski adı.

[141] Esas meslekleri balık komisyonculuğu olan Eynesilli Güdük ailesinin yarı hissedarı olduğu *Karadeniz Balıkçılık* adlı tekne ile yine Eynesil Bozetepeli müflis balıkçı Memo Mustafa (Meme)'nin teknesi bağlıdır. Çarşıbaşılı ailelerin teknelerinden ilgili bölümde bahsedilecektir.

[142] *Kerem Balıkçılık* ilçenin en eski balıkçı firmalarındandır. Ailenin toplam 2 avcı 2 yedek teknesi vardır. Sahipleri Ali, Zeki, Mehmet, Mustafa ve Yunus Küçük kardeşlerdir. Zeki ve Mustafa Küçük avcı motorlarının reisleridir. Ali Küçük firmanın pazarlama ve lojistik işlerinden sorumludur. Mehmet Küçük, teknelerin personel ihtiyacının karşılanması ve av takımlarının organize edilmesinden sorumludur. Ailenin en eski balıkçısı merhum Mehmet Küçük'tür. Yaşadığı dönemde bölgenin en önemli ağ yapım ve tamir ustalarından olan Mehmet Küçük'ten sonra oğlu merhum Abonoz Küçük mesleği sürdürmüştür. Yaşadığı dönemde ve hâlâ yörede çok bilinen ve saygı gören mâhir bir balıkçıdır. Ailenin 3. nesil balıkçısı Abonoz Küçük'ün oğlu Muhammer Küçük'tür. Halen hayatta olan Muhammer Küçük, Samsun'da bir av sırasında geçirdiği kaza sonucunda genç yaşında sağ kolunu kaybetmesine rağmen 1998 yılına kadar aktif olarak meslek örgütlenmesi içerisinde çalışmış ve anılan tarihte emekliye ayrılmıştır.

Emekli olmasına rağmen hâlâ firmanın lojistiğinde önemli bir isimdir. Kerem Balıkçılık, Sagun Balıkçılık ile ortaklaşa Akdeniz'de, Kıbrıs, Mısır ve Libya karasularında orkinos avcılığı da yapmaktadır. Firma ayrıca hamsi göçüyle paralel biçimde Gürcistan karasularında da avlanmaktadır. Firmanın yaklaşık 50 yıllık bir geçmişi vardır. Aile havalide Velioğlu lakabıyla da bilinmektedir. (KK-42)

[143] Muharrem Kaya önderliğindeki ailenin 1 avcı ve 2 yedek teknesi vardır.

[144] Teknenin sahibi İbrahim Terzi'dir. Teknenin reisliğini oğlu Seçkin Terzi yapmaktadır.

[145] Karadeniz'in ilk sac teknesi olan *Zafer*'e bu isim Kıbrıs Barış Hareketi'nden hemen sonra yapıldığı için verilmiştir. Ayrıca Çarşıbaşı ahalisi tarafından yolcu gemilerine benzetilmesinden ötürü *Gemi* lakabıyla da hatırlanmaktadır. Zafer teknesini yapan Çınar Tersanecilik yetkililerine göre bu tekne sadece Karadeniz'in değil aynı zamanda Türkiye'nin ilk sac teknesidir.

[146] Babaları Hacı İbrahim Kobya 1940'lı yıllardan itibaren ticaretle geçimini sağlarken 1950'li yıllarda oğulları Şevket ve Hüseyin, ilçenin diğer balıkçı ailelerinin de telkinleriyle balıkçılığa meylederler. 1960'ların sonlarına kadar balıkçılıkta tutunmaya çalışan kardeşler nihayetinde teknelerini Samsun'un Gümenez beldesindeki bir balıkçıya devrederek balıkçılığı bırakır ve baba mesleği olan tuhafiyeciliğe geri dönerler. 1978-1983 yılları arasında Çarşıbaşı belediye başkanlığı da yapan Şevket Kobya, 18 yıl süreyle Çarşıbaşı Balıkçı Kooperatifinin başkanlığını yürütür. Aile ilerleyen yıllarda bölgedeki diğer balıkçı ailelerle ortaklık kurarak balık unu ve yağı işleme ve üretme tesisleri kurarak dolaylı biçimde balıkçılık faaliyetlerine yeniden dâhil olmuştur (KK-182)

[147] Çarşıbaşılı balıkçı Ali Küçük (KK-44) facianın boyutlarını anlatırken kendi ailesinden bir örnek vermiş, facianın olduğu dönemde ikinci çocuğuna hamile olan eşinin istavrite aşerdiğinden, istavrit bulabilmek için Samsun'a kadar haber gönderdiğinden ancak 1 kilo dahi istavrit bulamadığından bahsetmiştir.

[148] Kaleköy'de Karanlık, Karadeniz, Çetindemir, Aydın, Yavuz ve Çete aileleri balıkçılıkları ile maruftur. 1980'li yıllara kadar mahalledeki İkizler Kahvesi balıkçıların kültürel aktarım mekânlarından biri olmuştur. (KK-45)

[149] Yoroz'daki en önemli firmalarından birisine sahip olan Yılmaz ailesinin 2 avcı ve 2 yedek teknesi vardır. Ailenin ilk balıkçısı Margo Mahmut yörenin en eski balıkçı ailelerinden Lağoğlu ailesine tayfalık yapmıştır. 1960'ların başlarında yörenin ünlü balıkçılarından olup daha sonra balık komisyonculuğuna geçen Yahya Denizer'in takımlarını dağıtıp teknesini ve ağlarını Yorozlu Yılmaz ve Şahin ailesine vermesinden sonra bu iki ailenin balıkçılık safahatları ilerlemiştir. (KK-47)

Ailenin en kıdemli balıkçı üyesi merhum Margo Hüseyin (Yılmaz)'dır. 1964 yılında babasının yanında balıkçılığa başlayan ve 1980'lerin ortalarından itibaren bugünkü Ergün Kardeşler firmasının kurucusu olan Mahmut Yaşar Yılmaz, takımlarını büyütmeye başlamıştır. Karadeniz'de balık kıtlığının yaşandığı 1980'lerin sonlarında Akdeniz sularında bir süre avcılık yapan Mahmut Yaşar Reis, daha sonra geri dönmüştür.

Birkaç yıl önce teknelerini Ergün, Halittin, Hüseyin ve Yavuz isimli oğullarına devrederek *Margo Balıkçılık* isimli ayrı gırgır teknesi almıştır. Güçlü bir organizasyona sahip olan ailede her bir kardeşin görev ve sorumlulukları farklıdır. Türkiye karasularının dışında Akdeniz'de orkinos avcılığına ve Gürcistan karasularında hamsi avcılığı da gerçekleştiren ailenin Çarşıbaşılı Kobya ve Akçakaleli Akgün ailesi ortaklığında hamsi işleme ve soğuk hava (şok) tesisleri vardır. (KK-174)

[150] Oldukça kalabalık bir aile olan Yılmaz ailesinin bir kolu, Ergün Kardeşler balıkçılıktan ayrı olarak Resul, Kenan ve Murat Yılmaz reisliğinde 1 avcı 1 yedek motorla balıkçılık yapmaktadır. Aile, yörenin diğer gırgır takımı sahibi ailelerinde olduğu Türkiye karasularının dışında da avcılık yapmaktadır. (KK-175)

[151] Sağır lakaplı merhum Yunus Şahin tarafından oluşturulan av teşkilatı içinde bugün 1avcı ve 1 yedek tekne bulunmaktadır. Ailenin lakabı Sağıroğulları'dır.

[152] Balıkçılar deniz tabanındaki sığlıkları ve yükseltileri ifade etmek için "ada" tabirini kullanmaktadırlar.

[153] Çolaklılı ve Nefsipulathaneli denizciler, henüz Trabzon limanının yapılmadığı yıllarda 3 ile 10 ton arasında kapasitelere sahip mavnaları ile Akçaabat sahilindeki ahşap iskeleden açıkta bekleyen gemilere yük ve yolcu taşımışlardır. 1960'lardan sonra Trabzon limanı tamamlanıp gemiler iskeleye uğramaz olduktan sonra bunların büyük bir bölümü tamamen balıkçılığa yönelmişlerdir. (KK-48)

[154] Köroğlu Balıkçılık'ın Yoroz limanına bağlı 1 avcı ve 1 yedek motoru vardır. Firmanın kurucusu merhum Adil Köroğlu'dur. Ailenin balıkçılıkla uğraşan en yaşlı üyesi konumunda olan Ahmet Köroğlu, oğlu Ekrem Köroğlu ile birlikte ailenin balıkçılık safahatını sürdürmeye çalışmaktadır. Aile Akdeniz'de orkinos avına ve Gürcistan'da hamsi avına katılmaktadırlar. (KK-177)

[155] Akgün ailesinin bugün 2 avcı ve 2 yedek motoru vardır. Ayrıca Yorozlu Ergün Kardeşler ve Çarşıbaşılı Kobya ailesi ortaklığında AKERKO isimli bir fabrika tekneleri vardır. Akgün ailesini firma boyutuna taşıyan isim Sedat (Vedat) Akgün olmuştur. 1970'li yıllarda balıkçılığa başlamış ve 1980'lerin başlarında babası ve amcalarından devraldığı reisliği 1992 yılına kadar fiilen yürütmüştür. Bu tarihten sonra teknelerin reisliğini ailenin diğer reisleri Mahmut Celal Akgün ve Kadir Akgün yürütmüş; kendisi firma ölçeğine ulaşan ve pek çok işletmeye sahip olan ailenin ticari işleri ile ilgilenir olmuştur. Aile, teknelerini uzun bir süre Akçaabat limanına bağlamıştır. Akçakale limanının 2010 yılında tamamlanması ile kendi beldelerini tercih etmişlerdir. Aile, Türkiye karasuları haricinde Akdeniz'de orkinos avına ve Gürcistan karasularında hamsi avına katılmaktadır. Akgün ailesinin balıkçılık geçmişi ve bölgenin balıkçılık kültürü içindeki yeri için ayrıca bk. (Aça, 2014).

[156] Eski adı Zavena/Cavana olan köyün adı Cumhuriyetin ilanından sonra değiştirilmiştir. Salacık kelimesinin *"mezbahane, et ve balık kesilen yer"* anlamına geldiği düşünülmektedir. Bu nazariye dikkate alındığında köydeki yunus avcılığının köyün yeni adının belirlenmesinde etkili olduğu düşünülebilir. Konuyla ilgili olarak bk. (Zengin, 2014).

[157] Yüzyılın ilk çeyreğinde küçük teknesiyle Rusya'ya navlunculuk yaparken denizde kaybolmuştur.

[158] Araklı Burnu'ndan Derepazarı (Aspet) Burnu'da kadar olan kıyı hattındaki 7 köyün tamamını karşılayan bir adlandırmadır. Bu kıyı alanının topografyası yarım ay şeklindedir. Bu münasebetle Osmanlı Döneminde bu uzun hattın tamamını ifade etmek üzere yarım ay anlamına geldiği düşünülen Mahno adının verildiği rivayet edilmektedir. (KK-56)

[159] Civra adının verilişine dönük halk etimolojisi vurgulu bir izah şöyledir: "Kayıklar kıyıya çekilirken kullanılan felenkleri çevirmeye viraya dönmek de denilirmiş. Vira dönerken felenk 'cir cir cir' ses çıkarırmış. Cir ile vira birleşmiş Civra olmuş işte." (KK-57)

[160] Ahalinin bugünkü alana göç etmesinin sebebi bir görüşe göre de mahalle balıkçılarının yıllarca yaptıkları yunus avcılığı ile ilgili zorunluluktan kaynaklanmıştır:

> Yörede "kalaş" denilen güney rüzgârlarının azdırdığı deniz, Halanik (Karacehennem) sahillerinin balıkçılarını yunus avında yakalar. Sahile yanaşmaya çalışan bu usta denizcilerin ölüm-kalım çabasını köy halkı kıyıdan çaresizlik içinde izler. Açık denize doğru sürüklenen balıkçılar, hırçın dalgalara daha fazla dayanamaz ve Karadeniz'in sularına gömülürler. Bu üzücü olaydan sonra köy halkı biraz daha doğuya gider, teknelerin yanaşmasına daha uygun olan Civra'ya, yani bugünkü ismiyle Balıklı'ya yerleşir ve burada yunus avcılığını sürdürürler. (Öksüz ve diğerleri (2004): 12)

[161] Onların bu tercihlerinde etkili olan inanış ve kabuller ayrıca değerlendirilecektir.

[162] Yörede solaklara çolak denilmektedir. Bu sebeple bu ünlü sima Çolak Hasan olarak anılmaktadır.

[163] 1962-1963 yıllarında ilçenin ünlü yunus avcılarından Çolak Hasan, Kibar Kaptan ve Mağo Kasım ve Sebahattin Şivil, Çayelili yunus avcıları ile birlikte, trol ağlarını parçalayan yunus balıklarından muzdarip olan Yunan hükümetinin talebi üzerine Yunanistan'da da avcılık yapmışlardır. Avladıkları yunus başına para alan balıkçılar, 2-3 ay süreyle bu işi sürdürmüşlerdir (Karabacak, 2008b: 33).

[164] 1960'ların ortalarından itibaren gırgır takımlarının gelişmesi ile birlikte hamsi avcılığı bu av takımlarınca yapılmaya başlanmış ve alamanacılık biçim değiştirerek gırgırcılığa dönüşmüştür.

[165] Ailenin 1 avcı ve 1 yedek motoru vardır. Sahibi Hayati Saral'dır. Teknenin reisliğini bugün oğlu Ali Osman Saral yapmakta olup kardeşi Süleyman Saral'la birlikte faaliyet göstermektedir. Tayfalarının yarıya yakını bu araştırmanın batı sınırını oluşturan Piraziz ilçesindendir. Uluslararası sularda da balıkçılık yapmaktadırlar. Hayati Saral'ın amca çocukları (Ali ve İhsan Saral) kendilerine ait bir başka av takımıyla İzmir Foça'da sardalya avcılığı yapmaktadır. (KK-176)

[166] Ailenin 1 avcı ve 1 yedek motoru vardır. *Avcı Baba* isimli motorun reisi Ahmet Avcı'dır. Kardeşleri Mehmet ve Mustafa ile birlikte faaliyet göstermektedir. Bu firma da araştırma sahasındaki diğer pek çok firma gibi uluslararası sularda balıkçılık faaliyetlerine katılmaktadır.

[167] Mahno, uzun yıllar Sürmene havalisinin tek pazar yeri olmuştur. Yeniay ve Çamburnu havalisi bu özelliklerinden ötürü uzun süre merkezî konumda olmuştur. Göçler sonrasında nüfusun azalmasından sonra pazar dağılmaya başlamış ve ilçe merkezi ön plana çıkmıştır.

[168] Ailenin 1 avcı 1 adet de ahşap yedek motoru vardır. Tekneye de ismi verilen ve oldukça eski bir balıkçı olan Remzi Ayan'ın oğlu Ahmet Ayan teknenin reisliğini yapmaktadır.

[169] Çamburnu'nda ahşap tekne inşa etmeye devam eden iki ustadan biridir. Diğer ustanın adı ise Osman Özben'dir.

[170] Fransız sosyolog Pierre Bourdieu tarafından kavram çerçevesi yeniden düzenlenen ve popülerleştirilen "habitus" kavramı, araştırmaya konu olan balıkçı topluluklarının iç içe geçmiş sosyal ve meslekî yaşantılarının temel kodlarını anlamlandırmak bakımından önemlidir. Bourdieu, kökü Aristo'ya kadar uzanan "habitus" kavramını, toplumsal yapılar ile toplumsal pratikler arasındaki bağı oluşturduğunu düşündüğü bir dizi edinilmiş düşünce, davranış ve beğeni kalıplarını ifade edecek şekilde yeniden anlamlandırmıştır. Yapısal eşitsizliğe kültürel açıdan yaklaşabilecek temel sunan ve eylemlilik üzerine odaklanmaya imkân tanıyan (Marshall, 1999: 291) bu anlamlandırmaya göre "habitus", belirli bir durumda ne yapılacağını, ne yapılması gerektiğini belirler. Habitus, "toplumsallaşmış öznellik"tir. Belirli hal, duruş ve yaşamsal pratikleri ihtiva eden ve çeşitli davranış biçimleri için nesnel bir zemin oluşturan bir olgudur. Habitus hem bireysel tarihle hem de aile ve sınıf üzerinden gelişen kolektif bir tarih ve bunların deneyimleriyle el ele yürür. Habitus sosyal koşullanmaların bir ürünü olarak sonsuz bir şekilde değişir. Habitus hem pratikleri hem de algıların üretimiyle yaşam tarzlarıyla ilişkilidir (Türk, 2011: 202)

[171] Akçaabat açıklarında deniz tabanında bulunup gözle görünmeyen ve "Panavra Adası" olarak da bilinen taşlık yükseltidir

[172] Recep Reis'in oğullarından Zeki Reis'in oğulları İstanbul'a göç ettikten sonra balıkçılığa burada da devam ederken, diğer oğul Yahya Reis'in çocukları balık komisyonculuğuna yönelmişlerdir.

[173] Balıkla konuşmaktan, balığın tüm özelliklerini ve davranışlarını bilerek buna göre avcılık yapmak kastedilmektedir.

[174] gaban: Yamaç, tepe.

[175] Sürmene ve Araklı yaylarında yapılan ve adını Araklı'nın eski adı Aho olan Ayvadere köyünden alan yöresel bir peynirdir. Uzun süre muhafaza edilebilmesi amacıyla oldukça tuzlu olan bu peynir, genellikle patates gibi gıda maddeleri ile karıştırılarak tüketilmektedir.

[176] Doğu Karadeniz'de yaygın olarak bilinen ve yağsız yoğurdun bir tülbent içinde sıkıştırılarak suyunun süzdürülmesini müteakip arda kalan susuz peynirin avuç içinde yuvarlanması suretiyle hazırlanan, uzun süre muhafaza edilebilen sert bir peynir türüdür.

[177] Geçen yüzyılın başlarında Güneybatı Pasifikte Yeni Gine'nin doğusunda bulunan Trobriand adalarındaki balıkçı ada toplulukları arasında araştırmalar yapan Bronislaw Malinowski, ada topluluklarındaki mülkiyet hukuku üzerine tespitlerde bulunurken Doğu Karadeniz balıkçıları arasındaki hiyerarşik yapıya oldukça benzer, görev ve sorumluluk esaslı bir meslekî hiyerarşiden bahsetmiştir:

> Kayığın sahibi, aynı zamanda ekibin şefi ve balıkçılığın büyücüsüdür; eski kayık kullanılamayacak kadar yıprandığı zaman, kendi cebinden yeni bir kayık yaptırmakla yükümlüdür, kayığın bakımını yapmakla sorumludur, yalnız bunu ekibin yardımıyla yapar.
>
> Birbirlerine karşı bulundukları yükümlülük gereği, her birey kendi görev yerinde bulunmalı ve ortak bir balık avı hazırlandığı zaman, kayık toplumun hizmetine verilmelidir. Balıkçı teknesinin kullanılmasında her ortak belli bir yere sahiptir; ortaklar belli bir ayrıcalığa ve çıkara sahip olduğu gibi ödevleri de paylaşır. Herkesin yeri ve görevi belirtilmiştir, herkese kendi görevine uygun düşen bir ad verilir: "usta", "dümenci", "ağları gözleyen", "balıkları gözleyen". Yerler ve adlar aynı zamanda kendi sırasına, yaşına ve kişisel ustalığına göre belirlenir (Malinowski, 1998: 20-21).

[178] Geçmişte çoğu zaman "ığrıp", "alamana" bugünse "gırgır" şeklinde adlandırılan kompleks balıkçı teknelerinin her biri av sezonunda doğrudan ve dolaylı biçimde 100'e yakın kişinin geçim kaynağı olmaktadır. Giresun ve Trabzon havalilerinde 50 civarında gırgır takımının faaliyet göstermekte olduğu düşünüldüğünde bu büyük aile teşekküllerinin bölge ekonomisi açısından ne denli önemli olduğu anlaşılmış olacaktır.

[179] Çingene: "Vonoz" adı verilen küçük palamutların büyüme süreçlerinde bir sonraki basamağı ifade etmek üzere kullanılmaktadır. Palamut, ağustos aylarının sonlarına doğru iri bir istavrit boyutuna ulaşarak çapari ile avlanan balıkçıların oltalarına takılmaya başlamaktadır.

[180] Meslekî yapılanma ve uygulamalarda profesyonel ve amatör kavramları hakkında ayrıca bk. (Cirhinlioğlu, 1996)

[181] Türk folklor araştırmaları içinde hukuk folklorunun yeri ve Türk halk hukukunun kaynakları hakkında kısa değerlendirmeler için bk. (Fındıkoğlu, 1950; Önder, 1984).

[182] İlkel topluluklardaki sosyal örgütlenme biçimleri üzerine araştırmalar yapan bazı sosyal antropologlar, katılımcıların topluluk kurallarına çoğu zaman zorlamalarla dâhil edildiklerini ifade ederlerken bazıları da bu usulün her zaman geçerli olmadığını, ihtiyaçlar temelinde ortaya çıkan işlevsel tanımlamalarla uyumun kendiliğinden gerçekleşebildiğini ifade etmişlerdir. Ayrıntılı bilgi için bk. (Malinowski, 1998: 31-49).

[183] Meremet/merhamet: Ağların tamir edilmesi.

[184] Benzer bir gelenek, İngiliz denizcileri arasında, "hattı geçme" töreni adıyla tespit edilmiştir. Gemi mürettebatında daha önce Ekvator çizgisini geçmemiş biri olması halinde, Ekvator geçildikten sonra Neptün kılığına giren bir denizci sessiz bir biçimde kenarda beklerken önünden geçen diğer denizciler ve kaptan saygıyla onu selamlarlar.

Bu geleneğin asıl önemli kısmını acemilere dönük uygulamalar oluşturur. Gözleri kapalı ve elleri bağlı olarak tek tek öne çıkarılıp tahtaya oturtulan acemiler, komik diyaloglarla doktor rolünü oynayan bir denizci tarafından muayene edildikten sonra sırayla tıraş edilirler. Acemilerin yüzleri katran, şeker pekmezi veya ele geçen herhangi bir şey ile sıvandıktan sonra paslı bir demir parçası ile sembolik olarak tıraş edilir ve son olarak denize veya su variline atılırlar. Bu eski gelenek bugün Ekvator çizgisinden geçen bazı yolcu gemilerinde eğlence maksadıyla yolculara tatbik edilebilmektedir (Simpson ve Roud, 2000: 316).

[185] "Önceleri acemi tayfaya büyükler 'muço hamsi' diye seslenirlerdi şaka mahiyetinde." (KK-72)

[186] Çalışmanın bir sonraki bölümünde bu önemli kavrama ve balıkçıların geleneksel ekolojik bilgi birikimlerine dönük bilgilere yer verilecektir.

[187] Çalkalanlanma, dalgalanma.

[188] David A. Taylor'un geleneksel kayık yapımı ile ilgili şu sözleri, araştırma sahasındaki kayık ustalığı geleneğinin özellikleri ile uyumludur (1996: 193):

> Yerel kayıklar, genelde topluluk temelli kayık yapım gelenekleri ve yerel kural ve teknikleri takip eden zanaatkârlar tarafından üretilen kültürel eserlerdir. Çoğu geleneksel kayık yapımcılar sanatlarını sözlü eğitimden çok gözlem ve taklide verilen önemle şekillenen enformel koşullarda öğrenmişlerdir. Genel olarak deniz topluluklarındaki gençler, babalarını veya diğer kayık yapan insanları izler ve bazı basit görevlerde onlara yardımcı olurlar. Eğer kayık yapımına olan ilgileri hâlâ güçlüyse büyüdükçe daha gelişmiş becerileri kaparlar. Fırsatlar mevcutsa, bazıları kurulmuş profesyonel inşaatçıların yanında çırak olurlar. Yerel koşullara bağlı olarak, temel yetenekleri alanların bazıları kendi dükkânlarında ya da tam zamanlı olarak başka dükkânlarda bir ya da daha fazla işle uğraşırken yarı zamanlı olarak kayık yapar veya tam zamanlı olarak kayık yapımı uzmanı olurlar. Kayık yapım uzmanlarının seçim yapacakları yerel kayık tasarımları oldukça sınırlıdır.
>
> Bu tasarımlar o bölgede nesiller boyunca inşa edilmiş ve kullanılmış olanlardan oluşur; yani genç ustalar atalarından kendilerine bırakılmış denenmiş tasarımlara bağlıdır. Bu tasarımların temel öğeleri, tasarımları gerçek kayıklara dönüştürmede gerekecek geleneksel ölçüm formülleri ve diğer bilgi türleri yanı sıra genelde kalıplar ve şablonlar şeklinde korunmuştur. Ustalar, zamanla giderek daha fazla kayık yaptıkça, bazen geleneksel tasarımlara küçük yenilikler de eklerler. Eğer değişiklikler başarılı kabul edilmişse yerel tasarım kurlallarına dâhil olur ve kayık yapımcıların daha sonraki nesillerine aktarılır.

[189] Türkiye'deki köy yerleşimleri yerleri ve fonksiyonlarına göre çeşitli biçimlerde sınıflandırılmıştır. Bu sınıflandırmalardan birinin sahibi olan Reşat İzbırak, köyleri, geçimlerini tarlaya bağlamış olan *ekinci köyler*, nispeten daha sınırlı arazilerde kurulan ve meyve, sebze bahçeleri ve bağlarla geçimini sağlayan *bahçeci köyler*, esas arazisi otlaklardan oluşan ve geçimini hayvancılıktan sağlayan *hayvancı köyler*, orman içinde bulunan ve geçimini ormancılıkla sağlayan *ormancı köyler*, ekinciliğe ve sebzeciliğe imkan sağlayan arazileri bulunmayan ve geçimini sezonluk biçimde çeşitli zanaatlarda çalışarak temin eden *zanaatçı-tarımcı köyler*, ekincilik ve bahçeciliğin yanı sıra muhtelif el sanatlarının da geçim kaynağı olduğu *el sanatları-tarımcı köyler*, tarım ve bahçeciliğin yanı sıra yakınlara bulunan fabrikalarda çalışarak geçimi temin eden *işçi-tarımcı köyler*, tarım ve bahçeciliğin yanı sıra çerçilik türünden geçici satıcılıkla geçimini temin eden *tarımcı-bahçeci-alışverişçi köyler*, deniz ve göl kıyılarında yerleşen küçük çaplı tarım ve bahçeciliğin dışında geçimini daha ziyade balıkçılıkla temin eden *balıkçı köyler* şeklinde dokuz başlık altında değerlendirmiştir (İzbırak 1984'ten aktaran Tümertekin ve Özgüç, 2012: 382-383).

[190] Doğu Karadeniz kırsal mimarisi üzerine yapılan öncü akademik çalışmalar arasında Orta Doğu Teknik Üniversitesi hocalarından Orhan Özgüner'in 1970 yılında yayınlanan *Köyde Mimari-Doğu Karadeniz* isimli çalışması oldukça önemlidir. Bu çalışmadan sonra da özgün değeri ile dikkat çekmeye devam eden Doğu Karadeniz halk mimarisi üzerine çok sayıda çalışma yapılmıştır.

[191] Evin ve altındaki takanın korumaya alınması konusunda kamuoyu yaratmak amacıyla çeşitli girişimlerde bulunulmuş; bürokratlardan gerekli desteği alamayan yörenin duyarlı insanları, kendi imkânlarıyla evin eski sahibinin çocukları ile uzlaşmaya varmak istemişler ancak sonuç alamamışlardır. Söz konusu ev ve taka hakkında kamuoyu yaratmak düşüncesiyle yazılan yazılardan biri için bk. (Sümer, 2007).

[192] Karadeniz sahil yolunun inşası sürecinde ve sonrasında deniz dolgusunun sosyo-kültürel ve ekonomik hayata ve ekolojik yapıya dönük olumsuz etkileri sıklıkla gündeme gelmiştir. Giresun ve Trabzon havalisi kıyı şeridinde yaşayan halkın, denizin doldurulmasına karşı tepkilerini ortaya koymak amacıyla yaptığı yerel eylemlere ek olarak ulusal anlamda kamuoyu yaratmak amacıyla belgeseller ve TV programları da hazırlanmıştır. Sahil yolu inşasının başladığı 1960'lı yıllardan, tamamlandığı 2000'li yıllara kadar geçen uzun zaman aralığında doldurulan uzun kıyı şeridinin kültürel mirasına dönük bir envanter çalışması yapılmamıştır. Örneğin bugün dolgu alanı altında kalan kayalar, taşlar, kumsallar, koylar ile bunların yörenin kültürel mirası içindeki yerlerine vurgu yapan toplu bir katalog oluşturulmamıştır. Söz konusu bilgilere bugün sadece sözlü kaynaklardan ulaşabilmektedir. Ancak sözlü kaynaklar arasında yakın geçmişe dönük bilgilerde bile hatırlama konusunda tereddütler mevcuttur.

Hafızanın ne derece güvenilir bir referans olduğu tartışmaya açıktır. Balıkçıların ifadelerine göre dolgu ile birlikte özellikle kıyıya yakın alanlarda yaşayan pek çok balık türü Giresun ve Trabzon kıyılarından ayrılmış ve doğal yapısını muhafaza eden Gürcistan, Abhazya ve Ukrayna kıyılarına göç etmiştir.

Lüfer, torik, uskumru, kırlangıç gibi balıklar görülmez olmuştur. Bir başka yaygın kanaate göre, Karadeniz her 30-40 yılda bir kendinden alınanı geri almaktadır. Bu sebeple Karadeniz sahil yoluna da vakti geldiğinde tepkisini gösterecektir. Nitekim 1991 yılında Karadeniz böyle bir tepki ortaya koymuş, Giresun ve Trabzon kıyılarında büyük bir tahribat yaratmıştır.

[193] godesmana / godesbana: Becerekli, hamarat.

[194] Bu yıllarda yeni (sentetik) ağlara olan ilgi oldukça artmıştır. Bulancak Ayvasıllı Şükrü Deniz (KK-2), bu yıllarda bu yeni ağlardan birine sahip olabilmek için giriştiği mücadeleyi şöyle anlatır:

> Cengiz'in babasını [Hamdi Altunbaş] Allah rahmet eylesin; ağı getirirdi. Balıkçının merkeziydi o. Sinop ile Hopa'nın arası ondaydı. Bir gemi ağ gelirdi, benim o zamanlar gırgırım yoktu. Balıkçı Paşa'ya [Manav Paşa Dayı] dedim ki "Bana para ver ben de ağ alacağım Hamdi amcadan." Ama o zamanki kalabalığı gör Rize'ye kadar bütün balıkçılar orada. Parayı peşin vermeme rağmen ağı alamadım, önceden siparişler vardı kapışarak aldılar ağı
>
> Daha sonra Görele'ye gittim. Adam bana "Buradaki Göreleli Mustafa'yı [Kuloğlu Mustafa] geç vereyim sana ağ." dedi. "Yahu o adam hatırı sayılır bir adam nasıl geçeyim ben onu?" dedim oradan da alamadım. Daha sonra Yoroz'a gittim. Orada da aynı cevabı aldım. Ardından Cengiz'in abisi benim abime "Yorozluların ağı var burda 10-15 gündür gelmiyorlar istiyorsan sana vereyim ağı" diyor. Ben o sırada hâlâ geziyorum tabii. Ben de parayı abime vermiştim. Hâsılı aldık ağı.

[195] Türk hâkimiyeti öncesinde ve sonrasında bölgedeki balıkçı grupları arasında Rumların da bulunduğu bir vakıadır. Çoğu zaman av araçlarının veya deniz topografyasındaki bazı adların Rumca olduğu iddialarından hareketle bölge balıkçılığının köklerini topyekûn Rumlarla ilişkilendiren romantik bakış, deniz araçlarının pek çoğunun adının İtalyanca kökenli olmasına dikkat etmemekte; Doğu Karadeniz'de uzun süre ticaret kolonileri kuran Cenevizli denizcileri unutmaktadır. Rumların Cenevizlilerden çok önce bölgede oldukları âşikardır. Ancak aynı romantik bakış, bu sefer de Rum ahalinin bölgedeki tarihsel süreçlerini bilmediği için bölgenin Rumlardan önceki sakinlerinin de sınırlı besin kaynaklarına sahip olan bölgede balıkçılığa rağbet gösterdiklerini dikkatlerden uzak tutmaktadır. Popüler söylemler taşıyan bazı araştırmalarda da aynı romantik bakışın izlerinin görülmesi bölge balıkçıların büyük oranda bu görüşleri benimsemesinde etkili olmaktadır. Doğu Karadeniz'in Rumlardan önceki sahiplerinin kimler olduğu yolundaki tartışmalar sonuca ulaşmadığı sürece insanlık tarihinin en eski uygulamalarından biri olan deniz avcılığının bölgedeki macerası Rumlarla başlatılmaya devam edilecek; tarih, toplum, çevre ve kültür arasındaki ilişkiler görmezden gelinecektir.

[196] "Biz ağların yırtıklarını tamir ettiğimiz için ağlara insaf eder, onları güzelce merhametleriz." (KK-2)

[197] 2. tip balıkçı aileler tarafından kullanılan karmak misinalarının olta iğneleri ile donatılması.

[198] Bu uygulamanın mitolojik karakterde bir başka biçimi Hakas Türkleri arasında tespit edilmiştir. Hakaslara göre deniz kabuğu Umay'ı temsil eden nesnelerden biridir. Beşiğe konulan deniz kabuğu bebeğin Umay'a teslim edilmesi ve bu yolla kötülüklerden korunması anlamını taşımaktadır (Lvova ve diğerleri, 2013: 169).
Balıkçı aileleri arasında bölgedeki yaygın inanışlardan birinin etkisiyle yenidoğanın beşiğinin üstüne balık ağı serildiği de görülmektedir. Örneğin Çarşıbaşı ilçesi balıkçı aileleri arasında cadı inanışı paralelinde gerçekleştirilen bu pratiğin arka planında cadının yörede "arhana" adı verilen bir böceğin suretine girerek beşikte yatan yenidoğana yaklaştığı inanışı vardır. Ailenin kadınları, arhana kılığına giren cadının yenidoğanın ciğerini yemesine mani olmak düşüncesiyle böyle bir pratiğe başvurmaktadırlar (Küçük, 2011: 131-132).

[199] Araştırma sahsındaki bazı aileler, çocuklarının kaptan veya kılavuz olarak çalışmalarına imkân sağlayacak eğitim kurumlarına öncelik vermektedirler. Türkiye'de gemi kaptanlığı eğitimi veren yükseköğretim programları genellikle vakıf üniversiteleri bünyesinde faaliyet gösterdiği için aileler, bu eğitim sürecinde önemli meblağlarda harcamalar yapmaktadırlar.

[200] Giresunlu Mehmet Usta'nın (KK-91) şu sözleri balıkçılarla evlenmenin önemli avantajlarından birine daha işaret etmektedir: "Ben balıkçıyım gençliğimden beri. Hanımım da balıklar severmiş o yüzden benimle evlendi. Üstelik burada her gün balık yiyor."

[201] "Denizin her tarafı tarladır; altı da üstü de çalışır." (KK-43)

[202] Doğu Karadeniz'de Giresun merkezinde ve Beşikdüzü'nde bugün de şenlik havasında geniş katılımlarla kutlanan Mayıs 7'si geleneği ve bu geleneğin Türk inanış ve düşünüş sistematiği içindeki yeri hakkında ayrıntılı bilgi için bk. (Üçüncü, 2012b). Trabzon havalisindeki "alaturbi" uygulamaları ve bu uygulamalar içindeki halk hekimliği uygulamaları hakkında kısa bir değerlendirme için bk. (Ciravoğlu, 2009: 28-29). Suyun bir kült unsur olarak kutsanması paralelinde gerçekleştirilen uygulamaların mitik ve dinlik kökenleri için ise bk. (Eliade, 2005: 225-256).

[203] Trabzon havalisinde özellikle Beşikdüzü, Vakfıkebir ve Akçaabat havalilerindeki Çepni kolları arasında Aladuriya-Aladurga isimleri ile de bilinen ve temmuz ayının ilk haftası içinde (genellikle 7 Temmuz) deniz ekseninde gerçekleştirilen ritüellerden oluşan geleneksel bir etkinliktir. Mayıs 7'sinde olduğu gibi bu tarihte de sabahın ilk saatlerinden itibaren özellikle kadınlar, sıkıntılarından ve hastalıklardan kurtulmak beklentisiyle denize girmeye başlarlar. Deniz suyunun Alaturbi gününde her derde devâ olduğuna inanılır.

> Bizim şimdi yedinci ayın altısı aladurbiye deriz biz. Bu aladurbiye dediğimiz belki de Rumlardan kalma bir şeydir. Şu caminin ha burda derenin ağzında bütün halk toplanır, o gün gelir burada ziyafet verir. Çoluk çocuğunu denize sokar, kendileri denize girer. Her sene iki üç kişi boğulurdu burada. Hayatını kaybederdi. Bunlar, bu adetler bitti. Ha bundan üç beş sene önce bu Çarşıbaşı, Vakfıkebir taraflarında yapılırdı. (KK-82)

Alaturbi günü ile ilgili inanış ve uygulamalara Rize havalisinde de rastlamak mümkündür. Yörede "Litropi" şeklinde adlandırılan bu günde gerçekleştirilen kimi uygulamalar hakkında bk. (Kazmaz, 1994: 269).

[204] Delikli taşlar etrafındaki inanış ve uygulamaların mahiyeti hakkında detaylı bilgi için bk. (Tanyu, 1987; Eliade, 2005: 269-271).

[205] Hamsi avcılığının tarihi dönemleri hakkında en eski bilgiler İstanbul balıkçılığı ile ilgilidir. İstanbul, çeşitli yönleriyle tarih boyunca pek çok esere konu olmuştur. Bu durum sosyo-kültürel araştırmaların bu zengin külliyatla daha bütüncül bir biçimde yapılmasına imkân sağlamıştır.

[206] Bakır bir haznenin içine sıkıştırılmış üstüpüye mazot emdirilerek yakılmak suretiyle aydınlatmada kullanılan lamba.

[207] Araştırma sahasında 1970 yıllara kadar kullanılan kancabaşlara büyüklüklerine ve özelliklerine göre alamana, alamatra, baltabaş, gagaburun, gagalı ve çırnık gibi çeşitli isimler verilmiştir.

[208] Balıkçılar arasında yaygın olan şu kalıp söz palamutçuluğun av takvimine vurgu yapmaktadır: "Kasıma kadar dolmayan kese kasımdan sonra dolmaz." (KK-72)

[209] Yunus avcılığının yapıldığı yıllarda sahil boyuna inşa edilen ve avlanan yunusların toplanıp yağlarının çıkarıldığı derme çatma barakalara da aynı ad verilmiştir. Bu adla oldukça benzer bir anlamda Güney Sibirya'nın Türk soylu halklarından Altay Türkleri arasında da rastlanmaktadır. Altaylı kara avcıları da av sırasında *"balagan"* adını verdikleri derme çatma kulübelerde barınmaktadırlar (Potapov, 2012: 180).

[210] Aynı zamanda takım sahibi olan asıl gözcü reisten ayırmak amacıyla "geçici" anlamına gelen "eğreti" kelimesi kullanılmıştır.

[211] Türk balıkçılarının Gürcü sahil güvenlik birimleri tarafından çeşitli gerekçelerle alıkonulmaları ulusal kanallarda haber yapılabilmekte, konuya ilgi gösterenler basım yayın organlarında bu konuyu gündeme getirebilmektedirler. Bu türde yazılardan biri için bk. (Altınkaynak, 2007).

[212] Hint-Avrupa dil ailesinin kök dillerindeki "dolphin" kelimesi ile ilgisi olsa gerektir.

[213] Araştırma sahasının en köklü balıkçı yerleşimlerinden olan Zefre, Trabzon'dan ve Giresun'un diğer bölgelerinden gelen yunus avcılarının önemli duraklarından biri olmuştur. Yunusçular avladıkları yunusların derilerini yüzüp yağlarını çıkarmak ve satılmak üzere nakletmek için çoğunlukla Zefre sahilini tercih etmişlerdir.

[214] Abdülkadir İnan, kurt özelindeki isim tabusunun diğer hayvanların isimlerinde görülen tabu tasarrufundan sakınma düşüncesi ile ayrıldığına dikkati çeker (1987: 625):

> Karşılaştırmalı folklor ve etnografya araştırmaları sonuncunda da anlaşılmıştır ki bu hayvanın adı türlü uluslarda her zaman veya belli bir zamanda tekinsiz (tabu) sayılmıştır. Bu inanç ve görenek yalnız ilkel ve çoban uluslarda değil, kültürce çok yükselmiş Doğu ve Orta Avrupa milletlerinde de tespit edilmiştir.

Bu geleneğe uyan uluslar bu hayvanın gerçek adı yerine bir uydurma, takma adı, yahut komşu uluslardaki gerçek adını söylerler. (...) İlkel kişiler korkunç nesnelerin ve hastalıkların adı söylenirse, derhal geleceğine inanırlardı. Adın, çağırmadan başka bir şey olmadığı kanaati vardı, yani birinin adını söylemek onu çağırmak demekti.

[215] Benzer inanış ve uygulamalarla Şor Türkleri arasında karşılaşan L. P. Potapov'un şu tespitleri de önemlidir:

Özünde barındırdığı dini elemanlar, avcılığı kutsal bir zanaat haline getirmiştir. Bu konuda yalan söylemek, dalga geçmek veya övünmek, kesinlikle hoş görülmeyen tavırlardır. Ava çıkmadan önce, arınmak gerekir. Av öncesinde kesinlikle cinsel ilişkiden kaçınmak gerekir. Avcının giysilerine ve av aletlerine karşı saygılı olunmalıdır. Hem tüfeğe, hem tuzağa, hem de su samurunu yakalamak için kullanılan ağa özen gösterilmelidir. Onlar, avcı kıyafetleriyle birlikte ambarda saklanır ve kesinlikle evin içine sokulmazlar (Lvova ve diğerleri, 2013b: 178).

[216] Yunus sürüsü

[217] Uygulamaya konulan yeni düzenlemeyle gırgır teknelerinin 24 metrenin üstüne ağ sermeleri yasaklanmıştır. Hamsi sürüleri gündüzleri kıyıya yanaşıp yüzeye yaklaştıkları için gırgırcılar avcılık yapamamaktan şikâyetçidirler.

[218] Küçük balıkçılar tarafından 1990'lara kadar kullanılan bu yönteme çalışmanın ilerleyen kısımlarında yer verilecektir.

[219] Morina balığı avcılığının yapıldığı dönemlerde balıkçılar tarafından kullanılan av aletleri hakkında bk. (Mengi, 1968).

[220] Güney Sibirya Türk halklarından Şorlar arasında kara avcıları ava gittikleri zaman "şalaş" adını verdikleri çadırlarda konaklamaktadırlar (Potapov, 2012: 183).

[221] Doğu Karadeniz'de Giresun, Trabzon ve Rize havalilerinde aşk ve gurbet konulu uzun havalardır. 7 ve 11'li hece ölçüleri ile söylenen yol havalarının sözleri çoğu zaman anonimdir. Özellikle gurbete gidişlerde söylenen "yola vurmalar", düğünlerde "gelin çıkarmada" esnasında nadiren de olsa erkekler tarafından seslendirilebilmektedir. Gelenekte doğaçlama yol havası söyleme yaygın olduğu gibi bilindik havalar da söylenmiştir. Yol türküleri hakkında bilgi için bk. (Duran, 2010)

[222] Dört köşe bir yelkenin alt ve ön tarafındaki yaka.

[223] Üç köşe yelkenlerdeki en üstteki pik yakası.

[224] İstanbul Belediye Konservatuvarı derlemelerinde ve sonrasında Ankara Devlet Konservatuvarı derlemeleri sırasında 1943 yılında Muzaffer Sarısözen tarafından Sürmeneli kemençe sanatçısı Hüseyin Dilaver'den derlenen (Şenel, 1994) bu türkünün varyantları sonraki araştırmalarda da derlenmiş olup balıkçılar arasında çeşitli biçimleriyle bugün de söylenmeye devam edilmektedir.

[225] Gözleri küçük olan ağın ön ve arkasına büyük gözlü ağların yerleştirilmesiyle oluşturulan üç katlı uzatma ağı.

[226] Zina yapmak.

[227] Parekete avcılığının teknik usulleri hakkında detaylı bilgi için bk. (Çelikkale ve diğerleri, 1993: 158-161).

[228] 2. tip balıkçı aileleri gece avcılığında sargan avlamak için şu türde yaygın usuller de kullanılmıştır:

> Yakamozlu gecelerde hamsi, palamut başta olmak üzere çok çeşitli balık avlanırdı. Sargan için lüküsle ve taşla avlanan da olurdu ayrıca. Kayığın başına oturan bir kişi elindeki lüküsü denize tutar, sargan ışığın etkisiyle sıçrayınca kepçesiyle alır. Bir başka yöntem de denize taş atılır ve sıçrayan sarganlara göre balığın etrafı ağla çevrilir ve av yapılır. (KK-54)

[229] Araştırma sahasında diğer avcılıkların yanı sıra salyangoz avcılığı da yapan bazı balıkçılar av yasağı içinde de ekonomik sebeplerle kaçak şekilde salyangoz avcılığı yapmaktadırlar.

[230] Bu canlı türünün özellikleri ve avcılığı ile ilgili teknik detaylar için bk. (Sağlam, 2007).

[231] Ürünlerin kuyularda muhafazası, yalnızca hayvancılık veya balıkçılık uygulamalarında karşılaşılan bir uygulama değildir. Tarih boyunca özellikle Asya'daki çeşitli tarım kültürlerinde, hasat edilen ürünlerin muhafaza edilmek üzere kuyulara konulması yaygın bir uygulama olmuştur (Oğuz, 2003: 79-80).

[232] Kar kuyuları, Türk halk hayatında başka gıdaların muhafazasında da kullanılmıştır. Kar kuyularının türleri ve kullanım amaçları hakkında bazı bilgiler için bk. (Yılmaz, 2006; Baş, 2014).

[233] Tuzun geçmişte pahalı ve herkes tarafından ulaşılamayan bir tüketim maddesi olmasından ötürü yeterli miktarda tuzla salamura yapılmayan hamsilerin kurtlandığı da olmuştur.

[234] İfadenin Doğu Karadeniz'de Rize'nin Pazar ilçesi havalisinde konuşulan Lazca, Hemşin havalisinde konuşulan ve Hemşince diye adlandırılan dialektlerle Trabzon'un Çaykara ve Tonya ilçeleri havalilerinde konuşulan Rumca tabir edilen dialektlerden birine ait olup olmadığı konusu araştırılmış ancak kesin bir sonuca ulaşılamamıştır. Söz dizimi itibariyle cümle karakteri taşıyan bu ifadedeki bazı kelimelerin Tonya havalisinde konuşulan Rumca dialektlerde benzerlerine rastlanmış olmakla birlikte bütüncül bir anlamlandırmaya ulaşılamamıştır. İfadenin bir tezgâhtar nidası veya satıcı tekerlemesi olması muhtemeldir.

[235] "Manyatçılığın olduğu yıllarda balık o kadar bol olurdu ki tenekesini 25 kuruşa satarlardı." (KK-12)

[236] Vergi

[237] Sürmene havalisinde bu amaçla kullanılan sepetlere "kuviça" denilmektedir.

[238] Kaynağını kadim Türk dini inanışlarından alarak farklı dini kabullere sahip Türk toplulukları arasında bugün de devam eden kurban geleneği kanlı ve kansız olmak üzere ikiye ayrılmaktadır. Önceleri ruhlar için kesilen/yapılan bu kurbanlar, günümüzde şükran ve kefaret kurbanlarına dönüşmüştür (Güngör, 2007: 3). Kurban uygulamasının mitolojiler ve dinler içindeki yeri, anlamı, işlevleri ve türleri gibi konularda genel bilgi için bk. (Özkan, 2003; Oğuz, 2002: 109-126). Avcı, hayvancı ve tarımcı topluluklarda ilk ürün sunusu mahiyeti taşıyan kurban ritüellerinin örnekleri ilgili olarak bk. (Frazer, 1992: 335-346)

[239] Malinowski, Trobriand adalarının çoğunluğu balıkçı olan topluluklarının büyülük uygulamalarından bahsederken okyanusun riskleri ile yüzleşmek zorunda olan balıkçıların büyülük uygulamalara sıklıkla müracaat ettiklerini, bu bağlamda avcılıkta kullanılan kanoların yapımından denize indirilişlerine kadar olan tüm süreçlerde profesyonel büyücülerin aktif olarak rol aldıklarını ifade etmiştir. Daha önce başka vesilelerle ifade edildiği gibi etrafında büyülük uygulamalar gerçekleştirilen kanolar, iç lagünler yerine açık deniz avcılıklarında kullanılan, dolayısıyla risklerle daha fazla karşı karşıya olan kanolardır. (Malinowski, 1990: 182).

[240] Müslüman Türk topluluklarının inanış ve düşünüş sistemlerinde sihrine inanılan, tılsımlı nesneleri (muska vs.) vücuda getiren ve böylece sihrin etkinliğini sağlayan kişi çoğu kez resmi dinin mümessili olan imamdır. Şöyle ki o köyde Ayet-i Kerime'leri okumasını bilip bunu tecvit kurallarına uygun olarak seslendiren tek adamdır. Dolayısıyla hangi Kelâm'ın hangi musibete karşı etkin olduğunu o bilir (Oğuz, 2002: 735).

[241] Türk halk kültüründe nazar ve nazarlıklara dönük uygulamalarla ilgili bazı genel değerlendirmeler için bk. (Bayrı, 1955; İnan, 1963; Açıpayamlı, 1963; Çelik, 1974; Oğuz, 2002: 702-716; 733-816; vd.)

[242] Uğur, bir nesnenin, kişinin, zamanın, yerin özündeki iyiliği, mutluluğu, bereketi, kolaylığı kısacası olumlu niteliği ve gücüdür. Halk inançlarında ve işlemlerinde bütün davranışlar, zamanlar, yönler, çevresindeki eşyalar, kişiler, hayvanlar, uğurlu ve uğursuz diye kümelenmiştir. Uğurlu olanları tercih etmek, uğursuz olanlardan kaçınmak veya onlardan gelecek olumsuzlukları giderme yöntemlerini gözetlemek gerekir (Boratav, 1994: 94-95).

[243] Konuyu çocukların ergenlik dönemleri bağlamında değerlendiren Yaşar Kalafat, cinsiyet farkı gözetilmeksizin ergenlik çağına gelmiş çocukların bazı masumiyetlerini yitirmiş olarak algılandıklarını, bu sürece giren çocukların yaş dönümü ile adeta safiyet dönemini gerilerde bıraktıklarını ifade etmiştir. Aynı algı, ergenlik çağına gelmeden ölen çocuklara melek gözü ile bakılmasında etkili olmuştur (2010b: 497).

[244] El şeklinde nazarlıklarla başka inanç ve kültür çevrelerinde de karşılaşılmaktadır. Söz konusu nazarlığın kültürlerdeki temsilleri ve şekline dönük açıklamalar için bk. (Oğuz, 2002: 736-738).

[245] Ayakkabı ile ilgili inanışlar hakkında genel bir değerlendirme için ayrıca bk. (Kalafat, 1999).

[246] Sarımsağın çeşitli inanış ve düşünüş sistemleri içindeki yeri ile ilgili olarak bk. http://americanfolklore.net/folklore/2010/10/garlic_superstitions_folklore.html -03.07.2014-)

[247] Ağaç kültü içinde önemli bir yeri olan çam ağacı etrafındaki inanış ve uygulamalar hakkında bk. (Ergun, 2004: 207-216)

[248] Yumurta ve boynuzun bereket ve doğurganlığı temsil eden simgeler olarak kabul edilişlerine dönük bazı örnekler için bk. (Oğuz, 2002: 791-798).

[249] Tuzun Türk kültüründeki yeri ile ilgili olarak bk. (Elçin, 1966; Koca, 1977; Aça, 2001; Oğuz, 2002b: 742-749; vd.)

[250] Cinsiyete dayalı tabunun örnekleriyle farklı dini muhitlere dâhil Türk halkları arasında da karşılaşılmaktadır. Örneğin Tuva Türklerinde kadınların göllere ve akarsulara onların kutsallıkları nedeniyle girmelerinde izin verilmemektedir. Kadınların suya girmeleri suyun havasını ruhunu rahatsız etmek gibi algılanmış, bunun için bu uygulamadan kaçınılmıştır (Kalafat, 2010b: 500). Burhan Oğuz, batıl inanışlar ve bunlar etrafındaki uygulamalardan bahsederken, benzerleriyle Karaçay-Malkarlar (Tavkul, 2001: 39) gibi çeşitli Türk halklarında karşılaşılan ve temizlik vurgusunun yanı sıra cinsiyet tabusuna da göndermede bulunan bir kaçınmanın Güney Afrika toplulukları arasındaki bir örneğini Junod ve Lévy-Bruhl gibi antropologlardan naklen şöyle aktarır:

> Balığa çıkan ya da av tuzağı kuranlar, önceki gece ne kendi eşleriyle ne de başka kadınlarla cinsi münasebette bulunmayacaktır. Ava gidenler de bundan kaçınırlar, zira yolda yaralanmaktan ya da bir vahşi hayvana çatmaktan çekinirler... Keza, belli bir balık avına çıkmadan önce erkekler köylerini terk edip nehir kenarına kampa çıkarlar. Av bitmedikçe hiçbir kadınla cima etmezler. Bunların arasından biri, balık götürmek üzere evine döner ve tabuyu ihlal ederse, bunun sonucu derhal kendini gösterecektir: ağ attığında içinden balık çıkmayacaktır. Bu başarısızlık vaki olduğunda "Biri ağı bir ihlali etkisi altına soktu!" denir ve faili bulmak üzere kâhine başvurur (Oğuz, 2002: 180-181).

[251] Farklı balıkçılık kültürleri arasında görülen benzerlikler, kültürün başka elemanlarında da görülebilmektedir. Birbirleri ile tarihsel veya kültürel bağı olmayan çeşitli topluluklarda görülen kültürel benzerlikler çeşitli kültür teorileri ile izah edilmektedir. Kimi yaklaşımlara göre kültür, belirli merkezlerden yayılarak diğer insan topluluklarını etkisi altına almıştır. Bu kabule eleştiriler yönelten bir başka yaklaşıma göre ise aynı aklî ve medenî süreçlerde bulunan toplulukların kültürleri arasında paralellikler bulunması tabii bir durumdur. Kültürler birbiri üstüne yığılan birikimlerle büyürler ve bu yığılma sürecinde kültürel elemanlar siyasal ve coğrafi sınırlarla sınırlandırılamazlar. Ayrıntılı bilgi için bk. (Saran, 2010: 195-206; 273).

[252] Güney Sibiryalı kara avcıları arasındaki yaygın inanışa göre avcının yanındaki bir nesne kötü bir duruma uğrarsa, avcıyı da bu durum bekliyor demektir (Potapov, 2012: 182).

[253] Benzer tasarruflarla kara avcılığında da karşılaşılmaktadır. Örneğin Güney Sibiryalı avcılar, avcılığın kutsal kaynaklarına kadar uzanan zengin inanışları bağlamında, şayet iyi bir av gerçekleştirmişlerse heyecanlarını belirten tepkilerini hiç bir zaman dışarı yansıtmazlar, aynı şekilde başarısız olduklarındaki kızgınlıklarını ve kendine özgü dramatik halini de yansıtmazlar. Bu, özellikle kolektif avda açık şekilde görülür.

Değerli bir av yakalayarak kampa dönen avcı, fevkalade suskun durur. Onun hareketleri daha ağırdan ve ölçülü bir karakter taşır, bununla da suskunluğuna işaret eder. Bunu ansızın diğerleri anlarlar ve canlanırlar. Merakları uyanan arkadaşları, bu meraklarını hemen gidermezler ve sadece süratle yiyeceklerini hazırlarlar.

Daha sonra yemek sırasında onlardan herhangi biri, şanslı avcıya o avı nerede bulduğu sorusunu yöneltir, o ise fazla önemsemiyor edasıyla elini sallayarak avın olduğu yönü işaret eder. Bundan sonra sohbet normal seyrine döner ve birkaç kişi işaret edilen yere gider, yabani hayvanı getirir (Potapov, 2012: 184).

[254] Hemen tüm balıkçı zümreleri arasında avın bereketini artırmak veya bir türlü avlanamayan balıkları avlamak amacıyla çeşitli pratiklere başvurulduğu görülmektedir. James Frazer bu türden bir pratiğe Kamboçyalı balıkçılardan şöyle bir örnek verir:

> Kamboçyalı bir balıkçı ağlarını atıp topladığında hiçbir şey yakalayamazsa, çırılçıplak soyunur, biraz uzaklaşır oradan, dönüşte sanki görmemiş gibi ağının üzerinde dolaşır, bilerek yakalanır ağlara ve bağırmaya başlar, "Hey! Nedir bu? Yoksa ağa mı yakalandım?" Bundan sonra ağ balık kaçırmayacaktır artık (Frazer, 1992: 11).

[255] Yaşar Kalafat, Türk halkları arasındaki nazar ve bereket temennili uygulamalarda tuzun kullanılışına dönük bazı örnekleri şöyle anlatır (2008: 452):

> Altay Türklerinde yola çıkan kimsenin başı gövdesi kol ve bacakları etrafında tuz dolandırılır ve atılır. Bu esnada; "Yolun yahşi bolsun/Yolun açık bolsun. Yolunda kötü şeylere rastlamayasın." gibi temennilerde bulunulur. Ayrıca uğursuzluğa uğrayan kimsenin etrafında veya başının çevresinde güneşin dönüş istikametinde tuz dolandırılır. Böylece musibetlerin def edildiğine inanılır. Türk kültür coğrafyasının Anadolu kesiminde nazara karşı korunmak ve nazardan, büyüden kurtulmak için tuz dolandırılıp fakire verilir. Kaza geçiren kimsenin de keza başında tuz dolandırılır.

[256] Güney Sibirya kara avcıları arasındaki inanışlar incelendiğinde avcıların, karşılarına çıkan kutsal dağlara yardım etmeleri için dualar söyledikleri ve onlara saçı törenleri düzenledikleri görülmektedir. (Lvova ve diğerleri, 2013b: 178)

[257] Efsanenin bir başka varyantı da Giresun efsaneleri üzeri araştırmalar yapan Cengiz Gökşen (1999: 45-46) tarafından derlenmiştir.

[258] Anlatının bir başka varyantı Saim Sakaoğlu (1989: 34) tarafından tespit edilmiştir.

[259] Kara avcılığı etrafındaki inanışlara Güney Sibirya Türk toplulukları bağlamında bakıldığında, geçici süreliğine de olsa evinden ayrılan insanın başka dünya varlığınıza dönüştüğüne inanıldığı görülmektedir.

Kültür dünyasının çekim gücünü aşan avcıların, geride bıraktıkları için yabancılaştıklarına inanılmakta; bu sebeple de onlara zarar vermekten çekinen aile bireylerinin avcıların adlarını anmaktan imtina ettikleri, avın talihini etkileyebilecek türden eylemlere (oyun oynamak, küfretmek, eğlenmek) girişmedikleri görülebilmektedir. (Lvova ve diğerleri, 2013b: 179).

[260] Verilen örneklere ek olarak James Frazer'in bazı yerli kabilelerin avcılık ve toplayıcılık süreçleri ile ilgili olarak verdiği şu bilgiler de oldukça dikkat çekicidir:

Bir kısım erkek avda ya da savaştaysa, onun evde kalmış akrabalarının, uzaktaki avcıların ya da savaşçıların güvenliğini ve başarısını sağlama almak için, bazı şeyler yapmaları ya da bazı şeylerden kaçınmaları beklenir.
Saravak'lı yerli kabilelerden birçoğu, kocaları ormanda kâfuru ararken karıları kendilerini aldatırsa, erkeklerin bulduğu kâfurun ellerinde buharlaşacağına kesin olarak inanırlar. Karıları kendilerine sadık değilse, kocalar bunu ağaçtaki bazı düğümlerden anlayabilir; eski zamanlarda birçok kadının kıskanç kocaları tarafından öldürülmeleri için bundan daha iyi kanıt olmadığı söyleniyor. Ayrıca, kadınlar, kocaları uzakta kafuru toplamaktayken tarağa el süremezler; çünkü bunu yaparlarsa, ağacın lifleri arasındaki boşluklar değerli kristallerle dolu olacağı yerde, tarağın dişleri arasında aralıklar gibi boş olacaktır (Frazer, 2004: 44).

261 Balığın farklı kültürlerde aynı biçimlerde simgeleşmesi hakkında bk. (Oğuz, 2002: 820-827).

262 Hamsi hakkında kitabi kaynaklarda da bazı efsanelere yer verilmiştir. Örneğin Acâibü'l Mahlukât adlı kaynakta dünyayı boynuzunda tutan öküzün dayandığı balığın hamsinin atası olduğu ve hamsinin bu balığın karaciğerinden ortaya çıktığı ifade edilmişken (Göl, 2008: 50-51) Garâibü'l Mükevvenât adlı bir başka kaynakta hamsinin Yunus Peygamberi yutan balığın solungaçlarından meydana geldiği kaydedilmiştir (Duman, 2011: 558).

263 Türk ve dünya mitolojileri ile kitabî dinlerde, balığın merkezinde bulunduğu inanışlar için bk. (Ögel, 1995: 534; Pasiner, 2005: 44-63; Oğuz, 2003: 820-827; Aras, 1984: 22; vd.)

264 Yabanıl veya ilkel şeklinde adlandırılan erken dönem toplulukları arasında balık avcılığı yaparak hayatlarını sürdüren hemen tüm gruplarda balıklar ve avlanma süreçleri ile ilgili çok çeşitli inanış ve uygulamalar mevcut olmuştur. Çoğu zaman yeterli derecede besine ulaşmada yardımı dokunacağına inanılan bu uygulamalardan bazıları için bk. (Frazer, 1992: 116-119).

265 Türk halk kültüründe, balığın genel olarak bıçakla kesilmemesi yolunda da çeşitli inanışlar vardır. Bu inanışlar bazı anlatılarda şu şekilde izah edilmektedir:

> Hazret-i İbrahim'in ateş tarafından yakılmamasına çok içerleyen Nemrut, tebaasına "Ben İbrahim'in Tanrısını öldüreceğim." der.
> İşin tahakkuku için dört tane kartal avlatır. Bunları günlerce aç bıraktırır. Sonra bir sığır kestirerek karkasının karın boşluğuna yayını okunu alarak oturur. Karkasın dört köşesine dört kartalı bağlatır. Eti yemek için kartallar çokça yükselirler. Ve yukarılarda sandığı Tanrıya doğru oku fırlatır. Okun kanlı olarak döndüğünü gören Nemrut, "Başardım." diyerek sevinir. Meğerse oka karşı bir balık tutturulmuşmuş. Bunun üzerine balık çok üzülerek der ki "Yarabbi en hakir mahlûkun ben mi idim ki Nemrud'un okuna karşı beni layık gördünüz?" Cevap olarak denilir ki "Lütuf olarak sizin nevinize kıyamete dek bıçak vurulmadan yenilmeği mubah kıldım." Ve o gün bugündür balıklara bıçak vurulmadan yeniliyormuş. (Aras, 1984: 22).

[266] Geleneksel takvim ve meteoroloji olgularının kökenleri ve bunların medeniyet tarihi içindeki yerleri hakkında ayrıntılı bilgiler için bk. (Oğuz, 2003: 642-817).

[267] Giresun ve Trabzon havalilerinde bugün de dikkate alınan halk takvimi kabulleri ile ilgili bazı yerel ve genel bilgi ve değerlendirmeler için bk. (Türkyılmaz, 1995: 168; Kalafat, 2002; Bilir, 2007: 286; Fatsa, 2012: 64; Yılmaz, 1978a; 1978b; Demir, 2012 vd.)

[268] Halk takvimine göre 31 Ocakta başlayan elli günlük kış dönemine verilen isimdir. Kışın son periyodu olan hamsîn dönemi kendi içinde de çeşitli bölümlere ayrılmaktadır. Konu ile ilgili detaylı bilgi için bk. (Oğuz, 2003: 787-788).

[269] Tayin unsuru olarak Yoroz Burnu'nu belirleyen balıkçılar kimi zaman Görele Dağlarının zirvelerine de dikkat etmektedirler. Bu zirvelerin sisle veya kabarık beyaz bulutlarla kaplı olması, rüzgarın batı veya karayelden eserek havayı olumsuz etkileyeceği yorumuna ulaşılmasında belirleyici olmaktadır. Karadeniz sahillerinin coğrafya ve iklim özellikleri araştırmalar yapan Ahmet Rasim bu durumu şöyle anlatır:

> Trabzon ve havalisi için "Yeroz" burnunun tarzı rüyeti ahvali havaiye hakkında kanaatbahş bazı netayiç ita eyler. Burun ve civarının ayanbeyan, vazıhan görünmesi ve civarının buluttan ari olup berrak ve şeffaf olması havanın ciyadetine, iyiliğine bir nişanei mümeyyize teşkil eyler ve bilakis burunun mer'iyeti kaybolarak kaideleri muzlim ve sarkık ve top feminden çıkmış barut dumanı gibi sıra sıra dizilmiş bulutlarla Yeroz istikametindeki ufkun örtülmesi, gerek Yeroz üstünün ve gerekse "Görele" dağları zirvesinin kesif sislere gömülmesi havanın "batı" veyahut "karayel"den hübup edeceğine alameti mümeyyize olur. Bu rüzgârlar kışın sert indiği zamanlar, mutlaka kar, dolu veya suklu sepken halinde gelip, hafif indiği takdirde yağmurla geçiştirir (Ahmet Rasim, 1930: 11)

[270] Çarşıbaşılı kıdemli balıkçılardan Yılmaz Terzi'nin (KK-43) şu sözü, ayın göründüğü ilk andaki durumunun havanın tahmini açısından ne denli önemli olduğuna vurgu yapmaktadır: "Ay ayakta, gemici yatakta; ay yatakta gemici ayakta."

[271] Türk halk takviminde benzer ve farklı yönleriyle hemen tüm yörelerde geliştirilen fırtına takviminin benzerlerine diğer kültürlerin meteoroloji kaynaklarında yer verilmemesi (Pultar, 2010: 211), takvime dayalı bu tasarrufun Türk kültürüne özgü olabileceği kanaatinin oluşmasına sebep olmaktadır.

[272] Türk deniz subayı Ahmet Rasim, Karadeniz'in Türkiye kıyılarında oluşan fırtınaları mahalli isimleri ile birlikte şu şekilde sıralamıştır: Zemheri (5 Ocak), Karakoncolos (14 Ocak), Ayandon (28 Ocak), Balık (31 Ocak), 1. Cemre/Havaî (20 Şubat), 2. Cemre/Maî (27 Şubat), 3. Cemre/Turabî (6 Mart), Kocakarı (11 Mart), Koz Kavuran (29 Mart), Kırlangıç (5 Nisan), Leylek (11 Nisan), Sittei Sevir (22ve 28 Nisan), Filiz Koparan (16 Mayıs), Kokolye (19 Mayıs), Ülker (23 Mayıs)

Kabak Meltemi (31 Mayıs), Gün Dönümü (22 Haziran), Kara Erik (22 Temmuz), Leylek Dönümü (19 Ağustos), Çaylak (22 Ağustos), Kestane Karası (23 Eylül), Kuş Geçimi (3 Ekim), Meryemana (14 Ekim), Bağ Bozumu (21 Ekim), Balık (30 Ekim), Kasım (7 Kasım), Koç Katımı (19 Kasım), Ülker (28 Kasım), Kara Kış (11 Aralık), Gün Dönümü (18 Aralık) (1930: 27).

[273] Minas Bıjışkyan, bölgenin sayılı fırtınalarından bahsederken "Hüsün Fırtınası" adıyla kaydettiği bu fırtınanın her yıl 25 Şubat'ta ortaya çıktığını belirtmiştir (1998: 27).

[274] Takvimi bazı yıllar birkaç gün aksasa da genellikle 5 Ocak'ta gerçekleşen ve Türkiye kıyılarındaki pek çok balıkçı topluluk tarafından Zemheri Fırtınası şeklinde adlandırılan fırtına, Giresun yöresindeki bazı balıkçı yerleşimlerinde bu adla bilinmektedir. Trabzon havalisi balıkçıları arasında Kalandar Fırtınası şeklinde adlandırılan fırtınanın takvimi ile Zemheri Fırtınasının takvimleri birbirleri ile uyumlu olması hasebiyle dikkat çekicidir. Söz konusu adlandırmaların aynı fırtınayı ifade etmede ortaya konulmuş farklı tasarruflar olması kuvvetle muhtemeldir.

[275] Araştırma sahasının ortak kültüründe Koca Karı Fırtınası hakkında anlatılan şu efsane, balıkçılar arasında da bilinmektedir:

> Çok eski zamanlarda bir kocakarı, Mart ayında havalar biraz ısınınca kızına, "Yarın yaylaya gideceğiz." demiş. Kızı, "Daha bahar gelmedi." deyince de; "Olsun, bak havalar ne güzel, gideceğiz." demiş. Hazırlanmışlar ve ertesi gün yaylaya gitmek için yola çıkmışlar. Hava da güzelmiş. Yaylaya yaklaşınca koyun-kuzu, keçi-oğlak çimene yayılmışlar. Kocakarı, "Tıpış tıpış oğlacuklarım / Mart'ın götine parmacuklarım." demiş. Aradan biraz zaman geçince hava kararmış, soğuk ve fırtına çıkmış. Koyunlar, keçiler, kocakarı ve kızı soğuktan donmuş ve orada kalmışlar. Bu olaydan sonra Mart ayındaki bu fırtınaya da Kocakarı Fırtınası adı verilmiş. (Duman, 2011: 399).

[276] Tirebolu'da Rahmi Kaptan Fırtınası adı verilen bu fırtına da Tirebolulu balıkçıların ve sermayecilerin yanı sıra Sürmeneli sermayecilerden bazıları da hayatlarını kaybetmişlerdir. Sürmene havalisi balıkçıları bu fırtınayı hafızalarında "Samsun Fırtınası" adıyla muhafaza etmektedirler. Bu fırtınada hayatlarını yitiren Sürmeneli sermayeciler hakkında bilgiler için bk. (Karabacak, 2008c: 51-52).

[277] Bahse konu olayın yanı sıra çeşitli deniz kazalarında hayatlarını kaybeden Tirebolulu denizci ve balıkçılar hakkında bilgiler için ayrıca bk. (Yüksel, 2010: 25-26.)

[278] Efsane temelli bu bilgiye ek olarak, deniz ve denizcilik kültürü üzerine araştırmaları bulunan Mustafa Pultar, Ayandon fırtınasının adlandırılışı hakkında şöyle bir bilgiye yer vermiştir (2010: 210):

> Yıldızların, soğukların, kuşların arasına sıkışıp kalmış bir de Mısırlı bir aziz var: Antonios (Andon), Hıristiyanlığın ilk keşişlerinden ve Kıpti kilisesinin azizlerinden. 17 Ocak 356 günü onu anmak için yortu günü olarak kutlanıyor. Miladî takvime geçerken eski Rumî takvimin günlerine 13 gün eklenince, 17 Ocak olmuş 30 Ocak. Eh, o yortu için de takvime bir fırtına koymadan olur mu?

İşte size Ayandon (Aya Andon) fırtınası (30 Ocak). Meryem Ana (13-15 Kasım) ve Karakoncolos (14-16 Ocak) fırtınalarının da benzer biçimde tarihlendiğini sanıyorum ama bunlara ilişkin bir açıklama oluşturmaya çalışmadım.

[279] Türk inanış ve düşünüş sisteminde Hızır ve İlyas kültü hakkında bk. (Ocak 2007).

[280] Türk kültüründe ad verme sırasında gözetilen kriterlere dönük çok sayıda tasnif denemesi gerçekleştirilmiştir. Bu tasniflerden bazılarına yer vermelerinin yanı sıra ad verme geleneğinin temsilleri ile ilgili bilgiler içermeleri bakımından bk. (Örnek, 1995: 149-158; Erol, 1999: 23-30; Kibar, 2005 vd.).

[281] Temel, Fadime, İdris ve Dursun gibi isimlerin yörede giderek azalmasından ötürü kimi kuruluşlar bu isimleri özendirici tasarruflara da girişmişlerdir. Örneğin yakın geçmişte Trabzon'un Arsin İlçesi Belediye Başkanlığı, yöre kültürüne dönük bir özelliğin korunması düşüncesiyle yeni doğan bebeklerine bu isimlerden birinin veren ailelere altın hediye edeceğini taahhüt etmiştir. Söz konusu uygulamaya dönük bir gazete haberi için bk. (Temel ve Fadime Adını Ver Ödülü Al, 27 Şubat 2012, http://www.ntvmsnbc.com/id/25324841)

[282] Araştırma sahasında balıkçılık veya denizcilikle uğraşmış sülalelerin ad ve lakaplarında geçmişte sıklıkla meslek vurgusuna yer verilmiştir. Örneğin 1835-1847 yılları arasına ait nüfus kayıtlarına bakıldığında Tirebolu'daki bazı ailelerin lakapları onların denizciliğine de açıkça atıf yapmaktadır. Bu türde aile lakaplarından bazıları şöyledir: Çarşı Cami Mahallesinde bugün soyadı Balık olan ailenin bu dönemdeki lakabı Balıoğlu; Hamam Mahallesinde yine bugün Balık soyadına sahip ailenin lakabı Balıoğlu'dur.

Ayrıca Gemicioğlu, Kalafatoğlu, Kapudanoğlu, Ömerreisoğlu lakapları; ilçenin balıkçı mahallesi Yeniköy Mahallesinde bugün Ak soyadını taşıyan aileyi ifade etmek üzere Hamsicioğlu, bugün Kalafat, Erkan ve Mercan soyadlarını taşıyan aileleri ifade etmek üzere Kalafatoğlu; Avluca Akkaya, Boğalı ve Kurucalı Mahallelerinde Balıkoğlu lakaplı aileler kaydedilmiştir (Yüksel, 2013: 17-26).

[283] Alan araştırmaları öncesi isimleri belirlenen bazı kaynak kişilere ulaşmak yolundaki teşebbüslerde de benzer durumlarla karşılaşılmıştır. Bazı balıkçı yerleşimlerinde rehber kişiler, lakapları ile bilinen kaynak kişilerin isimlerini güçlükle hatırlayabilmişlerdir.

[284] Çırnık adı verilen teknelere olan merakının yanı sıra Tirebolu havalisinde ilk kez bu tipte tekneye sahip olduğu için.

[285] Çocukluğunda üç kuvvet (beygir) makinelere ilgi duyup sürekli bundan bahsettiği için.

[286] Kayığın kıç tarafında sürekli dümende durduğu için. vd.

[287] Afalina adı verilen yunus türünün yöredeki ünlü avcılarından olduğu için.

[288] Av sırasında çok çalışarak beş kişilik iş yaptığı için.

[289] Mesleği balıkçılık olan aile, havalide bolca çağo (iskorpit) avladığı için.

[290] Solak olduğu halde yörenin en tanınmış yunus avcıları arasına girdiği için.

[291] Yakın geçmişe kadar Giresun havalisinin ünlü reislerinden olduğu için Giresun'un simgesi olarak kabul edilen Çotanak adıyla anılmıştır.

[292] Çok balık tuttuğu için.

[293] Kayığın iç kısmında güvertenin üzerine serilen "faş" adlı tahtaların üzerinde uyumayı alışkanlık haline getirdiği için.
[294] Samsun merkezli Sürsan isimli balıkçı firmasında çalıştığı için.
[295] Tırtak adı verilen yunus türünün avcılığını yaptığı için.
[296] Çok balık tuttuğu için.
[297] Geçimini temin etmek için balıkçılık da dâhil olmak üzere sık sık gurbete gittiği için.
[298] Bu türde lakaplar balıkçılığa sonradan dâhil olan 3. tip balıkçı ailelerinin bireyleri için kullanılmaktadır. Lakaplar üzerine araştırmaları bulunan Şeref Boyraz, adların önünde kullanılan meslek vurgulu ibarelerin lakap olmadığı, mesleğe gönderme yapan daha özel vurguların lakap olduğu kanaatindedir (1998: 114).
[299] Uzman çavuşluktan ayrılarak balıkçılığa ve tekne ustalığına başladığı için.
[300] Şans oyunlarından para kazandığı için.
[301] Şeref Boyraz, artık hayatta olmayan aile büyüklerinin lakaplarının, ailenin veya aile üyelerinden birinin lakabı olarak kabul edilmesine itiraz etmektedir (1998: 113).
[302] Babadan devralınmıştır.
[303] Aile lakabıdır.
[304] Aile lakabıdır.
[305] Aile lakabıdır.
[306] Dedesi köy/orman koruculuğu yaptığından ötürü bu lakapla anılır olmuştur. Daha sonra aile lakabı olmuştur.
[307] Babası Mustafa Yetim, kitaba sövmesi ile meşhur olduğu için bu lakapla anılır olmuştur.
[308] Dedesi köftecilik yaptığı için.
[309] Dededen devralınmış bir lakaptır.
[310] Askerliğini topçu olarak yapan dedesi Erol Özçilingir, sohbetlerinde sık sık "obüs" adı verilen bir top türünden bahsettiği için bu lakapla anılır olmuş ve sonrasında bu lakap aile lakabı halini almıştır.
[311] Ailecek "Poştof" marka tabancaya meraklı oldukları için aile bu lakapla anılır olmuştur.
[312] Babası sert mizaçlı birisi olduğu için bu lakapla anılmış ve lakap babadan oğla devrolmuştur.
[313] Üç kardeş oldukları için.
[314] Sosyal ve meslekî yapı içerisinde balıkçılar karakterleri itibariyle "iyi" veya "kötü" gibi sıfatlarla ifade edilebildikleri gibi kendilerine takılan lakaplar üzerinden de karakterleri ifşa edilebilmektedir. Karakteri sorgulanan bir balıkçının tezyif ve tahkir edici bir lakapla anılması içselleşmiş öfkenin alay yoluyla dışa vurulması anlamında değerlendirilebilir. Ancak şu da unutulmamalıdır birinin kötü dediği, bir diğeri için iyi olabilmekte bu sebeple bu türden tahkir edici lakaplar herkes tarafından benimsenmeyebilmektedir.
[315] Dedikoduya meraklı olduğu için
[316] Kurnaz olduğu için.
[317] Kadınlara meraklı olduğu için.
[318] Girişken ve çevik olduğu için.

[319] Yardımsever olduğu için.
[320] Otoriter, disiplinli bir reis olduğu için.
[321] Çok çabuk öfkelendiği için.
[322] Becerikli bir balıkçı olduğu için.
[323] Yengeç gibi takıldığı zaman bırakmayan bir karaktere sahip olduğu için.
[324] Dedikoduya olan merakından ötürü
[325] Zeki ve kurnaz olduğu için.
[326] Zeki ve kurnaz olduğu için.
[327] Zeki ve kurnaz olduğu için.
[328] Sert mizaçlı olduğu için.
[329] Balıkçılığının dışında futbol amigoluğu ile de hatırlanan merhum Ahmet Erdem, renkli kişiliğinden ötürü bu lakapla anılır olmuştur.
[330] Sert mizaçlı olduğu için.
[331] Sert mizaçlı olduğu için.
[332] Şık giyimli ve nazik mizaçlı olduğu için.
[333] Sert mizaçlı olduğu için.
[334] Değişken mizaçlı olduğu için.
[335] İnatçı ve bencil olduğu için.
[336] Zeki ve kurnaz olduğu için.
[337] İnatçı ve bencil olduğu için.
[338] Sert mizaçlı olduğu için.
[339] İşleri ve zihni sürekli karışık olduğu için.
[340] Avcılık sırasında kurnazlığı ile diğer reislere fark attığı için.
[341] Değişken mizaçlı olduğu için.
[342] Sert mizaçlı olduğu için.
[343] Korkusuz ve macerayı seven bir mizaca sahip olduğu için.
[344] Zeki ve kurnaz olduğu için.
[345] Çocukluğunda ve delikanlılığında çok aksi, her işe karışan bir mizaca sahip olduğu için.
[346] İnatçı bir mizaca sahip olduğu için.
[347] Genellikle diğer balıkçıları aldatıp çokça balık avladığı için.
[348] Kibirli ve zor beğenen mizaçlı olduğu için.
[349] Aile lakabı haline gelen bu adlandırma kaynağını ailenin erkeklerinin dinamik yapısından almıştır.
[350] Yalan söylemeyi ve abartmayı sevdiği için.
[351] Sert mizaçlı olduğu için.
[352] Asabi ve tavizsiz olduğu için.
[353] Çok zeki bir avcı olup çokça balık tuttuğu için.
[354] Uyumlu ve sakin mizaçlı olduğu için.
[355] Zeki ve kurnaz olduğu için.
[356] Mızıkçı olduğu için.
[357] Deniz canlılarının pek çoğunun Grekçe veya Latince sözcüklerden oluşan literatür isimleri de "Amia cavla" (Kel Balık) örneğinde olduğu gibi öncelikli olarak balığın fiziksel özelliklerinden hareketle verilmiş isimlerdir (Pultar, 2012: VIII).
[358] Sürmene'nin Balıklı mahallesinde Demircioğlu ailesinin lakabı olmuştur.

[359] "Karabatak onu tutar, yer. Karabatak onu tuttu mu sallar sallar onu ağzında kafasını yutmaz, yuttu mu onu kuyruğundan zehirlendi. Dikeni zehirliyor onu. Kafasından yuttu mu onu ağır ağır yutuyor; erite erite gidiyor. Eritiyor onu midesinde, kılçık da vurmuyor onu." (KK-69)

[360] Uygulama dönük bir gazete haberi için bk. (http://www.milliyet.com.tr/2004/12/06/son/sonyas16.html)

[361] Balıkçılar tarafından çoğunlukla "Asalli" şeklinde adlandırılan kayayla ilgili bir efsaneye göre, bölgeye Türkler hâkim olmadan çok önce ağır suçlar işleyenler, şimdi sadece temeli kalan kalenin zindanlarında haklarında verilecek kararları beklerlermiş. İdam cezasına çarptırılan mahkûmlar, kayıkla bu kayaya götürülür ve kale ahalisinin gözleri önünde kayalıkta kurulan idam sehpasında idam edilirlermiş. Osmanlı döneminde de bu kayalıkta idamlar gerçekleştirilmiş. Bu işlerden ötürü bu kayaya Asalli adı verilmiş. (KK-23)

[362] Kabule göre çok eski zamanlarda balıkçılar avlanırlarken evlerinden çok uzaklaşırlarmış. Bunun için de karınlarını doyurmak için yanlarında un bulundururlarmış. Balıkçılar yine bir gün bu havaliden geçerlerken karınları acıkınca bu kayanın üstüne çıkmışlar kayadaki bir oyuğu biçimlendirerek fırın yapmışlar. Yanlarındaki undan yaptıkları ekmekle karınlarını doyurmuşlar. Daha sonra başka balıkçılar da bu fırında ekmeklerini yapmaya başlamışlar. Bundan sonra da bu taşın adı Fırın Taş olarak kalmış. (KK-104)

[363] Araştırma sahasında deniz kültürü üzerine en çok söz söylenen yerleşimlerden biri olan Sürmene'de, bu mevki oldukça popülerdir. Bu mevkiin yörenin deniz kültürü içindeki yerini, etrafında yaşanan bazı olayları da dâhil ederek anlatan bir yazı için bk. (Karabacak, 2006b: 19-23).

[364] Türk argosu üzerine çalışmaları bulunan Hulki Aktunç, argonun ortaya çıktığı ve kullanıldığı alanları alan argosu ve genel argo terimleri ile iki grupta ele alırken, meslek argosunun da içinde yer aldığı alan argosu terimini, kendi sosyal çevreleriyle sınırlı yaşayan ve genel olarak toplumun, özel olarak da içinde bulundukları topluluğun geri kalan kesiminden ayrılmak ya da korunmak isteyen, yaşama ortam ve biçimleri birbirine yakın kişilerce yaratılıp benimsenmiş sözcükler, deyimler bütünü; bu sözcükler bütününe dayalı konuşma biçimi şeklinde tanımlamıştır (2002: 16)

[365] Dil ve geleneksel kültür ilişkisi üzerine görüş bildiren Lvova ve arkadaşlarının şu sözleri bu bağlamda oldukça önemlidir (2013b: 157):

> Her kültürde, insanın yaşam ortamını oluşturan ve yapısını düzenleyen unsur, doğal dildir. Dil, yabancı ve bilinmeyen dünyayı algılanan isimler dünyasına çevirmektedir. Dil, aralarında en önemlisinin konuşma dili olduğu bütün iletişim süreçlerinin ana kaynağıdır. Ne var ki, sadece tek bir doğal dille yetinecek toplum yoktur. Kültürün bir unsuru olarak dil, gelişimini diğer iletişim sistemleri çerçevesinde sürdürebilir. Ancak belli bazı bilgi çeşitleri, özel iletişim sistemlerine ihtiyaç duyar. Geleneksel kültürün çok dilliliği dünya ile ilgili gerçek bilgi açığını kısıtlı bilgilerin çeşitli ve derin yorumlanmasıyla aşmaya yardımcı olacaktır.

[366] Manilerin konularına veya icra ortamlarına göre sınıflandırılması tecrübelerinde daha ziyade işlevlerine odaklanılmıştır.

[367] Balıkçılık mesleğinin bütün olarak geleneksel yöntemlerle yürütüldüğü dönemlerde ağ dokuma veya tamir etme, tuzlama veya kurutma (çiroz) yapmak üzere balık temizleme gibi toplu katılımla gerçekleştirilen süreçlerde söylenen ancak bugün bağlamın kaybolmasından ötürü genel sözlü kültür içinde umumileşen manilerin geçmişte bağlamları içinde tespit edilmemeleri önemli bir eksikliktir.

[368] Özellikle 19. yüzyıldan itibaren hamsi başta olmak üzere çeşitli balıkları, denizi, gemiciliği ve balıkçılığı konu edinen oldukça zengin bir yazılı, ferdî edebiyat külliyatı ortaya çıkmıştır. Trabzonlu Hamamizade İhsan Efendi ve Baba Salim (Öğütçen)'in manzumelerinde olduğu gibi kimi zaman sözlü edebiyatın mani ve türkü türünden söylemelik örneklerinden de beslenen bu manzumeler hakkında yapılan derleme ve değerlendirmeler için bk. (Tietze, 1951; Çelebioğlu, 1988; Yüksel, 1989; Kobya, 2008; vd.).

[369] "Bizim Karadumanlardan Elmas Abla vardı. Onun iki oğlu vardı. Oğullarından biri o zaman askerdi, diğeri de balık satardı. Onlara atmıştı bu maniyi." (KK-90)

[370] Sermaye kayıkları Samsun havalisinden sadece sebze ve meyve değil, Terme havalisinde yetiştirilen pirinç gibi tüketim maddelerini de getirmişlerdir.

[371] Sermaye kayıkları 1960'lardan itibaren kara yolunun yayınlaşması sebebiyle kâr edemez hale gelmiştir.

[372] Trabzon yöresi türkülerinin yapı, konu ve ezgilerine göre değerlendirilmesi hususunda bk. (Kaya, 2002).

[373] Bu türkünün bazı bölümleri daha önce Mustafa Duman (2004) tarafından kayda alınarak sanatçının repertuvarı içinde yayınlanmıştır.

[374] Efsane ve mitos terimlerini birlikte kullanan Burhan Oğuz'un şu sözleri bu minvalde dikkat çekicidir (2002: 190):

> Efsaneler bilimsel araştırmanın bir nevi öncüleridir. Doğa hadisesinin izahını arayan insanı, geriye doğru takipe debildiğimiz kadarıyla, hep âdet, itiyat, bilhassa dini rituslar, az çok muayyen bazı çeşit inanç sahibi olarak ve bunları kendine anlatmaya çalışır halde görüyoruz. Soruların yanıtlarını hayali betimlerde bulmuş. Bunlar çoğu kez haylıca acaip olmakla birlikte kaba bir şiir ve maceradan yoksun da değillerdir.
>
> Bugünün bilim adamının sahip olduğu bütün maddi ve manevi olanaklardan mahrum olması itibariyle bu hayali betimler ona tatmin edici izah yerine geçmiştir; böylece de dünyanın bugünkü hale nasıl geldiğini, gün ve gecenin nasıl olup da birbirini izlediğini, şu veya bu âdetin nasıl yerleştiğini vs. kendine anlatabilmiş. Bir ritualın parçası olmayan ve sadece izah edici mahiyette kalmış olan efsaneler, etiological efsaneler olarak bilinir.

Efsaneleri bilimsel bir açıklamadan ziyade entelektüel bir açıklama olarak değerlendiren Ayhan Bıçak'ın efsane temelli kültürlere dönük tespit ve çözümlemeleri de oldukça önemlidir. Söz konusu görüşler için bk. (Bıçak, 2004: 41-72).

[375] Bu alanla ilgili ayrıca bir tanıtma yazısı için bk. (Karslı, 2013: 80-82)

[376] Bu alanla ilgili diğer bazı bilgi ve rivayetlerle ilgili olarak bk. (Öztürk, 2005: 72-73).

[377] Çahmut: Mevki adı

[378] Mandarat: Hayvancılık, yağ peynir üretimi.

[379] Memoratların sosyal ve kültürel işlevlerinin örneklerle detaylı anlatımı için bk. (Çobanoğlu, 2003b: 63-71).

[380] "Babaannem anlatırdı; Karakoncolos kışın gelir denizden çıkarmış. Burdullarını döker gider yani kar yağdırırmış." (KK-167)

[381] Benzer durum Doğu Karadeniz Bölgesi halk müziği için de geçerlidir. Karadeniz ezgilerinin veya enstrümanlarının popülerleştirilerek pop veya arabesk müzik kültürü içinde yeniden düzenlenmesi ile bu durumun sosyo-kültürel sebep ve sonuçları hakkıda bk. (Pancur, 2004)

[382] Trabzon havalisi başta olmak üzere Doğu Karadeniz bölgesi halk oyunlarının figürlerinde deniz, balık ve balıkçılık vurguları ile sıklıkla karşılaşılmaktadır. Konuya dönük bir değerlendirme için bk. (Durgun, 1990).

[383] Türk soylu halklar arasında kara ve ırmak avcılığına dönük mitik tsavvurları uzun süre muhafaza eden Güney Sibirya toplulukları arasındaki benzer karakterli oyunlar hakkında bk.: (Lvova ve diğerleri, 2013b: 134-149)

KAYNAKLAR

Abdülkadiroğlu, Abdülkerim (1992), "Meslek Pirleri ve Testerecilerin Piri", *Millî Folklor*, 2 (4), 4-6.

Abdülvahap Hayri (2008), *İktisadî Trabzon*, Melek Öksüz (hzl.), Trabzon: Serander Yay.

Acıpayamlı, Orhan (1963), "Anadolu'da Nazarla İlgili Bazı Âdet ve İnanmalar", *AÜ DTCF Dergisi*, 20 (1-2), 1-40.

Aça, Mehmet (2000), "Kültür Medeniyet Kahramanları ve Türk Müzik Aletlerinin Ortaya Çıkışı Hakkında Teşekkül Etmiş Bazı Efsaneler", *Millî Folklor*, 6 (45), 43-51.

__________ (2001), "Türk Halk Geleneğinde Doğum Sonrası Uygulamalarına Bir Örnek: Tuzlama", *Millî Folklor*, 7 (52), 93-100.

__________ (2007), "Güney Sibirya Türklerinde Ava Destancı ve Masalcı Götürme Geleneği", *Türklük Bilimi Araştırmaları*, 21, 9-16.

__________ ve diğerleri (2009), *Başlangıçtan Günümüze Türk Edebiyatında Tür ve Şekil Bilgisi*, İstanbul: Kriter Yayınları.

Aça, Mustafa (2010), "Türk Mahalli Fıkra Tiplerine Giresun'dan Bir Örnek: İsiyin ve Sümes", Gazanfer İltar (Ed.), *Uluslararası Giresun ve Doğu Karadeniz Sosyal Bilimler Sempozyumu Bildirileri Kitabı*, C. 2, (636-646), Ankara: Giresun Belediyesi Yayınları.

__________ (2013), "Kent Kültüründe Deliler ve Delilerle İlgili Anlatılar: Giresun Örneği", *Millî Folklor*, 12 (97), 91-110.

__________ (2014), "Trabzon Balıkçı Kültüründe Akçaabat'ın Yeri ve Akgün Ailesi", Veyse Usta ve diğerleri (Ed.), *Dünden Bugüne Akçaabat Sempozyumu 26-28 Nisan 2013*, (651-668), Trabzon: Akçaabat Belediyesi Kültür Yayınları.

Açıkel, Ali (1990), *XI. Asırda Orta Asya Türk Boylarında Sosyal Hayat İçinde Meslek ve Sanatlar*, Yayınlanmamış Yüksek Lisans Tezi, Marmara Üniversitesi, Sosyal Bilimler Ensitüsü.

Ahmet Rasim (1930), *Türkiye Coğrafyayı Sahilîsi: Karadeniz Sevâhili*, İstanbul: Deniz Matbaası.

Akar, Ali (2008), "Kalaycı Dili," *Kültür Tarihimizde Gizli Diller ve Şifreler*, Emine Gürsoy Naskali ve Erdal Şahin (Ed.), *içinde* (33-51), İstanbul: Picus Kitabevi.

Akbulut, Bilal (2002), "Mersin Balığı Yetiştiriciliği", *SÜMAE Yunus Araştırma Bülteni*, 2 (2), 10-11.

Akın Mecmuası, 15 Şubat 1933, S. 22.

Akıntürk, Nurettin (2012), *Her Yönüyle Çarşıbaşı*, Trabzon: Ümit Ofset Matbaacılık.

Akman, Mehmet, (2006), *Balıkesir Yöresinde Ahilikten Kalma Tören ve Uygulamalar*, Yayınlanmamış Yüksek Lisans Tezi, Balıkesir Üniversitesi, Sosyal Bilimler Enstitüsü.

Aksan, Doğan (1990), *Her Yönüyle Dil*, C. 3, Ankara: TDK Yayınları.

Aksel, Malik (1964), "Evin Pîri", *TFA*, 8 (180), 3456-3457.

__________ (1972), "Son Devrin İki Meşhur Meddahı ve Satıcıları", *TFA*, 14 (278), 6412-6415.

Aksungur, Muharrem (2004), "Ülkemiz Su Ürünleri Teşkilat Yapısı Tarihi Gelişimi", *SÜMAE Yunus Araştırma Bülteni*, 4 (1), 12-14.

__________ (2008), "Karadeniz'de Mersin Balıkçılığının Tarihi", *Mersin Balığı Koruma Stratejisi ve Üretim Çalıştayı Bildiri Kitabı, 30-31 Ekim 2008*, (16-23), Samsun: Anonim.

Aktaş, Esen (2007), *Antik Çağda Doğu Karadeniz Bölgesi Kıyı Yerleşimleri ve Yerleşim Stratejileri*, Yayınlanmamış Yüksek Lisans Tezi, Gazi Üniversitesi, Sosyal Bilimler Enstitüsü.

Aktaş, Tolga ve Soyhan, Burcu (2004), "İstanbul'da Esnaf Folkloru", *Folklor-Halkbilim Dergisi*, 6 (57), 21-30.

Aktunç, Hulki (2002), *Büyük Argo Sözlüğü*, İstanbul: Yapı Kredi Yayınları.

Akyüz, Hüseyin (2001), *Eğitim Sosyolojisinin Temel Kavram ve Alanları Üzerine Bir Araştırma*, İstanbul: Milli Eğitim Basımevi.

Alangu, Tahir (1969), "Halk Kavramı ve Folklor Çalışmaları", *Folklora Doğru*, S. 1, 8-11.

__________ (1970a), "Halk Hayatı ve Halk Kültürü", *Folklora Doğru*, S. 5, 10-17.

__________ (1970b), "Halk Hayatı ve Halk Kültürü", *Folklora Doğru*, S. 6, 24-29.

__________ (1975), "Halk ve Halkbilgisi", *Folklora Doğru*, S. 40, 6-12.

__________ (1983), *Türkiye Folkloru El Kitabı*, İstanbul: Adam Yayınları.

Albayrak, Haşim (2003), *Tarih Boyunca Doğu Karadeniz'de Etnik Yapılanmalar ve Pontus*, İstanbul: Bâbıâli Kitaplığı.

Aldred, B. Grantham (2009), "The Dynamics of Tradition and Folk Groups in the Role-Playing Game", http://folkloreforum.net/2009/01/14/the-dynamics-of-tradition-and-folk-groups-in-the-role-playing-game/ (14.08.2011)

Ali Cevâd (1314/1896), *Memâlik-i Osmâniye'nin Târih ve Coğrafya Lugatı*, İstanbul: Mahmut Bey Matbaası.

Ali Sa'ib (1304/1886), *Coğrafya-yı Mufassal (Memâlik-i Devlet-i Osmâniyye)*, Konstantiniye: Anonim.

Alkan, Ali ve diğerleri (2008), "Karadeniz ve Kirlilik", *SÜMAE Yunus Araştırma Bülteni*, 8 (1), 6-7.

Alkan, Süleyman (2007), "Eskiden Barabat Çekmek", *Tekne Kültür-Sanat Dergisi*, 11, 38.

Alp, Münevver (1963), "Eski İstanbul'da Loncalar", *TFA*, 8 (173), 3249-3250.

Altınkaynak, Erdoğan (2007), "Türk Balıkçıları ve Gürcistan", *Ufuk Ötesi*, 69, 11-12.

Altuntek, N. Serpil (2009), *Yerlinin Bakışı Etnografya: Kuram ve Yöntem*, Ankara: Ütopya Yayınları.

Amos, Dan Ben (1997), "Şartlar ve Çevre İçinde Folklorun Bir Tanımına Doğru", (Çev.: Metin Ekici), *Millî Folklor*, 5 (33), 74-87.

And, Metin (1962), *Dionisos ve Anadolu Köylüsü*, İstanbul: Elif Yayınları.

_________ (1985), *Geleneksel Türk Tiyatrosu-Köylü ve Halk Tiyatrosu Gelenekleri*, İstanbul: İnkılap Kitabevi.

Aras, M. Sıtkı (1984), "Balık ve Folklorumuzdaki Yeri", *Türk Folkloru*, 61, 21-23.

_________ ve Sönmez, Adem Yavuz (2009), *Erzurum'da Ziraat Kültürü ve Mahalli Ziraat Terimleri*, İstanbul: Dergah Yayınları.

Ardel, Ahmet (1957), *Umumî Coğrafya Dersleri*, C. 2, İstanbul: İÜ Coğrafya Enstitüsü Yayınları.

_________ (1963), "Samsunla Hopa Arasındaki Kıyı Bölgesinde Coğrafi Müşahedeler", *İÜ Coğrafya Enstitüsü Dergisi*, 7 (13), 36-49.

_________ (2001), "Karadeniz", *İslam Ansiklopedisi*, içinde, 6, (230-238), İstanbul: MEB Yayınları.

Arısoy, Süleyman (1968), "Genel Deniz Ekonomisi Alanı Olarak Karadeniz", *AÜ DTCF Coğrafya Araştırmaları Dergisi*, 1, 121-158.

Arlı, Mustafa (1990), *Köy El Sanatları*, Ankara: AÜ Ziraat Fakültesi Yayınları.

Armstrong, Karen (2014), *Mitlerin Kısa Tarihi*, (Çev.: Dilek Şendil), İstanbul: Alfa Yayınları.

Arpa, Hamdi (2012), *Yakakent'ten Balıkçı ve Balıkçılık Öyküleri*, Samsun: Yakakent Belediyesi Kültür Yayınları.

Arseven, Veysel (1948), *Karadeniz Bölgesi Halk Türküleri*, Kastamonu: Kastamonu Matbaası.

Arslan, Murat (2005), *Arrianus'un Karadeniz Seyahati*, İstanbul: Odin Yayıncılık.

_________ (2006), "Pontos'tan Karadeniz'e: Bir Adlandırmanın Ardındaki Önyargılar, Varsayımlar ve Gerçekler", *OLBA*, 14, 75-91.

_________ (2007), *Roma'nın Büyük Düşmanı Mithradates VI Eupator*, İstanbul: Odin Yayıncılık.

_________ (2010), *İstanbul'un Antikçağ Tarihi: Klasik ve Hellenistik Dönemler*, İstanbul: Odin Yayıncılık.

Artamonov, M. İ. (2008), *Hazar Tarihi – Türkler, Yahudiler, Ruslar*, İstanbul: Selenge Yayınları.

Artan, Gündüz (1964a), "Tire'de Dokumacılık ve Nalıncılık", *TFA*, 8 (177), 3367.

_________ (1964b), "Tire'de Urgancılık", *TFA*, 8 (174), 3278.

Artüz, İlham (1955), "Karadeniz (Hayat Sahası Olarak)", *Balık ve Balıkçılık*, 3 (6), 12-18.

Ashton, John (1972), *Real Sailor Songs*, New York: University of Michigan Press.

Ataç, Ülkü ve diğerleri (1997), *Karadeniz Bölgesinde Su Kirliliğine Sebep Olan Faktörlerin Belirlenmesi ve Su Ürünlerine Etkilerinin Araştırılması*, Trabzon: Su Ürünleri Merkez Araştırma Enstitüsü Müdürlüğü (Proje No: TAGEM/IV/96/12/02/001).

Atar, Hasan Hüseyin ve Ateş, Celal (2009), "Türklerde Tarih Boyunca Su Ürünleri Avcılığı", *Acta Turcica Çevrimiçi Tematik Türkoloji Dergisi*, 1, 269-279.

Aydın, İlhan ve diğerleri (2008), "Karadeniz'in Demersal Balıkları", *SÜMAE Yunus Araştırma Bülteni*, 8 (2), 4-8.

Aydın, Erhan (2008), "Eski Türklerde Meslek Adları (Eski Türk Yazıtlarına Göre)", *Journal of Turkish Linguistics*, 2 (1), 49-66.

Aydoğan, Ahmet (2000), *Şehir ve Cemiyet*, İstanbul: İz Yayınları.

Aylan, Gürkal (1981), *Ömür Biter Yol Bitmez/Taşıt Edebiyatı-Taşıt Folkloru*, İstanbul: May Yayınları.

Aytaç, Ömer (2004), "Örgütler: Sosyolojik Bir Perspektif", *Fırat Üniversitesi Sosyal Bilimler Dergisi*, 14(1), 189-217.

Baker, Margret (1979), *Folklor of the Sea*, Indiana: David & Charles.

Ballard, Linda M. (1997), "These Youngsters Change All These Traditions: A Perspective on Outlaw Motorcycle Clubs in Ireland", *Folklore*, 108, 107-111.

Ballard, Robert D. ve diğerleri (2001), "Deepwater Archaeology of the Black Sea: The 2000 Season at Sinop, Turkey", *American Journal of Archaeology*, 4 (105), 607-623.

Barışta, H. Örcün (1996), "Tosya'da Semercilik", *I. Türk Halk Kültürü Araştırma Sonuçları Sempozyumu Bildirileri-I*, (182-185), Ankara: Kültür Bakanlığı HAGEM Yayınları.

_________ (1998), *Türk El Sanatları*, Ankara: Kültür Bakanlığı Yayınları.

Barry, Phillips ve diğerleri (1939), *British Ballads from Maine*, New Haven: Yale University Press.

Bascom, William R. (2003), "Halk Bilimi (Folklor) ve Antropoloji", (Çev.: Metin Ekici) *Millî Folklor*, 8 (58), 162-170.

Bassett, Wilbur (2003), *Wander Ships or Folk Stories of the Sea, 1917*, Chicago: Kessinger Publishing.

Baş, Osman (2014), "Akçaabat'ta İlk Kar Kuyuları ve Su Kuyuları", Veysel Usta ve diğerleri (Ed.), *Dünden Bugüne Akçaabat Sempozyumu*

26-28 Nisan 2013, (709-716), Trabzon: Akçaabat Belediyesi Kültür Yayınları.
Başgöz, İlhan (1986), *Folklor Yazıları*, İstanbul: Adam Yayınları.
Başoğlu, Bekir (1982), "Boyabat Esnaf Kolları", *Türk Folkloru*, 40, 8-9.
Başuğur, Emine (1996), "Bursa'da Saraçlık", *Türk Halk Kültürü Araştırmaları 1994*, 17-24, Ankara: Kültür Bakanlığı HAGEM Yayınları.
Batur, Muzaffer (1964), "Gölpazarı'nda Avcılık", *TFA*, 8 (178), 3407-3409.
Bauman, Richard (2005), "Halkbilimi'nin Farklı Kimliği ve Sosyal Tabanı", (Çev.: Feridun Çotra), *Millî Folklor*, 9 (65), 152-159.
Bausinger, Hermann (1961), *Volkskultur in der Technischen Welt*, Stuttgart: W. Kohlhammer Verlag.
Bayat, Fuzuli (2007), *Türk Mitolojik Sistemi (Kutsal Dişi-Mitolojik Ana, Umay Paradigmasında İlkel Mitolojik Kategoriler-İyeler ve Demonoloji)*, İstanbul: Ötüken Neşriyat.
__________ (2009) "Sosyo-Ekonomik Bağlamlı Avdan Bozkır Eğlence Avlarına Geçiş", *Acta Turcica Çevrimiçi Tematik Türkoloji Dergisi*, 1, 1-11.
Baygın, Onur ve Koldemir, Birsen (2012), "Tarihi Süreç İçerisinde Karadeniz'de Ticari Faaliyetlerin İncelenmesi ve Trabzon", Esra Başar ve diğerleri (Ed.), *IV. Türk Deniz Ticareti Tarihi Sempozyumu-Doğu Karadeniz*, (141-150), İstanbul: Gemi Makineleri İşletme Mühendisleri Odası Yayınları.
Bayram, Mikail (1991), *Ahi Evren ve Ahi Teşkilatı'nın Kuruluşu*, Konya: Anonim.
Bayrı, Mehmet Halit (1933a), "Balıkesir'de Dabakçılık", *HBH*, 27, 58-66.
__________ (1933b), "Balıkesir'de Saraçlık", *HBH*, 32, 233-238.
__________ (1933c), "Balıkesir'de Keçecilik", *HBH*, 29, 120-127.
__________ (1935), "Balıkesir'de Pabucçuluk", *HBH*, 48, 289-298.
__________ (1938), "Dursunbey'de Kış Sohbetleri", *HBH*, 78, 121-125.
__________ (1955), "İstanbul Folkloru: Nazar ve Nazarlık", *TFA*, 3 (70), 1107-1108.
Beals, Ralph Leon ve Hoijer, Harry (1991), "Antropolojinin Konusu ve Alanı", (Çev.: Gürbüz Erginer), *AÜ DTCF Dergisi*, 35 (2), 9-34.
Beck, Horace (1970), *Folklore and the Sea*, Middleton: Mystic Seaport Museum.
Bekdemir, Ünsal (2007), *Karadeniz Kıyı Kentleri (Samsun-Hopa Arası)*, Konya: Çizgi Kitabevi.
Bekker-Nielsen, Tønnes (Ed.) (2005), *Ancient Fishing and Fish Processing in the Black Sea Region*, Aarhus: Aarhus University Press.
Bell, Michael (1976), "Tending Bar at Brown's: Occupational Role as Artistic Performance", *Western Folklore*, 35, 93-107.

Berger, Peter L. ve diğerleri (2000), *Modernleşme ve Bilinç*, (Çev.: Cevdet Cerit), İstanbul: Pınar Yayınları.

Berkes, Fikret (1986), "Local Level Management and the Commons Problem: A Comparative Study of Turkish Coastal Fisheries", *Marine Policy*, 10, 215-229.

_________ (1993), "Traditional Ecological Knowledge in Perspective", Julian T. Inglis (Ed.), *Traditional Ecological Knowledge: Concepts and Cases, içinde* (1-9), Ottawa: International Development Research Centre Press.

_________ (1999), *Sacred Ecology: Traditional Ecological Knowledge And Management Systems*, Philadelphia-London: Taylor & Francis.

Berkman, Susan C . J. (1978), "She's Writing Antidotes: An Exemination of Hospital Employees Uses of Stories About Personal Experience", *Folklore Forum*, 11 (1), 48-54.

Beyoğlu, Süleyman (1999), "Birinci Dünya Savaşı'nda Trabzon (1914-1919)", Kemal Çiçek ve diğerleri (Ed.), *Trabzon Tarihi Sempozyumu (6-8 Kasım 1998) Bildiriler*, (479-488), Trabzon: Trabzon Belediyesi Yayınları.

Bıçak, Ayhan (2004), *Tarih Düşüncesi I-Tarih Düşüncesinin Oluşumu*, İstanbul: Dergâh Yayınları.

Bıjışkyan, P. Minas (1989), *Pontos Tarihi – Tarihin Horona Durduğu Yer Karadeniz*, (Ter.: Hrand D. Andreasyan), İstanbul: Çiviyazıları Yayınları.

Bilde, Pia Guldager ve Petersen, Jane Hjarl (Ed.) (2008), *Meetings of Cultures in the Black Sea Region (Between Conflict and Coexistence)*, Aarhus: Aarhus University Press.

Bilecik, Fahrünnisa (2002), "Satıcı Argosu", Emine Gürsoy Naskali ve Gülden Sağol (Ed.), *Türk Kültüründe Argo*, (123-127), Haarlem: Türkistan ve Azerbaycan Araştırma Merkezi (SOTA) Yayınları.

Bilecik, Nezih (2012), *Denizler Çölleşmeden Balıklar Yok Olmadan - Medeniyet Tarlasından Marş Marşla Geçenler*, İstanbul: Bio Ofset Matbaacılık.

Bilgin, Mehmet (2010), *Doğu Karadeniz (Tarih-Kültür-İnsan)*, İstanbul: Ötüken Yayınları.

_________ (2013), *Karadeniz Dünyası*, İstanbul: Ötüken Yayınları.

Bilir, Ali (2007), *Geçmişten Günümüze Görele*, İstanbul: Kitabevi Yayınları.

Billington, Rosamund ve diğerleri (2013), "Kültürü Tanımak", Anthony Giddens (Ed.), (Çev.: Günseli Altaylar), *Sosyoloji-Başlangıç Okumaları*, 3. bs., (33-39), İstanbul: Say Yayınları.

Birkalan, Hande (2002), "Pazar Konuşmaları: Argoya Halkbilimsel Bir Yaklaşım", Emine Gürsoy Naskali ve Gülden Sağol (Ed.), *Türk Kültüründe Argo*, (41-47), Haarlem: Türkistan ve Azerbaycan Araştırma Merkezi (SOTA) Yayınları.

Boatright, Mody C. (1963), *Folklore from the Oil Industry*, Dallas: Southern Methodist University Press.

_________ ve Owens, William A. (1970), *Tales From the Derrick Floor: A People's History of the Oil Industry*, New York: Doubleday.

Boratav, Pertev Naili (1991), *Folklor ve Edebiyat-1*, İstanbul: Adam Yayınları.

_________ (1994), *100 Soruda Türk Folkloru (İnanışlar, Töre ve Törenler, Oyunlar)*, İstanbul: Gerçek Yayınevi.

_________ (2000), *100 Soruda Türk Halk Edebiyatı*, İstanbul: Gerçek Yayınevi.

Bostan, İdris (1995), "Rusya'nın Karadeniz'de Ticarete Başlaması ve Osmanlı İmparatorluğu (1700-1787)", *Belleten*, LIX (225), 353-394.

_________ (1999), "Karadeniz'in Dış Ticarete Kapalı Olduğu Dönemde Trabzon Limanı", Kemal Çiçek ve diğerleri (Ed.), *Trabzon Tarihi Sempozyumu (6-8 Kasım 1998) Bildiriler*, (303-309), Trabzon: Trabzon Belediyesi Yayınları.

_________ (2000), "İzn-i Sefine Defterleri ve Karadeniz'de Rusya İle Ticaret Yapan Devlet-i Alliyye Tüccarları 1780-1846", *Marmara Üniversitesi Fen-Edebiyat Fakültesi Türklük Araştırmaları Dergisi*, 6, 21-35.

Bostan, M. Hanefi (2002), *XV-XVI. Asırlarda Trabzon Sancağında Sosyal ve İktisadi Hayat*, Ankara: TTK Yayınları.

Botkin, Benjamin A. ve Harlow, Alvin Fay (1944), *Treasury of Railroad Folklore*, Crown Publishers.

Bottomore, T. B. (2000), *Toplumbilim*, (Çev.: Ünsal Oskay), 6. bs., İstanbul: Der Yayınları.

Boyd, Cynthia (1997), "Just Like One of the Boys': Tactics of Women Taxi Drivers", Pauline Greenhill ve Diane Tye (Ed.), *In Undisciplined Women: Tradition and Culture in Canada*, (213-222), Montreal: McGill-Queen's University Press.

Boyraz, Şeref (1998), "Lakaplar Konusunda Bazı Dikkatler ve Bir Yöre Örneği", *Türklük Bilimi Araştırmaları*, 7, 107-138.

Bozyiğit, A. Esat (1988), "Esnaf Destanları", *Türk Folkloru Araştırmaları 1988/2*, 27-47, Ankara: Kültür Bakanlığı Yayınları.

_________ (1989), *Ahilik ve Çevresinde Oluşan Kültür Değerler Bibliyografyası 1923-1988*, Ankara: AÜ Basımevi.

Braund, D. (1995), "Fish From Black Sea: Classical Byzantium and the Greekness of Trade", John Wilkins ve diğerleri (Ed.), *Food in Antiquity*, (162-170), Exeter: University Press.

Bronner, Simon J. (Ed.) (1985), *American Material Culture and Folklife: A Prologue and Dialogue*, Ann Arbor-Michigan: UMI Research Press.

Brunvand, Jan Harold (Ed.) (1996), *American Folklore An Encylclopedia*, New York & London: Garland Publishing.

Bryer, Anthony (1984), "The Treatment of Byzantine Place-Names", *Byzantine and Modern Greek Studies*, 9 (1), 209-214.

__________ ve Winfield, David (1985), *The Byzantine Monuments and Topography of the Pontos*, Washington: Dumbarton Oaks Research Library and Collection

Burke, Peter (1996), *Yeniçağ Başında Avrupa Halk Kültürü*, (Çev.: Göktuğ Aksan), Ankara: İmge Kitabevi.

Bursa, Pınar (2007), *Antikçağda Anadolu'da Balık ve Balıkçılık*, Yayınlanmamış Doktora Tezi, İstanbul Üniversitesi, Sosyal Bilimler Enstitüsü.

Butcher, Corey Allen (2004), *Chicken Coops, Lot Lizards, Pickle Parks, And More: An Orientation to The Truck Drivers' World*, Master Thesis, Utah State University, Department of American Studies.

Byington, Robert H. (1978), "Strategies for Collecting Occupational Folklife in Contemporary Urban/Industrial Contexts", Robert H. Byington (Ed.), *Working Americans: Contemporary Approaches to Occupational Folklife*, (43-56), Washington DC: Smithsonian Institution Press.

Caferoğlu, Ahmet (1943), *Anadolu Ağızlarından Toplamalar (Kastamonu, Çankırı, Çorum, Amasya, Niğde İlbaylıkları, Kalaycı Argosu ve Geygeli Yörüklerinin Gizli Dili)*, İstanbul: Anonim.

__________ (1952), "Erkilet Çerçilerinin Argosu 'Dilce'", *İÜ Türk Dili ve Edebiyatı Dergisi*, 4 (4), 334-344.

__________ (1954), "Pallacı, Tahtacı ve Çepni Dillerine Dair", *Türkiyat Mecmuası*, 11, 41-57.

__________ (1960), "Türkiye Balık Adları", *Türk Dili ve Edebiyatı Dergisi*, X, 111-132.

__________ (1968), *Eski Uygur Türkçesi Sözlüğü*, Ankara: TDK Yayınları.

__________ (1972), "Türklerde Av Kültü ve Müessesesi". *VII. Türk Tarih Kongresi, Kongreye Sunulan Bildiriler I. Cilt*, (169-175), Ankara: TTK Basımevi.

Chan, Janet B. L. (1997), *Changing Police Culture: Policing in a Multicultural Society*, Melbourne: Cambridge University Press.

Cındık, Şadi (1985), "Balık ve Sevdalık", *Türk Folkloru*, 66, 28-29.

Ciravoğlu, Tevfik Vural (2009), *Trabzon Folkloru (Gelenekler ve Halk Edebiyatı Örnekleri)*, İstanbul: Trabzon Araştırmaları Merkezi Vakfı Yayınları.

Cirhinlioğlu, Zafer (1996), *Meslekler ve Sosyolojisi*, Ankara: Gündoğan Yayınları.

Clinton, Charles A. (1977), "The Use of Cultural Ecology in an Urban Occupational Group", *Anthropological Quarterly* (Golden Anniversary Special Issue on Industrial Ethnology), 50 (1), 39-44.

Coffin, Tristram Potter ve Cohen, Henning (1973), *Folklore from the Working Folk of America*, New York: Anchor Press.

Cohen, Anthony P. (1999), *Topluluğun Simgesel Kuruluşu*, (Çev.: Mehmet Küçük), Ankara: Dost Kitabevi.

Connerton, Paul (1999), *Toplumlar Nasıl Anımsar?*, (Çev.: Alaaddin Şenel), İstanbul: Ayrıntı Yayınları.

Coşar, A. Mevhibe (2003), "Trabzon'da Kullanılan Lâkaplar Üzerine Bir Derleme/ Değerlendirme", *TDAY/Belleten 1999/1-2*, 42, 27-40.

Cumhuriyet'in 10. Yılında İktisat Meydanında Trabzon 1923-1933, (1933), Trabzon: Trabzon Ticaret ve Sanayi Odası Yayınları.

Cumhuriyet'in 50 Yılında Giresun-1973 İl Yıllığı, (1973), Ankara: Giresun Valiliği Yayınları.

Cumhuriyetin 10 Yılında Giresun Ticaret Odası, (1933), Giresun: Giresun Ticaret Odası Yayınları.

Çağatay, Neşet (1989), *Bir Türk Kurumu Olan Ahilik*, Ankara: TTK Yayınları.

Çakır, Vedat (2005), "Konya'nın Geleneksel Eğlence Kültürü", *SÜ Türkiyat Araştırmaları Dergisi*, 17, 362-363.

Çakıroğlu, Said Bilal (1969), *Karadeniz'de Balıkçılığımız*, Ankara: Bilgi Basımevi.

Çapa, Mesut ve Çiçek, Rahmi (2004), *Yirminci Yüzyıl Başlarında Trabzon'da Yaşam*, Trabzon: Serander Yayınları.

Çelebioğlu, Âmil (1988), "Eski Türk Edebiyatında Gemiyle İlgili Şiirler ve Bazı Hususiyetler", Mehmet Sağlam ve diğerleri (hzl.), *Birinci Tarih Boyunca Karadeniz Kongresi Bildirileri 13-17 Ekim 1986*, (17-47), Samsun: Ondokuz Mayıs Üniversitesi Eğitim Fakültesi Yayınları.

Çelik, Ali (2000), *Trabzon-Çaykara Halk Kültürü*, İstanbul: Doğu Kütüphanesi Yayınları.

Çelik, İsmail (1974), "Nazar, Nazarlık ve İlgili Büyüsel İşlemler", *Boğaziçi Üniversitesi Halkbilimi Yıllığı 1974*, 155-184.

Çelikkale, Mehmet Salih ve diğerleri (1993), *Av Araçları ve Avlama Teknolojileri*, Trabzon: KTÜ, Sürmene Deniz Bilimleri Fakültesi Yayınları.

_________ (1999), *Türkiye Su Ürünleri Sektörü, Potansiyeli, Mevcut Durumu, Sorunları ve Çözüm Önerileri*, İstanbul: İstanbul Ticaret Odası Yayınları.

Çeneli, İlhan (1975), "Divânü Lügat-it-Türk'te Hayvan Adları" *Türk Kültürü Araştırmaları 1973-1975*, XI, XII, XIII, XIV, 99-122.

Çiğdem, Süleyman (2007), "Eski Çağ'da Trabzon Limanı: Askeri ve Ekonomik Yönden Gelişimi ve Doğu-Batı İlişkilerindeki Rolü", *Atatürk Üniversitesi Sosyal Bilimler Enstitüsü Dergisi*, 10 (2), 133-155.

Çobanoğlu, Özkul (1999), *Halkbilimi Kuramları ve Araştırma Yöntemleri Tarihine Giriş*, Ankara: Akçağ Yayınları.

_________ (2000a), "Bilim Felsefesi Bağlamında Halkbilimi ve Halkbilimsel Bilginin Teleolojik Serüveni", *Folklor ve Edebiyat*, 4 (24), 27-42.

_________ (2000b), *Âşık Tarzı Kültür Geleneği ve Destan Türü*, Ankara: Akçağ Yayınları.

_________ (2003a), "Sanatsal Bir Dışavurum Formu Olarak Argo Kavramının Halkbilimsel Çözümlemesi", Emine Gürsoy Naskali ve Gülden Sağol (Ed.), *Türk Kültüründe Argo*, (49-55), Haarlem: Türkistan ve Azerbaycan Araştırma Merkezi (SOTA) Yayınları.

_________ (2003b), *Türk Halk Kültüründe Memoratlar ve Halk İnançları*, Ankara: Akçağ Yayınları.

Dağlı, Muhtar Yahya (1948), *İstanbul Mahalle Bekçilerinin Destan ve Mani Katarları*, İstanbul: Türk Neşriyat Yurdu Yayınları.

Dağlı, Yücel (1999), "Evliya Çelebi Seyahatnamesi'nde Trabzon", Kemal Çiçek ve diğerleri (Ed.), *Trabzon Tarihi Sempozyumu (6-8 Kasım 1998) Bildiriler*, (287-302), Trabzon: Trabzon Belediyesi Yayınları.

Dağtaş, Lütfü (2007), *Anadolu'da Dericilik*, İstanbul: Dönence Yayınları.

Darkot, Besim (1963), *Türkiye İktisadî Coğrafyası*, İstanbul: İstanbul Üniversitesi Yayınları.

De Graauw, Arthur (2012), *Ancient Ports and Harbours*, Vol. 1, http://www.ancientportsantiques.com/wp-content/uploads/pdf/AncientPortsVol-I-List.pdf (30.01.2014)

Deal, Terrence E. ve Kennedy Allan A. (1982), *Corporate Cultures: The Rits And Rituals of Corporate Life*, Addison-Wesley.

Degh, Linda (1965), "Folklore and Related Disciplines in Eastern Europe", *Journal of the Folklore Institute*, 2 (2), 103-119.

Demir, Necati (2012), "Trabzon Yöresinde Zaman, Halk Takvimi ve Sayılı Günler", *Zeitschrift für die Welt der Türken-Journal of World of Turks*, 4 (1), 5-21.

Demirci, Kerim (2008), "Örtmece (Euphemism) Kavramı Üzerine", *Millî Folklor*, 10 (77), 21-34.

Demirkan ve diğerleri (1995), "Yorgancılık", *Folklor Süreli Halkbilim Dergisi*, 5 (44), 43-48.

Demirkaya, Mustafa (2004), "Dramatik Köylü Oyunlarımızdan Faroz Kesmesi", *Folklor Halkbilim Dergisi*, 6 (57), 42-44.

Demirtaş, H. Andaç, (2003), "Sosyal Kimlik Kuramı, Temel Kavram ve Varsayımlar", *İletişim Araştırmaları Dergisi*, 1, 123-144.

DeNatale, Doug (1993), *The Origins of Southern Mill Culture*, Chapel Hill: University of North Carolina Press.

Denisoff, R. Serge (1971), *Great Day Coming*, Urbana: University of Illinois Press.

Deveciyan, Karekin (2011), *Türkiye'de Balık ve Balıkçılık*, (Çev.: Erol Üyepazarcı), 4. bs., İstanbul: Aras Yayınları.

Dırenkova, N. P. (1940), *Şorskiy Folklor*, Moskova-Leningrad.

Dinç, Musa (2006), *Taşıt Edebiyatı*, Diyarbakır: Diclem Sahaf Yayınları.

Doğan, Faruk (2011), "Osmanlı'da Boğaziçi'nde Balıkçılık (18. Yüzyıl-20. Yüzyıl)", *Tarih Okulu*, 10, 39-57.

Doğan, İsmail (2012), *Sosyoloji-Kavramlar ve Sorunlar*, 11. bs., Ankara: Pegem Akademi Yayınları.

Doğanay, Hayati (2010), *Coğrafyaya Giriş*, Konya: Çizgi Kitabevi.

Doğanç, Ayhan (1969), "Folklorda Kamyonlar ve Kamyonetler", *TFA*, 12 (239), 5303-5304.

Dorson, Richard M. (1952), *Bloodstoppers and Bearwalkers: Folk Traditions of the Upper Peninsula (Folk Tales of Immigrants Lumberjacks & Indians)*, Cambridge: Harward University Press.

Drews, R. (1991), "Karadeniz'de En Eski Grek Yerleşmeleri", *AÜ DTCF Dergisi*, 15 (26), 303-327.

Duman, Hasan (Hazırlayan) (1982), *Osmanlı Yıllıkları (Salnameler ve Nevsaller), Bibliyografya ve Bazı İstanbul Kütüphanelerine Göre Bir Katalog Denemesi*, İstanbul: İslam Tarih, Sanat ve Kültür Araştırma Merkezi Yayınları.

Duman, Mustafa (2004), *Kemençemin Telleri-Karadeniz Kemençesi, Kemençeciler ve Türküleri*, İstanbul: Trazon Araştırmaları Merkezi Vakfı Yayınları.

__________ (2007), *Geleneksel Türk Yorgancılık Sanatı*, İstanbul: Heyamola Yayınları.

__________ (2011), *Trabzon Halk Kültürü*, İstanbul: Heyamola Yayınları.

Dundes, Alan (1998), "Halk Kimdir", (Çev.: Metin Ekici), *Millî Folklor*, 5 (37), 139-153.

__________ (2005), "Folklor Nedir", (Çev.: Gülay Aydın), *Millî Folklor*, 9 (65), 127-129.

Dundes-Renteln, Alison ve Dundes, Alan (Ed.) (1995), *Folk Law – Essays in the Theory and Practice of Lex Non Scripta: Volume-I*, Madison-Wisconsin, The University of Wisconsin Press.

Duran, Hamiye (2010), "Yol Türküleri Üzerine Bir Değerlendirme", *Gazi Türkiyat Dergisi*, 6, 155-165.

Durgun, Orhan (1990), "Doğu Karadeniz Folklorunda Doğa, Deniz, Balık ve Balıkçılık", Mehmet Sağlam ve diğerleri (hzl.), *İkinci Tarih Boyunca Karadeniz Kongresi Bildirileri 1-3 Haziran 1988*, (68-76), Samsun: Ondokuz Mayıs Üniversitesi Eğitim Fakültesi Yayınları.

Durkheim, Emile (2010), *Dinsel Yaşamın İlk Biçimleri*, (Çev.: Özer Ozankaya), İstanbul: Cem Yayınevi.

Durmuş, Sinan ve diğerleri (1996), *Her Yönüyle Araklı*, Trabzon: Eser Ofset Matbaacılık.

Duymaz, Ali ve Şahin, Halil İbrahim (2010), "Meslek Folkloru Kapsamında Geleneksel Mesleklerdeki Pir İnancı ve Hikâyeleri Üzerine Bir Değerlendirme", *Millî Folklor*, 11 (87), 101-112.

Eberhard, W. (1943), "Eski Çin Kültürü ve Türkler", *AÜ DTCF Dergisi*, 4, 19-29.

__________ (1996), *Çin'in Şimal Komşuları*, (Çev.: Nimet Uluğtuğ), Ankara: TTK Yayınları.

Ekici, Metin (2000), "Halk, Halk Bilimi ve Halk Bilgisi Üzerine Bir Deneme", *Millî Folklor*, 6(45), 2-8.

__________ ve diğerleri (2013), *Somut Olmayan Kültürel Miras: Barana (Dursunbey-Balıkesir)*, Balıkesir: Balıkesir Valiliği Yayınları.

Ekinci, İlhan (2013), "Karadeniz'de Âyanlar ve Denizcilik", *Karadeniz Araştırmaları Dergisi*, 37, 15-49.

Elçin, Şükrü (1962), "Denizli Dokumacılığı Üzerine Notlar", *Türk Etnografya Dergisi*, 5, 5-8.

__________ (1963), "Ayvalık Balıkçılığı Üzerine Notlar", *Türk Etnografya Dergisi*, 6, 18-25.

__________ (1966), "Tuz-Ekmek Hakkı Deyimi Üzerine", *Reşit Rahmeti Arat İçin, içinde* (164-170), Ankara: TKAE Yayınları.

__________ (1997), "Ayvalık Limanı'na Bağlı Deniz Araçlarının Adları", *Halk Edebiyatı Araştırmaları-II*, (476-483), Ankara: Akçağ Yayınları.

Eliade, Mircea (1991), *Kutsal ve Dindışı*, (Çev.: Mehmet Ali Kılıçbay), Ankara: Gece Yayınları.

__________ (2005), *Dinler Tarihi-İnançlar ve İbadetlerin Morfolojisi*, (Çev.: Mustafa Ünal), Konya: Serhat Kitabevi Yayınları.

Elmas, Yılmaz (1963), "Ramazan Davulu", *TFA*, 8 (163), 2970-2972.

Emecen, Feridun M. (1996), "Giresun", *Türkiye Diyanet Vakfı İslam Ansiklopedisi*, 14, (78-84), İstanbul: Türkiye Diyanet Vakfı.

________ (1998), "Clavijo'dan Fallmerayer'e: Giresun'da Seyyahlar (1404-1840)", Hüseyin Mümtaz Bayazıtoğlu ve Ayhan Yüksel (Ed.), *Giresun Kültür Sempozyumu, 30-31 Mayıs 1998, Bildiriler*, (23-29), İstanbul: Giresun Belediyesi Yayınları.

________ (2005), *Doğu Karadeniz'de İki Kıyı Kasabasının Tarihi Bulancak-Piraziz*, İstanbul: Kitabevi Yayınları.

________ (2009), "Kaleden Liman Kentine: Giresun Şehrinin Tarihi Gelişim Sürecine Dair Kısa Notlar", Gazanfer İltar (Ed.), *Giresun ve Doğu Karadeniz Sosyal Bilimler Sempozyumu (9-11 Ekim 2008) Bildiriler I*, (33-39), Ankara: Giresun Belediyesi Yayınları.

Emir, Osman (2011), *Prehistorik Dönemden Roma Dönemine Kadar Trabzon ve Çevresi*, Trabzon: Serander Yayınları.

________ (2012), "Antik Dönemde Karadeniz'de Deniz Ticareti ve Başlıca İhraç Ürünleri", Esra Başar ve diğerleri (Ed.), *IV. Türk Deniz Ticareti Tarihi Sempozyumu-Doğu Karadeniz*, (165-178), İstanbul: Gemi Makineleri İşletme Mühendisleri Odası Yayınları.

Emiroğlu, Kudret ve Aydın, Suavi (2003), *Antropoloji Sözlüğü*, Ankara: Bilim ve Sanat Yayınları.

Engin, İsmail (1988), "Edirne'de Süpürge Yapım Teknikleri", *Türk Folkloru Araştırmaları 1988/2*, 49-62, Ankara: Kültür ve Turizm Bakanlığı Yayınları.

________ (1990a), "Süpürge Sanatçısı Örneğinde İki Kültürel Süreç: Kültürleme ve Kültürlenme", *AÜ DTCF Dergisi*, 33 (1-2), 165-169.

________ (1990b), "Tosya'da Bıçakçılık (Çakıcılık) ve Bıçkı Yapım Teknikleri", *AÜ DTCF Dergisi*, 34 (1-2), 89-98.

Er, Tülay (1988), *Simav ve Çevresi Yâren Teşkilâtı*, Ankara: Kültür Bakanlığı Yayınları.

Erdoğan, Muzaffer (1957), "İstanbul'da Keçecilik", *TFA*, 5 (101),. 1613-1614.

Ergenekon, Cavidan, "Tepme Keçe Sanatı Üzerine", *I. Türk Halk Kültürü Araştırma Sonuçları Sempozyumu Bildirileri-I*, (197-201), Ankara: Kültür Bakanlığı HAGEM Yayınları.

Erginer, Gürbüz (1984), *Uşak Halk Takvimi, Halk Meteorolojisi*, Ankara: Kültür Bakanlığı Yayınları.

Ergun, Doğan (2003), *100 Soruda Sosyoloji*, İstanbul: Koç Kültür Sanat ve Tanıtım Yayınları.

Ergun, Pervin (2004), *Türk Kültüründe Ağaç Kültü*, Ankara: AKM Yayınları.

________ (2011), *Atlarla Suların Hami Ruhu Yılkıcılarla Bagşıların Piri Kambar Ata Baba Gammar*, Konya: Kömen Yayınları.

Eriş, Metin (Ed.) (2012), *81 İlde Kültür ve Şehir: Ordu*, İstanbul: Ordu Valiliği Yayınları.

Erkal, Mustafa E. (2000), *Sosyoloji (Toplumbilimi)*, 11. bs., İstanbul: Der Yayınları.

Erler, Mehmet Yavuz (2009), "Pont Ahşaena (Kara Deniz) Mirası Karşısında Türk Stratejisinin Tarihi Zemini Üzerine Bir Değerlendirme", *The Journal of International Social Research*, 2 (6), 224-37.

Erol, Aydil (1999), *Adlarımız-Şarkılarla Şiirlerle Türkülerle ve Tarihi Örneklerle*, İstanbul: Turan Kültür Vakfı Yayınları.

Ersoy, Ruhi (2009), *Sözlü Tarih Folklor İlişkisi Baraklar Örneği, Disiplinlerarası Bir Yaklaşım Denemesi*, Ankara: Akçağ Yayınları.

__________ (2012), "Halk Bilimi Çalışmalarının Gelişimine Paralel Olarak Alan Araştırması Kavramını Yeniden Düşünmek", *Millî Folklor*, 12 (94), 5-13.

Erşen, Fulya (2003), *Koruma-Yaşatma Öncelikli Yerleşmeler, Mekanlar: Doğu Karadeniz Bölgesi Balıkçı Köyleri*, Yayınlanmamış Yüksek Lisans Tezi, KTÜ, Fen Bilimleri Enstitüsü.

Es, Selçuk (1963), "Konya'daki Bazı Ticarethanelerdeki Levha Yazıları", *TFA*, 8 (169), 3141-3142.

Evans, E. Estyn, "Kültür Coğrafyacısı ve Halkhayatı (Folklife) Araştırması", *Millî Folklor*, 4 (31-32), 160-172.

Everett, Holly (2009), "Occupational Folklore", Liz Locke ve diğerleri (Ed.), *Encyclopedia of Women's Folklore And Folklife*, (451-452), Greenwood Press.

Evliya Çelebi, (2011), *Evliya Çelebi Seyahatnamesi: Bursa-Bolu-Trabzon-Erzurum-Azerbaycan-Kafkasya-Kırım-Girit, 2. kitap*, Yücel Dağlı ve Ali Kahraman (hzl.), C. 1., 3. bs., İstanbul: Yapı Kredi Yayınları.

Eyüboğlu, İsmet Zeki (1963), "Halka Yönelme", *TFA*, 8 (166), 3053-3054.

Fatsa, Mehmet (2012), *Geçmişten Günümüze Piraziz*, İstanbul: Piraziz Kaymakamlığı Yayınları.

Fındıkoğlu, Z. Fahri (1950), "Hukuk Folkloru", *TFA*, 1 (16), 241-242.

Fichter, Joseph (2011), *Sosyoloji Nedir?*, (Çev.: Nilgün Çelebi), Ankara: Anı Yayınları.

Fine, Gary Alan (1979), "Small Groups and Culture Creation: The Ideoculture of Little League Baseball Teams", *American Sociological Review*, 44, 733-745.

__________ (1982) "The Manson Family: The Folklore Traditions of a Small Group", *Folklore Institute,* 19(1), 47-60.

__________ (1996), *Kitchens-The Culture of Restaurant Work*, Berkeley-London: University of California Press.

Fish, Lydia (t.y.), "Common Themes in Occupational Folklore Research", http://lydiafish.us/urbanfolklore_fall2010/pmwiki.php/Occupati

onalFolklore/MarkDeGolyersRevisedOccupationalFolklorePaper?action=source (15.10.2013)

Forgacs, David (2010), *Gramsci Kitabı-Seçme Yazılar 1916-1935*, (Çev.: İbrahim Yıldız), Ankara: Dipnot Yayınları.

Frank, Russell Bart (1982), *Keeping "Keeping Things Going" Going: (and Getting it Started) : The Making of a Videotape About a Community of Gold Miners in Tuolumne County*, Thesis, University of California.

Fraser, Ingrid Ann (1981), *Public Tradition in an Urban Context: An Occupational Folklore Study of Musicians in St. Johns*, Thesis, University of Newfounland, Department of Folklore Memorial.

Frazer, James G. (1992), *Altın Dal - Dinin ve Folklorun Kökleri*, (Çev.: Mehmet H. Doğan), İstanbul: Payel Yayınları.

__________(2004), *Altın Dal - Büyü ve Din Üzerine Bir Çalışma*, (Çev.: Mehmet H. Doğan), İstanbul: Yapı Kredi Yayınları.

Gabain, Annemarie Von (1968), "Renklerin Sembolik Anlamları" (Çev.: Semih Tezcan), *Türkoloji Dergisi*, 3 (1), 107-113.

Gabrielsen, Vincent ve Lund John (Ed.) (2007), *The Black Sea in Antıiquity: Regional and Interregional Economic Exchanges*, Aarhus: Aarhus University Press.

Gedikoğlu, Haydar (1998), *Trabzon Efsaneleri ve Halk Hikâyeleri*, Trabzon: Trabzon Valiliği Yayınları.

__________(2012), *Akçaabat Folkloru*, Trabzon: Akçaabat Belediyesi Yayınları.

Geertz, Clifford (2007), *Yerel Bilgi*, (Çev.: Kudret Emiroğlu), Ankara: Dost Kitabevi Yayınları.

Gerey, Begmırat (2004), *5000 Yıllık Sümer-Türkmen Bağları*, İstanbul: IQ Kültür Sanat Yayınları.

Giddens, Anthony (1994), "Living in a Post-Traditional Society", Ulrich Beck ve diğerleri (Ed.), *Reflexive Modernization: Politics, Tradition and Aesthetics in the Modern Social Order*, (56-109), Stanford: Stanford University Press.

__________ (2013a), "Sosyolojinin Kapsamı", Anthony Giddens (Ed.), (Çev.: Günseli Altaylar), *Sosyoloji–Başlangıç Okumaları*, 3. bs., (13-17), İstanbul: Say Yayınları.

__________(2013b), "Marx, Weber ve Sınıf", Anthony Giddens (Ed.), (Çev.: Günseli Altaylar), *Sosyoloji-Başlangıç Okumaları*, 3. bs., (295-302), İstanbul: Say Yayınları.

Gillett, Heather Roselle (2008) *"What is a Brickmaker?": An Occupational Folklife Study of The Brick Industry in Chipman, New Brunswick*, Master Thesis, University of Newfoundland, Department of Folklore Memorial.

Gilmore, Janet C. (1996), "Fisheries (Commercial)", Jan Harold Brunvand (Ed.), *American Folklore an Encyclopedia*, (564-567), New York: Taylor & Francis.

Giresun İl Yıllığı-1967, (1968), Ankara: Giresun Valiliği Yayınları.

Giritlioğlu, Necmettin (1951), "Doğu Karadeniz'de Avcılık ve Av Aletleri", *TFA*, 1 (23), 357-359.

__________ (1952a), "Doğu Karadeniz'de Avcılık ve Av Aletleri", *TFA*, 2 (27), 426-427.

__________ (1952b), "Doğu Karadeniz'de Avcılık ve Av Aletleri", *TFA*, 2 (32), 511-512.

__________ (1952c), "Doğu Karadeniz'de Avcılık ve Av Aletleri", *TFA*, 2 (34), 542-543.

Glassie, Henry (1971), *Pattern in the Material Folk Culture of the Eastern United States (Folklore and Folklife)*, Pennsylvania: University of Pennsylvania Press.

__________ (1982), *Passing the Time in Ballymenone: Culture and History of an Ulster Community*, Pennsylvania: University of Pennsylvania Press.

Gmelch, George (1992), "Superstition and Ritual in American Baseball", *Elysian Fields Quarterly*, 11 (3), 25-36.

Gologlu, Mahmut (1973), *Anadolu'nun Millî Devleti Pontus*, Ankara: Gologlu Yayınları.

__________ (2000), *Trabzon Tarihi-Fetihten Kuruluşa Kadar*, Trabzon: Serander Yayınları.

Gonzalez, Valerie Jones (2003), *An Insiders' View of Temping: An Ethnographic Study of The Work Experience Narratives of Clerical Temps*, Master Thesis, Faculty of The California School of Organizational Studies at Alameda Alliant University.

Goode, William (1996), "Topluluk İçinde Topluluk: Meslekler", (Çev.: Zafer Cirhinlioğlu), *Meslekler ve Sosyolojisi*, (67-80), Ankara: Gündoğan Yayınları.

Goodenough, Ward H. (1976), "Folklife Study and Social Change", Don Yoder (Ed.), *American Folklife*, (19-26), Austin: University of Texas Press.

Gökalp, Ziya (1981), "Millet Nedir", *Makaleler VIII*, Ankara: Kültür Bakanlığı Yayınları.

Gökdağ, Bilgehan Atsız (1997), "M.Ö. 2000'li Yıllardan Günümüze Giresun'daki Türk Varlığı", Mehmet Larçın ve Ayhan Yüksel (Ed.), *Giresun Tarihi Sempozyumu Bildirileri (24-25 Mayıs 1996)*, (25-49), İstanbul: Giresun Belediyesi Yayınları.

Göksoy, Vildan Özkan (1989), "İstanbul'daki Balıkçı Ailelerinde Halk Hekimliği", *Türk Halk Hekimliği Sempozyumu Bildirileri*, (155-161), Ankara: Kültür Bakanlığı MFAD Yayınları.

Gökşen, Cengiz (1999), *Giresun Efsaneleri*, Yayınlanmamış Yüksek Lisans Tezi, KTÜ, Sosyal Bilimler Enstitüsü.

Gönüllü, Ali Rıza (2005), "Alanya'da Yemenicilik Zanaatı", Köksal, M. Fatih (Ed.), *I. Ahi Evran-ı Velî Ahilik Sempozyumu*, (441-450), Kırşehir: Kırşehir Valiliği Yayınları.

Gönüllü, Müzeyyen (2001), "Grup ve Grup Yapıları", *Cumhuriyet Üniversitesi İktisadi ve İdari Bilimler Dergisi*, 1(2), 191-201.

Görkem, İsmail (2001), *Türk Edebiyatında Ağıtlar-Çukurova Ağıtları*, Ankara: Akçağ Yayınları.

__________ (2005), "Tahir Alangu'nun Folklor Anlayışı", Gürer Gülsevin ve Metin Arıkan (Ed.), *Fikret Türkmen Armağanı*, (293-302), İzmir: Kanyılmaz Matbaası.

Gözaydın, Nevzat (1989), "Anonim Halk Şiiri Üzerine", *Türk Dili Türk Şiiri Özel Sayısı III (Halk Şiiri)*, 445-450, 1-104.

Gözen, Yavuz (2006), *Karabük Demir Çelik Fabrikalarındaki İşçilerin Batıl İnanışları*, Yayınlanmamış Yüksek Lisans Tezi, Hacettepe Üniversitesi, Sosyal Bilimler Enstitüsü.

Gramsci, A. (1950), "Osservazioni sul Folclore", *Opere*, 6, Torino.

Green, Archie (1971), *Only a Miner: Studies in Recorded Coal Mining Songs*, University of Illinois Press.

__________ (1978), "Industrial Lore: A Bibliographic-Semantic Query", *Working Americans: Contemporary Approaches to Occupational Folklife*, Robert H. Byington (Ed.), (71-102), Washington DC: Smithsonian Institution Press.

Greenway, John (1953), *American Folksongs of Protest*, Pennsylvania: University of Pennsylvania Press.

Groce, Nancy (2010), *Lox, Stocks, and Backstage Broadway: Iconic Trades of New York City*, Smithsonian Institution Scholarly Press.

Gül, Muammer (2003), "XIII.-XV. Yüzyıllarda Anadolu Türkleri ile Trabzon İmparatorluğu Arasındaki İlişkiler", *Fırat Üniversitesi Sosyal Bilimler Dergisi*, 13 (12), 421-37.

Güler, İbrahim (1999), "XVIII. Yüzyılda Trabzon'un Sosyal ve Ekonomik Durumuna Dair Tespitler", Kemal Çiçek ve diğerleri (Ed.), *Trabzon Tarihi Sempozyumu (6-8 Kasım 1998) Bildiriler*, (327-349), Trabzon: Trabzon Belediyesi Yayınları.

Günay Umay (1987), "Folklor Nedir?", *Türk Folkloru Araştırmaları 1987*, 23-30.

Güner, Galip (2010), "Kıpçak Türkçesinde Meslek Adları Üzerine İçerik Ve Yapı Bakımından Bir Sınıflandırma Denemesi", *Turkish Studies*, 5 (3), 1416-1448.

Güner, Güngör (1982), *Anadolu'da Yaşamakta Olan İlkel Çömlekçilik*, Ankara: Akbank Yayınları.

Güneş, Aysel (2003), "Ayakkabıcılık Terimleri ve Hafifmeşrep Yan Anlamlar", E. Gürsoy Naskali (Ed.), *Ayakkabı Kitabı*, (49-53), İstanbul: Kitabevi Yayınları.

__________ (2009), "Terzilik Terimlerinin Argoda ve Mecaz Anlamda Kullanımı", *Acta Turcica-Çevrimiçi Tematik Türkoloji Dergisi (Türk Kültüründe Terzilik)*, 1(2/2), 200-224.

Güngör, Ahmet (2006), "Tabu-Örtmece Sözler Üzerine", *Atatürk Üniversitesi Türkiyat Araştırmaları Dergisi*, 29, 69-93.

Güngör, Emin ve Çağatay, N. Namık (2006), "Karadeniz'de Son 3000 Yıldaki Ani Çevresel Değişimler", *İTÜ Dergisi/d*, 5 (4), 23-33.

Güngör, Harun (2007), "Geleneksel Türk Dininden Anadolu'ya Taşınanlar", (hzl.: Ülkü Çevik Şavk ve diğerleri), *Yaşayan Eski Türk İnançları Bilgi Şöleni: Bildiriler (16-17 Nisan 2007)*, (1-7), Ankara: Hacettepe Üniversitesi Türkiyat Araştırmaları Enstitüsü Yayınları.

Gürçay, Hikmet (1966), "Keçe ve Keçecilik", *Türk Etnografya Dergisi*, 9, 21-32.

__________ (1969), "Urgan ve Urgancılık", *Türk Etnografya Dergisi*, 11, 13-26.

Gürel, Ömer (2009), *Ömer Abi'nin Anıları*, Ankara: Önder Matbaacılık.

Gürsoy, Ahmet (2003), "Giresun Kazasının Vilayet Oluşu", Ali Çelik (Ed.), *Yeşilgiresun Gazetesine Göre Cumhuriyetin İlk Yıllarında Giresun (Sempozyum Bildirileri)*, (97-102), Giresun: Ümit Ofset Matbaacılık.

Gürsu, Süreyya (1939), "Yapılacak Limanlarımıza Bir Bakış", *Deniz Mecmuası*, 43, 21-23.

Güveloğlu, Ali (2013), "Antik Çağ'da Karadeniz'de Balık ve Balıkçılık", *Tarih Boyunca Karadeniz Ticareti ve Canik*, c. 2, (727-742), Ankara: Canik Belediyesi Yayınları.

H. M. (1932), "Yerli San'atlardan: Balık Yağcılığımız ve İnkişafi Çareleri", *Akın Mecmuası*, 15 Ağustos, 10, 9-11.

Hahanov, A. (2004), *Panaret'in Trabzon Tarihi*, (Çev.: Enver Uzun), Trabzon: Eser Ofset Matbaacılık.

Halaçoğlu, Ahmet (2003), "İngiliz Konsolosu Longworth'a Göre Trabzon Vilayeti (1892-1898)", *Belleten*, LXVII (250), 881-909.

Hançerlioğlu, Orhan (1986), *Toplumbilim Sözlüğü*, İstanbul: Remzi Kitabevi Yayınları.

Hand, Wayland D. (1942), "California Miners Folklore: Above and Below Group", *California Folklore Quarterly*, 1, 24-27; 127-130

__________ (1969), "American Occupational and Industrial Folklore: The Miner", Hans Foltin (Ed.), *Kontakte und Granzen: Probleme der Volks, Kultur und Sozialforschung: Festschrift fur Gerhard Heilfurth*, (453-460), Göttingen: Verlag Otto Schwartz.

Harris, Vorley (2005), *The Reports of the Last British Consul in Trabzon 1949-1956: A Foreigner's Perspective on Region in Transformation*, Christopher Haris (Ed.), İstanbul: The Isıs Press.

Haviland, William A ve diğerleri (2008), *Kültürel Antropoloji*, (Çev.: İnan Deniz Erguvan Sarıoğlu), İstanbul: Kaknüs Yayınları.

Hemmersam, Flemming (1985), "Worker Lore and Labor Lore", *ARV: Scandinavian Yearbook of Folklore*, 41, 17-29.

__________ (1988), "Workers' Folklore and Worker Culture", *ARV: Scandinavian Yearbook of Folklore*, 44, 49-102.

__________ (1996), "Symbols, Beliefs and Social Attitudes in the Workers' First of May Songs, 1890-1924", Flemming Hemmersam (Ed.) *To Work, To Life or To Death. Studies in Working Class Lore*, (91-118), Copenhagen: Society for Research in the History of the Labour Movement in Denmark Publication.

Hiscott, R. N. ve diğerleri (2007), "The Marmara Sea Gateway since ~16 ka: Non-Catastrophic Causes of Paleoceanographic Events in the Black Sea at 8.4 ka and 7.15 ka.", Yanko Hombach ve diğerleri (Ed.), *The Black Sea Flood Question: Changes in Coastline, Climate and Human Settlement*, (89-117), Nedherlands: Springer.

Hogg, Michael A. ve Vaughan, Graham M. (2011), *Sosyal Psikoloji*, (Çev.: İbrahim Yıldız ve Aydın Gelenez), İstanbul: Ütopya Yayınları.

Højte, Jacop Munk (2005), "The Archaeological Evidence for Fish Processing in the Black Sea Region", Bekker & Nielsen, Tønnes (Ed.) (2005), *Ancient Fishing and Fish Processing in the Black Sea Region*, (133-160), Aarhus: Aarhus University Press.

Honko, Lauri (1979), "Theories Concerning the Ritual Process", Lauri Honko (Ed.), *Science of Religion: Studies in Methodology: Roceedings of the Study Conference of the International Association for the History of Religions, Held in Turku, Finland*, (369-390), New York.

__________ (2006), "Ritüellerin Oluşum Süreci", (Çev.: Ruhi Ersoy), *Millî Folklor*, 9 (69), 129-140.

Hufford, Mary (1991), "American Folklife: A Commonwealth of Cultures", http://www.loc.gov/folklife/cwc/ (17.06.2014)

Inglis, Julian T. (Ed.) (1993), *Traditional Ecological Knowledge: Concepts and Cases*, Ottawa: International Development Research Centre Press.

Işık, Adem (2001), *Antik Kaynaklarda Karadeniz Bölgesi*, Ankara: TTK Yayınları.

İleri, Canan (2011), "Eskişehir'de Çobanlık", Emine Gürsoy Naskali (Ed.), *Çoban Kitabı*, (15-47), İstanbul: Kitabevi Yayınları.

İlhan, Süleyman (2008), "Yeni Kapitalizm ve Meslek Olgusunun Değişen Anlamları Üzerine", *Dumlupınar Üniversitesi Sosyal Bilimler Dergisi*, 21, 313-328.

İnan, Abdülkadir (1963), "Nazarlıklar", *TFA*, 8 (169), 3138.

__________ (1986), *Tarihte ve Bugün Şamanizm (Materyaller ve Araştırmalar)*, Ankara: TTK Yayınları.

__________ (1987), *Makaleler ve İncelemeler*, Ankara: TTK Yayınları.

İzbırak, Reşat (1984), *Türkiye*, İstanbul: MEB Yayınları.

Jenkins, J. Geraint (1972), "The Use of Artifacts and Folk Art in the Folk Museum", Richard M. Dorson (Ed.), *Folklore and Folklife: An Introduction*, (497-516), Chicago-London: The University of Chicago Press.

__________ (1991), *The Inshore Fishermen of Wales*, University of Wales Press.

__________ (2006), *Welsh Ships and Sailing Men*, (Translate: Martin Davis), Gwasg Carreg Gwalch Publication.

Johnson, Robbie Dawis (1973), "Folklore and Women: A Social Interactional Analysis of the Folklore of a Texas Madam", *The Journal of American Folklore*, 86 (341), 221-224.

Jones, Michael Owen (1991), "Why Folklore And Organization(s)", *Western Folklore*, 50, 29-41.

__________ (1997), "Organizational Folklore", Thomas A. Green (Ed.), *Folklore An Encyclopedia of Beliefs, Customs, Tales, Music and Art*, (618-620), Santa Barbara-California: Library of Congress Cataloging.

Jordan-Bychkov, Terry G. ve Domosh, Mona (2003), *The Human Mosaic: A Thematic Introduction to Cultural Geography*, 9th edition, New York: W.H. Freeman and Company.

Kafesoğlu, İbrahim (2003), *Türk Millî Kültürü*, 24. bs., İstanbul: Ötüken Yayınları.

Kalafat, Yaşar (1995), *Doğu Anadolu'da Eski Türk İnançlarının İzleri*, Ankara: AKM Yayınları.

__________ (1999), "Türk Dünyasında Karşılaştırmalı Ayak ve Ayakkabı İle İlgili İnançlar", *Türk Folkloru*, 99, 15-16.

_________ (2002), "Türk Halk İnançlarında Zaman (Doğu Karadeniz Örnekleri İle)", Mithat Kerim Arslan ve diğerleri (Ed.), *Trabzon ve Çevresi Uluslararası Tarih Dil Edebiyat Sempozyumu 3-5 Mayıs 2001, II. Cilt Dil-Edebiyat*, (19-26), Trabzon: Trabzon Valiliği Yayınları.

_________ (2008), "Kosova ve Dünya Türk Gençlik Kurultayı Gözlemleri", *Hacettepe Üniversitesi Türkiyat Araştırmaları Dergisi*, 8, 437-476.

_________ (2010a), "Türk Kültürlü Halklarda Yarış-Pir-Ruhî İlahî Mitolojik Bağlantısı", *Acta Turcica Çevrimiçi Tematik Türkoloji Dergisi*, 2 (1), 194-204.

_________ (2010b), "Destanî Katmanlaşma Sürecinde Türk Kültürlü Halklarda Kadın Teması İle İlgili İnançlar (Türk Halk İnançlarında Kadın)", *Türk Epik Enenesi İçinde Destan-VI. Uluslararası Folklor Konfransı (25-26 Noyabr 2010)*, (497-504), Bakü: Azerbaycan Milli Elmler Akademiyası Folklor İnstitutu.

Kalay, Erdinç (2010), *Tarlası Deniz Olan Okul: Beşkdüzü Köy Enstitüsü (1939-1954)*, İstanbul: Ema Matbaacılık.

Kantarcı, Hasan (2011), *Babamın Veresiye Defteri Moloz*, İstanbul: Heyamola Yayınları.

Kara, Ömer Faruk (1980), *Karadeniz'in Balıkçılık Potansiyeli ve Bölgedeki Balık Avlama Olanakları*, İstanbul: Türkiye Sınai Kalkınma Bankası Yayınları.

Kara, Ülkü (1999), *Giresun'da Adak İnancı ve Adak Yerleri*, Yayınlanmamış Yüksek Lisans Tezi, GÜ, Sosyal Bilimler Enstitüsü.

Karabacak, Rıfat (2005), "Yunus Avcısının Mayın Avı", *Tekne Kültür-Sanat Dergisi*, 5, 14-15.

_________ (2006a), "Civra-Voğa", *Tekne-Kültür Sanat Dergisi*, 10, 38-40.

_________ (2006b), "Yoroz Yardı", *Tekne Kültür-Sanat Dergisi*, 7, 19-23.

_________ (2007), "Irmakçılık", *Tekne Kültür-Sanat Dergisi*, 12, 40-42.

_________ (2008a), "Yunus Avında Bir Çocuk", *Tekne-Kültür Sanat Dergisi*, 17, 32-34.

_________ (2008b), "Alamanacılık", *Tekne-Kültür Sanat Dergisi*, 15, 13-15.

_________ (2008c), "Samsun Fırtınası", *Tekne Kültür-Sanat Dergisi*, 16, 51-52.

Karadeniz, Fikret (1979), "Bir Hamsi Türküsü", *TFA*, 19 (362), 8761-8762.

_________ (1986), "Giresun Yöresinde Toplumun Cin, Peri, Cadı, İnanç ve Masallarına Katılımı", *Türk Folkloru*, 80-81, 5-8.

Karahan, Leyla (2008), "Türkçede Dinî Anlamlı Bazı Kişi Adlarını Ekle Değiştirme Geleneği", *The 51st Meeting of the Permanent*

International Altaistic Conference (PIAC 51), Romanya, turkoloji.cu.edu.tr/YENI%20TURK%20DILI/Leyla_Karahan_Kisi_Adlari.pdf (15.04.2014)

Karaman, Kasım (2010), "Ritüellerin Toplumsal Etkileri", *SDÜ Fen-Edebiyat Fakültesi Sosyal Bilimler Dergisi*, 21, 227-236.

Karataş, H. Cemal (1970), "Artvin Şavşat Pazarcı Eğlenceleri", *TFA*, 12 (253), 5702-5703.

Karatay, Osman (2010), "Karadeniz İsmi: Hazar ve Bulgar Boyutundan Bir Bakış", *Karadeniz Sosyal Bilimler Dergisi*, 2, 53-73.

__________ (2012), *Türklerin Kökeni*, Ankara: Kripto Yayınları.

Karpuz, Haşim (1984), "Doğu Karadeniz El Sanatlarından Örnekler", *Halk Kültürü 1984/3*, 45-54.

Karslı, Metin (2012a), *Düşler Kenti Tirebolu*, İstanbul: Arı Sanat Yayınları.

__________ (2012b), *Tirebolu Hikâyeleri*, İstanbul: Arı Sanat Yayınları.

__________ (2013), *Bir Sevdadır Tirebolu*, İstanbul: Arı Sanat Yayınları.

Kasapoğlu-Akyol, Pınar (2011) "Çorum'un Sungurlu İlçesinde 1895-1947 Yılları Arasında Kasapoğlu Ailesi Üzerinden Kasaplık Kültürüne Bir Bakış", *Acta Turcica-Çevrimiçi Tematik Türkoloji Dergisi (Kültürümüzde Kasaplık)*, 3(2), 1-23.

Kaya, Doğan (1999), *Anonim Halk Şiiri*, Ankara: Akçağ Yayınları.

__________ (2002), "Trabzon Yöresi Türkülerinin Yapı, Konu ve Ezgilerine Göre Değerlendirilmesi", Mithat Kerim Arslan ve diğerleri (Ed.), *Trabzon ve Çevresi Uluslararası Tarih Dil Edebiyat Sempozyumu 3-5 Mayıs 2001, II. Cilt Dil-Edebiyat*, (93-102), Trabzon: Trabzon Valiliği Yayınları.

Kaya, Kamil (2008), *Küçük Gruplar Sosyolojisi*, Isparta: Fakülte Kitabevi Yayınları.

Kayaoğlu, İ. Gündağ (1984), "Bakırcı Ustaları II: Mehmet Celal Kaya", *Halk Kültürü 1984/3*, 55-64.

Kaynardağ, Arslan (1984), "Tarihi Değişen Yönleri ve Gizli Diliyle İstanbul Bitpazarı / Bitpazarı'nın Gizli Dili ve Argosu", *Folklor ve Etnografya Araştırmaları 1984*, İbrahim Arslanoğlu ve diğerleri (Ed.) (267-283), İstanbul: Anadolu Sanat Yayınları.

Kazmaz, Süleyman (1985), "Millî Hukuk ve Folklor", Feyzi Halıcı (Ed.), *Türk Halk Edebiyatı ve Folklorunda Yeni Görüşler-I*, (103-118), Ankara: Konya Kültür ve Turizm Derneği Yayınları.

__________ (1994), *Çayeli Geçmiş Günler ve Halk Kültürü*, Ankara: Türk Halk Kültürünü Araştırma ve Tanıtma Vakfı Yayınları.

__________ (2002), "Çayeli'nde Küçük Sanat Hayatı: Taşçılık ve Sepetçilik", *Erdem*, 12 (36), 947-972.

Kılınç, Seda (2005), *Narlı (Erdek/Balıkesir) Köyü'nde Balıkçılar –Kültür ve Çevre İlişkisi Açısından Etnografik Bir Analiz*, Yayınlanmamış Yüksek Lisans Tezi, AÜ, Sosyal Bilimler Enstitüsü.

Kınal, Füruzan (1991), "Çivi Yazı Ekonomisinde Balık ve Balıkçılık", *Atatürk Konferansları VI 1973-1974*, Ankara: TTK Yayınları.

Kırımlı, Yüksel (2009), "İstanbul Balıkçılarında Sosyal Yaşam ve Organizasyon", *Acta Turcica Çevrimiçi Tematik Türkoloji Dergisi*, 1, 309-318.

Kibar, Osman (2005), *Türk Kültüründe Ad Verme – Kişi Adları Üzerine Bir Tasnif Denemesi*, Ankara: Akçağ Yayınları.

King, Charles (2008), *Karadeniz*, (Çev.: Zülal Kılıç), İstanbul: Kitap Yayınları.

Knudsen, Ståle (1995), "Fisheries Along the Eastern Black Sea Coast of Turkey: Informal Resource Management in Small-scale Fishing in the Shadow of a Dominant Capitalist Fishery", *Human Organisation*, 54 (4), 437-448.

__________ (1998), "What Role For the Turkish Fishery Co-Operatives?: Organisational Preconditions For A New Management Regime in the Black Sea", Mehmet Salih Çelikkale ve diğerleri (Ed.), *FISHECO First International Symposium on Fisheries and Ecology*, (2-4), Trabzon-Turkey.

__________ (2003a), "Situating Tecnology: Confrontations Over the Use of Sonar Among Turkish Fishermen and Marine Scientists", *Perspectives on Global Development and Technology*, 2 (1), 94-123.

__________ (2003b), "Fishery Management in the Black Sea: From Ignorance to Politics?", *Southeast European and Black Sea Studies*, 3 (1), 46-62.

__________ (2008), "Ethical Know-how and Traditional Ecological Knowledge in Small Scale Fisheries on the Eastern Black Sea Coast of Turkey", *Human Ecology*, 36 (1), 29-41.

__________ (2009), *Fishers and Scientists in Modern Turkey-The Management of Natural Resources, Knowledges and Identity on the Eastern Black Sea Coast*, Oxford: Berhahn Press.

Kobya, Elif Şebnem (2008), *Baba Salim Divanı*, Yayınlanmamış Yüksek Lisans Tezi, KTÜ, Sosyal Bilimler Enstitüsü.

Koca, Salim (1977), "Türklerde Tuz ve Ekmek Hakkı", *Millî Kültür*, 1 (7), 57-61.

Koenig, Edna L. (1972-73), "Thae Cattle Auction in Central Texas: Analysis of Social Interaction", *Folklore Annual of the University Folklore Association*, 4-5, 60-77.

Kol, Hacer (2005), "Fethi Reis'in Kuvicası", *Tekne Kültür-Sanat Dergisi*, 6, 40-42.

Kolin, Philip (1973), "The Language of Nursing", *American Speech*, 48 (3/4), 192-210.

Koman, Mesut (1967), "Evliya Çelebi'ye Göre Zanaat Pirlerinin Hindlilerle İlişkisi", *TFA*, 212, 3447.

Korson, George (1927), *Songs and Ballads of the Anthracite Miners*, Pennsylvania: University of Pennsylvania Press.

__________ (1938), *Minstrels of the Mine Patch*, Pennsylvania: University of Pennsylvania Press.

__________ (1960), *Black Rock: Mining Folklore of the Pennsylvania Dutch*, Baltimore: Johns Hopkins Press.

__________ (1965), *Coal Dust on the Fiddle: Songs and Stories of the Bituminous Industry*, Pennsylvania: University of Pennsylvania Press.

Kostera, Monika (2007), *Organizational Etnography: Methods and Inspirations*, (Translate: Dominika Latusek-Jurczak), Utbildningshuset/Studentlitteratur.

Koşay, Hamit Zübeyir ve Ülkü, Akile (1962), "Anadolu'da İptidai Çömlekçilik", *Türk Etnografya Dergisi*, 5, 89-93.

Koştaş, Münir (1987), "Sosyalleşme (Socialisation)", *AÜ İlahiyat Fakültesi Dergisi*, 29, 329-334.

Köksal, M. Fatih (Ed.) (2005), *I. Ahi Evran-ı Velî Ahilik Sempozyumu*, Kırşehir: Kırşehir Valiliği Yayınları.

__________ (2008), *Ahi Evran ve Ahilik*, 2. bs., Kırşehir: Kırşehir Valiliği Yayınları.

Köksal, Nevin (2000), *Kırıkkale Makine Kimya Endüstrisi Kurumu İşçi Folkloru*, Lisans Tezi, Hacettepe Üniversitesi Türk Dili ve Edebiyatı Bölümü.

Kramer, Samuel Noah (1995), *Tarih Sümer'de Başlar*, (Çev.: Muazzez İlmiye Çığ), Ankara: TTK Yayınları.

Kumartaşlıoğlu, Satı (2011), "Afyonkarahisar İlinde Çobanlık Kültürü", Emine Gürsoy Naskali (Ed.), *Çoban Kitabı*, (49-65), İstanbul: Kitabevi Yayınları.

Kurumahmutoğlu, Pervin (1947), *Görele'nin Monografyası*, Yayınlanmamış Lisans Tezi, İÜ, Edebiyat Fakültesi.

Kushner, Gilbert (1970), "The Antrophology of Complex Societies", *Biennial Review of Antrophology 1969*, 6, 80-131, Stanford: Stanford University Press.

Küçük, Abanoz (2011), "Doğu Karadeniz Yöresi Doğum Sonrası İnanış ve Uygulamalarında Cadı/Obur", *Karadeniz Sosyal Bilimler Dergisi*, 12, 123-136.

Küçükbezirci, Seyit (1975a), "Konya'da Geleneksel Koyunculuk ve Çobanlık", *TFA*, 16 (309), 7275-7277.

_________ (1975b) "Konya'da Geleneksel Koyunculuk ve Çobanlık", *TFA*, 17 (310), 7311-7313.

Kümbetoğlu, Belkıs (2012), *Sosyolojide ve Antroplojide Niteliksel Yöntem ve Araştırma*, 3. bs., İstanbul: Bağlam Yayıncılık.

Leary, James P. (1978), "Strategies and Stories of the Omaha Stockyards", *Folklore Forum*, 11 (1), 29-41.

Lermioğlu, Muzaffer (2011), *Akçaabat Tarihi ve Birinci Genel Savaş-Hicret Hatıraları*, Mehmet Salih Köse ve diğerleri (hzl.), İstanbul: Has Matbaa.

Lévy-Bruhl, Lucien (2006), *İlkel İnsanda Ruh Anlayışı*, (Çev.: Oğuz Adanır), Ankara: Doğubatı Yayınları.

Lloyd, Timothy C. ve Mullen, Patrick B. (1990), *Lake Erie Fisherman: Work, Tradition and Identity*, Urbana: University of Illinois Press.

Locke, Liz ve diğerleri (Ed.) (2009), *Encyclopedia of Women's*, London: Greenwood Press.

Lomax, John Avery (1910; 2008), *Cowboy Songs and Other Frontier Ballads*, New York: MacMillan.

Lothridge, Ken (2006), *A Conductor Tells Unbelievable Train Stories*, Working Title Publishing.

Lowry, Heath W. Ve Emecen, Feridun (2012), "Trabzon", *Türkiye Diyanet Vakfı İslam Ansiklopedisi*, 41, (296-301), İstanbul: Türkiye Diyanet Vakfı.

Lundrigan, Gary (2009), *Occupational Memories: Selected Narratives of Seven Retired Newfoundland Men*, Master Thesis, University of Newfoundland, Department of Folklore Memorial.

Lvova, E. L. ve diğerleri (2013a), *Güney Sibirya Türklerinin Geleneksel Dünya Görüşü - İnsan ve Toplum*, (Çev.: Metin Ergun), Konya: Kömen Yayınları.

_________ (2013b), *Güney Sibirya Türklerinin Geleneksel Dünya Görüşleri: Simge ve Ritüel*, Konya: Kömen Yayınları.

Malinowski, Bronislaw (1990), *Büyü, Bilim ve Din*, (Çev.: Saadet Özkal), İstanbul: Kabalcı Yayınevi.

_________ (1992), *Bilimsel Bir Kültür Teorisi*, (Çev.: Saadet Özkal), İstanbul: Kabalcı Yayınları.

_________ (1998), *İlkel Toplum*, (Çev.: Hüseyin Portakal), Ankara: Öteki Yayınevi.

Manav, Günver (1975), "Malatya'da Meyvecilik, Hayvancılık ve Bakırcılık Geleneği", *TFA*, 16 (312), 7375-7377.

Manning, Peter K. (1977), *Police Work: The Social Organization of Policing*, Cambridge: MIT Press.

Marcus, L. R. ve Marcus M. T. (1990), "Ocuupational Folklore", George H. Schoemaker (Ed.), *The Emergence of Folklore in Everyday Life*, (121-132), Bloomington: Trickster Press.

Marshall, Gordon (1986), "The Workplace Culture of a Licensed Restaurant", *Theory, Culture and Society*, 3, 33-47.

__________ (1999), *Sosyoloji Sözlüğü*, (Çev.: Osman Akınhay ve Derya Kömürcü), Ankara: Bilim ve Sanat Yayınları.

Martin, Kevin R. (2003), *Occupational Folklore of The Bisbee, Arizona Copper Miners: 1930-1975*, Master Thesis, Utah State University.

Mauss, Marcel (2011), *Sosyoloji ve Antropoloji*, (Çev.: Özcan Doğan), Ankara: Doğubatı Yayınları.

Mavili-Aktaş, Aliye (2001), *Küçük Gruplar, Dinamikleri ve Süreci*, Ankara: Mustafa Kitabevi Yayınları.

McCarl, Robert S., (1976), "Smokejumper Initiation: Ritualized Communication in a Modern Occupation", *Journal of American Folklore*, 89 (351), 49-66.

__________ (1978a), "Occupational Folklife: A Theoretical Hypothesis", *Working Americans: Contemporary Approaches to Occupational Folklife*, Robert H. Byington (Ed.), *içinde* (3-18), Washington DC: Smithsonian Institution Press.

__________ (1978b), "Jump Story: An Examination of an Occupational Narrative", Occupational Folklore and the Folklore of Working", *Folklore Forum*, 9 (1), 1-17.

__________ (1985), *The District of Columbia Fire Fighter's Project: A Case Study in Occupational Folklife*, Washington: Smitsonian Institution Press.

__________ (1996a), "Occupational Folklore", Jan Harold Brunvand (Ed.), *American Folklore An Encyclopedia*, Chapter 2, *içinde* (1089-1096), New York-London: Tylor & Francis.

__________ (1996b), "Occupational Folklore", Eliot Oring (Ed.), *Folk Groups And Genres: An Introduction*, (71-91), Utah: Utah State University Press.

__________ (1997), "Occupational Folklife/Folklore", Thomas A. Green (Ed.), *Folklore-An Encyclopedia of Beliefs, Customs, Tales, Music And Art*, (596-602), California.

Mengi, T. (1968), "Türkiye'de Mersin Balığı Yakalama Aletleri", *Balık ve Balıkçılık*, 16 (10-11), 1-10; 1-5.

Mercer, B. E. ve Wanderer, J. J. (1970), *The Study of Society*, Belmont, California: Publishing Company.

Merçil, Erdoğan (2000), *Türkiye Selçukluları'nda Meslekler*, Ankara: TTK Yayınları.

Messenger, Betty (1975), *Folklore of the Northern Irish Linen Industry 1900-1935*, Indiana University Press.
Metin, Ezgi (2006), "Kent Folkloruna Bir Örnek: Doktor Folkloru", *Millî Folklor*, 9 (71), 34-38.
Michels, Robert (2001), *Political Parties-A Sociological Study of the Oligarchigal Tendencies of Modern Democracy*, (Translate: Eden Paul ve Cedar Paul), Kitchener: Batoche Press.
Mirazlı-Saral, Yasemin (2009), *Doğu Karadeniz Bölgesi Denizcilik Folkloru Üzerine Bir Araştırma*, Yayınlanmamış Yüksek Lisans Tezi, Ege Üniversitesi, Sosyal Bilimler Enstitüsü.
Mirzaoğlu, F. Gülay (2002), "Yapısal ve İşlevsel Açıdan Atma Türkü İcrâ Geleneği", Mithat Kerim Arslan ve diğerleri (Ed.), *Trabzon ve Çevresi Uluslararası Tarih Dil Edebiyat Sempozyumu 3-5 Mayıs 2001, II. Cilt Dil-Edebiyat*, (103-119), Trabzon: Trabzon Valiliği Yayınları.
Miskinoğlu, Ahmet (2012), "Geçen Süreç Boyunca-3", *Türk Dili*, 26 (151), 1-2.
Monaghan, John ve Just, Peter (2013), *Sosyal ve Kültürel Antropoloji*, (Çev.: Hakan Gür), Ankara: Dost Kitabevi.
Morgan, Gib (1945), *Minsterls of the Oil Fields*, Austin: University of North Texas Press.
Mullen, Patrick B. (1969), "The Function of Magic Folk Belief Among Texas Coastal Fisherman", *Journal of American Folklore*, 82 (325), 214-225.
__________ (1978), *I Heard the Old Fisherman Say: Folklore of the Texas Gulf Coast*, Austin-London: University of Texas Press.
__________ (1988), *I Heard the Old Fisherman Say: Folklore of the Texas Gulf Coast*, Logan: Utah State University Press.
Mustafa Cavit (1929), "Muğla'da Dabağ Esnafı Teşkilatı", *HBH*, 1, 3-7.
Mutlu, Cengiz (2000), *Doğu Karadeniz'de Hamsi Popülasyonunun Özellikleri ve Stok Miktarının Tahmininde Analitik Yöntemlerin Uygulanması*, Yayınlanmamış Doktora Tezi, KTÜ, Fen Bilimleri Enstitüsü.
Myerhoff, Barbara G. ve diğerleri (1987), "Rites of Passage", Mircea Eliade (Ed.), *The Encyclopedia of Religion, içinde*, 12, (380-386), New York: Macmillan Publication.
Nalbandoğlu, Ü. (1954), *Türkiye Deniz Balıklarının Sözlüğü*, İstanbul: İÜ Fen Fakültesi Hidrobiyoloji Araştırma Enstitüsü Yayınları.
Nickerson, Bruce (1974), "Is There a Folk in the Factory?", *Journal of American Folklore*, 87 (344), 133-139.
Nirun, Nihat (1965), "Problemler ve Sosyal Bünye", *AÜ DTCF Felsefe Bölümü Dergisi*, 3, 235-244.

Noyes, Dorothy (2003), "Group", *Eight Words for the Study of Expressive Culture*, Burt Feintuch (Ed.), *içinde* (7-41), Urbana: University of Illinois Press.

Nümann, W. (1952), "Doğu Karadeniz Bölgesinde Türk Balıkçılığı", *Balık ve Balıkçılık*, 1 (4), 14-24.

Ocak, Ahmet Yaşar (2007), *İslam-Türk İnançlarında Hızır Yahut Hızır İlyas Kültü*, İstanbul: Kabalcı Yayınları.

Odabaşı, Zehra (2008), *Bir Ahi Dostu: Franz Taeschner*, Ankara: Ahi Evren Üniversitesi Ahilik Kültürünü Araştırma Merkezi Yayınları.

Odabaşıoğlu, Cumhur (1980), *Trabzon (1869-1933 Yılları Yaşantısı)*, Ankara: İlk-San Matbaası.

Oğuz, Burhan (2002a), *Türkiye Halkının Kültür Kökenleri-1*, İstanbul: Anadolu Aydınlanma Vakfı Yayınları.

__________ (2002b), *Türkiye Halkının Kültür Kökenleri-2/A (Tarım-Hayvancılık-Meteoroloji)*, İstanbul: Anadolu Aydınlanma Vakfı Yayınları.

__________ (2003), *Türkiye Halkının Kültür Kökenleri-2/C (Tarım-Hayvancılık-Meteoroloji)*, İstanbul: Anadolu Aydınlanma Vakfı Yayınları.

__________ (2005), *Türkiye Halkının Kültür Kökenleri-5 (Halk Eczacılık ve Sağaltma Teknikleri)*, İstanbul: Anadolu Aydınlanma Vakfı Yayınları.

__________ (2006), *Türkiye Halkının Kültür Kökenleri-6 (Ulaştırma-İletişim, Mübadele, Ölçü ve Metalurji Teknikleri)*, İstanbul: Anadolu Aydınlanma Vakfı Yayınları.

Oğuz, M. Öcal (2000), *Türk Dünyası Halk Biliminde Yöntem Sorunları*, Ankara: Akçağ Yayınları.

__________ (2001), "Kentlerin Oluşumu ve Gelişimi Süreçlerinde Türk Halkbilimi", *Millî Folklor*, 7 (52), 46-49.

__________ Ve diğerleri (2005), *Türkiye'de 2004 Yılında Yaşayan Geleneksel Meslekler*, Ankara: Gazi Üniversitesi Türk Halk Bilimi Araştırma ve Uygulama Merkezi Yayınları.

__________ (2007), "Folklor ve Kültürel Mekân", *Millî Folklor*, 10 (76), 30-32.

Onat, Saim (1954), "Nisan Balığı", *Balık ve Balıkçılık*, 2 (2-3), 1-3.

Ong, Walter (1995), *Sözlü ve Yazılı Kültür: Sözün Teknolojileşmesi*, (Çev.: Sema Postacıoğlu Banon), İstanbul: Metis Yayınları.

Oring, Elliot (1996), "On the Consepts of Folklore", Elliot Oring (Ed.), *Folk Groups And Folk Genres: An Introduction*, (1-23), Utah: Utah State University Press.

Oy, Aydın (1984), "Tekirdağ'da Pamukçuluk ve Dokumacılık", *Halk Kültürü 1984/3*, 89-95.

Ozankaya, Özer (1986), *Toplumbilim*, İstanbul: Tekin Yayınları.

Ögel, Bahaeddin (1991a), *Türk Kültür Tarihine Giriş, I-IX*, Ankara: Kültür Bakanlığı Yayınları.

_________ (1991b), *İslamiyet'ten Önce Türk Kültür Tarihi (Orta Asya Kaynak ve Buluntularına Göre)*, Ankara: TTK Yayınları.

_________ (1995), *Türk Mitolojisi-II*, Ankara: TTK Yayınları.

_________ (2000), *Türk Kültür Tarihine Giriş*, C. 2, 4. bs., Ankara: Kültür Bakanlığı Yayınları.

_________ (2001), *Dünden Bugüne Türk Kültürünün Gelişme Çağları*, İstanbul: Türk Dünyası Araştırmaları Vakfı Yayınları.

Öğüt, Hamdi (1991), *Trabzon Yöresi Su Ürünleri Pazarlama Faaliyetleri*, Yayınlanmamış Lisans Tezi, KTÜ, Sürmene Deniz Bilimleri ve Teknolojileri Yüksek Okulu.

Öksüz, Melek (2005), "Kuruluşu'ndan Osmanlı Hakimiyetine Kadar Trabzon Tarihi'ne Kısa Bir Bakış-II", *Karadeniz Araştırmaları Dergisi*, 6, 97-107.

_________ (2006), *Onsekizinci Yüzyılın İkinci Yarısında Trabzon: Toplum-Kültür-Ekonomi*, Trabzon: Serander Yayınları.

Öksüz, Selami ve diğerleri (2004), "Garip ve Acılı Bir Meslek: Civra'nın Yunus Avcıları", *Tekne Kültür-Sanat Dergisi*, 1, 11-21.

Önder, Ali Rıza (1984), "Halk Hukukunun Kaynakları", *Türk Folklor Araştırmaları-1984*, 153-160, Ankara: Kültür ve Turizm Bakanlığı MFAD Yayınları.

Örnek, Sedat Veyis (1995), *Türk Halkbilimi*, Ankara: Kültür Bakanlığı Yayınları.

Özbay, Burhanettin (1971), "Balıkçılık, Balıkçılar ve İnanışları", *Folklor*, 29-30, 47-50.

Özdemir, Cafer ve Kaplan, Davut (2013), "Çobanlık Ve Çoban Gözüyle Arazi: Mikail Kaplan Ve Aşağı Çamlı Köyü Örneği", *Uluslararası Sosyal Araştırmalar Dergisi*, 6 (27), 442-459.

Özdemir, Yaşar Bedri (2011), *Fotoğraf ve Gravürlerle Trabzon Şehrengizi*, Trabzon: Mor Taka Kitaplığı Yayınları.

Özen, Kutlu (1982a), "Divriği İlçesinde Köşker Esnafı-I", *Türk Folkloru*, 35, 17-21.

_________ (1982b), "Divriği İlçesinde Köşker Esnafı-I", *Türk Folkloru*, 36, 18-19.

_________ (1982c), "Divriği İlçesinde Köşker Esnafı-I", *Türk Folkloru*, 37, 19-21.

_________ (1982d), "Divriği İlçesinde Köşker Esnafı-I", *Türk Folkloru*, 38, 13-16.

_________ (1982e), "Divriği İlçesinde Köşker Esnafı-I", *Türk Folkloru*, 39, 20-24.

_________ (1983), "Sivas Yemenici Esnafında Ahilik Geleneği", *Türk Folkloru*, 42, 7-11.

Özergin, M. Kemal (1966), "İznik Gölü'nde Balıkçılık", *TFA*, 10 (206), 4190-4191.

_________ (1974), "Çankırı'da Ayakkabıcılık", *TFA*, 15 (302), 7085-7089.

Özkan, Ali Rafet (2003), *Dinlerde Kurban Kültü*, Ankara: Akçağ Yayınları.

Özkaya, Yücel (1994), *Osmanlı İmparatorluğunda Âyânlık*, Ankara: TTK Yayınları.

Özkurt, Burcu ve Yanmaz, Mehtap (2002), "Askerlik Folkloru", *Folklor Halkbilim Dergisi*, 5 (50), 73-77.

Özsait, Mehmet (1999), "İlkçağ Tarihinde Trabzon ve Çevresi", Kemal Çiçek ve diğerleri (Ed.), *Trabzon Tarihi Sempozyumu (6-8 Kasım 1998) Bildiriler*, (35-45), Trabzon: Trabzon Belediyesi Yayınları.

Öztürk, Ali Osman (1993), "II. Dünya Savaşı Sonrası Alman Halkbilimi", *Millî Folklor*, 3 (20), 25-31.

Öztürk, Özhan (2005), *Karadeniz-Ansiklopedik Sözlük*, 2 C., İstanbul: Heyamola Yayınları.

_________ (2012), *Pontus: Antikçağ'dan Günümüze Karadeniz'in Etnik ve Siyasi Tarihi*, Ankara: Genesis Kitap.

Öztürk, Temel (1999), "Trabzon'da Fiyatlar (1700-1750)", Kemal Çiçek ve diğerleri (Ed.), *Trabzon Tarihi Sempozyumu (6-8 Kasım 1998) Bildiriler*, (351-368), Trabzon: Trabzon Belediyesi Yayınları.

_________ (2009), "Karadeniz'de Kullanılan Melekse Türü Gemiler", *Tarih İncelemeleri Dergisi*, 24 (2), 85-102.

Öztürkmen, Arzu (1998), *Türkiye'de Folklor ve Milliyetçilik*, İstanbul: İletişim Yayınları.

Pakalın, M. Zeki (1983), *Osmanlı Tarih Deyimleri ve Terimleri Sözlüğü*, C. 3, İstanbul: MEB Yayınları.

Palmer, Craig T. (1989), "The Ritual Taboos of Fishermen: An Alternative Explanation", *Maritime Athropological Studies*, 2 (1), 59-68.

Pancur, Özlem (2004), "Karadeniz Halk Müziği'nin Günümüzdeki Değişimi ve Popülerleşmesi", *Folklor Halbilim Dergisi*, 6 (58), 19-24.

Pasiner, Ali (2005), *Alabalıktan Zarganaya Türkiye Balıkları*, İstanbul: Yapı Kredi Yayınları.

Pelikoğlu, Mehmet Can (2009), "Trabzon Yöresi Halk Müziği ve Kolbastı", *Atatürk Üniversitesi Güzel Sanatlar Fakültesi Sanat Dergisi*, 16, 37-44.

Pilcher, William W. (1972), *The Portland Longshoreman*, New York: Free Press.

__________ ve Gersuny, Carl (1993), "Risk and Ritual: An Interpretation of Fishermen's Folklore in a New England Community", Elliot Oring (Ed.), *Folk Groups and Folklore Genres A Reader*, (137-145), Utah: Utah State University Press.

Poggie, John J. ve Gersuny, Carl (1972), "Risk and Ritual: An Interpretation of Fishermen's Folklore in a New England Community", *The Journal of American Folklore*, 85 (335), 66-72.

__________ (1974), *Fishermen of Galilee: The Human Ecology of a New England Coastal Community*, Rhode Island: University of Rhode Island Press.

__________ ve diğerleri (1976), "Risk as a Basis for Taboos among Fishermen in Southern New England", *Journal for the Scientific Study of Religion, 15 (3),* 257-262.

__________ve Pollnac, Richard B. (1988), "Danger and Rituals of Avoidance Among New England Fishermen", *Maritime Atrophological Studies*, 1 (1), 66-78.

Polat, Hamza ve Ergün, Hasan (2008), "Karadeniz'in Pelajik Balıkları", *SÜMAE Yunus Araştırma Bülteni*, 8 (1), 1-5.

Polat, M. Said (1998), *Moğol İstilasına Kadar Türkiye Selçukluları'nda İçtimai ve İktisadi Hayat*, Yayınlanmamış Doktora Tezi, Marmara Üniversitesi, Türkiyat Araştırmaları Enstitüsü.

Pond, R. Frederick, "Language of the California Oil Fields", *American Speech*, 7 (4), 261-272.

Potapov, L. P. (2012), "Altay Türklerinde Avcı İnançları ve Gelenekleri", (Çev.: Attila Bağcı), *Karadeniz Sosyal Bilimler Dergisi*, 15, 179-200.

Pritchard, E. Evans (2005), *Sosyal Antropoloji*, (Çev.: Fuat Aydın ve diğerleri), İstanbul: Birey Yayınları.

Pultar, Mustafa (2010), *Denizin Dili Denizin Yazısı*, İstanbul: Amatör Denizcilik Federasyonu Yayınları.

__________ (2012), *Deniz Balıkları Sözlüğü – Türkiye Denizlerindeki 512 Balık*, İstanbul: Türkiye İş Bankası Yayınları.

Radcliffe-Brown, A. R. (1965), *Structure and Function in Primitive Society*, New York: Free Press.

Rappaport, Roy A. (1997), "Ritüel", (Çev.: Kürşat Korkmaz), *Millî Folklor*, 33, 106-111.

Räsänen, Martti (1926) "Eine Sammlung von Mani-Liedern aus Anatolien", *Journal de la Societe Finno-Ougrienne*, 1-60.

Reskin, Barbara F. (2000), "Work and Occupations", Edgar F. Borgotta ve Rhonda J. V. Montgomery (Ed.), *Encyclopedia of Sociology*, (3261-3268), New York: Macmillan.

Reuss, Richard (1983), *Songs of American Labor, Industrialization and the Urban Work Experience: A Discography*, Ann Arbor: University of Michigan.

Riddell, Doug (1999), *From the Cab: Stories from a Locomotive Engineer*, Interurban Press.

Roux, Jean Paul (2002), *Türklerin ve Moğolların Eski Dini*, (Çev.: Aykut Kazancıgil), İstanbul: Kabalcı Yayınları.

Ryan, William ve Pitman, Walter (2000), *Noah's Flood: The New Scientific Discoveries About the Event that Changed History*, New York: Simon & Schuster.

Sağlam, Hacer (2007), "Son 20 Yılda Salyangoz Avcılığı", *SÜMAE Yunus Araştırma Bülteni*, 7 (1), 8-9.

Sakaoğlu, Saim (1989), *101 Anadolu Efsanesi*, Ankara: Kültür Bakanlığı Yayınları.

__________ (1992), *Türk Fıkraları ve Nasreddin Hoca*, Konya: Selçuk Üniversitesi Yayınları.

__________, *Türk Ad Bilimi-I*, Ankara: TDK Yayınları.

Santino, Jack (1978a), "Characteristics of Occupational Narrative", Robert H. Byington (Ed.), *Working Americans: Contemporary Approaches to Occupational Folklife*, (57-70), Washington DC: Smithsonian Institution Press.

__________ (1978b), "Contemporary Occupational Heroes", *Folklore Forum*, 11 (1), 55-59.

__________ (1988), "Occupational Ghostlore: Social Context and the Expression of Belief", *Journal of American Folklore*, 400, 156-167.

__________ (1989), *Miles of Smiles, Years of Struggle: Stories of Black Pulman Porters*, Urbana: University of Illinois Press.

Saran, Nephan (2010), *Antropoloji*, İstanbul: İnkılap Yayınları.

Sarısaman, Sadık (1999), *Cumhuriyetin İlk Yıllarında (1923-1930) Giresun (Sosyal, Kültürel ve Ekonomik Hayat)*, İstanbul: Mega Basım Yayın.

Saydam, Abdullah (2001), "XIX. Yüzyılda Reform İhtiyacının Taşradaki Yansımalarına Bir Örnek: Akçaabad Kazası", *Osmanlı Araştırmaları Dergisi*, 21, 135-187.

Schwartzman, Helen B. (1993), *Ethnography in Organizations*, Sage University Publication.

Seçer, H. Şebnem (2009), "Mesleki Yaşam Modelinin Oluşturulması ve Mesleki Analizlerde Kullanımı", *Celal Bayar Üniversitesi SBE Sosyal Bilimler Dergisi*, 7 (1), 35-56.

Sernikli, Güner (1975), "Türkiye'de Halkbilimi Üzerine İlk Düşünceler", *Türk Folkloru Araştırmaları Yıllığı Belleten 1974*, 143-160, Ankara.

Sevim, Oğuzhan (2011), "Türkçe Öğretmeni Adaylarının Sosyal Kimlik Algıları", *Karadeniz Sosyal Bilimler Dergisi*, 11, 89-106.

Seyirci, Musa (1991), "Antalya'da Nalbantlık Sanatı", *Türk Etnografya Dergisi*, 19, 149-161.

__________ Ve Topbaş, Ahmet (2009), "Anadolu'da Keçecilik", *Erdem-Halı Özel Sayısı-III*, 10 (30), 577-598.

Shotola, Robert W. (2000), "Small Groups", Edgar F. Borgatta-Rhonda J. V. Montgomery (Ed.), *Encyclopedia of Sociology*, 4, *içinde* (2610-2622), New York: Macmillan Press.

Shukurov, Rustam (1999), "Doğu Karadeniz Bölgesi'nde Türkçe Konuşan Bizanslılar", Kemal Çiçek ve diğerleri (Ed.), *Trabzon Tarihi Sempozyumu (6-8 Kasım 1998) Bildiriler*, (112-121), Trabzon: Trabzon Belediyesi Yayınları.

Simmel, Georg (1955), *Conflict and The Web of Group-Affiliation*, Kurt Wolff (Translated and Edited), New York: The Free Press.

Simpson, Jacqueline ve Roud Steve (Ed.) (2000), *A Dictionary of English Folklore*, Oxford, Oxford University Press.

Sims, Martha C. Ve Stephens, Martine (Ed.) (2011), *Living Folklore*, Utah: Utha State University Press.

Sizemore-Lightfoot, Deborah (2006), "Water Woes and Water Ways: Tales of Texas Engineer John B. Hawley", Kenneth L. Untiedt (Ed.), *Folklore-In All of Use, In All We Do*, (183-198), Denton-Texas: University of North Texas Press.

Smigel, O. Erwin (1954), "Trends in Occupational Sociology in the United States: A Survey of Postwar Research", *American Sociological Review*, 19 (4), 398-404.

"Social Groups" (t.y.), http://www.sociologyguide.com/basic-consepts/Social-Groups.php (10.06.2013)

Somel, T. İlkay (2011), *Çömlekçi'ye Kar Yağıyordu*, İstanbul: Heyamola Yayınları.

Spicer, Edward H. (1974), "The Problem and Meaning of Structural Change in AAA.", *Anthropology News*, 15 (2), 1-13.

Spradley, James ve Mann, Brenda J. (1975), *The Coctail Waitress*, New York: Anonymous.

Steiner, Franz (2004), *Taboo*, New York: Psychology Press.

Steward, Julian H. (1955), *Theory of Cultural Change*, Urbana: University of Illinois Press.

__________ (1950), *Area Research, Theory and Practice*, New York: Social Science Research Council Press.

Strabon (2000), *Coğrafya – Anadolu (Kitap: XII-XIII-XIV)*, (Çev.: Adnan Pekman), İstanbul: Arkeoloji ve Sanat Yayınları.

Suttun, Mark Q. ve Anderson, E. N. (2010), *Introduction to Cultural Ecology*, Lanham: Altamira Press.

Sümer, Faruk (1992), *Tirebolu Tarihi*, İstanbul: Tirebolu Kültür ve Yardımlaşma Derneği Yayınları.

__________ (1999), *Oğuzlar (Türkmenler), Tarihleri, Boy Teşkilatı, Destanları*, İstanbul: TDAV Yayınları.

Sümer, Hakan (2005), "Sarı Süleyman'ın Motoru Battı", *Tekne Kültür-Sanat Dergisi*, 6, 28-31

__________ (2006), "Miş'li Zaman Albümü", *Tekne Kültür-Sanat Dergisi*, 7, 53.

__________ (2007), "Bir Varmış Bir Yokmuş Bir Sürmene Takası Varmış", *Tekne Kültür-Sanat Dergisi*, 14, 24-26.

Sümerkan, Mustafa R. (2011), *Trabzon'un Yaşlı Bakkalı Mumhaneönü*, İstanbul: Heyamola Yayınları.

Sykes, Andrew J. M., (1966), "Joking Relationships in a Industrial Setting", *American Anthropologist*, 68, 188-193.

Şâkir Şevket (2001), *Trabzon Tarihi*, İsmail Hacıfettahoğlu (hzl.), Trabzon: Trabzon Belediyesi Yayınları.

Şanal, Mustafa ve Güçlü, Mustafa (2007), "Bir Toplumsallaştırma Aracı Olarak Ahilik", *Erciyes Üniversitesi Sosyal Bilimler Enstitüsü Dergisi*, 2007/2, 379-390.

Şemseddin Sami (1314/1897), *Kamûsü'l-A'lâm*, 5, İstanbul: Mihran Matbaası.

Şen, Serkan (2007), *Orhon, Uygur ve Karahanlı Metinlerindeki Meslekler Bağlamında Eski Türk Kültürü*, Yayınlanmamış Doktora Tezi, Ondokuz Mayıs Üniversitesi, Sosyal Bilimler Enstitüsü.

Şenel, Alâeddin (2011), *Siyasal Düşünceler Tarihi*, Ankara: Bilim ve Sanat Yayınları.

Şenel, Süleyman (1994), *Trabzon Bölgesi Halk Musikisine Giriş*, İstanbul: Anadolu Sanat Yayınları.

Şerif, Muzaffer ve Şerif, Caroline W. (1996), *Sosyal Psikolojiye Giriş*, (Çev.: Mustafa Atakay ve Aysun Yavuz), İstanbul: Sosyal Yayınları.

Talas, Cahit (1992), "Trabzon'dan Anılar", *Trabzon Dergisi*, 6, 86-91.

Tan, E. Mine (1981), *Toplumbilime Giriş: Temel Kavramlar*, Ankara: Sevinç Matbaası.

Tan, Nail (1974), "Taşıt Folkloru Üzerine", *TFA*, 15 (305), 12-13.

__________ (1976a), "Satıcı Sözleri", *TFA*, 16 (321), 7624-7627.

__________ (1976b), "Taşıt Folklor ve Etnografyasına Dair Bir Araştırma", *Türk Etnografya Dergisi*, 15, 93-100.

_________ (1976c), "Türkiye Halk Meteorolojisinde Hava Tahmini", *I. Uluslararası Türk Folklor Kongresi Bildirileri IV. Cilt: Gelenek Görenek ve İnançlar*, (250-282), Ankara: Kültür ve Turizm Bakanlığı MFAD Yayınları.

_________ (1997), *Folklor (Halkbilimi) Genel Bilgiler*, 4. bs., İstanbul: Anonim.

Taner, Nuri (1984), "Ağrı'da Sulama ve Ekin Biçmeye İlişkin İnanmalar ve Büyüsel İşlemler", *Halk Kültürü 1984/3*, 123-136.

Tanyu, Hikmet (1987), *Türklerde Taşla İlgili İnançlar*, Ankara: Kültür ve Turizm Bakanlığı Yayınları.

Tavkul, Ufuk (2001), "Karaçay-Malkar Kültüründe Avcılık ve Av Tanrısı Apsatı", *Kırım Dergisi*, 9 (34), 36-41.

Taylor, Archer (1993), "Alman Folklor Çalışmalarının Özellikleri", (Çev.: Özkul Çobanoğlu), *Millî Folklor*, 3 (20), 14-24.

Taylor, David A. (1996), "Boatbuilding", Jan Harold Brunvand (Ed.), *American Folklore an Encyclopedia, içinde* (193-195), New York: Taylor & Francis.

Tekin, Oğuz (2010), *Eskiçağ'da İstanbul'da Balık ve Balıkçılık*, İstanbul: Arkeoloji ve Sanat Yayınları.

Tekindağ, M. C. Şehabeddin (2001), "Trabzon", *İslam Ansiklopedisi*,12/1, , *içinde* (455-477), İstanbul: MEB Yayınları.

Tellioğlu, İbrahim (2007), *Osmanlı Hakimiyetine Kadar Doğu Karadeniz'de Türkler*, 2. bs., Trabzon: Serander Yayınları.

Temel ve Fadime Adını Ver Ödülü Al, 27 Şubat 2012, http://www.ntvmsnbc.com/id/25324841 (13.08.2014)

Terkel, Studs (1974), *Working: People Talk About What They Do All Day and How They Feel About What They Do,* New York: Pantheon/Random House.

Tezcan, Mahmut (1985), "Ülkemizde Geleneksel Halk Hukuku Uygulamaları", *Türk Folkloru Araştırmaları 1985/2*, 93-109, Ankara: Kültür ve Turizm Bakanlığı Yayınları.

_________ (1989), *Sosyal Değişme Sürecinde Çankırı Yaren Sohbetleri Kültürel Antropolojik Yaklaşım*, Ankara: Kültür Bakanlığı Yayınları.

Tezel, Rıdvan (1958), "Yine Yunuslar Hakkında", *Balık ve Balıkçılık Mecmuası*, 6 (3) 12-14.

Thorpe, N. Jack (1908; 2005), *Songs of the Cowboys*, Boston-New York: Houghton Mifflin Company.

Tietze, Andreas (1951), "XVI. Asır Türk Şiirinde Gemici Dili-Âgehî Kasidesi ve Tahmisleri", *Türkiyat Mecmuası*, IX, 113-138.

Toelken, Barre (1996), *The Dynamics of Folklore*, Logan: Utah State University Press.

Topbaş, Ahmet ve Seyirci, Musa (1984), "Afyon Keçe Sanatı", *Türk Folkloru*, 62, 18-23.
Trabzon İl Yıllığı-1967, (1968), Ankara: Ajans Türk Matbaacılık.
Trabzon Ticaret Mıntıka Kongresi, (1931), Trabzon: İstikbal Matbaası.
Trabzon Vilayeti Salnâmesi-1888, Kudret Emiroğlu (hzl.), 2002, C. 13, Ankara: Trabzon Vakfı Yayınları.
Trabzon Vilayeti Salnâmesi-1894, Kudret Emiroğlu (hzl.), 2007b, C. 15, Ankara: Trabzon Vakfı Yayınları.
Trabzon Vilayeti Salnâmesi-1896, Kudret Emiroğlu (hzl.), 2007c, C. 16, Ankara: Trabzon Vakfı Yayınları.
Trabzon Vilayeti Salnâmesi-1898, Kudret Emiroğlu (hzl.), 2007a, C. 17, Ankara: Trabzon Vakfı Yayınları.
Trabzon Vilayeti Salnâmesi-1900, Kudret Emiroğlu (hzl.), 2008a, C. 18, Ankara: Trabzon Vakfı Yayınları.
Trabzon Vilâyeti Salnamesi-1901, Kudret Emiroğlu (hzl.), 2008b, C. 19, Ankara: Trabzon Vakfı Yayınları.
Trabzon Vilâyeti Salnamesi-1901, Kudret Emiroğlu (hzl.), 2008c, C. 20, Ankara: Trabzon Vakfı Yayınları.
Trabzon Vilâyeti Salnamesi-1904, Kudret Emiroğlu (hzl.), 2009, C. 22, Ankara: Trabzon Vakfı Yayınları.
Trak, Selçuk (1944), "Giresun-Ordu ve Ardülkesinde Avcılık", *AÜ DTCF Dergisi*, 2 (5), 783-788.
Tsetskhladze, Gocha R. (1994), "Greek Penetration of the Black Sea", Gocha R.Tseskhladze ve Franco De Angelies (Ed.), *The Archaeology of Greek Colonisation, Eassys Dedicated to Sır John Boardman*, (111-136), Oxford: Oxford University School of Archaeology.
__________ (2010), "Arkaik ve Klasik Dönemlerde Karadeniz'de Ticaret: Bazı Gözlemler", Christopher Smith ve Helen Parkins (Ed.), (Çev.: Ömür Harmanşah), *Ticaret, Tüccarlar ve Antik Kent*, (56-76), İstanbul: Homer Kitabevi Yayınları.
Tuncel, Metin (2000), "Karadeniz", *Türkiye Diyanet Vakfı İslam Ansiklopedisi*, 22, (385-386), İstanbul: Türkiye Diyanet Vakfı.
Tuncer, Murat ve Taşpınar, Mehmet (2004), "Meslek Standartları ve Çeşitli Meslekî Sınıflama Sistemleri", *Doğu Anadolu Bölgesi Araştırmaları*, 2 (3), 5-10.
Tümertekin, Erol ve Özgüç, Nazmiye (2012), *Beşeri Coğrafya (İnsan-Kültür-Mekan)*, İstanbul: Çantay Kitabevi.
Türk, H. Bahadır (2011), "Türkiye'de Ulus-Devlet Formasyonunun Ortaya Çıkış Sürecini Habitus Kavramı Üzerinden Okumak", *Bilig*, 57, 201-225.

Türkoğlu, Pakize (2004), *Tonguç ve Enstitüleri*, 2. bs., İstanbul: İş Bankası Kültür Yayınları.

Türkyılmaz, Halil İbrahim (1995), *Dünden Yarına Tüm Yönleriyle Eynesil*, İstanbul: Tena Tanıtım ve Organizasyon Yayınları.

Untiedt, Kenneth L., "The Police Language: The Lore of Law Enforcement Communication in West Texas", Kenneth L. Untiedt (Ed.), *Folklore-In All of Use, In All We Do*, (205-214), Denton-Texas: University of North Texas Press.

Usta, Veysel (1999), *Anabasis'ten Atatürk'e Seyahatnamelerde Trabzon*, Trabzon: Serander Yayınları.

Uysal, Ahmet E. (1968), "Street Cries in Turkey", *The Journal of American Folklore*, 81 (321), 193-215.

Üçer, Müjgan (2011), "Sivas'ta Çobanlık", Emine Gürsoy Naskali (Ed.), *Çoban Kitabı, içinde* (249-271), İstanbul: Kitabevi Yayınları.

Üçüncü, Kemal (2007), "Trabzon Yöresi Sözlü Kültür Geleneğinde İcra Töresi ve İcra Ortamı Açısından Kemençecilik", *Karadeniz Araştırmaları Dergisi*, 12, 127-135.

__________ (2012a), Trabzon/Köprübaşı Yöresi Kaşıkçılık Meslek Geleneğinin Etnoğrafik Belgelenmesi ve Tahlili, *Karadeniz Sosyal Bilimler Dergisi*, 13, 26-46.

__________ (2012b), "Türk Mitik Tefekküründe Su Düşüncesi Bağlamında Giresun Aksu Şenlikleri", Bülent Gül (Ed.), *Türk Moğol Araştırmaları - Prof. Dr. Tuncer Gülensoy Armağanı*, (301-310), Ankara: TKAE Yayınları.

__________ (2013), "Karadeniz Havzası Bağlamında Trabzon Yöresi Kültürel Yapısının ve Etnografyasının Araştırılması Meselesi: Bazı Teklifler", Kemal Üçüncü (Ed.), *Trabzon Yöresi Halk Kültürünün ve Etnografyasının Derlenmesi ve Müzelenmesi Çalıştayı-Bildiriler*, (109-118), Trabzon: KTÜ, Karadeniz Araştırmaları Enstitüsü Yayınları.

Ülkütaşır, M. Şakir (1969), "Eski Ramazan Davulcuları ve Davulcu Mânileri", *TFA*, 12 (245), 5471-5472.

Ünsal, Artun (2011), *Boğaz'ın Beş Efendisi (Lüfer, Palamut, Levrek, Tekir ve İstavrit'e Dair)*, İstanbul: Yapı Kredi Yayınları.

Üstündağ, Erdal (2005), "Mersin Balıkları", *SÜMAE Yunus Araştırma Bülteni*, 5 (2), 5-8.

__________ (2010), "Geçmişten Günümüze Balıkçılık Uygulamaları ve Hamsi Avcılığına Etkileri", *1. Ulusal Hamsi Çalıştayı: Sürdürülebilir Balıkçılık (17-18 Haziran 2010)*, (67-72), Trabzon: SÜMAE Yayınları.

Van Gennep, Arnold (1992), *The Rites of Passage*, (Translate: Monika B. Vizedom ve Gabrielle L. Caffee), Chicago: University of Chicago Press.

Van Ginkel, R. (1987), "Pigs, Priests and Other Puzzles: Fisshermen's Taboos in Anthropological Perspective", *Ethnologia Europaeo*, 17, 57-68.

Vural, Reyhan (2010), *Tirebolu Çocukluk Hatıraları*, İstanbul: MVT Yayınları.

Watts, Linda S. (2007), *Encyclopedia of American Folklore*, Washington: Free Press.

Weaver, Thomas ve White, Douglas John (1974), *The Antrophology of Urban Environments*, Colorado: Society for Applied Anthropology Press.

Weber, Max (2004), *Sosyolojinin Temel Kavramları (Meslek Olarak İlim)*, (Çev.: Medeni Beyaztaş), İstanbul: Efkar Yayınları.

Weinberg S. Kirson ve Arond, Henry (1952), "The Occupational Culture of the Boxer", *American Journal of Sociology*, 57, 463-464.

White, Leslie A. (1949), *The Science of Culture*, New York: Grove Press.

__________ (1959), *The Evolution of Culture: The Development of Civilization to the Fall Rome*, New York: McGraw-Hill Book.

Wolf-Knuts, Ulrika (2007), "Folklorizm, Nostalji ve Kültürel Miras", (Çev.: Selcan Gürçayır), *Folklorun Sahtesi: Fakelore*, (175-181), Ankara: Geleneksel Yayınları.

Wright, Sir Denis (1992), "Elli Yıl Önce Trabzon", *Trabzon Dergisi*, 6, 79-84.

Yağcı, Lerzan (1996), "Sivas'ta Bıçakçılık", *I. Türk Halk Kültürü Araştırma Sonuçları Sempozyumu Bildirileri-I*, (182-185), Ankara: Kültür Bakanlığı Yayınları.

Yalgın, R. (1941), "Abulyont Köyünde Balıkçılık Etnografyası", *Halk Bilgisi Haberleri*, 11 (122), 33-36.

Yardımcı, Mehmet (1985), "Zile'de Leblebici Esnafı", *Türk Folkloru*, 64, 16-17.

Yıldırım, Dursun (1991), "Türk Folklor Araştırmalarının Problemleri", *Millî Folklor*, 2 (11), 13-20.

__________ (1998), "Fıkra Türü", *Türk Bitiği*, Ankara: Akçağ Yayınları.

__________ (1999), *Türk Edebiyatında Bektaşi Fıkraları*, Ankara: Akçağ Yayınları.

Yılmaz, Cevdet (2006), "Kar Kuyuları", *VII. Milletlerarası Türk Halk Kültürü Kongresi (27 Temmuz-1 Ağustos 2006)*, Gaziantep. (Yayınlanmamış bildiri).

Yılmaz, Fuat ve diğerleri (2003), "Balıkçılık", *Folklor*, 6 (53-54), 49-56.

__________ (2010), "Balıkçılık", *Folklor*, 8 (71), 52-58.

Yılmaz, Murat (2011), *Trabzondur Yolumuz: İçimdeki Mavi Beyaz Faroz*, İstanbul: Heyamola Yayınları.
Yılmaz, Salih (1978a), "Akçaabat'ın Akçaköyü'nde İnanmalar", *TFA*, 18 (344), 8256-8258.
_________ (1978b), "Akçaabat'ın Akçaköyü'nde İnanmalar", *TFA*, 18 (345), 8296-8300.
Yocom, Margaret R. (1997), "Family Foklore", (Ed.) Thomas A. Green, *Folklore-An Encyclopedia of Beliefs, Customs, Tales, Music and Art*, Santa Barbara, California: Library of Congress Cataloging.
Yoder, Don (Ed.) (1976), *American Folklife*, Austin: University of Texas Press.
Yolcu, Mehmet Ali (2014), *Nevşehir Yöresinde Yaşayan Geleneksel Meslekler*, Ankara: NEVKAM Yayınları.
Yund, Kerim (1963), "Türk Hukuk Folkloru Üzerine", *TFA*, 8 (170), 3181-3182.
Yüksel, Ayhan (2003), *Tirebolu-Bir Sahil Kasabasının Sosyal ve Ekonomik Tarihi (1788-1858)*, İstanbul: Kitabevi Yayınları.
_________ (2007), *Giresun Tarihi Yazıları*, İstanbul: Kitabevi Yayınları.
_________ (2009), *Giresun Tarihinden Sayfalar*, İstanbul: Giresun Valiliği Yayınları.
_________ (2010), *Geçmişten Günümüze Tirebolulu Denizciler*, İstanbul: Bengi Yayınları.
_________ (2013), *Tirebolu Kazası Nüfus Defteri –Tirebolu, Espiye, Yağlıdere, Güce Nüfus Kayıtları- (1835-1847)*, İstanbul: Arı Sanat Yayınları.
_________ (t.y.), "Türkülerimiz", http://tirebolu.bel.tr/v2/sayfa.php?id=42 (25.04.2014)
Yüksel, Murat (1989), *Türk Edebiyatında Hamsi*, Trabzon: Erol Ofset Matbaacılık.
Zaman, Mehmet (2005), "Orta ve Doğu Karadeniz'de Balıkçılık", *Doğu Coğrafya Dergisi*, 10 (13), 31-77.
Zengin, Mustafa (2008), "Karadeniz'de Yunus Avcılığı", *SÜMAE Yunus Araştırma Bülteni*, 8 (1), 8-12.
_________ (2010), "Hamsi Avcılığının Uzun Geçmişi", *SÜMAE Yunus Araştırma Bülteni*, 10 (2), 14-17.
_________ (2014), "Zavena'nın Eski Balıkçıları: Malkoçoğlu Mustafa Reis", Veysel Usta ve diğerleri (Ed.), *Dünden Bugüne Akçaabat Sempozyumu 26-28 Nisan 2013*, (669-682), Trabzon: Akçaabat Belediyesi Kültür Yayınları.
Zulaika, Joseba (1981), *Terranova: The Ethos and Luck of Deep-Sea Fishermen*, Philadelphia: Institute of the Study of Human Issues.

Zülfikar, Servet (2012), *Dideban Altında Yaşanmış Bitlis Çarşı Mizahı*, Bitlis: Anonim.
http://www.milliyet.com.tr/2004/12/06/son/sonyas16.html (13.08.2014)
http://americanfolklore.net/folklore/2010/10/garlic_superstitions_folklore.htm l (03.07.2014)

KAYNAK KİŞİLER

KK-No	Adı Soyadı	Doğum Tarihi ve Yeri	Tahsili	Mesleği	Derleme Tarihi
KK-1	Tamer Deniz	1965, Beşikdüzü	Lise	Balıkçı	2012
KK-2	Şükrü Deniz	1935, Bulancak	İlkokul	Balıkçı	2012
KK-3	Zehra Mutlu	1943, Çarşıbaşı	İlkokul	Ev Hanımı	2013
KK-4	Muzaffer Kalafat	1929, Bulancak	Ortaokul	Balıkçı	2012
KK-5	Mustafa Çakır	1956, Vakfıkebir	Lise	Balıkçı	2013
KK-6	Mustafa Meme	1926, Eynesil	İlkokul	Balıkçı	2013
KK-7	İsmet Başali	1926, Trabzon	İlkokul	Balıkçı	2013
KK-8	Tahir Yirmibeş	1945, Bulancak	İlkokul	Kaptan	2012
KK-9	Ahmet Koçoğlu	1951, Giresun	Lise	Emekli	2012
KK-10	Yalçın Güven	1943, Giresun	Lise	Emekli	2012
KK-11	Orhan Fat	1947, Giresun	İlkokul	Balıkçı	2012
KK-12	Mustafa İnce	1946, Giresun	Yüksekokul	Emekli	2012
KK-13	Hamdi Arslan	1965, Piraziz	Ortaokul	Balıkçı	2012
KK-14	Mustafa Arslan	1973, Piraziz	Ortaokul	Balıkçı	2012
KK-15	Abdullah Günay	1940, Piraziz	Okuryazar	Balıkçı	2012
KK-16	Mustafa Alkan	1965, Bulancak	İlkokul	Balıkçı	2012
KK-17	Savaş Erdoğan	1974, Bulancak	Lise	Balıkçı	2012
KK-18	Şenel Özdemir	1941, Bulancak	Ortaokul	Balıkçı	2012
KK-19	Ahmet Muhit Fat	1950, Giresun	İlkokul	Balıkçı	2012
KK-20	Zeki Koç	1968, Giresun	İlkokul	Balıkçı	2012
KK-21	Halil İbrahim Aydeniz	1960, Giresun	Lise	Balıkçı	2012
KK-22	Dursun Neciboğlu	1955, Giresun	Ortaokul	Balıkçı	2012
KK-23	Muammer Daban	1965, Keşap	İlkokul	Balıkçı	2012
KK-24	Hüseyin Çakır	1954, Keşap	İlkokul	Emekli	2013
KK-25	Şaban Kara	1960, Keşap	İlkokul	Emekli	2013
KK-26	Adem Yalçınkaya	1954, Keşap	İlkokul	Balıkçı	2013
KK-27	Turgut Elevli	1960, Tirebolu	İlkokul	Balıkçı	2013
KK-28	Galip Kerim	1963, Tirebolu	İlkokul	Balıkçı	2013
KK-29	Koray Akgün	1967, Görele	Lise	İşçi	2013
KK-30	Erkin Yavuz	1986 Görele	İlkokul	Balıkçı	2013
KK-31	Halil Durkaya	1948, Görele	Ortaokul	Emekli	2013
KK-32	Muharrem Çeliktaş	1960, Görele	İlkokul	Emekli	2013
KK-33	Hüseyin Çeliktaş	1959, Görele	İlkokul	Emekli	2013
KK-34	Ali Kırlak	1983, Trabzon	Lise Terk	Balıkçı	2013
KK-35	Köksal Yetim	1965, Eynesil	Lise Terk	Balıkçı	2013
KK-36	Temel Pepe	1953, Akçaabat	İlkokul	Balıkçı	2013
KK-37	Osman Usta	1958, Trabzon	Üniversite	Balıkçı	2013
KK-38	Muharrem Kayıkçı	1944, Trabzon	Ortaokul Terk	Emekli	2012
KK-39	Ahmet Ferit Candeğer	1948, Trabzon	Üniversite	Emekli	2012
KK-40	Ferdi Sakallıoğlu	1968, Trabzon	Üniversite	Akademisye n	2013
KK-41	Yaşar Uzun	1939, Trabzon	Lise	Emekli	2013
KK-42	Muhammer Küçük	1948, Vakfıkebir	İlkokul	Balıkçı	2012
KK-43	Yılmaz Terzi	1944, Çarşıbaşı	Ortaokul Terk	Balıkçı	2012
KK-44	Ali Küçük	1963, Vakfıkebir	İlkokul	Balıkçı	2012
KK-45	Nihat Çetindemir	1960, Çarşıbaşı	İlkokul	Balıkçı	2013

KK-46	Mehmet Şahin	1967, Çarşıbaşı	İlkokul	Balıkçı	2013
KK-47	Cahit Birinci	1951, Çarşıbaşı	Lise	Muhtar	2013
KK-48	İsmet Boğuçlu	1953, Akçaabat	İlkokul	Emekli	2013
KK-49	Ahmet Köroğlu	1959, Akçaabat	Ortaokul Terk	Balıkçı	2013
KK-50	Hayrettin Şen	1959, Akçakale	İlkokul	Balıkçı	2013
KK-51	Cengiz Erol	1969, Akçakale	Üniversite	Mühendis	2013
KK-52	Atuf Malkoç	1963, Akçaabat	İlkokul	Balıkçı	2013
KK-53	Halim Malkoç	1924, Akçaabat	Okuryazar	Balıkçı	2013
KK-54	Veysel Emiroğlu	1958, Araklı	İlkokul	Balıkçı	2013
KK-55	Yıldıray Ofluoğlu	1970, Sürmene	Lise	Serbest Mes.	2013
KK-56	Paşa Ali Karamustafa	1964, Sürmene	İlkokul	Serbest Mes.	2013
KK-57	Rıfat Karabacak	1955, Sürmene	Lise	Muhtar	2013
KK-58	Nurettin Akbaş	1946, Sürmene	İlkokul	Denizci	2013
KK-59	Ömer Yetmişbir	1955, Sürmene	Ortaokul	Balıkçı/Esnaf	2013
KK-60	Rıfkı Başaran	1946, Sürmene	İlkokul	Tekne Ustası	2013
KK-61	Kenan Erhan	1942, Sürmene	İlkokul	Tekne Ustası	2013
KK-62	Ömer Şamata	1958, Sürmene	İlkokul	Terzi	2013
KK-63	Aslan Şener	1947, Sürmene	İlkokul	Balıkçı	2013
KK-64	Alibey Aktaş	1947, Sürmene	İlkokul	Esnaf	2013
KK-65	Hasan Basri Arslan	1971, Of	Ortaokul	Tekne Ustası	2013
KK-66	Orhan Kılıç	1972, Of	İlkokul	Balıkçı	2013
KK-67	Ahmet Saral	1964, Of	Ortaokul	Balıkçı	2013
KK-68	Alahattin Turhal	1963, Trabzon	Ortaokul	Balıkçı	2013
KK-69	Hasan Altun	1923, Mersin	İlkokul	Balıkçı	2013
KK-70	Bahtiyar Fat	1955, Bulancak	İlkokul	Balıkçı	2012
KK-71	İsmail Aydeniz	1964, Bulancak	Ortaokul	Balıkçı	2012
KK-72	Mahmut Oflu	1943, Sürmene	İlkokul	Balıkçı	2013
KK-73	Abanoz Küçük	1986, Vakfıkebir	Üniversite	Akademisyen	2012
KK-74	Sedat Akgün	1951, Akçaabat	İlkokul	Balıkçı	2013
KK-75	Ali Kuğu	1955, Giresun	Lise	Emekli	2012
KK-76	İbrahim Bayraktar	1955, Giresun	İlkokul	Balıkçı	2012
KK-77	Salih Yılmaz	1965, Trabzon	İlkokul	Balıkçı	2013
KK-78	İbrahim Çetindemir	1957, Çarşıbaşı	Ortaokul Terk	Balıkçı	2012
KK-79	Sertan Erdem	1972, Trabzon	Lise	Tekne Ustası	2013
KK-80	Ali Demirci	1955, Piraziz	İlkokul	Komisyoncu	2012
KK-81	Erdem Malkoç	1969, Akçaabat	Üniversite	Doktor	2013
KK-82	Murat İlarslan	1963, Akçaabat	İlkokul	Balıkçı	2013
KK-83	Ali Kemal Menteşeoğlu	1948, Giresun	Yüksekokul	Emekli	2012
KK-84	Tayip Domaç	1959, Tirebolu	Lise	Balıkçı	2012
KK-85	Lütfü Küçük	1965 Sürmene	Lise	Balıkçı	2013
KK-86	Haluk Eyüboğlu	1952, Trabzon	Yüksekokul	Serbest	2013
KK-87	Aynur Usta	1962, Giresun	İlkokul	Balıkçı	2012
KK-88	Hatuncuk Yılmaz	1930, Çarşıbaşı	İlkokul	Ev Hanımı	2013
KK-89	Zeynep Bilgili	1944, Bulancak	Okuryazar Değil	Ev Hanımı	2012
KK-90	İsmail Akoğlu	1977, Bulancak	Lise	Balıkçı	2012
KK-91	Mehmet Usta	1954, Giresun	İlkokul	Balıkçı	2012
KK-92	Selim Kalaycı	1990, Beşikdüzü	Üniversite	Serbest	2013
KK-93	Aydın Yayla	1951, Bulancak	İlkokul	Balıkçı	2012
KK-94	Dursun Çınartepe	1947, Bulancak	İlkokul	Emekli	2012

KK-95	Köksal Akkan	1964, Çarşıbaşı	Üniversite Terk	Denizci	2012
KK-96	Mustafa Daban	1959, Keşap	İlkokul	Balıkçı	2012
KK-97	Murat Gül	1964, Ordu	Lise	Tekne Ustası	2012
KK-98	Ömer Yalnız	1935, Sürmene	İlkokul	Balıkçı	2013
KK-99	Salih Elevli	1927, Tirebolu	İlkokul	Balıkçı	2012
KK-100	Oktay Başkaya	1960, Trabzon	Yüksekokul	Emekli	2013
KK-101	Hasan Ekmekçi	1938, Bulancak	İlkokul	Esnaf	2012
KK-102	Nurettin Saral	1955, Sürmene	İlkokul	Balıkçı	2013
KK-103	Ömer Yılmaz Öğüt	1944, Giresun	Ortaokul	Emekli	2012
KK-104	Metin Karslı	1960, Tirebolu	Yüksekokul	Emekli	2012
KK-105	Ahmet Ergül	1941, Trabzon	İlkokul	Balıkçı	2013
KK-106	Ali Şükrü Işık	1957, Giresun	Lise	Balıkçı	2012
KK-107	Hasan Hüseyin Özkan	1956, Espiye	İlkokul	Esnaf	2013
KK-108	Ergün İşsever	1952, Espiye	İlkokul	Emekli	2013
KK-109	Kaya Eraslan	1944, Espiye	Lise	Emekli	2013
KK-110	Bekir Çete	1937, Çarşıbaşı	Lise	Emekli	2013
KK-111	Aydın Çakır	1939, Sürmene	İlkokul	Balıkçı	2012
KK-112	Dursun Şivil	1931, Sürmene	İlkokul	Balıkçı	2012
KK-113	Habib Beşli	1953, Trabzon	İlkokul	Balıkçı	2014
KK-114	Emine Kara	1937, Çarşıbaşı	Okuryazar	Ev Hanımı	2012
KK-115	Reyhan Vural	1925, Tirebolu	Yüksekokul	Emekli	2013
KK-116	Oktay Korkmazkaya	1932, Giresun	İlkokul	Balıkçı	2012
KK-117	Halil Kara	1965, Tirebolu	Üniversite	Serbest	2013
KK-118	Emre Güneş	1992, Bulancak	Üniversite	Serbest	2012
KK-119	Ahmet Eyüboğlu	1969, Ordu	Lise	Balıkçı	2012
KK-120	Şaban Şimşir	1956, Araklı	İlkokul	Balıkçı	2013
KK-121	Tekin Çöngül	1942, Giresun	Ortaokul	Emekli	2012
KK-122	Furkan Yetim	1985, Eynesil	Yüksekokul	Memur	2013
KK-123	Kadir Kazım Konuralp	1959, Giresun	Lise	Tekne Ustası	2012
KK-124	Osman Özkan	1971, İstanbul	İlkokul	Esnaf	2013
KK-125	Arif Koç	1990, Giresun	İlkokul	Balıkçı	2012
KK-126	Hasan Reis	1948, Araklı	İlkokul	Balıkçı	2013
KK-127	Cengiz Altunbaş	1962, Giresun	Ortaokul Terk	Balıkçı	2012
KK-128	Mustafa Kıranlı	1943, Giresun	İlkokul	Balıkçı	2013
KK-129	Tamer Akkan	1986, Çarşıbaşı	Üniversite	Akademisyen	2012
KK-130	Makbule Çilesiz	1960, Sinop	İlkokul	Ev Hanımı	2012
KK-131	İsmet Beşir	1962, Araklı	Lise	Emekli	2013
KK-132	Ali Fındık	1950, Giresun	İlkokul	Esnaf	2012
KK-133	Hüsniye Küçük	1951, Vakfıkebir	İlkokul	Ev Hanımı	2013
KK-134	Hüsnü Demir	1960, Araklı	İlkokul	Balıkçı	2013
KK-135	Mehmet Boğuşlu	1972, Akçaabat	İlkokul	Balıkçı	2014
KK-136	Haydar Kara	1957, Mersin	Lise	Tekne Ustası	2013
KK-137	Fevzi Çimşit	1958, Trabzon	Üniversite	Emekli	2013
KK-138	Temel Akgün	1924, Akçakale	Okuryazar	Balıkçı	2013
KK-139	Tufan Eğrioğlu	1960, Araklı	İlkokul	Balıkçı	2013
KK-140	Ali Nişancı	1960, Çarşıbaşı	İlkokul	Balıkçı	2013
KK-141	Salih Usta	1960, Trabzon	İlkokul	Balıkçı	2012
KK-142	İskender Keleş	1993, Çarşıbaşı	Üniversite	Öğrenci	2013
KK-143	Köksal Yılmaz	1970, Trabzon	Ortaokul	Balıkçı	2012

KK-144	Kibar Şivil	1934, Sürmene	İlkokul	Balıkçı	2013
KK-145	Süleyman Bozali	1933, Trabzon	Okuryazar	Balıkçı	2012
KK-146	İsmet Kalyoncu	1954, Sürmene	İlkokul	Balıkçı	2013
KK-147	Soner Karabacak	1954, Sürmene	İlkokul	Tekne Ustası	2013
KK-148	Ali Temelli	1959, Sürmene	İlkokul	Balıkçı	2013
KK-149	Coşkun Kalyoncu	1954, Sürmene	İlkokul	Balıkçı	2013
KK-150	Sevim Çakırca	1934, Sürmene	Okuryazar Değil	Ev Hanımı	2013
KK-151	Muammer Şivil	1929, Sürmene	İlkokul	Balıkçı	2012
KK-152	Safiye Kalyoncu	1939, Sürmene	İlkokul	Ev Hanımı	2013
KK-153	Namık Akgün	1968, Akçaabat	Lise	Balıkçı	2013
KK-154	Cabir Köroğlu	1971, Akçaabat	Üniversite	Serbest	2013
KK-155	Recep Meşe	1975, Trabzon	Lise	Balıkçı	2013
KK-156	İbrahim Gümüş	1979, Giresun	Üniversite	Antrenör	2012
KK-157	İdris Köroğlu	1965, Akçaabat	Lise	Serbest	2013
KK-158	Sinan Köroğlu	1964, Trabzon	Lise	Serbest	2013
KK-159	Ömer Gürel	1927, Giresun	Üniversite	Doktor	2012
KK-160	Anıl Köroğlu	1987, Akçaabat	Üniversite	Serbest	2013
KK-161	Kadir Akgün	1959, Akçakale	İlkokul	Balıkçı	2013
KK-162	Saliha Erdem	1917, Tirebolu	İlkokul	Ev Hanımı	2012
KK-163	Sevim Çilingir	1929, Sürmene	Okuryazar Değil	Ev Hanımı	2013
KK-164	Ayşe Abanoz	1929, Sürmene	İlkokul	Ev Hanımı	2013
KK-165	Fatma Dilaver	1949, Sürmene	İlkokul	Ev Hanımı	2013
KK-166	İrfan Manzak	1947, Trabzon	Üniversite	Emekli	2013
KK-167	Yusuf Küçük	1968, Sürmene	Lise	Tekne Ustası	2013
KK-168	Ali İshak Kılıç	1950, Sürmene	İlkokul	Denizci	2013
KK-169	Nihat Ejderoğlu	1929, Giresun	İlkokul	Balıkçı	2012
KK-170	İsmail Şenocak	1928, Of	Okuryazar	Çiftçi	2013
KK-171	Ünsal karaçomak	1956, Trabzon	Lise	Balıkçı	2013
KK-172	Kaptan Özçilingir	1944, Trabzon	Ortaokul	Balıkçı	2013
KK-173	Hasan Basri Soydaş	1952, Trabzon	İlkokul	Balıkçı	2013
KK 174	Mahmut Yaşar Yılmaz	1954, Akçaabat	İlkokul	Balıkçı	2013
KK-175	Murat Yılmaz	1976, Akçaabat	Ortaokul Terk	Balıkçı	2013
KK-176	Ali Osman Saral	1975, Trabzon	İlkokul	Balıkçı	2013
KK-177	Ekrem Köroğlu	1982, Trabzon	Lise	Balıkçı	2013
KK-178	Ahmet Dönmez	1956, Görele	Yüksekokul	Muhasebeci	2014
KK-179	Asım Kul	1956, Görele	Ortaokul	Komisyoncu	2014
KK-180	Haşim Kul	1979, Görele	Ortaokul	Balıkçı	2014
KK-181	İlker Kara	1982, Akçaabat	Lise	İşçi	2014
KK-182	Şevket Kobya	1926, Çarşıbaşı	İlkokul	Emekli	2014

ÖZ GEÇMİŞ

1978 yılında Konya'da dünyaya gelen araştırmacı, ilk ve orta öğrenimini doğduğu ilde tamamladıktan sonra Adnan Menderes Üniversitesi Fen-Edebiyat Fakültesi Türk Dili ve Edebiyatı Bölümü'nden 1997 yılında mezun olmuştur. Aynı yıl Balıkesir Üniversitesi Fen-Edebiyat Fakültesi Türk Dili ve Edebiyatı Bölümü Türk Halk Edebiyatı Anabilim Dalı'nda Araştırma Görevlisi kadro unvanıyla çalışmaya başlamış ve 2001 yılında *"Oğuznamecilik Geleneği ve Andalıp Oğuznamesi"* adlı yüksek lisans tezi ile bilim uzmanı olmaya hak kazanmıştır. 2003 yılında görev yapmakta olduğu üniversiteden ayrılarak 2006 yılına kadar Milli Eğitim Bakanlığı'na bağlı çeşitli eğitim-öğretim kurumlarında öğretmenlik yapan araştırmacı, 2006 yılında Giresun Üniversitesi Fen-Edebiyat Fakültesi Türk Dili ve Edebiyatı Bölümü'nde Okutman kadro unvanıyla görev yapmaya başlamıştır. 7 yıl süreyle bu görevini sürdüren araştırmacı, 2013 yılından itibaren Karadeniz Teknik Üniversitesi Edebiyat Fakültesi Türk Dili ve Edebiyatı Bölümü'nde Öğretim Görevlisi kadro unvanıyla görev yapmaya başlamıştır. Halen bu görevde bulunan araştırmacının, yayınlanmış 3 kitabı, ulusal ve uluslar arası hakemli dergilerde yayınlanmış 10 makalesi ve yine çeşitli bilimsel etkinliklerde sunulmuş 15 civarında bilimsel tebliği bulunmaktadır. Mustafa Aça evli ve iki çocuk babası olup yabancı dili İngilizce'dir.

FSC
www.fsc.org
MIX
Papier | Fördert gute Waldnutzung
FSC® C083411

Kolibri 360 GmbH
Ferdinand-Jühlke-Straße 7
99095 Erfurt, Deutschland
produktsicherheit@kolibri360.de

Druck:
CPI Druckdienstleistungen GmbH
im Auftrag der
Kolibri 360 GmbH
Ferdinand-Jühlke-Str. 7
99095 Erfurt